CÓDIGO DE PROCESSO CIVIL ANOTADO

O GEN | Grupo Editorial Nacional – maior plataforma editorial brasileira no segmento científico, técnico e profissional – publica conteúdos nas áreas de concursos, ciências jurídicas, humanas, exatas, da saúde e sociais aplicadas, além de prover serviços direcionados à educação continuada.

As editoras que integram o GEN, das mais respeitadas no mercado editorial, construíram catálogos inigualáveis, com obras decisivas para a formação acadêmica e o aperfeiçoamento de várias gerações de profissionais e estudantes, tendo se tornado sinônimo de qualidade e seriedade.

A missão do GEN e dos núcleos de conteúdo que o compõem é prover a melhor informação científica e distribuí-la de maneira flexível e conveniente, a preços justos, gerando benefícios e servindo a autores, docentes, livreiros, funcionários, colaboradores e acionistas.

Nosso comportamento ético incondicional e nossa responsabilidade social e ambiental são reforçados pela natureza educacional de nossa atividade e dão sustentabilidade ao crescimento contínuo e à rentabilidade do grupo.

Gediel Claudino de Araujo Júnior

CÓDIGO DE PROCESSO CIVIL ANOTADO

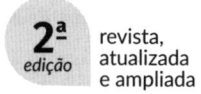

2ª edição revista, atualizada e ampliada

- O autor deste livro e a editora empenharam seus melhores esforços para assegurar que as informações e os procedimentos apresentados no texto estejam em acordo com os padrões aceitos à época da publicação, e todos os dados foram atualizados pelo autor até a data de fechamento do livro. Entretanto, tendo em conta a evolução das ciências, as atualizações legislativas, as mudanças regulamentares governamentais e o constante fluxo de novas informações sobre os temas que constam do livro, recomendamos enfaticamente que os leitores consultem sempre outras fontes fidedignas, de modo a se certificarem de que as informações contidas no texto estão corretas e de que não houve alterações nas recomendações ou na legislação regulamentadora.

- Fechamento desta edição: *04.02.2021*

- O Autor e a editora se empenharam para citar adequadamente e dar o devido crédito a todos os detentores de direitos autorais de qualquer material utilizado neste livro, dispondo-se a possíveis acertos posteriores caso, inadvertida e involuntariamente, a identificação de algum deles tenha sido omitida.

- **Atendimento ao cliente:** (11) 5080-0751 | faleconosco@grupogen.com.br

- Direitos exclusivos para a língua portuguesa
  Copyright © 2021 by
  Editora Atlas Ltda.
  Uma editora integrante do GEN | Grupo Editorial Nacional
  Rua Conselheiro Nébias, 1.384
  São Paulo – SP – 01203-904
  www.grupogen.com.br

- Reservados todos os direitos. É proibida a duplicação ou reprodução deste volume, no todo ou em parte, em quaisquer formas ou por quaisquer meios (eletrônico, mecânico, gravação, fotocópia, distribuição pela Internet ou outros), sem permissão, por escrito, da Editora Atlas Ltda.

- Capa: Fabricio Vale

- **CIP – BRASIL. CATALOGAÇÃO NA FONTE.**
  SINDICATO NACIONAL DOS EDITORES DE LIVROS, RJ.

A689c
Araujo Júnior, Gediel Claudino de

Código de Processo Civil Anotado: dicas de prática jurídica / Gediel Claudino de Araujo Júnior. – 2. ed. – São Paulo: Atlas, 2021.

Inclui bibliografia e índice
ISBN 978-85-97-02787-7

1. Processo civil – Brasil. 2. Direito processual civil – Brasil. I. Título.

21-69219
CDU: 347.91/.95(81)

Meri Gleice Rodrigues de Souza – Bibliotecária – CRB-7/6439

PREFÁCIO

Analisando as muitas obras que oferecem comentários e/ou anotações ao Código de Processo Civil observei que as melhores e mais apreciadas se tornaram "pesadas"; isto é, recheadas de longos e cansativos comentários com pouco ou quase nenhum foco na prática jurídica. Tal fato contraria a própria essência deste tipo de obra, que é justamente a de servir de instrumento para um socorro rápido ao profissional do direito; afinal aqueles interessados em realmente estudar algum aspecto do processo civil usam, ou deveriam usar, as muitas e sólidas doutrinas que existem.

Percebendo esta lacuna nas obras desta natureza e considerando que o meu foco profissional sempre foi, e ainda é, a prática jurídica, me lacei à árdua tarefa de escrever a presente obra, cujo propósito central é justamente fornecer respostas curtas, simples e diretas sobre os principais temas abordados pelo CPC e, principalmente, lançar dicas de prática jurídica que possam ajudar no dia a dia do advogado (socorro rápido).

As referências, anotações, observações e dicas lançadas neste livro são fruto da minha experiência de aproximadamente três décadas como profissional do direito, seja como Defensor Público do Estado de São Paulo, seja como Professor de Processo Civil e Prática Processual Civil, seja como Advogado, seja como Assessor Jurídico (presto assessoria informal a dezenas de advogados e estudantes de direito).

Espero, dessa forma, contribuir para facilitar e melhorar o exercício da nossa nobre profissão.

Gediel C. Araujo Jr.

SUMÁRIO

CÓDIGO DE PROCESSO CIVIL
LEI Nº 13.105, DE 16 DE MARÇO DE 2015

PARTE GERAL

LIVRO I – DAS NORMAS PROCESSUAIS CIVIS 1

    TÍTULO ÚNICO – DAS NORMAS FUNDAMENTAIS E DA APLICAÇÃO DAS NORMAS PROCESSUAIS 1

        CAPÍTULO I – DAS NORMAS FUNDAMENTAIS DO PROCESSO CIVIL 1

        CAPÍTULO II – DA APLICAÇÃO DAS NORMAS PROCESSUAIS 10

LIVRO II – DA FUNÇÃO JURISDICIONAL 12

    TÍTULO I – DA JURISDIÇÃO E DA AÇÃO 12

    TÍTULO II – DOS LIMITES DA JURISDIÇÃO NACIONAL E DA COOPERAÇÃO INTERNACIONAL 14

        CAPÍTULO I – DOS LIMITES DA JURISDIÇÃO NACIONAL 14

        CAPÍTULO II – DA COOPERAÇÃO INTERNACIONAL 17

            Seção I – Disposições Gerais 17

            Seção II – Do Auxílio Direto 18

            Seção III – Da Carta Rogatória 20

            Seção IV – Disposições Comuns às Seções Anteriores 20

    TÍTULO III – DA COMPETÊNCIA INTERNA 21

        CAPÍTULO I – DA COMPETÊNCIA 21

            Seção I – Disposições Gerais 21

            Seção II – Da Modificação da Competência 30

            Seção III – Da Incompetência 36

CAPÍTULO II – DA COOPERAÇÃO NACIONAL 39

LIVRO III – DOS SUJEITOS DO PROCESSO 41

TÍTULO I – DAS PARTES E DOS PROCURADORES 41

CAPÍTULO I – DA CAPACIDADE PROCESSUAL 41

CAPÍTULO II – DOS DEVERES DAS PARTES E DE SEUS PROCURADORES 47

Seção I – Dos Deveres 47

Seção II – Da Responsabilidade das Partes por Dano Processual 50

Seção III – Das Despesas, dos Honorários Advocatícios e das Multas 52

Seção IV – Da Gratuidade da Justiça 63

CAPÍTULO III – DOS PROCURADORES 69

CAPÍTULO IV – DA SUCESSÃO DAS PARTES E DOS PROCURADORES 75

TÍTULO II – DO LITISCONSÓRCIO 79

TÍTULO III – DA INTERVENÇÃO DE TERCEIROS 84

CAPÍTULO I – DA ASSISTÊNCIA 84

Seção I – Disposições Comuns 84

Seção II – Da Assistência Simples 85

Seção III – Da Assistência Litisconsorcial 87

CAPÍTULO II – DA DENUNCIAÇÃO DA LIDE 88

CAPÍTULO V – DO *AMICUS CURIAE* 97

TÍTULO IV – DO JUIZ E DOS AUXILIARES DA JUSTIÇA 99

CAPÍTULO I – DOS PODERES, DOS DEVERES E DA RESPONSABILIDADE DO JUIZ 99

CAPÍTULO II – DOS IMPEDIMENTOS E DA SUSPEIÇÃO 103

CAPÍTULO III – DOS AUXILIARES DA JUSTIÇA 108

Seção I – Do Escrivão, do Chefe de Secretaria e do Oficial de Justiça 109

Seção II – Do Perito 111

Seção III – Do Depositário e do Administrador 113

Seção IV – Do Intérprete e do Tradutor 114

Seção V – Dos Conciliadores e Mediadores Judiciais 115

TÍTULO V – DO MINISTÉRIO PÚBLICO 120

TÍTULO VI – DA ADVOCACIA PÚBLICA 122

TÍTULO VII – DA DEFENSORIA PÚBLICA 123

LIVRO IV – DOS ATOS PROCESSUAIS 126

TÍTULO I – DA FORMA, DO TEMPO E DO LUGAR DOS ATOS PROCESSUAIS 126

CAPÍTULO I – DA FORMA DOS ATOS PROCESSUAIS 126

Seção I – Dos Atos em Geral 126

Seção II – Da Prática Eletrônica de Atos Processuais 129

Seção III – Dos Atos das Partes 133

Seção IV – Dos Pronunciamentos do Juiz 134

Seção V – Dos Atos do Escrivão ou do Chefe de Secretaria 135

CAPÍTULO II – DO TEMPO E DO LUGAR DOS ATOS PROCESSUAIS 137

Seção I – Do Tempo 137

Seção II – Do Lugar 140

CAPÍTULO III – DOS PRAZOS 140

Seção I – Disposições Gerais 140

Seção II – Da Verificação dos Prazos e das Penalidades 149

TÍTULO II – DA COMUNICAÇÃO DOS ATOS PROCESSUAIS 151

CAPÍTULO I – DISPOSIÇÕES GERAIS 151

CAPÍTULO II – DA CITAÇÃO 152

CAPÍTULO III – DAS CARTAS 163

CAPÍTULO IV – DAS INTIMAÇÕES 167

TÍTULO III – DAS NULIDADES 170

TÍTULO IV – DA DISTRIBUIÇÃO E DO REGISTRO 173

TÍTULO V – DO VALOR DA CAUSA 175

LIVRO V – DA TUTELA PROVISÓRIA 178

TÍTULO I – DISPOSIÇÕES GERAIS 178

TÍTULO II – DA TUTELA DE URGÊNCIA 181

CAPÍTULO I – DISPOSIÇÕES GERAIS 181

CAPÍTULO II – DO PROCEDIMENTO DA TUTELA ANTECIPADA REQUERIDA EM CARÁTER ANTECEDENTE 183

CAPÍTULO III – DO PROCEDIMENTO DA TUTELA CAUTELAR REQUERIDA EM CARÁTER ANTECEDENTE 185

TÍTULO III – DA TUTELA DA EVIDÊNCIA 188

LIVRO VI – DA FORMAÇÃO, DA SUSPENSÃO E DA EXTINÇÃO DO PROCESSO 190

    TÍTULO I – DA FORMAÇÃO DO PROCESSO 190

    TÍTULO II – DA SUSPENSÃO DO PROCESSO 190

    TÍTULO III – DA EXTINÇÃO DO PROCESSO 192

PARTE ESPECIAL

LIVRO I – DO PROCESSO DE CONHECIMENTO E DO CUMPRIMENTO DE SENTENÇA 193

    TÍTULO I – DO PROCEDIMENTO COMUM 193

        CAPÍTULO I – DISPOSIÇÕES GERAIS 193

        CAPÍTULO II – DA PETIÇÃO INICIAL 194

            Seção I – Dos Requisitos da Petição Inicial 194

            Seção II – Do Pedido 199

            Seção III – Do Indeferimento da Petição Inicial 205

        CAPÍTULO III – DA IMPROCEDÊNCIA LIMINAR DO PEDIDO 208

        CAPÍTULO IV – DA CONVERSÃO DA AÇÃO INDIVIDUAL EM AÇÃO COLETIVA 209

        CAPÍTULO V – DA AUDIÊNCIA DE CONCILIAÇÃO OU DE MEDIAÇÃO 209

        CAPÍTULO VI – DA CONTESTAÇÃO 211

        CAPÍTULO VII – DA RECONVENÇÃO 224

        CAPÍTULO VIII – DA REVELIA 227

        CAPÍTULO IX – DAS PROVIDÊNCIAS PRELIMINARES E DO SANEAMENTO 230

            Seção I – Da Não Incidência dos Efeitos da Revelia 231

            Seção II – Do Fato Impeditivo, Modificativo ou Extintivo do Direito do Autor 232

            Seção III – Das Alegações do Réu 233

        CAPÍTULO X – DO JULGAMENTO CONFORME O ESTADO DO PROCESSO 235

            Seção I – Da Extinção do Processo 235

            Seção II – Do Julgamento Antecipado do Mérito 236

            Seção III – Do Julgamento Antecipado Parcial do Mérito 237

            Seção IV – Do Saneamento e da Organização do Processo 238

        CAPÍTULO XI – DA AUDIÊNCIA DE INSTRUÇÃO E JULGAMENTO 240

        CAPÍTULO XII – DAS PROVAS 248

            Seção I – Disposições Gerais 248

            Seção II – Da Produção Antecipada da Prova 257

Seção III – Da Ata Notarial 260

Seção IV – Do Depoimento Pessoal 261

Seção V – Da Confissão 263

Seção VI – Da Exibição de Documento ou Coisa 267

Seção VII – Da Prova Documental 272

    Subseção I – Da Força Probante dos Documentos 272

    Subseção II – Da Arguição de Falsidade 282

    Subseção III – Da Produção da Prova Documental 285

Seção VIII – Dos Documentos Eletrônicos 288

Seção IX – Da Prova Testemunhal 289

    Subseção I – Da Admissibilidade e do Valor da Prova Testemunhal 289

    Subseção II – Da Produção da Prova Testemunhal 294

Seção X – Da Prova Pericial 302

Seção XI – Da Inspeção Judicial 311

CAPÍTULO XIII – DA SENTENÇA E DA COISA JULGADA 313

Seção I – Disposições Gerais 313

Seção II – Dos Elementos e dos Efeitos da Sentença 317

Seção III – Da Remessa Necessária 322

Seção IV – Do Julgamento das Ações Relativas às Prestações de Fazer, de Não Fazer e de Entregar Coisa 323

Seção V – Da Coisa Julgada 325

CAPÍTULO XIV – DA LIQUIDAÇÃO DE SENTENÇA 329

TÍTULO II – DO CUMPRIMENTO DA SENTENÇA 331

CAPÍTULO I – DISPOSIÇÕES GERAIS 331

CAPÍTULO II – DO CUMPRIMENTO PROVISÓRIO DA SENTENÇA QUE RECONHECE A EXIGIBILIDADE DE OBRIGAÇÃO DE PAGAR QUANTIA CERTA 335

CAPÍTULO III – DO CUMPRIMENTO DEFINITIVO DA SENTENÇA QUE RECONHECE A EXIGIBILIDADE DE OBRIGAÇÃO DE PAGAR QUANTIA CERTA 337

CAPÍTULO IV – DO CUMPRIMENTO DE SENTENÇA QUE RECONHEÇA A EXIGIBILIDADE DE OBRIGAÇÃO DE PRESTAR ALIMENTOS 341

CAPÍTULO V – DO CUMPRIMENTO DE SENTENÇA QUE RECONHEÇA A EXIGIBILIDADE DE OBRIGAÇÃO DE PAGAR QUANTIA CERTA PELA FAZENDA PÚBLICA 347

CAPÍTULO VI – DO CUMPRIMENTO DE SENTENÇA QUE RECONHEÇA A EXIGIBILIDADE DE OBRIGAÇÃO DE FAZER, DE NÃO FAZER OU DE ENTREGAR COISA 350

Seção I – Do Cumprimento de Sentença que Reconheça a Exigibilidade de Obrigação de Fazer ou de Não Fazer 350

Seção II – Do Cumprimento de Sentença que Reconheça a Exigibilidade de Obrigação de Entregar Coisa 352

TÍTULO III – DOS PROCEDIMENTOS ESPECIAIS 352

    CAPÍTULO I – DA AÇÃO DE CONSIGNAÇÃO EM PAGAMENTO 352

    CAPÍTULO II – DA AÇÃO DE EXIGIR CONTAS 360

    CAPÍTULO III – DAS AÇÕES POSSESSÓRIAS 364

        Seção I – Disposições Gerais 364

        Seção II – Da Manutenção e da Reintegração de Posse 370

        Seção III – Do Interdito Proibitório 376

    CAPÍTULO IV – DA AÇÃO DE DIVISÃO E DA DEMARCAÇÃO DE TERRAS PARTICULARES 378

        Seção I – Disposições Gerais 378

        Seção II – Da Demarcação 380

        Seção III – Da Divisão 385

    CAPÍTULO V – DA AÇÃO DE DISSOLUÇÃO PARCIAL DE SOCIEDADE 390

    CAPÍTULO VI – DO INVENTÁRIO E DA PARTILHA 394

        Seção I – Disposições Gerais 394

        Seção II – Da Legitimidade para Requerer o Inventário 401

        Seção III – Do Inventariante e das Primeiras Declarações 403

        Seção IV – Das Citações e das Impugnações 412

        Seção V – Da Avaliação e do Cálculo do Imposto 415

        Seção VI – Das Colações 419

        Seção VII – Do Pagamento das Dívidas 421

        Seção VIII – Da Partilha 422

        Seção IX – Do Arrolamento 427

        Seção X – Disposições Comuns a Todas as Seções 435

    CAPÍTULO VII – DOS EMBARGOS DE TERCEIRO 438

    CAPÍTULO VIII – DA OPOSIÇÃO 443

    CAPÍTULO IX – DA HABILITAÇÃO 444

    CAPÍTULO XI – DA AÇÃO MONITÓRIA 449

    CAPÍTULO XIII – DA REGULAÇÃO DE AVARIA GROSSA 455

    CAPÍTULO XIV – DA RESTAURAÇÃO DE AUTOS 456

    CAPÍTULO XV – DOS PROCEDIMENTOS DE JURISDIÇÃO VOLUNTÁRIA 459

        Seção I – Disposições Gerais 459

Seção II – Da Notificação e da Interpelação 462

Seção III – Da Alienação Judicial 464

Seção IV – Do Divórcio e da Separação Consensuais, da Extinção Consensual de União Estável e da Alteração do Regime de Bens do Matrimônio 465

Seção V – Dos Testamentos e dos Codicilos 469

Seção VI – Da Herança Jacente 471

Seção VII – Dos Bens dos Ausentes 473

Seção VIII – Das Coisas Vagas 474

Seção IX – Da Interdição 475

Seção X – Disposições Comuns à Tutela e à Curatela 481

Seção XI – Da Organização e da Fiscalização das Fundações 483

Seção XII – Da Ratificação dos Protestos Marítimos e dos Processos Testemunháveis Formados a Bordo 484

LIVRO II – DO PROCESSO DE EXECUÇÃO 486

TÍTULO I – DA EXECUÇÃO EM GERAL 486

CAPÍTULO I – DISPOSIÇÕES GERAIS 486

CAPÍTULO II – DAS PARTES 491

CAPÍTULO III – DA COMPETÊNCIA 494

CAPÍTULO IV – DOS REQUISITOS NECESSÁRIOS PARA REALIZAR QUALQUER EXECUÇÃO 496

Seção I – Do Título Executivo 496

Seção II – Da Exigibilidade da Obrigação 498

CAPÍTULO V – DA RESPONSABILIDADE PATRIMONIAL 500

TÍTULO II – DAS DIVERSAS ESPÉCIES DE EXECUÇÃO 507

CAPÍTULO I – DISPOSIÇÕES GERAIS 507

CAPÍTULO II – DA EXECUÇÃO PARA A ENTREGA DE COISA 515

Seção I – Da Entrega de Coisa Certa 515

Seção II – Da Entrega de Coisa Incerta 518

CAPÍTULO III – DA EXECUÇÃO DAS OBRIGAÇÕES DE FAZER OU DE NÃO FAZER 519

Seção I – Disposições Comuns 519

Seção II – Da Obrigação de Fazer 520

Seção III – Da Obrigação de Não Fazer 523

CAPÍTULO IV – DA EXECUÇÃO POR QUANTIA CERTA 525

Seção I – Disposições Gerais 525

Seção II – Da Citação do Devedor e do Arresto 526

Seção III – Da Penhora, do Depósito e da Avaliação 530

    Subseção I – Do Objeto da Penhora 530

    Subseção II – Da Documentação da Penhora, de seu Registro e do Depósito .. 537

    Subseção III – Do Lugar de Realização da Penhora 542

    Subseção IV – Das Modificações da Penhora 544

    Subseção V – Da Penhora de Dinheiro em Depósito ou em Aplicação Financeira 549

    Subseção VII – Da Penhora das Quotas ou das Ações de Sociedades Personificadas 554

    Subseção VIII – Da Penhora de Empresa, de Outros Estabelecimentos e de Semoventes 555

    Subseção IX – Da Penhora de Percentual de Faturamento de Empresa 557

    Subseção X – Da Penhora de Frutos e Rendimentos de Coisa Móvel ou Imóvel 558

    Subseção XI – Da Avaliação 559

Seção IV – Da Expropriação de Bens 561

    Subseção I – Da Adjudicação 561

    Subseção II – Da Alienação 563

Seção V – Da Satisfação do Crédito 575

CAPÍTULO V – DA EXECUÇÃO CONTRA A FAZENDA PÚBLICA 577

CAPÍTULO VI – DA EXECUÇÃO DE ALIMENTOS 578

TÍTULO III – DOS EMBARGOS À EXECUÇÃO 580

TÍTULO IV – DA SUSPENSÃO E DA EXTINÇÃO DO PROCESSO DE EXECUÇÃO 586

CAPÍTULO I – DA SUSPENSÃO DO PROCESSO DE EXECUÇÃO 586

CAPÍTULO II – DA EXTINÇÃO DO PROCESSO DE EXECUÇÃO 588

LIVRO III – DOS PROCESSOS NOS TRIBUNAIS E DOS MEIOS DE IMPUGNAÇÃO DAS DECISÕES JUDICIAIS 590

TÍTULO I – DA ORDEM DOS PROCESSOS E DOS PROCESSOS DE COMPETÊNCIA ORIGINÁRIA DOS TRIBUNAIS 590

CAPÍTULO I – DISPOSIÇÕES GERAIS 590

CAPÍTULO II – DA ORDEM DOS PROCESSOS NO TRIBUNAL 591

CAPÍTULO III – DO INCIDENTE DE ASSUNÇÃO DE COMPETÊNCIA 600

CAPÍTULO IV – DO INCIDENTE DE ARGUIÇÃO DE INCONSTITUCIONALIDADE 601

CAPÍTULO V – DO CONFLITO DE COMPETÊNCIA	602
CAPÍTULO VI – DA HOMOLOGAÇÃO DE DECISÃO ESTRANGEIRA E DA CONCESSÃO DO *EXEQUATUR* À CARTA ROGATÓRIA	605
CAPÍTULO VII – DA AÇÃO RESCISÓRIA	608
CAPÍTULO VIII – DO INCIDENTE DE RESOLUÇÃO DE DEMANDAS REPETITIVAS	614
CAPÍTULO IX – DA RECLAMAÇÃO	620
TÍTULO II – DOS RECURSOS	**624**
CAPÍTULO I – DISPOSIÇÕES GERAIS	624
CAPÍTULO II – DA APELAÇÃO	637
CAPÍTULO III – DO AGRAVO DE INSTRUMENTO	642
CAPÍTULO IV – DO AGRAVO INTERNO	649
CAPÍTULO V – DOS EMBARGOS DE DECLARAÇÃO	650
CAPÍTULO VI – DOS RECURSOS PARA O SUPREMO TRIBUNAL FEDERAL E PARA O SUPERIOR TRIBUNAL DE JUSTIÇA	655
Seção I – Do Recurso Ordinário	655
Seção II – Do Recurso Extraordinário e do Recurso Especial	657
Subseção I – Disposições Gerais	657
Subseção II – Do Julgamento dos Recursos Extraordinário e Especial Repetitivos	665
Seção III – Do Agravo em Recurso Especial e em Recurso Extraordinário	669
Seção IV – Dos Embargos de Divergência	670
LIVRO COMPLEMENTAR – DISPOSIÇÕES FINAIS E TRANSITÓRIAS	**673**
BIBLIOGRAFIA	**685**

CÓDIGO DE PROCESSO CIVIL

LEI Nº 13.105, DE 16 DE MARÇO DE 2015

A PRESIDENTA DA REPÚBLICA,
Faço saber que o Congresso Nacional decreta e eu sanciono a seguinte Lei:

PARTE GERAL

LIVRO I
DAS NORMAS PROCESSUAIS CIVIS

TÍTULO ÚNICO
DAS NORMAS FUNDAMENTAIS E DA APLICAÇÃO DAS NORMAS PROCESSUAIS

CAPÍTULO I
DAS NORMAS FUNDAMENTAIS DO PROCESSO CIVIL

Art. 1º O processo civil será ordenado, disciplinado e interpretado conforme os valores e as normas fundamentais estabelecidos na Constituição da República Federativa do Brasil, observando-se as disposições deste Código.

REFERÊNCIAS LEGISLATIVAS

- Arts. 5º, LIII, LIV, LV, LVI, LX, LXXVIII, 93, IX, CF; art. 10, CPC.

ANOTAÇÕES

- **Processo civil**: pertencente ao ramo do direito público, o Direito Processual Civil é definido pela doutrina como o conjunto de normas que disciplinam o exercício da jurisdição civil, sendo o seu objetivo a realização do direito material de forma justa.
- **Princípios constitucionais**: "devido processo legal", previsto no art. 5º, LIV, da CF, que declara que "ninguém será privado da liberdade ou de seus bens sem o devido processo legal", significando que a pessoa só pode ser privada de seus bens e da sua liberdade por meio de processo, cujos procedimento e consequências tenham sido previstos em lei; "contraditório e da ampla defesa" (art. 5º, LV, CF), que garante aos litigantes tratamento paritário, vedando que o juiz decida sem antes dar à parte interessada oportunidade de se manifestar e produzir as provas tendentes a demonstrar a sua versão para os fatos; "princípio da publicidade" (art. 93, IX, CF), cujo objetivo é garantir a veracidade, a correção e a transparência dos atos processuais.

- ***Processo justo***: abandonando os estreitos limites da formalidade ("processo pelo simples processo"), a moderna doutrina defende a busca da realização de um "processo justo", no sentido de que este garanta: a independência e a imparcialidade do juiz; o contraditório; o amplo direito de defesa; a motivação das decisões judiciais; a duração razoável do feito.

JURISPRUDÊNCIA

- É nula a sentença que impede a parte a produzir provas pertinentes e relevantes ao deslinde da demanda, caracterizando-se violação ao devido processo legal, constitucionalmente garantido às partes como consectário lógico da ofensa aos princípios do contraditório e ampla defesa. (TJMG, Apelação Cível 1.0643.11.000461-8/001, Rel. Desembargador Baeta Neves, 18ª Câmara Cível, julgamento em 25/08/2020, publicação da súmula em 01/09/2020).
- As garantias constitucionais do devido processo legal (art. 5º, *caput* e LIV) e do contraditório (art. 5º, LV) vedam a que juiz ou tribunal decida qualquer questão, sem que seja dado à parte sobre ela manifestar-se. (TJMG, Apelação Cível 1.0035.16.000916-9/003, Rel. Desembargador José Marcos Vieira, 16ª Câmara Cível, julgamento em 05/08/2020, publicação da súmula em 18/08/2020).
- O princípio do juiz natural, uma das principais garantias decorrentes da cláusula do devido processo legal constitucionalmente consagrada (artigo 5º, incisos XXXVII e LIII), preconiza o estabelecimento de regras objetivas de competência jurisdicional para garantir a independência e a imparcialidade do órgão julgador (TJMG, Embargos de Declaração-Cv 1.0000.17.099114-5/003, Rel. Desembargador Fernando Lins, 18ª Câmara Cível, julgamento em 14/07/2020, publicação da súmula em 15/07/2020).

Art. 2º O processo começa por iniciativa da parte e se desenvolve por impulso oficial, salvo as exceções previstas em lei.

REFERÊNCIAS LEGISLATIVAS

- Arts. 141, 485, III, 490 e 492, CPC.

ANOTAÇÕES

- ***Princípio da inércia***: segundo o *princípio dispositivo ou da inércia*, cabe à pessoa interessada provocar, por meio do ajuizamento de uma ação, o Poder Judiciário (*nemo judex sine actore*). Em outras palavras, quem pensa ter sido violado em seus direitos deve procurar o Estado-juiz, que até então permanece inerte.
- ***Impulso oficial***: embora a iniciativa do processo esteja ao encargo da parte interessada, ele, uma vez iniciado, se desenvolve por impulso oficial, isto é, por atos do juiz e de seus auxiliares. Entretanto, isto não dispensa a parte de cumprir com os seus deveres processuais. Com efeito, quando, durante o processo, couber ao autor a prática de certos atos, ele deve fazê-lo nos prazos fixados pela lei ou pelo juiz, sob pena da extinção do processo sem julgamento do mérito (art. 485, III, CPC).

JURISPRUDÊNCIA

- Súmula 240 do STJ: A extinção do processo, por abandono da causa pelo autor, depende de requerimento do réu.

- O processo depois de instaurado não pode ficar à mercê da vontade das partes, devendo ser dado a ele andamento, cabendo ao juiz zelar pela rápida e eficaz solução da lide, em obediência ao princípio do impulso oficial (TJMG, Apelação Cível 1.0598.15.002895-2/001, Rel. Desembargador Mota e Silva, 18ª Câmara Cível, julgamento em 21/08/2018, publicação da súmula em 24/08/2018).
- A extinção do processo, por inércia da parte, quando já formada a relação processual, somente tem cabimento mediante requerimento do réu, nos termos da Súmula 240 do STJ (TJMG, Apelação Cível 1.0115.13.002043-7/001, Rel. Desembargador José de Carvalho Barbosa, 13ª Câmara Cível, julgamento em 31/08/2017, publicação da súmula em 13/09/2017).
- O pronunciamento de ofício pelo Tribunal acerca de juros legais e de mora, bem como sobre correção monetária, não contraria o princípio da inércia da jurisdição, uma vez que a jurisprudência desta Corte entende que tais matérias são ordem pública, que, portanto, podem ser conhecidas de ofício pelo Juízo, independentemente de alegação das partes (STJ, AgRg no AREsp 564.676/MS, Ministro Luis Felipe Salomão, T4 – Quarta Turma, *DJe* 08/09/2015).

Art. 3º Não se excluirá da apreciação jurisdicional ameaça ou lesão a direito.

§ 1º É permitida a arbitragem, na forma da lei.

§ 2º O Estado promoverá, sempre que possível, a solução consensual dos conflitos.

§ 3º A conciliação, a mediação e outros métodos de solução consensual de conflitos deverão ser estimulados por juízes, advogados, defensores públicos e membros do Ministério Público, inclusive no curso do processo judicial.

REFERÊNCIAS LEGISLATIVAS

- Art. 5º, XXXV, CF; arts. 139, V, 149, 165 a 175, 303, § 1º, II e III, 308, §§ 3º e 4º, 334, 359, 694 a 696, CPC; Lei nº 13.140/2015, art. 1º, Lei nº 9.307/1996; Res. nº 697/2020 do STF.

JURISPRUDÊNCIA

- O Judiciário não pode furtar-se à apreciação de lesão ou ameaça a direito (art. 5º XXXV, Constituição da República), devendo ser analisadas, fundamentalmente, todas as questões e pedidos formulados pelas partes, sob pena de nulidade (TJMG, Apelação Cível 1.0000.20.442321-4/001, Rel. Desembargador José Marcos Vieira, 16ª Câmara Cível, julgamento em 26/08/2020, publicação da súmula em 27/08/2020).
- Não há necessidade do esgotamento da via administrativa para o acesso ao Judiciário que deverá apreciar lesão ou ameaça a direito (TJMG, Apelação Cível 1.0000.20.049105-8/001, Rel. Desembargador Luiz Artur Hilário, 9ª Câmara Cível, julgamento em 11/08/2020, publicação da súmula em 17/08/2020).
- Em função do princípio da inafastabilidade da jurisdição, o Poder Judiciário tem o poder/dever de reparar qualquer lesão ou ameaça a direito e, em função do caráter substitutivo, cabe-lhe analisar a existência de violação, determinando as medidas necessárias para a construção de uma sociedade livre, justa e solidária (CF, art. 3º), estendendo direitos para assegurar o tratamento isonômico e com impessoalidade no serviço público, com distinções admissíveis quando houver peculiaridades no exercício do cargo (TJMG, Apelação Cível 1.0024.11.067886-9/001, Rel. Desembargador Renato Dresch, 4ª Câmara Cível, julgamento em 12/03/2020, publicação da súmula em 17/03/2020).

> **Art. 4º** As partes têm o direito de obter em prazo razoável a solução integral do mérito, incluída a atividade satisfativa.

⚖ REFERÊNCIAS LEGISLATIVAS

- Art. 5º, LXXVIII, CF; arts. 3º, § 3º, 79 a 81, 139, II e III, 188, 226, 235, 277, 282, § 1º, 355, 356, 357, § 2º, 1.048, I, CPC; art. 71, Lei nº 10.741/2003 (Estatuto do Idoso).

📚 ANOTAÇÕES

- ***Duração razoável do processo***: há tantas coisas que influenciam a duração de um processo, por exemplo: (I) a própria natureza dele: não se pode comparar uma ação de alvará, onde se requer o levantamento de um pequeno valor deixado por um falecido, com uma ação de usucapião envolvendo dezenas de réus e/ou interessados; (II) a vara e/ou o foro onde tramita: sabem os colegas advogados que há cartórios onde simplesmente os processos não andam, seja pelo excesso de processos, pela falta de funcionários ou pela manutenção de procedimentos antigos e formalistas; (III) a resistência de uma das partes: todos sabem que uma clássica forma de defesa é a protelação e, sejamos francos, há colegas que são mestres na arte de tumultuar o processo, abusando do direito de defesa e repetindo requerimentos e recursos. O atual CPC procurou simplificar os procedimentos, assim como valorizar a mediação e a conciliação (art. 3º, § 3º, CPC), dando mais liberdade para as partes e para o juiz para conduzir o processo (art. 357, § 2º, CPC); de outro lado, procurou limitar as hipóteses recursais e aumentou as punições àqueles que abusam do seu direito (arts. 79 a 81, CPC). Quando o problema for o juiz, o CPC, no seu art. 235, informa que a parte pode representar ao corregedor do tribunal ou diretamente ao Conselho Nacional de Justiça contra juiz ou relator que injustificadamente exceder os prazos previstos em lei (art. 226, CPC), regulamento ou regimento interno.

⚖ JURISPRUDÊNCIA

- No julgamento, o saudoso Ministro Teori Albino Zavascki exprimiu que "o princípio da duração razoável do processo [...] tem como contrapartida o dever de todos de não utilizar de mecanismos procrastinatórios para retardar o desfecho do processo", como aqui ocorrido (STJ, AgInt no RMS 52.089/AM, Ministro Mauro Campbell Marques, T2 – Segunda Turma, *DJe* 12/06/2017).

> **Art. 5º** Aquele que de qualquer forma participa do processo deve comportar-se de acordo com a boa-fé.

⚖ REFERÊNCIAS LEGISLATIVAS

- Arts. 77 a 81, 139, III, 489, § 3º, CPC; arts. 422 e 765, CC; art. 4º, III, CDC.

📚 ANOTAÇÕES

- ***Boa-fé objetiva***: comportar-se de acordo com a boa-fé é, no geral, agir com lealdade, honestidade, honradez e probidade; ou seja, sustentar suas razões dentro dos limites da ética e da moralidade. Interpor, por exemplo, um recurso claramente infundado pode ofender a dignidade da Corte, levando os julgadores a condenar a parte por litigância de má-fé.

⚖ JURISPRUDÊNCIA

- Enunciado 6 do Fórum Permanente de Processualistas Civis: O negócio jurídico processual não pode afastar os deveres inerentes à boa-fé e à cooperação.
- A relação obrigacional não se exaure na vontade expressamente manifestada pelas partes, porque, implicitamente, estão elas sujeitas ao cumprimento de outros deveres de conduta, que independem de suas vontades e que decorrem da função integrativa da boa-fé objetiva (STJ, REsp 1.655.139/DF, Ministra Nancy Andrighi, T3 – Terceira Turma, *DJe* 07/12/2017).
- Viola a boa-fé objetiva, cuja função primordial é estabelecer, nas relações obrigacionais, um padrão ético de conduta para as partes, aquele que alega desconhecimento de evento para o qual concorreu diretamente e que fora decisivo para a sorte do processo (STJ, AgInt no REsp 1.636.070/CE, Ministro Raul Araújo, T4 – Quarta Turma, *DJe* 23/11/2017).
- Deve ser homenageada a tutela da confiança como corolário da boa-fé objetiva no caso concreto, não se podendo determinar, na hipótese da lide, a deserção na medida em que o juízo de primeiro grau, ao oportunizar a correção do vício de admissibilidade recursal, gerou na parte a legítima expectativa de que sua apelação seria admitida caso recolhesse as custas, conforme anteriormente determinado (STJ, AgInt no REsp 1.576.743/SP, Ministro Moura Ribeiro, T3 – Terceira Turma, *DJe* 30/05/2017).
- O princípio da boa-fé objetiva proíbe que a parte assuma comportamentos contraditórios no desenvolvimento da relação processual, o que resulta na vedação do *venire contra factum proprium*, aplicável também ao direito processual (STJ, AgRg no REsp 1.280.482/SC, Rel. Ministro Herman Benjamin, T2 – Segunda Turma, *DJe* 13/04/2012).

Art. 6º Todos os sujeitos do processo devem cooperar entre si para que se obtenha, em tempo razoável, decisão de mérito justa e efetiva.

⚖ REFERÊNCIAS LEGISLATIVAS

- Arts. 4º, 5º, 67 a 69, 77, 79 a 81, 191, 357, § 3º, CPC.

📚 ANOTAÇÕES

- ***Princípio da cooperação***: embora haja entre as partes um natural antagonismo, o legislador impõe a elas a obrigação de "cooperar" para a obtenção, em tempo razoável, de decisão de mérito justa e efetiva; esta participação na formação do provimento jurisdicional se manifesta não só pela manutenção de franco diálogo com juízo, mas principalmente pelo cumprimento dos deveres que lhe são inerentes (v.g., prestação de esclarecimentos, comparecimento pessoal e pontual em atos processuais, apresentação de documentos e/ou pessoas etc.), sob pena de responsabilização por dano processual (arts. 79 a 81, CPC).

JURISPRUDÊNCIA

- Enunciado 373 do Fórum Permanente de Processualistas Civis: As partes devem cooperar entre si; devem atuar com ética e lealdade, agindo de modo a evitar a ocorrência de vícios que extingam o processo sem resolução do mérito e cumprindo com deveres mútuos de esclarecimento e transparência.
- Os princípios da cooperação e da boa-fé objetiva devem ser observados pelas partes, pelos respectivos advogados e pelos julgadores (STJ, EDcl no AgRg no REsp 1.394.902/MA, Ministro Gurgel de Faria, T1 – Primeira Turma, *DJe* 18/10/2016).

Art. 7º É assegurada às partes paridade de tratamento em relação ao exercício de direitos e faculdades processuais, aos meios de defesa, aos ônus, aos deveres e à aplicação de sanções processuais, competindo ao juiz zelar pelo efetivo contraditório.

REFERÊNCIAS LEGISLATIVAS

- Art. 5º, *caput*, I, LV, CF; arts. 139, I, 373, § 1º, CPC.

ANOTAÇÕES

- **Paridade de tratamento**: decorrência do princípio constitucional da isonomia, a paridade de tratamento no processo civil encontra algumas exceções, tais como os beneficiários da justiça gratuita (art. 98), os idosos (art. 1.048, I), as crianças e os adolescentes (art. 1.048, II); as vítimas de violência doméstica e familiar (art. 1.048, III); afinal, ensina a doutrina, que tratar todos com "igualdade" é justamente tratar desigualmente os desiguais.

JURISPRUDÊNCIA

- Incumbe ao julgador, nos procedimentos contenciosos, assegurar paridade de tratamento às partes, inclusive em relação ao exercício de direitos e faculdades processuais do MP (ainda que como fiscal da lei), conferindo eficácia ao direito à ampla defesa (TJMG, Agravo de Instrumento-Cv 1.0024.18.039189-8/001, Rel. Desembargadora Alice Birchal, 7ª Câmara Cível, julgamento em 10/12/2019, publicação da súmula em 16/12/2019).
- O incidente de resolução de demandas repetitivas é instrumento criado pelo novo Código de Processo Civil que objetiva, no caso de efetiva repetição de processos sobre uma mesma questão jurídica, garantir um julgamento que propicie tratamento isonômico e segurança jurídica à coletividade (TJMG, IRDR – Cv- 1.0024.14.014689-5/003, Rel. Desembargador Alberto Vilas Boas, 1ª Seção Cível, julgamento em 26/11/2019, publicação da súmula em 29/11/2019).
- É assegurada às partes paridade de tratamento em relação ao exercício de direitos e faculdades processuais, aos meios de defesa, aos ônus, aos deveres e à aplicação de sanções processuais, competindo ao juiz zelar pelo efetivo contraditório (CPC, art. 7º) (TJMG, Apelação Cível 1.0040.08.081905-1/001, Rel. Desembargador Ramom Tácio, 16ª Câmara Cível, julgamento em 08/03/2018, publicação da súmula em 16/03/2018).

Art. 8º Ao aplicar o ordenamento jurídico, o juiz atenderá aos fins sociais e às exigências do bem comum, resguardando e promovendo a dignidade da pessoa humana e observando a proporcionalidade, a razoabilidade, a legalidade, a publicidade e a eficiência.

REFERÊNCIAS LEGISLATIVAS

- Arts. 1º, III, 93, IX, CF; arts. 11, 140, CPC; art. 2º, Lei nº 9.307/1996.

Art. 9º Não se proferirá decisão contra uma das partes sem que ela seja previamente ouvida.
Parágrafo único. O disposto no *caput* não se aplica:
I – à tutela provisória de urgência;
II – às hipóteses de tutela da evidência previstas no art. 311, incisos II e III;
III – à decisão prevista no art. 701.

REFERÊNCIAS LEGISLATIVAS

- Art. 5º, LIV, LV, CF; arts. 7º, 8º, 10, 300 a 310, 311, 701, CPC.

ANOTAÇÕES

- ***Princípio do contraditório***: neste, nos anteriores e no próximo artigo, o legislador reforça a recomendação de que seja garantida às partes "paridade de tratamento", ou seja, que o juiz, salvo as exceções apontadas no parágrafo único, evite tomar decisões sem antes permitir que a outra parte apresente suas razões sobre o tema.

JURISPRUDÊNCIA

- Viola os princípios do contraditório e da não surpresa a decisão que revoga a gratuidade de justiça anteriormente deferida à parte, sem que a ela se tenha dado a oportunidade de se manifestar sobre a matéria (TJMG, Agravo de Instrumento-Cv 1.0000.19.032734-6/003, Rel. Desembargador Ramom Tácio, 16ª Câmara Cível, julgamento em 12/08/2020, publicação da súmula em 13/08/2020).
- Na esteira da jurisprudência do STJ (REsp 1.148.296/SP), a intimação da parte agravada para apresentar resposta ao recurso é procedimento natural de preservação do princípio do contraditório, de modo que, se a parte agravante não fornece o endereço para tanto, a inadmissibilidade de ofício do recurso é medida que se impõe (TJMG, Agravo de Instrumento-Cv 1.0000.19.066408-6/002, Rel. Desembargador Pedro Bernardes, 9ª Câmara Cível, julgamento em 07/07/2020, publicação da súmula em 10/07/2020).
- Ao julgar extinto o processo, sem julgamento de mérito, com base no art. 485 do CPC/15, deixando de intimar a parte para se manifestar acerca da possibilidade de extinção do feito por não terem indicado na inicial área remanescente ao lado do imóvel usucapiendo, o magistrado de primeiro grau proferiu "sentença surpresa" e, via de consequência, nula, vez que contraria os arts. 9º e 10 do CPC/2015 (TJMG, Apelação Cível 1.0384.10.087369-2/001, Rel. Desembargador João Cancio, 18ª Câmara Cível, julgamento em 07/07/2020, publicação da súmula em 10/07/2020).
- A concessão de liminar *inaudita altera pars* se justifica quando a demora no pronunciamento judicial possa acarretar prejuízos ao requerente ou ineficácia de seu resultado final, não impondo restrição ao princípio

do contraditório, visto tão somente postergar no tempo a oitiva da parte contrária (STJ, EDcl no AgInt no TP 287/SP, Ministro Paulo de Tarso Sanseverino, T3 – Terceira Turma, *DJe* 13/06/2017).

Art. 10. O juiz não pode decidir, em grau algum de jurisdição, com base em fundamento a respeito do qual não se tenha dado às partes oportunidade de se manifestar, ainda que se trate de matéria sobre a qual deva decidir de ofício.

REFERÊNCIAS LEGISLATIVAS

- Art. 5º, LV, CF; art. 141, CPC.

ANOTAÇÕES

- ***Vedação à decisão surpresa***: exatamente como faz nos arts. 7º e 9º, o legislador reforça a obrigatoriedade da observância do princípio constitucional do contraditório e da ampla defesa, sob pena de nulidade da decisão judicial, ou seja, antes de decidir sobre qualquer questão no processo, o juiz deve dar antes oportunidade para que o interessado se manifeste, mesmo que se trate de matéria sobre a qual possa decidir de ofício.

JURISPRUDÊNCIA

- As garantias constitucionais do devido processo legal (art. 5º, *caput* e LIV) e do contraditório (art. 5º, LV) vedam a que juiz ou tribunal decida qualquer questão, sem que seja dado à parte sobre ela manifestar-se (TJMG, Apelação Cível 1.0035.16.000916-9/003, Rel. Desembargador José Marcos Vieira, 16ª Câmara Cível, julgamento em 05/08/2020, publicação da súmula em 18/08/2020).
- A garantia ao contraditório significa assegurar a prevalência da democracia no processo, com a efetiva possibilidade da participação e da influência das partes na produção de todas as provas e contraprovas que entenderem necessárias para a defesa de seus direitos. A teor do artigo 10 do NCPC, o magistrado não pode decidir alicerçado em fundamento a respeito do qual as partes não tiveram oportunidade de debater. Adotado, assim, o princípio da não surpresa. Viola este princípio, bem como o do contraditório e da ampla defesa, a prolação de sentença de improcedência com fundamento em questão sobre a qual não foi oportunizada às partes a manifestação prévia (TJMG, Apelação Cível 1.0143.14.003860-3/001, Rel. Desembargadora Mariangela Meyer, 10ª Câmara Cível, julgamento em 27/02/2018, publicação da súmula em 09/03/2018).
- A proibição de decisão surpresa, com obediência ao princípio do contraditório, assegura às partes o direito de serem ouvidas de maneira antecipada sobre todas as questões relevantes do processo, ainda que passíveis de conhecimento de ofício pelo magistrado. O contraditório se manifesta pela bilateralidade do binômio ciência/influência. Um sem o outro esvazia o princípio. A inovação do art. 10 do CPC/2015 está em tornar objetivamente obrigatória a intimação das partes para que se manifestem previamente à decisão judicial. E a consequência da inobservância do dispositivo é a nulidade da decisão surpresa, ou decisão de terceira via, na medida em que fere a característica fundamental do novo modelo de processualística pautado na colaboração entre as partes e no diálogo com o julgador (STJ, REsp 1.676.027/PR, Ministro Herman Benjamin, T2 – Segunda Turma, *DJe* 11/10/2017).

Art. 11. Todos os julgamentos dos órgãos do Poder Judiciário serão públicos, e fundamentadas todas as decisões, sob pena de nulidade.

Parágrafo único. Nos casos de segredo de justiça, pode ser autorizada a presença somente das partes, de seus advogados, de defensores públicos ou do Ministério Público.

⚖ REFERÊNCIAS LEGISLATIVAS

- Arts. 5º, LX, 93, IX, CF; art. 189, CPC; art. 2º, § 2º, Lei nº 8.560/1992.

📚 ANOTAÇÕES

- ***Princípio da publicidade***: a fim de garantir a veracidade, a correção e transparência dos atos processuais, esses devem ser preferencialmente públicos, inclusive as audiências, conforme norma esculpida na própria Constituição Federal, art. 93, inciso IX, que declara que "todos os julgamentos dos órgãos do Poder Judiciário serão públicos, e fundamentadas todas as decisões, sob pena de nulidade, podendo a lei limitar a presença, em determinados atos, às próprias partes e a seus advogados, ou somente a estes, em casos nos quais a preservação do direito à intimidade do interessado no sigilo não prejudique o interesse público à informação".

Art. 12. Os juízes e os tribunais atenderão, preferencialmente, à ordem cronológica de conclusão para proferir sentença ou acórdão. *("Caput" do artigo com redação dada pela Lei nº 13.256, de 4 de fevereiro de 2016, em vigor no início da vigência da Lei nº 13.105, de 16 de março de 2015)*

§ 1º A lista de processos aptos a julgamento deverá estar permanentemente à disposição para consulta pública em cartório e na rede mundial de computadores.

§ 2º Estão excluídos da regra do *caput*:

I – as sentenças proferidas em audiência, homologatórias de acordo ou de improcedência liminar do pedido;

II – o julgamento de processos em bloco para aplicação de tese jurídica firmada em julgamento de casos repetitivos;

III – o julgamento de recursos repetitivos ou de incidente de resolução de demandas repetitivas;

IV – as decisões proferidas com base nos arts. 485 e 932;

V – o julgamento de embargos de declaração;

VI – o julgamento de agravo interno;

VII – as preferências legais e as metas estabelecidas pelo Conselho Nacional de Justiça;

VIII – os processos criminais, nos órgãos jurisdicionais que tenham competência penal;

IX – a causa que exija urgência no julgamento, assim reconhecida por decisão fundamentada.

§ 3º Após elaboração de lista própria, respeitar-se-á a ordem cronológica das conclusões entre as preferências legais.

§ 4º Após a inclusão do processo na lista de que trata o § 1º, o requerimento formulado pela parte não altera a ordem cronológica para a decisão, exceto quando implicar a reabertura da instrução ou a conversão do julgamento em diligência.

§ 5º Decidido o requerimento previsto no § 4º, o processo retornará à mesma posição em que anteriormente se encontrava na lista.

§ 6º Ocupará o primeiro lugar na lista prevista no § 1º ou, conforme o caso, no § 3º, o processo que:

I – tiver sua sentença ou acórdão anulado, salvo quando houver necessidade de realização de diligência ou de complementação da instrução;

II – se enquadrar na hipótese do art. 1.040, inciso II.

REFERÊNCIAS LEGISLATIVAS

- Art. 5º, *caput*, CF; arts. 139, I, 485, 487, 932, 936, 976 a 987, 1.021, 1.022 a 1.026, 1.040, II, CPC.

CAPÍTULO II
DA APLICAÇÃO DAS NORMAS PROCESSUAIS

Art. 13. A jurisdição civil será regida pelas normas processuais brasileiras, ressalvadas as disposições específicas previstas em tratados, convenções ou acordos internacionais de que o Brasil seja parte.

REFERÊNCIAS LEGISLATIVAS

- Arts. 5º, § 3º, 178, CF.

Art. 14. A norma processual não retroagirá e será aplicável imediatamente aos processos em curso, respeitados os atos processuais praticados e as situações jurídicas consolidadas sob a vigência da norma revogada.

REFERÊNCIAS LEGISLATIVAS

- Art. 5º, XXXVI, CF; arts. 1.045 e 1.046, CPC.

ANOTAÇÕES

- ***Vigência da lei processual***: embora a lei processual respeite o direito adquirido, o ato jurídico perfeito e a coisa julgada (art. 5º, XXXVI, CF), ela, entrando em vigência, tem efeito imediato, inclusive sobre os feitos que já estejam em andamento, passando a regular os atos processuais pendentes e futuros (*princípio da irretroatividade*), sendo que quanto aos primeiros, embora sejam atingidos, deverão ser respeitados eventuais efeitos dos atos já praticados.

JURISPRUDÊNCIA

- A sucessão de leis processuais no tempo subordina-se ao princípio geral do *tempus regit actum*, no qual se fundamenta a teoria do isolamento dos atos processuais. De acordo com essa teoria – atualmente positivada no art. 14 do CPC/2015 – a lei processual nova tem aplicação imediata aos processos em desenvolvimento, resguardando-se, contudo, a eficácia dos atos processuais já realizados na forma da legislação anterior, bem como as situações jurídicas consolidadas sob a vigência da norma revogada (STJ, REsp 1.666.321/RS, Ministra Nancy Andrighi, T3 – Terceira Turma, *DJe* 13/11/2017).

Art. 15. Na ausência de normas que regulem processos eleitorais, trabalhistas ou administrativos, as disposições deste Código lhes serão aplicadas supletiva e subsidiariamente.

ANOTAÇÕES

- ***Aplicação subsidiária***: a subsidiariedade das normas do CPC vai além dos casos de simples omissão das normas eleitorais, trabalhistas ou administrativas, ela se estende à própria interpretação das referidas normas, que deve se dar dentro dos limites dos princípios fundamentais do processo civil.

LIVRO II
DA FUNÇÃO JURISDICIONAL

TÍTULO I
DA JURISDIÇÃO E DA AÇÃO

Art. 16. A jurisdição civil é exercida pelos juízes e pelos tribunais em todo o território nacional, conforme as disposições deste Código.

⚖ REFERÊNCIAS LEGISLATIVAS

- Art. 92, CF; arts. 139 a 143, CPC.

📚 ANOTAÇÕES

- ***Jurisdição***: o Estado, por meio do Poder Judiciário, tem o "poder-dever de dizer o direito", formulando, à luz do direito objetivo e dos princípios constitucionais, norma jurídica concreta que deva disciplinar determinada situação jurídica, resolvendo a lide e promovendo a paz social; isso é, em síntese, o que a doutrina chama de *jurisdição*.

Art. 17. Para postular em juízo é necessário ter interesse e legitimidade.

⚖ REFERÊNCIAS LEGISLATIVAS

- Arts. 18, 19, 330, II e III, 337, XI, 338 e 339, 485, VI, CPC.

📚 ANOTAÇÕES

- ***Condições da ação***: o direito de ação é autônomo e incondicional, todavia, para que a parte possa obter um pronunciamento judicial quanto ao mérito do seu pedido, no chamado "direito processual de ação", é necessária a presença das seguintes condições: interesse processual e legitimidade da parte.
- ***Interesse processual***: que se traduz no binômio "necessidade/utilidade"; ou seja, a pessoa não pode usar da ação para fazer uma consulta ao Poder Judiciário; é necessário que a atuação judicial seja imprescindível para a obtenção do direito, seja porque o devedor, ou obrigado, se recusa a cumprir a obrigação ou reconhecer o direito do autor (negativa do devedor), seja por "imposição legal", isto é, só por meio do ajuizamento da ação é possível obter a pretensão (*v.g.*, divórcio, interdição etc.).
- ***Legitimidade***: regra geral, a ação só pode ser ajuizada por quem se declara titular do direito material em face do obrigado ou devedor, na chamada *legitimação ordinária*, uma vez que somente assim é possível realmente solucionar a lide. De fato, ninguém pode pedir o que não é seu, e de nada adiantaria o ajuizamento de uma ação em face de quem não é o obrigado.

JURISPRUDÊNCIA

- O art. 17, do CPC, exige que, para a propositura da ação, é necessário que a parte postulante tenha interesse, o qual é determinado pela necessidade e utilidade do provimento jurisdicional pretendido e a adequação do procedimento escolhido (TJMG, Apelação Cível 1.0000.20.018376-2/001, Rel. Desembargador Amorim Siqueira, 9ª Câmara Cível, julgamento em 18/08/2020, publicação da súmula em 24/08/2020).
- Nos termos da jurisprudência do Superior Tribunal de Justiça, as condições da ação, aí incluída a legitimidade para a causa, devem ser aferidas com base na teoria da asserção, isto é, à luz das afirmações deduzidas na petição inicial (STJ, AgInt no AREsp 966.393/RJ, Ministro Ricardo Villas Bôas Cueva, T3 – Terceira Turma, *DJe* 14/02/2017).

Art. 18. Ninguém poderá pleitear direito alheio em nome próprio, salvo quando autorizado pelo ordenamento jurídico.

Parágrafo único. Havendo substituição processual, o substituído poderá intervir como assistente litisconsorcial.

REFERÊNCIAS LEGISLATIVAS

- Art. 5º, LXXIII, CF; arts. 121, parágrafo único, 124, 177, CPC; arts. 267, 1.314, CC; art. 68, CPP; Lei nº 12.016/2009 – LMS; art. 2º, § 4º, Lei nº 8.560/1992; art. 81, Lei nº 8.078/1990 – CDC; arts. 1º e 5º, Lei nº 7.347/1985 – LACP.

ANOTAÇÕES

- ***Legitimação extraordinária (substituição processual)***: em circunstâncias excepcionais, a lei permite que uma pessoa demande em nome próprio direito de outrem (*v.g.*, consorte que reivindica a coisa comum que se encontra na posse de terceiros, art. 1.314, CC; credor solidário, art. 267, CC; Ação Popular, art. 5º, LXXIII, CF; Ação Civil Pública, arts. 1º e 5º, Lei nº 7.347/85 – LACP; Mandado de Segurança, Lei nº 12.016/09 – LMS; Ministério Público, art. 177 do CPC, que é substituto processual sempre que autorizado por Lei, como no caso do CDC, art. 81, CPP, art. 68, Lei nº 8.560/1992, art. 2º, § 4º etc.).

JURISPRUDÊNCIA

- Enunciado 110 do Fórum Permanente de Processualistas Civis: Havendo substituição processual, e sendo possível identificar o substituído, o juiz deve determinar a intimação deste último para, querendo, integrar o processo.
- Agravo de instrumento. Cumprimento de sentença. Inadimplemento de mensalidades escolares. Contrato assinado somente pela genitora. Legitimidade extraordinária do responsável solidário pelo sustento e pela manutenção do menor matriculado em ensino regular que deve ser reconhecida. Observância do Superior Tribunal de Justiça (Recurso Especial nº 1.472.316-SP). Decisão reformada. Recurso provido (TJSP, Agravo de Instrumento 2032852-48.2020.8.26.0000, Relator Régis Rodrigues Bonvicino 14ª Câmara de Direito Privado, Foro Regional X – Ipiranga – 1ª Vara Cível, *DJ* 10/09/2020).
- Nos termos do art. 18 do CPC, ninguém poderá, em nome próprio, pleitear direito alheio, exceto quando autorizado pelo ordenamento jurídico, donde se conclui que a legitimação extraordinária trata-se de hipótese

excepcional, somente podendo ocorrer quando expressa na lei, estando vedada a substituição voluntária (TJMG, Apelação Cível 1.0000.20.038874-2/001, Rel. Desembargador Fernando Caldeira Brant, 20ª Câmara Cível, julgamento em 10/06/2020, publicação da súmula em 15/06/2020).
- A CF/88 confere ao Ministério Público legitimidade extraordinária para a defesa dos direitos indisponíveis, dentre os quais se enquadra o direito à saúde (TJMG, Apelação Cível 1.0000.17.085477-2/001, Rel. Desembargador Raimundo Messias Júnior, 2ª Câmara Cível, julgamento em 12/02/2019, publicação da súmula em 14/02/2019).

Art. 19. O interesse do autor pode limitar-se à declaração:
I – da existência, da inexistência ou do modo de ser de uma relação jurídica;
II – da autenticidade ou da falsidade de documento.

REFERÊNCIAS LEGISLATIVAS

- Arts. 17, 434 a 438, CPC; arts.104 a 188, CC.

Art. 20. É admissível a ação meramente declaratória, ainda que tenha ocorrido a violação do direito.

REFERÊNCIAS LEGISLATIVAS

- Arts. 3º, 19, 141, CPC.

JURISPRUDÊNCIA

- Súmula 181 do STJ: É admissível ação declaratória, visando a obter certeza quanto à exata interpretação de cláusula contratual.
- A ação autônoma declaratória de falsidade tem previsão no art. 19, II, do CPC, não podendo ser confundida com o incidente de arguição de falsidade documental, seja aquele suscitado nos próprios autos da ação principal ou aquele veiculado em processo apensado (TJMG, Apelação Cível 1.0051.18.002862-6/001, Rel. Desembargador João Cancio, 18ª Câmara Cível, julgamento em 29/10/2019, publicação da súmula em 01/11/2019).

TÍTULO II
DOS LIMITES DA JURISDIÇÃO NACIONAL E DA COOPERAÇÃO INTERNACIONAL

CAPÍTULO I
DOS LIMITES DA JURISDIÇÃO NACIONAL

Art. 21. Compete à autoridade judiciária brasileira processar e julgar as ações em que:
I – o réu, qualquer que seja a sua nacionalidade, estiver domiciliado no Brasil;

II – no Brasil tiver de ser cumprida a obrigação;

III – o fundamento seja fato ocorrido ou ato praticado no Brasil.

Parágrafo único. Para o fim do disposto no inciso I, considera-se domiciliada no Brasil a pessoa jurídica estrangeira que nele tiver agência, filial ou sucursal.

REFERÊNCIAS LEGISLATIVAS

- Arts. 105, I, "i", 109, X, CF; arts. 960 a 965, CPC; arts. 70 a 78, CC.

ANOTAÇÕES

- **Limites da jurisdição**: a jurisdição é fruto da soberania do Estado e, por consequência natural, deve ser exercida dentro do seu território. Entretanto, a necessidade de convivência entre os Estados, independentes e soberanos, fez surgir regras que levam um Estado a acatar, dentro de certos limites estabelecidos em tratados internacionais, as decisões proferidas por juízes de outros Estados. Diante dessa realidade, o legislador nacional definiu casos em que a "competência é exclusiva" do Poder Judiciário brasileiro e casos em que a "competência é concorrente", sendo que a decisão proferida no estrangeiro pode vir a gerar efeitos dentro do nosso território, após ser homologada pelo Superior Tribunal de Justiça (arts. 960 a 965, CPC; art. 105, I, "i", CF).

Art. 22. Compete, ainda, à autoridade judiciária brasileira processar e julgar as ações:

I – de alimentos, quando:

a) o credor tiver domicílio ou residência no Brasil;

b) o réu mantiver vínculos no Brasil, tais como posse ou propriedade de bens, recebimento de renda ou obtenção de benefícios econômicos;

II – decorrentes de relações de consumo, quando o consumidor tiver domicílio ou residência no Brasil;

III – em que as partes, expressa ou tacitamente, se submeterem à jurisdição nacional.

REFERÊNCIAS LEGISLATIVAS

- Arts. 1º, 2º, Lei nº 8.078/1990 – CDC.

ANOTAÇÕES

- **Competência concorrente**: neste artigo, o legislador indica os casos em que a competência jurisdicional brasileira é concorrente (a competência exclusiva é tratada no artigo seguinte).

Art. 23. Compete à autoridade judiciária brasileira, com exclusão de qualquer outra:

I – conhecer de ações relativas a imóveis situados no Brasil;

> II – em matéria de sucessão hereditária, proceder à confirmação de testamento particular e ao inventário e à partilha de bens situados no Brasil, ainda que o autor da herança seja de nacionalidade estrangeira ou tenha domicílio fora do território nacional;
>
> III – em divórcio, separação judicial ou dissolução de união estável, proceder à partilha de bens situados no Brasil, ainda que o titular seja de nacionalidade estrangeira ou tenha domicílio fora do território nacional.

REFERÊNCIAS LEGISLATIVAS

- Arts. 610 a 673, 964, CPC; arts. 79 a 81, 1.876 a 1.880, CC.

JURISPRUDÊNCIA

- Conquanto a homologação confira eficácia executiva à decisão estrangeira, não há óbice para que o juízo em que tramita o inventário do falecido, em cognição plena, decida especificamente sobre os bens situados no Brasil, observando, por exemplo, a existência de bens eventualmente excluídos da partilha, a ordem de vocação hereditária e as questões relativas à jurisdição exclusiva do Poder Judiciário brasileiro, nos termos do art. 23, I a III, do CPC/15 (STJ, HDE 966/EX, Ministra Nancy Andrighi, CE – Corte Especial, *DJe* 16/10/2020).

> **Art. 24.** A ação proposta perante tribunal estrangeiro não induz litispendência e não obsta a que a autoridade judiciária brasileira conheça da mesma causa e das que lhe são conexas, ressalvadas as disposições em contrário de tratados internacionais e acordos bilaterais em vigor no Brasil.
>
> Parágrafo único. A pendência de causa perante a jurisdição brasileira não impede a homologação de sentença judicial estrangeira quando exigida para produzir efeitos no Brasil.

REFERÊNCIAS LEGISLATIVAS

- Art. 105, I, "i", CF; arts. 240, 337, §§ 1º e 3º, 961, CPC.

JURISPRUDÊNCIA

- Tratando-se de jurisdições concorrentes, a estrangeira e a nacional, em que discutida a mesma matéria, isto é, a validade de cláusula arbitral constante de contrato celebrado no exterior sob expressa regência da legislação estrangeira, prevalece a sentença que primeiro transitou em julgado, no caso a sentença estrangeira (STJ, SEC 854/EX, Ministro Massami Uyeda, CE – Corte Especial, *DJe* 07/11/2013).

> **Art. 25.** Não compete à autoridade judiciária brasileira o processamento e o julgamento da ação quando houver cláusula de eleição de foro exclusivo estrangeiro em contrato internacional, arguida pelo réu na contestação.

§ 1º Não se aplica o disposto no *caput* às hipóteses de competência internacional exclusiva previstas neste Capítulo.

§ 2º Aplica-se à hipótese do *caput* o art. 63, §§ 1º a 4º.

REFERÊNCIAS LEGISLATIVAS

- Arts. 63, §§ 1º a 4º, 64, 337, II, CPC.

CAPÍTULO II
DA COOPERAÇÃO INTERNACIONAL

Seção I
Disposições Gerais

Art. 26. A cooperação jurídica internacional será regida por tratado de que o Brasil faz parte e observará:

I – o respeito às garantias do devido processo legal no Estado requerente;

II – a igualdade de tratamento entre nacionais e estrangeiros, residentes ou não no Brasil, em relação ao acesso à justiça e à tramitação dos processos, assegurando-se assistência judiciária aos necessitados;

III – a publicidade processual, exceto nas hipóteses de sigilo previstas na legislação brasileira ou na do Estado requerente;

IV – a existência de autoridade central para recepção e transmissão dos pedidos de cooperação;

V – a espontaneidade na transmissão de informações a autoridades estrangeiras.

§ 1º Na ausência de tratado, a cooperação jurídica internacional poderá realizar-se com base em reciprocidade, manifestada por via diplomática.

§ 2º Não se exigirá a reciprocidade referida no § 1º para homologação de sentença estrangeira.

§ 3º Na cooperação jurídica internacional não será admitida a prática de atos que contrariem ou que produzam resultados incompatíveis com as normas fundamentais que regem o Estado brasileiro.

§ 4º O Ministério da Justiça exercerá as funções de autoridade central na ausência de designação específica.

REFERÊNCIAS LEGISLATIVAS

- Arts. 5º, LIV, LV, LX, e 93, IX, CF; arts. 7º e 139, I, 189, CPC.

Art. 27. A cooperação jurídica internacional terá por objeto:

I – citação, intimação e notificação judicial e extrajudicial;

II – colheita de provas e obtenção de informações;
III – homologação e cumprimento de decisão;
IV – concessão de medida judicial de urgência;
V – assistência jurídica internacional;
VI – qualquer outra medida judicial ou extrajudicial não proibida pela lei brasileira.

REFERÊNCIAS LEGISLATIVAS

- Arts. 36, 260 a 268, CPC; arts. 167-P e 167-Q, Lei 11.101/2005.

Seção II
Do Auxílio Direto

Art. 28. Cabe auxílio direto quando a medida não decorrer diretamente de decisão de autoridade jurisdicional estrangeira a ser submetida a juízo de delibação no Brasil.

REFERÊNCIAS LEGISLATIVAS

- Art. 105, I, "i", CF; arts. 960 a 965, CPC; arts. 167-P e 167-Q, Lei 11.101/2005.

ANOTAÇÕES

- *Auxílio direto*: forma de colaboração com estados estrangeiros que procura evitar os instrumentos formais como a carta rogatória, desde que a decisão não decorra de decisão judicial estrangeira, visto que neste caso a eficácia da decisão depende de deliberação do STJ.

Art. 29. A solicitação de auxílio direto será encaminhada pelo órgão estrangeiro interessado à autoridade central, cabendo ao Estado requerente assegurar a autenticidade e a clareza do pedido.

REFERÊNCIAS LEGISLATIVAS

- Art. 26, § 4º, CPC.

Art. 30. Além dos casos previstos em tratados de que o Brasil faz parte, o auxílio direto terá os seguintes objetos:
I – obtenção e prestação de informações sobre o ordenamento jurídico e sobre processos administrativos ou jurisdicionais findos ou em curso;

II – colheita de provas, salvo se a medida for adotada em processo, em curso no estrangeiro, de competência exclusiva de autoridade judiciária brasileira;

III – qualquer outra medida judicial ou extrajudicial não proibida pela lei brasileira.

REFERÊNCIAS LEGISLATIVAS

- Art. 23, CPC.

Art. 31. A autoridade central brasileira comunicar-se-á diretamente com suas congêneres e, se necessário, com outros órgãos estrangeiros responsáveis pela tramitação e pela execução de pedidos de cooperação enviados e recebidos pelo Estado brasileiro, respeitadas disposições específicas constantes de tratado.

REFERÊNCIAS LEGISLATIVAS

- Art. 26, § 4º, CPC.

Art. 32. No caso de auxílio direto para a prática de atos que, segundo a lei brasileira, não necessitem de prestação jurisdicional, a autoridade central adotará as providências necessárias para seu cumprimento.

ANOTAÇÕES

- *Execução do auxílio direto*: quando a medida requerida pela autoridade estrangeira não demandar a execução por meio de juízo federal, como, por exemplo, a obtenção de informação sobre o ordenamento jurídico brasileiro, o próprio Ministério da Justiça poderá atender.

Art. 33. Recebido o pedido de auxílio direto passivo, a autoridade central o encaminhará à Advocacia-Geral da União, que requererá em juízo a medida solicitada.

Parágrafo único. O Ministério Público requererá em juízo a medida solicitada quando for autoridade central.

REFERÊNCIAS LEGISLATIVAS

- Arts. 131, 132, CF.

ANOTAÇÕES

- *Auxílio direto passivo*: é aquele que necessita da intervenção de órgão jurisdicional brasileiro. Neste caso, o Ministério da Justiça deve encaminhar o pedido para a Advocacia-Geral da União para que tome as providências que o caso estiver a exigir.

> **Art. 34.** Compete ao juízo federal do lugar em que deva ser executada a medida apreciar pedido de auxílio direto passivo que demande prestação de atividade jurisdicional.

ANOTAÇÕES

- *Regra de competência*: a norma indica como competente para conhecer do auxílio direto passivo a justiça federal do local onde deva ser executada a medida.

> Seção III
> Da Carta Rogatória
>
> **Art. 35.** (VETADO).
> **Art. 36.** O procedimento da carta rogatória perante o Superior Tribunal de Justiça é de jurisdição contenciosa e deve assegurar às partes as garantias do devido processo legal.
> § 1º A defesa restringir-se-á à discussão quanto ao atendimento dos requisitos para que o pronunciamento judicial estrangeiro produza efeitos no Brasil.
> § 2º Em qualquer hipótese, é vedada a revisão do mérito do pronunciamento judicial estrangeiro pela autoridade judiciária brasileira.

REFERÊNCIAS LEGISLATIVAS

- Arts. 5º, LIV, 105, I, "i", CF; arts. 260, 960 a 965, CPC.

ANOTAÇÕES

- *Carta rogatória*: meio de comunicação pelo qual o estado brasileiro requer a uma nação estrangeira o cumprimento de um ato judicial, como forma de cooperação jurídica internacional. Normalmente a forma e o procedimento da carta rogatória são previstos por tratados firmados entre os estados ou estabelecidos por vias diplomáticas.

> Seção IV
> Disposições Comuns às Seções Anteriores
>
> **Art. 37.** O pedido de cooperação jurídica internacional oriundo de autoridade brasileira competente será encaminhado à autoridade central para posterior envio ao Estado requerido para lhe dar andamento.

REFERÊNCIAS LEGISLATIVAS

- Art. 26, § 4º, CPC.

Art. 38. O pedido de cooperação oriundo de autoridade brasileira competente e os documentos anexos que o instruem serão encaminhados à autoridade central, acompanhados de tradução para a língua oficial do Estado requerido.

Art. 39. O pedido passivo de cooperação jurídica internacional será recusado se configurar manifesta ofensa à ordem pública.

REFERÊNCIAS LEGISLATIVAS

- Art. 33, CPC.

Art. 40. A cooperação jurídica internacional para execução de decisão estrangeira dar-se-á por meio de carta rogatória ou de ação de homologação de sentença estrangeira, de acordo com o art. 960.

REFERÊNCIAS LEGISLATIVAS

- Arts. 36, 260, 960, CPC.

Art. 41. Considera-se autêntico o documento que instruir pedido de cooperação jurídica internacional, inclusive tradução para a língua portuguesa, quando encaminhado ao Estado brasileiro por meio de autoridade central ou por via diplomática, dispensando-se a juramentação, autenticação ou qualquer procedimento de legalização.

Parágrafo único. O disposto no *caput* não impede, quando necessária, a aplicação pelo Estado brasileiro do princípio da reciprocidade de tratamento.

TÍTULO III
DA COMPETÊNCIA INTERNA

CAPÍTULO I
DA COMPETÊNCIA

Seção I
Disposições Gerais

Art. 42. As causas cíveis serão processadas e decididas pelo juiz nos limites de sua competência, ressalvado às partes o direito de instituir juízo arbitral, na forma da lei.

REFERÊNCIAS LEGISLATIVAS

- Art. 141, CPC; art. 167-H, § 3º, Lei 11.101/2005; arts. 1º e 3º, Lei nº 9.307/1996.

ANOTAÇÕES

- **Divisão da jurisdição**: enquanto poder estatal, a *jurisdição é una*; no entanto, por motivos de ordem prática, principalmente pela necessidade da divisão do trabalho, costuma-se dividir as atividades jurisdicionais segundo vários critérios.
- **Juiz competente**: é aquele que, segundo limites fixados pela Lei, tem o poder, isto é, a jurisdição, para decidir certo e determinado litígio.

JURISPRUDÊNCIA

- Súmula 736 do STF: Compete à Justiça do Trabalho julgar as ações que tenham como causa de pedir o descumprimento de normas trabalhistas relativas à segurança, higiene e saúde dos trabalhadores.
- O foro competente não é de livre escolha das partes, mas aquele definido pelas normas da Constituição da República, do Código de Processo Civil e das leis de organização judiciária dos Estados, sob pena de ofensa ao princípio do Juiz Natural (TJMG, Conflito de Competência 1.0000.19.130099-5/000, Rel. Desembargador Roberto Vasconcellos, 17ª Câmara Cível, julgamento em 02/07/2020, publicação da súmula em 17/07/2020).

Art. 43. Determina-se a competência no momento do registro ou da distribuição da petição inicial, sendo irrelevantes as modificações do estado de fato ou de direito ocorridas posteriormente, salvo quando suprimirem órgão judiciário ou alterarem a competência absoluta.

REFERÊNCIAS LEGISLATIVAS

- Arts. 54, 64 a 66, 284 a 290, 312, 319, CPC.

ANOTAÇÕES

- **Fixação da competência**: a competência é determinada no momento do registro ou da distribuição da petição inicial, sendo irrelevantes as modificações do estado de fato ou de direito ocorridas posteriormente (*perpetuatio jurisdictionis*); não obstante a regra geral, o CPC permite a modificação da competência após a propositura da ação nos casos de "conexão" ou "continência" (art. 54, CPC).

JURISPRUDÊNCIA

- A fixação da competência se dá no momento do registro ou da distribuição da petição inicial, de modo que, segundo a regra processual da *perpetuatio jurisdictionis*, nenhuma modificação do estado de fato ou de direito superveniente é capaz de alterar a competência, salvo quando suprimido o órgão judiciário ou alterada a competência absoluta (TJMG, Conflito de Competência 1.0000.19.164364-2/000, Rel. Desembargador Renato Dresch, 4ª Câmara Cível, julgamento em 18/06/2020, publicação da súmula em 16/07/2020).
- Embora a competência seja determinada no momento do ajuizamento da ação (CPC, art. 43), o Estatuto da Criança e do Adolescente – ECA instituiu no art. 147 uma regra de flexibilização da *perpetuatio jurisdictio-*

nis, possibilitando a modificação da competência territorial, no âmbito da Justiça da Infância e Juventude, quando demonstrado ser a solução que melhor atende ao interesse da criança ou do adolescente (ECA, art. 147, § 2º) (TJMG, Conflito de Competência 1.0000.19.164364-2/000, Rel. Desembargador Renato Dresch, 4ª Câmara Cível, julgamento em 18/06/2020, publicação da súmula em 16/07/2020).

- O Superior Tribunal de Justiça firmou entendimento de que nos processos que envolvam curatela deve prevalecer o interesse da pessoa interditada em detrimento de quaisquer outras questões, podendo ser mitigado, inclusive, o princípio da *perpetuatio jurisdictionis*, previsto no art. 87 do CPC, segundo o qual a competência se define no momento da propositura da ação, sendo irrelevantes as modificações do estado de fato ou de direito ocorridas posteriormente, salvo quando suprimirem o órgão judiciário ou alterarem a competência em razão da matéria ou da hierarquia (STJ, CC 134.097/DF, Ministro Raul Araújo, S2 – Segunda Seção, *DJe* 05/11/2015).
- O caráter continuativo da relação jurídica alimentar, conjugado com a índole social da ação de alimentos, autoriza que se mitigue a regra da *perpetuatio jurisdictionis* (STJ, CC 134.471/PB, Ministro Raul Araújo, S2 – Segunda Seção, *DJe* 03/08/2015).

Art. 44. Obedecidos os limites estabelecidos pela Constituição Federal, a competência é determinada pelas normas previstas neste Código ou em legislação especial, pelas normas de organização judiciária e, ainda, no que couber, pelas constituições dos Estados.

REFERÊNCIAS LEGISLATIVAS

- Arts. 102, 105, 108, 109, 114, 121, 124 e 125, CF; 48 a 53, 64 a 66, 337, II, 516, 528, § 9º, 540, 676, 683, parágrafo único, 781 e 782, CPC; arts. 2º e 5º, Lei nº 12.153/2009; arts. 3º e 6º, Lei nº 10.259/2001; arts. 3º e 4º, Lei nº 9.099/1995 – JEC; art. 58, II, Lei nº 8.245/1991 – LI; art. 101, I, Lei nº 8.078/1990 – CDC.

ANOTAÇÕES

- ***Justiça comum e especial***: a jurisdição comum pode ser federal ou estadual, segundo critérios fixados na Constituição Federal (arts. 106 a 110; arts. 125 e 126), subdivide-se em civil e penal. Já a *jurisdição especial* se subdivide em trabalhista, eleitoral e militar (arts. 111 a 124, CF).
- ***Juizados especiais***: criados com o objetivo de dar maior celeridade aos processos de menor complexidade, os "Juizados Especiais Cíveis" se apresentam (art. 3º, § 3º, Lei nº 9.099/1995), segundo a jurisprudência do Superior Tribunal de Justiça, como uma "opção" para o cidadão que tem pressa em resolver seus conflitos (competência relativa). Já no âmbito da Justiça Federal, os "Juizados Especiais Cíveis" têm, quanto aos feitos que lhes são afetados, competência absoluta (art. 3º, § 3º, Lei nº 10.259/2001); absoluta igualmente a competência dos Juizados Especiais da Fazenda Pública (art. 2º, § 4º, Lei nº 12.153/2009).

DICAS DE PRÁTICA JURÍDICA

- ***Como determinar qual é o foro competente***: primeiro o interessado deve identificar em qual "justiça" deverá distribuir a sua ação; para tanto se deve usar o critério da exclusão, primeiro se verifica se o tema da ação é atribuição da "jurisdição especial" (trabalhista, eleitoral e militar), não sendo o caso, tem-se então a "jurisdição comum", que se subdivide em federal e estadual, cabendo, então, nova exclusão, o que não for da jurisdição federal (art. 109, CF), será de competência da jurisdição estadual. Determinado o tipo de "justiça", busca-se então determinar-se o juízo competente para conhecer da ação, o que também se faz por meio de "exclusão"; o primeiro passo é verificar se existe para o caso "foro de eleição" ou alguma regra especial no próprio CPC (por exemplo: arts. 48 a 53; art. 516; art. 528, § 9º; art. 540; art. 676; art. 683, parágrafo único; arts. 781 e 782); necessário ainda verificar-se a existência de alguma regra especial em alguma lei extravagante (por exemplo: art. 58, II, Lei nº 8.245/1991 – LI; art. 101, I, Lei nº 8.078/1990 – CDC; art. 4º, Lei nº 9.099/1995 – JEC). Não sendo encontrada regra especial no CPC ou em alguma lei extravagante, não havendo, ademais, foro de eleição, deve então o advogado se valer, conforme o caso (direito pessoal ou real), das regras gerais previstas nos arts. 46 e 47.

JURISPRUDÊNCIA

- A competência do Juizado Especial da Fazenda Pública é absoluta (arts. 2º e 5º da Lei 12.153/09), de sorte que pode ser alegada a qualquer tempo e grau de jurisdição (art. 64, § 2º, do CPC) e, inclusive, ser declarada de ofício pelo Juiz (TJMG, Agravo de Instrumento-Cv 1.0000.20.068086-6/001, Rel. Desembargador Wagner Wilson, 19ª Câmara Cível, julgamento em 20/08/2020, publicação da súmula em 26/08/2020).
- O foro competente não é de livre escolha das partes, mas aquele definido pelas normas da Constituição da República, do Código de Processo Civil e das leis de organização judiciária dos Estados, sob pena de ofensa ao princípio do Juiz Natural (TJMG, Conflito de Competência 1.0000.19.130099-5/000, Rel. Desembargador Roberto Vasconcellos, 17ª Câmara Cível, julgamento em 02/07/2020, publicação da súmula em 17/07/2020).
- A competência do Juizado Especial Cível é relativa e cabe ao autor escolher entre o procedimento previsto na Lei 9.099/95 ou promover a ação perante a Justiça comum, pelo rito do Código de Processo Civil. Precedentes (STJ, RMS 61604/RS, Ministro Raul Araújo, T4 – Quarta Turma, *DJe* 03/02/2020).
- A jurisprudência do STJ admite a impetração de mandado de segurança para que o Tribunal de Justiça exerça o controle da competência dos Juizados Especiais Cíveis e Criminais, vedada a análise do mérito do processo subjacente (RMS 33.155/MA, Rel. Ministra Maria Isabel Gallotti, T4 – Quarta Turma, *DJe* 29.8.2011)
- Em causas sujeitas aos Juizados Especiais Federais, a competência é determinada do seguinte modo (sem prejuízo, quando for o caso, do disposto no art. 109, § 3º da CF): (a) em município em que houver Vara do Juizado Especial instalada, é dessa a competência para a causa, em caráter absoluto (art. 3º, § 3º, da Lei nº 10.259/01); (b) não havendo Vara de Juizado Especial instalada, tem o autor opção de ajuizar a demanda perante a Vara do Juizado Comum da respectiva Subseção Judiciária (art. 3º, § 3º, da Lei 10.259/01, interpretado *a contrario sensu*) ou a Vara do Juizado Especial Federal mais próximo (art. 20 da Lei nº 10.259/01) (STJ, CC 91579/BA, Ministro Teori Albino Zavascki, S1 – Primeira Seção, *DJe* 10/03/2008).

Art. 45. Tramitando o processo perante outro juízo, os autos serão remetidos ao juízo federal competente se nele intervier a União, suas empresas públicas, entidades autárquicas e fundações, ou conselho de fiscalização de atividade profissional, na qualidade de parte ou de terceiro interveniente, exceto as ações:

I – de recuperação judicial, falência, insolvência civil e acidente de trabalho;

II – sujeitas à justiça eleitoral e à justiça do trabalho.

§ 1º Os autos não serão remetidos se houver pedido cuja apreciação seja de competência do juízo perante o qual foi proposta a ação.

§ 2º Na hipótese do § 1º, o juiz, ao não admitir a cumulação de pedidos em razão da incompetência para apreciar qualquer deles, não examinará o mérito daquele em que exista interesse da União, de suas entidades autárquicas ou de suas empresas públicas.

§ 3º O juízo federal restituirá os autos ao juízo estadual sem suscitar conflito se o ente federal cuja presença ensejou a remessa for excluído do processo.

Código de Processo Civil | **Art. 46**

⚖ REFERÊNCIAS LEGISLATIVAS

- Art. 109, CF; arts. 64, 337, II, 951 a 959, CPC; art. 41, CC.

📚 ANOTAÇÕES

- ***Modificação da competência***: a norma demanda medida de ofício do juiz. No caso, no entanto, de ele não agir, o interessado deve em preliminar na contestação levantar a questão da incompetência absoluta.

> **Art. 46.** A ação fundada em direito pessoal ou em direito real sobre bens móveis será proposta, em regra, no foro de domicílio do réu.
> § 1º Tendo mais de um domicílio, o réu será demandado no foro de qualquer deles.
> § 2º Sendo incerto ou desconhecido o domicílio do réu, ele poderá ser demandado onde for encontrado ou no foro de domicílio do autor.
> § 3º Quando o réu não tiver domicílio ou residência no Brasil, a ação será proposta no foro de domicílio do autor, e, se este também residir fora do Brasil, a ação será proposta em qualquer foro.
> § 4º Havendo 2 (dois) ou mais réus com diferentes domicílios, serão demandados no foro de qualquer deles, à escolha do autor.
> § 5º A execução fiscal será proposta no foro de domicílio do réu, no de sua residência ou no do lugar onde for encontrado.

⚖ REFERÊNCIAS LEGISLATIVAS

- Arts. 48, 50 e 53, CPC; arts. 70 a 78 e arts. 82 a 84, CC; art. 4º, Lei nº 9.099/1995 – JEC; art. 58, II, Lei nº 8.245/1991; art. 101, Lei nº 8.078/1990 – CDC; arts. 5º, 28 e 29, Lei nº 6.830/1980 – LEF.

📚 ANOTAÇÕES

- ***Domicílio***: embora vulgarmente os termos domicílio e residência sejam usados como sinônimos, juridicamente expressam ideias diferentes, enquanto "domicílio" indica a sede jurídica da pessoa, o local onde esta responde por seus atos e negócios jurídicos, "residência", ou moradia, por sua vez, é o lugar onde habita, com intenção de permanecer, ou onde tem o centro de suas ocupações.
- ***Domicílio da pessoa natural***: art. 70 do CC: "o domicílio da pessoa natural é o lugar onde ela estabelece a sua residência com ânimo definitivo".
- ***Domicílio da pessoa jurídica***: art. 75 do CC: "o domicílio da pessoa jurídica é: I – da União, o Distrito Federal; II – dos Estados e Territórios, as respectivas capitais; III – do Município, o lugar onde funcione a administração municipal; IV – das demais pessoas jurídicas, o lugar onde funcionarem as respectivas diretorias e administrações, ou onde elegerem domicílio especial no seu estatuto ou atos constitutivos".
- ***Bens móveis***: são móveis os bens suscetíveis de movimento próprio (*v.g.*, semoventes), ou de remoção por força alheia (*v.g.*, cadeira, livro, quadro etc.), sem alteração da sua substância ou da destinação econômico-social. São também móveis, por definição legal: (I) as energias que

tenham valor econômico; (II) os direitos reais sobre objetos móveis e as ações correspondentes; (III) os direitos pessoais de caráter patrimonial e respectivas ações.

> **Art. 47.** Para as ações fundadas em direito real sobre imóveis é competente o foro de situação da coisa.
> § 1º O autor pode optar pelo foro de domicílio do réu ou pelo foro de eleição se o litígio não recair sobre direito de propriedade, vizinhança, servidão, divisão e demarcação de terras e de nunciação de obra nova.
> § 2º A ação possessória imobiliária será proposta no foro de situação da coisa, cujo juízo tem competência absoluta.

REFERÊNCIAS LEGISLATIVAS

- Art. 176, CF; arts. 554 a 568, 569 a 598, CPC; arts. 79 a 81, 1.225, 1.228, 1.277, 1.297, 1.320, 1.378, CC.

ANOTAÇÕES

- **Bens imóveis**: são bens imóveis o solo e tudo quanto se lhe incorporar natural ou artificialmente. Podem ser divididos em quatro categorias: (I) *imóveis por sua natureza*, que abrange o solo com a sua superfície, os seus acessórios e adjacências naturais, compreendendo as árvores e frutos pendentes, o espaço aéreo e o subsolo; (II) *imóveis por acessão física artificial*, que inclui tudo aquilo que o homem incorporar permanentemente ao solo, como a semente lançada à terra, os edifícios e construções, de modo que se não possa retirar sem destruição, modificação, fratura ou dano. Cabe observar que os frutos, pedras e metais, enquanto aderente ao imóvel são imóveis, porém separados para fins humanos tornam-se móveis; (III) *imóveis por acessão intelectual*, que engloba tudo quanto no imóvel o proprietário mantiver intencionalmente empregado em sua exploração industrial, aformoseamento ou comodidade; estes bens podem ser, em qualquer tempo, mobilizados; (IV) *imóveis por definição da lei*, que englobam aqueles casos em que, para garantir a segurança das relações jurídicas, a lei atribui a qualidade de imóveis, como: os direitos reais sobre imóveis e as ações que os asseguram e o direito à sucessão aberta.

JURISPRUDÊNCIA

- Súmula 11 do STJ: A presença da União ou de qualquer de seus entes, na ação de usucapião especial, não afasta a competência do foro da situação do imóvel.
- O foro competente para a ação de usucapião de bem imóvel será sempre o da situação da coisa (art. 95 do CPC/1973 e art. 57 do CPC/2015), configurando hipótese de competência material, portanto, absoluta e improrrogável (STJ, CC 142.849/SP, Ministro Luis Felipe Salomão, S2 – Segunda Seção, *DJe* 11/04/2017).

> **Art. 48.** O foro de domicílio do autor da herança, no Brasil, é o competente para o inventário, a partilha, a arrecadação, o cumprimento de disposições de última vontade, a impugnação ou anulação de partilha extrajudicial e para todas as ações em que o espólio for réu, ainda que o óbito tenha ocorrido no estrangeiro.

Parágrafo único. Se o autor da herança não possuía domicílio certo, é competente:
I – o foro de situação dos bens imóveis;
II – havendo bens imóveis em foros diferentes, qualquer destes;
III – não havendo bens imóveis, o foro do local de qualquer dos bens do espólio.

REFERÊNCIAS LEGISLATIVAS

- Arts. 46, 49, 610 a 673, CPC; arts. 1.784 a 2.027, CC.

Art. 49. A ação em que o ausente for réu será proposta no foro de seu último domicílio, também competente para a arrecadação, o inventário, a partilha e o cumprimento de disposições testamentárias.

REFERÊNCIAS LEGISLATIVAS

- Arts. 744 e 745, CPC; arts. 22 a 39, CC.

ANOTAÇÕES

- **Ausente**: desaparecendo uma pessoa de seu domicílio sem deixar notícias do seu destino ou paradeiro, bem como representante que lhe administre os bens, o juiz, a requerimento do cônjuge, dos pais, dos filhos ou do Ministério Público, declarará a ausência (art. 22, CC), nomeando, preferencialmente entre os retroindicados, um curador (art. 25, CC). Os interessados poderão, decorrido um ano da arrecadação dos bens do ausente, requerer a abertura da sucessão provisória (art. 26, CC), que, declarada aberta por sentença, só produzirá efeito 180 dias depois da publicação (art. 28, CC), quando, então, se procederá com o inventário e partilha. Decorridos dez anos do trânsito em julgado da sentença que declarou aberta a sucessão provisória, poderão os interessados requerer a sucessão definitiva e o levantamento das cauções prestadas (art. 37, CC).

Art. 50. A ação em que o incapaz for réu será proposta no foro de domicílio de seu representante ou assistente.

REFERÊNCIAS LEGISLATIVAS

- Arts. 46, 53, CPC; arts. 3º, 4º, 76, 1.634, VII, 1.747, I, CC; art. 147, I, Lei nº 8.069/1990 – ECA.

JURISPRUDÊNCIA

- Súmula 383 do STJ: A competência para processar e julgar as ações conexas de interesse de menor é, em princípio, do foro do domicílio do detentor de sua guarda.

- Conflito negativo de competência – Ação de guarda e responsabilidade – Pleito realizado pela família extensa que convive com a criança desde o nascimento – Ajuizamento perante a Vara da Família e Sucessões – Declinação de competência sob o fundamento de se tratar de competência absoluta da Vara da Infância e Juventude – Ausência de risco e/ou vulnerabilidade a ensejar a atuação da Vara Especializada – Questão a ser dirimida no Juízo da Família – Precedentes – Conflito procedente – Competente o juízo suscitado (TJSP, Conflito de Competência Cível 0013885-86.2020.8.26.0000, Relator Magalhães Coelho (Pres. da Seção de Direito Público), Câmara Especial, Foro Regional XV – Butantã – 2ª Vara da Família e Sucessões, *DJ* 10/07/2020).
- Competência – Ação de modificação de guarda distribuída ao MM Juízo da 1ª Vara Cível de Pindamonhangaba – Determinação de remessa dos autos à comarca de Manaus/AM, considerando que a guarda da menor foi deferida à mãe, que lá reside – Competência que deve ser fixada de modo a facilitar a defesa dos interesses do menor em juízo – Inteligência do art. 147, I, do Estatuto da Criança e do Adolescente, bem como da Súmula 383, do Superior Tribunal de Justiça – Pleito atinente à concessão ao agravante da guarda da filha que não foi objeto da decisão agravada, cabendo a ele o cumprimento da anterior determinação – Agravo desprovido, na parte conhecida (TJSP, Agravo de Instrumento 2283088-54.2019.8.26.0000, Relator Luiz Antonio de Godoy, 1ª Câmara de Direito Privado, Foro de Pindamonhangaba – 1ª Vara Cível, *DJ* 13/04/2020).

> **Art. 51.** É competente o foro de domicílio do réu para as causas em que seja autora a União.
>
> Parágrafo único. Se a União for a demandada, a ação poderá ser proposta no foro de domicílio do autor, no de ocorrência do ato ou fato que originou a demanda, no de situação da coisa ou no Distrito Federal.

REFERÊNCIAS LEGISLATIVAS

- Art. 109, §§ 1º e 2º, CF; art. 75, I, CPC; art. 41, I, CC; arts. 3º, 6º, Lei nº 10.259/2001.

DICAS DE PRÁTICA JURÍDICA

- ***Justiça comum x juizados especiais***: o interessado em demandar em face da União deve estar atento à competência absoluta dos Juizados Especiais da Justiça Federal (arts. 3º, § 3º, 6º, Lei nº 10.259/2001).

JURISPRUDÊNCIA

- Em causas sujeitas aos Juizados Especiais Federais, a competência é determinada do seguinte modo (sem prejuízo, quando for o caso, do disposto no art. 109, § 3º, da CF): (a) em município em que houver Vara do Juizado Especial instalada, é dessa a competência para a causa, em caráter absoluto (art. 3º, § 3º, da Lei nº 10.259/01); (b) não havendo Vara de Juizado Especial instalada, tem o autor opção de ajuizar a demanda perante a Vara do Juizado Comum da respectiva Subseção Judiciária (art. 3º, § 3º, da Lei 10.259/01, interpretado *a contrario sensu*) ou a Vara do Juizado Especial Federal mais próximo (art. 20 da Lei nº 10.259/01) (STJ, CC 91579/BA, Ministro Teori Albino Zavascki, S1 – Primeira Seção, *DJe* 10/03/2008).

> **Art. 52.** É competente o foro de domicílio do réu para as causas em que seja autor Estado ou o Distrito Federal.

Parágrafo único. Se Estado ou o Distrito Federal for o demandado, a ação poderá ser proposta no foro de domicílio do autor, no de ocorrência do ato ou fato que originou a demanda, no de situação da coisa ou na capital do respectivo ente federado.

REFERÊNCIAS LEGISLATIVAS

- Art. 75, II, CPC; art. 41, II, CC; arts. 2º, 5º, Lei nº 12.153/2009.

DICAS DE PRÁTICA JURÍDICA

- **Justiça comum x juizados especiais**: o interessado em demandar em face do Estado ou do Distrito Federal deve estar atento à competência absoluta dos Juizados Especiais da Fazenda Pública (arts. 2º, § 4º, 5º, Lei nº 12.153/2009).

JURISPRUDÊNCIA

- A competência do Juizado Especial da Fazenda Pública é absoluta (arts. 2º e 5º da Lei 12.153/09), de sorte que pode ser alegada a qualquer tempo e grau de jurisdição (art. 64, § 2º, do CPC) e, inclusive, ser declarada de ofício pelo juiz (TJMG, Agravo de Instrumento-Cv 1.0000.20.068086-6/001, Rel. Desembargador Wagner Wilson, 19ª Câmara Cível, julgamento em 20/08/2020, publicação da súmula em 26/08/2020).

Art. 53. É competente o foro:

I – para a ação de divórcio, separação, anulação de casamento e reconhecimento ou dissolução de união estável:

a) de domicílio do guardião de filho incapaz;

b) do último domicílio do casal, caso não haja filho incapaz;

c) de domicílio do réu, se nenhuma das partes residir no antigo domicílio do casal;

d) de domicílio da vítima de violência doméstica e familiar, nos termos da Lei nº 11.340, de 7 de agosto de 2006 (Lei Maria da Penha); (Incluída pela Lei nº 13.894, de 2019.)

II – de domicílio ou residência do alimentando, para a ação em que se pedem alimentos;

III – do lugar:

a) onde está a sede, para a ação em que for ré pessoa jurídica;

b) onde se acha agência ou sucursal, quanto às obrigações que a pessoa jurídica contraiu;

c) onde exerce suas atividades, para a ação em que for ré sociedade ou associação sem personalidade jurídica;

d) onde a obrigação deve ser satisfeita, para a ação em que se lhe exigir o cumprimento;

e) de residência do idoso, para a causa que verse sobre direito previsto no respectivo estatuto;

f) da sede da serventia notarial ou de registro, para a ação de reparação de dano por ato praticado em razão do ofício;

IV – do lugar do ato ou fato para a ação:

> a) de reparação de dano;
> b) em que for réu administrador ou gestor de negócios alheios;
> V – de domicílio do autor ou do local do fato, para a ação de reparação de dano sofrido em razão de delito ou acidente de veículos, inclusive aeronaves.

REFERÊNCIAS LEGISLATIVAS

- Arts. 46, 516, 528, § 9º, 731 a 734, 781, CPC; arts. 327 a 330, CC; arts. 69 a 71, Lei nº 10.741/2003 – EI; art. 2º, Lei nº 5.478/1968 – LA.

JURISPRUDÊNCIA

- Súmula 01 do STJ: O foro do domicílio ou da residência do alimentando é o competente para a ação de investigação de paternidade, quando cumulada com a de alimentos.
- Súmula 600 do STJ: Para a configuração da violência doméstica e familiar prevista no artigo 5º da Lei n. 11.340/2006 (Lei Maria da Penha) não se exige a coabitação entre autor e vítima.

Seção II
Da Modificação da Competência

> **Art. 54.** A competência relativa poderá modificar-se pela conexão ou pela continência, observado o disposto nesta Seção.

REFERÊNCIAS LEGISLATIVAS

- Arts. 55 a 58, 63, 64, 286, I, 337, II, CPC.

ANOTAÇÕES

- **Competência relativa**: envolve as regras de fixação da competência em razão do território e do valor da causa, é aquela que pode ser modificada pela vontade das partes, que, quando do ajuizamento da ação, podem optar por um foro diferente daquele previsto na lei, sem que o juiz possa declinar de ofício da sua competência.

JURISPRUDÊNCIA

- Súmula 33 do STJ: A incompetência relativa não pode ser declarada de ofício.
- A competência absoluta não se modifica pela conexão ou pela continência, em entendimento do art. 54 do Código de Processo Civil (TJMG, Conflito de Competência 1.0000.19.168631-0/000, Rel. Desembargador Alberto Vilas Boas, 1ª Câmara Cível, julgamento em 25/03/2020, publicação da súmula em 14/05/2020).

> **Art. 55.** Reputam-se conexas 2 (duas) ou mais ações quando lhes for comum o pedido ou a causa de pedir.

§ 1º Os processos de ações conexas serão reunidos para decisão conjunta, salvo se um deles já houver sido sentenciado.

§ 2º Aplica-se o disposto no *caput*:

I – à execução de título extrajudicial e à ação de conhecimento relativa ao mesmo ato jurídico;

II – às execuções fundadas no mesmo título executivo.

§ 3º Serão reunidos para julgamento conjunto os processos que possam gerar risco de prolação de decisões conflitantes ou contraditórias caso decididos separadamente, mesmo sem conexão entre eles.

REFERÊNCIAS LEGISLATIVAS

- Arts. 286, 322 a 329, 784, CPC.

ANOTAÇÕES

- *Conexão*: reputam-se conexas duas ou mais ações quando lhes for comum o pedido ou a causa de pedir. Por exemplo, existe conexão entre a ação revisional de alimentos intentada pelo alimentante em face do alimentando buscando a diminuição da pensão e a ação revisional de alimentos intentada pelo alimentando em face do alimentante buscando o aumento da mesma pensão. Neste exemplo, não se reunindo os feitos, as decisões poderiam ser contraditórias, ou seja, uma sentença determinando o aumento do valor da pensão e outra, ao contrário, concedendo uma revisão para menos. Dessarte, com o escopo de evitarem-se decisões conflitantes, as ações devem ser reunidas, modificando-se a competência relativa. O juiz que conhecer da preliminar deverá enviar os autos ao juiz prevento, ou, se ele for o prevento, requisitar os autos do outro juízo (art. 58).
- *Causa de pedir*: é o fato jurídico que dá arrimo ao pedido.
- *Reunião*: a doutrina critica a imprecisão do conceito de conexão do CPC, mas o § 3º deste artigo declara que o objetivo da conexão, de forma geral, é possibilitar a reunião de processos que apresentem riscos de decisões conflitantes e/ou contraditórias e este, a meu juízo, deve ser o norte dos argumentos daquele que requer a modificação da competência em razão da conexão.

JURISPRUDÊNCIA

- Súmula 235 do STJ: A conexão não determina a reunião dos processos, se um deles já foi julgado.
- Entendimento pacífico desta Corte Superior no sentido de não ser possível a reunião de processos por conexão quando implicar modificação de competência absoluta (STJ, MS 22.703/DF, Ministro Napoleão Nunes Maia Filho, S1 – Primeira Seção, *DJe* 30/11/2017).
- É possível a compensação dos honorários fixados em ações conexas, julgadas simultaneamente (STJ, AgInt no REsp 1.413.680/RJ, Ministra Maria Isabel Gallotti, T4 – Quarta Turma, *DJe* 05/10/2017).
- A jurisprudência do Superior Tribunal de Justiça reconhece certa e relativa margem de discricionariedade na avaliação do julgador, quanto à intensidade da conexão, mas devendo essa avaliação ser sempre orientada pela máxima de que as decisões não devem se contradizer (STJ, AgInt no AREsp 479.470/SP, Ministro Marco Buzzi, T4 – Quarta Turma, *DJe* 27/09/2017).
- Há conexão, não continência, quando a causa de pedir das ações é idêntica e seus pedidos são contrapostos, existindo, ainda, risco de decisões contraditórias (STJ, CC 140.664/RJ, Ministro Antonio Carlos Ferreira, S2 – Segunda Seção, *DJe* 18/11/2016).

- As ações de manutenção de posse e de usucapião não são conexas, pois diversos o pedido e a causa de pedir. Jurisprudência dominante nesta Corte Superior (STJ, AgInt no AREsp 857.532/RJ, Ministro Luis Felipe Salomão, T4 – Quarta Turma, *DJe* 01/06/2016).
- O magistrado, a seu critério e diante de cada caso concreto, verificará a utilidade do julgamento simultâneo, com vistas a evitar decisões conflitantes e privilegiar a economia processual (STJ, AgRg no AREsp 869.278/MG, Rel. Ministro Moura Ribeiro, T3 – Terceira Turma, j. 26/04/2016, *DJe* 03/05/2016).

> **Art. 56.** Dá-se a continência entre 2 (duas) ou mais ações quando houver identidade quanto às partes e à causa de pedir, mas o pedido de uma, por ser mais amplo, abrange o das demais.

REFERÊNCIAS LEGISLATIVAS

- Arts. 54, 55, 286, CPC.

ANOTAÇÕES

- ***Continência***: a caracterização da "continência" demanda a "identidade" quanto às partes e à causa de pedir, ou seja, em relação à conexão, que igualmente possibilita a reunião de processos, a continência é de mais difícil caracterização. Ora, se duas ações podem ser reunidas pelo simples fato de serem arrimadas na mesma relação jurídica (*v.g.*, contrato, casamento etc.), por que precisamos do instituto da "continência"? Veja-se no seguinte exemplo: o interessado ajuíza ação buscando a obtenção de certo medicamento, obtendo a liminar; algum tempo depois ajuíza outra ação buscando a obtenção do seu "tratamento de saúde" (equipamentos, *homecare*, enfermeira, medicamentos, exames etc.), caracterizando aí a ocorrência da "continência", ou seja, identidade de partes, causa de pedir (doença) e pedido de uma ação mais amplo do que a de outra; mas neste mesmo exemplo, a reunião das ações deveria ocorrer pela conexão, mesma causa de pedir (relação jurídica), com escopo de se evitar decisões contraditórias. Tanto na "conexão" como na "continência" o objetivo central é não só a economia processual, mas principalmente evitar-se decisões judiciais que sejam conflitantes. Na prática, a maior preocupação é evitar que isso ocorra em relação às mesmas partes, visto que no geral tal desiderato não pode ser alcançado na sua plenitude.
- ***Causa de pedir***: é o fato jurídico que arrima o pedido.

JURISPRUDÊNCIA

- Súmula 489 do STJ: Reconhecida a continência, devem ser reunidas na Justiça Federal as ações civis públicas propostas nesta e na Justiça Estadual.
- Conforme o teor da Súmula 489 do colendo Superior Tribunal de Justiça, "Reconhecida a continência, devem ser reunidas na Justiça Federal as ações civis públicas propostas nesta e na Justiça Estadual", o que se justifica por força do princípio federativo, além de constituir medida de economia processual, e, especialmente, para se evitar a prolação de decisões contraditórias/conflitantes (TJMG, Apelação Cível 1.0486.11.001546-9/001, Rel. Desembargador Geraldo Augusto, 1ª Câmara Cível, julgamento em 26/11/2019, publicação da súmula em 03/12/2019).

> **Art. 57.** Quando houver continência e a ação continente tiver sido proposta anteriormente, no processo relativo à ação contida será proferida sentença sem resolução de mérito, caso contrário, as ações serão necessariamente reunidas.

⚖️ REFERÊNCIAS LEGISLATIVAS

- Arts. 337, VI, § 3º, 485, V, CPC.

📚 ANOTAÇÕES

- *Litispendência*: quando a ação contida é ajuizada após a ação continente, tem-se a litispendência.

> **Art. 58.** A reunião das ações propostas em separado far-se-á no juízo prevento, onde serão decididas simultaneamente.

⚖️ REFERÊNCIAS LEGISLATIVAS

- Arts. 43, 59, 286, III, CPC.

📚 ANOTAÇÕES

- *Juízo prevento*: é que aquele que primeiro tem contato com o processo, seja pelo registro ou pela distribuição (art. 59).

🔨 JURISPRUDÊNCIA

- Uma vez que as ações ajuizadas anteriormente já foram julgadas, não há que falar em reunião de demandas perante o juízo prevento para que sejam julgadas conjuntamente, em conformidade com o § 1º do art. 55 do CPC e a Súmula 235 do STJ ("A conexão não determina a reunião dos processos, se um deles já foi julgado") (TJMG, Embargos de Declaração-Cv 1.0000.15.046651-4/003, Rel. Desembargadora Aparecida Grossi, 16ª Câmara Cível, julgamento em 12/08/2020, publicação da súmula em 13/08/2020).

> **Art. 59.** O registro ou a distribuição da petição inicial torna prevento o juízo.

⚖️ REFERÊNCIAS LEGISLATIVAS

- Arts. 43, 58, 284, CPC.

🔨 JURISPRUDÊNCIA

- O juízo prevento é aquele que primeiro recebeu a distribuição (TJMG, Apelação Cível 1.0378.16.002617-5/001, Rel. Desembargador Amauri Pinto Ferreira, 17ª Câmara Cível, julgamento em 23/01/2020, publicação da súmula em 29/01/2020).

> **Art. 60.** Se o imóvel se achar situado em mais de um Estado, comarca, seção ou subseção judiciária, a competência territorial do juízo prevento estender-se-á sobre a totalidade do imóvel.

⚖ REFERÊNCIAS LEGISLATIVAS

- Art. 47, CPC.

> **Art. 61.** A ação acessória será proposta no juízo competente para a ação principal.

⚖ REFERÊNCIAS LEGISLATIVAS

- Arts. 553, 674, 682, CPC; art. 92, CC.

📚 ANOTAÇÕES

- ***Principal* x *acessório***: principal é o bem que existe sobre si, abstrata ou concretamente; acessório, por sua vez, é aquele bem cuja existência supõe a da principal (art. 92, CC).
- ***Ação acessória***: a doutrina cita como exemplo de ação acessória, entre outras, a prestação de contas movida em face do inventariante (art. 553, CPC), a oposição (art. 682, CPC) e os embargos de terceiros (art. 674, CPC).

> **Art. 62.** A competência determinada em razão da matéria, da pessoa ou da função é inderrogável por convenção das partes.

⚖ REFERÊNCIAS LEGISLATIVAS

- Arts. 64, 337, II, CPC; art. 2º, § 4º, Lei nº 12.153/2009; art. 80, Lei nº 10.741/2003; art. 3º, § 3º, Lei nº 10.259/2001.

📚 ANOTAÇÕES

- ***Competência absoluta***: é aquela que não pode ser modificada pela vontade das partes e, por esta razão, fica o juiz legalmente autorizado a reconhecer a sua incompetência de ofício, determinando a remessa dos autos para o juízo competente.
- ***Competência em razão da matéria***: a "matéria" referida diz respeito à natureza do direito material em conflito, por exemplo: civil, penal, eleitoral, constitucional etc. Na esfera constitucional, a divisão da competência em razão da matéria vai, em primeiro lugar, determinar se o assunto é da competência da justiça especial ou da justiça comum; em âmbito local, indica a competência de varas especializadas, como da Fazenda, da Família e Sucessões, da Infância e Juventude etc.

- **Competência funcional**: envolve as regras que distribuem a competência entre os diversos órgãos jurisdicionais que deverão atuar, no mesmo processo, em fases diferentes (por exemplo: citação, penhora, oitiva de testemunhas que tenham que ocorrer fora do foro de origem), ou graus diferentes (competência recursal e competência originária dos tribunais).
- **Competência em razão da pessoa**: neste caso a distribuição da competência considera eventual qualidade da pessoa, como, por exemplo, a "pessoa idosa", que tem regra especial prevista no art. 80 da Lei nº 10.741/2003, e pessoas com foros privilegiados em razão da relevância de cargo ou função que exercem.

JURISPRUDÊNCIA

- A competência do Juizado Especial da Fazenda Pública é absoluta (arts. 2º e 5º da Lei 12.153/09), de sorte que pode ser alegada a qualquer tempo e grau de jurisdição (art. 64, § 2º, do CPC) e, inclusive, ser declarada de ofício pelo juiz (TJMG, Agravo de Instrumento-Cv 1.0000.20.068086-6/001, Rel. Desembargador Wagner Wilson, 19ª Câmara Cível, julgamento em 20/08/2020, publicação da súmula em 26/08/2020).
- A competência absoluta do juízo sucessório para processar e julgar a ação de exigir contas (art. 553 do CPC) se restringe à administração de bens, valores ou interesses relacionados à inventariança (TJMG, Agravo de Instrumento-Cv 1.0000.20.069721-7/001, Rel. Desembargador Wagner Wilson, 19ª Câmara Cível, julgamento em 30/07/2020, publicação da súmula em 06/08/2020).
- A competência para julgamento dos embargos de terceiro é do juiz que determinou a constrição na ação principal, nos termos do art. 1.049 do CPC/1973 (art. 676 do CPC/2015), de modo que, por se tratar de hipótese de competência funcional, é também absoluta e improrrogável (STJ, CC 142.849/SP, Ministro Luis Felipe Salomão, S2 – Segunda Seção, *DJe* 11/04/2017).
- Inexiste preclusão para o reconhecimento da incompetência absoluta (STJ, CC 108.554/SP, Rel. Ministra Nancy Andrighi, T2 – Segunda Seção, julgado em 25/08/2010, *DJe* 10/09/2010).

Art. 63. As partes podem modificar a competência em razão do valor e do território, elegendo foro onde será proposta ação oriunda de direitos e obrigações.

§ 1º A eleição de foro só produz efeito quando constar de instrumento escrito e aludir expressamente a determinado negócio jurídico.

§ 2º O foro contratual obriga os herdeiros e sucessores das partes.

§ 3º Antes da citação, a cláusula de eleição de foro, se abusiva, pode ser reputada ineficaz de ofício pelo juiz, que determinará a remessa dos autos ao juízo do foro de domicílio do réu.

§ 4º Citado, incumbe ao réu alegar a abusividade da cláusula de eleição de foro na contestação, sob pena de preclusão.

REFERÊNCIAS LEGISLATIVAS

- Arts. 54, 64, 337, II, CPC.

ANOTAÇÕES

- **Competência relativa**: envolve as regras de fixação da competência em razão do território e do valor da causa, podendo, nestes casos, ser modificada pela vontade das partes, que, quando do

ajuizamento da ação, podem optar por um foro diferente daquele previsto na lei, sem que o juiz possa declinar de ofício da sua competência.
- *Arguição*: a incompetência relativa e absoluta, assim como a abusividade da cláusula de eleição, deve ser levantada em preliminar na própria contestação (art. 337, II, CPC).

JURISPRUDÊNCIA

- Súmula 33 do STJ: A incompetência relativa não pode ser declarada de ofício.

Seção III
Da Incompetência

Art. 64. A incompetência, absoluta ou relativa, será alegada como questão preliminar de contestação.

§ 1º A incompetência absoluta pode ser alegada em qualquer tempo e grau de jurisdição e deve ser declarada de ofício.

§ 2º Após manifestação da parte contrária, o juiz decidirá imediatamente a alegação de incompetência.

§ 3º Caso a alegação de incompetência seja acolhida, os autos serão remetidos ao juízo competente.

§ 4º Salvo decisão judicial em sentido contrário, conservar-se-ão os efeitos de decisão proferida pelo juízo incompetente até que outra seja proferida, se for o caso, pelo juízo competente.

REFERÊNCIAS LEGISLATIVAS

- Arts. 54, 62, 337, II, 340, 1.015, CPC; art. 3º, § 3º, Lei nº 10.259/2001.

ANOTAÇÕES

- *Incompetência*: as partes não são livres para escolher onde protocolar ou distribuir sua ação. Sendo assim, dizer que um juiz "não é competente" para conhecer determinado feito é o mesmo que afirmar que, segundo as normas previstas na Constituição Federal, no Código de Processo Civil e em leis extravagantes, ele não é o "juiz natural". Lembrando que o "princípio do juiz natural" é pilar básico do processo justo.

DICAS DE PRÁTICA JURÍDICA

- *Como alegar incompetência*: como regra, a estrutura da contestação é a seguinte: endereçamento; qualificação; resumo dos fatos; preliminares; mérito; reconvenção. O interessado em arguir a incompetência, seja relativa ou absoluta, deve fazê-lo nas preliminares, apontando as razões pelas quais entende que o juízo escolhido não é competente para conhecer e julgar aquele feito, declinando o foro que, a seu ver, é o competente, requerendo a remessa dos autos. Embora a incompetência do juízo deva, como informa a norma, ser alegada em preliminar na contestação, o legislador ressalva no § 1º que a "incompetência absoluta" pode ser alegada em qualquer tempo e grau de jurisdição, podendo, inclusive, ser reconhecida de ofício pelo juiz. Para acesso a modelos editáveis de contestações com preliminar de incompetência, veja nosso livro *Prática de Contestação no Processo Civil*, publicado pela Editora Atlas, do Grupo GEN.

- ***Recurso contra a decisão que "acolhe" ou "não" a alegação de incompetência relativa ou absoluta***: embora não conste do rol do art. 1.015, a decisão interlocutória que decide sobre a definição da competência continua, segundo a jurisprudência, impugnável por meio de agravo de instrumento, devendo o interessado justificar o seu cabimento em item próprio, em que demonstre a urgência da medida e a inutilidade da discussão da questão quando de eventual recurso de apelação.

JURISPRUDÊNCIA

- Súmula 33 do STJ: A incompetência relativa não pode ser declarada de ofício.
- Segundo o STJ, apesar de não previsto expressamente no rol do art. 1.015 do CPC/15, a decisão interlocutória relacionada à definição de competência continua desafiando recurso de agravo de instrumento (REsp 1.679.909/RS) (TJMG, Agravo de Instrumento-Cv 1.0000.19.077657-5/002, Rel. Desembargador Pedro Bernardes, 9ª Câmara Cível, julgamento em 18/08/2020, publicação da súmula em 24/08/2020).
- Apesar de não prevista expressamente no rol do art. 1.015 do CPC/2015, a decisão interlocutória relacionada à definição de competência continua desafiando recurso de agravo de instrumento, por uma interpretação analógica ou extensiva da norma contida no inciso III do art. 1.015 do CPC/2015, já que ambas possuem a mesma *ratio*, qual seja, afastar o juízo incompetente para a causa, permitindo que o juízo natural e adequado julgue a demanda (STJ, REsp 1.679.909/RS, Ministro Luis Felipe Salomão, T4 – Quarta Turma, *DJe* 01/02/2018).
- Inexiste preclusão para o reconhecimento da incompetência absoluta (STJ, CC 108.554/SP, Rel. Ministra Nancy Andrighi, T2 – Segunda Seção, j. 25/08/2010, *DJe* 10/09/2010).

Art. 65. Prorrogar-se-á a competência relativa se o réu não alegar a incompetência em preliminar de contestação.

Parágrafo único. A incompetência relativa pode ser alegada pelo Ministério Público nas causas em que atuar.

REFERÊNCIAS LEGISLATIVAS

- Arts. 54, 178, 335, 337, II, 342, CPC.

ANOTAÇÕES

- ***Preclusão***: é a proibição da rediscussão de questões já tratadas ou da renovação de atos processuais, seja porque já foram praticados, seja porque a parte deixou de praticá-los no tempo oportuno ou porque já praticou outro ato com ele incompatível. No caso da presente norma, temos que cabe ao interessado levantar a questão da incompetência relativa em preliminar na contestação (art. 335); não o fazendo, fica precluído o seu direito, prorrogando-se a competência do juiz.

JURISPRUDÊNCIA

- Súmula 33 do STJ: A incompetência relativa não pode ser declarada de ofício.

- Tratando-se a hipótese de regra de competência relativa, cabe à parte adversa alegar eventual incompetência do juízo no primeiro momento em que falar nos autos, sob pena de preclusão (TJMG, Agravo de Instrumento-Cv 1.0024.13.306752-0/001, Rel. Desembargador Luiz Carlos Gomes da Mata, 13ª Câmara Cível, julgamento em 09/02/2017, publicação da súmula em 17/02/2017).
- Eventual irregularidade na distribuição por dependência é hipótese de incompetência relativa, devendo, pois, ser arguida por exceção e em tempo hábil, sob pena de preclusão e prorrogação da competência (TJMG, Conflito de Competência 1.0000.16.024775-5/000, Rel. Desembargador José Arthur Filho, 9ª Câmara Cível, julgamento em 06/09/2016, publicação da súmula em 23/09/2016).

> **Art. 66.** Há conflito de competência quando:
>
> I – 2 (dois) ou mais juízes se declaram competentes;
>
> II – 2 (dois) ou mais juízes se consideram incompetentes, atribuindo um ao outro a competência;
>
> III – entre 2 (dois) ou mais juízes surge controvérsia acerca da reunião ou separação de processos.
>
> Parágrafo único. O juiz que não acolher a competência declinada deverá suscitar o conflito, salvo se a atribuir a outro juízo.

REFERÊNCIAS LEGISLATIVAS

- Arts. 951 a 959, CPC.

JURISPRUDÊNCIA

- Súmula 59 do STJ: Não há conflito de competência se já existe sentença com o trânsito em julgado, proferida por um dos juízos conflitantes.
- Súmula 224 do STJ: Excluído do feito o ente federal, cuja presença levará o Juiz Estadual a declinar da competência, deve o Juiz Federal restituir os autos e não suscitar o conflito.
- Em que pese o art. 951 dispor que o conflito poderá ser suscitado pela parte interessada, sua interpretação deverá obedecer à lógica e deve estar em consonância com o art. 66 do CPC. O conflito de competência se instaura apenas entre as autoridades judiciárias, e não entre a parte interessada e o Juízo (TJMG, Agravo Interno Cv-1.0000.19.091224-6/001, Rel. Desembargador Raimundo Messias Júnior, 2ª Câmara Cível, julgamento em 02/06/2020, publicação da súmula em 04/06/2020).
- O conflito de competência é um incidente processual a ser utilizado quando dois ou mais juízes se consideram incompetentes ou competentes para julgar determinado feito, conforme teor do artigo 66 e disciplinado pelos artigos 951 a 959, todos do Código de Processo Civil (TJMG, Conflito de Competência 1.0000.19.083872-2/000, Rel. Desembargadora Ângela de Lourdes Rodrigues, 8ª Câmara Cível, julgamento em 07/11/2019, publicação da súmula em 19/11/2019).
- Para a caracterização do conflito de competência, nos moldes estabelecidos no art. 66, c/c o art. 953, I, parágrafo único, todos do CPC/2015, faz-se necessário que os juízos divirjam sobre a competência para o julgamento de uma mesma demanda (STJ, AgRg nos EDcl no CC 151.936/SP, Ministro Og Fernandes, S1 – Primeira Seção, *DJe* 07/11/2017).
- É prematura a instauração do conflito quando houver a mera potencialidade de que sejam proferidas decisões contraditórias em demandas assemelhadas (STJ, AgInt no CC 145.994/RN, Ministro João Otávio de Noronha, S2 – Segunda Seção, *DJe* 22/08/2016).

CAPÍTULO II
DA COOPERAÇÃO NACIONAL

Art. 67. Aos órgãos do Poder Judiciário, estadual ou federal, especializado ou comum, em todas as instâncias e graus de jurisdição, inclusive aos tribunais superiores, incumbe o dever de recíproca cooperação, por meio de seus magistrados e servidores.

REFERÊNCIAS LEGISLATIVAS

- Art. 6º, CPC; Res nº 350/2020 do CNJ.

ANOTAÇÕES

- *Cooperação Nacional*: a ideia central é dar celeridade e efetividade ao processo, deixando de lado, tanto quanto possível, os limites da formalidade estática dos atos burocráticos. Em minha opinião, o maior embaraço à pretensão de agilidade posta pelo legislador é a cultura formalista dos próprios operadores do direito (magistrados, advogados, escreventes, oficiais etc.).

Art. 68. Os juízos poderão formular entre si pedido de cooperação para prática de qualquer ato processual.

REFERÊNCIAS LEGISLATIVAS

- Art. 139, IV, CPC.

Art. 69. O pedido de cooperação jurisdicional deve ser prontamente atendido, prescinde de forma específica e pode ser executado como:
I – auxílio direto;
II – reunião ou apensamento de processos;
III – prestação de informações;
IV – atos concertados entre os juízes cooperantes.
§ 1º As cartas de ordem, precatória e arbitral seguirão o regime previsto neste Código.
§ 2º Os atos concertados entre os juízes cooperantes poderão consistir, além de outros, no estabelecimento de procedimento para:
I – a prática de citação, intimação ou notificação de ato;
II – a obtenção e apresentação de provas e a coleta de depoimentos;
III – a efetivação de tutela provisória;
IV – a efetivação de medidas e providências para recuperação e preservação de empresas;
V – a facilitação de habilitação de créditos na falência e na recuperação judicial;
VI – a centralização de processos repetitivos;

VII – a execução de decisão jurisdicional.

§ 3º O pedido de cooperação judiciária pode ser realizado entre órgãos jurisdicionais de diferentes ramos do Poder Judiciário.

REFERÊNCIAS LEGISLATIVAS

- Arts. 28 a 34, 237, IV, 260 a 268, CPC.

JURISPRUDÊNCIA

- Enunciado 5 do Fórum Permanente de Processualistas Civis: O pedido de cooperação jurisdicional poderá ser realizado também entre o árbitro e o Poder Judiciário.
- Recurso – Agravo de instrumento – "Ação de cobrança" em fase de cumprimento de sentença – Insurgência contra a r. decisão, que manteve o indeferimento do pedido de aplicação das regras da Cooperação Nacional, para que a 1ª Vara Federal da Seção Judiciária de Manaus/AM preste as informações solicitadas por ofício – Admissibilidade – Juízo de primeiro grau que pode solicitar informações ao Juízo oficiado, acerca do cumprimento do Ofício nº 090/2016, protocolado em março/2016 – Inteligência do artigo 69, inciso III, do NCPC – Providência que se revela necessária para o prosseguimento do feito – Informações solicitadas pelo ofício, que podem ser prestadas por *e-mail* ou outro meio eletrônico – Recurso provido (TJSP, Agravo de Instrumento 2182959-46.2016.8.26.0000, Relator Roque Antonio Mesquita de Oliveira, 18ª Câmara de Direito Privado, Foro Central Cível – 17ª Vara Cível, *DJ* 19/12/2016).

LIVRO III
DOS SUJEITOS DO PROCESSO

TÍTULO I
DAS PARTES E DOS PROCURADORES

CAPÍTULO I
DA CAPACIDADE PROCESSUAL

Art. 70. Toda pessoa que se encontre no exercício de seus direitos tem capacidade para estar em juízo.

REFERÊNCIAS LEGISLATIVAS

- Art. 71, CPC; arts. 1º a 5º, 45, CC; art. 6º, Lei nº 10.259/2001 – JEF; art. 8º, Lei nº 9.099/1995 – JEC.

ANOTAÇÕES

- **Capacidade processual**: é a aptidão para ser sujeito, ativo ou passivo, da relação jurídica processual. Embora toda pessoa possa estar em juízo, não importando a sua idade ou estado civil, somente têm capacidade processual aquelas que possuem a chamada *capacidade de exercício ou de fato*. As pessoas que sejam absolutamente incapazes (art. 3º, CC) devem ser representadas por seus pais, tutores ou curadores, enquanto os relativamente incapazes (art. 4º, CC) devem ser assistidos pelas mesmas pessoas.

Art. 71. O incapaz será representado ou assistido por seus pais, por tutor ou por curador, na forma da lei.

REFERÊNCIAS LEGISLATIVAS

- Art. 178, II, CPC; arts. 3º, 4º, 1.634, VII, 1.747, I, 1.748, V, 1.767, 1.781, CC.

Art. 72. O juiz nomeará curador especial ao:

I – incapaz, se não tiver representante legal ou se os interesses deste colidirem com os daquele, enquanto durar a incapacidade;

II – réu preso revel, bem como ao réu revel citado por edital ou com hora certa, enquanto não for constituído advogado.

Parágrafo único. A curatela especial será exercida pela Defensoria Pública, nos termos da lei.

REFERÊNCIAS LEGISLATIVAS

- Arts. 178, II, 185 a 187, 252 a 254, 256, 341, parágrafo único, 671, CPC; arts. 3º e 4º, CC; art. 4º, XVI, Lei Complementar nº 80/1994.

ANOTAÇÕES

- ***Curador especial***: a curadoria especial, ou *curador de ausentes*, é múnus público imposto pelo juiz a terceira pessoa para que, dentro do processo, represente uma das partes. A nomeação do curador especial tem como propósito proteger os interesses da parte curatelada, razão pela qual ele deverá necessariamente responder ao pedido do autor, apresentando, conforme as circunstâncias do caso, contestação, exceção, reconvenção, impugnações e embargos, sendo-lhe vedada a prática de qualquer ato que implique disposição do direito material do curatelado, como confissão, transação ou reconhecimento do pedido.

DICAS DE PRÁTICA JURÍDICA

- ***Atuação do curador especial***: nomeado pelo Juízo para atuar em processo na qualidade de curador especial, o advogado deve inicialmente requerer vista do processo. De posse dos autos, o curador deve proceder com rigorosa análise, a fim de certificar-se de que todas as formalidades atinentes ao caso foram cumpridas. Entre outras questões, o curador deve verificar se: (I) a petição inicial atende aos requisitos legais; (II) o autor juntou todos os documentos necessários à propositura da ação; (III) os procedimentos para citação por edital, no caso de réu em lugar incerto ou não sabido, foram seguidos, inclusive com o esgotamento das tentativas para localizar o curatelado (expedição de ofícios); (IV) os procedimentos para citação por hora certa foram realmente observados (arts. 252 a 254, CPC). O curador especial pode, ainda, requerer novas diligências, pugnar pela nulidade de atos praticados, pedindo a sua repetição, buscando sempre preservar os interesses do curatelado. Embora não esteja obrigado a tanto, o curador especial pode ainda interpor os recursos que entender necessários ao bom desempenho de suas funções.
- ***Natureza da atuação***: se, depois de analisar cuidadosamente os autos, o curador especial não encontrar nada de relevante para arrimar a sua manifestação, deve se limitar a contestar o feito por negação geral, conforme permissão do parágrafo único do art. 341 do CPC; de forma alguma o curador pode confessar, concordar, com o pedido inicial. Por último, registro que o curador especial não tem poder para requerer em favor do curatelado os benefícios da justiça gratuita.
- ***Como se manifestar***: regra geral, a manifestação do curador especial na fase de conhecimento do processo segue a mesma estrutura da contestação, qual seja: endereçamento; qualificação; resumo dos fatos; preliminares, inclusive eventuais pedidos de novas diligências; mérito; reconvenção, quando for adequada e necessária. Para acesso a modelos editáveis de petições envolvendo a atuação do curador especial, bem como mais informações, veja nosso *Prática de contestação no processo civil*, da Editora Atlas.

JURISPRUDÊNCIA

- Súmula 196 do STJ: Ao executado que, citado por edital ou por hora certa, permanecer revel, será nomeado curador especial, com legitimidade para apresentação de embargos.
- Na hipótese de revelia, a nomeação de curador especial não faz presumir a hipossuficiência do curatelado para fins de concessão da gratuidade da justiça. De outro lado, em observância aos princípios constitucionais da ampla defesa e do contraditório, os atos processuais praticados pelo curador especial (advogado dativo ou defensoria pública) – inclusive a interposição de recursos – estão dispensados do prévio pagamento das

- despesas, que serão custeadas pela parte vencida ao término do processo, conforme o art. 91, *caput*, do CPC/2015 (STJ, AgInt no AREsp 1701054/SC, Ministro Antonio Carlos Ferreira, T4 – Quarta Turma, *DJe* 26/10/2020).
- Havendo conflito entre os interesses do representante legal e do menor, é necessária a nomeação de curador especial ao menor, conforme norma contida no art. 72, I, do CPC (TJMG, Apelação Cível 1.0313.15.011153-9/001, Rel. Desembargador Claret de Moraes, 10ª Câmara Cível, julgamento em 17/03/2020, publicação da súmula em 19/06/2020).
- É isento de preparo o recurso interposto por curador especial nomeado em favor do réu revel citado por edital (art. 72, II, do CPC/2015), por se tratar de *munus* público (TJMG, Apelação Cível 1.0024.12.246116-3/001, Rel. Desembargadora Lílian Maciel, 20ª Câmara Cível, julgamento em 27/11/2019, publicação da súmula em 03/12/2019).
- O curador especial tem legitimidade para propor reconvenção em favor de réu revel citado por edital (art. 9º, II, do CPC/1973), poder que se encontra inserido no amplo conceito de defesa (STJ, REsp 1.088.068/MG, Ministro Antonio Carlos Ferreira, T4 – Quarta Turma, *DJe* 09/10/2017).
- A jurisprudência do STJ se firmou no sentido de que o deferimento dos benefícios da justiça gratuita não se presume, mesmo nos casos em que a Defensoria Pública atue como curador especial de réu revel (STJ, AgInt no RCD no REsp 1.645.186/MG, Ministro Antonio Carlos Ferreira, T4 – Quarta Turma, *DJe* 05/09/2017).
- Não é possível a concessão de assistência judiciária gratuita a pessoa jurídica citada por edital que, por inércia, passou a ser defendida pela Defensoria Pública por nomeação como curador especial, quando inexistente a comprovação de hipossuficiência da parte, não sendo possível o conhecimento ou demonstração de situação econômica da Agravante pelo curador, mesmo que membro da Defensoria (STJ, AgInt no REsp 1.607.617/AC, Ministra Regina Helena Costa, T1 – Primeira Turma, *DJe* 03/02/2017).
- É pacífico o entendimento no Superior Tribunal de Justiça segundo o qual os honorários advocatícios do curador especial devem ser custeados pelo Estado, quando não há órgão da Defensoria Pública instalada, em virtude de o advogado dativo não ser obrigado a exercer o *munus* público de maneira gratuita (STJ, AgRg no REsp 1.503.348/MG, Rel. Ministra Regina Helena Costa, T1 – Primeira Turma, j. 02/06/2015, *DJe* 16/06/2015).

Art. 73. O cônjuge necessitará do consentimento do outro para propor ação que verse sobre direito real imobiliário, salvo quando casados sob o regime de separação absoluta de bens.

§ 1º Ambos os cônjuges serão necessariamente citados para a ação:

I – que verse sobre direito real imobiliário, salvo quando casados sob o regime de separação absoluta de bens;

II – resultante de fato que diga respeito a ambos os cônjuges ou de ato praticado por eles;

III – fundada em dívida contraída por um dos cônjuges a bem da família;

IV – que tenha por objeto o reconhecimento, a constituição ou a extinção de ônus sobre imóvel de um ou de ambos os cônjuges.

§ 2º Nas ações possessórias, a participação do cônjuge do autor ou do réu somente é indispensável nas hipóteses de composse ou de ato por ambos praticado.

§ 3º Aplica-se o disposto neste artigo à união estável comprovada nos autos.

REFERÊNCIAS LEGISLATIVAS

- Art. 74, CPC; arts.1.225, 1.227, 1.647, CC.

ANOTAÇÕES

- *Capacidade processual das pessoas casadas*: mesmo tendo capacidade processual, as pessoas casadas necessitam do consentimento do seu cônjuge para propor individualmente ações que versem sobre direitos reais imobiliários (arts. 1.225 e 1.227, CC), salvo quando o regime de bens for o da separação absoluta de bens (art. 1.647, CC).

DICAS DE PRÁTICA JURÍDICA

- *Autorização*: a lei não impõe forma especial para a concessão do consentimento, razão pela qual este pode ser dado por qualquer meio que seja legítimo para demonstrar a vontade do cônjuge; por exemplo: instrumento público ou particular; declaração de próprio punho; outorga de procuração; subscrição da petição inicial etc.

JURISPRUDÊNCIA

- O art. 73 do CPC de 2015 prevê a necessidade de consentimento do cônjuge ausente da demanda nos casos em que a controvérsia recair sobre direito real imobiliário. Assim, não há falar em litisconsórcio necessário quando a lei exige apenas o consentimento. E, sobrevindo o falecimento daquele que deveria consentir, a questão – que não enseja nulidade absoluta – acha-se superada pela incidência de outro regime jurídico de defesa da propriedade (TJMG, Apelação Cível 1.0024.10.256145-3/001, Rel. Desembargador José Marcos Vieira, 16ª Câmara Cível, julgamento em 19/06/2019, publicação da súmula em 28/06/2019).
- Ação de usucapião. Extinção do processo sem resolução do mérito – indeferimento da inicial – art. 485, I, do CPC. Inconformismo por parte do autor. Não acolhimento. Nas ações que versem sobre direitos reais imobiliários, a ausência de consentimento do cônjuge acarreta incapacidade processual – artigos 73 e 76 do CPC. Autor que não regularizou o defeito dentro do prazo concedido para tanto – extinção do processo sem resolução do mérito por ausência de pressuposto processual – art. 485, IV, do CPC. Extinção do processo mantida, ainda que por fundamento distinto. Recurso de apelação não provido, com observação (TJSP, Apelação Cível 0044094-60.2011.8.26.0224, Relator Piva Rodrigues, 9ª Câmara de Direito Privado, Foro de Guarulhos – 8ª Vara Cível, *DJ* 03/10/2017).

> **Art. 74.** O consentimento previsto no art. 73 pode ser suprido judicialmente quando for negado por um dos cônjuges sem justo motivo, ou quando lhe seja impossível concedê-lo.
>
> Parágrafo único. A falta de consentimento, quando necessário e não suprido pelo juiz, invalida o processo.

REFERÊNCIAS LEGISLATIVAS

- Arts. 73, 319, 719 a 725, CPC.

ANOTAÇÕES

- *Suprimento de autorização*: havendo injusta recusa do cônjuge ou sendo impossível para este dá-la (*v.g.*, cônjuge em estado de coma; cônjuge ausente, desaparecido), a autorização pode ser suprida judicialmente. Para tanto, o interessado deverá ajuizar *ação de suprimento de autorização*. A falta da autorização, não suprida pelo juiz, invalida o processo em razão da falta de pressuposto processual de validade.

💡 DICAS DE PRÁTICA JURÍDICA

- *Petição inicial*: a inicial da "ação de suprimento de autorização" deve se submeter às regras comuns previstas no art. 319 do CPC, ser distribuída no foro de domicílio do réu, seguindo o procedimento da jurisdição voluntária (arts. 719 a 725, CPC). Com a inicial, o requerente deve juntar, além dos documentos pessoais, os documentos do imóvel, o carnê do IPTU, prova escrita da recusa, quando existir (*e-mail*, troca de mensagem etc.), declaração médica (quando a impossibilidade for fruto do estado de saúde do cônjuge), boletim de ocorrência (ausência), outros documentos ligados a particularidades do caso, tendentes a provar as razões do autor e a injustiça da recusa do cônjuge.

Art. 75. Serão representados em juízo, ativa e passivamente:

I – a União, pela Advocacia-Geral da União, diretamente ou mediante órgão vinculado;

II – o Estado e o Distrito Federal, por seus procuradores;

III – o Município, por seu prefeito ou procurador;

IV – a autarquia e a fundação de direito público, por quem a lei do ente federado designar;

V – a massa falida, pelo administrador judicial;

VI – a herança jacente ou vacante, por seu curador;

VII – o espólio, pelo inventariante;

VIII – a pessoa jurídica, por quem os respectivos atos constitutivos designarem ou, não havendo essa designação, por seus diretores;

IX – a sociedade e a associação irregulares e outros entes organizados sem personalidade jurídica, pela pessoa a quem couber a administração de seus bens;

X – a pessoa jurídica estrangeira, pelo gerente, representante ou administrador de sua filial, agência ou sucursal aberta ou instalada no Brasil;

XI – o condomínio, pelo administrador ou síndico.

§ 1º Quando o inventariante for dativo, os sucessores do falecido serão intimados no processo no qual o espólio seja parte.

§ 2º A sociedade ou associação sem personalidade jurídica não poderá opor a irregularidade de sua constituição quando demandada.

§ 3º O gerente de filial ou agência presume-se autorizado pela pessoa jurídica estrangeira a receber citação para qualquer processo.

§ 4º Os Estados e o Distrito Federal poderão ajustar compromisso recíproco para prática de ato processual por seus procuradores em favor de outro ente federado, mediante convênio firmado pelas respectivas procuradorias.

REFERÊNCIAS LEGISLATIVAS

- Arts. 131, § 3º, 132, CF; arts. 21, parágrafo único, 618, I, CPC; arts. 41 a 45, 986 a 990, 1.819 a 1.823, CC; art. 22, III, "n", Lei nº 11.101/2005.

ANOTAÇÕES

- **Capacidade processual da pessoa jurídica**: é cediço que a pessoa jurídica legalmente estabelecida possui personalidade jurídica (art. 45, CC), e como tal pode acionar ou ser acionada por terceiros. A massa falida, a herança jacente e o espólio constituem, segundo a doutrina, as chamadas "pessoas formais", que, embora não tenham personalidade jurídica, são admitidas a figurar, em certas circunstâncias, como sujeitos da relação jurídica processual. Já a pessoa jurídica irregular ou sociedade em comum (arts. 986 a 990, CC), denominação dada pelo Código Civil, pode ser ré, porém não pode ser autora, uma vez que não possui personalidade jurídica.

JURISPRUDÊNCIA

- O espólio é o conjunto de bens que formam o patrimônio de uma pessoa falecida, a ser partilhado no processo de inventário. Trata-se de um sujeito de direitos, sem personalidade jurídica, assim como, por exemplo, o condomínio, a massa falida, a sociedade irregular etc. A lei confere a esta figura jurídica a capacidade processual, podendo figurar como autor ou réu num processo, sendo representado pelo inventariante (art. 75, inciso VII, do CPC/2015). 2. A figura jurídica do espólio surge no momento da abertura do inventário e, sendo um conjunto de bens a serem geridos até o momento da partilha, tem-se que uma vez operada encerra-se a existência do espólio (TJMG, Ap Cível/Rem Necessária 1.0610.09.023922-5/001, Rel. Desembargador Wagner Wilson, 19ª Câmara Cível, julgamento em 23/07/2020, publicação da súmula em 31/07/2020).
- É assente nesta Corte que a empresa individual é mera ficção jurídica e que não há ilegitimidade ativa na cobrança pela pessoa física de dívida contraída por terceiro perante a pessoa jurídica, pois o patrimônio da empresa individual se confunde com o de seu sócio (STJ, AgInt no AREsp 925.712/MG, Ministro Moura Ribeiro, T3 – Terceira Turma, *DJe* 01/06/2017).

Art. 76. Verificada a incapacidade processual ou a irregularidade da representação da parte, o juiz suspenderá o processo e designará prazo razoável para que seja sanado o vício.

§ 1º Descumprida a determinação, caso o processo esteja na instância originária:

I – o processo será extinto, se a providência couber ao autor;

II – o réu será considerado revel, se a providência lhe couber;

III – o terceiro será considerado revel ou excluído do processo, dependendo do polo em que se encontre.

§ 2º Descumprida a determinação em fase recursal perante tribunal de justiça, tribunal regional federal ou tribunal superior, o relator:

I – não conhecerá do recurso, se a providência couber ao recorrente;

II – determinará o desentranhamento das contrarrazões, se a providência couber ao recorrido.

REFERÊNCIAS LEGISLATIVAS

- Arts. 75, 103 a 112, 139, IX, 313, VIII, 485, IV, CPC.

JURISPRUDÊNCIA

- Apelação. Ação de reconhecimento e dissolução de união estável cumulada com partilha de bens, alimentos, guarda e regulamentação de visitas. Sentença de parcial procedência, que aplicou ao réu os efeitos da revelia. Inconformismo da parte ré. Alegação de nulidade da sentença. Acolhimento. Requerido que era representado por advogado dativo, nomeado pelo convênio da Defensoria Pública. Causídico que, na contestação, alegou não conseguir contato com o réu, impossibilitando uma efetiva defesa e renunciando ao seu mandato. Inobservância, pelo Juízo *a quo*, da regra do artigo 76, *caput*, do Código de Processo Civil. Nulidade reconhecida, ante o evidente prejuízo imposto à parte, para qual não deu causa. Ainda, no que tange ao regime de guarda e visitas, não houve instrução processual nesse sentido, com a elaboração de laudo psicossocial, visando analisar o melhor interesse do infante. Prova necessária para validade da sentença sobre o tema. Sentença anulada. Recurso provido, com determinação (TJSP, Apelação Cível 1000636-13.2019.8.26.0412, Relator Rogério Murillo Pereira Cimino, 9ª Câmara de Direito Privado, Foro de Palestina – Vara Única, *DJ* 29/10/2020).
- Segundo entendimento do Superior Tribunal de Justiça, para declaração de extinção do processo após a constatação de incapacidade processual ou irregularidade na representação, é imprescindível a intimação pessoal da parte para promover o saneamento do processo (STJ, AgRg no REsp 1.324.558/AM, Ministro Arnaldo Esteves Lima, T1 – Primeira Turma, *DJe* 13/09/2012).

CAPÍTULO II
DOS DEVERES DAS PARTES E DE SEUS PROCURADORES

Seção I
Dos Deveres

Art. 77. Além de outros previstos neste Código, são deveres das partes, de seus procuradores e de todos aqueles que de qualquer forma participem do processo:

I – expor os fatos em juízo conforme a verdade;

II – não formular pretensão ou de apresentar defesa quando cientes de que são destituídas de fundamento;

III – não produzir provas e não praticar atos inúteis ou desnecessários à declaração ou à defesa do direito;

IV – cumprir com exatidão as decisões jurisdicionais, de natureza provisória ou final, e não criar embaraços à sua efetivação;

V – declinar, no primeiro momento que lhes couber falar nos autos, o endereço residencial ou profissional onde receberão intimações, atualizando essa informação sempre que ocorrer qualquer modificação temporária ou definitiva;

VI – não praticar inovação ilegal no estado de fato de bem ou direito litigioso.

§ 1º Nas hipóteses dos incisos IV e VI, o juiz advertirá qualquer das pessoas mencionadas no *caput* de que sua conduta poderá ser punida como ato atentatório à dignidade da justiça.

§ 2º A violação ao disposto nos incisos IV e VI constitui ato atentatório à dignidade da justiça, devendo o juiz, sem prejuízo das sanções criminais, civis e processuais cabíveis, aplicar ao responsável multa de até 20% (vinte por cento) do valor da causa, de acordo com a gravidade da conduta.

§ 3º Não sendo paga no prazo a ser fixado pelo juiz, a multa prevista no § 2º será inscrita como dívida ativa da União ou do Estado após o trânsito em julgado da decisão que a fixou, e sua execução observará o procedimento da execução fiscal, revertendo-se aos fundos previstos no art. 97.

§ 4º A multa estabelecida no § 2º poderá ser fixada independentemente da incidência das previstas nos arts. 523, § 1º, e 536, § 1º.

§ 5º Quando o valor da causa for irrisório ou inestimável, a multa prevista no § 2º poderá ser fixada em até 10 (dez) vezes o valor do salário mínimo.

§ 6º Aos advogados públicos ou privados e aos membros da Defensoria Pública e do Ministério Público não se aplica o disposto nos §§ 2º a 5º, devendo eventual responsabilidade disciplinar ser apurada pelo respectivo órgão de classe ou corregedoria, ao qual o juiz oficiará.

§ 7º Reconhecida violação ao disposto no inciso VI, o juiz determinará o restabelecimento do estado anterior, podendo, ainda, proibir a parte de falar nos autos até a purgação do atentado, sem prejuízo da aplicação do § 2º.

§ 8º O representante judicial da parte não pode ser compelido a cumprir decisão em seu lugar.

REFERÊNCIAS LEGISLATIVAS

- Arts. 5º, 6º, 79 a 81, 96, 139, 274, 334, § 8º, 370, 378, 379, 513, §§ 3º e 4º, 523, § 1º, 536, § 1º, 772, II, 777, 841, § 4º, 876, § 2º e 903, § 6º, CPC.

ANOTAÇÕES

- **Deveres das partes e procuradores**: embora o processo seja um jogo, todo aquele que dele participa (partes, procuradores, serventuários, auxiliares, terceiros etc.) deve proceder com probidade e lealdade, isto é, sustentar suas razões dentro dos limites da ética, da moralidade e da boa-fé (*princípio da probidade processual*), expondo os fatos conforme a verdade e evitando provocar incidentes inúteis e/ou infundados que visam apenas à procrastinação do feito.

DICAS DE PRÁTICA JURÍDICA

- **Falsas promessas**: alguns colegas simplesmente não resistem a fazer, diante de um cliente indeciso e/ou muito ansioso, falsas e/ou precipitadas afirmações ("este processo é fácil", "é causa ganha", "três meses no máximo", "fique tranquilo", "você não tem nada a temer", "vou conseguir a justiça gratuita", "vai ficar barato" etc.). Data vênia dos que agem assim, considero isso "erro grave". No geral, evite fazer promessas, elas "invariavelmente" vão voltar para assombrá-lo. Lembre-se de que a advocacia é profissão para uma vida toda.

JURISPRUDÊNCIA

- A parte recorrente promove petições protelatórias (art. 80, VII, do CPC/2015) e destituídas de fundamento. Conforme previsão do art. 77 do CPC/2015, além de outros previstos neste Código, são deveres das partes, de seus procuradores e de todos aqueles que de qualquer forma participem do processo: [...] IV – cumprir com exatidão as decisões jurisdicionais, de natureza provisória ou final, e não criar embaraços à sua efetivação. Necessário, portanto, que se advirta o representante processual, que atua em causa própria, que sua conduta poderá ser punida como ato atentatório à dignidade da justiça a ser punível, sem prejuízo das sanções criminais, civis e processuais cabíveis, com multa de até vinte por cento do valor da causa, de acordo com a gravidade da conduta, além da condenação por litigância de má-fé (STJ, AgInt na ExSusp 213/DF, Ministro Francisco Falcão, S1 – Primeira Seção, *DJe* 02/10/2020).

Art. 78. É vedado às partes, a seus procuradores, aos juízes, aos membros do Ministério Público e da Defensoria Pública e a qualquer pessoa que participe do processo empregar expressões ofensivas nos escritos apresentados.

§ 1º Quando expressões ou condutas ofensivas forem manifestadas oral ou presencialmente, o juiz advertirá o ofensor de que não as deve usar ou repetir, sob pena de lhe ser cassada a palavra.

§ 2º De ofício ou a requerimento do ofendido, o juiz determinará que as expressões ofensivas sejam riscadas e, a requerimento do ofendido, determinará a expedição de certidão com inteiro teor das expressões ofensivas e a colocará à disposição da parte interessada.

REFERÊNCIAS LEGISLATIVAS

- Art. 133, CF; art. 142, I, CP; art. 6º, parágrafo único; art. 7º, § 2º, Lei nº 8.906/1994 – EA.

ANOTAÇÕES

- ***Expressões injuriosas***: registre-se que a chamada "imunidade judiciária" só alcança os casos de injúria e difamação (art. 142, I, CP).

JURISPRUDÊNCIA

- A veiculação de expressões injuriosas, difamatórias e mesmo caluniosas, ainda que em petição apresentada em relação processual desenvolvida no âmbito do direito de família, configura dano moral por ofensa à honra, é dizer, pela desconstrução do conceito positivo de que goza o ofendido no círculo social onde atua profissionalmente e pessoalmente (TJMG, Apelação Cível 1.0024.10.272248-5/002, Rel. Desembargador Otávio Portes, 16ª Câmara Cível, julgamento em 03/04/2019, publicação da súmula em 12/04/2019).
- Há dano moral quando a parte requerida através de expressão injuriosa ofende a honra subjetiva da requerente. Ofensa ao patrimônio imaterial caracterizada (TJMG, Apelação Cível 1.0447.10.002650-2/001, Rel. Desembargador Tiago Pinto, 15ª Câmara Cível, julgamento em 21/06/2018, publicação da súmula em 29/06/2018).
- Dano moral. Indenização. Ação ajuizada por advogado e escritório de advocacia contra antiga cliente e atuais patronos. Inconformismo com as expressões utilizadas nas peças defensivas em que se discutem arbitramento e cobrança de honorários. Inviolabilidade do advogado por seus atos e manifestações no exercício da profissão. Excesso na linguagem e caráter difamatório verificados. Imunidade que não é absoluta. Ofensa à honra subjetiva e objetiva caracterizada (TJSP, Apelação 0008885-47.2009.8.26.0047, Comarca de Assis, Rel. Desembargador Araldo Telles, 10ª Câmara de Direito Privado, *DJ* 15/08/2017).

Seção II
Da Responsabilidade das Partes por Dano Processual

Art. 79. Responde por perdas e danos aquele que litigar de má-fé como autor, réu ou interveniente.

⚖️ REFERÊNCIAS LEGISLATIVAS

- Arts. 80, 96, 100, parágrafo único, 119, 142, 143, 181, 536, § 3º, 702, §§ 10 e 11, 777, CPC.

Art. 80. Considera-se litigante de má-fé aquele que:
I – deduzir pretensão ou defesa contra texto expresso de lei ou fato incontroverso;
II – alterar a verdade dos fatos;
III – usar do processo para conseguir objetivo ilegal;
IV – opuser resistência injustificada ao andamento do processo;
V – proceder de modo temerário em qualquer incidente ou ato do processo;
VI – provocar incidente manifestamente infundado;
VII – interpuser recurso com intuito manifestamente protelatório.

⚖️ REFERÊNCIAS LEGISLATIVAS

- Arts. 5º, 77, 81, 142, CPC.

📚 ANOTAÇÕES

- ***Litigância de má-fé***: não é fácil traçar os limites entre o direito de demandar ou de defesa e a litigância de má-fé, mesmo porque o nosso mundo não é branco e preto, mas notadamente cinza. No direito, essa percepção é bem evidente; vejam, não faz muito tempo era a própria lei que falava em "filhos incestuosos e adulterinos" (art. 358, CC/1916); hoje, referir-se a alguém dessa forma pode ter graves consequências. O que vai mudar no futuro que hoje é lei? O entendimento que temos dos fatos e da verdade depende das nossas experiências e da visão que temos do que é certo ou errado. Pela minha experiência, normalmente as partes estão convictas sobre a sua visão dos fatos, mesmo que a ninguém mais pareça certo o que pretendam no processo. Lutar pelo que acredita ser certo e justo (ou melhor, para si e para sua família), usar de todos os meios legais para defender seus bens e família, é, na minha visão, direito inalienável de todo cidadão. Julgar a "resistência" da parte é tarefa difícil e deve ser conduzida com bom senso e dentro dos limites do caso concreto. Claro que para o Estado-Juiz seria melhor se a pessoa simplesmente se conformasse com que lhe é imposto pelo "sistema", mas isso afrontaria a própria essência do que é ser humano. Resistir é da nossa essência e natureza. Ensinam a doutrina e a jurisprudência que para caracterizar a litigância de má-fé é necessário que a conduta da parte se enquadre, a critério do julgador (juízo de valor), numa das hipóteses previstas na norma, que haja prejuízo processual e, claro, que antes de decidir abra o juiz oportunidade de defesa.

JURISPRUDÊNCIA

- Reputa-se litigante de má-fé a parte que, maliciosamente, adultera a verdade dos fatos com o fito de obter vantagem material ou processual indevida, deixando de proceder, como de seu dever, com lealdade e boa-fé (TJMG, Apelação Cível 1.0000.18.133875-7/002, Rel. Desembargador Evandro Lopes da Costa Teixeira, 17ª Câmara Cível, julgamento em 20/08/2020, publicação da súmula em 25/08/2020).
- Tendo sido caracterizada a prática de litigância de má-fé, o juiz, de ofício ou a requerimento, condenará o litigante de má-fé a pagar multa, a indenizar a parte contrária pelos prejuízos que esta sofreu e a arcar com os honorários advocatícios e com todas as despesas que efetuou (artigo 81 do CPC/15) (TJMG, Agravo de Instrumento-Cv 1.0471.19.005805-0/001, Rel. Desembargadora Ana Paula Caixeta, 4ª Câmara Cível, julgamento em 02/07/2020, publicação da súmula em 03/07/2020).
- As sanções aplicáveis ao litigante de má-fé são aquelas taxativamente previstas pelo legislador, não comportando interpretação extensiva (STJ, REsp 1663193/SP, Ministra Nancy Andrighi, T3 – Terceira Turma, *DJe* 23/02/2018).
- Caracteriza litigância de má-fé a tentativa da parte de alterar as circunstâncias da causa, com o fim de induzir o órgão julgador a erro. Nessa hipótese, é cabível a sua condenação ao pagamento da multa prevista no art. 81, *caput*, do CPC/2015 (STJ, EDcl no REsp 1.669.002/RJ, Ministra Nancy Andrighi, T3 – Terceira Turma, *DJe* 29/11/2017).
- Não configura litigância de má-fé a apresentação de recurso legalmente previsto no ordenamento jurídico e quando não ficar evidenciado o intuito protelatório da insurgência (STJ, AgInt nos EDcl no AREsp 810.784/SP, Ministro Ricardo Villas Bôas Cueva, T3 – Terceira Turma, *DJe* 20/11/2017).
- Pedido de condenação por litigância de má-fé. Não se vislumbra a ocorrência de nenhuma das hipóteses autorizativas previstas no art. 80 do CPC/2015. Frise-se que não se pode confundir má-fé com a equivocada interpretação do direito (STJ, AgInt no AgInt no AREsp 1.000.415/RJ, Ministro Marco Aurélio Bellizze, T3 – Terceira Turma, *DJe* 30/10/2017).
- A reiteração de recursos manifestamente inadmissíveis revela o intuito protelatório da parte embargante, devendo ser imposta multa por litigância de má-fé, nos termos do art. 80, VII, do CPC/2015 ("Considera-se litigante de má-fé aquele que: [...] interpuser recurso com intuito manifestamente protelatório") (STJ, EDcl no AgInt no AREsp 1.040.823/SP, Ministra Assusete Magalhães, T2 – Segunda Turma, *DJe* 28/09/2017).
- A jurisprudência do Superior Tribunal de Justiça é pacífica no sentido de que a condenação por litigância de má-fé depende da comprovação da intenção da parte em postergar ou perturbar o resultado do processo, o que não ocorre no presente caso (STJ, AgInt no AREsp 970.069/SP, Ministro Francisco Falcão, T2 – Segunda Turma, *DJe* 21/08/2017).

Art. 81. De ofício ou a requerimento, o juiz condenará o litigante de má-fé a pagar multa, que deverá ser superior a um por cento e inferior a dez por cento do valor corrigido da causa, a indenizar a parte contrária pelos prejuízos que esta sofreu e a arcar com os honorários advocatícios e com todas as despesas que efetuou.

§ 1º Quando forem 2 (dois) ou mais os litigantes de má-fé, o juiz condenará cada um na proporção de seu respectivo interesse na causa ou solidariamente aqueles que se coligaram para lesar a parte contrária.

§ 2º Quando o valor da causa for irrisório ou inestimável, a multa poderá ser fixada em até 10 (dez) vezes o valor do salário mínimo.

§ 3º O valor da indenização será fixado pelo juiz ou, caso não seja possível mensurá-lo, liquidado por arbitramento ou pelo procedimento comum, nos próprios autos.

REFERÊNCIAS LEGISLATIVAS

- Arts. 79, 80, 318 a 512, CPC; arts. 927 a 954, CC.

JURISPRUDÊNCIA

- Inexigibilidade de débito – Anotação do nome da autora em órgãos de proteção ao crédito – Sentença de improcedência – Insurgência da autora. O requerido apresentou cópia do contrato assinado e faturas do cartão de crédito utilizado por mais de dois anos, que são suficientes para comprovar o relacionamento havido entre as partes – Restrição que se mostra legítima. Litigância de má-fé – Caracterização – A autora alterou a verdade dos fatos ao alegar que desconhecia o débito - Valor arbitrado de meio salário mínimo que não se mostra excessivo e está conforme o disposto no artigo 81, CPC – Sentença mantida – Recurso improvido (TJSP, Apelação Cível 1028231-33.2018.8.26.0602, Relator Benedito Antonio Okuno, 23ª Câmara de Direito Privado, Foro de Sorocaba – 7ª Vara Cível, *DJ* 03/11/2020).
- A jurisprudência desta Corte Superior não autoriza o afastamento da obrigatoriedade de recolhimento prévio à interposição de recursos subsequentes das multas por má-fé, em função de atos procrastinatórios, mesmo aos beneficiários de justiça gratuita (STJ, AgInt no AgInt no AREsp 1.044.217/SP, Ministro Og Fernandes, T2 – Segunda Turma, *DJe* 25/10/2017).

Seção III
Das Despesas, dos Honorários Advocatícios e das Multas

Art. 82. Salvo as disposições concernentes à gratuidade da justiça, incumbe às partes prover as despesas dos atos que realizarem ou requererem no processo, antecipando-lhes o pagamento, desde o início até a sentença final ou, na execução, até a plena satisfação do direito reconhecido no título.

§ 1º Incumbe ao autor adiantar as despesas relativas a ato cuja realização o juiz determinar de ofício ou a requerimento do Ministério Público, quando sua intervenção ocorrer como fiscal da ordem jurídica.

§ 2º A sentença condenará o vencido a pagar ao vencedor as despesas que antecipou.

REFERÊNCIAS LEGISLATIVAS

- Arts. 84, 88, 98 a 102, 290, CPC.

ANOTAÇÕES

- *Despesas processuais*: embora o acesso à Justiça seja direito de todos, a prestação da tutela jurisdicional não é gratuita. Com efeito, cabe às partes prover as despesas dos atos que realizam ou requerem no processo, antecipando-lhes o pagamento desde o início até a sentença final. Ao autor cabe ainda adiantar as despesas relativas a atos cuja realização seja determinada pelo juiz, *ex officio*, ou a requerimento do representante do Ministério Público. De forma geral, as despesas englobam o pagamento de custas judiciais, diligências do Oficial de Justiça, cópias, remuneração de perito e assistentes técnicos, diária de testemunhas etc.
- *Não recolhimento*: o não recolhimento do valor da despesa implicará a não realização do ato, o que, dependendo do caso, poderá redundar até mesmo na extinção do processo sem julgamento do mérito, por abandono da causa (art. 485, III, CPC). No final do processo, o vencido deverá

reembolsar o vencedor pelas despesas que antecipou, constituindo a sentença que assim o determinar em título executivo judicial.

JURISPRUDÊNCIA

- Súmula 667 do STF: Viola a garantia constitucional de acesso à jurisdição a taxa judiciária calculada sem limite sobre o valor da causa.
- Nos termos do art. 82, *caput*, do CPC, salvo as disposições concernentes à gratuidade da justiça, incumbe às partes prover as despesas dos atos que realizarem ou requererem no processo (TJMG, Agravo de Instrumento-Cv 1.0024.10.014098-7/004, Rel. Desembargador José Marcos Vieira, 16ª Câmara Cível, julgamento em 27/05/2020, publicação da súmula em 28/05/2020).

Art. 83. O autor, brasileiro ou estrangeiro, que residir fora do Brasil ou deixar de residir no país ao longo da tramitação de processo prestará caução suficiente ao pagamento das custas e dos honorários de advogado da parte contrária nas ações que propuser, se não tiver no Brasil bens imóveis que lhes assegurem o pagamento.

§ 1º Não se exigirá a caução de que trata o *caput*:

I – quando houver dispensa prevista em acordo ou tratado internacional de que o Brasil faz parte;

II – na execução fundada em título extrajudicial e no cumprimento de sentença;

III – na reconvenção.

§ 2º Verificando-se no trâmite do processo que se desfalcou a garantia, poderá o interessado exigir reforço da caução, justificando seu pedido com a indicação da depreciação do bem dado em garantia e a importância do reforço que pretende obter.

REFERÊNCIAS LEGISLATIVAS

- Arts. 818 a 839, 897 a 900, 1.225, CC.

ANOTAÇÕES

- *Caução*: é termo genérico que indica um conjunto de garantias, que podem ser reais, tais como o penhor e a hipoteca, ou fidejussórias, ou seja, pessoais, como a fiança e o aval.
- *Falta de caução*: caracterizada situação posta no *caput* da norma, cabe à parte interessada provocar a atuação do juiz fazendo a denúncia do fato e requerendo as providências cabíveis (prestação a caução). Não sendo caso de isenção (§ 1º), o juiz fixará prazo para que o autor providencie o necessário, sob pena de extinção do feito sem julgamento de mérito (art. 485, IV).

DICAS DE PRÁTICA JURÍDICA

- *Quando e como se manifestar*: o interessado deve levantar a questão da necessidade de "caução" assim que tiver conhecimento do local de residência do autor ou da sua mudança para o exterior.

Se tal fato já constar na exordial, a questão deve ser aventada como preliminar na própria contestação, sob pena de preclusão. Havendo mudança do autor para o exterior durante o processo, a parte interessada deve suscitar a questão da caução assim que tiver conhecimento do fato por meio de simples petição intermediária (endereçamento, qualificação, fatos, pedido).

JURISPRUDÊNCIA

- Indenização – Transporte aéreo internacional – Condições da ação – Autores residentes no exterior – Necessidade de comprovação de propriedade de bens imóveis aqui no Brasil ou prestação de caução idônea – Artigo 83 do CPC – Dispensa prevista no artigo 83, § 1º, I, do CPC – Inaplicabilidade – Inexistência de previsão na Convenção de Montreal (Decreto nº 5.910/2006), norma aplicável ao caso – Intimação dos autores para cumprimento do artigo 83 do CPC – Pertinência – Pressuposto processual de validade – Retorno dos autos ao juízo de origem para a regular instrução processual. Sentença anulada (TJSP, Apelação Cível 1025876-33.2020.8.26.0100, Relator Henrique Rodriguero Clavisio, 18ª Câmara de Direito Privado, Foro Central Cível – 28ª Vara Cível, DJ 04/11/2020).

- Indenização – Transporte aéreo internacional – Atraso de voo – Estrangeiro residente no exterior no polo ativo da demanda – Necessidade de comprovação de propriedade de bens imóveis aqui no Brasil ou prestação de caução idônea – Artigo 83 do CPC - Dispensa prevista no artigo 83, § 1º, I, do CPC – Inaplicabilidade – Inexistência de previsão na Convenção de Montreal (Decreto nº 5.910/2006), norma aplicável ao caso – Intimação do autor para cumprimento do artigo 83 do CPC – Pertinência – Pressuposto processual de validade – Concessão de prazo adicional para regularização da procuração – Dever de deliberação pelo MM. Juiz de primeiro grau acerca do requerimento do autor – Retorno dos autos ao juízo de origem para a regular instrução processual. Sentença anulada (TJSP, Apelação Cível 1016291-54.2020.8.26.0100, Relator Henrique Rodriguero Clavisio, 18ª Câmara de Direito Privado, Foro Central Cível – 26ª Vara Cível, DJ 11/08/2020).

Art. 84. As despesas abrangem as custas dos atos do processo, a indenização de viagem, a remuneração do assistente técnico e a diária de testemunha.

REFERÊNCIAS LEGISLATIVAS

- Arts. 82, 462, CPC.

JURISPRUDÊNCIA

- Conquanto o ente público seja isento do pagamento das custas, quando restar vencido em uma demanda estará obrigado a reembolsar o vencedor as despesas judiciais, incluindo-se a remuneração do assistente técnico, conforme previsão contida no art. 84 do CPC c/c art. 12, § 3º, da Lei 14.939/2003 (TJMG, Apelação Cível 1.0024.07.762585-3/001, Rel. Desembargador Fábio Torres de Sousa (JD Convocado), 8ª Câmara Cível, julgamento em 31/10/2019, publicação da súmula em 12/11/2019).

- Deve-se buscar, quando da estipulação dos honorários advocatícios, fixá-los de tal maneira que atenda ao grau de zelo profissional, ao lugar da prestação do serviço, a natureza e importância da causa, ao labor profissional e o tempo exigido para o serviço (art. 84, § 2º, I a IV, do CPC/15) (TJMG, Apelação Cível 1.0000.18.013926-3/001, Rel. Desembargador Marcos Henrique Caldeira Brant, 16ª Câmara Cível, julgamento em 27/06/2018, publicação da súmula em 28/06/2018).

- As despesas processuais abrangem as custas dos atos do processo, a indenização de viagem, a remuneração do assistente técnico e a diária de testemunha (CPC, art. 84) (TJMG, Apelação Cível 1.0479.09.170268-4/001, Rel. Desembargador Ramom Tácio, 16ª Câmara Cível, julgamento em 14/03/2018, publicação da súmula em 23/03/2018).

Art. 85. A sentença condenará o vencido a pagar honorários ao advogado do vencedor.

§ 1º São devidos honorários advocatícios na reconvenção, no cumprimento de sentença, provisório ou definitivo, na execução, resistida ou não, e nos recursos interpostos, cumulativamente.

§ 2º Os honorários serão fixados entre o mínimo de dez e o máximo de vinte por cento sobre o valor da condenação, do proveito econômico obtido ou, não sendo possível mensurá-lo, sobre o valor atualizado da causa, atendidos:

I – o grau de zelo do profissional;

II – o lugar de prestação do serviço;

III – a natureza e a importância da causa;

IV – o trabalho realizado pelo advogado e o tempo exigido para o seu serviço.

§ 3º Nas causas em que a Fazenda Pública for parte, a fixação dos honorários observará os critérios estabelecidos nos incisos I a IV do § 2º e os seguintes percentuais:

I – mínimo de dez e máximo de vinte por cento sobre o valor da condenação ou do proveito econômico obtido até 200 (duzentos) salários mínimos;

II – mínimo de oito e máximo de dez por cento sobre o valor da condenação ou do proveito econômico obtido acima de 200 (duzentos) salários mínimos até 2.000 (dois mil) salários mínimos;

III – mínimo de cinco e máximo de oito por cento sobre o valor da condenação ou do proveito econômico obtido acima de 2.000 (dois mil) salários mínimos até 20.000 (vinte mil) salários mínimos;

IV – mínimo de três e máximo de cinco por cento sobre o valor da condenação ou do proveito econômico obtido acima de 20.000 (vinte mil) salários mínimos até 100.000 (cem mil) salários mínimos;

V – mínimo de um e máximo de três por cento sobre o valor da condenação ou do proveito econômico obtido acima de 100.000 (cem mil) salários mínimos.

§ 4º Em qualquer das hipóteses do § 3º:

I – os percentuais previstos nos incisos I a V devem ser aplicados desde logo, quando for líquida a sentença;

II – não sendo líquida a sentença, a definição do percentual, nos termos previstos nos incisos I a V, somente ocorrerá quando liquidado o julgado;

III – não havendo condenação principal ou não sendo possível mensurar o proveito econômico obtido, a condenação em honorários dar-se-á sobre o valor atualizado da causa;

IV – será considerado o salário mínimo vigente quando prolatada sentença líquida ou o que estiver em vigor na data da decisão de liquidação.

§ 5º Quando, conforme o caso, a condenação contra a Fazenda Pública ou o benefício econômico obtido pelo vencedor ou o valor da causa for superior ao valor previsto no inciso I do § 3º, a fixação do percentual de honorários deve observar a faixa inicial e, naquilo que a exceder, a faixa subsequente, e assim sucessivamente.

§ 6º Os limites e critérios previstos nos §§ 2º e 3º aplicam-se independentemente de qual seja o conteúdo da decisão, inclusive aos casos de improcedência ou de sentença sem resolução de mérito.

§ 7º Não serão devidos honorários no cumprimento de sentença contra a Fazenda Pública que enseje expedição de precatório, desde que não tenha sido impugnada.

§ 8º Nas causas em que for inestimável ou irrisório o proveito econômico ou, ainda, quando o valor da causa for muito baixo, o juiz fixará o valor dos honorários por apreciação equitativa, observando o disposto nos incisos do § 2º.

§ 9º Na ação de indenização por ato ilícito contra pessoa, o percentual de honorários incidirá sobre a soma das prestações vencidas acrescida de 12 (doze) prestações vincendas.

§ 10. Nos casos de perda do objeto, os honorários serão devidos por quem deu causa ao processo.

§ 11. O tribunal, ao julgar recurso, majorará os honorários fixados anteriormente levando em conta o trabalho adicional realizado em grau recursal, observando, conforme o caso, o disposto nos §§ 2º a 6º, sendo vedado ao tribunal, no cômputo geral da fixação de honorários devidos ao advogado do vencedor, ultrapassar os respectivos limites estabelecidos nos §§ 2º e 3º para a fase de conhecimento.

§ 12. Os honorários referidos no § 11 são cumuláveis com multas e outras sanções processuais, inclusive as previstas no art. 77.

§ 13. As verbas de sucumbência arbitradas em embargos à execução rejeitados ou julgados improcedentes e em fase de cumprimento de sentença serão acrescidas no valor do débito principal, para todos os efeitos legais.

§ 14. Os honorários constituem direito do advogado e têm natureza alimentar, com os mesmos privilégios dos créditos oriundos da legislação do trabalho, sendo vedada a compensação em caso de sucumbência parcial.

§ 15. O advogado pode requerer que o pagamento dos honorários que lhe caibam seja efetuado em favor da sociedade de advogados que integra na qualidade de sócio, aplicando-se à hipótese o disposto no § 14.

§ 16. Quando os honorários forem fixados em quantia certa, os juros moratórios incidirão a partir da data do trânsito em julgado da decisão.

§ 17. Os honorários serão devidos quando o advogado atuar em causa própria.

§ 18. Caso a decisão transitada em julgado seja omissa quanto ao direito aos honorários ou ao seu valor, é cabível ação autônoma para sua definição e cobrança.

§ 19. Os advogados públicos perceberão honorários de sucumbência, nos termos da lei.

REFERÊNCIAS LEGISLATIVAS

- Art. 37, XI, CF; arts. 827, 1.040, § 2º, CPC; arts. 22 a 26, Lei nº 8.906/1994 – Estatuto da Advocacia.

JURISPRUDÊNCIA

- Súmula Vinculante 47 do STF: Os honorários advocatícios incluídos na condenação ou destacados do montante principal devido ao credor consubstanciam verba de natureza alimentar cuja satisfação ocorrerá com a expedição de precatório ou requisição de pequeno valor, observada ordem especial restrita aos créditos dessa natureza.
- Súmula 450 do STF: São devidos honorários de advogado sempre que vencedor o beneficiário de justiça gratuita.
- Súmula 512 do STF: Não cabe condenação em honorários de advogado na ação de mandado de segurança.
- Súmula 617 do STF: A base de cálculo dos honorários de advogado em desapropriação é a diferença entre a oferta e a indenização, corrigidas ambas monetariamente.
- Súmula 14 do STJ: Arbitrados os honorários advocatícios em percentual sobre o valor da causa, a correção monetária incide a partir do respectivo ajuizamento.
- Súmula 105 do STJ: Na ação de mandado de segurança não se admite condenação em honorários advocatícios.
- Súmula 110 do STJ: A isenção do pagamento de honorários advocatícios, nas ações acidentárias, é restrita ao segurado.
- Súmula 111 do STJ: Os honorários advocatícios, nas ações previdenciárias, não incidem sobre as prestações vencidas após a sentença.
- Súmula 141 do STJ: Os honorários de advogado em desapropriação direta são calculados sobre a diferença entre a indenização e a oferta, corrigidas monetariamente.
- Súmula 201 do STJ: Os honorários advocatícios não podem ser fixados em salários mínimos.
- Súmula 345 do STJ: São devidos honorários advocatícios pela Fazenda Pública nas execuções individuais de sentença proferida em ações coletivas, ainda que não embargadas.
- Súmula 453 do STJ: Os honorários sucumbenciais, quando omitidos em decisão transitada em julgado, não podem ser cobrados em execução ou em ação própria.
- Súmula 517 do STJ: São devidos honorários advocatícios no cumprimento de sentença, haja ou não impugnação, depois de escoado o prazo para pagamento voluntário, que se inicia após a intimação do advogado da parte executada.
- O Superior Tribunal de Justiça possui entendimento no sentido de ser possível a fixação dos honorários advocatícios com base na equidade nos casos em que há o acolhimento parcial de impugnação ao cumprimento de sentença ou exceção de pré-executividade, entretanto, sem extinguir a execução (STJ, AgInt no REsp 1861435/RS, Ministro Ricardo Villas Bôas Cueva, T3 – Terceira Turma, *DJe* 28/09/2020).
- É devida a majoração da verba honorária sucumbencial, na forma do art. 85, § 11, do CPC/2015, quando simultaneamente se apresentarem os seguintes requisitos: a) decisão recorrida publicada a partir de 18.3.2016, quando entrou em vigor o novo Código de Processo Civil; b) recurso não conhecido integralmente ou desprovido, monocraticamente ou pelo órgão colegiado competente; e c) condenação em honorários advocatícios desde a origem, no feito em que interposto o recurso (STJ, AgInt no AREsp 1288998/RS, Ministro Antonio Carlos Ferreira, T4 – Quarta Turma, *DJe* 24/09/2020).
- Com a ressalva do entendimento pessoal desta Relatora, a 2ª Seção do STJ definiu que a fixação dos honorários de sucumbência, sob a égide do CPC/2015, sujeita-se à seguinte ordem de preferência: (I) primeiro, quando houver condenação, devem ser fixados entre 10% e 20% sobre o montante desta (art. 85, § 2º); (II) segundo, não havendo condenação, serão também fixados entre 10% e 20%, das seguintes bases de cálculo: (II.a) sobre o proveito econômico obtido pelo vencedor (art. 85, § 2º); ou (II.b) não sendo possível mensurar o proveito econômico obtido, sobre o valor atualizado da causa (art. 85, § 2º); por fim, (III) havendo ou não condenação, nas causas em que for inestimável ou irrisório o proveito econômico ou em que o valor da causa for muito baixo, deverão, só então, ser fixados por apreciação equitativa (art. 85, § 8º) (STJ, AgInt no REsp 1818277/RO, Ministra Nancy Andrighi, T3 – Terceira Turma, *DJe* 23/04/2020).

Art. 86. Se cada litigante for, em parte, vencedor e vencido, serão proporcionalmente distribuídas entre eles as despesas.

Parágrafo único. Se um litigante sucumbir em parte mínima do pedido, o outro responderá, por inteiro, pelas despesas e pelos honorários.

ANOTAÇÕES

- **Sucumbência recíproca**: a divisão proporcional do ônus da sucumbência entre as partes é sem dúvida atitude que garante a justiça e o equilíbrio da relação processual. A adoção dessa medida também tem o efeito de levar o autor a ter "responsabilidade" no momento de fazer os seus pedidos; digo isso visto que muitos colegas advogados gostam de fazer pedidos muito além do razoável, buscando, entre outras coisas, intimidar a parte adversa.

JURISPRUDÊNCIA

- Súmula 306 do STJ: Os honorários advocatícios devem ser compensados quando houver sucumbência recíproca, assegurado o direito autônomo do advogado à execução do saldo sem excluir a legitimidade da própria parte.
- Súmula 326 do STJ: Na ação de indenização por dano moral, a condenação em montante inferior ao postulado na inicial não implica sucumbência recíproca.
- Apelação. Ação de indenização por danos morais cumulada com lucros cessantes. Apreensão ilegal de veículo. Sentença de parcial procedência. Provimento total dos lucros cessantes, parcial dos danos morais e rejeição dos danos emergentes. Inconformismo com a sucumbência recíproca. Pretensão de reforma alegando sucumbência mínima. Cabimento parcial. Inteligência do art. 86 do CPC. Manutenção da sucumbência recíproca. Distribuição proporcional das custas processuais e dos honorários advocatícios. Inaplicabilidade do parágrafo único. Sentença reformada em parte. Recurso parcialmente provido (TJSP, Apelação Cível 1012303-71.2017.8.26.0248, Relatora Paola Lorena, 3ª Câmara de Direito Público, Foro de Indaiatuba – 3ª Vara Cível, *DJ* 10/11/2020).
- O autor que sucumbe em parte dos pedidos deve suportar, proporcionalmente, as custas processuais e a verba honorária (art. 86, *caput*, do CPC) (STJ, AgInt no AgInt no REsp 1825662/AM, Ministra Maria Isabel Gallotti, T4 – Quarta Turma, *DJe* 01/10/2020).
- Considerando que autor e réu foram, em parte, vencidos e vencedores, impõe-se a distribuição dos ônus de forma proporcional, segundo a regra do art. 86 do CPC/2015. É possível o julgador utilizar-se do valor da causa como referência, quando o valor da condenação implicar honorários advocatícios irrisórios, visando remunerar condignamente os patronos das partes (TJMG, Apelação Cível 1.0000.20.043324-1/001, Rel. Desembargador Baeta Neves, 18ª Câmara Cível, julgamento em 25/08/2020, publicação da súmula em 27/08/2020).

Art. 87. Concorrendo diversos autores ou diversos réus, os vencidos respondem proporcionalmente pelas despesas e pelos honorários.

§ 1º A sentença deverá distribuir entre os litisconsortes, de forma expressa, a responsabilidade proporcional pelo pagamento das verbas previstas no *caput*.

§ 2º Se a distribuição de que trata o § 1º não for feita, os vencidos responderão solidariamente pelas despesas e pelos honorários.

⚖ REFERÊNCIAS LEGISLATIVAS

- Arts. 85, 86, 88, 113 a 118, 489, CPC.

Art. 88. Nos procedimentos de jurisdição voluntária, as despesas serão adiantadas pelo requerente e rateadas entre os interessados.

⚖ REFERÊNCIAS LEGISLATIVAS

- Arts. 82, 87, 719 a 770, CPC.

📚 ANOTAÇÕES

- *Jurisdição voluntária*: também conhecida como jurisdição graciosa ou administrativa, é comumente definida como a administração pública de interesses privados; nela não se cuida da lide, mas de questões de interesse particular que por força da lei devem ter a chancela do Poder Público (*v.g.*, nomeação de tutor ou curador, alienação de bens de incapazes, divórcio consensual, arrecadação de bens de ausentes, interdição de incapazes, retificação de registro público etc.). Como não há lide, como se disse, a doutrina assevera que nela não há partes, mas apenas interessados.

Art. 89. Nos juízos divisórios, não havendo litígio, os interessados pagarão as despesas proporcionalmente a seus quinhões.

⚖ REFERÊNCIAS LEGISLATIVAS

- Arts. 569 a 598, CPC; arts. 1.297, 1.298 e 1.320, CC.

Art. 90. Proferida sentença com fundamento em desistência, em renúncia ou em reconhecimento do pedido, as despesas e os honorários serão pagos pela parte que desistiu, renunciou ou reconheceu.

§ 1º Sendo parcial a desistência, a renúncia ou o reconhecimento, a responsabilidade pelas despesas e pelos honorários será proporcional à parcela reconhecida, à qual se renunciou ou da qual se desistiu.

§ 2º Havendo transação e nada tendo as partes disposto quanto às despesas, estas serão divididas igualmente.

§ 3º Se a transação ocorrer antes da sentença, as partes ficam dispensadas do pagamento das custas processuais remanescentes, se houver.

§ 4º Se o réu reconhecer a procedência do pedido e, simultaneamente, cumprir integralmente a prestação reconhecida, os honorários serão reduzidos pela metade.

REFERÊNCIAS LEGISLATIVAS

- Arts. 200, parágrafo único, 485, VIII e §§ 4º e 5º, 487, III, "c", 775, 998, 1.040, § 1º, CPC.

JURISPRUDÊNCIA

- Súmula 153 do STJ: A desistência da Execução Fiscal, após o oferecimento dos embargos, não exime o exequente dos encargos da sucumbência.
- A desistência da ação enseja a extinção do feito, sem resolução do mérito (art. 485, VIII, do CPC). Tendo em vista que o próprio autor/apelante, na petição em que informa a entrega do imóvel e quitação do débito, pugnou, expressamente pela extinção do feito, sem resolução de mérito e ainda requereu o recolhimento dos mandados de citação, correta a sentença que homologou o pedido de desistência, condenando o autor nos ônus da sucumbência (art. 90, *caput*, do CPC) (TJMG, Apelação Cível 1.0000.20.004947-6/001, Rel. Desembargador Sérgio André da Fonseca Xavier, 18ª Câmara Cível, julgamento em 19/05/2020, publicação da súmula em 19/05/2020).
- Proferida sentença com fundamento em desistência ou reconhecimento do pedido inicial, as despesas e os honorários serão pagos pela parte que desistiu ou reconheceu. Sendo parcial a desistência ou o reconhecimento, a responsabilidade pelas despesas e pelos honorários será proporcional à parcela da qual se desistiu ou reconheceu (CPC, art. 90, *caput* e § 1º) (TJMG, Apelação Cível 1.0177.18.000020-6/001, Rel. Desembargador Ramom Tácio, 16ª Câmara Cível, julgamento em 19/02/2020, publicação da súmula em 06/03/2020).
- Na forma do art. 90, CPC/2015, deve a parte ré arcar com os ônus sucumbenciais, mesmo nas hipóteses de reconhecimento da procedência dos pedidos do autor (TJMG, Apelação Cível 1.0079.08.428408-6/001, Rel. Desembargador Fernando Lins, 18ª Câmara Cível, julgamento em 24/04/2018, publicação da súmula em 26/04/2018).

Art. 91. As despesas dos atos processuais praticados a requerimento da Fazenda Pública, do Ministério Público ou da Defensoria Pública serão pagas ao final pelo vencido.

§ 1º As perícias requeridas pela Fazenda Pública, pelo Ministério Público ou pela Defensoria Pública poderão ser realizadas por entidade pública ou, havendo previsão orçamentária, ter os valores adiantados por aquele que requerer a prova.

§ 2º Não havendo previsão orçamentária no exercício financeiro para adiantamento dos honorários periciais, eles serão pagos no exercício seguinte ou ao final, pelo vencido, caso o processo se encerre antes do adiantamento a ser feito pelo ente público.

REFERÊNCIAS LEGISLATIVAS

- Arts. 176 a 181, 182 a 184, 185 a 187, CPC.

JURISPRUDÊNCIA

- Súmula 190 do STJ: Na Execução Fiscal, processada perante a Justiça Estadual, cumpre a Fazenda Pública antecipar o numerário destinado ao custeio das despesas com o transporte dos oficiais de justiça.
- Súmula 232 do STJ: A Fazenda Pública, quando parte no processo, fica sujeita à exigência do depósito prévio dos honorários do perito.
- Na hipótese de revelia, a nomeação de curador especial não faz presumir a hipossuficiência do curatelado para fins de concessão da gratuidade da justiça. De outro lado, em observância aos princípios constitucionais

da ampla defesa e do contraditório, os atos processuais praticados pelo curador especial (advogado dativo ou defensoria pública) – inclusive a interposição de recursos – estão dispensados do prévio pagamento das despesas, que serão custeadas pela parte vencida ao término do processo, conforme o art. 91, *caput*, do CPC/2015 (STJ, AgInt no AREsp 1701054/SC, Ministro Antonio Carlos Ferreira, T4 – Quarta Turma, *DJe* 26/10/2020).

Art. 92. Quando, a requerimento do réu, o juiz proferir sentença sem resolver o mérito, o autor não poderá propor novamente a ação sem pagar ou depositar em cartório as despesas e os honorários a que foi condenado.

REFERÊNCIAS LEGISLATIVAS

- Arts. 82, 85, 337, V, 485, 486, § 3º, CPC.

ANOTAÇÕES

- *Quitação dos encargos da sucumbência*: a norma não obsta o direito de ação do autor, mas impõe que este antes de reiterar o seu pedido por meio de outra ação pague as despesas e os honorários a que foi condenado, salvo, claro, se provar que está impossibilitado de fazê-lo, questão que deve ser levantada em preliminar na petição inicial em que fizer a reiteração do pedido. Lembro ainda que, quando o autor der causa, por três vezes, à extinção do feito por negligência, ocorrerá a "perempção" (art. 486, § 3º).
- *Perempção*: é a perda do direito de ação, ou seja, da faculdade que a pessoa tem de fazer valer seu direito por meio da tutela jurisdicional, em razão de o autor ter dado causa, por três vezes, à extinção do processo em razão da sua inércia (abandono da causa por mais de 30 dias). Como se vê, o instituto da perempção envolve uma sanção imposta pela lei ao autor em virtude da sua desídia.

DICAS DE PRÁTICA JURÍDICA

- *Como requerer isenção dessa obrigação*: o interessado que der causa à extinção do feito sem julgamento de mérito e que não tiver como quitar as despesas e custas do processo antes de ajuizar novo feito, deve requerer a liberação dessa obrigação em preliminar na própria petição inicial por meio, por exemplo, de item próprio ("liberação do encargo previsto no art. 92 do CPC"), em que deverá informar ao juiz as razões pelas quais efetivamente não tem como pagar, quitar, as despesas e custas do processo anterior; neste caso em especial, observo que não basta protesto genérico de que não tem como pagar; é necessário de forma transparente demonstrar a total impossibilidade de fazê-lo.

Art. 93. As despesas de atos adiados ou cuja repetição for necessária ficarão a cargo da parte, do auxiliar da justiça, do órgão do Ministério Público ou da Defensoria Pública ou do juiz que, sem justo motivo, houver dado causa ao adiamento ou à repetição.

REFERÊNCIAS LEGISLATIVAS

- Arts. 143, 455, § 5º, CPC.

ANOTAÇÕES

- **Repetição de atos**: cabe ao juiz aferir de forma fundamentada se eventual justificativa apresentada pela parte que deu causa ao adiamento é justa ou não (culpa, dolo, fraude, desídia); se o próprio juiz for o responsável, sem justa causa, as despesas deverão ser cobradas da Fazenda Pública.

Art. 94. Se o assistido for vencido, o assistente será condenado ao pagamento das custas em proporção à atividade que houver exercido no processo.

REFERÊNCIAS LEGISLATIVAS

- Arts. 119 a 124, CPC.

Art. 95. Cada parte adiantará a remuneração do assistente técnico que houver indicado, sendo a do perito adiantada pela parte que houver requerido a perícia ou rateada quando a perícia for determinada de ofício ou requerida por ambas as partes.

§ 1º O juiz poderá determinar que a parte responsável pelo pagamento dos honorários do perito deposite em juízo o valor correspondente.

§ 2º A quantia recolhida em depósito bancário à ordem do juízo será corrigida monetariamente e paga de acordo com o art. 465, § 4º.

§ 3º Quando o pagamento da perícia for de responsabilidade de beneficiário de gratuidade da justiça, ela poderá ser:

I – custeada com recursos alocados no orçamento do ente público e realizada por servidor do Poder Judiciário ou por órgão público conveniado;

II – paga com recursos alocados no orçamento da União, do Estado ou do Distrito Federal, no caso de ser realizada por particular, hipótese em que o valor será fixado conforme tabela do tribunal respectivo ou, em caso de sua omissão, do Conselho Nacional de Justiça.

§ 4º Na hipótese do § 3º, o juiz, após o trânsito em julgado da decisão final, oficiará a Fazenda Pública para que promova, contra quem tiver sido condenado ao pagamento das despesas processuais, a execução dos valores gastos com a perícia particular ou com a utilização de servidor público ou da estrutura de órgão público, observando-se, caso o responsável pelo pagamento das despesas seja beneficiário de gratuidade da justiça, o disposto no art. 98, § 2º.

§ 5º Para fins de aplicação do § 3º, é vedada a utilização de recursos do fundo de custeio da Defensoria Pública.

REFERÊNCIAS LEGISLATIVAS

- Arts. 84, 91, 98, § 3º, 119 a 124, 156 a 158, CPC.

Art. 96. O valor das sanções impostas ao litigante de má-fé reverterá em benefício da parte contrária, e o valor das sanções impostas aos serventuários pertencerá ao Estado ou à União.

REFERÊNCIAS LEGISLATIVAS

- Arts. 79 a 81, 97, 777, CPC.

Art. 97. A União e os Estados podem criar fundos de modernização do Poder Judiciário, aos quais serão revertidos os valores das sanções pecuniárias processuais destinadas à União e aos Estados, e outras verbas previstas em lei.

REFERÊNCIAS LEGISLATIVAS

- Art. 96, CPC.

Seção IV
Da Gratuidade da Justiça

Art. 98. A pessoa natural ou jurídica, brasileira ou estrangeira, com insuficiência de recursos para pagar as custas, as despesas processuais e os honorários advocatícios tem direito à gratuidade da justiça, na forma da lei.

§ 1º A gratuidade da justiça compreende:

I – as taxas ou as custas judiciais;

II – os selos postais;

III – as despesas com publicação na imprensa oficial, dispensando-se a publicação em outros meios;

IV – a indenização devida à testemunha que, quando empregada, receberá do empregador salário integral, como se em serviço estivesse;

V – as despesas com a realização de exame de código genético – DNA e de outros exames considerados essenciais;

VI – os honorários do advogado e do perito e a remuneração do intérprete ou do tradutor nomeado para apresentação de versão em português de documento redigido em língua estrangeira;

VII – o custo com a elaboração de memória de cálculo, quando exigida para instauração da execução;

VIII – os depósitos previstos em lei para interposição de recurso, para propositura de ação e para a prática de outros atos processuais inerentes ao exercício da ampla defesa e do contraditório;

IX – os emolumentos devidos a notários ou registradores em decorrência da prática de registro, averbação ou qualquer outro ato notarial necessário à efetivação de decisão judicial ou à continuidade de processo judicial no qual o benefício tenha sido concedido.

§ 2º A concessão de gratuidade não afasta a responsabilidade do beneficiário pelas despesas processuais e pelos honorários advocatícios decorrentes de sua sucumbência.

§ 3º Vencido o beneficiário, as obrigações decorrentes de sua sucumbência ficarão sob condição suspensiva de exigibilidade e somente poderão ser executadas se, nos 5 (cinco) anos subsequentes ao trânsito em julgado da decisão que as certificou, o credor demonstrar que deixou de existir a situação de insuficiência de recursos que justificou a concessão de gratuidade, extinguindo-se, passado esse prazo, tais obrigações do beneficiário.

§ 4º A concessão de gratuidade não afasta o dever de o beneficiário pagar, ao final, as multas processuais que lhe sejam impostas.

§ 5º A gratuidade poderá ser concedida em relação a algum ou a todos os atos processuais, ou consistir na redução percentual de despesas processuais que o beneficiário tiver de adiantar no curso do procedimento.

§ 6º Conforme o caso, o juiz poderá conceder direito ao parcelamento de despesas processuais que o beneficiário tiver de adiantar no curso do procedimento.

§ 7º Aplica-se o disposto no art. 95, §§ 3º a 5º, ao custeio dos emolumentos previstos no § 1º, inciso IX, do presente artigo, observada a tabela e as condições da lei estadual ou distrital respectiva.

§ 8º Na hipótese do § 1º, inciso IX, havendo dúvida fundada quanto ao preenchimento atual dos pressupostos para a concessão de gratuidade, o notário ou registrador, após praticar o ato, pode requerer, ao juízo competente para decidir questões notariais ou registrais, a revogação total ou parcial do benefício ou a sua substituição pelo parcelamento de que trata o § 6º deste artigo, caso em que o beneficiário será citado para, em 15 (quinze) dias, manifestar-se sobre esse requerimento.

REFERÊNCIAS LEGISLATIVAS

- Art. 99, CPC.

ANOTAÇÕES

- **_Gratuidade da justiça_**: aquele que não tiver condições financeiras de arcar com o pagamento das despesas e custas processuais pode requerer os benefícios da "justiça gratuita", bastando, para tanto, que junte "declaração de pobreza", onde afirme, sob as penas da lei, não possuir condições de arcar com as despesas do processo sem prejuízo do seu sustento e de sua família. Até mesmo a cobrança dos honorários advocatícios pelo vencedor fica suspensa até que este prove que o devedor perdeu a condição legal de necessitado.

DICAS DE PRÁTICA JURÍDICA

- **_Declaração de pobreza_**: não se exige forma especial para a "declaração de pobreza"; normalmente, se começa apresentando a qualificação completa do interessado (nome, nacionalidade, estado civil, profissão, número do RG e do CPF, endereço eletrônico – _e-mail_, telefone para contado e endereço residencial), depois ele declara, sob as penas da lei, que não possui condições de arcar com as despesas e custas do processo; por fim, se data e assina (não se exige o

reconhecimento de firma). Para acesso a modelos e outras indicações, veja nosso *Prática no processo civil*, da Editora Atlas.
- **Suspensão da cobrança (§ 3º)**: vencido, o advogado do beneficiário da justiça gratuita deve estar atento que o juiz faça constar na sentença a condição suspensiva da cobrança da sucumbência; veja, o beneficiário da justiça gratuita vencido será ordinariamente condenado nos ônus da sucumbência, constando, no entanto, que a cobrança ficará suspensa até que eventualmente o credor demonstre que deixou de existir a situação de insuficiência (o prazo prescricional é de cinco anos). No caso de que o juiz não faça constar na sentença a condição suspensiva, situação das mais comuns, o advogado deve interpor embargos de declaração (art. 1.022, CPC).

JURISPRUDÊNCIA

- Súmula 481 do STJ: Faz jus ao benefício da justiça gratuita a pessoa jurídica com ou sem fins lucrativos que demonstrar sua impossibilidade de arcar com os encargos processuais.
- Para as pessoas físicas, a simples declaração de pobreza tem presunção juris tantum, bastando, a princípio, o simples requerimento, sem nenhuma comprovação prévia, para que lhes seja concedida a assistência judiciária gratuita (STJ, AgInt no AREsp 1647231/SP, Ministro Raul Araújo, T4 – Quarta Turma, *DJe* 25/06/2020).
- Não prevalece o indeferimento do pedido de justiça gratuita quando o Tribunal de origem o fizer porque o autor não acostou, previamente, provas documentais da necessidade do benefício (STJ, AgInt no AREsp 1653878/SP, Ministro Raul Araújo, T4 – Quarta Turma, *DJe* 01/06/2020).
- A presunção de hipossuficiência, oriunda da declaração feita pelo requerente do benefício da justiça gratuita, é relativa, sendo admitida prova em contrário (STJ, AgInt no AREsp 1.064.251/GO, Ministro Antonio Carlos Ferreira, T4 – Quarta Turma, *DJe* 24/11/2017).
- É firme a orientação desta Corte de que o beneficiário da Justiça Gratuita não faz jus à isenção do pagamento das custas processuais, mas tão somente à suspensão da exigibilidade destas, pelo período de cinco anos, a contar da sentença final, quando então, em não havendo condições financeiras de o recorrente quitar o débito, restará prescrita a obrigação (STJ, AgInt no AREsp 431.813/SP, Ministro Napoleão Nunes Maia Filho, T1 – Primeira Turma, *DJe* 13/11/2017).
- O benefício da assistência judiciária gratuita, conquanto possa ser requerido a qualquer tempo, não retroage para alcançar encargos processuais anteriores (STJ, AgRg no REsp 1.144.627/SC, Rel. Ministro Marco Aurélio Bellizze, T5 – Quinta Turma, *DJe* 29/05/2012).

Art. 99. O pedido de gratuidade da justiça pode ser formulado na petição inicial, na contestação, na petição para ingresso de terceiro no processo ou em recurso.

§ 1º Se superveniente à primeira manifestação da parte na instância, o pedido poderá ser formulado por petição simples, nos autos do próprio processo, e não suspenderá seu curso.

§ 2º O juiz somente poderá indeferir o pedido se houver nos autos elementos que evidenciem a falta dos pressupostos legais para a concessão de gratuidade, devendo, antes de indeferir o pedido, determinar à parte a comprovação do preenchimento dos referidos pressupostos.

§ 3º Presume-se verdadeira a alegação de insuficiência deduzida exclusivamente por pessoa natural.

§ 4º A assistência do requerente por advogado particular não impede a concessão de gratuidade da justiça.

§ 5º Na hipótese do § 4º, o recurso que verse exclusivamente sobre valor de honorários de sucumbência fixados em favor do advogado de beneficiário estará sujeito a preparo, salvo se o próprio advogado demonstrar que tem direito à gratuidade.

§ 6º O direito à gratuidade da justiça é pessoal, não se estendendo a litisconsorte ou a sucessor do beneficiário, salvo requerimento e deferimento expressos.

§ 7º Requerida a concessão de gratuidade da justiça em recurso, o recorrente estará dispensado de comprovar o recolhimento do preparo, incumbindo ao relator, neste caso, apreciar o requerimento e, se indeferi-lo, fixar prazo para realização do recolhimento.

REFERÊNCIAS LEGISLATIVAS

- Arts. 79, 98, 142, CPC.

ANOTAÇÕES

- *Requisitos*: apesar da inegável e ilegal resistência de muitos juízes, o legislador fez questão de registrar de forma expressa que não é o requerente que precisa provar as suas alegações quanto a sua **hipossuficiência** (presume-se que o cidadão está dizendo a verdade, não o contrário – § 3º), ou seja, para obter os benefícios da justiça gratuita, a parte não precisa juntar documentos quanto a sua situação financeira, não precisa expor desnecessariamente a sua intimidade, basta que de forma honesta e simples declare que não possui condições de arcar com as despesas e custas do processo. Li dezenas de decisões que indeferiram os benefícios da justiça gratuita pelo simples fato de que o requerente estava representado por advogado particular, mesmo antes que a outra parte oferecesse impugnação ou ainda sem que houvesse nos autos qualquer prova ou indício de que o requerente estava mentindo sobre as suas condições financeiras. Absurdo que era impossível de evitar, razão pela qual o legislador teve que ser expresso sobre o tema (§ 4º).

DICAS DE PRÁTICA JURÍDICA

- *Pedido de justiça gratuita*: não há nenhuma exigência especial para se requerer a justiça gratuita; normalmente, se inclui pedido específico no item "dos pedidos". É praxe se declarar, ao fazer o pedido, que o interessado é "pobre no sentido jurídico do termo, conforme declaração firmada que se anexa". Para acesso a modelos de petições iniciais e de contestação onde se requer os benefícios da justiça gratuita, veja nossos *Prática no processo civil* e *Prática de contestação no processo civil*, ambos da Editora Atlas.

JURISPRUDÊNCIA

- Para as pessoas físicas, a simples declaração de pobreza tem presunção juris tantum, bastando, a princípio, o simples requerimento, sem nenhuma comprovação prévia, para que lhes seja concedida a assistência judiciária gratuita (STJ, AgInt no AREsp 1647231/SP, Ministro Raul Araújo, T4 – Quarta Turma, *DJe* 25/06/2020).
- O deferimento do pedido de justiça gratuita não opera efeito retroativo, cabendo ao beneficiário o pagamento das custas e despesas já havidas (STJ, AgInt no AREsp 1670439/SP, Ministro Ricardo Villas Bôas Cueva, T3 – Terceira Turma, *DJe* 28/09/2020).

Art. 100. Deferido o pedido, a parte contrária poderá oferecer impugnação na contestação, na réplica, nas contrarrazões de recurso ou, nos casos de pedido superveniente ou formulado por terceiro, por meio de petição simples, a ser apresentada no prazo de 15 (quinze) dias, nos autos do próprio processo, sem suspensão de seu curso.

Parágrafo único. Revogado o benefício, a parte arcará com as despesas processuais que tiver deixado de adiantar e pagará, em caso de má-fé, até o décuplo de seu valor a título de multa, que será revertida em benefício da Fazenda Pública estadual ou federal e poderá ser inscrita em dívida ativa.

REFERÊNCIAS LEGISLATIVAS

- Arts. 79, 80, 98, 101, 142, 219, 337, XIII, CPC.

ANOTAÇÕES

- *Impugnação*: a parte não é obrigada a impugnar os benefícios da justiça gratuita concedida a outra parte do processo, mas, caso queira, deve fazê-lo no momento oportuno conforme apontado na norma, ou seja, o interessado não pode valer-se desse direito em momento que achar mais conveniente.

DICAS DE PRÁTICA JURÍDICA

- *Impugnação do pedido de justiça gratuita*: normalmente a impugnação do pedido de justiça gratuita é feita na própria contestação, como preliminar (art. 337, XIII, CPC), ou na petição que oferece réplica. Na impugnação, o interessado deve declarar as razões pelas quais entende que o impugnado não faz jus ao benefício, indicando ou requerendo as provas com as quais pretende provar o alegado. Contra a decisão que acolhe o pedido de revogação do benefício cabe agravo de instrumento (art. 101, CPC). Para acesso a modelos editáveis de contestação e réplica onde se impugna o pedido de benefício da justiça gratuita, veja nosso *Prática de contestação no processo civil*, da Editora Atlas.

JURISPRUDÊNCIA

- O deferimento do pedido de justiça gratuita não opera efeito retroativo, cabendo ao beneficiário o pagamento das custas e despesas já havidas (STJ, AgInt no AREsp 1670439/SP, Ministro Ricardo Villas Bôas Cueva, T3 – Terceira Turma, *DJe* 28/09/2020).
- Não merece acolhimento a impugnação ao benefício da justiça gratuita, pois não há qualquer comprovação de que o autor aufira outros rendimentos além daqueles informados no contracheque acostado com a inicial. Ademais, em eventual impugnação, o ônus da prova recai sobre a parte impugnante, encargo esse do qual o Banco réu não se desincumbiu, devendo ser mantido o benefício (TJRS, Apelação Cível 70081459901, Relatora Ana Lúcia Carvalho Pinto Vieira Rebout, 12ª Câmara Cível, julgamento em 18/06/2020).
- Na hipótese de impugnação do deferimento da assistência judiciária gratuita, cabe ao impugnante comprovar a ausência dos requisitos legais para a concessão do benefício, ônus do qual não se incumbiu a parte ora agravante, segundo assentado pelo acórdão recorrido (STJ, AgInt no AREsp 1023791/SP, Rel. Ministro Luis Felipe Salomão, T4 – Quarta Turma, *DJe* 29/03/2017).

Art. 101. Contra a decisão que indeferir a gratuidade ou a que acolher pedido de sua revogação caberá agravo de instrumento, exceto quando a questão for resolvida na sentença, contra a qual caberá apelação.

§ 1º O recorrente estará dispensado do recolhimento de custas até decisão do relator sobre a questão, preliminarmente ao julgamento do recurso.

§ 2º Confirmada a denegação ou a revogação da gratuidade, o relator ou o órgão colegiado determinará ao recorrente o recolhimento das custas processuais, no prazo de 5 (cinco) dias, sob pena de não conhecimento do recurso.

REFERÊNCIAS LEGISLATIVAS

- Arts. 100, 219, 1.009 a 1.014, 1.015 a 1.020, CPC.

ANOTAÇÕES

- *Recursos*: a norma trata da possibilidade do interessado recorrer da decisão que indefere ou revoga os benefícios da justiça gratuita, indicando expressamente que contra ela cabe agravo de instrumento. No caso, o que merece reflexão é o cabimento ou não de agravo de instrumento contra a decisão que indefere a impugnação oferecida contra a concessão do benefício (art. 100). Como já indicado, a norma informa sobre a possibilidade de a parte agravar contra a decisão que indefere ou revoga a concessão dos benefícios da justiça gratuita, mas nada fala sobre o indeferimento de eventual pedido de revogação. Considerando, ademais, que a hipótese não é abarcada pela lista prevista do art. 1.015, temos então que a princípio a referida decisão é irrecorrível. Lembro, no entanto, que o Superior Tribunal de Justiça decidiu pela mitigação do rol do art. 1.015, desde que o interessado consiga demonstrar a urgência da medida e a inutilidade da questão quando de eventual recurso de apelação. Nesse caso, desejando agravar da decisão que indeferiu a impugnação, o interessado deve demonstrar em item próprio a urgência da medida e a eventual inutilidade da rediscussão da questão quando do recurso de apelação.

DICAS DE PRÁTICA JURÍDICA

- *Recurso contra indeferimento e/ou revogação da justiça gratuita*: a estrutura do agravo de instrumento envolve uma petição de interposição endereçada ao presidente do tribunal de justiça, onde se qualifica o agravante, se apresenta o rol dos documentos que formam o instrumento, se informa o nome e endereço do advogado dos agravados e se requer o recebimento e regular processamento do recurso; junto à petição de interposição, seguem as "razões do recurso", que normalmente é estruturada da seguinte forma: dos fatos, da liminar, do mérito e dos pedidos. Para acesso a modelo editável específico deste agravo de instrumento, veja nosso *Prática do recurso de agravo*, da Editora Atlas.

JURISPRUDÊNCIA

- A decisão que indefere a impugnação ao benefício da justiça gratuita não é recorrível por agravo de instrumento, porquanto não se insere em nenhuma das hipóteses do artigo 1.015 do NCPC (TJRS, Agravo de Instrumento, 70082842279, 15ª Câmara Cível, Relatora Ana Beatriz Iser, julgamento em 23/10/2019).
- A jurisprudência do STJ é firme no sentido de que a declaração de necessidade de concessão do benefício em questão gera presunção *juris tantum*, podendo ser afastada pelo magistrado se houver elementos de prova em sentido contrário (STJ, REsp 1.666.562/SP, Ministro Herman Benjamin, T2 – Segunda Turma, DJe 19/06/2017).

- É possível o deferimento do benefício da assistência judiciária gratuita, mesmo após revogação de anterior concessão, desde que comprovado o estado de hipossuficiência do requerente (STJ, AgInt no AREsp 925.712/MG, Ministro Moura Ribeiro, T3 – Terceira Turma, *DJe* 01/06/2017).

Art. 102. Sobrevindo o trânsito em julgado de decisão que revoga a gratuidade, a parte deverá efetuar o recolhimento de todas as despesas de cujo adiantamento foi dispensada, inclusive as relativas ao recurso interposto, se houver, no prazo fixado pelo juiz, sem prejuízo de aplicação das sanções previstas em lei.

Parágrafo único. Não efetuado o recolhimento, o processo será extinto sem resolução de mérito, tratando-se do autor, e, nos demais casos, não poderá ser deferida a realização de nenhum ato ou diligência requerida pela parte enquanto não efetuado o depósito.

REFERÊNCIAS LEGISLATIVAS

- Arts. 98, 100, 101, 290, 485, X, CPC.

CAPÍTULO III
DOS PROCURADORES

Art. 103. A parte será representada em juízo por advogado regularmente inscrito na Ordem dos Advogados do Brasil.

Parágrafo único. É lícito à parte postular em causa própria quando tiver habilitação legal.

REFERÊNCIAS LEGISLATIVAS

- Arts. 76, 104, 177, CPC; art. 9º, Lei nº 9.099/1995; arts. 1º a 4º, Lei nº 8.906/1994 – EA.

ANOTAÇÕES

- ***Capacidade postulatória***: é a aptidão para promover ações judiciais, elaborar defesas e praticar outros atos processuais. Não deve ser confundida com capacidade processual, que, como já se disse, é a aptidão para estar em juízo. Segundo o art. 103 do CPC e o art. 3º da Lei nº 8.906/1994 (EA), a "capacidade postulatória" é exclusiva do bacharel em Direito regularmente inscrito no quadro de advogados da Ordem dos Advogados do Brasil (OAB). O Ministério Público possui legitimidade extraordinária para, na qualidade de substituto processual, pleitear em nome próprio direito alheio, contudo apenas nos casos expressamente autorizados pela lei (art. 177, CPC). Excepcionalmente, dispensa-se a capacidade postulatória no Juizado Especial Cível (JEC), nas causas de valor até 20 (vinte) salários mínimos (art. 9º, Lei nº 9.099/1995).

DICAS DE PRÁTICA JURÍDICA

- ***Relações com o cliente***: nem sempre é fácil manter boas relações com o cliente; na verdade, é comum ver pessoas imputando ao advogado a culpa pelo resultado negativo da demanda ou, o que é ainda pior, imputando ao advogado alguma atitude de natureza criminosa. Esta situação demanda que o advogado não só "defenda o cliente", mas também se defenda dele. Para tanto, é importante que o profissional tenha o cuidado de registrar todos os fatos e ser o mais formal possível na relação com o cliente (contrato de honorários, declaração inicial, lista de documentos etc.). Para começar bem as coisas não atenda o cliente com pressa, isso é, no mínimo, desrespeitoso; se não tem tempo naquele momento, marque outro horário ou dia. O cliente pode até não gostar, mas vai apreciar você ainda menos se não receber toda a sua atenção. No mais, ouça com atenção ao que ele tem a dizer; seja simpático e solidário, mas não se envolva; nunca tome decisões pelo cliente, apenas mostre a ele as opções que o caso apresenta. Fale de forma clara e direta sobre os seus honorários; lembre-se, é melhor perder o cliente do que ser mal remunerado. No geral, seja sempre honesto com o cliente, mas tome o cuidado para que sua honestidade não venha parecer má vontade ou mesmo pessimismo, afinal, grande parte do nosso trabalho é encontrar soluções para problemas difíceis.

JURISPRUDÊNCIA

- Súmula 115 do STJ: Na instância especial é inexistente recurso interposto por advogado sem procuração nos autos.
- O acórdão recorrido encontra-se em consonância com o entendimento desta Corte, que se firmou no sentido de que a capacidade postulatória dos membros da Defensoria Pública decorre exclusivamente da nomeação e posse no cargo, nos termos do art. 4º, § 6º, da Lei Complementar 80/94, com as alterações da Lei Complementar 132/2009, e, portanto, independe de inscrição na Ordem dos Advogados do Brasil. (STJ, AgInt no REsp 1719664/RO, Ministra Assusete Magalhães, T2 – Segunda Turma, *DJe* 25/06/2020).
- A perda da capacidade postulatória em decorrência da morte de uma das partes deve retroagir à data do falecimento, ainda que seu conhecimento pelo juízo venha a ocorrer em momento posterior, sendo vedada a prática de qualquer ato processual no referido período, sob pena de nulidade processual (TJMG, Apelação Cível 1.0191.16.000658-8/001, Rel. Desembargador Renato Dresch, 4ª Câmara Cível, julgamento em 14/05/2020, publicação da súmula em 15/06/2020).
- A jurisprudência desta Corte Superior orienta-se no sentido de que é dever da parte e do advogado comunicar ao juízo qualquer alteração na representação processual ou na capacidade postulatória (STJ, REsp 1773826/DF, Ministro Ricardo Villas Bôas Cueva, T3 – Terceira Turma, *DJe* 31/05/2019).

> **Art. 104.** O advogado não será admitido a postular em juízo sem procuração, salvo para evitar preclusão, decadência ou prescrição, ou para praticar ato considerado urgente.
>
> § 1º Nas hipóteses previstas no *caput*, o advogado deverá, independentemente de caução, exibir a procuração no prazo de 15 (quinze) dias, prorrogável por igual período por despacho do juiz.
>
> § 2º O ato não ratificado será considerado ineficaz relativamente àquele em cujo nome foi praticado, respondendo o advogado pelas despesas e por perdas e danos.

REFERÊNCIAS LEGISLATIVAS

- Arts. 105, 219, 223, 287, III, CPC; arts. 189 a 211, 653, 662, CC.
- Art. 5º, Lei nº 8.906/1994: "o advogado postula, em juízo ou fora dele, fazendo prova do mandato.
  § 1º O advogado, afirmando urgência, pode atuar sem procuração, obrigando-se a apresentá-la

no prazo de quinze dias, prorrogável por igual período. § 2º A procuração para o foro em geral habilita o advogado a praticar todos os atos judiciais, em qualquer juízo ou instância, salvo os que exijam poderes especiais. § 3º O advogado que renunciar ao mandato continuará, durante os dez dias seguintes à notificação da renúncia, a representar o mandante, salvo se for substituído antes do término desse prazo".

ANOTAÇÕES

- **Procuração**: a procuração *ad judicia*, ou procuração para o foro ou para o juízo, é o instrumento que habilita o advogado a praticar, em nome da parte, todo e qualquer ato processual (*v.g.*, ajuizar ação, contestar, reconvir, opor embargos do devedor, recorrer, opor exceção etc.), salvo receber a citação, confessar, reconhecer a procedência do pedido, transigir, desistir, renunciar ao direito sobre que se funda a ação, receber, dar quitação, firmar compromisso e assinar declaração de hipossuficiência econômica, uma vez que a prática desses atos exige que o advogado tenha poderes especiais, expressos no instrumento de mandato (art. 105, CPC). Observe-se, por fim, que sempre que o mandato advier da lei (*v.g.*, Procuradores da União, Estados e Municípios, Defensores Públicos etc.), os mandatários estarão dispensados de apresentar o instrumento de procuração (art. 287, III, CPC).

DICAS DE PRÁTICA JURÍDICA

- **Procuração**: normalmente os advogados usam um modelo simples de procuração privada (a procuração pública deve ser feita em cartório de notas); sua estrutura começa com a indicação do título "procuração *ad judicia*"; depois se começa o parágrafo com o nome e qualificação completa do mandante, ou cliente (nome, nacionalidade, estado civil, profissão, número do RG e do CPF, endereço eletrônico – *e-mail*, telefone para contado e endereço residencial); em seguida normalmente se usa a expressão "pelo presente instrumento de procuração, nomeia e constitui seu bastante procurador o Doutor Gediel..." (nome, qualificação, número de inscrição na OAB, endereço completo); por fim se indicam os poderes e os limites da procuração, datando e se assinando (não é necessário reconhecer a firma). Para acesso a modelos editáveis de procuração, de substabelecimento e de contrato de honorários, assim como de petição renunciando ao mandato, veja nosso *Prática no processo civil*, da Editora Atlas.

JURISPRUDÊNCIA

- Súmula 115 do STJ: Na instância especial, é inexistente recurso interposto por advogado sem procuração nos autos.
- O comparecimento nos autos por petição por advogado destituído de poderes especiais para receber citação não configura comparecimento espontâneo apto a suprir a necessidade de citação (TJMG, Apelação Cível 1.0330.13.000340-4/002, Rel. Desembargador Ramom Tácio, 16ª Câmara Cível, julgamento em 10/06/2020, publicação da súmula em 26/06/2020).
- A juntada de nova procuração aos autos, sem ressalva de reserva de poderes, implica revogação tácita do mandato judicial conferido anteriormente (TJMG, Apelação Cível 1.0702.15.033730-2/001, Rel. Desembargador Marcos Henrique Caldeira Brant, 16ª Câmara Cível, julgamento em 15/04/2020, publicação da súmula em 15/05/2020).
- A procuração com prazo de validade vencido se assemelha à ausência de mandato judicial, motivo pelo qual deve ser declarada nula a sentença que extinguiu o feito nos termos do acordo subscrito por advogado sem procuração nos autos (TJMG, Apelação Cível 1.0702.15.033730-2/001, Rel. Desembargador Marcos Henrique Caldeira Brant, 16ª Câmara Cível, julgamento em 15/04/2020, publicação da súmula em 15/05/2020).

- Apesar da alegação de que o procurador tenha sido constituído na audiência de mediação, não comprovou a juntada da procuração nos autos da ação de conhecimento, que é requisito para que o advogado possa representar outrem judicialmente. Portanto, como o recorrente não logrou êxito em comprovar que havia procuração nos autos da ação de conhecimento, imperioso o não provimento do agravo de instrumento, já que não é permitido ao advogado postular em juízo sem procuração, segundo o art. 104 do CPC (TJRS, Agravo de Instrumento 70080185655, 11ª Câmara Cível, Relator Guinther Spode, *DJ* 17/12/2018).

> **Art. 105.** A procuração geral para o foro, outorgada por instrumento público ou particular assinado pela parte, habilita o advogado a praticar todos os atos do processo, exceto receber citação, confessar, reconhecer a procedência do pedido, transigir, desistir, renunciar ao direito sobre o qual se funda a ação, receber, dar quitação, firmar compromisso e assinar declaração de hipossuficiência econômica, que devem constar de cláusula específica.
>
> § 1º A procuração pode ser assinada digitalmente, na forma da lei.
>
> § 2º A procuração deverá conter o nome do advogado, seu número de inscrição na Ordem dos Advogados do Brasil e endereço completo.
>
> § 3º Se o outorgado integrar sociedade de advogados, a procuração também deverá conter o nome dessa, seu número de registro na Ordem dos Advogados do Brasil e endereço completo.
>
> § 4º Salvo disposição expressa em sentido contrário constante do próprio instrumento, a procuração outorgada na fase de conhecimento é eficaz para todas as fases do processo, inclusive para o cumprimento de sentença.

REFERÊNCIAS LEGISLATIVAS

- Art. 287, CPC; art. 692, CC.
- Art. 5º, Lei nº 8.906/1994: "o advogado postula, em juízo ou fora dele, fazendo prova do mandato. § 1º O advogado, afirmando urgência, pode atuar sem procuração, obrigando-se a apresentá-la no prazo de quinze dias, prorrogável por igual período. § 2º A procuração para o foro em geral habilita o advogado a praticar todos os atos judiciais, em qualquer juízo ou instância, salvo os que exijam poderes especiais. § 3º O advogado que renunciar ao mandato continuará, durante os dez dias seguintes à notificação da renúncia, a representar o mandante, salvo se for substituído antes do término desse prazo".

JURISPRUDÊNCIA

- O comparecimento nos autos por petição por advogado destituído de poderes especiais para receber citação não configura comparecimento espontâneo apto a suprir a necessidade de citação (TJMG, Apelação Cível 1.0330.13.000340-4/002, Rel. Desembargador Ramom Tácio, 16ª Câmara Cível, julgamento em 10/06/2020, publicação da súmula em 26/06/2020).

> **Art. 106.** Quando postular em causa própria, incumbe ao advogado:
>
> I – declarar, na petição inicial ou na contestação, o endereço, seu número de inscrição na Ordem dos Advogados do Brasil e o nome da sociedade de advogados da qual participa, para o recebimento de intimações;

II – comunicar ao juízo qualquer mudança de endereço.

§ 1º Se o advogado descumprir o disposto no inciso I, o juiz ordenará que se supra a omissão, no prazo de 5 (cinco) dias, antes de determinar a citação do réu, sob pena de indeferimento da petição.

§ 2º Se o advogado infringir o previsto no inciso II, serão consideradas válidas as intimações enviadas por carta registrada ou meio eletrônico ao endereço constante dos autos.

REFERÊNCIAS LEGISLATIVAS

- Arts. 219, 272, 330, IV, CPC.

DICAS DE PRÁTICA JURÍDICA

- ***Advocacia em causa própria***: certa ocasião um colega advogado me procurou pedindo que examinasse os autos de um processo em que ele estava processando alguém por perdas e danos (autos físicos); ele estava convencido de que o juiz vinha agindo de forma parcial (contra os interesses dele). Andando de um lado para outro no meu escritório, ele esbravejava contra o juiz e contra o mundo. Examinei o processo e não vi nada de anormal, muito pelo contrário. Com muita calma tentei explicar que estava tudo em ordem, mas ele custou a acreditar. Na verdade, é muito difícil ser objetivo quando estamos pessoalmente envolvidos. Se estiver em situação que precisa processar alguém ou está sendo processado, "contrate um advogado de sua confiança" e durma tranquilo.

Art. 107. O advogado tem direito a:

I – examinar, em cartório de fórum e secretaria de tribunal, mesmo sem procuração, autos de qualquer processo, independentemente da fase de tramitação, assegurados a obtenção de cópias e o registro de anotações, salvo na hipótese de segredo de justiça, nas quais apenas o advogado constituído terá acesso aos autos;

II – requerer, como procurador, vista dos autos de qualquer processo, pelo prazo de 5 (cinco) dias;

III – retirar os autos do cartório ou da secretaria, pelo prazo legal, sempre que neles lhe couber falar por determinação do juiz, nos casos previstos em lei.

§ 1º Ao receber os autos, o advogado assinará carga em livro ou documento próprio.

§ 2º Sendo o prazo comum às partes, os procuradores poderão retirar os autos somente em conjunto ou mediante prévio ajuste, por petição nos autos.

§ 3º Na hipótese do § 2º, é lícito ao procurador retirar os autos para obtenção de cópias, pelo prazo de 2 (duas) a 6 (seis) horas, independentemente de ajuste e sem prejuízo da continuidade do prazo.

§ 4º O procurador perderá no mesmo processo o direito a que se refere o § 3º se não devolver os autos tempestivamente, salvo se o prazo for prorrogado pelo juiz.

§ 5º O disposto no inciso I do *caput* deste artigo aplica-se integralmente a processos eletrônicos. (Incluído pela Lei nº 13.793, de 2019.)

REFERÊNCIAS LEGISLATIVAS

- Arts. 189, 219, 234, CPC; art. 7º, Lei nº 8.906/1994 – EA.
- Art. 133, CF: "o advogado é indispensável à administração da justiça, sendo inviolável por seus atos e manifestações no exercício da profissão, nos limites da lei".

ANOTAÇÕES

- **Direitos do advogado**: o Estatuto da Advocacia, Lei nº 8.906/1994, declara, no seu art. 6º, que *"não há hierarquia nem subordinação entre advogados, magistrados e membros do Ministério Público, devendo todos tratar-se com consideração e respeito recíprocos"*. Em seguida, no art. 7º, a mencionada lei informa que são, entre outros, "direitos do advogado": I – exercer, com liberdade, a profissão em todo o território nacional; II – a inviolabilidade de seu escritório ou local de trabalho, bem como de seus instrumentos de trabalho, de sua correspondência escrita, eletrônica, telefônica, desde que relativas ao exercício da advocacia (§ 6º: *"presentes indícios de autoria e materialidade da prática de crime por parte de advogado, a autoridade judiciária competente poderá decretar a quebra da inviolabilidade de que trata o inciso II"*); III – comunicar-se com seus clientes, pessoal e reservadamente, mesmo sem procuração, quando estes se acharem presos, detidos ou recolhidos em estabelecimentos civis ou militares, ainda que considerados incomunicáveis; IV – ter a presença de representante da OAB, quando preso em flagrante, por motivo ligado ao exercício da advocacia, para lavratura do auto respectivo, sob pena de nulidade e, nos demais casos, a comunicação expressa à seccional da OAB; V – não ser recolhido preso, antes de sentença transitada em julgado, senão em sala de Estado Maior, com instalações e comodidades condignas, e, na sua falta, em prisão domiciliar; VI – ingressar livremente nas salas de sessões dos tribunais, nas salas e dependências de audiências, secretarias, cartórios, ofícios de justiça, em qualquer edifício ou recinto em que funcione repartição judicial ou outro serviço público, onde o advogado deva praticar ato ou colher prova ou informação útil ao exercício da atividade profissional; VII – permanecer sentado ou em pé e retirar-se de quaisquer locais indicados no inciso anterior; VIII – dirigir-se diretamente aos magistrados nas salas e gabinetes de trabalho, independentemente de horário previamente marcado ou outra condição, observando-se a ordem de chegada; IX – usar a palavra, pela ordem, em qualquer juízo ou tribunal; X – reclamar, verbalmente ou por escrito, perante qualquer juízo, tribunal ou autoridade, contra a inobservância de preceito de lei, regulamento ou regimento; XI – examinar em qualquer repartição policial, mesmo sem procuração, autos de flagrante e de inquérito, findos ou em andamento, ainda que conclusos à autoridade, podendo copiar peças e tomar apontamentos; XII – retirar-se do recinto onde se encontre aguardando pregão para ato judicial, após 30 minutos do horário designado e ao qual ainda não tenha comparecido a autoridade que deva presidir a ele, mediante comunicação protocolizada em juízo.

JURISPRUDÊNCIA

- A responsabilidade civil do advogado é classificada como responsabilidade de meio e não de resultado, impondo ao profissional que atue com diligência e zelo, empregando todos os recursos necessários e adequados à defesa dos interesses de seu cliente, somente se responsabilizando civilmente, caso fique demonstrado que agiu com dolo ou culpa (TJMG, Apelação Cível 1.0000.20.049165-2/001, Rel. Desembargador Marco Aurelio Ferenzini, 14ª Câmara Cível, julgamento em 02/07/2020, publicação da súmula em 02/07/2020).
- O Colendo Superior Tribunal de Justiça já assentou o entendimento de que, para ser penalizado com a proibição de carga dos autos fora do cartório e multa, deverá o advogado ser previamente intimado pes-

soalmente para devolvê-los em três dias (TJMG, Agravo de Instrumento-Cv 1.0024.14.172808-9/007, Rel. Desembargador Mota e Silva, 18ª Câmara Cível, julgamento em 02/04/2019, publicação da súmula em 02/04/2019).

CAPÍTULO IV
DA SUCESSÃO DAS PARTES E DOS PROCURADORES

Art. 108. No curso do processo, somente é lícita a sucessão voluntária das partes nos casos expressos em lei.

REFERÊNCIAS LEGISLATIVAS

- Arts. 109, 240, 338, 339, 687 a 692, CPC.

ANOTAÇÕES

- *Sucessão processual*: ocorre a substituição das partes, na chamada *sucessão processual*, quando terceira pessoa assume o lugar de um dos litigantes, tornando-se parte na relação jurídica processual. Há que se observar, no entanto, que, formada a relação jurídica processual pela citação válida (art. 240, CPC), não se permite, salvo os casos expressamente previstos em lei (art. 109, CPC), a alteração nem das partes (autor e réu), nem dos intervenientes durante o curso do processo, em obediência ao "princípio da estabilidade subjetiva da lide" (*perpetuatio legitimationis*), mesmo que haja alienação do direito material litigioso, salvo, neste caso, se houver concordância da parte contrária.

JURISPRUDÊNCIA

- A jurisprudência do STJ entende que, embora o Mandado de Segurança tenha caráter personalíssimo, o que torna incabível a sucessão processual na fase de conhecimento, na execução é cabível a habilitação dos herdeiros (STJ, EmbExeMS 786/DF, Ministro Herman Benjamin, S1 – Primeira Seção, *DJe* 01/08/2017).

Art. 109. A alienação da coisa ou do direito litigioso por ato entre vivos, a título particular, não altera a legitimidade das partes.
§ 1º O adquirente ou cessionário não poderá ingressar em juízo, sucedendo o alienante ou cedente, sem que o consinta a parte contrária.
§ 2º O adquirente ou cessionário poderá intervir no processo como assistente litisconsorcial do alienante ou cedente.
§ 3º Estendem-se os efeitos da sentença proferida entre as partes originárias ao adquirente ou cessionário.

REFERÊNCIAS LEGISLATIVAS

- Arts. 121, parágrafo único, 124, 808, CPC.

JURISPRUDÊNCIA

- Segundo a doutrina especializada, o bem ou direito se torna litigioso com a litispendência, ou seja, com a lide pendente. A lide é considerada pendente, para o autor, com a propositura da ação e, para o réu, com a citação válida. Para o adquirente, o momento em que o bem ou direito é considerado litigioso varia de acordo com a posição ocupada pela parte na relação jurídica processual que sucederia. Se o bem é adquirido por terceiro de boa-fé antes de configurada a litigiosidade, não há falar em extensão dos efeitos da coisa julgada ao adquirente (STJ, REsp 1.458.741/GO, Ministro Ricardo Villas Bôas Cueva, T3 – Terceira Turma, *DJe* 17/04/2015).

> **Art. 110.** Ocorrendo a morte de qualquer das partes, dar-se-á a sucessão pelo seu espólio ou pelos seus sucessores, observado o disposto no art. 313, §§ 1º e 2º.

REFERÊNCIAS LEGISLATIVAS

- Arts. 313, §§ 1º e 2º, 485, IX, 687 a 692, CPC.

ANOTAÇÕES

- ***Falecimento de uma das partes***: no caso de morte de uma das partes, e não sendo o caso de ações intransmissíveis (*v.g.*, ação de alimentos, de divórcio etc.), que, por serem de natureza personalíssima, demandam a extinção do feito sem julgamento do mérito (art. 485, IX, CPC), ocorrerá a sucessão processual, sendo que a parte falecida será substituída pelo seu espólio ou pelos seus sucessores, suspendendo-se o processo até que estes efetivem sua habilitação.

JURISPRUDÊNCIA

- Ocorrendo a morte de qualquer das partes durante o curso processual, dar-se-á a sucessão pelo seu espólio, que ao inventariante cabe representar ativa e passivamente em juízo. Não há necessidade de habilitação dos herdeiros, quando não encerrado o inventário individualizando a quota-parte de cada um dos sucessores. Pelo princípio da sucumbência é devida a condenação ao pagamento de honorários advocatícios ao excipiente quando acolhida exceção de executividade reconhecendo a ilegitimidade da parte arguente (TJMG, Agravo de Instrumento-Cv 1.0000.19.169595-6/001, Rel. Desembargador José Flávio de Almeida, 12ª Câmara Cível, julgamento em 24/06/2020, publicação da súmula em 29/06/2020).
- São nulos os atos judiciais praticados após o falecimento da litigante, sem a regular suspensão do feito e a habilitação do seu espólio ou sucessores (TJMG, Apelação Cível 1.0188.14.007822-4/001, Rel. Desembargador Roberto Vasconcellos, 17ª Câmara Cível, julgamento em 04/06/2020, publicação da súmula em 17/07/2020).

> **Art. 111.** A parte que revogar o mandato outorgado a seu advogado constituirá, no mesmo ato, outro que assuma o patrocínio da causa.
>
> Parágrafo único. Não sendo constituído novo procurador no prazo de 15 (quinze) dias, observar-se-á o disposto no art. 76.

REFERÊNCIAS LEGISLATIVAS

- Arts. 76, 104, 219, CPC; arts. 686 e 687, CC.
- Art. 22, § 2º, da Lei nº 8.906/1994: "Na falta de estipulação ou de acordo, os honorários são fixados por arbitramento judicial, em remuneração compatível com o trabalho e o valor econômico da questão, não podendo ser inferiores aos estabelecidos na tabela organizada pelo Conselho Seccional da OAB".

ANOTAÇÕES

- **Substituição do advogado**: sendo o mandato um contrato firmado com base na confiança, pode a parte revogá-lo a qualquer momento, não importa em que fase esteja o processo, devendo no mesmo ato constituir outro mandatário para que assuma o patrocínio da causa.
- **Cobrança dos honorários pendentes**: interrompida a prestação de serviços por vontade do cliente, são devidos "proporcionalmente" os honorários advocatícios contratados, devendo o interessado ajuizar "ação de arbitramento de honorários".

JURISPRUDÊNCIA

- A executada contratou os serviços advocatícios do embargado para defender seus interesses, sendo estipulado o valor de R$ 20.000,00 a título de honorários advocatícios. Rompido o contrato por iniciativa da cliente, o que impossibilitou a continuidade da atuação profissional, inegável se apresenta o direito do advogado à remuneração proporcional aos serviços até então prestados. Evidentemente, a remuneração não pode ser integral, pois prevista para corresponder à atuação até o final do processo. A determinação do valor depende de discussão e apuração em âmbito específico, que é o da ação de arbitramento. Sendo inadequada a via processual eleita, daí advém o reconhecimento da carência de ação de execução, por falta de interesse processual, na forma do artigo 485, VI, do CPC. Consequentemente, restam prejudicados o exame dos embargos e o presente recurso (TJSP, Apelação Cível 1072182-65.2017.8.26.0100, Relator Antonio Rigolin, 31ª Câmara de Direito Privado, Foro Central Cível – 17ª Vara Cível, *DJ* 15/09/2020).
- Mandato. Execução de título extrajudicial. Embargos à execução. Contrato de prestação de serviços advocatícios. Revogação do mandato. Falta de liquidez, certeza e exigibilidade do título executivo. Execução julgada extinta, com base no art. 485, VI, do CPC. Apelação do embargado. Renovação dos argumentos anteriores. Abusividade da cláusula que prevê o pagamento integral dos honorários em caso de destituição ou retirada de poderes. Precedentes. Sentença mantida. Recurso improvido. Embargos de declaração. Alegação de omissão e contradição em relação ao pagamento integral dos honorários advocatícios devidos e aos serviços integrais prestados. Inexistência. Pretensão que visa alterar o julgado: impossibilidade. Embargos com nítida feição infringente. Embargos rejeitados (TJSP, Embargos de Declaração Cível 0000454-52.2017.8.26.0529, Relator Francisco Occhiuto Júnior, 32ª Câmara de Direito Privado, Foro de Santana de Parnaíba – 1ª Vara Judicial, *DJ* 29/06/2020).
- A juntada de nova procuração aos autos, sem ressalva de reserva de poderes, implica revogação tácita do mandato judicial conferido anteriormente (TJMG, Apelação Cível 1.0702.15.033730-2/001, Rel. Desembargador Marcos Henrique Caldeira Brant, 16ª Câmara Cível, julgamento em 15/04/2020, publicação da súmula em 15/05/2020).
- Nos termos do art. 14 do Código de Ética e Disciplina da OAB, a revogação do mandato judicial por vontade do cliente não retira o direito do advogado de receber o quanto lhe seja devido em eventual verba honorária de sucumbência, calculada proporcionalmente, em face do serviço prestado (TJMG, Agravo de Instrumento-Cv 1.0000.20.005061-5/001, Rel. Desembargador Marcos Lincoln, 11ª Câmara Cível, julgamento em 17/04/2020, publicação da súmula em 29/04/2020).

- Conforme entendimento do STJ, nos contratos de prestação de serviços advocatícios com cláusula de remuneração exclusivamente por verbas sucumbenciais, a rescisão unilateral do contrato pelo cliente/contratante justifica o arbitramento judicial da verba honorária pelo trabalho exercido pelo advogado até o momento da rescisão contratual (TJMG, Apelação Cível 1.0172.13.002595-7/001, Rel. Desembargador Luciano Pinto, 17ª Câmara Cível, julgamento em 21/11/2019, publicação da súmula em 03/12/2019).
- A revogação do mandato judicial por vontade do cliente não o desobriga do pagamento das verbas honorárias contratadas. Demonstrado nos autos que o escritório autor prestou os serviços jurídicos para os quais foi contratado por apenas cinco dias do mês de agosto de 2016, descabe a cobrança relativa ao valor integral mensal, devendo haver o pagamento proporcional ao tempo trabalhado, sob pena de enriquecimento sem causa (TJMG, Apelação Cível 1.0000.19.079328-1/001, Rel. Desembargador João Cancio, 18ª Câmara Cível, julgamento em 03/09/2019, publicação da súmula em 04/09/2019).
- Nos casos em que houve a revogação, pelo cliente, do mandato outorgado ao advogado, este não está autorizado a demandar honorários de sucumbência da parte adversa nos próprios autos da execução relativa ao objeto principal do processo. Nessas hipóteses, o antigo patrono deve pleitear seus direitos (por exemplo, honorários contratuais e indenização pelos honorários sucumbenciais de que foi privado) em ação autônoma proposta contra o ex-cliente (STJ, AgRg no AREsp 757.537/RS, Rel. Ministro Marco Aurélio Bellizze, Terceira Turma, julgado em 27/10/2015, *DJe* 16/11/2015).
- Nos casos em que ocorrida rescisão unilateral do contrato de prestação de serviços advocatícios, a contagem do prazo prescricional quinquenal para exercício da pretensão de cobrança da verba honorária pactuada inicia-se da data em que o mandante/cliente é cientificado da renúncia ou revogação do mandato, à luz do artigo 25, inciso V, da Lei 8.906/94 (STJ, AgRg no Ag 1.351.861/RS, Rel. Ministro Marco Buzzi, T4 – Quarta Turma, *DJe* 04/04/2014).

> **Art. 112.** O advogado poderá renunciar ao mandato a qualquer tempo, provando, na forma prevista neste Código, que comunicou a renúncia ao mandante, a fim de que este nomeie sucessor.
>
> § 1º Durante os 10 (dez) dias seguintes, o advogado continuará a representar o mandante, desde que necessário para lhe evitar prejuízo.
>
> § 2º Dispensa-se a comunicação referida no *caput* quando a procuração tiver sido outorgada a vários advogados e a parte continuar representada por outro, apesar da renúncia.

REFERÊNCIAS LEGISLATIVAS

- Arts. 76, 219, CPC; art. 16, CED/OAB ; art. 5º, § 3º, Lei nº 8.906/1994.

ANOTAÇÕES

- ***Renúncia ao mandato***: tratando-se de contrato firmado com arrimo na confiança, o advogado, assim como cliente, pode renunciar a qualquer tempo ao mandato que lhe foi outorgado sem precisar, inclusive, declarar ou explicar as suas razões, embora isso seja até desejável quando for possível o contato direto com o cliente. Como informa a norma, o advogado deve formalmente notificar o cliente, exigindo a jurisprudência que haja "ciência inequívoca" dele quanto à renúncia; deve ainda comunicar o fato nos autos do processo, provando que fez a competente notificação, ficando ainda responsável pelo processo pelos dez dias seguintes, se necessário, para evitar prejuízo para a parte, que deve ser intimada para regularizar a sua representação sob pena de extinção (art. 76).

DICAS DE PRÁTICA JURÍDICA

- ***Comunicando a renúncia***: decidido a sair do processo, o advogado deve começar conversando com o seu cliente e lhe comunicando as suas razões; nesta oportunidade, ele pode requerer que o cliente lance o seu "ciente" na petição de renúncia (feita em nome próprio, a petição simplesmente informa ao juízo que o mandatário está deixando o processo por razões pessoais – não se deve declarar o motivo). Se não for possível este contato direito com o cliente, o advogado precisa informá-lo formalmente; de regra, isso se faz por meio da remessa de uma carta diretamente ao endereço do cliente com aviso de recebimento (neste caso, o recibo deve ser juntado na petição de renúncia). Registre-se que pode se prever no contrato de prestação de serviço (contrato de honorários) outras formas de comunicação mais modernas, como envio de mensagem eletrônica ou o uso do "WhatsApp". Para acesso a modelos editáveis de procuração, de substabelecimento e de contrato de honorários, assim como de petição renunciando ao mandato, veja nosso *Prática no processo civil*, da Editora Atlas.

JURISPRUDÊNCIA

- É entendimento desta Corte Superior a necessidade de notificação inequívoca para o aperfeiçoamento da renúncia do mandato de advogado (STJ, AgInt no REsp 1494351/DF, Ministro Luis Felipe Salomão, T4 – Quarta Turma, *DJe* 26/08/2020).
- A renúncia ao mandato por parte do procurador não suspende o prazo processual, pois, em caso do procurador renunciar ao mandato e comunicar a renúncia ao mandante para que nomeie sucessor, permanecerá o procurador como representante do mandante pelo prazo de dez dias (TJMG, Agravo Interno Cv 1.0393.05.011967-5/008, Rel. Desembargador Renato Dresch, 4ª Câmara Cível, julgamento em 20/02/2020, publicação da súmula em 28/02/2020).
- Incumbe ao advogado, e não ao juízo, cientificar o mandante da renúncia ao mandato, devendo, nos dez dias seguintes à cientificação, continuar representando o mandante, desde que necessário para lhe evitar prejuízo (TJMG, Agravo de Instrumento-Cv 1.0024.01.093002-2/007, Rel. Desembargador Maurílio Gabriel, 15ª Câmara Cível, julgamento em 25/07/2019, publicação da súmula em 02/08/2019).

TÍTULO II
DO LITISCONSÓRCIO

Art. 113. Duas ou mais pessoas podem litigar, no mesmo processo, em conjunto, ativa ou passivamente, quando:

I – entre elas houver comunhão de direitos ou de obrigações relativamente à lide;

II – entre as causas houver conexão pelo pedido ou pela causa de pedir;

III – ocorrer afinidade de questões por ponto comum de fato ou de direito.

§ 1º O juiz poderá limitar o litisconsórcio facultativo quanto ao número de litigantes na fase de conhecimento, na liquidação de sentença ou na execução, quando este comprometer a rápida solução do litígio ou dificultar a defesa ou o cumprimento da sentença.

§ 2º O requerimento de limitação interrompe o prazo para manifestação ou resposta, que recomeçará da intimação da decisão que o solucionar.

REFERÊNCIAS LEGISLATIVAS

- Art. 5º, LXXVIII, CF; arts. 55, 57, 131, 139, II, 229, 240, 1.015, VIII, CPC.

ANOTAÇÕES

- **Litisconsórcio**: ocorre o litisconsórcio nos casos em que a norma processual permite, ou determina, que duas ou mais pessoas ocupem conjuntamente o polo ativo ou passivo de um processo. Ao possibilitar a ocorrência do litisconsórcio, o legislador procura facilitar e agilizar o exercício da jurisdição (*princípio da economia processual*), bem como evitar decisões contraditórias que envolvam os mesmos fatos.
- **Litisconsórcio multitudinário**: no caso da ocorrência de excessivo número de litisconsortes, a tal ponto que possa comprometer a rápida solução da lide ou dificultar o exercício do direito de defesa, o juiz poderá limitar o número de litigantes, seja por ofício, ao despachar a inicial, seja por requerimento do réu. O pedido de limitação tem o condão de interromper o prazo para a resposta, que recomeça da intimação da decisão.

JURISPRUDÊNCIA

- Enunciado 10 do Fórum Permanente de Processualistas Civis: Em caso de desmembramento do litisconsórcio multitudinário, a interrupção da prescrição retroagirá à data da propositura da demanda original.
- Enunciado 116 do Fórum Permanente de Processualistas Civis: Quando a formação do litisconsórcio multitudinário for prejudicial à defesa, o juiz poderá substituir a sua limitação pela ampliação de prazos, sem prejuízo da possibilidade de desmembramento na fase de cumprimento de sentença.
- O desmembramento do litisconsórcio multitudinário interrompe a prescrição, que retroagirá à data da propositura da ação original (TJMG, Apelação Cível 1.0024.11.067131-0/001, Rel. Desembargador Luís Carlos Gambogi, 5ª Câmara Cível, julgamento em 12/03/2020, publicação da súmula em 17/03/2020).
- A existência de litisconsórcio multitudinário evidencia a pulverização das custas processuais e das demais despesas oriundas de possíveis condenações, de forma que tais valores não comprometerão a subsistência das partes (TJMG, Agravo de Instrumento-Cv 1.0000.19.050219-5/001, Rel. Desembargadora Claret de Moraes, 10ª Câmara Cível, julgamento em 10/12/2019, publicação da súmula em 11/12/2019).
- O desmembramento para limitação de litisconsórcio multitudinário não importa em propositura de nova ação, mas mero procedimento, razão pela qual não há que falar em prescrição (STJ, AgInt nos EmbExeMS 6019/DF, Ministro Nefi Cordeiro, S3 – Terceira Seção, *DJe* 03/12/2019).

Art. 114. O litisconsórcio será necessário por disposição de lei ou quando, pela natureza da relação jurídica controvertida, a eficácia da sentença depender da citação de todos que devam ser litisconsortes.

REFERÊNCIAS LEGISLATIVAS

- Arts. 73, 115, parágrafo único, 572, § 1º, CPC; art. 1.549, CC.

ANOTAÇÕES

- **Litisconsórcio necessário**: o litisconsórcio é necessário, ou indispensável, quando o juiz tem que decidir a lide de modo uniforme para todas as partes, seja por imposição legal (*v.g.*, ações reais imobiliárias, art. 73, CPC; ação de divisão de terras particulares, art. 572, § 1º, CPC etc.), seja pela natureza da relação jurídica, ou, em outras palavras, quando há comunhão de direitos ou de obrigações relativamente à lide, de tal forma que a sentença a ser eventualmente proferida na ação atinja a todos os envolvidos (*v.g.*, ações de partilha, ação de nulidade de casamento movida pelo MP, art. 1.549, CC, ação pauliana, ação de dissolução de sociedade, ação anulatória de um negócio jurídico etc.). Justamente por se tratar de litisconsórcio indispensável, caberá ao juiz, no caso de omissão do autor, determinar que ele promova, dentro do prazo que assinalar, a citação de todos os litisconsortes necessários, sob pena de extinção do feito (art. 115, parágrafo único, CPC).
- **Regra geral**: sempre que o litisconsórcio não for necessário, será facultativo.

JURISPRUDÊNCIA

- Caracterizada a hipótese de litisconsórcio necessário, faz-se de rigor o reconhecimento da nulidade da relação jurídico-processual desenvolvida sem o chamamento do litisconsorte faltante (STJ, REsp 1588850/SP, Ministro Sérgio Kukina, T1 – Primeira Turma, *DJe* 24/08/2020).
- Na ação pauliana, o devedor insolvente e a pessoa que com ele celebrou a estipulação considerada fraudulenta devem figurar no polo passivo, em litisconsórcio necessário unitário (TJMG, Apelação Cível 1.0335.14.000731-1/001, Rel. Desembargadora Aparecida Grossi, 17ª Câmara Cível, julgamento em 25/06/2020, publicação da súmula em 17/07/2020).
- Em sendo o objeto da demanda a declaração de nulidade de duplicata e se tal título já circulou, é indispensável que o endossante e os endossatários integrem o polo passivo da ação, porquanto o pronunciamento judicial, em tese, poderá atingir a esfera jurídica dos envolvidos que participaram das transações cambiárias (TJMG, Apelação Cível 1.0243.19.000362-0/002, Rel. Desembargadora Baeta Neves, 18ª Câmara Cível, julgamento em 07/07/2020, publicação da súmula em 10/07/2020).
- Em ação de usucapião, é indispensável a citação do proprietário do imóvel e seu cônjuge, constantes no registro de imóveis, e demais condôminos, por se tratar de litisconsórcio necessário (STJ, REsp 1.432.579/MG) (TJMG, Apelação Cível 1.0183.09.167318-0/001, Rel. Desembargador Ramom Tácio, 16ª Câmara Cível, julgamento em 27/05/2020, publicação da súmula em 19/06/2020).
- No ordenamento jurídico pátrio não é reconhecida a figura do litisconsórcio ativo necessário, sendo este sempre facultativo, ao risco de infringir a própria liberdade postulatória (TJMG, Apelação Cível 1.0024.13.279811-7/001, Rel. Desembargador Amorim Siqueira, 9ª Câmara Cível, julgamento em 05/05/2020, publicação da súmula em 19/05/2020).
- O litisconsórcio necessário estabelece-se pela natureza da relação jurídica ou por determinação legal, sendo insuficiente para sua caracterização que a decisão a ser proferida no processo possa produzir efeitos sobre esfera jurídica de terceiro. A eficácia natural das sentenças, como regra, alcança terceiros, sem que esta circunstância obrigue a respectiva inclusão no processo. Não há disposição expressa de lei que exige a participação da ANEEL nas ações que sejam fundamentadas em suas resoluções (STJ, AgInt no REsp 1.724.930/SP, Rel. Ministra Regina Helena Costa, T1 – Primeira Turma, *DJe* 22/08/2018).

Art. 115. A sentença de mérito, quando proferida sem a integração do contraditório, será:

I – nula, se a decisão deveria ser uniforme em relação a todos que deveriam ter integrado o processo;

> II – ineficaz, nos outros casos, apenas para os que não foram citados.
>
> Parágrafo único. Nos casos de litisconsórcio passivo necessário, o juiz determinará ao autor que requeira a citação de todos que devam ser litisconsortes, dentro do prazo que assinar, sob pena de extinção do processo.

REFERÊNCIAS LEGISLATIVAS

- Arts. 9º, 10, 114 e 485, III, CPC.

JURISPRUDÊNCIA

- A garantia ao contraditório significa assegurar a prevalência da democracia no processo, com a efetiva possibilidade da participação e da influência das partes na produção de todas as provas e contraprovas que entenderem necessárias para a defesa de seus direitos. A teor do artigo 10 do NCPC, o magistrado não pode decidir alicerçado em fundamento a respeito do qual as partes não tiveram oportunidade de debater. Adotado, assim, o princípio da não surpresa. Viola este princípio, bem como o do contraditório e da ampla defesa, a prolação de sentença de improcedência com fundamento em questão sobre a qual não foi oportunizada às partes a manifestação prévia (TJMG, Apelação Cível 1.0143.14.003860-3/001, Rel. Desembargadora Mariangela Meyer, 10ª Câmara Cível, julgamento em 27/02/2018, publicação da súmula em 09/03/2018).

> **Art. 116.** O litisconsórcio será unitário quando, pela natureza da relação jurídica, o juiz tiver de decidir o mérito de modo uniforme para todos os litisconsortes.

REFERÊNCIAS LEGISLATIVAS

- Art. 113, CPC.

ANOTAÇÕES

- *Litisconsórcio unitário*: quanto aos seus efeitos, o litisconsórcio pode ser "unitário", quando a decisão de mérito do juiz tiver que ser igual para todos os litisconsortes, e "simples", quando a decisão de mérito do juiz possa ser diferente para cada um dos litisconsortes.

JURISPRUDÊNCIA

- Enunciado 11 do Fórum Permanente de Processualistas Civis: O litisconsorte unitário, integrado ao processo a partir da fase instrutória, tem direito de especificar, pedir e produzir provas, sem prejuízo daquelas já produzidas, sobre as quais o interveniente tem o ônus de se manifestar na primeira oportunidade em que falar no processo.
- Enunciado 118 do Fórum Permanente de Processualistas Civis: O litisconsorte unitário ativo pode optar por ingressar no processo no polo ativo ou passivo ou, ainda, adotar outra postura que atenda aos seus interesses.

- Existe litisconsórcio necessário, por força do disposto no art. 47, CPC/73 (atual art. 116 do CPC), vigente ao tempo do ajuizamento da ação, quando, pela natureza da relação jurídica, o juiz tiver de decidir a lide de modo uniforme para todas as partes. Em se tratando de litisconsórcio necessário, é imprescindível a citação de todos os litisconsortes, sob pena de nulidade do processo (TJMG, Agravo de Instrumento-Cv 1.0394.12.007706-7/004, Rel. Desembargador Valdez Leite Machado, 14ª Câmara Cível, julgamento em 28/05/2020, publicação da súmula em 28/05/2020).

Art. 117. Os litisconsortes serão considerados, em suas relações com a parte adversa, como litigantes distintos, exceto no litisconsórcio unitário, caso em que os atos e as omissões de um não prejudicarão os outros, mas os poderão beneficiar.

REFERÊNCIAS LEGISLATIVAS

- Arts. 345, I, 391, 1.005, parágrafo único, CPC.

ANOTAÇÕES

- *Regime jurídico*: no litisconsórcio simples, os litisconsortes serão considerados, em suas relações com a parte adversa, como litigantes distintos, ou seja, os atos e as omissões de um não prejudicarão, mas poderão beneficiar, como ocorre no caso de solidariedade passiva (art. 1.005, parágrafo único, CPC).

JURISPRUDÊNCIA

- Na hipótese de litisconsórcio simples facultativo, o acordo entabulado pela parte autora com um dos litisconsortes demandados, limitando-se a quitação a ele apenas, não implica perda superveniente do objeto litigioso, tampouco improcedência do pedido em face do litisconsorte remanescente, em face de quem a ação tem seu prosseguimento preservado (TJMG, Apelação Cível 1.0672.15.002651-2/002, Rel. Desembargador Octávio de Almeida Neves, 12ª Câmara Cível, julgamento em 24/04/2019, publicação da súmula em 03/05/2019).
- Em relação ao litisconsórcio simples, de acordo com o art. 117 do Código de Processo Civil de 2015, vigora o princípio da autonomia dos litisconsortes, segundo o qual os réus ou autores integrantes do mesmo polo da ação devem ser tratados como partes distintas em suas relações com a parte adversa, de modo que, no curso do processo, podem apresentar situações jurídico-processuais diferentes, se assim determinarem as decisões judiciais proferidas para cada um deles (STJ, AgInt na Pet 12096/SC, Ministra Regina Helena Costa, T1 – Primeira Turma, *DJe* 01/03/2019).
- No litisconsórcio simples, o recurso interposto por um dos litisconsortes ao outro não aproveita (CPC, art. 117). Existindo, porém, solidariedade passiva entre os litisconsortes, o recurso interposto por um dos devedores aproveitará aos outros quando as defesas opostas ao credor lhes forem comuns (CPC, art. 1.005, p. ú.) (TJMG, Apelação Cível 1.0133.15.002508-7/001, Rel. Desembargador Ramom Tácio, 16ª Câmara Cível, julgamento em 24/10/2018, publicação da súmula em 05/11/2018).

Art. 118. Cada litisconsorte tem o direito de promover o andamento do processo, e todos devem ser intimados dos respectivos atos.

REFERÊNCIAS LEGISLATIVAS

- Arts. 87, 117, 229, 1.005, parágrafo único, CPC.

JURISPRUDÊNCIA

- Súmula 641 do STF: Não se conta em dobro o prazo para recorrer, quando só um dos litisconsortes haja sucumbido.
- Apelação – Extinção por abandono da causa nos termos do artigo 485, § 1º do CPC – Inconformismo – Cabimento – Existência de litisconsórcio ativo que demanda intimação de todos os autores para promover o andamento processual – Preceptivo do artigo 118 do CPC – Precedentes desta C. 6ª Câmara de Direito Privado – Presença, ademais, de diligência e endereço para expedição do mandado de citação – Providência de andamento que cabia ao Judiciário e não aos autores – Sentença anulada – Apelação provida para determinar o retorno dos autos ao primeiro grau, com a expedição do mandado de citação (TJSP, Apelação Cível 0001853-87.2013.8.26.0002, Relator Rodolfo Pellizari, 6ª Câmara de Direito Privado, Foro Regional II – Santo Amaro – 2ª Vara Cível, *DJ* 01/06/2017).

TÍTULO III
DA INTERVENÇÃO DE TERCEIROS

CAPÍTULO I
DA ASSISTÊNCIA

Seção I
Disposições Comuns

Art. 119. Pendendo causa entre 2 (duas) ou mais pessoas, o terceiro juridicamente interessado em que a sentença seja favorável a uma delas poderá intervir no processo para assisti-la.

Parágrafo único. A assistência será admitida em qualquer procedimento e em todos os graus de jurisdição, recebendo o assistente o processo no estado em que se encontre.

REFERÊNCIAS LEGISLATIVAS

- Arts. 94, 121, 124, CPC.

ANOTAÇÕES

- ***Assistência***: instituto que possibilita que terceiro juridicamente interessado intervenha num processo em que não é parte; se admitido, o assistente recebe o processo no estado em que se encontra (não há possibilidade de repetição de atos), passando a ter os mesmos poderes e a se sujeitar aos mesmos ônus processuais. O assistente deve atuar em benefício do assistido, podendo, no caso da assistência litisconsorcial, até mesmo promover individualmente o andamento do feito.
- ***Interesse jurídico***: se fundamenta na perspectiva de sofrer efeitos reflexos da decisão desfavorável ao assistido, por exemplo: sublocatário, em ação de despejo movida em face do sublocador.

DICAS DE PRÁTICA JURÍDICA

- ***Como formulador pedido de assistência***: como se vê da norma legal, não há exigências especiais para a petição onde se requer ao juízo permissão para entrar no feito na qualidade de assistente (simples ou litisconsorcial). Sendo assim, o interessado deve começar sua petição por se qualificar (nome, nacionalidade, estado civil, profissão, número do RG e do CPF, endereço eletrônico – e-mail, telefone para contado e endereço residencial), depois deve apresentar de forma articulada as razões pelas quais tem interesse na causa (interesse jurídico), requerendo, por fim, seja deferido o seu pedido. Além dos documentos pessoais (RG, CPF, comprovante de residência), deve juntar à petição os documentos que provam o seu interesse na causa.

JURISPRUDÊNCIA

- Para admissão de terceiro na qualidade de assistente da parte, é indispensável a existência de relação jurídica entre uma das partes do processo e o terceiro assistente e a possibilidade de a sentença influir na relação jurídica, nos termos do art. 119, CPC/2015 (TJMG, Agravo de Instrumento-Cv 1.0000.19.069326-7/001, Rel. Desembargadora Evangelina Castilho Duarte, 14ª Câmara Cível, julgamento em 31/10/2019, publicação da súmula em 01/11/2019).
- A assistência – tanto simples, como litisconsorcial – pressupõe o interesse jurídico de terceiro, o que não se confunde com eventual interesse econômico, moral ou de qualquer outra natureza (TJRS, Agravo de Instrumento 70083184457, 17ª Câmara Cível, Relator Giovanni Conti, *DJ* 12/03/2020).
- A intervenção voluntária de terceiro, na modalidade assistência, é possível quando houver interesse jurídico em que a sentença seja favorável a uma das partes (assistência simples) ou na defesa de direito próprio, hipótese em que irá figurar na ação como litisconsorte facultativo (assistência litisconsorcial) (TJMG, Agravo de Instrumento-Cv 1.0701.15.007601-9/001, Rel. Desembargadora Alice Birchal, 7ª Câmara Cível, julgamento em 03/10/2017, publicação da súmula em 10/10/2017).

Art. 120. Não havendo impugnação no prazo de 15 (quinze) dias, o pedido do assistente será deferido, salvo se for caso de rejeição liminar.

Parágrafo único. Se qualquer parte alegar que falta ao requerente interesse jurídico para intervir, o juiz decidirá o incidente, sem suspensão do processo.

REFERÊNCIAS LEGISLATIVAS

- Arts. 119, 219, 1.015, IX, CPC.

Seção II
Da Assistência Simples

Art. 121. O assistente simples atuará como auxiliar da parte principal, exercerá os mesmos poderes e sujeitar-se-á aos mesmos ônus processuais que o assistido.

Parágrafo único. Sendo revel ou, de qualquer outro modo, omisso o assistido, o assistente será considerado seu substituto processual.

REFERÊNCIAS LEGISLATIVAS

- Arts. 18, 94, 119, 120, CPC.

ANOTAÇÕES

- ***Assistência simples***: ocorre quando pendendo um processo entre duas ou mais pessoas, terceiro, que tenha interesse jurídico em que a sentença seja favorável a uma das partes, intervém no processo para assisti-la (auxiliá-la). Na qualidade de auxiliar, o assistente exercerá os mesmos poderes e sujeitar-se-á aos mesmos ônus processuais que o assistido, embora não possa praticar atos contrários à vontade do assistido, que pode reconhecer a procedência do pedido, desistir da ação ou transigir com a parte contrária.

JURISPRUDÊNCIA

- A jurisprudência desta Corte Superior de Justiça é no sentido de que para o ingresso de terceiro nos autos como assistente simples é necessária a presença de interesse jurídico, ou seja, a demonstração da existência de relação jurídica integrada pelo assistente que será diretamente atingida pelo provimento jurisdicional, não bastando o mero interesse econômico, moral ou corporativo (STJ, AgInt na PET no AREsp 1382501/MS, Ministro Mauro Campbell Marques, T2 – Segunda Turma, *DJe* 15/03/2019).
- A assistência simples, regulada pelos arts. 121, 122 e 123 do CPC/2015, exige requerimento e a existência, de fato, de interesse jurídico na demanda, podendo ser requerida e admitida a qualquer tempo e em qualquer grau de jurisdição (STJ, AgInt no AREsp 844.055/SP, Ministro Og Fernandes, T2 – Segunda Turma, *DJe* 19/05/2017).

Art. 122. A assistência simples não obsta a que a parte principal reconheça a procedência do pedido, desista da ação, renuncie ao direito sobre o que se funda a ação ou transija sobre direitos controvertidos.

REFERÊNCIAS LEGISLATIVAS

- Arts. 119, 120, 121, CPC.

ANOTAÇÕES

- ***Natureza da atuação do assistente simples***: na assistência simples, o assistente é apenas um auxiliar do assistido; sua atuação deve apenas beneficiar o assistido, mas não tem independência, ou seja, não obsta que a parte assistida reconheça o pedido, desista da ação, transija sobre os direitos controvertidos e até, quando for parte autora, desista da ação.

Art. 123. Transitada em julgado a sentença no processo em que interveio o assistente, este não poderá, em processo posterior, discutir a justiça da decisão, salvo se alegar e provar que:

I – pelo estado em que recebeu o processo ou pelas declarações e pelos atos do assistido, foi impedido de produzir provas suscetíveis de influir na sentença;

II – desconhecia a existência de alegações ou de provas das quais o assistido, por dolo ou culpa, não se valeu.

REFERÊNCIAS LEGISLATIVAS

- Arts. 94, 122, 504, 506, CPC.

Seção III
Da Assistência Litisconsorcial

Art. 124. Considera-se litisconsorte da parte principal o assistente sempre que a sentença influir na relação jurídica entre ele e o adversário do assistido.

REFERÊNCIAS LEGISLATIVAS

- Art. 94, 109, § 1º, CPC; arts. 267, 274, 1.314, CC.

ANOTAÇÕES

- **Assistência litisconsorcial**: embora o assistente não seja parte daquele processo, a sentença ali proferida irá afetar diretamente a relação jurídica de direito material entre ele e o adversário do assistido. É uma espécie de "litisconsórcio facultativo ulterior unitário" (*v.g.*, ação reivindicatória movida por consorte, art. 1.314, CC; adquirente de direito material litigioso quando não lhe for possível a sucessão processual, art. 109, § 1º, CPC; lide envolvendo obrigações solidárias, arts. 267 e 274, CC), razão pela qual neste tipo de intervenção o assistente atua como parte distinta, tendo o direito de promover individualmente o andamento do feito, ou seja, ao contrário do que ocorre na assistência simples, neste caso o assistente pode atuar até mesmo contra a vontade do assistido a fim de defender os seus interesses no processo.

JURISPRUDÊNCIA

- Enunciado 11 do Fórum Permanente de Processualistas Civis: O litisconsorte unitário, integrado ao processo a partir da fase instrutória, tem direito de especificar, pedir e produzir provas, sem prejuízo daquelas já produzidas, sobre as quais o interveniente tem o ônus de se manifestar na primeira oportunidade em que falar no processo.
- A assistência litisconsorcial é modalidade de intervenção de terceiros, que implica a formação de um litisconsórcio unitário ulterior. Assim, o ônus de sucumbência recai também sobre os assistentes litisconsorciais, por integrarem o polo ativo da demanda (TJMG, Apelação Cível 1.0040.96.007359-7/001, Rel. Desembargadora Mônica Libânio, 11ª Câmara Cível, julgamento em 04/12/2019, publicação da súmula em 11/12/2019).

- Além de juridicamente interessado, nos termos do disposto no art. 119 do Código de Processo Civil, deve o terceiro, que intenta intervir como assistente litisconsorcial de uma das partes, demonstrar ainda em que medida a resolução do mérito da demanda poderá influir em sua própria relação com a parte contrária, consoante o disposto no art. 124 do CPC (TJMG, Agravo de Instrumento-Cv 1.0686.15.012828-4/001, Rel. Desembargador Arnaldo Maciel, 18ª Câmara Cível, julgamento em 11/12/2018, publicação da súmula em 13/12/2018).

CAPÍTULO II
DA DENUNCIAÇÃO DA LIDE

Art. 125. É admissível a denunciação da lide, promovida por qualquer das partes:

I – ao alienante imediato, no processo relativo à coisa cujo domínio foi transferido ao denunciante, a fim de que possa exercer os direitos que da evicção lhe resultam;

II – àquele que estiver obrigado, por lei ou pelo contrato, a indenizar, em ação regressiva, o prejuízo de quem for vencido no processo.

§ 1º O direito regressivo será exercido por ação autônoma quando a denunciação da lide for indeferida, deixar de ser promovida ou não for permitida.

§ 2º Admite-se uma única denunciação sucessiva, promovida pelo denunciado, contra seu antecessor imediato na cadeia dominial ou quem seja responsável por indenizá-lo, não podendo o denunciado sucessivo promover nova denunciação, hipótese em que eventual direito de regresso será exercido por ação autônoma.

REFERÊNCIAS LEGISLATIVAS

- Arts. 4º, 129, CPC; art. 88, Lei nº 8.078/1990.

ANOTAÇÕES

- **Denunciação da lide**: é o ato pelo qual a parte (autor e/ou réu), a fim de garantir seu direito de regresso, no caso de que acabe vencida na ação, chama à lide terceiro garantidor, a fim de que este integre o processo. Desta forma, se por acaso o juiz vier a condenar ou julgar improcedente o pedido do denunciante, deverá, na mesma sentença, declarar se o denunciado, por sua vez, deve ou não indenizá-lo. Na verdade, com a denunciação se estabelecem duas lides num só processo, ligadas por uma relação de prejudicialidade.
- **Obrigatoriedade da denunciação da lide**: diferentemente do código anterior (1973), em que a denunciação da lide era, em certos casos, obrigatória, o CPC atual se limita a informar que a denunciação da lide é "admissível"; ou seja, ela é aceita, mas em nenhuma hipótese é obrigatória. Observe-se, no mais, que a Lei nº 8.078/1990, o conhecido Código de Defesa do Consumidor, veda, no seu art. 88, a denunciação da lide nas demandas que envolvem relações de consumo. Não havendo a denunciação da lide, sendo esta indeferida ou não permitida, o interessado poderá pleitear o seu direito por meio de ação autônoma.
- **Denunciação sucessiva**: o CPC optou por limitar a chamada "denunciação sucessiva" ao declarar no § 2º deste artigo que se admite uma única denunciação sucessiva; ou seja, o denunciado pode, por sua vez, denunciar o feito contra seu antecessor imediato na cadeia dominial ou quem seja responsável por indenizá-lo; contudo, esse denunciado não pode denunciar o seu antecessor, sendo que eventual direito de regresso deverá ser exercido por ação autônoma. Esse novo entendimento, que contraria o que dispunha o Código de 1973, se coaduna com a ideia de processo justo, na medida em que por meio dessa limitação procura-se garantir a celeridade processual.

JURISPRUDÊNCIA

- Não se admite a denunciação da lide com fundamento no art. 125, II, do CPC se o denunciante objetiva eximir-se da responsabilidade pelo evento danoso, atribuindo-o com exclusividade a terceiro. Precedentes (STJ, AgInt no AREsp 1483427/SP, Rel. Ministro Luis Felipe Salomão, T4 – Quarta Turma, *DJe* 30/09/2019).
- A denunciação sucessiva da lide não é direito processual ilimitado, encontrando óbice na conveniência procedimental, mormente em relação aos princípios da celeridade processual e da efetividade da prestação jurisdicional (TJMG, Apelação Cível 1.0116.07.010783-8/002, Rel. Desembargador Evandro Lopes da Costa Teixeira, 17ª Câmara Cível, julgamento em 23/05/2019, publicação da súmula em 04/06/2019).
- Extrai-se do acórdão objurgado que, nos casos em que a denunciação da lide não é obrigatória, a jurisprudência do STJ proclama que o litisdenunciante que chamou o denunciado à lide deve arcar com os honorários advocatícios quando a ação principal for julgada improcedente (STJ, REsp 1.684.447/RJ, Ministro Herman Benjamin, T2 – Segunda Turma, *DJe* 09/10/2017).
- A denunciação da lide, em sua delimitação moderna, tem a função de adicionar ao processo uma nova lide conexa e, assim, atender ao princípio da economia dos atos processuais e evitar sentenças contraditórias. Consiste, por esse motivo, em mero ônus à parte que não a promove, impossibilitando-a de discutir, num mesmo processo, a obrigação do denunciado de ressarcimento dos prejuízos que venha a sofrer na hipótese de ser vencido na demanda principal. A falta de denunciação da lide não acarreta a perda do direito de pleitear, em ação autônoma, o direito de regresso (STJ, REsp 1.637.108/PR, Ministra Nancy Andrighi, T3 – Terceira Turma, *DJe* 12/06/2017).
- Não cabe denunciação da lide nos casos em que a denunciante não especifica em que consistiria a relação entre a lide secundária e a principal (STJ, AgInt no REsp 1.285.385/SP, Ministra Maria Isabel Gallotti, T4 – Quarta Turma, *DJe* 25/04/2017).

Art. 126. A citação do denunciado será requerida na petição inicial, se o denunciante for autor, ou na contestação, se o denunciante for réu, devendo ser realizada na forma e nos prazos previstos no art. 131.

REFERÊNCIAS LEGISLATIVAS

- Arts. 131, 319, 335, 1.015, IX, CPC.

DICAS DE PRÁTICA JURÍDICA

- ***Fazendo a denunciação***: como regra, a estrutura da contestação é a seguinte: endereçamento; qualificação; resumo dos fatos; preliminares; mérito; reconvenção, quando for o caso. O interessado em fazer denunciação da lide deve fazê-lo nas preliminares, apontando suas razões e juntando os documentos destinados a provar suas alegações; deve, ainda, requerer e providenciar a citação do denunciado, assim como requerer a sua condenação a responder pelos danos apontados na exordial. Para acesso a modelo editável de contestação com denunciação da lide, veja nosso *Prática no processo civil*, da Editora Atlas.

Art. 127. Feita a denunciação pelo autor, o denunciado poderá assumir a posição de litisconsorte do denunciante e acrescentar novos argumentos à petição inicial, procedendo-se em seguida à citação do réu.

REFERÊNCIAS LEGISLATIVAS

- Arts. 113 a 118, 319, 1.015, IX, CPC.

ANOTAÇÕES

- *Recurso contra a decisão que admite ou não a denunciação da lide*: a decisão que admite, ou não, a denunciação da lide é impugnável por meio de agravo de instrumento (art. 1.015, IX, CPC).

> **Art. 128.** Feita a denunciação pelo réu:
> I – se o denunciado contestar o pedido formulado pelo autor, o processo prosseguirá tendo, na ação principal, em litisconsórcio, denunciante e denunciado;
> II – se o denunciado for revel, o denunciante pode deixar de prosseguir com sua defesa, eventualmente oferecida, e abster-se de recorrer, restringindo sua atuação à ação regressiva;
> III – se o denunciado confessar os fatos alegados pelo autor na ação principal, o denunciante poderá prosseguir com sua defesa ou, aderindo a tal reconhecimento, pedir apenas a procedência da ação de regresso.
> Parágrafo único. Procedente o pedido da ação principal, pode o autor, se for o caso, requerer o cumprimento da sentença também contra o denunciado, nos limites da condenação deste na ação regressiva.

REFERÊNCIAS LEGISLATIVAS

- Arts. 113 a 118, 335, 1.015, IX, CPC.

ANOTAÇÕES

- *Recurso conta a decisão que admite ou não a denunciação da lide*: a decisão que admite, ou não, a denunciação da lide é impugnável por meio de agravo de instrumento (art. 1.015, IX, CPC).

> **Art. 129.** Se o denunciante for vencido na ação principal, o juiz passará ao julgamento da denunciação da lide.
> Parágrafo único. Se o denunciante for vencedor, a ação de denunciação não terá o seu pedido examinado, sem prejuízo da condenação do denunciante ao pagamento das verbas de sucumbência em favor do denunciado.

REFERÊNCIAS LEGISLATIVAS

- Arts. 128, parágrafo único, 485, 487, CPC.

ANOTAÇÕES

- *Sucumbência*: a norma prevista no parágrafo único também se aplica ao caso de o feito ser extinto sem julgamento de mérito (vitória indireta do denunciante), ou seja, no caso de o denunciante ser vencedor na ação principal, seja em julgamento de mérito ou não, deverá responder pela sucumbência devida ao denunciado.

CAPÍTULO III
DO CHAMAMENTO AO PROCESSO

Art. 130. É admissível o chamamento ao processo, requerido pelo réu:

I – do afiançado, na ação em que o fiador for réu;

II – dos demais fiadores, na ação proposta contra um ou alguns deles;

III – dos demais devedores solidários, quando o credor exigir de um ou de alguns o pagamento da dívida comum.

REFERÊNCIAS LEGISLATIVAS

- Arts. 113 a 118, 229, CPC; arts. 264 a 285, 818 a 839, CC; art. 10, Lei nº 9.099/1995; art. 37, Lei nº 8.245/1991 – LI.

ANOTAÇÕES

- *Chamamento ao processo*: é o ato pelo qual o réu chama outros coobrigados para integrar a lide (solidariedade civil). Assim como acontece na denunciação da lide, o chamado fica vinculado ao feito, subordinando-o aos efeitos da sentença.

DICAS DE PRÁTICA JURÍDICA

- *Fazendo o chamamento ao processo*: como regra, a estrutura da contestação é a seguinte: endereçamento; qualificação; resumo dos fatos; preliminares; mérito; reconvenção, quando for o caso. O interessado em chamar alguém ao processo deve fazê-lo nas preliminares, apontando suas razões e juntando os documentos destinados a provar suas alegações; deve, ainda, requerer e providenciar a citação do chamado. Para acesso a modelo editável de contestação em que se faz o chamamento ao processo, veja nosso *Prática de contestação no processo civil*, da Editora Atlas.

JURISPRUDÊNCIA

- Não cabe o chamamento ao processo na fase de cumprimento de sentença (TJMG, Agravo de Instrumento-Cv 1.0450.16.001740-3/001, Rel. Desembargador Fernando Lins, 18ª Câmara Cível, julgamento em 14/07/2020, publicação da súmula em 21/07/2020).
- O chamamento ao processo não se presta para a transferência de reponsabilidade para terceiros, sendo possível tão somente na hipótese em que há prévia solidariedade entre o demandado e o chamado (TJMG, Agravo de Instrumento-Cv 1.0000.19.033346-8/001, Rel. Desembargador Fernando Lins, 18ª Câmara Cível, julgamento em 14/07/2020, publicação da súmula em 15/07/2020).

- O chamamento de terceiro ao processo, nos termos do artigo 130 do Código de Processo Civil, ocorre quando o requerido convoca para a disputa judicial pessoa que, juntamente com ele, seja fiador ou coobrigado solidário, também responsável pelo cumprimento da obrigação discutida na lide (TJMG, Apelação Cível 1.0000.19.161721-6/001, Rel. Desembargador Luiz Carlos Gomes da Mata, 13ª Câmara Cível, julgamento em 04/06/2020, publicação da súmula em 05/06/2020).
- É pacífico entendimento jurisprudencial do Superior Tribunal de Justiça, no sentido de que o chamamento ao processo não é adequado às ações que tratam de fornecimento de medicamentos (STJ, REsp 1.614.636/PI, Ministro Herman Benjamin, T2 – Segunda Turma, *DJe* 09/09/2016).

Art. 131. A citação daqueles que devam figurar em litisconsórcio passivo será requerida pelo réu na contestação e deve ser promovida no prazo de 30 (trinta) dias, sob pena de ficar sem efeito o chamamento.

Parágrafo único. Se o chamado residir em outra comarca, seção ou subseção judiciárias, ou em lugar incerto, o prazo será de 2 (dois) meses.

REFERÊNCIAS LEGISLATIVAS

- Arts. 113 a 118, 219, CPC; art. 132, § 3º, CC.

JURISPRUDÊNCIA

- Sendo o chamamento ao processo facultativo, instaura-se litisconsórcio simples no polo passivo da demanda, podendo a sentença acarretar soluções distintas para cada um dos litisconsortes (STJ, REsp 1.453.887/RJ, Ministro João Otávio de Noronha, T3 – Terceira Turma, *DJe* 09/05/2016).

Art. 132. A sentença de procedência valerá como título executivo em favor do réu que satisfizer a dívida, a fim de que possa exigi-la, por inteiro, do devedor principal, ou, de cada um dos codevedores, a sua quota, na proporção que lhes tocar.

REFERÊNCIAS LEGISLATIVAS

- Arts. 487, 513 a 533, CPC.

CAPÍTULO IV
DO INCIDENTE DE DESCONSIDERAÇÃO DA PERSONALIDADE JURÍDICA

Art. 133. O incidente de desconsideração da personalidade jurídica será instaurado a pedido da parte ou do Ministério Público, quando lhe couber intervir no processo.

§ 1º O pedido de desconsideração da personalidade jurídica observará os pressupostos previstos em lei.

§ 2º Aplica-se o disposto neste Capítulo à hipótese de desconsideração inversa da personalidade jurídica.

REFERÊNCIAS LEGISLATIVAS

- Arts. 178, 790, VII, 1.062, CPC; arts. 40 a 78, CC; art. 34, Lei nº 12.529/2011; art. 28, CDC (Lei nº 8.078/1990).

ANOTAÇÕES

- ***Desconsideração da personalidade jurídica***: o art. 50 do Código Civil declara que "em caso de abuso da personalidade jurídica, caracterizado pelo desvio de finalidade, ou pela confusão patrimonial, pode o juiz decidir, a requerimento da parte, ou do Ministério Público quando lhe couber intervir no processo, que os efeitos de certas e determinadas relações de obrigações sejam estendidos aos bens particulares dos administradores ou sócios da pessoa jurídica"; ou seja, a desconsideração da pessoa jurídica consiste na possibilidade de o credor da pessoa moral alcançar, sob certas circunstâncias, os bens particulares dos sócios ou administradores, com escopo de obter satisfação para o seu crédito. Ocorre o desvio de finalidade quando a pessoa jurídica pratica atos ilícitos ou incompatíveis com a sua finalidade social. Já a confusão patrimonial ocorre quando não há separação entre o patrimônio do sócio e o da pessoa moral. No geral, a jurisprudência tem sido no sentido de exigir que o interessado demonstre, ao requerer a desconsideração, que a pessoa jurídica foi usada pelos sócios e/ou administradores de forma fraudulenta ou abusiva, com escopo da prática de atos ilícitos. Não basta, portanto, que não sejam localizados bens em nome da pessoa jurídica.
- ***Desconsideração "inversa" da personalidade jurídica***: novidade do novo CPC, a "desconsideração inversa" permite responsabilizar o patrimônio da pessoa jurídica por eventual obrigação assumida pelo sócio ou administrador. Seus pressupostos são os mesmos, ou seja, desvio de finalidade ou confusão patrimonial. A doutrina cita como exemplo de desconsideração inversa a situação em que o sócio esvazia o seu patrimônio pessoal e o integraliza, por inteiro, na pessoa jurídica, com o propósito de prejudicar terceiros, como, por exemplo, credores ou mesmo o próprio cônjuge. A desconsideração inversa segue o mesmo procedimento do incidente da desconsideração da personalidade jurídica.

DICAS DE PRÁTICA JURÍDICA

- ***Como requerer***: o interessado pode requerer a desconsideração da pessoa jurídica por meio de simples petição intermediária, sem qualquer requisito específico, endereçando-a ao próprio juiz da causa. Na petição, o interessado deve justificar as razões do seu pedido, conforme as possibilidades indicadas no art. 50 do Código Civil, juntando, é claro, os documentos tendentes a provar suas alegações ou, quando o caso, requerendo a produção de provas (por exemplo: expedição de ofício, acesso a dados bancários, depoimento de testemunhas etc.).

JURISPRUDÊNCIA

- O entendimento do Superior Tribunal de Justiça é no sentido de que a desconsideração da personalidade jurídica a partir da Teoria Maior (art. 50 do Código Civil) exige a comprovação de abuso, caracterizado pelo desvio de finalidade ou pela confusão patrimonial, pelo que a mera inexistência de bens penhoráveis ou eventual encerramento irregular das atividades da empresa não justifica o deferimento de tal medida excepcional (STJ, AgInt no AREsp 1679434/SP, Ministro Ricardo Villas Bôas Cueva, T3 – Terceira Turma, DJe 28/09/2020).
- A indisponibilidade patrimonial é medida de natureza cautelar e pode ser deferida quando haja verossimilhança quanto aos requisitos da desconsideração da personalidade jurídica da devedora, com indícios

de desvio, abuso e confusão patrimonial, de modo a assegurar que a indisponibilidade do patrimônio dos sócios, administradores e empresas envolvidas venha a garantir a eficácia do processo principal (TJMG, Agravo de Instrumento-Cv 1.0024.18.001133-0/001, Rel. Desembargador Amorim Siqueira, 9ª Câmara Cível, julgamento em 12/08/2020, publicação da súmula em 17/08/2020).

- Esta Corte já consolidou o entendimento de que nas relações jurídicas de natureza civil-empresarial, adota-se a teoria maior, segundo a qual a desconsideração da personalidade jurídica é medida excepcional que permite sejam atingidos os bens das pessoas naturais (sócios ou administradores), de modo a responsabilizá-las pelos prejuízos que, em fraude ou abuso, causaram a terceiros, nos termos do art. 50 do CC (STJ, REsp 1.658.648/SP, Ministro Moura Ribeiro, T3 – Terceira Turma, *DJe* 20/11/2017).

- Consoante o entendimento consolidado no Superior Tribunal de Justiça, a desconsideração da personalidade jurídica, embora constitua medida de caráter excepcional, é admitida quando ficar caracterizado desvio de finalidade, confusão patrimonial ou dissolução irregular da sociedade (STJ, REsp 1.693.633/RJ, Ministro Herman Benjamin, T2 – Segunda Turma, *DJe* 23/10/2017).

- Esta Corte Superior firmou seu posicionamento no sentido de que a existência de indícios de encerramento irregular da sociedade aliada à falta de bens capazes de satisfazer o crédito exequendo não constituem motivos suficientes para a desconsideração da personalidade jurídica, eis que se trata de medida excepcional e está subordinada à efetiva comprovação do abuso da personalidade jurídica, caracterizado pelo desvio de finalidade ou pela confusão patrimonial (STJ, AgInt no AREsp 402.857/RJ, Ministra Maria Isabel Gallotti, T4 – Quarta Turma, *DJe* 04/09/2017).

- O art. 28 do CDC dispõe que a desconsideração da personalidade jurídica da sociedade, no âmbito das relações consumeristas, se efetivará: (a) quando, em detrimento do consumidor, houver abuso de direito, excesso de poder, infração da lei, fato ou ato ilícito ou violação dos estatutos ou contrato social; (b) falência, estado de insolvência, encerramento ou inatividade da pessoa jurídica, provocados por má administração; (c) sempre que sua personalidade for, de alguma forma, obstáculo ao ressarcimento de prejuízos causados aos consumidores (AgRg no AREsp 563.745/RJ, Rel. Ministro Raul Araújo, T4 – Quarta Turma, *DJe* 30/06/2015).

Art. 134. O incidente de desconsideração é cabível em todas as fases do processo de conhecimento, no cumprimento de sentença e na execução fundada em título executivo extrajudicial.

§ 1º A instauração do incidente será imediatamente comunicada ao distribuidor para as anotações devidas.

§ 2º Dispensa-se a instauração do incidente se a desconsideração da personalidade jurídica for requerida na petição inicial, hipótese em que será citado o sócio ou a pessoa jurídica.

§ 3º A instauração do incidente suspenderá o processo, salvo na hipótese do § 2º.

§ 4º O requerimento deve demonstrar o preenchimento dos pressupostos legais específicos para desconsideração da personalidade jurídica.

⚖ REFERÊNCIAS LEGISLATIVAS

- Arts. 313, VIII, 318 a 512, 513 a 538, 771 a 913, CPC.

🔨 JURISPRUDÊNCIA

- Enunciado 125 do Fórum Permanente de Processualistas Civis: Há litisconsórcio passivo facultativo quando requerida a desconsideração da personalidade jurídica, juntamente com outro pedido formulado na petição inicial ou incidentemente no processo em curso.

- De conformidade com o art. 134, § 2º, do novo Código de Processo Civil, dispensa-se a instauração do incidente se a desconsideração da personalidade jurídica for requerida na petição inicial, hipótese em que será citado o sócio ou a pessoa jurídica. Tendo havido o aditamento da inicial antes da citação do réu para inclusão do sócio no polo passivo da lide, deve ser determinada a citação (TJMG, Agravo de Instrumento-Cv 1.0000.20.024408-5/001, Rel. Desembargadora Evangelina Castilho Duarte, 14ª Câmara Cível, julgamento em 20/08/2020, publicação da súmula em 20/08/2020).

Art. 135. Instaurado o incidente, o sócio ou a pessoa jurídica será citado para manifestar-se e requerer as provas cabíveis no prazo de 15 (quinze) dias.

REFERÊNCIAS LEGISLATIVAS

- Arts. 219, 238 a 268, CPC.

ANOTAÇÕES

- *Citação do sócio*: a norma indica que o sócio é chamado a integrar o relacionamento processual, podendo, no caso, oferecer defesa no prazo de 15 (quinze) dias, assim como requerer a produção das provas que entender necessárias para demonstrar as suas alegações. A citação do sócio, de todos os sócios na verdade, é medida imprescindível a fim de assegurar o contraditório e a ampla defesa. Julgado procedente o incidente (art. 136), o réu passa a integrar o processo, respondendo com seus bens pelo pagamento do débito cobrado.
- *Natureza da manifestação*: embora não o diga a norma, esta "manifestação" é, na sua essência, uma "impugnação" de natureza contestatória, visto que nela cabe ao réu responder aos argumentos do suscitante no sentido de que seja desconsiderada a pessoa jurídica (atacar os seus fundamentos), assim como indicar as provas que pretende produzir.

DICAS DE PRÁTICA JURÍDICA

- *Estrutura da petição que oferece a manifestação*: endereçada ao juiz da causa, a petição de natureza intermediária deve apresentar a seguinte estrutura: endereçamento; qualificação; resumo dos fatos; questões preliminares; resposta às acusações do credor; pedidos; indicação das provas.

JURISPRUDÊNCIA

- Não tendo sido todos os sócios devidamente integrados ao incidente de desconsideração da personalidade jurídica instaurado após a vigência do CPC de 2015, há que se acolher o pedido recursal, a fim de que a decisão seja cassada, uma vez que proferida em afronta ao princípio do contraditório e do devido processo legal. O rito procedimental adotado pelo novel ordenamento processual disposto no art. 135 do CPC dispõe que, instaurado o incidente, o sócio ou a pessoa jurídica será citado para manifestar-se e requerer as provas cabíveis no prazo de 15 (quinze) dias (TJMG, Agravo de Instrumento-Cv 1.0701.11.033776-6/002, Rel. Desembargadora(a) Cláudia Maia, 14ª Câmara Cível, julgamento em 28/05/2020, publicação da súmula em 28/05/2020).
- A desconstituição da personalidade jurídica demanda, em regra, a instauração de incidente processual próprio, no qual se inaugura nova lide, integrada pela pessoa jurídica ou seu representante, a fim de se garantir a realização do contraditório e da ampla defesa. A simples alegação da ocorrência de algum dos

pressupostos do artigo 50 do Código Civil/2002 é fundamento suficiente para autorizar a instauração do incidente de desconsideração da personalidade jurídica, podendo a prova da alegação ser produzida na forma dos artigos 135 e 136 do CPC/2015 (TJMG, Agravo de Instrumento-Cv 1.0433.12.018139-4/002, Rel. Desembargador Mota e Silva, 18ª Câmara Cível, julgamento em 05/02/2019, publicação da súmula em 08/02/2019).

- O legislador, observando os princípios constitucionais da ampla defesa e do contraditório (art. 5º, inciso LV, da CRFB), concebeu, no atual CPC, um devido processo, indispensável antes de se deferir a desconsideração da personalidade jurídica, conforme os arts. 133 a 137. A observância do princípio constitucional do devido processo legal, materializado no art. 135 do CPC, para desconsideração da personalidade jurídica, impõem a citação dos sócios da pessoa jurídica atingida pela *disregard doctrine*, antes do deferimento da referida medida excepcional (TJMG, Agravo de Instrumento-Cv 1.0024.03.128296-5/004, Rel. Desembargador Newton Teixeira Carvalho, 13ª Câmara Cível, julgamento em 14/12/2017, publicação da súmula em 15/12/2017).

Art. 136. Concluída a instrução, se necessária, o incidente será resolvido por decisão interlocutória.

Parágrafo único. Se a decisão for proferida pelo relator, cabe agravo interno.

REFERÊNCIAS LEGISLATIVAS

- Arts. 203, § 2º, 1.015, IV, 1.021, CPC.

ANOTAÇÕES

- *Decisão sobre o incidente de desconsideração da pessoa jurídica*: a decisão referida resolve o mérito do incidente, mas não põe fim ao processo, daí ser impugnável por meio de agravo de instrumento (art. 1.015, IV); se proferida pelo relator, então o recurso cabível é o agravo interno (art. 1.021).

JURISPRUDÊNCIA

- Segundo a orientação mais recente desta e. Terceira Turma – com a ressalva de meu entendimento pessoal –, caso um dado ato judicial não possua natureza de sentença nem se encontre previsto expressamente no elenco do art. 85, § 1º, do CPC/15, o pedido de condenação em honorários advocatícios será juridicamente impossível. Precedentes (STJ, REsp 1800330/SP, Ministra Nancy Andrighi, T3 – Terceira Turma, *DJe* 04/12/2020).
- A Corte Especial do Superior Tribunal de Justiça firmou orientação no sentido de que não são cabíveis honorários advocatícios nos incidentes processuais, exceto nos casos em que haja extinção ou alteração substancial do processo principal. Precedente (STJ, AgInt nos EDcl no REsp 1838308/RJ, Ministro Ricardo Villas Bôas Cueva, T3 – Terceira Turma, *DJe* 29/10/2020).
- Não havendo dúvida objetiva sobre o recurso cabível contra a decisão que resolve o incidente de desconsideração da personalidade jurídica (agravo de instrumento, conforme *caput* do art. 136, c/c art. 1.015, inc. IV, ambos do CPC), sua impugnação por meio recurso de apelação constitui erro grosseiro, razão pela qual não se aplica o princípio da fungibilidade recursal (TJMG, Apelação Cível 1.0024.09.509374-6/002, Rel. Desembargador Claret de Moraes, 10ª Câmara Cível, julgamento em 15/10/0020, publicação da súmula em 21/10/2020).

Art. 137. Acolhido o pedido de desconsideração, a alienação ou a oneração de bens, havida em fraude de execução, será ineficaz em relação ao requerente.

REFERÊNCIAS LEGISLATIVAS

- Art. 792, CPC; arts. 158 a 165, CC.

ANOTAÇÕES

- **Fraude à execução**: ocorre quando o devedor aliena ou onera bens de que seja titular em prejuízo de processo executivo. Não se confunde com a "fraude contra credores", visto que no primeiro caso já existe um processo executivo em andamento, daí a atitude do devedor afrontar não só os direitos privados do credor, mas também a dignidade da própria justiça. A "fraude contra credores" deve ser apurada por meio de ação autônoma (pauliana/revocatória), tendo várias exigências específicas; já a "fraude à execução" não exige nenhuma ação, apenas que o credor, por meio de simples petição intermediária, noticie ao juiz o que está acontecendo, juntando as provas que possuir, para que este, depois de ouvir o terceiro, que deverá ser intimado e poderá oferecer embargos de terceiro no prazo de 15 (quinze) dias, decrete a ineficácia do ato fraudulento (art. 792, § 1º).

JURISPRUDÊNCIA

- Súmula 375 do STJ: O reconhecimento da fraude à execução depende do registro da penhora do bem alienado ou da prova de má-fé do terceiro adquirente.
- Instrumento de compra e venda foi firmado em data anterior ao próprio ajuizamento da ação de execução em que foi determinada a penhora do bem, não havendo que se falar em fraude à execução ou má-fé da parte adquirente (STJ, REsp 1861025/DF, Ministra Nancy Andrighi, T3 – Terceira Turma, DJe 18/05/2020).
- Reconhecida a fraude à execução, deve ser afastada a impenhorabilidade do bem de família (STJ, AgInt no AREsp 1.097.404/RS, Ministro Luis Felipe Salomão, T4 – Quarta Turma, DJe 28/08/2017).
- A fraude à execução é instituto de direito processual, cuja caracterização pressupõe a prévia existência de ação e que, por isso mesmo, acarreta a ineficácia primária da conduta fraudulenta, com a sujeição imediata do bem desviado aos atos de execução, razão pela qual pode ser declarada incidentalmente no próprio processo, dispensando medida autônoma (STJ, REsp 1.260.490/SP, Rel. Ministra Nancy Andrighi, T3 – Terceira Turma, DJe 02/08/2012).

CAPÍTULO V
DO *AMICUS CURIAE*

Art. 138. O juiz ou o relator, considerando a relevância da matéria, a especificidade do tema objeto da demanda ou a repercussão social da controvérsia, poderá, por decisão irrecorrível, de ofício ou a requerimento das partes ou de quem pretenda manifestar-se, solicitar ou admitir a participação de pessoa natural ou jurídica, órgão ou entidade especializada, com representatividade adequada, no prazo de 15 (quinze) dias de sua intimação.

§ 1º A intervenção de que trata o *caput* não implica alteração de competência nem autoriza a interposição de recursos, ressalvadas a oposição de embargos de declaração e a hipótese do § 3º.

> § 2º Caberá ao juiz ou ao relator, na decisão que solicitar ou admitir a intervenção, definir os poderes do *amicus curiae*.
>
> § 3º O *amicus curiae* pode recorrer da decisão que julgar o incidente de resolução de demandas repetitivas.

REFERÊNCIAS LEGISLATIVAS

- Arts. 219, 976 a 987, CPC.

ANOTAÇÕES

- ***Do amigo do tribunal***: se apresenta, conforme regime adotado pelo novo CPC, como um auxiliar especial do juízo em causas de relevância social ou com repercussão geral (apoio técnico); sua participação tem caráter meramente opinativo, tendo como objetivo melhorar o debate processual, contribuindo para uma decisão judicial mais justa. O instituto permite que terceiro, que possua interesse jurídico legítimo, intervenha no processo voluntariamente ou em razão de convite feito por uma das partes ou de ofício pelo magistrado. O *amicus curiae* pode ser pessoa natural ou jurídica que possua representatividade adequada. O Código não especifica o que seria essa "representatividade adequada"; a doutrina e a jurisprudência, no entanto, observam que a referida expressão indicaria a pessoa ou entidade que reúna a condição de legítima representante de um grupo ou classe, gozando de notório saber sobre o tema tratado no processo (pertinência temática). Convocado ou admitida a sua participação, o *amicus curiae* deve fazê-lo no prazo de 15 (quinze) dias, qualquer que seja a fase do processo, assegurando-se o contraditório. Cabe ao juiz delimitar os limites da sua atuação, observando-se que pode interpor embargos de declaração, assim como recorrer da decisão que julgue incidente de resolução de demandas repetitivas.

DICAS DE PRÁTICA JURÍDICA

- ***Estrutura da petição que requer a habilitação***: antes de se manifestar sobre o processado, o interessado deve requerer sua admissão na qualidade de *amicus curiae*, expondo as razões pelas quais entende ter esse direito. A petição que requer a intervenção é de natureza intermediária, apresentando a seguinte estrutura: endereçamento; qualificação; resumo dos fatos; razões do pedido; pedidos.

JURISPRUDÊNCIA

- Nos termos do art. 138 do CPC/2015, a intervenção de *amicus curiae* somente é possível quando se trata de causa relevante, ou com tema muito específico ou, ainda, que tenha repercussão social. Logo, se a decisão final da demanda apenas repercutirá na esfera individual da parte autora, incabível a participação da OAB Seccional de Minas Gerais como *amicus curiae*, haja vista que ausentes os requisitos previstos no art. 138 do CPC/2015 (TJMG, Apelação Cível 1.0172.13.002595-7/001, Rel. Desembargador Luciano Pinto, 17ª Câmara Cível, julgamento em 21/11/2019, publicação da súmula em 03/12/2019).
- A admissibilidade do *amicus curiae* é excepcional, sendo os requisitos para sua admissibilidade: relevância da matéria; especificidade do tema controvertido ou a repercussão geral da controvérsia. No caso, a pretensão da requerente está relacionada tão somente ao sucesso da demanda, circunstância que não dá amparo à aplicação do referido instituto, conforme vem entendendo esta Corte de Justiça (STJ, AgInt no AREsp 1489024/SP, Rel. Ministro Francisco Falcão, T2 – Segunda Turma, *DJe* 28/10/2019).

- A leitura do art. 138 do CPC/15 não deixa dúvida de que a decisão unipessoal que verse sobre a admissibilidade do *amicus curiae* não é impugnável por agravo interno, seja porque o *caput* expressamente a coloca como uma decisão irrecorrível, seja porque o § 1º expressamente diz que a intervenção não autoriza a interposição de recursos, ressalvada a oposição de embargos de declaração ou a interposição de recurso contra a decisão que julgar o IRDR (STJ, Questão de Ordem no REsp 1.696.396/MT, Rel. Ministra Nancy Andrighi, CE – Corte Especial, *DJe* 19/12/2018).
- A participação do *amicus curiae* tem por escopo a prestação de elementos informativos à lide, a fim de melhor respaldar a decisão judicial que irá dirimir a controvérsia posta nos autos (STJ, AgInt nos EAREsp 723.024/SP, Ministro Benedito Gonçalves, S1 – Primeira Seção, *DJe* 31/10/2017).
- A admissão de *amicus curiae* no feito é uma prerrogativa do órgão julgador, na pessoa do relator, razão pela qual não há que se falar em direito subjetivo ao ingresso (STJ, RCD na PET no AREsp 1.084.905/SP, Ministro Benedito Gonçalves, T1 – Primeira Turma, *DJe* 31/10/2017).
- Nos termos do art. 138, § 1º, do CPC/2015, a intervenção do *amicus curiae* não autoriza a interposição de recursos, ressalvada a oposição de embargos de declaração, já que é terceiro admitido no processo para que forneça subsídios instrutórios (probatórios ou jurídicos) à melhor solução da controvérsia, não assumindo a condição de parte (STJ, RCD no REsp 1.568.244/RJ, Ministro Ricardo Villas Bôas Cueva, S2 – Segunda Seção, *DJe* 28/08/2017).
- O *amicus curiae* é um colaborador da Justiça que, embora possa deter algum interesse no desfecho da demanda, não se vincula processualmente ao resultado do seu julgamento. É que sua participação no processo ocorre e se justifica, não como defensor de interesses próprios, mas como agente habilitado a agregar subsídios que possam contribuir para a qualificação da decisão a ser tomada pelo Tribunal. A presença de *amicus curiae* no processo se dá, portanto, em benefício da jurisdição, não configurando, consequentemente, um direito subjetivo processual do interessado (STJ, ADI 3.460 ED, Rel. Ministro Teori Zavascki, Tribunal Pleno, *DJe* 11/03/2015).

TÍTULO IV
DO JUIZ E DOS AUXILIARES DA JUSTIÇA

CAPÍTULO I
DOS PODERES, DOS DEVERES E DA RESPONSABILIDADE DO JUIZ

Art. 139. O juiz dirigirá o processo conforme as disposições deste Código, incumbindo-lhe:

I – assegurar às partes igualdade de tratamento;

II – velar pela duração razoável do processo;

III – prevenir ou reprimir qualquer ato contrário à dignidade da justiça e indeferir postulações meramente protelatórias;

IV – determinar todas as medidas indutivas, coercitivas, mandamentais ou sub-rogatórias necessárias para assegurar o cumprimento de ordem judicial, inclusive nas ações que tenham por objeto prestação pecuniária;

V – promover, a qualquer tempo, a autocomposição, preferencialmente com auxílio de conciliadores e mediadores judiciais;

VI – dilatar os prazos processuais e alterar a ordem de produção dos meios de prova, adequando-os às necessidades do conflito de modo a conferir maior efetividade à tutela do direito;

VII – exercer o poder de polícia, requisitando, quando necessário, força policial, além da segurança interna dos fóruns e tribunais;

VIII – determinar, a qualquer tempo, o comparecimento pessoal das partes, para inquiri-las sobre os fatos da causa, hipótese em que não incidirá a pena de confesso;

IX – determinar o suprimento de pressupostos processuais e o saneamento de outros vícios processuais;

X – quando se deparar com diversas demandas individuais repetitivas, oficiar o Ministério Público, a Defensoria Pública e, na medida do possível, outros legitimados a que se referem o art. 5º da Lei nº 7.347, de 24 de julho de 1985, e o art. 82 da Lei nº 8.078, de 11 de setembro de 1990, para, se for o caso, promover a propositura da ação coletiva respectiva.

Parágrafo único. A dilação de prazos prevista no inciso VI somente pode ser determinada antes de encerrado o prazo regular.

REFERÊNCIAS LEGISLATIVAS

- Arts. 5º, XXXVII, LIII, 93, I, CF; arts. 7º, 8º, 360, CPC; arts. 5º e 6º, Lei nº 9.099/1995; art. 6º, Lei nº 8.906/1994 – EA; arts. 33 a 36, LC nº 35/1979; arts. 28 a 34 e 55, Lei nº 5.010/1966.

ANOTAÇÕES

- **Juiz**: é a pessoa física que exerce, de forma imparcial, a função jurisdicional. Delegado do Estado, o juiz é funcionário público *sui generis*, que integra a relação jurídica processual, colocando-se acima das partes. Para tanto, deve ser regularmente investido, isto é, ingressar na carreira, no cargo inicial de juiz substituto, através de concurso público de provas e títulos, com a participação da Ordem dos Advogados do Brasil em todas as fases, exigindo-se do bacharel em Direito, no mínimo, três anos de atividade jurídica (art. 93, I, CF). Só a pessoa assim investida tem competência para julgar, dizer o direito que deve disciplinar o caso concreto submetido ao Poder Judiciário, caracterizando o que a doutrina chama de *princípio do juiz natural*, ou seja, a pessoa só pode ser julgada pela autoridade competente (art. 5º, LIII, CF), vedando-se qualquer juízo ou tribunal de exceção (art. 5º, XXXVII, CF). Buscando viabilizar a absoluta independência do juiz, a Constituição Federal lhe assegura as seguintes garantias (art. 95, CF; art. 25, Lei Complementar nº 35/1979 – LOM): vitaliciedade, inamovibilidade, irredutibilidade de vencimentos.

DICAS DE PRÁTICA JURÍDICA

- **Relações com o juiz**: figura que preside o processo, o juiz tem inegável importância e manter boas relações com ele é sempre preferível. Mas esta relação tem que ser pautada pelo respeito mútuo. Para que isso ocorra não ultrapasse os limites; argumente, mas respeite o direito do juiz de pensar diferente; lembre-se que é para estes casos que existem os recursos. Para aquelas situações em que o juiz atua como se fosse um "pequeno ditador", senhor do bem e do mal, evite, quando possível, as discussões abertas (recorra, represente, denuncie), mas se elas acontecerem nunca abaixe a cabeça e mantenha os seus olhos nos olhos dele. Mesmo nestes casos, faça o possível para evitar agressões verbais, que vão apenas desqualificar a discussão e viabilizar represálias contra você. Lembre-se: quem perde a calma, perde a razão. Diante de um evidente abuso de autoridade, procure a comissão de prerrogativas da sua subseção ou instituição. Agir em conjunto, como instituição, é sempre mais prudente e muito mais eficaz.

JURISPRUDÊNCIA

- Enunciado 12 do Fórum Permanente de Processualistas Civis: A aplicação das medidas atípicas sub-rogatórias e coercitivas é cabível em qualquer obrigação no cumprimento de sentença ou execução de título executivo extrajudicial. Essas medidas, contudo, serão aplicadas de forma subsidiária às medidas tipificadas, com observação do contraditório, ainda que diferido, e por meio de decisão à luz do art. 489, § 1º, I e II.
- O princípio do juiz natural, uma das principais garantias decorrentes da cláusula do devido processo legal constitucionalmente consagrada (artigo 5º, incisos XXXVII e LIII), preconiza o estabelecimento de regras objetivas de competência jurisdicional para garantir a independência e a imparcialidade do órgão julgador (TJMG, Embargos de Declaração-Cv 1.0000.17.099114-5/003, Rel. Desembargador Fernando Lins, 18ª Câmara Cível, julgamento em 14/07/2020, publicação da súmula em 15/07/2020).
- Embora deva o juiz atuar com imparcialidade, o próprio ordenamento jurídico lhe faculta que, na busca da verdade real, determine a produção de provas para a formação do seu livre convencimento (TJMG, Apelação Criminal 1.0596.18.000157-7/001, Rel. Desembargador Wanderley Paiva, 1ª Câmara Criminal, julgamento em 02/06/2020, publicação da súmula em 15/06/2020).
- O princípio da imparcialidade do julgador é garantia fundamental em um Estado Democrático de Direito, devendo o juiz, perante a relação jurídica processual, estar acima e entre as partes, para resolver a questão posta em juízo de acordo com as provas, a lei, e o seu convencimento pessoal devidamente motivado. Parcial é o juiz tendencioso, venal, simpático por quaisquer dos sujeitos do processo (TJMG, Incid. Susp. Cível 1.0000.19.163646-3/000, Rel. Desembargadora Sandra Fonseca, 6ª Câmara Cível, julgamento em 03/03/2020, publicação da súmula em 11/03/2020).

Art. 140. O juiz não se exime de decidir sob a alegação de lacuna ou obscuridade do ordenamento jurídico.

Parágrafo único. O juiz só decidirá por equidade nos casos previstos em lei.

REFERÊNCIAS LEGISLATIVAS

- Art. 5º, XXXV, CF; arts. 139, 375, CPC; arts. 944, parágrafo único, 953, parágrafo único, CC; art. 2º, Lei nº 9.307/1996.
- Art. 4º, Decreto-lei 4.657/42 – LINDB: "quando a lei for omissa, o juiz decidirá o caso de acordo com a analogia, os costumes e os princípios gerais de direito".

JURISPRUDÊNCIA

- É válido o arbitramento dos honorários advocatícios mediante juízo de equidade para os casos de extinção, sem resolução de mérito, de execução fiscal de crédito cuja higidez foi objeto de impugnação pelo devedor em sede de ação conexa (STJ, AgInt no REsp 1771053/MG, Ministro Gurgel de Faria, T1 – Primeira Turma, DJe 30/09/2020).
- Interesse processual – Ação revisional de contrato – Demonstrada a existência do binômio necessidade-adequação – Hipótese em que a negativa da tutela invocada, quando presentes as condições legais para tanto, ofende o princípio da indeclinabilidade da jurisdição – Preliminar afastada – Recurso improvido

(TJSP, Apelação Cível 1005170-51.2016.8.26.0526, Relator J. B. Franco de Godoi, 23ª Câmara de Direito Privado, Foro de Salto – 3ª Vara, *DJ* 23/09/2019).
- O direito de acesso à justiça e o princípio da indeclinabilidade da jurisdição impõe que todos os pedidos sejam apreciados, decidindo-se a respeito dos fundamentos fáticos e de direito aduzidos. Cumpre ao julgador o dever de apreciar todas as questões suscitadas pelas partes, proferindo decisão a respeito de cada uma, de forma motivada, sob pena de ser incompleta a prestação jurisdicional (TJMG, Apelação Cível 1.0024.11.220599-2/003, Rel. Desembargador Kildare Carvalho, 4ª Câmara Cível, julgamento em 09/08/2018, publicação da súmula em 14/08/2018).

Art. 141. O juiz decidirá o mérito nos limites propostos pelas partes, sendo-lhe vedado conhecer de questões não suscitadas a cujo respeito a lei exige iniciativa da parte.

REFERÊNCIAS LEGISLATIVAS

- Arts. 371, 487, 492, CPC.

ANOTAÇÕES

- **Limites da sentença**: se pode afirmar que a lei, sob pena de nulidade, veda a sentença que seja: *ultra petita*, ou seja, que dê mais do que foi pedido; *extra petita*, ou seja, que dê coisa de natureza diversa ou diferente do que foi pedido; e *citra petita*, ou seja, que deixa de examinar todas as questões postas pelas partes.

JURISPRUDÊNCIA

- A sentença que julga além do pedido é *ultra petita*. Art. 492 do CPC. Ausente pedido quanto à comissão de permanência, capitalização e índices de correção monetária, deve ser excluída a parte da sentença que extrapola os limites da lide, adequando-se a decisão à postulação efetivamente deduzida. Preliminar acolhida (TJRS, Apelação Cível 70083724849, 24ª Câmara Cível, Relator Jorge Alberto Vescia Corssac, *DJ* 28/10/2020).
- O CPC prevê o princípio da congruência/adstrição, segundo o qual a sentença (e o respectivo cumprimento) deve se encontrar lastreada nos limites da lide estabelecidos pelo autor na petição inicial (TJRS, Agravo de Instrumento 70084408509, 17ª Câmara Cível, Relator Gelson Rolim Stocker, *DJ* 24/09/2020).
- O julgador não é obrigado a discorrer sobre todos os argumentos levantados pelas partes, mas sim decidir a contento, nos limites da lide que lhe foi proposta, fundamentando o seu entendimento de acordo com o seu livre convencimento, baseado nos aspectos pertinentes à hipótese *sub judice* e com a legislação que entender aplicável ao caso concreto (STJ, AgInt no AREsp 1400882/SP, Ministro Luis Felipe Salomão, T4 – Quarta Turma, *DJe* 30/09/2019).

Art. 142. Convencendo-se, pelas circunstâncias, de que autor e réu se serviram do processo para praticar ato simulado ou conseguir fim vedado por lei, o juiz proferirá decisão que impeça os objetivos das partes, aplicando, de ofício, as penalidades da litigância de má-fé.

⚖ REFERÊNCIAS LEGISLATIVAS

- Arts. 79 a 81, 100, parágrafo único, 485, X, 536, § 3º, 702, §§ 10 e 11, 777, CPC; arts. 166, III, 167, CC.

Art. 143. O juiz responderá, civil e regressivamente, por perdas e danos quando:

I – no exercício de suas funções, proceder com dolo ou fraude;

II – recusar, omitir ou retardar, sem justo motivo, providência que deva ordenar de ofício ou a requerimento da parte.

Parágrafo único. As hipóteses previstas no inciso II somente serão verificadas depois que a parte requerer ao juiz que determine a providência e o requerimento não for apreciado no prazo de 10 (dez) dias.

⚖ REFERÊNCIAS LEGISLATIVAS

- Art. 219, CPC; arts. 145 a 150, 171, II, CC.
- Art. 37, § 6º, CF: "As pessoas jurídicas de direito público e as de direito privado prestadoras de serviços públicos responderão pelos danos que seus agentes, nessa qualidade, causarem a terceiros, assegurado o direito de regresso contra o responsável nos casos de dolo ou culpa".

📚 ANOTAÇÕES

- ***Responsabilidade regressiva***: a norma indica que o interessado deve requerer eventual reparação contra o Estado, podendo este, regressivamente, acionar o juiz. Considerando que tal norma retira do cidadão o direito de optar por processar diretamente o agente público, parte da doutrina entende que ela é inconstitucional.

CAPÍTULO II
DOS IMPEDIMENTOS E DA SUSPEIÇÃO

Art. 144. Há impedimento do juiz, sendo-lhe vedado exercer suas funções no processo:

I – em que interveio como mandatário da parte, oficiou como perito, funcionou como membro do Ministério Público ou prestou depoimento como testemunha;

II – de que conheceu em outro grau de jurisdição, tendo proferido decisão;

III – quando nele estiver postulando, como defensor público, advogado ou membro do Ministério Público, seu cônjuge ou companheiro, ou qualquer parente, consanguíneo ou afim, em linha reta ou colateral, até o terceiro grau, inclusive;

IV – quando for parte no processo ele próprio, seu cônjuge ou companheiro, ou parente, consanguíneo ou afim, em linha reta ou colateral, até o terceiro grau, inclusive;

V – quando for sócio ou membro de direção ou de administração de pessoa jurídica parte no processo;

VI – quando for herdeiro presuntivo, donatário ou empregador de qualquer das partes;

VII – em que figure como parte instituição de ensino com a qual tenha relação de emprego ou decorrente de contrato de prestação de serviços;

VIII – em que figure como parte cliente do escritório de advocacia de seu cônjuge, companheiro ou parente, consanguíneo ou afim, em linha reta ou colateral, até o terceiro grau, inclusive, mesmo que patrocinado por advogado de outro escritório;

IX – quando promover ação contra a parte ou seu advogado.

§ 1º Na hipótese do inciso III, o impedimento só se verifica quando o defensor público, o advogado ou o membro do Ministério Público já integrava o processo antes do início da atividade judicante do juiz.

§ 2º É vedada a criação de fato superveniente a fim de caracterizar impedimento do juiz.

§ 3º O impedimento previsto no inciso III também se verifica no caso de mandato conferido a membro de escritório de advocacia que tenha em seus quadros advogado que individualmente ostente a condição nele prevista, mesmo que não intervenha diretamente no processo.

REFERÊNCIAS LEGISLATIVAS

- Arts. 5º, LIII, 95, parágrafo único, CF; arts. 147, 966, II, CPC.

ANOTAÇÕES

- **Impedimento**: juiz impedido é aquele que está absolutamente proibido de exercer as suas funções no processo, uma vez que existe presunção absoluta, *juris et de jure*, de que ele, ao julgar a lide, será parcial. O impedimento do juiz fere de nulidade a relação processual e pode ser alegado em qualquer grau de jurisdição, inclusive em ação rescisória, visto que insuscetível de preclusão.

JURISPRUDÊNCIA

- O acórdão objeto do recurso especial está em conformidade com a atual jurisprudência desta Corte no sentido de que a verificação da suspeição de magistrado deve se dar de acordo com a "conformação de aparência exterior objetiva", isto é, aquela que toma por base a "confiança do público" ou de um "observador sensato". Em outras palavras, a aferição de impedimento e suspeição, a partir do texto da lei, haveria de levar em conta, além do realmente ser, o parecer ser aos olhos e impressões da coletividade de jurisdicionados. Em suma, não se cuidaria de juízo de realidade interna (ótica individual do juiz), mas, sim, de juízo de aparência externa de realidade (ótica da coletividade de jurisdicionados) (STJ, AgInt no AREsp 915149/DF, Ministro Francisco Falcão, T2 – Segunda Turma, *DJe* 16/09/2019).
- A regra do impedimento, quando dirigida ao magistrado, conforme previsão dos arts. 134 e 136 do CPC/1973, atuais 144 e 147 do CPC/2015, trata de matéria de ordem pública, gerando nulidade absoluta que pode ser alegada mesmo após o trânsito em julgado, em ação rescisória (STJ, AREsp 1.010.211/MG, Ministro Francisco Falcão, T2 – Segunda Turma, *DJe* 13/06/2017).

Art. 145. Há suspeição do juiz:

I – amigo íntimo ou inimigo de qualquer das partes ou de seus advogados;

II – que receber presentes de pessoas que tiverem interesse na causa antes ou depois de iniciado o processo, que aconselhar alguma das partes acerca do objeto da causa ou que subministrar meios para atender às despesas do litígio;

III – quando qualquer das partes for sua credora ou devedora, de seu cônjuge ou companheiro ou de parentes destes, em linha reta até o terceiro grau, inclusive;

IV – interessado no julgamento do processo em favor de qualquer das partes.

§ 1º Poderá o juiz declarar-se suspeito por motivo de foro íntimo, sem necessidade de declarar suas razões.

§ 2º Será ilegítima a alegação de suspeição quando:

I – houver sido provocada por quem a alega;

II – a parte que a alega houver praticado ato que signifique manifesta aceitação do arguido.

REFERÊNCIAS LEGISLATIVAS

- Art. 95, parágrafo único, CF.

ANOTAÇÕES

- *Suspeição*: o "juiz suspeito" não está impedido de exercer suas funções no processo, como acontece com o juiz impedido, uma vez que neste caso existe apenas uma presunção relativa, *juris tantum*, de que o magistrado possa ser parcial. Neste caso, cabe à parte interessada, ao tomar conhecimento do fato que causa a suspeição, decidir se vai ou não oferecer exceção de suspeição. Ao contrário da exceção de impedimento, que provoca a nulidade do processo, a suspeição é vício sanável; isto é, se a parte não argui-la no tempo próprio, haverá a preclusão, considerando-se que houve aceitação do juiz.

JURISPRUDÊNCIA

- Afirmada a suspeição pelo juiz, afigura-se defeso, a quem quer que seja, contestá-la, mesmo porque provoca ela a ausência de condição subjetiva necessária à manutenção da imparcialidade e independência no julgamento, indispensável para assegurar a presença das garantias atinentes ao devido processo legal, consagradas na Constituição Federal. Mais, além de se mostrar defeso ao magistrado substituto manifestar oposição à declaração de suspeição, não se situa o caso presente entre aqueles que ensejam o conflito de jurisdição, que guardam relação, modo exclusivo, com a competência (TJRS, Conflito de Jurisdição 70084520832, 1ª Câmara Criminal, Relator Honório Gonçalves da Silva Neto, *DJ* 08/10/2020).

- O acórdão objeto do recurso especial está em conformidade com a atual jurisprudência desta Corte no sentido de que a verificação da suspeição de magistrado deve se dar de acordo com a "conformação de aparência exterior objetiva", isto é, aquela que toma por base a "confiança do público" ou de um "observador sensato". Em outras palavras, a aferição de impedimento e suspeição, a partir do texto da lei, haveria de levar em conta, além do realmente ser, o parecer ser aos olhos e impressões da coletividade de jurisdicionados. Em suma, não se cuidaria de juízo de realidade interna (ótica individual do juiz), mas, sim, de juízo de aparência externa de realidade (ótica da coletividade de jurisdicionados) (STJ, AgInt no AREsp 915149/DF, Ministro Francisco Falcão, T2 – Segunda Turma, *DJe* 16/09/2019).

- O afastamento do juiz natural da causa, em razão do reconhecimento da suspeição, exige a demonstração de um prévio comprometimento do julgador para decidir a causa, de modo a favorecer ou prejudicar uma das partes, situação que não identifico na hipótese. Registre-se que simples decisões contrárias às pretensões deduzidas pelo excipiente não são suficientes para comprovar suspeição, porquanto não há nos autos nenhum elemento que demonstre eventual parcialidade do excepto (STJ, AgInt nos EDcl na ExSusp 166/DF, Ministro Humberto Martins, CE – Corte Especial, *DJe* 21/02/2017).

> **Art. 146.** No prazo de 15 (quinze) dias, a contar do conhecimento do fato, a parte alegará o impedimento ou a suspeição, em petição específica dirigida ao juiz do processo, na qual indicará o fundamento da recusa, podendo instruí-la com documentos em que se fundar a alegação e com rol de testemunhas.
>
> § 1º Se reconhecer o impedimento ou a suspeição ao receber a petição, o juiz ordenará imediatamente a remessa dos autos a seu substituto legal, caso contrário, determinará a autuação em apartado da petição e, no prazo de 15 (quinze) dias, apresentará suas razões, acompanhadas de documentos e de rol de testemunhas, se houver, ordenando a remessa do incidente ao tribunal.
>
> § 2º Distribuído o incidente, o relator deverá declarar os seus efeitos, sendo que, se o incidente for recebido:
>
> I – sem efeito suspensivo, o processo voltará a correr;
>
> II – com efeito suspensivo, o processo permanecerá suspenso até o julgamento do incidente.
>
> § 3º Enquanto não for declarado o efeito em que é recebido o incidente ou quando este for recebido com efeito suspensivo, a tutela de urgência será requerida ao substituto legal.
>
> § 4º Verificando que a alegação de impedimento ou de suspeição é improcedente, o tribunal rejeitá-la-á.
>
> § 5º Acolhida a alegação, tratando-se de impedimento ou de manifesta suspeição, o tribunal condenará o juiz nas custas e remeterá os autos ao seu substituto legal, podendo o juiz recorrer da decisão.
>
> § 6º Reconhecido o impedimento ou a suspeição, o tribunal fixará o momento a partir do qual o juiz não poderia ter atuado.
>
> § 7º O tribunal decretará a nulidade dos atos do juiz, se praticados quando já presente o motivo de impedimento ou de suspeição.

REFERÊNCIAS LEGISLATIVAS

- Arts. 219, 313, III, 450, CPC.

ANOTAÇÕES

- *Arguição*: o impedimento ou a suspeição do juiz deve ser alegado por meio de "exceção", que consiste em petição escrita autônoma, endereçada ao próprio juiz, onde o excipiente declara suas razões e indica as provas que pretende produzir.

DICAS DE PRÁTICA JURÍDICA

- ***Como peticionar a exceção de impedimento ou suspeição do juiz***: o CPC não indica forma especial para a petição que invoque a exceção de impedimento ou suspeição do juiz, isto é, basta que o interessado faça uma mera petição intermediária endereçada ao próprio magistrado; normalmente, após a qualificação a parte declara "vem à presença de Vossa Excelência oferecer ***exceção de impedimento*** (ou suspeição), consoante as seguintes razões:"; depois, de forma articulada, ou seja, por parágrafos, o interessado informa as razões pelas quais entende que o juiz é impedido ou suspeito; no final, o pedido deve ser feito da seguinte forma: "ante o exposto, requer-se que este douto juízo se declare 'impedido' (ou 'suspeito'), remetendo-se os autos ao substituto legal, ou, caso entenda diferente, receba a presente exceção, determinando o seu processamento na forma do que determina o art. 146 do CPC". Com a petição, o interessado deve juntar os documentos que provam as suas alegações e, se o caso, rol de testemunhas (nome, qualificação, residência, endereço eletrônico e telefone).

Art. 147. Quando 2 (dois) ou mais juízes forem parentes, consanguíneos ou afins, em linha reta ou colateral, até o terceiro grau, inclusive, o primeiro que conhecer do processo impede que o outro nele atue, caso em que o segundo se escusará, remetendo os autos ao seu substituto legal.

REFERÊNCIAS LEGISLATIVAS

- Arts. 1.591 a 1.595, CC; art. 128, LC nº 35/1979 – LOMN.

ANOTAÇÕES

- ***Parentesco***: é o vínculo que une duas ou mais pessoas em razão de serem provenientes de um só tronco e pode ser natural ou civil, conforme resulte de consanguinidade ou de outra origem, como a adoção e o casamento. O parentesco pode ainda ser em linha reta ou em linha colateral. Consideram-se "parentes em linha reta" as pessoas que estão umas para com as outras na relação de ascendentes e descendentes (netos, filhos, pais, avós, bisavôs etc.), já os "parentes em linha colateral ou transversal", até o quarto grau, são as pessoas provenientes de um só tronco, sem descenderem uma da outra, tais como os irmãos, tios, primos. Marido e mulher, companheira e companheiro, não são parentes, entretanto cada cônjuge ou companheiro é aliado aos ascendentes, descendentes e irmãos do outro pelo vínculo da afinidade, registrando-se que tal vínculo não tem repercussões no direito sucessório. Na linha reta (sogro, sogra, genro, nora), a afinidade não se extingue com a dissolução do casamento ou da união estável.

Art. 148. Aplicam-se os motivos de impedimento e de suspeição:
I – ao membro do Ministério Público;
II – aos auxiliares da justiça;
III – aos demais sujeitos imparciais do processo.

§ 1º A parte interessada deverá arguir o impedimento ou a suspeição, em petição fundamentada e devidamente instruída, na primeira oportunidade em que lhe couber falar nos autos.

§ 2º O juiz mandará processar o incidente em separado e sem suspensão do processo, ouvindo o arguido no prazo de 15 (quinze) dias e facultando a produção de prova, quando necessária.

§ 3º Nos tribunais, a arguição a que se refere o § 1º será disciplinada pelo regimento interno.

§ 4º O disposto nos §§ 1º e 2º não se aplica à arguição de impedimento ou de suspeição de testemunha.

REFERÊNCIAS LEGISLATIVAS

- Arts. 149, 181, 219, 457, § 1º, 467, CPC.

JURISPRUDÊNCIA

- As causas de impedimento e suspeição previstas no Código de Processo Civil aplicam-se aos auxiliares da justiça (art. 148, inc. II, do CPC), entretanto, conforme expressa previsão do § 1º do art. 148, a parte interessada deverá arguir o impedimento ou a suspeição, em petição fundamentada e devidamente instruída, na primeira oportunidade em que lhe couber falar nos autos. Se a parte foi devidamente intimada acerca da nomeação do perito, quedando-se inerte, discorrendo apenas acerca dos custos da perícia e somente arguindo suposto impedimento depois de produzido o laudo pericial, descabe acolher a alegação, porquanto já operada a preclusão acerca da matéria (TJRS, Agravo de Instrumento 70082584285, 8ª Câmara Cível, Relator Luiz Felipe Brasil Santos, *DJ* 13/02/2020).
- Ofende a ordem pública nacional a sentença arbitral emanada de árbitro que tenha, com as partes ou com o litígio, algumas das relações que caracterizam os casos de impedimento ou suspeição de juízes (arts. 14 e 32, II, Lei n. 9.307/1996) (STJ, SEC 9.412/EX, Ministro Felix Fischer, CE – Corte Especial, *DJe* 30/05/2017).
- Reputa-se fundada a suspeição do médico para atuar como perito do juízo em ação na qual a cooperativa de trabalho de que conveniado figure como parte (STJ, REsp 1.524.424/ES, Ministro Ricardo Villas Bôas Cueva, T3 – Terceira Turma, *DJe* 23/11/2015).

CAPÍTULO III
DOS AUXILIARES DA JUSTIÇA

Art. 149. São auxiliares da Justiça, além de outros cujas atribuições sejam determinadas pelas normas de organização judiciária, o escrivão, o chefe de secretaria, o oficial de justiça, o perito, o depositário, o administrador, o intérprete, o tradutor, o mediador, o conciliador judicial, o partidor, o distribuidor, o contabilista e o regulador de avarias.

REFERÊNCIAS LEGISLATIVAS

- Art. 37, § 6º, CF; art. 148, II, CPC.

ANOTAÇÕES

- **Auxiliares da justiça**: agentes públicos e/ou particulares que de forma direta ou indireta cooperam com o magistrado para a entrega da tutela jurisdicional, razão pela qual a eles também se aplicam os motivos de impedimento e/ou suspeição (art. 148, II).

Seção I
Do Escrivão, do Chefe de Secretaria e do Oficial de Justiça

Art. 150. Em cada juízo haverá um ou mais ofícios de justiça, cujas atribuições serão determinadas pelas normas de organização judiciária.

REFERÊNCIAS LEGISLATIVAS

- Arts. 151, 154, CPC.

ANOTAÇÕES

- **Ofícios de justiça**: chefiado pelo escrivão ou chefe de secretaria, o ofício de justiça ou simplesmente "cartório" é órgão que assessoria o juízo.

Art. 151. Em cada comarca, seção ou subseção judiciária haverá, no mínimo, tantos oficiais de justiça quantos sejam os juízos.

REFERÊNCIAS LEGISLATIVAS

- Arts. 150, 154, CPC.

Art. 152. Incumbe ao escrivão ou ao chefe de secretaria:

I – redigir, na forma legal, os ofícios, os mandados, as cartas precatórias e os demais atos que pertençam ao seu ofício;

II – efetivar as ordens judiciais, realizar citações e intimações, bem como praticar todos os demais atos que lhe forem atribuídos pelas normas de organização judiciária;

III – comparecer às audiências ou, não podendo fazê-lo, designar servidor para substituí-lo;

IV – manter sob sua guarda e responsabilidade os autos, não permitindo que saiam do cartório, exceto:

a) quando tenham de seguir à conclusão do juiz;

b) com vista a procurador, à Defensoria Pública, ao Ministério Público ou à Fazenda Pública;

c) quando devam ser remetidos ao contabilista ou ao partidor;

d) quando forem remetidos a outro juízo em razão da modificação da competência;

V – fornecer certidão de qualquer ato ou termo do processo, independentemente de despacho, observadas as disposições referentes ao segredo de justiça;

VI – praticar, de ofício, os atos meramente ordinatórios.

§ 1º O juiz titular editará ato a fim de regulamentar a atribuição prevista no inciso VI.

§ 2º No impedimento do escrivão ou chefe de secretaria, o juiz convocará substituto e, não o havendo, nomeará pessoa idônea para o ato.

REFERÊNCIAS LEGISLATIVAS

- Arts. 203, § 4º, 367, 405, CPC; art. 216, CC.

Art. 153. O escrivão ou o chefe de secretaria atenderá, preferencialmente, à ordem cronológica de recebimento para publicação e efetivação dos pronunciamentos judiciais. (*Caput* do artigo com redação dada pela Lei nº 13.256, de 4 de fevereiro de 2016, em vigor no início da vigência da Lei nº 13.105, de 16 de março de 2015)

§ 1º A lista de processos recebidos deverá ser disponibilizada, de forma permanente, para consulta pública.

§ 2º Estão excluídos da regra do *caput*:

I – os atos urgentes, assim reconhecidos pelo juiz no pronunciamento judicial a ser efetivado;

II – as preferências legais.

§ 3º Após elaboração de lista própria, respeitar-se-ão a ordem cronológica de recebimento entre os atos urgentes e as preferências legais.

§ 4º A parte que se considerar preterida na ordem cronológica poderá reclamar, nos próprios autos, ao juiz do processo, que requisitará informações ao servidor, a serem prestadas no prazo de 2 (dois) dias.

§ 5º Constatada a preterição, o juiz determinará o imediato cumprimento do ato e a instauração de processo administrativo disciplinar contra o servidor.

REFERÊNCIAS LEGISLATIVAS

- Art. 12, CPC.

DICAS DE PRÁTICA JURÍDICA

- **Reclamação**: a reclamação referida no § 4º não exige forma especial, ou seja, deve ser feita por simples petição intermediária (endereçamento, qualificado, razões, pedido); nas razões, é fundamental que o interessado demonstre que seu processo foi preterido em relação a outros que tramitam no mesmo juízo.

Art. 154. Incumbe ao oficial de justiça:

I – fazer pessoalmente citações, prisões, penhoras, arrestos e demais diligências próprias do seu ofício, sempre que possível na presença de 2 (duas) testemunhas, certificando no mandado o ocorrido, com menção ao lugar, ao dia e à hora;

II – executar as ordens do juiz a que estiver subordinado;

III – entregar o mandado em cartório após seu cumprimento;

IV – auxiliar o juiz na manutenção da ordem;

V – efetuar avaliações, quando for o caso;

VI – certificar, em mandado, proposta de autocomposição apresentada por qualquer das partes, na ocasião de realização de ato de comunicação que lhe couber.

Parágrafo único. Certificada a proposta de autocomposição prevista no inciso VI, o juiz ordenará a intimação da parte contrária para manifestar-se, no prazo de 5 (cinco) dias, sem prejuízo do andamento regular do processo, entendendo-se o silêncio como recusa.

REFERÊNCIAS LEGISLATIVAS

- Arts. 150, 151, 219, 249, 275, 870, CPC.

Art. 155. O escrivão, o chefe de secretaria e o oficial de justiça são responsáveis, civil e regressivamente, quando:

I – sem justo motivo, se recusarem a cumprir no prazo os atos impostos pela lei ou pelo juiz a que estão subordinados;

II – praticarem ato nulo com dolo ou culpa.

REFERÊNCIAS LEGISLATIVAS

- Arts. 148, II, 233, CPC; arts. 145 a 150, 171, II, CC.
- Art. 37, § 6º, CF: "As pessoas jurídicas de direito público e as de direito privado prestadoras de serviços públicos responderão pelos danos que seus agentes, nessa qualidade, causarem a terceiros, assegurado o direito de regresso contra o responsável nos casos de dolo ou culpa".

ANOTAÇÕES

- ***Responsabilidade regressiva***: a norma indica que o interessado deve requerer eventual reparação contra o Estado, podendo este, regressivamente, acionar o funcionário público. Considerando que tal norma retira do cidadão o direito de optar por processar diretamente o agente público, parte da doutrina entende que ela é inconstitucional.

Seção II
Do Perito

Art. 156. O juiz será assistido por perito quando a prova do fato depender de conhecimento técnico ou científico.

§ 1º Os peritos serão nomeados entre os profissionais legalmente habilitados e os órgãos técnicos ou científicos devidamente inscritos em cadastro mantido pelo tribunal ao qual o juiz está vinculado.

§ 2º Para formação do cadastro, os tribunais devem realizar consulta pública, por meio de divulgação na rede mundial de computadores ou em jornais de grande circulação, além de consulta direta a universidades, a conselhos de classe, ao Ministério Público, à Defensoria Pública e à Ordem dos Advogados do Brasil, para a indicação de profissionais ou de órgãos técnicos interessados.

§ 3º Os tribunais realizarão avaliações e reavaliações periódicas para manutenção do cadastro, considerando a formação profissional, a atualização do conhecimento e a experiência dos peritos interessados.

§ 4º Para verificação de eventual impedimento ou motivo de suspeição, nos termos dos arts. 148 e 467, o órgão técnico ou científico nomeado para realização da perícia informará ao juiz os nomes e os dados de qualificação dos profissionais que participarão da atividade.

§ 5º Na localidade onde não houver inscrito no cadastro disponibilizado pelo tribunal, a nomeação do perito é de livre escolha pelo juiz e deverá recair sobre profissional ou órgão técnico ou científico comprovadamente detentor do conhecimento necessário à realização da perícia.

REFERÊNCIAS LEGISLATIVAS

- Arts. 95, 148, II, 149, 464 a 480, 510, 579, 590, 630, CPC.

ANOTAÇÕES

- **Perito**: auxiliar eventual do juiz, o perito deve agir com imparcialidade e probidade, visto que a sua atuação no processo busca justamente atribuir maior legitimidade ao processo, no que se refere a questões que exijam habilitação técnica ou cientifica.

Art. 157. O perito tem o dever de cumprir o ofício no prazo que lhe designar o juiz, empregando toda sua diligência, podendo escusar-se do encargo alegando motivo legítimo.

§ 1º A escusa será apresentada no prazo de 15 (quinze) dias, contado da intimação, da suspeição ou do impedimento supervenientes, sob pena de renúncia ao direito a alegá-la.

§ 2º Será organizada lista de peritos na vara ou na secretaria, com disponibilização dos documentos exigidos para habilitação à consulta de interessados, para que a nomeação seja distribuída de modo equitativo, observadas a capacidade técnica e a área de conhecimento.

⚖️ REFERÊNCIAS LEGISLATIVAS

- Arts. 219, 467, CPC.

Art. 158. O perito que, por dolo ou culpa, prestar informações inverídicas responderá pelos prejuízos que causar à parte e ficará inabilitado para atuar em outras perícias no prazo de 2 (dois) a 5 (cinco) anos, independentemente das demais sanções previstas em lei, devendo o juiz comunicar o fato ao respectivo órgão de classe para adoção das medidas que entender cabíveis.

⚖️ REFERÊNCIAS LEGISLATIVAS

- Art. 132, § 3º, CC.
- Art. 37, § 6º, CF: "As pessoas jurídicas de direito público e as de direito privado prestadoras de serviços públicos responderão pelos danos que seus agentes, nessa qualidade, causarem a terceiros, assegurado o direito de regresso contra o responsável nos casos de dolo ou culpa".
- Art. 342, CP: "Fazer afirmação falsa, ou negar ou calar a verdade como testemunha, perito, contador, tradutor ou intérprete em processo judicial, ou administrativo, inquérito policial, ou em juízo arbitral: Pena – reclusão, de 2 (dois) a 4 (quatro) anos, e multa. § 1º-As penas aumentam-se de um sexto a um terço, se o crime é praticado mediante suborno ou se cometido com o fim de obter prova destinada a produzir efeito em processo penal, ou em processo civil em que for parte entidade da administração pública direta ou indireta. § 2º-O fato deixa de ser punível se, antes da sentença no processo em que ocorreu o ilícito, o agente se retrata ou declara a verdade".

Seção III
Do Depositário e do Administrador

Art. 159. A guarda e a conservação de bens penhorados, arrestados, sequestrados ou arrecadados serão confiadas a depositário ou a administrador, não dispondo a lei de outro modo.

⚖️ REFERÊNCIAS LEGISLATIVAS

- Arts. 730 e 869, CPC.

📚 ANOTAÇÕES

- ***Depositário e administrador***: auxiliares da justiça, o primeiro tem a função de guardar e conservar provisoriamente os bens penhorados, arrestados, sequestrados ou arrecadados; já o segundo atua na administração e gestão de bens e/ou empresas produtivas, não só para conservá-los, mas também para propiciar lucro para eventual satisfação do exequente.

JURISPRUDÊNCIA

- Súmula 319 do STJ: O encargo de depositário de bens penhorados pode ser expressamente recusado.

> **Art. 160.** Por seu trabalho o depositário ou o administrador perceberá remuneração que o juiz fixará levando em conta a situação dos bens, ao tempo do serviço e às dificuldades de sua execução.
>
> Parágrafo único. O juiz poderá nomear um ou mais prepostos por indicação do depositário ou do administrador.

REFERÊNCIAS LEGISLATIVAS

- Arts. 643 e 644, CC.

ANOTAÇÕES

- ***Remuneração***: o depositário e o administrador exercem funções remuneradas a serem fixadas pelo juiz, que deve considerar a situação dos bens, o tempo do serviço e as dificuldades de sua execução.

> **Art. 161.** O depositário ou o administrador responde pelos prejuízos que, por dolo ou culpa, causar à parte, perdendo a remuneração que lhe foi arbitrada, mas tem o direito a haver o que legitimamente despendeu no exercício do encargo.
>
> Parágrafo único. O depositário infiel responde civilmente pelos prejuízos causados, sem prejuízo de sua responsabilidade penal e da imposição de sanção por ato atentatório à dignidade da justiça.

REFERÊNCIAS LEGISLATIVAS

- Art. 553, CPC.
- Art. 37, § 6º, CF: "As pessoas jurídicas de direito público e as de direito privado prestadoras de serviços públicos responderão pelos danos que seus agentes, nessa qualidade, causarem a terceiros, assegurado o direito de regresso contra o responsável nos casos de dolo ou culpa".

JURISPRUDÊNCIA

- Súmula Vinculante 25 do STF: É ilícita a prisão civil de depositário infiel, qualquer que seja a modalidade do depósito.
- Súmula 419 do STJ: Descabe a prisão civil do depositário judicial infiel.

> Seção IV
> Do Intérprete e do Tradutor
>
> **Art. 162.** O juiz nomeará intérprete ou tradutor quando necessário para:

I – traduzir documento redigido em língua estrangeira;

II – verter para o português as declarações das partes e das testemunhas que não conhecerem o idioma nacional;

III – realizar a interpretação simultânea dos depoimentos das partes e testemunhas com deficiência auditiva que se comuniquem por meio da Língua Brasileira de Sinais, ou equivalente, quando assim for solicitado.

REFERÊNCIAS LEGISLATIVAS

- Art. 192, CPC.

Art. 163. Não pode ser intérprete ou tradutor quem:
I – não tiver a livre administração de seus bens;
II – for arrolado como testemunha ou atuar como perito no processo;
III – estiver inabilitado para o exercício da profissão por sentença penal condenatória, enquanto durarem seus efeitos.

REFERÊNCIAS LEGISLATIVAS

- Arts. 144, 145, 148, II, CPC; arts. 3º, 4º, CC; art. 47, II, CP.

Art. 164. O intérprete ou tradutor, oficial ou não, é obrigado a desempenhar seu ofício, aplicando-se-lhe o disposto nos arts. 157 e 158.

REFERÊNCIAS LEGISLATIVAS

- Arts. 157, 158, CPC.

Seção V
Dos Conciliadores e Mediadores Judiciais

Art. 165. Os tribunais criarão centros judiciários de solução consensual de conflitos, responsáveis pela realização de sessões e audiências de conciliação e mediação e pelo desenvolvimento de programas destinados a auxiliar, orientar e estimular a autocomposição.

§ 1º A composição e a organização dos centros serão definidas pelo respectivo tribunal, observadas as normas do Conselho Nacional de Justiça.

§ 2º O conciliador, que atuará preferencialmente nos casos em que não houver vínculo anterior entre as partes, poderá sugerir soluções para o litígio, sendo vedada a utilização de qualquer tipo de constrangimento ou intimidação para que as partes conciliem.

§ 3º O mediador, que atuará preferencialmente nos casos em que houver vínculo anterior entre as partes, auxiliará aos interessados a compreender as questões e os interesses em conflito, de modo que eles possam, pelo restabelecimento da comunicação, identificar, por si próprios, soluções consensuais que gerem benefícios mútuos.

REFERÊNCIAS LEGISLATIVAS

- Arts. 3º, §§ 2º e 3º, 139, V, 149, 303, § 1º, II e III, 308, §§ 3º e 4º, 334, 359, 694 a 696, CPC; Lei nº 13.140/2015.

ANOTAÇÕES

- *Do mediador e do conciliador*: o NCPC alçou à condição de auxiliares da justiça os conciliadores e mediadores, disciplinando de forma pormenorizada suas atividades. Usando de técnicas de negociação, o mediador deve facilitar e auxiliar o entendimento das partes, a fim de que encontrem uma solução para o conflito; já o conciliador age de forma mais direta na solução do conflito, lembrando as partes sobre as vantagens de uma solução amigável e fazendo sugestões que atendam, ao menos parcialmente, seus interesses.

Art. 166. A conciliação e a mediação são informadas pelos princípios da independência, da imparcialidade, da autonomia da vontade, da confidencialidade, da oralidade, da informalidade e da decisão informada.

§ 1º A confidencialidade estende-se a todas as informações produzidas no curso do procedimento, cujo teor não poderá ser utilizado para fim diverso daquele previsto por expressa deliberação das partes.

§ 2º Em razão do dever de sigilo, inerente às suas funções, o conciliador e o mediador, assim como os membros de suas equipes, não poderão divulgar ou depor acerca de fatos ou elementos oriundos da conciliação ou da mediação.

§ 3º Admite-se a aplicação de técnicas negociais, com o objetivo de proporcionar ambiente favorável à autocomposição.

§ 4º A mediação e a conciliação serão regidas conforme a livre autonomia dos interessados, inclusive no que diz respeito à definição das regras procedimentais.

REFERÊNCIAS LEGISLATIVAS

- Arts. 148, II, 448, II, CPC; arts. 2º, 30 e 31, Lei nº 13.140/2015; Resolução nº 125/2010 – CNJ.

Art. 167. Os conciliadores, os mediadores e as câmaras privadas de conciliação e mediação serão inscritos em cadastro nacional e em cadastro de tribunal de justiça ou de tribunal regional federal, que manterá registro de profissionais habilitados, com indicação de sua área profissional.

§ 1º Preenchendo o requisito da capacitação mínima, por meio de curso realizado por entidade credenciada, conforme parâmetro curricular definido pelo Conselho Nacional de Justiça em conjunto com o Ministério da Justiça, o conciliador ou o mediador, com o respectivo certificado, poderá requerer sua inscrição no cadastro nacional e no cadastro de tribunal de justiça ou de tribunal regional federal.

§ 2º Efetivado o registro, que poderá ser precedido de concurso público, o tribunal remeterá ao diretor do foro da comarca, seção ou subseção judiciária onde atuará o conciliador ou o mediador os dados necessários para que seu nome passe a constar da respectiva lista, a ser observada na distribuição alternada e aleatória, respeitado o princípio da igualdade dentro da mesma área de atuação profissional.

§ 3º Do credenciamento das câmaras e do cadastro de conciliadores e mediadores constarão todos os dados relevantes para a sua atuação, tais como o número de processos de que participou, o sucesso ou insucesso da atividade, a matéria sobre a qual versou a controvérsia, bem como outros dados que o tribunal julgar relevantes.

§ 4º Os dados colhidos na forma do § 3º serão classificados sistematicamente pelo tribunal, que os publicará, ao menos anualmente, para conhecimento da população e para fins estatísticos e de avaliação da conciliação, da mediação, das câmaras privadas de conciliação e de mediação, dos conciliadores e dos mediadores.

§ 5º Os conciliadores e mediadores judiciais cadastrados na forma do *caput*, se advogados, estarão impedidos de exercer a advocacia nos juízos em que desempenhem suas funções.

§ 6º O tribunal poderá optar pela criação de quadro próprio de conciliadores e mediadores, a ser preenchido por concurso público de provas e títulos, observadas as disposições deste Capítulo.

REFERÊNCIAS LEGISLATIVAS

- Arts. 4º a 13, Lei nº 13.140/2015; art. 12, Resolução nº 125/2010 – CNJ.

Art. 168. As partes podem escolher, de comum acordo, o conciliador, o mediador ou a câmara privada de conciliação e de mediação.

§ 1º O conciliador ou mediador escolhido pelas partes poderá ou não estar cadastrado no tribunal.

§ 2º Inexistindo acordo quanto à escolha do mediador ou conciliador, haverá distribuição entre aqueles cadastrados no registro do tribunal, observada a respectiva formação.

§ 3º Sempre que recomendável, haverá a designação de mais de um mediador ou conciliador.

REFERÊNCIAS LEGISLATIVAS

- Art. 9º, Lei nº 13.140/2015.

Art. 169. Ressalvada a hipótese do art. 167, § 6º, o conciliador e o mediador receberão pelo seu trabalho remuneração prevista em tabela fixada pelo tribunal, conforme parâmetros estabelecidos pelo Conselho Nacional de Justiça.

§ 1º A mediação e a conciliação podem ser realizadas como trabalho voluntário, observada a legislação pertinente e a regulamentação do tribunal.

§ 2º Os tribunais determinarão o percentual de audiências não remuneradas que deverão ser suportadas pelas câmaras privadas de conciliação e mediação, com o fim de atender aos processos em que deferida gratuidade da justiça, como contrapartida de seu credenciamento.

REFERÊNCIAS LEGISLATIVAS

- Lei nº 9.608/1998.

Art. 170. No caso de impedimento, o conciliador ou mediador o comunicará imediatamente, de preferência por meio eletrônico, e devolverá os autos ao juiz do processo ou ao coordenador do centro judiciário de solução de conflitos, devendo este realizar nova distribuição.

Parágrafo único. Se a causa de impedimento for apurada quando já iniciado o procedimento, a atividade será interrompida, lavrando-se ata com relatório do ocorrido e solicitação de distribuição para novo conciliador ou mediador.

REFERÊNCIAS LEGISLATIVAS

- Arts. 144 a 148, CPC.

Art. 171. No caso de impossibilidade temporária do exercício da função, o conciliador ou mediador informará o fato ao centro, preferencialmente por meio eletrônico, para que, durante o período em que perdurar a impossibilidade, não haja novas distribuições.

REFERÊNCIAS LEGISLATIVAS

- Art. 170, CPC.

ANOTAÇÕES

- ***Impossibilidade temporária***: a norma impõe ao conciliador ou mediador a obrigação de informar eventual impossibilidade temporária ao centro, com escopo de evitar prejuízos ao serviço; a notificação deverá ser feita preferencialmente por meio eletrônico, mas não unicamente por esse meio.

Art. 172. O conciliador e o mediador ficam impedidos, pelo prazo de 1 (um) ano, contado do término da última audiência em que atuaram, de assessorar, representar ou patrocinar qualquer das partes.

REFERÊNCIAS LEGISLATIVAS

- Art. 132, § 3º, CC.

Art. 173. Será excluído do cadastro de conciliadores e mediadores aquele que:

I – agir com dolo ou culpa na condução da conciliação ou da mediação sob sua responsabilidade ou violar qualquer dos deveres decorrentes do art. 166, §§ 1º e 2º;

II – atuar em procedimento de mediação ou conciliação, apesar de impedido ou suspeito.

§ 1º Os casos previstos neste artigo serão apurados em processo administrativo.

§ 2º O juiz do processo ou o juiz coordenador do centro de conciliação e mediação, se houver, verificando atuação inadequada do mediador ou conciliador, poderá afastá-lo de suas atividades por até 180 (cento e oitenta) dias, por decisão fundamentada, informando o fato imediatamente ao tribunal para instauração do respectivo processo administrativo.

REFERÊNCIAS LEGISLATIVAS

- Arts. 144 a 148, 166, §§ 1º e 2º, 219, CPC.

Art. 174. A União, os Estados, o Distrito Federal e os Municípios criarão câmaras de mediação e conciliação, com atribuições relacionadas à solução consensual de conflitos no âmbito administrativo, tais como:

I – dirimir conflitos envolvendo órgãos e entidades da administração pública;

II – avaliar a admissibilidade dos pedidos de resolução de conflitos, por meio de conciliação, no âmbito da administração pública;

III – promover, quando couber, a celebração de termo de ajustamento de conduta.

REFERÊNCIAS LEGISLATIVAS

- Arts. 32 a 40, Lei nº 13.140/2015.

Art. 175. As disposições desta Seção não excluem outras formas de conciliação e mediação extrajudiciais vinculadas a órgãos institucionais ou realizadas por intermédio de profissionais independentes, que poderão ser regulamentadas por lei específica.

Parágrafo único. Os dispositivos desta Seção aplicam-se, no que couber, às câmaras privadas de conciliação e mediação.

TÍTULO V
DO MINISTÉRIO PÚBLICO

Art. 176. O Ministério Público atuará na defesa da ordem jurídica, do regime democrático e dos interesses e direitos sociais e individuais indisponíveis.

REFERÊNCIAS LEGISLATIVAS

- Arts. 39, § 4º, 37, X e XI, 127 a 130-A, 150, II, 153, III, 153, § 2º, I, CF.

ANOTAÇÕES

- ***Ministério Público***: é instituição permanente, autônoma e independente, criada pela Constituição Federal, arts. 127 a 130-A, a quem incumbe a defesa da ordem jurídica, do regime democrático e dos interesses e sociais e individuais indisponíveis. Embora atue junto a todos os órgãos do Poder Judiciário, não tem nenhum vínculo de subordinação a ele ou aos outros poderes da República. De fato, os membros do Ministério Público possuem as mesmas garantias dos Magistrados (art. 128, CF), quais sejam: I – vitaliciedade, após dois anos de exercício, não podendo perder o cargo senão por sentença judicial transitada em julgado; II – inamovibilidade, salvo por motivo de interesse público, mediante decisão do órgão colegiado competente do Ministério Público, pelo voto da maioria absoluta de seus membros, assegurada ampla defesa; III – irredutibilidade de subsídio, fixado na forma do art. 39, § 4º, e ressalvado o disposto nos arts. 37, X e XI, 150, II, 153, III, 153, § 2º, I.

Art. 177. O Ministério Público exercerá o direito de ação em conformidade com suas atribuições constitucionais.

REFERÊNCIAS LEGISLATIVAS

- Arts. 65, parágrafo único, 133, 554, § 1º, 616, VII, 712, 720, 748, 765, 778, § 1º, I, 951, 967, III, 977, III, 988, 996, CPC.

JURISPRUDÊNCIA

- Súmula 643 do STF: O Ministério Público tem legitimidade para promover ação civil pública cujo fundamento seja a ilegalidade de reajuste de mensalidades escolares.
- Súmula 594 do STJ: O Ministério Público tem legitimidade ativa para ajuizar ação de alimentos em proveito de criança ou adolescente independentemente do exercício do poder familiar dos pais, ou do fato de o menor se encontrar nas situações de risco descritas no art. 98 do Estatuto da Criança e do Adolescente, ou de quaisquer outros questionamentos acerca da existência ou eficiência da Defensoria Pública na comarca.

- Súmula 601 do STJ: O Ministério Público tem legitimidade ativa para atuar na defesa de direitos difusos, coletivos e individuais homogêneos dos consumidores, ainda que decorrentes da prestação de serviço público.

Art. 178. O Ministério Público será intimado para, no prazo de 30 (trinta) dias, intervir como fiscal da ordem jurídica nas hipóteses previstas em lei ou na Constituição Federal e nos processos que envolvam:
I – interesse público ou social;
II – interesse de incapaz;
III – litígios coletivos pela posse de terra rural ou urbana.
Parágrafo único. A participação da Fazenda Pública não configura, por si só, hipótese de intervenção do Ministério Público.

REFERÊNCIAS LEGISLATIVAS

- Arts. 65, parágrafo único, 219, 698, 752, § 1º, 976, § 2º, CPC.

JURISPRUDÊNCIA

- Súmula 99 do STJ: O Ministério Público tem legitimidade para recorrer no processo em que oficiou como fiscal da lei, ainda que não haja recurso da parte.
- Súmula 189 do STJ: É desnecessária a intervenção do Ministério Público nas execuções fiscais.
- É firme a jurisprudência do STJ no sentido de que a ausência de intimação do Ministério Público não enseja, por si só, a decretação de nulidade do julgado, salvo a ocorrência de efetivo prejuízo demonstrado nos autos (STJ, REsp 1314615/SP, Ministro Luis Felipe Salomão, T4 – Quarta Turma, *DJe* 12/06/2017).

Art. 179. Nos casos de intervenção como fiscal da ordem jurídica, o Ministério Público:
I – terá vista dos autos depois das partes, sendo intimado de todos os atos do processo;
II – poderá produzir provas, requerer as medidas processuais pertinentes e recorrer.

JURISPRUDÊNCIA

- Súmula 99 do STJ: O Ministério Público tem legitimidade para recorrer no processo em que oficiou como fiscal da lei, ainda que não haja recurso da parte.
- A ausência da intimação do Ministério Público, quando necessária sua intervenção, por si só, não enseja a decretação de nulidade do julgado, sendo necessária a demonstração do efetivo prejuízo para as partes ou para a apuração da verdade substancial da controvérsia jurídica, à luz do princípio *pas de nullité sans grief* (STJ, REsp 1.694.984/MS, Ministro Luis Felipe Salomão, T4 – Quarta Turma, *DJe* 01/02/2018).
- Agravo de instrumento. Habilitação em falência. Insurgência contra decisão que entendeu que a prerrogativa de intimação pessoal do Ministério Público somente se aplica às hipóteses em que atua como *custos legis*. Intimação do Ministério Público que se ultima de forma pessoal, mediante vista dos autos, independentemente de atuar como *custos legis* ou como parte. Precedentes do STJ. Decisão reformada. Recurso provido (TJSP, Agravo de Instrumento 2212620-70.2016.8.26.0000, Rel. Desembargador Costa Netto, *DJ* 31/10/2017).

Art. 180. O Ministério Público gozará de prazo em dobro para manifestar-se nos autos, que terá início a partir de sua intimação pessoal, nos termos do art. 183, § 1º.

§ 1º Findo o prazo para manifestação do Ministério Público sem o oferecimento de parecer, o juiz requisitará os autos e dará andamento ao processo.

§ 2º Não se aplica o benefício da contagem em dobro quando a lei estabelecer, de forma expressa, prazo próprio para o Ministério Público.

REFERÊNCIAS LEGISLATIVAS

- Art. 183, § 1º, CPC.

Art. 181. O membro do Ministério Público será civil e regressivamente responsável quando agir com dolo ou fraude no exercício de suas funções.

REFERÊNCIAS LEGISLATIVAS

- Arts. 37, § 6º, 130-A, § 2º, III, CF.

TÍTULO VI
DA ADVOCACIA PÚBLICA

Art. 182. Incumbe à Advocacia Pública, na forma da lei, defender e promover os interesses públicos da União, dos Estados, do Distrito Federal e dos Municípios, por meio da representação judicial, em todos os âmbitos federativos, das pessoas jurídicas de direito público que integram a administração direta e indireta.

REFERÊNCIAS LEGISLATIVAS

- Arts. 131, 132, CF; art. 41, CC.

Art. 183. A União, os Estados, o Distrito Federal, os Municípios e suas respectivas autarquias e fundações de direito público gozarão de prazo em dobro para todas as suas manifestações processuais, cuja contagem terá início a partir da intimação pessoal.

§ 1º A intimação pessoal far-se-á por carga, remessa ou meio eletrônico.

§ 2º Não se aplica o benefício da contagem em dobro quando a lei estabelecer, de forma expressa, prazo próprio para o ente público.

REFERÊNCIAS LEGISLATIVAS

- Art. 270, CPC.

JURISPRUDÊNCIA

- Súmula 116 do STJ: A Fazenda Pública e o Ministério Público têm prazo em dobro para interpor agravo regimental no Superior Tribunal de Justiça.
- A jurisprudência desta Corte Superior considera válida a intimação dos procuradores federais – igualmente detentores da prerrogativa da intimação pessoal – efetivada por meio de carta com aviso de recebimento, à luz do disposto no art. 237, II, do CPC de 1973 (correspondente ao art. 273, II, do CPC de 2015), e no art. 6º, § 2º, da Lei n. 9.028/1995. *Mutatis mutandis*, esse mesmo entendimento deve ser aplicado, quanto às decisões desta Corte Superior, no que se refere às intimações dirigidas às defensorias públicas estaduais que não possuem sede em Brasília/DF. Regularidade, na espécie, da intimação da Defensoria Pública do Estado do Paraná por meio de ofício intimatório postal com aviso de recebimento – AR (STJ, AgInt no AgInt no REsp 1617597/PR, Ministro Luis Felipe Salomão, T4 – Quarta Turma, *DJe* 04/12/2018).

Art. 184. O membro da Advocacia Pública será civil e regressivamente responsável quando agir com dolo ou fraude no exercício de suas funções.

REFERÊNCIAS LEGISLATIVAS

- Art. 37, § 6º, CF: "As pessoas jurídicas de direito público e as de direito privado prestadoras de serviços públicos responderão pelos danos que seus agentes, nessa qualidade, causarem a terceiros, assegurado o direito de regresso contra o responsável nos casos de dolo ou culpa".

TÍTULO VII
DA DEFENSORIA PÚBLICA

Art. 185. A Defensoria Pública exercerá a orientação jurídica, a promoção dos direitos humanos e a defesa dos direitos individuais e coletivos dos necessitados, em todos os graus, de forma integral e gratuita.

REFERÊNCIAS LEGISLATIVAS

- Arts. 1º, 88, Lei Complementar nº 80/1994.
- Art. 5º, LXXIV, CF: "o Estado prestará assistência jurídica integral e gratuita aos que comprovarem insuficiência de recursos".
- Art. 134, CF: "A Defensoria Pública é instituição permanente, essencial à função jurisdicional do Estado, incumbindo-lhe, como expressão e instrumento do regime democrático, fundamentalmente, a orientação jurídica, a promoção dos direitos humanos e a defesa, em todos os graus, judicial e extrajudicial, dos direitos individuais e coletivos, de forma integral e gratuita, aos necessitados, na forma do inciso LXXIV do art. 5º desta Constituição Federal".

ANOTAÇÕES

- **Defensoria Pública**: o art. 134 da Constituição Federal declara que a "*Defensoria Pública é instituição essencial à função jurisdicional do Estado, incumbindo-lhe a orientação jurídica e a* *defesa, em todos os graus, dos necessitados*". Segundo a própria Constituição, art. 5º, inciso LXXIV, considera-se "necessitada" a pessoa que comprovar insuficiência de recursos para arcar com os custos e despesas da demanda judicial. A Lei Complementar nº 80, de 12 de janeiro de 1994, organizou a Defensoria Pública da União, do Distrito Federal e dos Territórios, além de prescrever normas gerais para sua organização nos Estados. Segundo o art. 1º da referida lei a "*Defensoria Pública é instituição permanente, essencial à função jurisdicional do Estado, incumbindo-lhe, como expressão e instrumento do regime democrático, fundamentalmente, a orientação jurídica, a promoção dos direitos humanos e a defesa, em todos os graus, judicial e extrajudicial, dos direitos individuais e coletivos, de forma integral e gratuita, aos necessitados, assim considerados na forma do inciso LXXIV do art. 5º da Constituição Federal.*"

- **Garantias do Defensor Público**: com escopo de assegurar que a atuação do Defensor Público seja independente, a lei lhe concede as seguintes garantias (art. 88, LC nº 80/1994): I – independência funcional no desempenho de suas atribuições; II – inamovibilidade; III – irredutibilidade de vencimentos; IV – estabilidade.

JURISPRUDÊNCIA

- Súmula 421 do STJ: Os honorários advocatícios não são devidos à Defensoria Pública quando ela atua contra a pessoa jurídica de direito público à qual pertença.
- A jurisprudência desta Corte consolidou-se no sentido de que o patrocínio da causa pela Defensoria Pública não significa, automaticamente, a concessão da assistência judiciária gratuita, sendo necessário o preenchimento dos requisitos previstos em lei (STJ, AgInt no AREsp 986.631/RJ, Ministro Marco Aurélio Bellizze, T3 – Terceira Turma, *DJe* 02/02/2017).

Art. 186. A Defensoria Pública gozará de prazo em dobro para todas as suas manifestações processuais.

§ 1º O prazo tem início com a intimação pessoal do defensor público, nos termos do art. 183, § 1º.

§ 2º A requerimento da Defensoria Pública, o juiz determinará a intimação pessoal da parte patrocinada quando o ato processual depender de providência ou informação que somente por ela possa ser realizada ou prestada.

§ 3º O disposto no *caput* aplica-se aos escritórios de prática jurídica das faculdades de Direito reconhecidas na forma da lei e às entidades que prestam assistência jurídica gratuita em razão de convênios firmados com a Defensoria Pública.

§ 4º Não se aplica o benefício da contagem em dobro quando a lei estabelecer, de forma expressa, prazo próprio para a Defensoria Pública.

REFERÊNCIAS LEGISLATIVAS

- Arts. 183, § 1º, 270, parágrafo único, CPC; art. 44, I, Lei Complementar nº 80/1994.

ANOTAÇÕES

- **Intimação pessoal da parte (§ 2º)**: ao contrário do que ocorre com os advogados que, de regra, mantêm estreito contato com o seu cliente, os defensores públicos raramente têm contato direto com o seu assistido, visto que o atendimento e até mesmo o acompanhamento do processo é feito de forma despersonalizada; além do mais, os defensores são obrigados a lidar com um enorme número de assistidos, que, por sua vez, normalmente são pessoas carentes, o que dificulta o acesso e o contato; daí a faculdade prevista no § 2º, que permite que o defensor público requeira a intimação pessoal do assistido quando o ato processual depender de providência ou informação que somente o assistido pode realizar ou prestar.

JURISPRUDÊNCIA

- A jurisprudência desta Corte Superior considera válida a intimação dos procuradores federais – igualmente detentores da prerrogativa da intimação pessoal – efetivada por meio de carta com aviso de recebimento, à luz do disposto no art. 237, II, do CPC de 1973 (correspondente ao art. 273, II, do CPC de 2015), e no art. 6º, § 2º, da Lei n. 9.028/1995. *Mutatis mutandis*, esse mesmo entendimento deve ser aplicado, quanto às decisões desta Corte Superior, no que se refere às intimações dirigidas às defensorias públicas estaduais que não possuem sede em Brasília/DF. Regularidade, na espécie, da intimação da Defensoria Pública do Estado do Paraná por meio de ofício intimatório postal com aviso de recebimento – AR (STJ, AgInt no AgInt no REsp 1617597/PR, Ministro Luis Felipe Salomão, T4 – Quarta Turma, *DJe* 04/12/2018).

Art. 187. O membro da Defensoria Pública será civil e regressivamente responsável quando agir com dolo ou fraude no exercício de suas funções.

REFERÊNCIAS LEGISLATIVAS

- Art. 37, § 6º, CF: "As pessoas jurídicas de direito público e as de direito privado prestadoras de serviços públicos responderão pelos danos que seus agentes, nessa qualidade, causarem a terceiros, assegurado o direito de regresso contra o responsável nos casos de dolo ou culpa".

LIVRO IV
DOS ATOS PROCESSUAIS

TÍTULO I
DA FORMA, DO TEMPO E DO LUGAR DOS ATOS PROCESSUAIS

CAPÍTULO I
DA FORMA DOS ATOS PROCESSUAIS

Seção I
Dos Atos em Geral

Art. 188. Os atos e os termos processuais independem de forma determinada, salvo quando a lei expressamente a exigir, considerando-se válidos os que, realizados de outro modo, lhe preencham a finalidade essencial.

REFERÊNCIAS LEGISLATIVAS

- Arts. 276, 277 e 283, CPC.

ANOTAÇÕES

- **Ato processual**: instrumento de que se vale o Estado-juiz para solucionar o litígio, o processo nada mais é do que uma série coordenada de atos que estabelecem um diálogo entre as partes e o juiz, a fim de possibilitar a entrega da tutela jurisdicional. Destarte, pode-se afirmar que "ato processual" é um ato de vontade humana (ato jurídico), praticado dentro do processo pelas partes, pelos agentes da jurisdição, ou mesmo por terceiros ligados ao feito, capaz de criar, modificar, conservar ou extinguir a relação jurídica processual.
- **Forma dos atos processuais**: quanto à maneira como devem ser praticados, os atos processuais são "solenes" e "não solenes"; sendo que "solenes" são aqueles para os quais a lei prevê determinada forma como condição de validade. Regra geral, os atos e os termos processuais não dependem de forma especial (*princípio da liberdade das formas*), mas, mesmo aqueles para os quais está prevista forma especial (*v.g.*, carta de ordem, carta precatória, carta rogatória, citação por edital, citação por hora certa etc.), serão válidos, apesar de realizados de outra forma, se tiverem alcançado a sua finalidade essencial (*princípio da instrumentalidade das formas*).

Art. 189. Os atos processuais são públicos, todavia tramitam em segredo de justiça os processos:

I – em que o exija o interesse público ou social;

II – que versem sobre casamento, separação de corpos, divórcio, separação, união estável, filiação, alimentos e guarda de crianças e adolescentes;

III – em que constem dados protegidos pelo direito constitucional à intimidade;

IV – que versem sobre arbitragem, inclusive sobre cumprimento de carta arbitral, desde que a confidencialidade estipulada na arbitragem seja comprovada perante o juízo.

§ 1º O direito de consultar os autos de processo que tramite em segredo de justiça e de pedir certidões de seus atos é restrito às partes e aos seus procuradores.

§ 2º O terceiro que demonstrar interesse jurídico pode requerer ao juiz certidão do dispositivo da sentença, bem como de inventário e de partilha resultantes de divórcio ou separação.

REFERÊNCIAS LEGISLATIVAS

- Arts. 11, 368, CPC.
- Art. 5º, LX, CF: "a lei só poderá restringir a publicidade dos atos processuais quando a defesa da intimidade ou o interesse social o exigirem".
- Art. 93, IX, CF: "todos os julgamentos dos órgãos do Poder Judiciário serão públicos, e fundamentadas todas as decisões, sob pena de nulidade, podendo a lei limitar a presença, em determinados atos, às próprias partes e a seus advogados, ou somente a estes, em casos nos quais a preservação do direito à intimidade do interessado no sigilo não prejudique o interesse público à informação".

ANOTAÇÕES

- *Publicidade*: buscando garantir a veracidade, a correção e a transparência dos atos processuais, estes devem ser preferencialmente públicos, inclusive as audiências, conforme norma esculpida na própria Constituição Federal (art. 93, IX), que declara que *"todos os julgamentos dos órgãos do Poder Judiciário serão públicos, e fundamentadas todas as decisões, sob pena de nulidade, podendo a lei limitar a presença, em determinados atos, às próprias partes e a seus advogados, ou somente a estes, em casos nos quais a preservação do direito à intimidade do interessado no sigilo não prejudique o interesse público à informação"*.

JURISPRUDÊNCIA

- Enunciado 13 do Fórum Permanente de Processualistas Civis: O disposto no inciso IV do art. 189 abrange todo e qualquer ato judicial relacionado à arbitragem, desde que a confidencialidade seja comprovada perante o Poder Judiciário, ressalvada em qualquer caso a divulgação das decisões, preservada a identidade das partes e os fatos da causa que as identifiquem.
- Agravo de instrumento – Ação indenizatória – Responsabilidade civil do Estado – Erro médico – Segredo de justiça – Pretensão do médico corréu para que o feito tramite em segredo de justiça – Inadmissibilidade – Publicidade dos atos processuais que é norma de ordem pública, interessando não somente aos litigantes, mas a toda coletividade – Hipótese dos autos que não está inserida entre as exceções arroladas pelo art. 189, III, do CPC/15 e pelo art. 5º, LX, da CF – Precedentes do TJSP – Decisão agravada mantida – Recurso não provido (TJSP, Agravo de Instrumento 2212290-34.2020.8.26.0000, Relator Paulo Barcellos Gatti, 4ª Câmara de Direito Público, Foro de Itapecerica da Serra – 2ª Vara, *DJ* 05/10/2020).

Art. 190. Versando o processo sobre direitos que admitam autocomposição, é lícito às partes plenamente capazes estipular mudanças no procedimento para ajustá-lo às especificidades da causa e convencionar sobre os seus ônus, poderes, faculdades e deveres processuais, antes ou durante o processo.

> Parágrafo único. De ofício ou a requerimento, o juiz controlará a validade das convenções previstas neste artigo, recusando-lhes aplicação somente nos casos de nulidade ou de inserção abusiva em contrato de adesão ou em que alguma parte se encontre em manifesta situação de vulnerabilidade.

⚖ REFERÊNCIAS LEGISLATIVAS

- Arts. 139, V, 357, § 2º, CPC.

📚 ANOTAÇÕES

- **Negócios jurídicos**: o novo CPC adotou a "teoria dos negócios jurídicos processuais", possibilitando às partes em processo sobre direitos que admitam autocomposição estipular mudanças no procedimento para ajustá-lo às especificidades da causa, podem ainda acordar sobre os seus ônus, poderes, faculdades e deveres processuais, antes ou durante o processo. Esta faculdade dada às partes se coaduna com o princípio da cooperação, cujo objetivo é solucionar, com a ajuda das partes, o litígio.

🔨 JURISPRUDÊNCIA

- Enunciado 6 do Fórum Permanente de Processualistas Civis: O negócio jurídico processual não pode afastar os deveres inerentes à boa-fé e à cooperação.
- Enunciado 16 do Fórum Permanente de Processualistas Civis: O controle dos requisitos objetivos e subjetivos de validade da convenção de procedimento deve ser conjugado com a regra segundo a qual não há invalidade do ato sem prejuízo.
- Enunciado 18 do Fórum Permanente de Processualistas Civis: Há indício de vulnerabilidade quando a parte celebra acordo de procedimento sem assistência técnico-jurídica.
- Enunciado 19 do Fórum Permanente de Processualistas Civis: São admissíveis os seguintes negócios processuais, dentre outros: pacto de impenhorabilidade, acordo de ampliação de prazos das partes de qualquer natureza, acordo de rateio de despesas processuais, dispensa consensual de assistente técnico, acordo para retirar o efeito suspensivo de recurso, acordo para não promover execução provisória; pacto de mediação ou conciliação extrajudicial prévia obrigatória, inclusive com a correlata previsão de exclusão da audiência de conciliação ou de mediação prevista no art. 334; pacto de exclusão contratual da audiência de conciliação ou de mediação prevista no art. 334; pacto de disponibilização prévia de documentação (pacto de *disclosure*), inclusive com estipulação de sanção negocial, sem prejuízo de medidas coercitivas, mandamentais, sub-rogatórias ou indutivas; previsão de meios alternativos de comunicação das partes entre si; acordo de produção antecipada de prova; a escolha consensual de depositário-administrador no caso do art. 866; convenção que permita a presença da parte contrária no decorrer da colheita de depoimento pessoal.
- Enunciado 20 do Fórum Permanente de Processualistas Civis: Não são admissíveis os seguintes negócios bilaterais, dentre outros: acordo para modificação da competência absoluta, acordo para supressão da primeira instância, acordo para afastar motivos de impedimento do juiz, acordo para criação de novas espécies recursais, acordo para ampliação das hipóteses de cabimento de recursos.
- Enunciado 21 do Fórum Permanente de Processualistas Civis: São admissíveis os seguintes negócios, dentre outros: acordo para realização de sustentação oral, acordo para ampliação do tempo de sustentação oral, julgamento antecipado do mérito convencional, convenção sobre prova, redução de prazos processuais.
- Enunciado 258 do Fórum Permanente de Processualistas Civis: As partes podem convencionar sobre seus ônus, poderes, faculdades e deveres processuais, ainda que essa convenção não importe ajustes às especificidades da causa.

Art. 191. De comum acordo, o juiz e as partes podem fixar calendário para a prática dos atos processuais, quando for o caso.

§ 1º O calendário vincula as partes e o juiz, e os prazos nele previstos somente serão modificados em casos excepcionais, devidamente justificados.

§ 2º Dispensa-se a intimação das partes para a prática de ato processual ou a realização de audiência cujas datas tiverem sido designadas no calendário.

REFERÊNCIAS LEGISLATIVAS

- Arts. 190, 222, 225, CPC.

Art. 192. Em todos os atos e termos do processo é obrigatório o uso da língua portuguesa.

Parágrafo único. O documento redigido em língua estrangeira somente poderá ser juntado aos autos quando acompanhado de versão para a língua portuguesa tramitada por via diplomática ou pela autoridade central, ou firmada por tradutor juramentado.

REFERÊNCIAS LEGISLATIVAS

- Arts. 162 a 164, CPC; Decreto nº 13.609/1943.
- Art. 13, CF: "a língua portuguesa é o idioma oficial da República Federativa do Brasil".

ANOTAÇÕES

- *Português*: os atos processuais devem ser praticados em português, sendo nulos os atos grafados em outra língua, salvo se acompanhado de tradução para o português.

Seção II
Da Prática Eletrônica de Atos Processuais

Art. 193. Os atos processuais podem ser total ou parcialmente digitais, de forma a permitir que sejam produzidos, comunicados, armazenados e validados por meio eletrônico, na forma da lei.

Parágrafo único. O disposto nesta Seção aplica-se, no que for cabível, à prática de atos notariais e de registro.

REFERÊNCIAS LEGISLATIVAS

- Art. 213, CPC; Lei nº 11.419/2006.

> **Art. 194.** Os sistemas de automação processual respeitarão a publicidade dos atos, o acesso e a participação das partes e de seus procuradores, inclusive nas audiências e sessões de julgamento, observadas as garantias da disponibilidade, independência da plataforma computacional, acessibilidade e interoperabilidade dos sistemas, serviços, dados e informações que o Poder Judiciário administre no exercício de suas funções.

REFERÊNCIAS LEGISLATIVAS

- Art. 209, CPC; art. 10, Lei nº 8.906/1994 – EA.

ANOTAÇÕES

- *Prática de ato processual de forma eletrônica*: a prática eletrônica de ato processual exige que o advogado esteja cadastrado junto ao tribunal competente (cada tribunal possui as suas próprias normas sobre o tema), fato que pode trazer dificuldades quando o advogado se vê obrigado a praticar algum ato fora do território da sua inscrição (art. 10, Lei nº 8.906/1994 – EA); nestes casos, o colega deve fazer o seu cadastro no referido tribunal (normalmente no *site* do tribunal se aponta o caminho), o que nem sempre é fácil, visto que muitas vezes se encontra entre as formalidades e/ou requisitos exigidos o comparecimento pessoal; outra alternativa usada pelos advogados para prática de atos fora da sua seccional é a contratação de "advogados correspondentes", que podem ser facilmente encontrados na *web, na própria subseção da OAB ou ainda nas respectivas associações de advogados do local.*

> **Art. 195.** O registro de ato processual eletrônico deverá ser feito em padrões abertos, que atenderão aos requisitos de autenticidade, integridade, temporalidade, não repúdio, conservação e, nos casos que tramitem em segredo de justiça, confidencialidade, observada a infraestrutura de chaves públicas unificada nacionalmente, nos termos da lei.

ANOTAÇÕES

- *Registro do ato processual eletrônico*: a norma estabelece critérios técnicos para o registro do ato processual eletrônico, tais como a indicação que deve ser feito em "padrões abertos" e "chaves públicas", assim como parâmetros processuais a serem observados, com escopo de garantir a autenticidade, a integridade e a confidencialidade do atos praticados de forma eletrônica.

> **Art. 196.** Compete ao Conselho Nacional de Justiça e, supletivamente, aos tribunais, regulamentar a prática e a comunicação oficial de atos processuais por meio eletrônico e velar pela compatibilidade dos sistemas, disciplinando a incorporação progressiva de novos avanços tecnológicos e editando, para esse fim, os atos que forem necessários, respeitadas as normas fundamentais deste Código.

⚖️ REFERÊNCIAS LEGISLATIVAS

- Res. nº 234/2016 – CNJ; Res. nº 693/2020 – STF.

📚 ANOTAÇÕES

- ***Distribuição de competência***: a norma confere ao Conselho Nacional de Justiça, e supletivamente aos tribunais, a competência para regulamentar a prática e a comunicação oficial de atos processuais por meio eletrônico.

Art. 197. Os tribunais divulgarão as informações constantes de seu sistema de automação em página própria na rede mundial de computadores, gozando a divulgação de presunção de veracidade e confiabilidade.

Parágrafo único. Nos casos de problema técnico do sistema e de erro ou omissão do auxiliar da justiça responsável pelo registro dos andamentos, poderá ser configurada a justa causa prevista no art. 223, *caput* e § 1º.

⚖️ REFERÊNCIAS LEGISLATIVAS

- Art. 223, *caput* e § 1º, CPC.

📚 ANOTAÇÕES

- ***Presunção***: é um raciocínio que permite se tire uma conclusão partindo de um fato conhecido para um desconhecido. No caso deste artigo, a presunção apontada é relativa (*juris tantum*), ou seja, aceita prova em contrário.

Art. 198. As unidades do Poder Judiciário deverão manter gratuitamente, à disposição dos interessados, equipamentos necessários à prática de atos processuais e à consulta e ao acesso ao sistema e aos documentos dele constantes.

Parágrafo único. Será admitida a prática de atos por meio não eletrônico no local onde não estiverem disponibilizados os equipamentos previstos no *caput*.

⚖️ REFERÊNCIAS LEGISLATIVAS

- Art. 196, CPC; Res. nº 234/2016 – CNJ.

Art. 199. As unidades do Poder Judiciário assegurarão às pessoas com deficiência acessibilidade aos seus sítios na rede mundial de computadores, ao meio eletrônico de prática de atos judiciais, à comunicação eletrônica dos atos processuais e à assinatura eletrônica.

REFERÊNCIAS LEGISLATIVAS

- Art. 7º, CPC; art. 79, Lei 13.146/2015 – Estatuto da Pessoa com Deficiência.

Seção III
Dos Atos das Partes

Art. 200. Os atos das partes consistentes em declarações unilaterais ou bilaterais de vontade produzem imediatamente a constituição, modificação ou extinção de direitos processuais.
Parágrafo único. A desistência da ação só produzirá efeitos após homologação judicial.

REFERÊNCIAS LEGISLATIVAS

- Arts. 85, 90, 201, 343, § 2º, 485, VIII, § 5º, 775, 998, CPC; art. 842, CC.

ANOTAÇÕES

- **Atos das partes**: são aqueles praticados pelo autor, pelo réu e por terceiros intervenientes, podendo ser levados a efeito oralmente ou por escrito (*v.g.*, petição inicial, contestação, reconvenção, exceções, impugnações, petições diversas, cota nos autos etc.). No caso dos atos praticados por petições, a parte pode exigir recibo (art. 201, CPC).

JURISPRUDÊNCIA

- Tendo se estabelecido a relação processual com citação do réu e manifestação nos autos, em caso de desistência da ação, cabe fixação de honorários sucumbenciais, nos termos dos artigos 90 e 85 do CPC (TJMG, Apelação Cível 1.0000.19.071859-3/002, Rel. Desembargador Amauri Pinto Ferreira, 17ª Câmara Cível, julgamento em 03/08/2020, publicação da súmula em 07/08/2020).
- Em regra, o pedido de desistência da ação é direito potestativo da parte e enseja a extinção do feito. O pedido de desistência formulado antes da apresentação de contestação não se condiciona a consentimento do réu (TJMG, Apelação Cível 1.0000.20.042592-4/001, Rel. Desembargador José Marcos Vieira, 16ª Câmara Cível, julgamento em 24/06/2020, publicação da súmula em 25/06/2020).
- Proferida sentença com fundamento em desistência ou reconhecimento do pedido inicial, as despesas e os honorários serão pagos pela parte que desistiu ou reconheceu. Sendo parcial a desistência ou o reconhecimento, a responsabilidade pelas despesas e pelos honorários será proporcional à parcela da qual se desistiu ou reconheceu (CPC, art. 90, *caput* e § 1º) (TJMG, Apelação Cível 1.0177.18.000020-6/001, Rel. Desembargador Ramom Tácio, 16ª Câmara Cível, julgamento em 19/02/2020, publicação da súmula em 06/03/2020).
- O ato das partes, consistente em declaração bilateral de vontade (acordo), produz efeito imediato (arts. 200, do CPC, e 842, do CC) e, salvo impedimento jurídico válido, obriga à sua homologação judicial, quando requerida, sob pena de inconstitucional recusa da jurisdição (TJMG, Agravo de Instrumento-Cv 1.0452.16.009757-5/001, Rel. Desembargador Roberto Vasconcellos, 17ª Câmara Cível, julgamento em 21/06/2018, publicação da súmula em 03/07/2018).

Art. 201. As partes poderão exigir recibo de petições, arrazoados, papéis e documentos que entregarem em cartório.

REFERÊNCIAS LEGISLATIVAS

- Art. 5º, XXXIII, XXXIV, "b", CF; art. 1º, Lei nº 9.051/1995.

ANOTAÇÕES

- *Direito ao protocolo*: embora este direito pareça natural, o legislador preferiu deixá-lo registrado com escopo de evitar discussões e problemas para o usuário dos serviços judiciais. Na verdade, além do direito de "exigir" o protocolo e/ou recibo da entrega de documentos em cartório, o interessado tem também o direito constitucional de "exigir" certidões dos órgãos públicos, inclusive e principalmente dos cartórios judiciais.

Art. 202. É vedado lançar nos autos cotas marginais ou interlineares, as quais o juiz mandará riscar, impondo a quem as escrever multa correspondente à metade do salário mínimo.

REFERÊNCIAS LEGISLATIVAS

- Art. 777, CPC.

JURISPRUDÊNCIA

- É lícita a manifestação por cota nos autos, desde que não seja interlinear ou marginal no intuito de alterar conteúdo de documento ou petição já existentes (TJMG, Mandado de Segurança 1.0000.18.046264-0/000, Rel. Desembargador Pedro Bernardes, 9ª Câmara Cível, julgamento em 22/01/2019, publicação da súmula em 23/01/2019).
- A cota marginal é vedada e deve ser riscada dos autos, nos termos do art. 202 do Código de Processo Civil, todavia, como fora lançada a lápis e não há provas de quem a lançou, reputa-se desarrazoada a aplicação de multa (TJMG, Embargos de Declaração-Cv 1.0148.12.005060-1/003, Rel. Desembargadora Ângela de Lourdes Rodrigues, 8ª Câmara Cível, julgamento em 18/10/2018, publicação da súmula em 12/11/2018).

Seção IV
Dos Pronunciamentos do Juiz

Art. 203. Os pronunciamentos do juiz consistirão em sentenças, decisões interlocutórias e despachos.

§ 1º Ressalvadas as disposições expressas dos procedimentos especiais, sentença é o pronunciamento por meio do qual o juiz, com fundamento nos arts. 485 e 487, põe fim à fase cognitiva do procedimento comum, bem como extingue a execução.

§ 2º Decisão interlocutória é todo pronunciamento judicial de natureza decisória que não se enquadre no § 1º.

§ 3º São despachos todos os demais pronunciamentos do juiz praticados no processo, de ofício ou a requerimento da parte.

§ 4º Os atos meramente ordinatórios, como a juntada e a vista obrigatória, independem de despacho, devendo ser praticados de ofício pelo servidor e revistos pelo juiz quando necessário.

REFERÊNCIAS LEGISLATIVAS

- Arts. 12, 139, 226, 366, 485 a 495, 515, 1.001, 1.009, 1.015, CPC.

ANOTAÇÕES

- ***Atos do juiz***: no processo, o juiz é o delegado do Estado, o responsável pela entrega da tutela jurisdicional, razão pela qual deve velar pela correção da marcha processual, fiscalizando os atos praticados pelas partes e dirigindo a colheita de outros. A fim de cumprir a sua missão, o juiz pratica muitos atos dentro do processo, com ou sem caráter decisório.

Art. 204. Acórdão é o julgamento colegiado proferido pelos tribunais.

REFERÊNCIAS LEGISLATIVAS

- Arts. 932, IV, 955, parágrafo único, 1.011, I, 1.019, 1.030, I, CPC.

ANOTAÇÕES

- ***Acórdão e decisão monocrática***: o dispositivo menciona apenas o "acórdão", que é o julgamento colegiado proferido pelos tribunais, mas são cada vez mais numerosas as decisões monocráticas ou singulares, em que, autorizado pela lei, o desembargador decide individualmente.

Art. 205. Os despachos, as decisões, as sentenças e os acórdãos serão redigidos, datados e assinados pelos juízes.

§ 1º Quando os pronunciamentos previstos no *caput* forem proferidos oralmente, o servidor os documentará, submetendo-os aos juízes para revisão e assinatura.

§ 2º A assinatura dos juízes, em todos os graus de jurisdição, pode ser feita eletronicamente, na forma da lei.

§ 3º Os despachos, as decisões interlocutórias, o dispositivo das sentenças e a ementa dos acórdãos serão publicados no Diário de Justiça Eletrônico.

REFERÊNCIAS LEGISLATIVAS

- Arts. 152, 203, 204, 226, CPC; Lei nº 11.419/2006.

Seção V
Dos Atos do Escrivão ou do Chefe de Secretaria

Art. 206. Ao receber a petição inicial de processo, o escrivão ou o chefe de secretaria a autuará, mencionando o juízo, a natureza do processo, o número de seu registro, os nomes das partes e a data de seu início, e procederá do mesmo modo em relação aos volumes em formação.

REFERÊNCIAS LEGISLATIVAS

- Arts. 152, 153, 284, CPC.

JURISPRUDÊNCIA

- Não merece acolhida a alegação de eventual nulidade do sobrestamento realizado por ato do escrivão, ao fundamento de que tal ato seria privativo do juiz, o que afastaria a ocorrência da prescrição intercorrente, já que inexiste prejuízo no ato em comento, em virtude do atendimento do pleito processual da exequente, além de fugir à razoabilidade a exigência de atuação judicial em ato tão simples e delegável (TJMG, Apelação Cível 1.0024.02.675570-2/001, Rel. Desembargador Wander Marotta, 5ª Câmara Cível, julgamento em 14/02/2019, publicação da súmula em 19/02/2019).

Art. 207. O escrivão ou o chefe de secretaria numerará e rubricará todas as folhas dos autos.

Parágrafo único. À parte, ao procurador, ao membro do Ministério Público, ao defensor público e aos auxiliares da justiça é facultado rubricar as folhas correspondentes aos atos em que intervierem.

REFERÊNCIAS LEGISLATIVAS

- Art. 152, CPC.

ANOTAÇÕES

- **Rubrica nas folhas do processo**: a faculdade concedida pela norma visa à segurança do processo; ou seja, ao permitir que as partes, os procuradores, o membro do Ministério Público e da Defensoria Pública rubriquem as folhas de registro dos atos em que interviera o legislador procura evitar que os registros dos atos sejam indevidamente trocados.

> **Art. 208.** Os termos de juntada, vista, conclusão e outros semelhantes constarão de notas datadas e rubricadas pelo escrivão ou pelo chefe de secretaria.

REFERÊNCIAS LEGISLATIVAS

- Art. 152, CPC.

> **Art. 209.** Os atos e os termos do processo serão assinados pelas pessoas que neles intervierem, todavia, quando essas não puderem ou não quiserem firmá-los, o escrivão ou o chefe de secretaria certificará a ocorrência.
>
> § 1º Quando se tratar de processo total ou parcialmente documentado em autos eletrônicos, os atos processuais praticados na presença do juiz poderão ser produzidos e armazenados de modo integralmente digital em arquivo eletrônico inviolável, na forma da lei, mediante registro em termo, que será assinado digitalmente pelo juiz e pelo escrivão ou chefe de secretaria, bem como pelos advogados das partes.
>
> § 2º Na hipótese do § 1º, eventuais contradições na transcrição deverão ser suscitadas oralmente no momento de realização do ato, sob pena de preclusão, devendo o juiz decidir de plano e ordenar o registro, no termo, da alegação e da decisão.

REFERÊNCIAS LEGISLATIVAS

- Art. 194, CPC; Lei nº 11.419/2006.

DICAS DE PRÁTICA JURÍDICA

- **Contradita**: o advogado deve ficar atento ao registro dos atos ocorridos em audiência, visto que este registro tem fé-pública; ou seja, calando-se de nada vai adiantar posteriormente alegar que tal coisa aconteceu de outra forma se você não teve o cuidado de oportunamente fazer a contradita, assim como demandar o registro da sua alegação, principalmente se o juiz não atendeu a contradita. Note que a norma indica que a contradita deve ser feita oralmente "no momento de realização do ato".

> **Art. 210.** É lícito o uso da taquigrafia, da estenotipia ou de outro método idôneo em qualquer juízo ou tribunal.

REFERÊNCIAS LEGISLATIVAS

- Art. 460, CPC.

Art. 211. Não se admitem nos atos e termos processuais espaços em branco, salvo os que forem inutilizados, assim como entrelinhas, emendas ou rasuras, exceto quando expressamente ressalvadas.

REFERÊNCIAS LEGISLATIVAS

- Art. 202, CPC.

JURISPRUDÊNCIA

- Sobre as rasuras existentes em dois termos dos autos administrativos, tal fato não causou prejuízo ao impetrante, não se justificando, portanto, a nulidade do processo por essas ocorrências, na medida em que estes documentos não influenciaram no julgamento do mérito das questões versadas no processo administrativo disciplinar. Aplicação do princípio *pas de nullité sans grief*. Precedentes desta Corte Superior (STJ, RMS 29.437/GO, Ministro Leopoldo de Arruda Raposo, T5 – Quinta Turma, *DJe* 23/09/2015).

CAPÍTULO II
DO TEMPO E DO LUGAR DOS ATOS PROCESSUAIS

Seção I
Do Tempo

Art. 212. Os atos processuais serão realizados em dias úteis, das 6 (seis) às 20 (vinte) horas.

§ 1º Serão concluídos após as 20 (vinte) horas os atos iniciados antes, quando o adiamento prejudicar a diligência ou causar grave dano.

§ 2º Independentemente de autorização judicial, as citações, intimações e penhoras poderão realizar-se no período de férias forenses, onde as houver, e nos feriados ou dias úteis fora do horário estabelecido neste artigo, observado o disposto no art. 5º, inciso XI, da Constituição Federal.

§ 3º Quando o ato tiver de ser praticado por meio de petição em autos não eletrônicos, essa deverá ser protocolada no horário de funcionamento do fórum ou tribunal, conforme o disposto na lei de organização judiciária local.

REFERÊNCIAS LEGISLATIVAS

- Arts. 213 e 216, 224, § 1º, CPC.
- Art. 5º, XI, CF: "a casa é asilo inviolável do indivíduo, ninguém nela podendo penetrar sem consentimento do morador, salvo em caso de flagrante delito ou desastre, ou para prestar socorro, ou, durante o dia, por determinação judicial".

ANOTAÇÕES

- **Horário dos atos processuais**: os atos processuais devem ser realizados em dias úteis, dentro do expediente normal do fórum, que deve ser fixado entre 6 (seis) horas de um dia e as 20 (vinte) horas do mesmo dia. O horário do protocolo deve ser estabelecido pela lei de organização judiciária competente.

JURISPRUDÊNCIA

- Em se tratando de autos não eletrônicos, a lei é expressa ao fixar que a petição deverá ser protocolada no horário de funcionamento do fórum ou tribunal, conforme o disposto na lei de organização judiciária local. É impositiva a observância do expediente forense para certificar a tempestividade do ato processual praticado (STJ, REsp 1628506/SC, Ministra Nancy Andrighi, T3 – Terceira Turma, *DJe* 26/09/2019).
- Encontra-se pacificado nesta Corte entendimento segundo o qual a ocorrência de feriado local, recesso, paralisação ou interrupção do expediente forense deve ser demonstrada por documento oficial ou certidão expedida pelo Tribunal de origem, não bastando a mera menção ao feriado local nas razões recursais, tampouco a apresentação de documento não dotado de fé pública. Precedentes (STJ, AgInt no REsp 1.686.469/AM, Ministro Mauro Campbell Marques, T2 – Segunda Turma, *DJe* 27/03/2018).
- Para fins de contagem de prazo recursal, a quarta-feira de cinzas é considerada dia útil, ainda que o horário de expediente seja reduzido e limitado ao turno vespertino, cabendo ao recorrente comprovar, mediante documento idôneo, eventual ausência de expediente forense (STJ, AgInt no AREsp 916.110/AM, Ministra Nancy Andrighi, T3 – Terceira Turma, *DJe* 02/05/2017).
- A protocolização de petições e recursos deve ser efetuada no horário de expediente regulado pela lei local. Na esteira da jurisprudência do STJ, é intempestivo o recurso interposto no último dia do prazo após o encerramento do expediente forense regulamentado pela legislação local do Tribunal do Estado do Piauí, estando o plantão judiciário reservado para medidas urgentes (STJ, AgRg no AREsp 843.164/PI, Ministro Herman Benjamin, T2 – Segunda Turma, *DJe* 27/05/2016).

> **Art. 213.** A prática eletrônica de ato processual pode ocorrer em qualquer horário até as 24 (vinte e quatro) horas do último dia do prazo.
>
> Parágrafo único. O horário vigente no juízo perante o qual o ato deve ser praticado será considerado para fins de atendimento do prazo.

REFERÊNCIAS LEGISLATIVAS

- Art. 193, CPC; Lei nº 11.419/2006.

DICAS DE PRÁTICA JURÍDICA

- **Variações de horário**: a fim de não perder o prazo legal ou judicial, o advogado deve estar atento às variações do horário no território brasileiro, inclusive horário de verão. O Brasil tem 4 (quatro) fusos horários: horário de Fernando de Noronha; horário de Brasília; horário da Amazonas; horário do Acre.

> **Art. 214.** Durante as férias forenses e nos feriados, não se praticarão atos processuais, excetuando-se:

I – os atos previstos no art. 212, § 2º;
II – a tutela de urgência.

REFERÊNCIAS LEGISLATIVAS

- Arts. 212, § 2º, 215, 216, 220, § 1º, 300 a 310, 975, § 1º, CPC.
- Art. 93, XII, CF: "a atividade jurisdicional será ininterrupta, sendo vedado férias coletivas nos juízos e tribunais de segundo grau, funcionando, nos dias em que não houver expediente forense normal, juízes em plantão permanente".

JURISPRUDÊNCIA

- A prolação de decisão monocrática pelo ministro relator, ou mesmo pela presidência no período de férias forenses, está autorizada não apenas pelo RISTJ, mas também pelo CPC. Nada obstante, como é cediço, os temas decididos monocraticamente sempre poderão ser levados ao colegiado, por meio do controle recursal, o qual foi efetivamente utilizado no caso dos autos, com a interposição do presente agravo regimental (STJ, AgRg no RHC 127663/RS, Ministro Reynaldo Soares da Fonseca, T5 – Quinta Turma, *DJe* 24/08/2020).

Art. 215. Processam-se durante as férias forenses, onde as houver, e não se suspendem pela superveniência delas:
I – os procedimentos de jurisdição voluntária e os necessários à conservação de direitos, quando puderem ser prejudicados pelo adiamento;
II – a ação de alimentos e os processos de nomeação ou remoção de tutor e curador;
III – os processos que a lei determinar.

REFERÊNCIAS LEGISLATIVAS

- Arts. 214, 719 a 770, CPC; Lei nº 5.478/1968 – LA.
- Art. 93, XII, CF: "a atividade jurisdicional será ininterrupta, sendo vedado férias coletivas nos juízos e tribunais de segundo grau, funcionando, nos dias em que não houver expediente forense normal, juízes em plantão permanente".

JURISPRUDÊNCIA

- A Corte Especial firmou o entendimento de que não há necessidade de comprovação das férias forenses ocorridas entre os dias 20 de dezembro e 6 de janeiro, no âmbito da Justiça Federal, em razão do disposto na Lei 5.010/1966. No entanto, referida comprovação é absolutamente necessária nas hipóteses dos processos oriundos dos Tribunais estaduais (STJ, AgRg no AREsp 749.604/RJ, Rel. Ministro Olindo Menezes, *DJe* 11/12/2015).

Art. 216. Além dos declarados em lei, são feriados, para efeito forense, os sábados, os domingos e os dias em que não haja expediente forense.

ANOTAÇÕES

- **Feriados forenses**: considera-se feriado forense o dia em que não haja expediente nos fóruns, tais como os sábados e domingos, referidos na norma, assim como o dia 8 de dezembro, "dia da justiça". Também se consideram feriados forense os feriados nacionais, estaduais e municipais declarados em lei, tais como a "Sexta-feira Santa", o "Dia de Tiradentes", o "Dia do Trabalhador", a "Independência do Brasil" e tantos outros.

JURISPRUDÊNCIA

- Veja-se que o dia de *Corpus Christi* não é feriado forense, previsto em lei federal, para os tribunais de justiça estaduais. Caso essa data seja feriado local, deve ser colacionado o ato normativo local com essa previsão, por meio de documento idôneo, no momento de interposição do recurso [...] (STJ, AgInt no AREsp 1642356/SC, Ministra Nancy Andrighi, T3 – Terceira Turma, *DJe* 27/08/2020).
- Como o término do prazo para interposição da apelação se deu no período de feriado forense, em virtude do carnaval prorroga-se o prazo, automaticamente, para o primeiro dia útil subsequente, razão pela qual deve ser afastada a intempestividade do recurso (TJMG, Apelação Cível 1.0145.10.017616-6/001, Rel. Desembargador Arnaldo Maciel, 18ª Câmara Cível, julgamento em 16/08/2011, publicação da súmula em 26/08/2011).

Seção II
Do Lugar

Art. 217. Os atos processuais realizar-se-ão ordinariamente na sede do juízo, ou, excepcionalmente, em outro lugar em razão de deferência, de interesse da justiça, da natureza do ato ou de obstáculo arguido pelo interessado e acolhido pelo juiz.

REFERÊNCIAS LEGISLATIVAS

- Arts. 385, § 3º, 454, 481 a 484, CPC.

ANOTAÇÕES

- **Lugar de realização dos atos processuais**: os atos processuais devem ser realizados ordinariamente no edifício do Fórum ou Tribunal. Podem, no entanto, efetuar-se em outro lugar, em razão de deferência (*v.g.*, Presidente, Ministros, Governador etc.), de interesse da justiça (*v.g.*, inspeção, constatação) e a pedido da parte (*v.g.*, doença grave).

CAPÍTULO III
DOS PRAZOS

Seção I
Disposições Gerais

Art. 218. Os atos processuais serão realizados nos prazos prescritos em lei.

§ 1º Quando a lei for omissa, o juiz determinará os prazos em consideração à complexidade do ato.

§ 2º Quando a lei ou o juiz não determinar prazo, as intimações somente obrigarão a comparecimento após decorridas 48 (quarenta e oito) horas.

§ 3º Inexistindo preceito legal ou prazo determinado pelo juiz, será de 5 (cinco) dias o prazo para a prática de ato processual a cargo da parte.

§ 4º Será considerado tempestivo o ato praticado antes do termo inicial do prazo.

REFERÊNCIAS LEGISLATIVAS

- Arts. 180, 183, 186, 219, 229, 231, 272, 313, 335, 1.003, CPC; art. 132, § 4º, CC.

ANOTAÇÕES

- *Prazos*: o processo acontece por meio da ocorrência de uma série de atos processuais, tendentes a levá-lo a cumprir a sua finalidade, que é a prestação da tutela jurisdicional. As espécies desses atos, sua ordem, tempo e forma como se realizam é que dão origem aos muitos procedimentos previstos no CPC. No entanto, qualquer que seja o procedimento, este demanda que os atos processuais sejam praticados dentro de certo tempo, com escopo de evitar que o processo se arraste indefinidamente, levando o Estado a falhar na sua missão de resolver a lide. Assim, pode-se conceituar *prazo* como o espaço de tempo em que o ato processual pode ser validamente praticado. A doutrina tradicional classifica os prazos processuais da seguinte forma: quanto à sua fonte, em legais, judiciais e convencionais; quanto ao tipo de sanção, em próprios e impróprios; quanto à sua natureza, em dilatórios e peremptórios; quanto ao seu curso, em contínuos ou não.

JURISPRUDÊNCIA

- Enunciado 22 do Fórum Permanente de Processualistas Civis: O Tribunal não poderá julgar extemporâneo ou intempestivo recurso, na instância ordinária ou na extraordinária, interposto antes da abertura do prazo.
- A natureza processual de um determinado prazo é determinada pela ocorrência de consequências endoprocessuais do ato a ser praticado nos marcos temporais definidos, modificando a posição da parte na relação jurídica processual e impulsionando o procedimento à fase seguinte (STJ, REsp 1.770.863/PR, Ministra Nancy Andrighi, T3 – Terceira Turma, *DJe* 15/06/2020).

Art. 219. Na contagem de prazo em dias, estabelecido por lei ou pelo juiz, computar-se-ão somente os dias úteis.

Parágrafo único. O disposto neste artigo aplica-se somente aos prazos processuais.

REFERÊNCIAS LEGISLATIVAS

- Arts. 216, 218, 224, 226 e 231, CPC; arts. 1º e 2º, Lei nº 9.093/1995; art. 1º, Lei nº 662/1949.

ANOTAÇÕES

- **Prazos processuais**: entendem doutrina e jurisprudência que são de natureza "processual" todos os prazos concedidos pela lei ou pelo juiz para a prática de algum ato dentro do processo (tem consequência para o andamento do feito). Lembro, no entanto, que nem sempre é fácil a identificação da natureza do prazo (processual ou material), principalmente quando previstos em leis extravagantes (v.g., art. 3º, § 2º, Dec.-lei 911/69). Considerando que a presente norma se limita aos prazos de natureza processual, o advogado deve estar atento ao assunto.

JURISPRUDÊNCIA

- Para a admissibilidade da apelação deve ser observado o prazo de interposição das razões recursais, qual seja, 15 dias úteis, consoante o art. 1.003, § 5º, c/c art. 219 do CPC/15 (TJMG, Apelação Cível 1.0000.20.453636-1/001, Rel. Desembargador Amorim Siqueira, 9ª Câmara Cível, julgamento em 11/08/2020, publicação da súmula em 17/08/2020).
- A previsão constante no parágrafo único do art. 219 do CPC, ao aludir sobre prazo processual, estabeleceu critério homogeneizador de contagem de prazos no processo civil, estabelecendo um único sistema para todos os atos processuais que tenham repercussão processual, ou seja, que produzam reflexos processuais. À luz dos princípios que informam o CPC de 2015, em especial a segurança jurídica, trata-se de prazo processual todo prazo que esteja vinculado à prática de ato processual, seja previsto em lei ou determinado pelo Magistrado, que gere consequências para o processo (TJMG, Apelação Cível 1.0481.09.092669-4/001, Rel. Desembargador Amauri Pinto Ferreira, 17ª Câmara Cível, julgamento em 02/07/2020, publicação da súmula em 17/07/2020).
- O prazo para pagamento art. 3º, § 2º, do Decreto-lei 911/69 deve ser considerado de direito material, não se sujeitando, assim, à contagem em dias úteis, prevista no art. 219, *caput*, do CPC/15 (STJ, REsp 1.770.863/PR, Ministra Nancy Andrighi, T3 – Terceira Turma, *DJ* 09/06/2020).
- Os dias em que ocorrer a suspensão dos prazos processuais, não apenas no seu início ou termo final, quando se aplicará a regra do art. 224, § 1º, do CPC, não deverão ser considerados úteis, acrescentando-se ao prazo total o número de dias em que ocorreram as paralisações (STJ, REsp 1739262/RJ, Rel. Ministra Regina Helena Costa, T1 – Primeira Turma, julgamento em 12/02/2019, *DJe* 15/02/2019).
- O prazo para a oposição de embargos de declaração é de 5 (cinco) dias úteis, a teor do que dispõem os arts. 219 e 1.023 do CPC/2015. No caso, não logrou o recorrente demonstrar a tempestividade do recurso (STJ, EDcl no AgInt no AREsp 1.103.519/SP, Ministro Antonio Carlos Ferreira, T4 – Quarta Turma, *DJe* 05/12/2017).
- Na hipótese dos autos, com a contagem em dias úteis, conforme o art. 219 do CPC/2015 e a ampliação do prazo para a interposição do recurso especial, tem-se impositivos o cancelamento do despacho de trânsito em julgado que considerou a contagem em dias corridos e a reabertura do prazo recursal (STJ, AREsp 1.010.598/RS, Ministro Francisco Falcão, T2 – Segunda Turma, *DJe* 20/03/2017).

Art. 220. Suspende-se o curso do prazo processual nos dias compreendidos entre 20 de dezembro e 20 de janeiro, inclusive.

§ 1º Ressalvadas as férias individuais e os feriados instituídos por lei, os juízes, os membros do Ministério Público, da Defensoria Pública e da Advocacia Pública e os auxiliares da Justiça exercerão suas atribuições durante o período previsto no *caput*.

§ 2º Durante a suspensão do prazo, não se realizarão audiências nem sessões de julgamento.

REFERÊNCIAS LEGISLATIVAS

- Arts. 214, 215, 216, CPC.
- Art. 93, XII, CF: "a atividade jurisdicional será ininterrupta, sendo vedado férias coletivas nos juízos e tribunais de segundo grau, funcionando, nos dias em que não houver expediente forense normal, juízes em plantão permanente".

JURISPRUDÊNCIA

- O art. 220 do CPC apenas suspende o curso dos prazos processuais no período de 20/12 a 20/1, mas não suspende a prática dos atos, que poderá ser realizada em qualquer dia útil, nos termos do art. 212 c/c art. 216 do CPC, não havendo, assim, impedimento para a realização da intimação (STJ, AgInt nos EDcl no AREsp 1563799/PR, T2 – Segunda Turma, Rel. Ministro Francisco Falcão, *DJ* 10/08/2020).

Art. 221. Suspende-se o curso do prazo por obstáculo criado em detrimento da parte ou ocorrendo qualquer das hipóteses do art. 313, devendo o prazo ser restituído por tempo igual ao que faltava para sua complementação.

Parágrafo único. Suspendem-se os prazos durante a execução de programa instituído pelo Poder Judiciário para promover a autocomposição, incumbindo aos tribunais especificar, com antecedência, a duração dos trabalhos.

REFERÊNCIAS LEGISLATIVAS

- Arts. 3º, § 2º, 313, CPC.

JURISPRUDÊNCIA

- Súmula 173 do STF: Em caso de obstáculo judicial, admite-se a purga da mora, pelo locatário, além do prazo legal.
- Tendo o advogado do primeiro apelante feito carga dos autos antes do início do prazo recursal, este iniciou para a segunda apelante somente após a devolução dos autos (TJMG, Apelação Cível 1.0024.14.203767-0/001, Rel. Desembargador Claret de Moraes, 10ª Câmara Cível, julgamento em 28/05/2019, publicação da súmula em 07/06/2019).
- A retirada dos autos de Secretaria de Juízo pela parte autora durante o prazo recursal da decisão que concedeu tutela provisória de urgência em seu favor, caracteriza obstáculo criado em detrimento da outra parte, o que atrai a incidência do art. 221 do CPC que prevê, para tais casos, a restituição do prazo por tempo igual ao que faltava para sua complementação (TJMG, Agravo de Instrumento-Cv 1.0107.15.001886-2/001, Rel. Desembargador José Marcos Vieira, 16ª Câmara Cível, julgamento em 22/11/2017, publicação da súmula em 01/12/2017).

Art. 222. Na comarca, seção ou subseção judiciária onde for difícil o transporte, o juiz poderá prorrogar os prazos por até 2 (dois) meses.

§ 1º Ao juiz é vedado reduzir prazos peremptórios sem anuência das partes.

§ 2º Havendo calamidade pública, o limite previsto no *caput* para prorrogação de prazos poderá ser excedido.

REFERÊNCIAS LEGISLATIVAS

- Arts. 139, VI, 190, 191, CPC; art. 132, § 3º, CC.

ANOTAÇÕES

- **Prazos peremptórios e dilatórios**: quanto à possibilidade de sua prorrogação, os prazos processuais são peremptórios ou dilatórios. Sob a égide do CPC/1973, peremptórios eram aqueles prazos que, fixados na lei, não podiam ser reduzidos ou prorrogados pelas partes, mesmo que de comum acordo. Já o atual CPC declara apenas que ao "juiz é vedado reduzir prazos peremptórios sem anuência das partes", ou seja, o juiz pode prorrogar os prazos, qualquer que seja a sua natureza, por até dois meses na comarca, seção ou subseção onde for difícil o transporte, pode até exceder o prazo de prorrogação por meses no caso de calamidade pública. A limitação se acha apenas na possibilidade de redução de prazos peremptórios, visto que isso só é possível com a anuência das partes. O atual CPC procurou dar maior liberdade às partes e ao juiz, que podem alterar prazos e até mesmo fixar um calendário próprio para o processo.

Art. 223. Decorrido o prazo, extingue-se o direito de praticar ou de emendar o ato processual, independentemente de declaração judicial, ficando assegurado, porém, à parte provar que não o realizou por justa causa.
§ 1º Considera-se justa causa o evento alheio à vontade da parte e que a impediu de praticar o ato por si ou por mandatário.
§ 2º Verificada a justa causa, o juiz permitirá à parte a prática do ato no prazo que lhe assinar.

REFERÊNCIAS LEGISLATIVAS

- Arts. 197, 507, 1.004, CPC.

ANOTAÇÕES

- **Preclusão**: a proibição de rediscutir questões já tratadas ou da renovação de atos processuais, seja porque já foram praticados, seja porque a parte deixou de praticá-los no tempo oportuno ou porque já praticou outro ato com ele incompatível, é chamada de *preclusão*. Destarte, pode-se afirmar que *preclusão é a perda da faculdade de praticar o ato processual*. Com arrimo neste conceito, a doutrina reconhece três espécies de preclusão: I – *preclusão temporal*, quando a perda da faculdade de praticar o ato ocorre em razão do decurso do prazo fixado na lei ou pelo juiz; II – *preclusão lógica*, quando a parte perde o direito de praticar o ato em razão da prática de outro ato que seja com ele incompatível (*v.g.*, aquele que foi condenado e que efetuou o pagamento não pode depois recorrer); III – *preclusão consumativa*, que ocorre quando a parte pratica o ato, bem ou mal, não interessa, ficando-lhe defeso tornar a praticá-lo mesmo que o prazo ainda não tenha se esgotado. Por exemplo: o prazo para contestar no rito comum é de 15 (quinze) dias; se o réu protocola sua contestação no quinto dia, não pode mais fazê-lo novamente, mesmo que tenha esquecido alguma questão e esteja ainda dentro do prazo original.

JURISPRUDÊNCIA

- A não impugnação de tese recursal em momento oportuno no processo inviabiliza sua análise pelo STJ ante a ocorrência da preclusão consumativa (STJ, AgRg nos EDcl no AREsp 1519852/RN, Ministro João Otávio de Noronha, T5 – Quinta Turma, *DJe* 22/10/2020).
- Não é possível que a parte apresente, em sede de agravo interno, alegação de violação dos arts. 489 e 1.022 do CPC quando tal argumento não fez sequer parte do recurso especial. Isso porque os argumentos apresentados em momento posterior à interposição do recurso especial não são passíveis de conhecimento por importar inovação recursal, indevida em virtude da preclusão consumativa (STJ, AgInt nos EDcl no REsp 1773569/DF, Ministro Luis Felipe Salomão, T4 – Quarta Turma, *DJe* 09/09/2020).
- Dos autos consta às e-STJ fls. 3065/3066 certidão onde a contribuinte foi intimada do acórdão proferido pela Corte de Origem nos aclaratórios em 12 de setembro de 2016. Ocorre que, ao invés de interpor o competente recurso especial, a parte optou por protocolar em 13 de setembro de 2019 petição onde arguiu nulidade no julgamento dos embargos de declaração (e-STJ fls. 3067/3069). O recurso especial somente o foi interposto em 3 de outubro de 2016 (e-STJ fls. 3093). Desse modo, a situação é de evidente preclusão consumativa para a interposição do recurso especial. Aplicação do art. 223 do CPC/2015 (STJ, AgInt nos EDcl no REsp 1.640.561/PE, Ministro Mauro Campbell Marques, T2 – Segunda Turma, *DJe* 14/09/2017).
- Em questões probatórias não há preclusão para o magistrado (STJ, AgInt no AREsp 871.003/SP, Rel. Ministro Mauro Campbell Marques, T2 – Segunda Turma, *DJe* 23/06/2016).

Art. 224. Salvo disposição em contrário, os prazos serão contados excluindo o dia do começo e incluindo o dia do vencimento.

§ 1º Os dias do começo e do vencimento do prazo serão protraídos para o primeiro dia útil seguinte, se coincidirem com dia em que o expediente forense for encerrado antes ou iniciado depois da hora normal ou houver indisponibilidade da comunicação eletrônica.

§ 2º Considera-se como data de publicação o primeiro dia útil seguinte ao da disponibilização da informação no Diário da Justiça eletrônico.

§ 3º A contagem do prazo terá início no primeiro dia útil que seguir ao da publicação.

REFERÊNCIAS LEGISLATIVAS

- Arts. 219, 220, 230 e 231, CPC; art. 132, CC.

ANOTAÇÕES

- *Contagem*: os prazos processuais só começam a correr e terminam em dia útil, devendo ser contados com exclusão do dia do começo, *dies a quo*, e com inclusão do de vencimento, *dies ad quem*.

JURISPRUDÊNCIA

- Súmula 310 do STF: Quando a intimação tiver lugar na sexta-feira, ou a publicação com efeito de intimação for feita nesse dia, o prazo judicial terá início na segunda-feira imediata, salvo se não houver expediente, caso em que começará no primeiro dia útil que se seguir.
- Para as intimações eletrônicas expiradas durante o lapso previsto no art. 220 do CPC/2015, o primeiro dia da contagem do prazo recursal de 15 dias úteis é o primeiro dia útil após o dia 20 de janeiro. Precedentes (STJ, AgInt no REsp 1818849/SC, Ministro Mauro Campbell Marques, T2 – Segunda Turma, *DJe* 23/10/2020).
- Para fins de contagem de prazo recursal, a quarta-feira de cinzas é considerada dia útil, ainda que o horário de expediente seja reduzido e limitado ao turno vespertino, cabendo ao recorrente comprovar, mediante documento idôneo, eventual ausência de expediente forense. Precedentes (STJ, AgInt no AREsp 1494707/GO, Ministro Moura Ribeiro, T3 – Terceira Turma, *DJe* 24/09/2020).
- Agravo de instrumento. Reparação de danos. Contestação intempestiva. Revelia decretada. Insurgência do requerido. A contagem do prazo de 15 dias para defesa inicia do primeiro dia útil após a realização da audiência de tentativa de conciliação. Exegese dos arts. 224 e 335 do CPC. Hipótese, inclusive, em que houve a suspensão do prazo por força do ataque cibernético ocorrido em 12.05.2017. Contestação protocolizada tempestivamente. Revelia afastada. Recurso provido (TJSP, Agravo de Instrumento 2164425-15.2020.8.26.0000, Relator Mauro Conti Machado, 16ª Câmara de Direito Privado, Foro de Araras – 1ª Vara Cível, *DJ* 27/09/2020).

Art. 225. A parte poderá renunciar ao prazo estabelecido exclusivamente em seu favor, desde que o faça de maneira expressa.

ANOTAÇÕES

- *Renúncia do prazo processual*: não se tratando de prazo comum, sendo a parte capaz e tratando o feito de direito disponível, a parte, normalmente com escopo de abreviar o processo, pode expressamente renunciar ao prazo. Por exemplo, decretado o divórcio o processo permanece parado ainda por semanas, esperando primeiro o decurso do prazo, depois por todas as formalidades para sua regular constatação; com escopo de abreviar a espera o interessado pode peticionar renunciando ao prazo do recurso.

DICAS DE PRÁTICA JURÍDICA

- *Formalização do pedido de renúncia do prazo*: a renúncia do prazo processual deve ser feita por simples petição intermediária (endereçamento, qualificação, pedido de renúncia). Não se exige qualquer formalidade, a parte deve apenas informar que está renunciado ao prazo para, por exemplo, recorrer, requerendo, neste caso, seja certificado o trânsito em julgado, expedindo-se o mandado, o alvará etc.

Art. 226. O juiz proferirá:
I – os despachos no prazo de 5 (cinco) dias;
II – as decisões interlocutórias no prazo de 10 (dez) dias;
III – as sentenças no prazo de 30 (trinta) dias.

⚖️ REFERÊNCIAS LEGISLATIVAS

- Arts. 219, 235, CPC; art. 35, II, LC nº 35/1979.

🔨 JURISPRUDÊNCIA

- A jurisprudência e a doutrina definem que, para magistrados e seus auxiliares, são impróprios os prazos, porquanto inexiste qualquer sanção processual para a hipótese de descumprimento (STJ, RMS 32.639/RN, Ministro Og Fernandes, T2 – Segunda Turma, *DJe* 17/04/2017).

Art. 227. Em qualquer grau de jurisdição, havendo motivo justificado, pode o juiz exceder, por igual tempo, os prazos a que está submetido.

⚖️ REFERÊNCIAS LEGISLATIVAS

- Arts. 226, 235, CPC.

Art. 228. Incumbirá ao serventuário remeter os autos conclusos no prazo de 1 (um) dia e executar os atos processuais no prazo de 5 (cinco) dias, contado da data em que:
I – houver concluído o ato processual anterior, se lhe foi imposto pela lei;
II – tiver ciência da ordem, quando determinada pelo juiz.
§ 1º Ao receber os autos, o serventuário certificará o dia e a hora em que teve ciência da ordem referida no inciso II.
§ 2º Nos processos em autos eletrônicos, a juntada de petições ou de manifestações em geral ocorrerá de forma automática, independentemente de ato de serventuário da justiça.

⚖️ REFERÊNCIAS LEGISLATIVAS

- Arts. 155, 219, 233, CPC.

Art. 229. Os litisconsortes que tiverem diferentes procuradores, de escritórios de advocacia distintos, terão prazos contados em dobro para todas as suas manifestações, em qualquer juízo ou tribunal, independentemente de requerimento.
§ 1º Cessa a contagem do prazo em dobro se, havendo apenas 2 (dois) réus, é oferecida defesa por apenas um deles.
§ 2º Não se aplica o disposto no *caput* aos processos em autos eletrônicos.

REFERÊNCIAS LEGISLATIVAS

- Arts. 113 a 118, 915, § 1º, CPC.

JURISPRUDÊNCIA

- Súmula 641 do STF: Não se conta em dobro o prazo para recorrer, quando só um dos litisconsortes haja sucumbido.

Art. 230. O prazo para a parte, o procurador, a Advocacia Pública, a Defensoria Pública e o Ministério Público será contado da citação, da intimação ou da notificação.

REFERÊNCIAS LEGISLATIVAS

- Arts. 224, 231, CPC.

Art. 231. Salvo disposição em sentido diverso, considera-se dia do começo do prazo:

I – a data de juntada aos autos do aviso de recebimento, quando a citação ou a intimação for pelo correio;

II – a data de juntada aos autos do mandado cumprido, quando a citação ou a intimação for por oficial de justiça;

III – a data de ocorrência da citação ou da intimação, quando ela se der por ato do escrivão ou do chefe de secretaria;

IV – o dia útil seguinte ao fim da dilação assinada pelo juiz, quando a citação ou a intimação for por edital;

V – o dia útil seguinte à consulta ao teor da citação ou da intimação ou ao término do prazo para que a consulta se dê, quando a citação ou a intimação for eletrônica;

VI – a data de juntada do comunicado de que trata o art. 232 ou, não havendo esse, a data de juntada da carta aos autos de origem devidamente cumprida, quando a citação ou a intimação se realizar em cumprimento de carta;

VII – a data de publicação, quando a intimação se der pelo Diário da Justiça impresso ou eletrônico;

VIII – o dia da carga, quando a intimação se der por meio da retirada dos autos, em carga, do cartório ou da secretaria.

§ 1º Quando houver mais de um réu, o dia do começo do prazo para contestar corresponderá à última das datas a que se referem os incisos I a VI do *caput*.

§ 2º Havendo mais de um intimado, o prazo para cada um é contado individualmente.

§ 3º Quando o ato tiver de ser praticado diretamente pela parte ou por quem, de qualquer forma, participe do processo, sem a intermediação de representante judicial, o dia do começo do prazo para cumprimento da determinação judicial corresponderá à data em que se der a comunicação.

§ 4º Aplica-se o disposto no inciso II do *caput* à citação com hora certa.

REFERÊNCIAS LEGISLATIVAS

- Arts. 232 e 257, CPC.

JURISPRUDÊNCIA

- Nos casos de intimação/citação realizadas por Correio, Oficial de Justiça, ou por Carta de Ordem, Precatória ou Rogatória, o prazo recursal inicia-se com a juntada aos autos do aviso de recebimento, do mandado cumprido, ou da juntada da carta (STJ, REsp 1.632.777/SP, Rel. Ministro Napoleão Nunes Maia Filho, CE – Corte Especial, *DJe* 26/05/2017).

Art. 232. Nos atos de comunicação por carta precatória, rogatória ou de ordem, a realização da citação ou da intimação será imediatamente informada, por meio eletrônico, pelo juiz deprecado ao juiz deprecante.

REFERÊNCIAS LEGISLATIVAS

- Arts. 260 a 268, CPC.

Seção II
Da Verificação dos Prazos e das Penalidades

Art. 233. Incumbe ao juiz verificar se o serventuário excedeu, sem motivo legítimo, os prazos estabelecidos em lei.

§ 1º Constatada a falta, o juiz ordenará a instauração de processo administrativo, na forma da lei.

§ 2º Qualquer das partes, o Ministério Público ou a Defensoria Pública poderá representar ao juiz contra o serventuário que injustificadamente exceder os prazos previstos em lei.

REFERÊNCIAS LEGISLATIVAS

- Arts. 155, 228, CPC.

Art. 234. Os advogados públicos ou privados, o defensor público e o membro do Ministério Público devem restituir os autos no prazo do ato a ser praticado.

§ 1º É lícito a qualquer interessado exigir os autos do advogado que exceder prazo legal.

§ 2º Se, intimado, o advogado não devolver os autos no prazo de 3 (três) dias, perderá o direito à vista fora de cartório e incorrerá em multa correspondente à metade do salário mínimo.

§ 3º Verificada a falta, o juiz comunicará o fato à seção local da Ordem dos Advogados do Brasil para procedimento disciplinar e imposição de multa.

§ 4º Se a situação envolver membro do Ministério Público, da Defensoria Pública ou da Advocacia Pública, a multa, se for o caso, será aplicada ao agente público responsável pelo ato.

§ 5º Verificada a falta, o juiz comunicará o fato ao órgão competente responsável pela instauração de procedimento disciplinar contra o membro que atuou no feito.

REFERÊNCIAS LEGISLATIVAS

- Arts. 181, 184, 187, 219, CPC; art. 34, XXII, Lei nº 8.906/1994.

JURISPRUDÊNCIA

- O Colendo Superior Tribunal de Justiça já assentou o entendimento de que para ser penalizado com a proibição de carga dos autos fora do cartório e multa, deverá o advogado ser previamente intimado pessoalmente para devolvê-los em três dias (TJMG, Agravo de Instrumento-Cv 1.0024.14.172808-9/007, Rel. Desembargador Mota e Silva, 18ª Câmara Cível, julgamento em 02/04/2019, publicação da súmula em 02/04/2019).

Art. 235. Qualquer parte, o Ministério Público ou a Defensoria Pública poderá representar ao corregedor do tribunal ou ao Conselho Nacional de Justiça contra juiz ou relator que injustificadamente exceder os prazos previstos em lei, regulamento ou regimento interno.

§ 1º Distribuída a representação ao órgão competente e ouvido previamente o juiz, não sendo caso de arquivamento liminar, será instaurado procedimento para apuração da responsabilidade, com intimação do representado por meio eletrônico para, querendo, apresentar justificativa no prazo de 15 (quinze) dias.

§ 2º Sem prejuízo das sanções administrativas cabíveis, em até 48 (quarenta e oito) horas após a apresentação ou não da justificativa de que trata o § 1º, se for o caso, o corregedor do tribunal ou o relator no Conselho Nacional de Justiça determinará a intimação do representado por meio eletrônico para que, em 10 (dez) dias, pratique o ato.

§ 3º Mantida a inércia, os autos serão remetidos ao substituto legal do juiz ou do relator contra o qual se representou para decisão em 10 (dez) dias.

REFERÊNCIAS LEGISLATIVAS

- Arts. 219, 226, CPC; art. 132, § 4º, CC.

TÍTULO II
DA COMUNICAÇÃO DOS ATOS PROCESSUAIS

CAPÍTULO I
DISPOSIÇÕES GERAIS

Art. 236. Os atos processuais serão cumpridos por ordem judicial.

§ 1º Será expedida carta para a prática de atos fora dos limites territoriais do tribunal, da comarca, da seção ou da subseção judiciárias, ressalvadas as hipóteses previstas em lei.

§ 2º O tribunal poderá expedir carta para juízo a ele vinculado, se o ato houver de se realizar fora dos limites territoriais do local de sua sede.

§ 3º Admite-se a prática de atos processuais por meio de videoconferência ou outro recurso tecnológico de transmissão de sons e imagens em tempo real.

REFERÊNCIAS LEGISLATIVAS

- Arts. 67 a 69, 247, 255, 260 a 268, 273, II e 937, § 4º, CPC; Resolução nº 105/2010 – CNJ.

ANOTAÇÕES

- ***Videoconferência***: na linha do que já ocorria no processo penal, a norma passa a permitir a prática de atos processuais por meio de videoconferência. A prática do ato exige, no entanto, regulamentação pelo competente tribunal, a fim de que o procedimento não represente qualquer prejuízo para as partes envolvidas. No bojo do processo penal, o tema é regulado pelo CNJ por meio da Resolução nº 105, de 6 de abril de 2010.

Art. 237. Será expedida carta:

I – de ordem, pelo tribunal, na hipótese do § 2º do art. 236;

II – rogatória, para que órgão jurisdicional estrangeiro pratique ato de cooperação jurídica internacional, relativo a processo em curso perante órgão jurisdicional brasileiro;

III – precatória, para que órgão jurisdicional brasileiro pratique ou determine o cumprimento, na área de sua competência territorial, de ato relativo a pedido de cooperação judiciária formulado por órgão jurisdicional de competência territorial diversa;

IV – arbitral, para que órgão do Poder Judiciário pratique ou determine o cumprimento, na área de sua competência territorial, de ato objeto de pedido de cooperação judiciária formulado por juízo arbitral, inclusive os que importem efetivação de tutela provisória.

Parágrafo único. Se o ato relativo a processo em curso na justiça federal ou em tribunal superior houver de ser praticado em local onde não haja vara federal, a carta poderá ser dirigida ao juízo estadual da respectiva comarca.

REFERÊNCIAS LEGISLATIVAS

- Arts. 36, 236, §§ 1º e 2º, 260 a 268 e 377, CPC.

CAPÍTULO II
DA CITAÇÃO

Art. 238. Citação é o ato pelo qual são convocados o réu, o executado ou o interessado para integrar a relação processual.

REFERÊNCIAS LEGISLATIVAS

- Art. 5º, LIV, LV, CF; arts. 239, 242, 243, 280, CPC.

ANOTAÇÕES

- *Citação*: ao trazer o réu ao processo, a citação aperfeiçoa a relação jurídica processual (art. 239, CPC), e justamente por esta razão deve ser feita pessoalmente ao réu ou ao seu representante legal (art. 242, CPC), onde quer que este se encontre (art. 243, CPC).

Art. 239. Para a validade do processo é indispensável a citação do réu ou do executado, ressalvadas as hipóteses de indeferimento da petição inicial ou de improcedência liminar do pedido.

§ 1º O comparecimento espontâneo do réu ou do executado supre a falta ou a nulidade da citação, fluindo a partir desta data o prazo para apresentação de contestação ou de embargos à execução.

§ 2º Rejeitada a alegação de nulidade, tratando-se de processo de:

I – conhecimento, o réu será considerado revel;

II – execução, o feito terá seguimento.

REFERÊNCIAS LEGISLATIVAS

- Arts. 280, 330, 332, 334, 337, I, CPC.

JURISPRUDÊNCIA

- O comparecimento nos autos por petição por advogado destituído de poderes especiais para receber citação não configura comparecimento espontâneo apto a suprir a necessidade de citação (TJMG, Apelação Cível 1.0330.13.000340-4/002, Rel. Desembargador Ramom Tácio, 16ª Câmara Cível, julgamento em 10/06/2020, publicação da súmula em 26/06/2020).
- A jurisprudência do Superior Tribunal de Justiça firmou-se no sentido de que, em nosso sistema processual, à luz do princípio *pas de nullité sans grief*, não se decreta a nulidade da citação quando não estiver concretamente demonstrado o prejuízo (STJ, AgInt no AgRg no AREsp 797.151/MS, Ministro Raul Araújo, *DJe* 14/03/2017).

Art. 240. A citação válida, ainda quando ordenada por juízo incompetente, induz litispendência, torna litigiosa a coisa e constitui em mora o devedor, ressalvado o disposto nos arts. 397 e 398 da Lei nº 10.406, de 10 de janeiro de 2002 (Código Civil).

§ 1º A interrupção da prescrição, operada pelo despacho que ordena a citação, ainda que proferido por juízo incompetente, retroagirá à data de propositura da ação.

§ 2º Incumbe ao autor adotar, no prazo de 10 (dez) dias, as providências necessárias para viabilizar a citação, sob pena de não se aplicar o disposto no § 1º.

§ 3º A parte não será prejudicada pela demora imputável exclusivamente ao serviço judiciário.

§ 4º O efeito retroativo a que se refere o § 1º aplica-se à decadência e aos demais prazos extintivos previstos em lei.

REFERÊNCIAS LEGISLATIVAS

- Arts. 108, 219, 312, 337, VI, §§ 1º a 3º, CPC; arts. 189 a 211, 397, 398, CC.

ANOTAÇÕES

- **Efeitos da citação**: (I) litispendência: ocorre litispendência quando se reproduz ação anteriormente ajuizada, que ainda está em curso. Registre-se que uma ação é idêntica à outra quando tem as mesmas partes, a mesma causa de pedir e o mesmo pedido (art. 337, §§ 1º, 2º e 3º, CPC). Considerando que é a citação válida que forma a relação jurídica processual, somente com sua ocorrência, e não com a simples distribuição da ação, é que se caracteriza a litispendência; (II) torna litigiosa a coisa: a citação válida tem o efeito de submeter, atrelar, o bem jurídico disputado ao deslinde da causa, ficando seu possuidor proibido de proceder a qualquer alteração sem autorização do juiz, sob pena de ser obrigado a restabelecer o estado anterior e responder por perdas e danos; (III) constitui em mora: tratando o feito de obrigação sem termo certo, isto é, sem vencimento, a citação equivale a uma interpelação, constituindo em mora o devedor (art. 397, parágrafo único, CC); (IV) interrupção da prescrição: prescrição é a perda da faculdade que a pessoa tem de fazer valer seu direito por meio da tutela jurisdicional, em razão de não ter procurado o Poder Judiciário dentro do prazo previsto em lei (art. 206, CC). A citação válida interrompe a prescrição, ou seja, interrompe o prazo que a parte tinha para ajuizar a ação, sendo que esta interrupção retroage à data da propositura da ação.

JURISPRUDÊNCIA

- Súmula 106 do STJ: Proposta a ação no prazo fixado para o seu exercício, a demora na citação, por motivos inerentes ao mecanismo da justiça, não justifica o acolhimento da arguição de prescrição ou decadência.

Art. 241. Transitada em julgado a sentença de mérito proferida em favor do réu antes da citação, incumbe ao escrivão ou ao chefe de secretaria comunicar-lhe o resultado do julgamento.

REFERÊNCIAS LEGISLATIVAS

- Arts. 152, 332, 487, 502, CPC.

Art. 242. A citação será pessoal, podendo, no entanto, ser feita na pessoa do representante legal ou do procurador do réu, do executado ou do interessado.

§ 1º Na ausência do citando, a citação será feita na pessoa de seu mandatário, administrador, preposto ou gerente, quando a ação se originar de atos por eles praticados.

§ 2º O locador que se ausentar do Brasil sem cientificar o locatário de que deixou, na localidade onde estiver situado o imóvel, procurador com poderes para receber citação será citado na pessoa do administrador do imóvel encarregado do recebimento dos aluguéis, que será considerado habilitado para representar o locador em juízo.

§ 3º A citação da União, dos Estados, do Distrito Federal, dos Municípios e de suas respectivas autarquias e fundações de direito público será realizada perante o órgão de Advocacia Pública responsável por sua representação judicial.

REFERÊNCIAS LEGISLATIVAS

- Arts. 71, 75, 182 a 184, CPC; arts. 1.634, VII, 1.747, I, CC.

JURISPRUDÊNCIA

- É tranquila a jurisprudência do STJ pela validade da citação postal, com aviso de recebimento e entregue no endereço correto do executado, mesmo que recebida por terceiros. Precedentes (STJ, AgInt no REsp 1.473.134/SP, Ministro Sérgio Kukina, T1 – Primeira Turma, *DJe* 28/08/2017).

Art. 243. A citação poderá ser feita em qualquer lugar em que se encontre o réu, o executado ou o interessado.

Parágrafo único. O militar em serviço ativo será citado na unidade em que estiver servindo, se não for conhecida sua residência ou nela não for encontrado.

REFERÊNCIAS LEGISLATIVAS

- Art. 252, CPC; arts. 70 a 78, CC.

Art. 244. Não se fará a citação, salvo para evitar o perecimento do direito:

I – de quem estiver participando de ato de culto religioso;

II – de cônjuge, de companheiro ou de qualquer parente do morto, consanguíneo ou afim, em linha reta ou na linha colateral em segundo grau, no dia do falecimento e nos 7 (sete) dias seguintes;

III – de noivos, nos 3 (três) primeiros dias seguintes ao casamento;

IV – de doente, enquanto grave o seu estado.

⚖ REFERÊNCIAS LEGISLATIVAS

- Arts. 1º, III, 5º, VI, CF; art. 219, CPC; arts. 1.591 a 1.595, CC.

Art. 245. Não se fará citação quando se verificar que o citando é mentalmente incapaz ou está impossibilitado de recebê-la.

§ 1º O oficial de justiça descreverá e certificará minuciosamente a ocorrência.

§ 2º Para examinar o citando, o juiz nomeará médico, que apresentará laudo no prazo de 5 (cinco) dias.

§ 3º Dispensa-se a nomeação de que trata o § 2º se pessoa da família apresentar declaração do médico do citando que ateste a incapacidade deste.

§ 4º Reconhecida a impossibilidade, o juiz nomeará curador ao citando, observando, quanto à sua escolha, a preferência estabelecida em lei e restringindo a nomeação à causa.

§ 5º A citação será feita na pessoa do curador, a quem incumbirá a defesa dos interesses do citando.

⚖ REFERÊNCIAS LEGISLATIVAS

- Arts. 178, 219, 156, 747,751, CPC; arts. 3º e 4º, 1.767, CC; art. 79, Lei nº 13.146/2015.

Art. 246. A citação será feita:

I – pelo correio;

II – por oficial de justiça;

III – pelo escrivão ou chefe de secretaria, se o citando comparecer em cartório;

IV – por edital;

V – por meio eletrônico, conforme regulado em lei.

§ 1º Com exceção das microempresas e das empresas de pequeno porte, as empresas públicas e privadas são obrigadas a manter cadastro nos sistemas de processo em autos eletrônicos, para efeito de recebimento de citações e intimações, as quais serão efetuadas preferencialmente por esse meio.

§ 2º O disposto no § 1º aplica-se à União, aos Estados, ao Distrito Federal, aos Municípios e às entidades da administração indireta.

§ 3º Na ação de usucapião de imóvel, os confinantes serão citados pessoalmente, exceto quando tiver por objeto unidade autônoma de prédio em condomínio, caso em que tal citação é dispensada.

⚖ REFERÊNCIAS LEGISLATIVAS

- Arts. 5º e 6º, Lei nº 11.419/2006.

ANOTAÇÕES

- **Formas de citação**: a novidade na lista de formas pelas quais a citação pode ser feita está no inciso terceiro, que possibilita seja a citação feita pelo escrivão ou chefe de secretária no caso de o interessado comparecer em cartório para consultar o processo. A novidade faz sentido e ainda se encontra de acordo com o princípio da boa-fé e da economia processual.

JURISPRUDÊNCIA

- Enunciado 25 do Fórum Permanente de Processualistas Civis: A inexistência de procedimento judicial especial para a ação de usucapião e de regulamentação da usucapião extrajudicial não implica vedação da ação, que remanesce no sistema legal, para qual devem ser observadas as peculiaridades que lhe são próprias, especialmente a necessidade de citação dos confinantes e a ciência da União, do Estado, do Distrito Federal e do Município.

> **Art. 247.** A citação será feita pelo correio para qualquer comarca do país, exceto:
> I – nas ações de estado, observado o disposto no art. 695, § 3º;
> II – quando o citando for incapaz;
> III – quando o citando for pessoa de direito público;
> IV – quando o citando residir em local não atendido pela entrega domiciliar de correspondência;
> V – quando o autor, justificadamente, a requerer de outra forma.

REFERÊNCIAS LEGISLATIVAS

- Art. 695, § 3º, CPC; arts. 3º, 4º, 41, 42, CC.

ANOTAÇÕES

- **Regra geral**: buscando tornar mais eficiente o ato citatório, assim como diminuir os seus custos, o legislador optou por estabelecer como regra geral a citação pelo correio, salvo nas ações de estado (por exemplo: separação, divórcio, investigação de paternidade, interdição etc.), quando o réu for incapaz (por exemplo: revisão de alimentos), quando o citando for pessoa pública (por exemplo: União, Estado, Municípios), quando o réu residir em local não atendido pelo correio e, por fim, quando o autor justificadamente o requerer de outra forma.

DICAS DE PRÁTICA JURÍDICA

- **Apresente o endereço completo**: considerando a regra estabelecida neste artigo, o advogado deve procurar apresentar o endereço completo, inclusive com CEP e ponto de referência; no caso de se tratar de lugar de difícil acesso ou com endereço incompleto, peça justificadamente a citação por meio de oficial de justiça. Considerando, ademais, que o próprio réu deve firmar o aviso de recebimento (citação pessoal), o advogado pode argumentar que o réu trabalha no horário comercial, fato que impossibilita a citação pelo correio e requerer, desde logo, a citação por oficial de justiça, diminuindo assim semanas, quiçá meses, a duração do processo.

JURISPRUDÊNCIA

- A citação de menor deve ser realizada por meio de oficial de justiça, sendo incabível a citação via correios, por força do disposto no art. 247, II, do CPC (TJMG, Apelação Cível 1.0313.15.011153-9/001, Rel. Desembargador Claret de Moraes, 10ª Câmara Cível, julgamento em 17/03/2020, publicação da súmula em 19/06/2020).
- De acordo com o entendimento desta Corte, que adota a teoria da aparência, considera-se válida a citação postal, desde que comprovada, por meio do aviso de recebimento, a sua entrega na sede ou filial da empresa a uma pessoa que não recusa a qualidade de funcionário. Precedentes (STJ, AgRg no AREsp 163.210/RJ, Rel. Ministro Luis Felipe Salomão, T4 – Quarta Turma, *DJe* 24/02/2014).

Art. 248. Deferida a citação pelo correio, o escrivão ou o chefe de secretaria remeterá ao citando cópias da petição inicial e do despacho do juiz e comunicará o prazo para resposta, o endereço do juízo e o respectivo cartório.

§ 1º A carta será registrada para entrega ao citando, exigindo-lhe o carteiro, ao fazer a entrega, que assine o recibo.

§ 2º Sendo o citando pessoa jurídica, será válida a entrega do mandado a pessoa com poderes de gerência geral ou de administração ou, ainda, a funcionário responsável pelo recebimento de correspondências.

§ 3º Da carta de citação no processo de conhecimento constarão os requisitos do art. 250.

§ 4º Nos condomínios edilícios ou nos loteamentos com controle de acesso, será válida a entrega do mandado a funcionário da portaria responsável pelo recebimento de correspondência, que, entretanto, poderá recusar o recebimento, se declarar, por escrito, sob as penas da lei, que o destinatário da correspondência está ausente.

REFERÊNCIAS LEGISLATIVAS

- Arts. 152 e 250, CPC.

JURISPRUDÊNCIA

- Súmula 429 do STJ: A citação postal, quando autorizada por lei, exige o aviso de recebimento.
- Nos termos do parágrafo 1º, do artigo 248, do CPC, a "carta será registrada para entrega ao citando, exigindo-lhe o carteiro, ao fazer a entrega, que assine o recibo", sendo nula a citação quando recebida a correspondência por terceiro estranho à lide (TJMG, Apelação Cível 1.0407.16.002608-1/001, Rel. Desembargador Antônio Bispo, 15ª Câmara Cível, julgamento em 06/02/2020, publicação da súmula em 21/02/2020).
- No curso do procedimento de homologação de sentença perante o STJ, é válida a citação de pessoa jurídica por via postal, quando remetida a carta citatória para o endereço de uma de suas unidades (STJ, SEC 13.113/EX, Ministro Napoleão Nunes Maia Filho, CE – Corte Especial, *DJe* 13/09/2017).
- É tranquila a jurisprudência do STJ pela validade da citação postal, com aviso de recebimento e entregue no endereço correto do executado, mesmo que recebida por terceiros (STJ, AgInt no REsp 1.473.134/SP, Ministro Sérgio Kukina, T1 – Primeira Turma, *DJe* 28/08/2017).
- Segundo a jurisprudência do STJ, é válida a cientificação da pessoa jurídica efetivada na sede ou filial da empresa a uma pessoa que não recusa a qualidade de funcionário. Some-se a isso, que, no âmbito das Turmas que compõem a Segunda Seção do STJ, firmou-se entendimento no sentido de que é válida a citação de

pessoa jurídica por via postal, quando remetida a carta citatória para o seu endereço, independentemente de a assinatura no aviso de recebimento (A.R.) e do recebimento da carta terem sido efetivados por seu representante legal (STJ, AgInt no REsp 1.530.013/PR, Ministro Paulo de Tarso Sanseverino, T3 – Terceira Turma, *DJe* 22/06/2017).

Art. 249. A citação será feita por meio de oficial de justiça nas hipóteses previstas neste Código ou em lei, ou quando frustrada a citação pelo correio.

REFERÊNCIAS LEGISLATIVAS

- Arts. 151 e 154, CPC.

Art. 250. O mandado que o oficial de justiça tiver de cumprir conterá:

I – os nomes do autor e do citando e seus respectivos domicílios ou residências;

II – a finalidade da citação, com todas as especificações constantes da petição inicial, bem como a menção do prazo para contestar, sob pena de revelia, ou para embargar a execução;

III – a aplicação de sanção para o caso de descumprimento da ordem, se houver;

IV – se for o caso, a intimação do citando para comparecer, acompanhado de advogado ou de defensor público, à audiência de conciliação ou de mediação, com a menção do dia, da hora e do lugar do comparecimento;

V – a cópia da petição inicial, do despacho ou da decisão que deferir tutela provisória;

VI – a assinatura do escrivão ou do chefe de secretaria e a declaração de que o subscreve por ordem do juiz.

REFERÊNCIAS LEGISLATIVAS

- Art. 695, § 1º, CPC.

Art. 251. Incumbe ao oficial de justiça procurar o citando e, onde o encontrar, citá-lo:

I – lendo-lhe o mandado e entregando-lhe a contrafé;

II – portando por fé se recebeu ou recusou a contrafé;

III – obtendo a nota de ciente ou certificando que o citando não a apôs no mandado.

REFERÊNCIAS LEGISLATIVAS

- Art. 6º, CPC.

💡 DICAS DE PRÁTICA JURÍDICA

- *Acompanhe o oficial*: todos os advogados sabem que ordinariamente um dos fatos que mais atrasam o processo é a espera pela citação, afinal é tão fácil "enganar" ou "enrolar" o oficial de justiça; às vezes, o próprio procurado atende o oficial se fazendo passar por outra pessoa e declara que o procurado está viajando, que está trabalhando em outra cidade ou estado, mas que voltará no próximo mês. Quando o oficial volta no mês seguinte, a informação já é outra (o réu se mudou sem deixar endereço; o réu morreu; o réu nunca morou naquele lugar etc.); a única forma de tornar a citação por meio de oficial mais eficiente é acompanhá-lo na diligência; se o advogado não pode fazê-lo, deve ao menos orientar a parte para que o faça; para que procure o oficial e não só preste informações detalhadas sobre a localização do procurado, mas se ponha à disposição para acompanhá-lo nas diligências. Quem faz isso encontra a justiça de forma mais rápida.

Art. 252. Quando, por 2 (duas) vezes, o oficial de justiça houver procurado o citando em seu domicílio ou residência sem o encontrar, deverá, havendo suspeita de ocultação, intimar qualquer pessoa da família ou, em sua falta, qualquer vizinho de que, no dia útil imediato, voltará a fim de efetuar a citação, na hora que designar.

Parágrafo único. Nos condomínios edilícios ou nos loteamentos com controle de acesso, será válida a intimação a que se refere o *caput* feita a funcionário da portaria responsável pelo recebimento de correspondência.

⚖️ REFERÊNCIAS LEGISLATIVAS

- Art. 72, II, CPC.

📚 ANOTAÇÕES

- *Citação por hora certa*: forma de citação ficta que cabe quando o oficial não encontrar o réu e suspeitar de que ele está se ocultando.

⚖️ JURISPRUDÊNCIA

- Súmula 196 do STJ: Ao executado que, citado por edital ou por hora certa, permanecer revel, será nomeado curador especial, com legitimidade para apresentação de embargos.
- Constatada a regularidade do ato citatório por hora certa e verificada a manobra procrastinatória do réu, por meio de provas colhidas pelas instâncias de origem, torna-se impossível anular a citação por hora certa (STJ, AgRg no REsp 1.104.129/PR, Ministro Raul Araújo, T4 – Quarta Turma, *DJe* 02/06/2016).

Art. 253. No dia e na hora designados, o oficial de justiça, independentemente de novo despacho, comparecerá ao domicílio ou à residência do citando a fim de realizar a diligência.

§ 1º Se o citando não estiver presente, o oficial de justiça procurará informar-se das razões da ausência, dando por feita a citação, ainda que o citando se tenha ocultado em outra comarca, seção ou subseção judiciárias.

> § 2º A citação com hora certa será efetivada mesmo que a pessoa da família ou o vizinho que houver sido intimado esteja ausente, ou se, embora presente, a pessoa da família ou o vizinho se recusar a receber o mandado.
>
> § 3º Da certidão da ocorrência, o oficial de justiça deixará contrafé com qualquer pessoa da família ou vizinho, conforme o caso, declarando-lhe o nome.
>
> § 4º O oficial de justiça fará constar do mandado a advertência de que será nomeado curador especial se houver revelia.

REFERÊNCIAS LEGISLATIVAS

- Arts. 72, II, 252, CPC.

DICAS DE PRÁTICA JURÍDICA

- *Conferência dos requisitos legais*: o interessado, qual seja, o advogado atuando como curador especial ou a parte que recebe o processo depois de ser citado fictamente, deve ficar atento aos requisitos formais previstos neste artigo, assim como os gerais previstos no artigo anterior (art. 252, CPC), visto que são comuns os erros de forma que podem invalidar o ato, possibilitando ao interessado não só uma forma de defesa indireta (contra o processo), mas até a recuperação de prazos que possam viabilizar uma melhor defesa de mérito.

> **Art. 254.** Feita a citação com hora certa, o escrivão ou chefe de secretaria enviará ao réu, executado ou interessado, no prazo de 10 (dez) dias, contado da data da juntada do mandado aos autos, carta, telegrama ou correspondência eletrônica, dando-lhe de tudo ciência.

REFERÊNCIAS LEGISLATIVAS

- Arts. 152, 219, CPC.

> **Art. 255.** Nas comarcas contíguas de fácil comunicação e nas que se situem na mesma região metropolitana, o oficial de justiça poderá efetuar, em qualquer delas, citações, intimações, notificações, penhoras e quaisquer outros atos executivos.

ANOTAÇÕES

- *Diligências em comarcas contíguas e na região metropolitana*: a regra deste artigo traz uma importante inovação; sob a égide do CPC/1973, o juiz se via obrigado a expedir carta precatória para o cumprimento de diligências, mesmo que se tratasse de município vizinho ou de região metropolitana, onde é difícil até mesmo saber as linhas divisórias, visto que o oficial de justiça só podia cumprir o mandado nos limites da comarca. A presente norma vai possibilitar um importante ganho de tempo em muitos casos.

Art. 256. A citação por edital será feita:

I – quando desconhecido ou incerto o citando;

II – quando ignorado, incerto ou inacessível o lugar em que se encontrar o citando;

III – nos casos expressos em lei.

§ 1º Considera-se inacessível, para efeito de citação por edital, o país que recusar o cumprimento de carta rogatória.

§ 2º No caso de ser inacessível o lugar em que se encontrar o réu, a notícia de sua citação será divulgada também pelo rádio, se na comarca houver emissora de radiodifusão.

§ 3º O réu será considerado em local ignorado ou incerto se infrutíferas as tentativas de sua localização, inclusive mediante requisição pelo juízo de informações sobre seu endereço nos cadastros de órgãos públicos ou de concessionárias de serviços públicos.

REFERÊNCIAS LEGISLATIVAS

- Arts. 72, II, 257, CPC.

DICAS DE PRÁTICA JURÍDICA

- *Quando requerer a citação por edital*: a citação por edital tem como pressuposto seja declarado que o réu está em lugar incerto ou não sabido; para que ele seja assim considerado o interessado deve requerer ao juiz diligências tendentes a localizá-lo; normalmente se requer que o juiz inicialmente acesse o cadastro da Receita Federal, para tanto é necessário ter-se ao menos a filiação materna do réu, visto que isso possibilita não só obter-se eventual endereço constante do cadastro, mas também o número do seu CPF, que é fundamental para que, por exemplo, o juiz possa procurar pelo réu junto aos sistemas BACENJUD, INFOJUD, RENAJUD e SIEL. Além destas diligências, é costume se requerer a expedição de ofícios para o SERASA, para órgão responsável pela expedição do RG, aqui em São Paulo é IIRGD. Todos os endereços eventualmente encontrados devem ser diligenciados, fato que costuma ser um problema quando o réu tem um nome muito comum (homônimos). De qualquer forma, a citação por edital só é possível ao final, após se esgotarem todas as tentativas.

JURISPRUDÊNCIA

- Súmula 196 do STJ: Ao executado que, citado por edital ou por hora certa, permanecer revel, será nomeado curador especial, com legitimidade para apresentação de embargos.
- A citação por edital é medida excepcional, razão pela qual é autorizada apenas quando frustrados todos os meios para localização da parte a ser citada (TJMG, Apelação Cível 1.0183.09.167318-0/001, Rel. Desembargador Ramom Tácio, 16ª Câmara Cível, julgamento em 27/05/2020, publicação da súmula em 19/06/2020).
- Nas ações possessórias voltadas contra número indeterminado de invasores de imóvel, faz-se obrigatória a citação por edital dos réus incertos (STJ, REsp 1.314.615/SP, Ministro Luis Felipe Salomão, T4 – Quarta Turma, *DJe* 12/06/2017).
- A jurisprudência do Superior Tribunal de Justiça é assente no sentido de que a citação por edital somente é cabível quando não exitosas as outras modalidades de citação, ou seja, pelo correio e por oficial de justiça (STJ, AREsp 1.050.314/RJ, Ministro Francisco Falcão, T2 – Segunda Turma, *DJe* 15/05/2017).

> **Art. 257.** São requisitos da citação por edital:
>
> I – a afirmação do autor ou a certidão do oficial informando a presença das circunstâncias autorizadoras;
>
> II – a publicação do edital na rede mundial de computadores, no sítio do respectivo tribunal e na plataforma de editais do Conselho Nacional de Justiça, que deve ser certificada nos autos;
>
> III – a determinação, pelo juiz, do prazo, que variará entre 20 (vinte) e 60 (sessenta) dias, fluindo da data da publicação única ou, havendo mais de uma, da primeira;
>
> IV – a advertência de que será nomeado curador especial em caso de revelia.
>
> Parágrafo único. O juiz poderá determinar que a publicação do edital seja feita também em jornal local de ampla circulação ou por outros meios, considerando as peculiaridades da comarca, da seção ou da subseção judiciárias.

REFERÊNCIAS LEGISLATIVAS

- Art. 256, CPC.

DICAS DE PRÁTICA JURÍDICA

- **Conferência dos requisitos legais**: o interessado, qual seja, o advogado atuando como curador especial ou a parte que recebe o processo depois de ser citado por edital, deve ficar atento aos requisitos formais previstos neste artigo, assim como os gerais previstos no artigo anterior (art. 256, CPC), visto que são comuns os erros de forma que podem invalidar o ato, possibilitando ao interessado não só uma forma de defesa indireta (contra o processo), mas até a recuperação de prazos que possam viabilizar uma melhor defesa de mérito.

> **Art. 258.** A parte que requerer a citação por edital, alegando dolosamente a ocorrência das circunstâncias autorizadoras para sua realização, incorrerá em multa de 5 (cinco) vezes o salário mínimo.
>
> Parágrafo único. A multa reverterá em benefício do citando.

REFERÊNCIAS LEGISLATIVAS

- Arts. 81, 96, 777, 966, III e V, CPC; art. 299, CP.
- Art. 347, CP: "Inovar artificiosamente, na pendência de processo civil ou administrativo, o estado de lugar, de coisa ou de pessoa, com o fim de induzir a erro o juiz ou o perito: Pena – detenção, de três meses a dois anos, e multa. Parágrafo único. Se a inovação se destina a produzir efeito em processo penal, ainda que não iniciado, as penas aplicam-se em dobro".

ANOTAÇÕES

- **Citação por edital por dolo**: infelizmente, da mesma forma como que é comum que o réu se esconda para evitar a citação, também é comum que o autor não declare o paradeiro do réu para tentar se beneficiar indevidamente da ausência dele no processo. De qualquer forma, o prejudicado, ao tomar conhecimento, pode ajuizar ação rescisória com arrimo no art. 966, inciso III e/ou V, do CPC.

Art. 259. Serão publicados editais:

I – na ação de usucapião de imóvel;

II – na ação de recuperação ou substituição de título ao portador;

III – em qualquer ação em que seja necessária, por determinação legal, a provocação, para participação no processo, de interessados incertos ou desconhecidos.

REFERÊNCIAS LEGISLATIVAS

- Arts. 1.238 a 1.244, CC.

CAPÍTULO III
DAS CARTAS

Art. 260. São requisitos das cartas de ordem, precatória e rogatória:

I – a indicação dos juízes de origem e de cumprimento do ato;

II – o inteiro teor da petição, do despacho judicial e do instrumento do mandato conferido ao advogado;

III – a menção do ato processual que lhe constitui o objeto;

IV – o encerramento com a assinatura do juiz.

§ 1º O juiz mandará trasladar para a carta quaisquer outras peças, bem como instruí-la com mapa, desenho ou gráfico, sempre que esses documentos devam ser examinados, na diligência, pelas partes, pelos peritos ou pelas testemunhas.

§ 2º Quando o objeto da carta for exame pericial sobre documento, este será remetido em original, ficando nos autos reprodução fotográfica.

§ 3º A carta arbitral atenderá, no que couber, aos requisitos a que se refere o *caput* e será instruída com a convenção de arbitragem e com as provas da nomeação do árbitro e de sua aceitação da função.

REFERÊNCIAS LEGISLATIVAS

- Arts. 36, 237, 267, I, CPC.

ANOTAÇÕES

- **Comunicações fora da comarca**: quando a citação ou intimação tiver que ser feita fora do território da comarca, a parte poderá, conforme o caso, fazer uso da: I – *carta de ordem*: quando a citação ou intimação for emitida por Tribunal e destinada a juiz que lhe for subordinado; II – *carta precatória*: quando a citação ou intimação for emitida por juiz e for dirigida a outro juiz de igual categoria jurisdicional; III – *carta rogatória*: quando a citação ou intimação for emitida por autoridade judiciária brasileira e for dirigida à autoridade judiciária estrangeira.

> **Art. 261.** Em todas as cartas o juiz fixará o prazo para cumprimento, atendendo à facilidade das comunicações e à natureza da diligência.
> § 1º As partes deverão ser intimadas pelo juiz do ato de expedição da carta.
> § 2º Expedida a carta, as partes acompanharão o cumprimento da diligência perante o juízo destinatário, ao qual compete a prática dos atos de comunicação.
> § 3º A parte a quem interessar o cumprimento da diligência cooperará para que o prazo a que se refere o *caput* seja cumprido.

ANOTAÇÕES

- ***Prazo para cumprimento***: a fixação de prazo tem claro objetivo de se evitar que o juízo deprecado simplesmente se esqueça da carta, como, infelizmente, acontece sistematicamente. O prazo é impróprio, ou seja, não há, a princípio, qualquer sanção para o seu descumprimento.

DICAS DE PRÁTICA JURÍDICA

- ***Providências***: na prática forense a expedição de carta precatória leva o processo a ser colocado "em espera"; não sendo incomum que todos se esqueçam do caso e se passem meses até que alguém se lembre do caso. Cabe ao advogado da parte interessada evitar que isso aconteça. Para tanto, ele deve anotar nos seus controles o prazo para cumprimento fixado pelo juiz; ao final do prazo, não tendo a carta precatória voltado, peticionar ao juízo deprecante requerendo providências, ou seja, a expedição de ofício ao juízo deprecado requerendo a devolução da carta precatória regularmente cumprida. Trata-se de petição simples (endereçamento, qualificação, informação sobre o decurso do prazo, pedido de expedição de ofício cobrando a devolução).

> **Art. 262.** A carta tem caráter itinerante, podendo, antes ou depois de lhe ser ordenado o cumprimento, ser encaminhada a juízo diverso do que dela consta, a fim de se praticar o ato.
> Parágrafo único. O encaminhamento da carta a outro juízo será imediatamente comunicado ao órgão expedidor, que intimará as partes.

ANOTAÇÕES

- ***Carta itinerante***: outra medida destinada a dar agilidade à comunicação dos atos processuais; se durante a diligência se apurar notícia de que o procurado encontra-se em outro endereço, o juízo deprecado deve, ao invés de devolver a carta precatória negativa, juntar a certidão do oficial de justiça na carta precatória e encaminhá-la para o juízo competente para tentar a nova diligência. Desta forma se ganha tempo importante, evitando-se diligências inúteis. O encaminhamento da carta para o outro juízo deve ser comunicado ao órgão expedidor.

Art. 263. As cartas deverão, preferencialmente, ser expedidas por meio eletrônico, caso em que a assinatura do juiz deverá ser eletrônica, na forma da lei.

REFERÊNCIAS LEGISLATIVAS

- Art. 193, CPC; Lei nº 11.419/2006.

Art. 264. A carta de ordem e a carta precatória por meio eletrônico, por telefone ou por telegrama conterão, em resumo substancial, os requisitos mencionados no art. 250, especialmente no que se refere à aferição da autenticidade.

REFERÊNCIAS LEGISLATIVAS

- Arts. 250, 414, CPC.

Art. 265. O secretário do tribunal, o escrivão ou o chefe de secretaria do juízo deprecante transmitirá, por telefone, a carta de ordem ou a carta precatória ao juízo em que houver de se cumprir o ato, por intermédio do escrivão do primeiro ofício da primeira vara, se houver na comarca mais de um ofício ou de uma vara, observando-se, quanto aos requisitos, o disposto no art. 264.

§ 1º O escrivão ou o chefe de secretaria, no mesmo dia ou no dia útil imediato, telefonará ou enviará mensagem eletrônica ao secretário do tribunal, ao escrivão ou ao chefe de secretaria do juízo deprecante, lendo-lhe os termos da carta e solicitando-lhe que os confirme.

§ 2º Sendo confirmada, o escrivão ou o chefe de secretaria submeterá a carta a despacho.

REFERÊNCIAS LEGISLATIVAS

- Arts. 152, 264, CPC.

Art. 266. Serão praticados de ofício os atos requisitados por meio eletrônico e de telegrama, devendo a parte depositar, contudo, na secretaria do tribunal ou no cartório do juízo deprecante, a importância correspondente às despesas que serão feitas no juízo em que houver de praticar-se o ato.

REFERÊNCIAS LEGISLATIVAS

- Art. 82, CPC.

ANOTAÇÕES

- ***Preparo***: o dispositivo não resolve o problema do recolhimento das custas, principalmente na justiça estadual quando a carta precatória é expedida para outro estado; explico: nestes casos a competência legislativa é estadual, ou seja, não é possível recolher em São Paulo, por exemplo, as custas das diligências de uma carta precatória enviada para o Pará. A solução, por ora, pode ser usar os serviços de um colega correspondente.

> **Art. 267.** O juiz recusará cumprimento a carta precatória ou arbitral, devolvendo-a com decisão motivada quando:
> I – a carta não estiver revestida dos requisitos legais;
> II – faltar ao juiz competência em razão da matéria ou da hierarquia;
> III – o juiz tiver dúvida acerca de sua autenticidade.
> Parágrafo único. No caso de incompetência em razão da matéria ou da hierarquia, o juiz deprecado, conforme o ato a ser praticado, poderá remeter a carta ao juiz ou ao tribunal competente.

REFERÊNCIAS LEGISLATIVAS

- Art. 260, CPC.

ANOTAÇÕES

- ***Recusa de cumprimento***: eventual recusa do cumprimento da carta precatória ou arbitral deve ser fundamentada e arrimada em um dos incisos deste artigo. Ressalte-se que não cabe, em nenhuma hipótese, ao juízo deprecado simplesmente se recusar a cumprir a carta precatória ou mesmo rever a decisão do juízo deprecado.

JURISPRUDÊNCIA

- Enunciado 26 do Fórum Permanente de Processualistas Civis: Os requisitos legais mencionados no inciso I do art. 267 são os previstos no art. 260.
- Enunciado 27 do Fórum Permanente de Processualistas Civis: Não compete ao juízo estatal revisar o mérito da medida ou decisão arbitral cuja efetivação se requer por meio da carta arbitral, salvo nos casos do § 3º do art. 26 do CPC.

> **Art. 268.** Cumprida a carta, será devolvida ao juízo de origem no prazo de 10 (dez) dias, independentemente de traslado, pagas as custas pela parte.

REFERÊNCIAS LEGISLATIVAS

- Art. 219, CPC.

CAPÍTULO IV
DAS INTIMAÇÕES

Art. 269. Intimação é o ato pelo qual se dá ciência a alguém dos atos e dos termos do processo.

§ 1º É facultado aos advogados promover a intimação do advogado da outra parte por meio do correio, juntando aos autos, a seguir, cópia do ofício de intimação e do aviso de recebimento.

§ 2º O ofício de intimação deverá ser instruído com cópia do despacho, da decisão ou da sentença.

§ 3º A intimação da União, dos Estados, do Distrito Federal, dos Municípios e de suas respectivas autarquias e fundações de direito público será realizada perante o órgão de Advocacia Pública responsável por sua representação judicial.

REFERÊNCIAS LEGISLATIVAS

- Art. 280, CPC.

ANOTAÇÕES

- *Intimação*: enquanto a citação é essencial para completar a relação jurídica processual, uma vez que por ela se chama o réu ou o interessado a fim de se defender, a intimação, por sua vez, é apenas uma forma de o juiz avisar terceiros e as partes sobre determinados pontos do processo (*v.g.*, para o autor se manifestar em réplica sobre a contestação; para que as partes especifiquem as provas; para que a parte se manifeste sobre certidão negativa do oficial de justiça; para que as partes tomem ciência da data de audiência; para que o terceiro venha depor em juízo; informando ao perito que foi nomeado etc.).

Art. 270. As intimações realizam-se, sempre que possível, por meio eletrônico, na forma da lei.

Parágrafo único. Aplica-se ao Ministério Público, à Defensoria Pública e à Advocacia Pública o disposto no § 1º do art. 246.

REFERÊNCIAS LEGISLATIVAS

- Arts. 180, 183, § 1º, 186, § 1º, 246, § 1º, CPC; art. 5º, Lei nº 11.419/2006.

Art. 271. O juiz determinará de ofício as intimações em processos pendentes, salvo disposição em contrário.

REFERÊNCIAS LEGISLATIVAS

- Arts. 139, IV, 152, II, 203, § 4º, CPC.

Art. 272. Quando não realizadas por meio eletrônico, consideram-se feitas as intimações pela publicação dos atos no órgão oficial.

§ 1º Os advogados poderão requerer que, na intimação a eles dirigida, figure apenas o nome da sociedade a que pertençam, desde que devidamente registrada na Ordem dos Advogados do Brasil.

§ 2º Sob pena de nulidade, é indispensável que da publicação constem os nomes das partes e de seus advogados, com o respectivo número de inscrição na Ordem dos Advogados do Brasil, ou, se assim requerido, da sociedade de advogados.

§ 3º A grafia dos nomes das partes não deve conter abreviaturas.

§ 4º A grafia dos nomes dos advogados deve corresponder ao nome completo e ser a mesma que constar da procuração ou que estiver registrada na Ordem dos Advogados do Brasil.

§ 5º Constando dos autos pedido expresso para que as comunicações dos atos processuais sejam feitas em nome dos advogados indicados, o seu desatendimento implicará nulidade.

§ 6º A retirada dos autos do cartório ou da secretaria em carga pelo advogado, por pessoa credenciada a pedido do advogado ou da sociedade de advogados, pela Advocacia Pública, pela Defensoria Pública ou pelo Ministério Público implicará intimação de qualquer decisão contida no processo retirado, ainda que pendente de publicação.

§ 7º O advogado e a sociedade de advogados deverão requerer o respectivo credenciamento para a retirada de autos por preposto.

§ 8º A parte arguirá a nulidade da intimação em capítulo preliminar do próprio ato que lhe caiba praticar, o qual será tido por tempestivo se o vício for reconhecido.

§ 9º Não sendo possível a prática imediata do ato diante da necessidade de acesso prévio aos autos, a parte limitar-se-á a arguir a nulidade da intimação, caso em que o prazo será contado da intimação da decisão que a reconheça.

JURISPRUDÊNCIA

- Esta Corte de Justiça possui o entendimento firmado de que é nula a intimação quando não observado o pedido expresso de publicação exclusiva em nome de advogado específico. Tal nulidade relativa deve ser arguida na primeira oportunidade que houver para se manifestar nos autos, o que não ocorreu no caso dos autos (STJ, REsp 1.503.084/CE, Ministro Og Fernandes, T2 – Segunda Turma, *DJe* 26/02/2018).
- Ainda que superado o mencionado óbice e considerando a alegada incorreção na grafia do nome do advogado da recorrente, a jurisprudência desta Corte entende que a existência de erros insignificantes na publicação do nome dos advogados, que não dificultam a identificação do feito, não ensejam a nulidade da intimação Precedentes (STJ, AgInt no AREsp 1416600/MG, Ministro Marco Aurélio Bellizze, T3 – Terceira Turma, *DJe* 24/09/2020).
- O Superior Tribunal de Justiça, há muito, consagrou o entendimento de que, havendo vários advogados habilitados a receber intimações, é válida a publicação realizada na pessoa de apenas um deles. A nulidade das intimações só se verifica quando há requerimento prévio para que sejam feitas exclusivamente em nome

de determinado patrono, o que não é o caso dos presentes autos (STJ, AgInt no RMS 51.662/DF, Ministra Assusete Magalhães, T2 – Segunda Turma, *DJe* 15/02/2018).
- O entendimento do Tribunal *a quo* coaduna-se à jurisprudência do STJ, que já decidiu que a ausência de intimação dos advogados do reconvindo para o oferecimento de contestação à reconvenção não enseja nulidade quando inexiste prova do prejuízo à parte, exatamente como o caso dos autos, em que houve ciência inequívoca da reconvenção por parte da recorrente (STJ, REsp 1.707.702/PR, Ministro Herman Benjamin, T2 – Segunda Turma, *DJe* 19/12/2017).

> **Art. 273.** Se inviável a intimação por meio eletrônico e não houver na localidade publicação em órgão oficial, incumbirá ao escrivão ou chefe de secretaria intimar de todos os atos do processo os advogados das partes:
>
> I – pessoalmente, se tiverem domicílio na sede do juízo;
>
> II – por carta registrada, com aviso de recebimento, quando forem domiciliados fora do juízo.

REFERÊNCIAS LEGISLATIVAS

- Art. 152, II, CPC.

JURISPRUDÊNCIA

- A jurisprudência desta Corte Superior considera válida a intimação dos procuradores federais – igualmente detentores da prerrogativa da intimação pessoal – efetivada por meio de carta com aviso de recebimento, à luz do disposto no art. 237, II, do CPC de 1973 (correspondente ao art. 273, II, do CPC de 2015), e no art. 6º, § 2º, da Lei n. 9.028/1995. *Mutatis mutandis*, esse mesmo entendimento deve ser aplicado, quanto às decisões desta Corte Superior, no que se refere às intimações dirigidas às defensorias públicas estaduais que não possuem sede em Brasília/DF. Regularidade, na espécie, da intimação da Defensoria Pública do Estado do Paraná por meio de ofício intimatório postal com aviso de recebimento – AR (STJ, AgInt no AgInt no REsp 1617597/PR, Ministro Luis Felipe Salomão, T4 – Quarta Turma, *DJe* 04/12/2018).

> **Art. 274.** Não dispondo a lei de outro modo, as intimações serão feitas às partes, aos seus representantes legais, aos advogados e aos demais sujeitos do processo pelo correio ou, se presentes em cartório, diretamente pelo escrivão ou chefe de secretaria.
>
> Parágrafo único. Presumem-se válidas as intimações dirigidas ao endereço constante dos autos, ainda que não recebidas pessoalmente pelo interessado, se a modificação temporária ou definitiva não tiver sido devidamente comunicada ao juízo, fluindo os prazos a partir da juntada aos autos do comprovante de entrega da correspondência no primitivo endereço.

REFERÊNCIAS LEGISLATIVAS

- Art. 231, CPC.

ANOTAÇÕES

- ***Intimação pessoal***: nos casos em que as intimações tenham que ser feitas pessoalmente (*v.g.*, intimação para prestar depoimento pessoal, intimação para participar de perícia técnica, como o exame de DNA, intimação para andamento ao feito etc.), o CPC, em consonância com o *princípio da probidade processual*, considera válidas as intimações que sejam dirigidas ao endereço residencial ou profissional informado nos autos.

> **Art. 275.** A intimação será feita por oficial de justiça quando frustrada a realização por meio eletrônico ou pelo correio.
> § 1º A certidão de intimação deve conter:
> I – a indicação do lugar e a descrição da pessoa intimada, mencionando, quando possível, o número de seu documento de identidade e o órgão que o expediu;
> II – a declaração de entrega da contrafé;
> III – a nota de ciente ou a certidão de que o interessado não a apôs no mandado.
> § 2º Caso necessário, a intimação poderá ser efetuada com hora certa ou por edital.

REFERÊNCIAS LEGISLATIVAS

- Arts. 151, 154, 252 a 254, 256 e 257, CPC.

TÍTULO III
DAS NULIDADES

> **Art. 276.** Quando a lei prescrever determinada forma sob pena de nulidade, a decretação desta não pode ser requerida pela parte que lhe deu causa.

REFERÊNCIAS LEGISLATIVAS

- Arts. 70, 103, CPC; arts. 5º, 104, 138 a 184, CC.

ANOTAÇÕES

- ***Nulidades dos atos processuais***: não obstante haja regras próprias no trato do sistema de nulidades, os atos processuais, como qualquer ato jurídico, estão sujeitos às exigências comuns de validade previstas no Código Civil (art. 104, CC), quais sejam: agente capaz, objeto lícito, forma prescrita ou não defesa em lei. No campo da capacidade, deve-se acrescentar que, além de a parte ser capaz (art. 5º, CC; art. 70, CPC), deve ser representada nos autos por advogado ou pelo Ministério Público, visto que para a prática do ato processual exige-se, de regra, também a capacidade postulatória (art. 103, CPC).
- ***Sistema de nulidades***: de modo geral, pode-se afirmar que o sistema de nulidades dos atos processuais é informado pelas seguintes normas: I – não há nulidade sem prejuízo; II – o ato será considerado válido se, realizado de forma incorreta, alcançar sua finalidade essencial (*princípio da*

instrumentalidade das formas); III – as nulidades só podem ser arguidas pela parte prejudicada; IV – toda nulidade, seja relativa ou absoluta, deve ser reconhecida e declarada judicialmente, sendo que o juiz, ao fazê-lo, deverá indicar os atos atingidos.

Art. 277. Quando a lei prescrever determinada forma, o juiz considerará válido o ato se, realizado de outro modo, lhe alcançar a finalidade.

REFERÊNCIAS LEGISLATIVAS

- Arts. 188 e 283, CPC.

JURISPRUDÊNCIA

- A decretação de nulidade de atos processuais depende da efetiva demonstração de prejuízo à parte interessada (STJ, AgInt no REsp 1.460.295/SP, Ministra Nancy Andrighi, T3 – Terceira Turma, *DJe* 19/12/2017).
- O sistema das nulidades processuais é informado pela máxima *pas de nullité sans grief*, segundo a qual não se decreta nulidade sem prejuízo (STJ, REsp 1.291.096/SP, Ministro Ricardo Villas Bôas Cueva, T3 – Terceira Turma, *DJe* 07/06/2016).
- O sistema das nulidades processuais em nosso ordenamento jurídico é orientado pelo princípio da instrumentalidade das formas e dos atos processuais, segundo o qual o ato só será considerado nulo se, além da inobservância da forma legal, não tiver alcançado a sua finalidade (STJ, REsp 1.370.903/MG, Ministro Ricardo Villas Bôas Cueva, T3 – Terceira Turma, *DJe* 31/03/2015).

Art. 278. A nulidade dos atos deve ser alegada na primeira oportunidade em que couber à parte falar nos autos, sob pena de preclusão.

Parágrafo único. Não se aplica o disposto no *caput* às nulidades que o juiz deva decretar de ofício, nem prevalece a preclusão provando a parte legítimo impedimento.

REFERÊNCIAS LEGISLATIVAS

- Art. 223, CPC.

ANOTAÇÕES

- **Preclusão**: é a proibição de rediscutir questões já tratadas ou a renovação de atos processuais, seja porque já foram praticados, seja porque a parte deixou de praticá-los no tempo oportuno ou porque já praticou outro ato com eles incompatível. Destarte, pode-se afirmar que *preclusão é a perda da faculdade de praticar o ato processual*.

JURISPRUDÊNCIA

- O vício relativo à ausência de intimação constitui nulidade relativa, a qual deve ser alegada na primeira oportunidade em que couber à parte se manifestar nos autos, sob pena de preclusão, nos termos do art. 278 do CPC (STJ, AR 6549/DF, Ministro Paulo de Tarso Sanseverino, S2 – Segunda Seção, *DJe* 29/10/2020).

Art. 279. É nulo o processo quando o membro do Ministério Público não for intimado a acompanhar o feito em que deva intervir.

§ 1º Se o processo tiver tramitado sem conhecimento do membro do Ministério Público, o juiz invalidará os atos praticados a partir do momento em que ele deveria ter sido intimado.

§ 2º A nulidade só pode ser decretada após a intimação do Ministério Público, que se manifestará sobre a existência ou a inexistência de prejuízo.

REFERÊNCIAS LEGISLATIVAS

- Art. 178, CPC.

JURISPRUDÊNCIA

- É firme a jurisprudência do STJ no sentido de que a ausência de intimação do Ministério Público não enseja, por si só, a decretação de nulidade do julgado, salvo a ocorrência de efetivo prejuízo demonstrado nos autos (STJ, REsp 1314615/SP, Ministro Luis Felipe Salomão, T4 – Quarta Turma, *DJe* 12/06/2017).

Art. 280. As citações e as intimações serão nulas quando feitas sem observância das prescrições legais.

REFERÊNCIAS LEGISLATIVAS

- Arts. 238 a 268, 269 a 275, CPC.

JURISPRUDÊNCIA

- A jurisprudência do Superior Tribunal de Justiça firmou-se no sentido de que, em nosso sistema processual, à luz do princípio *pas de nullité sans grief*, não se decreta a nulidade da citação quando não estiver concretamente demonstrado o prejuízo (STJ, AgInt no AgRg no AREsp 797.151/MS, Ministro Raul Araújo, *DJe* 14/03/2017).

Art. 281. Anulado o ato, consideram-se de nenhum efeito todos os subsequentes que dele dependam, todavia, a nulidade de uma parte do ato não prejudicará as outras que dela sejam independentes.

REFERÊNCIAS LEGISLATIVAS

- Art. 184, CC.

Art. 282. Ao pronunciar a nulidade, o juiz declarará que atos são atingidos e ordenará as providências necessárias a fim de que sejam repetidos ou retificados.

§ 1º O ato não será repetido nem sua falta será suprida quando não prejudicar a parte.

§ 2º Quando puder decidir o mérito a favor da parte a quem aproveite a decretação da nulidade, o juiz não a pronunciará nem mandará repetir o ato ou suprir-lhe a falta.

REFERÊNCIAS LEGISLATIVAS

- Arts. 276, 488, CPC.

Art. 283. O erro de forma do processo acarreta unicamente a anulação dos atos que não possam ser aproveitados, devendo ser praticados os que forem necessários a fim de se observarem as prescrições legais.

Parágrafo único. Dar-se-á o aproveitamento dos atos praticados desde que não resulte prejuízo à defesa de qualquer parte.

REFERÊNCIAS LEGISLATIVAS

- Arts. 188, 277, CPC.

ANOTAÇÕES

- ***Princípio da instrumentalidade das formas***: os atos e os termos processuais não dependem de forma especial (*princípio da liberdade das formas*), mas, mesmo aqueles para os quais está prevista forma especial (*v.g.*, carta de ordem, carta precatória, carta rogatória, citação por edital, citação por hora certa etc.), serão válidos, apesar de realizados de outra forma, se tiverem alcançado a sua finalidade essencial.

TÍTULO IV
DA DISTRIBUIÇÃO E DO REGISTRO

Art. 284. Todos os processos estão sujeitos a registro, devendo ser distribuídos onde houver mais de um juiz.

REFERÊNCIAS LEGISLATIVAS

- Arts. 59, 930, CPC.
- Art. 93, XV, CF: "a distribuição de processos será imediata, em todos os graus de jurisdição".
- Art. 1º, Lei nº 5.478/1968 – LA: "A ação de alimentos é de rito especial, independente de prévia distribuição e de anterior concessão do benefício de gratuidade".

> **Art. 285.** A distribuição, que poderá ser eletrônica, será alternada e aleatória, obedecendo-se rigorosa igualdade.
> Parágrafo único. A lista de distribuição deverá ser publicada no Diário de Justiça.

REFERÊNCIAS LEGISLATIVAS

- Art. 289, CPC.

> **Art. 286.** Serão distribuídas por dependência as causas de qualquer natureza:
> I – quando se relacionarem, por conexão ou continência, com outra já ajuizada;
> II – quando, tendo sido extinto o processo sem resolução de mérito, for reiterado o pedido, ainda que em litisconsórcio com outros autores ou que sejam parcialmente alterados os réus da demanda;
> III – quando houver ajuizamento de ações nos termos do art. 55, § 3º, ao juízo prevento.
> Parágrafo único. Havendo intervenção de terceiro, reconvenção ou outra hipótese de ampliação objetiva do processo, o juiz, de ofício, mandará proceder à respectiva anotação pelo distribuidor.

REFERÊNCIAS LEGISLATIVAS

- Arts. 54 a 55, 119 a 138, 343, 485, 676, 683, CPC.

JURISPRUDÊNCIA

- Súmula 235 do STJ: A conexão não determina a reunião dos processos, se um deles já foi julgado.

> **Art. 287.** A petição inicial deve vir acompanhada de procuração, que conterá os endereços do advogado, eletrônico e não eletrônico.
> Parágrafo único. Dispensa-se a juntada da procuração:
> I – no caso previsto no art. 104;
> II – se a parte estiver representada pela Defensoria Pública;
> III – se a representação decorrer diretamente de norma prevista na Constituição Federal ou em lei.

REFERÊNCIAS LEGISLATIVAS

- Arts. 76, 103, 104, 105, 319, CPC.

Art. 288. O juiz, de ofício ou a requerimento do interessado, corrigirá o erro ou compensará a falta de distribuição.

⚖ REFERÊNCIAS LEGISLATIVAS

- Art. 284, CPC.

Art. 289. A distribuição poderá ser fiscalizada pela parte, por seu procurador, pelo Ministério Público e pela Defensoria Pública.

⚖ REFERÊNCIAS LEGISLATIVAS

- Arts. 103, 176, 182, CPC.

Art. 290. Será cancelada a distribuição do feito se a parte, intimada na pessoa de seu advogado, não realizar o pagamento das custas e despesas de ingresso em 15 (quinze) dias.

⚖ REFERÊNCIAS LEGISLATIVAS

- Arts. 82, 91, 102, parágrafo único, 219, CPC.

⚖ JURISPRUDÊNCIA

- Prevalece, nesta Casa, o entendimento de que o cancelamento da distribuição da reconvenção em decorrência do não recolhimento das custas independe de prévia intimação pessoal do reconvinte (STJ, AgInt no AREsp 1.060.742/SP, Ministro Marco Aurélio Bellizze, T3 – Terceira Turma, *DJe* 25/08/2017).
- O cancelamento da distribuição, por falta de pagamento das custas iniciais, não depende de prévia intimação da parte (STJ, AgInt no AREsp 956.522/MS, Ministro Og Fernandes, T2 – Segunda Turma, *DJe* 02/03/2017).

TÍTULO V
DO VALOR DA CAUSA

Art. 291. A toda causa será atribuído valor certo, ainda que não tenha conteúdo econômico imediatamente aferível.

⚖ REFERÊNCIAS LEGISLATIVAS

- Arts. 292, 293, CPC.

ANOTAÇÕES

- **Valor da causa**: o valor da causa deve, sempre que possível, representar o valor econômico do pedido, com o escopo de servir como justo parâmetro na fixação das custas processuais e honorários advocatícios. Mesmo que a ação não tenha conteúdo econômico imediato (*v.g.*, regulamentação de visitas, alteração de guarda, investigação de paternidade sem pedido de alimentos, separação judicial sem bens, conversão de separação em divórcio, adoção etc.), é obrigatória a atribuição de um valor à causa. Neste caso, o autor tem autonomia para fixar um valor segundo critérios subjetivos próprios, desde que o valor imputado seja compatível com as circunstâncias gerais do caso.

JURISPRUDÊNCIA

- A jurisprudência do Superior Tribunal de Justiça é firme no sentido de que o valor da causa deve corresponder, em princípio, ao do seu conteúdo econômico, considerado como tal o valor do benefício econômico que o autor pretende obter com a demanda. Contudo, admite-se a fixação do valor da causa por estimativa, quando constatada a incerteza do proveito econômico perseguido na demanda (STJ, AgInt no REsp 1.367.247/PR, Rel. Ministro Sérgio Kukina, T1 – Primeira Turma, j. 27/09/2016, *DJe* 06/10/2016).

Art. 292. O valor da causa constará da petição inicial ou da reconvenção e será:

I – na ação de cobrança de dívida, a soma monetariamente corrigida do principal, dos juros de mora vencidos e de outras penalidades, se houver, até a data de propositura da ação;

II – na ação que tiver por objeto a existência, a validade, o cumprimento, a modificação, a resolução, a resilição ou a rescisão de ato jurídico, o valor do ato ou o de sua parte controvertida;

III – na ação de alimentos, a soma de 12 (doze) prestações mensais pedidas pelo autor;

IV – na ação de divisão, de demarcação e de reivindicação, o valor de avaliação da área ou do bem objeto do pedido;

V – na ação indenizatória, inclusive a fundada em dano moral, o valor pretendido;

VI – na ação em que há cumulação de pedidos, a quantia correspondente à soma dos valores de todos eles;

VII – na ação em que os pedidos são alternativos, o de maior valor;

VIII – na ação em que houver pedido subsidiário, o valor do pedido principal.

§ 1º Quando se pedirem prestações vencidas e vincendas, considerar-se-á o valor de umas e outras.

§ 2º O valor das prestações vincendas será igual a uma prestação anual, se a obrigação for por tempo indeterminado ou por tempo superior a 1 (um) ano, e, se por tempo inferior, será igual à soma das prestações.

§ 3º O juiz corrigirá, de ofício e por arbitramento, o valor da causa quando verificar que não corresponde ao conteúdo patrimonial em discussão ou ao proveito econômico perseguido pelo autor, caso em que se procederá ao recolhimento das custas correspondentes.

⚖️ REFERÊNCIAS LEGISLATIVAS

- Arts. 322 a 329, 343, 700, § 3º, CPC; arts. 252 a 256, CC.

⚖️ JURISPRUDÊNCIA

- Súmula 449 do STF: O valor da causa, na consignatória de aluguel, corresponde a uma anuidade.
- Nas ações possessórias, o valor da causa deve corresponder ao valor do benefício patrimonial pretendido pelo autor, ou seja, ao valor atual do bem imóvel objeto da lide (TJMG, Agravo de Instrumento-Cv 1.0000.19.146468-4/001, Rel. Desembargador José Eustáquio Lucas Pereira, 5ª Câmara Cível, julgamento em 20/08/2020, publicação da súmula em 20/08/2020).
- O valor da causa em ação rescisória deve corresponder, em princípio, ao da ação originária, corrigido monetariamente. Havendo, porém, discrepância entre o valor da causa originária e o proveito econômico buscado na ação rescisória, deve prevalecer esse último (STJ, AgRg no REsp 1.424.425/GO, Ministro Moura Ribeiro, T3 – Terceira Turma, *DJe* 14/08/2017).
- Nos termos da jurisprudência do Superior Tribunal de Justiça, nos embargos à execução, o valor da causa deve corresponder à diferença entre o valor que está sendo executado e aquele que se entende devido, de modo que, buscando o embargante questionar a totalidade do crédito que se pretende executar, o valor da causa nos embargos à execução deve guardar paridade com aquele atribuído à execução (STJ, EDcl nos EDcl no AREsp 58.836/PE, Ministra Assusete Magalhães, T2 – Segunda Turma, *DJe* 27/03/2017).
- Esta Corte tem entendimento consolidado no sentido de que, na impossibilidade de mensuração da expressão econômica da demanda, circunstância não verificada na espécie, admite-se que o valor da causa seja fixado por estimativa, sujeito a posterior adequação ao valor apurado na sentença ou no procedimento de liquidação (STJ, REsp 1.641.888/PE, Ministro Ricardo Villas Bôas Cueva, T3 – Terceira Turma, *DJe* 14/03/2017).
- Conforme entendimento reiterado do STJ, nas hipóteses em que o autor indica na petição inicial o valor buscado a título de danos morais, tal quantia deve ser considerada para a fixação do valor da causa, tendo em vista que integra o benefício econômico pretendido (STJ, AgInt no AREsp 123.884/RS, Ministro Marco Buzzi, T4 – Quarta Turma, *DJe* 22/09/2016).

Art. 293. O réu poderá impugnar, em preliminar da contestação, o valor atribuído à causa pelo autor, sob pena de preclusão, e o juiz decidirá a respeito, impondo, se for o caso, a complementação das custas.

⚖️ REFERÊNCIAS LEGISLATIVAS

- Arts. 335, 337, III, CPC.

💡 DICAS DE PRÁTICA JURÍDICA

- ***Como impugnar o valor da causa***: como regra, a estrutura da contestação é a seguinte: endereçamento; qualificação; resumo dos fatos; preliminares; mérito; reconvenção (quando o caso). O interessado em impugnar o valor da causa deve fazê-lo nas preliminares ("Da Impugnação do Valor da Causa"), apontando as razões pelas quais entende que o valor atribuído pelo autor está errado; deve, ainda, indicar o valor que entende correto, requerendo a intimação do autor para proceder com a alteração e o recolhimento complementar das custas, quando for o caso. Para acesso a modelos editáveis de contestações onde se impugna o valor da causa, veja nosso *Prática de contestação no processo civil*, da Editora Atlas.

LIVRO V
DA TUTELA PROVISÓRIA

TÍTULO I
DISPOSIÇÕES GERAIS

Art. 294. A tutela provisória pode fundamentar-se em urgência ou evidência.

Parágrafo único. A tutela provisória de urgência, cautelar ou antecipada, pode ser concedida em caráter antecedente ou incidental.

REFERÊNCIAS LEGISLATIVAS

- Arts. 300 a 310, 311, CPC.

ANOTAÇÕES

- ***Tutela provisória***: é medida judicial colocada à disposição do titular de direito material, com o objetivo proteger os seus interesses contra os efeitos negativos causados pelo decurso do tempo, possibilitando a regulamentação provisória do conflito. Incidente do processo, a tutela provisória pode ser de "urgência" ou de "evidência".
- ***Tutela provisória de urgência***: o parágrafo único indica que a tutela provisória de urgência pode ser cautelar ou antecipada; ela é "cautelar" quando se limita precipuamente a assegurar o resultado útil do futuro processo; ela é "antecipada", ou antecipatória (satisfativa), quando entrega ao interessado, total ou parcialmente, a própria pretensão principal buscada em juízo. O novo CPC unificou o tratamento dispensado à tutela provisória de urgência, que, qualquer seja sua natureza (cautelar ou antecipada), pode ser invocada tanto por meio de petição avulsa, ou seja, antecedente, como por meio de petição inicial (incidental).

JURISPRUDÊNCIA

- Nos termos do art. 294, CPC de 2015, a tutela provisória pode fundamentar-se em urgência ou evidência, sendo os requisitos da primeira os elementos que evidenciem a probabilidade do direito e o perigo de dano ou o risco ao resultado útil do processo, e, da segunda, a caracterização do abuso do direito de defesa ou o manifesto propósito protelatório da parte e a prova inequívoca, isto é, comprovada documentalmente, do seu direito, fundado em tese firmada em julgamento de casos repetitivos ou em súmula vinculante (TJMG, Agravo de Instrumento-Cv 1.0000.20.072937-4/001, Rel. Desembargadora Evangelina Castilho Duarte, 14ª Câmara Cível, julgamento em 20/08/2020, publicação da súmula em 20/08/2020).

Art. 295. A tutela provisória requerida em caráter incidental independe do pagamento de custas.

REFERÊNCIAS LEGISLATIVAS

- Art. 300, CPC.

ANOTAÇÕES

- **Tutela provisória em caráter incidental**: é aquela requerida como "liminar" no próprio processual principal, seja na própria exordial ou por petição autônoma. O legislador entendeu necessário registrar que neste caso, a tutela provisória não depende do pagamento de custas.

Art. 296. A tutela provisória conserva sua eficácia na pendência do processo, mas pode, a qualquer tempo, ser revogada ou modificada.

Parágrafo único. Salvo decisão judicial em contrário, a tutela provisória conservará a eficácia durante o período de suspensão do processo.

REFERÊNCIAS LEGISLATIVAS

- Arts. 220, 313 a 315, 694, parágrafo único, 921 a 923, 982, I, 989, II, CPC.

JURISPRUDÊNCIA

- Enunciado 140 do Fórum Permanente de Processualistas Civis: A decisão que julga improcedente o pedido final gera a perda de eficácia da tutela antecipada.

Art. 297. O juiz poderá determinar as medidas que considerar adequadas para efetivação da tutela provisória.

Parágrafo único. A efetivação da tutela provisória observará as normas referentes ao cumprimento provisório da sentença, no que couber.

REFERÊNCIAS LEGISLATIVAS

- Arts. 139, IV, 520 a 522, CPC.

ANOTAÇÕES

- **Poder geral de cautela**: por medidas adequadas se devem entender aquelas que se mostrem eficientes para evitar a lesão ou para repará-la. Por exemplo: mandado de busca e apreensão; mandado de suspensão do protesto; fixação dos alimentos provisórios; fixação de multa; mandado de reintegração de posse; mandado de exibição de documentos; mandado de desocupação etc.

Art. 298. Na decisão que conceder, negar, modificar ou revogar a tutela provisória, o juiz motivará seu convencimento de modo claro e preciso.

REFERÊNCIAS LEGISLATIVAS

- Arts. 7º, 9º, 10, 489, § 1º, 1.015, I, CPC.

- Art. 93, IX, CF: "todos os julgamentos dos órgãos do Poder Judiciário serão públicos, e fundamentadas todas as decisões, sob pena de nulidade, podendo a lei limitar a presença, em determinados atos, às próprias partes e a seus advogados, ou somente a estes, em casos nos quais a preservação do direito à intimidade do interessado no sigilo não prejudique o interesse público à informação".

ANOTAÇÕES

- **Fundamentação**: procurando afastar o entendimento de que a concessão ou não da tutela provisória seria apenas um "poder discricionário" do juiz, o novo CPC estabelece que a decisão que concede, nega, modifica ou revoga a tutela provisória seja fundamentada de forma clara e precisa. Qualquer que seja a decisão, o interessado pode recorrer por meio de agravo de instrumento.

JURISPRUDÊNCIA

- Enunciado 29 do Fórum Permanente de Processualistas Civis: É agravável o pronunciamento judicial que postergar a análise do pedido de tutela provisória ou condicionar sua apreciação ao pagamento de custas ou a qualquer outra exigência.
- Enunciado 141 do Fórum Permanente de Processualistas Civis: O disposto no art. 298, CPC, aplica-se igualmente à decisão monocrática ou colegiada do Tribunal.

> **Art. 299.** A tutela provisória será requerida ao juízo da causa e, quando antecedente, ao juízo competente para conhecer do pedido principal.
>
> Parágrafo único. Ressalvada disposição especial, na ação de competência originária de tribunal e nos recursos a tutela provisória será requerida ao órgão jurisdicional competente para apreciar o mérito.

REFERÊNCIAS LEGISLATIVAS

- Arts. 42 a 66, CPC.

DICAS DE PRÁTICA JURÍDICA

- **Como determinar qual é o foro competente**: primeiro o interessado deve identificar em qual "justiça" deverá distribuir a sua ação. Para tanto, deve-se usar o critério da exclusão: primeiro, verifica-se se o tema da ação é atribuição da "jurisdição especial" (trabalhista, eleitoral e militar); não sendo o caso, tem-se então a "jurisdição comum", que se subdivide em federal e estadual, cabendo, então, nova exclusão. O que não for da jurisdição federal (art. 109, CF), será de competência da jurisdição estadual. Determinado o tipo de "justiça", busca-se então determinar-se o juízo competente para conhecer da ação, o que também se faz por meio de "exclusão"; o primeiro passo é constatar se existe para o caso "foro de eleição" ou alguma regra especial no próprio CPC (por exemplo: arts. 48 a 53; art. 516; art. 528, § 9º; art. 540; art. 676; art. 683, parágrafo único; arts. 781 e 782); necessário ainda identificar a existência de alguma regra especial em alguma lei extravagante (por exemplo: art. 58, II, Lei nº 8.245/1991 – LI; art. 101, I, Lei nº 8.078/1990 – CDC; art. 4º, Lei nº 9.099/1995 – JEC). Não sendo encontrada regra especial no CPC ou em alguma lei extravagante, não havendo, ademais, foro de eleição, deve então o advogado se valer, conforme o caso (direito pessoal ou real), das regras gerais previstas nos arts. 46 e 47.

JURISPRUDÊNCIA

- O foro competente não é de livre escolha das partes, mas aquele definido pelas normas da Constituição da República, do Código de Processo Civil e das leis de organização judiciária dos Estados, sob pena de ofensa ao princípio do Juiz Natural (TJMG, Conflito de Competência 1.0000.19.130099-5/000, Rel. Desembargador Roberto Vasconcellos, 17ª Câmara Cível, julgamento em 02/07/2020, publicação da súmula em 17/07/2020).

TÍTULO II
DA TUTELA DE URGÊNCIA

CAPÍTULO I
DISPOSIÇÕES GERAIS

Art. 300. A tutela de urgência será concedida quando houver elementos que evidenciem a probabilidade do direito e o perigo de dano ou o risco ao resultado útil do processo.

§ 1º Para a concessão da tutela de urgência, o juiz pode, conforme o caso, exigir caução real ou fidejussória idônea para ressarcir os danos que a outra parte possa vir a sofrer, podendo a caução ser dispensada se a parte economicamente hipossuficiente não puder oferecê-la.

§ 2º A tutela de urgência pode ser concedida liminarmente ou após justificação prévia.

§ 3º A tutela de urgência de natureza antecipada não será concedida quando houver perigo de irreversibilidade dos efeitos da decisão.

ANOTAÇÕES

- *Requisitos da tutela de urgência*: o novo CPC preferiu não impor requisitos específicos para a concessão das "tutelas de urgência", sejam cautelares ou satisfativas; ou seja, sua concessão se funda nos requisitos comuns da fumaça do bom direito (*fumus boni iuris*), e do perigo da demora da prestação jurisdicional (*periculum in mora*). É um sistema maleável, ora o pedido poderá estar mais assentado na incontestabilidade do direito material, outra no perigo e/ou na injustiça de uma tutela tardia (nestes casos, o direito há que se mostrar ao menos plausível).
- *Classificação quanto ao momento em que são deferidas*: quanto ao momento em que são deferidas, as tutelas de urgência são classificas pelo novo CPC em: (I) "tutelas de caráter antecedente", que, como o nome está a indicar, precedem ao pedido principal, que será veiculado nos mesmos autos; (II) "tutelas de caráter incidentes", que são aquelas requeridas no bojo do processo, como liminares.
- *Caução*: é termo genérico que indica um conjunto de garantias, que podem ser reais, tais como o penhor e a hipoteca, ou fidejussórias, ou seja, pessoais, como a fiança e o aval.

JURISPRUDÊNCIA

- Enunciado 143 do Fórum Permanente de Processualistas Civis: A redação do art. 300, *caput*, superou a distinção entre os requisitos da concessão para a tutela cautelar e para a tutela satisfativa de urgência, erigindo a probabilidade e o perigo na demora a requisitos comuns para a prestação de ambas as tutelas de forma antecipada.

> **Art. 301.** A tutela de urgência de natureza cautelar pode ser efetivada mediante arresto, sequestro, arrolamento de bens, registro de protesto contra alienação de bem e qualquer outra medida idônea para asseguração do direito.

REFERÊNCIAS LEGISLATIVAS

- Arts. 297, 299, 319, CPC.

ANOTAÇÕES

- *Efetivação da tutela de urgência*: embora este artigo faça menção a algumas medidas cautelares (arresto, sequestro, arrolamento de bens, registro de protesto contra alienação de bens), ele confere ao juiz o "poder geral de cautela" ao concluir que ele pode determinar "qualquer outra medida idônea para asseguração do direito". Esta ideia se completa com a norma do *caput* do art. 297 do CPC. Claramente o objetivo do legislador é fugir dos limites que uma indicação taxativa criaria, dando aos interessados e ao juiz a iniciativa e o poder para garantir uma prestação jurisdicional que se apresente mais adequada e justa (útil).

DICAS DE PRÁTICA JURÍDICA

- *Foro competente*: considerando o caráter preparatório da tutela cautelar antecedente, as normas que vão determinar o foro competente são aquelas que disciplinam a competência da ação principal. Quando do endereçamento, o advogado deve estar atento à existência de varas especializadas no foro, como, por exemplo, Vara da Família e Sucessões e/ou Vara da Fazenda.
- *Como requerer a tutela de urgência*: a forma mais comum de se requerer a tutela de urgência é de maneira incidental, ou seja, aquela que é requerida como "liminar" na própria petição inicial; normalmente, logo depois do nome da ação se anuncia ao juiz a existência do pedido de tutela de urgência, assim: "... propor **ação revisional de alimentos**, com pedido de liminar, em face de ..."; depois, se a petição inicial é feita de forma articulada, se faz o pedido específico, em detalhes, no final, ao se apresentar os pedidos; se, no entanto, a petição inicial é feita por tópicos (dos fatos, do mérito, do direito, da liminar, dos pedidos, das provas), normalmente se inclui um item sobre o tema "Da Liminar", reiterando-se no final, quando "dos pedidos". Para acesso a modelos editáveis de petições iniciais em que se requer a tutela de urgência, seja de forma incidental ou mesmo de forma antecipada (cautelares), veja nosso *Prática no processo civil*, da Editora Atlas.

JURISPRUDÊNCIA

- Enunciado 31 do Fórum Permanente de Processualistas Civis: O poder geral de cautela está mantido no CPC.

> **Art. 302.** Independentemente da reparação por dano processual, a parte responde pelo prejuízo que a efetivação da tutela de urgência causar à parte adversa, se:
> I – a sentença lhe for desfavorável;
> II – obtida liminarmente a tutela em caráter antecedente, não fornecer os meios necessários para a citação do requerido no prazo de 5 (cinco) dias;

III – ocorrer a cessação da eficácia da medida em qualquer hipótese legal;

IV – o juiz acolher a alegação de decadência ou prescrição da pretensão do autor.

Parágrafo único. A indenização será liquidada nos autos em que a medida tiver sido concedida, sempre que possível.

REFERÊNCIAS LEGISLATIVAS

- Arts. 79 a 81, 219, 509 a 512, 777, CPC; arts. 189 a 211, 927 a 954, CC.

ANOTAÇÕES

- **Responsabilidade civil**: obrigação imposta a uma pessoa no sentido de reparar eventuais danos causados a outra em razão de atos ilícitos que tenha praticado (fato próprio), ou por atos praticados por pessoas ou coisas que estejam legalmente sob sua responsabilidade.
- **Dano processual**: é aquele que advém da litigância de má-fé, disciplinado nos arts. 79 a 81.
- **Perdas e danos**: pode ser de natureza material e/ou moral e abrangem o dano emergente e o lucro cessante, isto é, tudo o que a vítima efetivamente perdeu mais tudo o que ela deixou razoavelmente de ganhar.

JURISPRUDÊNCIA

- Nos termos da jurisprudência desta Corte, os danos causados a partir da execução de tutela antecipada decorrem de responsabilidade processual objetiva, bastando a existência do dano decorrente da pretensão deduzida em juízo para que sejam aplicados os arts. 273, § 3º, 475-O, I e II, e 811 do CPC/73. A reparação deve ser integral e deverá ser apurada em liquidação de sentença. Precedente (STJ, AgInt no AgInt no REsp 1597669/RJ, Ministro Moura Ribeiro, T3 – Terceira Turma, *DJe* 01/07/2020).
- Independentemente da reparação por dano processual, a parte responde pelo prejuízo que a efetivação da tutela de urgência causar à parte adversa, se a sentença lhe for desfavorável (TJMG, Agravo de Instrumento-Cv 1.0024.07.426423-5/001, Rel. Desembargador Ramom Tácio, 16ª Câmara Cível, julgamento em 24/07/2019, publicação da súmula em 25/07/2019).

CAPÍTULO II
DO PROCEDIMENTO DA TUTELA ANTECIPADA REQUERIDA EM CARÁTER ANTECEDENTE

Art. 303. Nos casos em que a urgência for contemporânea à propositura da ação, a petição inicial pode limitar-se ao requerimento da tutela antecipada e à indicação do pedido de tutela final, com a exposição da lide, do direito que se busca realizar e do perigo de dano ou do risco ao resultado útil do processo.

§ 1º Concedida a tutela antecipada a que se refere o *caput* deste artigo:

I – o autor deverá aditar a petição inicial, com a complementação de sua argumentação, a juntada de novos documentos e a confirmação do pedido de tutela final, em 15 (quinze) dias ou em outro prazo maior que o juiz fixar;

II – o réu será citado e intimado para a audiência de conciliação ou de mediação na forma do art. 334;

III – não havendo autocomposição, o prazo para contestação será contado na forma do art. 335.

§ 2º Não realizado o aditamento a que se refere o inciso I do § 1º deste artigo, o processo será extinto sem resolução do mérito.

§ 3º O aditamento a que se refere o inciso I do § 1º deste artigo dar-se-á nos mesmos autos, sem incidência de novas custas processuais.

§ 4º Na petição inicial a que se refere o *caput* deste artigo, o autor terá de indicar o valor da causa, que deve levar em consideração o pedido de tutela final.

§ 5º O autor indicará na petição inicial, ainda, que pretende valer-se do benefício previsto no *caput* deste artigo.

§ 6º Caso entenda que não há elementos para a concessão de tutela antecipada, o órgão jurisdicional determinará a emenda da petição inicial em até 5 (cinco) dias, sob pena de ser indeferida e de o processo ser extinto sem resolução de mérito.

REFERÊNCIAS LEGISLATIVAS

- Arts. 219, 319, 334, 335, CPC.

ANOTAÇÕES

- ***Tutela provisória antecipada antecedente***: para se entender a medida prevista neste artigo, há que se lembrar de que ela se assemelha com as antigas cautelares satisfativas (antecipatórias). Com escopo de facilitar, ao menos teoricamente, a vida do autor, o legislador procurou simplificar as exigências da petição inicial, possibilitando que o autor proceda com o seu aditamento no prazo de 15 (quinze) dias, desde que tome o cuidado de mencionar expressamente na petição a sua intenção neste sentido (§ 5º). Salvo alguma situação realmente excepcional, o uso na prática da faculdade prevista neste artigo será com certeza muito difícil, não só porque é mais fácil simplesmente fazer a petição inicial completa e se requerer a liminar, mas também pelo fato de que os juízes costumam criar dificuldades para a concessão da tutela provisória nestas condições.

Art. 304. A tutela antecipada, concedida nos termos do art. 303, torna-se estável se da decisão que a conceder não for interposto o respectivo recurso.

§ 1º No caso previsto no *caput*, o processo será extinto.

§ 2º Qualquer das partes poderá demandar a outra com o intuito de rever, reformar ou invalidar a tutela antecipada estabilizada nos termos do *caput*.

§ 3º A tutela antecipada conservará seus efeitos enquanto não revista, reformada ou invalidada por decisão de mérito proferida na ação de que trata o § 2º.

§ 4º Qualquer das partes poderá requerer o desarquivamento dos autos em que foi concedida a medida, para instruir a petição inicial da ação a que se refere o § 2º, prevento o juízo em que a tutela antecipada foi concedida.

§ 5º O direito de rever, reformar ou invalidar a tutela antecipada, previsto no § 2º deste artigo, extingue-se após 2 (dois) anos, contados da ciência da decisão que extinguiu o processo, nos termos do § 1º.

§ 6º A decisão que concede a tutela não fará coisa julgada, mas a estabilidade dos respectivos efeitos só será afastada por decisão que a revir, reformar ou invalidar, proferida em ação ajuizada por uma das partes, nos termos do § 2º deste artigo.

REFERÊNCIAS LEGISLATIVAS

- Arts. 303, 502 a 508, 1.015, I, CPC; art. 132, § 3º, CC.

JURISPRUDÊNCIA

- Enunciado 32 do Fórum Permanente de Processualistas Civis: Além da hipótese prevista no art. 304, é possível a estabilização expressamente negociada da tutela antecipada de urgência antecedente.
- Enunciado 33 do Fórum Permanente de Processualistas Civis: Não cabe ação rescisória nos casos estabilização da tutela antecipada de urgência.
- Apelação. Tutela antecipada em caráter antecedente. Conselho Tutelar. Suspensão dos efeitos da decisão de acolhimento da impugnação da candidatura da autora. Pleito de caráter instrumental e não satisfativo. Contestação. Estabilização da lide. Extinção do processo. Inadmissibilidade. Sentença que declarou estabilizada a tutela antecipada e julgou extinto o processo, nos termos do art. 304, § 1º, do CPC. Irresignação do Município de Marília. 1. O legislador pátrio, ao permitir que a tutela antecipada seja requerida em caráter antecedente, possibilita que apenas o pedido de tutela de urgência de natureza satisfativa seja deduzido, sem integral exposição de toda a argumentação concernente à completa compreensão da lide. Pedido formulado pela demandante que se reveste de nítido caráter acautelatório, de modo a obstar a estabilização da lide. 2. A estabilização da lide somente pode ocorrer se não houver qualquer tipo de impugnação pela parte contrária. Contestação ofertada nos autos pelos demandados que obstava a aplicação da regra prevista no artigo 304, § 1º, do CPC. Precedente do E. STJ. 3. Recurso provido para anulação da sentença recorrida e regular prosseguimento do feito (TJSP, Apelação Cível 1016280-06.2019.8.26.0344, Relatora Daniela Maria Cilento Morsello, Câmara Especial, Foro de Marília – Vara da Infância e Juventude, *DJ* 28/10/2020).

CAPÍTULO III
DO PROCEDIMENTO DA TUTELA CAUTELAR REQUERIDA EM CARÁTER ANTECEDENTE

Art. 305. A petição inicial da ação que visa à prestação de tutela cautelar em caráter antecedente indicará a lide e seu fundamento, a exposição sumária do direito que se objetiva assegurar e o perigo de dano ou o risco ao resultado útil do processo.

Parágrafo único. Caso entenda que o pedido a que se refere o *caput* tem natureza antecipada, o juiz observará o disposto no art. 303.

REFERÊNCIAS LEGISLATIVAS

- Arts. 294, parágrafo único, 303, 308, § 1º, CPC.

ANOTAÇÕES

- **Tutela cautelar**: os dispositivos deste capítulo tratam da tutela cautelar, ou seja, daquelas medidas que buscam garantir a utilidade de um futuro processo principal. Por exemplo: medida cautelar de arrolamento de bens; medida cautelar de separação de corpos; medida cautelar de sustação de protesto; medida cautelar de arresto. Registre-se, no entanto, que a maioria destas medidas pode ser requerida de maneira incidental já no processo principal, fato que na verdade é cobrado e desejado pela maioria dos juízes.

DICAS DE PRÁTICA JURÍDICA

- **Estrutura e modelos da petição inicial**: basicamente a petição inicial tem a seguinte estrutura: endereçamento, qualificação, narração dos fatos, pedidos, indicação das provas e, por fim, o valor da causa. Para acesso a alguns modelos editáveis de ações buscando a tutela cautelar, veja nosso *Prática no processo civil*, da Editora Atlas.

> **Art. 306.** O réu será citado para, no prazo de 5 (cinco) dias, contestar o pedido e indicar as provas que pretende produzir.

REFERÊNCIAS LEGISLATIVAS

- Arts. 219, 238 a 268, 335 a 342, CPC.

ANOTAÇÕES

- **Contestação**: é para o réu o que a petição inicial é para o autor, ou seja, é o ato processual, escrito ou oral, por meio do qual o réu demanda a tutela jurisdicional do Estado-juiz a fim de defender-se da pretensão do autor. É na contestação, salvo as exceções expressas, que o réu deve concentrar sua defesa à pretensão do autor, ocorrendo a preclusão das alegações não oferecidas.

DICAS DE PRÁTICA JURÍDICA

- **Forma**: a contestação deve ser ofertada em petição escrita, subscrita por advogado e endereçada ao juiz da causa.
- **Estrutura e modelos**: a contestação está estruturada da seguinte forma: endereçamento, qualificação, resumo dos fatos, preliminares, mérito, reconvenção (quando for o caso), pedidos e indicação das provas. Para acesso a modelos editáveis de contestação, com quase todos os tipos de preliminares e até muitos com reconvenção, veja nosso *Prática de contestação no processo civil*, da Editora Atlas.

> **Art. 307.** Não sendo contestado o pedido, os fatos alegados pelo autor presumir-se-ão aceitos pelo réu como ocorridos, caso em que o juiz decidirá dentro de 5 (cinco) dias.
> Parágrafo único. Contestado o pedido no prazo legal, observar-se-á o procedimento comum.

REFERÊNCIAS LEGISLATIVAS

- Arts. 219, 318 a 512, CPC.

ANOTAÇÕES

- ***Revelia***: a lei garante ao réu o direito de se defender, porém não impõe a ele que o faça. Na verdade, a defesa expressa o comportamento que se espera do réu, razão pela qual constitui apenas um ônus para ele, no sentido de que deve fazê-la caso não queira sofrer as consequências processuais previstas em lei. Revelia, diante desse quadro, é a não apresentação de contestação pelo réu, que deixa transcorrer *in albis* o prazo legal. Considera-se revel, ainda, o réu que apresentar a contestação fora do prazo, intempestivamente, ou aquele que deixar de impugnar especificamente os fatos narrados pelo autor.
- ***Efeitos da revelia***: a revelia tem o efeito de gerar a presunção relativa de veracidade dos fatos afirmados pelo autor, criando-se a chamada verdade formal, salvo as hipóteses apontadas no art. 345 do CPC. Também não se aplica esse efeito ao réu citado por hora certa ou edital, a quem, necessariamente, deverá ser nomeado curador especial (art. 72, II, CPC), que terá obrigação legal de contestar o pedido. O decurso dos prazos processuais contra o revel que não tenha patrono nos autos corre da data de publicação do ato decisório no órgão oficial (art. 346, CPC). Por fim, observe-se que, tratando a ação de direitos disponíveis, a revelia pode abreviar o procedimento, possibilitando o julgamento antecipado da lide (art. 355, II, CPC).

JURISPRUDÊNCIA

- Conforme a jurisprudência do Superior Tribunal de Justiça, a revelia não importa em procedência automática dos pedidos, porquanto a presunção de veracidade dos fatos alegados pelo autor é relativa, cabendo ao magistrado a análise conjunta das alegações e das provas produzidas (STJ, AgInt no REsp 1.601.531/DF, Ministro Paulo de Tarso Sanseverino, T3 – Terceira Turma, *DJe* 29/11/2017).

Art. 308. Efetivada a tutela cautelar, o pedido principal terá de ser formulado pelo autor no prazo de 30 (trinta) dias, caso em que será apresentado nos mesmos autos em que deduzido o pedido de tutela cautelar, não dependendo do adiantamento de novas custas processuais.

§ 1º O pedido principal pode ser formulado conjuntamente com o pedido de tutela cautelar.

§ 2º A causa de pedir poderá ser aditada no momento de formulação do pedido principal.

§ 3º Apresentado o pedido principal, as partes serão intimadas para a audiência de conciliação ou de mediação, na forma do art. 334, por seus advogados ou pessoalmente, sem necessidade de nova citação do réu.

§ 4º Não havendo autocomposição, o prazo para contestação será contado na forma do art. 335.

REFERÊNCIAS LEGISLATIVAS

- Arts. 219, 334 e 335, CPC.

Art. 309. Cessa a eficácia da tutela concedida em caráter antecedente, se:

I – o autor não deduzir o pedido principal no prazo legal;

II – não for efetivada dentro de 30 (trinta) dias;

III – o juiz julgar improcedente o pedido principal formulado pelo autor ou extinguir o processo sem resolução de mérito.

Parágrafo único. Se por qualquer motivo cessar a eficácia da tutela cautelar, é vedado à parte renovar o pedido, salvo sob novo fundamento.

REFERÊNCIAS LEGISLATIVAS

- Arts. 219, 308, 485, 487, I, CPC.

Art. 310. O indeferimento da tutela cautelar não obsta a que a parte formule o pedido principal, nem influi no julgamento desse, salvo se o motivo do indeferimento for o reconhecimento de decadência ou de prescrição.

REFERÊNCIAS LEGISLATIVAS

- Art. 312, CPC; arts. 189 a 211, CC.

TÍTULO III
DA TUTELA DA EVIDÊNCIA

Art. 311. A tutela da evidência será concedida, independentemente da demonstração de perigo de dano ou de risco ao resultado útil do processo, quando:

I – ficar caracterizado o abuso do direito de defesa ou o manifesto propósito protelatório da parte;

II – as alegações de fato puderem ser comprovadas apenas documentalmente e houver tese firmada em julgamento de casos repetitivos ou em súmula vinculante;

III – se tratar de pedido reipersecutório fundado em prova documental adequada do contrato de depósito, caso em que será decretada a ordem de entrega do objeto custodiado, sob cominação de multa;

IV – a petição inicial for instruída com prova documental suficiente dos fatos constitutivos do direito do autor, a que o réu não oponha prova capaz de gerar dúvida razoável.

Parágrafo único. Nas hipóteses dos incisos II e III, o juiz poderá decidir liminarmente.

REFERÊNCIAS LEGISLATIVAS

- Art. 103-A, CF; arts. 371, 926, 976 a 987, 1.036 a 1.041, CPC.

ANOTAÇÕES

- **Tutela de evidência**: visa à concessão da tutela satisfativa imediata àquele que, à evidência, é o titular de direito material inconteste, evitando-se os males que advêm da indevida resistência do obrigado. Ao contrário do que ocorre na tutela de urgência, não se exige a demonstração de perigo de dano ou de risco ao resultado útil do processo. Para a sua concessão se exige que fique caracterizado o "abuso do direito de defesa" ou "manifesto propósito protelatório da parte" (por exemplo: reiterar questões já afastadas pelo juiz; alongar a carga dos autos, não devolvendo o processo; insistir em depoimentos de pessoas que nada sabem sobre o caso etc.). Fundamental, ademais, que as alegações do autor estejam provadas documentalmente. No geral, cabe ao juiz, como destinatário da prova (art. 371, CPC), diante do pedido de tutela provisória, verificar a presença, ou não, dos requisitos elencados na presente norma.

JURISPRUDÊNCIA

- Enunciado 35 do Fórum Permanente de Processualistas Civis: As vedações à concessão de tutela provisória contra a Fazenda Pública limitam-se às tutelas de urgência.

LIVRO VI
DA FORMAÇÃO, DA SUSPENSÃO E DA EXTINÇÃO DO PROCESSO

TÍTULO I
DA FORMAÇÃO DO PROCESSO

Art. 312. Considera-se proposta a ação quando a petição inicial for protocolada, todavia, a propositura da ação só produz quanto ao réu os efeitos mencionados no art. 240 depois que for validamente citado.

REFERÊNCIAS LEGISLATIVAS

- Arts. 2º, 43, 240, 249, 284 a 290, 319, CPC.

TÍTULO II
DA SUSPENSÃO DO PROCESSO

Art. 313. Suspende-se o processo:

I – pela morte ou pela perda da capacidade processual de qualquer das partes, de seu representante legal ou de seu procurador;

II – pela convenção das partes;

III – pela arguição de impedimento ou de suspeição;

IV – pela admissão de incidente de resolução de demandas repetitivas;

V – quando a sentença de mérito:

a) depender do julgamento de outra causa ou da declaração de existência ou de inexistência de relação jurídica que constitua o objeto principal de outro processo pendente;

b) tiver de ser proferida somente após a verificação de determinado fato ou a produção de certa prova, requisitada a outro juízo;

VI – por motivo de força maior;

VII – quando se discutir em juízo questão decorrente de acidentes e fatos da navegação de competência do Tribunal Marítimo;

VIII – nos demais casos que este Código regula;

IX – pelo parto ou pela concessão de adoção, quando a advogada responsável pelo processo constituir a única patrona da causa; (Incluído pela Lei nº 13.363, de 2016)

X – quando o advogado responsável pelo processo constituir o único patrono da causa e tornar-se pai. (Incluído pela Lei nº 13.363, de 2016)

§ 1º Na hipótese do inciso I, o juiz suspenderá o processo, nos termos do art. 689.

§ 2º Não ajuizada ação de habilitação, ao tomar conhecimento da morte, o juiz determinará a suspensão do processo e observará o seguinte:

I – falecido o réu, ordenará a intimação do autor para que promova a citação do respectivo espólio, de quem for o sucessor ou, se for o caso, dos herdeiros, no prazo que designar, de no mínimo 2 (dois) e no máximo 6 (seis) meses;

II – falecido o autor e sendo transmissível o direito em litígio, determinará a intimação de seu espólio, de quem for o sucessor ou, se for o caso, dos herdeiros, pelos meios de divulgação que reputar mais adequados, para que manifestem interesse na sucessão processual e promovam a respectiva habilitação no prazo designado, sob pena de extinção do processo sem resolução de mérito.

§ 3º No caso de morte do procurador de qualquer das partes, ainda que iniciada a audiência de instrução e julgamento, o juiz determinará que a parte constitua novo mandatário, no prazo de 15 (quinze) dias, ao final do qual extinguirá o processo sem resolução de mérito, se o autor não nomear novo mandatário, ou ordenará o prosseguimento do processo à revelia do réu, se falecido o procurador deste.

§ 4º O prazo de suspensão do processo nunca poderá exceder 1 (um) ano nas hipóteses do inciso V e 6 (seis) meses naquela prevista no inciso II.

§ 5º O juiz determinará o prosseguimento do processo assim que esgotados os prazos previstos no § 4º.

§ 6º No caso do inciso IX, o período de suspensão será de 30 (trinta) dias, contado a partir da data do parto ou da concessão da adoção, mediante apresentação de certidão de nascimento ou documento similar que comprove a realização do parto, ou de termo judicial que tenha concedido a adoção, desde que haja notificação ao cliente. (Incluído pela Lei nº 13.363, de 2016)

§ 7º No caso do inciso X, o período de suspensão será de 8 (oito) dias, contado a partir da data do parto ou da concessão da adoção, mediante apresentação de certidão de nascimento ou documento similar que comprove a realização do parto, ou de termo judicial que tenha concedido a adoção, desde que haja notificação ao cliente. (Incluído pela Lei nº 13.363, de 2016)

REFERÊNCIAS LEGISLATIVAS

- Arts. 70, 76, 110, 112, 134, § 3º, 144 a 148, 219, 221, 687 a 692, 694, parágrafo único, 921, 976 a 987, CPC; art. 132, § 3º, CC.

JURISPRUDÊNCIA

- Quanto ao pedido de suspensão do feito, a suspensão do processo com base na alínea "a" do inc. IV do art. 265 do CPC/1973 (atual art. 313, V, "a", do CPC/2015) dá-se apenas naqueles casos em que decisão de mérito depender do exame de prejudicial que é a principal de outro processo, o que não é o caso dos autos. Não havendo que se falar em questão prejudicial apta a justificar a suspensão da presente demanda, sob pena de se postergar indefinidamente a conclusão da controvérsia, o que vai de encontro ao próprio princípio da razoável duração do processo (art. 5º, LXXXVIII, da CF/1988), impõe-se o indeferimento do pedido de suspensão (STJ, AgInt no AREsp 872.750/MS, Ministro Mauro Campbell Marques, *DJe* 19/08/2016).

Art. 314. Durante a suspensão é vedado praticar qualquer ato processual, podendo o juiz, todavia, determinar a realização de atos urgentes a fim de evitar dano irreparável, salvo no caso de arguição de impedimento e de suspeição.

REFERÊNCIAS LEGISLATIVAS

- Arts. 144 a 148, CPC.

> **Art. 315.** Se o conhecimento do mérito depender de verificação da existência de fato delituoso, o juiz pode determinar a suspensão do processo até que se pronuncie a justiça criminal.
>
> § 1º Se a ação penal não for proposta no prazo de 3 (três) meses, contado da intimação do ato de suspensão, cessará o efeito desse, incumbindo ao juiz cível examinar incidentemente a questão prévia.
>
> § 2º Proposta a ação penal, o processo ficará suspenso pelo prazo máximo de 1 (um) ano, ao final do qual aplicar-se-á o disposto na parte final do § 1º.

REFERÊNCIAS LEGISLATIVAS

- Art. 317, CPC; art. 132, § 3º, CC.

TÍTULO III
DA EXTINÇÃO DO PROCESSO

> **Art. 316.** A extinção do processo dar-se-á por sentença.

REFERÊNCIAS LEGISLATIVAS

- Arts. 485, 487, 924 e 925, CPC.

> **Art. 317.** Antes de proferir decisão sem resolução de mérito, o juiz deverá conceder à parte oportunidade para, se possível, corrigir o vício.

REFERÊNCIAS LEGISLATIVAS

- Arts. 321, 330, 331, 352, 485, 801, CPC.

ANOTAÇÕES

- **Irregularidades ou vícios sanáveis**: o processo não é um fim em si mesmo, razão pela qual o juiz, diante da existência de irregularidades e/ou vícios sanáveis, deve dar oportunidade para que o interessado providencie a sua correção, preservando o processo. A fim de possibilitar o exercício do direito previsto neste artigo, o juiz deve indicar com precisão as irregularidades e os vícios que entende presentes, determinando em seguida a intimação da parte.

JURISPRUDÊNCIA

- Súmula 240 do STJ: A extinção do processo, por abandono da causa pelo autor, depende de requerimento do réu.

PARTE ESPECIAL

LIVRO I
DO PROCESSO DE CONHECIMENTO E DO CUMPRIMENTO DE SENTENÇA

TÍTULO I
DO PROCEDIMENTO COMUM

CAPÍTULO I
DISPOSIÇÕES GERAIS

Art. 318. Aplica-se a todas as causas o procedimento comum, salvo disposição em contrário deste Código ou de lei.

Parágrafo único. O procedimento comum aplica-se subsidiariamente aos demais procedimentos especiais e ao processo de execução.

REFERÊNCIAS LEGISLATIVAS

- Arts. 283, 319 a 538, CPC; Lei nº 8.245/1991 – LI; Lei nº 8.078/1990 – CDC; Lei nº 8.069/1990 – ECA; Lei nº 6.015/1973 – LRP.

ANOTAÇÕES

- **Processo x procedimento**: ensina a doutrina que "processo" é o método, o instrumento por meio do qual se realiza a jurisdição; já o "procedimento" é a forma material pela qual o processo se efetiva em cada caso concreto. O procedimento pode ser comum (arts. 318 a 512) ou especial, previsto neste código ou em leis extravagantes.

DICAS DE PRÁTICA JURÍDICA

- *Identificando o procedimento*: o rito aplicável a cada processo deve ser apurado por exclusão, ou seja, sempre que não houver previsão de um procedimento especial, seja no próprio CPC, seja em leis extravagantes (*v.g.*, Lei nº 6.015/1973 – LRP, Lei nº 8.069/1990 – ECA, Lei nº 8.078/1990 – CDC, Lei nº 8.245/1991 – LI etc.), o rito a ser adotado será o comum. A escolha errônea do procedimento não é mais causa de indeferimento da petição inicial, devendo o juiz, neste caso, aplicar o rito correto de ofício.

CAPÍTULO II
DA PETIÇÃO INICIAL

Seção I
Dos Requisitos da Petição Inicial

Art. 319. A petição inicial indicará:

I – o juízo a que é dirigida;

II – os nomes, os prenomes, o estado civil, a existência de união estável, a profissão, o número de inscrição no Cadastro de Pessoas Físicas ou no Cadastro Nacional da Pessoa Jurídica, o endereço eletrônico, o domicílio e a residência do autor e do réu;

III – o fato e os fundamentos jurídicos do pedido;

IV – o pedido com as suas especificações;

V – o valor da causa;

VI – as provas com que o autor pretende demonstrar a verdade dos fatos alegados;

VII – a opção do autor pela realização ou não de audiência de conciliação ou de mediação.

§ 1º Caso não disponha das informações previstas no inciso II, poderá o autor, na petição inicial, requerer ao juiz diligências necessárias a sua obtenção.

§ 2º A petição inicial não será indeferida se, a despeito da falta de informações a que se refere o inciso II, for possível a citação do réu.

§ 3º A petição inicial não será indeferida pelo não atendimento ao disposto no inciso II deste artigo se a obtenção de tais informações tornar impossível ou excessivamente oneroso o acesso à justiça.

REFERÊNCIAS LEGISLATIVAS

- Arts. 2º, 99, 106, I, 126, 141, 239, 287, 330, 434, 542, 550, § 1º, 574, 693, 700, § 2º, 713, 749, 767, 968, CPC.

ANOTAÇÕES

- **Petição inicial**: segundo o *princípio dispositivo ou da inércia*, cabe à pessoa interessada provocar, por meio do ajuizamento de uma ação, o Poder Judiciário (*nemo judex sine actore*). Em outras palavras, quem pensa ter sido violado em seus direitos deve procurar o Estado-juiz, que até então permanece inerte (art. 2º, CPC). A provocação do Poder Judiciário, ou, em outras palavras, o exercício do direito de exigir a tutela jurisdicional do Estado, se dá por meio de um ato processual escrito denominado "petição inicial". É ela que dá início ao processo, embora a relação jurídica processual só se complete com a citação válida do réu (art. 239, CPC). Destarte, pode-se afirmar que a *petição inicial* é o ato processual escrito por meio do qual a pessoa exerce seu direito de ação, provocando a atividade jurisdicional do Estado.
- **Requisitos da petição inicial**: a norma apresenta os requisitos gerais da petição inicial, no entanto observo que existem outros que são inerentes a certos tipos específicos de ações, por exemplo, os requisitos da ação de consignação em pagamento (art. 542), da ação de exigir contas (art. 550),

da ação de execução (art. 798), das ações possessórias (art. 561), da ação de demarcação (art. 574), nos embargos de terceiro (art. 677), das ações de despejo (art. 58, Lei nº 8.245/1991) etc.

DICAS DE PRÁTICA JURÍDICA

- *Falta de informações quanto à qualificação do réu*: é compreensível que em certas ações (*v.g.*, possessórias, investigação de paternidade etc.), o autor tenha dificuldades para atender por inteiro à norma contida no inciso II; nestas ocasiões, é importante que apresente elementos que possibilitem a imediata, ou oportuna, individualização da pessoa, ou pessoas, demandadas, por exemplo: (I) "Zéca (moreno claro, olhos pretos, aproximadamente 1,65 m, 25 anos, 60 kg), brasileiro, balconista, estado civil e domicílio ignorados, podendo ser encontrado no Bar Secos e Molhados, situado na Rua Verde, nº 00, centro, nesta Cidade e Comarca; (II) pessoas indeterminadas que invadiram o imóvel situado na Rua Tal, nº 00, Vila Medeiros, cidade de Mogi das Cruzes/SP, devendo o Senhor Oficial de Justiça identificá-las civilmente.
- *Endereçamento para o "juiz" ou para o "juízo"*: diante da nova redação do inciso I deste artigo, algumas pessoas têm argumentado que agora o correto é se endereçar a petição inicial para o "juízo" e não mais ao "juiz", como se faz tradicionalmente. Como se sabe, a palavra "juízo" indica a vara, ou seja, a unidade de competência da jurisdição; não acho que seja certo se endereçar a petição para a vara, ou juízo; parece-me que o certo é endereçar a petição para o titular da função, ou seja, o "juiz", como se faz; é como mandar uma carta para o Presidente de uma empresa; você não endereça a correspondência para o "cargo", mas para a pessoa que exerce o cargo naquele momento; afinal "juízo" não tem personalidade, não decide, não pensa, é apenas um lugar, uma unidade da jurisdição, como disse. Quando pedimos, falamos não com o "cargo", mas com o seu titular (pessoa física), por isso que entendo que o endereçamento deve ser feito ao "juiz". Ao falar em "juízo", o código está indicando que você deve endereçar ao lugar competente, nada mais.
- *Fato e fundamentos jurídicos*: o autor deve fazer constar na petição inicial os fatos e os fundamentos jurídicos que justificam o seu pedido, por exemplo: o autor informa que locou imóvel de sua propriedade para o réu (*fundamento jurídico*) e que este está inadimplente com o pagamento do aluguel (*fundamento de fato*), requerendo, portanto, a rescisão do contrato e o despejo do inquilino inadimplente (*pedidos*). Note-se que neste exemplo o que motiva o autor a buscar a tutela jurisdicional é a inadimplência do inquilino (*causa de pedir próxima*) e o que justifica a sua pretensão é o contrato de locação que existe entre as partes (*causa de pedir remota*).
- *Técnica de redação*: os advogados tradicionalmente usam duas técnicas na redação da petição inicial. A primeira simplesmente divide a inicial por tópicos (dos fatos, do direito, da liminar, dos pedidos, das provas, do valor da causa); já a segunda expõe os fatos de forma articulada, numerando-se os parágrafos. Qualquer das duas formas é perfeitamente adequada, embora pessoalmente prefira a técnica que divide a inicial de forma articulada. Tendo escolhido qualquer das técnicas, o profissional deve tomar o cuidado de manter-se fiel ao estilo escolhido.
- *Dicas gerais de redação da petição inicial*: (I) não insira brasões, figuras e declarações políticas ou religiosas; (II) cuidado com as margens e o tamanho das letras; (III) evite o uso de abreviaturas; (IV) use com cuidado os marcadores (negrito, itálico, letras maiúsculas etc.); (V) seja claro, sucinto e educado no seu texto; (VI) não exagere nas citações de doutrina e jurisprudência; (VII) apresente os pedidos dentro de uma ordem de lógica jurídica no final da petição; (VIII) apresente os documentos "em ordem"; (IX) não use, ao fazer o pedido, as expressões "procedência da ação" e "procedência do pedido".
- *Endereçamento*: antes de ajuizar ação em um foro que desconhece, o advogado deve verificar junto às normas de organização judiciária do respectivo tribunal a existência, ou não, de vara

especializada como, por exemplo, da família e/ou da fazenda. Fazer o endereçamento correto é obrigação do bom advogado.
- **Endereço do réu**: um dos fatores que tornam a justiça ainda mais lenta é a repetição de diligências. É fácil entender quando paramos para pensar em todos os atos envolvidos, por exemplo: recolhimento de custas; emissão do mandado; entrega dele ao Oficial; diligência citatória ou intimatória. Depois tem que aguardar o oficial certificar o ocorrido, juntar aos autos a certidão, que vai conclusa ao juiz, que manda intimar a parte para se manifestar, para depois então repetir-se tudo (quando negativa a certidão). É muito tempo e dinheiro que se perde. Algumas vezes é impossível evitar esta ciranda maluca, contudo alguns poucos cuidados podem fazer muita diferença. Quando pedir o endereço do réu ao cliente se certifique que ele realmente sabe o que está falando; às vezes, o cliente pegou o endereço com terceiros e não teve o cuidado de verificar sua exatidão (mal sabe ele o quanto isso vai custar em tempo e dinheiro). Pergunte também sobre o endereço comercial do réu, sobre o horário em que pode ser encontrado, forneça ponto de referência, número de telefone, endereço eletrônico. Estes cuidados vão facilitar a citação e/ou intimação, economizando custas e encurtando o tempo de duração do processo.
- **Imputação de crime na petição inicial**: ao narrar os fatos na exordial, o advogado deve ser conciso, claro e sempre educado, contudo por vezes é necessário contar fatos horríveis e até mesmo fazer acusações graves, imputando crimes ao réu (*v.g.*, alienação parental, abuso sexual, abandono material, agressões físicas e morais etc.). Nestes casos, o advogado deve, além de tomar cuidado com suas palavras (não é necessário abusar do vocabulário para contar um fato grave), estar formalmente amparado por seu cliente. Recomendo que após preparar a petição inicial, o advogado convoque o cliente e a leia para ele, no caso de concordância peça que ele firme, assine, toda a exordial (todas as páginas).
- **Estrutura e modelos de petição inicial**: basicamente a petição inicial tem a seguinte estrutura: endereçamento, qualificação, narração dos fatos, pedidos, indicação das provas e, por fim, o valor da causa. Tendo esta estrutura em mente, você será capaz de fazer qualquer petição inicial, qualquer que seja o tema. Para acesso a modelos editáveis de petições iniciais, abrangendo a grande maioria de ações que o advogado encontra em seu dia a dia, veja nosso *Prática no processo civil*, da Editora Atlas.

> **Art. 320.** A petição inicial será instruída com os documentos indispensáveis à propositura da ação.

⚖ REFERÊNCIAS LEGISLATIVAS

- Arts. 287, 406, 430, 434, 574, 588, 599, § 1º, 677, 703, § 1º, 747, parágrafo único, 798, I, CPC.

📚 ANOTAÇÕES

- **Documentos**: cabe ao autor anexar à petição inicial os documentos que sejam indispensáveis à propositura da ação, assim considerados aqueles destinados a provar fatos que não possam ser provados de outra forma ou que sejam da essência do ato, isto é, sem os quais não pode o juiz apreciar o mérito do pedido, por exemplo: certidão de nascimento, certidão de casamento, certidão de propriedade, instrumento do contrato, título executivo etc.

💡 DICAS DE PRÁTICA JURÍDICA

- **Ordem dos documentos**: há colegas que juntam os documentos no processo na mesma ordem que recebem do cliente ("aleatoriamente"); já vi casos em que o descuido foi tanto que um contrato de compra e venda de um bem estava espalhado pelos documentos, totalmente fora de ordem; em outro, o advogado juntou nas justificativas do executado uma enorme quantidade de recibos de pagamentos totalmente fora de ordem cronológica. Além de indicar falta de técnica, isso demonstra descuido, desleixo, e acaba irritando o escrevente, o juiz, a parte, enfim todos os envolvidos. Não há norma sobre a "ordem dos documentos" (ao menos na justiça estadual), mas isso não quer dizer que o bom profissional não deva organizar de forma lógica os documentos que acompanham a petição inicial; se isso não ganha a causa, ao menos evita que o juiz, o promotor e o escrevente (principalmente estes) fiquem desde o início com má vontade com a pretensão do autor.
- **Lista de documentos para o cliente**: embora possa parecer uma questão simples, a coleta de documentos acaba por ser fundamental na relação do advogado com o cliente, principalmente porque pode atrasar o ajuizamento da ação, ou o protocolo da contestação (nestes casos os danos podem ser enormes). Eis alguns cuidados básicos: passe a lista completa por escrito, com indicação de prazo para entrega (guarde uma cópia, se viável com o visto do cliente); na dúvida sobre a necessidade ou não de algum documento, peça (depõe contra a sua boa fama ficar ligando pedindo documentos que se esqueceu); você pode se dispor a conseguir alguns documentos, neste caso avalie os custos e o tempo necessário (imagine o processo ficar parado, ou atrasar, porque você não tem disposição para ficar nas filas da burocracia estatal); nunca fique com o original, sob nenhuma circunstância, salvo se imprescindível para a ação.

⚖ JURISPRUDÊNCIA

- Nos termos da jurisprudência deste Tribunal Superior, a regra prevista no art. 434 do CPC/15, segundo a qual incumbe à parte instruir a inicial ou a contestação com os documentos que forem necessários para provar o direito alegado, somente pode ser excepcionada se, após o ajuizamento da ação, surgirem documentos novos, ou seja, decorrentes de fatos supervenientes ou que somente tenham sido conhecidos pela parte em momento posterior, nos termos do art. 435 do CPC/15, o que não ocorreu no caso sub judice (STJ, AgInt no AREsp 1611144/MS, Ministro Marco Buzzi, T4 – Quarta Turma, *DJe* 01/10/2020).
- É dever do impetrante instruir seu pleito com os documentos necessários ao julgamento do writ, de modo que a falta da íntegra do ato coator torna inviável aferir o pleito mandamental. Assim, a ausência de tais documentos inviabiliza a análise dos pedidos (STJ, EDcl no HC 591802/TO, Ministro Nefi Cordeiro, T6 – Sexta Turma, *DJe* 28/08/2020).
- O artigo 320, do CPC/2015, exige que a parte autora apresente com a inicial os documentos indispensáveis para a propositura da ação; contudo, o legislador não exigiu que o advogado apresente declaração de que os documentos são autênticos, sendo que a eventual suspeita acerca da fé deles deverá ser suscitada pela parte contrária, através da arguição de falsidade (TJMG, Apelação Cível 1.0000.19.077863-9/001, Rel. Desembargador Pedro Bernardes, 9ª Câmara Cível, julgamento em 29/10/2019, publicação da súmula em 07/11/2019).

> **Art. 321.** O juiz, ao verificar que a petição inicial não preenche os requisitos dos arts. 319 e 320 ou que apresenta defeitos e irregularidades capazes de dificultar o julgamento de mérito, determinará que o autor, no prazo de 15 (quinze) dias, a emende ou a complete, indicando com precisão o que deve ser corrigido ou completado.
>
> Parágrafo único. Se o autor não cumprir a diligência, o juiz indeferirá a petição inicial.

REFERÊNCIAS LEGISLATIVAS

- Arts. 206, 219, 284, 319, 320, 329, 330, IV, 485, I, 542, CPC.

ANOTAÇÕES

- ***Emenda da petição inicial***: protocolada ou distribuída a petição inicial, conforme a quantidade de juízos competentes na comarca (art. 284, CPC), esta é encaminhada ao escrivão para que providencie a sua autuação (art. 206, CPC), após o que os autos são conclusos para o juiz a fim de que verifique se foram cumpridos os requisitos dos arts. 319 e 320 do CPC, ou outro requisito específico daquele feito em especial (*v.g.*, art. 542 do CPC, *ação de consignação em pagamento*). Verificando o juiz que a petição inicial não atende a algum dos requisitos legais, ou que apresenta defeitos e irregularidades capazes de dificultar o julgamento do mérito, determinará que o autor a emende, ou a complete, no prazo de 15 (quinze) dias, indicando com precisão o que deve ser corrigido ou completado, sob pena de ser indeferida; ou seja, o feito ser extinto sem julgamento de mérito (art. 485, I, CPC).
- ***Recurso contra a decisão que determina a emenda da petição inicial***: a decisão que determina a emenda da exordial deixou de ser agravável, sendo, portanto, "irrecorrível", o que é lamentável. Com mais de trinta anos de experiência forense, observei e enfrentei centenas de decisões absurdas no sentido de que a petição inicial fosse emendada, fruto muitas delas da ignorância ou simplesmente abuso autoritário do juiz. Nessas circunstâncias, tentar argumentar com o juiz é quase sempre perda de tempo; no geral, ou o advogado se submete às ideias particulares do magistrado, e como eles as têm, ou espera o indeferimento da exordial, fato que inegavelmente trará enormes prejuízos para a parte. Nesse aspecto, andou muito mal o legislador.
- ***Contagem do prazo para emendar a inicial***: o prazo referido no *caput* da norma é de natureza "processual", devendo a sua contagem considerar, nos termos do art. 219, apenas os dias úteis.

DICAS DE PRÁTICA JURÍDICA

- ***O que fazer diante da decisão que determina a emenda da exordial***: o primeiro passo é, claro, tentar argumentar com o juiz, expondo a ele as razões porque entende estar a decisão que determinou a emenda "equivocada". Faça um pedido de "reconsideração" e procure despachar diretamente com ele (nada como um olho no olho para mudar as coisas). Faça isso tomando o cuidado de não perder o prazo para a interposição do recurso de "agravo de instrumento", isso porque os tribunais estão flexibilizando as hipóteses de cabimento do recurso. Indeferidos o pedido e a reconsideração, interponha o "agravo de instrumento", mas não se esqueça de acrescentar nas razões do seu recurso um item inicial em que defenda a necessidade de intervenção imediata do tribunal, demonstrando que a decisão judicial trará irreparáveis prejuízos para a parte, colocando em grave risco o resultado final da demanda; em outras palavras, mostre que, quando finalmente for julgado o recurso de apelação contra a sentença que extinguirá o feito sem julgamento de mérito (art. 485, I), em razão de não ter sido atendida a determinação judicial, será tarde demais para a defesa do direito material do autor (perigo de dano e/ou resultado útil do processo). Alguns ainda defendem a possibilidade de impetração de mandado de segurança, o chamado remédio heroico. Registro, no entanto, que compreensivamente os tribunais são rigorosos na admissibilidade do *mandamus* contra decisões judiciais; sendo assim, para ter alguma chance de conhecimento e provimento, é necessário que a decisão impugnada seja realmente absurda, evidentemente teratológica.

JURISPRUDÊNCIA

- Agravo de instrumento – Interposição contra decisão que determinou a emenda da petição inicial, sob o argumento de impossibilidade de formulação de pedido genérico para os danos materiais, e que afastou a alegação de ilegitimidade passiva da ré, com a observação de que sua responsabilidade seria analisada nos limites do contrato celebrado entre ela e o condomínio onde o crime ocorreu – Rol do artigo 1.015 do Novo Código de Processo Civil – Matérias que não são impugnáveis por meio de agravo de instrumento, ainda que reconhecida a mitigação da taxatividade daquele rol – Ausência de interesse. Agravo não conhecido (TJSP, Agravo de Instrumento 2233798-36.2020.8.26.0000, Relator Sá Moreira de Oliveira,, 33ª Câmara de Direito Privado, Foro Central Cível – 27ª Vara Cível, *DJ* 26/10/2020).
- Alimentos e regulamentação de guarda e visitas – Decisão que determinou a emenda da inicial para cisão dos pedidos em razão da divergência de ritos e polos – Inconformismo da autora – Acolhimento – Possibilidade de cumulação, nos termos do art. 327 do Código de Processo Civil – Posicionamento em prol da celeridade e economia processual – Agravo provido (TJSP, Agravo de Instrumento 2032919-13.2020.8.26.0000, Relator Rui Cascaldi, 1ª Câmara de Direito Privado, Foro Regional II – Santo Amaro – 1ª Vara da Família e Sucessões, *DJ* 21/10/2020).
- É incabível o mandado de segurança quando impetrado contra decisão judicial sujeita a recurso específico ou correição parcial, mormente porque tal remédio constitucional não representa panaceia para toda e qualquer situação, nem é sucedâneo recursal (STJ, AgInt no AgInt no RMS 59302/SP, Ministro Luis Felipe Salomão, T4 – Quarta Turma, *DJe* 04/06/2020).
- A consequência jurídica do descumprimento de decisão que determina a emenda à inicial é o seu indeferimento, nos termos do art. 321, parágrafo único, do CPC/2015 (STJ, EDcl no AgInt na AR 6278/RS, Ministro Herman Benjamin, S1 – Primeira Seção, *DJe* 05/02/2020).
- A jurisprudência desta Corte admite a emenda à petição inicial, quando ausente algum dos requisitos exigidos por lei para a propositura da ação, no caso em apreço, o valor da causa. Contudo, permanecendo a parte inerte, é possível a extinção do feito (STJ, AgInt no AREsp 626.390/CE, Ministro Napoleão Nunes Maia Filho, T1 – Primeira Turma, *DJe* 12/08/2016).

Seção II
Do Pedido

Art. 322. O pedido deve ser certo.

§ 1º Compreendem-se no principal os juros legais, a correção monetária e as verbas de sucumbência, inclusive os honorários advocatícios.

§ 2º A interpretação do pedido considerará o conjunto da postulação e observará o princípio da boa-fé.

REFERÊNCIAS LEGISLATIVAS

- Arts. 77, 141, 240, 323, 324, CPC; arts. 406 e 407, CC.

ANOTAÇÕES

- ***Pedido***: o pedido deve expressar o que o autor espera do Estado-juiz, delimitando a lide (conflito), razão pela qual deve ser: *certo*, isto é, expresso, não se aceitando pedido apenas implícito; *determinado (art. 324, CPC)*, no sentido de informar com segurança quais os limites da pretensão do autor. O pedido deve, ainda, ser a conclusão lógica dos fatos, naquilo que a doutrina chama de "pedido concludente".

- **Classificação**: ordinariamente, o pedido é classificado em *imediato* e *mediato*. Pedido "imediato" expressa o desejo que o autor tem de obter uma sentença, seja condenatória, seja declaratória, seja constitutiva, razão pela qual deve ser sempre determinado. Já o *pedido mediato* é o próprio bem da vida buscado pelo autor em face do réu (*v.g.*, alimentos, posse, propriedade, indenização etc.), podendo ser genérico em algumas circunstâncias (art. 324, CPC): I – nas ações universais, se não puder o autor individuar na petição os bens demandados (*v.g.*, inventário); II – quando não for possível determinar, desde logo, as consequências do ato ou do fato (*v.g.*, ação de reparação de danos, sendo que a vítima ainda está em tratamento); III – quando a determinação do objeto ou do valor da condenação depender de ato que deva ser praticado pelo réu (*v.g.*, ação de prestação de contas).
- **Pedidos implícitos**: importante observar que há pedidos que dispensam o requerimento expresso por parte do interessado, como indica o parágrafo primeiro deste artigo. Estão implícitos no pedido principal do autor: (I) juros legais; (II) juros de mora; (III) correção monetária; (IV) despesas processuais; (V) honorários advocatícios; (VI) prestações vincendas.

JURISPRUDÊNCIA

- Súmula 254 do STF: Incluem-se os juros moratórios na liquidação, embora omisso o pedido inicial ou a condenação.
- A certeza do pedido se configura com a imposição feita ao autor de indicar, de forma precisa e clara, a espécie de tutela jurisdicional pretendida e o resultado prático que se alcançará. A determinação está relacionada à liquidez do objeto, isto é, à qualidade e quantidade do bem da vida buscado (STJ, REsp 1823072/RJ, Ministro Marco Aurélio Bellizze, T3 – Terceira Turma, *DJe* 08/11/2019).
- A circunstância de o autor haver formulado pedido certo não impede que o magistrado remeta as partes para a liquidação de sentença, se estiver diante de um quadro probatório insuficiente (STJ, AgInt no AREsp 889.302/RS, Ministro Ricardo Villas Bôas Cueva, T3 – Terceira Turma, *DJe* 04/10/2017).

> **Art. 323.** Na ação que tiver por objeto cumprimento de obrigação em prestações sucessivas, essas serão consideradas incluídas no pedido, independentemente de declaração expressa do autor, e serão incluídas na condenação, enquanto durar a obrigação, se o devedor, no curso do processo, deixar de pagá-las ou de consigná-las.

REFERÊNCIAS LEGISLATIVAS

- Art. 292, §§ 1º e 2º, CPC.

ANOTAÇÕES

- **Prestações periódicas**: obrigações periódicas, ou de trato sucessivo, são aquelas cujas prestações devem ser cumpridas num espaço mais ou menos longo de tempo, por meio de vários atos ou fatos (*v.g.*, locação, alimentos, compra e venda a prestação etc.). Quando o autor propõe uma ação cobrando o cumprimento deste tipo de obrigação, a lei processual considera incluídas no pedido as prestações vincendas, mesmo que não haja pedido expresso neste sentido na petição inicial, sendo que a sentença as incluirá na condenação, enquanto durar a obrigação. O propósito desta norma processual é evitar a repetição de lides fundadas na mesma obrigação.

JURISPRUDÊNCIA

- O art. 323 do CPC/2015, prevê que, na ação que tiver por objeto cumprimento de obrigação em prestações sucessivas, essas serão consideradas incluídas no pedido, independentemente de declaração expressa do autor, e serão incluídas na condenação, enquanto durar a obrigação, se o devedor, no curso do processo, deixar de pagá-las ou de consigná-las. A despeito de referido dispositivo legal ser indubitavelmente aplicável aos processos de conhecimento, tem-se que deve se admitir a sua aplicação, também, aos processos de execução. O art. 771 do CPC/2015, na parte que regula o procedimento da execução fundada em título executivo extrajudicial, admite a aplicação subsidiária das disposições concernentes ao processo de conhecimento à lide executiva (STJ, REsp 1875519, Ministro Raul Araújo, Decisão Monocrática, *DJ* 10/08/2020).
- Agravo de instrumento – Cumprimento de sentença – Rito da penhora – Decisão determinando a citação do executado para pagamento do débito exequendo, além daquelas que se vencerem até o efetivo pagamento. Decisão mantida – Possibilidade de inclusão das parcelas vincendas, sendo oriundas da obrigação alimentar – Prestações sucessivas e periódicas – Inteligência do artigo 323 do NCPC – Precedentes jurisprudenciais – Recurso improvido (TJSP, Agravo de Instrumento 2189451-15.2020.8.26.0000, Relator José Joaquim dos Santos, 2ª Câmara de Direito Privado, Foro de Santana de Parnaíba – 1ª Vara Judicial, *DJ* 27/10/2020).

Art. 324. O pedido deve ser determinado.

§ 1º É lícito, porém, formular pedido genérico:

I – nas ações universais, se o autor não puder individuar os bens demandados;

II – quando não for possível determinar, desde logo, as consequências do ato ou do fato;

III – quando a determinação do objeto ou do valor da condenação depender de ato que deva ser praticado pelo réu.

§ 2º O disposto neste artigo aplica-se à reconvenção.

REFERÊNCIAS LEGISLATIVAS

- Arts. 322, 343, CPC; arts. 90 e 91, CC.

ANOTAÇÕES

- ***Pedido determinado***: é aquele que se refere a um bem específico, perfeitamente caracterizado em sua qualidade e quantidade.
- ***Valor do pedido de dano moral***: não há regra quanto ao montante a ser pedido a título de dano moral, devendo a questão ser apreciada caso a caso. Na falta de parâmetros, muitos advogados optam por não apontar na exordial o valor de dano moral que pretendem, fazendo pedido genérico, buscando normalmente fugir ou evitar o pagamento das devidas custas. Tecnicamente, o juiz deveria determinar a emenda da inicial, a fim de que o autor indicasse de forma clara o quantum da sua pretensão (sem pedido certo, como o réu vai se defender?). Na prática, isso nem sempre acontece, ficando então ao arbítrio do juiz a fixação do valor na sentença. O interessante neste caso é que o autor não tem como recorrer da decisão judicial, se o juiz arbitrar, por exemplo, um valor ínfimo.

JURISPRUDÊNCIA

- Apelação – Ação de exibição de documentos – Pedido genérico, sem indicação e especificação dos documentos cuja exibição é pretendida – Inépcia. Lendo a inicial e seus aditamentos, não se depreende a exposição de um pedido certo e determinado em relação à parte não conhecida pelo digno juízo de origem. Ao contrário, pela extrema generalidade do pedido de exibição, pode-se concluir que o réu não teria condições de defender-se adequadamente nem de saber quais documentos efetivamente deveria exibir. Apelação desprovida (TJSP, Apelação Cível 1004236-09.2014.8.26.0609, Relator Lino Machado, 30ª Câmara de Direito Privado, Foro de Taboão da Serra – 2ª Vara Cível, *DJ* 03/07/2019).

- Apelações. Ação de consignação em pagamento. Ausência de pedido determinado na petição inicial com relação ao quantum pretendido a título de indenização por danos morais a sustentar o pleito de majoração. Honorários recursais arbitrados em favor do patrono da autora. Apelos desprovidos (TJSP, Apelação Cível 1022515-97.2019.8.26.0114, Relator Roberto Maia, 20ª Câmara de Direito Privado, Foro de Campinas – 4ª Vara Cível, *DJ* 11/05/2020).

Art. 325. O pedido será alternativo quando, pela natureza da obrigação, o devedor puder cumprir a prestação de mais de um modo.

Parágrafo único. Quando, pela lei ou pelo contrato, a escolha couber ao devedor, o juiz lhe assegurará o direito de cumprir a prestação de um ou de outro modo, ainda que o autor não tenha formulado pedido alternativo.

REFERÊNCIAS LEGISLATIVAS

- Art. 292, VII, CPC; arts. 252 a 256, CC.

ANOTAÇÕES

- ***Pedido alternativo***: obrigação alternativa é aquela que tem por objeto duas ou mais prestações, das quais somente uma será efetuada pelo devedor (*v.g.*, transportar ou dar o dinheiro da passagem). Necessitando exigir judicialmente o cumprimento de obrigação alternativa, cuja escolha entre as prestações cabe ao devedor, seja em razão do contrato, seja em razão da lei (art. 252, CC), o autor deverá formular o pedido também de forma alternativa, a fim de possibilitar ao réu o exercício do seu direito de escolha.

Art. 326. É lícito formular mais de um pedido em ordem subsidiária, a fim de que o juiz conheça do posterior, quando não acolher o anterior.

Parágrafo único. É lícito formular mais de um pedido, alternativamente, para que o juiz acolha um deles.

REFERÊNCIAS LEGISLATIVAS

- Arts. 292, VIII, 324, CPC.

ANOTAÇÕES

- ***Pedidos sucessivos***: é o que se chama de "cumulação eventual", em que um é o pedido principal e os outros, um ou mais, são os pedidos subsidiários, que só serão conhecidos na eventualidade da impossibilidade ou rejeição do pedido principal (*v.g.*, pede-se a devolução do bem ou, no caso de seu extravio, uma indenização em dinheiro).

Art. 327. É lícita a cumulação, em um único processo, contra o mesmo réu, de vários pedidos, ainda que entre eles não haja conexão.

§ 1º São requisitos de admissibilidade da cumulação que:

I – os pedidos sejam compatíveis entre si;

II – seja competente para conhecer deles o mesmo juízo;

III – seja adequado para todos os pedidos o tipo de procedimento.

§ 2º Quando, para cada pedido, corresponder tipo diverso de procedimento, será admitida a cumulação se o autor empregar o procedimento comum, sem prejuízo do emprego das técnicas processuais diferenciadas previstas nos procedimentos especiais a que se sujeitam um ou mais pedidos cumulados, que não forem incompatíveis com as disposições sobre o procedimento comum.

§ 3º O inciso I do § 1º não se aplica às cumulações de pedidos de que trata o art. 326.

REFERÊNCIAS LEGISLATIVAS

- Arts. 292, VI, 324, 325, 326, CPC.

ANOTAÇÕES

- **Cumulação de pedidos**: em homenagem aos princípios da celeridade e da economia processual, o Código permite que o autor cumule, na mesma ação, mais de um pedido em face do mesmo réu, desde que estejam presentes certos requisitos de admissibilidade que indica. Não se trata, registre-se, de pedidos sucessivos, onde o juiz, rejeitando o principal, passa a apreciar o subsidiário, mas de efetiva soma de várias pretensões, duas ou mais, em face do mesmo réu. Na verdade, considerando que cada pedido envolve uma lide, há efetivamente uma cumulação de ações (*v.g.*, ação de investigação de paternidade cumulada com alimentos; ação de rescisão contratual cumulada com reintegração de posse; ação de reintegração de posse cumulada com indenização por perdas e danos etc.).
- **Obrigatoriedade da cumulação de pedidos**: em princípio, a cumulação de pedidos é apenas uma "faculdade" concedida ao autor, que pode optar por ajuizar ações individuais, mas em situações especiais o magistrado pode determinar a sua ocorrência em atenção aos princípios da celeridade, da economia, da eficiência e duração razoável do processo.

JURISPRUDÊNCIA

- Súmula 37 do STJ: São cumuláveis as indenizações por dano material e dano moral oriundos do mesmo fato.
- Súmula 170 do STJ: Compete ao juízo onde primeiro for intentada a ação envolvendo acumulação de pedidos, trabalhista e estatutário, decidi-la nos limites da sua jurisdição, sem prejuízo do ajuizamento de nova causa, com o pedido remanescente, no juízo próprio.
- Ação de dissolução de união estável cumulada com pedidos de regulamentação de alimentos, guarda, visita e partilha de bens – Decisão que indeferiu a cumulação dos pedidos postulada pela parte autora – Insurgência – Cabimento – Possibilidade da cumulação dos pedidos com fundamento no disposto no artigo 327, § 2º, do CPC – Adoção do procedimento comum – Princípio da economia processual e da garantia ao interesse do menor – Decisão reformada – Recurso provido (TJSP, Agravo de Instrumento 2225933-

59.2020.8.26.0000, Relator Salles Rossi, 8ª Câmara de Direito Privado, Foro Regional III – Jabaquara – 1ª Vara da Família e Sucessões, *DJ* 28/10/2020).
- Alimentos e regulamentação de guarda e visitas – Decisão que determinou a emenda da inicial para cisão dos pedidos em razão da divergência de ritos e polos – Inconformismo da autora – Acolhimento – Possibilidade de cumulação, nos termos do art. 327 do Código de Processo Civil – Posicionamento em prol da celeridade e economia processual – Agravo provido (TJSP, Agravo de Instrumento 2032919-13.2020.8.26.0000, Relator Rui Cascaldi, 1ª Câmara de Direito Privado, Foro Regional II – Santo Amaro – 1ª Vara da Família e Sucessões, *DJ* 21/10/2020).
- Agravo de instrumento – Determinação de emenda da inicial da ação de divórcio para inclusão de pedidos de alimentos em favor do filho menor – Afronta ao princípio da demanda – *Non procedat iudex ex officio, nemo iudex sine auctore* – Cumulação de pedidos que é facultativa e não obrigatória – Recurso provido (TJSP, Agravo de Instrumento 2227054-25.2020.8.26.0000, Relator Alcides Leopoldo, 4ª Câmara de Direito Privado, Foro de Barueri – 3ª Vara Cível, *DJ* 25/09/2020).
- A observância das regras de competência absoluta é pressuposto intransponível para a cumulação de pedidos, razão pela qual o pedido incidental declaratório de nulidade de patente não pode ser julgado pelo Juízo de direito estadual (STJ, REsp 1558149/SP, Ministro Marco Aurélio Bellizze, T3 – Terceira Turma, *DJe* 03/12/2019).
- O acórdão recorrido julgou no mesmo sentido da jurisprudência desta Corte Superior, no sentido de que o valor da causa deve equivaler ao conteúdo econômico a ser obtido na demanda e em caso de cumulação de pedidos, deve corresponder à soma dos valores de todos eles (STJ, AgRg no AREsp 641216/RS, Ministro Marco Buzzi, T4 – Quarta Turma, *DJe* 23/03/2018).
- Havendo cumulação de pedidos envolvendo matérias de diferentes competências, deve a ação prosseguir perante o juízo onde foi inicialmente proposta, nos limites de sua competência, sem prejuízo do ajuizamento de nova demanda, com o pedido remanescente, no juízo próprio (STJ, AgInt nos EDcl no CC 149072/SP, Ministra Nancy Andrighi, S2 – Segunda Seção, *DJe* 02/03/2018).

Art. 328. Na obrigação indivisível com pluralidade de credores, aquele que não participou do processo receberá sua parte, deduzidas as despesas na proporção de seu crédito.

REFERÊNCIAS LEGISLATIVAS

- Arts. 113 a 118, CPC; arts. 258, 260 e 261, CC.

ANOTAÇÕES

- **Obrigações indivisíveis**: segundo o art. 258 do Código Civil, a "obrigação é indivisível quando a prestação tem por objeto uma coisa ou um fato não suscetíveis de divisão, por sua natureza, por motivo de ordem econômica, ou dada a razão determinante do negócio jurídico". Quando houver pluralidade de credores, qualquer deles pode cobrar a coisa com um todo (art. 260, CC), sendo que neste caso, conforme a norma, aquele que não participou do processo deve receber a sua parte, deduzidas as despesas na proporção de seu crédito.

Art. 329. O autor poderá:
I – até a citação, aditar ou alterar o pedido ou a causa de pedir, independentemente de consentimento do réu;

II – até o saneamento do processo, aditar ou alterar o pedido e a causa de pedir, com consentimento do réu, assegurado o contraditório mediante a possibilidade de manifestação deste no prazo mínimo de 15 (quinze) dias, facultado o requerimento de prova suplementar.

Parágrafo único. Aplica-se o disposto neste artigo à reconvenção e à respectiva causa de pedir.

REFERÊNCIAS LEGISLATIVAS

- Arts. 7º, 10, 219, 238, 240, 343 e 493, CPC.

ANOTAÇÕES

- *Estabilização da demanda*: ocorre com a efetiva citação do réu que completa a relação jurídica processual (art. 240, CPC); entre a citação e o saneamento do processo ainda é possível alterar o pedido e a causa de pedir, desde que haja concordância do réu.
- *Contagem do prazo para manifestação*: o prazo referido no inciso segundo desta norma é de natureza "processual", devendo a sua contagem considerar, nos termos do art. 219, apenas os dias úteis.

DICAS DE PRÁTICA JURÍDICA

- *Como oferecer as manifestações referidas neste artigo*: tanto o pedido de aditamento ou alteração do pedido, assim como a manifestação em resposta (inciso II), podem ser feitos por simples petição intermediária com a seguinte estrutura: endereçamento; qualificação; resumo dos fatos; razões; pedidos.

JURISPRUDÊNCIA

- De acordo com a jurisprudência do STJ, "descabe a emenda da petição inicial após o oferecimento da contestação e o saneamento do processo, quando essa providência importar alteração do pedido ou da causa de pedir" (STJ, AgInt no AREsp 831729/SC, Ministro Antonio Carlos Ferreira, T4 – Quarta Turma, *DJe* 26/10/2020).
- A jurisprudência do Superior Tribunal de Justiça consolidou-se no sentido de que a vedação de emenda da petição inicial após a citação, sem o consentimento do réu, somente incide nas hipóteses em que há alteração da causa de pedir ou do pedido, sendo plenamente possível nos casos em que a adição não implicar a referida modificação, como na hipótese em que se almeja adequar o polo ativo da ação, a fim de incluir-se coerdeira (STJ, AgInt no AREsp 1.101.986/SP, Ministro Raul Araújo, T4 – Quarta Turma, *DJe* 24/10/2017).

Seção III
Do Indeferimento da Petição Inicial

Art. 330. A petição inicial será indeferida quando:

I – for inepta;

II – a parte for manifestamente ilegítima;

III – o autor carecer de interesse processual;

IV – não atendidas as prescrições dos arts. 106 e 321.

§ 1º Considera-se inepta a petição inicial quando:

I – lhe faltar pedido ou causa de pedir;

II – o pedido for indeterminado, ressalvadas as hipóteses legais em que se permite o pedido genérico;

III – da narração dos fatos não decorrer logicamente a conclusão;

IV – contiver pedidos incompatíveis entre si.

§ 2º Nas ações que tenham por objeto a revisão de obrigação decorrente de empréstimo, de financiamento ou de alienação de bens, o autor terá de, sob pena de inépcia, discriminar na petição inicial, dentre as obrigações contratuais, aquelas que pretende controverter, além de quantificar o valor incontroverso do débito.

§ 3º Na hipótese do § 2º, o valor incontroverso deverá continuar a ser pago no tempo e modo contratados.

REFERÊNCIAS LEGISLATIVAS

- Arts. 17, 106, 317, 319, 320, 321, 324, 331, 485, I, CPC.

ANOTAÇÕES

- **Indeferimento da petição inicial**: o processo é apenas o instrumento do qual se vale o Estado para prestar a tutela jurisdicional (*princípio da instrumentalidade*), razão pela qual este não tem interesse em indeferir a petição inicial, extinguindo o feito sem julgamento de mérito, porque isto não resolve a lide, o que mantém as partes em conflito, colocando em risco a ordem jurídica e a paz social. Destarte, quando a petição inicial se apresenta incompleta ou quando desatende aos requisitos legais, o Estado-juiz preferencialmente procura abrir oportunidade para que o autor a emende ou a complete (art. 321, CPC). Entretanto, há casos em que a petição inicial acaba por ser indeferida, seja porque o autor não atendeu à determinação para emendá-la, seja em razão da ocorrência de alguma das outras hipóteses previstas neste artigo.
- **Inépcia da petição inicial**: as hipóteses previstas na norma sobre o tema têm como arrimo a correta formação do raciocínio lógico do processo, com escopo de possibilitar ao réu o exercício pleno do direito de defesa e ao juiz conhecer e julgar oportunamente a lide.

JURISPRUDÊNCIA

- Apelação. Ação de alimentos entre ex-cônjuges. Recurso do autor em face de sentença de extinção do processo, sem resolução do mérito, em razão do indeferimento da petição inicial por inépcia. Não acolhimento. Petição inicial que é inepta, pois dos fatos não decorre logicamente a conclusão (art. 330, I, CPC). Sentença preservada. Negado provimento ao recurso (TJSP, Apelação Cível 1001210-47.2020.8.26.0009, Relatora Viviani Nicolau, 3ª Câmara de Direito Privado, Foro Regional IX – Vila Prudente – 1ª Vara da Família e Sucessões, *DJ* 29/10/2020).
- Inviável a alegação de inépcia da petição inicial se fornecidos satisfatoriamente os elementos necessários para a formação da lide, com a narração devida dos fatos, possibilitando-se o adequado exercício do contraditório (STJ, AgInt no AREsp 1297430/DF, Ministro Marco Buzzi, T4 – Quarta Turma, *DJe* 26/09/2019).

- Consoante o entendimento desta Corte, é inadmissível o indeferimento da petição inicial do mandado de segurança com base em questões de mérito. Não sendo necessária a dilação probatória, por serem as provas juntadas aos autos suficientes para a análise do pedido formulado, não deve o writ ser indeferido liminarmente (STJ, AgInt no RMS 52671/MS, Ministro Gurgel de Faria, T1 – Primeira Turma, *DJe* 25/06/2019).

Art. 331. Indeferida a petição inicial, o autor poderá apelar, facultado ao juiz, no prazo de 5 (cinco) dias, retratar-se.

§ 1º Se não houver retratação, o juiz mandará citar o réu para responder ao recurso.

§ 2º Sendo a sentença reformada pelo tribunal, o prazo para a contestação começará a correr da intimação do retorno dos autos, observado o disposto no art. 334.

§ 3º Não interposta a apelação, o réu será intimado do trânsito em julgado da sentença.

REFERÊNCIAS LEGISLATIVAS

- Arts. 219, 334, 485, § 7º, 494, 502, 1.009 a 1.014, CPC.

ANOTAÇÕES

- ***Juízo de retratação***: apelando o interessado contra a sentença que indeferiu a sua petição inicial, a lei garante ao juiz a possibilidade de se retratar, fato, na verdade, raro de acontecer na prática (segundo a minha experiência, ao menos; falta um pouco de humildade diante de situações de claro engano ou exagero). Não havendo retratação, o juiz deve determinar a citação do réu para responder "ao recurso", e o prazo para a apresentação da contestação começará a correr da intimação sobre o retorno dos autos, no caso, claro, de que a sentença seja reformada.

JURISPRUDÊNCIA

- Execução. Despesas condominiais. Indeferimento da inicial, por falta de recolhimento de guia de diligência para realização de citação por oficial de justiça. Citação, contudo, requerida para ser realizada por carta, cujas despesas já estão recolhidas nos autos. Inteligência do art. 248, § 4º, CPC, que estabelece presunção legal de boa-fé das portarias de condomínios. Ademais, a lei não veda a citação pelo correio quando o autor da ação é condomínio e o destinatário é nele residente. Citação via postal deferida. Indeferimento da petição inicial afastado. Apelo provido (TJSP, Apelação Cível 1003609-83.2020.8.26.0224, Relator Soares Levada, 34ª Câmara de Direito Privado, Foro de Guarulhos – 1ª Vara Cível, *DJ* 29/10/2020).
- Apelação cível – Produção antecipada de provas – Exibição de documentos – Sentença de extinção do processo, sem resolução de mérito, em vista do indeferimento da petição inicial – Inconformismo do autor – Autor que postula a exibição de documentos para apurar a regularidade de registro desabonador, a fim de justificar ou evitar a propositura de ação judicial, nos termos do que dispõe o artigo 381, inciso III, do Código de Processo Civil. Ausência de litigiosidade entre as partes – Interesse de agir do autor configurado para pleitear a exibição de documento sem caráter contencioso. Recebimento do pedido formulado na inicial como produção antecipada de provas. Sentença de extinção do processo anulada, para determinar o prosseguimento do processo como produção antecipada de provas – Causa madura para julgamento. Empresa ré que, regularmente citada, apresentou os documentos solicitados pelo autor – Homologação da prova produzida, sem arbitramento de honorários advocatícios sucumbenciais. Aplicação do disposto no artigo 382, § 4º, do Código de Processo Civil – Recurso parcialmente provido. Dispositivo: Por maioria de votos, deram parcial provimento ao recurso (TJSP, Apelação Cível 1016979-46.2019.8.26.0554, Relatora Daniela Menegatti Milano, 19ª Câmara de Direito Privado, Foro de Santo André – 5ª Vara Cível, *DJ* 27/10/2020).

- Nulidade de sentença – Sentença nula – Ausência de relatório – Violação ao artigo 489, inc. I, do CPC – Afronta aos princípios do devido processo legal e da garantia de acesso à justiça – Sentença nula, pois ausentes os requisitos expressamente previstos no artigo 489, inciso I, do CPC, isto é, relatório com os nomes das partes, a identificação do caso, a suma do pedido e o registro das principais ocorrências havidas no andamento do processo. Indeferimento da petição inicial – Extinção do processo – Ausência de comprovante de residência – Inicial apta a produzir seus regulares efeitos – Presentes o pedido e a causa de pedir – Artigo 319, inc. II, do CPC/2015 não prevê a necessidade de juntada de comprovante de residência a fim de averiguar a competência territorial relativa – Não cabimento. Não é cabível o indeferimento de petição inicial por ausência de comprovante de residência, apto a verificar a competência territorial relativa, porquanto não é dado ao juiz decliná-la de ofício. Recurso provido (TJSP, Apelação Cível 1004539-85.2020.8.26.0100, Relator Nelson Jorge Júnior, 13ª Câmara de Direito Privado, Foro Central Cível – 17ª Vara Cível, *DJ* 28/10/2020).
- Cumprimento de sentença – Indeferimento da Petição inicial e extinção do feito, em razão da justiça gratuita concedida ao executado – Ilegitimidade da medida – Necessidade, tão somente, de suspensão do processo, pois a concessão de gratuidade não afasta a responsabilidade do beneficiário pelas despesas processuais e pelos honorários advocatícios decorrentes de sua sucumbência – Possibilidade de execução dos valores se, nos cinco anos subsequentes ao trânsito em julgado da decisão que as certificou, o credor demonstrar que deixou de existir a situação de insuficiência de recursos que justificou a concessão de gratuidade – Inteligência do art. 98, §§ 2º e 3º, do Código de Processo Civil – Recurso provido (TJSP, Apelação Cível 0010732-92.2018.8.26.0007, Relator César Peixoto, 9ª Câmara de Direito Privado, Foro Regional VII – Itaquera – 2ª Vara Cível, *DJ* 27/10/2020).

CAPÍTULO III
DA IMPROCEDÊNCIA LIMINAR DO PEDIDO

Art. 332. Nas causas que dispensem a fase instrutória, o juiz, independentemente da citação do réu, julgará liminarmente improcedente o pedido que contrariar:

I – enunciado de súmula do Supremo Tribunal Federal ou do Superior Tribunal de Justiça;

II – acórdão proferido pelo Supremo Tribunal Federal ou pelo Superior Tribunal de Justiça em julgamento de recursos repetitivos;

III – entendimento firmado em incidente de resolução de demandas repetitivas ou de assunção de competência;

IV – enunciado de súmula de tribunal de justiça sobre direito local.

§ 1º O juiz também poderá julgar liminarmente improcedente o pedido se verificar, desde logo, a ocorrência de decadência ou de prescrição.

§ 2º Não interposta a apelação, o réu será intimado do trânsito em julgado da sentença, nos termos do art. 241.

§ 3º Interposta a apelação, o juiz poderá retratar-se em 5 (cinco) dias.

§ 4º Se houver retratação, o juiz determinará o prosseguimento do processo, com a citação do réu, e, se não houver retratação, determinará a citação do réu para apresentar contrarrazões, no prazo de 15 (quinze) dias.

REFERÊNCIAS LEGISLATIVAS

- Arts. 219, 241, 370, 487, II e parágrafo único, 926, 976 a 987, 1.009 a 1.014, CPC; arts. 189 a 211, CC.

ANOTAÇÕES

- **Causas que dispensam a fase instrutória**: ou seja, causas que não demandam a produção de provas, que envolvem apenas questões de direito, fato a ser apreciado subjetivamente pelo próprio juiz (art. 370, CPC), embora a convicção pessoal dele não seja mais motivo para a improcedência liminar do pedido, ou seja, o julgamento que envolva a improcedência liminar do pedido deve necessariamente estar arrimado em prévia pacificação da questão jurídica no âmbito dos nossos tribunais, materializada em súmulas do TJ, do STJ e/ou do STF, além das teses firmadas em recursos repetitivos, em incidente de resolução de demandas repetitivas ou de assunção de competência.
- **Contagem do prazo para oferecimento de contrarrazões**: o prazo referido no parágrafo quarto desta norma é de natureza "processual", devendo a sua contagem considerar, nos termos do art. 219, apenas os dias úteis.

JURISPRUDÊNCIA

- Por se tratar de regra que limita o pleno exercício de direitos fundamentais de índole processual, em especial o contraditório e a ampla defesa, as hipóteses autorizadoras do julgamento de improcedência liminar do pedido devem ser interpretadas restritivamente, não se podendo dar a elas amplitude maior do que aquela textualmente indicada pelo legislador no art. 332 do novo CPC (STJ, REsp 1854842/CE, Ministra Nancy Andrighi, T3 – Terceira Turma, *DJe* 04/06/2020).

CAPÍTULO IV
DA CONVERSÃO DA AÇÃO INDIVIDUAL EM AÇÃO COLETIVA

Art. 333. (VETADO).

CAPÍTULO V
DA AUDIÊNCIA DE CONCILIAÇÃO OU DE MEDIAÇÃO

Art. 334. Se a petição inicial preencher os requisitos essenciais e não for o caso de improcedência liminar do pedido, o juiz designará audiência de conciliação ou de mediação com antecedência mínima de 30 (trinta) dias, devendo ser citado o réu com pelo menos 20 (vinte) dias de antecedência.

§ 1º O conciliador ou mediador, onde houver, atuará necessariamente na audiência de conciliação ou de mediação, observando o disposto neste Código, bem como as disposições da lei de organização judiciária.

§ 2º Poderá haver mais de uma sessão destinada à conciliação e à mediação, não podendo exceder a 2 (dois) meses da data de realização da primeira sessão, desde que necessárias à composição das partes.

§ 3º A intimação do autor para a audiência será feita na pessoa de seu advogado.

§ 4º A audiência não será realizada:

I – se ambas as partes manifestarem, expressamente, desinteresse na composição consensual;

II – quando não se admitir a autocomposição.

§ 5º O autor deverá indicar, na petição inicial, seu desinteresse na autocomposição, e o réu deverá fazê-lo, por petição, apresentada com 10 (dez) dias de antecedência, contados da data da audiência.

§ 6º Havendo litisconsórcio, o desinteresse na realização da audiência deve ser manifestado por todos os litisconsortes.

§ 7º A audiência de conciliação ou de mediação pode realizar-se por meio eletrônico, nos termos da lei.

§ 8º O não comparecimento injustificado do autor ou do réu à audiência de conciliação é considerado ato atentatório à dignidade da justiça e será sancionado com multa de até dois por cento da vantagem econômica pretendida ou do valor da causa, revertida em favor da União ou do Estado.

§ 9º As partes devem estar acompanhadas por seus advogados ou defensores públicos.

§ 10. A parte poderá constituir representante, por meio de procuração específica, com poderes para negociar e transigir.

§ 11. A autocomposição obtida será reduzida a termo e homologada por sentença.

§ 12. A pauta das audiências de conciliação ou de mediação será organizada de modo a respeitar o intervalo mínimo de 20 (vinte) minutos entre o início de uma e o início da seguinte.

REFERÊNCIAS LEGISLATIVAS

- Arts. 3º, §§ 2º e 3º, 139, V, 149, 165 a 175, 219, 303, § 1º, II e III, 308, §§ 3º e 4º, 359, 515, II, 693 a 699, 777, CPC; Lei nº 13.140/2015; art. 22, § 2º, Lei 9.099/1995-JEC, Lei nº 5.478/1968 – LA.

ANOTAÇÕES

- **Conciliação virtual**: atento a novas tecnologias e às alterações provocadas pela extensão e dimensão da pandemia da Covid-19, o legislador passou a expressamente permitir, no âmbito dos Juizados Especiais Cíveis, a conciliação não presencial (art. 22, § 2º, Lei 9.099/95, incluído pela Lei 13.994/2020), que deverá ser registrada por escrito nos autos, qualquer que seja o resultado. Tal procedimento que já vinha sendo usado no procedimento comum (Res. 672/2020 do STF), agora se expande, com escopo de garantir, mesmo em tempos difíceis, o acesso pleno ao Poder Judiciário.
- **Justiça multiportas**: a atual legislação processual se preocupou deveras em oferecer soluções alternativas para os conflitos, incentivando a mediação e a conciliação, daí ter se tornado obrigatório, na grande maioria dos processos, o comparecimento em audiência prévia de conciliação, em que sob a direção de pessoas preparadas serão levadas a considerar as vantagens de uma solução amigável. No campo do direito de família, outra medida que aponta na direção de uma solução amigável é aquela prevista no parágrafo primeiro do art. 695, que determina que o mandado citatório não esteja acompanhado de cópia da petição inicial, isso para tentar manter os espíritos desarmados, facilitando assim uma possível e desejada composição.

DICAS DE PRÁTICA JURÍDICA

- **Justificativas para o não comparecimento**: considerando que não é bastante a demonstração de desinteresse na audiência para justificar a ausência da parte, o advogado deve estar atento à manifestação da parte contrária, apresentando antecipadamente as justificativas para eventual ausência (*v.g.*, dificuldades de locação, doença, outros compromissos previamente agendados etc.). Esta manifestação se faz por simples petição intermediária (endereçamento, qualificação, fatos e pedido – justificação da ausência com pedido de redesignação da audiência de conciliação).

- **Não confunda a natureza das audiências**: nem toda audiência de conciliação é igual, há procedimentos, como os arrimados na Lei nº 5.478/1968, Lei de Alimentos, em que a audiência não é só de "conciliação", mas também de instrução e julgamento, sendo que a ausência não condiciona o interessado ao pagamento de uma simples multa, mas sim sujeitar-se aos efeitos da revelia. Fique atento, leia com atenção os termos do mandado citatório.

JURISPRUDÊNCIA

- Em seus artigos iniciais, o Código de Processo Civil prescreve que o Estado promoverá, sempre que possível, a solução consensual dos conflitos (art. 3º, § 2º, do CPC/2015), recomendando que a conciliação, a mediação e outros métodos de solução harmoniosa de conflitos sejam estimulados por Juízes, Advogados, Defensores Públicos e Membros do Ministério Público (art. 3º, § 3º, do CPC/2015), inclusive no curso do processo judicial (art. 139, V, do CPC/2015). Esses dispositivos do CPC pressupõem que os Julgadores abram as mentes para a metodologia contemporânea prestigiadora da visão instrumentalista do processo, levando-o, progressivamente, a deixar de ser um objetivo em si mesmo. Reafirmando esse escopo, o CPC/2015, em seu art. 334, estabelece a obrigatoriedade da realização de audiência de conciliação ou de mediação após a citação do réu. Excepcionando a sua realização, tão somente, na hipótese de o direito controvertido não admitir autocomposição ou na hipótese de ambas as partes manifestarem, expressamente, desinteresse na composição consensual (art. 334, § 4º, do CPC/2015) (STJ, REsp 1769949/SP, Ministro Napoleão Nunes Maia Filho, T1 – Primeira Turma, *DJe* 02/10/2020).

CAPÍTULO VI
DA CONTESTAÇÃO

Art. 335. O réu poderá oferecer contestação, por petição, no prazo de 15 (quinze) dias, cujo termo inicial será a data:

I – da audiência de conciliação ou de mediação, ou da última sessão de conciliação, quando qualquer parte não comparecer ou, comparecendo, não houver autocomposição;

II – do protocolo do pedido de cancelamento da audiência de conciliação ou de mediação apresentado pelo réu, quando ocorrer a hipótese do art. 334, § 4º, inciso I;

III – prevista no art. 231, de acordo com o modo como foi feita a citação, nos demais casos.

§ 1º No caso de litisconsórcio passivo, ocorrendo a hipótese do art. 334, § 6º, o termo inicial previsto no inciso II será, para cada um dos réus, a data de apresentação de seu respectivo pedido de cancelamento da audiência.

§ 2º Quando ocorrer a hipótese do art. 334, § 4º, inciso II, havendo litisconsórcio passivo e o autor desistir da ação em relação a réu ainda não citado, o prazo para resposta correrá da data de intimação da decisão que homologar a desistência.

REFERÊNCIAS LEGISLATIVAS

- Art. 5º, XXXIV, XXXV, LV, CF; arts. 25, 64, 65, 99, 126, 131, 224, 229, 231, 239, § 1º, 293, 303, III, 331, § 2º, 334, §§ 4º e 6º, 337, 343, 344, 347, 430, 434, 485, § 4º, 487, III, "a", 511, 544, 550, 556, 601, 693 a 699, 989, III, CPC; art. 9º, Lei nº 5.478/1968 – LA.

ANOTAÇÕES

- ***Da resposta do réu***: da mesma forma como garante a todos o direito de ação, isto é, o direito de demandar perante o Poder Judiciário (art. 5º, XXXIV e XXXV, CF), a Constituição Federal também garante aos demandados o direito à ampla defesa (art. 5º, inciso LV, CF), ou seja, o direito de resistir à pretensão do autor. Assim como o autor não está obrigado a litigar (*princípio dispositivo*), o réu, uma vez citado, não está obrigado a se defender. Considerando, no entanto, que a citação o vincula ao processo, formando a relação jurídica processual, deve fazê-lo, caso não queira sofrer as consequências por sua omissão (revelia). Destarte, regularmente citado o réu pode: I – *permanecer inerte*, sofrendo os efeitos da revelia (art. 344, CPC); II – *reconhecer o pedido do autor*, provocando o julgamento antecipado da lide (art. 487, III, "a", CPC); III – *defender-se*, apresentando contestação.

- ***Contestação***: é para o réu o que a petição inicial é para o autor, ou seja, é o ato processual, escrito ou oral, por meio do qual o réu demanda a tutela jurisdicional do Estado-juiz a fim de defender-se da pretensão do autor. É na contestação, salvo as exceções expressas, que o réu deve concentrar sua defesa à pretensão do autor, ocorrendo a preclusão das alegações não oferecidas. As matérias a serem tratadas na contestação são divididas em dois grupos: no primeiro se concentra a defesa contra o processo, na chamada *defesa processual ou de rito*, que engloba as preliminares (art. 337, CPC); no segundo grupo se concentra a chamada *defesa contra o mérito*, em que o réu deve impugnar os fatos apresentados pelo autor para justificar seu pedido (*causa petendi*), podendo, eventualmente, requerer proteção judiciária (ações de natureza dúplice) e/ou apresentar reconvenção.
- ***Contagem do prazo para contestar***: o prazo referido no *caput* da norma é de natureza "processual", devendo a sua contagem considerar, nos termos do art. 219, apenas os dias úteis.

💡 DICAS DE PRÁTICA JURÍDICA

- ***Forma***: a contestação deve ser ofertada em petição escrita, subscrita por advogado e endereçada ao juiz da causa. No procedimento especial da ação de alimentos, o réu pode optar por oferecê-la de forma oral, por termo, na própria audiência de conciliação, instrução e julgamento (art. 9º, Lei nº 5.478/1968 – LA). Tratando-se de processo eletrônico, o advogado deve estar atento à determinação no sentido de que o protocolo da peça processual ocorra antes da audiência; é prudente investigar como a questão foi regulamentada pelo tribunal de justiça local.
- ***Contestação arrimada em bom direito***: naqueles casos em que nosso cliente está bem amparado pelos fatos e/ou pelo direito, a principal preocupação do advogado deve ser a de não estragar tudo com sua atuação (perda de prazo, não juntada de documentos essenciais ao caso, não apresentação do rol de testemunhas, falta em audiência, não impugnação de algum item da exordial etc.). Nestes casos, seja simples quando apresentar a tese de defesa, afinal quem está certo não precisa se alongar nos argumentos; considerando o pouco tempo de que normalmente o juiz dispõe, você pode até mesmo ganhar pontos apresentando os fatos e/ou direito de forma clara e sucinta (credibilidade). De outro lado, não é porque os fatos e/ou direito está a favor de nosso cliente que devemos relaxar ou negligenciar outros aspectos da defesa, como as questões formais do processo (preliminares). Use o tempo a seu favor, escolhendo o melhor momento para protocolar a sua petição, mas tome cuidado quando deixar para fazê-lo no último dia. Lembre-se: imprevistos acontecem.
- ***Contestação arrimada em mau direito***: naqueles casos em que nosso cliente não está bem amparado pelos fatos e/ou pelo direito é necessário que se discuta com atenção as alternativas, principalmente a possibilidade de uma composição sobre o litígio. Uma atitude de franca boa-fé pode não só facilitar um acordo justo, como pode ganhar a simpatia do juiz. Quando um acordo não for viável ou desejado, a atenção do advogado deve se voltar para os aspectos formais do processo, assim como para os detalhes do caso, principalmente os fatos e as provas envolvidas. A defesa contra o processo já teve mais importância, hoje está mais difícil emplacar uma nulidade

que leve à extinção do feito, nem por isso se deve dar menos atenção ao tema. Conhecer todos os detalhes dos fatos apresentados (investigá-los), assim como todos os aspectos da prova produzida (documentos) ou a ser produzida (perícia, testemunhas), lembrando que ao autor cabe, em regra, provar o seu direito, pode se mostrar fundamental para a defesa. Ver o que ninguém viu, antecipar os movimentos do autor, pode representar a diferença entre ganhar e perder.

- *Estrutura e modelos*: a contestação está estruturada da seguinte forma: endereçamento, qualificação, resumo dos fatos, preliminares, mérito, reconvenção (quando for o caso), pedidos e indicação das provas. Tendo esta estrutura em mente, o advogado é capaz de responder a qualquer ação, qualquer que seja o procedimento. Para acesso a modelos editáveis de contestação, com quase todos os tipos de preliminares e até muitos com reconvenção, veja nosso *Prática de contestação no processo civil*, da Editora Atlas.

JURISPRUDÊNCIA

- Agravo de instrumento – Ação de busca e apreensão – Insurgência contra a decisão que determinou que a contagem do prazo para apresentação da contestação flua a partir da juntada do mandado de citação aos autos – Termo inicial para a contagem do prazo de 15 dias para o oferecimento de contestação pelo devedor fiduciante é a data de juntada aos autos do mandado de citação devidamente cumprido, e não a data da execução da medida liminar – Precedentes do C. STJ e desta Corte – Negado provimento (TJSP, Agravo de Instrumento 2239015-60.2020.8.26.0000, Relator Hugo Crepaldi, 25ª Câmara de Direito Privado, Foro de Caieiras – 1ª Vara, *DJ* 29/10/2020).
- Agravo de instrumento. Reparação de danos. Contestação intempestiva. Revelia decretada. Insurgência do requerido. A contagem do prazo de 15 dias para defesa inicia do primeiro dia útil após a realização da audiência de tentativa de conciliação. Exegese dos arts. 224 e 335 do CPC. Hipótese, inclusive, em que houve a suspensão do prazo por força do ataque cibernético ocorrido em 12.05.2017. Contestação protocolizada tempestivamente. Revelia afastada. Recurso provido (TJSP, Agravo de Instrumento 2164425-15.2020.8.26.0000, Relator Mauro Conti Machado, 16ª Câmara de Direito Privado, Foro de Araras – 1ª Vara Cível, *DJ* 27/09/2020).
- Não cabe agravo de instrumento contra decisão interlocutória que não conhece da contestação por ser intempestiva. Hipótese que não se enquadra no rol taxativo do art. 1.015 do CPC. Agravo não conhecido (TJSP, Agravo de Instrumento 2036713-13.2018.8.26.0000, Rel. Silvia Rocha, 29CDP – 29ª Câmara de Direito Privado, *DJ* 21/03/2018).

Art. 336. Incumbe ao réu alegar, na contestação, toda a matéria de defesa, expondo as razões de fato e de direito com que impugna o pedido do autor e especificando as provas que pretende produzir.

REFERÊNCIAS LEGISLATIVAS

- Arts. 126, 131, 337, 341, 342, 373, II, 397, 430, 437, CPC.

ANOTAÇÕES

- *Princípio da concentração e da eventualidade*: a contestação é a oportunidade dada pelo legislador ao réu para que apresente "toda a sua defesa"; é nela que deve promover o chamamento de terceiros, denunciar a lide, arguir incompetência e a falsidade de documentos, impugnar o valor da causa e os benefícios da justiça gratuita concedidos ao autor, entre tantas outras coisas (arts. 337, 430), além, é claro, de impugnar os fatos e os pedidos do autor (art. 341); é também na contestação que o réu pode reconvir, ou seja, deixar a posição de alguém que apenas se defende e demandar contra quem o está demandando (art. 343). Informa o art. 342 que após a contestação só é lícito ao réu deduzir novas alegações quando: (I) relativas a direito ou a fato superveniente; (II) competir ao juiz conhecer delas de ofício; (III) por expressa autorização legal, puderem ser formuladas em qualquer tempo e grau de jurisdição.

- *Matéria de defesa*: quando o réu apresenta resposta, ele deve atentar-se às questões atinentes à "relação processual", onde apresenta as chamadas preliminares, na conhecida "defesa processual ou de rito" (peremptórias e dilatórias), e às questões relativas ao "direito material", ou mérito da causa (fato jurídico), na chamada "defesa de mérito".

JURISPRUDÊNCIA

- Já assentou o STJ: "A inicial e a contestação fixam os limites da controvérsia. Segundo o princípio da eventualidade toda a matéria de defesa deve ser arguida na contestação" (STJ, REsp 1726927/DF, Ministro Herman Benjamin, T2 – Segunda Turma, *DJe* 23/11/2018).

Art. 337. Incumbe ao réu, antes de discutir o mérito, alegar:

I – inexistência ou nulidade da citação;

II – incompetência absoluta e relativa;

III – incorreção do valor da causa;

IV – inépcia da petição inicial;

V – peremção;

VI – litispendência;

VII – coisa julgada;

VIII – conexão;

IX – incapacidade da parte, defeito de representação ou falta de autorização;

X – convenção de arbitragem;

XI – ausência de legitimidade ou de interesse processual;

XII – falta de caução ou de outra prestação que a lei exige como preliminar;

XIII – indevida concessão do benefício de gratuidade de justiça.

§ 1º Verifica-se a litispendência ou a coisa julgada quando se reproduz ação anteriormente ajuizada.

§ 2º Uma ação é idêntica a outra quando possui as mesmas partes, a mesma causa de pedir e o mesmo pedido.

§ 3º Há litispendência quando se repete ação que está em curso.

§ 4º Há coisa julgada quando se repete ação que já foi decidida por decisão transitada em julgado.

§ 5º Excetuadas a convenção de arbitragem e a incompetência relativa, o juiz conhecerá de ofício das matérias enumeradas neste artigo.

§ 6º A ausência de alegação da existência de convenção de arbitragem, na forma prevista neste Capítulo, implica aceitação da jurisdição estatal e renúncia ao juízo arbitral.

REFERÊNCIAS LEGISLATIVAS

- Arts. 17, 55, 58, 64, 65, 71, 73, 76, 100, 239, 240, 280, 292, 293, 330, § 1º, 430 a 433, 485, 486, § 3º, 502, CPC; Lei nº 9.307/1996.

ANOTAÇÕES

- **Defesa contra o processo**: a chamada *defesa contra o processo* tem como objetivo atacar aspectos formais do processo, impedindo que o juiz venha a apreciar o pedido do autor. São as chamadas questões "preliminares", que devem ser apresentadas na própria peça contestatória e, se eventualmente acolhidas, podem levar à extinção do processo sem julgamento do mérito (art. 485, CPC). Entretanto, não se deve olvidar que o processo não é um fim em si mesmo, razão pela qual, sempre que o réu levantar alguma questão preliminar, cabe ao juiz, antes de decidir sobre ela, abrir oportunidade para que o autor se manifeste sobre ela, ou, se for o caso, abrir oportunidade para que emende ou complete a petição inicial (art. 321, CPC). Por sua natureza, este tipo de defesa demanda que a parte dispense especial atenção a todos os detalhes formais que envolvem o processo, entre outros: os requisitos da petição inicial, os pressupostos processuais, os documentos obrigatórios, os comprovantes de recolhimento de custas e despesas etc.
- **Inexistência ou nulidade da citação**: informa o § 1º do art. 239 que "o comparecimento espontâneo do réu ou do executado supre a falta ou a nulidade da citação, fluindo a partir desta data o prazo para apresentação de contestação ou de embargos à execução"; então, tomando conhecimento de processo em que, embora parte, não foi citado, ou que a citação ocorreu de forma irregular, o réu pode e deve comparecer oferecendo contestação e alegando em preliminar, caso o feito ainda não tenha sido sentenciado, a inexistência ou a nulidade do ato citatório; acatada a preliminar, a contestação será considerada tempestiva, anulando-se os atos praticados sem a ciência e participação do réu. O interessado pode ainda se apresentar nos autos apenas para apontar o vício processual quanto ao ato citatório; reconhecida a nulidade, o juiz concederá novo prazo para que apresente defesa, contando-se da intimação quanto a referida decisão.
- **Incompetência relativa ou absoluta**: quanto à possibilidade de ser modificada pelas partes, a competência pode ser relativa ou absoluta. A *competência relativa*, que envolve as regras de fixação da competência em razão do território e do valor da causa, é aquela que pode ser modificada pela vontade das partes, as quais, quando do ajuizamento da ação, podem optar por um foro diferente daquele previsto na lei, sem que o juiz possa declinar de ofício da sua competência (Súmula 33 do STJ); já a *competência absoluta*, que compreende as regras de fixação da competência em razão da matéria e da hierarquia, é aquela que não pode ser modificada pela vontade das partes e, por essa razão, fica o juiz legalmente autorizado a reconhecer a sua incompetência de ofício, determinando a remessa dos autos para o juízo competente. O interessado em arguir a incompetência, seja relativa ou absoluta, deve fazê-lo nas preliminares da sua contestação (art. 64), apontando as razões pelas quais entende que o juízo escolhido não é competente para conhecer e julgar aquele feito, declinando o foro que, a seu ver, é o competente, requerendo a remessa dos autos. Sobre o tema, importante a norma prevista no art. 340, que permite ao réu protocolar a sua contestação no foro do seu domicílio.
- **Incorreção do valor da causa**: requisito da petição inicial (art. 319, V), o valor da causa deve, sempre que possível, representar o valor econômico do pedido, com o escopo de servir como justo parâmetro para a fixação das custas processuais e honorários advocatícios. Mesmo que a ação não tenha conteúdo econômico imediato (*v.g.*, regulamentação de visitas, alteração de guarda, investigação de paternidade sem pedido de alimentos, separação judicial sem bens, conversão de separação em divórcio, adoção etc.), é obrigatória a atribuição de um valor à causa (art. 291). Por

desconhecimento ou por má-fé, o autor nem sempre atende aos parâmetros legais para a fixação do valor da causa (art. 292), caso em que o autor poderá apresentar impugnação em preliminar na sua contestação (art. 293). Registro ainda que o juiz pode corrigir o valor da causa de ofício (art. 292, § 3º).

- *Inépcia da petição inicial*: segundo o § 1º do art. 330, considera-se inepta a petição inicial quando: (I) faltar-lhe pedido ou causa de pedir; (II) o pedido for indeterminado, ressalvadas as hipóteses legais em que se permite o pedido genérico; (III) da narração dos fatos não decorrer logicamente a conclusão; (IV) contiver pedidos incompatíveis entre si. Constando qualquer destas situações, que claramente dificultam ou impossibilitam o exercício pleno do direito de defesa, o réu deve, em preliminar, denunciar de forma fundamentada a sua ocorrência.

- *Perempção*: é a perda do direito de ação, ou seja, da faculdade que a pessoa tem de fazer valer seu direito por meio da tutela jurisdicional, em razão de o autor ter dado causa, por três vezes, à extinção do processo em razão da sua inércia (abandono da causa por mais de 30 dias). Como se vê, o instituto da perempção envolve uma sanção imposta pela lei ao autor em razão da sua desídia.

- *Litispendência*: ocorre quando se reproduz ação anteriormente ajuizada, que ainda está em curso; uma ação é idêntica à outra quando tem as mesmas partes, a mesma causa de pedir e o mesmo pedido (art. 337, §§ 1º, 2º e 3º, CPC). Considerando que é a citação válida que forma a relação jurídica processual (art. 240), somente com sua ocorrência, e não com a simples distribuição da ação, é que se caracteriza a litispendência.

- *Coisa julgada*: nesta hipótese, a lei processual está se referindo à *coisa julgada material*, que pode ser conceituada como a eficácia que torna imutável e indiscutível a sentença de mérito, ou sentença definitiva, não mais sujeita a recurso (art. 502). A vedação à coisa julgada, assim como à litispendência, decorre do *princípio da unicidade da relação processual*, que, com escopo de evitar sentenças contraditórias, proíbe a repetição de lides fundadas nos mesmos fatos e entre as mesmas partes. Dessa forma, percebendo o réu que o autor está reproduzindo ação idêntica a outra anteriormente ajuizada, ação esta que já transitou em julgado, formando a coisa julgada material, deve em preliminar apontar tal fato ao juiz, que, verificando a veracidade da alegação, extinguirá o feito sem julgamento do mérito (art. 485, V, CPC).

- *Conexão*: segundo o art. 55, reputam-se conexas duas ou mais ações quando lhes for comum o pedido ou a causa de pedir. Por exemplo, existe conexão entre a ação revisional de alimentos intentada pelo alimentante em face do alimentando, buscando a diminuição da pensão, e a ação revisional de alimentos intentada pelo alimentando em face do alimentante, buscando o aumento da mesma pensão. Nesse exemplo, não se reunindo os feitos, as decisões poderiam ser contraditórias, ou seja, uma sentença determinando o aumento do valor da pensão e outra, ao contrário, concedendo uma revisão para menos. Destarte, com escopo de evitarem-se decisões conflitantes, as ações devem ser reunidas, modificando-se a competência relativa; para tanto, o interessado deve, em preliminar, informar ao juiz sobre a existência da ação com o mesmo pedido ou causa de pedir. As ações devem ser reunidas junto ao juiz prevento (art. 58).

- *Incapacidade da parte, defeito de representação ou falta de autorização*: para estar em juízo, o autor precisa ser capaz (art. 5º, CC), ou estar devidamente representado ou assistido (art. 71); mais, para postular em juízo, é preciso ter "capacidade postulatória", que é exclusiva do bacharel em Direito regularmente inscrito na Ordem dos Advogados do Brasil (art. 103). As pessoas casadas necessitam do consentimento do seu cônjuge para propor individualmente ações que versem sobre direitos reais imobiliários (arts. 1.225 e 1.227, CC), salvo quando o regime de bens for o da separação absoluta de bens (art. 1.647, CC). No mais, a pessoa jurídica legalmente estabelecida possui personalidade jurídica (art. 45, CC) e, como tal, pode acionar ou ser acionada por terceiros. A massa falida, a herança jacente e o espólio constituem, segundo a doutrina, as chamadas "pessoas formais", que, embora não tenham personalidade jurídica, são admitidas a figurar, em certas circunstâncias, como sujeitos da relação jurídica processual. Já a pessoa jurídica irregular ou sociedade em comum (arts. 986 a 990, CC), denominação dada pelo Código Civil, pode ser ré, porém não pode ser autora, uma vez que não possui personalidade jurídica. Verificando o autor a incapacidade processual ou a irregularidade da representação da parte, este deve, em preliminar, apontar tal fato ao juiz, que, suspendendo o feito, designará prazo razoável para que o vício seja sanado, sob pena de extinção do feito sem julgamento de mérito (art. 485, IV).

- *Convenção de arbitragem*: é cediço que somente o Estado tem o monopólio da justiça; contudo, este facultou, por meio da Lei nº 9.307/1996, Lei da Arbitragem, que as partes que estejam litigando sobre direitos patrimoniais disponíveis elejam, na forma da referida lei, árbitro para resolver o litígio. Citado, o réu deve informar, sob pena de preclusão, sobre a existência de compromisso arbitral, também conhecido como "cláusula compromissória"; visto que esta, quando regularmente constituída, afasta a jurisdição do juízo singular, levando à extinção do feito sem julgamento do mérito (art. 485, VII, CPC).

- *Ausência de legitimidade ou de interesse processual*: o direito de ação é autônomo e incondicional, todavia, para que a parte possa obter um pronunciamento judicial quanto ao mérito do seu pedido, no chamado "direito processual de ação", é necessária a presença das seguintes condições: interesse processual e legitimidade da parte. O primeiro se traduz no binômio "necessidade/utilidade", ou seja, a pessoa não pode usar da ação para fazer uma consulta ao Poder Judiciário; é necessário que a atuação judicial seja imprescindível para a obtenção do direito, seja porque o devedor, ou obrigado, se recusa a cumprir a obrigação ou reconhecer o direito do autor (negativa do devedor), seja por "imposição legal", isto é, só por meio do ajuizamento da ação é possível obter a pretensão (*v.g.*, divórcio, interdição etc.). Por exemplo: se uma obrigação ainda não venceu, falta ao credor interesse processual para ajuizar ação de cobrança. A segunda condição diz respeito à legitimidade. Regra geral, a ação só pode ser ajuizada por quem se declara titular do direito material em face do obrigado ou devedor, na chamada *legitimação ordinária*, uma vez que somente assim é possível realmente solucionar a lide. De fato, ninguém pode pedir o que não é seu, e de nada adiantaria o ajuizamento de uma ação em face de quem não é o obrigado. Diante do caso concreto, cabe ao réu apontar, em preliminar, a falta de interesse processual do autor, assim como a ausência de legitimidade própria ou do autor para a causa. No caso que alegue não ser parte legítima para figurar no polo passivo da ação, cabe ao réu indicar o sujeito passivo da relação jurídica discutida sempre que tiver conhecimento (arts. 338 e 339).

- *Falta de caução ou de outra prestação que a lei exige como preliminar*: caução é termo genérico que indica um conjunto de garantias, que podem ser reais, tais como o penhor e a hipoteca, ou fidejussórias, ou seja, pessoais, como a fiança e o aval. Em vários casos, a lei exige que, para a prática de certo e determinado ato, o interessado preste caução (arts. 83, 300, § 1º, 520, IV, 559, 641, 678, 708, 919, § 1º etc.). Ao tomar conhecimento da lide e tratando-se de situação em que a lei exige que o autor preste ou ofereça caução, o réu pode, em preliminar, denunciar a sua falta ou insuficiência.

- *Indevida concessão do benefício de gratuidade de justiça*: ao impugnar os benefícios da justiça gratuita concedida ao autor, o réu deve declarar as razões pelas quais entende que o impugnado não faz jus ao benefício, indicando ou requerendo as provas com as quais pretende provar o alegado. Contra a decisão que acolhe o pedido de revogação do benefício cabe agravo de instrumento (art. 101, CPC).

- *Incidente de falsidade*: além das matérias listadas neste artigo, o réu deve ainda se manifestar em preliminar na contestação sobre a autenticidade, ou não, dos documentos juntados pelo autor na petição inicial (arts. 430 a 433, CPC). Não arguida a falsidade em tempo próprio, nem impugnada de qualquer forma a autenticidade do documento, presume-se que a parte aceitou o documento como verdadeiro.

JURISPRUDÊNCIA

- Súmula 33 do STJ: A incompetência relativa não pode ser declarada de ofício.
- Súmula 235 do STJ: A conexão não determina a reunião dos processos, se um deles já foi julgado.
- Deve ser afastada a preliminar de litispendência entre a presente demanda e outra, com trânsito em julgado já operado, uma vez que é imprescindível a simultaneidade de ações em andamento para aplicação do aludido instituto processual (STJ, AgRg no REsp 1837501/PR, Ministro Ribeiro Dantas, T5 – Quinta Turma, *DJe* 16/10/2020).
- Agravo. Cumprimento de sentença. Coisa julgada. A coisa julgada é instituto de direito formal que, a exemplo da perempção, da prescrição, da decadência e da perempção, inibe, resguardada a via rescisória, a discussão de mérito subjacente ao óbice de forma. Provimento do agravo (TJSP, Agravo de Instrumento 3004916-31.2020.8.26.0000, Relator Ricardo Dip, 11ª Câmara de Direito Público, Foro Central – Fazenda Pública/Acidentes – 2ª Vara de Fazenda Pública, *DJ* 02/10/2020).
- No ponto, é prestadia a lição de Arruda Alvim, ao sublinhar que, "por exemplo, são questões de ordem pública a ausência de pressupostos processuais, do interesse de agir e da legitimidade passiva ou ativa, ou a presença de perempção, litispendência ou coisa julgada (matérias do art. 485, IV, V e VI, do CPC/2015). O texto do art. 485, § 3º, é esclarecedor nesse sentido, permitindo que o juiz conheça dessas questões de ofício em qualquer grau de jurisdição. Em sede de recurso, diz-se, isso ocorre por força do efeito translativo, que emanaria do princípio inquisitivo, em contraposição ao efeito devolutivo, extraído do princípio dispositivo" (Manual de direito processual civil. 18. ed., São Paulo: Thomson Reuters, 2019, p. 1214) (STJ, RMS 63004/DF, Ministro Sérgio Kukina, T1 – Primeira Turma, *DJe* 24/08/2020).
- A litispendência é hipótese de extinção, e não de suspensão do processo. Precedentes (STJ, AgInt no REsp 1640855/RS, Ministro Benedito Gonçalves, T1 – Primeira Turma, *DJe* 04/06/2020).
- A previsão contratual de convenção de arbitragem enseja o reconhecimento da competência do Juízo arbitral para decidir com primazia sobre o Poder Judiciário, de ofício ou por provocação das partes, as questões referentes à existência, validade e eficácia da convenção de arbitragem e do contrato que contenha a cláusula compromissória (STJ, AgInt no REsp 1.472.362/RN, Rel. Ministra Maria Isabel Gallotti, T3 – Terceira Turma, *DJe* 2/10/2019).
- Inviável a alegação de inépcia da petição inicial se fornecidos satisfatoriamente os elementos necessários para a formação da lide, com a narração devida dos fatos, possibilitando-se o adequado exercício do contraditório (STJ, AgInt no AREsp 1297430/DF, Ministro Marco Buzzi, T4 – Quarta Turma, *DJe* 26/09/2019).
- A decretação de nulidade de atos processuais depende da efetiva demonstração de prejuízo à parte interessada (STJ, AgInt no REsp 1.460.295/SP, Ministra Nancy Andrighi, T3 – Terceira Turma, *DJe* 19/12/2017).
- A presunção de hipossuficiência, oriunda da declaração feita pelo requerente do benefício da justiça gratuita, é relativa, sendo admitida prova em contrário (STJ, AgInt no AREsp 1.064.251/GO, Ministro Antonio Carlos Ferreira, T4 – Quarta Turma, *DJe* 24/11/2017).
- Não há previsão legal quanto à exigência de caução no momento da propositura da execução provisória, havendo, apenas, a exigência de que o levantamento de depósito em dinheiro e a prática de atos que importem alienação de propriedade ou dos quais possa resultar grave dano ao executado dependem de caução suficiente e idônea, arbitrada de plano pelo juiz e prestada nos próprios autos. Ademais, a exigência da caução poderá ser dispensada quando o crédito for de natureza alimentar ou decorrente de ato ilícito, até o limite de 60 vezes o valor do salário mínimo, se o exequente demonstrar situação de necessidade (STJ, AgInt no AgRg no REsp 1.289.992/RO, Ministro Marco Aurélio Bellizze, T3 – Terceira Turma, *DJe* 24/11/2016).
- A jurisprudência do Superior Tribunal de Justiça é firme no sentido de que o valor da causa deve corresponder, em princípio, ao do seu conteúdo econômico, considerado como tal o valor do benefício econômico que o autor pretende obter com a demanda. Contudo, admite-se a fixação do valor da causa por estimativa, quando constatada a incerteza do proveito econômico perseguido na demanda (STJ, AgInt no REsp 1.367.247/PR, Rel. Ministro Sérgio Kukina, T1 – Primeira Turma, julgamento em 27/09/2016, *DJe* 06/10/2016).

- O sistema das nulidades processuais é informado pela máxima *pas de nullité sans grief*, segundo a qual não se decreta nulidade sem prejuízo (STJ, REsp 1.291.096/SP, Ministro Ricardo Villas Bôas Cueva, T3 – Terceira Turma, *DJe* 07/06/2016).
- O sistema das nulidades processuais em nosso ordenamento jurídico é orientado pelo princípio da instrumentalidade das formas e dos atos processuais, segundo o qual o ato só será considerado nulo se, além da inobservância da forma legal, não tiver alcançado a sua finalidade (STJ, REsp 1.370.903/MG, Ministro Ricardo Villas Bôas Cueva, T3 – Terceira Turma, *DJe* 31/03/2015).

Art. 338. Alegando o réu, na contestação, ser parte ilegítima ou não ser o responsável pelo prejuízo invocado, o juiz facultará ao autor, em 15 (quinze) dias, a alteração da petição inicial para substituição do réu.

Parágrafo único. Realizada a substituição, o autor reembolsará as despesas e pagará os honorários ao procurador do réu excluído, que serão fixados entre três e cinco por cento do valor da causa ou, sendo este irrisório, nos termos do art. 85, § 8º.

REFERÊNCIAS LEGISLATIVAS

- Arts. 6º, 85, 108, 109, 219, CPC.

ANOTAÇÕES

- ***Ilegitimidade da parte***: a presente norma veio substituir o que o CPC/1973 tratava como "nomeação à autoria" (intervenção de terceiro); a ideia é evitar o desnecessário prolongamento do feito contra pessoa que claramente não seja o responsável pelo prejuízo invocado pelo autor (por exemplo, mero detentor do bem).

JURISPRUDÊNCIA

- Agravo de instrumento – Locação – Ação de cobrança cumulada com indenização por danos materiais e morais – Decisão de primeiro grau que ao sanear o feito acolheu a preliminar de ilegitimidade passiva *ad causam* da corré e, consequentemente, julgou extinto o processo sem julgamento do mérito em relação à parte, cuja ilegitimidade se reconheceu – Honorários advocatícios – Extinção parcial do processo sem o julgamento do mérito, nos termos do artigo 485, inciso VI, do Código de Processo Civil – Fixação – Pretensão à fixação entre 10% e 20% sobre o valor dado à causa – Honorários fixados pelo juízo em R$800,00 (oitocentos reais) – Acolhimento da pretensão, em parte – Fixação dos honorários em 3% (três por cento) sobre o valor atualizado da causa nos termos do art. 338, parágrafo único, do CPC, diante da alegação de ilegitimidade de parte de uma corré, com a concordância do autor – Recurso provido, em parte (TJSP, Agravo de Instrumento 2106951-86.2020.8.26.0000, Relator Jayme de Oliveira, 29ª Câmara de Direito Privado, Foro de Campinas – 8ª Vara Cível, *DJ* 29/10/2020).
- Agravo de instrumento. Acidente de trânsito. A agravada, ao contestar o feito, arguiu sua ilegitimidade passiva indicando que havia adquirido o veículo envolvido em acidente de trânsito com a parte autora, após a ocorrência do evento. Autor/agravante concordou com a exclusão da agravada do polo passivo da ação. Juízo *a quo* excluiu a agravada da lide. Outrossim, com fundamento no art. 338, parágrafo único, do CPC, condenou a autora, ora agravante, ao pagamento de honorários ao patrono da ré excluída – Irresignação – Inadmissibilidade – De fato, a obrigação em suportar os ônus processuais e honorários advocatícios decorre de lei, razão pela qual o quanto alegado pela agravante, conquanto compreensível, não tem relevância na espécie. Inteligência do art. 338, parágrafo único, do NCPC – Precedentes jurisprudenciais – Recurso

improvido (TJSP, Agravo de Instrumento 2215859-77.2019.8.26.0000, Relator Neto Barbosa Ferreira, 29ª Câmara de Direito Privado, Foro Central Cível – 45ª Vara Cível, *DJ* 30/09/2020).
- Honorários advocatícios – Fixação – Exceção de pré-executividade acolhida – Ilegitimidade de parte reconhecida- Fixação com base no artigo 85, § 2º, do Código de Processo Civil de 2015. A fixação de honorários advocatícios em razão do acolhimento da exceção de pré-executividade, que reconheceu ser a parte ilegítima, deve ser fixada com fulcro no art. 85, § 2º, do Código de Processo Civil de 2015, uma vez que o artigo 338, parágrafo único, do mesmo diploma legal é aplicável somente à fase de conhecimento. Recurso provido (TJSP, Agravo de Instrumento 2130666-60.2020.8.26.0000, Relator Nelson Jorge Júnior, 13ª Câmara de Direito Privado, Foro Regional XV – Butantã – 2ª Vara Cível, *DJ* 18/09/2020).

Art. 339. Quando alegar sua ilegitimidade, incumbe ao réu indicar o sujeito passivo da relação jurídica discutida sempre que tiver conhecimento, sob pena de arcar com as despesas processuais e de indenizar o autor pelos prejuízos decorrentes da falta de indicação.

§ 1º O autor, ao aceitar a indicação, procederá, no prazo de 15 (quinze) dias, à alteração da petição inicial para a substituição do réu, observando-se, ainda, o parágrafo único do art. 338.

§ 2º No prazo de 15 (quinze) dias, o autor pode optar por alterar a petição inicial para incluir, como litisconsorte passivo, o sujeito indicado pelo réu.

REFERÊNCIAS LEGISLATIVAS

- Arts. 6º, 85, 108, 109, 113 a 118, 219, 338, parágrafo único, CPC.

ANOTAÇÕES

- ***Indicação do sujeito passivo***: embora louvável a intenção do legislador, a questão pode se complicar quando o réu alegar que desconhece o responsável, fato que pode exigir instrução e julgamento de mérito do processo; se ao final ficar provado que este agiu maliciosamente, poderá ser condenado a indenizar o autor pelos prejuízos decorrentes do seu ato, além de responder pelas despesas processuais.
- ***Contagem do prazo para alterar a inicial***: o prazo referido nos parágrafos primeiro e segundo desta norma é de natureza "processual", devendo a sua contagem considerar, nos termos do art. 219, apenas os dias úteis.

JURISPRUDÊNCIA

- Enunciado 44 do Fórum Permanente de Processualistas Civis: A responsabilidade a que se refere o art. 339 é subjetiva.
- Agravo regimental – Interposição contra decisão monocrática da relatora que deu provimento a agravo de instrumento – Razoabilidade – Ação de ressarcimento de danos causados por veículo – Indicação pelo corréu de terceira pessoa que, segundo suas alegações, detém a propriedade plena do veículo envolvido no acidente – Inclusão de terceiro na condição de litisconsorte passivo, nos termos do § 2º, do artigo 339, do Código de Processo Civil – Decisão mantida – Regimental não provido (TJSP, Agravo Interno Cível 2195688-65.2020.8.26.0000, Relatora Lígia Araújo Bisogni, 34ª Câmara de Direito Privado, Foro Central Cível – 9ª Vara Cível, *DJ* 28/10/2020).

- Apelação. Mandado de segurança. Extinção do feito, sem julgamento do mérito, por ilegitimidade passiva ad causam, sem antes dar oportunidade à parte impetrante de emendar a inicial e indicar a autoridade coatora. Inadmissibilidade. Sentença anulada para o fim de determinar à parte impetrante, na forma dos arts. 338 e 339 do CPC, a emenda à inicial e indicação da autoridade que praticou o ato supostamente ilegal ou com abuso de poder. Recurso provido (TJSP, Apelação Cível 1017705-34.2020.8.26.0053, Relator Antonio Celso Faria, 8ª Câmara de Direito Público, Foro Central – Fazenda Pública/Acidentes – 15ª Vara da Fazenda Pública, *DJ* 07/10/2020).

- Ação de obrigação de fazer – Devolução de contêineres – Arguição de ilegitimidade passiva em contestação, com indicação, pela ré, do sujeito passivo da relação jurídica – Reconhecimento pela autora, em réplica, da ilegitimidade passiva, sem alteração da petição inicial, como permite o art. 339, §§ 1º e 2º, do cpc – Ação julgada procedente – Inadmissibilidade – Caso de extinção do processo por ilegitimidade passiva, nos termos do art. 485, inciso VI, do CPC – Apelação provida para esse fim (TJSP, Apelação Cível 1017835-83.2019.8.26.0562, Relator Matheus Fontes, 22ª Câmara de Direito Privado, Foro de Santos – 2ª Vara Cível, *DJ* 25/09/2020).

- Ação declaratória de inexistência de débito. Sentença. Extinção do processo, sem resolução do mérito, com fundamento no artigo 485, inciso VI, CPC. Apelação. Ilegitimidade passiva afastada. Inteligência do art. 7º, parágrafo único, art. 14 c.c. art. 18, CDC. Os fornecedores que atuam conjuntamente para a colocação de um produto no mercado responderão objetiva e solidariamente perante o consumidor, ainda que a culpa possa ser atribuída a apenas um deles. Consumidor que pode escolher contra quem ajuizar a demanda. Precedente STJ. Empresa de cobrança que integra grupo econômico formado pelas credoras cessionárias do débito. Pedido expresso do autor, formulado após a contestação, de inclusão das credoras cessionárias no polo passivo da ação. Inteligência do artigo 339, parágrafo 2º, do CPC. Sentença que não analisou o pedido. Prejuízo diante da extinção do processo em consequência do reconhecimento da ilegitimidade passiva. Inteligência do art. 489, *caput*, II, e § 1º, IV, CPC/2015. Sentença anulada. Prosseguimento. Recurso provido (TJSP, Apelação Cível 1011612-61.2019.8.26.0127, Relator Virgilio de Oliveira Junior, 21ª Câmara de Direito Privado, Foro de Carapicuíba – 4ª Vara Cível, *DJ* 16/07/2020).

Art. 340. Havendo alegação de incompetência relativa ou absoluta, a contestação poderá ser protocolada no foro de domicílio do réu, fato que será imediatamente comunicado ao juiz da causa, preferencialmente por meio eletrônico.

§ 1º A contestação será submetida a livre distribuição ou, se o réu houver sido citado por meio de carta precatória, juntada aos autos dessa carta, seguindo-se a sua imediata remessa para o juízo da causa.

§ 2º Reconhecida a competência do foro indicado pelo réu, o juízo para o qual for distribuída a contestação ou a carta precatória será considerado prevento.

§ 3º Alegada a incompetência nos termos do *caput*, será suspensa a realização da audiência de conciliação ou de mediação, se tiver sido designada.

§ 4º Definida a competência, o juízo competente designará nova data para a audiência de conciliação ou de mediação.

REFERÊNCIAS LEGISLATIVAS

- Arts. 64, 284 a 290, 337, II, CPC.

ANOTAÇÕES

- ***Protocolo da contestação no domicílio do réu***: buscando garantir o exercício pleno do direito de defesa, a norma permite que o réu que alegue em preliminar a existência de "incompetência relativa ou absoluta" protocole no foro de seu domicílio a contestação (arts. 64, 337, II); a contestação será submetida à livre distribuição ou, se o réu houver sido citado por meio de carta precatória, juntada aos autos dessa carta, seguindo-se a sua imediata remessa para o juízo da causa. A ocorrência deverá ser comunicada, preferencialmente por via eletrônica, imediatamente ao juiz da causa.

- *Aplicação prática da norma*: a norma parece ter como fundo principalmente as dificuldades que advinham quando os processos eram físicos, hoje já raros. No caso daqueles estados onde se adota o protocolo integrado, o réu, por meio do seu advogado, pode protocolar diretamente junto ao juízo principal a sua contestação sem sair do seu escritório; talvez hoje ainda haja alguma dificuldade quando o processo corre em estado diferente daquele onde reside o réu, visto que nestes casos o advogado precisaria ter inscrição naquele estado para poder usar o protocolo eletrônico. De qualquer forma, registro que a jurisprudência tem negado este benefício justamente nos casos de processos eletrônicos.

JURISPRUDÊNCIA

- Agravo de instrumento – Ação de cobrança – Insurgência contra decisão que vedou a faculdade prevista no art. 340 do CPC, que autoriza o protocolo da contestação no domicílio do réu quando houver alegação de incompetência relativa ou absoluta – Irresignação descabida – Regra processual inaplicável quando se tratar de processo eletrônico – Possibilidade de protocolo da petição por meio digital sem qualquer dificuldade ou prejuízo à defesa – Precedentes doutrinário e jurisprudencial – Decisão mantida – Recurso desprovido (TJSP, Agravo de Instrumento 2144143-53.2020.8.26.0000, Relator Francisco Carlos Inouye Shintate, 29ª Câmara de Direito Privado, Foro Central Cível – 40ª Vara Cível, *DJ* 12/08/2020).
- Ação de cobrança. Revelia. Afastamento. Aplicação do art. 340, § 1º, do CPC. Tratando-se de alegação de incompetência relativa ou absoluta, se o réu houver sido citado por meio de carta precatória, a defesa será juntada aos autos dessa carta precatória. Contestação tempestiva. Revelia afastada. Recurso provido (TJSP, Apelação Cível 1067405-40.2017.8.26.0002, Relator Roberto Mac Cracken, 22ª Câmara de Direito Privado, Foro Central Cível – 34ª Vara Cível, *DJ* 07/08/2020).
- Agravo de instrumento – Citação e prazo para defesa – Prerrogativas do art. 340 do NCPC – Protocolo na comarca de domicílio do réu – Autos eletrônicos – Art. 340 do NCPC que autoriza que o réu, quando residir em comarca distante e pretender suscitar tese de incompetência, possa protocolar seu pedido na sua comarca, evitando deslocamento desnecessário e ônus excessivo. Inaplicabilidade de tal previsão nos casos de processos eletrônicos, cujo protocolo de peças é digital e o acesso integral aos autos é possibilitado às partes e seus patronos, inexistindo peticionamento físico. Magistrado prolator da decisão que não vedou, em momento algum, a apresentação de tese de incompetência, mas apenas afastou a aplicação, ao caso, da prerrogativa mencionada, por se tratar de processo totalmente digital. Recurso improvido (TJSP, Agravo de Instrumento 2167580-65.2016.8.26.0000, Relatora Maria Lúcia Pizzotti, 30ª Câmara de Direito Privado, Foro de Barra Bonita – 1ª Vara, *DJ* 09/11/2016).

Art. 341. Incumbe também ao réu manifestar-se precisamente sobre as alegações de fato constantes da petição inicial, presumindo-se verdadeiras as não impugnadas, salvo se:

I – não for admissível, a seu respeito, a confissão;

II – a petição inicial não estiver acompanhada de instrumento que a lei considerar da substância do ato;

III – estiverem em contradição com a defesa, considerada em seu conjunto.

Parágrafo único. O ônus da impugnação especificada dos fatos não se aplica ao defensor público, ao advogado dativo e ao curador especial.

⚖️ REFERÊNCIAS LEGISLATIVAS

- Arts. 72, 185 a 187, 342, 344 a 346, 389, 392, 406, CPC.

📚 ANOTAÇÕES

- **Impugnação específica**: passada a fase das preliminares, o réu deve "manifestar-se precisamente sobre os fatos narrados na petição inicial", sob pena de presumirem-se "verdadeiros os fatos não impugnados". É o que a doutrina chama de *princípio do ônus da impugnação específica*, segundo o qual cabe ao réu o dever de impugnar um a um os fatos articulados pelo autor, não sendo aceita a mera negação geral, tornando-se revel quanto àqueles fatos não expressamente impugnados, salvo as exceções previstas neste artigo.

⚖️ JURISPRUDÊNCIA

- Apelação cível – Ação de despejo por denúncia vazia – Sentença de procedência – Inconformismo que prospera em pequena parte – Contestação que não enfrenta de forma específica a matéria de fato apresentada em sede de inicial – Descumprimento do princípio do ônus da impugnação específica – Presunção de veracidade dos fatos alegados em sede de inicial – Inteligência do artigo 341, *caput*, do CPC – Revelia quanto aos fatos, porém, que não impede a apreciação das matérias de direito expostas tempestivamente nos autos – Prazo para desocupação do imóvel – Aplicação do *caput* do artigo 63 da Lei 8.245/1991 – Inocorrência de qualquer das exceções previstas nos parágrafos do dispositivo legal encetado – Dilação do prazo para desocupação voluntária para 30 (trinta) dias – Necessidade frente a teor expresso da lei – Recurso parcialmente provido apenas para dilatar o prazo de desocupação voluntária do imóvel para 30 (trinta) dias, mantida no mais a respeitável Decisão de primeiro grau (TJSP, Apelação Cível 1008959-75.2016.8.26.0100, Relator Penna Machado, 30ª Câmara de Direito Privado, Foro Central Cível – 5ª Vara Cível, *DJ* 14/06/2017).

Art. 342. Depois da contestação, só é lícito ao réu deduzir novas alegações quando:

I – relativas a direito ou a fato superveniente;

II – competir ao juiz conhecer delas de ofício;

III – por expressa autorização legal, puderem ser formuladas em qualquer tempo e grau de jurisdição.

⚖️ REFERÊNCIAS LEGISLATIVAS

- Arts. 336, 337, § 5º, 341, 435, 485, § 3º, 493, 1.014, CPC; arts. 189 a 211, CC.

📚 ANOTAÇÕES

- **Exceções ao princípio da concentração**: a norma informa as exceções à regra estabelecida no art. 336, qual seja, que cabe ao réu alegar na contestação toda a matéria de defesa. Segundo a presente norma, o réu pode deduzir novas alegações quando: (I) relativas a direito ou a fato superveniente, isto é, matérias que surgiram ou foram descobertas após a apresentação da contestação; no caso de fatos antigos que só vieram ao conhecimento do réu após ter apresentado a contestação, este deverá provar, convencer, o juiz sobre a novidade dos fatos para ele; (II) questões de ordem pública que devem ser conhecidas de ofício pelo juiz, tais como a prescrição e a decadência; (III) por expressa autorização legal, puderem ser deduzidas em qualquer tempo e grau de jurisdição: este terceiro inciso praticamente repete o segundo, isso porque a lei só possibilita que certos assuntos possam ser formulados em qualquer tempo e grau de jurisdição, quando também puderem ser conhecidos de ofício pelo juiz (art. 485, § 3º).

JURISPRUDÊNCIA

- Prestação de serviço – Fato incontroverso – Acolhimento parcial do pedido – Admissibilidade, à luz do exame do conjunto probatório – Alegação posterior à defesa de depósito, passível de dedução – Inovação – Inocorrência de hipóteses de exceção ao princípio da eventualidade – CPC, art. 342 – Inadmissibilidade – Apelação improvida (TJSP, Apelação Cível 1047892-15.2019.8.26.0100, Relator Matheus Fontes, 22ª Câmara de Direito Privado, Foro Central Cível – 13ª Vara Cível, *DJ* 10/09/2020).
- Recurso – As alegações da parte ré apelante para que "seja aceito as benfeitorias e materiais como indenização", embasadas em matéria de defesa nova, alcançada pela preclusão consumativa, em razão do princípio da eventualidade (CPC/2015, art. 336), porque não deduzida na contestação (CPC/2015, art. 341), e que não se enquadra nas exceções previstas no art. 342 do CPC/2015, não podem ser conhecidas, por implicarem indevida inovação recursal. Recurso conhecido, em parte, e desprovido (TJSP, Apelação Cível 1012349-73.2018.8.26.0006, Relator Rebello Pinho, 20ª Câmara de Direito Privado, Foro Regional VI – Penha de França – 1ª Vara Cível, *DJ* 21/08/2020).
- Apelação. Ação reivindicatória. Sentença de parcial procedência. Inconformismo parcial do réu. Descabimento. Nulidade do processo. Inocorrência. Ausência de comprovação de união estável do réu. Matérias não arguidas na contestação. Preclusão. Princípio da eventualidade (arts. 336 e 342 do CPC). Documentos juntados na apelação: alguns já juntados com a contestação e demais não são novos. Rejeitados (art. 435 do CPC) (TJSP, Apelação Cível 1009004-93.2017.8.26.0278, Relator Pedro de Alcântara da Silva Leme Filho, 8ª Câmara de Direito Privado; Foro de Itaquaquecetuba – 2ª Vara Cível, *DJ* 19/06/2020).
- A edição da Resolução Conjunta 4/2014 (ANEEL e ANATEL) não se mostra fato superveniente apto a alterar a situação da recorrente, especialmente porque houve ressalva aos contratos em vigor no diz respeito à questão do compartilhamento de infraestrutura (STJ, AgInt no REsp 1.348.940/PR, Ministro Mauro Campbell Marques, T2 – Segunda Turma, *DJe* 23/08/2017).

CAPÍTULO VII
DA RECONVENÇÃO

Art. 343. Na contestação, é lícito ao réu propor reconvenção para manifestar pretensão própria, conexa com a ação principal ou com o fundamento da defesa.

§ 1º Proposta a reconvenção, o autor será intimado, na pessoa de seu advogado, para apresentar resposta no prazo de 15 (quinze) dias.

§ 2º A desistência da ação ou a ocorrência de causa extintiva que impeça o exame de seu mérito não obsta ao prosseguimento do processo quanto à reconvenção.

§ 3º A reconvenção pode ser proposta contra o autor e terceiro.

§ 4º A reconvenção pode ser proposta pelo réu em litisconsórcio com terceiro.

§ 5º Se o autor for substituto processual, o reconvinte deverá afirmar ser titular de direito em face do substituído, e a reconvenção deverá ser proposta em face do autor, também na qualidade de substituto processual.

§ 6º O réu pode propor reconvenção independentemente de oferecer contestação.

REFERÊNCIAS LEGISLATIVAS

- Arts. 10, 55, 83, 85, § 1º, 219, 231, § 1º, 286, parágrafo único, 291 a 293, 324, § 2º, 327, 329, parágrafo único, 335, 336, CPC.

ANOTAÇÕES

- ***Reconvenção***: tem natureza jurídica de ação, é conceituada pela doutrina como um "contra-ataque" do réu, que deixa a posição passiva, daquele que sofre o processo, para também demandar em face do autor *reconvindo*. Ela não representa um ônus, como a contestação, mas tão somente uma faculdade, sendo que a sua não interposição não traz nenhum prejuízo aos direitos do réu, visto que ele pode optar pelo eventual ajuizamento de ação autônoma, em época que entenda mais oportuna.
- ***Requisitos da reconvenção***: como dito, a reconvenção tem natureza jurídica de ação, assim o interessado deve atentar para os requisitos dos arts. 319 e 320, dispensando-se os elementos que digam respeito à qualificação completa, quando já presentes nos autos e/ou na peça contestatória. Além disso, a reconvenção tem os seguintes pressupostos específicos: (I) que o juiz da ação principal seja também competente para conhecer do pedido reconvencional; (II) haver compatibilidade de ritos; (III) haver conexão entre o objeto da ação principal e o fundamento da defesa, por exemplo: numa ação de consignação em pagamento o credor nega em contestação que tenha se negado a receber o pagamento e, em reconvenção, requer a rescisão do contrato cumulado com perdas e danos.
- ***Não cabe reconvenção***: no procedimento de jurisdição voluntária, por ser o rito incompatível (arts. 719 a 770); nos Juizados Especiais Cíveis, podendo, no entanto, o interessado fazer pedido contraposto (art. 31, Lei 9.099/1995); em embargos à execução, visto que os procedimentos são incompatíveis; não cabe reconvenção nas ações possessórias em razão da sua natureza dúplice, o réu pode também demandar proteção e requerer indenização na própria contestação (art. 556).
- ***Reconvenção sucessiva***: ao tratar do tema da reconvenção na ação monitória (art. 702, § 6º), o legislador informa não caber reconvenção à reconvenção. A regra específica, neste caso (vedação expressa), autoriza pressupor que onde não é proibido de forma expressa, como naquele caso, é possível reconvir à reconvenção. Na verdade, este tem sido o entendimento da doutrina e da jurisprudência, qual seja, que cabe sim reconvenção à reconvenção, desde que o interessado não utilize esse meio para fazer pedido que poderia ter realizado na petição inicial.
- ***Resposta à reconvenção (§ 1º)***: se a reconvenção tem, como se disse, natureza jurídica de ação, a resposta do autor reconvindo tem, claro, natureza e extensão de contestação (art. 335), devendo nela o interessado alegar toda a matéria de defesa (art. 336).
- ***Contagem do prazo para oferecimento de resposta à reconvenção***: o prazo referido no parágrafo primeiro desta norma é de natureza "processual", devendo a sua contagem considerar, nos termos do art. 219, apenas os dias úteis.

DICAS DE PRÁTICA JURÍDICA

- ***Como fazer***: a reconvenção deve ser ofertada na própria contestação, de preferência logo após a parte se manifestar sobre o mérito da causa, embora se deva registrar que a reconvenção pode, segundo o CPC (§ 6º, art. 343), ser oferecida independentemente da contestação. O réu reconvinte deve apresentar os fatos e os fundamentos jurídicos do pedido, assim como atribuir valor à causa, conforme as normas previstas nos arts. 291 a 293 do CPC, procedendo com o recolhimento das custas processuais; deve ainda requerer seja a reconvenção regularmente recebida e processada, determinando o juiz o seu registro no cartório distribuidor (art. 286, parágrafo único). Proposta a reconvenção, o autor será intimado, na pessoa de seu advogado, para apresentar resposta no prazo de 15 (quinze) dias. Ambas as ações (principal e reconvenção) passarão a correr simultaneamente, sendo julgadas pela mesma sentença.

- **Normas da corregedoria**: cada tribunal tem suas regras sobre como processar e tratar a reconvenção (normas da corregedoria); sendo assim, prudente que o interessado pesquise as regras sobre o tema no tribunal onde esteja inserido o juízo competente para o qual será endereçada a contestação. Todavia, antes de seguir as referidas regras, verifique a sua atualidade (antes ou depois do CPC/2015).
- **Modelos**: para acesso a modelos editáveis de contestação, muitos com reconvenção, veja nosso *Prática de contestação no processo civil*, da Editora Atlas.

JURISPRUDÊNCIA

- Súmula 292 do STJ: A reconvenção é cabível na ação monitória, após a conversão do procedimento em ordinário.
- Enunciado 629 do Fórum Permanente de Processualistas Civis: Se o réu reconvier contra o autor e terceiro, o prazo de contestação à reconvenção, para ambos, iniciar-se-á após a citação do terceiro.
- Agravo de instrumento – Guarda – Apresentação de reconvenção e contestação em peça única – Determinação para que a parte proceda à distribuição em peça autônoma – Insurgência – Acolhimento – Exegese dos arts. 286, parágrafo único, e 343 do CPC, e art. 915 das Normas da Corregedoria-Geral da Justiça, que faculta ao réu, na própria peça de contestação, propor reconvenção, cabendo ao juízo determinar ao distribuidor, de ofício, as anotações de praxe – Precedentes do Colendo Superior Tribunal de Justiça e deste Tribunal – Agravo provido (TJSP, Agravo de Instrumento 2189247-68.2020.8.26.0000, Relator Mathias Coltro, 5ª Câmara de Direito Privado, Foro de Taboão da Serra – 2ª Vara Cível, *DJ* 23/10/2020).
- Apelação. Usucapião. Pedido de rescisão contratual realizado na reconvenção não possui conexão com o pedido da ação principal. Naturezas jurídicas diversas. Reconvenção distribuída nove meses após a citação. Extinção mantida. Recurso improvido (TJSP, Apelação Cível 1029654-64.2014.8.26.0506, Relatora Silvia Maria Facchina Esposito Martinez, 10ª Câmara de Direito Privado, Foro de Ribeirão Preto – 9ª Vara Cível, *DJ* 23/10/2020).
- Locação. Ação de cobrança. Não cabe reconvenção no âmbito do cumprimento de sentença, por ser instituto inerente à fase cognitiva e totalmente incompatível com a execução (TJSP, Agravo de Instrumento 2202571-28.2020.8.26.0000, Relator Antonio Rigolin, 31ª Câmara de Direito Privado, Foro de Jaguariúna – 2ª Vara, *DJ* 16/10/2020).
- Assim, também na vigência do CPC/15, é igualmente correto concluir que a reconvenção à reconvenção não é vedada pelo sistema processual, condicionando-se o seu exercício, todavia, ao fato de que a questão que justifica a propositura da reconvenção sucessiva tenha surgido na contestação ou na primeira reconvenção, o que viabiliza que as partes solucionem integralmente o litígio que as envolve no mesmo processo e melhor atende aos princípios da eficiência e da economia processual, sem comprometimento da razoável duração do processo (STJ, REsp 1690216/RS, Ministra Nancy Andrighi, T3 – Terceira Turma, *DJe* 28/09/2020).
- Agravo de instrumento – Reconvenção – Decisão recorrida determinou o cancelamento do incidente processual, em virtude de seu descabimento e de equívoco procedimental – Irresignação do reconvinte – Reconvenção apresentada de forma autônoma, por dependência dos autos principais – Conflito dos arts. 336 e 343 do CPC com o art. 915 do Provimento CG 17/2016 acarretou dúvida razoável – Ausência de erro grosseiro – Irregularidades formais não devem obstar o acesso à Justiça – Devido o regular processamento do pedido reconvencional no incidente processual já instaurado – Decisão recorrida alterada – Recurso provido (TJSP, Agravo de Instrumento 2156225-19.2020.8.26.0000, Relator Costa Netto, 6ª Câmara de Direito Privado, Foro de Vinhedo – 1ª Vara, *DJ* 02/09/2020).
- Agravo de instrumento – Ação de cobrança – Decisão que rejeitou liminarmente a reconvenção proposta, ante a certidão de decurso de prazo para a sua distribuição autônoma pela ré – Inadmissibilidade – Anotação da reconvenção pelo distribuidor – Providência que deve ser determinada pelo juízo, de ofício – Inteligência

do art. 286 do CPC c.c. art. 915, parágrafo único, das NSCGJ – Interpretação sistemática e harmônica da norma – Ausência de contraposição – Rejeição liminar da reconvenção afastada, com observação – Decisão reformada – Recurso provido (TJSP, Agravo de Instrumento 2132863-85.2020.8.26.0000, Relator Irineu Fava, 17ª Câmara de Direito Privado, Foro Central Cível – 45ª Vara Cível, *DJ* 03/08/2020).

- O curador especial tem legitimidade para propor reconvenção em favor de réu revel citado por edital (art. 9º, II, do CPC/1973), poder que se encontra inserido no amplo conceito de defesa (STJ, REsp 1.088.068/MG, Ministro Antonio Carlos Ferreira, T4 – Quarta Turma, *DJe* 09/10/2017).
- Agravo de instrumento. Não cabe reconvenção em embargos à execução. Embargos não se confundem com contestação. Incompatibilidade de procedimentos. Precedentes. Recurso desprovido (TJSP, Agravo Interno Cível 2164206-07.2017.8.26.0000, Relator Milton Carvalho, 36ª Câmara de Direito Privado, Foro de Americana – 3ª Vara Cível, *DJ* 19/09/2017).
- Prevalece, nesta Casa, o entendimento de que o cancelamento da distribuição da reconvenção em decorrência do não recolhimento das custas independe de prévia intimação pessoal do reconvinte (STJ, AgInt no AREsp 1.060.742/SP, Ministro Marco Aurélio Bellizze, T3 – Terceira Turma, *DJe* 25/08/2017).
- A reconvenção somente é cabível quando evidenciada a devida conexão com a ação principal ou com o fundamento da defesa. Assim, cabível a reconvenção, em sede de ação de restabelecimento de energia elétrica, pela concessionária de serviço público para cobrança do débito de mesma origem (STJ, AgInt nos EDcl no REsp 1.386.586/PR, Ministra Regina Helena Costa, T1 – Primeira Turma, *DJe* 21/06/2017).

CAPÍTULO VIII
DA REVELIA

Art. 344. Se o réu não contestar a ação, será considerado revel e presumir-se-ão verdadeiras as alegações de fato formuladas pelo autor.

REFERÊNCIAS LEGISLATIVAS

- Arts. 72, II, 250, II, 253, § 4º, 257, IV, 341, 345 a 349, 355, II, CPC.

ANOTAÇÕES

- ***Revelia***: a lei garante ao réu o direito de se defender, porém não impõe a ele que o faça. Na verdade, a defesa expressa o comportamento que se espera do réu, razão pela qual constitui apenas um ônus para ele, no sentido de que deve fazê-la caso não queira sofrer as consequências processuais previstas em lei. Revelia, diante desse quadro, é a não apresentação de contestação pelo réu, que deixa transcorrer *in albis* o prazo legal. Considera-se revel, ainda, o réu que apresentar a contestação fora do prazo, intempestivamente, ou aquele que deixar de impugnar especificamente os fatos narrados pelo autor.
- ***Efeitos da revelia***: a revelia tem o efeito de gerar a presunção relativa de veracidade dos fatos afirmados pelo autor, criando-se a chamada verdade formal, salvo as hipóteses apontadas no art. 345 do CPC. Também não se aplica este efeito ao réu citado por hora certa ou edital, a quem, necessariamente, deverá ser nomeado curador especial (art. 72, II, CPC), que terá obrigação legal de contestar o pedido. O decurso dos prazos processuais contra o revel que não tenha patrono nos autos corre da data de publicação do ato decisório no órgão oficial (art. 346, CPC). Por fim, observe-se que, tratando a ação de direitos disponíveis, a revelia pode abreviar o procedimento, possibilitando o julgamento antecipado da lide (art. 355, II, CPC).

JURISPRUDÊNCIA

- Apelação cível – Interposição contra sentença que julgou improcedente ação de indenização por danos materiais e morais. Aplicação da revelia em vista da ausência de contestação. Os efeitos da revelia não dispensam a presença, nos autos, de elementos suficientes para o convencimento do juiz. Responsabilidade civil. Simulação de negócio jurídico que acarreta a sua nulidade entre as partes, ressalvadas as disposições consideradas válidas na sua forma e na sua substância, bem como os direitos de terceiros de boa-fé. Aplicação do artigo 167, *caput*, e parágrafos 1º e 2º, do Código Civil. Sentença mantida (TJSP, Apelação Cível 1005449-83.2019.8.26.0606, Relator Mario A. Silveira, 33ª Câmara de Direito Privado, Foro de Suzano – 2ª Vara Cível, *DJ* 26/10/2020).
- Apelação. Usucapião. Sentença de improcedência em relação ao pedido principal e em relação ao pedido reconvencional. Irresignação de ambas as partes. Preliminar arguida pelos autores. Pedido de desentranhamento da contestação apresentada intempestivamente e aplicação dos efeitos da revelia. Não acolhimento. A revelia apenas produz os respectivos efeitos sobre as questões de fato, não se aplicando às matérias de direito e de ordem pública, as quais podem ser livremente apreciadas pelo D. magistrado (TJSP, Apelação Cível 1029654-64.2014.8.26.0506, Relatora Silvia Maria Facchina Esposito Martinez, 10ª Câmara de Direito Privado, Foro de Ribeirão Preto – 9ª Vara Cível, *DJ* 23/10/2020).
- Conforme a jurisprudência do Superior Tribunal de Justiça, a revelia não importa em procedência automática dos pedidos, porquanto a presunção de veracidade dos fatos alegados pelo autor é relativa, cabendo ao magistrado a análise conjunta das alegações e das provas produzidas (STJ, AgInt no REsp 1.601.531/DF, Ministro Paulo de Tarso Sanseverino, T3 – Terceira Turma, *DJe* 29/11/2017).
- A ausência de impugnação do credor aos embargos à execução não é suficiente para elidir a presunção de certeza consubstanciada no título judicial, não podendo ser aplicados os efeitos da revelia (STJ, REsp 1.677.161/SP, Ministra Regina Helena Costa, T1 – Primeira Turma, *DJe* 07/11/2017).
- Não se aplica à Fazenda Pública o efeito material da revelia, nem é admissível, quanto aos fatos que lhe dizem respeito, a confissão, pois os bens e direitos são considerados indisponíveis (STJ, AgInt no REsp 1358556/SP, Rel. Ministra Regina Helena Costa, T1 – Primeira Turma, *DJe* 18/11/2016).

> **Art. 345.** A revelia não produz o efeito mencionado no art. 344 se:
> I – havendo pluralidade de réus, algum deles contestar a ação;
> II – o litígio versar sobre direitos indisponíveis;
> III – a petição inicial não estiver acompanhada de instrumento que a lei considere indispensável à prova do ato;
> IV – as alegações de fato formuladas pelo autor forem inverossímeis ou estiverem em contradição com prova constante dos autos.

REFERÊNCIAS LEGISLATIVAS

- Arts. 72, II, 113 a 118, 320, 344, 373, § 3º, 392, 406, 574, 588, 599, § 1º, 677, 703, § 1º, 798, I, CPC.

ANOTAÇÕES

- ***Exceções aos efeitos da revelia***: não induz à presunção de veracidade dos fatos afirmados na petição inicial, quando: I – havendo pluralidade de réus (*litisconsorte passivo*), algum deles contestar a ação; II – se o litígio versar sobre direitos indisponíveis (*v.g.*, estado da pessoa, filiação, direitos da personalidade etc.); III – se a petição inicial não estiver acompanhada do instrumento público, que a lei considere indispensável à prova do ato (*v.g.*, escritura pública); IV – as alegações de fato formuladas pelo autor forem inverossímeis ou estiverem em contradição com prova constante dos autos. Também não se aplicam os efeitos da revelia ao réu citado por hora certa ou edital, a quem, necessariamente, deverá ser nomeado curador especial, que terá obrigação legal de contestar (art. 72, II, CPC).

JURISPRUDÊNCIA

- Agravo de instrumento. Ação de guarda cumulada com regulamentação de visitas e alimentos. Indeferimento do decreto de revelia da genitora com determinação de intimação pessoal. Inaplicáveis efeitos da revelia, ante a indisponibilidade dos direitos debatidos. Inteligência do artigo 345, inciso II, do Código de Processo Civil. Decisão mantida. Recurso desprovido (TJSP, Agravo de Instrumento 2211787-13.2020.8.26.0000, Relator José Eduardo Marcondes Machado, 1ª Câmara de Direito Privado, Foro Regional III – Jabaquara – 2ª Vara da Família e Sucessões, *DJ* 30/10/2020).
- Contratos bancários. Cédula rural pignoratícia e hipotecária. Embargos à execução. Sentença de improcedência. Efeitos da revelia que não se aplicam, ante a presunção de certeza, liquidez e exigibilidade do título executivo (TJSP, Apelação Cível 0008605-04.2012.8.26.0619, Relator Walter Barone, 24ª Câmara de Direito Privado, Foro de Taquaritinga – 3ª Vara, *DJ* 29/10/2020).
- Apelação cível – Interposição contra sentença que julgou improcedente ação de indenização por danos materiais e morais. Aplicação da revelia em vista da ausência de contestação. Os efeitos da revelia não dispensam a presença, nos autos, de elementos suficientes para o convencimento do juiz. Responsabilidade civil. Simulação de negócio jurídico que acarreta a sua nulidade entre as partes, ressalvadas as disposições consideradas válidas na sua forma e na sua substância, bem como os direitos de terceiros de boa-fé. Aplicação do artigo 167, *caput*, e parágrafos 1º e 2º, do Código Civil. Sentença mantida (TJSP, Apelação Cível 1005449-83.2019.8.26.0606, Relator Mario A. Silveira, 33ª Câmara de Direito Privado, Foro de Suzano – 2ª Vara Cível, *DJ* 26/10/2020).
- Ação de modificação de guarda c.c. exoneração de alimentos – Sentença de parcial procedência, conferindo a guarda unilateral do menor ao genitor – Inconformismo da ré – Cabimento – Julgamento antecipado restou açodado – Inaplicabilidade dos efeitos da revelia por se tratar de direitos indisponíveis, ex vi do artigo 345, inciso II, CPC – Necessidade de realização de estudos psicossociais a fim de verificar qual parte reúne melhores condições para exercer a guarda do infante – Relatos de maus-tratos de ambas as partes – Nulidade da sentença – Recurso provido (TJSP, Apelação Cível 1011562-22.2019.8.26.0002, Relator Fábio Quadros, 4ª Câmara de Direito Privado, Foro Regional II – Santo Amaro – 1ª Vara da Família e Sucessões, julgamento em 26/10/2020, Data de Registro 26/10/2020).
- Conforme a jurisprudência do Superior Tribunal de Justiça, a revelia não importa em procedência automática dos pedidos, porquanto a presunção de veracidade dos fatos alegados pelo autor é relativa, cabendo ao magistrado a análise conjunta das alegações e das provas produzidas (STJ, AgInt no REsp 1601531/DF, Ministro Paulo de Tarso Sanseverino, T3 – Terceira Turma, *DJe* 29/11/2017).

Art. 346. Os prazos contra o revel que não tenha patrono nos autos fluirão da data de publicação do ato decisório no órgão oficial.

Parágrafo único. O revel poderá intervir no processo em qualquer fase, recebendo-o no estado em que se encontrar.

REFERÊNCIAS LEGISLATIVAS

- Art. 5º, LV, CF; arts. 348, 349, CPC.

ANOTAÇÕES

- **Não intimação**: o revel, sem advogado constituído nos autos, não tem direito de ser intimado dos atos processuais (fase de conhecimento), mas isso não o impede de eventualmente atuar no processo, obviamente depois de regularizar a sua situação, recebendo-o no estado em que se encontra.

JURISPRUDÊNCIA

- Diante do reconhecimento da revelia, as rés, que não tinham patrono constituído nos autos, não precisavam ser intimadas para se manifestarem sobre documentos que foram apresentados ao longo da instrução (TJSP, Apelação Cível 1007050-17.2014.8.26.0278, Relatora Maria do Carmo Honório, 3ª Câmara de Direito Privado, Foro de Itaquaquecetuba – 2ª Vara Cível, *DJ* 07/07/2020).
- Agravo de instrumento – Cumprimento de sentença – Intimação – Ré revel – Pretensão à validação de intimação pessoal frustrada, com base no art. 513, § 3º, do CPC – Impossibilidade – Agravada que não intervém no processo nem mesmo para se defender – Descabimento de fixação do ônus de informar novo endereço – Necessidade de intimação do revel sobre os atos executórios – Exegese do art. 513, § 2º, IV, do CPC – Interpretação que prestigia o contraditório e a ampla defesa – Recurso não provido (TJSP, Agravo de Instrumento 2094195-50.2017.8.26.0000, Relator Reinaldo Miluzzi, 6ª Câmara de Direito Público, Foro Central – Fazenda Pública/Acidentes – 4ª Vara de Fazenda Pública, *DJ* 06/11/2017).
- Se a não intimação do revel é decorrência da lei, da doutrina e da jurisprudência pacificada nos tribunais, não há se falar em nulidade da publicação na qual não constou seu nome. Inteligência do art. 346 do CPC. Decisão mantida. Recurso desprovido (TJSP, Agravo de Instrumento 2076624-66.2017.8.26.0000, Relator Felipe Ferreira, 26ª Câmara de Direito Privado, Foro Central Cível – 11ª Vara Cível, *DJ* 10/08/2017).

CAPÍTULO IX
DAS PROVIDÊNCIAS PRELIMINARES E DO SANEAMENTO

Art. 347. Findo o prazo para a contestação, o juiz tomará, conforme o caso, as providências preliminares constantes das seções deste Capítulo.

REFERÊNCIAS LEGISLATIVAS

- Arts. 351, 437, CPC.

ANOTAÇÕES

- **Providências preliminares**: é nesta fase que o juiz deve proceder com percuciente análise do feito, verificando se estão presentes os pressupostos processuais e as condições da ação, abrindo eventualmente oportunidade para que o autor se manifeste em réplica, determinando que as partes indiquem as provas que pretendem produzir ou, quando o caso, designando audiência preliminar; tudo em preparação para o julgamento do feito no estado ou para o seu saneamento.

JURISPRUDÊNCIA

- Contratos bancários – Ação de cobrança – Citação dos réus seguida de inércia e revelia – Intimação do autor para dar prosseguimento ao feito, que silenciou – Processo julgado extinto sem resolução de mérito – Inobservância do art. 347 do Código de Processo Civil ("findo o prazo para a contestação, o juiz tomará, conforme o caso, as providências preliminares constantes das seções deste capítulo") – Providência de impulsão oficial do processo que dependia do juiz presidente da causa, e não da parte autora – Inocorrência de inércia do autor – Hipótese de anulação da r. sentença para restauração da ortodoxia processual – Prosseguimento do feito determinado – Anulação da r. sentença – Recurso provido (TJSP, Apelação Cível 0003324-34.2013.8.26.0360, Relator Correia Lima, 20ª Câmara de Direito Privado, Foro de Mococa – 1ª Vara Judicial, *DJ* 11/06/2018).

Seção I
Da Não Incidência dos Efeitos da Revelia

Art. 348. Se o réu não contestar a ação, o juiz, verificando a inocorrência do efeito da revelia previsto no art. 344, ordenará que o autor especifique as provas que pretenda produzir, se ainda não as tiver indicado.

REFERÊNCIAS LEGISLATIVAS

- Arts. 319, VI, 344, 345, CPC.

ANOTAÇÕES

- *Efeitos da revelia*: segundo o art. 344, se o réu não contestar a ação, presumir-se-ão verdadeiras as alegações de fato formulados pelo autor, salvo se (art. 345): (I) havendo pluralidade de réus, algum deles contestar a ação; (II) o litígio versar sobre direitos indisponíveis; (III) a petição inicial não estiver acompanhada de instrumento que a lei considere indispensável à prova do ato; (IV) as alegações de fato formuladas pelo autor forem inverossímeis ou estiverem em contradição com prova constante dos autos.
- *Indicação das provas a serem produzidas*: embora seja obrigatório ao autor indicar na petição inicial as provas que pretende produzir (art. 319, VI), o legislador abre nova oportunidade para que ele o faça, considerando que a não apresentação de contestação pode influir na sua decisão quanto a quais provas entende realmente serem necessárias. Ao atender à ordem judicial, o autor não deve se deixar impressionar com a revelia do réu, lembrando que cabe a ele, no geral, provar os fatos constitutivos do seu direito.

DICAS DE PRÁTICA JURÍDICA

- *Como fazer a indicação de provas*: mesmo que tenha indicado de forma genérica na petição inicial as provas que pretende produzir, o advogado deve atender a decisão que determina a especificação das provas. Nesta petição, de natureza intermediária (endereçamento, qualificação, indicação motivada das provas), deve especificar e justificar as provas que efetivamente precisa produzir, mesmo diante da revelia do réu.

JURISPRUDÊNCIA

- Prestação de serviços advocatícios. Ação de arbitramento de honorários. Sentença de improcedência. Revelia. Ausência de suporte documental a escorar os fatos constitutivos da pretensão deduzida. Mera outorga de procurações sem a correspondente comprovação documental da efetiva atuação do patrono constituído nos autos respectivos. Efeitos da revelia não autorizados nas circunstâncias. Necessário oportunizar ao autor a adequada instrução do feito para fins de comprovação dos fatos constitutivos da pretensão deduzida. Julgamento antecipado da lide não autorizado nas circunstâncias. Error in procedendo. Inteligência dos arts. 5º, 10, 344, 345 e 348, todos do CPC. Sentença anulada de ofício. Recurso prejudicado. Prejudicado o recurso, ante a anulação de ofício da r. sentença hostilizada (TJSP, Apelação Cível 1008368-36.2017.8.26.0664, Relator Airton Pinheiro de Castro, 29ª Câmara de Direito Privado, Foro de Votuporanga – 3ª Vara Cível, *DJ* 21/10/2020).

- Conforme a jurisprudência do Superior Tribunal de Justiça, a revelia não importa em procedência automática dos pedidos, porquanto a presunção de veracidade dos fatos alegados pelo autor é relativa, cabendo ao magistrado a análise conjunta das alegações e das provas produzidas(STJ, AgInt no REsp 1601531/DF, Ministro Paulo de Tarso Sanseverino, T3 – Terceira Turma, *DJe* 29/11/2017).

> **Art. 349.** Ao réu revel será lícita a produção de provas, contrapostas às alegações do autor, desde que se faça representar nos autos a tempo de praticar os atos processuais indispensáveis a essa produção.

REFERÊNCIAS LEGISLATIVAS

- Arts. 103, 346, parágrafo único, 355, II, CPC.

ANOTAÇÕES

- ***Produção de provas pelo revel***: segundo o parágrafo único do art. 346, o revel pode intervir no processo em qualquer fase, recebendo-o no estado em que se encontrar. Nesse sentido, a presente norma informa que o réu revel pode requerer a produção de provas, desde que o faça em tempo próprio (antes do saneamento, por exemplo, quando o juiz decide sobre quais provas serão ou não produzidas). O revel, devidamente representado, pode ainda acompanhar a produção das provas requeridas pelo autor, oferecendo, por exemplo, quesitos na prova pericial ou pedindo esclarecimentos ao perito.

JURISPRUDÊNCIA

- Súmula 231 do STF: O revel, em processo cível, pode produzir provas, desde que compareça em tempo oportuno.

> Seção II
> Do Fato Impeditivo, Modificativo ou Extintivo do Direito do Autor
>
> **Art. 350.** Se o réu alegar fato impeditivo, modificativo ou extintivo do direito do autor, este será ouvido no prazo de 15 (quinze) dias, permitindo-lhe o juiz a produção de prova.

REFERÊNCIAS LEGISLATIVAS

- Arts. 219, 351, 373, II, 430, 437, CPC.

ANOTAÇÕES

- *Réplica*: a norma indica uma das hipóteses em que a réplica, ou seja, a resposta do autor aos argumentos do réu, se faz necessária. A concessão de oportunidade para que o autor se manifeste em réplica é ainda obrigatória nos casos dos arts. 337, 351 e 437.
- *Exceções de direito material*: impeditivos são os fatos que impedem o acolhimento do pedido do autor (*v.g.*, exceção de usucapião, exceção de contrato não cumprido etc.); modificativos são os fatos que impedem o acolhimento integral do pedido do autor (*v.g.*, compensação, novação etc.); extintivos são os fatos que levam à improcedência do pedido do autor (*v.g.*, pagamento, prescrição, decadência etc.).
- *Contagem do prazo para oferecimento de réplica*: o prazo referido nesta norma é de natureza "processual", devendo a sua contagem considerar, nos termos do art. 219, apenas os dias úteis.

DICAS DE PRÁTICA JURÍDICA

- *Como oferecer réplica*: é oferecida por meio de uma petição intermediária endereçada ao juiz da causa, com a seguinte estrutura: endereçamento; qualificação; resumo dos fatos; resposta aos argumentos do réu (arts. 337, 350, 351 e 437); pedidos.

JURISPRUDÊNCIA

- Nos termos do art. 373, I e II, do NCPC, incumbe ao autor o ônus da prova quanto ao fato constitutivo do direito alegado, ao passo que cabe ao réu o ônus de demonstrar a ocorrência de algum fato impeditivo, modificativo ou extintivo do direito do autor (STJ, AgInt no AREsp 1644649/RJ, Ministro Moura Ribeiro, T3 – Terceira Turma, *DJe* 27/08/2020).

Seção III
Das Alegações do Réu

Art. 351. Se o réu alegar qualquer das matérias enumeradas no art. 337, o juiz determinará a oitiva do autor no prazo de 15 (quinze) dias, permitindo-lhe a produção de prova.

REFERÊNCIAS LEGISLATIVAS

- Arts. 219, 337, 350, 437, CPC.

ANOTAÇÕES

- *Oferecimento de réplica*: nesta etapa, o juiz manda ouvir o autor quanto a eventuais preliminares ou fatos impeditivos, modificativos ou extintivos levantados pelo réu (art. 350, CPC), deve ainda o autor se manifestar sobre a autenticidade dos documentos juntados pelo réu na contestação (art. 437, CPC).
- *Contagem do prazo para oferecimento de réplica*: o prazo referido nesta norma é de natureza "processual", devendo a sua contagem considerar, nos termos do art. 219, apenas os dias úteis.

DICAS DE PRÁTICA JURÍDICA

- **Estrutura e modelos**: a "réplica" é uma petição intermediária, normalmente com a seguinte estrutura: endereçamento, qualificação, resumo dos fatos, resposta aos argumentos do réu, pedido de saneamento ou de julgamento no estado (questões de direito). Para acesso a modelos editáveis de petição oferecendo réplica, consulte o meu livro *Prática de Contestação no Processo Civil*, publicado pela Editora Atlas, do Grupo GEN.
- **Cuidados ao se manifestar em réplica**: ao preparar a sua réplica, tome cuidado para não cair em provocações do réu que, sem argumentos sólidos para impugnar a pretensão feita na exordial, muitas vezes opta por atacar o próprio autor e/ou seu advogado, usando expressões fortes que podem levar ao descontrole e assim provocar um debate sem sentido, que acaba por prolongar o processo ou até causar alguma nulidade. Ao se manifestar em réplica, não caia nessa armadilha; limite-se às questões que realmente demandam sua manifestação, tais como preliminares, autenticidade dos documentos juntados na contestação e outras questões que possam envolver a inversão do ônus da prova (art. 350). Em nenhuma hipótese demonstre irritação; lembre-se, quanto mais irritado você ficar, maiores serão as chances de cair numa armadilha.

> **Art. 352.** Verificando a existência de irregularidades ou de vícios sanáveis, o juiz determinará sua correção em prazo nunca superior a 30 (trinta) dias.

REFERÊNCIAS LEGISLATIVAS

- Arts. 76, 219, 317, 321, 485, 801, CPC.

ANOTAÇÕES

- **Irregularidades ou vícios sanáveis**: o processo não é um fim em si mesmo, razão pela qual o juiz, diante da existência de irregularidades e/ou vícios sanáveis, deve dar oportunidade para que o interessado providencie a sua correção, preservando o processo. A fim de possibilitar o exercício do direito previsto neste artigo, o juiz deve indicar com precisão as irregularidades e vícios que entende presentes.

> **Art. 353.** Cumpridas as providências preliminares ou não havendo necessidade delas, o juiz proferirá julgamento conforme o estado do processo, observando o que dispõe o Capítulo X.

REFERÊNCIAS LEGISLATIVAS

- Arts. 354 a 357, 358, 485, 487, CPC.

ANOTAÇÕES

- **Julgamento no estado ou instrução**: superada a fase das providências preliminares, o juiz pode proceder ao julgamento no estado do processo, conforme hipóteses previstas nos arts. 354 a 356, ou, não sendo este o caso, proceder com o saneamento do feito, nos termos do art. 357, abrindo ensejo para a produção das provas oportunamente requeridas.

CAPÍTULO X
DO JULGAMENTO CONFORME O ESTADO DO PROCESSO

Seção I
Da Extinção do Processo

Art. 354. Ocorrendo qualquer das hipóteses previstas nos arts. 485 e 487, incisos II e III, o juiz proferirá sentença.

Parágrafo único. A decisão a que se refere o *caput* pode dizer respeito a apenas parcela do processo, caso em que será impugnável por agravo de instrumento.

REFERÊNCIAS LEGISLATIVAS

- Arts. 485, 487, 488, 1.009, 1.015 a 1.020, CPC.

ANOTAÇÕES

- ***Extinção do processo***: a norma aponta as hipóteses que levam à extinção do processo sem julgamento de mérito propriamente dito. Nesse sentido, o art. 485 indica as possibilidades que simplesmente impedem o juiz de conhecer do mérito, por exemplo, o indeferimento da petição inicial; já o art. 487, incisos II e III, apontam as situações em que, embora haja tecnicamente julgamento de mérito, o juiz não chega a apreciar o pedido feito na exordial, como no caso de que ele homologue um acordo entre as partes.
- ***Sentença terminativa (art. 485)***: embora seja garantido a todos o acesso ao Poder Judiciário, esse direito não implica que o demandante possa exigir uma sentença de mérito que efetivamente aprecie o seu pedido, uma vez que podem ocorrer situações que levem o juiz a extinguir o processo sem o julgamento do mérito, isto é, sem apreciar o que foi pedido pelo autor. A sentença nesses casos é conhecida como "terminativa", provocando, após o trânsito em julgado, a *coisa julgada formal*, o que permite ao autor reiterar seu pedido, ajuizando outro processo, salvo quando ele foi extinto em razão de o juiz ter acolhido a alegação de peremção, litispendência ou de coisa julgada, devendo, no entanto, o autor juntar prova de que fez o pagamento das custas e dos honorários advocatícios do processo extinto (art. 486, CPC).
- ***Sentença de mérito***: a norma aponta os casos daquilo que a doutrina chama de "falsa" sentença de mérito, visto que o juiz não chega a propriamente apreciar o pedido do autor. O art. 487, inciso II, informa que haverá resolução de mérito quando o juiz "decidir, de ofício ou a requerimento, sobre a ocorrência de decadência ou prescrição"; já o inciso III dispõe que haverá resolução de mérito quando o juiz homologar: (a) o reconhecimento da procedência do pedido formulado na ação ou na reconvenção; (b) a transação; (c) a renúncia à pretensão formulada na ação ou na reconvenção.
- ***Reconhecimento do pedido***: advertem os tratadistas que não se deve confundir reconhecimento do pedido com confissão, visto que, enquanto esta é meio de prova e pode ser parcial, isto é, quanto a algum aspecto em especial dos fatos informados pelo autor, o reconhecimento do pedido envolve completa adesão do réu ao pedido do autor, tanto que sua ocorrência provoca o julgamento antecipado do feito (art. 487, III, "a", CPC).
- ***Decisão interlocutória de mérito***: o parágrafo único estabelece que a decisão que julga o processo no estado em que se encontra, com fundamento nos artigos informados, pode dizer respeito a ape-

nas parcela do processo, que, no caso, seguirá quanto ao resto. Por exemplo: o juiz reconhece que ocorreu a prescrição quanto à parte dos valores cobrados, prosseguindo o feito quanto às demais prestações. Não havendo extinção total do processo, o recurso cabível é o agravo de instrumento.

JURISPRUDÊNCIA

- Enunciado 154 do Fórum Permanente de Processualistas Civis: É cabível agravo de instrumento contra ato decisório que indefere parcialmente a petição inicial ou a reconvenção.
- Apelação cível – Plano de saúde – Reconvenção autuada em apartado – Indeferimento inicial – Recurso cabível – Agravo de instrumento – Decisão de natureza interlocutória que destaca a inviabilidade de apenas parte do processo, passível de ataque pela via do agravo de instrumento, e não de recurso de apelação – Inteligência do artigo 354, parágrafo único, do Código de Processo Civil – Inviabilidade da aplicação do princípio da fungibilidade – Erro grosseiro – Recurso não conhecido. Não se conhece do recurso (TJSP, Apelação Cível 1011516-35.2016.8.26.0100, Relatora Christine Santini, 1ª Câmara de Direito Privado, Foro Central Cível – 23ª Vara Cível, *DJ* 08/05/2018).

Seção II
Do Julgamento Antecipado do Mérito

Art. 355. O juiz julgará antecipadamente o pedido, proferindo sentença com resolução de mérito, quando:

I – não houver necessidade de produção de outras provas;

II – o réu for revel, ocorrer o efeito previsto no art. 344 e não houver requerimento de prova, na forma do art. 349.

REFERÊNCIAS LEGISLATIVAS

- Art. 5º, LXXVIII, CF; arts. 4º, 344, 349, 371, 487, 1.009, CPC.

ANOTAÇÕES

- ***Julgamento antecipado do mérito***: diferente do que ocorre nos casos indicados no art. 354, em que o juiz não chega a realmente apreciar o mérito da causa, ou seja, o pedido feito pelo autor, aqui se está indicando justamente a situação em que o juiz, em julgamento antecipado, ou seja, sem a fase de instrução (produção de provas), defere ou indefere o pedido feito pelo autor na exordial (art. 487, I). No mais, a possibilidade do julgamento antecipado do pedido, nas hipóteses apontadas, se coaduna com a garantia prevista no art. 4º do CPC, qual seja, a obtenção de sentença de mérito em prazo razoável, na medida em que possibilita a abreviação do procedimento. Cabe ao juiz apreciar se estão, ou não, presentes as exigências da norma.

JURISPRUDÊNCIA

- Ação de retificação de registro civil. Cerceamento de defesa. Configuração. Alegado erro registrário no assento de casamento. Admitida a requisição do processo de habilitação para o casamento. Diligência relevante ao esclarecimento das divergências entre os registros. Inadmissibilidade do julgamento antecipado de mérito. Não caracterizada a hipótese do artigo 355, inciso I, do Código de Processo Civil. Nulidade reconhecida. Sentença anulada. Apelo provido (TJSP, Apelação Cível 1002345-28.2016.8.26.0238, Relator Donegá Morandini, 3ª Câmara de Direito Privado, Foro de Ibiúna – 2ª Vara, *DJ* 12/08/2020).

- Ação indenizatória. Erro médico. Sentença que julgou improcedente o pedido sob o fundamento de que o autor não se desincumbiu de seu ônus probatório. Necessidade de anulação de ofício. Indispensabilidade da prova pericial. Inadmissibilidade de julgamento antecipado de mérito, pela insuficiência da prova documental e do caráter da controvérsia, que exige prova especializada. Pedido de produção de prova feito pelo autor que sequer foi apreciado. Sentença anulada de ofício, com determinação. Prejudicado o recurso voluntário (TJSP, Apelação Cível 1003364-87.2019.8.26.0101, Relatora Vera Angrisani, 2ª Câmara de Direito Público, Foro de Caçapava – 1ª Vara Cível, *DJ* 26/06/2020).
- Agravo de instrumento. Ação de investigação de paternidade c/c alimentos. Revelia do réu. Pretensão de julgamento antecipado de mérito. Indeferimento. Faculdade conferida ao magistrado de julgar conforme o estado do processo. Juiz que dirige o processo, na forma do artigo 139 do Código de Processo Civil. Impossibilidade de imposição de julgamento antecipado, na forma do artigo 355 do Código de Processo Civil. Precedentes do E. Tribunal. Decisão preservada. Agravo desprovido (TJSP, Agravo de Instrumento 2164054-85.2019.8.26.0000, Relator Donegá Morandini, 3ª Câmara de Direito Privado, Foro de Caraguatatuba – 3ª Vara Cível, *DJ* 22/10/2019).

Seção III
Do Julgamento Antecipado Parcial do Mérito

Art. 356. O juiz decidirá parcialmente o mérito quando um ou mais dos pedidos formulados ou parcela deles:

I – mostrar-se incontroverso;

II – estiver em condições de imediato julgamento, nos termos do art. 355.

§ 1º A decisão que julgar parcialmente o mérito poderá reconhecer a existência de obrigação líquida ou ilíquida.

§ 2º A parte poderá liquidar ou executar, desde logo, a obrigação reconhecida na decisão que julgar parcialmente o mérito, independentemente de caução, ainda que haja recurso contra essa interposto.

§ 3º Na hipótese do § 2º, se houver trânsito em julgado da decisão, a execução será definitiva.

§ 4º A liquidação e o cumprimento da decisão que julgar parcialmente o mérito poderão ser processados em autos suplementares, a requerimento da parte ou a critério do juiz.

§ 5º A decisão proferida com base neste artigo é impugnável por agravo de instrumento.

REFERÊNCIAS LEGISLATIVAS

- Art. 5º, LXXVIII, CF; arts. 4º, 327, 355, 374, III, 487, 512, 520 a 522, 1.015, II, CPC.

ANOTAÇÕES

- ***Decisão interlocutória de mérito***: naqueles casos em que o autor tenha feito mais de um pedido (art. 327, CPC), ou que o pedido único possa ser decomposto, a norma permite ao juiz julgar antecipadamente aquele pedido, ou ponto, que se mostrar incontroverso ou que se encontre em condições de imediato julgamento, em razão, por exemplo, de não haver necessidade de outras provas. Nestes casos não se tem sentença propriamente dita, ou seja, a decisão não põe fim ao processo, não está sujeita ao atendimento de todos os requisitos previstos no art. 489 e desafia a interposição de agravo de instrumento ao invés de apelação, daí a doutrina a ter denominado de "decisão interlocutória de mérito".

💡 DICAS DE PRÁTICA JURÍDICA

- **Provocação do interessado**: embora a norma legal indique um tom de comando, ou seja, cabe ao próprio juiz tomar a iniciativa de proceder com o julgamento parcial do mérito, a parte interessada não deve se omitir; ou seja, percebendo que o réu, em sua contestação, não impugnou um dos pedidos (ou parte do pedido), o autor pode na sua manifestação em réplica ou mesmo por simples petição intermediária (endereçamento, qualificação, razões, pedido), provocar o juiz, apontando que estão presentes as condições previstas neste artigo. Por exemplo, na ação de divórcio litigioso o réu não discorda da sua decretação, apenas discute a guarda dos filhos e/ou o valor pedido de pensão alimentícia; neste caso, o autor em sua réplica pode requerer que o juiz julgue antecipadamente o pedido de divórcio (fim do casamento), possibilitando a imediata regularização do estado civil do interessado.

⚖️ JURISPRUDÊNCIA

- Agravo de instrumento. Ação de divórcio. Decisão que indeferiu o pedido de tutela provisória de evidência para decretar o divórcio. Inconformismo. Descabimento. Requisitos para a concessão da tutela provisória não preenchida. Embora se trate de direito potestativo, prudente aguardar a citação do outro divorciando antes de se decretar o divórcio. Possibilidade de decretação do divórcio após a efetivação da citação, seja por meio de tutela provisória (art. 294 e seguintes do Código de Processo Civil) ou através do julgamento antecipado parcial do mérito (art. 356 do Código de Processo Civil). Decisão mantida. Agravo improvido (TJSP, Agravo de Instrumento 2244908-32.2020.8.26.0000, Relator Pedro de Alcântara da Silva Leme Filho, 8ª Câmara de Direito Privado, Foro de Francisco Morato – 2ª Vara, *DJ* 26/10/2020).
- Agravo de instrumento – Divórcio c.c. guarda – Agravante requereu julgamento antecipado parcial do mérito para decretação do divórcio – Pedido negado por falta de urgência – Julgamento antecipado parcial do mérito independe de demonstração de urgência – Divórcio condicionado unicamente à vontade da pessoa casada – Julgamento antecipado devido – Divórcio decretado – Retomada de nome de solteira pela agravante – Recurso provido (TJSP, Agravo de Instrumento 2146822-26.2020.8.26.0000, Relator Luiz Antonio Costa, 7ª Câmara de Direito Privado, Foro de Caçapava – 1ª Vara Cível, *DJ* 23/09/2020).
- Apelação. Julgamento antecipado parcial do mérito. Decisão interlocutória que desafia agravo de instrumento. Expressa dicção dos arts. 356, § 5º, e 1.015, II, CPC. Erro inescusável, insuscetível de fungibilidade. Doutrina e precedentes deste Tribunal. Recurso não conhecido (TJSP, Apelação Cível 1079027-84.2015.8.26.0100, Relator Beretta da Silveira, 3ª Câmara de Direito Privado, Foro Central Cível – 10ª Vara da Família e Sucessões, *DJ* 06/10/2020).
- Agravo de instrumento. Ação de divórcio. Decisão que indeferiu o pedido de decretação do divórcio a título de julgamento antecipado parcial do mérito. Inconformismo. Cabimento. Possibilidade de decretação do divórcio após a citação, seja por meio de tutela provisória (art. 294 e seguintes do Código de Processo Civil) ou através do julgamento antecipado parcial do mérito (art. 356 do Código de Processo Civil). Manifestação de um dos cônjuges pelo divórcio. Decretação do divórcio, independentemente da resistência do outro cônjuge. Decisão reformada. Agravo provido (TJSP, Agravo de Instrumento 2146992-95.2020.8.26.0000, Relator Pedro de Alcântara da Silva Leme Filho, 8ª Câmara de Direito Privado, Foro de Tatuí – 2ª Vara Cível, *DJ* 12/09/2020).

Seção IV
Do Saneamento e da Organização do Processo

Art. 357. Não ocorrendo nenhuma das hipóteses deste Capítulo, deverá o juiz, em decisão de saneamento e de organização do processo:

I – resolver as questões processuais pendentes, se houver;

II – delimitar as questões de fato sobre as quais recairá a atividade probatória, especificando os meios de prova admitidos;

III – definir a distribuição do ônus da prova, observado o art. 373;

IV – delimitar as questões de direito relevantes para a decisão do mérito;

V – designar, se necessário, audiência de instrução e julgamento.

§ 1º Realizado o saneamento, as partes têm o direito de pedir esclarecimentos ou solicitar ajustes, no prazo comum de 5 (cinco) dias, findo o qual a decisão se torna estável.

§ 2º As partes podem apresentar ao juiz, para homologação, delimitação consensual das questões de fato e de direito a que se referem os incisos II e IV, a qual, se homologada, vincula as partes e o juiz.

§ 3º Se a causa apresentar complexidade em matéria de fato ou de direito, deverá o juiz designar audiência para que o saneamento seja feito em cooperação com as partes, oportunidade em que o juiz, se for o caso, convidará as partes a integrar ou esclarecer suas alegações.

§ 4º Caso tenha sido determinada a produção de prova testemunhal, o juiz fixará prazo comum não superior a 15 (quinze) dias para que as partes apresentem rol de testemunhas.

§ 5º Na hipótese do § 3º, as partes devem levar, para a audiência prevista, o respectivo rol de testemunhas.

§ 6º O número de testemunhas arroladas não pode ser superior a 10 (dez), sendo 3 (três), no máximo, para a prova de cada fato.

§ 7º O juiz poderá limitar o número de testemunhas levando em conta a complexidade da causa e dos fatos individualmente considerados.

§ 8º Caso tenha sido determinada a produção de prova pericial, o juiz deve observar o disposto no art. 465 e, se possível, estabelecer, desde logo, calendário para sua realização.

§ 9º As pautas deverão ser preparadas com intervalo mínimo de 1 (uma) hora entre as audiências.

REFERÊNCIAS LEGISLATIVAS

- Arts. 6º, 139, 190, 219, 337, 350, 351, 358 a 368, 370, 373, 437, 450, 451, 465, 1.009, 1.015, CPC; art. 228, CC.

ANOTAÇÕES

- *Saneamento e organização do processo*: contestado ou não o feito, ouvido o autor em réplica (arts. 337, 350, 351, 437), indicadas as provas, o juiz, não sendo o caso de julgamento conforme o estado do processo ou de julgamento antecipado de mérito, deve proferir decisão interlocutória, já conhecida no passado como "despacho saneador", em que resolva eventuais questões processuais pendentes, fixe os pontos controvertidos, defira as provas a serem produzidas, assim como indicará quem deve produzi-las, designando, quando for o caso, data para a realização da audiência de instrução e julgamento.

- **Pedido de esclarecimentos**: a decisão saneadora é irrecorrível, salvo naqueles pontos em que tratar de temas expressamente indicados no art. 1.015 do CPC; no mais, o § 1º faculta às partes o direito de pedir, no prazo comum de cinco dias, esclarecimentos ou solicitar ajustes, fato que se coaduna com o princípio da cooperação (art. 6º, CPC). No entanto, este pedido de esclarecimentos não é recurso, razão pela qual a estabilidade mencionada ao final da norma não implica preclusão dos temas, que podem ser rediscutidos em preliminar nas razões ou contrarrazões de apelação (art. 1.009, § 1º, CPC).
- **Prazo para apresentação do rol de testemunhas**: a fixação de um prazo judicial para a apresentação do rol de testemunhas, observando-se os requisitos do art. 450 do CPC, tem como objetivo principal possibilitar à parte contrária tomar conhecimento das pessoas que vão depor e assim preparar, se o caso, eventual contradita (art. 457, § 1º, CPC).

DICAS DE PRÁTICA JURÍDICA

- **Estrutura da petição que requer esclarecimentos**: o pedido de esclarecimento ou ajustes pode ser feito por simples petição intermediária (endereçamento, qualificação, razões, pedidos). Considerando, no entanto, a importância do tema tratado, visto que o saneamento vai indicar a forma como o processo vai se desenrolar (imagine-se os prejuízos da denegação da produção de um tipo de prova), recomendo que o advogado seja bem detalhista na sua petição, tomando o cuidado de despachá-la diretamente com o juiz, com escopo de se certificar de que ele dará a devida atenção ao tema.
- **Fique atento ao rol de testemunhas**: a contradita de eventual testemunha não pode ser um ato do momento, que surja na própria audiência; ela precisa ser preparada com antecedência; ou seja, assim que a parte contrária apresentar o seu rol, o advogado deve submetê-lo ao seu cliente; no caso da presença de pessoas impedidas e/ou suspeitas (art. 447, CPC), o advogado deve solicitar as provas necessárias (documentos e/ou testemunhas), comparecendo na audiência já preparado para apresentá-las ao juiz; no caso da testemunha não confessá-los quando da contradita.

JURISPRUDÊNCIA

- Enunciado 300 do Fórum Permanente de Processualistas Civis: O juiz poderá ampliar ou restringir o número de testemunhas a depender da complexidade da causa e dos fatos individualmente considerados.
- Agravo de instrumento. Saneamento processual. Rejeição de tese prescricional e determinação de produção de provas (pericial contábil e avaliação de imóveis). Sistemática recursal que restabelece a regra da irrecorribilidade das decisões interlocutórias. Ato decisório não previsto no rol taxativo do art. 1.015, CPC. Rol de taxatividade mitigada, admitida a interposição de agravo quando verificada a urgência decorrente da inutilidade do julgamento da questão no recurso de apelação. Urgência inexistente no caso, tendo em vista a possibilidade de impugnação em momento processual oportuno, de acordo com a sistemática implementada pelo diploma processual atual (artigo 1.009, § 1º, CPC). Descabimento, pois, desta modalidade recursal. Doutrina e jurisprudência (do STJ e desta Corte). Recurso não conhecido (TJSP, Agravo de Instrumento 2238696-92.2020.8.26.0000, Relator Beretta da Silveira, 3ª Câmara de Direito Privado, Foro de Itupeva – Vara Única, *DJ* 09/10/2020).

CAPÍTULO XI
DA AUDIÊNCIA DE INSTRUÇÃO E JULGAMENTO

Art. 358. No dia e na hora designados, o juiz declarará aberta a audiência de instrução e julgamento e mandará apregoar as partes e os respectivos advogados, bem como outras pessoas que dela devam participar.

⚖️ REFERÊNCIAS LEGISLATIVAS

- Arts. 11, 139, 189, 360, 365, 368, CPC.

📚 ANOTAÇÕES

- ***Audiência***: audiência é ato processual solene que envolve a reunião dos sujeitos do processo com o juiz. Realizada na sede do juízo, a audiência é convocada pelo juiz, a fim de que este possa pessoalmente ouvir as partes, os procuradores, os auxiliares da justiça e as testemunhas arroladas, para tentar a conciliação e/ou para instruir o processo.
- ***Audiência de instrução e julgamento***: constitui ato processual dos mais importantes do processo, porque nela, de regra, se conclui a instrução do processo e se fazem os debates, passando-se de imediato à fase decisória, que pode ocorrer na própria audiência. Ato culminante do processo, a audiência de instrução e julgamento apresenta as seguintes características: I – regra geral é pública (arts. 11, 189, 368, CPC); II – é presidida pelo juiz (art. 360, CPC); III – é ato uno e contínuo (art. 365, CPC); IV – é ato solene.

💡 DICAS DE PRÁTICA JURÍDICA

- ***Audiência***: nada é pior para a boa fama do advogado do que falar besteiras na audiência. Na verdade, falar fora de hora já é bem ruim. Sendo assim, prepare-se. Saiba tudo o que vai acontecer e como vai acontecer (conheça o rito, o processo, o cliente, o réu, os peritos, as testemunhas etc.); ou seja, não se entregue ao improviso, esteja preparado. Fale devagar e firme, olhando nos olhos do juiz e/ou do advogado adversário, conforme o caso; se necessário, treine na frente do espelho. Evite mostrar medo ou indecisão; seja sempre simpático (cumprimente os presentes). Se apresente bem vestido. Não deixe que o juiz, o promotor, o advogado ou até mesmo a outra parte ofenda ou ataque o seu cliente e mantenha o seu próprio cliente sob controle, principalmente o preparando para os fatos da audiência.

Art. 359. Instalada a audiência, o juiz tentará conciliar as partes, independentemente do emprego anterior de outros métodos de solução consensual de conflitos, como a mediação e a arbitragem.

⚖️ REFERÊNCIAS LEGISLATIVAS

- Arts. 6º, 139, V, 334, CPC.

💡 DICAS DE PRÁTICA JURÍDICA

- ***Como reagir à iniciativa do juiz***: a regra prevê que o juiz tente, ao iniciar a audiência, novamente conciliar as partes; ao responder evite parecer intransigente; argumente que já abriu mão de tudo que podia, mas que a outra parte foi quem não aceitou, ou declare pausadamente e educadamente que o caso não permite composição em razão de sua natureza e circunstâncias. O importante nos dias atuais, onde não só se busca a conciliação, mas quase que se força as partes a tanto, é não passar uma imagem de arrogância e intransigência, visto que, como se sabe, o juiz poderá proferir a sentença em alguns minutos e ele vai, esteja certo, considerar a sua atitude. Em resumo, não se apresse a descartar um possível acordo, isso faz você parecer intransigente, assim como não corra para aceitá-lo, isso faz o seu caso parecer fraco.

> **Art. 360.** O juiz exerce o poder de polícia, incumbindo-lhe:
> I – manter a ordem e o decoro na audiência;
> II – ordenar que se retirem da sala de audiência os que se comportarem inconvenientemente;
> III – requisitar, quando necessário, força policial;
> IV – tratar com urbanidade as partes, os advogados, os membros do Ministério Público e da Defensoria Pública e qualquer pessoa que participe do processo;
> V – registrar em ata, com exatidão, todos os requerimentos apresentados em audiência.

REFERÊNCIAS LEGISLATIVAS

- Arts. 8º, 139, 367, § 6º, CPC; arts. 6º, 7º, VII, Lei nº 8.906/1994.

ANOTAÇÕES

- **Poder de polícia**: autoridade que advém do próprio Estado, o "poder de polícia" autoriza o juiz a tomar as providências necessárias para manter a ordem e o decoro na audiência, contudo esse "poder" não pode ser confundido com "autoritarismo" (poder sem limite ou base legal), como muitas vezes infelizmente se observa na prática forense, visto que os poderes do juiz encontram limite nos "direitos" das partes e principalmente do advogado, que deve ser tratado com respeito e urbanismo, pois não há hierarquia entre ele e o juiz (art. 6º, Lei nº 8.906/1994). Em caso de abusos do juiz, lembro aos colegas a possibilidade de não só requerer que o ocorrido seja registrado em ata (art. 360, V), mas também que o colega tem a faculdade de se retirar da audiência (art. 7º, VII, Lei nº 8.906/1994). O advogado e/ou as partes podem ainda proceder com a gravação da audiência, independentemente de autorização judicial (art. 367, § 6º).

DICAS DE PRÁTICA JURÍDICA

- **O que fazer apos se retirar da audiência**: vendo-se forçado a deixar a audiência em razão de abusos praticados pelo juiz, infelizmente tão comuns, o advogado deve fazê-lo acompanhado do seu cliente, independentemente de pedido de licença; logo que deixar a sala, deve se dirigir à sala da subseção local da OAB onde deve redigir petição endereçada ao próprio magistrado detalhando todo o acontecido, requerendo a nulidade do ato processual, assim como eventualmente a "suspeição" dele (art. 145, I), pedindo o seu afastamento da direção dos trabalhos (dependendo, claro, das circunstâncias dos fatos). O protocolo da petição deve ser feito o mais breve possível. Deve ainda representar imediatamente ao presidente da subseção narrando todo o corrido e pedindo providências contra o juiz. O colega ainda pode analisar com o cliente a possibilidade de representação contra o juiz na Corregedoria do Tribunal de Justiça e no Conselho Nacional de Justiça.

Art. 361. As provas orais serão produzidas em audiência, ouvindo-se nesta ordem, preferencialmente:

I – o perito e os assistentes técnicos, que responderão aos quesitos de esclarecimentos requeridos no prazo e na forma do art. 477, caso não respondidos anteriormente por escrito;

II – o autor e, em seguida, o réu, que prestarão depoimentos pessoais;

III – as testemunhas arroladas pelo autor e pelo réu, que serão inquiridas.

Parágrafo único. Enquanto depuserem o perito, os assistentes técnicos, as partes e as testemunhas, não poderão os advogados e o Ministério Público intervir ou apartear, sem licença do juiz.

REFERÊNCIAS LEGISLATIVAS

- Arts. 385, § 3º, 450 a 463, 477, CPC.

ANOTAÇÕES

- **Ordem da produção das provas em audiência**: a norma deste artigo impõe uma sequência racional na produção das provas, a fim de preservar o exercício pleno do amplo direito de defesa. Da mesma forma, com escopo de garantir a ordem e a paridade de tratamento, o parágrafo único estabelece que os advogados e o Ministério Público não poderão apartear sem licença do juiz, lembrando, no entanto, que cabe às partes formular diretamente à testemunhas as suas perguntas (art. 459).

DICAS DE PRÁTICA JURÍDICA

- **Rol de perguntas**: quando o advogado se permite interrogar o perito e as testemunhas de improviso, como ocorre cotidianamente, corre o sério risco de obter respostas com potencial pra prejudicar o caso do seu cliente. De outras vezes, a ansiedade de mostrar serviço para o cliente faz o advogado fazer perguntas que não deveria (às vezes é tão difícil ficar simplesmente calado: "sem perguntas, Excelência"). Não se permita agir desta forma; se o perito vai ser interrogado, estude de antemão o laudo e prepare perguntas para reforçar as conclusões que são favoráveis à sua tese. Quanto às testemunhas, mostre antecipadamente o rol para o seu cliente, procurando identificar como agir em relação a cada uma delas.

Art. 362. A audiência poderá ser adiada:

I – por convenção das partes;

II – se não puder comparecer, por motivo justificado, qualquer pessoa que dela deva necessariamente participar;

III – por atraso injustificado de seu início em tempo superior a 30 (trinta) minutos do horário marcado.

§ 1º O impedimento deverá ser comprovado até a abertura da audiência, e, não o sendo, o juiz procederá à instrução.

> § 2º O juiz poderá dispensar a produção das provas requeridas pela parte cujo advogado ou defensor público não tenha comparecido à audiência, aplicando-se a mesma regra ao Ministério Público.
>
> § 3º Quem der causa ao adiamento responderá pelas despesas acrescidas.

REFERÊNCIAS LEGISLATIVAS

- Arts. 190, 357, § 9º, 365, 476, CPC; art. 7º, XX, Lei nº 8.906/1994.

ANOTAÇÕES

- ***Adiamento da audiência***: pode ocorrer em razão de motivo justificado ou injustificado. No primeiro caso, informa o parágrafo primeiro que o impedimento deve ser comprovado até a abertura da audiência, sob pena de o juiz ficar autorizado a proceder à instrução em prejuízo da parte que deixou de comparecer (§ 2º); nesse caso, a não comprovação do impedimento até o início da audiência equivale, nos efeitos práticos, à ausência injustificada. Quando a ausência injustificada do advogado provocar danos aos interesses do cliente, este poderá reclamar perdas e danos contra ele.
- ***Atraso provocado pelo juiz***: qual advogado já não passou horas esperando por um juiz atrasado? Eu fiquei muitas vezes esperando pelo juiz ou, o que é igualmente horrível, aguardando o término de audiências anteriores à minha, que iam muito além do horário a elas reservado. Já tive que lidar com situações em que o juiz marcava audiências de instrução e julgamento de vinte em vinte minutos, num total desrespeito não só aos advogados, mas também às partes e à legislação (art. 357, § 9º); quando finalmente nossa audiência era instalada, o juiz não tinha sequer a humildade de pedir desculpas pelo atraso, como se fosse a nossa obrigação esperar pelo "privilégio" de estar com ele. A única maneira de mudar esse tipo de situação é "reagir", tomar providências contra os juízes que assim agem. Sei que normalmente o advogado tem muito que considerar, afinal representar um juiz pode trazer prejuízos não só para o advogado, mas também para o cliente, mormente ao se considerar que eles, os juízes, são uma classe única. Talvez o ideal seja fazê-lo por meio da OAB, ou seja, requerer que o presidente da subseção tome providências em nome de todos, pois, assim, evitam-se as perseguições individuais.
- ***Tempo em que se é obrigado a esperar***: o inciso XX do art. 7º da Lei 8.906/1994, que dispõe sobre o Estatuto da Advocacia, informa que o advogado pode "retirar-se do recinto onde se encontre aguardando pregão para ato judicial, após trinta minutos do horário designado e ao qual ainda não tenha comparecido a autoridade que deva presidir a ele, mediante comunicação protocolizada em juízo".

DICAS DE PRÁTICA JURÍDICA

- ***Como informar o motivo para ausência***: o advogado que se vir impedido de comparecer à audiência, deve antes do horário marcado para o seu início entrar em contato com o cartório judicial competente e informar, inicialmente por telefone ou por e-mail, as razões pelas quais encontra-se atrasado ou impedido de comparecer (v.g., trânsito, mal súbito etc.). Além desse comunicado, deve, assim que possível, peticionar nos autos detalhando o impedimento e, quando possível, apresentando as provas do ocorrido. Trata-se de simples petição intermediária (endereçamento, qualificação, fatos, pedidos).

- **Como informar que se viu obrigado a se retirar**: autorizado pelo inciso XX do art. 7º da Lei nº 8.906/1994, o advogado que precisar usar do referido direito, deverá, após o decurso do prazo de trinta minutos, fazer petição intermediária em que informe que aguardou o prazo legal e, diante de outros compromissos, se viu obrigado a deixar o recinto como lhe permite a lei. Além de protocolar eletronicamente a petição, o advogado deve informar o escrivão e/ou escrevente de sala, deixando, se possível, cópia da referida petição.

JURISPRUDÊNCIA

- Apelação. Ação de reconhecimento de união estável e partilha de bens. Nulidade processual. Indeferimento do pedido de redesignação de audiência (art. 362, II, do CPC). Petição apresentada cerca de uma hora antes da audiência informando que a autora havia sofrido atendimento médico na manhã do dia em que se realizaria o ato processual, bem como noticiando cirurgia e afastamento de uma das advogadas em razão de anterior cirurgia. Advogada peticionante, filha da outra procuradora constituída, informou que prestava auxílio à sua genitora na data em que seria realizada a audiência. Circunstâncias do caso que levavam à justificada expectativa de não realização da audiência. Impedimento comunicado adequadamente. Cerceamento de defesa em razão da realização do ato sem presença das advogadas, com dispensa da prova requerida pela autora e impossibilidade de participação na prova produzida. Nulidade caracterizada. Recurso provido (TJSP, Apelação Cível 1003781-44.2014.8.26.0609, Relator Enéas Costa Garcia, 1ª Câmara de Direito Privado, Foro de Taboão da Serra – 1ª Vara Cível, *DJ* 08/09/2020).
- Ação de alimentos avoengos. Carta precatória para oitiva de testemunhas. Prova necessária à comprovação da condição financeira da requerida (ora agravante). Inconformismo contra decisão da MM. Juíza deprecada que rejeitou a justificativa apresentada, indeferindo o adiamento da audiência. Admissibilidade. Comprovado que uma das testemunhas possui viagem marcada para o exterior, cujo bilhete foi adquirido antes da data fixada para a realização do ato processual. Cerceamento de defesa caracterizado. Redesignação determinada. Multa por litigância de má-fé imposta nos embargos declaratórios afastada. Recurso provido (TJSP, Agravo de Instrumento 2138899-80.2019.8.26.0000, Relator Paulo Alcides, 6ª Câmara de Direito Privado, Setor de Cartas Precatórias Cíveis – Cap – Setor Unificado de Cartas Precatórias Cíveis, *DJ* 25/09/2019).
- Agravo de instrumento – Pedido de adiamento da audiência de instrução por impedimento da advogada da agravante – Não comprovação do impedimento até a abertura da audiência, que acabou sendo realizada sem a sua participação – Comprovação a posteriori admitida somente quando impossível de ser realizada antes do início da audiência – Hipótese distinta da dos autos, em que a advogada da ré teve condições de informar o impedimento, limitando-se a dirigir petição no sistema digital pouco antes do horário da audiência, sem assegurar ao Juízo o conhecimento do pleito – Advogada que não agiu com o zelo necessário – Recurso improvido (TJSP, Agravo de Instrumento 2064330-50.2015.8.26.0000, Relator Luis Fernando Nishi, 32ª Câmara de Direito Privado, Foro de São José dos Campos – 7ª Vara Cível, *DJ* 11/06/2015).

Art. 363. Havendo antecipação ou adiamento da audiência, o juiz, de ofício ou a requerimento da parte, determinará a intimação dos advogados ou da sociedade de advogados para ciência da nova designação.

REFERÊNCIAS LEGISLATIVAS

- Arts. 271, 274, 453, CPC.

Art. 364. Finda a instrução, o juiz dará a palavra ao advogado do autor e do réu, bem como ao membro do Ministério Público, se for o caso de sua intervenção, sucessivamente, pelo prazo de 20 (vinte) minutos para cada um, prorrogável por 10 (dez) minutos, a critério do juiz.

§ 1º Havendo litisconsorte ou terceiro interveniente, o prazo, que formará com o da prorrogação um só todo, dividir-se-á entre os do mesmo grupo, se não convencionarem de modo diverso.

§ 2º Quando a causa apresentar questões complexas de fato ou de direito, o debate oral poderá ser substituído por razões finais escritas, que serão apresentadas pelo autor e pelo réu, bem como pelo Ministério Público, se for o caso de sua intervenção, em prazos sucessivos de 15 (quinze) dias, assegurada vista dos autos.

REFERÊNCIAS LEGISLATIVAS

- Arts. 18, 113 a 118, 119 a 124, 219, CPC.

ANOTAÇÕES

- ***Contagem do prazo para oferecer memoriais***: o prazo referido no parágrafo segundo desta norma é de natureza "processual", devendo a sua contagem considerar, nos termos do art. 219, apenas os dias úteis.

DICAS DE PRÁTICA JURÍDICA

- ***Estrutura e modelo de memoriais***: os memoriais se apresentam como o fechamento da fase de conhecimento do processo, é a oportunidade de fazer um balanço dos fatos ocorridos até então e reforçar os argumentos pela procedência ou improcedência do pedido, conforme você represente o autor ou o réu. A estrutura básica da petição oferecendo memoriais é a seguinte: endereçamento, qualificação, resumo dos fatos, mérito e reiteração do pedido (procedência ou improcedência). Para acesso a modelos editáveis de petições oferecendo memoriais, veja nosso *Prática de contestação no processo civil*, da Editora Atlas.

Art. 365. A audiência é una e contínua, podendo ser excepcional e justificadamente cindida na ausência de perito ou de testemunha, desde que haja concordância das partes.

Parágrafo único. Diante da impossibilidade de realização da instrução, do debate e do julgamento no mesmo dia, o juiz marcará seu prosseguimento para a data mais próxima possível, em pauta preferencial.

REFERÊNCIAS LEGISLATIVAS

- Arts. 156 a 158, 362, 455, 476, 477, CPC.

ANOTAÇÕES

- ***Ausência de testemunha***: se, nos termos do § 2º do art. 455 do CPC, a parte se comprometeu em levar a testemunha à audiência, a sua ausência não justifica o adiamento, visto que neste caso se presume que a parte interessada desistiu de sua inquirição.

Art. 366. Encerrado o debate ou oferecidas as razões finais, o juiz proferirá sentença em audiência ou no prazo de 30 (trinta) dias.

REFERÊNCIAS LEGISLATIVAS

- Arts. 85, 87, § 1º, 90, 115, 123, 132, 141, 203, § 1º, 205, 219, 226, III, 227, 235, 485, 487, 489, CPC.

ANOTAÇÕES

- *Sentença*: segundo o parágrafo primeiro do art. 203, "ressalvadas as disposições expressas dos procedimentos especiais, sentença é o pronunciamento por meio do qual o juiz, com fundamento nos arts. 485 e 487, põe fim à fase cognitiva do procedimento comum, bem como extingue a execução".
- *Limites da sentença*: pode-se afirmar que a lei, sob pena de nulidade, veda a sentença que seja: *ultra petita*, ou seja, que dê mais do que foi pedido; *extra petita*, ou seja, que dê coisa de natureza diversa ou diferente do que foi pedido; e *citra petita*, ou seja, que deixa de examinar todas as questões postas pelas partes.
- *Prazo para o juiz sentenciar*: informa a norma que o juiz pode proferir a sentença na própria audiência ou no prazo de 30 dias; trata-se de prazo impróprio, ou seja, não há sanção processual no caso de não ser cumprido, salvo, claro, a possibilidade de a parte representar o juiz na Corregedoria do Tribunal e/ou no Conselho Nacional de Justiça (art. 235).

Art. 367. O servidor lavrará, sob ditado do juiz, termo que conterá, em resumo, o ocorrido na audiência, bem como, por extenso, os despachos, as decisões e a sentença, se proferida no ato.

§ 1º Quando o termo não for registrado em meio eletrônico, o juiz rubricar-lhe-á as folhas, que serão encadernadas em volume próprio.

§ 2º Subscreverão o termo o juiz, os advogados, o membro do Ministério Público e o escrivão ou chefe de secretaria, dispensadas as partes, exceto quando houver ato de disposição para cuja prática os advogados não tenham poderes.

§ 3º O escrivão ou chefe de secretaria trasladará para os autos cópia autêntica do termo de audiência.

§ 4º Tratando-se de autos eletrônicos, observar-se-á o disposto neste Código, em legislação específica e nas normas internas dos tribunais.

§ 5º A audiência poderá ser integralmente gravada em imagem e em áudio, em meio digital ou analógico, desde que assegure o rápido acesso das partes e dos órgãos julgadores, observada a legislação específica.

§ 6º A gravação a que se refere o § 5º também pode ser realizada diretamente por qualquer das partes, independentemente de autorização judicial.

REFERÊNCIAS LEGISLATIVAS

- Arts. 152, III, 193, 459, § 3º, CPC.

ANOTAÇÕES

- **Registro dos atos**: a documentação de todos os atos realizados na audiência é fundamental não só para o deslinde da questão, mas também para registro histórico. Esta documentação é feita por termo ou ata de audiência, em que constarão em resumo ou por inteiro todos os fatos ocorridos na audiência. No processo eletrônico, esse registro pode ser feito inteiramente de forma digital (art. 193).

Art. 368. A audiência será pública, ressalvadas as exceções legais.

REFERÊNCIAS LEGISLATIVAS

- Arts. 5º, LX, 93, IX, CF; arts. 11, 189, CPC.

ANOTAÇÕES

- **Publicidade**: o art. 93, inciso IX, da Constituição Federal informa que "todos os julgamentos dos órgãos do Poder Judiciário serão públicos, e fundamentadas todas as decisões, sob pena de nulidade, podendo a lei limitar a presença, em determinados atos, às próprias partes e a seus advogados, ou somente a estes, em casos nos quais a preservação do direito à intimidade do interessado no sigilo não prejudique o interesse público à informação". O art. 189 desta lei estabelece que "os atos processuais são públicos, todavia tramitam em segredo de justiça os processos: (I) em que o exija o interesse público ou social; (II) que versem sobre casamento, separação de corpos, divórcio, separação, união estável, filiação, alimentos e guarda de crianças e adolescentes; (III) em que constem dados protegidos pelo direito constitucional à intimidade; (IV) que versem sobre arbitragem, inclusive sobre cumprimento de carta arbitral, desde que a confidencialidade estipulada na arbitragem seja comprovada perante o juízo".

CAPÍTULO XII
DAS PROVAS

Seção I
Disposições Gerais

Art. 369. As partes têm o direito de empregar todos os meios legais, bem como os moralmente legítimos, ainda que não especificados neste Código, para provar a verdade dos fatos em que se funda o pedido ou a defesa e influir eficazmente na convicção do juiz.

REFERÊNCIAS LEGISLATIVAS

- Art. 5º, LVI, CF; arts. 371, 378, CPC; arts. 212 a 232, CC.

ANOTAÇÕES

- **Provas**: ao ajuizar uma ação, o autor informa uma série de fatos que, segundo sua avaliação, têm o condão de justificar o seu direito e a necessidade da intervenção judicial. Da mesma forma, o réu, ao apresentar a sua defesa, o faz apontando fatos que de alguma forma justificam, no seu entender, a sua resistência à pretensão do autor. Estabelecidos os limites da controvérsia, na fase de instrução do processo cabe às partes produzir as provas que vão demonstrar a veracidade de suas alegações. Destarte, pode-se concluir que provar é demonstrar ao juiz, destinatário da prova, a verdade de um fato ou de uma alegação deduzida no processo.

- **Modalidades de provas**: consagra o CPC o *princípio da atipicidade dos meios de prova*, ou seja, não só os meios de provas expressamente indicados pela lei, no CPC ou no Código Civil (art. 212) podem ser usados para demonstrar a verdade de um fato, mas também outra forma que seja moralmente legítima. A esse respeito há que se mencionar o inciso LVI do art. 5º da Constituição Federal, que declara que *"são inadmissíveis, no processo, as provas obtidas por meios ilícitos"* (v.g., gravação oculta de diálogo, gravação clandestina). De modo geral, caberá ao juiz avaliar, no caso concreto, se determinada prova apresentada pela parte pode ou não ser usada no processo.

JURISPRUDÊNCIA

- Enunciado 636 do Fórum Permanente de Processualistas Civis: As conversas registradas por aplicativos de mensagens instantâneas e redes sociais podem ser admitidas no processo como prova, independentemente de ata notarial.
- É nula a sentença que impede a parte de produzir provas pertinentes e relevantes ao deslinde da demanda, caracterizando-se violação ao devido processo legal, constitucionalmente garantido às partes como consectário lógico da ofensa aos princípios do contraditório e ampla defesa (TJMG, Apelação Cível 1.0643.11.000461-8/001, Rel. Desembargador Baeta Neves, 18ª Câmara Cível, julgamento em 25/08/2020, publicação da súmula em 01/09/2020).

Art. 370. Caberá ao juiz, de ofício ou a requerimento da parte, determinar as provas necessárias ao julgamento do mérito.

Parágrafo único. O juiz indeferirá, em decisão fundamentada, as diligências inúteis ou meramente protelatórias.

REFERÊNCIAS LEGISLATIVAS

- Arts. 139, III, 396, 461, CPC.

ANOTAÇÕES

- **Princípio dispositivo e inquisitivo**: embora a produção das provas seja ônus das partes (*princípio dispositivo*), cabe ao juiz, de ofício ou a requerimento delas, determinar as provas necessárias à instrução do processo, indeferindo fundamentadamente as diligências inúteis ou meramente protelatórias; ou seja, o juiz pode não só deferir as provas requeridas, mas também determinar outras que achar necessárias (*princípio inquisitivo*), com escopo de alcançar a verdade real. Embora, ressalte-se, o direito processual contenta-se com a chamada *verdade formal*, ou processual, *quod non est in actis non est in mundo* ("o que não está no processo não está no mundo").

JURISPRUDÊNCIA

- O STJ possui entendimento de que o magistrado tem ampla liberdade para analisar a conveniência e a necessidade da produção de provas, podendo perfeitamente indeferir provas periciais, documentais, testemunhais

e/ou proceder ao julgamento antecipado da lide, se considerar que há elementos nos autos suficientes para a formação da sua convicção em relação às questões de fato ou de direito vertidas no processo, sem que isso implique cerceamento do direito de defesa (STJ, REsp 1.651.097/BA, Ministro Herman Benjamin, T2 – Segunda Turma, *DJe* 20/04/2017).
- Segundo o entendimento pacífico do STJ, ao juiz, como destinatário da prova, cabe indeferir as que entender impertinentes, sem que tal implique cerceamento de defesa (STJ, REsp 1.440.721/GO, Ministra Maria Isabel Gallotti, T4 – Quarta Turma, *DJe* 11/11/2016).
- Em questões probatórias não há preclusão para o magistrado (STJ, AgInt no AREsp 871.003/SP, Rel. Ministro Mauro Campbell Marques, T2 – Segunda Turma, *DJe* 23.06.2016).

Art. 371. O juiz apreciará a prova constante dos autos, independentemente do sujeito que a tiver promovido, e indicará na decisão as razões da formação de seu convencimento.

REFERÊNCIAS LEGISLATIVAS

- Arts. 11, 141, CPC.
- Art. 2º, Lei nº 11.417/2006: "O Supremo Tribunal Federal poderá, de ofício ou por provocação, após reiteradas decisões sobre matéria constitucional, editar enunciado de súmula que, a partir de sua publicação na imprensa oficial, terá efeito vinculante em relação aos demais órgãos do Poder Judiciário e à administração pública direta e indireta, nas esferas federal, estadual e municipal, bem como proceder à sua revisão ou cancelamento, na forma prevista nesta Lei".

ANOTAÇÕES

- ***Liberdade do juiz para decidir***: o juiz é livre para decidir conforme a sua consciência, mas deve expressamente declarar na decisão as razões do seu convencimento, não sendo bastante para tanto declarações genéricas no sentido de que indefere o pedido do autor por falta de amparo legal, sendo necessário que detalhadamente indique qual é o dispositivo legal ou porque certo dispositivo não ampara o pedido. Registre-se, no entanto, que a liberdade do juiz para decidir não é total, vez que, em matéria constitucional, encontra "limite" nas *súmulas vinculantes*, que, como o nome está a indicar, têm a força de vincular todos os órgãos do Poder Judiciário.

JURISPRUDÊNCIA

- O indeferimento do pedido de produção de prova testemunhal não implica cerceamento de defesa, quando o teor da prova documental bastar ao deslinde seguro da controvérsia (TJMG, Apelação Cível 1.0000.19.066399-7/001, Rel. Desembargador Bitencourt Marcondes, 19ª Câmara Cível, julgamento em 22/04/2020, publicação da súmula em 24/04/2020).
- Pelo princípio do livre convencimento motivado ou, conforme doutrina moderna, do convencimento racionalmente motivado, cabe ao magistrado apreciar livremente as provas, indicando na sentença os motivos que o levaram formar convicção (TJMG, Apelação Cível 1.0245.14.001884-8/001, Rel. Desembargadora Mônica Libânio, 11ª Câmara Cível, julgamento em 05/02/2020, publicação da súmula em 11/02/2020).
- O magistrado tem liberdade para a apreciação das provas acostadas aos autos conforme as peculiaridades do caso, impondo-se a ele, tão somente, a exposição dos motivos formadores do seu convencimento (STJ, AgInt nos EDcl no REsp 1.427.680/SP, Ministro Marco Buzzi, T4 – Quarta Turma, *DJe* 25/10/2017).

Art. 372. O juiz poderá admitir a utilização de prova produzida em outro processo, atribuindo-lhe o valor que considerar adequado, observado o contraditório.

REFERÊNCIAS LEGISLATIVAS

- Arts. 369, 371, CPC.

ANOTAÇÕES

- **Prova emprestada**: denomina-se prova emprestada aquela que foi colhida em outro processo, seja entre as mesmas partes ou não. Normalmente a prova deve ser produzida dentro do próprio processo, sob o crivo do contraditório, contudo não há impedimento legal para que a parte interessada faça a juntada, ou requeira que o juízo oficie, solicitando o traslado de, por exemplo, depoimentos ou perícia colhidos em outro processo. Nesses casos, caberá ao juiz valorar a prova segundo as circunstâncias e o tempo em que foi obtida (art. 371, CPC).

JURISPRUDÊNCIA

- Enunciado 52 do Fórum Permanente de Processualistas Civis: Para a utilização da prova emprestada, faz-se necessária a observância do contraditório no processo de origem, assim como no processo de destino, considerando-se que, neste último, a prova mantenha a sua natureza originária.
- Apelações – Responsabilidade civil – Criança de três anos de idade vítima de maus-tratos praticados por funcionária de creche municipal – Pretensão de pagamento de indenização por danos morais – Parcial procedência do pedido – Pretensão de reforma – Impossibilidade – Prova emprestada – Observância ao contraditório – Inexistência de óbice à sua utilização no caso concreto – Aplicação do art. 372 do CPC – Fatos incontroversos – Servidora que foi criminalmente responsabilizada e demitida do cargo público em razão dos fatos versados nestes autos – Responsabilidade civil da Municipalidade pelos atos de seus agentes (CF, art. 37, § 6º) – Dano moral in re ipsa – Cabimento – Fatos graves e por período prolongado – Valor utilizado na indenização das outras crianças – Não provimento dos recursos, com rejeição da preliminar (TJSP, Apelação Cível 1000434-49.2019.8.26.0246, Relatora Maria Olívia Alves, 6ª Câmara de Direito Público, Foro de Ilha Solteira – 1ª Vara, *DJ* 31/08/2020).
- Agravo de instrumento. Ação de dissolução parcial de sociedade cumulada com apuração de haveres. Fase de liquidação. Prova emprestada. Alegação de coligação entre sociedades. Pleito de utilização do laudo de avaliação constante de outro processo. Indeferimento. Decisão reformada. Possibilidade de empréstimo da prova. Inteligência do art. 372 do CPC. Recurso provido, prejudicada a análise do agravo interno (TJSP, Agravo Interno Cível 2281085-29.2019.8.26.0000, Relator Azuma Nishi, 1ª Câmara Reservada de Direito Empresarial, Foro Central Cível – 14ª Vara Cível, *DJ* 22/08/2020).
- O aproveitamento da prova emprestada condiciona-se à efetivação do contraditório, ou seja, a facultar às partes ocasião para, querendo, manifestar-se sobre o conteúdo da prova emprestada. Afinal, a utilização da prova emprestada sem a oitiva das partes fere os princípios do contraditório e da não surpresa, com a existência de menção a elemento probatório não discutido no processo que recebeu o traslado (TJMG, Apelação Cível 1.0498.16.000619-9/001, Rel. Desembargador Pedro Aleixo, 16ª Câmara Cível, julgamento em 11/03/2020, publicação da súmula em 20/03/2020).

Art. 373. O ônus da prova incumbe:

I – ao autor, quanto ao fato constitutivo de seu direito;

II – ao réu, quanto à existência de fato impeditivo, modificativo ou extintivo do direito do autor.

§ 1º Nos casos previstos em lei ou diante de peculiaridades da causa relacionadas à impossibilidade ou à excessiva dificuldade de cumprir o encargo nos termos do *caput* ou à maior facilidade de obtenção da prova do fato contrário, poderá o juiz atribuir o ônus da prova de modo diverso, desde que o faça por decisão fundamentada, caso em que deverá dar à parte a oportunidade de se desincumbir do ônus que lhe foi atribuído.

§ 2º A decisão prevista no § 1º deste artigo não pode gerar situação em que a desincumbência do encargo pela parte seja impossível ou excessivamente difícil.

§ 3º A distribuição diversa do ônus da prova também pode ocorrer por convenção das partes, salvo quando:

I – recair sobre direito indisponível da parte;

II – tornar excessivamente difícil a uma parte o exercício do direito.

§ 4º A convenção de que trata o § 3º pode ser celebrada antes ou durante o processo.

REFERÊNCIAS LEGISLATIVAS

- Arts. 319, VI, 369, CPC.
- Art. 6º, VIII, Lei nº 8.078/1990 – CDC: "a facilitação da defesa de seus direitos, inclusive com a inversão do ônus da prova, a seu favor, no processo civil, quando, a critério do juiz, for verossímil a alegação ou quando for ele hipossuficiente, segundo as regras ordinárias de experiências".

ANOTAÇÕES

- **Ônus da prova**: o ônus da prova recai todo sobre o autor (*actori incumbit onus probandi*), quando o réu, na sua contestação, se limita a negar o fato que fundamenta o pedido do autor, por exemplo: em ação de indenização, o réu nega ter causado o dano; em ação de despejo fundada em contrato de locação verbal, o réu nega que existe contrato de locação entre as partes etc. Nessas hipóteses, caso o autor não tenha sucesso em demonstrar o fato constitutivo do seu direito, seu pedido será julgado improcedente, sem que o réu tenha sido obrigado a produzir qualquer tipo de prova (*actore non probante reus absolvitur*). Entretanto se ao se defender o réu alega fato impeditivo, modificativo ou extintivo do direito do autor, o ônus da prova passa a ser dele, uma vez que suas declarações tornam incontroversos os fatos constitutivos do direito do autor. Por exemplo: *fato impeditivo*, em ação de reivindicação, o réu alega ocorrência de usucapião; deve, portanto, provar a ocorrência da prescrição aquisitiva; *fato modificativo*, em ação de cobrança, o réu alega ocorrência de compensação; deve, portanto, provar o seu crédito; *fato extintivo*, em ação de despejo por falta de pagamento, o réu alega que já pagou os alugueres; deve, portanto, juntar os comprovantes de tal pagamento.

- **Inversão do ônus**: além da possibilidade prevista no § 1º deste artigo, há que se mencionar a hipótese prevista no art. 6º, VIII, da Lei nº 8.078, de 11 de setembro de 1990, Código de Defesa do Consumidor, que permite ao juiz determinar a inversão do ônus da prova em conflitos que tenham arrimo em relação de consumo, sempre que entender verossímil a alegação do autor ou for ele hipossuficiente, isto é, carente, sem condições de arcar com os custos da produção da prova.

JURISPRUDÊNCIA

- Código de Defesa do Consumidor, com o objetivo de facilitar a defesa, em juízo, dos direitos dos consumidores-vítimas dos acidentes de consumo, conferindo-lhes maior proteção, estabeleceu hipótese legal de inversão do ônus da prova, determinando que cabe ao fornecedor, no desiderato de se eximir de responsabilidade, comprovar alguma das excludentes previstas no § 3º do art. 14 do CDC, ou seja, que o defeito inexiste ou que o dano resulta de culpa exclusiva do consumidor ou de terceiro (STJ, REsp 1734099/MG, Ministra Nancy Andrighi, T3 – Terceira Turma, *DJe* 07/12/2018).
- Nos termos da jurisprudência do Superior Tribunal de Justiça, a inversão do ônus da prova fica a critério do juiz, segundo apreciação dos aspectos de verossimilhança da alegação do consumidor e de sua hipossuficiência, conceitos intrinsecamente ligados ao conjunto fático-probatório dos autos delineado nas instâncias ordinárias, cujo reexame é vedado em sede especial (STJ, AgInt no REsp 1.601.531/DF, Ministro Paulo de Tarso Sanseverino, T3 – Terceira Turma, *DJe* 29/11/2017).
- Nos termos da jurisprudência do col. STJ, a inversão do ônus da prova, prevista no art. 6º, VIII, do Código de Defesa do Consumidor, fica a critério do juiz, conforme apreciação dos aspectos de verossimilhança das alegações do consumidor ou de sua hipossuficiência (STJ, AgInt no AREsp 1.096.542/SP, Ministro Raul Araújo, T4 – Quarta Turma, *DJe* 02/10/2017).

Art. 374. Não dependem de prova os fatos:

I – notórios;

II – afirmados por uma parte e confessados pela parte contrária;

III – admitidos no processo como incontroversos;

IV – em cujo favor milita presunção legal de existência ou de veracidade.

REFERÊNCIAS LEGISLATIVAS

- Arts. 389 a 395, CPC; arts. 322 e 324, CC.
- Art. 3º, Lei de Introdução às Normas do Direito Brasileiro – LINDB: "ninguém se escusa de cumprir a lei, alegando que não a conhece".

ANOTAÇÕES

- ***Objeto de prova***: no processo, só dependem de prova os fatos controvertidos, ou seja, alegados por um e negados pela outra parte, que sejam relevantes para o destino da causa.
- ***Fatos notórios***: seriam aqueles conhecidos e tidos como verdadeiros dentro de certo grupo social (*v.g.*, não há necessidade de provar o dano moral que advém: da morte do filho, da morte do cônjuge, de devolução indevida de cheque; de protesto indevido de duplicata etc.). No caso concreto, caberá ao juiz, quando fixar os pontos controvertidos, avaliar, considerando o lugar, o tempo, a cultura e as regras da experiência, se determinado fato prescinde ou não de prova.
- ***Presunção legal***: presunção é o processo mental pelo qual se partindo de um fato conhecido se deduz outro desconhecido ou ignorado. Em outras palavras, é a consequência, ou conclusão, que a lei ou o juiz tira tendo como ponto de partida um fato conhecido para chegar a outro ignorado. A "presunção legal" pode ser absoluta (*juris et de jure*), que não aceita prova em contrário (*v.g.*, todos conhecem a lei, art. 3º, LICC), ou relativa (*juris tantum*), que aceita prova em contrário (*v.g.*, a entrega do título ao devedor firma a presunção de pagamento, arts. 322 e 324, CC).

JURISPRUDÊNCIA

- De toda sorte, ninguém duvida que, no mercado brasileiro de consumo de telefonia, os consumidores, em particular as pessoas físicas, encarnam, como regra, a posição de sujeito "hipossuficiente", na exata acepção do art. 6º, VII, do Código de Defesa do Consumidor. São dezenas de milhões de pobres, trabalhadores urbanos e rurais, pessoas humildes, que dependem absolutamente de serviços de telefonia, sobretudo de celular pós-pago. Por outro lado, não são poucos os casos em que, indo além das "regras ordinárias de experiência", a "verossimilhança" (CDC, art. 6º, VIII) das alegações do consumidor mostra-se tão manifesta, de conhecimento público, que atrai status jurídico de fatos notórios, os quais "não dependem de prova" (art. 374, I, do Código de Processo Civil). Tal notoriedade transmuda a inversão do ônus da prova de ope judicis para ope legis, decorrência da própria lógica do nosso sistema processual (princípio notoria non egent probatione) (STJ, REsp 1790814/PA, Ministro Herman Benjamin, T2 – Segunda Turma, *DJe* 19/06/2019).

Art. 375. O juiz aplicará as regras de experiência comum subministradas pela observação do que ordinariamente acontece e, ainda, as regras de experiência técnica, ressalvado, quanto a estas, o exame pericial.

REFERÊNCIAS LEGISLATIVAS

- Arts. 140, 350, 373, 374, CPC.

ANOTAÇÕES

- ***Máximas da experiência***: são as lições que tiramos dos fatos que acontecem nas nossas vidas e nas vidas das pessoas que estão ao nosso redor, assim como os ensinamentos que nos são passados por parentes e amigos ("como já dizia meu avô"). Também o juiz vive em sociedade e é capaz de aprender daquilo que vive e observa não só nos autos, mas na sua vida profissional e pessoal. Esse conhecimento pode orientar as suas decisões, principalmente quanto a fatos notórios e que ordinariamente acontecem com as pessoas; contudo, isso não o autoriza a decidir contra as provas constantes nos autos, nem dispensa o autor de fazer a prova dos fatos que constituem o seu direito ou o réu os fatos impeditivos, modificativos ou extintivos do direito do autor.

JURISPRUDÊNCIA

- Apelação. Ação de indenização por danos materiais e morais. Inundação ocorrida na residência dos autores decorrente da quebra do cavalete da SABESP. Regras da Máxima da Experiência (art. 375 do CPC), isto é, daquilo que ordinariamente ocorre, comprovam que das fotos juntadas aos autos, verifica-se que os danos dos móveis apontados pelos autores, bem como, os danos ocorridos no imóvel decorreram da inundação. Autores que provaram os fatos alegados. Incidência do art. 373, I, do CPC. Entretanto, as fotos do celular, juntadas pelos autores, não se pode concluir, ao contrário dos demais bens móveis, que o celular restou danificado pela inundação na residência dos autores. Resta, evidente, que o celular está nitidamente com diversas avarias, não se podendo concluir que a inundação resultou no não funcionamento no aparelho. Ocorrência dos danos morais. Necessidade de minoração do valor fixado a título de danos morais na r. sentença para se adequar às peculiaridades do caso porque, embora incontestes os danos causados pela ré que arquivou o processo de avarias sofridas pelos autores, verifica-se que a demandada agiu de forma rápida para a troca do cavalete. Manutenção dos demais capítulos da r. sentença. Apelação dos autores desprovida e apelação da ré provida em parte (TJSP, Apelação Cível 1005342-74.2019.8.26.0271, Relator Antonio Celso Faria, 8ª Câmara de Direito Público, Foro de Itapevi – 2ª Vara Cível, *DJ* 16/10/2020).

- A formação do convencimento sobre fatos que dependem de conhecimento técnico ou científico é vinculada normativamente ao exame pericial, ainda que indireto, vedado o emprego de máximas da experiência pessoal do julgador. Caracteriza cerceamento de defesa o julgamento antecipado da lide à alegação de inviabilidade de produção de prova técnica, se feita a afirmativa pelo juízo, que não detém conhecimento especializado sobre a matéria litigiosa (TJMG, Apelação Cível 1.0000.19.015870-9/001, Rel. Desembargador Oliveira Firmo, 7ª Câmara Cível, julgamento em 30/04/2019, publicação da súmula em 08/05/2019).

Art. 376. A parte que alegar direito municipal, estadual, estrangeiro ou consuetudinário provar-lhe-á o teor e a vigência, se assim o juiz determinar.

REFERÊNCIAS LEGISLATIVAS

- Arts. 192, parágrafo único, 1.003, § 6º, CPC.

JURISPRUDÊNCIA

- Não há óbice à juntada, na apelação, da cópia integral de lei já invocada pela parte antes da sentença, sendo certo que o próprio juiz pode determinar, de ofício, a qualquer tempo, que as partes tragam aos autos as leis municipais que embasam suas alegações (TJMG, Ap. Cível/Rem Necessária 1.0642.15.001137-6/001, Rel. Desembargadora Ana Paula Caixeta, 4ª Câmara Cível, julgamento em 02/05/2019, publicação da súmula em 07/05/2019).

Art. 377. A carta precatória, a carta rogatória e o auxílio direto suspenderão o julgamento da causa no caso previsto no art. 313, inciso V, alínea "b", quando, tendo sido requeridos antes da decisão de saneamento, a prova neles solicitada for imprescindível.

Parágrafo único. A carta precatória e a carta rogatória não devolvidas no prazo ou concedidas sem efeito suspensivo poderão ser juntadas aos autos a qualquer momento.

REFERÊNCIAS LEGISLATIVAS

- Arts. 28 a 34, 237, 260 a 268, 313, V, "b", CPC.

Art. 378. Ninguém se exime do dever de colaborar com o Poder Judiciário para o descobrimento da verdade.

REFERÊNCIAS LEGISLATIVAS

- Arts. 6º, 77, 380, 388, 404, 448, 715, § 4º, CPC.
- Art. 232, CC: "a recusa à perícia médica ordenada pelo juiz poderá suprir a prova que se pretendia obter com o exame".

JURISPRUDÊNCIA

- A ninguém é dado eximir-se do dever de colaborar com o Poder Judiciário, incumbindo ao terceiro, em relação a qualquer causa, exibir coisa ou documento que esteja em seu poder, observado o direito de abster-se de eventual autoincriminação (arts. 378, 379 e 380, II, do CPC) (STJ, AgInt na CR 14548/EX, Ministro João Otávio de Noronha, CE – Corte Especial, *DJe* 16/04/2020).

Art. 379. Preservado o direito de não produzir prova contra si própria, incumbe à parte:
I – comparecer em juízo, respondendo ao que lhe for interrogado;
II – colaborar com o juízo na realização de inspeção judicial que for considerada necessária;
III – praticar o ato que lhe for determinado.

REFERÊNCIAS LEGISLATIVAS

- Arts. 77, 385 a 388, 404, 448, CPC.

JURISPRUDÊNCIA

- Súmula 301 do STJ: Em ação investigatória, a recusa do suposto pai a submeter-se ao exame de DNA induz presunção juris tantum de paternidade.
- Tendo o requerente alterado a verdade dos fatos a fim de embasar sua pretensão indenizatória, faltando com os deveres de probidade, lealdade e boa-fé processuais, deve ser mantida a sua condenação por litigância de má-fé (TJMG, Apelação Cível 1.0024.15.005395-7/001, Rel. Desembargador Mota e Silva, 18ª Câmara Cível, julgamento em 05/11/2019, publicação da súmula em 08/11/2019).

Art. 380. Incumbe ao terceiro, em relação a qualquer causa:
I – informar ao juiz os fatos e as circunstâncias de que tenha conhecimento;
II – exibir coisa ou documento que esteja em seu poder.
Parágrafo único. Poderá o juiz, em caso de descumprimento, determinar, além da imposição de multa, outras medidas indutivas, coercitivas, mandamentais ou sub-rogatórias.

REFERÊNCIAS LEGISLATIVAS

- Arts. 378, 396, 404, 448, 450 a 463, 996, CPC.

ANOTAÇÕES

- ***Imposição de multa***: uma das formas mais comuns de o juiz fazer cumprir decisão mandamental é a imposição de "multa periódica de atraso" (*astreinte*), que constitui importante instrumento de pressão à disposição do juiz, a fim de coagir o devedor a cumprir a obrigação, razão pela qual a sua imposição só tem cabimento quando a prestação específica é possível. O valor da multa pode ser revisto, para cima ou para baixo, conforme as circunstâncias do processo.

JURISPRUDÊNCIA

- Súmula 372 do STJ: Na ação de exibição de documentos, não cabe a aplicação de multa cominatória.
- É firme a jurisprudência desta Corte no sentido de que a decisão que fixa multa cominatória não preclui nem faz coisa julgada material, podendo ser revista a qualquer tempo (STJ, AgInt no REsp 1846156/SP, Ministro Marco Aurélio Bellizze, T3 – Terceira Turma, *DJe* 21/09/2020).
- A ninguém é dado eximir-se do dever de colaborar com o Poder Judiciário, incumbindo ao terceiro, em relação a qualquer causa, exibir coisa ou documento que esteja em seu poder, observado o direito de abster-se de eventual autoincriminação (arts. 378, 379 e 380, II, do CPC) (STJ, AgInt na CR 14548/EX, Ministro João Otávio de Noronha, CE – Corte Especial, *DJe* 16/04/2020).

Seção II
Da Produção Antecipada da Prova

Art. 381. A produção antecipada da prova será admitida nos casos em que:

I – haja fundado receio de que venha a tornar-se impossível ou muito difícil a verificação de certos fatos na pendência da ação;

II – a prova a ser produzida seja suscetível de viabilizar a autocomposição ou outro meio adequado de solução de conflito;

III – o prévio conhecimento dos fatos possa justificar ou evitar o ajuizamento de ação.

§ 1º O arrolamento de bens observará o disposto nesta Seção quando tiver por finalidade apenas a realização de documentação e não a prática de atos de apreensão.

§ 2º A produção antecipada da prova é da competência do juízo do foro onde esta deva ser produzida ou do foro de domicílio do réu.

§ 3º A produção antecipada da prova não previne a competência do juízo para a ação que venha a ser proposta.

§ 4º O juízo estadual tem competência para produção antecipada de prova requerida em face da União, de entidade autárquica ou de empresa pública federal se, na localidade, não houver vara federal.

§ 5º Aplica-se o disposto nesta Seção àquele que pretender justificar a existência de algum fato ou relação jurídica para simples documento e sem caráter contencioso, que exporá, em petição circunstanciada, a sua intenção.

REFERÊNCIAS LEGISLATIVAS

- Art. 109, § 3º, CF; arts. 3º, § 2º, 300, 301, 382, § 4º, 405 a 441, 442 a 463, 464 a 480, 700, § 1º, CPC.

ANOTAÇÕES

- ***Ação de produção antecipada de prova***: quando alguém desejar a antecipação de uma "prova", como, por exemplo, o depoimento de uma pessoa ou um exame pericial, em razão de fundado temor de que essa prova possa vir a desaparecer pelo decurso do tempo (*periculum in mora*), ou pelo fato de que a sua produção antecipada possa vir a viabilizar a autocomposição ou outra forma de solução do conflito, ou pelo simples fato de que o conhecimento prévio dos fatos possa justificar ou evitar o ajuizamento de uma medida judicial, pode utilizar-se da "ação de produção antecipada de prova". O novo Código de Processo Civil, consagrando o que a doutrina chama de "direito autônomo à prova", tirou a natureza cautelar desta medida e a inseriu dentro do capítulo "Das provas", que por sua vez está inserido no título "Do procedimento comum", embora a seção que trata do tema, "Da produção antecipada da prova", preveja procedimento especial. Como a produção antecipada de prova deixou de ser procedimento preparatório, o interessado não mais precisa indicar o pedido principal ou providenciar o ajuizamento da ação no prazo de 30 (trinta) dias.

DICAS DE PRÁTICA JURÍDICA

- *Ação de justificação (§ 5º)*: tem cabimento quando alguém pretender demonstrar, normalmente por meio de colheita de prova testemunhal, a existência de algum fato ou relação jurídica, para simples documentação e sem caráter contencioso. A ocorrência mais comum desse procedimento envolve a demonstração de fatos junto à Previdência Social, por exemplo: tempo de trabalho rural; tempo de trabalho sem registro em carteira; situação de dependência econômica; existência de união estável etc.
- *Foro competente*: é o do local onde se deva produzir a prova ou o domicílio do réu; registre-se, no entanto, que a produção da prova não previne a competência do juízo para eventual ação que venha a ser proposta (art. 381, §§ 2º e 3º, CPC).
- *Documentos a serem juntados à petição inicial*: o requerente deverá ser orientado a fornecer ao advogado cópia dos seguintes documentos, entre outros: (I) documentos pessoais (RG, CPF, certidão de nascimento ou casamento, comprovante de endereço, indicação de *e-mail* e telefone); (II) carteira de trabalho, se o caso envolver a previdência social; (III) certidão de nascimento de filhos, se o caso envolver a demonstração da existência de união estável; (IV) documentos que envolvam o negócio a ser demonstrado; (V) rol de testemunhas (nome, endereço, profissão, *e-mail* e telefone).
- *Estrutura e modelos*: como regra geral, a petição inicial tem a seguinte estrutura: endereçamento, qualificação, narração dos fatos, pedidos, indicação das provas e, por fim, o valor da causa. Para acesso a modelos editáveis de ambas as ações citadas neste artigo, veja nosso *Prática no processo civil*, da Editora Atlas.

JURISPRUDÊNCIA

- Enunciado 633 do Fórum Permanente de Processualistas Civis: Admite-se a produção antecipada de prova proposta pelos legitimados ao ajuizamento das ações coletivas, inclusive para facilitar a autocomposição ou permitir a decisão sobre o ajuizamento ou não da demanda.
- Para além das situações que revelem urgência e risco à prova, a pretensão posta na ação probatória autônoma pode, eventualmente, se exaurir na produção antecipada de determinada prova (meio de produção de prova) ou na apresentação/exibição de determinado documento ou coisa (meio de prova ou meio de obtenção de prova – caráter híbrido), a permitir que a parte demandante, diante da prova produzida ou do documento ou coisa apresentada, avalie sobre a existência de um direito passível de tutela e, segundo um juízo de conveniência, promova ou não a correlata ação (TJMG, Apelação Cível 1.0000.18.094668-3/002, Rel. Desembargador Sérgio André da Fonseca Xavier, 18ª Câmara Cível, julgamento em 25/08/2020, publicação da súmula em 27/08/2020).
- No procedimento relativo à produção antecipada de prova, previsto artigo 381 e seguintes do CPC/2015, a interposição de recurso é admitida somente quando o juiz indeferir totalmente o pleito, conforme o disposto no artigo 382, § 4º, do CPC/15, o que não é o caso dos autos (TJMG, Apelação Cível 1.0000.20.079204-2/001, Rel. Desembargador Amorim Siqueira, 9ª Câmara Cível, julgamento em 18/08/2020, publicação da súmula em 24/08/2020).
- A ação de produção antecipada de prova visa, apenas, resguardar a prova para eventual demanda posterior. Assim, tem natureza puramente processual, sendo, portanto, medida transitória e voluntária. Ausente pre-

tensão resistida, os honorários de sucumbência não são devidos (TJMG, Apelação Cível 1.0000.20.064626-3/001, Rel. Desembargador Marcos Lincoln, 11ª Câmara Cível, julgamento em 12/08/2020, publicação da súmula em 13/08/2020).
- Produção antecipada de prova. Pedido inicial que se adéqua ao rito estabelecido nos artigos 381 e seguintes do CPC, que consubstancia procedimento de jurisdição voluntária, não justificando o arbitramento de encargos de sucumbência. Produção da prova homologada, sem a imposição do pagamento de custas e honorários advocatícios sucumbenciais a qualquer das partes, em virtude do caráter não contencioso da medida. Sentença mantida. Recurso improvido. Dispositivo: negaram provimento ao recurso (TJSP, Apelação Cível 1000768-02.2017.8.26.0037, Relator João Camillo de Almeida Prado Costa, 19ª Câmara de Direito Privado, Foro de Araraquara – 6ª Vara Cível, *DJ* 07/08/2017).

Art. 382. Na petição, o requerente apresentará as razões que justificam a necessidade de antecipação da prova e mencionará com precisão os fatos sobre os quais a prova há de recair.

§ 1º O juiz determinará, de ofício ou a requerimento da parte, a citação de interessados na produção da prova ou no fato a ser provado, salvo se inexistente caráter contencioso.

§ 2º O juiz não se pronunciará sobre a ocorrência ou a inocorrência do fato, nem sobre as respectivas consequências jurídicas.

§ 3º Os interessados poderão requerer a produção de qualquer prova no mesmo procedimento, desde que relacionada ao mesmo fato, salvo se a sua produção conjunta acarretar excessiva demora.

§ 4º Neste procedimento, não se admitirá defesa ou recurso, salvo contra decisão que indeferir totalmente a produção da prova pleiteada pelo requerente originário.

REFERÊNCIAS LEGISLATIVAS

- Art. 5º, LV, LXIX, LXX, CF; arts. 238 a 268, 319, 1.015, CPC; Lei nº 12.016/2009.

ANOTAÇÕES

- ***Defesa e recurso***: a norma é expressa em indicar que neste tipo de procedimento não se admite defesa ou recurso (§ 4º), contudo a Constituição Federal garante o amplo direito de defesa em todos os processos e procedimentos, sendo assim, o juiz deve garantir que o interessado possa contestar a pertinência do procedimento (necessidade), assim como possa participar da prova, seja apresentando quesitos ao perito, no caso de prova pericial, seja fazendo perguntas à testemunha, no caso de prova testemunhal. A norma só prevê possibilidade de recurso contra decisão que indeferir totalmente a produção da prova pleiteada; se o indeferimento se der por sentença, o recurso cabível será a apelação, se o indeferimento se der por meio de decisão interlocutória, nasce uma dificuldade, visto que o rol do art. 1.015 do CPC é, segundo doutrina e jurisprudência majoritária, taxativo e nele não se menciona a possibilidade prevista neste artigo, daí restando à parte socorrer-se, se presentes os requisitos legais, do mandado de segurança.

JURISPRUDÊNCIA

- Agravo de instrumento – Produção antecipada de provas – Inadmissibilidade recursal – Previsão expressa no artigo 382, § 4º, do CPC – Hipótese, ademais, que não se enquadra no rol do artigo 1.015 do CPC, inclusive não se vislumbrando da "decisão" combatida qualquer potencial lesivo – Agravante que se insurge contra pronunciamento por meio do qual o MM. Juízo de Primeiro Grau apenas se reportou à decisão precedente – Recurso não conhecido (TJSP, Agravo de Instrumento 2215908-84.2020.8.26.0000, Relator Irineu Fava, 17ª Câmara de Direito Privado, Foro de São José do Rio Preto – 2ª Vara Cível, *DJ* 03/11/2020).

- A ação de produção antecipada de prova visa, apenas, resguardar a prova para eventual demanda posterior. Assim, tem natureza puramente processual, sendo, portanto, medida transitória e voluntária. Ausente pretensão resistida, os honorários de sucumbência não são devidos (TJMG, Apelação Cível 1.0000.20.064626-3/001, Rel. Desembargador Marcos Lincoln, 11ª Câmara Cível, julgamento em 12/08/2020, publicação da súmula em 13/08/2020).

Art. 383. Os autos permanecerão em cartório durante 1 (um) mês para extração de cópias e certidões pelos interessados.
Parágrafo único. Findo o prazo, os autos serão entregues ao promovente da medida.

REFERÊNCIAS LEGISLATIVAS

- Arts. 381, 382, CPC.
- Art. 132, § 3º, CC: "os prazos de meses e anos expiram no dia de igual número do de início, ou no imediato, se faltar exata correspondência".

ANOTAÇÕES

- ***Entrega dos autos***: com os processos eletrônicos, a determinação no sentido de que os autos sejam entregues ao requerente, fica obviamente prejudicada. Na verdade, este agora pode simplesmente baixar cópia do arquivo completo do processo, que continuará existindo nos arquivos do Judiciário.

Seção III
Da Ata Notarial

Art. 384. A existência e o modo de existir de algum fato podem ser atestados ou documentados, a requerimento do interessado, mediante ata lavrada por tabelião.
Parágrafo único. Dados representados por imagem ou som gravados em arquivos eletrônicos poderão constar da ata notarial.

REFERÊNCIAS LEGISLATIVAS

- Art. 236, CF; art. 405, CPC; art. 7º, III, Lei nº 8.935/1994.
- Art. 215, *caput*, CC: "a escritura pública, lavrada em notas de tabelião, é documento dotado de fé pública, fazendo prova plena".

ANOTAÇÕES

- ***Ata notarial***: é o documento lavrado por tabelião que confirma a existência e o modo de existir de algum fato. Por exemplo: fatos ocorridos durante uma assembleia de acionistas; fotos e textos injuriosos e/ou difamatórios na rede mundial de computadores.

💡 DICAS DE PRÁTICA JURÍDICA

- ***Como realizar a prova***: considerando a facilidade de se apagar ou esconder fotos, textos e notícias falsas que atacam e/ou agridem o interessado, este, assim que tomar conhecimento dos fatos, deve procurar o tabelião de um cartório de notas, informado a natureza da sua visita requerendo que ele acesse o endereço eletrônico a fim de confirmar e, se possível, imprimir e/ou salvar eletronicamente o conteúdo, elaborando em seguida ata notarial detalhando todo o ocorrido e verificado. Este documento constitui prova, com fé pública, dos fatos observados.

⚖️ JURISPRUDÊNCIA

- Enunciado 636 do Fórum Permanente de Processualistas Civis: As conversas registradas por aplicativos de mensagens instantâneas e redes sociais podem ser admitidas no processo como prova, independentemente de ata notarial.
- Embora inexista vedação para que a ata notarial seja utilizada como meio de prova documentada, não há dúvida de que, por não ter contado com a participação da parte contrária, a sua valoração como meio probatório não deve ser irrestrita, de maneira que ao julgador caberá lançar mão da persuasão racional em relação à aludida prova ao proferir a sua decisão, à luz dos demais elementos probatórios contidos no feito, conforme preconiza o art. 371 do CPC (TJMG, Agravo de Instrumento-Cv 1.0338.11.011168-3/001, Rel. Desembargadora Cláudia Maia, 14ª Câmara Cível, julgamento em 28/05/2020, publicação da súmula em 28/05/2020).

Seção IV
Do Depoimento Pessoal

Art. 385. Cabe à parte requerer o depoimento pessoal da outra parte, a fim de que esta seja interrogada na audiência de instrução e julgamento, sem prejuízo do poder do juiz de ordená-lo de ofício.

§ 1º Se a parte, pessoalmente intimada para prestar depoimento pessoal e advertida da pena de confesso, não comparecer ou, comparecendo, se recusar a depor, o juiz aplicar-lhe-á a pena.

§ 2º É vedado a quem ainda não depôs assistir ao interrogatório da outra parte.

§ 3º O depoimento pessoal da parte que residir em comarca, seção ou subseção judiciária diversa daquela onde tramita o processo poderá ser colhido por meio de videoconferência ou outro recurso tecnológico de transmissão de sons e imagens em tempo real, o que poderá ocorrer, inclusive, durante a realização da audiência de instrução e julgamento.

⚖️ REFERÊNCIAS LEGISLATIVAS

- Arts. 362, II, 370, 379, 388, 449, parágrafo único, 459, CPC.

📚 ANOTAÇÕES

- ***Depoimento pessoal***: registre-se que a parte não é obrigada a produzir prova contra si mesma (art. 379, CPC), ou falar sobre fatos criminosos ou torpes que lhe forem imputados, a cujo respeito, por estado ou profissão, deva guardar sigilo, acerca dos quais não possa responder sem desonra própria, de seu cônjuge, de seu companheiro ou de parente em grau sucessível, salvo quando se tratar de ações de estado e de família (art. 388, CPC).

DICAS DE PRÁTICA JURÍDICA

- *Prepare o seu cliente*: as pessoas sem formação jurídica ficam normalmente inibidas e nervosas quando comparecem no Fórum; a situação fica ainda pior quando precisam depor, responder perguntas do juiz, do promotor e dos advogados. Não permita que o nervosismo do seu cliente coloque em risco o resultado do processo; o meio mais próprio de fazer isso é se reunir com ele antes da audiência e conversar "demoradamente" sobre ela: fale exatamente o que vai acontecer, como vai acontecer, quem vai estar presente, qual será a natureza das perguntas e como ele deve se portar ao se dirigir ao juiz (excelência), ao promotor (doutor), ao advogado (doutor) e à parte adversa (senhor ou senhora).

JURISPRUDÊNCIA

- Sentença de improcedência – Insurgência da autora. Ausência de intimação pessoal – Não acolhimento – Consta certidão do Oficial de Justiça atestando ter intimado a apelante. Diante do não comparecimento da autora para o depoimento pessoal, correta a aplicação da pena de confesso. Sentença mantida – Recurso improvido (TJSP, Apelação Cível 1028231-33.2018.8.26.0602, Relator Benedito Antonio Okuno, 23ª Câmara de Direito Privado, Foro de Sorocaba – 7ª Vara Cível, *DJ* 03/11/2020).
- O Código de Processo Civil prevê como efeito do não comparecimento injustificado da parte à audiência de instrução e julgamento, intimada para prestar depoimento pessoal, a aplicação da pena de confissão ficta (art. 385, § 1º). Entrementes, a presunção de veracidade dos fatos alegados pela parte ex adversa é relativa, devendo o magistrado analisar o contexto probatório dos autos (TJMG, Apelação Cível 1.0000.18.045964-6/002, Rel. Desembargadora Aparecida Grossi, 17ª Câmara Cível, julgamento em 25/08/2020, publicação da súmula em 31/08/2020).

> **Art. 386.** Quando a parte, sem motivo justificado, deixar de responder ao que lhe for perguntado ou empregar evasivas, o juiz, apreciando as demais circunstâncias e os elementos de prova, declarará, na sentença, se houve recusa de depor.

REFERÊNCIAS LEGISLATIVAS

- Arts. 371, 379, 385, 388, CPC.

ANOTAÇÕES

- *Recusa em depor*: é tarefa do juiz avaliar o comportamento do depoente durante o depoimento, impondo-lhe a pena de confissão ficta se entender que houve recusa em depor. Lembro, no entanto, que a parte não é obrigada a produzir prova contra si mesma (art. 379); neste caso, o melhor é se recusar a responder de forma fundamentada e clara, com escopo de não passar para o juiz a impressão de que se está apenas usando de evasivas para esconder algum fato.

> **Art. 387.** A parte responderá pessoalmente sobre os fatos articulados, não podendo servir-se de escritos anteriormente preparados, permitindo-lhe o juiz, todavia, a consulta a notas breves, desde que objetivem completar esclarecimentos.

REFERÊNCIAS LEGISLATIVAS

- Arts. 162, II, III, 386, 388, CPC.

ANOTAÇÕES

- ***Forma do depoimento pessoal***: o depoente não pode se limitar a ler respostas ou declarações, depor é responder diretamente as perguntar que lhe forem feitas; o juiz pode autorizar a consulta a notas breves naqueles casos em que detalhes sejam necessários para completar as informações prestadas.

> **Art. 388.** A parte não é obrigada a depor sobre fatos:
> I – criminosos ou torpes que lhe forem imputados;
> II – a cujo respeito, por estado ou profissão, deva guardar sigilo;
> III – acerca dos quais não possa responder sem desonra própria, de seu cônjuge, de seu companheiro ou de parente em grau sucessível;
> IV – que coloquem em perigo a vida do depoente ou das pessoas referidas no inciso III.
> Parágrafo único. Esta disposição não se aplica às ações de estado e de família.

REFERÊNCIAS LEGISLATIVAS

- Art. 379, CPC.

ANOTAÇÕES

- ***Direito ao silêncio***: corolário da norma prevista no inciso LXIII, art. 5º, da Constituição Federal, a presente norma indica aquelas situações e fatos em que o depoente não é obrigado a responder às indagações do juiz e/ou da parte adversa; não podendo, nesses casos, ser-lhe aplicada a pena de confesso. Cabe ao juiz avaliar em última análise se a recusa do depoente é ou não legítima.

JURISPRUDÊNCIA

- Constitui-se em corolário do princípio constitucional que assegura o direito ao silêncio, art. 5º, LXIII, da Constituição da República de 1988, a regra que impede que uma pessoa seja obrigada a produzir prova contra si mesma, de modo que os fornecedores de produto ou serviço não podem ser coagidos a suportar o pagamento da prova pericial requerida pelos consumidores (TJMG, Agravo de Instrumento 2.0000.00.430685-0/000, Rel. Desembargador Vieira de Brito, julgamento em 18/02/2004, publicação da súmula em 06/03/2004).

Seção V
Da Confissão

> **Art. 389.** Há confissão, judicial ou extrajudicial, quando a parte admite a verdade de fato contrário ao seu interesse e favorável ao do adversário.

REFERÊNCIAS LEGISLATIVAS

- Arts. 371, 374, II, 487, III, "a", CPC.
- Art. 213, CC: "não tem eficácia a confissão se provém de quem não é capaz de dispor do direito a que se referem os fatos confessados. Parágrafo único. Se feita a confissão por um representante, somente é eficaz nos limites em que este pode vincular o representado".
- Art. 214, CC: "a confissão é irrevogável, mas pode ser anulada se decorreu de erro de fato ou de coação".

ANOTAÇÕES

- **Confissão**: a confissão é um ato voluntário de efeitos necessários (*ex vi legis*), e tem como objeto necessariamente um fato (*a verdade de um fato*), isso porque só os fatos estão sujeitos à prova. Como ato jurídico, a confissão é indivisível, não podendo o interessado aceitar apenas partes dela. Só é válida, ademais, quando feita pela própria parte, que deve ser maior e capaz, ou por mandatário com poderes especiais, e quando versar a respeito de fatos relativos a direitos disponíveis (art. 213, CC). Válida, a confissão tem o efeito de fazer prova plena contra o confitente, podendo, inclusive, provocar o julgamento antecipado da lide, quando disser respeito a todos os fatos que dão arrimo à pretensão do autor. Todavia ela não vincula o juiz, que, destinatário da prova, continua livre para decidir segundo o seu convencimento (art. 371, CPC).
- **Confissão x reconhecimento do pedido**: confessar não é o mesmo que reconhecer o pedido formulado pelo autor. Reconhece o pedido quem aceita a pretensão que lhe foi dirigida, causando o julgamento antecipado do processo (art. 487, III, "a", CPC). Já a confissão tem, como se disse, como objeto um fato; ou seja, o confitente pode reconhecer a veracidade de um fato apontado pelo autor, mas negar as consequências jurídicas que ele lhe atribui, por exemplo: o comerciante confessa ter enviado o nome do consumidor para o SPC, porém nega que tenha agido ilegalmente, vez que ele não pagou a prestação.

JURISPRUDÊNCIA

- A principal finalidade do depoimento pessoal como meio de prova consiste em obter esclarecimento e/ou a confissão da parte adversa sobre fatos relevantes à solução da causa, tanto é assim que a inteligência do *caput* do art. 385 do CPC veda que o litigante requeira em juízo seu próprio depoimento, afinal, mostrar-se-ia absolutamente desproposital a pretensão do patrono em obter a confissão de quem o constituiu e pode confessar espontaneamente (TJMG, Apelação Cível 1.0000.19.066399-7/001, Rel. Desembargador Bitencourt Marcondes, 19ª Câmara Cível, julgamento em 22/04/2020, publicação da súmula em 24/04/2020).
- A simples confissão, pelo réu, da matéria de fato deduzida na petição inicial não se equipara ao instituto processual do reconhecimento do pedido autoral, tampouco elide a resistência à pretensão formulada na ação (TJMG, Apelação Cível 1.0079.08.428408-6/001, Rel. Desembargador Fernando Lins, 18ª Câmara Cível, julgamento em 24/04/2018, publicação da súmula em 26/04/2018).
- Não se aplica à Fazenda Pública o efeito material da revelia, nem é admissível, quanto aos fatos que lhe dizem respeito, a confissão, pois os bens e direitos são considerados indisponíveis (STJ, AgInt no REsp 1358556/SP, Rel. Ministra Regina Helena Costa, T1 – Primeira Turma, *DJe* 18/11/2016).

Art. 390. A confissão judicial pode ser espontânea ou provocada.

§ 1º A confissão espontânea pode ser feita pela própria parte ou por representante com poder especial.

§ 2º A confissão provocada constará do termo de depoimento pessoal.

REFERÊNCIAS LEGISLATIVAS

- Arts. 105, 389, 391, 392, § 2º, CPC; art. 213, parágrafo único, CC.

ANOTAÇÕES

- **Confissão espontânea x provocada**: a confissão provocada se dá em razão à resposta de perguntas feitas pelo juiz ou pelo advogado da parte adversa durante o depoimento; já a confissão espontânea pode não só acontecer durante o depoimento por iniciativa do próprio depoente, mas também na contestação ou em petição autônoma, lembrando que as referidas peças devem ser firmadas pelo próprio confessante ou por advogado com poderes especial (especialmente para confessar tal fato).

Art. 391. A confissão judicial faz prova contra o confitente, não prejudicando, todavia, os litisconsortes.

Parágrafo único. Nas ações que versarem sobre bens imóveis ou direitos reais sobre imóveis alheios, a confissão de um cônjuge ou companheiro não valerá sem a do outro, salvo se o regime de casamento for o de separação absoluta de bens.

REFERÊNCIAS LEGISLATIVAS

- Arts. 73, 113 a 118, CPC; arts. 1.225, 1.687, CC.

Art. 392. Não vale como confissão a admissão, em juízo, de fatos relativos a direitos indisponíveis.

§ 1º A confissão será ineficaz se feita por quem não for capaz de dispor do direito a que se referem os fatos confessados.

§ 2º A confissão feita por um representante somente é eficaz nos limites em que este pode vincular o representado.

REFERÊNCIAS LEGISLATIVAS

- Arts. 72, 73, 105, CPC; arts. 11 a 21, 213, parágrafo único, 1.783-A, CC.

ANOTAÇÕES

- **Direitos indisponíveis**: são aqueles considerados fundamentais, tais como a saúde, a vida, a liberdade, o nome, a filiação, o estado civil, a vida privada etc.

JURISPRUDÊNCIA

- Sendo indisponível o direito litigioso, não cabe a confissão nem é aplicada a pena de confesso ao depoente que se recuse a depor, de modo que, suficientemente instruída a causa, não caracteriza cerceamento de defesa

a prolação da sentença sem o depoimento pessoal da parte (TJMG, Apelação Cível 1.0460.14.001119-4/005, Rel. Desembargador Oliveira Firmo, 7ª Câmara Cível, julgamento em 05/11/2019, publicação da súmula em 11/11/2019).
- Não se aplica à Fazenda Pública o efeito material da revelia, nem é admissível, quanto aos fatos que lhe dizem respeito, a confissão, pois os bens e direitos são considerados indisponíveis (STJ, AgInt no REsp 1358556/SP, Rel. Ministra Regina Helena Costa, T1 – Primeira Turma, *DJe* 18/11/2016).

Art. 393. A confissão é irrevogável, mas pode ser anulada se decorreu de erro de fato ou de coação.

Parágrafo único. A legitimidade para a ação prevista no *caput* é exclusiva do confitente e pode ser transferida a seus herdeiros se ele falecer após a propositura.

REFERÊNCIAS LEGISLATIVAS

- Art. 313, V, "a", CPC; arts. 151 a 155, 178, 214, 1.784, 1.829, CC.

ANOTAÇÕES

- ***Erro de fato e coação***: a confissão é irrevogável, pode, no entanto, ser anulada se decorreu de erro ou coação. Lembro que "erro" é a falsa noção ou percepção sobre um ato ou fato, derivado de um equívoco da própria vítima (v.g., entende de forma errada a pergunta do juiz); já a coação, ensina a doutrina, é a pressão física ou moral exercida sobre alguém para induzi-lo à prática de um ato. A eventual nulidade da confissão pode ser buscada por ação autônoma de rito comum, ou, no caso de nulidade absoluta, ser reconhecida pelo próprio juiz, quando o processo de conhecimento ainda estiver em andamento.

Art. 394. A confissão extrajudicial, quando feita oralmente, só terá eficácia nos casos em que a lei não exija prova literal.

REFERÊNCIAS LEGISLATIVAS

- Art. 406, CPC; arts. 104, 227, parágrafo único, CC.

Art. 395. A confissão é, em regra, indivisível, não podendo a parte que a quiser invocar como prova aceitá-la no tópico que a beneficiar e rejeitá-la no que lhe for desfavorável, porém cindir-se-á quando o confitente a ela aduzir fatos novos, capazes de constituir fundamento de defesa de direito material ou de reconvenção.

REFERÊNCIAS LEGISLATIVAS

- Arts. 371, 393, CPC.

Seção VI
Da Exibição de Documento ou Coisa

Art. 396. O juiz pode ordenar que a parte exiba documento ou coisa que se encontre em seu poder.

REFERÊNCIAS LEGISLATIVAS

- Arts. 6º, 77, 305 a 310, 370, 379, 380, II, 381 a 383, 400, parágrafo único, 401, 404, 420, CPC.

ANOTAÇÕES

- ***Exibição de documento ou coisa***: de forma geral, todas as pessoas estão legalmente obrigadas a colaborar para o descobrimento da verdade, ajudando o Estado a cumprir a sua função de dizer o direito. Em consonância com esta obrigação, a lei concedeu ao juiz o poder de determinar a parte, ou terceiro, que exiba documento ou coisa que se ache em seu poder e que seja relevante para o deslinde do feito.
- ***Documento***: em sentido amplo, é todo registro material de um fato, por exemplo: certidão de nascimento, contrato escrito de compra e venda, recibo de pagamento, fotografias, filmes, fita magnética, *e-mail*, cartas, bilhetes, telegramas, pinturas etc.
- ***Coisas***: é qualquer bem, por exemplo, um carro, um quadro, um livro, uma máquina etc., e para ser objeto de um pedido de exibição deve ser pelo requerente perfeitamente individualizado (coisa certa).

DICAS DE PRÁTICA JURÍDICA

- ***Forma do pedido***: o interessado pode fazer o pedido de exibição de documento ou coisa como meio de prova dentro da própria ação principal; no caso, minha sugestão é que redija um parágrafo específico sobre o tema na área dos pedidos. Pode, outrossim, fazer o pedido de exibição de forma cautelar (preparatória); neste último caso, deve observar as regras dos arts. 305 a 310 ou dos arts. 381 a 383, conforme o caso prático exigir.

JURISPRUDÊNCIA

- Súmula 372 do STJ: Na ação de exibição de documentos, não cabe a aplicação de multa cominatória.
- Tratando-se de ação de exibição de documentos, ajuizada após a entrada em vigor do CPC/15, e sem a observância das regras dispostas nos arts. 381 a 383 da Nova Lei Processual, impõe-se reconhecer a inadequação da via eleita, com consequente extinção do feito (TJMG, Apelação Cível 1.0000.20.002725-8/001, Rel. Desembargador Sérgio André da Fonseca Xavier, 18ª Câmara Cível, julgamento em 19/05/2020, publicação da súmula em 19/05/2020).
- Agravo de instrumento. Ação cautelar de exibição de documentos. Processamento sob o rito da produção antecipada de provas (art. 381 e seguintes do NCPC). Viabilidade. Anulação da decisão agravada, para que seja determinada a citação dos corréus, e não a sua intimação. Recurso provido em parte, com determinação (TJSP, Agravo de Instrumento 2259025-62.2019.8.26.0000, Relator Alexandre Lazzarini, 1ª Câmara Reservada de Direito Empresarial, Foro de Santa Bárbara d'Oeste – 2ª Vara Cível, *DJ* 14/05/2020).
- A exibição de documento pode ser pleiteada no curso do processo como incidente da fase probatória, na forma dos artigos 396 e seguintes do CPC, ou antes da propositura da ação, como tutela cautelar antece-

dente (artigos 305 e seguintes do CPC) (TJMG, Apelação Cível 1.0000.19.076973-7/001, Rel. Desembargador Edilson Olímpio Fernandes, 6ª Câmara Cível, julgamento em 27/08/2019, publicação da súmula em 04/09/2019).
- Assim, há interesse de agir para a exibição de documentos sempre que o autor pretender conhecer e fiscalizar documentos próprios ou comuns de seu interesse, notadamente referentes a sua pessoa e que estejam em poder de terceiro, sendo que "passou a ser relevante para a exibitória não mais a alegação de ser comum o documento, e sim a afirmação de ter o requerente interesse comum em seu conteúdo" (SILVA, Ovídio A. Batista da. *Do processo cautelar*. Rio de Janeiro: Forense, 2009, fl. 376) (STJ, REsp 1.304.736/RS, Ministro Luis Felipe Salomão, S2 – Segunda Seção, *DJe* 30/03/2016).

> **Art. 397.** O pedido formulado pela parte conterá:
> I – a individuação, tão completa quanto possível, do documento ou da coisa;
> II – a finalidade da prova, indicando os fatos que se relacionam com o documento ou com a coisa;
> III – as circunstâncias em que se funda o requerente para afirmar que o documento ou a coisa existe e se acha em poder da parte contrária.

REFERÊNCIAS LEGISLATIVAS

- Arts. 396, 400, CPC.

ANOTAÇÕES

- ***Individuação do documento ou da coisa***: a indicação precisa do documento ou da coisa, as razões pelas quais deseja a produção da prova e as circunstâncias pelas quais entende o requerente que o requerido está na posse são fundamentais para viabilizar eventual deferência do pedido, possibilitando ao juiz adotar medidas indutivas, coercitivas, mandamentais ou sub-rogatórias para que o documento ou bem seja exibido.

> **Art. 398.** O requerido dará sua resposta nos 5 (cinco) dias subsequentes à sua intimação.
> Parágrafo único. Se o requerido afirmar que não possui o documento ou a coisa, o juiz permitirá que o requerente prove, por qualquer meio, que a declaração não corresponde à verdade.

REFERÊNCIAS LEGISLATIVAS

- Arts. 219, 381 a 383, 399, 404, CPC.

ANOTAÇÕES

- ***Resposta do requerido***: a forma da resposta do requerido depende de como e onde foi feito o requerimento de exibição da coisa e/ou documento: (I) se na petição inicial, a resposta deve ser feita na própria contestação (item próprio); (II) se na contestação, em petição de réplica; (III) se em procedimento autônomo, por meio de uma petição de impugnação. O interessado que possua o documento ou coisa objeto do requerimento, pode se recusar a exibi-lo se: (I) concernente a negócios da própria vida da família; (II) sua apresentação puder violar dever de honra; (III) sua publicidade redundar em desonra à parte ou ao terceiro, bem como a seus parentes consanguíneos ou afins até o terceiro grau, ou lhes representar perigo de ação penal; (IV) sua exibição acarretar a divulgação de fatos a cujo respeito, por estado ou profissão, devam guardar segredo; (V) subsistirem outros motivos graves que, segundo o prudente arbítrio do juiz, justifiquem a recusa da exibição; (VI) houver disposição legal que justifique a recusa da exibição.

DICAS DE PRÁTICA JURÍDICA

- **Estrutura da impugnação**: no procedimento preparatório de exibição de documento ou coisa, o requerido pode responder por meio de impugnação com a seguinte estrutura: endereçamento, qualificação, resumo da exordial, razões de mérito (resposta), pedidos.

JURISPRUDÊNCIA

- Agravo de instrumento – Produção antecipada de provas – Inadmissibilidade recursal – Previsão expressa no artigo 382, § 4º, do CPC – Hipótese, ademais, que não se enquadra no rol do artigo 1.015 do CPC, inclusive não se vislumbrando da "decisão" combatida qualquer potencial lesivo – Agravante que se insurge contra pronunciamento por meio do qual o MM. Juízo de Primeiro Grau apenas se reportou à decisão precedente – Recurso não conhecido (TJSP, Agravo de Instrumento 2215908-84.2020.8.26.0000, Relator Irineu Fava, 17ª Câmara de Direito Privado, Foro de São José do Rio Preto – 2ª Vara Cível, *DJ* 03/11/2020).
- A ação de produção antecipada de prova visa, apenas, resguardar a prova para eventual demanda posterior. Assim, tem natureza puramente processual, sendo, portanto, medida transitória e voluntária. Ausente pretensão resistida, os honorários de sucumbência não são devidos (TJMG, Apelação Cível 1.0000.20.064626-3/001, Rel. Desembargador Marcos Lincoln, 11ª Câmara Cível, julgamento em 12/08/2020, publicação da súmula em 13/08/2020).

Art. 399. O juiz não admitirá a recusa se:

I – o requerido tiver obrigação legal de exibir;

II – o requerido tiver aludido ao documento ou à coisa, no processo, com o intuito de constituir prova;

III – o documento, por seu conteúdo, for comum às partes.

REFERÊNCIAS LEGISLATIVAS

- Arts. 398, 404, CPC.

JURISPRUDÊNCIA

- Súmula 260 do STF: O exame de livros comerciais, em ação judicial, fica limitado às transações entre os litigantes.

Art. 400. Ao decidir o pedido, o juiz admitirá como verdadeiros os fatos que, por meio do documento ou da coisa, a parte pretendia provar se:

I – o requerido não efetuar a exibição nem fizer nenhuma declaração no prazo do art. 398;
II – a recusa for havida por ilegítima.

Parágrafo único. Sendo necessário, o juiz pode adotar medidas indutivas, coercitivas, mandamentais ou sub-rogatórias para que o documento seja exibido.

REFERÊNCIAS LEGISLATIVAS

- Arts. 82, § 2º, 345, II, 392, 398, 399, 1.015, VI, CPC.

JURISPRUDÊNCIA

- Súmula 372 do STJ: Na ação de exibição de documentos, não cabe a aplicação de multa cominatória.
- A jurisprudência do Superior Tribunal de Justiça, inclusive firmada em recurso especial representativo de controvérsia, é no sentido de ser descabida a multa cominatória na exibição, incidental ou autônoma, de documento relativo a direito disponível (Súmula 372/STJ) (STJ, AgInt no AREsp 1.025.941/GO, Ministro Ricardo Villas Bôas Cueva, T3 – Terceira Turma, *DJe* 23/06/2017).

Art. 401. Quando o documento ou a coisa estiver em poder de terceiro, o juiz ordenará sua citação para responder no prazo de 15 (quinze) dias.

REFERÊNCIAS LEGISLATIVAS

- Arts. 61, 219, 238 a 268, 378, 380, 402, 1.015, VI, CPC.

ANOTAÇÕES

- ***Posse de terceiro***: a notícia de que o documento necessário ao processo encontra-se com terceiro pode fazer surgir uma ação incidental acessória entre a parte que indicou e o terceiro. O incidente, que segue procedimento célere previsto no art. 402 do CPC, deverá ser autuado em apartado, determinando-se a citação do nomeado.
- ***Contagem do prazo para oferecimento de resposta***: o prazo referido nesta norma é de natureza "processual", devendo a sua contagem considerar, nos termos do art. 219, apenas os dias úteis.

JURISPRUDÊNCIA

- Súmula 514 do STJ: A CEF é responsável pelo fornecimento dos extratos das contas individualizadas vinculadas ao FGTS dos Trabalhadores participantes do Fundo de Garantia do Tempo de Serviço, inclusive para fins de exibição em juízo, independentemente do período em discussão.

Art. 402. Se o terceiro negar a obrigação de exibir ou a posse do documento ou da coisa, o juiz designará audiência especial, tomando-lhe o depoimento, bem como o das partes e, se necessário, o de testemunhas, e em seguida proferirá decisão.

REFERÊNCIAS LEGISLATIVAS

- Art. 5º, LV, CF; arts. 318, parágrafo único, 335 a 343, 401, 404, 1.009, CPC.

ANOTAÇÕES

- *Resposta do terceiro*: embora a norma não indique a natureza da defesa do terceiro, o juiz lhe deve garantir o exercício pleno do contraditório e do direito de defesa; ou seja, citado o terceiro poderá apresentar contestação no prazo legal, prestando especial atenção às escusas legais previstas no art. 404 do CPC. O incidente deve ser decidido por sentença.

DICAS DE PRÁTICA JURÍDICA

- *Forma*: a contestação deve ser ofertada em petição escrita, subscrita por advogado e endereçada ao juiz da causa.
- *Estrutura e modelos*: a contestação está estruturada da seguinte forma: endereçamento, qualificação, resumo dos fatos, preliminares, mérito, reconvenção (quando for o caso), pedidos e indicação das provas. Tendo esta estrutura em mente, o advogado é capaz de responder a qualquer ação, qualquer que seja o procedimento. Para acesso a modelos editáveis de contestação, com quase todos os tipos de preliminares e até muitos com reconvenção, veja nosso *Prática de contestação no processo civil*, da Editora Atlas.

Art. 403. Se o terceiro, sem justo motivo, se recusar a efetuar a exibição, o juiz ordenar-lhe-á que proceda ao respectivo depósito em cartório ou em outro lugar designado, no prazo de 5 (cinco) dias, impondo ao requerente que o ressarça pelas despesas que tiver.

Parágrafo único. Se o terceiro descumprir a ordem, o juiz expedirá mandado de apreensão, requisitando, se necessário, força policial, sem prejuízo da responsabilidade por crime de desobediência, pagamento de multa e outras medidas indutivas, coercitivas, mandamentais ou sub-rogatórias necessárias para assegurar a efetivação da decisão.

REFERÊNCIAS LEGISLATIVAS

- Arts. 77, IV, 219, 402, 404, 773, CPC.
- Art. 330, CP: "Desobedecer a ordem legal de funcionário público: Pena – detenção, de quinze dias a seis meses, e multa".

ANOTAÇÕES

- *Cumprimento de sentença*: as medidas indicadas nesta norma ocorrem após a decisão prevista do art. 402 do CPC, ou seja, depois de eventualmente afastar a defesa do terceiro, o juiz, em cumprimento de sentença, poderá expedir mandado de apreensão, além de outras medidas indutivas, coercitivas, mandamentais ou sub-rogatórias necessárias à efetivação da decisão.
- *Imposição de multa*: uma das formas mais comuns do juiz fazer cumprir decisão mandamental é a imposição de "multa periódica de atraso" (*astreinte*), que constitui importante instrumento de pressão à disposição do juiz, a fim de coagir o terceiro a cumprir a obrigação, razão pela qual a sua imposição só tem cabimento quando a prestação específica é possível. O valor da multa pode ser revisto, para cima ou para baixo, conforme as circunstâncias do processo.

JURISPRUDÊNCIA

- É firme a jurisprudência desta Corte no sentido de que a decisão que fixa multa cominatória não preclui nem faz coisa julgada material, podendo ser revista a qualquer tempo (STJ, AgInt no REsp 1846156/SP, Ministro Marco Aurélio Bellizze, T3 – Terceira Turma, *DJe* 21/09/2020).

> **Art. 404.** A parte e o terceiro se escusam de exibir, em juízo, o documento ou a coisa se:
> I – concernente a negócios da própria vida da família;
> II – sua apresentação puder violar dever de honra;
> III – sua publicidade redundar em desonra à parte ou ao terceiro, bem como a seus parentes consanguíneos ou afins até o terceiro grau, ou lhes representar perigo de ação penal;
> IV – sua exibição acarretar a divulgação de fatos a cujo respeito, por estado ou profissão, devam guardar segredo;
> V – subsistirem outros motivos graves que, segundo o prudente arbítrio do juiz, justifiquem a recusa da exibição;
> VI – houver disposição legal que justifique a recusa da exibição.
> Parágrafo único. Se os motivos de que tratam os incisos I a VI do *caput* disserem respeito a apenas uma parcela do documento, a parte ou o terceiro exibirá a outra em cartório, para dela ser extraída cópia reprográfica, de tudo sendo lavrado auto circunstanciado.

REFERÊNCIAS LEGISLATIVAS

- Arts. 373, II, 396, 398, 401, 403, CPC.

Seção VII
Da Prova Documental

Subseção I
Da Força Probante dos Documentos

> **Art. 405.** O documento público faz prova não só da sua formação, mas também dos fatos que o escrivão, o chefe de secretaria, o tabelião ou o servidor declarar que ocorreram em sua presença.

REFERÊNCIAS LEGISLATIVAS

- Arts. 384, 427, 430, CPC; art. 215, CC.

ANOTAÇÕES

- ***Documento***: em sentido amplo, é todo registro material de um fato, por exemplo: certidão de nascimento, contrato escrito de compra e venda, recibo de pagamento, fotografias, filmes, fita magnética, *e-mail*, cartas, bilhetes, telegramas, pinturas etc.

- **Documento público**: segundo a referida norma, são públicos os documentos elaborados pelo escrivão, pelo chefe de secretaria, pelo tabelião ou pelo servidor. Estes documentos possuem fé-pública, ou seja, gozam da presunção relativa de legitimidade até prova em contrário (*juris tantum*).

JURISPRUDÊNCIA

- O Boletim de Ocorrência produzido in loco, quando portador de dados conducentes à identificação do responsável pelo sinistro, somente deixa de prevalecer diante de prova inequívoca em contrário, por se tratar de documento público, que goza de presunção juris tantum de veracidade quanto à descrição dos fatos (CPC, art. 405) (TJMG, Apelação Cível 1.0702.12.010921-1/001, Rel. Desembargador Roberto Vasconcellos, 17ª Câmara Cível, julgamento em 27/06/2019, publicação da súmula em 09/07/2019).
- Nos termos do art. 405, CPC, gozam de presunção relativa de veracidade apenas as declarações constantes num documento público que corresponderem aos fatos que o agente público atestar terem sido por ele constatados, uma vez ocorridos em sua presença, ou se se referirem a fatos de seu próprio conhecimento. Sendo relativa à presunção, pode ser afastada por prova em contrário. No caso, o Boletim de Ocorrência não mencionou a existência de Carteiras de Trabalho queimadas no incêndio ocorrido no prédio da Prefeitura Municipal de Bandeira, sendo a prova testemunhal inócua para afastar a presunção de veracidade constante no referido documento público (TJMG, Apelação Cível 1.0017.12.005486-5/001, Rel. Desembargador Jair Varão, 3ª Câmara Cível, julgamento em 25/04/2019, publicação da súmula em 07/05/2019).

Art. 406. Quando a lei exigir instrumento público como da substância do ato, nenhuma outra prova, por mais especial que seja, pode suprir-lhe a falta.

REFERÊNCIAS LEGISLATIVAS

- Arts. 104, III, 108, 215, 807, 842, 1.369, 1.542, 1.640, parágrafo único, 1.653, 1.793, 1.806, 2.015, CC.

ANOTAÇÕES

- **Instrumento público**: regra geral, os atos jurídicos não dependem de forma especial, salvo quando a lei expressamente o exigir; nestes casos, ou seja, quando a lei exige forma especial, por exemplo, instrumento público, só por esta forma podem ser estes atos provados. Por exemplo: o art. 108 do Código Civil informa que, "não dispondo a lei em contrário, a escritura pública é essencial à validade dos negócios jurídicos que visem à constituição, transferência, modificação ou renúncia de direitos reais sobre imóveis de valor superior a trinta vezes o maior salário mínimo vigente no País".

Art. 407. O documento feito por oficial público incompetente ou sem a observância das formalidades legais, sendo subscrito pelas partes, tem a mesma eficácia probatória do documento particular.

REFERÊNCIAS LEGISLATIVAS

- Arts. 406, 408, CPC; arts. 219, 221, CC.

Art. 408. As declarações constantes do documento particular escrito e assinado ou somente assinado presumem-se verdadeiras em relação ao signatário.

Parágrafo único. Quando, todavia, contiver declaração de ciência de determinado fato, o documento particular prova a ciência, mas não o fato em si, incumbindo o ônus de prová-lo ao interessado em sua veracidade.

REFERÊNCIAS LEGISLATIVAS

- Arts. 405, 410, 429, CPC.
- Art. 219, CC: "As declarações constantes de documentos assinados presumem-se verdadeiras em relação aos signatários".

ANOTAÇÕES

- ***Documento particular***: considerando que o art. 405 do CPC indica que são públicos os documentos elaborados pelo escrivão, pelo chefe de secretaria, pelo tabelião ou pelo servidor, temos que todos os demais são particulares; escrito e assinado pela própria pessoa ou escrito por terceiro ou por meio mecânico e firmado pelo declarante, não faz diferença, presumem-se verdadeiros em relação ao signatário.
- ***Presunção***: é um raciocínio que permite que se tire uma conclusão partindo de um fato conhecido para um desconhecido. No caso deste artigo, a presunção apontada é relativa (*juris tantum*), ou seja, aceita prova em contrário.

JURISPRUDÊNCIA

- A teor do art. 408 do CPC de 2015, o documento particular, se não assinado pela contraparte, constitui prova apenas em relação à pessoa que o produziu. Para que sirva de prova contra outrem, deverá ser colhida sua assinatura (TJMG, Apelação Cível 1.0024.09.750622-4/001, Rel. Desembargador José Marcos Vieira, 16ª Câmara Cível, julgamento em 19/06/2019, publicação da súmula em 28/06/2019).
- Tratando-se de documento particular cuja presunção de veracidade das declarações nele contidas pode ser oposta apenas ao respectivo signatário (art. 219, *caput*, CC e art. 408, *caput*, CPC), aquele cuja posição jurídica é retratada no documento, pretendendo gozar dos efeitos derivados do recibo em face de terceiro, deve provar a veracidade do fato registrado, o que, aliás, decorre da inteligência do art. 373, I, CPC (TJMG, Apelação Cível 1.0024.13.270102-0/001, Rel. Desembargador Domingos Coelho, 12ª Câmara Cível, julgamento em 06/06/2018, publicação da súmula em 13/06/2018).

Art. 409. A data do documento particular, quando a seu respeito surgir dúvida ou impugnação entre os litigantes, provar-se-á por todos os meios de direito.

Parágrafo único. Em relação a terceiros, considerar-se-á datado o documento particular:

I – no dia em que foi registrado;

II – desde a morte de algum dos signatários;

III – a partir da impossibilidade física que sobreveio a qualquer dos signatários;

IV – da sua apresentação em repartição pública ou em juízo;

V – do ato ou do fato que estabeleça, de modo certo, a anterioridade da formação do documento.

⚖️ REFERÊNCIAS LEGISLATIVAS

- Art. 430, CPC.
- Art. 221, CC: "O instrumento particular, feito e assinado, ou somente assinado por quem esteja na livre disposição e administração de seus bens, prova as obrigações convencionais de qualquer valor; mas os seus efeitos, bem como os da cessão, não se operam, a respeito de terceiros, antes de registrado no registro público. Parágrafo único. A prova do instrumento particular pode suprir-se pelas outras de caráter legal".

Art. 410. Considera-se autor do documento particular:

I – aquele que o fez e o assinou;

II – aquele por conta de quem ele foi feito, estando assinado;

III – aquele que, mandando compô-lo, não o firmou porque, conforme a experiência comum, não se costuma assinar, como livros empresariais e assentos domésticos.

⚖️ REFERÊNCIAS LEGISLATIVAS

- Arts. 408, 417, 418, CPC.

📚 ANOTAÇÕES

- *Autor do documento*: autor não é só aquele que materialmente o fez, mas também aquele a mando de quem foi feito.

Art. 411. Considera-se autêntico o documento quando:

I – o tabelião reconhecer a firma do signatário;

II – a autoria estiver identificada por qualquer outro meio legal de certificação, inclusive eletrônico, nos termos da lei;

III – não houver impugnação da parte contra quem foi produzido o documento.

⚖️ REFERÊNCIAS LEGISLATIVAS

- Arts. 41, 336, 436, CPC; Medida Provisória nº 2.200-2/2001, art. 10.

Art. 412. O documento particular de cuja autenticidade não se duvida prova que o seu autor fez a declaração que lhe é atribuída.

Parágrafo único. O documento particular admitido expressa ou tacitamente é indivisível, sendo vedado à parte que pretende utilizar-se dele aceitar os fatos que lhe são favoráveis e recusar os que são contrários ao seu interesse, salvo se provar que estes não ocorreram.

REFERÊNCIAS LEGISLATIVAS

- Arts. 371, 408, 411, 437, CPC.

ANOTAÇÕES

- ***Impugnação***: no caso de o interessado não impugnar o documento juntado pela outra parte (art. 437, CPC), ou, se eventual impugnação for afastada pelo juiz, o documento passa a constituir prova de que o autor fez a declaração que lhe é atribuída (autor do documento particular).

> **Art. 413.** O telegrama, o radiograma ou qualquer outro meio de transmissão tem a mesma força probatória do documento particular se o original constante da estação expedidora tiver sido assinado pelo remetente.
>
> Parágrafo único. A firma do remetente poderá ser reconhecida pelo tabelião, declarando-se essa circunstância no original depositado na estação expedidora.

REFERÊNCIAS LEGISLATIVAS

- Arts. 408, 414, CPC; art. 222, CC.
- Art. 5º, XII, CF: "é inviolável o sigilo da correspondência e das comunicações telegráficas, de dados e das comunicações telefônicas, salvo, no último caso, por ordem judicial, nas hipóteses e na forma que a lei estabelecer para fins de investigação criminal ou instrução processual penal".

> **Art. 414.** O telegrama ou o radiograma presume-se conforme com o original, provando as datas de sua expedição e de seu recebimento pelo destinatário.

REFERÊNCIAS LEGISLATIVAS

- Arts. 408, 413, CPC.
- Art. 222, CC: "o telegrama, quando lhe for contestada a autenticidade, faz prova mediante conferência com o original assinado".

ANOTAÇÕES

- ***Recebimento pelo destinatário***: embora o correio ofereça serviço pela qual o remetente é avisado do recebimento do telegrama e/ou radiograma, este tem como regra entregar o documento para qualquer pessoa que se apresente no endereço, ou seja, a prova ficará prejudicada se o aviso de recebimento não foi firmado pelo destinatário.

> **Art. 415.** As cartas e os registros domésticos provam contra quem os escreveu quando:
>
> I – enunciam o recebimento de um crédito;

II – contêm anotação que visa a suprir a falta de título em favor de quem é apontado como credor;

III – expressam conhecimento de fatos para os quais não se exija determinada prova.

REFERÊNCIAS LEGISLATIVAS

- Arts. 408, 409, CPC; art. 219, CC.
- Art. 221, CC: "O instrumento particular, feito e assinado, ou somente assinado por quem esteja na livre disposição e administração de seus bens, prova as obrigações convencionais de qualquer valor; mas os seus efeitos, bem como os da cessão, não se operam, a respeito de terceiros, antes de registrado no registro público. Parágrafo único. A prova do instrumento particular pode suprir-se pelas outras de caráter legal".

ANOTAÇÕES

- **Cartas e registros domésticos**: as anotações pessoais que as pessoas fazem cotidianamente nos seus cadernos, no diário, no verso de fotografias, em papéis soltos, podem constituir provas importantes em alguns tipos de ações, tais como divórcio, reconhecimento e dissolução de união estável, regulamentação de guarda, usucapião, monitória, retificação de registro público etc.

Art. 416. A nota escrita pelo credor em qualquer parte de documento representativo de obrigação, ainda que não assinada, faz prova em benefício do devedor.

Parágrafo único. Aplica-se essa regra tanto para o documento que o credor conservar em seu poder quanto para aquele que se achar em poder do devedor ou de terceiro.

REFERÊNCIAS LEGISLATIVAS

- Art. 371, CPC.
- Art. 112, CC: "Nas declarações de vontade se atenderá mais à intenção nelas consubstanciada do que ao sentido literal da linguagem".
- Art. 47, Lei nº 8.078/1990 – CDC: "As cláusulas contratuais serão interpretadas de maneira mais favorável ao consumidor".

Art. 417. Os livros empresariais provam contra seu autor, sendo lícito ao empresário, todavia, demonstrar, por todos os meios permitidos em direito, que os lançamentos não correspondem à verdade dos fatos.

REFERÊNCIAS LEGISLATIVAS

- Art. 369, CPC; arts. 226, 1.177, CC.

ANOTAÇÕES

- **Força probante dos livros**: os livros empresarias gozam de presunção relativa de legitimidade (*juris tantum*), facultando-se ao interessado o uso de todos os meios permitidos em direito para demonstrar que os lançamentos não correspondem à verdade dos fatos.

JURISPRUDÊNCIA

- Súmula 260 do STF: O exame de livros comerciais, em ação judicial, fica limitado às transações entre os litigantes.
- Os livros empresariais provam contra o seu autor, ainda que não obedecidas às formalidades legais, já que deve ser presumido verdadeiro aquilo que foi confeccionado pelo empresário e é a ele desfavorável. Trata-se de presunção relativa, que incide contra o empresário e seus sucessores, porquanto garantido ao empresário a oportunidade de demonstrar que os lançamentos constantes dos livros não correspondem à verdade dos fatos. Com efeito, não derruída a presunção relativa de veracidade da escrituração contábil de empréstimos tomados, e não provado o pagamento parcial ou integral, ou de eventual renegociação, a tutela jurídica condenatória de pagamento é de rigor, porquanto ao devedor cumpre a obrigação de pagar o débito contraído (TJMG, Apelação Cível 1.0000.18.141753-6/001, Rel. Desembargador Octávio de Almeida Neves, 12ª Câmara Cível, julgamento em 27/03/2019, publicação da súmula em 01/04/2019).

Art. 418. Os livros empresariais que preencham os requisitos exigidos por lei provam a favor de seu autor no litígio entre empresários.

REFERÊNCIAS LEGISLATIVAS

- Arts. 226, 1.179 a 1.195, CC.

Art. 419. A escrituração contábil é indivisível, e, se dos fatos que resultam dos lançamentos, uns são favoráveis ao interesse de seu autor e outros lhe são contrários, ambos serão considerados em conjunto, como unidade.

REFERÊNCIAS LEGISLATIVAS

- Art. 371, CPC.

Art. 420. O juiz pode ordenar, a requerimento da parte, a exibição integral dos livros empresariais e dos documentos do arquivo:
I – na liquidação de sociedade;
II – na sucessão por morte de sócio;
III – quando e como determinar a lei.

⚖️ REFERÊNCIAS LEGISLATIVAS

- Art. 5º, X e XII, CF; arts. 1.190, 1.191, CC; art. 7º, Lei nº 11.101/2005 – LF.
- Art. 195, Lei nº 5.172/1966 – CTN: "Para os efeitos da legislação tributária, não têm aplicação quaisquer disposições legais excludentes ou limitativas do direito de examinar mercadorias, livros, arquivos, documentos, papéis e efeitos comerciais ou fiscais, dos comerciantes industriais ou produtores, ou da obrigação destes de exibi-los".

⚖️ JURISPRUDÊNCIA

- Súmula 260 do STF: O exame de livros comerciais, em ação judicial, fica limitado às transações entre os litigantes.

Art. 421. O juiz pode, de ofício, ordenar à parte a exibição parcial dos livros e dos documentos, extraindo-se deles a suma que interessar ao litígio, bem como reproduções autenticadas.

⚖️ REFERÊNCIAS LEGISLATIVAS

- Art. 5º, X e XII, CF; arts. 404, 420, CPC.
- Art. 1.191, *caput*, CC: "O juiz só poderá autorizar a exibição integral dos livros e papéis de escrituração quando necessária para resolver questões relativas a sucessão, comunhão ou sociedade, administração ou gestão à conta de outrem, ou em caso de falência".

⚖️ JURISPRUDÊNCIA

- Súmula 260 do STF: O exame de livros comerciais, em ação judicial, fica limitado às transações entre os litigantes.

Art. 422. Qualquer reprodução mecânica, como a fotográfica, a cinematográfica, a fonográfica ou de outra espécie, tem aptidão para fazer prova dos fatos ou das coisas representadas, se a sua conformidade com o documento original não for impugnada por aquele contra quem foi produzida.

§ 1º As fotografias digitais e as extraídas da rede mundial de computadores fazem prova das imagens que reproduzem, devendo, se impugnadas, ser apresentada a respectiva autenticação eletrônica ou, não sendo possível, realizada perícia.

§ 2º Se se tratar de fotografia publicada em jornal ou revista, será exigido um exemplar original do periódico, caso impugnada a veracidade pela outra parte.

§ 3º Aplica-se o disposto neste artigo à forma impressa de mensagem eletrônica.

⚖️ REFERÊNCIAS LEGISLATIVAS

- Arts. 369, 384, 429, 437, CPC.
- Art. 5º, LVI, CF: "são inadmissíveis, no processo, as provas obtidas por meios ilícitos".

ANOTAÇÕES

- **Impugnação**: no caso de o interessado não impugnar a reprodução mecânica juntada pela outra parte (art. 437, CPC), ou, se eventual impugnação for afastada pelo juiz, o documento passa a constituir prova dos fatos ou das coisas representadas.
- **Fotos extraídas da internet**: estão disponíveis dezenas de aplicativos e programas que possibilitam a alteração de imagens divulgadas na rende mundial de computadores, fato que demanda cautela do juiz. O interessado que desejar fazer prova de fotos e fatos publicados na rede deve analisar com cuidado a possibilidade de previamente providenciar a lavratura de ata notarial, nos termos do art. 384 do CPC.

> **Art. 423.** As reproduções dos documentos particulares, fotográficas ou obtidas por outros processos de repetição, valem como certidões sempre que o escrivão ou o chefe de secretaria certificar sua conformidade com o original.

REFERÊNCIAS LEGISLATIVAS

- Art. 152, CPC.

> **Art. 424.** A cópia de documento particular tem o mesmo valor probante que o original, cabendo ao escrivão, intimadas as partes, proceder à conferência e certificar a conformidade entre a cópia e o original.

REFERÊNCIAS LEGISLATIVAS

- Arts. 152, 425, III, CPC.
- Art. 11, § 1º, Lei nº 11.419/2006: "Os extratos digitais e os documentos digitalizados e juntados aos autos pelos órgãos da Justiça e seus auxiliares, pelo Ministério Público e seus auxiliares, pelas procuradorias, pelas autoridades policiais, pelas repartições públicas em geral e por advogados públicos e privados têm a mesma força probante dos originais, ressalvada a alegação motivada e fundamentada de adulteração antes ou durante o processo de digitalização".

> **Art. 425.** Fazem a mesma prova que os originais:
> I – as certidões textuais de qualquer peça dos autos, do protocolo das audiências ou de outro livro a cargo do escrivão ou do chefe de secretaria, se extraídas por ele ou sob sua vigilância e por ele subscritas;
> II – os traslados e as certidões extraídas por oficial público de instrumentos ou documentos lançados em suas notas;
> III – as reproduções dos documentos públicos, desde que autenticadas por oficial público ou conferidas em cartório com os respectivos originais;

IV – as cópias reprográficas de peças do próprio processo judicial declaradas autênticas pelo advogado, sob sua responsabilidade pessoal, se não lhes for impugnada a autenticidade;

V – os extratos digitais de bancos de dados públicos e privados, desde que atestado pelo seu emitente, sob as penas da lei, que as informações conferem com o que consta na origem;

VI – as reproduções digitalizadas de qualquer documento público ou particular, quando juntadas aos autos pelos órgãos da justiça e seus auxiliares, pelo Ministério Público e seus auxiliares, pela Defensoria Pública e seus auxiliares, pelas procuradorias, pelas repartições públicas em geral e por advogados, ressalvada a alegação motivada e fundamentada de adulteração.

§ 1º Os originais dos documentos digitalizados mencionados no inciso VI deverão ser preservados pelo seu detentor até o final do prazo para propositura de ação rescisória.

§ 2º Tratando-se de cópia digital de título executivo extrajudicial ou de documento relevante à instrução do processo, o juiz poderá determinar seu depósito em cartório ou secretaria.

REFERÊNCIAS LEGISLATIVAS

- Art. 914, § 1º, CPC.

Art. 426. O juiz apreciará fundamentadamente a fé que deva merecer o documento, quando em ponto substancial e sem ressalva contiver entrelinha, emenda, borrão ou cancelamento.

REFERÊNCIAS LEGISLATIVAS

- Art. 371, CPC.

Art. 427. Cessa a fé do documento público ou particular sendo-lhe declarada judicialmente a falsidade.

Parágrafo único. A falsidade consiste em:

I – formar documento não verdadeiro;

II – alterar documento verdadeiro.

REFERÊNCIAS LEGISLATIVAS

- Arts. 405, 430, 436, CPC.

> **Art. 428.** Cessa a fé do documento particular quando:
> I – for impugnada sua autenticidade e enquanto não se comprovar sua veracidade;
> II – assinado em branco, for impugnado seu conteúdo, por preenchimento abusivo.
> Parágrafo único. Dar-se-á abuso quando aquele que recebeu documento assinado com texto não escrito no todo ou em parte formá-lo ou completá-lo por si ou por meio de outrem, violando o pacto feito com o signatário.

⚖ REFERÊNCIAS LEGISLATIVAS

- Arts. 371, 408, 429, 436, CPC.

> **Art. 429.** Incumbe o ônus da prova quando:
> I – se tratar de falsidade de documento ou de preenchimento abusivo, à parte que a arguir;
> II – se tratar de impugnação da autenticidade, à parte que produziu o documento.

⚖ REFERÊNCIAS LEGISLATIVAS

- Art. 430, CPC.

🔨 JURISPRUDÊNCIA

- Compete à parte que produziu o documento o ônus de provar a veracidade do documento se e quando for arguida a sua falsidade. Ônus que também incorpora as despesas necessárias à produção da prova. Artigo 429, inc. II, do NCPC. Precedentes do C. STJ e deste E. Tribunal. Decisão mantida. Recurso não provido (TJSP, Agravo de Instrumento 2199231-76.2020.8.26.0000, Relator Tasso Duarte de Melo, 12ª Câmara de Direito Privado, Foro de Guarulhos – 7ª Vara Cível, *DJ* 04/11/2020).
- Agravo de instrumento – Arguição de falsidade de assinatura em contrato bancário – Perícia grafotécnica determinada – Custeio carreado à instituição financeira ré – Pertinência – Prova necessária – Exame a ser suportado pelo banco requerido, em consonância com os ditames do artigo 429, inc. II, do NCPC – Ônus da prova, em questões de assinatura de documento privado, que acaba sendo daquele que defende sua validade – Decisão mantida – Recurso improvido (TJSP, Agravo de Instrumento 2220746-70.2020.8.26.0000, Relator Claudia Grieco Tabosa Pessoa, 19ª Câmara de Direito Privado, Foro de Avaré – 1ª Vara Cível, *DJ* 03/11/2020).
- Arguida a falsidade do documento juntado nos autos do processo, o ônus de provar a veracidade deste é da parte que produziu o documento, nos termos do art. 429, II, do CPC. Precedentes do STJ (TJMG, Apelação Cível 1.0105.11.027292-6/001, Rel. Desembargador Vicente de Oliveira Silva, 10ª Câmara Cível, julgamento em 10/03/2020, publicação da súmula em 19/06/2020).

Subseção II
Da Arguição de Falsidade

> **Art. 430.** A falsidade deve ser suscitada na contestação, na réplica ou no prazo de 15 (quinze) dias, contado a partir da intimação da juntada do documento aos autos.

Parágrafo único. Uma vez arguida, a falsidade será resolvida como questão incidental, salvo se a parte requerer que o juiz a decida como questão principal, nos termos do inciso II do art. 19.

REFERÊNCIAS LEGISLATIVAS

- Arts. 19, II, 219, 335 a 342, 347, 429, 431, CPC.

ANOTAÇÕES

- ***Incidente de falsidade***: cabe ao réu e ao autor o dever de suscitar, na contestação e na réplica, respectivamente, eventual falsidade dos documentos juntados pela outra parte. Em qualquer dos casos, o prazo é preclusivo, ou seja, não arguida a falsidade em tempo próprio, nem impugnada de qualquer forma a autenticidade do documento, presume-se que a parte aceitou o documento como verdadeiro.
- ***Ação autônoma declaratória de falsidade de documento***: além da possibilidade de arguir a falsidade de documento no bojo do processo, de forma incidental, o interessado pode ainda ajuizar ação autônoma nesse sentido, conforme autoriza o inciso II do art. 19: "o interesse do autor pode limitar-se à declaração: (I) da existência, da inexistência ou do modo de ser de uma relação jurídica; (II) da autenticidade ou da falsidade de documento".
- ***Contagem do prazo para manifestação sobre documento novo juntado aos autos***: o prazo referido no *caput* desta norma é de natureza "processual", devendo a sua contagem considerar, nos termos do art. 219, apenas os dias úteis.

DICAS DE PRÁTICA JURÍDICA

- ***Como arguir a falsidade de documento***: quando o documento falso tiver sido juntado pelo autor na petição inicial, o réu poderá arguir a sua falsidade em preliminar na própria contestação ("Da Arguição de Falsidade"), lembrando que a contestação apresenta, em regra, a seguinte estrutura: endereçamento, qualificação, resumo dos fatos, preliminares, mérito, quando for o caso, reconvenção. No caso de os documentos terem sido juntados pelo réu em sua contestação, o autor poderá arguir a sua falsidade na petição de réplica; lembrando que como regra a réplica apresenta a seguinte estrutura: endereçamento, qualificação, resumo dos fatos, arguição de falsidade, mérito e pedidos. Em qualquer dos casos, o interessado deve expor os seus motivos e indicar os meios de prova.

JURISPRUDÊNCIA

- Compete à parte que produziu o documento o ônus de provar a veracidade do documento se e quando for arguida a sua falsidade. Ônus que também incorpora as despesas necessárias à produção da prova. Artigo 429, inc. II, do NCPC. Precedentes do C. STJ e deste E. Tribunal. Decisão mantida. Recurso não provido (TJSP, Agravo de Instrumento 2199231-76.2020.8.26.0000, Relator Tasso Duarte de Melo, 12ª Câmara de Direito Privado, Foro de Guarulhos – 7ª Vara Cível, *DJ* 04/11/2020).
- A Corte Especial do Superior Tribunal de Justiça firmou orientação no sentido de que não são cabíveis honorários advocatícios nos incidentes processuais, exceto nos casos em que haja extinção ou alteração substancial do processo principal. Precedente (STJ, AgInt nos EDcl no REsp 1838308/RJ, Ministro Ricardo Villas Bôas Cueva, T3 – Terceira Turma, *DJe* 29/10/2020)

- Quando alegada a falsidade de assinatura de documento, o ônus da prova da autenticidade do documento é de quem o produziu (TJMG, Apelação Cível 1.0000.20.020358-6/001, Rel. Desembargadora Shirley Fenzi Bertão, 11ª Câmara Cível, julgamento em 10/06/2020, publicação da súmula em 15/06/2020).
- Ainda que a demanda verse sobre direito possessório, a declaração de falsidade dos documentos carreados para lastrear a pretensão do autor da ação poderá gerar reflexos sobre os direitos possessórios discutidos, de modo que a arguição de falsidade requerida na contestação deve ter o processamento deferido (TJMG, Agravo de Instrumento-Cv 1.0000.20.003452-8/001, Rel. Desembargador Pedro Bernardes, 9ª Câmara Cível, julgamento em 09/06/2020, publicação da súmula em 16/06/2020).
- Arguida a falsidade do documento juntado nos autos do processo, o ônus de provar a veracidade deste é da parte que produziu o documento, nos termos do art. 429, II, do CPC. Precedentes do STJ (TJMG, Apelação Cível 1.0105.11.027292-6/001, Rel. Desembargador Vicente de Oliveira Silva, 10ª Câmara Cível, julgamento em 10/03/2020, publicação da súmula em 19/06/2020).
- A ação autônoma declaratória de falsidade tem previsão no art. 19, II, do CPC, não podendo ser confundida com o incidente de arguição de falsidade documental, seja aquele suscitado nos próprios autos da ação principal ou aquele veiculado em processo apensado (TJMG, Apelação Cível 1.0051.18.002862-6/001, Rel. Desembargador João Cancio, 18ª Câmara Cível, julgamento em 29/10/2019, publicação da súmula em 01/11/2019).

Art. 431. A parte arguirá a falsidade expondo os motivos em que funda a sua pretensão e os meios com que provará o alegado.

REFERÊNCIAS LEGISLATIVAS

- Arts. 429, 430, 442 e 464, CPC.

ANOTAÇÕES

- *Meios de prova da falsidade*: como regra, o interessado pode provar as suas alegações por todos os meios legais, bem como os moralmente legítimos; no caso em particular deste artigo, se a falsidade for de natureza material, a forma ordinária de se provar tal fato é por meio de perícia técnica (art. 464, CPC), se for de natureza ideológica, a forma mais comum é o uso de testemunhas (art. 442, CPC).
- *Ônus da prova*: informa o art. 429 que "incumbe o ônus da prova quando: (I) se tratar de falsidade de documento ou de preenchimento abusivo, à parte que a arguir; (II) se tratar de impugnação da autenticidade, à parte que produziu o documento".

JURISPRUDÊNCIA

- Compete à parte que produziu o documento o ônus de provar a veracidade do documento se e quando for arguida a sua falsidade. Ônus que também incorpora as despesas necessárias à produção da prova. Artigo 429, inc. II, do NCPC. Precedentes do C. STJ e deste E. Tribunal. Decisão mantida. Recurso não provido (TJSP, Agravo de Instrumento 2199231-76.2020.8.26.0000, Relator Tasso Duarte de Melo, 12ª Câmara de Direito Privado, Foro de Guarulhos – 7ª Vara Cível, *DJ* 04/11/2020).

Art. 432. Depois de ouvida a outra parte no prazo de 15 (quinze) dias, será realizado o exame pericial.

Parágrafo único. Não se procederá ao exame pericial se a parte que produziu o documento concordar em retirá-lo.

⚖️ REFERÊNCIAS LEGISLATIVAS

- Arts. 156 a 158, 219, 464 a 480, CPC.

📚 ANOTAÇÕES

- ***Contagem do prazo para resposta à arguição de falsidade***: o prazo referido no *caput* desta norma é de natureza "processual", devendo a sua contagem considerar, nos termos do art. 219, apenas os dias úteis.

💡 DICAS DE PRÁTICA JURÍDICA

- ***Manifestação***: intimado a se manifestar sob a arguição de falsidade, o interessado pode fazê-lo por meio de petição intermediária endereçada ao juiz da causa, com a seguinte estrutura: endereçamento, qualificação, resumo dos fatos, razões sobre a alegada falsidade, pedidos. A norma faculta ao interessado simplesmente requerer a retirada do documento, possibilidade que deve considerar principalmente se, nos termos do art. 429, o ônus da prova da autenticidade do documento lhe couber.

Art. 433. A declaração sobre a falsidade do documento, quando suscitada como questão principal, constará da parte dispositiva da sentença e sobre ela incidirá também a autoridade da coisa julgada.

⚖️ REFERÊNCIAS LEGISLATIVAS

- Arts. 19, II, 430, parágrafo único, 489, 503, § 1º, CPC.

Subseção III
Da Produção da Prova Documental

Art. 434. Incumbe à parte instruir a petição inicial ou a contestação com os documentos destinados a provar suas alegações.

Parágrafo único. Quando o documento consistir em reprodução cinematográfica ou fonográfica, a parte deverá trazê-lo nos termos do *caput*, mas sua exposição será realizada em audiência, intimando-se previamente as partes.

⚖️ REFERÊNCIAS LEGISLATIVAS

- Arts. 223, 287, 320, 380, 401, 405 a 433, 435, 574, 588, 599, § 1º, 677, 703, § 1º, 747, parágrafo único, 798, I, CPC.

📚 ANOTAÇÕES

- ***Prova documental***: documento, em sentido amplo, é todo registro material de um fato, por exemplo: certidão de nascimento, contrato escrito de compra e venda, recibo de pagamento, fotografias, filmes, fita magnética, *e-mail*, cartas, bilhetes, telegramas, pinturas etc. Inegável que o documento sempre foi um tipo de prova privilegiada no processo, em razão da inquestionável força de convencimento que tem sobre o espírito do julgador.

DICAS DE PRÁTICA JURÍDICA

- ***Momento da juntada dos documentos***: o interessado em produzir prova documental deve fazê-lo, nos termos da norma, na petição inicial e/ou na contestação, ou seja, deve juntar os documentos na sua inicial e/ou contestação, conforme o caso, mesmo que a prova consista em "reprodução cinematográfica ou fonográfica" (a mídia que contenha o arquivo pode, por exemplo, ser envelopada e anexada à inicial); nos processos eletrônicos, a parte deve verificar qual é o procedimento recomendado pelo tribunal competente (normas da corregedoria), normalmente a parte informa ao juiz sobre a prova e requer autorização para entregar a mídia para o escrivão; é possível ainda que se forneça link de acesso ao arquivo em "nuvem", ou até carregar o arquivo no próprio processo. Em qualquer dos casos, o importante é que o interessado cumpra o *caput* da norma, qual seja, faça a juntada dos documentos com a petição inicial e/ou contestação; veja, de nada adianta a pretensão de reproduzir um filme, com imagens de um acidente, por exemplo, se não se fez a juntada da mídia em momento próprio.

Art. 435. É lícito às partes, em qualquer tempo, juntar aos autos documentos novos, quando destinados a fazer prova de fatos ocorridos depois dos articulados ou para contrapô-los aos que foram produzidos nos autos.

Parágrafo único. Admite-se também a juntada posterior de documentos formados após a petição inicial ou a contestação, bem como dos que se tornaram conhecidos, acessíveis ou disponíveis após esses atos, cabendo à parte que os produzir comprovar o motivo que a impediu de juntá-los anteriormente e incumbindo ao juiz, em qualquer caso, avaliar a conduta da parte de acordo com o art. 5º.

REFERÊNCIAS LEGISLATIVAS

- Arts. 5º, 329, 342, 434, 493, CPC.

JURISPRUDÊNCIA

- Nos termos da jurisprudência deste Tribunal Superior, a regra prevista no art. 434 do CPC/15, segundo a qual incumbe à parte instruir a inicial ou a contestação com os documentos que forem necessários para provar o direito alegado, somente pode ser excepcionada se, após o ajuizamento da ação, surgirem documentos novos, ou seja, decorrentes de fatos supervenientes ou que somente tenham sido conhecidos pela parte em momento posterior, nos termos do art. 435 do CPC/15, o que não ocorreu no caso sub judice (STJ, AgInt no AREsp 1611144/MS, Ministro Marco Buzzi, T4 – Quarta Turma, *DJe* 01/10/2020).
- Apelação. Ação reivindicatória. Sentença de parcial procedência. Inconformismo parcial do réu. Descabimento. Nulidade do processo. Inocorrência. Ausência de comprovação de união estável do réu. Matérias não arguidas na contestação. Preclusão. Princípio da eventualidade (arts. 336 e 342 do CPC). Documentos juntados na apelação: alguns já juntados com a contestação e demais não são novos. Rejeitados (art. 435 do CPC). Posse do réu desprovida de causa jurídica que a justifique. Reivindicação do imóvel legítima por parte da autora, proprietária do bem. Inconformismo parcial da autora. Cabimento. Devido valor de fruição na taxa de 0,5% ao mês sobre o valor venal do imóvel, no período da indevida ocupação pelo réu. Recurso do réu desprovido

e da autora provido (TJSP, Apelação Cível 1009004-93.2017.8.26.0278, Relator Pedro de Alcântara da Silva Leme Filho, 8ª Câmara de Direito Privado, Foro de Itaquaquecetuba – 2ª Vara Cível, *DJ* 19/06/2020).

Art. 436. A parte, intimada a falar sobre documento constante dos autos, poderá:
I – impugnar a admissibilidade da prova documental;
II – impugnar sua autenticidade;
III – suscitar sua falsidade, com ou sem deflagração do incidente de arguição de falsidade;
IV – manifestar-se sobre seu conteúdo.
Parágrafo único. Nas hipóteses dos incisos II e III, a impugnação deverá basear-se em argumentação específica, não se admitindo alegação genérica de falsidade.

REFERÊNCIAS LEGISLATIVAS

- Arts. 430 a 433, CPC.

Art. 437. O réu manifestar-se-á na contestação sobre os documentos anexados à inicial, e o autor manifestar-se-á na réplica sobre os documentos anexados à contestação.
§ 1º Sempre que uma das partes requerer a juntada de documento aos autos, o juiz ouvirá, a seu respeito, a outra parte, que disporá do prazo de 15 (quinze) dias para adotar qualquer das posturas indicadas no art. 436.
§ 2º Poderá o juiz, a requerimento da parte, dilatar o prazo para manifestação sobre a prova documental produzida, levando em consideração a quantidade e a complexidade da documentação.

REFERÊNCIAS LEGISLATIVAS

- Arts. 219, 229, 336, 337, 350, 351, 436, CPC.

ANOTAÇÕES

- ***Réplica***: a norma indica uma das hipóteses em que a réplica, ou seja, a resposta do autor aos argumentos do réu, é necessária. A oportunidade para o autor se manifestar em réplica é ainda obrigatória nos casos dos arts. 337, 350 e 351.
- ***Contagem do prazo para oferecimento de manifestação***: o prazo referido no parágrafo primeiro desta norma é de natureza "processual", devendo a sua contagem considerar, nos termos do art. 219, apenas os dias úteis.

Art. 438. O juiz requisitará às repartições públicas, em qualquer tempo ou grau de jurisdição:

I – as certidões necessárias à prova das alegações das partes;

II – os procedimentos administrativos nas causas em que forem interessados a União, os Estados, o Distrito Federal, os Municípios ou entidades da administração indireta.

§ 1º Recebidos os autos, o juiz mandará extrair, no prazo máximo e improrrogável de 1 (um) mês, certidões ou reproduções fotográficas das peças que indicar e das que forem indicadas pelas partes, e, em seguida, devolverá os autos à repartição de origem.

§ 2º As repartições públicas poderão fornecer todos os documentos em meio eletrônico, conforme disposto em lei, certificando, pelo mesmo meio, que se trata de extrato fiel do que consta em seu banco de dados ou no documento digitalizado.

REFERÊNCIAS LEGISLATIVAS

- Art. 5º, XXXIII, XXXIV, "b", CF; art. 397, CPC; art. 132, § 3º, CC; Lei nº 11.419/2006.

Seção VIII
Dos Documentos Eletrônicos

Art. 439. A utilização de documentos eletrônicos no processo convencional dependerá de sua conversão à forma impressa e da verificação de sua autenticidade, na forma da lei.

REFERÊNCIAS LEGISLATIVAS

- Arts. 193 a 199, 384, 408, 411, II, CPC; Lei nº 12.682/2012; Lei nº 11.419/2006.

ANOTAÇÕES

- **Documento eletrônico em processo físico**: documento, em sentido amplo, é todo registro material de um fato, assim "documento eletrônico" é o registro de um fato por meio eletrônico (digital). A utilização de documento eletrônico no processo físico demanda a sua conversão à forma impressa (papel), por exemplo: um arquivo de áudio deve ser transcrito. Quando a conversão for impossível ou inviável economicamente, os documentos eletrônicos deverão ser entregues ao escrivão (mediante recibo), que os manterá à disposição das partes e do juiz, que poderá determinar a sua exibição em audiência. No caso de o documento eletrônico ser impresso, o papel constitui apenas uma "cópia", cuja autenticidade advém do confronto, comparação, com o original. Impugnada eventualmente a autenticidade do documento assim gerado, o juiz poderá determinar a realização de perícia técnica.

JURISPRUDÊNCIA

- Enunciado 636 do Fórum Permanente de Processualistas Civis: As conversas registradas por aplicativos de mensagens instantâneas e redes sociais podem ser admitidas no processo como prova, independentemente de ata notarial.

Art. 440. O juiz apreciará o valor probante do documento eletrônico não convertido, assegurado às partes o acesso ao seu teor.

REFERÊNCIAS LEGISLATIVAS

- Art. 371, CPC.

Art. 441. Serão admitidos documentos eletrônicos produzidos e conservados com a observância da legislação específica.

REFERÊNCIAS LEGISLATIVAS

- Arts. 193 a 199, CPC; art. 225, CC; Lei nº 12.682/2012; Lei nº 11.419/2006; art. 10, Medida Provisória nº 2.200-2/2001.

ANOTAÇÕES

- *Legislação específica*: a Lei nº 11.419/2006 trata do processo eletrônico e a Lei nº 12.682/2012 trata do documento eletrônico; ambas continuam em vigência naquilo que não contrariam as novas disposições do CPC sobre o tema.

Seção IX
Da Prova Testemunhal

Subseção I
Da Admissibilidade e do Valor da Prova Testemunhal

Art. 442. A prova testemunhal é sempre admissível, não dispondo a lei de modo diverso.

REFERÊNCIAS LEGISLATIVAS

- Arts. 443, 447, CPC; arts. 227, parágrafo único, CC.
- Art. 228, CC: "Não podem ser admitidos como testemunhas: I – os menores de dezesseis anos; II – (Revogado.); III – (Revogado.); IV – o interessado no litígio, o amigo íntimo ou o inimigo capital das partes; V – os cônjuges, os ascendentes, os descendentes e os colaterais, até o terceiro grau de alguma das partes, por consanguinidade, ou afinidade. § 1º Para a prova de fatos que só elas conheçam, pode o juiz admitir o depoimento das pessoas a que se refere este artigo. § 2º A pessoa com deficiência poderá testemunhar em igualdade de condições com as demais pessoas, sendo-lhe assegurados todos os recursos de tecnologia assistiva".

ANOTAÇÕES

- *Prova testemunhal*: a prova testemunhal consiste na convocação de pessoas físicas para que prestem, perante o juiz, declarações sobre os fatos do processo. Regra geral, este tipo de prova é sempre admissível, salvo quando os fatos sobre o que as pessoas vão depor já estejam provados por documentos ou pela confissão da parte e, ainda, naqueles casos em que os fatos só podem ser provados por documento ou por exame pericial (art. 443, CPC). Desejando as partes a produção deste tipo de prova, deverão requerê-la na petição inicial, no caso do autor, e na contestação, no caso do réu, cabendo ao juiz apreciar a pertinência de sua produção quando do saneamento do processo.

JURISPRUDÊNCIA

- Súmula 149 do STJ: A prova exclusivamente testemunhal não basta à comprovação da atividade rurícola, para efeito da obtenção de benefício previdenciário.
- Em se tratando de contrato firmado por escrito, inadmissível a prova exclusivamente testemunhal para demonstrar modificação verbal da avença, tendo em vista que, regra geral, um contrato firmado por escrito só pode ser alterado mediante esta mesma forma (TJMG, Apelação Cível 1.0701.10.011886-1/001, Rel. Desembargador Maurílio Gabriel, 15ª Câmara Cível, julgamento em 01/08/2019, publicação da súmula em 09/08/2019).
- É inadmissível a prova exclusivamente testemunhal para certificar a ocorrência do pagamento, principalmente no caso de o valor controverso ser maior que o décuplo do maior salário mínimo vigente no país e quando não apresentado início de prova documental da alegada transferência da quantia substancial em dinheiro (STJ, AgInt no REsp 1623323/RO, Ministro Moura Ribeiro, T3 – Terceira Turma, *DJe* 13/08/2018).
- Esta Corte Superior firmou entendimento de que, em casos excepcionais, admite-se a comprovação dos danos materiais a partir da prova exclusivamente testemunhal, por reputar desarrazoada a exigência de que a vítima demonstre efetivamente o decréscimo material que suportou. Em razão do rompimento da barragem, a recorrida perdeu bens e documentos. É válida, portanto, a prova testemunhal para a comprovação dos prejuízos de ordem material suportados pela agravada, diante da impossibilidade de se usar outros meios de prova, e tal circunstância não atrai o óbice da Súmula 7/STJ (STJ, AgInt no REsp 1.564.512/PB, Ministro Og Fernandes, T2 – Segunda Turma, *DJe* 22/09/2017).
- Esta Corte Superior possui jurisprudência no sentido de que a prova exclusivamente testemunhal pode ser utilizada para a comprovação da dependência econômica dos pais em relação aos filhos, com fins de percepção do benefício de pensão por morte, porquanto a legislação previdenciária não exige início de prova material para tal comprovação (STJ, AREsp 891.154/MG, Ministro Gurgel de Faria, T1 – Primeira Turma, *DJe* 23/02/2017).

> **Art. 443.** O juiz indeferirá a inquirição de testemunhas sobre fatos:
> I – já provados por documento ou confissão da parte;
> II – que só por documento ou por exame pericial puderem ser provados.

REFERÊNCIAS LEGISLATIVAS

- Arts. 156, 371, 389 a 395, 406, CPC.

> **Art. 444.** Nos casos em que a lei exigir prova escrita da obrigação, é admissível a prova testemunhal quando houver começo de prova por escrito, emanado da parte contra a qual se pretende produzir a prova.

⚖️ REFERÊNCIAS LEGISLATIVAS

- Art. 406, CPC; art. 227, parágrafo único, CC.

🔨 JURISPRUDÊNCIA

- Ação monitória. Nota promissória. Embargos monitórios improcedentes. Preliminar. Anulação da sentença, em razão de cerceamento de defesa. Julgamento antecipado da lide. Alegação de quitação parcial que seria demonstrada por prova testemunhal. À míngua de outras evidências, impossibilidade da utilização da prova exclusivamente testemunhal para comprovação de eventual pagamento. Rejeição. Mérito. Nota promissória prescrita. Constituição de título executivo. Possibilidade. Litigância de má-fé. Manutenção. Caráter protelatório. Improvimento (TJSP, Apelação Cível 1025175-12.2019.8.26.0196, Relator Eduardo Abdalla, 14ª Câmara de Direito Privado, Foro de Franca – 4ª Vara Cível, *DJ* 28/08/2020).

Art. 445. Também se admite a prova testemunhal quando o credor não pode ou não podia, moral ou materialmente, obter a prova escrita da obrigação, em casos como o de parentesco, de depósito necessário ou de hospedagem em hotel ou em razão das práticas comerciais do local onde contraída a obrigação.

⚖️ REFERÊNCIAS LEGISLATIVAS

- Art. 442, CPC.

📚 ANOTAÇÕES

- ***Parentesco***: é o vínculo que une duas ou mais pessoas em razão de serem provenientes de um só tronco e pode ser natural ou civil, conforme resulte de consanguinidade ou de outra origem, como a adoção e o casamento. O parentesco pode ainda ser em linha reta ou em linha colateral. Consideram-se "parentes em linha reta" as pessoas que estão umas para com as outras na relação de ascendentes e descendentes (netos, filhos, pais, avôs, bisavôs etc.), já os "parentes em linha colateral ou transversal", até o quarto grau, são as pessoas provenientes de um só tronco, sem descenderem uma da outra, tais como os irmãos, tios, primos. Marido e mulher, companheira e companheiro, não são parentes, entretanto cada cônjuge ou companheiro é aliado aos ascendentes, descendentes e irmãos do outro pelo vínculo da afinidade, registrando-se que tal vínculo não tem repercussões no direito sucessório. Na linha reta (sogro, sogra, genro, nora), a afinidade não se extingue com a dissolução do casamento ou da união estável.

Art. 446. É lícito à parte provar com testemunhas:
I – nos contratos simulados, a divergência entre a vontade real e a vontade declarada;
II – nos contratos em geral, os vícios de consentimento.

⚖️ REFERÊNCIAS LEGISLATIVAS

- Art. 442, CPC; arts. 138 a 165, 167, CC.

Art. 447. Podem depor como testemunhas todas as pessoas, exceto as incapazes, impedidas ou suspeitas.

§ 1º São incapazes:

I – o interdito por enfermidade ou deficiência mental;

II – o que, acometido por enfermidade ou retardamento mental, ao tempo em que ocorreram os fatos, não podia discerni-los, ou, ao tempo em que deve depor, não está habilitado a transmitir as percepções;

III – o que tiver menos de 16 (dezesseis) anos;

IV – o cego e o surdo, quando a ciência do fato depender dos sentidos que lhes faltam.

§ 2º São impedidos:

I – o cônjuge, o companheiro, o ascendente e o descendente em qualquer grau e o colateral, até o terceiro grau, de alguma das partes, por consanguinidade ou afinidade, salvo se o exigir o interesse público ou, tratando-se de causa relativa ao estado da pessoa, não se puder obter de outro modo a prova que o juiz repute necessária ao julgamento do mérito;

II – o que é parte na causa;

III – o que intervém em nome de uma parte, como o tutor, o representante legal da pessoa jurídica, o juiz, o advogado e outros que assistam ou tenham assistido as partes.

§ 3º São suspeitos:

I – o inimigo da parte ou o seu amigo íntimo;

II – o que tiver interesse no litígio.

§ 4º Sendo necessário, pode o juiz admitir o depoimento das testemunhas menores, impedidas ou suspeitas.

§ 5º Os depoimentos referidos no § 4º serão prestados independentemente de compromisso, e o juiz lhes atribuirá o valor que possam merecer.

REFERÊNCIAS LEGISLATIVAS

- Arts. 457, 458, CPC; art. 3º, CC; Lei nº 13.146/2015.
- Art. 228, CC: "Não podem ser admitidos como testemunhas: I – os menores de dezesseis anos; II – (Revogado.); III – (Revogado.); IV – o interessado no litígio, o amigo íntimo ou o inimigo capital das partes; V – os cônjuges, os ascendentes, os descendentes e os colaterais, até o terceiro grau de alguma das partes, por consanguinidade, ou afinidade. § 1º Para a prova de fatos que só elas conheçam, pode o juiz admitir o depoimento das pessoas a que se refere este artigo. § 2º A pessoa com deficiência poderá testemunhar em igualdade de condições com as demais pessoas, sendo-lhe assegurados todos os recursos de tecnologia assistiva".

JURISPRUDÊNCIA

- Ação declaratória constitutiva c.c. alienação de bem comum – Interposição contra decisão que admitiu depoimento de testemunha (ex-advogado) das autoras, nos termos do art. 447, §§ 4º e 5º, do CPC – Possibilidade – O julgador pode ouvir referida testemunha – Depoimento que, no entanto, será prestado independentemente de compromisso e aferido conforme as circunstâncias (CPC, art. 447, §§ 4º e 5º) – Hipótese em que eventual infração ética que venha a ser praticada pelo advogado deverá ser aferida pela OAB, e não pelo Juízo – Decisão recorrida mantida. Dispositivo: Recurso desprovido (TJSP, Agravo de Instrumento 2186640-82.2020.8.26.0000, Relator Maurício Pessoa, 2ª Câmara Reservada de Direito Empresarial, Foro de Promissão – 2ª Vara Judicial, *DJ* 21/09/2020).

- A oitiva do perito, subscritor de laudo produzido em anterior produção antecipada de provas, como testemunha, em nada macula o direito da agravante ou ao contraditório, tendo em vista que houve manifestação acerca do primeiro laudo, e que será produzida nova prova técnica, por perito diverso, nos autos de origem – Testemunho do referido perito que será analisado com os demais elementos de convencimento coligidos, o que reforça a ausência de qualquer prejuízo à agravante – Decisão mantida – Recurso desprovido (TJSP, Agravo de Instrumento 2046139-78.2020.8.26.0000, Relator Sérgio Shimura, 2ª Câmara Reservada de Direito Empresarial, Foro de Pirangi – Vara Única, *DJ* 26/08/2020).
- A oitiva de testemunha menor, impedida ou suspeita é faculdade do juiz, vez que cabe a ele, nos termos do § 4º, do art. 447, do CPC, decidir sobre a necessidade de colher o seu depoimento (TJMG, Apelação Cível 1.0183.12.017080-2/002, Rel. Desembargador Pedro Aleixo, 16ª Câmara Cível, julgamento em 18/03/2020, publicação da súmula em 08/05/2020).
- Segundo a inteligência do art. 447 do CPC, os incapazes não podem depor como testemunha, e o depoimento pessoal é permitido somente quando necessário para reconhecer a incapacidade e sua extensão. Sendo a incapacidade a inaptidão da pessoa para compreender ou retratar adequadamente os fatos, por questões biopsicológicas, o depoimento pessoal do incapaz não pode ser utilizado como fundamento apto para improcedência do pedido (TJMG, Apelação Cível 1.0878.09.022624-1/001, Rel. Desembargadora Sandra Fonseca, 6ª Câmara Cível, julgamento em 24/09/2019, publicação da súmula em 04/10/2019).
- É suspeita a testemunha que também propôs ação contra o réu, com os mesmos fundamentos (art. 447, § 3º, II, do CPC) (TJMG, Apelação Cível 1.0000.19.066384-9/001, Rel. Desembargador Carlos Henrique Perpétuo Braga, 19ª Câmara Cível, julgamento em 22/08/2019, publicação da súmula em 29/08/2019).
- A despeito de o parente por afinidade até o terceiro grau ser impedido de prestar depoimento, conforme expressamente previsto no artigo 405, *caput* c/c § 2º, I, do CPC/73 (atual art. 447, *caput* c/c § 2º), é possível sua oitiva na condição de informante, sobretudo quando evidenciada a relevância do seu depoimento para a solução da lide, tratando-se da única testemunha arrolada nos autos pela parte autora (TJMG, Apelação Cível 1.0143.14.003860-3/001, Rel. Desembargadora Mariangela Meyer, 10ª Câmara Cível, julgamento em 27/02/2018, publicação da súmula em 09/03/2018).

Art. 448. A testemunha não é obrigada a depor sobre fatos:

I – que lhe acarretem grave dano, bem como ao seu cônjuge ou companheiro e aos seus parentes consanguíneos ou afins, em linha reta ou colateral, até o terceiro grau;

II – a cujo respeito, por estado ou profissão, deva guardar sigilo.

REFERÊNCIAS LEGISLATIVAS

- Arts. 166, § 2º, 378, 457, § 3º, CPC; art. 228, CC.
- Art. 154, *caput*, CP: "**Violação do segredo profissional** – Revelar alguém, sem justa causa, segredo, de que tem ciência em razão de função, ministério, ofício ou profissão, e cuja revelação possa produzir dano a outrem: Pena – detenção, de três meses a um ano, ou multa de um conto a dez contos de réis".
- Art. 7º, XIX, Lei nº 8.906/1994 – EA: "São direitos do advogado: recusar-se a depor como testemunha em processo no qual funcionou ou deva funcionar, ou sobre fato relacionado com pessoa de quem seja ou foi advogado, mesmo quando autorizado ou solicitado pelo constituinte, bem como sobre fato que constitua sigilo profissional".

ANOTAÇÕES

- **Dever legal**: embora depor seja uma obrigação legal (art. 378, CPC), a testemunha pode requerer ao juiz que a escuse de depor (art. 457, § 3º, CPC), alegando uma das questões apontadas neste artigo.

> **Art. 449.** Salvo disposição especial em contrário, as testemunhas devem ser ouvidas na sede do juízo.
>
> Parágrafo único. Quando a parte ou a testemunha, por enfermidade ou por outro motivo relevante, estiver impossibilitada de comparecer, mas não de prestar depoimento, o juiz designará, conforme as circunstâncias, dia, hora e lugar para inquiri-la.

REFERÊNCIAS LEGISLATIVAS

- Arts. 217, 362, II, 454, CPC.

> Subseção II
> Da Produção da Prova Testemunhal
>
> **Art. 450.** O rol de testemunhas conterá, sempre que possível, o nome, a profissão, o estado civil, a idade, o número de inscrição no Cadastro de Pessoas Físicas, o número de registro de identidade e o endereço completo da residência e do local de trabalho.

REFERÊNCIAS LEGISLATIVAS

- Arts. 6º, 357, §§ 3º a 5º, 447, 455, 461, CPC; art. 228, CC.

DICAS DE PRÁTICA JURÍDICA

- **Rol de testemunhas**: o advogado deve se esforçar para fornecer todas as informações solicitadas pela norma, em especial aquelas concernentes à localização da testemunha; não se deve esquecer ainda dos telefones e do endereço eletrônico (*e-mail*). Tantas vezes se imputa a lentidão da justiça a problemas administrativos internos, mas a prestação de informações defeituosas quanto ao paradeiro das testemunhas e do réu, responsabilidade da parte, é, na minha experiência, um grande fator de retardamento do processo. Por isso, dê atenção a estes pequenos detalhes e você estará colaborando para a obtenção de uma decisão judicial num prazo razoável (art. 6º, CPC).

> **Art. 451.** Depois de apresentado o rol de que tratam os §§ 4º e 5º do art. 357, a parte só pode substituir a testemunha:
>
> I – que falecer;
>
> II – que, por enfermidade, não estiver em condições de depor;
>
> III – que, tendo mudado de residência ou de local de trabalho, não for encontrada.

⚖️ REFERÊNCIAS LEGISLATIVAS

- Arts. 357, §§ 4º e 5º, 449, 455, CPC.

📚 ANOTAÇÕES

- ***Substituição de testemunha***: apresentado o rol de testemunhas se tem a ocorrência da preclusão consumativa, sendo lícita a substituição da testemunha apenas nos casos expressos na norma. A enfermidade referida no inciso II deve ser de tal natureza que impeça a testemunha de depor, caso contrário se deve aplicar a norma do art. 449 do CPC, devendo o juiz designar, conforme as circunstâncias, dia, hora e lugar para inquiri-la. A substituição da testemunha não encontrada só é possível se a parte procedeu, ou requereu, a sua intimação pessoal; se o interessado tinha se comprometido em levá-la à audiência, a sua ausência será tida como desistência do depoimento (art. 455, CPC).

🔨 JURISPRUDÊNCIA

- As hipóteses legais que autorizam a substituição de testemunhas são taxativas e se encontram previstas no art. 451 do CPC – Ausência de subsunção da situação descrita no presente às hipóteses arroladas no art. 451 do CPC – Decisão agravada mantida – Recurso desprovido (TJSP, Agravo de Instrumento 2180969-78.2020.8.26.0000, Relator Costa Netto, 6ª Câmara de Direito Privado, Foro de Valinhos – 3ª Vara, *DJ* 22/09/2020).
- Não há falar em cerceamento de defesa, pois inúmeras foram as tentativas de intimação da testemunha, contudo todas foram infrutíferas (TJMG, Apelação Cível 1.0024.08.274045-7/001, Rel. Desembargador Rogério Medeiros, 13ª Câmara Cível, julgamento em 13/09/2018, publicação da súmula em 21/09/2018).
- À luz do que dispõe o art. 408, III, do CPC/73 (correspondência com o art. 451, III, do NCPC), deve ser oportunizado à parte interessada a substituição de testemunha por ela arrolada e não encontrada em virtude de mudança de residência, sendo imprescindível, para tanto, que tal circunstância tenha sido noticiada por Oficial de Justiça, através de certidão (TJMG, Agravo de Instrumento-Cv 1.0342.06.082107-7/001, Rel. Desembargador Amauri Pinto Ferreira, 3ª Câmara Cível, julgamento em 22/09/2016, publicação da súmula em 08/11/2016).

Art. 452. Quando for arrolado como testemunha, o juiz da causa:

I – declarar-se-á impedido, se tiver conhecimento de fatos que possam influir na decisão, caso em que será vedado à parte que o incluiu no rol desistir de seu depoimento;

II – se nada souber, mandará excluir o seu nome.

⚖️ REFERÊNCIAS LEGISLATIVAS

- Arts. 5º, 144, I, CPC.

📚 ANOTAÇÕES

- ***Juiz arrolado como testemunha***: o juiz da causa não pode ser ao mesmo tempo julgador e testemunha do processo, isso comprometeria a sua necessária isenção e imparcialidade. Arrolado como testemunha em processo que preside, o juiz ou se declara impedido (art. 144, I, CPC), deixando o processo e o remetendo ao seu substituto legal (neste caso a parte não pode desistir de seu depoimento), ou simplesmente manda excluir o seu nome do rol de testemunhas.

Art. 453. As testemunhas depõem, na audiência de instrução e julgamento, perante o juiz da causa, exceto:

I – as que prestam depoimento antecipadamente;

II – as que são inquiridas por carta.

§ 1º A oitiva de testemunha que residir em comarca, seção ou subseção judiciária diversa daquela onde tramita o processo poderá ser realizada por meio de videoconferência ou outro recurso tecnológico de transmissão e recepção de sons e imagens em tempo real, o que poderá ocorrer, inclusive, durante a audiência de instrução e julgamento.

§ 2º Os juízos deverão manter equipamento para a transmissão e recepção de sons e imagens a que se refere o § 1º.

REFERÊNCIAS LEGISLATIVAS

- Arts. 217, 361, 449, CPC.

Art. 454. São inquiridos em sua residência ou onde exercem sua função:

I – o presidente e o vice-presidente da República;

II – os ministros de Estado;

III – os ministros do Supremo Tribunal Federal, os conselheiros do Conselho Nacional de Justiça e os ministros do Superior Tribunal de Justiça, do Superior Tribunal Militar, do Tribunal Superior Eleitoral, do Tribunal Superior do Trabalho e do Tribunal de Contas da União;

IV – o procurador-geral da República e os conselheiros do Conselho Nacional do Ministério Público;

V – o advogado-geral da União, o procurador-geral do Estado, o procurador-geral do Município, o defensor público-geral federal e o defensor público-geral do Estado;

VI – os senadores e os deputados federais;

VII – os governadores dos Estados e do Distrito Federal;

VIII – o prefeito;

IX – os deputados estaduais e distritais;

X – os desembargadores dos Tribunais de Justiça, dos Tribunais Regionais Federais, dos Tribunais Regionais do Trabalho e dos Tribunais Regionais Eleitorais e os conselheiros dos Tribunais de Contas dos Estados e do Distrito Federal;

XI – o procurador-geral de justiça;

XII – o embaixador de país que, por lei ou tratado, concede idêntica prerrogativa a agente diplomático do Brasil.

§ 1º O juiz solicitará à autoridade que indique dia, hora e local a fim de ser inquirida, remetendo-lhe cópia da petição inicial ou da defesa oferecida pela parte que a arrolou como testemunha.

§ 2º Passado 1 (um) mês sem manifestação da autoridade, o juiz designará dia, hora e local para o depoimento, preferencialmente na sede do juízo.

§ 3º O juiz também designará dia, hora e local para o depoimento, quando a autoridade não comparecer, injustificadamente, à sessão agendada para a colheita de seu testemunho no dia, hora e local por ela mesma indicados.

REFERÊNCIAS LEGISLATIVAS

- Art. 132, § 3º, CC.

ANOTAÇÕES

- ***Testemunhas com privilégio de função***: quando arroladas como testemunhas, as autoridades indicadas nos incisos I a XII, entre elas o Presidente e o Vice-presidente da República, o juiz deverá enviar ofício lhes informando sobre os fatos, anexando inclusive cópia da petição inicial ou da contestação, conforme tenha sido o autor ou o réu que a arrolou, solicitando que indique dia, hora e local a fim de ser inquirida sobre os fatos; se a autoridade não responder no prazo de um mês ou se deixar de comparecer no dia, hora e local que designou, o juiz deverá designar, preferencialmente na sede do juízo, dia e hora para o depoimento.

Art. 455. Cabe ao advogado da parte informar ou intimar a testemunha por ele arrolada do dia, da hora e do local da audiência designada, dispensando-se a intimação do juízo.

§ 1º A intimação deverá ser realizada por carta com aviso de recebimento, cumprindo ao advogado juntar aos autos, com antecedência de pelo menos 3 (três) dias da data da audiência, cópia da correspondência de intimação e do comprovante de recebimento.

§ 2º A parte pode comprometer-se a levar a testemunha à audiência, independentemente da intimação de que trata o § 1º, presumindo-se, caso a testemunha não compareça, que a parte desistiu de sua inquirição.

§ 3º A inércia na realização da intimação a que se refere o § 1º importa desistência da inquirição da testemunha.

§ 4º A intimação será feita pela via judicial quando:

I – for frustrada a intimação prevista no § 1º deste artigo;

II – sua necessidade for devidamente demonstrada pela parte ao juiz;

III – figurar no rol de testemunhas servidor público ou militar, hipótese em que o juiz o requisitará ao chefe da repartição ou ao comando do corpo em que servir;

IV – a testemunha houver sido arrolada pelo Ministério Público ou pela Defensoria Pública;

V – a testemunha for uma daquelas previstas no art. 454.

§ 5º A testemunha que, intimada na forma do § 1º ou do § 4º, deixar de comparecer sem motivo justificado será conduzida e responderá pelas despesas do adiamento.

REFERÊNCIAS LEGISLATIVAS

- Arts. 219, 365, 447, 454, CPC; art. 228, CC.

DICAS DE PRÁTICA JURÍDICA

- **Carta a ser enviada ao depoente**: a norma não exige forma especial do ofício, ou carta, que o advogado deve enviar para a testemunha arrolada. Inegável, no entanto, que a referida correspondência, a ser enviada sob a condição de aviso de recebimento (AR), deve indicar de forma clara que a pessoa foi arrolada em processo judicial como testemunha (fornecer o número do processo e o nome das partes), informando que a audiência ocorrerá em tal dia no edifício do fórum (fornecer endereço detalhado), observando que o "comparecimento é obrigatório", sob pena de condução coercitiva. Para acesso a modelo editável desta carta e de petição apresentando o rol de testemunhas, veja nosso *Prática no processo civil*, da Editora Atlas.
- **O que é melhor: intimar a testemunha ou se comprometer a levá-la (§ 2º)?**: o advogado pode imaginar que dá menos trabalho simplesmente se valer da faculdade concedida pelo § 2º deste artigo, qual seja, apresentar o rol de testemunha se comprometendo a levá-la à audiência. Pode ser mais simples e econômico, mais é bem mais perigoso. Os mais experientes sabem que não se deve confiar nas promessas das pessoas; elas esquecem, elas mudam de ideia e o colega pode perder o processo ("o barato e o fácil saem caro"). Pessoalmente sempre preferi proceder com a intimação, mesmo que o cliente tivesse me certificado que estava "tudo certo" com as testemunhas. Recomendo que ao menos o colega se certifique de claramente, expressamente, alertar o cliente sobre as consequências da ausência das testemunhas (presunção de desistência do seu depoimento).

Art. 456. O juiz inquirirá as testemunhas separada e sucessivamente, primeiro as do autor e depois as do réu, e providenciará para que uma não ouça o depoimento das outras.

Parágrafo único. O juiz poderá alterar a ordem estabelecida no *caput* se as partes concordarem.

REFERÊNCIAS LEGISLATIVAS

- Art. 361, CPC.

Art. 457. Antes de depor, a testemunha será qualificada, declarará ou confirmará seus dados e informará se tem relações de parentesco com a parte ou interesse no objeto do processo.

§ 1º É lícito à parte contraditar a testemunha, arguindo-lhe a incapacidade, o impedimento ou a suspeição, bem como, caso a testemunha negue os fatos que lhe são imputados, provar a contradita com documentos ou com testemunhas, até 3 (três), apresentadas no ato e inquiridas em separado.

§ 2º Sendo provados ou confessados os fatos a que se refere o § 1º, o juiz dispensará a testemunha ou lhe tomará o depoimento como informante.

§ 3º A testemunha pode requerer ao juiz que a escuse de depor, alegando os motivos previstos neste Código, decidindo o juiz de plano após ouvidas as partes.

REFERÊNCIAS LEGISLATIVAS

- Arts. 447, 448, 487, 502, 966 a 975, 1.009, CPC; art. 228, CC.

ANOTAÇÕES

- *Momento para apresentação da contradita*: a parte interessada em contraditar a testemunha deve fazê-lo logo após esta ser qualificada, sendo, no entanto, formalmente possível a arguição até o início do depoimento; ou seja, iniciado o depoimento, fica precluso o direito de contraditar a testemunha.
- *Recurso contra a decisão que acata ou não a contradita*: a decisão do juiz sobre a contradita é irrecorrível, sendo que o interessado pode voltar ao fato em eventual apelação.
- *Parentesco*: é o vínculo que une duas ou mais pessoas em razão de serem provenientes de um só tronco e pode ser natural ou civil, conforme resulte de consanguinidade ou de outra origem, como a adoção e o casamento. O parentesco pode ainda ser em linha reta ou em linha colateral. Consideram-se "parentes em linha reta" as pessoas que estão umas para com as outras na relação de ascendentes e descendentes (netos, filhos, pais, avôs, bisavôs etc.), já os "parentes em linha colateral ou transversal", até o quarto grau, são as pessoas provenientes de um só tronco, sem descenderem uma da outra, tais como os irmãos, tios, primos. Marido e mulher, companheira e companheiro, não são parentes, entretanto cada cônjuge ou companheiro é aliado aos ascendentes, descendentes e irmãos do outro pelo vínculo da afinidade, registrando-se que tal vínculo não tem repercussões no direito sucessório. Na linha reta (sogro, sogra, genro, nora), a afinidade não se extingue com a dissolução do casamento ou da união estável.

JURISPRUDÊNCIA

- Contradita a testemunha e cerceamento de defesa – Inexistência de cerceamento de defesa, em razão do acolhimento de contradita de uma testemunha indicada pelo espólio apelante – Contradita fundada em amizade íntima da testemunha com a falecida, confirmada pela depoente, incidindo a hipótese do artigo 447, § 3º, I, do CPC – Artigo 457, §§ 1º e 2º, do CPC, que permite ao juiz indeferir sua oitiva, com sua dispensa – Cerceamento de defesa não caracterizado – Sentença mantida (TJSP, Apelação Cível 4001897-27.2013.8.26.0038, Relatora Angela Lopes, 9ª Câmara de Direito Privado, Foro de Araras – 1ª Vara Cível, *DJ* 29/10/2020).
- Processual civil – Imposição de penas por litigância de má-fé – Deflagração de incidente manifestamente infundado – Contradita de testemunhas – Inconsistência – Prerrogativa da parte em suscitar a incapacidade, impedimento ou suspeição – Artigo 457, § 1º, do CPC – Ausência de abusividade – Penalidade afastada (TJSP, Apelação Cível 1022772-67.2019.8.26.0100, Relator Tercio Pires, 34ª Câmara de Direito Privado, Foro Regional XI – Pinheiros – 1ª Vara Cível, *DJ* 22/04/2020).
- Agravo de instrumento – Embargos à execução – Contradita – Testemunha contraditada em audiência, sem dar oportunidade à parte de comprovar a contradita – Afronta ao art. 457, § 1º, CPC – Prova documental de

que a testemunha era amiga íntima da parte agravada/embargada – Testemunha suspeita – Art. 447, § 3º, CPC – Acolhimento da contradita – Recurso provido (TJSP; Agravo de Instrumento 2079884-83.2019.8.26.0000, Relator Jacob Valente, 12ª Câmara de Direito Privado, Foro de Jales – 3ª Vara Cível, *DJ* 29/11/2019).
- Se a parte não contradita a testemunha no prazo legal, incide em preclusão temporal (art. 457, § 1º, CPC) (TJMG, Apelação Cível 1.0000.18.134426-8/001, Rel. Desembargador Ramom Tácio, 16ª Câmara Cível, julgamento em 27/02/2019, publicação da súmula em 28/02/2019).
- Se a testemunha não confessa sua suspeição ou impedimento, compete à parte interessada provar a contradita com documentos ou com testemunhas, conforme art. 457, § 1º, do Código de Processo Civil de 2015 (TJMG, Apelação Cível 1.0405.13.000825-4/001, Rel. Desembargador José Américo Martins da Costa, 15ª Câmara Cível, julgamento em 19/04/2018, publicação da súmula em 25/04/2018)

Art. 458. Ao início da inquirição, a testemunha prestará o compromisso de dizer a verdade do que souber e lhe for perguntado.

Parágrafo único. O juiz advertirá à testemunha que incorre em sanção penal quem faz afirmação falsa, cala ou oculta a verdade.

REFERÊNCIAS LEGISLATIVAS

- Arts. 378 a 380, CPC.
- Art. 342, *caput*, CP: "Fazer afirmação falsa, ou negar ou calar a verdade como testemunha, perito, contador, tradutor ou intérprete em processo judicial, ou administrativo, inquérito policial, ou em juízo arbitral: Pena – reclusão, de 2 (dois) a 4 (quatro) anos, e multa".

Art. 459. As perguntas serão formuladas pelas partes diretamente à testemunha, começando pela que a arrolou, não admitindo o juiz aquelas que puderem induzir a resposta, não tiverem relação com as questões de fato objeto da atividade probatória ou importarem repetição de outra já respondida.

§ 1º O juiz poderá inquirir a testemunha tanto antes quanto depois da inquirição feita pelas partes.

§ 2º As testemunhas devem ser tratadas com urbanidade, não se lhes fazendo perguntas ou considerações impertinentes, capciosas ou vexatórias.

§ 3º As perguntas que o juiz indeferir serão transcritas no termo, se a parte o requerer.

REFERÊNCIAS LEGISLATIVAS

- Art. 360, I, CPC; art. 7º, VII, Lei nº 8.906/1994 – EA.

ANOTAÇÕES

- ***Interrogatório das testemunhas***: a presente norma veio alterar uma antiga tradição do nosso direito no sentido de que as perguntas às testemunhas eram feitas por meio do juiz; ao permitir que o interrogatório seja feito diretamente pelo advogado da parte interessada, o legislador procurou não só lhe dar mais liberdade na condução do ato, como também lhe possibilitar uma melhor exploração da prova sob a supervisão, é claro, do juiz.

DICAS DE PRÁTICA JURÍDICA

- *Interrogando a testemunha*: procure ficar de frente da testemunha, fale com ela com confiança, mas também como educação; estude antes o que vai perguntar para não ser surpreendido com as respostas. Lembre-se de que o advogado tem a liberdade de se levantar e até caminhar pela sala (art. 7º, VII, Lei nº 8.906/1994 – EA).

JURISPRUDÊNCIA

- Enunciado 157 do Fórum Permanente de Processualistas Civis: Deverá ser facultada às partes a formulação de perguntas de esclarecimento ou complementação decorrentes da inquirição do juiz.
- Enunciado 158 do Fórum Permanente de Processualistas Civis: Constitui direito da parte a transcrição de perguntas indeferidas pelo juiz.

Art. 460. O depoimento poderá ser documentado por meio de gravação.

§ 1º Quando digitado ou registrado por taquigrafia, estenotipia ou outro método idôneo de documentação, o depoimento será assinado pelo juiz, pelo depoente e pelos procuradores.

§ 2º Se houver recurso em processo em autos não eletrônicos, o depoimento somente será digitado quando for impossível o envio de sua documentação eletrônica.

§ 3º Tratando-se de autos eletrônicos, observar-se-á o disposto neste Código e na legislação específica sobre a prática eletrônica de atos processuais.

REFERÊNCIAS LEGISLATIVAS

- Arts. 209, 210, CPC.

Art. 461. O juiz pode ordenar, de ofício ou a requerimento da parte:

I – a inquirição de testemunhas referidas nas declarações da parte ou das testemunhas;

II – a acareação de 2 (duas) ou mais testemunhas ou de alguma delas com a parte, quando, sobre fato determinado que possa influir na decisão da causa, divergirem as suas declarações.

§ 1º Os acareados serão reperguntados para que expliquem os pontos de divergência, reduzindo-se a termo o ato de acareação.

§ 2º A acareação pode ser realizada por videoconferência ou por outro recurso tecnológico de transmissão de sons e imagens em tempo real.

ANOTAÇÕES

- *Testemunha referida e acareação*: pode acontecer de durante o seu depoimento a testemunha ou mesmo a parte, em depoimento pessoal, fazer menção de terceira pessoa, não arrolada nos autos, que supostamente tenha conhecimento sobre fato da causa ou possa confirmar uma ou outra versão; também durante o depoimento, a testemunha pode apresentar versão diferente sobre fato determinado declarado por outra testemunha ou pela parte, em depoimento pessoal; nestes casos, o juiz pode, de ofício ou a requerimento da parte, normalmente feito ao final do depoimento em questão, determinar a oitiva da testemunha referida ou mesmo a acareação entre as testemunhas ou entre a testemunha e a parte.

JURISPRUDÊNCIA

- Acareação das testemunhas. Faculdade do magistrado. Inteligência do art. 461, II, do CPC. Inutilidade. Versões que mantidas dependeriam de outros elementos probatórios para alterar o julgamento. Preliminar rejeitada, recurso desprovido (TJSP, Apelação Cível 1007915-88.2015.8.26.0477, Relator Marcos Gozzo, 27ª Câmara de Direito Privado, Foro de Praia Grande – 3ª Vara Cível, *DJ* 22/05/2019).
- A acareação prevista no art. 461, inc. II, do CPC/15 é faculdade do juiz, que é o destinatário da prova e deve indeferir aquelas que se mostrem protelatórias para o deslinde da questão (TJMG, Apelação Cível 1.0035.10.001204-2/002, Rel. Desembargador Amorim Siqueira, 9ª Câmara Cível, julgamento em 21/08/2018, publicação da súmula em 31/08/2018).

Art. 462. A testemunha pode requerer ao juiz o pagamento da despesa que efetuou para comparecimento à audiência, devendo a parte pagá-la logo que arbitrada ou depositá-la em cartório dentro de 3 (três) dias.

REFERÊNCIAS LEGISLATIVAS

- Arts. 82, 84, 98, IV, 219, CPC.

Art. 463. O depoimento prestado em juízo é considerado serviço público.
Parágrafo único. A testemunha, quando sujeita ao regime da legislação trabalhista, não sofre, por comparecer à audiência, perda de salário nem desconto no tempo de serviço.

REFERÊNCIAS LEGISLATIVAS

- Art. 378, CPC.

Seção X
Da Prova Pericial

Art. 464. A prova pericial consiste em exame, vistoria ou avaliação.
§ 1º O juiz indeferirá a perícia quando:
I – a prova do fato não depender de conhecimento especial de técnico;
II – for desnecessária em vista de outras provas produzidas;
III – a verificação for impraticável.

§ 2º De ofício ou a requerimento das partes, o juiz poderá, em substituição à perícia, determinar a produção de prova técnica simplificada, quando o ponto controvertido for de menor complexidade.

§ 3º A prova técnica simplificada consistirá apenas na inquirição de especialista, pelo juiz, sobre ponto controvertido da causa que demande especial conhecimento científico ou técnico.

§ 4º Durante a arguição, o especialista, que deverá ter formação acadêmica específica na área objeto de seu depoimento, poderá valer-se de qualquer recurso tecnológico de transmissão de sons e imagens com o fim de esclarecer os pontos controvertidos da causa.

REFERÊNCIAS LEGISLATIVAS

- Arts. 77, IV, §§ 1º e 2º, 139, IV, 156 a 158, 380, CPC; art. 231, CC.
- Art. 232, CC: "A recusa à perícia médica ordenada pelo juiz poderá suprir a prova que se pretendia obter com o exame".
- Art. 2º-A, Lei nº 8.560/1992: "Na ação de investigação de paternidade, todos os meios legais, bem como os moralmente legítimos, serão hábeis para provar a verdade dos fatos. Parágrafo único. A recusa do réu em se submeter ao exame de código genético – DNA gerará a presunção da paternidade, a ser apreciada em conjunto com o contexto probatório".

ANOTAÇÕES

- ***Prova pericial***: quando o deslinde da lide exigir resposta a fatos e/ou questões que demandam conhecimento técnico científico específico, o juiz poderá socorrer-se de um auxiliar de sua confiança, denominado perito, que possua a formação acadêmica necessária para corretamente responder às perguntas do juízo e das partes, normalmente por meio de um laudo técnico, a fim de criar segurança quanto à verdade dos fatos discutidos no processo. Perícia, portanto, é o meio de prova segundo o qual o juiz faz uso de um auxiliar com conhecimento técnico específico para esclarecer questões fáticas controvertidas.
- ***Modalidades***: o CPC classifica a prova pericial em: *exame*, quando a perícia envolve a inspeção de bens móveis ou pessoas, com escopo de responder a questões formuladas pelo juízo e pelas partes; *vistoria*, assim como o exame que envolve a inspeção de bens, contudo, neste caso de bens imóveis, a fim de também responder às questões formuladas pelo juízo e pelas partes; *avaliação*, tem-se esta quando a inspeção de bens, móveis ou imóveis, tem como objetivo imputar, segundo regras técnicas, preço ou valor à coisa ou obrigação.

DICAS DE PRÁTICA JURÍDICA

- ***Justificando o pedido***: considerando que a produção da prova pericial depende do convencimento do juiz sobre o tema (destinatário da prova), o interessado deve requerê-la de forma fundamentada, isto é, deve demonstrar de maneira detalhada a sua necessidade para o deslinde da questão controvertida. Portanto, não só se aumentam as chances de deferimento, mas também se constroem as bases para um futuro recurso no caso de indeferimento.

JURISPRUDÊNCIA

- Súmula 301 do STJ: Em ação investigatória, a recusa do suposto pai a submeter-se ao exame de DNA induz presunção *juris tantum* de paternidade.
- Franquia. Ação de resolução contratual por inadimplemento da franqueada. Decisão que determinou a produção de prova pericial. Objeto da lide que independe de conhecimento técnico. Art. 464, § 1º, do CPC. Recurso provido (TJSP, Agravo de Instrumento 2267431-72.2019.8.26.0000, Relator Araldo Telles, 2ª Câmara Reservada de Direito Empresarial, Foro Central Cível – 7ª Vara Cível, *DJ* 06/10/2020).
- Constatada a desnecessidade da produção da prova pericial contábil, cabe ao juiz, como destinatário final da prova, indeferir sua produção, conforme art. 464, § 1º, do CPC/2015. Não há que se falar em cerceamento de defesa quando as matérias questionadas pelo recorrente puderem ser resolvidas pela simples análise dos documentos anexados aos autos (TJMG, Apelação Cível 1.0000.18.110382-1/002, Rel. Desembargador José Augusto Lourenço dos Santos, 12ª Câmara Cível, julgamento em 24/06/2020, publicação da súmula em 29/06/2020).
- No que se refere à prova pericial, incumbe ao Juiz não só decidir sobre a pertinência de sua realização (art. 464, §1.º, do CPC) e nomear o expert (art. 465 do CPC), mas também presidir todo o procedimento de sua produção, indeferindo quesitos impertinentes e formulando os que entender necessários (art. 470 do CPC) (TJMG, Apelação Cível 1.0000.20.001295-3/001, Rel. Desembargador Márcio Idalmo Santos Miranda, 9ª Câmara Cível, julgamento em 12/05/2020, publicação da súmula em 15/05/2020).
- A prova pericial constitui meio de prova subsidiário, somente devendo ser produzida na ausência de outras provas suficientes para comprovar os fatos alegados, nos termos do artigo 464, § 1º, inciso II, do CPC. Assim sendo, não configura cerceamento de defesa o indeferimento de prova que se destinava a demonstrar fato incontroverso nos autos (TJMG, Apelação Cível 1.0313.14.004638-1/001, Rel. Desembargador Maurício Pinto Ferreira, 10ª Câmara Cível, julgamento em 02/04/2019, publicação da súmula em 12/04/2019).

Art. 465. O juiz nomeará perito especializado no objeto da perícia e fixará de imediato o prazo para a entrega do laudo.

§ 1º Incumbe às partes, dentro de 15 (quinze) dias contados da intimação do despacho de nomeação do perito:

I – arguir o impedimento ou a suspeição do perito, se for o caso;

II – indicar assistente técnico;

III – apresentar quesitos.

§ 2º Ciente da nomeação, o perito apresentará em 5 (cinco) dias:

I – proposta de honorários;

II – currículo, com comprovação de especialização;

III – contatos profissionais, em especial o endereço eletrônico, para onde serão dirigidas as intimações pessoais.

§ 3º As partes serão intimadas da proposta de honorários para, querendo, manifestar-se no prazo comum de 5 (cinco) dias, após o que o juiz arbitrará o valor, intimando-se as partes para os fins do art. 95.

§ 4º O juiz poderá autorizar o pagamento de até cinquenta por cento dos honorários arbitrados a favor do perito no início dos trabalhos, devendo o remanescente ser pago apenas ao final, depois de entregue o laudo e prestados todos os esclarecimentos necessários.

§ 5º Quando a perícia for inconclusiva ou deficiente, o juiz poderá reduzir a remuneração inicialmente arbitrada para o trabalho.

§ 6º Quando tiver de realizar-se por carta, poder-se-á proceder à nomeação de perito e à indicação de assistentes técnicos no juízo ao qual se requisitar a perícia.

REFERÊNCIAS LEGISLATIVAS

- Arts. 85, 95, 148, II, 156 a 158, 219, 261, 313, V, "b", 377, 470, CPC.

ANOTAÇÕES

- *Quesitos*: isto é, as perguntas que a parte quer ver respondidas pelo perito nomeado pelo juiz. Não há quantidade máxima ou mínima de perguntas, mas o juiz pode indeferir aquelas que entender serem impertinentes.

DICAS DE PRÁTICA JURÍDICA

- *Apresentação dos quesitos*: deferida a produção da prova pericial e nomeado o perito, o juiz deve abrir oportunidade para que as partes não só indiquem assistente técnico, mas também apresentem os seus quesitos. Essa manifestação deve ser feita por meio de petição intermediária com a seguinte estrutura: endereçamento; qualificação; resumo dos fatos; indicação de assistente técnico; lista das perguntas que devem ser respondidas pelo perito (quesitos); pedidos (intimação, por exemplo, do assistente técnico para acompanhar a perícia).

JURISPRUDÊNCIA

- Súmula 232 do STJ: A Fazenda Pública, quando parte no processo, fica sujeita à exigência do depósito prévio dos honorários do perito.
- No que se refere à prova pericial, incumbe ao juiz não só decidir sobre a pertinência de sua realização (art. 464, § 1º, do CPC) e nomear o *expert* (art. 465 do CPC), mas também presidir todo o procedimento de sua produção, indeferindo quesitos impertinentes e formulando os que entender necessários (art. 470 do CPC) (TJMG, Apelação Cível 1.0000.20.001295-3/001, Rel. Desembargador Márcio Idalmo Santos Miranda, 9ª Câmara Cível, julgamento em 12/05/2020, publicação da súmula em 15/05/2020).

Art. 466. O perito cumprirá escrupulosamente o encargo que lhe foi cometido, independentemente de termo de compromisso.

§ 1º Os assistentes técnicos são de confiança da parte e não estão sujeitos a impedimento ou suspeição.

§ 2º O perito deve assegurar aos assistentes das partes o acesso e o acompanhamento das diligências e dos exames que realizar, com prévia comunicação, comprovada nos autos, com antecedência mínima de 5 (cinco) dias.

REFERÊNCIAS LEGISLATIVAS

- Arts. 219, 474, CPC.

Art. 467. O perito pode escusar-se ou ser recusado por impedimento ou suspeição.
Parágrafo único. O juiz, ao aceitar a escusa ou ao julgar procedente a impugnação, nomeará novo perito.

REFERÊNCIAS LEGISLATIVAS

- Arts. 144, 145, 148, II, 157, CPC.

Art. 468. O perito pode ser substituído quando:
I – faltar-lhe conhecimento técnico ou científico;
II – sem motivo legítimo, deixar de cumprir o encargo no prazo que lhe foi assinado.
§ 1º No caso previsto no inciso II, o juiz comunicará a ocorrência à corporação profissional respectiva, podendo, ainda, impor multa ao perito, fixada tendo em vista o valor da causa e o possível prejuízo decorrente do atraso no processo.
§ 2º O perito substituído restituirá, no prazo de 15 (quinze) dias, os valores recebidos pelo trabalho não realizado, sob pena de ficar impedido de atuar como perito judicial pelo prazo de 5 (cinco) anos.
§ 3º Não ocorrendo a restituição voluntária de que trata o § 2º, a parte que tiver realizado o adiantamento dos honorários poderá promover execução contra o perito, na forma dos arts. 513 e seguintes deste Código, com fundamento na decisão que determinar a devolução do numerário.

REFERÊNCIAS LEGISLATIVAS

- Arts. 219, 513 a 538, CPC.

Art. 469. As partes poderão apresentar quesitos suplementares durante a diligência, que poderão ser respondidos pelo perito previamente ou na audiência de instrução e julgamento.
Parágrafo único. O escrivão dará à parte contrária ciência da juntada dos quesitos aos autos.

REFERÊNCIAS LEGISLATIVAS

- Arts. 470, 473, 477, CPC.

ANOTAÇÕES

- ***Quesitos suplementares***: a possibilidade conferida por este artigo se coaduna com a ideia de se garantir às partes o amplo direito de defesa; ou seja, se durante as diligências qualquer das partes entender conveniente apresentar quesitos suplementares, pode fazê-lo sobre o controle do juiz, a quem cabe coibir iniciativas que visem apenas à procrastinação do feito. Após a apresentação do laudo, qualquer das partes pode requerer esclarecimentos.

JURISPRUDÊNCIA

- Não há que se falar em nulidade do laudo pericial quando este atende a todos os requisitos do art. 473 do CPC e a ausência de menção expressa à metodologia empregada não resulta em qualquer prejuízo efetivo para a defesa da parte, a qual não solicitou a complementação do laudo ou esclarecimentos em quesitos suplementares (TJMG, Apelação Cível 1.0024.12.118115-0/001, Rel. Desembargadora Lílian Maciel, 20ª Câmara Cível, julgamento em 03/06/2020, publicação da súmula em 04/06/2020).
- Não configura cerceamento de defesa o indeferimento de quesitos suplementares quando a questão, tal como colocada em juízo, já se encontrava em condições de ser analisada (TJMS, Apelação 0062472-44.2011.8.12.0001 – Campo Grande, Rel. Desembargador Marco André Nogueira Hanson, *DJ* 18/10/2016).

Art. 470. Incumbe ao juiz:
I – indeferir quesitos impertinentes;
II – formular os quesitos que entender necessários ao esclarecimento da causa.

REFERÊNCIAS LEGISLATIVAS

- Arts. 8º, 11, 370, CPC.

ANOTAÇÕES

- ***Quesitos do juiz***: além do controle sobre os quesitos apresentados pelas partes, controle este que o magistrado deve exercer com tolerância (art. 8º, CPC), visto que pode ser mais danoso para o processo e para a outra parte o indeferimento de um quesito, que pode vir a caracterizar cerceamento de defesa, levando à nulidade do processo e à repetição de atos processuais, do que o simples deferimento, o juiz pode apresentar seus próprios quesitos sobre o tema, tomando o cuidado de manter a mais absoluta imparcialidade, quanto ao tema, e equidistância das partes.

Art. 471. As partes podem, de comum acordo, escolher o perito, indicando-o mediante requerimento, desde que:
I – sejam plenamente capazes;
II – a causa possa ser resolvida por autocomposição.
§ 1º As partes, ao escolher o perito, já devem indicar os respectivos assistentes técnicos para acompanhar a realização da perícia, que se realizará em data e local previamente anunciados.
§ 2º O perito e os assistentes técnicos devem entregar, respectivamente, laudo e pareceres em prazo fixado pelo juiz.
§ 3º A perícia consensual substitui, para todos os efeitos, a que seria realizada por perito nomeado pelo juiz.

REFERÊNCIAS LEGISLATIVAS

- Arts. 190, 465, 480, CPC.

> **Art. 472.** O juiz poderá dispensar prova pericial quando as partes, na inicial e na contestação, apresentarem, sobre as questões de fato, pareceres técnicos ou documentos elucidativos que considerar suficientes.

REFERÊNCIAS LEGISLATIVAS

- Arts. 370, 371, CPC.

> **Art. 473.** O laudo pericial deverá conter:
> I – a exposição do objeto da perícia;
> II – a análise técnica ou científica realizada pelo perito;
> III – a indicação do método utilizado, esclarecendo-o e demonstrando ser predominantemente aceito pelos especialistas da área do conhecimento da qual se originou;
> IV – resposta conclusiva a todos os quesitos apresentados pelo juiz, pelas partes e pelo órgão do Ministério Público.
> § 1º No laudo, o perito deve apresentar sua fundamentação em linguagem simples e com coerência lógica, indicando como alcançou suas conclusões.
> § 2º É vedado ao perito ultrapassar os limites de sua designação, bem como emitir opiniões pessoais que excedam o exame técnico ou científico do objeto da perícia.
> § 3º Para o desempenho de sua função, o perito e os assistentes técnicos podem valer-se de todos os meios necessários, ouvindo testemunhas, obtendo informações, solicitando documentos que estejam em poder da parte, de terceiros ou em repartições públicas, bem como instruir o laudo com planilhas, mapas, plantas, desenhos, fotografias ou outros elementos necessários ao esclarecimento do objeto da perícia.

ANOTAÇÕES

- *Roteiro para o laudo pericial*: estabelecendo parâmetros claros para o laudo, o legislador procurou não só uniformizar o conteúdo deste importante meio de prova, mas também criar uma metodologia que oriente os trabalhos do perito, estabelecendo que ele não só deve responder de forma direta todos os quesitos apresentados, usando de linguagem simples e coerente, mas também lhe impondo limites, como a vedação de que emita opiniões pessoais que excedam o exame técnico ou científico do objeto da perícia.

> **Art. 474.** As partes terão ciência da data e do local designados pelo juiz ou indicados pelo perito para ter início a produção da prova.

REFERÊNCIAS LEGISLATIVAS

- Art. 466, § 2º, CPC.

Art. 475. Tratando-se de perícia complexa que abranja mais de uma área de conhecimento especializado, o juiz poderá nomear mais de um perito, e a parte, indicar mais de um assistente técnico.

REFERÊNCIAS LEGISLATIVAS

- Arts. 465, 473, CPC.

ANOTAÇÕES

- ***Perícia complexa***: pode acontecer que o objeto da perícia seja complexo, exigindo a atuação de peritos de áreas diferentes, como ocorre, por exemplo, nas demandas de natureza ambiental. Nestes casos, o juiz pode nomear quantos peritos forem necessários, um de cada área de conhecimento, por exemplo. O laudo, no entanto, deverá ser único, feito em conjunto segundo os parâmetros do art. 473, CPC.

Art. 476. Se o perito, por motivo justificado, não puder apresentar o laudo dentro do prazo, o juiz poderá conceder-lhe, por uma vez, prorrogação pela metade do prazo originalmente fixado.

REFERÊNCIAS LEGISLATIVAS

- Arts. 465, § 5º, 468, II, § 1º, CPC.

ANOTAÇÕES

- ***Adiamento da entrega do laudo***: a prorrogação do prazo para a entrega do laudo pode afetar a duração do processo, daí o limite imposto pela norma (metade do prazo originalmente fixado). De qualquer forma, a substituição do perito é medida a ser tomada apenas em último caso, visto que não só irá aumentar os custos da perícia, mas também atrasar o processo. Destarte, ao acolher ou não as justificativas do perito, o juiz deve considerar com cuidado as demais circunstâncias do processo.

Art. 477. O perito protocolará o laudo em juízo, no prazo fixado pelo juiz, pelo menos 20 (vinte) dias antes da audiência de instrução e julgamento.

§ 1º As partes serão intimadas para, querendo, manifestar-se sobre o laudo do perito do juízo no prazo comum de 15 (quinze) dias, podendo o assistente técnico de cada uma das partes, em igual prazo, apresentar seu respectivo parecer.

§ 2º O perito do juízo tem o dever de, no prazo de 15 (quinze) dias, esclarecer ponto:

I – sobre o qual exista divergência ou dúvida de qualquer das partes, do juiz ou do órgão do Ministério Público;

II – divergente apresentado no parecer do assistente técnico da parte.

§ 3º Se ainda houver necessidade de esclarecimentos, a parte requererá ao juiz que mande intimar o perito ou o assistente técnico a comparecer à audiência de instrução e julgamento, formulando, desde logo, as perguntas, sob forma de quesitos.

§ 4º O perito ou o assistente técnico será intimado por meio eletrônico, com pelo menos 10 (dez) dias de antecedência da audiência.

REFERÊNCIAS LEGISLATIVAS

- Arts. 219, 469, 473, 476, CPC.

JURISPRUDÊNCIA

- O pedido de esclarecimento do expert sobre o laudo pericial – previsto no artigo 477, § 3.º, do Código de Processo Civil – serve, apenas, para elucidar eventuais dúvidas decorrentes das respostas dadas aos quesitos formulados pelas partes, cujo esclarecimento seja pertinente à solução da lide, não sendo meio apropriado para impugnar as conclusões do perito e, muito menos, para levantar novas questões (TJMG, Apelação Cível 1.0024.06.075564-2/010, Rel. Desembargador Márcio Idalmo Santos Miranda, 9ª Câmara Cível, julgamento em 08/08/2018, publicação da súmula em 21/08/2018).

Art. 478. Quando o exame tiver por objeto a autenticidade ou a falsidade de documento ou for de natureza médico-legal, o perito será escolhido, de preferência, entre os técnicos dos estabelecimentos oficiais especializados, a cujos diretores o juiz autorizará a remessa dos autos, bem como do material sujeito a exame.

§ 1º Nas hipóteses de gratuidade de justiça, os órgãos e as repartições oficiais deverão cumprir a determinação judicial com preferência, no prazo estabelecido.

§ 2º A prorrogação do prazo referido no § 1º pode ser requerida motivadamente.

§ 3º Quando o exame tiver por objeto a autenticidade da letra e da firma, o perito poderá requisitar, para efeito de comparação, documentos existentes em repartições públicas e, na falta destes, poderá requerer ao juiz que a pessoa a quem se atribuir a autoria do documento lance em folha de papel, por cópia ou sob ditado, dizeres diferentes, para fins de comparação.

REFERÊNCIAS LEGISLATIVAS

- Art. 5º, LXXIV, CF; arts. 98, § 1º, V e VI, 480, CPC.

Art. 479. O juiz apreciará a prova pericial de acordo com o disposto no art. 371, indicando na sentença os motivos que o levaram a considerar ou a deixar de considerar as conclusões do laudo, levando em conta o método utilizado pelo perito.

REFERÊNCIAS LEGISLATIVAS

- Arts. 371, 485, 487, CPC.

JURISPRUDÊNCIA

- Pelo princípio do livre convencimento motivado ou, conforme doutrina moderna, do convencimento racionalmente motivado, cabe ao magistrado apreciar livremente as provas, indicando na sentença os motivos que o levaram formar convicção (TJMG, Apelação Cível 1.0245.14.001884-8/001, Rel. Desembargadora Mônica Libânio, 11ª Câmara Cível, julgamento em 05/02/2020, publicação da súmula em 11/02/2020).
- O juiz não está adstrito ao laudo pericial, podendo fundamentar sua decisão em outras evidências produzidas nos autos, baseando-se no princípio da livre apreciação das provas (TJMS, Agravo de Instrumento 1402968-52.2016.8.12.0000 – Três Lagoas, Rel. Desembargador Fernando Mauro Moreira Marinho, *DJ* 14/06/2016).

Art. 480. O juiz determinará, de ofício ou a requerimento da parte, a realização de nova perícia quando a matéria não estiver suficientemente esclarecida.

§ 1º A segunda perícia tem por objeto os mesmos fatos sobre os quais recaiu a primeira e destina-se a corrigir eventual omissão ou inexatidão dos resultados a que esta conduziu.

§ 2º A segunda perícia rege-se pelas disposições estabelecidas para a primeira.

§ 3º A segunda perícia não substitui a primeira, cabendo ao juiz apreciar o valor de uma e de outra.

REFERÊNCIAS LEGISLATIVAS

- Art. 468, CPC.

ANOTAÇÕES

- ***Nova perícia***: não tendo ficado satisfeito com o resultado da primeira perícia, o juiz, de ofício ou a requerimento da parte, pode determinar a realização de uma segunda perícia com o mesmo objeto da primeira; a norma não veda que o juiz nomeie o mesmo perito, mas poderá haver um ganho se ela for realizada por outro profissional.

Seção XI
Da Inspeção Judicial

Art. 481. O juiz, de ofício ou a requerimento da parte, pode, em qualquer fase do processo, inspecionar pessoas ou coisas, a fim de se esclarecer sobre fato que interesse à decisão da causa.

REFERÊNCIAS LEGISLATIVAS

- Arts. 77, 378, 379, II, 483, 484, CPC.

ANOTAÇÕES

- **Inspeção judicial**: não obstante o juiz deva manter-se imparcial, equidistante das partes, deixando a elas a iniciativa da produção das provas que entendem necessárias e pertinentes, pode, por iniciativa própria ou a pedido de uma das partes, deixar a sua natural passividade e pessoalmente inspecionar pessoas ou coisas, indo ao lugar onde se encontram a fim de esclarecer-se sobre fato que tenha relevância para o deslinde da causa. Decidido a inspecionar pessoa ou coisa, o juiz deve assegurar às partes o direito de assistir à inspeção, a fim de que prestem esclarecimentos ou façam observações que entendam de seu interesse. Concluída a diligência, o juiz mandará lavrar auto circunstanciado, mencionando nele tudo quanto for útil ao julgamento da causa.

JURISPRUDÊNCIA

- O juiz é o destinatário da prova, incumbindo a ele, mediante a análise do quadro probatório existente nos autos, avaliar quais as provas são necessárias à instrução do processo. Na hipótese dos autos, inexistindo justificativa capaz demonstrar a pertinência da *Inspeção Judicial*, deve ser mantida a decisão que indeferiu a prova, absolutamente irrelevante à solução do conflito (TJRS, Apelação Cível 70083933333, 19ª Câmara Cível, Relator Marco Antonio Ângelo, *DJ* 28/05/2020).

Art. 482. Ao realizar a inspeção, o juiz poderá ser assistido por um ou mais peritos.

REFERÊNCIAS LEGISLATIVAS

- Arts. 156 a 158, CPC.

Art. 483. O juiz irá ao local onde se encontre a pessoa ou a coisa quando:
I – julgar necessário para a melhor verificação ou interpretação dos fatos que deva observar;
II – a coisa não puder ser apresentada em juízo sem consideráveis despesas ou graves dificuldades;
III – determinar a reconstituição dos fatos.
Parágrafo único. As partes têm sempre direito a assistir à inspeção, prestando esclarecimentos e fazendo observações que considerem de interesse para a causa.

REFERÊNCIAS LEGISLATIVAS

- Arts. 139, I, 141, CPC.

ANOTAÇÕES

- **Delimitação da inspeção judicial**: considerando o dever do juiz de se manter imparcial, o legislador entendeu por bem definir expressamente os casos em que é permitida a sua intervenção pessoal na produção da prova, garantindo-se às partes o direito de não só acompanhar a inspeção, mas também prestar esclarecimentos e fazer observações que considerem de interesse da causa.

Art. 484. Concluída a diligência, o juiz mandará lavrar auto circunstanciado, mencionando nele tudo quanto for útil ao julgamento da causa.

Parágrafo único. O auto poderá ser instruído com desenho, gráfico ou fotografia.

REFERÊNCIAS LEGISLATIVAS

- Art. 483, CPC.

DICAS DE PRÁTICA JURÍDICA

- *Auto da inspeção*: o advogado deve não só acompanhar a realização da perícia a fim de prestar esclarecimento e fazer observações, mas ficar atento aos termos do auto a ser lavrado, visto que é este auto que ficará como prova real nos autos. Requeira que constem principalmente as observações e os esclarecimentos que se prestaram; na falta, proteste por petição imediatamente a nulidade da prova.

CAPÍTULO XIII
DA SENTENÇA E DA COISA JULGADA
Seção I
Disposições Gerais

Art. 485. O juiz não resolverá o mérito quando:

I – indeferir a petição inicial;

II – o processo ficar parado durante mais de 1 (um) ano por negligência das partes;

III – por não promover os atos e as diligências que lhe incumbir, o autor abandonar a causa por mais de 30 (trinta) dias;

IV – verificar a ausência de pressupostos de constituição e de desenvolvimento válido e regular do processo;

V – reconhecer a existência de perempção, de litispendência ou de coisa julgada;

VI – verificar ausência de legitimidade ou de interesse processual;

VII – acolher a alegação de existência de convenção de arbitragem ou quando o juízo arbitral reconhecer sua competência;

VIII – homologar a desistência da ação;

IX – em caso de morte da parte, a ação for considerada intransmissível por disposição legal; e

X – nos demais casos prescritos neste Código.

§ 1º Nas hipóteses descritas nos incisos II e III, a parte será intimada pessoalmente para suprir a falta no prazo de 5 (cinco) dias.

§ 2º No caso do § 1º, quanto ao inciso II, as partes pagarão proporcionalmente as custas, e, quanto ao inciso III, o autor será condenado ao pagamento das despesas e dos honorários de advogado.

§ 3º O juiz conhecerá de ofício da matéria constante dos incisos IV, V, VI e IX, em qualquer tempo e grau de jurisdição, enquanto não ocorrer o trânsito em julgado.

§ 4º Oferecida a contestação, o autor não poderá, sem o consentimento do réu, desistir da ação.

§ 5º A desistência da ação pode ser apresentada até a sentença.

§ 6º Oferecida a contestação, a extinção do processo por abandono da causa pelo autor depende de requerimento do réu.

§ 7º Interposta a apelação em qualquer dos casos de que tratam os incisos deste artigo, o juiz terá 5 (cinco) dias para retratar-se.

REFERÊNCIAS LEGISLATIVAS

- Arts. 17, 77, IV, 90, 92, 139, IX, 200, parágrafo único, 219, 240, 317, 321, 330, 337, 354, 486, 488, 801, 932, parágrafo único, 1.009, CPC; art. 132, § 3º, CC; Lei nº 9.307/1996.

ANOTAÇÕES

- **Sentença terminativa**: embora seja garantido a todos o acesso ao Poder Judiciário, este direito não implica que o demandante possa exigir uma sentença de mérito que efetivamente aprecie o seu pedido, uma vez que podem ocorrer situações que levem o juiz a extinguir o processo sem o julgamento do mérito, isto é, sem apreciar o que foi pedido pelo autor. A sentença nestes casos é conhecida como "terminativa", provocando, após o trânsito em julgado, a *coisa julgada formal*, o que permite ao autor reiterar seu pedido, ajuizando outro processo, salvo quando ele foi extinto em razão de o juiz ter acolhido a alegação de perempção, litispendência ou de coisa julgada, devendo, no entanto, o autor juntar prova de que fez o pagamento das custas e dos honorários advocatícios do processo extinto (art. 486, CPC).

- **Pressupostos processuais**: constituem condição para o estabelecimento válido da relação jurídica processual. Tradicionalmente, a doutrina classifica os pressupostos processuais em: I – "pressupostos de existência", que demandam seja o processo iniciado por meio de petição inicial, distribuída ou protocolada perante órgão do Poder Judiciário, que é quem tem jurisdição, e, por fim, a citação válida do réu, que completa a relação jurídica processual; II – "pressupostos de validade", que se subdividem em: *subjetivos*, que demandam a presença de um juiz regularmente investido (*princípio do juiz natural*), competente, segundo as normas de organização judiciária, e imparcial, e parte que tenha capacidade processual e esteja regularmente representada por advogado ou pelo Ministério Público, que têm capacidade postulatória; *objetivos*, que envolvem a inexistência de fatos impeditivos (*v.g.*, litispendência, perempção, coisa julgada, convenção de arbitragem etc.), e a subordinação às normas legais (*v.g.*, petição inicial elaborada nos termos do art. 319 do CPC, apresentação do instrumento de mandato etc.).

JURISPRUDÊNCIA

- Súmula 240 do STJ: A extinção do processo, por abandono da causa pelo autor, depende de requerimento do réu.
- Súmula 631 do STF: Extingue-se o processo de mandado de segurança se o impetrante não promove, no prazo assinado, a citação do litisconsorte passivo necessário.

- Ação indenizatória. Prestação de serviços de corretagem. Processo extinto com base no artigo 485, inciso IV, do Código de Processo Civil. Autores que não se manifestaram quanto a certidão emitida pelo oficial de justiça. Situação que não corresponde à ausência de pressuposto de constituição e de desenvolvimento válido e regular do processo (inciso IV), mas sim de falta de andamento processual (inciso III). Extinção que, no caso, decorreu da desídia em promover ato processual que lhe competia. Hipótese prevista no artigo 485, inciso III, do CPC, a qual, no entanto, demandava prévia intimação pessoal da parte para suprir a omissão (art. 485, § 1º). Sentença anulada. Prosseguimento do feito determinado. Recurso provido (TJSP, Apelação Cível 1008413-68.2017.8.26.0590, Relator Ruy Coppola, 32ª Câmara de Direito Privado, Foro de São Vicente – 1ª Vara Cível, *DJ* 04/11/2020).
- Ao julgar extinto o processo, sem julgamento de mérito, com base no art. 485 do CPC/15, deixando de intimar a parte para se manifestar acerca da possibilidade de extinção do feito por não terem indicado na inicial área remanescente ao lado do imóvel usucapiendo, o Magistrado de primeiro grau proferiu "sentença surpresa" e, via de consequência, nula, vez que contraria os arts. 9º e 10 do CPC/2015 (TJMG, Apelação Cível 1.0384.10.087369-2/001, Rel. Desembargador João Cancio, 18ª Câmara Cível, julgamento em 07/07/2020, publicação da súmula em 10/07/2020).
- Fundando-se no abandono da causa pelo autor (artigo 485, III, CPC), a sentença terminativa deve ser cassada se não foi precedida de intimação pessoal da parte inerte para suprir a falta (TJMG, Apelação Cível 1.0000.19.129231-7/001, Rel. Desembargador Fernando Lins, 20ª Câmara Cível, julgamento em 13/11/2019, publicação da súmula em 13/11/2019).
- Ainda que o processo fique paralisado por mais de trinta dias com a inércia do autor em promover ato ou diligência a seu cargo, não se justifica a extinção do feito por abandono da causa, na forma do art. 485, III, do CPC, se a conduta omitida não é indispensável ao julgamento do mérito da causa, hipótese em que, em vez de prolatar sentença terminativa, desatendendo o princípio da primazia da solução de mérito (art. 6º, CPC), cabe ao julgador simplesmente aplicar, em desfavor do requerente, a consequência negativa especificamente cabível em face do tipo de inação constatada (TJMG, Apelação Cível 1.0433.14.020202-2/001, Rel. Desembargador Fernando Lins, 18ª Câmara Cível, julgamento em 03/09/2019, publicação da súmula em 06/09/2019).
- A ilegitimidade passiva *ad causam* implica que o réu da ação esteja sendo demandado sem que possua qualquer relação com a pretensão deduzida em juízo, sendo-lhe inclusive impossível defender-se do pedido inicial, porquanto não se opôs ou resistiu ao direito postulado perante o órgão julgador, sendo que, para a incidência dessa hipótese prevista no artigo 485, VI, do CPC/15, é essencial que o demandado, sobre quem recai a pretensão do autor, não seja aquele contra o qual, no caso concreto, deverá efetivamente operar a tutela jurisdicional (TJMG, Apelação Cível 1.0607.18.000554-0/001, Rel. Desembargadora Teresa Cristina da Cunha Peixoto, 8ª Câmara Cível, julgamento em 15/08/2019, publicação da súmula em 26/08/2019).
- A inércia da parte autora em informar o endereço atualizado do réu, depois de frustradas as tentativas de citá-lo, não autoriza a extinção do processo sem resolução de mérito, sem que antes o autor seja intimado pessoalmente a suprir a falta no prazo de cinco dias, nos termos do artigo 485, § 1º, do CPC (TJMG, Apelação Cível 1.0720.13.005652-9/001, Rel. Desembargador Fernando Lins, 18ª Câmara Cível, julgamento em 12/03/2019, publicação da súmula em 14/03/2019).

Art. 486. O pronunciamento judicial que não resolve o mérito não obsta a que a parte proponha de novo a ação.

§ 1º No caso de extinção em razão de litispendência e nos casos dos incisos I, IV, VI e VII do art. 485, a propositura da nova ação depende da correção do vício que levou à sentença sem resolução do mérito.

§ 2º A petição inicial, todavia, não será despachada sem a prova do pagamento ou do depósito das custas e dos honorários de advogado.

> § 3º Se o autor der causa, por 3 (três) vezes, a sentença fundada em abandono da causa, não poderá propor nova ação contra o réu com o mesmo objeto, ficando-lhe ressalvada, entretanto, a possibilidade de alegar em defesa o seu direito.

REFERÊNCIAS LEGISLATIVAS

- Arts. 82, 85, 485, CPC.

ANOTAÇÕES

- **Perempção**: é a perda do direito de ação, ou seja, da faculdade que a pessoa tem de fazer valer seu direito por meio da tutela jurisdicional, em razão de o autor ter dado causa, por três vezes, à extinção do processo em razão da sua inércia (abandono da causa). Como se vê, o instituto da perempção envolve uma sanção imposta pela lei ao autor em razão da sua desídia, ficando ele impedido de propor nova ação contra o réu com o mesmo objeto, ressalvada, contudo, a possibilidade de alegar em defesa o seu direito (direito material).

JURISPRUDÊNCIA

- Coisa julgada – Não ocorrência – A demanda anterior foi julgada extinta sem apreciação do mérito – Não há óbice, nos termos do art. 486, *caput*, para propositura de nova demanda, mesmo porque não houve perempção – Preliminar rejeitada (TJSP, Apelação Cível 1063454-69.2016.8.26.0100, Relator Mendes Pereira, 15ª Câmara de Direito Privado, Foro Central Cível – 20ª Vara Cível, *DJ* 13/06/2018).
- O fato de o processo ter ficado paralisado por longos anos não implica reconhecer a perempção, já que este é o primeiro processo em que a pretensão é veiculada, não tendo ocorrido extinções anteriores em razão de abandono (TJMG, Apelação Cível 1.0024.07.681485-4/001, Rel. Desembargadora Juliana Campos Horta, 12ª Câmara Cível, julgamento em 25/04/2018, publicação da súmula em 30/04/2018).

> **Art. 487.** Haverá resolução de mérito quando o juiz:
> I – acolher ou rejeitar o pedido formulado na ação ou na reconvenção;
> II – decidir, de ofício ou a requerimento, sobre a ocorrência de decadência ou prescrição;
> III – homologar:
> a) o reconhecimento da procedência do pedido formulado na ação ou na reconvenção;
> b) a transação;
> c) a renúncia à pretensão formulada na ação ou na reconvenção.
> Parágrafo único. Ressalvada a hipótese do § 1º do art. 332, a prescrição e a decadência não serão reconhecidas sem que antes seja dada às partes oportunidade de manifestar-se.

REFERÊNCIAS LEGISLATIVAS

- Arts. 90, 141, 322 a 329, 332, § 1º, 343, 354, 371, 489 a 495, 497 a 501, 502 a 508, 1.009, CPC; arts. 189 a 211, 840 a 850, CC.

ANOTAÇÕES

- **Sentença definitiva**: quando o juiz julga o mérito do pedido do autor, solucionando a lide, seja pelo deferimento, seja pelo indeferimento do pedido, diz-se que a "sentença foi de mérito ou definitiva", o que provoca, após o trânsito em julgado, a ocorrência da *coisa julgada material*, o que impede o ajuizamento de novo feito sobre os mesmos fatos (*princípio da unicidade da relação processual*). A sentença de mérito positiva não mais extingue o processo de conhecimento, apenas põe fim à fase decisória (sujeita a recurso); ou seja, só ocorrerá a extinção do processo quando houver a realização efetiva do direito reconhecido na sentença.
- **Reconhecimento do pedido**: advertem os tratadistas que não se deve confundir reconhecimento do pedido com confissão, visto que, enquanto esta é meio de prova e pode ser parcial, isto é, quanto a algum aspecto em especial dos fatos informados pelo autor, o reconhecimento do pedido envolve completa adesão do réu ao pedido do autor, tanto que sua ocorrência provoca o julgamento antecipado do feito.

Art. 488. Desde que possível, o juiz resolverá o mérito sempre que a decisão for favorável à parte a quem aproveitaria eventual pronunciamento nos termos do art. 485.

REFERÊNCIAS LEGISLATIVAS

- Arts. 282, § 2º, 485, 487, CPC.

Seção II
Dos Elementos e dos Efeitos da Sentença

Art. 489. São elementos essenciais da sentença:

I – o relatório, que conterá os nomes das partes, a identificação do caso, com a suma do pedido e da contestação, e o registro das principais ocorrências havidas no andamento do processo;

II – os fundamentos, em que o juiz analisará as questões de fato e de direito;

III – o dispositivo, em que o juiz resolverá as questões principais que as partes lhe submeterem.

§ 1º Não se considera fundamentada qualquer decisão judicial, seja ela interlocutória, sentença ou acórdão, que:

I – se limitar à indicação, à reprodução ou à paráfrase de ato normativo, sem explicar sua relação com a causa ou a questão decidida;

II – empregar conceitos jurídicos indeterminados, sem explicar o motivo concreto de sua incidência no caso;

III – invocar motivos que se prestariam a justificar qualquer outra decisão;

IV – não enfrentar todos os argumentos deduzidos no processo capazes de, em tese, infirmar a conclusão adotada pelo julgador;

V – se limitar a invocar precedente ou enunciado de súmula, sem identificar seus fundamentos determinantes nem demonstrar que o caso sob julgamento se ajusta àqueles fundamentos;

VI – deixar de seguir enunciado de súmula, jurisprudência ou precedente invocado pela parte, sem demonstrar a existência de distinção no caso em julgamento ou a superação do entendimento.

§ 2º No caso de colisão entre normas, o juiz deve justificar o objeto e os critérios gerais da ponderação efetuada, enunciando as razões que autorizam a interferência na norma afastada e as premissas fáticas que fundamentam a conclusão.

§ 3º A decisão judicial deve ser interpretada a partir da conjugação de todos os seus elementos e em conformidade com o princípio da boa-fé.

REFERÊNCIAS LEGISLATIVAS

- Arts. 5º, LIV, 93, IX, 103-A, CF; arts. 9 a 11, 87, 141, 371, 485, 487, 490, 502 a 508, 926, 927, CPC; art. 2º, Lei nº 11.417/2006.

ANOTAÇÕES

- **Liberdade do juiz para decidir**: o juiz é livre para decidir conforme a sua consciência, mas deve expressamente declarar na sentença as razões do seu convencimento, não sendo bastante para tanto declarações genéricas no sentido de que indefere o pedido do autor por falta de amparo legal, sendo necessário que detalhadamente indique qual é o dispositivo legal ou porque certo dispositivo não ampara o pedido. Registre-se, no entanto, que a liberdade do juiz para decidir não é total, vez que, em matéria constitucional, encontra "limite" nas *súmulas vinculantes*, que, como o nome está a indicar, têm a força de vincular todos os órgãos do Poder Judiciário. Neste sentido, o art. 2º da Lei nº 11.417/2006: "*O Supremo Tribunal Federal poderá, de ofício ou por provocação, após reiteradas decisões sobre matéria constitucional, editar enunciado de súmula que, a partir de sua publicação na imprensa oficial, terá efeito vinculante em relação aos demais órgãos do Poder Judiciário e à administração pública direta e indireta, nas esferas federal, estadual e municipal, bem como proceder à sua revisão ou cancelamento, na forma prevista nesta Lei.*"

JURISPRUDÊNCIA

- Súmula 318 do STJ: Formulado pedido certo e determinado, somente o autor tem interesse recursal em arguir o vício da sentença ilíquida.
- Enunciado 12 do Fórum Permanente de Processualistas Civis: A aplicação das medidas atípicas sub-rogatórias e coercitivas é cabível em qualquer obrigação no cumprimento de sentença ou execução de título executivo extrajudicial. Essas medidas, contudo, serão aplicadas de forma subsidiária às medidas tipificadas, com observação do contraditório, ainda que diferido, e por meio de decisão à luz do art. 489, § 1º, I e II.
- Diante dos fundamentos da causa, o magistrado pode motivar sua decisão em fundamento legal diverso do indicado pela parte, considerando a premissa *iura novit curia*, sem que se configure julgamento *extra petita*. Precedente (STJ, AgInt no AREsp 1472974/RS, Ministro Moura Ribeiro, T3 – Terceira Turma, *DJe* 19/02/2020).
- A negativa de prestação jurisdicional caracteriza-se pela recusa do juiz, mesmo após provocado por meio de embargos de declaração, em decidir todas as questões submetidas ao seu julgamento, com fundamentação

dotada de clareza, coerência lógica entre premissas e conclusões e profundidade suficiente a amparar o resultado, revelando-se desnecessária, contudo, a manifestação judicial sobre todos os argumentos declinados pelas partes (STJ, AgInt no AREsp 937.304/MA, Ministro Marco Aurélio Bellizze, *DJe* 09/12/2016).
- Conquanto o julgador não esteja obrigado a rebater, com minúcias, cada um dos argumentos deduzidos pelas partes, o novo Código de Processo Civil, exaltando os princípios da cooperação e do contraditório, lhe impõe o dever, dentre outros, de enfrentar todas as questões pertinentes e relevantes, capazes de, por si sós e em tese, infirmar a sua conclusão sobre os pedidos formulados, sob pena de se reputar não fundamentada a decisão proferida (STJ, REsp 1.622.386/MT, Ministra Nancy Andrighi, T3 – Terceira Turma, *DJe* 25/10/2016).

Art. 490. O juiz resolverá o mérito acolhendo ou rejeitando, no todo ou em parte, os pedidos formulados pelas partes.

REFERÊNCIAS LEGISLATIVAS

- Arts. 141, 322 a 329, 487, CPC.

Art. 491. Na ação relativa à obrigação de pagar quantia, ainda que formulado pedido genérico, a decisão definirá desde logo a extensão da obrigação, o índice de correção monetária, a taxa de juros, o termo inicial de ambos e a periodicidade da capitalização dos juros, se for o caso, salvo quando:
I – não for possível determinar, de modo definitivo, o montante devido;
II – a apuração do valor devido depender da produção de prova de realização demorada ou excessivamente dispendiosa, assim reconhecida na sentença.
§ 1º Nos casos previstos neste artigo, seguir-se-á a apuração do valor devido por liquidação.
§ 2º O disposto no *caput* também se aplica quando o acórdão alterar a sentença.

REFERÊNCIAS LEGISLATIVAS

- Arts. 141, 319, IV, 322, 324, 509 a 512, 523 a 527, 1.022, CPC.

ANOTAÇÕES

- ***Extensão da obrigação de pagar quantia***: o advogado deve ficar atento aos termos deste artigo, que obriga o juiz a definir a extensão da obrigação (índice, taxa de juros e capitalização dos juros), interpondo, se houver omissão, o competente recurso de embargos de declaração (art. 1.022, CPC).

JURISPRUDÊNCIA

- Súmula 318 do STJ: Formulado pedido certo e determinado, somente o autor tem interesse recursal em arguir o vício da sentença ilíquida.

> **Art. 492.** É vedado ao juiz proferir decisão de natureza diversa da pedida, bem como condenar a parte em quantidade superior ou em objeto diverso do que lhe foi demandado.
> Parágrafo único. A decisão deve ser certa, ainda que resolva relação jurídica condicional.

REFERÊNCIAS LEGISLATIVAS

- Art. 141, CPC.

ANOTAÇÕES

- **Limites da sentença**: pode-se afirmar que a lei, sob pena de nulidade, veda a sentença que seja: *ultra petita*, ou seja, que dê mais do que foi pedido; *extra petita*, ou seja, que dê coisa de natureza diversa ou diferente do que foi pedido; *citra petita*, ou seja, que deixa de examinar todas as questões postas pelas partes.

JURISPRUDÊNCIA

- Diante dos fundamentos da causa, o magistrado pode motivar sua decisão em fundamento legal diverso do indicado pela parte, considerando a premissa *iura novit curia*, sem que se configure julgamento *extra petita*. Precedente (STJ, AgInt no AREsp 1472974/RS, Ministro Moura Ribeiro, T3 – Terceira Turma, *DJe* 19/02/2020).
- Não há que se falar em violação do art. 460 do CPC/1973, equivalente ao art. 492 do CPC/2015, na hipótese de julgamento que apenas adota fundamentação diversa das alegações do autor, sem extrapolar os limites em que foi proposta a lide (STJ, REsp 1.494.427/RS, Ministro Og Fernandes, T2 – Segunda Turma, *DJe* 22/09/2017).

> **Art. 493.** Se, depois da propositura da ação, algum fato constitutivo, modificativo ou extintivo do direito influir no julgamento do mérito, caberá ao juiz tomá-lo em consideração, de ofício ou a requerimento da parte, no momento de proferir a decisão.
> Parágrafo único. Se constatar de ofício o fato novo, o juiz ouvirá as partes sobre ele antes de decidir.

REFERÊNCIAS LEGISLATIVAS

- Arts. 9º e 10, CPC.

JURISPRUDÊNCIA

- A Corte *a quo* entendeu que não é possível a aplicação do art. 493 do CPC/2015, uma vez que o fato superveniente deve guardar pertinência com a causa de pedir e com o pedido inicial (STJ, REsp 1.694.987/SP, Ministro Herman Benjamin, T2 – Segunda Turma, *DJe* 11/10/2017).

> **Art. 494.** Publicada a sentença, o juiz só poderá alterá-la:

I – para corrigir-lhe, de ofício ou a requerimento da parte, inexatidões materiais ou erros de cálculo;

II – por meio de embargos de declaração.

REFERÊNCIAS LEGISLATIVAS

- Arts. 331, 332, § 3º, 485, § 7º, 1.022 a 1.026, CPC.

ANOTAÇÕES

- ***Retratação***: publicar a sentença é torná-la pública, dando-lhe assim existência e fixando os seus termos. Embora não possa alterá-la, salvo nas exceções previstas neste artigo, o juiz pode se retratar quanto às sentenças terminativas, após interposição de apelação (art. 485, § 7º, CPC); pode ainda se retratar no caso de sentença de mérito que imponha a improcedência liminar do pedido, também após interposição de apelação (art. 332, § 3º, CPC).

Art. 495. A decisão que condenar o réu ao pagamento de prestação consistente em dinheiro e a que determinar a conversão de prestação de fazer, de não fazer ou de dar coisa em prestação pecuniária valerão como título constitutivo de hipoteca judiciária.

§ 1º A decisão produz a hipoteca judiciária:

I – embora a condenação seja genérica;

II – ainda que o credor possa promover o cumprimento provisório da sentença ou esteja pendente arresto sobre bem do devedor;

III – mesmo que impugnada por recurso dotado de efeito suspensivo.

§ 2º A hipoteca judiciária poderá ser realizada mediante apresentação de cópia da sentença perante o cartório de registro imobiliário, independentemente de ordem judicial, de declaração expressa do juiz ou de demonstração de urgência.

§ 3º No prazo de até 15 (quinze) dias da data de realização da hipoteca, a parte informá-la-á ao juízo da causa, que determinará a intimação da outra parte para que tome ciência do ato.

§ 4º A hipoteca judiciária, uma vez constituída, implicará, para o credor hipotecário, o direito de preferência, quanto ao pagamento, em relação a outros credores, observada a prioridade no registro.

§ 5º Sobrevindo a reforma ou a invalidação da decisão que impôs o pagamento de quantia, a parte responderá, independentemente de culpa, pelos danos que a outra parte tiver sofrido em razão da constituição da garantia, devendo o valor da indenização ser liquidado e executado nos próprios autos.

REFERÊNCIAS LEGISLATIVAS

- Art. 219, CPC; arts. 927 a 954, 1.489 a 1.491, CC.

ANOTAÇÕES

- **Hipoteca judiciária**: efeito da sentença, a hipoteca judiciária constitui forma de garantia que possibilita ao vencedor do processo precaver-se contra manobras do réu que visem à alienação indevida de bens imóveis.

Seção III
Da Remessa Necessária

Art. 496. Está sujeita ao duplo grau de jurisdição, não produzindo efeito senão depois de confirmada pelo tribunal, a sentença:

I – proferida contra a União, os Estados, o Distrito Federal, os Municípios e suas respectivas autarquias e fundações de direito público;

II – que julgar procedentes, no todo ou em parte, os embargos à execução fiscal.

§ 1º Nos casos previstos neste artigo, não interposta a apelação no prazo legal, o juiz ordenará a remessa dos autos ao tribunal, e, se não o fizer, o presidente do respectivo tribunal avocá-los-á.

§ 2º Em qualquer dos casos referidos no § 1º, o tribunal julgará a remessa necessária.

§ 3º Não se aplica o disposto neste artigo quando a condenação ou o proveito econômico obtido na causa for de valor certo e líquido inferior a:

I – 1.000 (mil) salários mínimos para a União e as respectivas autarquias e fundações de direito público;

II – 500 (quinhentos) salários mínimos para os Estados, o Distrito Federal, as respectivas autarquias e fundações de direito público e os Municípios que constituam capitais dos Estados;

III – 100 (cem) salários mínimos para todos os demais Municípios e respectivas autarquias e fundações de direito público.

§ 4º Também não se aplica o disposto neste artigo quando a sentença estiver fundada em:

I – súmula de tribunal superior;

II – acórdão proferido pelo Supremo Tribunal Federal ou pelo Superior Tribunal de Justiça em julgamento de recursos repetitivos;

III – entendimento firmado em incidente de resolução de demandas repetitivas ou de assunção de competência;

IV – entendimento coincidente com orientação vinculante firmada no âmbito administrativo do próprio ente público, consolidada em manifestação, parecer ou súmula administrativa.

REFERÊNCIAS LEGISLATIVAS

- Art. 14, § 1º, Lei nº 12.016/2009 – MS; art. 13, § 1º, Lei Complementar nº 76/1993; art. 4º, § 1º, Lei nº 7.853/1989; art. 3º, parágrafo único, Lei nº 6.739/1979; art. 19, Lei nº 4.717/1965; art. 3º, Lei nº 2.770/1956; art. 28, § 1º, Decreto-lei nº 3.365/1941.

ANOTAÇÕES

- **Remessa necessária**: proferida a sentença, a parte vencida tem a faculdade de apelar; se não o fizer no prazo legal, ocorrerá o trânsito em julgado da decisão, o que faz surgir a coisa julgada. Recorrer ou não é, de regra, decisão pessoal do vencido, porém a lei processual, considerando o interesse público envolvido, estabeleceu que certas matérias devem necessariamente ser revistas pelo tribunal, mesmo que a parte vencida não recorra voluntariamente; é o chamado "duplo grau de jurisdição necessário", também conhecido por "remessa *ex officio*" ou ainda "reexame necessário". Não se trata obviamente de recurso, como parte da doutrina já chegou a dizer no passado, atribuindo-lhe o nome de "recurso *ex officio*", mas de condição que subordina a eficácia da sentença, que não produzirá efeitos, nem transitará em julgado, enquanto não reexaminada pelo tribunal.

JURISPRUDÊNCIA

- Súmula 423 do STF: Não transita em julgado a sentença por haver omitido o recurso *ex officio*, que se considera interposto *ex lege*.
- Súmula 45 do STJ: No reexame necessário, é defeso, ao tribunal, agravar a condenação imposta à Fazenda Pública.
- Súmula 253 do STJ: O art. 557 do CPC, que autoriza o relator a decidir o recurso, alcança o reexame necessário.
- Súmula 325 do STJ: A remessa oficial devolve ao Tribunal o reexame de todas as parcelas da condenação suportadas pela Fazenda Pública, inclusive dos honorários de advogado.
- Enunciado 164 do Fórum Permanente de Processualistas Civis: A sentença arbitral contra a Fazenda Pública não está sujeita à remessa necessária.

Seção IV
Do Julgamento das Ações Relativas às Prestações de Fazer,
de Não Fazer e de Entregar Coisa

Art. 497. Na ação que tenha por objeto a prestação de fazer ou de não fazer, o juiz, se procedente o pedido, concederá a tutela específica ou determinará providências que assegurem a obtenção de tutela pelo resultado prático equivalente.

Parágrafo único. Para a concessão da tutela específica destinada a inibir a prática, a reiteração ou a continuação de um ilícito, ou a sua remoção, é irrelevante a demonstração da ocorrência de dano ou da existência de culpa ou dolo.

REFERÊNCIAS LEGISLATIVAS

- Arts. 536 a 538, CPC.

ANOTAÇÕES

- **Imposição de multa**: uma das formas mais comuns de o juiz fazer cumprir decisão mandamental é a imposição de "multa periódica de atraso" (*astreinte*), que constitui importante instrumento de pressão à disposição do juiz, a fim de coagir o devedor a cumprir a obrigação, razão pela qual a sua imposição só tem cabimento quando a prestação específica é possível. O valor da multa pode ser revisto, para cima ou para baixo, conforme as circunstâncias do processo.

JURISPRUDÊNCIA

- É firme a jurisprudência desta Corte no sentido de que a decisão que fixa multa cominatória não preclui nem faz coisa julgada material, podendo ser revista a qualquer tempo (STJ, AgInt no REsp 1846156/SP, Ministro Marco Aurélio Bellizze, T3 – Terceira Turma, *DJe* 21/09/2020).
- Determina-se o cumprimento imediato do acórdão naquilo que se refere à obrigação de implementar o benefício, por se tratar de decisão de eficácia mandamental que deverá ser efetivada mediante as atividades de cumprimento da sentença *stricto sensu* previstas no art. 497 do CPC/2015, sem a necessidade de um processo executivo autônomo (*sine intervallo*) (STJ, AREsp 1.190.801, Ministro Herman Benjamin, *DP* 11/12/2017).
- A jurisprudência desta Corte firmou-se no mesmo sentido da tese esposada pelo Tribunal de origem, segundo a qual é possível ao juiz, de ofício ou a requerimento da parte, fixar multa diária cominatória – astreintes –, ainda que contra a Fazenda Pública, em caso de descumprimento de obrigação de fazer (STJ, REsp 1.652.556, Ministra Regina Helena Costa, *DP* 07/11/2017).

Art. 498. Na ação que tenha por objeto a entrega de coisa, o juiz, ao conceder a tutela específica, fixará o prazo para o cumprimento da obrigação.

Parágrafo único. Tratando-se de entrega de coisa determinada pelo gênero e pela quantidade, o autor individualizá-la-á na petição inicial, se lhe couber a escolha, ou, se a escolha couber ao réu, este a entregará individualizada, no prazo fixado pelo juiz.

REFERÊNCIAS LEGISLATIVAS

- Arts. 487, 538, CPC; arts. 233 a 246, CC.

Art. 499. A obrigação somente será convertida em perdas e danos se o autor o requerer ou se impossível a tutela específica ou a obtenção de tutela pelo resultado prático equivalente.

ANOTAÇÕES

- *Execução específica*: a presente norma adota como regra geral, nas obrigações de fazer ou não fazer, a execução específica; ou seja, ao sentenciar o juiz deve procurar garantir ao credor a tutela específica ou outra medida que obtenha resultado prático equivalente; a conversão da obrigação em perdas e danos constitui, portanto, exceção.

Art. 500. A indenização por perdas e danos dar-se-á sem prejuízo da multa fixada periodicamente para compelir o réu ao cumprimento específico da obrigação.

⚖️ REFERÊNCIAS LEGISLATIVAS

- Arts. 537, 927 a 954, CC.

Art. 501. Na ação que tenha por objeto a emissão de declaração de vontade, a sentença que julgar procedente o pedido, uma vez transitada em julgado, produzirá todos os efeitos da declaração não emitida.

📚 ANOTAÇÕES

- ***Sentença com força de declaração de vontade***: a norma expressa respeito à vontade individual, visto que ela indica que ninguém pode ser obrigado a emitir declaração de vontade; no caso de recusa, a declaração de vontade do indivíduo é substituída pela declaração de vontade da lei, expressa na sentença. A jurisprudência e a doutrina citam como exemplo a sentença proferida na ação de adjudicação compulsória, onde a vontade do compromissário vendedor é substituída pela sentença, que adjudica o bem ao compromissário comprador; o registro da sentença possibilita a alteração da propriedade do bem.

Seção V
Da Coisa Julgada

Art. 502. Denomina-se coisa julgada material a autoridade que torna imutável e indiscutível a decisão de mérito não mais sujeita a recurso.

⚖️ REFERÊNCIAS LEGISLATIVAS

- Arts. 487, 503, 504, 508, 975, CPC.

📚 ANOTAÇÕES

- ***Coisa julgada***: é a eficácia que torna imutável e indiscutível a sentença, seja porque a parte vencida já usou de todos os recursos previstos em lei, seja porque já ocorreu a preclusão quanto à possibilidade de se recorrer. Em outras palavras, caracterizada qualquer destas hipóteses, esgotamento dos recursos ou preclusão do direito de recorrer, a sentença transita em julgado, fato que leva à formação da coisa julgada, eficácia que torna imutável e indiscutível a sentença. Não é "toda a sentença" que se torna imutável, mas somente a sua parte dispositiva, onde efetivamente o juiz entrega a tutela jurisdicional (art. 504, CPC).
- ***Coisa julgada material***: eficácia que torna indiscutível e imutável a "sentença de mérito" (art. 487, CPC), ou seja, a sentença que efetivamente apreciou o pedido das partes, seja deferindo-o total ou parcialmente, seja indeferindo-o; em qual dos casos esta sentença passa a ter força de lei nos limites da questão principal expressamente decidida (art. 503, CPC).
- ***Coisa soberanamente julgada***: há que se ressaltar que alguns doutrinadores mencionam a existência de outra classificação da coisa julgada, denominada "coisa soberanamente julgada", que só se caracteriza quando se esgota o prazo para a interposição da ação rescisória (art. 975, CPC).

JURISPRUDÊNCIA

- A coisa julgada é instituto de direito formal que, a exemplo da perempção, da prescrição, da decadência e da perempção, inibe, resguardada a via rescisória, a discussão de mérito subjacente ao óbice de forma (TJSP, Agravo de Instrumento 3004916-31.2020.8.26.0000, Relator Ricardo Dip, 11ª Câmara de Direito Público, Foro Central – Fazenda Pública/Acidentes – 2ª Vara de Fazenda Pública, DJ 02/10/2020).
- Em situações excepcionais, é possível o afastamento da coisa julgada material formada nas ações investigatórias ou negatórias de paternidade, a fim de que seja exaustivamente apurada a existência da relação paterno-filial e, ainda, elucidadas as causas de eventuais vícios porventura existentes no exame de DNA inicialmente realizado (STJ, REsp 1632750/SP, Ministra Nancy Andrighi, T3 – Terceira Turma, *DJe* 13/11/2017).
- A coisa julgada material, além de consistir em importante instrumento de segurança jurídica e pacificação social, obsta ao Poder Judiciário a reapreciação da relação jurídica material acertada (STJ, REsp 1.620.717/RS, Ministro Marco Aurélio Bellizze, T3 – Terceira Turma, *DJe* 23/10/2017).
- A Terceira Seção do STJ firmou entendimento de que a decisão que confirma o juízo negativo de admissibilidade do recurso especial possui natureza declaratória e, por consequência, produz efeito *ex tunc*, retroagindo a formação da coisa julgada à data de escoamento do prazo para a interposição de recurso admissível (STJ, AgRg no AREsp 833.504/MS, Ministro Nefi Cordeiro, T6 – Sexta Turma, *DJe* 23/10/2017).
- De acordo com os ensinamentos de Humberto Theodoro Júnior, embasados na doutrina de Chiovenda e Liebman, ao instituir a coisa julgada, o legislador não tem nenhuma preocupação de valorar a sentença diante do fato (verdade) ou dos direitos (justiça). Impele-o tão somente uma exigência de ordem prática, quase banal, mas imperiosa, de não mais permitir que se volte a discutir acerca das questões já soberanamente decididas pelo Poder Judiciário (TJMG, Apelação Cível 1.0520.12.003926-5/001, Rel. Desembargador Eduardo Mariné da Cunha, 17ª Câmara Cível, julgamento em 14/04/2016, publicação da súmula em 26/04/2016).

Art. 503. A decisão que julgar total ou parcialmente o mérito tem força de lei nos limites da questão principal expressamente decidida.

§ 1º O disposto no *caput* aplica-se à resolução de questão prejudicial, decidida expressa e incidentemente no processo, se:

I – dessa resolução depender o julgamento do mérito;

II – a seu respeito tiver havido contraditório prévio e efetivo, não se aplicando no caso de revelia;

III – o juízo tiver competência em razão da matéria e da pessoa para resolvê-la como questão principal.

§ 2º A hipótese do § 1º não se aplica se no processo houver restrições probatórias ou limitações à cognição que impeçam o aprofundamento da análise da questão prejudicial.

REFERÊNCIAS LEGISLATIVAS

- Arts. 10, 141, 487, CPC.

JURISPRUDÊNCIA

- A garantia ao contraditório significa assegurar a prevalência da democracia no processo, com a efetiva possibilidade da participação e da influência das partes na produção de todas as provas e contraprovas que entenderem necessárias para a defesa de seus direitos. A teor do artigo 10 do NCPC, o magistrado não pode decidir alicerçado em fundamento a respeito do qual as partes não tiveram oportunidade de debater.

Adotado, assim, o princípio da não surpresa. Viola este princípio, bem como o do contraditório e da ampla defesa a prolação de sentença de improcedência com fundamento em questão sobre a qual não foi oportunizada às partes a manifestação prévia (TJMG, Apelação Cível 1.0143.14.003860-3/001, Rel. Desembargadora Mariangela Meyer, 10ª Câmara Cível, julgamento em 27/02/2018, publicação da súmula em 09/03/2018).

Art. 504. Não fazem coisa julgada:
I – os motivos, ainda que importantes para determinar o alcance da parte dispositiva da sentença;
II – a verdade dos fatos, estabelecida como fundamento da sentença.

REFERÊNCIAS LEGISLATIVAS

- Art. 489, CPC.

JURISPRUDÊNCIA

- Conforme o entendimento pacificado nesta Corte, não há coisa julgada em relação aos motivos que determinaram o pronunciamento judicial (STJ, AgInt no REsp 1.265.504/SP, Ministro Lázaro Guimarães, T4 – Quarta Turma, *DJe* 24/10/2017).

Art. 505. Nenhum juiz decidirá novamente as questões já decididas relativas à mesma lide, salvo:
I – se, tratando-se de relação jurídica de trato continuado, sobreveio modificação no estado de fato ou de direito, caso em que poderá a parte pedir a revisão do que foi estatuído na sentença;
II – nos demais casos prescritos em lei.

REFERÊNCIAS LEGISLATIVAS

- Arts. 223, 507, CPC.

ANOTAÇÕES

- *Relação jurídica de trato continuado*: obrigações periódicas, ou de trato sucessivo, são aquelas cujas prestações devem ser cumpridas num espaço mais ou menos longo de tempo, por meio de vários atos ou fatos (*v.g.*, locação, alimentos, compra e venda a prestação etc.).

Art. 506. A sentença faz coisa julgada às partes entre as quais é dada, não prejudicando terceiros.

REFERÊNCIAS LEGISLATIVAS

- Arts. 2º, 18, 109, § 3º, 119, 123, 124, 240, 485, 487, CPC; art. 274, CC.

> **Art. 507.** É vedado à parte discutir no curso do processo as questões já decididas a cujo respeito se operou a preclusão.

REFERÊNCIAS LEGISLATIVAS

- Art. 223, CPC.

ANOTAÇÕES

- **Preclusão**: a proibição de rediscutir questões já tratadas ou da renovação de atos processuais, seja porque já foram praticados, seja porque a parte deixou de praticá-los no tempo oportuno ou porque já praticou outro ato com ele incompatível, é chamada de *preclusão*. Destarte, pode-se afirmar que *preclusão é a perda da faculdade de praticar o ato processual*. Com arrimo neste conceito, a doutrina reconhece três espécies de preclusão: I – *preclusão temporal*, quando a perda da faculdade de praticar o ato ocorre em razão do decurso do prazo fixado na lei ou pelo juiz; II – *preclusão lógica*, quando a parte perde o direito de praticar o ato em razão da prática de outro ato que seja com ele incompatível (*v.g.*, aquele que foi condenado e que efetuou o pagamento não pode depois recorrer); III – *preclusão consumativa*, que ocorre quando a parte pratica o ato, bem ou mal, não interessa, ficando-lhe defeso tornar a praticá-lo mesmo que o prazo ainda não tenha se esgotado. Por exemplo: o prazo para contestar no rito comum é de 15 (quinze) dias; se o réu protocola sua contestação no quinto dia, não pode mais fazê-lo novamente, mesmo que tenha esquecido alguma questão e esteja ainda dentro do prazo original.

JURISPRUDÊNCIA

- A não impugnação de tese recursal em momento oportuno no processo inviabiliza sua análise pelo STJ ante a ocorrência da preclusão consumativa (STJ, AgRg nos EDcl no AREsp 1519852/RN, Ministro João Otávio de Noronha, T5 – Quinta Turma, *DJe* 22/10/2020).
- Não é possível que a parte apresente, em sede de agravo interno, alegação de violação dos arts. 489 e 1.022 do CPC quando tal argumento não fez sequer parte do recurso especial. Isso porque os argumentos apresentados em momento posterior à interposição do recurso especial não são passíveis de conhecimento por importar inovação recursal, indevida em virtude da preclusão consumativa (STJ, AgInt nos EDcl no REsp 1773569/DF, Ministro Luis Felipe Salomão, T4 – Quarta Turma, *DJe* 09/09/2020).

> **Art. 508.** Transitada em julgado a decisão de mérito, considerar-se-ão deduzidas e repelidas todas as alegações e as defesas que a parte poderia opor tanto ao acolhimento quanto à rejeição do pedido.

REFERÊNCIAS LEGISLATIVAS

- Arts. 487, 502, 966 a 975, CPC.

CAPÍTULO XIV
DA LIQUIDAÇÃO DE SENTENÇA

Art. 509. Quando a sentença condenar ao pagamento de quantia ilíquida, proceder-se-á à sua liquidação, a requerimento do credor ou do devedor:

I – por arbitramento, quando determinado pela sentença, convencionado pelas partes ou exigido pela natureza do objeto da liquidação;

II – pelo procedimento comum, quando houver necessidade de alegar e provar fato novo.

§ 1º Quando na sentença houver uma parte líquida e outra ilíquida, ao credor é lícito promover simultaneamente a execução daquela e, em autos apartados, a liquidação desta.

§ 2º Quando a apuração do valor depender apenas de cálculo aritmético, o credor poderá promover, desde logo, o cumprimento da sentença.

§ 3º O Conselho Nacional de Justiça desenvolverá e colocará à disposição dos interessados programa de atualização financeira.

§ 4º Na liquidação é vedado discutir de novo a lide ou modificar a sentença que a julgou.

REFERÊNCIAS LEGISLATIVAS

- Arts. 318 a 512, 783, 786, CPC.
- Art. 1º, Lei nº 6.899/1981: "a correção monetária incide sobre qualquer débito resultante de decisão judicial, inclusive sobre custas e honorários advocatícios".

ANOTAÇÕES

- **Liquidação da sentença**: nem sempre as sentenças condenatórias, cíveis ou penais, são precisas quanto ao valor da dívida (*v.g.*, condenação ao pagamento de perdas e danos, sem fixar-se o valor dos danos), o que demanda que o credor, antes de ajuizar o processo executivo, providencie sua liquidação. Destarte, pode-se concluir que a liquidação da sentença se apresenta como uma fase preparatória da futura fase de execução, cuja decisão irá complementar aquela já proferida quando da resolução do mérito; ou seja, o objetivo do processo de liquidação é, repita-se, a fixação precisa do objeto da obrigação, determinando-se o seu valor, razão pela qual a decisão proferida terá natureza declaratória do *quantum debeatur* (quanto devido).
- **Formas**: há dois tipos de procedimento para a liquidação da sentença, quais sejam: (I) por "arbitramento" (art. 510, CPC), que tem cabimento quando houver necessidade da cooperação, concurso ou ajuda de um especialista (*expert*), seja porque tal fato foi determinado pela sentença exequenda, pela convenção das partes ou por assim exigir a natureza do objeto da liquidação, sendo exemplos: a intervenção do médico, na apuração do dano pessoal (*v.g.*, perda da capacidade laborativa); do engenheiro, na apuração do dano à coisa (*v.g.*, recuperação de fissuras e de vícios estruturais do imóvel); do contador, na apuração dos ilícitos contratuais (*v.g.*, lucro cessante); (II) por "procedimento comum" (art. 511, CPC), que é a antiga liquidação por artigos, cabível quando para determinar o valor da condenação houver necessidade de alegar e provar fato novo. A doutrina costuma ilustrar a matéria citando como exemplo a "ação de indenização", onde no processo de conhecimento se estabelece a existência do dano e o responsável pela sua reparação,

já no processo de liquidação por artigos se discute a extensão dos danos (danos emergentes e lucros cessantes).

JURISPRUDÊNCIA

- Súmula 254 do STF: Incluem-se os juros moratórios na liquidação, embora omisso o pedido inicial ou a condenação.
- Súmula 344 do STJ: A liquidação por forma diversa da estabelecida na sentença não ofende a coisa julgada.
- Nos termos do art. 509, inciso I, do CPC, a liquidação será realizada por arbitramento, quando a sentença determinar, se as partes convencionarem ou se exigido pela natureza do objeto da liquidação. Comprovada a complexidade da operação para apuração do débito exequendo, deve ser reformada a decisão que indeferiu a realização de liquidação de sentença (TJMG, Agravo de Instrumento-Cv 1.0313.11.034525-0/002, Rel. Desembargador Marcos Lincoln, 11ª Câmara Cível, julgamento em 03/07/2020, publicação da súmula em 30/07/2020).
- Na liquidação da ação coletiva referente aos expurgos inflacionários é indispensável a liquidação por arbitramento, nos termos do art. 509, I, do CPC/2015, visto que, para a apuração do valor devido, são necessários cálculos complexos. Após a necessária liquidação da sentença é que será possível obter o valor efetivamente devido, do que se conclui pela ausência de liquidez imediata do título (TJMG, Agravo de Instrumento-Cv 1.0431.14.005719-8/001, Rel. Desembargador José Arthur Filho, 9ª Câmara Cível, julgamento em 24/09/2019, publicação da súmula em 04/10/2019).

Art. 510. Na liquidação por arbitramento, o juiz intimará as partes para a apresentação de pareceres ou documentos elucidativos, no prazo que fixar, e, caso não possa decidir de plano, nomeará perito, observando-se, no que couber, o procedimento da prova pericial.

REFERÊNCIAS LEGISLATIVAS

- Arts. 464 a 480, CPC.

DICAS DE PRÁTICA JURÍDICA

- **Petição requerendo a liquidação por arbitramento**: o CPC não impõe requisitos à petição que requer a liquidação da sentença por arbitramento, ou seja, trata-se de petição intermediária endereçada ao próprio juiz da causa; depois da qualificação, o interessado deve expressamente requerer a abertura do incidente de liquidação da sentença, nos termos do art. 510 do CPC, assim como a nomeação de perito judicial para tanto (quando for o caso); é conveniente que o requerente já apresente os documentos que sejam de sua competência fazê-lo, como, por exemplo, laudo médico atualizado; pode, ainda, já apresentar os seus "quesitos", isto é, as questões que deseja que o perito responda a fim de estabelecer, por exemplo, a extensão dos danos.

Art. 511. Na liquidação pelo procedimento comum, o juiz determinará a intimação do requerido, na pessoa de seu advogado ou da sociedade de advogados a que estiver vinculado, para, querendo, apresentar contestação no prazo de 15 (quinze) dias, observando-se, a seguir, no que couber, o disposto no Livro I da Parte Especial deste Código.

⚖️ REFERÊNCIAS LEGISLATIVAS

- Arts. 219, 318 a 512, CPC.

💡 DICAS DE PRÁTICA JURÍDICA

- ***Petição requerendo a liquidação pelo procedimento comum***: o CPC não impõe requisitos à petição que requer a liquidação da sentença, ou seja, trata-se de petição intermediária endereçada ao próprio juiz da causa; depois da qualificação, o interessado deve de forma articulada apresentar os "fatos novos", que deverão servir de arrimo para a fixação do valor da indenização; lembre-se, este tipo de liquidação tem cabimento quando, por exemplo, o juiz já estabeleceu a existência do dano e o seu responsável, deixando para a fase da liquidação a apuração de sua extensão, daí que no requerimento o interessado deve detalhar os fatos que possibilitarão a apuração da extensão dos danos.

Art. 512. A liquidação poderá ser realizada na pendência de recurso, processando-se em autos apartados no juízo de origem, cumprindo ao liquidante instruir o pedido com cópias das peças processuais pertinentes.

⚖️ REFERÊNCIAS LEGISLATIVAS

- Art. 425, IV, CPC.

TÍTULO II
DO CUMPRIMENTO DA SENTENÇA

CAPÍTULO I
DISPOSIÇÕES GERAIS

Art. 513. O cumprimento da sentença será feito segundo as regras deste Título, observando-se, no que couber e conforme a natureza da obrigação, o disposto no Livro II da Parte Especial deste Código.

§ 1º O cumprimento da sentença que reconhece o dever de pagar quantia, provisório ou definitivo, far-se-á a requerimento do exequente.

§ 2º O devedor será intimado para cumprir a sentença:

I – pelo Diário da Justiça, na pessoa de seu advogado constituído nos autos;

II – por carta com aviso de recebimento, quando representado pela Defensoria Pública ou quando não tiver procurador constituído nos autos, ressalvada a hipótese do inciso IV;

III – por meio eletrônico, quando, no caso do § 1º do art. 246, não tiver procurador constituído nos autos;

IV – por edital, quando, citado na forma do art. 256, tiver sido revel na fase de conhecimento.

§ 3º Na hipótese do § 2º, incisos II e III, considera-se realizada a intimação quando o devedor houver mudado de endereço sem prévia comunicação ao juízo, observado o disposto no parágrafo único do art. 274.

§ 4º Se o requerimento a que alude o § 1º for formulado após 1 (um) ano do trânsito em julgado da sentença, a intimação será feita na pessoa do devedor, por meio de carta com aviso de recebimento encaminhada ao endereço constante dos autos, observado o disposto no parágrafo único do art. 274 e no § 3º deste artigo.

§ 5º O cumprimento da sentença não poderá ser promovido em face do fiador, do coobrigado ou do corresponsável que não tiver participado da fase de conhecimento.

REFERÊNCIAS LEGISLATIVAS

- Arts. 139, IV, 246, § 1º, 256, 274, parágrafo único, 498, 501, 523 a 527, 536, 537, 538, 771 a 925, CPC.

JURISPRUDÊNCIA

- Súmula 150 do STF: Prescreve a execução no mesmo prazo de prescrição da ação.
- Súmula 517 do STJ: São devidos honorários advocatícios no cumprimento de sentença, haja ou não impugnação, depois de escoado o prazo para pagamento voluntário, que se inicia após a intimação do advogado da parte executada.
- A teor do art. 513 do CPC/15, é desnecessária a intimação pessoal para cumprimento de obrigação de fazer, sendo válida a intimação por meio do Diário da Justiça, na pessoa do advogado constituído nos autos (TJMG, Agravo de Instrumento-Cv 1.0456.09.073723-4/001, Rel. Desembargador Amauri Pinto Ferreira, 17ª Câmara Cível, julgamento em 14/09/2017, publicação da súmula em 26/09/2017).

Art. 514. Quando o juiz decidir relação jurídica sujeita a condição ou termo, o cumprimento da sentença dependerá de demonstração de que se realizou a condição ou de que ocorreu o termo.

REFERÊNCIAS LEGISLATIVAS

- Art. 131, CC.
- Art. 121, CC: "Considera-se condição a cláusula que, derivando exclusivamente da vontade das partes, subordina o efeito do negócio jurídico a evento futuro e incerto".

ANOTAÇÕES

- **Condição**: considera-se condição a cláusula que subordina o efeito do ato jurídico a evento futuro e incerto. A condição pode ser "suspensiva", quando impede que a avença se aperfeiçoe até o advento da condição, ou "resolutiva", quanto o ajuste tem efeito até que ocorra o advento da condição.
- **Termo**: é evento futuro, porém certo. O "termo inicial", *dies a quo*, fixa o momento em que a eficácia do negócio deve ter início, e o "termo final", *dies ad quem*, fixa o momento em que a eficácia do negócio termina. Embora "o termo" seja evento inevitável, pode ser incerto quanto à data de sua verificação, por exemplo: a morte de uma pessoa.

Art. 515. São títulos executivos judiciais, cujo cumprimento dar-se-á de acordo com os artigos previstos neste Título:

I – as decisões proferidas no processo civil que reconheçam a exigibilidade de obrigação de pagar quantia, de fazer, de não fazer ou de entregar coisa;

II – a decisão homologatória de autocomposição judicial;

III – a decisão homologatória de autocomposição extrajudicial de qualquer natureza;

IV – o formal e a certidão de partilha, exclusivamente em relação ao inventariante, aos herdeiros e aos sucessores a título singular ou universal;

V – o crédito de auxiliar da justiça, quando as custas, emolumentos ou honorários tiverem sido aprovados por decisão judicial;

VI – a sentença penal condenatória transitada em julgado;

VII – a sentença arbitral;

VIII – a sentença estrangeira homologada pelo Superior Tribunal de Justiça;

IX – a decisão interlocutória estrangeira, após a concessão do *exequatur* à carta rogatória pelo Superior Tribunal de Justiça;

X – (VETADO).

§ 1º Nos casos dos incisos VI a IX, o devedor será citado no juízo cível para o cumprimento da sentença ou para a liquidação no prazo de 15 (quinze) dias.

§ 2º A autocomposição judicial pode envolver sujeito estranho ao processo e versar sobre relação jurídica que não tenha sido deduzida em juízo.

REFERÊNCIAS LEGISLATIVAS

- Arts. 105, I, "i", 109, X, CF; arts. 219, 238 a 268, 487, III, 520 a 538, 655, 779, I, 784, 960 a 965, CPC; art. 935, CC; art. 91, I, CP; art. 63, CPP; art. 26, Lei nº 13.988/2020; arts. 26, III, 32 e 33, Lei nº 9.307/1996; art. 57, Lei nº 9.099/1995.

Art. 516. O cumprimento da sentença efetuar-se-á perante:

I – os tribunais, nas causas de sua competência originária;

II – o juízo que decidiu a causa no primeiro grau de jurisdição;

III – o juízo cível competente, quando se tratar de sentença penal condenatória, de sentença arbitral, de sentença estrangeira ou de acórdão proferido pelo Tribunal Marítimo.

Parágrafo único. Nas hipóteses dos incisos II e III, o exequente poderá optar pelo juízo do atual domicílio do executado, pelo juízo do local onde se encontrem os bens sujeitos à execução ou pelo juízo do local onde deva ser executada a obrigação de fazer ou de não fazer, casos em que a remessa dos autos do processo será solicitada ao juízo de origem.

REFERÊNCIAS LEGISLATIVAS

- Arts. 55, § 2º, II, 64, § 1º, 525, § 1º, VI, 528, § 9º, CPC.

Art. 517. A decisão judicial transitada em julgado poderá ser levada a protesto, nos termos da lei, depois de transcorrido o prazo para pagamento voluntário previsto no art. 523.

§ 1º Para efetivar o protesto, incumbe ao exequente apresentar certidão de teor da decisão.

§ 2º A certidão de teor da decisão deverá ser fornecida no prazo de 3 (três) dias e indicará o nome e a qualificação do exequente e do executado, o número do processo, o valor da dívida e a data de decurso do prazo para pagamento voluntário.

§ 3º O executado que tiver proposto ação rescisória para impugnar a decisão exequenda pode requerer, a suas expensas e sob sua responsabilidade, a anotação da propositura da ação à margem do título protestado.

§ 4º A requerimento do executado, o protesto será cancelado por determinação do juiz, mediante ofício a ser expedido ao cartório, no prazo de 3 (três) dias, contado da data de protocolo do requerimento, desde que comprovada a satisfação integral da obrigação.

REFERÊNCIAS LEGISLATIVAS

- Arts. 219, 523, CPC.

Art. 518. Todas as questões relativas à validade do procedimento de cumprimento da sentença e dos atos executivos subsequentes poderão ser arguidas pelo executado nos próprios autos e nestes serão decididas pelo juiz.

REFERÊNCIAS LEGISLATIVAS

- Arts. 276 a 283, 1.015, parágrafo único, CPC.

ANOTAÇÕES

- **Questões sobre a validade do procedimento**: novidade deste CPC, a norma permite que o interessado levante, por simples petição (endereçamento, qualificação, fatos, pedido), nos próprios autos, questões relativas à validade do procedimento de cumprimento de sentença e dos atos executivos subsequentes, lembrando que qualquer que seja a decisão do juiz sobre a questão, ela pode ser impugnada por meio de agravo de instrumento (art. 1.015, parágrafo único, CPC).

Art. 519. Aplicam-se as disposições relativas ao cumprimento da sentença, provisório ou definitivo, e à liquidação, no que couber, às decisões que concederem tutela provisória.

REFERÊNCIAS LEGISLATIVAS

- Arts. 294 a 311, CPC.

CAPÍTULO II
DO CUMPRIMENTO PROVISÓRIO DA SENTENÇA QUE RECONHECE A EXIGIBILIDADE DE OBRIGAÇÃO DE PAGAR QUANTIA CERTA

Art. 520. O cumprimento provisório da sentença impugnada por recurso desprovido de efeito suspensivo será realizado da mesma forma que o cumprimento definitivo, sujeitando-se ao seguinte regime:

I – corre por iniciativa e responsabilidade do exequente, que se obriga, se a sentença for reformada, a reparar os danos que o executado haja sofrido;

II – fica sem efeito, sobrevindo decisão que modifique ou anule a sentença objeto da execução, restituindo-se as partes ao estado anterior e liquidando-se eventuais prejuízos nos mesmos autos;

III – se a sentença objeto de cumprimento provisório for modificada ou anulada apenas em parte, somente nesta ficará sem efeito a execução;

IV – o levantamento de depósito em dinheiro e a prática de atos que importem transferência de posse ou alienação de propriedade ou de outro direito real, ou dos quais possa resultar grave dano ao executado, dependem de caução suficiente e idônea, arbitrada de plano pelo juiz e prestada nos próprios autos.

§ 1º No cumprimento provisório da sentença, o executado poderá apresentar impugnação, se quiser, nos termos do art. 525.

§ 2º A multa e os honorários a que se refere o § 1º do art. 523 são devidos no cumprimento provisório de sentença condenatória ao pagamento de quantia certa.

§ 3º Se o executado comparecer tempestivamente e depositar o valor, com a finalidade de isentar-se da multa, o ato não será havido como incompatível com o recurso por ele interposto.

§ 4º A restituição ao estado anterior a que se refere o inciso II não implica o desfazimento da transferência de posse ou da alienação de propriedade ou de outro direito real eventualmente já realizada, ressalvado, sempre, o direito à reparação dos prejuízos causados ao executado.

§ 5º Ao cumprimento provisório de sentença que reconheça obrigação de fazer, de não fazer ou de dar coisa aplica-se, no que couber, o disposto neste Capítulo.

REFERÊNCIAS LEGISLATIVAS

- Arts. 521, 523, § 1º, 525, 527, 995, 1.012, CPC.

ANOTAÇÕES

- ***Caução***: é termo genérico que indica um conjunto de garantias, que podem ser reais, tais como o penhor e a hipoteca, ou fidejussórias, ou seja, pessoais, como a fiança e o aval. A norma indica que a caução, ou seja, a garantia a ser apresentada pelo exequente deve ser suficiente, isto é, o bastante para indenizar eventuais prejuízos do devedor, assim como idônea, ou seja, confiável.

JURISPRUDÊNCIA

- A mera existência de cumprimento provisório de sentença não é razão, por si só, para a concessão de efeito suspensivo a recurso perante o Superior Tribunal de Justiça. O questionamento e a análise de idoneidade da caução prestada perante o juízo de origem, bem como dos limites da decisão judicial devem ser submetidos às instâncias de origem, sob pena de indevida supressão e ofensa ao devido processo legal (STJ, AgInt nos EREsp 1.447.082/TO, Ministra Maria Isabel Gallotti, S2 – Segunda Seção, *DJe* 01/08/2017).
- Em execução provisória, descabe o arbitramento de honorários advocatícios em benefício do exequente. Posteriormente, convertendo-se a execução provisória em definitiva, após franquear ao devedor, com precedência, a possibilidade de cumprir, voluntária e tempestivamente, a condenação imposta, deverá o magistrado proceder ao arbitramento dos honorários advocatícios. Entendimento consolidado em sede de recurso repetitivo (STJ, AgRg no AREsp 562.536/PR, Ministro Marco Buzzi, T4 – Quarta Turma, *DJe* 17/11/2017).
- Não há previsão legal quanto à exigência de caução no momento da propositura da execução provisória, havendo, apenas, a exigência de que o levantamento de depósito em dinheiro e a prática de atos que importem alienação de propriedade ou dos quais possa resultar grave dano ao executado dependem de caução suficiente e idônea, arbitrada de plano pelo juiz e prestada nos próprios autos. Ademais, a exigência da caução poderá ser dispensada quando o crédito for de natureza alimentar ou decorrente de ato ilícito, até o limite de 60 vezes o valor do salário mínimo, se o exequente demonstrar situação de necessidade (STJ, AgInt no AgRg no REsp 1.289.992/RO, Ministro Marco Aurélio Bellizze, T3 – Terceira Turma, *DJe* 24/11/2016).

Art. 521. A caução prevista no inciso IV do art. 520 poderá ser dispensada nos casos em que:

I – o crédito for de natureza alimentar, independentemente de sua origem;

II – o credor demonstrar situação de necessidade;

III – pender o agravo do art. 1.042; (Inciso com redação dada pela Lei nº 13.256, de 4/2/2016, em vigor no início da vigência da Lei nº 13.105, de 16/3/2015)

IV – a sentença a ser provisoriamente cumprida estiver em consonância com súmula da jurisprudência do Supremo Tribunal Federal ou do Superior Tribunal de Justiça ou em conformidade com acórdão proferido no julgamento de casos repetitivos.

Parágrafo único. A exigência de caução será mantida quando da dispensa possa resultar manifesto risco de grave dano de difícil ou incerta reparação.

REFERÊNCIAS LEGISLATIVAS

- Arts. 520, IV, 926, 1.042, CPC; Lei nº 5.478/1968.

Art. 522. O cumprimento provisório da sentença será requerido por petição dirigida ao juízo competente.

Parágrafo único. Não sendo eletrônicos os autos, a petição será acompanhada de cópias das seguintes peças do processo, cuja autenticidade poderá ser certificada pelo próprio advogado, sob sua responsabilidade pessoal:

I – decisão exequenda;

II – certidão de interposição do recurso não dotado de efeito suspensivo;

III – procurações outorgadas pelas partes;

IV – decisão de habilitação, se for o caso;

V – facultativamente, outras peças processuais consideradas necessárias para demonstrar a existência do crédito.

REFERÊNCIAS LEGISLATIVAS

- Arts. 425, IV, 523, 524, 536, 538, CPC.

DICAS DE PRÁTICA JURÍDICA

- *Fazendo o pedido de cumprimento provisório da sentença*: a petição que requer o cumprimento provisório da sentença é de natureza intermediária, devendo, no entanto, atender ao que determina o art. 524 do CPC; não é necessário se indicar o valor da causa, visto que não se trata de novo processo mas apenas de fase do processo de conhecimento; no entanto, na prática jurídica alguns juízes ainda cobram a indicação do valor da causa, neste caso é conveniente atender, visto que a discussão do tema pode tornar a cobrança ainda mais morosa. No bojo da petição, o autor se limita a declarar que a sentença condenou o réu a pagar certa quantia (neste caso se deve apresentar os cálculos atualizados do débito, preferencialmente usando programas de atualização fornecidos pelo próprio Tribunal de Justiça), ou a entregar certo bem, ou a fazer ou deixar de fazer certa obrigação, requerendo, em seguida, a intimação do executado nos termos dos arts. 523, 536 e 538 do CPC, conforme o caso.

CAPÍTULO III
DO CUMPRIMENTO DEFINITIVO DA SENTENÇA QUE RECONHECE A EXIGIBILIDADE DE OBRIGAÇÃO DE PAGAR QUANTIA CERTA

Art. 523. No caso de condenação em quantia certa, ou já fixada em liquidação, e no caso de decisão sobre parcela incontroversa, o cumprimento definitivo da sentença far-se-á a requerimento do exequente, sendo o executado intimado para pagar o débito, no prazo de 15 (quinze) dias, acrescido de custas, se houver.

§ 1º Não ocorrendo pagamento voluntário no prazo do *caput*, o débito será acrescido de multa de dez por cento e, também, de honorários de advogado de dez por cento.

§ 2º Efetuado o pagamento parcial no prazo previsto no *caput*, a multa e os honorários previstos no § 1º incidirão sobre o restante.

§ 3º Não efetuado tempestivamente o pagamento voluntário, será expedido, desde logo, mandado de penhora e avaliação, seguindo-se os atos de expropriação.

REFERÊNCIAS LEGISLATIVAS

- Arts. 77, §§ 2º a 3º, 85, 139, IV, 154, V, 219, 513, § 2º, I, 524, 525, 536, 537, 538, 772 a 774, 801, 831 a 909, CPC.

ANOTAÇÕES

- **Contagem do prazo para pagar**: o prazo referido no *caput* desta norma é, segundo jurisprudência do Superior Tribunal de Justiça, de natureza "processual", devendo a sua contagem considerar, nos termos do art. 219, apenas os dias úteis.

DICAS DE PRÁTICA JURÍDICA

- **Fazendo o pedido de cumprimento da sentença**: a petição que requer o cumprimento da sentença é de natureza intermediária, devendo, no entanto, atender ao que determina o art. 524 do CPC; não é necessário se indicar o valor da causa, visto que não se trata de novo processo mas apenas de fase do processo de conhecimento; no entanto, na prática jurídica alguns juízes ainda cobram a indicação do valor da causa, neste caso é conveniente atender, visto que a discussão do tema pode tornar a cobrança ainda mais morosa. No bojo da petição, o autor se limita a declarar que a sentença condenou o réu a pagar certa quantia (neste caso se deve apresentar os cálculos atualizados do débito, preferencialmente usando programas de atualização fornecidos pelo próprio Tribunal de Justiça), ou a entregar certo bem, ou a fazer ou deixar de fazer certa obrigação, requerendo, em seguida, a intimação do executado nos termos dos arts. 523, 536 e 538 do CPC, conforme o caso.

JURISPRUDÊNCIA

- Súmula 410 do STJ: A prévia intimação pessoal do devedor constitui condição necessária para a cobrança de multa pelo descumprimento de obrigação de fazer ou não fazer.
- Enunciado 12 do Fórum Permanente de Processualistas Civis: A aplicação das medidas atípicas sub-rogatórias e coercitivas é cabível em qualquer obrigação no cumprimento de sentença ou execução de título executivo extrajudicial. Essas medidas, contudo, serão aplicadas de forma subsidiária às medidas tipificadas, com observação do contraditório, ainda que diferido, e por meio de decisão à luz do art. 489, § 1º, I e II.
- O prazo previsto no art. 523, *caput*, do Código de Processo Civil, para o cumprimento voluntário da obrigação, possui natureza processual, devendo ser contado em dias úteis (STJ, REsp 1.708.348/RJ, Rel. Min. Marco Aurélio Bellizze, T3 – Terceira Turma, *DJe* 01/08/2019).
- Não há como aplicar, na fase de cumprimento de sentença, a multa de 10% (dez por cento) prevista no art. 475-J do CPC/1973 (atual art. 523, § 1º, do CPC/2015) se a condenação não se revestir da liquidez necessária ao seu cumprimento espontâneo (STJ, REsp 1.691.748/PR, Ministro Ricardo Villas Bôas Cueva, T3 – Terceira Turma, *DJe* 17/11/2017).

Art. 524. O requerimento previsto no art. 523 será instruído com demonstrativo discriminado e atualizado do crédito, devendo a petição conter:

I – o nome completo, o número de inscrição no Cadastro de Pessoas Físicas ou no Cadastro Nacional da Pessoa Jurídica do exequente e do executado, observado o disposto no art. 319, §§ 1º a 3º;

II – o índice de correção monetária adotado;

III – os juros aplicados e as respectivas taxas;

IV – o termo inicial e o termo final dos juros e da correção monetária utilizados;

V – a periodicidade da capitalização dos juros, se for o caso;

VI – especificação dos eventuais descontos obrigatórios realizados;

VII – indicação dos bens passíveis de penhora, sempre que possível.

§ 1º Quando o valor apontado no demonstrativo aparentemente exceder os limites da condenação, a execução será iniciada pelo valor pretendido, mas a penhora terá por base a importância que o juiz entender adequada.

§ 2º Para a verificação dos cálculos, o juiz poderá valer-se de contabilista do juízo, que terá o prazo máximo de 30 (trinta) dias para efetuá-la, exceto se outro lhe for determinado.

§ 3º Quando a elaboração do demonstrativo depender de dados em poder de terceiros ou do executado, o juiz poderá requisitá-los, sob cominação do crime de desobediência.

§ 4º Quando a complementação do demonstrativo depender de dados adicionais em poder do executado, o juiz poderá, a requerimento do exequente, requisitá-los, fixando prazo de até 30 (trinta) dias para o cumprimento da diligência.

§ 5º Se os dados adicionais a que se refere o § 4º não forem apresentados pelo executado, sem justificativa, no prazo designado, reputar-se-ão corretos os cálculos apresentados pelo exequente apenas com base nos dados de que dispõe.

REFERÊNCIAS LEGISLATIVAS

- Arts. 77, IV, 139, IV, 219, 319, 380, 403, 438, 523, 536 a 538, 801, CPC.

Art. 525. Transcorrido o prazo previsto no art. 523 sem o pagamento voluntário, inicia--se o prazo de 15 (quinze) dias para que o executado, independentemente de penhora ou nova intimação, apresente, nos próprios autos, sua impugnação.

§ 1º Na impugnação, o executado poderá alegar:

I – falta ou nulidade da citação se, na fase de conhecimento, o processo correu à revelia;

II – ilegitimidade de parte;

III – inexequibilidade do título ou inexigibilidade da obrigação;

IV – penhora incorreta ou avaliação errônea;

V – excesso de execução ou cumulação indevida de execuções;

VI – incompetência absoluta ou relativa do juízo da execução;

VII – qualquer causa modificativa ou extintiva da obrigação, como pagamento, novação, compensação, transação ou prescrição, desde que supervenientes à sentença.

§ 2º A alegação de impedimento ou suspeição observará o disposto nos arts. 146 e 148.

§ 3º Aplica-se à impugnação o disposto no art. 229.

§ 4º Quando o executado alegar que o exequente, em excesso de execução, pleiteia quantia superior à resultante da sentença, cumprir-lhe-á declarar de imediato o valor que entende correto, apresentando demonstrativo discriminado e atualizado de seu cálculo.

§ 5º Na hipótese do § 4º, não apontado o valor correto ou não apresentado o demonstrativo, a impugnação será liminarmente rejeitada, se o excesso de execução for o seu único fundamento, ou, se houver outro, a impugnação será processada, mas o juiz não examinará a alegação de excesso de execução.

§ 6º A apresentação de impugnação não impede a prática dos atos executivos, inclusive os de expropriação, podendo o juiz, a requerimento do executado e desde que garantido o juízo com penhora, caução ou depósito suficientes, atribuir-lhe efeito suspensivo, se seus fundamentos forem relevantes e se o prosseguimento da execução for manifestamente suscetível de causar ao executado grave dano de difícil ou incerta reparação.

§ 7º A concessão de efeito suspensivo a que se refere o § 6º não impedirá a efetivação dos atos de substituição, de reforço ou de redução da penhora e de avaliação dos bens.

§ 8º Quando o efeito suspensivo atribuído à impugnação disser respeito apenas a parte do objeto da execução, esta prosseguirá quanto à parte restante.

§ 9º A concessão de efeito suspensivo à impugnação deduzida por um dos executados não suspenderá a execução contra os que não impugnaram, quando o respectivo fundamento disser respeito exclusivamente ao impugnante.

§ 10. Ainda que atribuído efeito suspensivo à impugnação, é lícito ao exequente requerer o prosseguimento da execução, oferecendo e prestando, nos próprios autos, caução suficiente e idônea a ser arbitrada pelo juiz.

§ 11. As questões relativas a fato superveniente ao término do prazo para apresentação da impugnação, assim como aquelas relativas à validade e à adequação da penhora, da avaliação e dos atos executivos subsequentes, podem ser arguidas por simples petição, tendo o executado, em qualquer dos casos, o prazo de 15 (quinze) dias para formular esta arguição, contado da comprovada ciência do fato ou da intimação do ato.

§ 12. Para efeito do disposto no inciso III do § 1º deste artigo, considera-se também inexigível a obrigação reconhecida em título executivo judicial fundado em lei ou ato normativo considerado inconstitucional pelo Supremo Tribunal Federal, ou fundado em aplicação ou interpretação da lei ou do ato normativo tido pelo Supremo Tribunal Federal como incompatível com a Constituição Federal, em controle de constitucionalidade concentrado ou difuso.

§ 13. No caso do § 12, os efeitos da decisão do Supremo Tribunal Federal poderão ser modulados no tempo, em atenção à segurança jurídica.

§ 14. A decisão do Supremo Tribunal Federal referida no § 12 deve ser anterior ao trânsito em julgado da decisão exequenda.

§ 15. Se a decisão referida no § 12 for proferida após o trânsito em julgado da decisão exequenda, caberá ação rescisória, cujo prazo será contado do trânsito em julgado da decisão proferida pelo Supremo Tribunal Federal.

REFERÊNCIAS LEGISLATIVAS

- Arts. 64 a 69, 72, II, 144 a 148, 203, § 1º, 238 a 268, 219, 224, § 3º, 229, 342, 485, § 3º, 493, 507, 508, 518, 523, 535, § 5º, 783, 786, 803, 917, § 2º, 1.012, § 4º, 1.019, I, CPC; arts. 189 a 206, 304 a 333, 360 a 367, 368 a 380, 840 a 850, CC.

ANOTAÇÕES

- **Caução**: é termo genérico que indica um conjunto de garantias, que podem ser reais, tais como o penhor e a hipoteca, ou fidejussórias, ou seja, pessoais, como a fiança e o aval. A norma indica que a caução, ou seja, a garantia a ser apresentada pelo exequente deve ser suficiente, isto é, o bastante para indenizar eventuais prejuízos do devedor, assim como idônea, ou seja, confiável.

DICAS DE PRÁTICA JURÍDICA

- *Petição oferecendo impugnação*: na prática, a petição que oferece "impugnação" tem estrutura parecida com a contestação (defesa), qual seja: endereçamento, qualificação, resumo dos fatos, pedido de efeito suspensivo, mérito (por exemplo, nulidade da penhora, excesso de execução etc.), pedidos, indicação das provas e, para aqueles que entendem que a "impugnação" tem natureza de ação, valor da causa. Para acesso a modelo editável de petição oferecendo impugnação ao cumprimento definitivo da sentença, veja nosso *Prática de contestação no processo civil*, da Editora Atlas.

JURISPRUDÊNCIA

- Enunciado 57 do Fórum Permanente de Processualistas Civis: A prescrição prevista nos arts. 525, § 1º, VII e 535, VI, é exclusivamente da pretensão executiva.

Art. 526. É lícito ao réu, antes de ser intimado para o cumprimento da sentença, comparecer em juízo e oferecer em pagamento o valor que entender devido, apresentando memória discriminada do cálculo.

§ 1º O autor será ouvido no prazo de 5 (cinco) dias, podendo impugnar o valor depositado, sem prejuízo do levantamento do depósito a título de parcela incontroversa.

§ 2º Concluindo o juiz pela insuficiência do depósito, sobre a diferença incidirão multa de dez por cento e honorários advocatícios, também fixados em dez por cento, seguindo-se a execução com penhora e atos subsequentes.

§ 3º Se o autor não se opuser, o juiz declarará satisfeita a obrigação e extinguirá o processo.

REFERÊNCIAS LEGISLATIVAS

- Arts. 85, 219, CPC.

Art. 527. Aplicam-se as disposições deste Capítulo ao cumprimento provisório da sentença, no que couber.

REFERÊNCIAS LEGISLATIVAS

- Arts. 520 a 522, CPC.

CAPÍTULO IV
DO CUMPRIMENTO DE SENTENÇA QUE RECONHEÇA A EXIGIBILIDADE DE OBRIGAÇÃO DE PRESTAR ALIMENTOS

Art. 528. No cumprimento de sentença que condene ao pagamento de prestação alimentícia ou de decisão interlocutória que fixe alimentos, o juiz, a requerimento do exequente, mandará intimar o executado pessoalmente para, em 3 (três) dias, pagar o débito, provar que o fez ou justificar a impossibilidade de efetuá-lo.

§ 1º Caso o executado, no prazo referido no *caput*, não efetue o pagamento, não prove que o efetuou ou não apresente justificativa da impossibilidade de efetuá-lo, o juiz mandará protestar o pronunciamento judicial, aplicando-se, no que couber, o disposto no art. 517.

§ 2º Somente a comprovação de fato que gere a impossibilidade absoluta de pagar justificará o inadimplemento.

§ 3º Se o executado não pagar ou se a justificativa apresentada não for aceita, o juiz, além de mandar protestar o pronunciamento judicial na forma do § 1º, decretar-lhe-á a prisão pelo prazo de 1 (um) a 3 (três) meses.

§ 4º A prisão será cumprida em regime fechado, devendo o preso ficar separado dos presos comuns.

§ 5º O cumprimento da pena não exime o executado do pagamento das prestações vencidas e vincendas.

§ 6º Paga a prestação alimentícia, o juiz suspenderá o cumprimento da ordem de prisão.

§ 7º O débito alimentar que autoriza a prisão civil do alimentante é o que compreende até as 3 (três) prestações anteriores ao ajuizamento da execução e as que se vencerem no curso do processo.

§ 8º O exequente pode optar por promover o cumprimento da sentença ou decisão desde logo, nos termos do disposto neste Livro, Título II, Capítulo III, caso em que não será admissível a prisão do executado, e, recaindo a penhora em dinheiro, a concessão de efeito suspensivo à impugnação não obsta a que o exequente levante mensalmente a importância da prestação.

§ 9º Além das opções previstas no art. 516, parágrafo único, o exequente pode promover o cumprimento da sentença ou decisão que condena ao pagamento de prestação alimentícia no juízo de seu domicílio.

REFERÊNCIAS LEGISLATIVAS

- Art. 5º, LXVII, CF; arts. 139, IV, 219, 319, 516, parágrafo único, 517, 523 a 527, 529 a 533, 797, 805, 825, 911 a 913, 1.012, § 1º, II, CPC; arts. 132, § 3º, 948, II, 1.694, 1.706, 1.928, parágrafo único, CC; art. 15, Lei nº 14.010/2020; Lei nº 5.478/1968 – LA; art. 6º, Rec. nº 62/2020 – CNJ.

ANOTAÇÕES

- *Execução de alimentos*: o que diferencia a "execução de alimentos" das demais espécies de execuções previstas no CPC é a possibilidade que o credor tem de pedir a prisão civil do devedor, fato autorizado pela própria Constituição Federal, que no seu art. 5º, inciso LXVII, declara que "*não haverá prisão civil por dívida, salvo a do responsável pelo inadimplemento voluntário e inescusável de obrigação alimentícia e a do depositário infiel*".

- *Escolha do procedimento da execução de alimentos:* o credor pode promover o cumprimento de sentença da obrigação de prestar alimentos por dois ritos distintos. O primeiro e mais comum é aquele que prevê a possibilidade de prisão do devedor inadimplente, previsto nos arts. 528 a

533 do CPC; o segundo, autorizado pelo art. 528, § 8º, remete o exequente ao procedimento denominado "cumprimento definitivo da sentença que reconhece a exigibilidade de obrigação de pagar quantia certa" (arts. 523 a 527, CPC), no qual o devedor é citado para pagar sob pena de penhora de seus bens. Embora o CPC informe que o credor de alimentos é livre para optar entre os dois tipos de procedimentos, ele limita o débito alimentar que pode ser cobrado sob o rito que leva à prisão do devedor às últimas três prestações anteriores ao protocolo da medida e as que se vencerem no curso do processo (art. 528, § 7º, CPC).

- *Competência*: com escopo de proteger os interesses dos credores de pensão alimentícia, o § 9º deste artigo faculta possibilita que o credor de alimentos ajuíze o cumprimento de sentença no juízo de seu domicílio, mesmo que este não seja o local onde tramitou o processo que fixou ou homologou a obrigação alimentícia. Registre-se, ainda, que com escopo de facilitar ainda mais a vida dos alimentandos, é comum os juízes aceitarem como título executivo simples cópia da sentença onde foram fixados ou homologados os alimentos.
- *Justificativas*: considerando a possibilidade de prisão civil do devedor de alimentos, a lei processual possibilita que ele "justifique" a impossibilidade de pagamento, procurando demonstrar ao juiz as razões pelas quais não pode pagar o débito, com escopo de evitar seja decretada a sua prisão.
- *Execução de alimentos fundada em título extrajudicial*: vide arts. 911 a 913, CPC.

DICAS DE PRÁTICA JURÍDICA

- *Justificativas*: não adianta apresentar justificativas em execução de alimentos apenas para se lamentar a situação financeira do executado, ou para levantar questões que não são pertinentes ao feito como, por exemplo, a injustiça do valor cobrado (para isso existe a ação de revisão de alimentos); para se obter algum resultado prático é necessário mostrar real interesse em resolver a situação, ou seja, quitar o débito, mesmo que de forma parcelada. Se o executado estava impossibilitado para o trabalho no período cobrado, este fato deve ser provado por meio de atestado médico, só assim se afasta o risco de prisão. Não sendo este o caso, as justificativas devem mostrar firme disposição em pagar o valor devido, de preferência já juntando comprovante de pagamento da pensão vencida no mês atual e propondo o parcelamento do restante. Neste particular (parcelamento), o pagamento antecipado da primeira parcela pode evitar a imediata decretação da prisão civil. A melhor maneira de evitar-se a prisão civil, caso não seja possível a quitação total do débito, é tentar-se um entendimento direto com o credor; mostrar humildade, pedir desculpas pelo atraso, falar de forma franca sobre as dificuldades e pedir um pouco de compreensão e o parcelamento do débito. Minha experiência é no sentido de que isso funciona mais do que se imagina. Para acesso a modelos editáveis de petições oferecendo justificativas do devedor de alimentos, veja nosso *Prática de contestação no processo civil*, da Editora Atlas.
- *Ofício ao empregador do devedor*: quando houver notícia de que o executado encontra-se trabalhando com vínculo (registro em carteira), o advogado deve não só requerer a citação do executado para pagamento do débito alimentar, mas também a expedição de ofício ao empregador para desconto das pensões vincendas em folha de pagamento e crédito na conta bancária da representante do alimentando. Deve ainda, com escopo de apurar o valor correto do débito, requerer que o juiz determine ao empregador que informe os rendimentos do executado desde a data em que se iniciou a cobrança.
- *Como fazer a petição de execução de alimentos*: não obstante longa tradição que sempre tratou o cumprimento de sentença de obrigação de prestar alimentos como ação autônoma, principalmente por razões de ordem prática (a repetição deste tipo de ação entre as mesmas partes é enorme), fato que levou à adoção dos requisitos exigidos para a petição inicial (art. 319, CPC), formalmente a

petição que requer o cumprimento de sentença de obrigação alimentícia é, e sempre foi, apenas uma petição intermediária, visto que o cumprimento de sentença é apenas uma fase do processo de conhecimento; no entanto, as peculiaridades do tema exigem que o interessado apresente a qualificação completa, depois de forma sucinta declare sobre o valor mensal da pensão alimentícia a que foi condenado o alimentante, assim como informe sobre sua inadimplência e apresente os cálculos do débito; por fim, o exequente deve requerer a intimação do executado para efetuar o pagamento do valor total do débito, mais as vincendas, no prazo de 03 (três dias), sob pena de prisão civil ou de penhora de bens, conforme o rito que escolher o credor. Para acesso a modelos editáveis abrangendo todas as alternativas da norma legal, bem como capítulo específico sobre a "execução de alimentos", com informações sobre o seu cabimento, base legal, foro competente, procedimento e documentos necessários (entre outras questões), veja nosso *Prática no processo civil*, da Editora Atlas.

JURISPRUDÊNCIA

- Súmula 309 do STJ: O débito alimentar que autoriza a prisão civil do alimentante é o que compreende as três prestações anteriores ao ajuizamento da execução e as que vencerem no curso do processo.
- Súmula 358 do STJ: O cancelamento de pensão alimentícia de filho que atingiu a maioridade está sujeito à decisão judicial, mediante contraditório, ainda que nos próprios autos.
- A pretensão de cumprimento da prisão civil em regime domiciliar, em regra, não encontra abrigo na jurisprudência desta egrégia Corte Superior, pois desvirtua a finalidade de compelir o devedor a adimplir com a obrigação alimentar e viola direito fundamental que tem o alimentado a uma sobrevivência digna (STJ, HC 403.272/RO, Ministro Moura Ribeiro, T3 – Terceira Turma, *DJe* 04/10/2017).
- O texto constitucional e os comandos infraconstitucionais que lhe detalham somente admitem a prisão civil de devedor de alimentos quando o inadimplemento colocar em risco a própria vida do credor-alimentado. A prisão civil por dívida de alimentos não está atrelada a uma possível punição por inadimplemento, ou mesmo à forma de remição da dívida alimentar, mas tem como primário, ou mesmo único escopo, coagir o devedor a pagar o quanto deve ao alimentado, preservando, assim a sobrevida deste, ou em termos menos drásticos, a qualidade de vida do alimentado (STJ, HC 392.521/SP, Ministra Nancy Andrighi, T3 – Terceira Turma, *DJe* 01/08/2017).

Art. 529. Quando o executado for funcionário público, militar, diretor ou gerente de empresa ou empregado sujeito à legislação do trabalho, o exequente poderá requerer o desconto em folha de pagamento da importância da prestação alimentícia.

§ 1º Ao proferir a decisão, o juiz oficiará à autoridade, à empresa ou ao empregador, determinando, sob pena de crime de desobediência, o desconto a partir da primeira remuneração posterior do executado, a contar do protocolo do ofício.

§ 2º O ofício conterá o nome e o número de inscrição no Cadastro de Pessoas Físicas do exequente e do executado, a importância a ser descontada mensalmente, o tempo de sua duração e a conta na qual deve ser feito o depósito.

§ 3º Sem prejuízo do pagamento dos alimentos vincendos, o débito objeto de execução pode ser descontado dos rendimentos ou rendas do executado, de forma parcelada, nos termos do *caput* deste artigo, contanto que, somado à parcela devida, não ultrapasse cinquenta por cento de seus ganhos líquidos.

REFERÊNCIAS LEGISLATIVAS

- Art. 77, IV, CPC; art. 22, Lei nº 5.478/1968 – LA.

DICAS DE PRÁTICA JURÍDICA

- *Ofício ao empregador do devedor*: quando houver notícia de que o executado encontra-se trabalhando de forma regular (funcionário público ou com vínculo em carteira), o advogado deve não só requerer a citação do executado para pagamento do débito alimentar, mas também a expedição de ofício ao empregador para desconto das pensões vincendas em folha de pagamento e crédito na conta bancária da representante do alimentando (que deve ser informada). Deve ainda, com escopo de apurar o valor correto do débito, requerer que o juiz determine ao empregador que informe os rendimentos do executado desde a data em que se iniciou a cobrança. Para agilizar o trabalho, o advogado deve ter a preocupação de fornecer o endereço "completo" do referido empregador.

Art. 530. Não cumprida a obrigação, observar-se-á o disposto nos arts. 831 e seguintes.

REFERÊNCIAS LEGISLATIVAS

- Arts. 831 a 909, CPC.

DICAS DE PRÁTICA JURÍDICA

- *Como agir após a prisão civil no caso de que não haja pagamento do débito*: não havendo transação e/ou pagamento, o executado ficará preso pelo período fixado pelo juiz, sendo que, cumprida a pena, deverá ser expedido alvará de soltura. Importante observar que o cumprimento da pena de prisão de maneira alguma implica "quitação" do débito cobrado, que, inclusive, mantém a mesma natureza; ou seja, os valores cobrados naquele feito, que já ensejaram a prisão do devedor, continuam tendo natureza alimentar, contudo não podem mais justificar a prisão civil do devedor, razão pela qual as pensões vencidas até o dia em que o executado é solto devem agora ser cobradas obrigatoriamente por meio de eventual penhora de bens, seguindo-se o rito indicado neste artigo. As pensões vincendas poderão ser cobradas em novo procedimento (nova petição), sob o rito que leva à prisão civil do devedor.

Art. 531. O disposto neste Capítulo aplica-se aos alimentos definitivos ou provisórios.

§ 1º A execução dos alimentos provisórios, bem como a dos alimentos fixados em sentença ainda não transitada em julgado, se processa em autos apartados.

§ 2º O cumprimento definitivo da obrigação de prestar alimentos será processado nos mesmos autos em que tenha sido proferida a sentença.

REFERÊNCIAS LEGISLATIVAS

- Art. 4º, Lei nº 5.478/1968.

ANOTAÇÕES

- *Autos da execução*: não obstante a literalidade do § 2º deste artigo, que determina que o cumprimento definitivo da obrigação de prestar alimento deve se processar nos mesmos autos em que tenha sido proferida a sentença, na prática forense isso nem sempre é viável. Nos processos eletrônicos, as petições de execução de alimentos são tratadas como incidentes do processo principal. Nos processos físicos, a questão é ainda mais difícil, visto que este tipo de ação não só se repete muito, como ainda envolve a conversão de rito (prisão para penhora), razão pela qual é costume os juízes determinarem a autuação em apenso de cada petição que requer um novo cumprimento.

> **Art. 532.** Verificada a conduta procrastinatória do executado, o juiz deverá, se for o caso, dar ciência ao Ministério Público dos indícios da prática do crime de abandono material.

REFERÊNCIAS LEGISLATIVAS

- Art. 80, CPC.
- Art. 244, *caput*, CP: "Deixar, sem justa causa, de prover a subsistência do cônjuge, ou de filho menor de 18 (dezoito) anos ou inapto para o trabalho, ou de ascendente inválido ou maior de 60 (sessenta) anos, não lhes proporcionando os recursos necessários ou faltando ao pagamento de pensão alimentícia judicialmente acordada, fixada ou majorada; deixar, sem justa causa, de socorrer descendente ou ascendente, gravemente enfermo: Pena – detenção, de 1 (um) a 4 (quatro) anos e multa, de uma a dez vezes o maior salário mínimo vigente no País".
- Art. 246, CP: "Deixar, sem justa causa, de prover à instrução primária de filho em idade escolar: Pena – detenção, de quinze dias a um mês, ou multa".

DICAS DE PRÁTICA JURÍDICA

- ***Abandono material***: o próprio exequente pode tomar a iniciativa, por meio de simples petição nos autos (endereçamento, qualificação, fatos, pedido), de chamar a atenção do juiz para o fato de que a conduta procrastinatória do executado pode configurar o crime de abandono material, requerendo a providência prevista neste artigo.

JURISPRUDÊNCIA

- Aquele que, sem justa causa, deixa de prover a subsistência do filho menor de 18 (dezoito) anos, não lhe proporcionando os recursos necessários, pratica o crime tipificado no art. 244 do Código Penal (TJMG, Apelação Criminal 1.0083.14.001172-3/001, Rel. Desembargador Agostinho Gomes de Azevedo, 7ª Câmara Criminal, julgamento em 24/06/2020, publicação da súmula em 26/06/2020).
- O crime de abandono material é doloso, motivo pelo qual existe a necessidade de comprovação da intenção do agente de deixar de pagar as parcelas referentes à pensão alimentícia com o fim de abandonar o filho materialmente. A prova do elemento subjetivo do agente é ônus atribuído ao titular da ação penal (TJMG, Apelação Criminal 1.0141.17.001505-3/001, Rel. Desembargador Marcílio Eustáquio Santos, 7ª Câmara Criminal, julgamento em 22/04/2020, publicação da súmula em 24/04/2020).

> **Art. 533.** Quando a indenização por ato ilícito incluir prestação de alimentos, caberá ao executado, a requerimento do exequente, constituir capital cuja renda assegure o pagamento do valor mensal da pensão.

§ 1º O capital a que se refere o *caput*, representado por imóveis ou por direitos reais sobre imóveis suscetíveis de alienação, títulos da dívida pública ou aplicações financeiras em banco oficial, será inalienável e impenhorável enquanto durar a obrigação do executado, além de constituir-se em patrimônio de afetação.

§ 2º O juiz poderá substituir a constituição do capital pela inclusão do exequente em folha de pagamento de pessoa jurídica de notória capacidade econômica ou, a requerimento do executado, por fiança bancária ou garantia real, em valor a ser arbitrado de imediato pelo juiz.

§ 3º Se sobrevier modificação nas condições econômicas, poderá a parte requerer, conforme as circunstâncias, redução ou aumento da prestação.

§ 4º A prestação alimentícia poderá ser fixada tomando por base o salário mínimo.

§ 5º Finda a obrigação de prestar alimentos, o juiz mandará liberar o capital, cessar o desconto em folha ou cancelar as garantias prestadas.

REFERÊNCIAS LEGISLATIVAS

- Arts. 186, 927 a 943, CC.

JURISPRUDÊNCIA

- Súmula 313 do STJ: Em ação de indenização, procedente o pedido, é necessária a constituição de capital ou caução fidejussória para a garantia de pagamento da pensão, independentemente da situação financeira do demandado.

CAPÍTULO V
DO CUMPRIMENTO DE SENTENÇA QUE RECONHEÇA A EXIGIBILIDADE DE OBRIGAÇÃO DE PAGAR QUANTIA CERTA PELA FAZENDA PÚBLICA

Art. 534. No cumprimento de sentença que impuser à Fazenda Pública o dever de pagar quantia certa, o exequente apresentará demonstrativo discriminado e atualizado do crédito contendo:

I – o nome completo e o número de inscrição no Cadastro de Pessoas Físicas ou no Cadastro Nacional da Pessoa Jurídica do exequente;

II – o índice de correção monetária adotado;

III – os juros aplicados e as respectivas taxas;

IV – o termo inicial e o termo final dos juros e da correção monetária utilizados;

V – a periodicidade da capitalização dos juros, se for o caso;

VI – a especificação dos eventuais descontos obrigatórios realizados.

§ 1º Havendo pluralidade de exequentes, cada um deverá apresentar o seu próprio demonstrativo, aplicando-se à hipótese, se for o caso, o disposto nos §§ 1º e 2º do art. 113.

§ 2º A multa prevista no § 1º do art. 523 não se aplica à Fazenda Pública.

REFERÊNCIAS LEGISLATIVAS

- Art. 100, CF; arts. 80, 113, §§ 1º e 2º, 523, § 1º, 774, 801, 833, I, CPC; arts. 41, 100, 101, CC; art. 13; art. 1º, Lei 14.057/2020; Lei nº 12.153/2009; art. 17, Lei nº 10.259/2001 – JEF; art. 23, Lei nº 9.636/1998.

ANOTAÇÕES

- **Fazenda Pública**: pessoas jurídicas de direito público interno, tais como a União, os Estados, os Municípios, o Distrito Federal e suas respectivas autarquias, assim como as fundações instituídas pelo poder público.

> **Art. 535.** A Fazenda Pública será intimada na pessoa de seu representante judicial, por carga, remessa ou meio eletrônico, para, querendo, no prazo de 30 (trinta) dias e nos próprios autos, impugnar a execução, podendo arguir:
>
> I – falta ou nulidade da citação se, na fase de conhecimento, o processo correu à revelia;
>
> II – ilegitimidade de parte;
>
> III – inexequibilidade do título ou inexigibilidade da obrigação;
>
> IV – excesso de execução ou cumulação indevida de execuções;
>
> V – incompetência absoluta ou relativa do juízo da execução;
>
> VI – qualquer causa modificativa ou extintiva da obrigação, como pagamento, novação, compensação, transação ou prescrição, desde que supervenientes ao trânsito em julgado da sentença.
>
> § 1º A alegação de impedimento ou suspeição observará o disposto nos arts. 146 e 148.
>
> § 2º Quando se alegar que o exequente, em excesso de execução, pleiteia quantia superior à resultante do título, cumprirá à executada declarar de imediato o valor que entende correto, sob pena de não conhecimento da arguição.
>
> § 3º Não impugnada a execução ou rejeitadas as arguições da executada:
>
> I – expedir-se-á, por intermédio do presidente do tribunal competente, precatório em favor do exequente, observando-se o disposto na Constituição Federal;
>
> II – por ordem do juiz, dirigida à autoridade na pessoa de quem o ente público foi citado para o processo, o pagamento de obrigação de pequeno valor será realizado no prazo de 2 (dois) meses contado da entrega da requisição, mediante depósito na agência de banco oficial mais próxima da residência do exequente.
>
> § 4º Tratando-se de impugnação parcial, a parte não questionada pela executada será, desde logo, objeto de cumprimento.
>
> § 5º Para efeito do disposto no inciso III do *caput* deste artigo, considera-se também inexigível a obrigação reconhecida em título executivo judicial fundado em lei ou ato normativo considerado inconstitucional pelo Supremo Tribunal Federal, ou fundado em aplicação ou interpretação da lei ou do ato normativo tido pelo Supremo Tribunal Federal como incompatível com a Constituição Federal, em controle de constitucionalidade concentrado ou difuso.
>
> § 6º No caso do § 5º, os efeitos da decisão do Supremo Tribunal Federal poderão ser modulados no tempo, de modo a favorecer a segurança jurídica.

§ 7º A decisão do Supremo Tribunal Federal referida no § 5º deve ter sido proferida antes do trânsito em julgado da decisão exequenda.

§ 8º Se a decisão referida no § 5º for proferida após o trânsito em julgado da decisão exequenda, caberá ação rescisória, cujo prazo será contado do trânsito em julgado da decisão proferida pelo Supremo Tribunal Federal.

REFERÊNCIAS LEGISLATIVAS

- Arts. 5º, LXXVIII, 20, 100, §§ 1º e 3º, CF; art. 78, § 2º, 87, ADCT; arts. 85, §§ 3º a 7º, 146 a 148, 182 a 184, 219, 230, 833, I, 910, CPC; arts. 98 a 103, CC; art. 13, Lei nº 12.153/2009; art. 17, Lei nº 10.259/2001 – JEF.

ANOTAÇÕES

- **Precatório**: é a "requisição" de pagamento que o juiz, por meio do presidente do tribunal competente, dirige à Fazenda Pública. Regra geral, os valores requisitados até 1º de julho de cada ano deveriam ser pagos até o final do exercício seguinte, segundo ordem cronológica de apresentação do precatório. No caso de não pagamento, o que ocorre frequentemente, muito pouco se pode efetivamente fazer, quando muito, o credor poderá solicitar compensação quanto ao recolhimento de tributos (art. 78, § 2º, ADCT). Ressalte-se que até mesmo os créditos de natureza alimentar, isto é, decorrentes de salários, vencimentos, proventos, pensões, benefícios previdenciários e indenizações por morte ou invalidez, estão sujeitos ao sistema de precatórios, embora devam ser recebidos em ordem cronológica própria, em razão de sua preferência em face dos créditos ordinários.

JURISPRUDÊNCIA

- Súmula Vinculante 17 do STF: Durante o período previsto no § 1º do artigo 100 da Constituição, não incidem juros de mora sobre os precatórios que nele sejam pagos.
- Súmula Vinculante 47 do STF: Os honorários advocatícios incluídos na condenação ou destacados do montante principal devido ao credor consubstanciam verba de natureza alimentar cuja satisfação ocorrerá com a expedição de precatório ou requisição de pequeno valor, observada ordem especial restrita aos créditos dessa natureza.
- Súmula 655 do STF: A exceção prevista no art. 100, *caput*, da Constituição, em favor dos créditos de natureza alimentícia, não dispensa a expedição de precatório, limitando-se a isentá-los da observância da ordem cronológica dos precatórios decorrentes de condenações de outra natureza.
- Súmula 733 do STF: Não cabe recurso extraordinário contra decisão proferida no processamento de precatórios.
- Súmula 144 do STJ: Os créditos de natureza alimentícia gozam de preferência, desvinculados os precatórios da ordem cronológica dos créditos de natureza diversa.
- Súmula 311 do STJ: Os atos do presidente do tribunal que disponham sobre processamento e pagamento de precatório não têm caráter jurisdicional.
- Súmula 345 do STJ: São devidos honorários advocatícios pela Fazenda Pública nas execuções individuais de sentença proferida em ações coletivas, ainda que não embargadas.
- Súmula 461 do STJ: O contribuinte pode optar por receber, por meio de precatório ou por compensação, o indébito tributário certificado por sentença declaratória transitada em julgado.
- Enunciado 57 do Fórum Permanente de Processualistas Civis: A prescrição prevista nos arts. 525, § 1º, VII, e 535, VI, é exclusivamente da pretensão executiva.

CAPÍTULO VI
DO CUMPRIMENTO DE SENTENÇA QUE RECONHEÇA A EXIGIBILIDADE DE OBRIGAÇÃO DE FAZER, DE NÃO FAZER OU DE ENTREGAR COISA

Seção I
Do Cumprimento de Sentença que Reconheça a Exigibilidade de Obrigação de Fazer ou de Não Fazer

Art. 536. No cumprimento de sentença que reconheça a exigibilidade de obrigação de fazer ou de não fazer, o juiz poderá, de ofício ou a requerimento, para a efetivação da tutela específica ou a obtenção de tutela pelo resultado prático equivalente, determinar as medidas necessárias à satisfação do exequente.

§ 1º Para atender ao disposto no *caput*, o juiz poderá determinar, entre outras medidas, a imposição de multa, a busca e apreensão, a remoção de pessoas e coisas, o desfazimento de obras e o impedimento de atividade nociva, podendo, caso necessário, requisitar o auxílio de força policial.

§ 2º O mandado de busca e apreensão de pessoas e coisas será cumprido por 2 (dois) oficiais de justiça, observando-se o disposto no art. 846, §§ 1º a 4º, se houver necessidade de arrombamento.

§ 3º O executado incidirá nas penas de litigância de má-fé quando injustificadamente descumprir a ordem judicial, sem prejuízo de sua responsabilização por crime de desobediência.

§ 4º No cumprimento de sentença que reconheça a exigibilidade de obrigação de fazer ou de não fazer, aplica-se o art. 525, no que couber.

§ 5º O disposto neste artigo aplica-se, no que couber, ao cumprimento de sentença que reconheça deveres de fazer e de não fazer de natureza não obrigacional.

REFERÊNCIAS LEGISLATIVAS

- Arts. 79 a 81, 142, 150, 154, 487, 497 a 501, 525, 846, §§ 1º a 4º, CPC; arts. 247 a 251, CC; art. 330, CP; art. 84, CDC.

ANOTAÇÕES

- **Execução específica**: a presente norma adota como regra geral, nas obrigações de fazer ou não fazer, a execução específica; ou seja, o juiz deve tomar as providências necessárias para fazer valer preferencialmente o direito do credor, tutela específica ou outra medida que obtenha resultado prático equivalente, reconhecido na sentença.

JURISPRUDÊNCIA

- Enunciado 12 do Fórum Permanente de Processualistas Civis: A aplicação das medidas atípicas sub-rogatórias e coercitivas é cabível em qualquer obrigação no cumprimento de sentença ou execução de título executivo extrajudicial. Essas medidas, contudo, serão aplicadas de forma subsidiária às medidas tipificadas, com observação do contraditório, ainda que diferido, e por meio de decisão à luz do art. 489, § 1º, I e II.

Art. 537. A multa independe de requerimento da parte e poderá ser aplicada na fase de conhecimento, em tutela provisória ou na sentença, ou na fase de execução, desde que seja suficiente e compatível com a obrigação e que se determine prazo razoável para cumprimento do preceito.

§ 1º O juiz poderá, de ofício ou a requerimento, modificar o valor ou a periodicidade da multa vincenda ou excluí-la, caso verifique que:

I – se tornou insuficiente ou excessiva;

II – o obrigado demonstrou cumprimento parcial superveniente da obrigação ou justa causa para o descumprimento.

§ 2º O valor da multa será devido ao exequente.

§ 3º A decisão que fixa a multa é passível de cumprimento provisório, devendo ser depositada em juízo, permitido o levantamento do valor após o trânsito em julgado da sentença favorável à parte. (Parágrafo com redação dada pela Lei nº 13.256, de 4 de fevereiro de 2016, em vigor no início da vigência da Lei nº 13.105, de 16 de março de 2015)

§ 4º A multa será devida desde o dia em que se configurar o descumprimento da decisão e incidirá enquanto não for cumprida a decisão que a tiver cominado.

§ 5º O disposto neste artigo aplica-se, no que couber, ao cumprimento de sentença que reconheça deveres de fazer e de não fazer de natureza não obrigacional.

REFERÊNCIAS LEGISLATIVAS

- Arts. 218, § 1º, 219, CPC.

ANOTAÇÕES

- *Astreinte*: a multa periódica de atraso constitui importante instrumento de pressão à disposição do juiz, a fim de coagir o devedor a cumprir a obrigação, razão pela qual a sua imposição só tem cabimento quando a prestação específica é possível. O valor da multa pode ser revisto, para cima ou para baixo, conforme as circunstâncias do processo.

JURISPRUDÊNCIA

- Súmula 410 do STJ: A prévia intimação pessoal do devedor constitui condição necessária para a cobrança de multa pelo descumprimento de obrigação de fazer ou não fazer.
- É firme a jurisprudência desta Corte no sentido de que a decisão que fixa multa cominatória não preclui nem faz coisa julgada material, podendo ser revista a qualquer tempo (STJ, AgInt no REsp 1846156/SP, Ministro Marco Aurélio Bellizze, T3 – Terceira Turma, *DJe* 21/09/2020).
- O art. 537 do Código de Processo Civil determina que cabe ao juízo, na aplicação de multa coercitiva, determinar o prazo que considerar razoável para o cumprimento da obrigação imposta, tratando-se, pois, de verdadeiro prazo judicial e o valor da multa imposta deve ser suficiente e compatível com a obrigação estipulada (TJMG, Agravo de Instrumento-Cv 1.0000.20.060867-7/001, Rel. Desembargador Marcos Henrique Caldeira Brant, 16ª Câmara Cível, julgamento em 22/07/2020, publicação da súmula em 23/07/2020).
- A decisão que arbitra *astreintes*, instrumento de coerção indireta ao cumprimento do julgado, não faz coisa julgada material, podendo, por isso mesmo, ser modificada, a requerimento da parte ou de ofício, seja

para aumentar ou diminuir o valor da multa ou, ainda, para suprimi-la (STJ, REsp 1.691.748/PR, Ministro Ricardo Villas Bôas Cueva, T3 – Terceira Turma, *DJe* 17/11/2017).

- Nos termos do art. 537 do CPC/2015, a alteração do valor da multa cominatória pode se dar quando se revelar insuficiente ou excessivo para compelir o devedor a cumprir o julgado, ou caso se demonstrar o cumprimento parcial superveniente da obrigação ou a justa causa para o seu descumprimento. Necessidade, na hipótese, de o magistrado de primeiro grau apreciar a alegação de impossibilidade de cumprimento da obrigação de fazer conforme o comando judicial antes de ser feito novo cálculo pela Contadoria Judicial (STJ, REsp 1.691.748/PR, Ministro Ricardo Villas Bôas Cueva, T3 – Terceira Turma, *DJe* 17/11/2017).
- A jurisprudência desta Corte firmou-se no mesmo sentido da tese esposada pelo Tribunal de origem, segundo a qual é possível ao juiz, de ofício ou a requerimento da parte, fixar multa diária cominatória – astreintes –, ainda que contra a Fazenda Pública, em caso de descumprimento de obrigação de fazer (STJ, REsp 1.652.556, Ministra Regina Helena Costa, *DP* 07/11/2017).

Seção II
Do Cumprimento de Sentença que Reconheça a Exigibilidade de Obrigação de Entregar Coisa

Art. 538. Não cumprida a obrigação de entregar coisa no prazo estabelecido na sentença, será expedido mandado de busca e apreensão ou de imissão na posse em favor do credor, conforme se tratar de coisa móvel ou imóvel.

§ 1º A existência de benfeitorias deve ser alegada na fase de conhecimento, em contestação, de forma discriminada e com atribuição, sempre que possível e justificadamente, do respectivo valor.

§ 2º O direito de retenção por benfeitorias deve ser exercido na contestação, na fase de conhecimento.

§ 3º Aplicam-se ao procedimento previsto neste artigo, no que couber, as disposições sobre o cumprimento de obrigação de fazer ou de não fazer.

REFERÊNCIAS LEGISLATIVAS

- Arts. 77, 139, IV, 498, 536, 537, 810, CPC; arts. 233 a 246, CC.

TÍTULO III
DOS PROCEDIMENTOS ESPECIAIS

CAPÍTULO I
DA AÇÃO DE CONSIGNAÇÃO EM PAGAMENTO

Art. 539. Nos casos previstos em lei, poderá o devedor ou terceiro requerer, com efeito de pagamento, a consignação da quantia ou da coisa devida.

§ 1º Tratando-se de obrigação em dinheiro, poderá o valor ser depositado em estabelecimento bancário, oficial onde houver, situado no lugar do pagamento, cientificando-se o credor por carta com aviso de recebimento, assinado o prazo de 10 (dez) dias para a manifestação de recusa.

§ 2º Decorrido o prazo do § 1º, contado do retorno do aviso de recebimento, sem a manifestação de recusa, considerar-se-á o devedor liberado da obrigação, ficando à disposição do credor a quantia depositada.

§ 3º Ocorrendo a recusa, manifestada por escrito ao estabelecimento bancário, poderá ser proposta, dentro de 1 (um) mês, a ação de consignação, instruindo-se a inicial com a prova do depósito e da recusa.

§ 4º Não proposta a ação no prazo do § 3º, ficará sem efeito o depósito, podendo levantá-lo o depositante.

REFERÊNCIAS LEGISLATIVAS

- Arts. 17, 18, 219, 318, parágrafo único, 542, 547, CPC; arts. 304, 308, 334, 335, 395, 401, CC; art. 164, CTN; art. 67, Lei nº 8.245/1991.

ANOTAÇÕES

- *Pagamento*: informa a doutrina tradicional que o instituto do "pagamento" pode ser conceituado como "a execução voluntária de uma obrigação", vez que ele representa a forma natural, normal, de extinção, ou cumprimento, de uma prestação. Como tal, o pagamento não só é uma obrigação do devedor, mas também "um direito", razão pela qual o legislador procurou criar os mecanismos necessários para garantir a efetividade deste direito, principalmente quando, por qualquer razão, seja impossível fazê-lo diretamente ao credor.
- *Ação de consignação em pagamento*: forma de pagamento, só tem cabimento nos casos expressos em lei; ou seja, o devedor, ou terceiro interessado, só pode ajuizar a ação nos casos previstos em lei. Tal medida busca evitar que a ação de consignação em pagamento se torne um instrumento de barganha, ou vingança, do devedor contra o credor; ou seja, que a ação se torne uma forma indireta de procrastinar o cumprimento voluntário da obrigação.
- *Legitimidade*: o direito de pagar, ou, no caso, de consignar, cabe não só ao devedor, mas a qualquer pessoa. As normas legais refletem o entendimento de que o pagamento, mesmo quando feito por terceiro, é, por princípio, do interesse e em benefício do credor, que, por esta razão, não pode recusá-lo.
- *Recusa do credor*: uma das hipóteses mais comuns que arrimam a ação de consignação é a injusta recusa do credor de receber o pagamento ou dar quitação na devida forma (art. 335, CC).
- *Consignação extrajudicial*: tratando-se de obrigação em dinheiro, pode o devedor ou terceiro optar pelo depósito da quantia devida em estabelecimento bancário oficial, cientificando-se o credor por carta com aviso de recepção.

DICAS DE PRÁTICA JURÍDICA

- *Requisitos específicos da petição inicial*: a inicial da ação de consignação deve conter expresso pedido de depósito da quantia ou da coisa devida e ainda pedido de citação do réu para levantar o depósito ou oferecer resposta (art. 542, CPC).
- *O que precisa ser provado*: o autor deverá provar o fundamento de seu pedido, ou seja: a recusa do credor em receber, ou dar quitação, do valor ou bem objeto da obrigação; o litígio sobre a coisa; a ausência do credor etc. Normalmente, estes fatos se provam por documentos e/ou testemunhas.

- ***Gerais***: (I) ao consignar obrigações em dinheiro que estejam em mora, o autor deve tomar o cuidado de corrigir, segundo tabela oficial, o valor original, além de acrescer eventual multa e juros legais (arts. 395 e 401, CC); (II) havendo dúvida sobre quem legitimamente deve receber o pagamento, o autor deverá incluir no polo passivo da ação todas as partes que disputam o referido direito, requerendo sua citação para que venha provar o seu direito.
- ***Estrutura e modelo da petição inicial***: basicamente a petição inicial tem a seguinte estrutura: endereçamento, qualificação, narração dos fatos, pedidos, indicação das provas e, por fim, o valor da causa. O interessado deve ainda estar atento aos requisitos específicos indicados no art. 542 do CPC. Para acesso a modelo editável da petição inicial, bem como capítulo específico sobre a "ação de consignação em pagamento", com informações sobre o seu cabimento, base legal, foro competente, procedimento e documentos necessários (entre outras questões), veja nosso *Prática no processo civil*, da Editora Atlas.

JURISPRUDÊNCIA

- Nos termos do decidido no REsp nº 1.108.058/DF, submetido ao rito dos repetitivos (Tema 967): "Em ação consignatória, a insuficiência do depósito realizado pelo devedor conduz ao julgamento de improcedência do pedido, pois o pagamento parcial da dívida não extingue o vínculo obrigacional" (STJ, AgInt no AREsp 1251155/RJ, Ministro Marco Buzzi, T4 – Quarta Turma, *DJe* 28/06/2019).
- Ação de consignação em pagamento. Procedência. Recusa injustificada comprovada. Negativa de emissão de boleto para pagamento de financiamento em razão de outros financiamentos existentes com débito em conta. Negativa à imputação ao pagamento exercida pelo devedor. Descumprimento ao art. 352 do Código Civil. Sentença mantida por seus próprios fundamentos nos termos do RITJSP, art. 252. Negado provimento ao recurso (TJSP, Apelação 1059992-10.2016.8.26.0002, Rel. Desembargador José Wagner de Oliveira Melatto Peixoto, *DJ* 21/02/2018).
- A consignação em pagamento visa exonerar o devedor de sua obrigação, mediante o depósito da quantia ou da coisa devida, e só poderá ter força de pagamento se concorrerem em relação às pessoas, ao objeto, modo e tempo, todos os requisitos sem os quais não é válido o pagamento – artigo 336 do NCC (STJ, REsp 1.194.264/PR, Rel. Ministro Luis Felipe Salomão, T4 – Quarta Turma, *DJe* 04/03/2011).

> **Art. 540.** Requerer-se-á a consignação no lugar do pagamento, cessando para o devedor, à data do depósito, os juros e os riscos, salvo se a demanda for julgada improcedente.

REFERÊNCIAS LEGISLATIVAS

- Art. 53, III, "d", CPC; arts. 327, 337, 341, CC; art. 101, I, CDC.

DICAS DE PRÁTICA JURÍDICA

- ***Foro competente***: não havendo foro de eleição, a ação de consignação em pagamento deve, regra geral, ser ajuizada no foro do local onde deveria ser cumprida a obrigação (art. 337, CC). Tratando-se de relação de consumo, a ação também poderá ser ajuizada no foro de domicílio do autor (art. 101, I, CDC).

> **Art. 541.** Tratando-se de prestações sucessivas, consignada uma delas, pode o devedor continuar a depositar, no mesmo processo e sem mais formalidades, as que se forem vencendo, desde que o faça em até 5 (cinco) dias contados da data do respectivo vencimento.

REFERÊNCIAS LEGISLATIVAS

- Arts. 219, 292, § 2º, CPC.

ANOTAÇÕES

- **Prestações sucessivas**: obrigações periódicas, ou de trato sucessivo, são aquelas cujas prestações devem ser cumpridas num espaço mais ou menos longo de tempo, por meio de vários atos ou fatos (*v.g.*, locação, alimentos, compra e venda a prestação etc.). Quando o autor propõe uma ação consignando uma delas, pode continuar a depositar, no mesmo processo e sem mais formalidades, as que se forem vencendo, desde que o faça em até cinco dias contados da data do respectivo vencimento. O propósito desta norma é evitar a repetição de lides fundadas na mesma obrigação.

JURISPRUDÊNCIA

- Enunciado 60 do Fórum Permanente de Processualistas Civis: Na ação de consignação em pagamento que tratar de prestações sucessivas, consignada uma delas, pode o devedor continuar a consignar sem mais formalidades as que se forem vencendo, enquanto estiver pendente o processo.

Art. 542. Na petição inicial, o autor requererá:

I – o depósito da quantia ou da coisa devida, a ser efetivado no prazo de 5 (cinco) dias contados do deferimento, ressalvada a hipótese do art. 539, § 3º;

II – a citação do réu para levantar o depósito ou oferecer contestação.

Parágrafo único. Não realizado o depósito no prazo do inciso I, o processo será extinto sem resolução do mérito.

REFERÊNCIAS LEGISLATIVAS

- Arts. 219, 292, II, §§ 1º e 2º, 319, 539, § 3º, 544, CPC; art. 67, II, Lei nº 8.245/1991.

ANOTAÇÕES

- **Requisitos específicos**: além dos requisitos gerais da petição inicial, previstos no art. 319, o autor deve ainda atender aos requisitos específicos indicados nesta norma. No inciso primeiro temos a própria justificativa do processo, qual seja, o depósito da quantia ou bem devido. Pode parecer bem simples, mas já observei casos em que o autor não estava na verdade preparado para fazê--lo acrescido dos juros, multas e acréscimos legais no prazo de 5 (cinco) dias. Sendo assim, é importante que o advogado converse com seu cliente antes de distribuir a ação, com escopo de certificar-se de que ele está ciente do valor total da obrigação e que terá que fazer o depósito em prazo curto. Já o segundo requisito fornece na verdade indicação de como o pedido de citação dever ser feito na exordial. Explico: normalmente o réu é citado para responder a demanda, nesta ação, no entanto, ele deve ser citado para inicialmente levantar o depósito, sendo que somente no caso de que não queira fazê-lo poderá então contestar, observando, quanto ao mérito, os limites impostos no art. 544.

DICAS DE PRÁTICA JURÍDICA

- **Documentos a serem juntados na petição inicial**: o interessado deve ser orientado a fornecer ao advogado cópia dos seguintes documentos, entre outros que o caso em particular estiver a exigir: (I) documentos pessoais (RG, CPF, comprovante de residência, número de telefone e endereço eletrônico – *e-mail*); (II) no caso de a interessada ser pessoa jurídica, deve apresentar cópia do estatuto ou contrato social e, se for caso, cópia da ata da assembleia onde se nomeou o representante da empresa; (III) contrato ou instrumento onde está prevista a obrigação em aberto (por exemplo: duplicata, nota promissória, boleto, cheque etc.); (IV) certidão do cartório de protesto e/ou de outra instituição onde se encontre negativado o nome do interessado em razão do débito (por exemplo: SERASA e SPC); (V) rol de testemunhas (nome, endereço, telefone, *e-mail* e profissão de ao menos três pessoas que possam confirmar o motivo que justifica a ação – recusa e/ou sumiço do locador).
- **Valor da causa**: nesta ação o valor da causa depende do objeto do pagamento (art. 292, II, CPC). Tratando-se de consignação de um bem certo, o valor da causa será o valor do bem, por exemplo, consignando-se uma máquina que vale R$ 10.000,00 (dez mil reais), o valor da causa será R$ 10.000,00 (dez mil reais). Tratando-se de um valor único, por exemplo, uma dívida de R$ 2.000,00 (dois mil reais), o valor da causa será R$ 2.000,00 (dois mil reais). Tratando-se de consignação de dívida que vence em parcelas, o valor da causa será o valor das parcelas vencidas e vincendas até o limite de uma anuidade (art. 292, §§ 1º e 2º, CPC).

> **Art. 543.** Se o objeto da prestação for coisa indeterminada e a escolha couber ao credor, será este citado para exercer o direito dentro de 5 (cinco) dias, se outro prazo não constar de lei ou do contrato, ou para aceitar que o devedor a faça, devendo o juiz, ao despachar a petição inicial, fixar lugar, dia e hora em que se fará a entrega, sob pena de depósito.

REFERÊNCIAS LEGISLATIVAS

- Art. 219, CPC; arts. 243 a 246, 342, CC.

ANOTAÇÕES

- **Obrigação de dar coisa incerta**: sendo o objeto da execução dar coisa incerta, ou seja, indicada apenas pelo gênero e pela quantidade, necessário que o procedimento se inicie com um ato de escolha (concentração), de individualização do bem, a fim de possibilitar a execução específica. No caso da ação de consignação em pagamento que tenha como objeto coisa indeterminada, cabendo a escolha ao próprio devedor este deve fazer a indicação na própria exordial, já no caso em que a escolha caiba ao credor, réu da ação, este deverá ser citado para inicialmente fazer a escolha, sob pena de essa escolha passar a ser do devedor (autor da ação); o juiz deve ainda estabelecer o lugar, o dia e a hora em que deverá ser feita a entrega.

DICAS DE PRÁTICA JURÍDICA

- **Escolha do bem pelo credor (réu)**: regularmente citado, o credor a quem caiba a escolha do bem a ser entregue pelo devedor poderá exercer o seu direito por meio de uma simples petição intermediária endereçada ao juiz da causa (endereçamento, qualificação, informação); não é preciso justificar a escolha, salvo no caso de que esta indicação seja requerida nos termos do contrato. O advogado que firmar a petição deve, é claro, juntar a competente procuração, assim como fazer a juntada dos documentos pessoais do réu, bem como prova de recolhimento das custas (juntada da procuração). No caso de que pretenda contestar o feito (art. 544), o réu não precisa, é claro, oficialmente exercer o direito de escolha, embora uma iniciativa não afaste a outra necessariamente.

Art. 544. Na contestação, o réu poderá alegar que:
I – não houve recusa ou mora em receber a quantia ou a coisa devida;
II – foi justa a recusa;
III – o depósito não se efetuou no prazo ou no lugar do pagamento;
IV – o depósito não é integral.
Parágrafo único. No caso do inciso IV, a alegação somente será admissível se o réu indicar o montante que entende devido.

REFERÊNCIAS LEGISLATIVAS

- Arts. 335 a 343, 545, CPC.
- Art. 313, CC: "O credor não é obrigado a receber prestação diversa da que lhe é devida, ainda que mais valiosa".

ANOTAÇÕES

- ***Contestação***: a norma indica as questões de mérito que o réu pode levantar em sua defesa, o que não afasta a defesa processual ou de rito, que engloba as preliminares (art. 337).

DICAS DE PRÁTICA JURÍDICA

- ***Contestação***: além dos temas apontados na norma, que limitam as questões de mérito que o réu pode abordar na sua resposta, este deve estar atento a eventuais preliminares, na chamada defesa contra o processo, assim como analisar se é oportuno, ou não, o oferecimento de reconvenção.
- ***Forma***: a contestação deve ser ofertada em petição escrita, subscrita por advogado e endereçada ao juiz da causa.
- ***Estrutura e modelos***: a contestação está estruturada da seguinte forma: endereçamento, qualificação, resumo dos fatos, preliminares, mérito, reconvenção (quando for o caso), pedidos e indicação das provas. Para acessar modelo editável, confira o meu livro Prática de Contestação, também publicado pela Editora Atlas, do Grupo GEN.
- ***Documentos***: além de incluir o comprovante de recolhimento das custas pela juntada da procuração, salvo nos casos de justiça gratuita, o réu deve também reunir todos os documentos destinados a provar as suas alegações. Por exemplo, se alegar que a sua recusa foi "justa", vai então precisar provar as suas razões (justa por quê?); se alegar que o depósito não é integral ou que não se efetuou no prazo ou no lugar acordado, deve juntar cópia do contrato ou de outro documento que prove as suas alegações.

JURISPRUDÊNCIA

- Improcedência da ação consignatória, eis que, no caso, não há recusa do credor quanto ao recebimento do título, já que existe demanda em fase de execução para obrigar a ora autora ao pagamento. Reconvenção. Caracterização de litispendência diante do título judicial já obtido. Extinção da reconvenção, sem julgamento do mérito, nos termos do art. 485, V do CPC. Caracterização da litigância de má fé da apelada, com os consectários advindos. Recurso provido em parte. Liminar revogada. Sucumbência recíproca (TJSP, Apelação 0166081-13.2012.8.26.0100, Rel. Desembargadora Cristina Medina Mogioni, *DJ* 27/02/2018).
- Consignação em pagamento. Pretensão de quitação de débito que levou à negativação do nome do autor. Não demonstração de resistência do credor em receber o valor do débito. Banco que não estava obrigado a encaminhar boleto ao endereço de advogado que nem mesmo procuração tinha para pleitear em nome do autor. Observação de fixação de verba honorária devida ao patrono da instituição financeira, que, citada, ofertou contrarrazões Recurso improvido, com observação (TJSP, Apelação 1006865-47.2017.8.26.0577, Rel. Lígia Araújo Bisogni, *DJ* 08/02/2018).

Art. 545. Alegada a insuficiência do depósito, é lícito ao autor completá-lo, em 10 (dez) dias, salvo se corresponder a prestação cujo inadimplemento acarrete a rescisão do contrato.

§ 1º No caso do *caput*, poderá o réu levantar, desde logo, a quantia ou a coisa depositada, com a consequente liberação parcial do autor, prosseguindo o processo quanto à parcela controvertida.

§ 2º A sentença que concluir pela insuficiência do depósito determinará, sempre que possível, o montante devido e valerá como título executivo, facultado ao credor promover-lhe o cumprimento nos mesmos autos, após liquidação, se necessária.

REFERÊNCIAS LEGISLATIVAS

- Arts. 219, 356, I, 523 a 527, 544, IV, CPC.

JURISPRUDÊNCIA

- Enunciado 61 do Fórum Permanente de Processualistas Civis: É permitido ao réu da ação de consignação em pagamento levantar "desde logo" a quantia ou coisa depositada em outras hipóteses além da prevista no § 1º do art. 545 (insuficiência do depósito), desde que tal postura não seja contraditória com fundamento da defesa.

Art. 546. Julgado procedente o pedido, o juiz declarará extinta a obrigação e condenará o réu ao pagamento de custas e honorários advocatícios.

Parágrafo único. Proceder-se-á do mesmo modo se o credor receber e der quitação.

REFERÊNCIAS LEGISLATIVAS

- Arts. 85, 487, I, 539, 1.009, CPC; arts. 319, 320, CC.

ANOTAÇÕES

- **Sentença de mérito**: dispositivo tecnicamente desnecessário, em minha opinião, visto que, por óbvio, a procedência do pedido não poderia levar a outra conclusão senão a da extinção da obrigação; talvez o único desejo do legislador fosse justamente o de salientar o caráter declaratório da sentença proferida neste tipo de processo.
- **Quitação**: é documento onde o credor reconheça ter recebido o seu crédito, e onde deverá constar o valor e espécie da dívida quitada, o nome do devedor, ou quem por este pagou, o tempo e o lugar do pagamento, com assinatura do credor ou do seu representante.

Art. 547. Se ocorrer dúvida sobre quem deva legitimamente receber o pagamento, o autor requererá o depósito e a citação dos possíveis titulares do crédito para provarem o seu direito.

REFERÊNCIAS LEGISLATIVAS

- Arts. 113 a 118, 548, CPC; arts. 335, IV, 344, CC.

ANOTAÇÕES

- **Dúvida sobre a legitimidade passiva**: este tipo de situação normalmente envolve, ou acontece, quando há o falecimento do credor, deixando este muitos herdeiros, assim como no caso de separação de casal, não havendo notícia de como o crédito foi partilhado, e ainda no caso de dissolução irregular de pessoa jurídica.

Art. 548. No caso do art. 547:
I – não comparecendo pretendente algum, converter-se-á o depósito em arrecadação de coisas vagas;
II – comparecendo apenas um, o juiz decidirá de plano;
III – comparecendo mais de um, o juiz declarará efetuado o depósito e extinta a obrigação, continuando o processo a correr unicamente entre os presuntivos credores, observado o procedimento comum.

REFERÊNCIAS LEGISLATIVAS

- Arts. 318 a 512, 546, 547, 746, CPC.

JURISPRUDÊNCIA

- Enunciado 62 do Fórum Permanente de Processualistas Civis: A regra prevista no art. 548, III, que dispõe que, em ação de consignação em pagamento, o juiz declarará efetuado o depósito extinguindo a obrigação em relação ao devedor, prosseguindo o processo unicamente entre os presuntivos credores, só se aplicará se o valor do depósito não for controvertido, ou seja, não terá aplicação caso o montante depositado seja impugnado por qualquer dos presuntivos credores.

> **Art. 549.** Aplica-se o procedimento estabelecido neste Capítulo, no que couber, ao resgate do aforamento.

REFERÊNCIAS LEGISLATIVAS

- Art. 2.038, CC; arts. 678 a 694, CC/1916.

ANOTAÇÕES

- **Resgate de aforamento**: o antigo Código Civil de 1916 previa o instituto da enfiteuse, também conhecido como "aforamento", que permitia a transferência do domínio útil de um imóvel, mediante o pagamento de um foro anual. Embora tenha vedado esse tipo de negócio, o Código Civil de 2002 deixou regra de transição quanto aos contratos existentes (art. 2.038, CC), estabelecendo que ficassem subordinados ao CC/1916 até a sua eventual extinção. A norma deste artigo diz respeito exatamente a um aspecto dos antigos contratos de enfiteuse, qual seja, a possibilidade de o enfiteuta consolidar o domínio pleno do bem enfitêutico mediante o pagamento do "laudêmio" (resgate do aforamento). No caso de o senhorio direto sumir ou se recusar a receber, o enfiteuta deve usar o procedimento da ação de consignação em pagamento.

JURISPRUDÊNCIA

- Previsão do art. 693 do Código Civil de 1916 da possibilidade de aquisição do imóvel pelo enfiteuta, mediante o pagamento de dez pensões anuais ao senhorio, somadas a um laudêmio, após o transcurso do prazo de dez anos da constituição da enfiteuse (STJ, REsp 1692369/CE, Ministro Paulo de Tarso Sanseverino, T3 – Terceira Turma, *DJe* 23/08/2019).
- A enfiteuse, instituto regulado pelo Código Civil de 1916, foi expressamente vedada pelo Código Civil de 2002 (art. 2038), ressalvando apenas as então existentes até a sua extinção e mantendo a sua regulamentação pelas disposições da codificação civil revogada (STJ, REsp 1692369/CE, Ministro Paulo de Tarso Sanseverino, T3 – Terceira Turma, *DJe* 23/08/2019).
- No contrato de enfiteuse, o valor do foro anual é fixado no ato da atribuição do domínio útil do imóvel e mantém-se certo e invariável enquanto perdurar o acordo, nos termos do art. 678 do Código Civil de 1916 (STJ, AgInt no REsp 1711117/SP, Ministro Og Fernandes, T2 – Segunda Turma, *DJe* 27/06/2018).
- É possível reconhecer a usucapião do domínio útil de bem público sobre o qual tinha sido, anteriormente, instituída enfiteuse, pois, nesta circunstância, existe apenas a substituição do enfiteuta pelo usucapiente, não trazendo qualquer prejuízo ao Estado. Precedentes (STJ, AgInt no REsp 1642495/RO, Ministro Marco Buzzi, T4 – Quarta Turma, *DJe* 01/06/2017).

CAPÍTULO II
DA AÇÃO DE EXIGIR CONTAS

> **Art. 550.** Aquele que afirmar ser titular do direito de exigir contas requererá a citação do réu para que as preste ou ofereça contestação no prazo de 15 (quinze) dias.
>
> § 1º Na petição inicial, o autor especificará, detalhadamente, as razões pelas quais exige as contas, instruindo-a com documentos comprobatórios dessa necessidade, se existirem.
>
> § 2º Prestadas as contas, o autor terá 15 (quinze) dias para se manifestar, prosseguindo-se o processo na forma do Capítulo X do Título I deste Livro.

§ 3º A impugnação das contas apresentadas pelo réu deverá ser fundamentada e específica, com referência expressa ao lançamento questionado.

§ 4º Se o réu não contestar o pedido, observar-se-á o disposto no art. 355.

§ 5º A decisão que julgar procedente o pedido condenará o réu a prestar as contas no prazo de 15 (quinze) dias, sob pena de não lhe ser lícito impugnar as que o autor apresentar.

§ 6º Se o réu apresentar as contas no prazo previsto no § 5º, seguir-se-á o procedimento do § 2º, caso contrário, o autor apresentá-las-á no prazo de 15 (quinze) dias, podendo o juiz determinar a realização de exame pericial, se necessário.

REFERÊNCIAS LEGISLATIVAS

- Arts. 53, III, "d", 82, 219, 238 a 268, 318, parágrafo único, 335 a 343, 354 a 357, 370, CPC; art. 1.589, CC.

ANOTAÇÕES

- **Cabimento**: o objetivo desta ação é possibilitar ao credor exigir a prestação de contas do obrigado, com escopo de apurar o seu crédito em relação a um determinado negócio jurídico (apuração de crédito líquido). As relações jurídicas mais comuns que podem amparar uma ação de exigir contas são, entre outras: mandante em face do mandatário; tutelado em face do tutor; curatelado em face do curador; herdeiros em face do inventariante; herdeiros e legatários em face do testamenteiro; o credor em face do administrador; os condôminos em face do síndico. Registre-se que, segundo a doutrina, continua sendo possível o ajuizamento da ação para oferecer contas, observando-se, no entanto, o procedimento comum.
- **Ação de exigir contas em razão da obrigação alimentar**: embora o art. 1.589 do CC indique que é direito do pai ou da mãe, em cuja guarda não estejam os filhos, fiscalizar sua manutenção e educação, a jurisprudência do Superior Tribunal de Justiça tem sido um pouco contraditória quanto ao cabimento da ação de exigir contas em face do guardião com o escopo de verificar como está sendo usado o valor pago a título de pensão alimentícia para os filhos (veja-se no item jurisprudência a seguir). Sou da opinião de que a medida é, sim, cabível, a fim de viabilizar o exercício do direito de fiscalização do genitor que não tem a guarda dos filhos; claro que o ajuizamento da ação não pode ser usado como forma de vingança contra o guardião, devendo estar arrimada em sólidas evidências de que o dinheiro da pensão está sendo usado indevidamente. A meu ver, cabe ao juiz, ao receber a petição inicial, verificar se os fatos e o próprio valor da pensão justificam a medida (interesse legítimo), indeferindo aquelas ações que mostrem indícios de representarem apenas indevida retaliação contra o guardião.

DICAS DE PRÁTICA JURÍDICA

- **Foro competente**: não havendo foro de eleição, a ação de exigir contas deve ser ajuizada do foro do local onde se deu a administração (art. 53, III, "d", CPC). No entanto, cabe observar que as contas do inventariante, do tutor, do curador, do depositário e de qualquer outro administrador judicial deverão ser prestadas no mesmo juízo onde foi constituído o encargo, em autos apensos ao processo principal.

- ***Documentos que devem ser juntados à petição inicial***: o interessado deve ser orientado a fornecer ao advogado cópia dos seguintes documentos, entre outros que o caso em particular estiver a exigir: (I) documentos pessoais (RG, CPF, comprovante de residência, número de telefone e endereço eletrônico – *e-mail*); (II) no caso de a interessada ser pessoa jurídica, deve apresentar cópia do estatuto ou contrato social e, se for caso, cópia da ata da assembleia onde se nomeou o representante da empresa; (III) documento que fundamenta a obrigação ou encargo (por exemplo: procuração; termo de acordo; sentença etc.); (IV) demonstrativo contábil sobre os negócios realizados (quando for o caso).
- ***Valor da causa***: neste caso, o valor da causa depende do ato jurídico que arrima o pedido. Por exemplo: se o autor deseja a prestação de contas quanto a uma procuração que envolvia a cobrança de uma dívida, o valor da causa será o valor da referida dívida.
- ***Estrutura e modelo da petição inicial***: basicamente a petição inicial tem a seguinte estrutura: endereçamento, qualificação, narração dos fatos, pedidos, indicação das provas e, por fim, o valor da causa. O interessado deve ainda estar atento aos requisitos específicos indicados no § 1º deste artigo. Para acesso a modelo editável da petição inicial, bem como um capítulo específico sobre a "ação de exigir contas", com informações sobre o seu cabimento, base legal, foro competente, procedimento e documentos necessários (entre outras questões), veja nosso *Prática no processo civil*, da Editora Atlas.

JURISPRUDÊNCIA

- Súmula 259 do STJ: A ação de prestação de contas pode ser proposta pelo titular de conta corrente bancária.
- Enunciado 177 do Fórum Permanente de Processualistas Civis: A decisão interlocutória que julga procedente o pedido para condenar o réu a prestar contas, por ser de mérito, é recorrível por agravo de instrumento.
- Em regra, a ação de exigir contas é via inadequada para fiscalização dos recursos decorrentes da obrigação alimentar (STJ, AgInt nos EDcl no REsp 1704311/MG, Ministro Luis Felipe Salomão, T4 – Quarta Turma, *DJe* 16/10/2020).
- Na perspectiva do princípio da proteção integral e do melhor interesse da criança e do adolescente e do legítimo exercício da autoridade parental, em determinadas hipóteses, é juridicamente viável a ação de exigir contas ajuizada por genitor(a) alimentante contra a(o) guardiã(o) e representante legal de alimentado incapaz, na medida em que tal pretensão, no mínimo, indiretamente, está relacionada com a saúde física e também psicológica do menor, lembrando que a lei não traz palavras inúteis. Em determinadas situações, não se pode negar ao alimentante não guardião o direito de averiguar se os valores que paga a título de pensão alimentícia estão sendo realmente dirigidos ao beneficiário e voltados ao pagamento de suas despesas e ao atendimento dos seus interesses básicos fundamentais, sob pena de se impedir o exercício pleno do poder familiar (STJ, REsp 1814639/RS, Ministro Paulo de Tarso Sanseverino, Ministro Moura Ribeiro, T3 – Terceira Turma, *DJe* 09/06/2020).
- Não acarretando a decisão o encerramento do processo, o recurso cabível será o agravo de instrumento (CPC/2015, arts. 550, § 5º, e 1.015, II). No caso contrário, ou seja, se a decisão produz a extinção do processo, sem ou com resolução de mérito (arts. 485 e 487), aí sim haverá sentença e o recurso cabível será a apelação (STJ, REsp 1.680.168/SP, Rel. p/acórdão Ministro Raul Araújo, T4 – Quarta Turma, *DJe* 10/06/2019).
- O ato judicial que encerra a primeira fase da ação de exigir contas possuirá, a depender de seu conteúdo, diferentes naturezas jurídicas: se julgada procedente a primeira fase da ação de exigir contas, o ato judicial será decisão interlocutória com conteúdo de decisão parcial de mérito, impugnável por agravo de instrumento; se julgada improcedente a primeira fase da ação de exigir contas ou se extinto o processo sem a resolução de seu mérito, o ato judicial será sentença, impugnável por apelação, todavia, havendo dúvida objetiva acerca do cabimento do agravo de instrumento ou da apelação, consubstanciada em sólida divergência doutrinária e em reiterado dissídio jurisprudencial no âmbito do 2º grau de jurisdição, deve ser afastada a existência de erro grosseiro, a fim de que se aplique o princípio da fungibilidade recursal (STJ, REsp 1.746.337/RS, Rel. Ministra Nancy Andrighi, T3 – Terceira Turma, *DJe* 12/04/2019).

- Em regra, não existe o dever de prestar contas acerca dos valores recebidos pelos pais em nome do menor, durante o exercício do poder familiar, porquanto há presunção de que as verbas recebidas tenham sido utilizadas para a manutenção da comunidade familiar, abrangendo o custeio de moradia, alimentação, saúde, vestuário, educação, entre outros (STJ, REsp 1.623.098/MG, Rel. Ministro Marco Aurélio Bellizze, T3 – Terceira Turma, *DJe* de 23/03/2018).
- A Segunda Seção deste STJ firmou posicionamento no sentido de que, apesar de o correntista possuir interesse processual para exigir contas da instituição financeira, nos termos do enunciado da Súmula 259/STJ, afigura-se imprescindível a indicação concreta e fundamentada das irregularidades ocorridas, não bastando a mera referência genérica a respeito, como a verificada no presente caso (STJ, AgRg no AREsp 717.799/PR, Ministro Marco Buzzi, T4 – Quarta Turma, *DJe* 25/10/2017).
- A ação de prestação de contas tem por escopo aclarar o resultado da administração de negócios alheios (apuração da existência de saldo credor ou devedor) e, sob a regência do CPC de 1973, ostentava caráter dúplice quanto à sua propositura, podendo ser deduzida tanto por quem tivesse o dever de prestar contas quanto pelo titular do direito de exigi-las. O Novo CPC, por seu turno, não mais prevê a possibilidade de propositura de ação para prestar contas, mas apenas a instauração de demanda judicial com o objetivo de exigi-las (art. 550) (STJ, REsp 1.274.639/SP, Ministro Luis Felipe Salomão, T4 – Quarta Turma, *DJe* 23/10/2017).
- No caso de alienação extrajudicial de veículo automotor regida pelo art. 2º do Decreto-lei nº 911/1969 – redação anterior à Lei nº 13.043/2014 –, tem o devedor interesse processual na ação de prestação de contas, quanto aos valores decorrentes da venda e à correta imputação no débito (saldo remanescente) (STJ, REsp 1.678.525/SP, Ministro Antonio Carlos Ferreira, T4 – Quarta Turma, *DJe* 09/10/2017).
- O herdeiro possui interesse em exigir a prestação de contas do inventariante, ainda que não haja determinação do juízo (STJ, AgInt no REsp 1.447.000/SP, Ministra Maria Isabel Gallotti, T4 – Quarta Turma, *DJe* 03/05/2017).

Art. 551. As contas do réu serão apresentadas na forma adequada, especificando-se as receitas, a aplicação das despesas e os investimentos, se houver.

§ 1º Havendo impugnação específica e fundamentada pelo autor, o juiz estabelecerá prazo razoável para que o réu apresente os documentos justificativos dos lançamentos individualmente impugnados.

§ 2º As contas do autor, para os fins do art. 550, § 5º, serão apresentadas na forma adequada, já instruídas com os documentos justificativos, especificando-se as receitas, a aplicação das despesas e os investimentos, se houver, bem como o respectivo saldo.

REFERÊNCIAS LEGISLATIVAS

- Art. 550, § 5º, CPC.

Art. 552. A sentença apurará o saldo e constituirá título executivo judicial.

REFERÊNCIAS LEGISLATIVAS

- Arts. 513 a 538, CPC.

JURISPRUDÊNCIA

- É cabível a fixação de verba honorária sucumbencial na decisão que encerra a primeira fase da ação de exigir contas (STJ, AgInt no AREsp 1425481/SP, Ministro Marco Buzzi, T4 – Quarta Turma, *DJe* 01/10/2020).

- O ato judicial que encerra a primeira fase da ação de exigir contas possuirá, a depender de seu conteúdo, diferentes naturezas jurídicas: se julgada procedente a primeira fase da ação de exigir contas, o ato judicial será decisão interlocutória com conteúdo de decisão parcial de mérito, impugnável por agravo de instrumento; se julgada improcedente a primeira fase da ação de exigir contas ou se extinto o processo sem a resolução de seu mérito, o ato judicial será sentença, impugnável por apelação, todavia, havendo dúvida objetiva acerca do cabimento do agravo de instrumento ou da apelação, consubstanciada em sólida divergência doutrinária e em reiterado dissídio jurisprudencial no âmbito do 2º grau de jurisdição, deve ser afastada a existência de erro grosseiro, a fim de que se aplique o princípio da fungibilidade recursal (STJ, REsp 1.746.337/RS, Rel. Ministra Nancy Andrighi, T3 – Terceira Turma, *DJe* 12/04/2019).

Art. 553. As contas do inventariante, do tutor, do curador, do depositário e de qualquer outro administrador serão prestadas em apenso aos autos do processo em que tiver sido nomeado.

Parágrafo único. Se qualquer dos referidos no *caput* for condenado a pagar o saldo e não o fizer no prazo legal, o juiz poderá destituí-lo, sequestrar os bens sob sua guarda, glosar o prêmio ou a gratificação a que teria direito e determinar as medidas executivas necessárias à recomposição do prejuízo.

REFERÊNCIAS LEGISLATIVAS

- Arts. 159 a 161, 618, VII, 759, CPC; arts. 24, 627 a 646, 1.755 a 1.762, 1.781 a 1.783, 1.791 a 1.797, CC.

JURISPRUDÊNCIA

- A competência absoluta do juízo sucessório para processar e julgar a ação de exigir contas (art. 553 do CPC) se restringe à administração de bens, valores ou interesses relacionados à inventariança (TJMG, Agravo de Instrumento-Cv 1.0000.20.069721-7/001, Rel. Desembargador Wagner Wilson, 19ª Câmara Cível, julgamento em 30/07/2020, publicação da súmula em 06/08/2020).
- A prestação de contas decorrente de relação jurídica de inventariança não deve observar o procedimento especial bifásico previsto para a ação autônoma de prestação de contas, na medida em que se dispensa a primeira fase – acertamento da legitimação processual consubstanciada na existência do direito de exigir ou prestar contas – porque, no inventário, o dever de prestar contas decorre de expressa previsão legal (art. 991, VII, do CPC/73; art. 618, VII, do CPC/15) e deve ser prestado em apenso ao inventário (art. 919, 1ª parte, do CPC/73; art. 553, *caput*, do CPC/15) (STJ, REsp 1776035/SP, Ministra Nancy Andrighi, T3 – Terceira Turma, *DJe* 19/06/2020).
- O herdeiro possui interesse em exigir a prestação de contas do inventariante, ainda que não haja determinação do juízo (STJ, AgInt no REsp 1.447.000/SP, Ministra Maria Isabel Gallotti, T4 – Quarta Turma, *DJe* 03/05/2017).

CAPÍTULO III
DAS AÇÕES POSSESSÓRIAS

Seção I
Disposições Gerais

Art. 554. A propositura de uma ação possessória em vez de outra não obstará a que o juiz conheça do pedido e outorgue a proteção legal correspondente àquela cujos pressupostos estejam provados.

§ 1º No caso de ação possessória em que figure no polo passivo grande número de pessoas, serão feitas a citação pessoal dos ocupantes que forem encontrados no local e a citação por edital dos demais, determinando-se, ainda, a intimação do Ministério Público e, se envolver pessoas em situação de hipossuficiência econômica, da Defensoria Pública.

§ 2º Para fim da citação pessoal prevista no § 1º, o oficial de justiça procurará os ocupantes no local por uma vez, citando-se por edital os que não forem encontrados.

§ 3º O juiz deverá determinar que se dê ampla publicidade da existência da ação prevista no § 1º e dos respectivos prazos processuais, podendo, para tanto, valer-se de anúncios em jornal ou rádio locais, da publicação de cartazes na região do conflito e de outros meios.

REFERÊNCIAS LEGISLATIVAS

- Arts. 72, II, 73, § 2º, 141, 154, I, 178, III, 251, 318, parágrafo único, 492, 565, CPC; arts. 1.196 a 1.224, CC.

ANOTAÇÕES

- *Fungibilidade das ações possessórias*: regra geral, o juiz deve conhecer e decidir a lide nos estritos limites em que foi proposta (arts. 141, 492, CPC); contudo, o legislador abriu exceção quanto às ações possessórias, como se vê do *caput* deste artigo. A exceção se arrima na ideia de que o autor busca o Judiciário para defender a sua "posse", pouco importando se o seu pedido inicial foi de interdito proibitório, manutenção ou reintegração. Com efeito, diante da conhecida dinâmica dos fatos envolvendo a posse, é comum o autor ajuizar ação de manutenção de posse, sob o argumento de que sua posse vinha sendo, por exemplo, turbada por seu vizinho, e durante o feito, às vezes antes mesmo que o juiz decida sobre o pedido liminar, ocorre o esbulho (perda da posse). Nestas circunstâncias, a fungibilidade permite ao juiz conceder a tutela adequada, sem que o autor tenha que iniciar novo processo judicial.

- *Ações possessórias contra número indeterminado de invasores*: essas ações se multiplicaram, principalmente, em razão de invasões promovidas por movimentos sociais, justificando a disciplina do tema pelo novo CPC. Para facilitar o manuseio do assunto, o legislador determina que a citação deva ser feita pessoalmente daqueles que forem encontrados no local e por edital daqueles que, por exemplo, se negarem a apresentar identificação ou simplesmente se esconderem. Isso porque nesses casos é comum que o autor não tenha acesso ao nome e qualificação dos invasores, que são de início "indeterminados", mas "determináveis". Nesse sentido, cabe ao Oficial de Justiça comparecer no local identificando os invasores e procedendo com a sua identificação civil. Lembro ainda que o juiz deve nomear curador especial aos réus citados por edital (citação fictícia), a fim de que este represente os seus interesses; não se deve olvidar, ademais, que, no caso de que o esbulho ou a turbação houver ocorrido há mais de ano e dia, o juiz deve, antes de apreciar o pedido de concessão da liminar, designar audiência de mediação (art. 565).

JURISPRUDÊNCIA

- Súmula 637 do STJ: O ente público detém legitimidade e interesse para intervir, incidentalmente, na ação possessória entre particulares, podendo deduzir qualquer matéria defensiva, inclusive, se for o caso, o domínio.

- É firme a jurisprudência do STJ no sentido de que a ausência de intimação do Ministério Público não enseja, por si só, a decretação de nulidade do julgado, salvo a ocorrência de efetivo prejuízo demonstrado nos autos (STJ, REsp 1314615/SP, Ministro Luis Felipe Salomão, T4 – Quarta Turma, *DJe* 12/06/2017).
- Nas ações possessórias voltadas contra número indeterminado de invasores de imóvel, faz-se obrigatória a citação por edital dos réus incertos. O CPC/2015, visando adequar a proteção possessória a tal realidade, tendo em conta os interesses público e social inerentes a esse tipo de conflito coletivo, sistematizou a forma de integralização da relação jurídica, com o fito de dar a mais ampla publicidade ao feito, permitindo que o magistrado se valha de qualquer meio para esse fim. O novo regramento autoriza a propositura de ação em face de diversas pessoas indistintamente, sem que se identifique especificamente cada um dos invasores (os demandados devem ser determináveis e não obrigatoriamente determinados), bastando a indicação do local da ocupação para permitir que o oficial de justiça efetue a citação daqueles que forem lá encontrados (citação pessoal), devendo os demais ser citados presumidamente (citação por edital) (STJ, REsp 1314615/SP, Ministro Luis Felipe Salomão, T4 – Quarta Turma, *DJe* 12/06/2017).
- O entendimento do STJ é no sentido de que, em se tratando de ação possessória, não se discute o domínio sobre os bens em comento, mas tão somente a posse exercida sobre eles (STJ, AgRg no REsp 1.242.937/SC, Rel. Ministro Herman Benjamin, T2 – Segunda Turma, *DJe* 01/08/2012).

Art. 555. É lícito ao autor cumular ao pedido possessório o de:

I – condenação em perdas e danos;

II – indenização dos frutos.

Parágrafo único. Pode o autor requerer, ainda, imposição de medida necessária e adequada para:

I – evitar nova turbação ou esbulho;

II – cumprir-se a tutela provisória ou final.

REFERÊNCIAS LEGISLATIVAS

- Arts. 139, IV, 327, 536 a 538, CPC; arts. 927 a 954, CC.

ANOTAÇÕES

- ***Perdas e danos***: pode ser de natureza material e/ou moral e abrangem o dano emergente e o lucro cessante, isto é, tudo o que a vítima efetivamente perdeu mais tudo o que ela deixou razoavelmente de ganhar.
- ***Frutos***: são, segundo a doutrina, utilidades que o bem produz periodicamente, cuja percepção mantém intacta a substância do bem que as gera e podem ser classificados em: (I) quanto à sua origem, em naturais (ovos, frutos da árvore etc.), industriais (produção de uma fábrica) e civis (aluguéis, juros etc.); (II) quanto ao seu estado, em pendentes (ligados), percebidos (separados), estantes (armazenados), percipiendos (aqueles que já deveriam ter sido percebidos), consumidos.

JURISPRUDÊNCIA

- A ação possessória pode ser convertida em indenizatória em decorrência dos princípios da celeridade e economia processual. Precedentes (STJ, AgInt no AREsp 859995/AC, Ministro Luis Felipe Salomão, T4 – Quarta Turma, *DJe* 28/06/2019).

Art. 556. É lícito ao réu, na contestação, alegando que foi o ofendido em sua posse, demandar a proteção possessória e a indenização pelos prejuízos resultantes da turbação ou do esbulho cometido pelo autor.

REFERÊNCIAS LEGISLATIVAS

- Art. 183, CF; arts. 335 a 342, CPC; arts. 927 a 954, 1.216, CC.

ANOTAÇÕES

- *Natureza dúplice da tutela possessória*: normalmente, ao réu cabe a faculdade, o ônus, de apenas responder ao pedido do autor. Desejando, no entanto, deixar a posição passiva e contra-atacar o autor pode fazê-lo em razão do caráter dúplice das ações possessórias, fato que acaba por confundir o papel dos sujeitos da relação processual, vez que ambos passam a ser demandantes e demandados.
- *Contestação*: além da possibilidade de demandar proteção possessória, o réu pode apresentar defesa, opondo-se ao pedido do autor. As matérias a serem tratadas na contestação são divididas em dois grupos: no primeiro se concentra a defesa contra o processo, na chamada *defesa processual ou de rito*, que engloba as preliminares (art. 337, CPC); no segundo grupo se concentra a chamada *defesa contra o mérito*, em que o réu deve impugnar os fatos apresentados pelo autor para justificar seu pedido (*causa petendi*), podendo, eventualmente, requerer proteção judiciária (ações de natureza dúplice) e/ou apresentar reconvenção.
- *Perdas e danos*: pode ser de natureza material e/ou moral e abrangem o dano emergente e o lucro cessante, isto é, tudo o que a vítima efetivamente perdeu mais tudo o que ela deixou razoavelmente de ganhar.

DICAS DE PRÁTICA JURÍDICA

- *Forma*: a contestação deve ser ofertada em petição escrita, subscrita por advogado e endereçada ao juiz da causa.
- *Estrutura e modelos*: a contestação está estruturada da seguinte forma: endereçamento, qualificação, resumo dos fatos, preliminares, mérito, pedidos e indicação das provas. Para acessar modelo editável, confira o meu livro Prática de Contestação, também publicado pela Editora Atlas, do Grupo GEN.

JURISPRUDÊNCIA

- Consoante a jurisprudência deste Tribunal Superior, embora em sede de ação possessória, cujo comando judicial tem intensa força executiva, o pedido de retenção de benfeitorias deva ser formulado em sede de contestação, sob pena de preclusão consumativa e vedação à propositura de ação autônoma, nos feitos de natureza meramente declaratória o referido pedido pode ser manejado em ação própria (STJ, AgInt no REsp 1595685/DF, Ministro Marco Buzzi, T4 – Quarta Turma, *DJe* 10/06/2020).
- A jurisprudência desta Corte é no sentido de que, nas ações possessórias, pode o réu deduzir, na contestação, pedido indenizatório, desde que correlato à matéria, dado o caráter dúplice dessas demandas (STJ, AgInt no AREsp 1314158/SC, Ministro Marco Aurélio Bellizze, T3 – Terceira Turma, *DJe* 24/04/2020).

- Se a parte autora sucumbiu na pretensão de obter a tutela possessória sobre a área de terra descrita na ação de manutenção de posse, ou seja, se o pedido foi julgado improcedente e tornada ineficaz a liminar que lhe assegurara a posse de terras, a consequência lógica e jurídica é o retorno ao *status quo ante*. A expedição de mandado de reintegração de posse, nesse caso, decorre da natureza da sentença e do caráter dúplice da ação possessória. Não é razoável admitir que a parte cuja pretensão possessória foi julgada improcedente possa perpetuar sua posse sobre área de terra antes ocupada por outras pessoas que dali foram retiradas por força de liminar que não mais subsiste (STJ, REsp 1.483.155/BA, Ministro João Otávio de Noronha, T3 – Terceira Turma, *DJe* 16/03/2015).

Art. 557. Na pendência de ação possessória é vedado, tanto ao autor quanto ao réu, propor ação de reconhecimento do domínio, exceto se a pretensão for deduzida em face de terceira pessoa.

Parágrafo único. Não obsta à manutenção ou à reintegração de posse a alegação de propriedade ou de outro direito sobre a coisa.

REFERÊNCIAS LEGISLATIVAS

- Arts. 1.238 a 1.244, CC.

ANOTAÇÕES

- ***Posse x propriedade***: a norma claramente procura colocar certa ordem na constante discussão entre esses institutos, que nem sempre andam juntos (lembrando que a posse nem sempre advém da propriedade). Pendendo litígio sobre quem é o titular da posse, nenhuma das partes pode propor ação de natureza petitória, por exemplo, uma ação de usucapião, salvo se a pretensão for deduzida contra terceira pessoa (alguém que não é parte no processo possessório).

JURISPRUDÊNCIA

- Súmula 237 do STF: O usucapião pode ser arguido em defesa.
- Enunciado 65 do Fórum Permanente de Processualistas Civis: O art. 557 não obsta a cumulação pelo autor de ação reivindicatória e de ação possessória, se os fundamentos forem distintos.
- Em sede de ação possessória é inviável a discussão a respeito da titularidade do imóvel sob pena de se confundir os institutos, ou seja, discutir a propriedade em ação possessória (STJ, AgRg no REsp 1.389.622/SE, Rel. Ministro Luis Felipe Salomão, T4 – Quarta Turma, *DJe* 24/02/2014).

Art. 558. Regem o procedimento de manutenção e de reintegração de posse as normas da Seção II deste Capítulo quando a ação for proposta dentro de ano e dia da turbação ou do esbulho afirmado na petição inicial.

Parágrafo único. Passado o prazo referido no *caput*, será comum o procedimento, não perdendo, contudo, o caráter possessório.

REFERÊNCIAS LEGISLATIVAS

- Arts. 231, 318 a 512, 560 a 566, CPC; art. 132, CC.

ANOTAÇÕES

- *Ações de força nova e velha*: dizem-se possessórias de força nova as ações de manutenção e reintegração de posse intentadas dentro de ano e dia da turbação ou do esbulho, e de força velha quando ajuizadas após este prazo. As ações de força nova seguem o rito especial previsto nos arts. 560 a 566 do CPC, já as de força velha submetem-se ao procedimento comum. Seja de força nova ou de força velha, a ação não perde a sua natureza possessória, ou seja, as regras dos arts. 554 a 559 continuam aplicáveis tanto a um caso como ao outro. A "ação de interdito proibitória" terá sempre a natureza de força nova, vez que neste caso o possuidor busca a tutela judicial apenas porque sente a sua posse ser ameaçada por terceiro; ou seja, ainda não houve turbação ou esbulho.
- *Liminar nas ações possessórias*: a principal característica das ações possessórias de força nova é a possibilidade de concessão da manutenção ou reintegração liminar da posse, fundamentada, nesse caso, na simples violação do direito de posse do autor, desde que este atenda ao determinado no art. 561. Também é legalmente possível obter liminar de manutenção ou reintegração de posse nas ações de força velha com arrimo na tutela provisória (art. 300), desde que o interessado demonstre a presença da fumaça do bom direito (*fumus boni iuris*), e do perigo da demora da prestação jurisdicional (*periculum in mora*).

JURISPRUDÊNCIA

- O prazo de ano e dia para a caracterização da posse nova e a consequente viabilidade da liminar na ação possessória contam-se, em regra, desde a data do esbulho ou turbação até o ajuizamento da ação (STJ, REsp 313581/RJ, Ministro Sálvio de Figueiredo Teixeira, T4 – Quarta Turma, *DJ* 27/08/2001, p. 347).

Art. 559. Se o réu provar, em qualquer tempo, que o autor provisoriamente mantido ou reintegrado na posse carece de idoneidade financeira para, no caso de sucumbência, responder por perdas e danos, o juiz designar-lhe-á o prazo de 5 (cinco) dias para requerer caução, real ou fidejussória, sob pena de ser depositada a coisa litigiosa, ressalvada a impossibilidade da parte economicamente hipossuficiente.

REFERÊNCIAS LEGISLATIVAS

- Arts. 139, VI, 219, 556, CPC.

ANOTAÇÕES

- *Caução*: é termo genérico que indica um conjunto de garantias, que podem ser reais, tais como o penhor e a hipoteca, ou fidejussórias, ou seja, pessoais, como a fiança e o aval.

JURISPRUDÊNCIA

- Enunciado 179 do Fórum Permanente de Processualistas Civis: O prazo de cinco dias para prestar caução pode ser dilatado, nos termos do art. 139, inciso VI.

Seção II
Da Manutenção e da Reintegração de Posse

Art. 560. O possuidor tem direito a ser mantido na posse em caso de turbação e reintegrado em caso de esbulho.

REFERÊNCIAS LEGISLATIVAS

- Arts. 47, § 2º, 292, VI, 555, 561, CPC; arts. 1.199, 1.210, 1.223 e 1.224, CC.

ANOTAÇÕES

- ***Manutenção da posse***: a ação de manutenção de posse será cabível quando o autor, possuidor ou proprietário, tiver sua posse turbada, perturbada, por terceiro(s). O possuidor não chega, nesse caso, a perder a posse, mas esta sofre ataques de terceiros, causando desassossego, inquietação. A turbação pode ser de fato, como, por exemplo, na tentativa de invasão, ou de direito, tal como o ajuizamento de uma ação possessória.
- ***Reintegração de posse***: quando o possuidor perde a posse de um bem (móvel ou imóvel) em razão de ação ilícita de terceiro, pode valer-se da "ação de reintegração de posse", a fim de que seja reintegrado na posse do bem. Registre-se, no entanto, que esta ação só tem cabimento quando há efetivo esbulho (perda) da posse, vez que se a posse está sendo tão somente turbada, isto é, atrapalhada, abalada, a ação competente será a de "manutenção de posse" ou de "interdito proibitório", caso a posse esteja apenas sob ameaça de turbação ou esbulho.

DICAS DE PRÁTICA JURÍDICA

- ***Foro competente das ações possessórias***: devem ser ajuizadas na comarca onde está localizado o imóvel (art. 47, CPC).
- ***Valor da causa***: nas ações possessórias, o valor da causa deve ser equivalente ao do bem objeto do litígio. Tratando-se de bem imóvel, pode-se utilizar a estimativa oficial para lançamento do imposto (IPTU), ordinariamente denominado "valor venal". Havendo cumulação de pedidos (*v.g.*, manutenção de posse e condenação em perdas e danos), deve-se atentar para a regra do art. 292, VI, do CPC.
- ***Documentos a serem juntados à petição inicial***: o interessado deve ser orientado a fornecer ao advogado cópia dos seguintes documentos, entre outros que o caso em particular estiver a exigir: (I) documentos pessoais (RG, CPF, comprovante de residência, número de telefone e endereço eletrônico – *e-mail*); (II) no caso do interessado ser pessoa jurídica, deve apresentar cópia do estatuto ou contrato social e, se for caso, cópia da ata da assembleia onde se nomeou o representante da empresa; (III) certidão de propriedade e/ou contrato de compra e venda; (IV) carnê do IPTU atual (tirar cópia da folha onde conste os dados do imóvel e o seu valor venal); (V) boletim de ocorrência, quando for o caso; (VI) documentos tendentes a provar a posse efetiva do bem, o esbulho e os eventuais prejuízos (por exemplo: recibo de serviços realizados; contas pagas do bem; fotos etc.); (VII) rol de testemunhas (nome, endereço, telefone, *e-mail* e profissão de ao menos três pessoas que possam confirmar os fatos).
- ***Estrutura e modelos da petição inicial***: basicamente a petição inicial tem a seguinte estrutura: endereçamento, qualificação, narração dos fatos, pedidos, indicação das provas e, por fim, o va-

lor da causa. O interessado deve ainda estar atento aos requisitos específicos e às possibilidades indicadas nos arts. 555 e 561 do CPC. Para acesso a modelos editáveis da petição inicial, bem como capítulos específicos tanto sobre a "ação de manutenção de posse" como sobre a "ação de reintegração de posse", com informações sobre o seu cabimento, base legal, foro competente, procedimento e documentos necessários (entre outras questões), veja nosso *Prática no processo civil*, da Editora Atlas.

JURISPRUDÊNCIA

- Súmula 415 do STF: Servidão de trânsito não titulada, mas tornada permanente, sobretudo pela natureza das obras realizadas, considera-se aparente, conferindo direito à proteção possessória.
- Súmula 637 do STJ: O ente público detém legitimidade e interesse para intervir, incidentalmente, na ação possessória entre particulares, podendo deduzir qualquer matéria defensiva, inclusive, se for o caso, o domínio.
- Nas ações possessórias, o valor da causa deve corresponder ao valor do benefício patrimonial pretendido pelo autor, ou seja, ao valor atual do bem imóvel objeto da lide (TJMG, Agravo de Instrumento-Cv 1.0000.19.146468-4/001, Rel. Desembargador José Eustáquio Lucas Pereira, 5ª Câmara Cível, julgamento em 20/08/2020, publicação da súmula em 20/08/2020).
- Segundo a jurisprudência do STJ, em regra, nas ações possessórias não há necessidade de citação do cônjuge da parte ré, salvo nos casos de composse ou de ato praticado por ambos os cônjuges (STJ, AgInt no AREsp 1576096/GO, Ministro Antonio Carlos Ferreira, T4 – Quarta Turma, *DJe* 01/04/2020).
- Nos termos da jurisprudência do Superior Tribunal de Justiça, ainda que não vislumbrado proveito econômico imediato, o valor da causa nas ações possessórias deve corresponder ao benefício patrimonial pretendido pelo autor. No caso, o valor da causa foi fixado pelas instâncias ordinárias em montante correspondente ao valor do contrato cujo inadimplemento deu origem à ação de reintegração de posse, acrescido da verba indenizatória pleiteada na inicial, em consonância, portanto, com o entendimento desta Corte (STJ, AgInt no AREsp 512286/SP, Ministro Raul Araújo, T4 – Quarta Turma, *DJe* 27/08/2019).
- O entendimento do STJ é no sentido de que, em se tratando de ação possessória, não se discute o domínio sobre os bens em comento, mas tão somente a posse exercida sobre eles (STJ, AgRg no REsp 1.242.937/SC, Rel. Ministro Herman Benjamin, T2 – Segunda Turma, *DJe* 01/08/2012).

Art. 561. Incumbe ao autor provar:

I – a sua posse;

II – a turbação ou o esbulho praticado pelo réu;

III – a data da turbação ou do esbulho;

IV – a continuação da posse, embora turbada, na ação de manutenção, ou a perda da posse, na ação de reintegração.

REFERÊNCIAS LEGISLATIVAS

- Art. 371, CPC; arts. 147, 150 e 163, CP.

ANOTAÇÕES

- ***Obrigações do autor***: a norma impõe ao autor a obrigação de provar alguns fatos que são essenciais para as ações de natureza possessória, principalmente naquelas de força nova (ajuizadas dentro de ano e dia), ou seja, passíveis de proteção liminar da posse.

DICAS DE PRÁTICA JURÍDICA

- **Prova da turbação ou do esbulho**: uma boa forma de se provar a turbação ou o esbulho da posse é pela juntada de cópia de boletim de ocorrência, visto que ameaçar alguém, provocar danos e invadir a propriedade alheia são delitos tipificados no Código Penal (arts. 147, 150 e 163, CP); outra forma de provar a turbação ou o esbulho é por meio do depoimento de testemunhas. Além de apresentar com a inicial o rol das pessoas que podem confirmar os fatos, o interessado pode, se houver urgência, apresentar com a inicial declarações colhidas em cartório de notas, que possuem fé pública, além, é claro, de fotos do local. Se a turbação ou esbulho causou danos materiais, o interessado deve ainda ter a preocupação de providenciar orçamento dos serviços necessários para sua recuperação, com escopo de arrimar o pedido de indenização por perdas e danos.

JURISPRUDÊNCIA

- Ação possessória. Ação de reintegração de posse. Descumprimento do artigo 373, I, do CPC. Ônus que não cumprido acarreta a improcedência da ação. Recurso não provido (TJSP, Apelação Cível 1009892-24.2018.8.26.0344, Relator Roberto Mac Cracken, 22ª Câmara de Direito Privado, Foro de Marília – 2ª Vara Cível, julgamento em 07/10/2020).
- Ação de reintegração de posse – Sentença de improcedência – Recurso de apelação – Para fins de reintegração de posse, a autora deve comprovar sua posse e o esbulho praticado – Requerente que não comprova a posse – Não atendidos os requisitos do art. 561 do CPC – Sentença mantida – Recurso desprovido, com majoração da verba honorária (TJSP, Apelação Cível 1004245-41.2015.8.26.0445, Relator Marco Fábio Morsello, 11ª Câmara de Direito Privado, Foro de Pindamonhangaba – 1ª Vara Cível, julgamento em 13/08/2020).

> **Art. 562.** Estando a petição inicial devidamente instruída, o juiz deferirá, sem ouvir o réu, a expedição do mandado liminar de manutenção ou de reintegração, caso contrário, determinará que o autor justifique previamente o alegado, citando-se o réu para comparecer à audiência que for designada.
>
> Parágrafo único. Contra as pessoas jurídicas de direito público não será deferida a manutenção ou a reintegração liminar sem prévia audiência dos respectivos representantes judiciais.

REFERÊNCIAS LEGISLATIVAS

- Arts. 238 a 259, 300, 319, 320, 450, 558, 561, 564, CPC; art. 41, CC.

ANOTAÇÕES

- **Liminar inaudita altera parte**: a norma aponta a possibilidade de o juiz decidir sobre o pedido de liminar sem antes ouvir o réu, desde que entenda estarem os fatos suficientemente provados nos autos (art. 561). Tal medida não ofende o princípio do contraditório e da ampla defesa, que, nesse caso, ficam apenas adiados, tendo como objetivo evitar a piora da situação fática apontada pelo autor, que, segundo o art. 560, tem o direito de ser mantido ou reintegrado em caso de turbação e/ou esbulho. Óbvio que o juiz deve ser cuidadoso, certificando-se de que o autor conseguiu

provar com suficiente segurança os elementos apontados no art. 561, desde que se trate, é claro, de posse nova (art. 558). Convencido num sentido ou noutro, o juiz defere ou não a liminar.
- *Audiência de justificação*: entendendo o juiz que as razões do autor não estão suficientemente provadas na exordial, deverá designar audiência a fim de possibilitar a ele a produção de prova testemunhal. O réu deverá ser citado e intimado para comparecer à audiência, onde, embora não possa produzir provas, poderá inquirir as testemunhas do autor, assim como se manifestar no termo sobre o pedido de liminar. Lembro que o prazo para oferecimento da contestação só se inicia com a intimação sobre a decisão liminar (art. 564), ou seja, não é necessário nem prudente correr para apresentar a defesa como infelizmente fazem alguns colegas de forma totalmente atabalhoada e precipitada.

DICAS DE PRÁTICA JURÍDICA

- *Justificação*: ao fazer o pedido já considere a possibilidade de o juiz designar audiência de justificação, ou seja, não só junte na inicial o rol de testemunhas (art. 450, CPC), assim como se comprometa a levá-la em juízo com urgência se necessário.

JURISPRUDÊNCIA

- Nos termos do art. 928 do CPC/1973 (correspondente ao art. 562 do CPC/2015), na ação de manutenção ou reintegração de posse, "estando a petição inicial devidamente instruída, o juiz deferirá, sem ouvir o réu, a expedição do mandado liminar de manutenção ou de reintegração; no caso contrário, determinará que o autor justifique previamente o alegado, citando-se o réu para comparecer à audiência que for designada". O Tribunal de origem, ao cassar a decisão que deferiu a liminar por entender necessária a realização da audiência de justificação, deu estrito cumprimento ao aludido dispositivo legal, valendo ressaltar que o fato de o réu já ter apresentado contestação não impossibilita a realização da referida audiência, sobretudo porque, além de a contestação ter sido oferecida de forma prematura, pois o prazo não havia sequer iniciado, o processo está suspenso na origem desde então, não havendo que se falar em retrocesso procedimental (STJ, REsp 1668360/MG, Ministro Marco Aurélio Bellizze, T3 – Terceira Turma, *DJe* 15/12/2017).
- Não estando a petição inicial devidamente instruída, o juízo somente deve apreciar pedido de concessão de liminar após realizar audiência de justificação (TJSP, Agravo de Instrumento 2174239-90.2016.8.26.0000, Relator Itamar Gaino, 21ª Câmara de Direito Privado, Foro de Guarulhos – 6ª Vara Cível, julgamento em 10/11/2016).

Art. 563. Considerada suficiente a justificação, o juiz fará logo expedir mandado de manutenção ou de reintegração.

REFERÊNCIAS LEGISLATIVAS

- Arts. 561, 564, CPC.

ANOTAÇÕES

- *Justificação*: ou seja, considerando o juiz que a posse, a turbação ou esbulho estão suficientemente provados (art. 561, CPC), deverá expedir o competente mandado de manutenção ou de reintegração de posse, cabendo ao autor providenciar, ou seja, fornecer os meios para o cumprimento da diligência.

JURISPRUDÊNCIA

- Nas ações possessórias, sendo cabível o provimento liminar e havendo necessidade de se realizar a audiência de justificação, não pode o autor desistir da ação, após sua realização, sem o consentimento do réu (STJ, REsp 1090109/AL, Ministro Massami Uyeda, T3 – Terceira Turma, *DJe* 29/09/2009).

> **Art. 564.** Concedido ou não o mandado liminar de manutenção ou de reintegração, o autor promoverá, nos 5 (cinco) dias subsequentes, a citação do réu para, querendo, contestar a ação no prazo de 15 (quinze) dias.
>
> Parágrafo único. Quando for ordenada a justificação prévia, o prazo para contestar será contado da intimação da decisão que deferir ou não a medida liminar.

REFERÊNCIAS LEGISLATIVAS

- Arts. 219, 238 a 268, 300, 335 a 343, 556, 562, CPC.

ANOTAÇÕES

- **Comunicação da decisão liminar**: tomada a decisão sobre o pedido de tutela provisória sem audiência de justificação, cabe ao autor providenciar, ou seja, requerer e recolher as custas, para a intimação e citação do réu. A norma informa que o interessado deve tomar as providências no prazo de cinco dias, contados, é claro, da intimação sobre a decisão liminar. O pedido deve ser feito por simples petição intermediária, e as custas envolvem principalmente as despesas com as diligências do oficial de justiça, cujo valor varia de estado para estado. Não obstante a letra da lei, não é incomum que o juiz determine na própria decisão sobre o pedido de liminar a intimação e citação do réu, devendo, nesse caso, o autor apenas providenciar o recolhimento das custas. Na hipótese de ser designada audiência de justificação, para a qual o réu deverá necessariamente ser citado e intimado (art. 562), caberá ao autor da mesma forma requerer e prover as custas para a citação e intimação do réu; se a decisão sobre a liminar for tomada na própria audiência de justificação, as partes já sairão intimadas; se o juiz chamar os autos à conclusão, caberá ao cartório posteriormente a intimação das partes sobre a liminar, por meio de publicação no diário oficial.

DICAS DE PRÁTICA JURÍDICA

- **Contestação**: além de poder alegar qualquer matéria de defesa prevista no procedimento comum, o réu também pode demandar proteção possessória.
- **Estrutura e modelos**: a contestação está estruturada da seguinte forma: endereçamento, qualificação, resumo dos fatos, preliminares, mérito, pedidos e indicação das provas. Para acessar modelo editável, confira o meu livro *Prática de Contestação*, também publicado pela Editora Atlas, do Grupo GEN.

JURISPRUDÊNCIA

- Consoante a jurisprudência deste Tribunal Superior, embora em sede de ação possessória, cujo comando judicial tem intensa força executiva, o pedido de retenção de benfeitorias deva ser formulado em sede de

contestação, sob pena de preclusão consumativa e vedação à propositura de ação autônoma, nos feitos de natureza meramente declaratória o referido pedido pode ser manejado em ação própria (STJ, AgInt no REsp 1595685/DF, Ministro Marco Buzzi, T4 – Quarta Turma, *DJe* 10/06/2020).
- A jurisprudência desta Corte é no sentido de que, nas ações possessórias, pode o réu deduzir, na contestação, pedido indenizatório, desde que correlato à matéria, dado o caráter dúplice dessas demandas (STJ, AgInt no AREsp 1314158/SC, Ministro Marco Aurélio Bellizze, T3 – Terceira Turma, *DJe* 24/04/2020).
- Na ação possessória, o pedido de retenção e a especificação das benfeitorias deve ser formulado na contestação. Precedentes (STJ, AgInt nos EDcl no REsp 1705437/RS, Ministro Antonio Carlos Ferreira, T4 – Quarta Turma, *DJe* 30/08/2019).

Art. 565. No litígio coletivo pela posse de imóvel, quando o esbulho ou a turbação afirmado na petição inicial houver ocorrido há mais de ano e dia, o juiz, antes de apreciar o pedido de concessão da medida liminar, deverá designar audiência de mediação, a realizar-se em até 30 (trinta) dias, que observará o disposto nos §§ 2º e 4º.

§ 1º Concedida a liminar, se essa não for executada no prazo de 1 (um) ano, a contar da data de distribuição, caberá ao juiz designar audiência de mediação, nos termos dos §§ 2º a 4º deste artigo.

§ 2º O Ministério Público será intimado para comparecer à audiência, e a Defensoria Pública será intimada sempre que houver parte beneficiária de gratuidade da justiça.

§ 3º O juiz poderá comparecer à área objeto do litígio quando sua presença se fizer necessária à efetivação da tutela jurisdicional.

§ 4º Os órgãos responsáveis pela política agrária e pela política urbana da União, de Estado ou do Distrito Federal e de Município onde se situe a área objeto do litígio poderão ser intimados para a audiência, a fim de se manifestarem sobre seu interesse no processo e sobre a existência de possibilidade de solução para o conflito possessório.

§ 5º Aplica-se o disposto neste artigo ao litígio sobre propriedade de imóvel.

REFERÊNCIAS LEGISLATIVAS

- Arts. 139, V, 178, 185, 219, 334, 481 a 484, 554, § 1º, CPC.

ANOTAÇÕES

- ***Invasões coletivas***: ações possessórias contra grande número de invasores se multiplicaram, principalmente em razão da atuação de movimentos sociais, justificando a disciplina do tema pelo novo CPC. Para facilitar o manuseio do assunto, o legislador determina que a citação deva ser feita pessoalmente daqueles que forem encontrados no local e por edital daqueles que, por exemplo, se negarem a apresentar identificação ou simplesmente se esconderem. Isso porque nesses casos é comum que o autor não tenha acesso ao nome e qualificação dos invasores, que são de início "indeterminados", mas "determináveis". Nesse sentido, cabe ao Oficial de Justiça comparecer no local identificando os invasores e procedendo com a sua identificação civil. Lembro ainda que o juiz deve nomear curador especial aos réus citados por edital (citação fictícia), a fim de que este represente os seus interesses.
- ***Audiência de mediação***: invariavelmente, as invasões coletivas envolvem questões sociais sérias que devem ser tratadas com extremo cuidado e responsabilidade, daí a justificativa do legislador

para impor, nos casos em que a invasão tenha mais de ano e dia ("força velha"), a designação de audiência de mediação, para a qual não só as partes devem ser intimadas a comparecer, mas também diversos órgãos públicos com escopo de evitar tanto quanto possível maiores prejuízos sociais. Em minha opinião, esta providência, qual seja, designação de audiência mediação, deve ser adotada também nos casos de "força nova", ou seja, que a invasão aconteceu em menos de ano e dia, pelas mesmas razões já expostas.

JURISPRUDÊNCIA

- Enunciado 67 do Fórum Permanente de Processualistas Civis: A audiência de mediação referida no art. 565 (e seus parágrafos) deve ser compreendida como a sessão de mediação ou de conciliação, conforme as peculiaridades do caso concreto.
- Nas ações possessórias voltadas contra número indeterminado de invasores de imóvel, faz-se obrigatória a citação por edital dos réus incertos (STJ, REsp 1.314.615/SP, Ministro Luis Felipe Salomão, T4 – Quarta Turma, *DJe* 12/06/2017).

Art. 566. Aplica-se, quanto ao mais, o procedimento comum.

REFERÊNCIAS LEGISLATIVAS

- Arts. 318 a 512, 554 a 566, CPC.

ANOTAÇÕES

- ***Rito especial x rito comum***: ao rito especial das ações de manutenção e reintegração de posse, previsto entre os arts. 554 a 566, aplicam-se subsidiariamente as normas do procedimento comum (arts. 318 a 512), ou seja, na ausência de norma específica no procedimento especial das ações possessórias, devem-se aplicar aquelas previstas para o rito comum, por exemplo, as regras sobre como realizar as audiências.

Seção III
Do Interdito Proibitório

Art. 567. O possuidor direto ou indireto que tenha justo receio de ser molestado na posse poderá requerer ao juiz que o segure da turbação ou esbulho iminente, mediante mandado proibitório em que se comine ao réu determinada pena pecuniária caso transgrida o preceito.

REFERÊNCIAS LEGISLATIVAS

- Arts. 47, 292, VI, 554, 555, 561, CPC; arts. 1.210, 1.223 e 1.224, CC.

ANOTAÇÕES

- ***Ação de interdito proibitório***: destina-se à proteção preventiva da posse que se acha na iminência, ou sob ameaça, de ser molestada. Seus pressupostos objetivos são: estar o autor na posse do bem; a ameaça de turbação ou esbulho por parte do réu; justo receio de vir a ser efetivada a ameaça. Ocorrendo a mudança, no curso do processo, da simples ameaça para fatos concretos de turbação ou esbulho, haverá, mediante pedido do autor, a transmutação da ação de interdito para manutenção ou reintegração, conforme o caso (art. 554, CPC), expedindo-se o competente mandado. Além da proteção possessória, o autor, segundo o art. 555 do CPC, pode requerer: (I) condenação do requerido em perdas e danos; (II) indenização dos frutos que deixou de receber; (III) imposição de medida que evite nova turbação ou esbulho.

DICAS DE PRÁTICA JURÍDICA

- *Foro competente*: esta ação deve ser ajuizada no foro onde está localizado o imóvel (art. 47, CPC).
- *Documentos a serem juntados à petição inicial*: o interessado deve ser orientado a fornecer ao advogado cópia dos seguintes documentos, entre outros que o caso em particular estiver a exigir: (I) documentos pessoais (RG, CPF, comprovante de residência, número de telefone e endereço eletrônico – *e-mail*); (II) no caso de o interessado ser pessoa jurídica, deve apresentar cópia do estatuto ou contrato social e, se for caso, cópia da ata da assembleia onde se nomeou o representante da empresa; (III) certidão de propriedade e/ou contrato de compra e venda; (IV) carnê do IPTU atual (tirar cópia da folha onde constem os dados do imóvel e o seu valor venal); (V) boletim de ocorrência, quando for o caso; (VI) documentos tendentes à prova efetiva da posse do bem (por exemplo: recibo de serviços realizados; contas pagas do bem; fotos etc.); (VII) rol de testemunhas (nome, endereço, telefone, *e-mail* e profissão de ao menos três pessoas que possam confirmar os fatos).
- *Valor da causa*: nas ações possessórias, o valor da causa deve ser equivalente ao do bem objeto do litígio. Tratando-se do bem imóvel, pode-se utilizar a estimativa oficial para lançamento do imposto (IPTU), ordinariamente denominado "valor venal". Havendo cumulação de pedidos (*v.g.*, interdito proibitório com perdas e danos), deve-se atentar para a regra do art. 292, VI, do CPC.
- *Estrutura e modelo de petição inicial*: basicamente a petição inicial tem a seguinte estrutura: endereçamento, qualificação, narração dos fatos, pedidos, indicação das provas e, por fim, o valor da causa. O interessado deve ainda estar atento aos requisitos específicos e às possibilidades indicadas nos arts. 555 e 561 do CPC. Para acesso a modelo editável da petição inicial, bem como um capítulo específico sobre a "ação de interdito proibitório", com informações sobre o seu cabimento, base legal, foro competente, procedimento e documentos necessários (entre outras questões), veja nosso *Prática no processo civil*, da Editora Atlas.

JURISPRUDÊNCIA:

- Súmula 228 do STJ: É inadmissível o interdito proibitório para a proteção do direito autoral.
- Súmula 637 do STJ: O ente público detém legitimidade e interesse para intervir, incidentalmente, na ação possessória entre particulares, podendo deduzir qualquer matéria defensiva, inclusive, se for o caso, o domínio.
- Nas ações possessórias, o valor da causa deve corresponder ao valor do benefício patrimonial pretendido pelo autor, ou seja, ao valor atual do bem imóvel objeto da lide (TJMG, Agravo de Instrumento-Cv 1.0000.19.146468-4/001, Rel. Desembargador José Eustáquio Lucas Pereira, 5ª Câmara Cível, julgamento em 20/08/2020, publicação da súmula em 20/08/2020).
- Nos termos da jurisprudência do Superior Tribunal de Justiça, ainda que não vislumbrado proveito econômico imediato, o valor da causa nas ações possessórias deve corresponder ao benefício patrimonial pretendido pelo autor. No caso, o valor da causa foi fixado pelas instâncias ordinárias em montante correspondente ao valor do contrato cujo inadimplemento deu origem à ação de reintegração de posse, acrescido da verba

indenizatória pleiteada na inicial, em consonância, portanto, com o entendimento desta Corte (STJ, AgInt no AREsp 512286/SP, Ministro Raul Araújo, T4 – Quarta Turma, *DJe* 27/08/2019).

- Tem-se no interdito uma possessória, na qual a turbação existe pela prática de ato contra a vontade do possuidor, que lhe vem perturbar o gozo da coisa possuída, embora sem dela desapossá-lo, é uma ameaça maior (STJ, AREsp 1.115.185, Ministro Antonio Carlos Ferreira, *DJ* 19/12/2017).
- O entendimento do STJ é no sentido de que, em se tratando de ação possessória, não se discute o domínio sobre os bens em comento, mas tão somente a posse exercida sobre eles (STJ, AgRg no REsp 1.242.937/SC, Rel. Ministro Herman Benjamin, T2 – Segunda Turma, *DJe* 01/08/2012).

Art. 568. Aplica-se ao interdito proibitório o disposto na Seção II deste Capítulo.

REFERÊNCIAS LEGISLATIVAS

- Arts. 560 a 566, CPC.

CAPÍTULO IV
DA AÇÃO DE DIVISÃO E DA DEMARCAÇÃO DE TERRAS PARTICULARES

Seção I
Disposições Gerais

Art. 569. Cabe:

I – ao proprietário a ação de demarcação, para obrigar o seu confinante a estremar os respectivos prédios, fixando-se novos limites entre eles ou aviventando-se os já apagados;

II – ao condômino a ação de divisão, para obrigar os demais consortes a estremar os quinhões.

REFERÊNCIAS LEGISLATIVAS

- Arts. 318, parágrafo único, 574 a 587, 588 a 598, CPC; arts. 1.297, 1.320, 1.322, CC.

ANOTAÇÕES

- ***Proprietário, confinante e condômino***: o primeiro, neste caso, é o titular do domínio de bem imóvel, ou seja, a pessoa que tem o seu título registrado no competente cartório de imóveis ("quem não registra, não é dono"); confinante, por sua vez, é o proprietário ou possuidor do imóvel vizinho (direita, esquerda, fundos); já condômino, neste caso, é o coproprietário de um bem imóvel divisível.

JURISPRUDÊNCIA

- Enunciado 68 do Fórum Permanente de Processualistas Civis: Também possuem legitimidade para a ação demarcatória os titulares de direito real de gozo e fruição, nos limites dos seus respectivos direitos e títulos

constitutivos de direito real. Assim, além da propriedade, aplicam-se os dispositivos do Capítulo sobre ação demarcatória, no que for cabível, em relação aos direitos reais de gozo e fruição.
- Enunciado 69 do Fórum Permanente de Processualistas Civis: Cabe ao proprietário ação demarcatória para extremar a demarcação entre o seu prédio e do confinante, bem como fixar novos limites, aviventar rumos apagados e a renovar marcos destruídos (art. 1.297 do Código Civil).

Art. 570. É lícita a cumulação dessas ações, caso em que deverá processar-se primeiramente a demarcação total ou parcial da coisa comum, citando-se os confinantes e os condôminos.

REFERÊNCIAS LEGISLATIVAS

- Art. 327, CPC.

Art. 571. A demarcação e a divisão poderão ser realizadas por escritura pública, desde que maiores, capazes e concordes todos os interessados, observando-se, no que couber, os dispositivos deste Capítulo.

REFERÊNCIAS LEGISLATIVAS

- Arts. 1.321, 2.015, CC.

Art. 572. Fixados os marcos da linha de demarcação, os confinantes considerar-se-ão terceiros quanto ao processo divisório, ficando-lhes, porém, ressalvado o direito de vindicar os terrenos de que se julguem despojados por invasão das linhas limítrofes constitutivas do perímetro ou de reclamar indenização correspondente ao seu valor.

§ 1º No caso do *caput*, serão citados para a ação todos os condôminos, se a sentença homologatória da divisão ainda não houver transitado em julgado, e todos os quinhoeiros dos terrenos vindicados, se a ação for proposta posteriormente.

§ 2º Neste último caso, a sentença que julga procedente a ação, condenando a restituir os terrenos ou a pagar a indenização, valerá como título executivo em favor dos quinhoeiros para haverem dos outros condôminos que forem parte na divisão ou de seus sucessores a título universal, na proporção que lhes tocar, a composição pecuniária do desfalque sofrido.

REFERÊNCIAS LEGISLATIVAS

- Arts. 113 a 118, 487, I, 502, 506, 581, 587, CPC.

Art. 573. Tratando-se de imóvel georreferenciado, com averbação no registro de imóveis, pode o juiz dispensar a realização de prova pericial.

REFERÊNCIAS LEGISLATIVAS

- Arts. 464 a 480, CPC.

ANOTAÇÕES

- **Georreferenciar**: é delimitar a forma, a dimensão e a localização de um imóvel por meio de métodos de levantamento topográfico. O georreferenciamento é obrigatório para registro, desmembramentos e parcelamento de imóveis rurais, daí que o juiz pode dispensar a realização de prova pericial no imóvel a ser dividido ou demarcado se este já tiver sido georreferenciado.

Seção II
Da Demarcação

Art. 574. Na petição inicial, instruída com os títulos da propriedade, designar-se-á o imóvel pela situação e pela denominação, descrever-se-ão os limites por constituir, aviventar ou renovar e nomear-se-ão todos os confinantes da linha demarcanda.

REFERÊNCIAS LEGISLATIVAS

- Arts. 47, 73, § 1º, I, 75, V e VII, 89, 292, IV, 319, 320, 569 a 576, CPC; arts. 1.297 e 1.298, CC.

DICAS DE PRÁTICA JURÍDICA

- **Ação de demarcação**: antes de preparar a petição inicial, o advogado deve atentar para as seguintes observações: (I) o direito de postular demarcação é reservado somente ao proprietário, legitimado pelo seu título; (II) trata-se de ação real imobiliária, o que demanda a autorização do cônjuge ou sua participação no feito, devendo-se, ademais, requerer a citação do cônjuge do réu casado (art. 73, § 1º, I, CPC); (III) todos os confrontantes devem ser citados; (IV) o condômino também tem legitimidade para promover a ação demarcatória; no entanto, deve requerer a intimação dos demais condôminos com escopo de que integrem a relação processual (litisconsórcio ativo, art. 575, CPC); (V) a ação tem natureza dúplice, ou seja, os réus podem demandar no mesmo processo contra o autor; (VI) a ação de demarcação pode ser cumulada com a ação de divisão; (VII) além dos requisitos dos arts. 319 e 320 do CPC, cabe ao autor designar o imóvel pela situação e denominação, descrevendo os limites por constituir, aviventar ou renovar, nomeando ainda todos os confinantes da linha demarcada; (VIII) a citação será feita pelo correio (art. 576, CPC); (IX) a ação de demarcação pode ser cumulada com queixa de esbulho ou turbação (art. 572, CPC); (X) conveniente registrar que o direito de requerer a demarcação não deve ser confundido com o direito de tapagem (construir cerca divisória entre as propriedades). O arrimo do direito de demarcação é a confusão quanto aos exatos limites das propriedades confinantes, em razão do desconhecimento da exata localização de antigos marcos, que foram destruídos ou se arruinaram.

- **Documentos a serem juntados à petição inicial**: o interessado deve ser orientado a fornecer ao advogado cópia dos seguintes documentos, entre outros que o caso em particular estiver a exigir: (I) documentos pessoais (RG, CPF, certidão de casamento, comprovante de residência, número de telefone e endereço eletrônico – *e-mail*); (II) no caso de o interessado ser pessoa jurídica, deve apresentar cópia do estatuto ou contrato social e, se for caso, cópia da ata da assembleia onde se nomeou o representante da empresa; (III) certidão de propriedade atualizada; (IV) carnê do IPTU atual (tirar cópia da folha onde constem os dados do imóvel e o seu valor venal); (V) certidão de confinantes a ser emitida tanto pela prefeitura municipal quanto pelo cartório de imóveis (no caso de não ser possível, requerer certidão neste sentido); (VI) rol de confinantes, ou seja, ocupantes reais ou posseiros (nome, qualificação, endereço, telefone e *e-mail*); (VII) levantamento e fotos do local, quando disponíveis.

- *Foro competente*: tratando-se de ação real imobiliária, a ação de demarcação de terras particulares deve ser ajuizada no foro onde está localizado o imóvel (art. 47, CPC).
- *Valor da causa*: é o valor da avaliação da área (art. 292, IV, CPC); na prática, normalmente se usa o valor que aparece no carnê do IPTU, conhecido como "valor venal", base para o cálculo do imposto predial.
- *Estrutura e modelo da petição inicial*: basicamente a petição inicial tem a seguinte estrutura: endereçamento, qualificação, narração dos fatos, pedidos, indicação das provas e, por fim, o valor da causa. O interessado deve ainda estar atento aos requisitos específicos e às possibilidades indicadas nos arts. 570 e 574 do CPC. Para acesso a modelo editável da petição inicial, bem como um capítulo específico sobre a "ação de demarcação", com informações sobre o seu cabimento, base legal, foro competente, procedimento e documentos necessários (entre outras questões), veja nosso *Prática no processo civil*, da Editora Atlas.

JURISPRUDÊNCIA

- Em se tratando de ação demarcatória parcial, somente existe litisconsórcio passivo necessário em relação aos proprietários dos imóveis confrontantes da linha demarcanda, tendo em vista que somente estes possuem interesse no resultado da demanda (STJ, AgInt no AREsp 1.014.928/RJ, Ministro Raul Araújo, T4 – Quarta Turma, *DJe* 11/09/2017).

Art. 575. Qualquer condômino é parte legítima para promover a demarcação do imóvel comum, requerendo a intimação dos demais para, querendo, intervir no processo.

REFERÊNCIAS LEGISLATIVAS

- Arts. 113 a 118, CPC.
- Art. 1.314, CC: "Cada condômino pode usar da coisa conforme sua destinação, sobre ela exercer todos os direitos compatíveis com a indivisão, reivindicá-la de terceiro, defender a sua posse e alhear a respectiva parte ideal, ou gravá-la. Parágrafo único. Nenhum dos condôminos pode alterar a destinação da coisa comum, nem dar posse, uso ou gozo dela a estranhos, sem o consenso dos outros".

ANOTAÇÕES

- *Condômino*: é, neste caso, o coproprietário de um bem imóvel divisível.

Art. 576. A citação dos réus será feita por correio, observado o disposto no art. 247. Parágrafo único. Será publicado edital, nos termos do inciso III do art. 259.

REFERÊNCIAS LEGISLATIVAS

- Arts. 247, 259, III, CPC.

Art. 577. Feitas as citações, terão os réus o prazo comum de 15 (quinze) dias para contestar.

REFERÊNCIAS LEGISLATIVAS

- Arts. 219, 224, 231, 257, 335 a 342, CPC.

JURISPRUDÊNCIA

- Súmula 237 do STF: O usucapião pode ser arguido em defesa.

Art. 578. Após o prazo de resposta do réu, observar-se-á o procedimento comum.

REFERÊNCIAS LEGISLATIVAS

- Arts. 318 a 512, CPC.

Art. 579. Antes de proferir a sentença, o juiz nomeará um ou mais peritos para levantar o traçado da linha demarcanda.

REFERÊNCIAS LEGISLATIVAS

- Arts. 156 a 158, 464 a 480, CPC.

Art. 580. Concluídos os estudos, os peritos apresentarão minucioso laudo sobre o traçado da linha demarcanda, considerando os títulos, os marcos, os rumos, a fama da vizinhança, as informações de antigos moradores do lugar e outros elementos que coligirem.

REFERÊNCIAS LEGISLATIVAS

- Arts. 378 e 473, CPC.

⚖️ JURISPRUDÊNCIA

- Enunciado 70 do Fórum Permanente de Processualistas Civis: Do laudo pericial que traçar a linha demarcanda, deverá ser oportunizada a manifestação das partes interessadas, em prestígio ao princípio do contraditório e da ampla defesa.

Art. 581. A sentença que julgar procedente o pedido determinará o traçado da linha demarcanda.

Parágrafo único. A sentença proferida na ação demarcatória determinará a restituição da área invadida, se houver, declarando o domínio ou a posse do prejudicado, ou ambos.

⚖️ REFERÊNCIAS LEGISLATIVAS

- Arts. 82, 487, I, 586, parágrafo único, 587, 1.009, CPC.

📚 ANOTAÇÕES

- ***Sentença demarcatória***: esta primeira sentença que, conforme o caso, pode ter natureza declaratória, constitutiva e/ou condenatória, determinará, no caso de procedência, é claro, o traçado da linha demarcatória, que deverá ser, numa segunda fase do processo, efetivada até a expedição do auto de demarcação (art. 586, parágrafo único, CPC).

Art. 582. Transitada em julgado a sentença, o perito efetuará a demarcação e colocará os marcos necessários.

Parágrafo único. Todas as operações serão consignadas em planta e memorial descritivo com as referências convenientes para a identificação, em qualquer tempo, dos pontos assinalados, observada a legislação especial que dispõe sobre a identificação do imóvel rural.

⚖️ REFERÊNCIAS LEGISLATIVAS

- Art. 502, CPC.

Art. 583. As plantas serão acompanhadas das cadernetas de operações de campo e do memorial descritivo, que conterá:

I – o ponto de partida, os rumos seguidos e a aviventação dos antigos com os respectivos cálculos;

II – os acidentes encontrados, as cercas, os valos, os marcos antigos, os córregos, os rios, as lagoas e outros;

III – a indicação minuciosa dos novos marcos cravados, dos antigos aproveitados, das culturas existentes e da sua produção anual;

IV – a composição geológica dos terrenos, bem como a qualidade e a extensão dos campos, das matas e das capoeiras;

V – as vias de comunicação;

VI – as distâncias a pontos de referência, tais como rodovias federais e estaduais, ferrovias, portos, aglomerações urbanas e polos comerciais;

VII – a indicação de tudo o mais que for útil para o levantamento da linha ou para a identificação da linha já levantada.

REFERÊNCIAS LEGISLATIVAS

- Art. 581, CPC.

ANOTAÇÕES

- ***Caderneta de campo***: documento em que o perito agrimensor deve registrar as informações do imóvel, entre elas as enumeradas nos incisos do artigo.

Art. 584. É obrigatória a colocação de marcos tanto na estação inicial, dita marco primordial, quanto nos vértices dos ângulos, salvo se algum desses últimos pontos for assinalado por acidentes naturais de difícil remoção ou destruição.

REFERÊNCIAS LEGISLATIVAS

- Arts. 581, 585, 586, CPC.

Art. 585. A linha será percorrida pelos peritos, que examinarão os marcos e os rumos, consignando em relatório escrito a exatidão do memorial e da planta apresentados pelo agrimensor ou as divergências porventura encontradas.

REFERÊNCIAS LEGISLATIVAS

- Arts. 581, 584, 586, CPC.

Art. 586. Juntado aos autos o relatório dos peritos, o juiz determinará que as partes se manifestem sobre ele no prazo comum de 15 (quinze) dias.

Parágrafo único. Executadas as correções e as retificações que o juiz determinar, lavrar-se-á, em seguida, o auto de demarcação em que os limites demarcandos serão minuciosamente descritos de acordo com o memorial e a planta.

⚖️ REFERÊNCIAS LEGISLATIVAS

- Arts. 219, 229, 581, CPC.

📚 ANOTAÇÕES

- *Impugnação*: a manifestação da parte deve se arrimar no cumprimento, ou não, do traçado determinado pela sentença que julgou procedente o pedido demarcatório.

Art. 587. Assinado o auto pelo juiz e pelos peritos, será proferida a sentença homologatória da demarcação.

⚖️ REFERÊNCIAS LEGISLATIVAS

- Arts. 582 a 586, 1.009, 1.012, § 1º, I, CPC.

📚 ANOTAÇÕES

- *Sentença homologatória*: esta segunda sentença do procedimento declara cumpridas as especificidades previstas nos arts. 582 a 586 do CPC.

Seção III
Da Divisão

Art. 588. A petição inicial será instruída com os títulos de domínio do promovente e conterá:

I – a indicação da origem da comunhão e a denominação, a situação, os limites e as características do imóvel;

II – o nome, o estado civil, a profissão e a residência de todos os condôminos, especificando-se os estabelecidos no imóvel com benfeitorias e culturas;

III – as benfeitorias comuns.

⚖️ REFERÊNCIAS LEGISLATIVAS

- Arts. 47, 73, 75, V, VII, § 1º, I, 89, 292, IV, 319, 320, 569, II, 570, 575, 598, CPC; arts. 87, 1.199, 1.320, CC.

💡 DICAS DE PRÁTICA JURÍDICA

- *Ação de divisão*: antes de preparar a petição inicial, o advogado deve atentar para as seguintes observações: (I) a legitimidade para esta ação, ativa e passiva, é dos condôminos, titulares de direito real (propriedade, uso, usufruto, enfiteuse) e, segundo alguns doutrinadores, também dos compossuidores (art. 1.199, CC), não obstante a literalidade do texto deste artigo; (II) trata-se de ação real imobiliária, sendo necessária, portanto, a autorização do cônjuge ou sua participação no feito, devendo-se, ademais, requerer a citação do cônjuge do réu casado(art. 73, § 1º, I, CPC); (III) a ação tem natureza dúplice, ou seja, os réus podem demandar no mesmo processo contra o autor; (IV) a ação de divisão pode ser cumulada com a ação de demarcação, observando-se que, neste caso, será necessária a citação de todos os confinantes; (V) além dos requisitos dos arts. 319 e 320 do CPC, cabe ao autor na exordial indicar a origem da comunhão e a denominação, situação, limites e características do imóvel, as benfeitorias comuns, além de informar se algum dos consortes está estabelecido no imóvel, com ou sem benfeitorias ou culturas próprias; (VI) o bem deve comportar divisão (art. 87, CC), caso contrário a ação cabível será de extinção de condomínio; (VII) o imóvel a ser dividido deve estar na posse dos consortes, caso contrário será necessário ajuizar primeiro ação reivindicatória.

- *Documentos a serem juntados à petição inicial*: o interessado deve ser orientado a fornecer ao advogado cópia dos seguintes documentos, entre outros que o caso em particular estiver a exigir: (I) documentos pessoais (RG, CPF, certidão de casamento, comprovante de residência, número de telefone e endereço eletrônico – *e-mail*); (II) no caso de a interessada ser pessoa jurídica, deve apresentar cópia do estatuto ou contrato social e, se for caso, cópia da ata da assembleia onde se nomeou o representante da empresa; (III) lista dos consortes (nome e qualificação – se possível cópia dos documentos); (IV) certidão de propriedade atualizada; (V) carnê do IPTU atual (tirar cópia da folha onde constem os dados do imóvel e o seu valor venal); (VI) rol de confinantes, ou seja, nome e qualificação das pessoas que realmente ocupam os imóveis que rodeiam o imóvel objeto da ação; (VII) levantamento e fotos do local, quando disponíveis.
- *Foro competente*: a ação de divisão de terras particulares deve ser ajuizada no foro onde está localizado o imóvel (art. 47, CPC).
- *Valor da causa*: é o valor de avaliação da área a ser dividida (art. 292, IV, CPC); na prática forense, é comum usar-se o conhecido "valor venal", que vem lançado no carnê de IPTU.
- *Estrutura e modelo da petição inicial*: basicamente a petição inicial tem a seguinte estrutura: endereçamento, qualificação, narração dos fatos, pedidos, indicação das provas e, por fim, o valor da causa. O interessado deve ainda estar atento aos requisitos específicos e às possibilidades indicadas nos arts. 570 e 588 do CPC. Para acesso a modelo editável da petição inicial, bem como um capítulo específico sobre a "ação de divisão", com informações sobre o seu cabimento, base legal, foro competente, procedimento e documentos necessários (entre outras questões) veja nosso *Prática no processo civil*, da Editora Atlas.

Art. 589. Feitas as citações como preceitua o art. 576, prosseguir-se-á na forma dos arts. 577 e 578.

⚖ REFERÊNCIAS LEGISLATIVAS

- Arts. 224, 231, 247, 256, 257, 318 a 512, 576 a 578, 590, CPC.

📚 ANOTAÇÕES

- *Citações e procedimentos*: como ocorre na ação de demarcação, as citações devem ser feitas, como regra, pelo correio (art. 247, CPC), com prazo comum de 15 (quinze) dias para apresentação de contestação, prosseguindo-se então pelo rito comum (arts. 318 a 512, CPC).

Art. 590. O juiz nomeará um ou mais peritos para promover a medição do imóvel e as operações de divisão, observada a legislação especial que dispõe sobre a identificação do imóvel rural.

Parágrafo único. O perito deverá indicar as vias de comunicação existentes, as construções e as benfeitorias, com a indicação dos seus valores e dos respectivos proprietários e ocupantes, as águas principais que banham o imóvel e quaisquer outras informações que possam concorrer para facilitar a partilha.

REFERÊNCIAS LEGISLATIVAS

- Arts. 156 a 158, 464 a 480, CPC.

Art. 591. Todos os condôminos serão intimados a apresentar, dentro de 10 (dez) dias, os seus títulos, se ainda não o tiverem feito, e a formular os seus pedidos sobre a constituição dos quinhões.

REFERÊNCIAS LEGISLATIVAS

- Arts. 219, 592, CPC.

ANOTAÇÕES

- *Natureza dúplice*: ao permitir que todos os condôminos apresentem seus pedidos, o legislador está indicando a natureza dúplice da ação de divisão.

Art. 592. O juiz ouvirá as partes no prazo comum de 15 (quinze) dias.

§ 1º Não havendo impugnação, o juiz determinará a divisão geodésica do imóvel.

§ 2º Havendo impugnação, o juiz proferirá, no prazo de 10 (dez) dias, decisão sobre os pedidos e os títulos que devam ser atendidos na formação dos quinhões.

REFERÊNCIAS LEGISLATIVAS

- Arts. 219, 590, 591, CPC.

ANOTAÇÕES

- *Impugnação*: neste caso, a impugnação referida no artigo se refere aos pedidos de quinhões referidos no art. 591, assim como ao plano e medições apresentados pelo perito (art. 590, CPC).

Art. 593. Se qualquer linha do perímetro atingir benfeitorias permanentes dos confinantes feitas há mais de 1 (um) ano, serão elas respeitadas, bem como os terrenos onde estiverem, os quais não se computarão na área dividenda.

REFERÊNCIAS LEGISLATIVAS

- Art. 592, CPC.

ANOTAÇÕES

- **Benfeitorias permanentes**: diferente do que ocorria sob égide do CPC/1973, o presente código não indica quais "benfeitorias" dos confinantes devem ser respeitadas, ficando de fora da divisão; informa apenas que devem ser "permanentes" e terem sido feitas há mais de 1 (um) ano. O Código Civil, no seu art. 96, declara que as benfeitorias podem ser voluptuárias, úteis e necessárias, nada dizendo sobre "benfeitorias permanentes". Destarte, caberá ao juiz, diante do caso concreto, valorar eventual benfeitoria encontrada no caminho pelo agrimensor, declarando se ela deve ou não ficar de fora da divisão.

> **Art. 594.** Os confinantes do imóvel dividendo podem demandar a restituição dos terrenos que lhes tenham sido usurpados.
>
> § 1º Serão citados para a ação todos os condôminos, se a sentença homologatória da divisão ainda não houver transitado em julgado, e todos os quinhoeiros dos terrenos vindicados, se a ação for proposta posteriormente.
>
> § 2º Nesse último caso terão os quinhoeiros o direito, pela mesma sentença que os obrigar à restituição, a haver dos outros condôminos do processo divisório ou de seus sucessores a título universal a composição pecuniária proporcional ao desfalque sofrido.

REFERÊNCIAS LEGISLATIVAS

- Arts. 113 a 118, 572, CPC.

> **Art. 595.** Os peritos proporão, em laudo fundamentado, a forma da divisão, devendo consultar, quanto possível, a comodidade das partes, respeitar, para adjudicação a cada condômino, a preferência dos terrenos contíguos às suas residências e benfeitorias e evitar o retalhamento dos quinhões em glebas separadas.

REFERÊNCIAS LEGISLATIVAS

- Art. 593, CPC.

ANOTAÇÕES

- **Laudo técnico com o plano de divisão**: cabe aos peritos apresentarem laudo fundamentado com o plano de divisão, observando não só aspectos físicos do imóvel, mas levando em consideração, sempre que possível, é claro, o histórico de ocupação (comunhão).

Art. 596. Ouvidas as partes, no prazo comum de 15 (quinze) dias, sobre o cálculo e o plano da divisão, o juiz deliberará a partilha.

Parágrafo único. Em cumprimento dessa decisão, o perito procederá à demarcação dos quinhões, observando, além do disposto nos arts. 584 e 585, as seguintes regras:

I – as benfeitorias comuns que não comportarem divisão cômoda serão adjudicadas a um dos condôminos mediante compensação;

II – instituir-se-ão as servidões que forem indispensáveis em favor de uns quinhões sobre os outros, incluindo o respectivo valor no orçamento para que, não se tratando de servidões naturais, seja compensado o condômino aquinhoado com o prédio serviente;

III – as benfeitorias particulares dos condôminos que excederem à área a que têm direito serão adjudicadas ao quinhoeiro vizinho mediante reposição;

IV – se outra coisa não acordarem as partes, as compensações e as reposições serão feitas em dinheiro.

REFERÊNCIAS LEGISLATIVAS

- Arts. 219, 582 a 585, CPC.

ANOTAÇÕES

- *Sentença de partilha*: ouvidas as partes, o juiz deve sentenciar dividindo o imóvel; esta sentença deverá ser submetida a cumprimento (arts. 582 a 584, CPC).

Art. 597. Terminados os trabalhos e desenhados na planta os quinhões e as servidões aparentes, o perito organizará o memorial descritivo.

§ 1º Cumprido o disposto no art. 586, o escrivão, em seguida, lavrará o auto de divisão, acompanhado de uma folha de pagamento para cada condômino.

§ 2º Assinado o auto pelo juiz e pelo perito, será proferida sentença homologatória da divisão.

§ 3º O auto conterá:

I – a confinação e a extensão superficial do imóvel;

II – a classificação das terras com o cálculo das áreas de cada consorte e com a respectiva avaliação ou, quando a homogeneidade das terras não determinar diversidade de valores, a avaliação do imóvel na sua integridade;

III – o valor e a quantidade geométrica que couber a cada condômino, declarando-se as reduções e as compensações resultantes da diversidade de valores das glebas componentes de cada quinhão.

§ 4º Cada folha de pagamento conterá:

I – a descrição das linhas divisórias do quinhão, mencionadas as confinantes;

II – a relação das benfeitorias e das culturas do próprio quinhoeiro e das que lhe foram adjudicadas por serem comuns ou mediante compensação;

III – a declaração das servidões instituídas, especificados os lugares, a extensão e o modo de exercício.

⚖ REFERÊNCIAS LEGISLATIVAS

- Arts. 502, 586, 1.009, 1.012, § 1º, I, CPC.

Art. 598. Aplica-se às divisões o disposto nos arts. 575 a 578.

⚖ REFERÊNCIAS LEGISLATIVAS

- Arts. 575 a 578, CPC.

CAPÍTULO V
DA AÇÃO DE DISSOLUÇÃO PARCIAL DE SOCIEDADE

Art. 599. A ação de dissolução parcial de sociedade pode ter por objeto:

I – a resolução da sociedade empresária contratual ou simples em relação ao sócio falecido, excluído ou que exerceu o direito de retirada ou recesso; e

II – a apuração dos haveres do sócio falecido, excluído ou que exerceu o direito de retirada ou recesso; ou

III – somente a resolução ou a apuração de haveres.

§ 1º A petição inicial será necessariamente instruída com o contrato social consolidado.

§ 2º A ação de dissolução parcial de sociedade pode ter também por objeto a sociedade anônima de capital fechado quando demonstrado, por acionista ou acionistas que representem cinco por cento ou mais do capital social, que não pode preencher o seu fim.

⚖ REFERÊNCIAS LEGISLATIVAS

- Arts. 318, parágrafo único, 319, 320, CPC; arts. 45, 51, 981 a 985, 1.028 a 1.038, 1.077, 1.085, CC.

💡 DICAS DE PRÁTICA JURÍDICA

- ***Estrutura e modelo de petição inicial***: basicamente a petição inicial tem a seguinte estrutura: endereçamento, qualificação, narração dos fatos, pedidos, indicação das provas e, por fim, o valor da causa. O interessado deve ainda estar atento aos requisitos específicos indicados neste artigo.

Art. 600. A ação pode ser proposta:

I – pelo espólio do sócio falecido, quando a totalidade dos sucessores não ingressar na sociedade;

II – pelos sucessores, após concluída a partilha do sócio falecido;

III – pela sociedade, se os sócios sobreviventes não admitirem o ingresso do espólio ou dos sucessores do falecido na sociedade, quando esse direito decorrer do contrato social;

IV – pelo sócio que exerceu o direito de retirada ou recesso, se não tiver sido providenciada, pelos demais sócios, a alteração contratual consensual formalizando o desligamento, depois de transcorridos 10 (dez) dias do exercício do direito;

V – pela sociedade, nos casos em que a lei não autoriza a exclusão extrajudicial; ou

VI – pelo sócio excluído.

Parágrafo único. O cônjuge ou companheiro do sócio cujo casamento, união estável ou convivência terminou poderá requerer a apuração de seus haveres na sociedade, que serão pagos à conta da quota social titulada por este sócio.

REFERÊNCIAS LEGISLATIVAS

- Arts. 610 a 673, CPC; arts. 1.784 a 2.027, CC.

JURISPRUDÊNCIA

- É legitimado para propor ação de dissolução parcial de sociedade, para fins de apuração da quota social de sócio falecido, o espólio. A legitimidade ativa, em decorrência do direito de *saisine* e do estado de indivisibilidade da herança, pode ser estendida aos coerdeiros, antes de efetivada a partilha. Essa ampliação excepcional da legitimidade, contudo, é ressalvada tão somente para a proteção do interesse do espólio (STJ, REsp 1645672/SP, Ministro Marco Aurélio Bellizze, T3 – Terceira Turma, *DJe* 29/08/2017).

Art. 601. Os sócios e a sociedade serão citados para, no prazo de 15 (quinze) dias, concordar com o pedido ou apresentar contestação.

Parágrafo único. A sociedade não será citada se todos os seus sócios o forem, mas ficará sujeita aos efeitos da decisão e à coisa julgada.

REFERÊNCIAS LEGISLATIVAS

- Arts. 219, 238 a 259, 335 a 342, CPC.

JURISPRUDÊNCIA

- Consoante jurisprudência desta Corte, a retirada de sócio de sociedade por quotas de responsabilidade limitada dá-se pela ação de dissolução parcial, com apuração de haveres, para qual têm de ser citados não só os demais sócios, mas também a sociedade (STJ, REsp 1.371.843/SP, Ministro Paulo de Tarso Sanseverino, T3 – Terceira Turma, *DJe* 26/03/2014).

Art. 602. A sociedade poderá formular pedido de indenização compensável com o valor dos haveres a apurar.

REFERÊNCIAS LEGISLATIVAS

- Arts. 402 a 405, 1.010, § 3º, 1.013, § 2º, CC.

> **Art. 603.** Havendo manifestação expressa e unânime pela concordância da dissolução, o juiz a decretará, passando-se imediatamente à fase de liquidação.
>
> § 1º Na hipótese prevista no *caput*, não haverá condenação em honorários advocatícios de nenhuma das partes, e as custas serão rateadas segundo a participação das partes no capital social.
>
> § 2º Havendo contestação, observar-se-á o procedimento comum, mas a liquidação da sentença seguirá o disposto neste Capítulo.

REFERÊNCIAS LEGISLATIVAS

- Arts. 85, 318 a 512, 604 a 608, CPC.

> **Art. 604.** Para apuração dos haveres, o juiz:
> I – fixará a data da resolução da sociedade;
> II – definirá o critério de apuração dos haveres à vista do disposto no contrato social; e
> III – nomeará o perito.
>
> § 1º O juiz determinará à sociedade ou aos sócios que nela permanecerem que depositem em juízo a parte incontroversa dos haveres devidos.
>
> § 2º O depósito poderá ser, desde logo, levantando pelo ex-sócio, pelo espólio ou pelos sucessores.
>
> § 3º Se o contrato social estabelecer o pagamento dos haveres, será observado o que nele se dispôs no depósito judicial da parte incontroversa.

REFERÊNCIAS LEGISLATIVAS

- Arts. 156 a 158, CPC.

JURISPRUDÊNCIA

- A apuração de haveres se processa da forma prevista no contrato social, uma vez que, nessa seara, prevalece o princípio da força obrigatória dos contratos, cujo fundamento é a autonomia da vontade, desde que observados os limites legais e os princípios gerais do direito. Precedentes (STJ, AgInt nos EDcl no AREsp 639591/RJ, Ministro Marco Buzzi, T4 – Quarta Turma, *DJe* 03/08/2020).

> **Art. 605.** A data da resolução da sociedade será:
> I – no caso de falecimento do sócio, a do óbito;

II – na retirada imotivada, o sexagésimo dia seguinte ao do recebimento, pela sociedade, da notificação do sócio retirante;

III – no recesso, o dia do recebimento, pela sociedade, da notificação do sócio dissidente;

IV – na retirada por justa causa de sociedade por prazo determinado e na exclusão judicial de sócio, a do trânsito em julgado da decisão que dissolver a sociedade; e

V – na exclusão extrajudicial, a data da assembleia ou da reunião de sócios que a tiver deliberado.

REFERÊNCIAS LEGISLATIVAS

- Arts. 600, 606, CPC.

JURISPRUDÊNCIA

- A decisão que decretar a dissolução parcial da sociedade deverá indicar a data de desligamento do sócio e o critério de apuração de haveres (Enunciado nº 13 da I Jornada de Direito Comercial – CJF). O Código de Processo Civil de 2015 prevê expressamente que, na retirada imotivada do sócio, a data da resolução da sociedade é o sexagésimo dia após o recebimento pela sociedade da notificação do sócio retirante (art. 605, inciso II) (STJ, REsp 1403947/MG, Ministro Ricardo Villas Bôas Cueva, T3 – Terceira Turma, *DJe* 30/04/2018).

Art. 606. Em caso de omissão do contrato social, o juiz definirá, como critério de apuração de haveres, o valor patrimonial apurado em balanço de determinação, tomando-se por referência a data da resolução e avaliando-se bens e direitos do ativo, tangíveis e intangíveis, a preço de saída, além do passivo também a ser apurado de igual forma.

Parágrafo único. Em todos os casos em que seja necessária a realização de perícia, a nomeação do perito recairá preferencialmente sobre especialista em avaliação de sociedades.

JURISPRUDÊNCIA

- O entendimento firmado pelo Colegiado local está em harmonia com a jurisprudência desta Corte, no sentido de que, na dissolução parcial de sociedade por quotas de responsabilidade limitada, o critério previsto no contrato social para a apuração dos haveres do sócio retirante somente prevalecerá se houver consenso entre as partes quanto ao resultado alcançado, sendo que, em caso de discordância, deverá ser adotado o balanço de determinação, por melhor refletir o valor patrimonial da empresa (STJ, AgInt no AREsp 1663721/MS, Ministro Marco Aurélio Bellizze, T3 – Terceira Turma, *DJe* 07/10/2020).

Art. 607. A data da resolução e o critério de apuração de haveres podem ser revistos pelo juiz, a pedido da parte, a qualquer tempo antes do início da perícia.

REFERÊNCIAS LEGISLATIVAS

- Art. 605, CPC.

Art. 608. Até a data da resolução, integram o valor devido ao ex-sócio, ao espólio ou aos sucessores a participação nos lucros ou os juros sobre o capital próprio declarados pela sociedade e, se for o caso, a remuneração como administrador.

Parágrafo único. Após a data da resolução, o ex-sócio, o espólio ou os sucessores terão direito apenas à correção monetária dos valores apurados e aos juros contratuais ou legais.

REFERÊNCIAS LEGISLATIVAS

- Art. 605, CPC.

ANOTAÇÕES

- **Data da resolução**: a norma indica importante parâmetro para possibilitar a correta apuração dos haveres do ex-sócio, estabelecendo que são devidos a "participação nos lucros", os "juros sobre o capital próprio declarado da sociedade" e eventual "remuneração como administrador".

Art. 609. Uma vez apurados, os haveres do sócio retirante serão pagos conforme disciplinar o contrato social e, no silêncio deste, nos termos do § 2º do art. 1.031 da Lei nº 10.406, de 10 de janeiro de 2002 (Código Civil).

REFERÊNCIAS LEGISLATIVAS

- Art. 1.031, § 2º, CC: "A quota liquidada será paga em dinheiro, no prazo de noventa dias, a partir da liquidação, salvo acordo, ou estipulação contratual em contrário".

ANOTAÇÕES

- **Pagamento do ex-sócio**: o pagamento dos haveres devidos ao sócio retirante deve ser feito, primeiramente, conforme previsão no contrato social; na falta de disposição sobre o tema, a quitação deve ser feita em dinheiro no prazo de 90 (noventa) dias.

CAPÍTULO VI
DO INVENTÁRIO E DA PARTILHA

Seção I
Disposições Gerais

Art. 610. Havendo testamento ou interessado incapaz, proceder-se-á ao inventário judicial.

§ 1º Se todos forem capazes e concordes, o inventário e a partilha poderão ser feitos por escritura pública, a qual constituirá documento hábil para qualquer ato de registro, bem como para levantamento de importância depositada em instituições financeiras.

§ 2º O tabelião somente lavrará a escritura pública se todas as partes interessadas estiverem assistidas por advogado ou por defensor público, cuja qualificação e assinatura constarão do ato notarial.

REFERÊNCIAS LEGISLATIVAS

- Arts. 23, II, 48, 98, § 1º, IX, 318, parágrafo único, 611, 659, 664, 666, CPC; arts. 3º, 4º, 1.784 a 2.027, CC; arts 1º e 2º, Lei nº 6.858/1980; Res. nº 35/2007 – CNJ.

ANOTAÇÕES

- *Inventário*: embora a sucessão ocorra de forma automática (*ipso iure*), havendo imediata transmissão do patrimônio para os herdeiros, com escopo de regularizar formalmente esta transmissão, a lei exige que os interessados providenciem no prazo de 2 (dois) meses (art. 611, CPC), contados da data do falecimento do autor da herança (abertura da sucessão), o ajuizamento do processo de inventário e partilha, onde os bens serão arrolados e, posteriormente, partilhados entre os herdeiros, após o pagamento dos credores (art. 1.997, CC).
- *Inventário judicial x extrajudicial*: informa a norma que, no caso de o autor da herança deixar testamento e/ou houver interessado incapaz (arts. 3º e 4º, CC), o inventário deve ser feito judicialmente; de outro lado, se todos os interessados forem capazes e estiverem concordes quanto à partilha dos bens, o inventário "poderá" ser feito por meio de escritura pública (inventário extrajudicial). Importante registrar que a "assistência de um advogado" é obrigatória em ambas as situações, assim como que a lei oferece apenas a "possibilidade" de os interessados realizarem inventário e a partilha por meio extrajudicial, ou seja, eles sempre podem optar por realizar o inventário por meio judicial, mesmo que não haja herdeiros incapazes e que estes estejam de acordo com a partilha. Lembro ainda que o tema do inventário extrajudicial é disciplinado pela Resolução nº 35 do Conselho Nacional de Justiça, de 24 de abril de 2007, cuja consulta é obrigatória antes de se iniciarem os procedimentos.
- *Formas de inventário judicial*: judicialmente, o inventário pode ser feito obedecendo basicamente a três tipos de "procedimentos". Explico: primeiro, temos o rito especial "regular" previsto entre os arts. 610 a 658; depois o CPC permite que, sob certas circunstâncias, seja o inventário processado de maneira "simplificada", ou seja, um rito compacto, em que grande parte das solenidades e termos do procedimento são eliminados, tornando o processo mais célere e econômico. Este procedimento compacto do "inventário" chamou a lei de "arrolamento", que, por sua vez, pode ser feito de duas formas: sumário e comum. O "arrolamento sumário" encontra-se previsto nos arts. 659 a 663, tendo como hipótese de que os herdeiros sejam capazes e estejam de acordo com a partilha dos bens; já o "arrolamento comum", previsto no art. 664, tem como pressuposto o "pequeno valor dos bens" da herança, ou seja, esse rito deve ser adotado quando, havendo divergência entre os herdeiros, o valor dos bens não ultrapasse mil salários mínimos. A determinação de qual o procedimento seguir na ação de inventário se faz por exclusão, ou seja, primeiro, deve-se indagar se os herdeiros estão ou não de acordo com a partilha dos bens; depois, deve-se verificar o valor total dos bens. Por exemplo: (I) se temos quatro herdeiros e eles "concordam" sobre a partilha dos bens, o inventário deverá ser feito sob o rito do "arrolamento sumário" (arts. 659 a 663), qualquer que seja o valor total dos bens, lembrando que neste caso ainda existe a possibilidade de o inventário ser feito por escritura pública (art. 610, § 1º), dependendo, como se disse, da vontade e opção dos herdeiros; (II) se temos quatro herdeiros e eles "não concordam" com a partilha dos bens, o inventário deve

obedecer ao procedimento regular (arts. 610 a 658), desde que o valor dos bens seja "superior" a mil salários mínimos; no caso de o valor dos bens não superar essa importância, o inventário, mesmo havendo discordância entre os herdeiros ou a presença de incapazes, deve ser feito segundo o rito previsto no art. 664, chamado pela doutrina de "arrolamento comum".

- **Inventário extrajudicial**: também conhecido como "inventário administrativo", o inventário extrajudicial ainda não é uma imposição legal, mas sim uma mera "faculdade" colocada à disposição dos herdeiros. Como já dito, o tema é disciplinado pela Resolução nº 35, de 24 de abril de 2007, do Conselho Nacional de Justiça, merecendo destaque as seguintes orientações: (i) os interessados podem procurar o Cartório de Notas da sua preferência, ou seja, no inventário extrajudicial não se aplica a regra de competência prevista no art. 48 do Código de Processo Civil; (ii) ele é possível mesmo que os interessados tenham dado entrada em ação judicial, bastando para tanto requerer a suspensão ou a desistência da via judicial; (iii) os interessados devem estar acompanhados de advogado ou defensor público, dispensada a apresentação de procuração, isso porque todos deverão ser qualificados na escritura; lembrando que os herdeiros não são obrigados a contratar o mesmo advogado, cada qual pode escolher o seu; (iv) qualquer dos herdeiros, viúva ou viúvo podem ser representados por pessoa munida de procuração pública com poderes especiais; ou seja, não é obrigatório o comparecimento pessoal do herdeiro, desde que esteja, como se disse, representado por procurador regularmente constituído; (v) o recolhimento do imposto *causa mortis, que tem natureza estadual,* deve ser feito antes da lavratura da escritura pública, cabendo ao tabelião fiscalizar o pagamento e a regularidade tributária; (vi) os documentos de identificação dos interessados devem ser apresentados em original; os demais documentos podem ser apresentados em original ou em cópias autenticadas (confira a lista completa dos documentos necessários no inventário no meu livro *Prática no Processo Civil*); (vii) assim como acontece com o judicial, o "inventário extrajudicial" pode ser feito a qualquer tempo, respondendo os interessados por eventual multa sobre o imposto devido; (viii) a escritura pública de inventário não depende de homologação judicial e constitui título hábil para o registro imobiliário e para a transferência de bens e levantamento de valores.

- **Dispensa de inventário**: segundo os termos da Lei nº 6.858/1980, pequenos valores em contas bancárias, fundos de investimentos, assim como os valores devidos pelos empregadores e os saldos das contas do FGTS e PIS-PASEP podem ser levantados diretamente pelos herdeiros sem a necessidade da abertura de inventário, desde que não haja outros bens a serem inventariados (*v.g.*, imóveis, veículos etc.). Embora a lei não o exija expressamente, é comum ser necessário um "alvará judicial" que autorize os interessados a levantarem os referidos valores. Este alvará pode ser conseguido por meio de uma "ação de alvará"; você pode verificar os requisitos dela, assim como obter um modelo no meu livro *Prática no Processo Civil*, publicado pela editora Atlas, do Grupo GEN.

- **Inventário negativo**: em princípio, pode parecer que o chamado "inventário negativo" não faz qualquer sentido; afinal, se não há bens, também não há nada a ser inventariado. Todavia, é inegável a existência de situações em que obter declaração judicial no sentido de que o falecido não deixou bens pode ser não só vantajoso, como até necessário, por exemplo, no caso de se atender ao que determina o art. 1.523, I, do Código Civil. Embora não seja previsto pelo CPC, doutrina e jurisprudência reconhecem o seu cabimento, o qual deve ser processado pelo rito da jurisdição voluntária, e a sentença deverá homologar, após oitiva de todos os interessados e o Ministério Público, a declaração do interessado no sentido de que o falecido não deixou bens.

💡 DICAS DE PRÁTICA JURÍDICA

- **Foro competente**: o foro competente para a ação de inventário, assim como para todas as ações em que o espólio for réu, é, de regra, o último domicílio do autor da herança (art. 48, CPC). Se o falecido não possuía domicílio certo, é competente: (I) o foro de situação dos bens imóveis; (II) havendo bens imóveis em foros diferentes, qualquer destes; (III) não havendo bens imóveis, o foro do local de qualquer dos bens do espólio.

JURISPRUDÊNCIA

- Por este motivo, faz-se imprescindível a abertura do procedimento de inventário, ou, de inventário negativo, caso o *de cujus* não possua bens a partilhar, porque, apesar de os herdeiros não responderem por encargos superiores às forças da herança, na ausência do inventário recai sobre eles o ônus de provar que a dívida cobrada ultrapassa o valor dos bens herdados, atingindo diretamente o seu patrimônio pessoal, conforme previsão do artigo 1.792 do Código Civil/2002 (STJ, AREsp 1635096, Ministro João Otávio de Noronha, Decisão Monocrática, *DP* 28/02/2020).
- Segundo o art. 610 do CPC/2015 (art. 982 do CPC/73), em havendo testamento ou interessado incapaz, proceder-se-á ao inventário judicial. Em exceção ao *caput*, o § 1º estabelece, sem restrição, que, se todos os interessados forem capazes e concordes, o inventário e a partilha poderão ser feitos por escritura pública, a qual constituirá documento hábil para qualquer ato de registro, bem como para levantamento de importância depositada em instituições financeiras. O Código Civil, por sua vez, autoriza expressamente, independentemente da existência de testamento, que, "se os herdeiros forem capazes, poderão fazer partilha amigável, por escritura pública, termo nos autos do inventário, ou escrito particular, homologado pelo juiz" (art. 2.015). Por outro lado, determina que "será sempre judicial a partilha, se os herdeiros divergirem, assim como se algum deles for incapaz" (art. 2.016) – bastará, nesses casos, a homologação judicial posterior do acordado, nos termos do art. 659 do CPC. Assim, de uma leitura sistemática do *caput* e do § 1º do art. 610 do CPC/2015, c/c os arts. 2.015 e 2.016 do CC/2002, mostra-se possível o inventário extrajudicial, ainda que exista testamento, se os interessados forem capazes e concordes e estiverem assistidos por advogado, desde que o testamento tenha sido previamente registrado judicialmente ou haja a expressa autorização do juízo competente (STJ, REsp 1808767/RJ, Ministro Luis Felipe Salomão, T4 – Quarta Turma, *DJe* 03/12/2019).
- A ação de inventário e de partilha de bens é de natureza contenciosa e se submete a procedimento especial regulado pelo próprio CPC/15, de modo que a ela se aplicam às regras relacionadas ao momento de propositura da ação, à prevenção e à litispendência e que se encontram na parte geral do Código (STJ, REsp 1739872/MG, Ministra Nancy Andrighi, T3 – Terceira Turma, *DJe* 22/11/2018).

Art. 611. O processo de inventário e de partilha deve ser instaurado dentro de 2 (dois) meses, a contar da abertura da sucessão, ultimando-se nos 12 (doze) meses subsequentes, podendo o juiz prorrogar esses prazos, de ofício ou a requerimento de parte.

REFERÊNCIAS LEGISLATIVAS

- Arts. 178, II, 235, 615, 616, CPC; arts. 132, § 3º, 1.796, CC; art. 16, Lei nº 14.010/2020.

ANOTAÇÕES

- ***Prazo para abertura e término do inventário***: os prazos previstos na norma não são peremptórios, isto é, o interessado pode requerer a abertura do inventário mesmo depois do decurso dos referidos prazos. Na verdade, o inventário é uma obrigação da parte e pode ser requerido a qualquer tempo, mesmo muitos anos após o seu esgotamento. Além das dificuldades naturais que o decurso do tempo causa (fica mais difícil conseguir a documentação necessária), a sanção para quem deixa de requerer a abertura do inventário no tempo próprio é unicamente econômica, normalmente representada por uma multa sobre o imposto *causa mortis* devido. Já o prazo para o encerramento do inventário é de natureza imprópria, ou seja, a sua inobservância não traz qualquer sanção para a parte ou para o juiz, salvo, talvez no caso deste último, visto que o interessado pode oferecer uma representação na corregedoria do tribunal competente e/ou no Conselho Nacional de Justiça (art. 235).

- *Legitimidade para requerer a abertura do inventário*: confira quem são as pessoas com legitimidade para requerer a abertura do inventário nos arts. 615 e 616.

JURISPRUDÊNCIA

- Súmula 542 do STF: Não é inconstitucional a multa instituída pelo Estado-membro, como sanção pelo retardamento do início ou da ultimação do inventário.
- O pedido de abertura de inventário interrompe o curso do prazo prescricional para todas as pendengas entre meeiro, herdeiros e/ou legatários que exijam a definição de titularidade sobre parte do patrimônio inventariado (STJ, REsp 1.639.314/MG, Rel. Ministra Nancy Andrighi, T3 – Terceira Turma, *DJe* 10/04/2017).
- Inventário. ITCMD. Decisão que indeferiu a dilação de prazo para recolhimento do ITCMD. Inventariante que requereu alvará judicial para movimentação das contas bancárias e a dilação do prazo de recolhimento do imposto após o término do prazo legal para recolhimento. Sucessão aberta em outubro de 2019. Impossível justificar demora pela pandemia de Covid-19. Não configurado justo motivo para afastar a incidência de multa e juros de mora. Art. 17, § 1°, da Lei 10.750/00. Decisão mantida. Recurso não provido (TJSP, Agravo de Instrumento 2152415-36.2020.8.26.0000, Relatora Fernanda Gomes Camacho, 5ª Câmara de Direito Privado, Foro Central Cível – 10ª Vara da Família e Sucessões, julgamento em 23/07/2020).

Art. 612. O juiz decidirá todas as questões de direito desde que os fatos relevantes estejam provados por documento, só remetendo para as vias ordinárias as questões que dependerem de outras provas.

REFERÊNCIAS LEGISLATIVAS

- Arts. 627, § 3°, 628, § 2°, 643, 1.015, parágrafo único, CPC.

ANOTAÇÕES

- *Competência do juízo de inventário*: todas as questões envolvendo os herdeiros e os bens, ativo e passivo, deixados pelo espólio são, a princípio, do juízo do inventário, desde que se trate de questões de direito e os fatos relevantes estejam provados por documento. Por exemplo, havendo discussão sobre o direito, ou não, de herança da companheira do falecido, a competência será do juízo do inventário se já houver prova documental sobre a existência e período da união estável; se, ao contrário, houver necessidade de produção de prova oral (oitiva de testemunhas, por exemplo), as partes interessadas deverão ser remetidas às vias ordinárias. Registro que a decisão do juiz que remete o interessado para as vias ordinárias é agravável (art. 1.015, parágrafo único).

JURISPRUDÊNCIA

- Conquanto a homologação confira eficácia executiva à decisão estrangeira, não há óbice para que o juízo em que tramita o inventário do falecido, em cognição plena, decida especificamente sobre os bens situados no Brasil, observando, por exemplo, a existência de bens eventualmente excluídos da partilha, a ordem de vocação hereditária e as questões relativas à jurisdição exclusiva do Poder Judiciário brasileiro, nos termos do art. 23, I a III, do CPC/15 (STJ, HDE 966/EX, Ministra Nancy Andrighi, Nancy Andrighi, CE – Corte Especial, *DJe* 16/10/2020).

- É no juízo cível que haverá lugar para a dissolução parcial das sociedades limitadas e consequente apuração de haveres do *de cujus*, visto que, nessa via ordinária, deve ser esmiuçado, caso a caso, o alcance dos direitos e obrigações das partes interessadas – os quotistas e as próprias sociedades limitadas, indiferentes ao desate do processo de inventário (STJ, REsp 1459192/CE, Ministro Ricardo Villas Bôas Cueva, T3 – Terceira Turma, *DJe* 12/08/2015).
- Cabe ao juízo do inventário decidir, nos termos do art. 984 do CPC, "todas as questões de direito e também as questões de fato, quando este se achar provado por documento, só remetendo para os meios ordinários as que demandarem alta indagação ou dependerem de outras provas", entendidas como de "alta indagação" aquelas questões que não puderem ser provadas nos autos do inventário (STJ, REsp 450.951/DF, Rel. Ministro Luis Felipe Salomão, T4 – Quarta Turma, *DJe* 12/04/2010).

Art. 613. Até que o inventariante preste o compromisso, continuará o espólio na posse do administrador provisório.

REFERÊNCIAS LEGISLATIVAS

- Arts. 75, VII, 159 a 161, 614, CPC; arts. 1.784, 1.797, CC.

ANOTAÇÕES

- ***Espólio***: é o conjunto de bens, ativo e passivo, deixados pelo falecido. Embora a sucessão ocorra de forma automática (art. 1.784, CC), a lei estabelece uma série de procedimentos para que se dê a sua regularização (partilha e registro). Neste período, o "espólio", ou seja, a universalidade dos bens, direitos e obrigações, deixados pelo falecido ganha provisoriamente capacidade processual, ou seja, pode acionar e ser acionado em questões ligadas aos que o compõe; nestes casos, é representado, ativa e passivamente, pelo administrador provisório até que o inventariante nomeado pelo juiz preste o compromisso.
- ***Administrador provisório***: normalmente, é a pessoa que se encontra na posse direta dos bens deixados pelo autor da herança. Segundo o art. 1.797 do CC, a administração provisória da herança caberá: (I) ao cônjuge ou companheiro, se com o outro convivia ao tempo da abertura da sucessão; (II) ao herdeiro que estiver na posse e administração dos bens, e, se houver mais de um nessas condições, ao mais velho; (III) ao testamenteiro; (IV) a pessoa de confiança do juiz, na falta ou escusa das indicadas nos incisos antecedentes, ou quando tiverem de ser afastadas por motivo grave levado ao conhecimento do juiz.

JURISPRUDÊNCIA

- Ainda que o óbito do beneficiário tenha ocorrido antes do trânsito em julgado da ação mandamental, o espólio ou os herdeiros/sucessores detêm legitimidade para promover a execução do julgado, desde que devidamente habilitado(s). Isso porque o reconhecimento da condição de anistiado político possui caráter indenizatório, integrando-se ao patrimônio jurídico do espólio (STJ, AgInt na ExeMS 20383/DF, Ministro Benedito Gonçalves, S1 – Primeira Seção, *DJe* 17/09/2020).
- O espólio e os herdeiros possuem legitimidade ativa ad causam para ajuizar ação indenizatória por danos morais em virtude da ofensa moral suportada pelo *de cujus* (STJ, AgInt no AREsp 1567104/SP, Ministro Marco Buzzi, T4 – Quarta Turma, *DJe* 03/08/2020).

- A falta de inventariante judicialmente nomeado não faz dos herdeiros, individualmente considerados, partes legítimas para responder pela obrigação objeto da ação de cobrança, pois, enquanto não há partilha, é a herança que responde por eventual obrigação deixada pelo *de cujus*, cuja representação do acervo hereditário se faz provisoriamente pelo possuidor de fato, enquanto o espólio, como parte formal, é quem detém legitimidade passiva *ad causam* para integrar a lide. Precedentes (STJ, AgInt no AREsp 1580936/ES, Ministra Maria Isabel Gallotti, T4 – Quarta Turma, *DJe* 03/08/2020).
- É possível a análise da legitimidade das partes a partir de um exame puramente abstrato dos argumentos apresentados na inicial na hipótese em que se discute a legitimidade ou não do espólio para responder pelas dívidas do falecido (arts. 796 do CPC/2015 e 1.997 do CC/2002). Isso porque as condições da ação devem ser aferidas a partir da teoria da asserção, reconhecendo-se a legitimidade passiva *ad causam* pelos argumentos aduzidos, em um exame puramente abstrato, de que o réu pode ser o sujeito responsável pela violação do direito subjetivo do autor. Assim, para que o espólio seja considerado ou não parte legítima, há necessidade de verificar se – ao menos em abstrato – ele pode ser considerado pelas obrigações expostas pelo autor na petição inicial (STJ, REsp 1805473/DF, Ministro Mauro Campbell Marques, T2 – Segunda Turma, *DJe* 09/03/2020).
- Na ação anulatória em que se visa desconstituir processo de usucapião, é de admitir-se a legitimidade ativa do espólio, representado pela companheira do *de cujus*, no exercício da inventariança, mormente quando a única suposta herdeira conhecida era filha menor do falecido e da inventariante (STJ, REsp 1.623.603/MS, Ministro Herman Benjamin, T2 – Segunda Turma, *DJe* 19/12/2017).
- É legitimado para propor ação de dissolução parcial de sociedade, para fins de apuração da quota social de sócio falecido, o espólio. A legitimidade ativa, em decorrência do direito de *saisine* e do estado de indivisibilidade da herança, pode ser estendida aos coerdeiros, antes de efetivada a partilha. Essa ampliação excepcional da legitimidade, contudo, é ressalvada tão somente para a proteção do interesse do espólio (STJ, REsp 1.645.672/SP, Ministro Marco Aurélio Bellizze, T3 – Terceira Turma, *DJe* 29/08/2017).
- O espólio não detém legitimidade para o ajuizamento da ação, uma vez que a sua capacidade processual é voltada para a defesa de interesses que possam afetar a esfera patrimonial dos bens que compõem a herança, até que ocorra a partilha. Como, no caso, a demanda veicula direito de natureza pessoal, que não importa em aumento ou diminuição do acervo hereditário, a legitimidade ativa deve ser reconhecida apenas em favor dos herdeiros, que poderão ingressar com nova ação, em nome próprio, se assim o desejarem (STJ, REsp 1.497.676/SC, Ministro Marco Aurélio Bellizze, T3 – Terceira Turma, *DJe* 31/05/2017).
- O espólio tem legitimidade para figurar no polo passivo de ação de execução, que poderia ser ajuizada em face do autor da herança, acaso estivesse vivo, e será representado pelo administrador provisório da herança, na hipótese de não haver inventariante compromissado (STJ, REsp 1386220/PB, Ministra Nancy Andrighi, T3 – Terceira Turma, *DJe* 12/09/2013).

Art. 614. O administrador provisório representa ativa e passivamente o espólio, é obrigado a trazer ao acervo os frutos que desde a abertura da sucessão percebeu, tem direito ao reembolso das despesas necessárias e úteis que fez e responde pelo dano a que, por dolo ou culpa, der causa.

REFERÊNCIAS LEGISLATIVAS

- Arts. 75, VII, 159 a 161, 613, CPC; art. 1.797, CC.

ANOTAÇÕES

- ***Direitos e obrigações do administrador provisório***: na qualidade de representante ativo e/ou passivo do espólio, cabe ao administrador provisório prestar contas ao acervo de tudo o que acontecer durante a sua administração (*v.g.*, frutos percebidos, obrigações quitadas, demandas contra o espólio etc.), respondendo por eventuais danos que, por dolo ou culpa, der causa. De outro lado, tem direito ao reembolso das despesas necessárias e úteis que se vir obrigado a fazer.

JURISPRUDÊNCIA

- [...] conforme entendimento desta Corte, "apesar de a herança ser transmitida ao tempo da morte do *de cujus* (princípio da saisine), os herdeiros ficarão apenas com a posse indireta dos bens, pois a administração da massa hereditária estará, inicialmente, a cargo do administrador provisório, que representará o espólio judicial e extrajudicialmente, até ser aberto o inventário, com a nomeação do inventariante, a quem incumbirá representar definitivamente o espólio" [...] (STJ, AgInt no AREsp 1204105/DF, Ministro Marco Aurélio Bellizze, T3 – Terceira Turma, *DJe* 05/11/2018).
- Na ausência de ação de inventário ou de inventariante compromissado, o espólio será representado judicialmente pelo administrador provisório, responsável legal pela administração da herança até a assunção do encargo pelo inventariante (STJ, REsp 1559791/PB, Ministra Nancy Andrighi, T3 – Terceira Turma, *DJe* 31/08/2018).
- O espólio tem legitimidade para figurar no polo passivo de ação de execução, que poderia ser ajuizada em face do autor da herança, acaso estivesse vivo, e será representado pelo administrador provisório da herança, na hipótese de não haver inventariante compromissado (STJ, REsp 1386220/PB, Ministra Nancy Andrighi, T3 – Terceira Turma, *DJe* 12/09/2013).

Seção II
Da Legitimidade para Requerer o Inventário

Art. 615. O requerimento de inventário e de partilha incumbe a quem estiver na posse e na administração do espólio, no prazo estabelecido no art. 611.

Parágrafo único. O requerimento será instruído com a certidão de óbito do autor da herança.

REFERÊNCIAS LEGISLATIVAS

- Arts. 320, 321, 611, 613, 616, CPC; arts. 1.784, 1.797, CC.

ANOTAÇÕES

- ***Espólio***: é o conjunto de bens, ativo e passivo, deixados pelo falecido. Embora a sucessão ocorra de forma automática (art. 1.784, CC), a lei estabelece uma série de procedimentos para que se dê a sua regularização (partilha e registro). Neste período, o "espólio", ou seja, a universalidade dos bens, direitos e obrigações, deixados pelo falecido ganha provisoriamente capacidade processual, ou seja, pode acionar e ser acionado em questões ligadas aos que o compõe; nestes casos, é representado, ativa e passivamente, pelo administrador provisório até que o inventariante nomeado pelo juiz preste o compromisso.
- ***Legitimidade para requerer a abertura do inventário***: por uma questão de lógica e bom senso, a norma atribuiu a legitimidade primária para requerer a abertura do inventário à pessoa que se encontra na administração do espólio. O legitimado deve fazê-lo no prazo de dois meses, conforme norma prevista no art. 611; caso não o faça, não há previsão de nenhuma penalidade específica, salvo a cobrança de multa sobre o valor do imposto causa mortis, quando devido, é claro. O inventário pode ser requerido por esta pessoa, ou por aquelas que têm legitimidade con-

corrente, a qualquer tempo (dias, semanas, meses, anos após o falecimento do autor da herança – como disse, a qualquer tempo). No mais, a legitimidade primária não afasta ou subordina a legitimidade concorrente, ou seja, aqueles nomeados no art. 616 não precisam esperar por quem está na administração dos bens e podem, logo de início, requerer a abertura do inventário.

DICAS DE PRÁTICA JURÍDICA

- *Estrutura e modelo da petição que requer a abertura do inventário*: é bem simples a petição que requer a abertura do inventário, nela o interessado se qualifica (qualificação completa), requer a abertura do inventário da pessoa falecida, assim como sua nomeação para cargo de inventariante, mediante compromisso (apenas uma folha), atribuindo valor genérico à causa (ainda não se tem a lista dos bens). Além dos documentos pessoais e do comprovante de residência, deve juntar cópia da certidão de óbito do falecido. Para acesso a modelo editável da petição requerendo a abertura do inventário, além de um capítulo específico sobre a "ação de inventário", com informações sobre o seu cabimento, base legal, foro competente, procedimento e documentos necessários (entre outras questões), veja nosso *Prática no processo civil*, da Editora Atlas.

JURISPRUDÊNCIA

- Há litispendência entre duas ações de inventário e partilha ajuizadas por distintos colegitimados quando presente a tríplice identidade – mesmas partes, mesmas causas de pedir e mesmos pedidos -, sendo irrelevante o fato de as partes ocuparem polos processuais contrapostos nas duas ações em virtude da legitimação concorrente e disjuntiva para o ajuizamento da ação (STJ, REsp 1739872/MG, Ministra Nancy Andrighi, T3 – Terceira Turma, *DJe* 22/11/2018).

> **Art. 616.** Têm, contudo, legitimidade concorrente:
> I – o cônjuge ou companheiro supérstite;
> II – o herdeiro;
> III – o legatário;
> IV – o testamenteiro;
> V – o cessionário do herdeiro ou do legatário;
> VI – o credor do herdeiro, do legatário ou do autor da herança;
> VII – o Ministério Público, havendo herdeiros incapazes;
> VIII – a Fazenda Pública, quando tiver interesse;
> IX – o administrador judicial da falência do herdeiro, do legatário, do autor da herança ou do cônjuge ou companheiro supérstite.

REFERÊNCIAS LEGISLATIVAS

- Arts. 177, 611, 615, CPC; arts. 1.784, 1.797, 1.912 a 1.940, 1.978, CC.

ANOTAÇÕES

- *Legitimidade concorrente*: possibilita que qualquer dos elencados requeira, de forma concorrente, a abertura do inventário; ou seja, eles não estão obrigados a aguardar eventual inércia dos indicados no art. 615 do CPC. Lembro que, a princípio, o interessado deve requerer a abertura do inventário no prazo de dois meses, conforme norma do art. 611; de qualquer forma, não há qualquer impedimento para que o faça a qualquer tempo depois do decurso do referido prazo. A única penalidade para o atraso no requerimento da abertura do inventário é a possível cobrança de multa em razão do atraso na quitação do imposto de transmissão causa mortis, quando devido.

JURISPRUDÊNCIA

- O Supremo Tribunal Federal, ao julgar os Recursos Extraordinários 646.721/RS e 878.694/MG, ambos com repercussão geral reconhecida, fixou a tese de que "é inconstitucional a distinção de regimes sucessórios entre cônjuges e companheiros prevista no art. 1.790 do CC/2002, devendo ser aplicado, tanto nas hipóteses de casamento quanto nas de união estável, o regime do art. 1.829 do CC/2002" (STJ, REsp 1759652/SP, Ministro Paulo de Tarso Sanseverino, T3 – Terceira Turma, *DJe* 25/09/2020).
- Há litispendência entre duas ações de inventário e partilha ajuizadas por distintos colegitimados quando presente a tríplice identidade – mesmas partes, mesmas causas de pedir e mesmos pedidos –, sendo irrelevante o fato de as partes ocuparem polos processuais contrapostos nas duas ações em virtude da legitimação concorrente e disjuntiva para o ajuizamento da ação (STJ, REsp 1739872/MG, Ministra Nancy Andrighi, T3 – Terceira Turma, *DJe* 22/11/2018).

Seção III
Do Inventariante e das Primeiras Declarações

Art. 617. O juiz nomeará inventariante na seguinte ordem:

I – o cônjuge ou companheiro sobrevivente, desde que estivesse convivendo com o outro ao tempo da morte deste;

II – o herdeiro que se achar na posse e na administração do espólio, se não houver cônjuge ou companheiro sobrevivente ou se estes não puderem ser nomeados;

III – qualquer herdeiro, quando nenhum deles estiver na posse e na administração do espólio;

IV – o herdeiro menor, por seu representante legal;

V – o testamenteiro, se lhe tiver sido confiada a administração do espólio ou se toda a herança estiver distribuída em legados;

VI – o cessionário do herdeiro ou do legatário;

VII – o inventariante judicial, se houver;

VIII – pessoa estranha idônea, quando não houver inventariante judicial.

Parágrafo único. O inventariante, intimado da nomeação, prestará, dentro de 5 (cinco) dias, o compromisso de bem e fielmente desempenhar a função.

REFERÊNCIAS LEGISLATIVAS

- Arts. 219, 622, 1.015, parágrafo único, CPC; arts. 1.797, 1.912 a 1.940, 1.978, 1.991, CC.

ANOTAÇÕES

- ***Inventariante***: é a pessoa indicada pelo juiz para administrar e representar o espólio até que se ultime a partilha. O inventariante é um agente auxiliar do juízo, e a investidura depende não só da nomeação, mas também da prestação de compromisso de bem e fielmente desempenhar a função, sob pena de remoção. Entendem a doutrina e a jurisprudência que a ordem estabelecida neste artigo não é absoluta, podendo o juiz, de forma fundamentada e justificada, alterá-la ou até mesmo escolher pessoa estranha de sua confiança.

- **Recurso cabível**: a decisão que nomeia o inventariante é agravável, ou seja, se algum dos outros interessados não concordar por alguma razão com a escolha feita pelo juiz pode impugná-la por meio do recurso de agravo de instrumento (art. 1.015, parágrafo único).

JURISPRUDÊNCIA

- Embargos de declaração – Omissão – Nomeação da credora como inventariante – Adequação – Ordem do art. 617 do CPC/2015 que não é absoluta, podendo ser nomeada pessoa estranha idônea – Inércia da agravante, única herdeira, na condução do inventário iniciado no ano de 2012, em patente prejuízo da agravada, enteada e credora do inventariado, que apresenta-se adequada a exercer a inventariança, justamente por ter interesse que tenha termo, cuja idoneidade não foi infirmada – Recurso recebido (TJSP, Embargos de Declaração Cível 2260664-18.2019.8.26.0000, Relator Alcides Leopoldo, 4ª Câmara de Direito Privado, Foro de Santos – 3ª Vara de Família e Sucessões, *DJ* 10/07/2020).
- Agravo de instrumento – Inventário – Nomeação de inventariante – Ordem legal – Inexistência de caráter absoluto – Legalidade de nomeação do filho agricultor para o cargo, eis que é agricultor como o falecido e deu continuidade aos negócios agrícolas, além de estar na posse dos bens voltados a tal atividade – Nomeação que beneficia o espólio – Pedido de remoção – Ausência de prova de motivo bastante – Decisão ratificada – Negaram provimento ao recurso (TJSP, Agravo de Instrumento 2211349-21.2019.8.26.0000, Relator Alexandre Coelho, 8ª Câmara de Direito Privado, Foro de Paulo de Faria – Vara Única, *DJ* 17/01/20200).
- A ordem de nomeação dos legitimados como inventariante prevista no art. 990 do CPC/1973 admite excepcional alteração por não apresentar caráter absoluto (STJ, REsp 1.537.292/RJ, Ministro Ricardo Villas Bôas Cueva, T3 – Terceira Turma, *DJe* 24/10/2017 – art. 990 do CPC/1973 equivalente ao art. 617 do CPC/2015, jurisprudência aplicável ao NCPC).

Art. 618. Incumbe ao inventariante:

I – representar o espólio ativa e passivamente, em juízo ou fora dele, observando-se, quanto ao dativo, o disposto no art. 75, § 1º;

II – administrar o espólio, velando-lhe os bens com a mesma diligência que teria se seus fossem;

III – prestar as primeiras e as últimas declarações pessoalmente ou por procurador com poderes especiais;

IV – exibir em cartório, a qualquer tempo, para exame das partes, os documentos relativos ao espólio;

V – juntar aos autos certidão do testamento, se houver;

VI – trazer à colação os bens recebidos pelo herdeiro ausente, renunciante ou excluído;

VII – prestar contas de sua gestão ao deixar o cargo ou sempre que o juiz lhe determinar;

VIII – requerer a declaração de insolvência.

REFERÊNCIAS LEGISLATIVAS

- Arts. 75, VII, § 1º, 553, 622, CPC.

ANOTAÇÕES

- **Obrigações do inventariante**: a norma lista as obrigações inerentes à função de inventariante (ordinárias), lembrando que questões que envolvam alienação de bens, acordos, pagamentos de dívidas e até de despesas necessárias para a conservação e melhoramento de bens dependem de autorização judicial, após a oitiva dos demais interessados (art. 619). De tudo o inventariante deve prestar contas ao juízo sob pena de remoção (art. 622, V).

JURISPRUDÊNCIA

- A prestação de contas decorrente de relação jurídica de inventariança não deve observar o procedimento especial bifásico previsto para a ação autônoma de prestação de contas, na medida em que se dispensa a primeira fase – acertamento da legitimação processual consubstanciada na existência do direito de exigir ou prestar contas – porque, no inventário, o dever de prestar contas decorre de expressa previsão legal (art. 991, VII, do CPC/73; art. 618, VII, do CPC/15) e deve ser prestado em apenso ao inventário (art. 919, 1ª parte, do CPC/73; art. 553, *caput*, do CPC/15) (STJ, REsp 1776035/SP, Ministra Nancy Andrighi, T3 – Terceira Turma, *DJe* 19/06/2020).
- Os poderes de administração do inventariante são aqueles relativos à conservação dos bens inventariados para a futura partilha, dentre os quais se pode citar o pagamento de tributos e aluguéis, a realização de reparos e a aplicação de recursos, atendendo o interesse dos herdeiros (STJ, REsp 1.627.286/GO, Ministro Ricardo Villas Bôas Cueva, T3 – Terceira Turma, *DJe* 03/10/2017).
- O herdeiro possui interesse em exigir a prestação de contas do inventariante, ainda que não haja determinação do juízo (STJ, AgInt no REsp 1.447.000/SP, Ministra Maria Isabel Gallotti, T4 – Quarta Turma, *DJe* 03/05/2017).

Art. 619. Incumbe ainda ao inventariante, ouvidos os interessados e com autorização do juiz:

I – alienar bens de qualquer espécie;

II – transigir em juízo ou fora dele;

III – pagar dívidas do espólio;

IV – fazer as despesas necessárias para a conservação e o melhoramento dos bens do espólio.

REFERÊNCIAS LEGISLATIVAS

- Arts. 618, 622, CPC; arts. 840 a 850, 1.228, CC.

ANOTAÇÕES

- **Atos do inventariante sujeitos à prévia autorização judicial**: ao contrário da norma do art. 618 que indica as obrigações ordinárias do inventariante, a presente norma abre a possibilidade de algumas ações que podem alterar o valor e a natureza dos bens que compõem o espólio, visto que podem implicar de uma forma ou de outra sua disposição, razão pela qual devem ser previamente autorizados pelo juiz, após oitiva dos demais interessados. A falta de consulta prévia pode causar a nulidade do ato praticado sob a responsabilidade do inventariante.

DICAS DE PRÁTICA JURÍDICA

- **Como requerer autorização judicial**: nos termos deste artigo, precisando o inventariante prestar contas ou requerer autorização judicial para a disposição de bens ou realização de despesas, pode fazê-lo por simples petição intermediária endereçada ao próprio juiz da causa (endereçamento, qualificação, motivos, pedidos).

JURISPRUDÊNCIA

- Em regra, a prática pelo inventariante dos atos elencados no art. 992 do CPC/73, correspondente ao art. 619 do CPC/15, depende de prévia oitiva dos interessados e de autorização judicial, a fim de evitar a disposição definitiva de bens ou transação sobre direitos que seriam objeto de futura partilha, bem como para evitar a aplicação de valores do espólio em gastos eventualmente desnecessários. É possível, contudo, flexibilizar a exigência de oitiva prévia e de autorização judicial, em caráter absolutamente excepcional, quando se verificar que o ato praticado pelo inventariante objetivou a proteção do patrimônio comum e, assim, atingiu plenamente a finalidade prevista em lei, salvaguardando os bens pertencentes ao espólio de sua integral e irreversível deterioração (STJ, REsp 1655720/RJ, Ministra Nancy Andrighi, T3 – Terceira Turma, *DJe* 15/10/2018).

Art. 620. Dentro de 20 (vinte) dias contados da data em que prestou o compromisso, o inventariante fará as primeiras declarações, das quais se lavrará termo circunstanciado, assinado pelo juiz, pelo escrivão e pelo inventariante, no qual serão exarados:

I – o nome, o estado, a idade e o domicílio do autor da herança, o dia e o lugar em que faleceu e se deixou testamento;

II – o nome, o estado, a idade, o endereço eletrônico e a residência dos herdeiros e, havendo cônjuge ou companheiro supérstite, além dos respectivos dados pessoais, o regime de bens do casamento ou da união estável;

III – a qualidade dos herdeiros e o grau de parentesco com o inventariado;

IV – a relação completa e individualizada de todos os bens do espólio, inclusive aqueles que devem ser conferidos à colação, e dos bens alheios que nele forem encontrados, descrevendo-se:

a) os imóveis, com as suas especificações, nomeadamente local em que se encontram, extensão da área, limites, confrontações, benfeitorias, origem dos títulos, números das matrículas e ônus que os gravam;

b) os móveis, com os sinais característicos;

c) os semoventes, seu número, suas espécies, suas marcas e seus sinais distintivos;

d) o dinheiro, as joias, os objetos de ouro e prata e as pedras preciosas, declarando-se-lhes especificadamente a qualidade, o peso e a importância;

e) os títulos da dívida pública, bem como as ações, as quotas e os títulos de sociedade, mencionando-se-lhes o número, o valor e a data;

f) as dívidas ativas e passivas, indicando-se-lhes as datas, os títulos, a origem da obrigação e os nomes dos credores e dos devedores;

g) direitos e ações;

h) o valor corrente de cada um dos bens do espólio.

§ 1º O juiz determinará que se proceda:

I – ao balanço do estabelecimento, se o autor da herança era empresário individual;

II – à apuração de haveres, se o autor da herança era sócio de sociedade que não anônima.

§ 2º As declarações podem ser prestadas mediante petição, firmada por procurador com poderes especiais, à qual o termo se reportará.

REFERÊNCIAS LEGISLATIVAS

- Arts. 219, 231, § 3º, 622, I, 664, CPC.

ANOTAÇÕES

- *Primeiras declarações*: nela o inventariante deve apresentar as informações e documentos que vão possibilitar a futura partilha dos bens. O prazo é de natureza dilatória, fato que permite que o inventariante requeira de forma justificada a sua extensão. Diante dessa possibilidade, é importante que o inventariante que não consiga cumprir o prazo informe no tempo certo ao juiz os seus motivos, requerendo então novo prazo, sob pena de remoção (art. 622, I).

DICAS DE PRÁTICA JURÍDICA

- *Documentos a serem juntados à petição com as primeiras declarações*: o interessado deve ser orientado a fornecer ao advogado cópia dos seguintes documentos, entre outros que o caso em particular estiver a exigir: (I) documentos pessoais da viúva, quando for o caso, e dos herdeiros e de seus cônjuges, também quando for o caso (RG, CPF, certidão de casamento, comprovante de residência, com CEP, número de telefone e endereço eletrônico – *e-mail*); (II) documentos pessoais do falecido (RG, CPF, CTPS, cartão PIS e cartão cidadão da CEF, quando houver, certidão de casamento, comprovante de residência); (III) comprovante de cancelamento do CPF do falecido (documento a ser obtido junto à Receita Federal); (IV) certidão de propriedade atual de bens imóveis pertencentes ao falecido; (V) carnê do IPTU atual e do ano de falecimento, quando distintos, de imóveis pertencentes ao falecido (tirar cópia da folha onde constem os dados do imóvel e o seu valor venal); (VI) documentos de propriedade de bens móveis (por exemplo: veículos, barcos, aviões, joias, quadros, títulos, ações etc.); (VII) no caso de bens móveis, documentos que demonstrem o seu valor de mercado no tempo do falecimento (por exemplo: tabela FIPE, jornais, avaliações, cotações etc.); (VIII) extrato de contas bancárias e aplicações financeiras (tais documentos devem indicar o saldo na data do falecimento); (IX) certidão negativa de débitos fiscais das Fazenda Municipal, Estadual e Federal (no caso de haver dívidas, juntar certidão positiva do valor atual do débito, observando que deverão ser resguardados bens para sua quitação); (X) certidão negativa de testamento (alguns juízes insistem na apresentação deste documento: há cartórios especializados na expedição dele, normalmente pela internet); (XI) documentos referentes a dívidas deixadas pelo falecido (por exemplo: contratos, duplicatas, notas promissórias etc.): importante que se apresente lista completa dos credores do falecido, assim como extrato atualizado do débito, observando que deverão ser resguardados bens para a quitação de todas as dívidas; (XII) documentos referentes a créditos a receber deixados pelo falecido (deve ser apresentada lista completa dos devedores do falecido, apontando a natureza do negócio, seu saldo e data de vencimento).
- *Estrutura e modelo da petição que apresenta as primeiras declarações*: as primeiras declarações devem atender aos itens indicados neste artigo, apresentando a seguinte estrutura básica:

"petição de apresentação": simples petição intermediária encabeçada pela inventariante onde requer a juntada das primeiras declarações; "primeiras declarações", qualificação do falecido e dos herdeiros, descrição dos bens, das dívidas e das obrigações, plano de partilha, dos pedidos. Para acesso a modelo editável da petição apresentando as primeiras declarações, além de um capítulo específico sobre a "ação de inventário", com informações sobre o seu cabimento, base legal, foro competente, procedimento e documentos necessários (entre outras questões), veja nosso *Prática no processo civil*, da Editora Atlas.

JURISPRUDÊNCIA

- Súmula 265 do STF: Na apuração de haveres não prevalece o balanço não aprovado pelo sócio falecido, excluído ou que se retirou.
- Agravo de instrumento. Incidente de remoção de inventariante. Inconformismo em relação à remoção da herdeira e nomeação de inventariante dativa. Não acolhimento. Hipótese em que restou evidenciada a demora de dois anos para a apresentação das primeiras declarações. Longo atraso no cumprimento das determinações do juízo do inventário, o que autoriza a aplicação do disposto no artigo 622, inciso I, do Código de Processo Civil. Existência de grande conflito entre os herdeiros e divergências sobre a pessoa mais apta a assumir a inventariança. Situação que autoriza a nomeação de terceira pessoa idônea para a assunção do encargo, nos termos previstos no artigo 617, inciso VIII, do Estatuto Processual. Questão envolvendo a alegada demora de manifestação da inventariante dativa não levada à apreciação do MM. Juiz *a quo*, nada tendo sido mencionado a respeito de tal assunto no pronunciamento judicial agravado. Decisão mantida. Recursos desprovidos, na parte conhecida (TJSP; Agravo de Instrumento 2042229-43.2020.8.26.0000, Relator Paulo Alcides, 6ª Câmara de Direito Privado, Foro Central Cível – 5ª Vara da Família e Sucessões, julgamento em 30/06/2020).

Art. 621. Só se pode arguir sonegação ao inventariante depois de encerrada a descrição dos bens, com a declaração, por ele feita, de não existirem outros por inventariar.

REFERÊNCIAS LEGISLATIVAS

- Arts. 620, 622, VI, 639 a 641, 669, I, CPC; arts. 1.992 a 1.996, CC.

ANOTAÇÕES

- ***Sonegação***: todos os herdeiros estão obrigados a colacionar, isto é, indicar os bens do falecido que estão sob a sua posse, inclusive aqueles que foram recebidos a título de doação. A quebra desta obrigação causa prejuízos a todas as pessoas que tenham interesse econômico naquele inventário, inclusive o Estado. Destarte, com o objetivo de desencorajar este tipo de atitude, o Código Civil, em seu art. 1.992, estabelece que o herdeiro que maliciosamente sonegar bens da herança, não os descrevendo ou levando à colação, perderá o direito que sobre eles lhe cabia.
- ***Sonegação pelo inventariante***: uma das obrigações do inventariante é a indicação completa e individualizada de todos os bens do espólio, inclusive aqueles que devem ser conferidos à colação; sendo assim, quando este declara não haver mais bens a partilhar, fica, como todos os herdeiros, sujeito à pena de sonegação, caso tenha omitido bens, podendo, nesse caso, ser removido da função (art. 622, VI).

⚖️ JURISPRUDÊNCIA

- A aplicação da pena de sonegados exige prova de má-fé ou dolo na ocultação de bens que deveriam ser trazidos à colação, o que, via de regra, ocorre somente após a interpelação do herdeiro sobre a existência de bens sonegados (STJ, REsp 1567276/CE, Ministra Maria Isabel Gallotti, T4 – Quarta Turma, *DJe* 01/07/2019).

> **Art. 622.** O inventariante será removido de ofício ou a requerimento:
>
> I – se não prestar, no prazo legal, as primeiras ou as últimas declarações;
>
> II – se não der ao inventário andamento regular, se suscitar dúvidas infundadas ou se praticar atos meramente protelatórios;
>
> III – se, por culpa sua, bens do espólio se deteriorarem, forem dilapidados ou sofrerem dano;
>
> IV – se não defender o espólio nas ações em que for citado, se deixar de cobrar dívidas ativas ou se não promover as medidas necessárias para evitar o perecimento de direitos;
>
> V – se não prestar contas ou se as que prestar não forem julgadas boas;
>
> VI – se sonegar, ocultar ou desviar bens do espólio.

⚖️ REFERÊNCIAS LEGISLATIVAS

- Arts. 618, 623, 624, 625, 627, II, CPC.

📚 ANOTAÇÕES

- ***Remoção do inventariante***: a norma apresenta lista não exauriente das razões que podem levar o juiz de ofício ou a requerimento de algum dos herdeiros a proceder a remoção do inventariante. No caso de que a remoção seja provocada por um dos herdeiros, o incidente deve obedecer o procedimento previsto nos arts. 623 e 624.

⚖️ JURISPRUDÊNCIA

- A Corte Especial do Superior Tribunal de Justiça firmou orientação no sentido de que não são cabíveis honorários advocatícios nos incidentes processuais, exceto nos casos em que haja extinção ou alteração substancial do processo principal. Precedente (STJ, AgInt nos EDcl no REsp 1838308/RJ, Ministro Ricardo Villas Bôas Cueva, T3 – Terceira Turma, *DJe* 29/10/2020)
- Justifica-se a aplicação da medida de remoção quando o julgador atesta a ocorrência de situação de fato excepcional, como, por exemplo, a existência de animosidade entre as partes, fatos ou condutas que denotam desídia, má administração do espólio e mau exercício do múnus da inventariança (STJ, AgInt no REsp 1.294.831/MG, Ministro Raul Araújo, T4 – Quarta Turma, *DJe* 20/06/2017).

> **Art. 623.** Requerida a remoção com fundamento em qualquer dos incisos do art. 622, será intimado o inventariante para, no prazo de 15 (quinze) dias, defender-se e produzir provas.
>
> Parágrafo único. O incidente da remoção correrá em apenso aos autos do inventário.

REFERÊNCIAS LEGISLATIVAS

- Art. 5º, LIV, LV, CF; arts. 219, 489, 616, 622, 1.015, parágrafo único, CPC.

ANOTAÇÕES

- **Procedimento do pedido de remoção**: qualquer dos interessados indicados no art. 616 pode fundamentadamente requerer a remoção do inventariante (art. 622); recebida a petição pelo juiz, este determinará que seja autuada em apenso, assim como a intimação do inventariante, para, no prazo de 15 dias, apresentar defesa e indicar provas. Na falta de previsão de um rito próprio, o juiz, guardadas as características próprias que o caso estiver a exigir, deve socorrer-se das normas do procedimento comum (arts. 318 a 512). Lembro, no entanto, que, nas próprias palavras da norma, trata-se de um "incidente", a ser decidido por decisão interlocutória sujeita ao recurso de agravo de instrumento (art. 1.015, parágrafo único); pela mesma razão, não cabe a condenação do suscitante do incidente em honorários advocatícios.

DICAS DE PRÁTICA JURÍDICA

- **Como requerer a remoção do inventariante**: o interessado pode requerer a remoção do inventariante por meio de simples petição intermediária endereçada ao próprio juiz da causa (endereçamento, qualificação, motivos, pedidos). O interessado deve destacar que se trata de "incidente de remoção de inventariante", requerendo a sua autuação em apenso. Nos processos eletrônicos, já no protocolo costuma ser disponibilizado "código próprio" para o incidente; o interessado deve ficar atento. No mais, deve juntar os documentos tendentes a provar as suas alegações, bem como, quando necessário, requerer a produção das provas que pretende produzir (*v.g.*, expedição de ofícios, oitiva de testemunhas etc.).

JURISPRUDÊNCIA

- Agravo de instrumento. Inventário. Remoção de inventariante, de ofício, e nomeação da viúva. Insurgência da inventariante destituída. Arguição de nulidade da decisão por ausência de instauração de incidente de remoção. Descabimento. Remoção, ademais, que não foi provocada por terceiros, mitigando a observância ao procedimento do art. 623 do CPC. Precedentes deste Tribunal. Nomeação de herdeira para inventariante está em conformidade com o rol do art. 617 do CPC. Decisão mantida. Agravo desprovido (TJSP; Agravo de Instrumento 2285057-07.2019.8.26.0000; Relator Coelho Mendes, 10ª Câmara de Direito Privado, Foro Central Cível – 4ª Vara da Família e Sucessões, *DJ* 29/09/2020).
- Assim, não é nula a decisão hostilizada, pois a intimação do inventariante para exercer a sua defesa somente é exigível quando a remoção é decorrente de incidente arguido por herdeiro, legatário ou credor, interessado na sucessão. E, sendo assim, é cabível que o julgador determine a remoção do inventariante, de ofício, quando entende que ele vem procedendo de forma desidiosa, deixando de dar curso regular ao processo de inventário. Portanto, não merece reparo a remoção da inventariante quando se constata que a pessoa nomeada procedeu de forma desidiosa, deixando de dar curso regular e célere ao processo de inventário, assim como não agindo com zelo na administração do patrimônio inventariado (STJ, EDcl no REsp 1880186, Ministro Marco Aurélio Bellizze, Decisão Monocrática, *DJ* 28/09/2020).

Art. 624. Decorrido o prazo, com a defesa do inventariante ou sem ela, o juiz decidirá.

Parágrafo único. Se remover o inventariante, o juiz nomeará outro, observada a ordem estabelecida no art. 617.

REFERÊNCIAS LEGISLATIVAS

- Arts. 617, 1.015, parágrafo único, CPC.

ANOTAÇÕES

- **Decisão sobre o incidente**: lembro que o incidente está sujeito ao procedimento comum, ou seja, o juiz pode não só deferir a produção de provas, mas também designar audiência de conciliação ou de instrução. Encerrada a instrução, o juiz, após oitiva do inventariante, deve decidir. Esta decisão é de natureza interlocutória, sujeita, portanto, ao recurso de agravo de instrumento. Lembro que, tratando-se de mero "incidente", não cabe a condenação do suscitante nos honorários advocatícios, devendo este apenas responder por eventuais custas.

JURISPRUDÊNCIA

- A Corte Especial do Superior Tribunal de Justiça firmou orientação no sentido de que não são cabíveis honorários advocatícios nos incidentes processuais, exceto nos casos em que haja extinção ou alteração substancial do processo principal. Precedente (STJ, AgInt nos EDcl no REsp 1838308/RJ, Ministro Ricardo Villas Bôas Cueva, T3 – Terceira Turma, *DJe* 29/10/2020).
- Agravo interno. Remoção de inventariante. Não cabimento de agravo de instrumento. Insurgência da apelante contra decisão monocrática que não conheceu da apelação. Manutenção. Pronunciamento judicial que resolve incidente de remoção de inventariante tem natureza de decisão interlocutória. Recurso adequado que é o de agravo de instrumento, conforme texto expresso de lei (art. 1.015, parágrafo único, CPC). Erro grosseiro. Inaplicabilidade do princípio da fungibilidade recursal. Precedentes. Agravo corretamente não conhecido, por ser manifestamente inadmissível (art. 932, III). Agravo não provido (TJSP, Agravo Interno Cível 0001026-29.2020.8.26.0003, Relator Carlos Alberto de Salles, 3ª Câmara de Direito Privado, Foro Regional III – Jabaquara – 1ª Vara da Família e Sucessões, *DJ* 26/10/2020).
- Inventário. Decisão que acolheu pedido de remoção de inventariante. Manutenção. Inventariante que não deu regular andamento ao feito, deixando de cumprir medidas que não exigiam grandes esforços, como, por exemplo, o recolhimento de ITCMD, após ter apresentado diversos planos de partilha. Indevidas e prolongadas paralisações com pedidos sucessivos de prazos não cumpridos. Sucumbência, todavia, que deve ser restrita às custas processuais. Natureza de incidente processual desautoriza a condenação a uma das partes ao pagamento de honorários advocatícios. Recurso provido em parte (TJSP, Agravo de Instrumento 2216794-83.2020.8.26.0000, Relator Francisco Loureiro, 1ª Câmara de Direito Privado, Foro de Mogi das Cruzes – 2ª Vara da Família e das Sucessões, julgamento em 21/10/2020).
- O recurso cabível da decisão interlocutória de remoção de inventariante é o de agravo de instrumento, devendo ser aplicado o princípio da fungibilidade recursal, desde que observado o prazo para a interposição do agravo. Precedentes (STJ, AgInt no AgInt nos EDcl no AREsp 867.973/SC, Ministro Luis Felipe Salomão, T4 – Quarta Turma, *DJe* 03/05/2017).

Art. 625. O inventariante removido entregará imediatamente ao substituto os bens do espólio e, caso deixe de fazê-lo, será compelido mediante mandado de busca e apreensão ou de imissão na posse, conforme se tratar de bem móvel ou imóvel, sem prejuízo da multa a ser fixada pelo juiz em montante não superior a três por cento do valor dos bens inventariados.

REFERÊNCIAS LEGISLATIVAS

- Arts. 159, 624, 777, CPC.

ANOTAÇÕES

- ***Devolução dos bens***: como já explicamos ao comentar o art. 617, o inventariante é um auxiliar do juízo, daí dever, uma vez removido da função, em obediência à ordem judicial, proceder com a entrega dos bens do espólio, sob pena de multa e/ou expedição de mandado de busca e apreensão, respondendo este pelas custas e prejuízos a que der causa.
- ***Imposição de multa***: uma das formas mais comuns de o juiz fazer cumprir decisão mandamental é a imposição de "multa periódica de atraso" (*astreinte*), que constitui importante instrumento de pressão à disposição do juiz, a fim de coagir o devedor a cumprir a obrigação, razão pela qual a sua imposição só tem cabimento quando a prestação específica é possível. O valor da multa pode ser revisto, para cima ou para baixo, conforme as circunstâncias do processo.

JURISPRUDÊNCIA

- É firme a jurisprudência desta Corte no sentido de que a decisão que fixa multa cominatória não preclui nem faz coisa julgada material, podendo ser revista a qualquer tempo (STJ, AgInt no REsp 1846156/SP, Ministro Marco Aurélio Bellizze, T3 – Terceira Turma, *DJe* 21/09/2020).

Seção IV
Das Citações e das Impugnações

Art. 626. Feitas as primeiras declarações, o juiz mandará citar, para os termos do inventário e da partilha, o cônjuge, o companheiro, os herdeiros e os legatários e intimar a Fazenda Pública, o Ministério Público, se houver herdeiro incapaz ou ausente, e o testamenteiro, se houver testamento.

§ 1º O cônjuge ou o companheiro, os herdeiros e os legatários serão citados pelo correio, observado o disposto no art. 247, sendo, ainda, publicado edital, nos termos do inciso III do art. 259.

§ 2º Das primeiras declarações extrair-se-ão tantas cópias quantas forem as partes.

§ 3º A citação será acompanhada de cópia das primeiras declarações.

§ 4º Incumbe ao escrivão remeter cópias à Fazenda Pública, ao Ministério Público, ao testamenteiro, se houver, e ao advogado, se a parte já estiver representada nos autos.

REFERÊNCIAS LEGISLATIVAS

- Arts. 178, II, 239, 247, 259, III, CPC.

ANOTAÇÕES

- ***Citações***: com escopo de evitar nulidades, o interessado deve providenciar a citação de todos os interessados e a intimação do Ministério Público. A citação, que deve ser acompanhada por cópia das primeiras declarações, deve ser feita pelo correio.

⚖️ JURISPRUDÊNCIA

- Inventário – Imposto de transmissão causa mortis – Determinação de recolhimento do tributo – Indeferimento do pedido de prévia citação dos demais herdeiros – Tributo que somente é calculado após a manifestação das partes sobre as últimas declarações, sendo imprescindíveis a prévia citação dos herdeiros e a intimação da Fazenda Pública sobre o montante fixado, seguindo-se da homologação do valor pelo juiz – Arts. 637 e 638 do CPC/2015 – Imposto que não é devido antes da homologação do cálculo, nos termos da Súmula 114 do STF – Necessidade de prévia homologação judicial do cálculo do imposto que também é reconhecida pelo próprio Fisco, nos termos do art. 18 do Decreto Estadual nº 46.655/2002 – Imprescindibilidade de prévia citação dos herdeiros e de intimação da Fazenda Pública, nos termos dos artigos 626 e seguintes do CPC/2015 – Decisão reformada – Recurso provido (TJSP, Agravo de Instrumento 2122459-09.2019.8.26.0000, Relator Angela Lopes, 9ª Câmara de Direito Privado, Foro de Tremembé – 2ª Vara, *DJ* 18/06/2019).

- Apelação cível – Inventário e partilha – Ausência de citação de todos os herdeiros por representação do filho pré-morto do autor da herança – Nulidade insanável – Ofensa ao art. 239, do CPC, e aos ditames constitucionais do contraditório, ampla defesa e devido processo legal – Precedentes desta E. Corte de Justiça – Sentença anulada de ofício – Recurso prejudicado (TJSP, Apelação Cível 0190719-62.2002.8.26.0100, Relator Rodolfo Pellizari, 6ª Câmara de Direito Privado, Foro Central Cível – 12ª Vara da Família e Sucessões, *DJ* 17/06/2019).

Art. 627. Concluídas as citações, abrir-se-á vista às partes, em cartório e pelo prazo comum de 15 (quinze) dias, para que se manifestem sobre as primeiras declarações, incumbindo às partes:

I – arguir erros, omissões e sonegação de bens;

II – reclamar contra a nomeação de inventariante;

III – contestar a qualidade de quem foi incluído no título de herdeiro.

§ 1º Julgando procedente a impugnação referida no inciso I, o juiz mandará retificar as primeiras declarações.

§ 2º Se acolher o pedido de que trata o inciso II, o juiz nomeará outro inventariante, observada a preferência legal.

§ 3º Verificando que a disputa sobre a qualidade de herdeiro a que alude o inciso III demanda produção de provas que não a documental, o juiz remeterá a parte às vias ordinárias e sobrestará, até o julgamento da ação, a entrega do quinhão que na partilha couber ao herdeiro admitido.

⚖️ REFERÊNCIAS LEGISLATIVAS

- Arts. 219, 612, 622, 623, 1.015, parágrafo único, CPC.

📚 ANOTAÇÕES

- ***Manifestação das partes***: não se trata de contestação, mas de impugnação e/ou manifestação dirigida aos temas elencados. Não se deve confundir a "reclamação" contra a nomeação do inventariante, prevista no inciso II, com o incidente de remoção previsto no art. 622. No caso presente, ainda no começo do procedimento, o impugnante pode discordar do critério de escolha utilizado pelo juiz que, por exemplo, não atentou para a ordem do art. 617. A ideia central desta norma é possibilitar às partes regularizar e completar as primeiras declarações antes de prosseguir.

DICAS DE PRÁTICA JURÍDICA

- **Petição de impugnação**: a manifestação prevista neste dispositivo deve ser feita por meio de petição que apresente a seguinte estrutura: endereçamento, qualificação, fatos, pedidos, provas (juntadas de documentos). Qualquer que seja o fundamento, deve ser nomeada de "impugnação às primeiras declarações".

JURISPRUDÊNCIA

- Agravo de instrumento – Inventário – Decisão que acolhe impugnação à nomeação da inventariante, nomeando, em substituição, o herdeiro, filho do *de cujus* – Admissibilidade – Preliminar de cerceamento de defesa afastada – Hipótese em que não houve remoção de inventariante, mas substituição, nos termos do art. 627, § 2º, do CPC – No mérito, há documentos que demonstram que a agravante estava separada de fato do *de cujus* por ocasião do óbito e que o agravado era o administrador dos bens do pai – Recurso não provido (TJSP, Agravo de Instrumento 2285344-67.2019.8.26.0000, Relator José Carlos Ferreira Alves, 2ª Câmara de Direito Privado, Foro de Dois Córregos – 1ª Vara, *DJ* 28/07/2020).

Art. 628. Aquele que se julgar preterido poderá demandar sua admissão no inventário, requerendo-a antes da partilha.

§ 1º Ouvidas as partes no prazo de 15 (quinze) dias, o juiz decidirá.

§ 2º Se para solução da questão for necessária a produção de provas que não a documental, o juiz remeterá o requerente às vias ordinárias, mandando reservar, em poder do inventariante, o quinhão do herdeiro excluído até que se decida o litígio.

REFERÊNCIAS LEGISLATIVAS

- Arts. 219, 308, 612, 668, I, 1.015, parágrafo único, CPC; arts. 1.824 a 1.828, CC.

ANOTAÇÕES

- **Admissão de herdeiro preterido**: companheiros, legatários e herdeiros testamentários ou legítimos (*v.g.*, filhos não reconhecidos), que não tenham sido incluídos no processo de inventário (não indicados nas primeiras declarações), podem requerer antes da partilha a sua admissão diretamente ao juiz do inventário; este, ouvidos os demais interessados, poderá decidir nos próprios autos, desde que a questão envolva apenas provas documentais. Havendo necessidade de produção de outras provas (*v.g.*, exame de DNA – investigação de paternidade *post mortem*), o juiz, tomando o cuidado de reservar bens para pagar o eventual quinhão do pretendente, desde que presente o *fumus boni iuris* (fumaça do bom direito), remetê-lo-á às vias ordinárias, em que deverá propor a competente medida no prazo de 30 dias (art. 668, I).
- **Petição de herança**: homologada a partilha, o herdeiro preterido deve se valer da ação de petição de herança para obter a sua quota-parte (arts. 1.824 a 1.828, CC).

💡 DICAS DE PRÁTICA JURÍDICA

- **Petição requerendo admissão**: a manifestação prevista neste dispositivo deve ser feita por meio de petição intermediária que apresente a seguinte estrutura: endereçamento, qualificação, fatos, razões, pedidos, provas (juntada de documentos – não se admite dilação probatória).

⚖️ JURISPRUDÊNCIA

- Súmula 149 do STF: É imprescritível a ação de investigação de paternidade, mas não o é a de petição de herança.
- O termo inicial do prazo prescricional da pretensão de petição de herança conta-se da abertura da sucessão, ou, em se tratando de herdeiro absolutamente incapaz, da data em que completa 16 (dezesseis) anos, momento em que, em ambas as hipóteses, nasce para o herdeiro, ainda que não legalmente reconhecido, o direito de reivindicar os direitos sucessórios (*actio nata*) (STJ, AgInt no AREsp 479648/MS, Ministro Raul Araújo, T4 – Quarta Turma, *DJe* 06/03/2020).
- Tratando-se de reconhecimento post mortem da paternidade, o início da contagem do prazo prescricional para o herdeiro preterido buscar a nulidade da partilha e reivindicar a sua parte na herança só terá início a partir do momento em que for declarada a paternidade, momento em que surge para ele a pretensão de reivindicar seus direitos sucessórios. Precedentes (STJ, AgInt no AREsp 1215185/SP, Ministro Marco Aurélio Bellizze, T3 – Terceira Turma, *DJe* 03/04/2018).

Art. 629. A Fazenda Pública, no prazo de 15 (quinze) dias, após a vista de que trata o art. 627, informará ao juízo, de acordo com os dados que constam de seu cadastro imobiliário, o valor dos bens de raiz descritos nas primeiras declarações.

⚖️ REFERÊNCIAS LEGISLATIVAS

- Arts. 219, 627, 633, CPC.

📚 ANOTAÇÕES

- **Manifestação da Fazenda Pública**: o prazo referido não é preclusivo, ou seja, o seu decurso não impede que a Fazenda discorde do valor atribuído pelo inventariante aos bens nas primeiras declarações.

Seção V
Da Avaliação e do Cálculo do Imposto

Art. 630. Findo o prazo previsto no art. 627 sem impugnação ou decidida a impugnação que houver sido oposta, o juiz nomeará, se for o caso, perito para avaliar os bens do espólio, se não houver na comarca avaliador judicial.

Parágrafo único. Na hipótese prevista no art. 620, § 1º, o juiz nomeará perito para avaliação das quotas sociais ou apuração dos haveres.

⚖️ REFERÊNCIAS LEGISLATIVAS

- Arts. 156 a 158, 464 a 480, 620, § 1º, 627, 629, CPC.

Art. 631. Ao avaliar os bens do espólio, o perito observará, no que for aplicável, o disposto nos arts. 872 e 873.

⚖️ REFERÊNCIAS LEGISLATIVAS

- Arts. 872, 873, CPC.

📚 ANOTAÇÕES

- *Avaliação*: o laudo deve especificar os bens, com as suas características, o estado em que se encontram e o seu valor.

Art. 632. Não se expedirá carta precatória para a avaliação de bens situados fora da comarca onde corre o inventário se eles forem de pequeno valor ou perfeitamente conhecidos do perito nomeado.

⚖️ REFERÊNCIAS LEGISLATIVAS

- Arts. 260 a 268, CPC.

Art. 633. Sendo capazes todas as partes, não se procederá à avaliação se a Fazenda Pública, intimada pessoalmente, concordar de forma expressa com o valor atribuído, nas primeiras declarações, aos bens do espólio.

⚖️ REFERÊNCIAS LEGISLATIVAS

- Art. 629, CPC.

Art. 634. Se os herdeiros concordarem com o valor dos bens declarados pela Fazenda Pública, a avaliação cingir-se-á aos demais.

⚖️ REFERÊNCIAS LEGISLATIVAS

- Arts. 629, 633, CPC.

Art. 635. Entregue o laudo de avaliação, o juiz mandará que as partes se manifestem no prazo de 15 (quinze) dias, que correrá em cartório.

§ 1º Versando a impugnação sobre o valor dado pelo perito, o juiz a decidirá de plano, à vista do que constar dos autos.

§ 2º Julgando procedente a impugnação, o juiz determinará que o perito retifique a avaliação, observando os fundamentos da decisão.

REFERÊNCIAS LEGISLATIVAS

- Arts. 219, 631, 872, 873, 1.015, parágrafo único, CPC.

ANOTAÇÕES

- *Avaliação*: considerando que o valor indicado pelo perito servirá de base para o cálculo do imposto causa mortis, os interessados devem analisar o laudo com muito cuidado, apresentando, no caso de discordância, impugnação fundamentada. O juiz, que pode requerer esclarecimentos ao perito sobre os argumentos da parte, decidirá a questão à vista do que constar dos autos. Desta decisão cabe agravo de instrumento (art. 1.015, parágrafo único).

DICAS DE PRÁTICA JURÍDICA

- *Petição apresentando impugnação ao laudo*: a manifestação prevista neste dispositivo deve ser feita por meio de simples petição intermediária que apresente a seguinte estrutura: endereçamento, qualificação, fatos, razões, pedidos, provas (juntada de documentos – não se permite dilação probatória).

Art. 636. Aceito o laudo ou resolvidas as impugnações suscitadas a seu respeito, lavrar-se-á em seguida o termo de últimas declarações, no qual o inventariante poderá emendar, aditar ou completar as primeiras.

ANOTAÇÕES

- *Últimas declarações*: considerando o ocorrido desde a apresentação das "primeiras declarações", esta é a oportunidade para o inventariante proceder com os complementos e retificações necessárias.

DICAS DE PRÁTICA JURÍDICA

- *Petição com as últimas declarações*: a petição que apresenta as últimas declarações tem estrutura parecida com aquela que apresenta as primeiras declarações, qual seja: endereçamento, qualificação, requerimento de juntada; últimas declarações – dados do falecido, do cônjuge e dos herdeiros, descrição dos bens, aí incluídos todos os colacionados, com valor conforme avaliação do perito ou indicação da Fazenda, indicações das obrigações em aberto e dos respectivos credores e/ou devedores, proposta de plano de partilha.

> **Art. 637.** Ouvidas as partes sobre as últimas declarações no prazo comum de 15 (quinze) dias, proceder-se-á ao cálculo do tributo.

REFERÊNCIAS LEGISLATIVAS

- Art. 155, I, CF; arts. 219, 638, CPC.

ANOTAÇÕES

- ***Imposto sobre transmissão* causa mortis**: consolidadas as últimas declarações, os autos são enviados ao contador para cálculo do imposto *causa mortis*.

DICAS DE PRÁTICA JURÍDICA

- ***Cálculo do tributo***: o imposto *causa mortis* é de competência estadual, sendo assim o interessado deve estar atento às normas do seu estado. Como regra, há obrigações acessórias que devem ser cumpridas, sendo também comum que o *site* da Fazenda Estadual já apresente os cálculos do imposto, que devem ser juntados aos autos juntamente com o comprovante de sua quitação.

JURISPRUDÊNCIA

- Súmula 112 do STF: O imposto de transmissão *causa mortis* é devido pela alíquota vigente ao tempo de abertura da sucessão.
- Súmula 113 do STF: O imposto de transmissão *causa mortis* é calculado sobre o valor dos bens na data da avaliação.
- Súmula 115 do STF: Sobre os honorários do advogado contratado pelo inventariante, com a homologação do juiz, não incide o imposto de transmissão *causa mortis*.
- Súmula 331 do STF: É legítima a incidência do imposto de transmissão *causa mortis* no inventário por morte presumida.
- Súmula 590 do STF: Calcula-se o imposto de transmissão *causa mortis* sobre o saldo credor da promessa de compra e venda de imóvel, no momento da abertura da sucessão do promitente vendedor.

> **Art. 638.** Feito o cálculo, sobre ele serão ouvidas todas as partes no prazo comum de 5 (cinco) dias, que correrá em cartório, e, em seguida, a Fazenda Pública.
> § 1º Se acolher eventual impugnação, o juiz ordenará nova remessa dos autos ao contabilista, determinando as alterações que devam ser feitas no cálculo.
> § 2º Cumprido o despacho, o juiz julgará o cálculo do tributo.

REFERÊNCIAS LEGISLATIVAS

- Arts. 219, 1.015, parágrafo único, CPC.

💡 DICAS DE PRÁTICA JURÍDICA

- ***Impugnação dos cálculos do tributo***: qualquer dos interessados pode impugnar os cálculos apresentados pelo contador do juízo por meio de petição intermediária (endereçamento, qualificação, razões, pedido).

⚖️ JURISPRUDÊNCIA

- Súmula 114 do STF: O imposto de transmissão *causa mortis* não é exigível antes da homologação do cálculo.

Seção VI
Das Colações

Art. 639. No prazo estabelecido no art. 627, o herdeiro obrigado à colação conferirá por termo nos autos ou por petição à qual o termo se reportará os bens que recebeu ou, se já não os possuir, trar-lhes-á o valor.

Parágrafo único. Os bens a serem conferidos na partilha, assim como as acessões e as benfeitorias que o donatário fez, calcular-se-ão pelo valor que tiverem ao tempo da abertura da sucessão.

⚖️ REFERÊNCIAS LEGISLATIVAS

- Arts. 544, 621, 627, CPC; arts. 2.002 a 2.012, CC.

📚 ANOTAÇÕES

- ***Colação***: estabelece o art. 544 do Código Civil que "*a doação de ascendentes a descendentes, ou de um cônjuge a outro, importa adiantamento do que lhes cabe por herança*"; em outros termos, a doação dos pais aos filhos, e de um cônjuge a outro, importa adiantamento da legítima. Ora, se a doação, nesses casos, é apenas um *adiantamento*, deve, com a abertura da sucessão, retornar ao monte, com o fim de integrar a porção hereditária do herdeiro donatário, quando da partilha da herança. Por essa razão, os descendentes que concorrerem à sucessão do ascendente comum, bem como o cônjuge que concorrer com os descendentes, são obrigados, *para igualar as legítimas*, a colacionar, isto é, declarar (conferir), o valor das doações que dele em vida receberam, mesmo que já não mais possua os bens, sob pena de sonegação (art. 2.002). Ressalte-se que a colação não tem como objetivo alterar a parte disponível, seu único propósito é igualar a parte que cada um dos herdeiros irá receber (art. 2.003). Importante registrar que, ao colacionar, o herdeiro deverá indicar o valor das doações conforme constante no ato de liberalidade. Havendo omissão, os bens serão conferidos na partilha pelo que então se calcular valessem ao tempo da liberalidade (art. 2.004). O doador pode dispensar, no próprio contrato de doação ou por testamento, o donatário de efetuar a colação, bastando, para tanto, que determine que esta saia de sua parte disponível, lembrando-se que a doação será computada pelo seu valor ao tempo em que foi realizada (art. 2.005).

⚖️ JURISPRUDÊNCIA

- A colação é obrigação imposta aos descendentes que concorrem à sucessão comum, por exigência legal, para acertamento das legítimas, na proporção estabelecida em lei, sob pena de sonegados e, consequentemente, da perda dos direitos sobre os bens não colacionados, voltando esses ao monte-mor, para serem sobrepartilhados (STJ, REsp 1.315.606/SP, Ministro Luis Felipe Salomão, T4 – Quarta Turma, *DJe* 28/09/2016).

Art. 640. O herdeiro que renunciou à herança ou o que dela foi excluído não se exime, pelo fato da renúncia ou da exclusão, de conferir, para o efeito de repor a parte inoficiosa, as liberalidades que obteve do doador.

§ 1º É lícito ao donatário escolher, dentre os bens doados, tantos quantos bastem para perfazer a legítima e a metade disponível, entrando na partilha o excedente para ser dividido entre os demais herdeiros.

§ 2º Se a parte inoficiosa da doação recair sobre bem imóvel que não comporte divisão cômoda, o juiz determinará que sobre ela se proceda a licitação entre os herdeiros.

§ 3º O donatário poderá concorrer na licitação referida no § 2º e, em igualdade de condições, terá preferência sobre os herdeiros.

REFERÊNCIAS LEGISLATIVAS

- Arts. 544, 1.804 a 1.813, 1.814 a 1.818, 2.007, 2.008, CC.

JURISPRUDÊNCIA

- A doação dos pais aos filhos importa adiantamento da legítima. Doação anterior, feita a herdeiros legítimos, deve ser computada como efetivo patrimônio do doador para efeitos de aferição de possível invasão da legítima, em nova doação, sob pena de se beneficiarem, os primeiros donatários, para além da primazia que já tiveram (STJ, REsp 1.642.059/RJ, Ministra Nancy Andrighi, T3 – Terceira Turma, *DJe* 10/02/2017).

Art. 641. Se o herdeiro negar o recebimento dos bens ou a obrigação de os conferir, o juiz, ouvidas as partes no prazo comum de 15 (quinze) dias, decidirá à vista das alegações e das provas produzidas.

§ 1º Declarada improcedente a oposição, se o herdeiro, no prazo improrrogável de 15 (quinze) dias, não proceder à conferência, o juiz mandará sequestrar-lhe, para serem inventariados e partilhados, os bens sujeitos à colação ou imputar ao seu quinhão hereditário o valor deles, se já não os possuir.

§ 2º Se a matéria exigir dilação probatória diversa da documental, o juiz remeterá as partes às vias ordinárias, não podendo o herdeiro receber o seu quinhão hereditário, enquanto pender a demanda, sem prestar caução correspondente ao valor dos bens sobre os quais versar a conferência.

REFERÊNCIAS LEGISLATIVAS

- Arts. 219, 612, 669, III, 1.015, parágrafo único, CPC.

ANOTAÇÕES

- ***Caução***: é termo genérico que indica um conjunto de garantias, que podem ser reais, tais como o penhor e a hipoteca, ou fidejussórias, ou seja, pessoais, como a fiança e o aval.

Seção VII
Do Pagamento das Dívidas

Art. 642. Antes da partilha, poderão os credores do espólio requerer ao juízo do inventário o pagamento das dívidas vencidas e exigíveis.

§ 1º A petição, acompanhada de prova literal da dívida, será distribuída por dependência e autuada em apenso aos autos do processo de inventário.

§ 2º Concordando as partes com o pedido, o juiz, ao declarar habilitado o credor, mandará que se faça a separação de dinheiro ou, em sua falta, de bens suficientes para o pagamento.

§ 3º Separados os bens, tantos quantos forem necessários para o pagamento dos credores habilitados, o juiz mandará aliená-los, observando-se as disposições deste Código relativas à expropriação.

§ 4º Se o credor requerer que, em vez de dinheiro, lhe sejam adjudicados, para o seu pagamento, os bens já reservados, o juiz deferir-lhe-á o pedido, concordando todas as partes.

§ 5º Os donatários serão chamados a pronunciar-se sobre a aprovação das dívidas, sempre que haja possibilidade de resultar delas a redução das liberalidades.

REFERÊNCIAS LEGISLATIVAS

- Arts. 319, 320, 796, 825, 881, CPC; arts. 1.792, 1.997 a 2.001, CC; arts. 187 e 189, CTN.

ANOTAÇÕES

- ***Cobrança de dívidas vencidas e exigíveis***: a petição referida no § 1º é de natureza inicial, a ser distribuída por dependência, acompanhada de prova literal da dívida.

Art. 643. Não havendo concordância de todas as partes sobre o pedido de pagamento feito pelo credor, será o pedido remetido às vias ordinárias.

Parágrafo único. O juiz mandará, porém, reservar, em poder do inventariante, bens suficientes para pagar o credor quando a dívida constar de documento que comprove suficientemente a obrigação e a impugnação não se fundar em quitação.

REFERÊNCIAS LEGISLATIVAS

- Art. 612, CPC.

Art. 644. O credor de dívida líquida e certa, ainda não vencida, pode requerer habilitação no inventário.

Parágrafo único. Concordando as partes com o pedido referido no *caput*, o juiz, ao julgar habilitado o crédito, mandará que se faça separação de bens para o futuro pagamento.

💡 DICAS DE PRÁTICA JURÍDICA

- **Petição de habilitação de credor**: feita diretamente no processo de inventário, a petição de habilitação tem natureza intermediária, com a seguinte estrutura: endereçamento, qualificação, fatos e pedido. O interessado deve anexar prova documental do seu crédito.

> **Art. 645.** O legatário é parte legítima para manifestar-se sobre as dívidas do espólio:
> I – quando toda a herança for dividida em legados;
> II – quando o reconhecimento das dívidas importar redução dos legados.

⚖️ REFERÊNCIAS LEGISLATIVAS

- Arts. 1.912 a 1.940, CC.

📚 ANOTAÇÕES

- **Legado**: é o bem, ou bens, perfeitamente individualizado, que o autor da herança deixa, por disposição testamentária, para uma pessoa, denominado legatário. O legado pode ter como objeto qualquer coisa que seja economicamente apreciável.

> **Art. 646.** Sem prejuízo do disposto no art. 860, é lícito aos herdeiros, ao separarem bens para o pagamento de dívidas, autorizar que o inventariante os indique à penhora no processo em que o espólio for executado.

⚖️ REFERÊNCIAS LEGISLATIVAS

- Arts. 796, 860, CPC.

Seção VIII
Da Partilha

> **Art. 647.** Cumprido o disposto no art. 642, § 3º, o juiz facultará às partes que, no prazo comum de 15 (quinze) dias, formulem o pedido de quinhão e, em seguida, proferirá a decisão de deliberação da partilha, resolvendo os pedidos das partes e designando os bens que devam constituir quinhão de cada herdeiro e legatário.
>
> Parágrafo único. O juiz poderá, em decisão fundamentada, deferir antecipadamente a qualquer dos herdeiros o exercício dos direitos de usar e de fruir de determinado bem, com a condição de que, ao término do inventário, tal bem integre a cota desse herdeiro, cabendo a este, desde o deferimento, todos os ônus e bônus decorrentes do exercício daqueles direitos.

REFERÊNCIAS LEGISLATIVAS

- Arts. 219, 642, § 3º, 1.015, parágrafo único, CPC; arts. 2.013 a 2.022, CC.

DICAS DE PRÁTICA JURÍDICA

- *Petição requerendo quinhão*: a petição que apresenta pedido de quinhão é de natureza interlocutória, com a seguinte estrutura: endereçamento, qualificação, fatos e pedido.

JURISPRUDÊNCIA

- Enunciado 182 do Fórum Permanente de Processualistas Civis: Aplica-se aos legatários o disposto no parágrafo único do art. 647, quando ficar evidenciado que os pagamentos do espólio não irão reduzir os legados.

Art. 648. Na partilha, serão observadas as seguintes regras:
I – a máxima igualdade possível quanto ao valor, à natureza e à qualidade dos bens;
II – a prevenção de litígios futuros;
III – a máxima comodidade dos coerdeiros, do cônjuge ou do companheiro, se for o caso.

REFERÊNCIAS LEGISLATIVAS

- Art. 651, CPC; art. 2.017, CC.

ANOTAÇÕES

- *Princípios da partilha*: ao estabelecer parâmetros claros e objetivos para a elaboração da partilha, o legislador procura garantir, tanto quanto possível, a igualdade de tratamento aos herdeiros (divisão justa dos bens).

JURISPRUDÊNCIA

- Agravo de instrumento. Inventário. Decisão que indefere o levantamento de alugueres referentes a imóvel integrante do monte-mor. Dissenso quanto à forma de partilha e administração do patrimônio que compõe o monte. Relevância da impugnação do agravado, em especial a destinação dos alugueres dos imóveis do espólio e o fato de diversos bens componentes do monte-mor estarem sendo utilizados/explorados por alguns herdeiros com exclusividade. Partilha que deve observar a máxima igualdade possível quanto ao valor, à natureza e à qualidade dos bens, bem como a prevenção de litígios futuros (art. 648, I e II do CPC), sendo obrigado o administrador provisório a trazer ao acervo os frutos que desde a abertura da sucessão percebeu (art. 614 do CPC), comando legal extensível ao inventariante. Acesso a bens do monte--mor antes do encerramento do inventário que é medida de exceção (art. 1.791, parágrafo único, do CC). Decisão mantida. Agravo desprovido (TJSP, Agravo de Instrumento 2193637-81.2020.8.26.0000, Relator Alexandre Marcondes, 6ª Câmara de Direito Privado, Foro Central Cível – 3ª Vara da Família e Sucessões, *DJ* 17/09/2020).
- Agravo de instrumento. Inventário e partilha. Coerdeiras que pretendem lhes sejam destinados bens, sem a incidência de condomínio com os demais beneficiados. Segundo art. 648, II, do Código de Processo Civil de 2015, na partilha deverá ser observada a prevenção de litígios futuros. Peculiaridades do caso concreto,

outrossim, que recomendam a divisão equitativa das frações ideais dos bens inventariados. Espólio composto quase que integralmente por frações imobiliárias, de tal sorte que a situação de condomínio é anterior ao falecimento da autora da herança. Inviabilidade de divisão cômoda e de alienação judicial dos bens nos presentes autos, sob pena de perpetuação do condomínio perante terceiros, com os mesmos imbróglios que o presente recurso pretende evitar. Decisão mantida. Recurso não provido (TJSP, Agravo de Instrumento 2264573-05.2018.8.26.0000, Relator Rosangela Telles, 2ª Câmara de Direito Privado, Foro Central Cível – 9ª Vara da Família e Sucessões, *DJ* 02/08/2019).

Art. 649. Os bens insuscetíveis de divisão cômoda que não couberem na parte do cônjuge ou companheiro supérstite ou no quinhão de um só herdeiro serão licitados entre os interessados ou vendidos judicialmente, partilhando-se o valor apurado, salvo se houver acordo para que sejam adjudicados a todos.

REFERÊNCIAS LEGISLATIVAS

- Arts. 730, 879 a 903, CPC; arts. 87, 88, 2.019, CC.

Art. 650. Se um dos interessados for nascituro, o quinhão que lhe caberá será reservado em poder do inventariante até o seu nascimento.

REFERÊNCIAS LEGISLATIVAS

- Art. 178, II, CPC; arts. 2º, 1.798, CC.

ANOTAÇÕES

- ***Nascituro***: é o ser, o feto, já concebido que ainda não nasceu; ele não tem personalidade jurídica, mas a lei garante a expectativa de direito.

Art. 651. O partidor organizará o esboço da partilha de acordo com a decisão judicial, observando nos pagamentos a seguinte ordem:

I – dívidas atendidas;

II – meação do cônjuge;

III – meação disponível;

IV – quinhões hereditários, a começar pelo coerdeiro mais velho.

REFERÊNCIAS LEGISLATIVAS

- Arts. 647, 648, CPC.

JURISPRUDÊNCIA

- Súmula 377 do STF: No regime de separação legal de bens, comunicam-se os adquiridos na constância do casamento.

Art. 652. Feito o esboço, as partes manifestar-se-ão sobre esse no prazo comum de 15 (quinze) dias, e, resolvidas as reclamações, a partilha será lançada nos autos.

REFERÊNCIAS LEGISLATIVAS

- Arts. 219, 1.015, parágrafo único, CPC.

Art. 653. A partilha constará:

I – de auto de orçamento, que mencionará:

a) os nomes do autor da herança, do inventariante, do cônjuge ou companheiro supérstite, dos herdeiros, dos legatários e dos credores admitidos;

b) o ativo, o passivo e o líquido partível, com as necessárias especificações;

c) o valor de cada quinhão;

II – de folha de pagamento para cada parte, declarando a quota a pagar-lhe, a razão do pagamento e a relação dos bens que lhe compõem o quinhão, as características que os individualizam e os ônus que os gravam.

Parágrafo único. O auto e cada uma das folhas serão assinados pelo juiz e pelo escrivão.

ANOTAÇÕES

- ***Auto de partilha e folha de pagamento***: também conhecido como "auto de orçamento", o auto de partilha detalha os herdeiros, os bens (ativo e passivo), e os quinhões dos herdeiros. Já a "folha de pagamento" especifica a parte, ou seja, os bens, com que cada herdeiro recebe o seu quinhão.

Art. 654. Pago o imposto de transmissão a título de morte e juntada aos autos certidão ou informação negativa de dívida para com a Fazenda Pública, o juiz julgará por sentença a partilha.

Parágrafo único. A existência de dívida para com a Fazenda Pública não impedirá o julgamento da partilha, desde que o seu pagamento esteja devidamente garantido.

REFERÊNCIAS LEGISLATIVAS

- Art. 155, I, CF; arts. 487, 637, 638, 1.009, CPC; art. 192, CTN.

JURISPRUDÊNCIA

- Súmula 112 do STF: O imposto de transmissão *causa mortis* é devido pela alíquota vigente ao tempo de abertura da sucessão.
- Súmula 113 do STF: O imposto de transmissão *causa mortis* é calculado sobre o valor dos bens na data da avaliação.
- Súmula 114 do STF: O imposto de transmissão *causa mortis* não é exigível antes da homologação do cálculo.
- Súmula 115 do STF: Sobre os honorários do advogado contratado pelo inventariante, com a homologação do juiz, não incide o imposto de transmissão *causa mortis*.
- Súmula 331 do STF: É legítima a incidência do imposto de transmissão *causa mortis* no inventário por morte presumida.
- Súmula 590 do STF: Calcula-se o imposto de transmissão *causa mortis* sobre o saldo credor da promessa de compra e venda de imóvel, no momento da abertura da sucessão do promitente vendedor.
- Enunciado 71 do Fórum Permanente de Processualistas Civis: Poderá ser dispensada a garantia mencionada no parágrafo único do art. 654, para efeito de julgamento da partilha, se a parte hipossuficiente não puder oferecê-la, aplicando-se por analogia o disposto no art. 300, § 1º.

Art. 655. Transitada em julgado a sentença mencionada no art. 654, receberá o herdeiro os bens que lhe tocarem e um formal de partilha, do qual constarão as seguintes peças:

I – termo de inventariante e título de herdeiros;

II – avaliação dos bens que constituíram o quinhão do herdeiro;

III – pagamento do quinhão hereditário;

IV – quitação dos impostos;

V – sentença.

Parágrafo único. O formal de partilha poderá ser substituído por certidão de pagamento do quinhão hereditário quando esse não exceder a 5 (cinco) vezes o salário mínimo, caso em que se transcreverá nela a sentença de partilha transitada em julgado.

REFERÊNCIAS LEGISLATIVAS

- Art. 515, IV, CPC.

Art. 656. A partilha, mesmo depois de transitada em julgado a sentença, pode ser emendada nos mesmos autos do inventário, convindo todas as partes, quando tenha havido erro de fato na descrição dos bens, podendo o juiz, de ofício ou a requerimento da parte, a qualquer tempo, corrigir-lhe as inexatidões materiais.

ANOTAÇÕES

- ***Emenda da partilha***: os interessados podem requerer a correção de erros de fato e materiais nos próprios autos findos do inventário, garantindo-se a participação de todas as partes.

Art. 657. A partilha amigável, lavrada em instrumento público, reduzida a termo nos autos do inventário ou constante de escrito particular homologado pelo juiz, pode ser anulada por dolo, coação, erro essencial ou intervenção de incapaz, observado o disposto no § 4º do art. 966.

Parágrafo único. O direito à anulação de partilha amigável extingue-se em 1 (um) ano, contado esse prazo:

I – no caso de coação, do dia em que ela cessou;

II – no caso de erro ou dolo, do dia em que se realizou o ato;

III – quanto ao incapaz, do dia em que cessar a incapacidade.

REFERÊNCIAS LEGISLATIVAS

- Art. 966, § 4º, CPC; art. 2.027, CC.

Art. 658. É rescindível a partilha julgada por sentença:

I – nos casos mencionados no art. 657;

II – se feita com preterição de formalidades legais;

III – se preteriu herdeiro ou incluiu quem não o seja.

REFERÊNCIAS LEGISLATIVAS

- Arts. 628, 657, 966 a 975, CPC; arts. 205, 1.824 a 1.828, 2.022, 2.027, CC.

JURISPRUDÊNCIA

- Enunciado 137 do Fórum Permanente de Processualistas Civis: Contra sentença transitada em julgado que resolve partilha, ainda que homologatória, cabe ação rescisória.

Seção IX
Do Arrolamento

Art. 659. A partilha amigável, celebrada entre partes capazes, nos termos da lei, será homologada de plano pelo juiz, com observância dos arts. 660 a 663.

§ 1º O disposto neste artigo aplica-se, também, ao pedido de adjudicação, quando houver herdeiro único.

§ 2º Transitada em julgado a sentença de homologação de partilha ou de adjudicação, será lavrado o formal de partilha ou elaborada a carta de adjudicação e, em seguida, serão expedidos os alvarás referentes aos bens e às rendas por ele abrangidos, intimando-se o fisco para lançamento administrativo do imposto de transmissão e de outros tributos porventura incidentes, conforme dispuser a legislação tributária, nos termos do § 2º do art. 662.

REFERÊNCIAS LEGISLATIVAS

- Arts. 48, 610, 611, 620, 660 a 663, CPC; arts. 3º, 4º, 2.015, CC; art. 192, CTN.

ANOTAÇÕES

- *Arrolamento*: o CPC permite que, sob certas circunstâncias, seja o inventário processado de maneira "simplificada", ou seja, um rito compacto, onde grande parte das solenidades e termos do procedimento são eliminadas, tornando o processo mais célere e econômico. Este procedimento compacto do "inventário" chamou a lei de "arrolamento", que, por sua vez, pode ser feito de duas formas: sumário e comum. O "arrolamento sumário" encontra-se previsto nos arts. 659 a 663, tendo como pressuposto que os herdeiros sejam capazes e estejam de acordo com a partilha dos bens; já o "arrolamento comum", previsto no art. 664, tem como hipótese o "pequeno valor dos bens" da herança, ou seja, este rito deve ser adotado quando, havendo divergência entre os herdeiros, o valor dos bens não ultrapasse mil salários mínimos.

- *Inventário judicial x extrajudicial*: se todos os interessados forem capazes e estiverem concordes com a partilha dos bens, não tendo o falecido deixado testamento (art. 610), o inventário "pode" ser feito por meio de escritura pública (inventário extrajudicial). Importante registrar que a "assistência de um advogado" é obrigatória em ambas as situações, assim como que a lei oferece apenas a "possibilidade" de os interessados realizarem o inventário e a partilha por meio extrajudicial, ou seja, eles sempre podem optar por realizar o inventário por meio judicial, mesmo que não haja herdeiros incapazes e que estes estejam de acordo com a partilha. Lembro ainda que o tema do inventário extrajudicial é disciplinado pela Resolução nº 35 do Conselho Nacional de Justiça, de 24 de abril de 2007, cuja consulta é obrigatória antes de se iniciarem os procedimentos.

DICAS DE PRÁTICA JURÍDICA

- *Foro competente*: o último domicílio do autor da herança é o foro competente para a ação de inventário, na forma de arrolamento sumário, consoante art. 48 do CPC. Se o autor da herança não tinha domicílio certo, é competente: (I) o foro de situação dos bens imóveis; (II) havendo bens imóveis em foros diferentes, qualquer destes; (III) não havendo bens imóveis, o foro do local de qualquer dos bens do espólio.

- *Gerais*: (I) no caso de arrolamento, todos os herdeiros, e respectivos cônjuges, deverão passar procuração para o advogado; (II) as certidões negativas de débitos fiscais devem ser requeridas aos escritórios das Receitas Federal, Estadual e Municipal, observando-se que no caso de imóveis em Municípios diferentes, o inventariante deve juntar certidão negativa de ambos os Municípios; (III) no caso de os herdeiros optarem por fazer o arrolamento por escritura pública, o advogado deve informar-se sobre os requisitos próprios estabelecidos pelos respectivos tribunais e Fazendas estaduais.

- *Estrutura e modelo da petição inicial de arrolamento*: a petição inicial de arrolamento é uma mistura da petição que requer a abertura da sucessão com a petição que apresenta as primeiras declarações (arts. 611 e 620, CPC); ou seja, nela os requerentes não só informam sobre o falecimento e requerem a abertura do inventário, como já apresentam os documentos e informações que normalmente são prestadas nas primeiras declarações. A estrutura básica é a seguinte: "petição de abertura": endereçamento, qualificação dos requerentes (herdeiros), pedido de abertura da sucessão e da nomeação do inventariante, valor da causa; "auto de partilha", qualificação do falecido e dos herdeiros, descrição dos bens, das dívidas e das obrigações, da partilha, dos pedidos e, em anexo, da folha de pagamento. Para acesso a modelo editável da petição inicial completa, além de capítulo específico sobre a "ação de arrolamento", com informações sobre o seu cabimento, base legal, foro competente, procedimento e documentos necessários (entre outras questões), veja nosso *Prática no processo civil*, da Editora Atlas.

Art. 660. Na petição de inventário, que se processará na forma de arrolamento sumário, independentemente da lavratura de termos de qualquer espécie, os herdeiros:

I – requererão ao juiz a nomeação do inventariante que designarem;

II – declararão os títulos dos herdeiros e os bens do espólio, observado o disposto no art. 630;

III – atribuirão valor aos bens do espólio, para fins de partilha.

REFERÊNCIAS LEGISLATIVAS

- Arts. 291, 618, 630, CPC; art. 2.015, CC.

DICAS DE PRÁTICA JURÍDICA

- ***Valor da causa***: na ação de inventário, feita na forma de arrolamento, o valor da causa será equivalente à soma do valor que os herdeiros atribuírem aos bens deixados pelo *de cujus*, sejam móveis ou imóveis (arts. 291, 660, III, CPC).
- ***Documentos necessários***: os interessados devem ser orientados a fornecer ao advogado cópia dos seguintes documentos, entre outros que o caso em particular estiver a exigir: (I) documentos pessoais da viúva ou viúvo, quando for o caso, e dos herdeiros e de seus cônjuges, também quando for o caso (RG, CPF, certidão de casamento, comprovante de residência, com CEP, número de telefone e endereço eletrônico – *e-mail*); (II) documentos pessoais do falecido (RG, CPF, CTPS, cartão PIS e cartão cidadão da CEF, quando houver, certidão de casamento, comprovante de residência); (III) comprovante de cancelamento do CPF do falecido (documento a ser obtido junto à Receita Federal); (IV) certidão de propriedade atual de bens imóveis pertencentes ao falecido; (V) carnê do IPTU atual e do ano de falecimento, quando distintos, de imóveis pertencentes ao falecido (tirar cópia da folha onde constem os dados do imóvel e o seu valor venal); (VI) documentos de propriedade de bens móveis (por exemplo: veículos, barcos, aviões, joias, quadros, títulos, ações etc.); (VII) no caso de bens móveis, documentos que demonstrem o seu valor de mercado no tempo do falecimento (por exemplo: tabela FIPE, jornais, avaliações, cotações etc.); (VIII) extrato de contas bancárias e aplicações financeiras (tais documentos devem indicar o saldo na data do falecimento); (IX) certidão negativa de débitos fiscais das Fazenda Municipal, Estadual e Federal (no caso de que haja dívidas, juntar certidão positiva do valor atual do débito, observando que deverão ser resguardados bens para sua quitação); (X) certidão negativa de testamento (mesmo no arrolamento, que pressupõe o consenso entre todos os herdeiros, há juízes que insistem na apresentação deste documento: há cartórios especializados na expedição deste documento, normalmente pela internet); (XI) documentos referentes a dívidas deixadas pelo falecido (por exemplo: contratos, duplicatas, notas promissórias etc.): importante que se apresente lista completa dos credores do falecido, assim como extrato atualizado do débito, observando que deverão ser resguardados bens para a quitação de todas as dívidas; (XII) documentos referentes a créditos a receber deixados pelo falecido (deve ser apresentada lista completa dos devedores do falecido, apontando a natureza do negócio, seu saldo e data de vencimento).

> **Art. 661.** Ressalvada a hipótese prevista no parágrafo único do art. 663, não se procederá à avaliação dos bens do espólio para nenhuma finalidade.

REFERÊNCIAS LEGISLATIVAS

- Arts. 630 a 638, 663, parágrafo único, CPC.

ANOTAÇÕES

- ***Avaliação***: no procedimento do inventário, na forma de arrolamento, dispensa-se a avaliação judicial dos bens (arts. 630 a 638, CPC), mesmo que haja presença de incapazes, processando-se com os valores informados pelos próprios interessados.

> **Art. 662.** No arrolamento, não serão conhecidas ou apreciadas questões relativas ao lançamento, ao pagamento ou à quitação de taxas judiciárias e de tributos incidentes sobre a transmissão da propriedade dos bens do espólio.
> § 1º A taxa judiciária, se devida, será calculada com base no valor atribuído pelos herdeiros, cabendo ao fisco, se apurar em processo administrativo valor diverso do estimado, exigir a eventual diferença pelos meios adequados ao lançamento de créditos tributários em geral.
> § 2º O imposto de transmissão será objeto de lançamento administrativo, conforme dispuser a legislação tributária, não ficando as autoridades fazendárias adstritas aos valores dos bens do espólio atribuídos pelos herdeiros.

REFERÊNCIAS LEGISLATIVAS

- Arts. 659, § 2º, CPC.

ANOTAÇÕES

- ***Imposto* causa mortis**: como é de conhecimento geral, a Fazenda cobra imposto sobre a transmissão de bens e direitos que ocorre em razão do falecimento do titular do domínio. Tratando-se de imposto estadual, sua incidência, base de cálculo, forma de recolhimento e porcentagem variam de Estado para Estado. Tendo dúvidas, o advogado deve se informar no escritório da Fazenda Estadual. No arrolamento, o imposto deve ser recolhido com arrimo nos valores atribuídos pelos interessados aos bens (no tempo e na forma prevista em lei estadual). No caso de que a entidade fazendária discorde dos valores atribuídos pelos herdeiros, deverá fazer a cobrança pelos meios próprios. Embora fique o juízo proibido, conforme texto deste artigo, de conhecer e/ou apreciar questões relativas a este assunto, alguns juízes exigem dos herdeiros a comprovação do cumprimento das obrigações fiscais, normalmente estabelecidas em leis estaduais que disciplinam o tema.

JURISPRUDÊNCIA

- Discute-se a necessidade de prova de quitação do ITCMD para homologação da partilha em arrolamento sumário. A Segunda Turma desta Corte possui o entendimento de que a homologação da partilha amigável pelo juiz, no procedimento de arrolamento sumário, não se condiciona à prova da quitação dos tributos relativos aos bens do espólio e às suas rendas, uma vez que, somente após a expedição do formal de partilha ou da carta de adjudicação, a Fazenda Pública será intimada para providenciar o lançamento administrativo do imposto, supostamente devido (STJ, AgInt no AREsp 1343032/DF, Ministro Og Fernandes, T2 – Segunda Turma, *DJe* 08/06/2020).
- De acordo com a orientação jurisprudencial firmada nesta Corte, "diante da inovação normativa contida no art. 659, § 2º, do CPC/2015, no procedimento de arrolamento sumário, a homologação da partilha e a expedição dos respectivos formais não dependem do prévio recolhimento do imposto de transmissão. Precedentes" (STJ, AgInt no AREsp 1.497.714/DF, Rel. Ministro Gurgel de Faria, T1 – Primeira Turma, *DJe* 04/12/2019).
- O regime do ITCMD revela, portanto, que apenas com a prolação da sentença de homologação da partilha é possível identificar perfeitamente os aspectos material, pessoal e quantitativo da hipótese normativa, tornando possível a realização do lançamento (STJ, REsp 1.668.100/SP, Ministro Herman Benjamin, T2 – Segunda Turma, *DJe* 20/06/2017).
- A orientação da jurisprudência deste Superior Tribunal de Justiça é no sentido de que a homologação da partilha não pressupõe atendimento a obrigações tributárias acessórias relativas ao imposto sobre transmissão ou à ratificação dos valores pelo Fisco estadual; somente após o trânsito em julgado da sentença homologatória é que a Fazenda verificará a correção dos montantes recolhidos, como condição para a expedição e a entrega do formal de partilha e dos alvarás (STJ, AgRg no REsp 1.444.860/SP, Ministra Diva Malerbi, T2 – Segunda Turma, *DJe* 21/03/2016).

Art. 663. A existência de credores do espólio não impedirá a homologação da partilha ou da adjudicação, se forem reservados bens suficientes para o pagamento da dívida.

Parágrafo único. A reserva de bens será realizada pelo valor estimado pelas partes, salvo se o credor, regularmente notificado, impugnar a estimativa, caso em que se promoverá a avaliação dos bens a serem reservados.

REFERÊNCIAS LEGISLATIVAS

- Arts. 642 a 646, 661, CPC.

Art. 664. Quando o valor dos bens do espólio for igual ou inferior a 1.000 (mil) salários mínimos, o inventário processar-se-á na forma de arrolamento, cabendo ao inventariante nomeado, independentemente de assinatura de termo de compromisso, apresentar, com suas declarações, a atribuição de valor aos bens do espólio e o plano da partilha.

§ 1º Se qualquer das partes ou o Ministério Público impugnar a estimativa, o juiz nomeará avaliador, que oferecerá laudo em 10 (dez) dias.

§ 2º Apresentado o laudo, o juiz, em audiência que designar, deliberará sobre a partilha, decidindo de plano todas as reclamações e mandando pagar as dívidas não impugnadas.

§ 3º Lavrar-se-á de tudo um só termo, assinado pelo juiz, pelo inventariante e pelas partes presentes ou por seus advogados.

> § 4º Aplicam-se a essa espécie de arrolamento, no que couber, as disposições do art. 672, relativamente ao lançamento, ao pagamento e à quitação da taxa judiciária e do imposto sobre a transmissão da propriedade dos bens do espólio.
>
> § 5º Provada a quitação dos tributos relativos aos bens do espólio e às suas rendas, o juiz julgará a partilha.

REFERÊNCIAS LEGISLATIVAS

- Arts. 178, II, 219, 612, 620, 662, 665, 672, CPC.

ANOTAÇÕES

- **Arrolamento comum**: buscando agilizar o procedimento e baratear os custos do inventário, o legislador previu o que a doutrina chamou de "arrolamento comum". Nele o fator que leva à eliminação de formalidades não é a existência de acordo entre os herdeiros, ou ainda a inexistência de incapazes (arts. 3º e 4º, CC), mas sim o valor dos bens, ou seja, o inventário que tenha herdeiros incapazes e/ou que estes não cheguem a um acordo sobre a partilha dos bens (sempre tem algum herdeiro ou sucessor que não quer ajudar ou participar por uma razão ou por outra), o inventário processar-se-á na forma de "arrolamento comum" desde que o valor total da herança não ultrapasse a soma de mil salários mínimos. No caso de haver incapazes, o processamento do inventário na forma de arrolamento comum depende da concordância das partes e do Ministério Público (art. 665).

- **Procedimento do arrolamento comum**: o interessado deve requerer a abertura da sucessão por petição acompanhada da certidão de óbito; em seguida, a inventariante nomeada, independentemente de assinatura de termo de compromisso, deverá expor suas declarações, indicando os herdeiros e sucessores, assim como os bens, aos quais deve ainda atribuir valor, por fim, deve apresentar o plano de partilha (art. 620); os herdeiros e sucessores deverão ser citados e intimados, podendo apresentar impugnação quanto aos bens, ao valor que lhes foi atribuído, plano de partilha e outras questões que entenderem oportunas; o juiz então designará audiência em que buscará resolver todas as questões (se possível, claro); solucionadas eventuais questões, a inventariante deverá provar o pagamento dos tributos, após o que o juiz julgará a partilha, determinando, em seguida, a expedição do necessário.

DICAS DE PRÁTICA JURÍDICA

- **Foro competente**: o foro competente para a ação de inventário, na forma de "arrolamento comum", assim como para todas as ações em que o espólio for réu, é, de regra, o último domicílio do autor da herança (art. 48, CPC). Se o falecido não possuía domicílio certo, é competente: (I) o foro de situação dos bens imóveis; (II) havendo bens imóveis em foros diferentes, qualquer destes; (III) não havendo bens imóveis, o foro do local de qualquer dos bens do espólio.

- **Estrutura e modelo da petição que requer a abertura do inventário**: é bem simples a petição que requer a abertura do inventário na forma de "arrolamento sumário"; nela, o interessado se qualifica (qualificação completa), requer a abertura do inventário da pessoa falecida, assim como sua nomeação para cargo de inventariante, independentemente de compromisso (apenas uma folha), atribuindo valor genérico à causa (caso ainda não se tenha a lista dos bens). Além dos documentos pessoais e do comprovante de residência, deve juntar cópia da certidão de óbito do falecido. Para acesso a modelo editável da petição requerendo a abertura do inventário, além de um capítulo específico sobre a "ação de inventário", seja na forma regular ou por arrolamento, com informações sobre o seu cabimento, base legal, foro competente, procedimento e documentos necessários (entre outras questões), veja nosso *Prática no processo civil*, da Editora Atlas.

- *Declarações*: nela o inventariante deve indicar e qualificar todos os herdeiros e sucessores, assim como todos os bens e dívidas do espólio, atribuindo-lhes o valor que entender correto; deve ainda apresentar o plano de partilha. A norma não indica prazo, ficando então aquele previsto para o inventário regular (art. 620), prazo este que é de natureza dilatória, fato que permite que o inventariante requeira de forma justificada a sua extensão. Diante dessa possibilidade, é importante que o inventariante que não consiga cumprir o prazo informe no tempo certo ao juiz os seus motivos, requerendo então novo prazo, sob pena de ser removida (art. 622, I). A petição que apresenta "as declarações" é simples e tem a seguinte estrutura: endereçamento; qualificação; declarações (indicação dos dados do falecido e dos herdeiros; indicação dos bens e seu valor; indicação das dívidas e seu valor; plano de partilha; pedidos).

- *Documentos a serem juntados à petição com as declarações*: o interessado deve ser orientado a fornecer ao advogado cópia dos seguintes documentos, entre outros que o caso em particular estiver a exigir: (I) documentos pessoais da viúva, quando for o caso, e dos herdeiros e de seus cônjuges, também quando for o caso (RG, CPF, certidão de casamento, comprovante de residência, com CEP, número de telefone e endereço eletrônico – *e-mail*); (II) documentos pessoais do falecido (RG, CPF, CTPS, cartão PIS e cartão cidadão da CEF, quando houver, certidão de casamento, comprovante de residência); (III) comprovante de cancelamento do CPF do falecido (documento a ser obtido na Receita Federal); (IV) certidão de propriedade atual de bens imóveis pertencentes ao falecido; (V) carnê do IPTU atual e do ano de falecimento, quando distintos, de imóveis pertencentes ao falecido (tirar cópia da folha em que constem os dados do imóvel e o seu valor venal); (VI) documentos de propriedade de bens móveis (por exemplo: veículos, barcos, aviões, joias, quadros, títulos, ações etc.); (VII) no caso de bens móveis, documentos que demonstrem o seu valor de mercado no tempo do falecimento (por exemplo: tabela FIPE, jornais, avaliações, cotações etc.); (VIII) extrato de contas bancárias e aplicações financeiras (tais documentos devem indicar o saldo na data do falecimento); (IX) certidão negativa de débitos fiscais das Fazendas Municipal, Estadual e Federal (no caso de haver dívidas, juntar certidão positiva do valor atual do débito, observando que deverão ser resguardados bens para sua quitação); (X) certidão negativa de testamento (alguns juízes insistem na apresentação deste documento: há cartórios especializados na expedição dele, normalmente pela internet); (XI) documentos referentes a dívidas deixadas pelo falecido (por exemplo: contratos, duplicatas, notas promissórias etc.): importante que se apresente lista completa dos credores do falecido, assim como extrato atualizado do débito, observando que deverão ser resguardados bens para a quitação de todas as dívidas; (XII) documentos referentes a créditos a receber deixados pelo falecido (deve ser apresentada lista completa dos devedores do falecido, apontando a natureza do negócio, seu saldo e data de vencimento).

JURISPRUDÊNCIA

- Inventário. Decisão agravada que determinou o processamento do feito pelo arrolamento comum, uma vez que os bens do espólio não seriam superiores a 1.000 salários mínimos, nos termos do art. 664, *caput*, CPC. Admissibilidade. Arrolamento comum que, ao contrário do arrolamento sumário, não exige que haja concordância de todos os herdeiros acerca da partilha. Justiça gratuita. Pedido de dispensa do recolhimento das custas e despesas processuais. Inadmissibilidade. Espólio que, na espécie, é formado por bens de valor não desprezível, de cerca de R$ 250.000,00. Hipótese, porém, que autoriza o diferimento de pagamento das custas ao final, mesmo porque o bem de maior valor do espólio (R$ 243.031,96) é imóvel, desprovido, por ora, de liquidez. Decisão reformada em parte. Recurso parcialmente provido (TJSP, Agravo de Instrumento 2177710-75.2020.8.26.0000, Relator Vito Guglielmi, 6ª Câmara de Direito Privado, Foro de Bauru – 3ª Vara da Família e das Sucessões, *DJ* 28/08/2020).

- Agravo de instrumento – Arrolamento – Decisão que determinou que se aguarde por 60 dias a manifestação da Fazenda Estadual acerca do recolhimento do ITCMD – Inconformismo que deve ser acolhido – Artigos 664 e 665, ambos do Código de Processo Civil – Tratando-se de arrolamento comum, deve ser observado o disposto no artigo 662, *caput* e § 2º, do CPC – Decisão reformada – Recurso provido (TJSP, Agravo de Instrumento 2269051-22.2019.8.26.0000, Relatora Clara Maria Araújo Xavier, 8ª Câmara de Direito Privado, Foro de Avaré – 2ª Vara Cível, *DJ* 23/01/2020).

Art. 665. O inventário processar-se-á também na forma do art. 664, ainda que haja interessado incapaz, desde que concordem todas as partes e o Ministério Público.

REFERÊNCIAS LEGISLATIVAS

- Arts. 178, II, 664, CPC; arts. 3º, 4º, CC.

Art. 666. Independerá de inventário ou de arrolamento o pagamento dos valores previstos na Lei nº 6.858, de 24 de novembro de 1980.

REFERÊNCIAS LEGISLATIVAS

- Arts. 319, 320, 610, CPC; Lei nº 6.858/1980.

ANOTAÇÕES

- ***Levantamento de pequenos valores e verbas rescisórias***: a citada Lei nº 6.858/1980 possibilita o pagamento direto aos dependentes habilitados perante a Previdência Social ou aos herdeiros de valores devidos pelos empregadores aos empregados, assim como do saldo das contas do FGTS e PIS-PASEP e eventual restituição do imposto de renda, não recebidos em vida pelos respectivos titulares. Embora a lei não o exija é comum as instituições responsáveis pelo pagamento exigirem a apresentação pelos interessados de alvará judicial.

DICAS DE PRÁTICA JURÍDICA

- ***Petição inicial de alvará judicial***: a petição inicial onde se requer a expedição de alvará judicial com escopo de levantar, sacar, verbas trabalhistas, saldo em conta do FGTS e do PIS-PASEP, assim como o saldo de conta corrente e/ou poupança de pequena monta, está sujeita aos requisitos dos arts. 319 e 320 do CPC, apresentando a seguinte estrutura básica: endereçamento, qualificação, fatos, pedidos, provas e valor da causa. Para acesso a modelos editáveis, além de um capítulo próprio sobre o tema, veja nosso *Prática no processo civil*, da Editora Atlas.

Art. 667. Aplicam-se subsidiariamente a esta Seção as disposições das Seções VII e VIII deste Capítulo.

⚖ REFERÊNCIAS LEGISLATIVAS

- Arts. 642 a 658, CPC.

Seção X
Disposições Comuns a Todas as Seções

Art. 668. Cessa a eficácia da tutela provisória prevista nas Seções deste Capítulo:

I – se a ação não for proposta em 30 (trinta) dias contados da data em que da decisão foi intimado o impugnante, o herdeiro excluído ou o credor não admitido;

II – se o juiz extinguir o processo de inventário com ou sem resolução de mérito.

⚖ REFERÊNCIAS LEGISLATIVAS

- Arts. 219, 309, 627, §§ 1º a 3º, 628, 643, CPC.

📚 ANOTAÇÕES

- **Tutela provisória**: é medida judicial colocada à disposição do titular de direito material, com o objetivo proteger os seus interesses contra os efeitos negativos causados pelo decurso do tempo, possibilitando a regulamentação provisória do conflito. Incidente do processo, a tutela provisória pode ser de "urgência" ou de "evidência".

Art. 669. São sujeitos à sobrepartilha os bens:

I – sonegados;

II – da herança descobertos após a partilha;

III – litigiosos, assim como os de liquidação difícil ou morosa;

IV – situados em lugar remoto da sede do juízo onde se processa o inventário.

Parágrafo único. Os bens mencionados nos incisos III e IV serão reservados à sobrepartilha sob a guarda e a administração do mesmo ou de diverso inventariante, a consentimento da maioria dos herdeiros.

⚖ REFERÊNCIAS LEGISLATIVAS

- Art. 670, CPC; arts. 1.992 a 1.996, 2.021, 2.022, CC.

ANOTAÇÕES

- **Sobrepartilha**: o termo indica o procedimento para partilha de bens que, por um motivo ou outro, não foram partilhados oportunamente no inventário.
- **Sonegação**: todos os herdeiros estão obrigados a colacionar, isto é, indicar os bens do falecido que estão sob a sua posse, inclusive aqueles que foram recebidos a título de doação. A quebra desta obrigação causa prejuízos a todas as pessoas que tenham interesse econômico naquele inventário, inclusive o Estado. Destarte, com o objetivo de desencorajar este tipo de atitude, o Código Civil, em seu art. 1.992, estabelece que o herdeiro que maliciosamente sonegar bens da herança, não os descrevendo ou levando à colação, perderá o direito que sobre eles lhe cabia.

JURISPRUDÊNCIA

- O termo inicial da prescrição para a propositura da ação de sobrepartilha conta-se a partir do encerramento do inventário. No caso, o Tribunal de origem asseverou que já transcorreram 30 anos entre a homologação da partilha e o pedido de sobrepartilha, estando mais que evidenciada a prescrição (STJ, AgInt no AREsp 1625974/GO, Ministro Luis Felipe Salomão, T4 – Quarta Turma, *DJe* 29/09/2020).
- A aplicação da pena de sonegados exige prova de má-fé ou dolo na ocultação de bens que deveriam ser trazidos à colação, o que, via de regra, ocorre somente após a interpelação do herdeiro sobre a existência de bens sonegados (STJ, REsp 1567276/CE, Ministra Maria Isabel Gallotti, T4 – Quarta Turma, *DJe* 01/07/2019).

> **Art. 670.** Na sobrepartilha dos bens, observar-se-á o processo de inventário e de partilha.
> Parágrafo único. A sobrepartilha correrá nos autos do inventário do autor da herança.

REFERÊNCIAS LEGISLATIVAS

- Art. 669, CPC; art. 205, CC.

ANOTAÇÕES

- **Ação de sobrepartilha**: a norma indica que não se trata de nova ação, mas de nova "fase" no processo de inventário; assim, mesmo que seja nomeada normalmente de "ação", a medida disciplinada neste artigo e no anterior mais se assemelha a uma petição intermediária, não sujeita, portanto, aos requisitos do art. 319. Todavia, não é o que se vê muitas vezes na prática, em que se cobram da inicial da ação de sobrepartilha não só os requisitos do art. 319, mas também a distribuição livre.

JURISPRUDÊNCIA

- Apelação. Ação de prestação de contas em face da inventariante. Inventário encerrado. Formal de partilha homologado. Sentença que encerrou o inventário que foi homologatória de acordo realizado entre as partes. Eventual sonegação de patrimônio do *de cujus* que deve ser objeto de ação própria. Precedente desta C. Câmara. Sentença mantida. Recurso desprovido (TJSP, Apelação Cível 1009171-25.2017.8.26.0565, Relator Rogério Murillo Pereira Cimino, 9ª Câmara de Direito Privado, Foro de São Caetano do Sul – 1ª Vara Cível, *DJ* 28/09/2020).

- O termo inicial da prescrição para o ajuizamento da ação de sobrepartilha conta-se a partir do encerramento do inventário, pois, até essa data, podem ocorrer novas declarações, trazendo-se bens a inventariar (STJ, AgInt no AREsp 225.534/PR, Ministra Maria Isabel Gallotti, T4 – Quarta Turma, *DJe* 16/11/2016).

Art. 671. O juiz nomeará curador especial:

I – ao ausente, se não o tiver;

II – ao incapaz, se concorrer na partilha com o seu representante, desde que exista colisão de interesses.

REFERÊNCIAS LEGISLATIVAS

- Art. 72, CPC; arts. 3º, 4º, 22 a 39, CC.

ANOTAÇÕES

- *Curador especial*: a curadoria especial, ou *curador de ausentes*, é múnus público imposto pelo juiz a terceira pessoa para que, dentro do processo, represente uma das partes. A nomeação do curador especial tem como propósito proteger os interesses da parte curatelada, razão pela qual ele deverá necessariamente responder ao pedido do autor, apresentando, conforme as circunstâncias do caso, contestação, exceção, reconvenção, impugnações e embargos, sendo-lhe vedada a prática de qualquer ato que implique disposição do direito material do curatelado, como confissão, transação ou reconhecimento do pedido.

Art. 672. É lícita a cumulação de inventários para a partilha de heranças de pessoas diversas quando houver:

I – identidade de pessoas entre as quais devam ser repartidos os bens;

II – heranças deixadas pelos dois cônjuges ou companheiros;

III – dependência de uma das partilhas em relação à outra.

Parágrafo único. No caso previsto no inciso III, se a dependência for parcial, por haver outros bens, o juiz pode ordenar a tramitação separada, se melhor convier ao interesse das partes ou à celeridade processual.

REFERÊNCIAS LEGISLATIVAS

- Art. 611, CPC.

ANOTAÇÕES

- *Cumulação de inventários*: é comum pessoas deixarem de promover o inventário no prazo previsto no art. 611 do CPC, principalmente quando o espólio se constitui de um único bem, normalmente uma casa usada como residência do casal. Falece o homem e alguns anos depois morre a mulher; neste caso, se o bem deixado era comum, assim como os herdeiros (filhos e/ou netos de ambos os falecidos), é possível fazer num mesmo processo o inventário dos falecidos.

JURISPRUDÊNCIA

- Inventário – Cumulação – Inviabilidade – Caso em que, embora as duas heranças, do casal, tenham as mesmas herdeiras, não há consenso entre elas – Existência de intensa disputa entre elas dos frutos dos bens deixados pelos de cujus – Espólios que eram geridos por ambas, separadamente – Existência de testamento da última falecida nomeando uma das filhas como legatária e testamenteira – Hipótese em que esta já requereu a abertura do inventário respectivo e já foi nomeada inventariante naqueles autos – Celeridade que já se encontra prejudicada, estando o inventário do genitor das partes tramitando há mais de 11 anos – Decisão interlocutória mantida – Recurso não provido (TJSP, Agravo de Instrumento 2147850-29.2020.8.26.0000, Relator Rui Cascaldi, 1ª Câmara de Direito Privado, Foro de Campinas – 2ª Vara de Família e Sucessões, DJ 08/09/2020).

Art. 673. No caso previsto no art. 672, inciso II, prevalecerão as primeiras declarações, assim como o laudo de avaliação, salvo se alterado o valor dos bens.

REFERÊNCIAS LEGISLATIVAS

- Arts. 620, 635, 672, II, CPC.

CAPÍTULO VII
DOS EMBARGOS DE TERCEIRO

Art. 674. Quem, não sendo parte no processo, sofrer constrição ou ameaça de constrição sobre bens que possua ou sobre os quais tenha direito incompatível com o ato constritivo, poderá requerer seu desfazimento ou sua inibição por meio de embargos de terceiro.

§ 1º Os embargos podem ser de terceiro proprietário, inclusive fiduciário, ou possuidor.

§ 2º Considera-se terceiro, para ajuizamento dos embargos:

I – o cônjuge ou companheiro, quando defende a posse de bens próprios ou de sua meação, ressalvado o disposto no art. 843;

II – o adquirente de bens cuja constrição decorreu de decisão que declara a ineficácia da alienação realizada em fraude à execução;

III – quem sofre constrição judicial de seus bens por força de desconsideração da personalidade jurídica, de cujo incidente não fez parte;

IV – o credor com garantia real para obstar expropriação judicial do objeto de direito real de garantia, caso não tenha sido intimado, nos termos legais dos atos expropriatórios respectivos.

REFERÊNCIAS LEGISLATIVAS

- Arts. 318, parágrafo único, 572, 675, 792, § 4º, 808, 843, CPC; art. 50, CC.

ANOTAÇÕES

- **Embargos de terceiro**: o proprietário e/ou possuidor que, não sendo parte no processo, sofrer, ou se achar na iminência de sofrer, turbação ou esbulho na posse de seus bens por ato de apreensão judicial poderá requerer lhes sejam manutenidos ou restituídos por meio dos chamados "embargos de terceiro", que podem ser opostos a qualquer tempo no processo de conhecimento enquanto não transitada em julgado a sentença, e em até 5 (cinco) dias depois da adjudicação, da alienação por iniciativa particular ou da arrematação, mas sempre antes da assinatura da respectiva carta (art. 675, CPC).
- **Natureza jurídica**: segundo a melhor doutrina, têm natureza de ação de conhecimento especial.

JURISPRUDÊNCIA

- Súmula 621 do STF: Não enseja embargos de terceiro à penhora a promessa de compra e venda não inscrita no registro de imóveis.
- Súmula 84 do STJ: É admissível a oposição de embargos de terceiro fundados em alegação de posse advinda do compromisso de compra e venda de imóvel, ainda que desprovido do registro.
- Súmula 134 do STJ: Embora intimado da penhora em imóvel do casal, o cônjuge do executado pode opor embargos de terceiro para defesa de sua meação.
- Súmula 195 do STJ: Em embargos de terceiro não se anula ato jurídico, por fraude contra credores.
- A penhora pode ser afastada por meio de embargos de terceiros, opostos por possuidores que se presumem de boa-fé (STJ, REsp 1.634.954/SP, Ministro Ricardo Villas Bôas Cueva, T3 – Terceira Turma, *DJe* 13/11/2017).
- Os Embargos de Terceiros afiguram-se a via adequada para impugnar ato judicial que prejudique a esfera jurídica de terceiro, nas hipóteses nas quais a comprovação demandar dilação probatória (STJ, AgRg no RMS 45.226/SP, Ministra Regina Helena Costa, T1 – Primeira Turma, *DJe* 05/09/2016).

Art. 675. Os embargos podem ser opostos a qualquer tempo no processo de conhecimento enquanto não transitada em julgado a sentença e, no cumprimento de sentença ou no processo de execução, até 5 (cinco) dias depois da adjudicação, da alienação por iniciativa particular ou da arrematação, mas sempre antes da assinatura da respectiva carta.

Parágrafo único. Caso identifique a existência de terceiro titular de interesse em embargar o ato, o juiz mandará intimá-lo pessoalmente.

REFERÊNCIAS LEGISLATIVAS

- Arts. 219, 502, 792, § 4º, 877, 880, 903, CPC.

JURISPRUDÊNCIA

- Enunciado 184 do Fórum Permanente de Processualistas Civis: Os embargos de terceiro também são oponíveis na fase de cumprimento de sentença e devem observar, quanto ao prazo, a regra do processo de execução.
- Fluência do prazo de 5 (cinco) dias somente após a turbação ou esbulho para as hipóteses em que o terceiro não tinha ciência do processo do qual emana o ato constritivo, conforme jurisprudência pacífica desta Corte Superior (STJ, REsp 1.627.608/SP, Ministro Paulo de Tarso Sanseverino, T3 – Terceira Turma, *DJe* 13/12/2016).

Art. 676. Os embargos serão distribuídos por dependência ao juízo que ordenou a constrição e autuados em apartado.

Parágrafo único. Nos casos de ato de constrição realizado por carta, os embargos serão oferecidos no juízo deprecado, salvo se indicado pelo juízo deprecante o bem constrito ou se já devolvida a carta.

REFERÊNCIAS LEGISLATIVAS

- Arts. 61, 260, 286, CPC.

JURISPRUDÊNCIA

- A competência para julgamento dos embargos de terceiro é do juiz que determinou a constrição na ação principal, nos termos do art. 1.049 do CPC/1973 (art. 676 do CPC/2015), de modo que, por se tratar de hipótese de competência funcional, é também absoluta e improrrogável (STJ, CC 142.849/SP, Ministro Luis Felipe Salomão, S2 – Segunda Seção, *DJe* 11/04/2017).

Art. 677. Na petição inicial, o embargante fará a prova sumária de sua posse ou de seu domínio e da qualidade de terceiro, oferecendo documentos e rol de testemunhas.

§ 1º É facultada a prova da posse em audiência preliminar designada pelo juiz.

§ 2º O possuidor direto pode alegar, além da sua posse, o domínio alheio.

§ 3º A citação será pessoal, se o embargado não tiver procurador constituído nos autos da ação principal.

§ 4º Será legitimado passivo o sujeito a quem o ato de constrição aproveita, assim como o será seu adversário no processo principal quando for sua a indicação do bem para a constrição judicial.

REFERÊNCIAS LEGISLATIVAS

- Arts. 319, 320, 450, CPC.

DICAS DE PRÁTICA JURÍDICA

- ***Petição inicial***: assim como acontece nos embargos do devedor, a petição inicial dos embargos de terceiro deve atender aos requisitos dos arts. 319 e 320 do CPC, devendo o embargante declarar a sua qualidade de terceiro, descrevendo e provando, ao menos sumariamente, a sua posse, podendo, para tanto, requerer audiência preliminar (art. 677, § 1º, CPC). Deve, outrossim, diligenciar no sentido de juntar cópia do ato judicial apontado como a causa da interposição dos embargos.
- ***Estrutura e modelo da petição inicial***: a inicial dos embargos de terceiro tem a seguinte estrutura: endereçamento, qualificação, fatos, pedidos, indicação das provas e, por fim, o valor da causa. O interessado deve ainda estar atento aos requisitos específicos indicados neste artigo. Para acesso a modelo editável de petição inicial, além de um capítulo específico sobre os "embargos de terceiro", com informações sobre o seu cabimento, base legal, foro competente, procedimento e documentos necessários (entre outras questões), veja nosso *Prática no processo civil*, da Editora Atlas.

Art. 678. A decisão que reconhecer suficientemente provado o domínio ou a posse determinará a suspensão das medidas constritivas sobre os bens litigiosos objeto dos embargos, bem como a manutenção ou a reintegração provisória da posse, se o embargante a houver requerido.

Parágrafo único. O juiz poderá condicionar a ordem de manutenção ou de reintegração provisória de posse à prestação de caução pelo requerente, ressalvada a impossibilidade da parte economicamente hipossuficiente.

REFERÊNCIAS LEGISLATIVAS

- Arts. 300, 538, 558, 1.015, I, CPC.

ANOTAÇÕES

- *Caução*: é termo genérico que indica um conjunto de garantias, que podem ser reais, tais como o penhor e a hipoteca, ou fidejussórias, ou seja, pessoais, como a fiança e o aval.

Art. 679. Os embargos poderão ser contestados no prazo de 15 (quinze) dias, findo o qual se seguirá o procedimento comum.

REFERÊNCIAS LEGISLATIVAS

- Arts. 219, 335 a 342, 680, 792, CPC; arts. 158 a 165, CC.

ANOTAÇÕES

- *Contestação*: além da defesa de rito ou processual, no mérito a impugnação deve se limitar à impugnação do direito invocado. No caso de os embargos terem sido opostos por credor com garantia real, a defesa, segundo o art. 680, é limitada aos seguintes temas: (I) o devedor comum é insolvente; (II) o título é nulo ou não obriga a terceiro; (III) outra é a coisa dada em garantia.
- *Reconvenção*: considerando que os embargos de terceiro estão sujeitos a rito especial até a contestação, entende a doutrina que não cabe reconvenção.

DICAS DE PRÁTICA JURÍDICA

- *Petição oferecendo contestação*: a contestação deve ser ofertada em petição escrita, subscrita por advogado e endereçada ao juiz da causa. Está estruturada da seguinte forma: endereçamento, qualificação, resumo dos fatos, preliminares, mérito, pedidos e indicação das provas. Para acesso a modelos editáveis de contestação, veja nosso *Prática no processo civil*, da Editora Atlas.

JURISPRUDÊNCIA

- Reconvenção em embargos de terceiro. Rejeição liminar. Manutenção. Almejam os réus reconvintes exercer pretensão reivindicatória em face dos autores reconvindos. Procedimento especial dos embargos de terceiro não admite reconvenção. Admitir o processamento da reconvenção causaria embaraço indesejável criado pelos réus reconvintes, superável por meio do ajuizamento de ação autônoma que, de resto, deve observar o procedimento comum. Rejeição liminar da reconvenção mantida, por força da incompatibilidade de ritos. Precedentes do STJ. Recurso desprovido (TJSP, Agravo de Instrumento 2190763-26.2020.8.26.0000, Relator Francisco Loureiro, 1ª Câmara de Direito Privado, Foro Regional VII – Itaquera – 2ª Vara Cível, *DJ* 09/09/2020).

- Apelação – Embargos de terceiro – Bem imóvel penhorado em execução fiscal – Indevida constrição de bens de contribuinte que não possui qualquer relação com o imóvel – Hipótese em que o Município se utilizou de dados incorretos para realizar penhora on-line – Reconhecimento do ato ilícito pelo próprio ente tributante – Dano moral configurado – Valor indenizatório mantido em R$ 10.000,00 (dez mil reais), com base em critérios de proporcionalidade e razoabilidade – Recurso improvido (TJSP, Apelação Cível 1002667-18.2017.8.26.0366, Relator Rodrigues de Aguiar, 15ª Câmara de Direito Público, Foro de Mongaguá – SEF – Setor de Execuções Fiscais, *DJ* 08/11/2019).

Art. 680. Contra os embargos do credor com garantia real, o embargado somente poderá alegar que:

I – o devedor comum é insolvente;

II – o título é nulo ou não obriga a terceiro;

III – outra é a coisa dada em garantia.

REFERÊNCIAS LEGISLATIVAS

- Arts. 674, § 2º, IV, 790, V, CPC; arts. 955, 1.361 a 1.368-B, 1.419 a 1.510, CC.

ANOTAÇÕES

- ***Limites da contestação***: quando os embargos tiverem sido interpostos por terceiro titular de garantia real (penhor, anticrese, hipoteca e alienação fiduciária), a contestação fica expressamente limitada às três hipóteses previstas neste artigo.

Art. 681. Acolhido o pedido inicial, o ato de constrição judicial indevida será cancelado, com o reconhecimento do domínio, da manutenção da posse ou da reintegração definitiva do bem ou do direito ao embargante.

REFERÊNCIAS LEGISLATIVAS

- Art. 1.009, CPC.

JURISPRUDÊNCIA

- Súmula 303 do STJ: Em embargos de terceiro, quem deu causa à constrição indevida deve arcar com os honorários advocatícios.

CAPÍTULO VIII
DA OPOSIÇÃO

Art. 682. Quem pretender, no todo ou em parte, a coisa ou o direito sobre que controvertem autor e réu poderá, até ser proferida a sentença, oferecer oposição contra ambos.

REFERÊNCIAS LEGISLATIVAS

- Arts. 318, parágrafo único, 319, 320, 683, 685, 686, CPC.

ANOTAÇÕES

- ***Delimitação***: oposição é forma de intervenção de terceiro que consiste no ajuizamento de ação em face das partes (autor e réu). Tem legitimidade para este tipo de intervenção o terceiro, denominado "opoente", que pretender, no todo ou em parte, a coisa ou o direito sobre o que controvertem as partes no processo principal, denominados "opostos" (*v.g.*, ação reivindicatória movida por A contra B, sendo que C se apresenta como opoente, afirmando que o imóvel não é nem de A nem de B, mas seu).

DICAS DE PRÁTICA JURÍDICA

- ***Petição inicial***: distribuída por dependência, a petição de oposição deve observar os mesmos requisitos da petição inicial (arts. 319 e 320, CPC), tendo a seguinte estrutura: endereçamento, qualificação, narração dos fatos, pedidos, indicação das provas e, por fim, o valor da causa. Os opostos serão citados na pessoa dos seus advogados (art. 683, CPC). Autuada em apenso aos autos principais, a oposição correrá simultaneamente com a ação principal, sendo ambas julgadas pela mesma sentença (art. 685, CPC), embora deva o juiz primeiro conhecer da oposição (art. 686, CPC).

JURISPRUDÊNCIA

- Eventual procedência do pedido formulado na oposição terá o efeito de reconhecer o direito do opoente sobre o bem discutido na demanda principal, afastando a qualquer discussão travada entre autor e réu da ação reivindicatória (STJ, AgRg no REsp 1.522.074/RJ, Ministro Luis Felipe Salomão, T4 – Quarta Turma, *DJe* 10/12/2015).

Art. 683. O opoente deduzirá o pedido em observação aos requisitos exigidos para propositura da ação.

Parágrafo único. Distribuída a oposição por dependência, serão os opostos citados, na pessoa de seus respectivos advogados, para contestar o pedido no prazo comum de 15 (quinze) dias.

REFERÊNCIAS LEGISLATIVAS

- Arts. 219, 286, parágrafo único, 319, 320, 335 a 342, CPC.

Art. 684. Se um dos opostos reconhecer a procedência do pedido, contra o outro prosseguirá o opoente.

REFERÊNCIAS LEGISLATIVAS

- Arts. 354, 487, III, "a", CPC.

Art. 685. Admitido o processamento, a oposição será apensada aos autos e tramitará simultaneamente à ação originária, sendo ambas julgadas pela mesma sentença.

Parágrafo único. Se a oposição for proposta após o início da audiência de instrução, o juiz suspenderá o curso do processo ao fim da produção das provas, salvo se concluir que a unidade da instrução atende melhor ao princípio da duração razoável do processo.

REFERÊNCIAS LEGISLATIVAS

- Art. 5º, LXXVIII, CF; arts. 4º, 313, VIII, CPC.

Art. 686. Cabendo ao juiz decidir simultaneamente a ação originária e a oposição, desta conhecerá em primeiro lugar.

ANOTAÇÕES

- ***Ordem do julgamento***: devido à sua natureza, a ação de oposição deve ser conhecida em primeiro lugar, visto que ela representa causa prejudicial em relação à causa oposta; ou seja, se o pedido feito na oposição for julgado procedente terá o efeito de afastar qualquer discussão travada entre os opostos.

CAPÍTULO IX
DA HABILITAÇÃO

Art. 687. A habilitação ocorre quando, por falecimento de qualquer das partes, os interessados houverem de suceder-lhe no processo.

REFERÊNCIAS LEGISLATIVAS

- Arts. 76, 110, 313, I, 485, IX, CPC.

ANOTAÇÕES

- ***Sucessão processual***: no caso de morte de uma das partes, e não sendo o caso de ações intransmissíveis (*v.g.*, ação de alimentos, ação de separação e de divórcio judicial etc.), que, por serem de natureza personalíssima, demandam a extinção do feito sem julgamento do mérito (art. 485, IX, CPC), ocorrerá a sucessão processual, sendo que a parte falecida será substituída pelo seu espólio ou pelos seus sucessores (art. 110, CPC), suspendendo-se o processo até que estes efetivem sua habilitação (arts. 76 e 313, I, CPC).

- *Habilitação*: consiste em procedimento destinado a recompor a relação jurídica processual afetada pela morte de uma das partes.

DICAS DE PRÁTICA JURÍDICA

- *Como requerer*: o CPC não impõe requisitos especiais para a petição que requer a habilitação, ou seja, trata-se de uma simples petição intermediária. No caso de a habilitação ser requerida pelos sucessores do falecido, os requerentes deverão proceder com sua qualificação completa, assim como apresentar cópia de seus documentos pessoais e comprovante de residência; no caso de que ainda não se tenha juntado nos autos a certidão de óbito, deverão fazê-lo. Para acesso a modelo editável de petição requerendo habilitação pelos sucessores do falecido, veja nosso *Prática no processo civil*, da Editora Atlas.

> **Art. 688.** A habilitação pode ser requerida:
> I – pela parte, em relação aos sucessores do falecido;
> II – pelos sucessores do falecido, em relação à parte.

ANOTAÇÕES

- *Legitimidade*: note-se que o texto legal confere legitimidade ativa dúplice, a fim de possibilitar a qualquer dos interessados a possibilidade de tomar as providências necessárias à regularização da representação da parte falecida.

> **Art. 689.** Proceder-se-á à habilitação nos autos do processo principal, na instância em que estiver, suspendendo-se, a partir de então, o processo.

REFERÊNCIAS LEGISLATIVAS

- Art. 313, I, CPC.

> **Art. 690.** Recebida a petição, o juiz ordenará a citação dos requeridos para se pronunciarem no prazo de 5 (cinco) dias.
> Parágrafo único. A citação será pessoal, se a parte não tiver procurador constituído nos autos.

REFERÊNCIAS LEGISLATIVAS

- Arts. 219, 246 a 255, CPC.

Art. 691. O juiz decidirá o pedido de habilitação imediatamente, salvo se este for impugnado e houver necessidade de dilação probatória diversa da documental, caso em que determinará que o pedido seja autuado em apartado e disporá sobre a instrução.

REFERÊNCIAS LEGISLATIVAS

- Arts. 318, parágrafo único, 692, 1.015, II, CPC.

ANOTAÇÕES

- ***Procedimento da impugnação***: a norma não indica qual o rito a ser adotado nem a natureza da decisão sobre o tema. Quanto ao procedimento, há que se atentar ao que estabelece o parágrafo único do art. 318 do CPC; já quanto à natureza da decisão, há que se observar que o art. 692 fala em "sentença", não obstante a doutrina indique que eventual recurso seja o agravo de instrumento (art. 1.015, II, CPC).

Art. 692. Transitada em julgado a sentença de habilitação, o processo principal retomará o seu curso, e cópia da sentença será juntada aos autos respectivos.

REFERÊNCIAS LEGISLATIVAS

- Art. 502, CPC.

CAPÍTULO X
DAS AÇÕES DE FAMÍLIA

Art. 693. As normas deste Capítulo aplicam-se aos processos contenciosos de divórcio, separação, reconhecimento e extinção de união estável, guarda, visitação e filiação.

Parágrafo único. A ação de alimentos e a que versar sobre interesse de criança ou de adolescente observarão o procedimento previsto em legislação específica, aplicando-se, no que couber, as disposições deste Capítulo.

REFERÊNCIAS LEGISLATIVAS

- Art. 226, § 6º, CF; arts. 1.571 a 1.582, 1.583 a 1.590, 1.596 a 1.617, 1.694 a 1.710, 1.723 a 1.727, CC; Lei nº 8.069/1990 – ECA; Lei nº 5.478/1968 – LA.

JURISPRUDÊNCIA

- Súmula 621 do STJ: Os efeitos da sentença que reduz, majora ou exonera o alimentante do pagamento retroagem à data da citação, vedadas a compensação e a repetibilidade.

- Enunciado 72 do Fórum Permanente de Processualistas Civis: O rol do art. 693 não é exaustivo, sendo aplicáveis os dispositivos previstos no Capítulo X a outras ações de caráter contencioso envolvendo o Direito de Família.

Art. 694. Nas ações de família, todos os esforços serão empreendidos para a solução consensual da controvérsia, devendo o juiz dispor do auxílio de profissionais de outras áreas de conhecimento para a mediação e conciliação.

Parágrafo único. A requerimento das partes, o juiz pode determinar a suspensão do processo enquanto os litigantes se submetem a mediação extrajudicial ou a atendimento multidisciplinar.

REFERÊNCIAS LEGISLATIVAS

- Arts. 3º, § 2º, 139, V, 149, 165 a 175, 313, II, 334, CPC.

Art. 695. Recebida a petição inicial e, se for o caso, tomadas as providências referentes à tutela provisória, o juiz ordenará a citação do réu para comparecer à audiência de mediação e conciliação, observado o disposto no art. 694.

§ 1º O mandado de citação conterá apenas os dados necessários à audiência e deverá estar desacompanhado de cópia da petição inicial, assegurado ao réu o direito de examinar seu conteúdo a qualquer tempo.

§ 2º A citação ocorrerá com antecedência mínima de 15 (quinze) dias da data designada para a audiência.

§ 3º A citação será feita na pessoa do réu.

§ 4º Na audiência, as partes deverão estar acompanhadas de seus advogados ou de defensores públicos.

REFERÊNCIAS LEGISLATIVAS

- Arts. 219, 242, 334, 694, CPC.

Art. 696. A audiência de mediação e conciliação poderá dividir-se em tantas sessões quantas sejam necessárias para viabilizar a solução consensual, sem prejuízo de providências jurisdicionais para evitar o perecimento do direito.

REFERÊNCIAS LEGISLATIVAS

- Arts. 334, 694, parágrafo único, CPC.

Art. 697. Não realizado o acordo, passarão a incidir, a partir de então, as normas do procedimento comum, observado o art. 335.

REFERÊNCIAS LEGISLATIVAS

- Arts. 312 a 512, CPC.

Art. 698. Nas ações de família, o Ministério Público somente intervirá quando houver interesse de incapaz e deverá ser ouvido previamente à homologação de acordo.
Parágrafo único. O Ministério Público intervirá, quando não for parte, nas ações de família em que figure como parte vítima de violência doméstica e familiar, nos termos da Lei nº 11.340, de 7 de agosto de 2006 (Lei Maria da Penha). (Incluído pela Lei nº 13.894, de 2019.)

REFERÊNCIAS LEGISLATIVAS

- Arts. 178, II, 279, CPC; Lei nº 11.340/2006 (Lei Maria da Penha).

JURISPRUDÊNCIA

- Súmula 600 do STJ: Para a configuração da violência doméstica e familiar prevista no artigo 5º da Lei n. 11.340/2006 (Lei Maria da Penha) não se exige a coabitação entre autor e vítima.

Art. 699. Quando o processo envolver discussão sobre fato relacionado a abuso ou a alienação parental, o juiz, ao tomar o depoimento do incapaz, deverá estar acompanhado por especialista.

REFERÊNCIAS LEGISLATIVAS

- Lei nº 12.318/2010.

ANOTAÇÕES

- **Alienação parental**: indica situação em que o pai ou a mãe treina o próprio filho a romper os laços afetivos com o outro; a situação foi disciplinada pela Lei nº 12.318/2010, que exemplificou como alienação parental as seguintes atitudes: I – realizar campanha de desqualificação da conduta do genitor no exercício da paternidade ou maternidade; II – dificultar o exercício da autoridade parental; III – dificultar contato de criança ou adolescente com genitor; IV – dificultar o exercício do direito regulamentado de convivência familiar; V – omitir deliberadamente a genitor informações pessoais relevantes sobre a criança ou adolescente, inclusive escolares, médicas e alterações de endereço; VI – apresentar falsa denúncia contra genitor, contra familiares deste ou contra avós, para obstar ou dificultar a convivência deles com a criança ou adolescente; VII – mudar o domicílio para local distante, sem justificativa, visando dificultar a convivência da criança ou adolescente com o outro genitor, com familiares deste ou com avós. A suspeita de ocorrência de alienação parental deverá ser apurada com prioridade e com rigor pelo juiz, seja em ação incidental ou autônoma, que diante do fato poderá determinar, entre outras medidas, a alteração imediata da guarda do menor, fixando como seu domicílio a casa do genitor que não deu causa.

CAPÍTULO XI
DA AÇÃO MONITÓRIA

Art. 700. A ação monitória pode ser proposta por aquele que afirmar, com base em prova escrita sem eficácia de título executivo, ter direito de exigir do devedor capaz:

I – o pagamento de quantia em dinheiro;

II – a entrega de coisa fungível ou infungível ou de bem móvel ou imóvel;

III – o adimplemento de obrigação de fazer ou de não fazer.

§ 1º A prova escrita pode consistir em prova oral documentada, produzida antecipadamente nos termos do art. 381.

§ 2º Na petição inicial, incumbe ao autor explicitar, conforme o caso:

I – a importância devida, instruindo-a com memória de cálculo;

II – o valor atual da coisa reclamada;

III – o conteúdo patrimonial em discussão ou o proveito econômico perseguido.

§ 3º O valor da causa deverá corresponder à importância prevista no § 2º, incisos I a III.

§ 4º Além das hipóteses do art. 330, a petição inicial será indeferida quando não atendido o disposto no § 2º deste artigo.

§ 5º Havendo dúvida quanto à idoneidade de prova documental apresentada pelo autor, o juiz intimá-lo-á para, querendo, emendar a petição inicial, adaptando-a ao procedimento comum.

§ 6º É admissível ação monitória em face da Fazenda Pública.

§ 7º Na ação monitória, admite-se citação por qualquer dos meios permitidos para o procedimento comum.

REFERÊNCIAS LEGISLATIVAS

- Arts. 46, 53, III, 238 a 268, 318, parágrafo único, 330, 381, 784, 785, CPC; arts. 41, 389 a 420, CC.

ANOTAÇÕES

- *Ação monitória*: tem cabimento quando o credor de quantia certa, de coisa fungível ou infungível, de bem móvel ou imóvel, assim como o credor de obrigação de fazer ou não fazer, munido com

documento escrito sem eficácia de título executivo (art. 784, CPC), desejar exigir o pagamento do que lhe é devido, a entrega do bem ou o adimplemento da obrigação de fazer ou de não fazer.
- **Prova escrita**: refere-se tanto àquela elaborada quando da realização do negócio, a fim de documentá-lo expressamente, como àquela surgida casualmente durante a realização do negócio. Qualquer documento escrito pode ser usado, bastando que seja suficiente para convencer o juiz acerca da existência do negócio alegado. Doutrina e jurisprudência têm apontado como documentos hábeis a instruir, entre outros, a petição inicial da ação monitória: documento particular de reconhecimento de dívida não assinado por duas testemunhas; título de crédito prescrito (*v.g.*, cheque); duplicata sem aceite; nota fiscal, mesmo sem assinatura; contrato de abertura de crédito em conta corrente (cheque especial); notas, bilhetes confessando recebimento de mercadoria; orçamento assinado pelo interessado, autorizando os serviços; documento bancário cobrando taxa e despesas de condomínio.

DICAS DE PRÁTICA JURÍDICA

- **Foro competente**: a ação deve ser ajuizada, de regra, no foro do domicílio do réu (art. 46, CPC); não se deve, contudo, esquecer-se das possibilidades previstas no art. 53, III, do CPC.
- **Documentos a serem juntados à petição inicial**: O interessado deve ser orientado a fornecer ao advogado cópia dos seguintes documentos, entre outros que o caso em particular estiver a exigir: (I) documentos pessoais (RG, CPF, comprovante de residência, número de telefone e endereço eletrônico – *e-mail*); (II) no caso de que o interessado seja pessoa jurídica, deve apresentar cópia do estatuto ou contrato social e, se for caso, cópia da ata da assembleia onde se nomeou o representante da empresa; (III) a prova escrita do débito, lembrando que para este tipo de ação este documento é imprescindível (por exemplo: recibo de entrega da mercadoria; cheque prescrito; documento firmado por preposto etc.), no caso de sua inexistência, o interessado deve ajuizar ação de cobrança; (IV) cálculo atualizado do débito; (V) rol de testemunhas (nome, endereço, telefone, *e-mail* e profissão de ao menos três pessoas que possam confirmar os fatos).
- **Estrutura e modelo de petição inicial**: basicamente a petição inicial tem a seguinte estrutura: endereçamento, qualificação, narração dos fatos, pedidos, indicação das provas e, por fim, o valor da causa. O interessado deve ainda estar atento aos requisitos específicos indicados no § 2º deste artigo. Para acesso a modelo editável da petição inicial, além de um capítulo específico sobre a "ação monitória", com informações sobre o seu cabimento, base legal, foro competente, procedimento e documentos necessários (entre outras questões), veja nosso *Prática no processo civil*, da Editora Atlas.

JURISPRUDÊNCIA

- Súmula 247 do STJ: O contrato de abertura de crédito em conta corrente, acompanhado do demonstrativo de débito, constitui documento hábil para o ajuizamento da ação monitória.
- Súmula 282 do STJ: Cabe a citação por edital em ação monitória.
- Súmula 299 do STJ: É admissível a ação monitória fundada em cheque prescrito.
- Súmula 339 do STJ: É cabível ação monitória contra a Fazenda Pública.
- Súmula 384 do STJ: Cabe ação monitória para haver saldo remanescente oriundo de venda extrajudicial de bem alienado fiduciariamente em garantia.
- Súmula 503 do STJ: O prazo para ajuizamento de ação monitória em face do emitente de cheque sem força executiva é quinquenal, a contar do dia seguinte à data de emissão estampada na cártula.
- Súmula 504 do STJ: O prazo para ajuizamento de ação monitória em face do emitente de nota promissória sem força executiva é quinquenal, a contar do dia seguinte ao vencimento do título.

- Súmula 531 do STJ: Em ação monitória fundada em cheque prescrito ajuizada contra o emitente, é dispensável a menção ao negócio jurídico subjacente à emissão da cártula.
- A prova hábil a instruir a ação monitória, isto é, apta a ensejar a determinação da expedição do mandado monitório – a que aludem os arts. 1.102-A do CPC/1973 e 700 do CPC/2015 –, precisa demonstrar a existência da obrigação, devendo o documento ser escrito e suficiente para, efetivamente, influir na convicção do magistrado acerca do direito alegado, não sendo necessário prova robusta, estreme de dúvida, mas sim documento idôneo que permita juízo de probabilidade do direito afirmado pelo autor (STJ, REsp 1.381.603/MS, Rel. Ministro Luis Felipe Salomão, T4 – Quarta Turma, *DJe* 11/11/2016).

Art. 701. Sendo evidente o direito do autor, o juiz deferirá a expedição de mandado de pagamento, de entrega de coisa ou para execução de obrigação de fazer ou de não fazer, concedendo ao réu prazo de 15 (quinze) dias para o cumprimento e o pagamento de honorários advocatícios de cinco por cento do valor atribuído à causa.

§ 1º O réu será isento do pagamento de custas processuais se cumprir o mandado no prazo.

§ 2º Constituir-se-á de pleno direito o título executivo judicial, independentemente de qualquer formalidade, se não realizado o pagamento e não apresentados os embargos previstos no art. 702, observando-se, no que couber, o Título II do Livro I da Parte Especial.

§ 3º É cabível ação rescisória da decisão prevista no *caput* quando ocorrer a hipótese do § 2º.

§ 4º Sendo a ré Fazenda Pública, não apresentados os embargos previstos no art. 702, aplicar-se-á o disposto no art. 496, observando-se, a seguir, no que couber, o Título II do Livro I da Parte Especial.

§ 5º Aplica-se à ação monitória, no que couber, o art. 916.

REFERÊNCIAS LEGISLATIVAS

- Arts. 85, 219, 311, 371, 496, 513 a 538, 702, 513 a 538, 702, 916, 966 a 975, CPC; art. 41, CC.

ANOTAÇÕES

- ***Direito evidente***: é aquele que se mostra capaz de convencer o juiz, destinatário da prova (art. 371, CPC), da verossimilhança das alegações do autor.

Art. 702. Independentemente de prévia segurança do juízo, o réu poderá opor, nos próprios autos, no prazo previsto no art. 701, embargos à ação monitória.

§ 1º Os embargos podem se fundar em matéria passível de alegação como defesa no procedimento comum.

§ 2º Quando o réu alegar que o autor pleiteia quantia superior à devida, cumprir-lhe-á declarar de imediato o valor que entende correto, apresentando demonstrativo discriminado e atualizado da dívida.

§ 3º Não apontado o valor correto ou não apresentado o demonstrativo, os embargos serão liminarmente rejeitados, se esse for o seu único fundamento, e, se houver outro fundamento, os embargos serão processados, mas o juiz deixará de examinar a alegação de excesso.

§ 4º A oposição dos embargos suspende a eficácia da decisão referida no *caput* do art. 701 até o julgamento em primeiro grau.

§ 5º O autor será intimado para responder aos embargos no prazo de 15 (quinze) dias.

§ 6º Na ação monitória admite-se a reconvenção, sendo vedado o oferecimento de reconvenção à reconvenção.

§ 7º A critério do juiz, os embargos serão autuados em apartado, se parciais, constituindo-se de pleno direito o título executivo judicial em relação à parcela incontroversa.

§ 8º Rejeitados os embargos, constituir-se-á de pleno direito o título executivo judicial, prosseguindo-se o processo em observância ao disposto no Título II do Livro I da Parte Especial, no que for cabível.

§ 9º Cabe apelação contra a sentença que acolhe ou rejeita os embargos.

§ 10. O juiz condenará o autor de ação monitória proposta indevidamente e de má-fé ao pagamento, em favor do réu, de multa de até dez por cento sobre o valor da causa.

§ 11. O juiz condenará o réu que de má-fé opuser embargos à ação monitória ao pagamento de multa de até dez por cento sobre o valor atribuído à causa, em favor do autor.

REFERÊNCIAS LEGISLATIVAS

- Arts. 219, 335 a 343, 513 a 538, 701, 1.009 a 1.014, CPC.

ANOTAÇÕES

- **Embargos à ação monitória**: citado, o réu pode se defender opondo "embargos", que independem de prévia segurança do juízo, suspendem a eficácia do mandado inicial e são processados, de regra, nos próprios autos, segundo o procedimento comum. A doutrina ainda discute a natureza jurídica destes embargos, mas na prática forense eles se manifestam como uma contestação, inclusive na forma de apresentação e no seu conteúdo geral.

DICAS DE PRÁTICA JURÍDICA

- **Estrutura e modelo**: a petição que apresenta os embargos à ação monitória tem estrutura de uma contestação, qual seja: endereçamento, qualificação, resumo dos fatos, preliminares, mérito, reconvenção (quando for o caso), pedidos e indicação das provas. Para acesso ao modelo editável desta petição, veja nosso *Prática de contestação no processo civil*, da Editora Atlas.

JURISPRUDÊNCIA

- Súmula 292 do STJ: A reconvenção é cabível na ação monitória, após a conversão do procedimento em ordinário.

CAPÍTULO XII
DA HOMOLOGAÇÃO DO PENHOR LEGAL

Art. 703. Tomado o penhor legal nos casos previstos em lei, requererá o credor, ato contínuo, a homologação.

§ 1º Na petição inicial, instruída com o contrato de locação ou a conta pormenorizada das despesas, a tabela dos preços e a relação dos objetos retidos, o credor pedirá a citação do devedor para pagar ou contestar na audiência preliminar que for designada.

§ 2º A homologação do penhor legal poderá ser promovida pela via extrajudicial mediante requerimento, que conterá os requisitos previstos no § 1º deste artigo, do credor a notário de sua livre escolha.

§ 3º Recebido o requerimento, o notário promoverá a notificação extrajudicial do devedor para, no prazo de 5 (cinco) dias, pagar o débito ou impugnar sua cobrança, alegando por escrito uma das causas previstas no art. 704, hipótese em que o procedimento será encaminhado ao juízo competente para decisão.

§ 4º Transcorrido o prazo sem manifestação do devedor, o notário formalizará a homologação do penhor legal por escritura pública.

REFERÊNCIAS LEGISLATIVAS

- Arts. 219, 319, 704, CPC; arts. 1.467 a 1.472, CC; art. 31, Lei nº 6.533/1978.

ANOTAÇÕES

- ***Penhor legal***: penhor é forma de garantia pela qual o devedor entrega ao credor bem móvel a fim de segurar o pagamento do seu débito. Nesta linha, é chamada de "penhor legal" a faculdade concedida aos hospedeiros e aos locadores de constituírem este tipo de garantia sobre as bagagens e outros bens móveis que seus fregueses e inquilinos tiverem consigo ou que guarneçam o prédio locado.

DICAS DE PRÁTICA JURÍDICA

- ***Estrutura e modelo de petição inicial***: basicamente a petição inicial tem a seguinte estrutura: endereçamento, qualificação, narração dos fatos, pedidos, indicação das provas e, por fim, o valor da causa. O interessado deve atentar ainda para os requisitos específicos indicados no § 1º deste artigo.

JURISPRUDÊNCIA

- Enunciado 73 do Fórum Permanente de Processualistas Civis: No caso de homologação do penhor legal promovida pela via extrajudicial, incluem-se nas contas do crédito as despesas com o notário, constantes do § 2º do art. 703.

Art. 704. A defesa só pode consistir em:
I – nulidade do processo;

> II – extinção da obrigação;
> III – não estar a dívida compreendida entre as previstas em lei ou não estarem os bens sujeitos a penhor legal;
> IV – alegação de haver sido ofertada caução idônea, rejeitada pelo credor.

REFERÊNCIAS LEGISLATIVAS

- Arts. 276 a 283, 337, 485, CPC; arts. 304 a 388, 1.467, CC.

ANOTAÇÕES

- ***Caução***: é termo genérico que indica um conjunto de garantias, que podem ser reais, tais como o penhor e a hipoteca, ou fidejussórias, ou seja, pessoais, como a fiança e o aval. A norma menciona "caução idônea", ou seja, confiável.

JURISPRUDÊNCIA

- Enunciado 74 do Fórum Permanente de Processualistas Civis: No rol do art. 704, que enumera as matérias de defesa da homologação do penhor legal, deve-se incluir a hipótese do art. 1.468 do Código Civil, não tendo o CPC revogado o citado dispositivo.

> **Art. 705.** A partir da audiência preliminar, observar-se-á o procedimento comum.

REFERÊNCIAS LEGISLATIVAS

- Arts. 312 a 512, CPC.

> **Art. 706.** Homologado judicialmente o penhor legal, consolidar-se-á a posse do autor sobre o objeto.
> § 1º Negada a homologação, o objeto será entregue ao réu, ressalvado ao autor o direito de cobrar a dívida pelo procedimento comum, salvo se acolhida a alegação de extinção da obrigação.
> § 2º Contra a sentença caberá apelação, e, na pendência de recurso, poderá o relator ordenar que a coisa permaneça depositada ou em poder do autor.

REFERÊNCIAS LEGISLATIVAS

- Arts. 312 a 512, 1.009 a 1.014, CPC.

CAPÍTULO XIII
DA REGULAÇÃO DE AVARIA GROSSA

Art. 707. Quando inexistir consenso acerca da nomeação de um regulador de avarias, o juiz de direito da comarca do primeiro porto onde o navio houver chegado, provocado por qualquer parte interessada, nomeará um de notório conhecimento.

REFERÊNCIAS LEGISLATIVAS

- Arts. 457 a 796, CCB; art. 14, Lei nº 2.180/1954, art. 25, "c", Decreto-lei nº 9.295/1946.

JURISPRUDÊNCIA

- Enunciado 75 do Fórum Permanente de Processualistas Civis: No mesmo ato em que nomear o regulador da avaria grossa, o juiz deverá determinar a citação das partes interessadas.

Art. 708. O regulador declarará justificadamente se os danos são passíveis de rateio na forma de avaria grossa e exigirá das partes envolvidas a apresentação de garantias idôneas para que possam ser liberadas as cargas aos consignatários.

§ 1º A parte que não concordar com o regulador quanto à declaração de abertura da avaria grossa deverá justificar suas razões ao juiz, que decidirá no prazo de 10 (dez) dias.

§ 2º Se o consignatário não apresentar garantia idônea a critério do regulador, este fixará o valor da contribuição provisória com base nos fatos narrados e nos documentos que instruírem a petição inicial, que deverá ser caucionado sob a forma de depósito judicial ou de garantia bancária.

§ 3º Recusando-se o consignatário a prestar caução, o regulador requererá ao juiz a alienação judicial de sua carga na forma dos arts. 879 a 903.

§ 4º É permitido o levantamento, por alvará, das quantias necessárias ao pagamento das despesas da alienação a serem arcadas pelo consignatário, mantendo-se o saldo remanescente em depósito judicial até o encerramento da regulação.

REFERÊNCIAS LEGISLATIVAS

- Arts. 219, 879 a 903, CPC.

ANOTAÇÕES

- ***Caução***: é termo genérico que indica um conjunto de garantias, que podem ser reais, tais como o penhor e a hipoteca, ou fidejussórias, ou seja, pessoais, como a fiança e o aval.

Art. 709. As partes deverão apresentar nos autos os documentos necessários à regulação da avaria grossa em prazo razoável a ser fixado pelo regulador.

REFERÊNCIAS LEGISLATIVAS

- Arts. 139, VI, 766 a 770, CPC.

> **Art. 710.** O regulador apresentará o regulamento da avaria grossa no prazo de até 12 (doze) meses, contado da data da entrega dos documentos nos autos pelas partes, podendo o prazo ser estendido a critério do juiz.
>
> § 1º Oferecido o regulamento da avaria grossa, dele terão vista as partes pelo prazo comum de 15 (quinze) dias, e, não havendo impugnação, o regulamento será homologado por sentença.
>
> § 2º Havendo impugnação ao regulamento, o juiz decidirá no prazo de 10 (dez) dias, após a oitiva do regulador.

REFERÊNCIAS LEGISLATIVAS

- Arts. 203, § 1º, 219, 1.009, CPC; art. 132, § 3º, CC.

> **Art. 711.** Aplicam-se ao regulador de avarias os arts. 156 a 158, no que couber.

REFERÊNCIAS LEGISLATIVAS

- Arts. 156 a 158, CPC.

CAPÍTULO XIV
DA RESTAURAÇÃO DE AUTOS

> **Art. 712.** Verificado o desaparecimento dos autos, eletrônicos ou não, pode o juiz, de ofício, qualquer das partes ou o Ministério Público, se for o caso, promover-lhes a restauração.
>
> Parágrafo único. Havendo autos suplementares, nesses prosseguirá o processo.

REFERÊNCIAS LEGISLATIVAS

- Arts. 152, V, 313, VI, 318, parágrafo único, CPC.

ANOTAÇÕES

- ***Restauração de autos***: o processo é o instrumento de que se vale o Estado-juiz para solucionar o litígio e consiste numa série coordenada de "atos" que estabelecem um diálogo entre as partes e o juiz, a fim de possibilitar a entrega da tutela jurisdicional. Ao registro escrito destes "atos processuais" dá-se o nome de "autos". Destarte, quando alguém se refere aos "autos do processo" está se referindo ao registro material do processo, à sua documentação. Como se pode facilmente

deduzir, tais registros são de vital importância para as partes, daí a previsão do presente procedimento, que visa recuperar, restaurar, autos desaparecidos.
- ***Desaparecimento***: deve ser comprovado por meio de certidão a ser expedida pelo cartório (art. 152, V, CPC).

Art. 713. Na petição inicial, declarará a parte o estado do processo ao tempo do desaparecimento dos autos, oferecendo:

I – certidões dos atos constantes do protocolo de audiências do cartório por onde haja corrido o processo;

II – cópia das peças que tenha em seu poder;

III – qualquer outro documento que facilite a restauração.

REFERÊNCIAS LEGISLATIVAS

- Arts. 319 e 320, CPC.

JURISPRUDÊNCIA

- No procedimento de restauração de autos, todos os interessados devem cooperar exibindo as cópias dos documentos que estiverem em seu poder e quaisquer outros documentos que possam facilitar a sua reconstituição, visando recolocar o processo no estado em que se encontrava antes de os autos terem sido extraviados (STJ, REsp 1.411.713/SE, Ministro Og Fernandes, T2 – Segunda Turma, *DJe* 28/03/2017).

Art. 714. A parte contrária será citada para contestar o pedido no prazo de 5 (cinco) dias, cabendo-lhe exibir as cópias, as contrafés e as reproduções dos atos e dos documentos que estiverem em seu poder.

§ 1º Se a parte concordar com a restauração, lavrar-se-á o auto que, assinado pelas partes e homologado pelo juiz, suprirá o processo desaparecido.

§ 2º Se a parte não contestar ou se a concordância for parcial, observar-se-á o procedimento comum.

REFERÊNCIAS LEGISLATIVAS

- Arts. 219, 318 a 512, CPC.

Art. 715. Se a perda dos autos tiver ocorrido depois da produção das provas em audiência, o juiz, se necessário, mandará repeti-las.

§ 1º Serão reinquiridas as mesmas testemunhas, que, em caso de impossibilidade, poderão ser substituídas de ofício ou a requerimento.

§ 2º Não havendo certidão ou cópia do laudo, far-se-á nova perícia, sempre que possível pelo mesmo perito.

§ 3º Não havendo certidão de documentos, esses serão reconstituídos mediante cópias ou, na falta dessas, pelos meios ordinários de prova.

§ 4º Os serventuários e os auxiliares da justiça não podem eximir-se de depor como testemunhas a respeito de atos que tenham praticado ou assistido.

§ 5º Se o juiz houver proferido sentença da qual ele próprio ou o escrivão possua cópia, esta será juntada aos autos e terá a mesma autoridade da original.

REFERÊNCIAS LEGISLATIVAS

- Arts. 358 a 368, CPC.

ANOTAÇÕES

- *Repetição das provas produzidas*: merece destaque a indicação do legislador no sentido de que as provas deverão ser repetidas "se necessário", isso porque hodiernamente é muito comum que as partes tenham sob os seus cuidados cópia de todos os atos do processo; na verdade, no caso dos processos eletrônicos, é muito comum que os envolvidos tenham em seus arquivos cópias completas do processo, que são, inclusive, repassadas para as partes.

Art. 716. Julgada a restauração, seguirá o processo os seus termos.

Parágrafo único. Aparecendo os autos originais, neles se prosseguirá, sendo-lhes apensados os autos da restauração.

REFERÊNCIAS LEGISLATIVAS

- Arts. 318 a 512, 712, CPC.

ANOTAÇÕES

- *Seguimento do processo*: restaurados os autos, o processo deve seguir os seus termos nos novos autos; no caso de os autos originais aparecerem, neles se deve prosseguir, apensando-se os autos restaurados.

JURISPRUDÊNCIA

- Enunciado 76 do Fórum Permanente de Processualistas Civis: Localizados os autos originários, neles devem ser praticados os atos processuais subsequentes, dispensando-se a repetição dos atos que tenham sido ultimados nos autos da restauração, em consonância com a garantia constitucional da duração razoável do processo (CF/88, art. 5º, LXXVIII) e inspiração no art. 964 do Código de Processo Civil Português.
- Deveras, as questões de fato ou de direito pertinentes ao processo originário, como sói ser a questão concernente à prescrição do crédito executado, devem ser discutidas quando do prosseguimento do feito, revelando-se estranhas à ação de restauração de autos, tanto mais que sob o ângulo da eventualidade a prescrição pode ocorrer durante o trâmite da ação de restauração, matéria a ser aferível no juízo principal após a inteireza dos autos (STJ, REsp 676265/PB, Ministro Luiz Fux, T1 – Primeira Turma, *DJ* 28/11/2005, p. 203).

Art. 717. Se o desaparecimento dos autos tiver ocorrido no tribunal, o processo de restauração será distribuído, sempre que possível, ao relator do processo.

§ 1º A restauração far-se-á no juízo de origem quanto aos atos nele realizados.

§ 2º Remetidos os autos ao tribunal, nele completar-se-á a restauração e proceder-se-á ao julgamento.

REFERÊNCIAS LEGISLATIVAS

- Arts. 712, 713, 714, CPC.

ANOTAÇÕES

- ***Desaparecimento dos autos no tribunal***: neste caso, os autos da restauração devem ser preferencialmente distribuídos ao relator do processo (sempre que possível), que, por sua vez, deve encaminhá-los ao juízo de primeira instância com escopo de possibilitar a recuperação dos atos que nele se realizaram. Concluídos os trabalhos, o juiz deve retornar os autos ao tribunal com escopo de se completar a restauração e proceder-se ao seu julgamento.

Art. 718. Quem houver dado causa ao desaparecimento dos autos responderá pelas custas da restauração e pelos honorários de advogado, sem prejuízo da responsabilidade civil ou penal em que incorrer.

REFERÊNCIAS LEGISLATIVAS

- Arts. 79 a 81, 85, CPC; art. 356, CP.

CAPÍTULO XV
DOS PROCEDIMENTOS DE JURISDIÇÃO VOLUNTÁRIA

Seção I
Disposições Gerais

Art. 719. Quando este Código não estabelecer procedimento especial, regem os procedimentos de jurisdição voluntária as disposições constantes desta Seção.

REFERÊNCIAS LEGISLATIVAS

- Arts. 88, 318, parágrafo único, CPC.

ANOTAÇÕES

- ***Jurisdição voluntária***: também conhecida como jurisdição graciosa ou administrativa, é comumente definida como a administração pública de interesses privados; nela não se cuida da lide, mas de questões de interesse particular que por força da lei devem ter a chancela do Poder Público (*v.g.*, nomeação de tutor ou curador, alienação de bens de incapazes, divórcio consensual, arrecadação de bens de ausentes, interdição de incapazes, retificação de registro público etc.). Como não há lide, como se disse, a doutrina assevera que nela não há partes, mas apenas interessados.

> **Art. 720.** O procedimento terá início por provocação do interessado, do Ministério Público ou da Defensoria Pública, cabendo-lhes formular o pedido devidamente instruído com os documentos necessários e com a indicação da providência judicial.

REFERÊNCIAS LEGISLATIVAS

- Arts. 2º, 176 a 181, 185 a 187, 319, CPC.

> **Art. 721.** Serão citados todos os interessados, bem como intimado o Ministério Público, nos casos do art. 178, para que se manifestem, querendo, no prazo de 15 (quinze) dias.

REFERÊNCIAS LEGISLATIVAS

- Arts. 178, 219, 238 a 259, CPC.

ANOTAÇÕES

- ***Manifestação dos interessados***: não se trata, claro, da possibilidade de apresentação de contestação (art. 335), visto a falta de litigiosidade dos procedimentos de jurisdição voluntária; embora a norma fale expressamente em "citação", trata-se na verdade de uma forma de "comunicação" que tem o objetivo de facultar aos interessados a possibilidade de intervir no ânimo do magistrado que vai decidir sobre o tema posto em ordem.

DICA DE PRÁTICA JURÍDICA

- ***Estrutura da manifestação***: não interessa como a pessoa nomeie a sua manifestação (v.g., impugnação, contestação, considerações etc.), a sua estrutura básica é a seguinte: endereçamento; qualificação; resumo dos fatos; considerações sobre o tema objetivo da lide; pedidos; indicações de provas.

> **Art. 722.** A Fazenda Pública será sempre ouvida nos casos em que tiver interesse.

REFERÊNCIAS LEGISLATIVAS

- Art. 41, CC.

Art. 723. O juiz decidirá o pedido no prazo de 10 (dez) dias.

Parágrafo único. O juiz não é obrigado a observar critério de legalidade estrita, podendo adotar em cada caso a solução que considerar mais conveniente ou oportuna.

REFERÊNCIAS LEGISLATIVAS

- Arts. 140, parágrafo único, 219, 489, CPC.

Art. 724. Da sentença caberá apelação.

REFERÊNCIAS LEGISLATIVAS

- Arts. 485, 487, 1.009 a 1.014, CPC.

Art. 725. Processar-se-á na forma estabelecida nesta Seção o pedido de:

I – emancipação;

II – sub-rogação;

III – alienação, arrendamento ou oneração de bens de crianças ou adolescentes, de órfãos e de interditos;

IV – alienação, locação e administração da coisa comum;

V – alienação de quinhão em coisa comum;

VI – extinção de usufruto, quando não decorrer da morte do usufrutuário, do termo da sua duração ou da consolidação, e de fideicomisso, quando decorrer de renúncia ou quando ocorrer antes do evento que caracterizar a condição resolutória;

VII – expedição de alvará judicial;

VIII – homologação de autocomposição extrajudicial, de qualquer natureza ou valor.

Parágrafo único. As normas desta Seção aplicam-se, no que couber, aos procedimentos regulados nas seções seguintes.

REFERÊNCIAS LEGISLATIVAS

- Art. 730, CPC; arts. 5º, parágrafo único, I, 346 a 351, 1.322, 1.410, 1.411 e 1.635, CC; art. 1º, Lei nº 6.858/1980.

ANOTAÇÕES

- ***Emancipação***: possibilita à pessoa a aquisição da capacidade civil antes da idade legal, extinguindo o poder familiar (art. 1.635, II, CC). É possível nos seguintes casos (art. 5º, parágrafo único, CC): (I) pela concessão dos pais, ou de um deles na falta do outro, mediante instrumento público, independentemente de homologação judicial, ou por sentença do juiz, ouvido o tutor, se o menor tiver 16 anos completos; (II) pelo casamento; (III) pelo exercício de emprego público efetivo; (IV) pela colação de grau científico em curso de ensino superior; (V) pelo estabelecimento civil ou comercial, ou pela existência de relação de emprego, desde que, em função deles, o menor com 16 anos completos tenha economia própria.

- **Sub-rogação**: é a transferência dos direitos creditícios do credor originário para terceiro que quitou a obrigação ou adquiriu os direitos.

Seção II
Da Notificação e da Interpelação

Art. 726. Quem tiver interesse em manifestar formalmente sua vontade a outrem sobre assunto juridicamente relevante poderá notificar pessoas participantes da mesma relação jurídica para dar-lhes ciência de seu propósito.

§ 1º Se a pretensão for a de dar conhecimento geral ao público, mediante edital, o juiz só a deferirá se a tiver por fundada e necessária ao resguardo de direito.

§ 2º Aplica-se o disposto nesta Seção, no que couber, ao protesto judicial.

REFERÊNCIAS LEGISLATIVAS

- Arts. 46, 319, CPC.

ANOTAÇÕES

- **Notificação judicial**: sempre que uma pessoa quiser dar conhecimento formal a outra sobre assunto juridicamente relevante, com escopo de que esta faça ou deixe de fazer alguma coisa, poderá socorrer-se da notificação judicial. Os casos mais comuns no dia a dia do advogado dizem respeito a: (I) constituição em mora do devedor; (II) concessão de prazo para que o locatário deixe o imóvel; (III) concessão de prazo para que o comodatário devolva o bem dado em comodato; (IV) concessão de prazo para que alguém cumpra uma obrigação. Registre-se que a "notificação" pode ser feita extrajudicialmente pelo próprio interessado, com os mesmos efeitos legais, mediante carta registrada, por exemplo, ou por meio do uso dos serviços de um cartório de título e documentos.

DICAS DE PRÁTICA JURÍDICA

- **Foro competente**: deve ser ajuizada no foro que tenha competência para conhecer de eventual demanda oriunda dos fatos que dão arrimo ao pedido, ou no domicílio do réu (art. 46, CPC).
- **Documentos a serem juntados à petição inicial**: o interessado deve ser orientado a fornecer ao advogado cópia dos seguintes documentos, entre outros que o caso em particular estiver a exigir: (I) documentos pessoais (RG, CPF, comprovante de residência, número de telefone e endereço eletrônico – *e-mail*); (II) no caso de o interessado ser pessoa jurídica, deve apresentar cópia do estatuto ou contrato social e, se for caso, cópia da ata da assembleia onde se nomeou o representante da empresa; (III) contrato ou outro documento que fundamenta o pedido; (IV) cálculo do débito, quando for o caso.

- *Estrutura e modelo de petição inicial*: basicamente a petição inicial tem a seguinte estrutura: endereçamento, qualificação, narração dos fatos, pedidos, indicação das provas e, por fim, o valor da causa. Para acesso a modelo editável da petição inicial, além de um capítulo específico sobre a "ação de notificação", com informações sobre o seu cabimento, base legal, foro competente, procedimento e documentos necessários (entre outras questões), veja nosso *Prática no processo civil*, da Editora Atlas.

JURISPRUDÊNCIA

- A notificação judicial, medida meramente conservativa de direitos, não gera prevenção e renúncia tácita ao foro eleito pelas partes (STJ, AgInt no AREsp 912.547/SE, Ministra Maria Isabel Gallotti, T4 – Quarta Turma, *DJe* 02/06/2017).

Art. 727. Também poderá o interessado interpelar o requerido, no caso do art. 726, para que faça ou deixe de fazer o que o requerente entenda ser de seu direito.

REFERÊNCIAS LEGISLATIVAS

- Arts. 247 a 251, 726, CPC.

JURISPRUDÊNCIA

- Súmula 76 do STJ: A falta de registro do compromisso de compra e venda de imóvel não dispensa a prévia interpelação para constituir em mora o devedor.
- A jurisprudência do STJ, em harmonia com o art. 19, § 1º, da Lei nº 12.965/2014 (Marco Civil da Internet), entende ser necessária a notificação judicial ao provedor de conteúdo ou de hospedagem para retirada de material ali publicado por terceiros usuários e apontado como infringente à honra ou à imagem dos eventuais interessados, sendo imprescindível a indicação clara e específica da URL – Universal Resource Locator – correspondente ao material que se pretenda remover (STJ, AgInt no AgInt no AREsp 956.396/MG, Ministro Ricardo Villas Bôas Cueva, T3 – Terceira Turma, *DJe* 27/10/2017).

Art. 728. O requerido será previamente ouvido antes do deferimento da notificação ou do respectivo edital:

I – se houver suspeita de que o requerente, por meio da notificação ou do edital, pretende alcançar fim ilícito;

II – se tiver sido requerida a averbação da notificação em registro público.

REFERÊNCIAS LEGISLATIVAS

- Arts. 7º, 9º, 10, 726, CPC.

ANOTAÇÕES

- *Manifestação do requerido*: considerados os limites da notificação e interpelação judicial, eventual manifestação do requerido visa apenas confirmar, ou não, as suspeitas do juiz sobre as intenções do requerente (causar injusto prejuízo ao requerido). Não se trata de defesa, visto que o procedimento não é litigioso.

💡 DICAS DE PRÁTICA JURÍDICA

- *Forma da manifestação do requerido*: eventual manifestação do requerido pode ser oferecida por simples petição intermediária com a seguinte estrutura: endereçamento; qualificação; resumo dos fatos; ponderações sobre a notificação ou interpelação; pedidos.

> **Art. 729.** Deferida e realizada a notificação ou interpelação, os autos serão entregues ao requerente.

⚖️ REFERÊNCIAS LEGISLATIVAS

- Arts. 726, 728, CPC.

📚 ANOTAÇÕES

- *Entrega dos autos*: considerando que a notificação e a interpelação constituem apenas forma de produzir prova (não há litígio), natural preveja o legislador a entrega dos autos ao requerente. No caso de processo eletrônico, o interessado pode requerer a expedição de carta de sentença (cópia oficial e autêntica dos autos).

Seção III
Da Alienação Judicial

> **Art. 730.** Nos casos expressos em lei, não havendo acordo entre os interessados sobre o modo como se deve realizar a alienação do bem, o juiz, de ofício ou a requerimento dos interessados ou do depositário, mandará aliená-lo em leilão, observando-se o disposto na Seção I deste Capítulo e, no que couber, o disposto nos arts. 879 a 903.

⚖️ REFERÊNCIAS LEGISLATIVAS

- Arts. 292, II, 719 a 725, 852, 857, 879 a 903, CPC; arts. 1.322, 1.750, 2.019, CC.

📚 ANOTAÇÕES

- *Alienação judicial*: procedimento aplicável à venda de bens em que não há acordo entre os coproprietários ou em que o exige o interesse público, como, por exemplo, no caso de bens pertencentes a incapazes e/ou sob a guarda de auxiliares da justiça.
- *Ação de extinção de condomínio*: quando o coproprietário de um bem indivisível desejar pôr termo à comunhão, isto é, vender sua parte, não podendo ou querendo nenhum dos outros consortes comprá-la, poderá fazer uso da "ação de extinção de condomínio", que possibilita a

venda total do bem, repartindo os consortes o apurado, de acordo com o quinhão de cada um. A incidência mais frequente dessa ação está ligada à extinção de comunhão advinda a herdeiros ou a ex-cônjuges, quando não há acordo entre as partes envolvidas para venda amigável do bem.

💡 DICAS DE PRÁTICA JURÍDICA

- *Foro competente*: a ação de extinção de condomínio e a da alienação judicial de bens deve ser ajuizada no foro onde está localizado o bem.
- *Documentos a serem juntados à petição inicial*: o interessado deve ser orientado a fornecer ao advogado cópia dos seguintes documentos, entre outros que o caso em particular estiver a exigir: (I) documentos pessoais (RG, CPF, comprovante de residência, número de telefone e endereço eletrônico – *e-mail*); (II) no caso de o interessado ser pessoa jurídica, deve apresentar cópia do estatuto ou contrato social e, se for caso, cópia da ata da assembleia onde se nomeou o representante da empresa; (III) certidão de propriedade e/ou contrato de compra e venda, quando se tratar de bem imóvel; no caso de bens móveis, apresentar documento de propriedade (por exemplo: nota fiscal, registro, certidão, cártula etc.); (IV) carnê do IPTU atual dos bens imóveis (tirar cópia da folha onde constem os dados do imóvel e o seu valor venal); (V) três avaliações do bem a ser alienado (estes documentos deverão servir de base para que o juiz fixe o valor mínimo de venda); (VI) comprovante de notificação, quando for cabível e possível, dos demais proprietários do bem (a notificação deve indicar a intenção do interessado de vender a sua parte no bem por valor certo, dando 30 dias de prazo para eventual manifestação de interesse).
- *Valor da causa*: nestes casos, o valor da causa deve ser equivalente ao do bem objeto do litígio (art. 292, II, CPC); por exemplo, se o requerente juntar uma ou duas avaliações do bem, deve usar uma delas como referência para o valor da causa.
- *Estrutura e modelo de petição inicial*: basicamente a petição inicial tem a seguinte estrutura: endereçamento, qualificação, narração dos fatos, pedidos, indicação das provas e, por fim, o valor da causa. Para acesso ao modelo editável da petição inicial, além de um capítulo específico sobre a "ação de extinção de condomínio", com informações sobre o seu cabimento, base legal, foro competente, procedimento e documentos necessários (entre outras questões), veja nosso *Prática no processo civil*, da Editora Atlas.

Seção IV
Do Divórcio e da Separação Consensuais, da Extinção Consensual de União Estável e da Alteração do Regime de Bens do Matrimônio

Art. 731. A homologação do divórcio ou da separação consensuais, observados os requisitos legais, poderá ser requerida em petição assinada por ambos os cônjuges, da qual constarão:

I – as disposições relativas à descrição e à partilha dos bens comuns;

II – as disposições relativas à pensão alimentícia entre os cônjuges;

III – o acordo relativo à guarda dos filhos incapazes e ao regime de visitas; e

IV – o valor da contribuição para criar e educar os filhos.

Parágrafo único. Se os cônjuges não acordarem sobre a partilha dos bens, far-se-á esta depois de homologado o divórcio, na forma estabelecida nos arts. 647 a 658.

REFERÊNCIAS LEGISLATIVAS

- Art. 226, § 6º, CF; arts. 53, I, 189, II, 647 a 658, 693 a 699, 961, § 5º, CPC; arts. 1.571, § 2º, 1.574, 1.578, § 2º, 1.584, 1.589, 1.639, § 2º, 1.703, CC.

ANOTAÇÕES

- *Divórcio consensual*: fruto de um acordo entre os cônjuges, que resolvem conjunta e amigavelmente pôr fim ao casamento, o divórcio consensual se caracteriza como um "negócio jurídico bilateral", cuja intervenção do juiz se limita a fiscalizar a regularidade do ajuste de vontade firmado pelo casal.
- *Alteração do nome*: embora o CPC não mencione, a petição de divórcio consensual deve ainda indicar se os cônjuges voltarão a usar o nome de solteiro, caso tenham, é claro, alterado o seu nome quando do casamento, adotado o patronímico do outro cônjuge. Ao contrário do que dispunha a legislação anterior (CC/1916 e Lei nº 6.515/1977), o atual Código Civil permite que no divórcio consensual acorde o casal que o cônjuge continue a usar o nome de casado. Nesse sentido, o § 2º do art. 1.571 do CC: "*dissolvido o casamento pelo divórcio direto ou por conversão, o cônjuge poderá manter o nome de casado; salvo, no segundo caso, dispondo em contrário a sentença de separação judicial*"; assim como o § 2º do art. 1.578 do mesmo diploma legal: "*nos demais casos caberá a opção pela conservação do nome de casado*".

DICAS DE PRÁTICA JURÍDICA

- *Foro competente*: regra geral, a ação de divórcio consensual pode ser proposta no foro de domicílio de qualquer dos interessados.
- *Divórcio consensual*: (I) sendo advogado do casal, recomenda-se ao profissional que tome muito cuidado com a partilha de bens que favoreçam um dos cônjuges, a fim de evitar futura acusação de favorecimento a um dos requerentes; (II) o advogado deve ter o cuidado de juntar aos autos prova quanto aos valores de mercado dos bens do casal, com escopo de facilitar a sua regularização, após divórcio, junto aos Cartórios, Receita Federal e Bancos; (III) nas comarcas onde haja organizada Vara de Família, o endereçamento da petição inicial a elas deve ser dirigido.
- *Doação de bens para os filhos*: com escopo de facilitar acordo no divórcio é comum que um dos cônjuges, normalmente o homem, se disponha a doar para os filhos a sua parte no único imóvel do casal (esta promessa de doação é mais comum quando há apenas um imóvel a ser partilhado). Há muito tempo deixei de aceitar mediar este tipo de acordo, visto que entendo ser ele ruim para todos os envolvidos, explico: (I) primeiro, é ruim para o homem abrir mão do seu único bem (homens divorciados costumam ter dificuldades financeiras); (II) segundo, doar o bem para os filhos menores o torna inalienável (como regra), o que é ruim para a mulher; (III) terceiro, os filhos crescem e nem todos se tornam bons filhos (já atendi filhos que queriam saber como forçar a venda do bem assim recebido – queriam a sua parte; triste, mas absolutamente verdadeiro).
- *Estrutura e modelo da petição inicial da ação de divórcio consensual*: basicamente a petição inicial tem a seguinte estrutura: endereçamento, qualificação, narração dos fatos (onde se apresenta o acordo sobre partilha dos bens, guarda dos filhos menores, visitas, alimentos e uso do nome de casado), pedidos, indicação das provas e, por fim, o valor da causa. Para acesso ao modelo editável da petição inicial, além de um capítulo específico sobre a "ação de divórcio consensual", com informações sobre o seu cabimento, base legal, foro competente, procedimento e documentos necessários (entre outras questões), veja nosso *Prática no processo civil*, da Editora Atlas.

Art. 732. As disposições relativas ao processo de homologação judicial de divórcio ou de separação consensuais aplicam-se, no que couber, ao processo de homologação da extinção consensual de união estável.

⚖ REFERÊNCIAS LEGISLATIVAS

- Art. 226, § 3º, CF; art. 1.723, CC.

Art. 733. O divórcio consensual, a separação consensual e a extinção consensual de união estável, não havendo nascituro ou filhos incapazes e observados os requisitos legais, poderão ser realizados por escritura pública, da qual constarão as disposições de que trata o art. 731.

§ 1º A escritura não depende de homologação judicial e constitui título hábil para qualquer ato de registro, bem como para levantamento de importância depositada em instituições financeiras.

§ 2º O tabelião somente lavrará a escritura se os interessados estiverem assistidos por advogado ou por defensor público, cuja qualificação e assinatura constarão do ato notarial.

⚖ REFERÊNCIAS LEGISLATIVAS

- Art. 18, §§ 1º e 2º, Decreto-lei nº 4.657/1942 – LINDB; arts. 33 a 53, Resolução nº 35/2007 – CNJ.

📚 ANOTAÇÕES

- **Divórcio consensual extrajudicial**: não havendo nascituro nem filhos incapazes, o casal, assistido por advogado, pode optar por efetivar o divórcio consensual por meio de escritura pública, que constituirá título hábil para o registro civil e o registro de imóveis. Como parte da doutrina, entendo que mesmo nos casos em que haja filhos incapazes e/ou nascituro, o divórcio consensual pode se efetivar por meio de escritura pública, desde que as questões relativas aos incapazes tenham sido previamente disciplinadas judicialmente (nesse caso, na exordial apenas se indicaria que a guarda e os alimentos já foram estabelecidos em tal processo).
- **Divórcio consensual extrajudicial no exterior**: os brasileiros que estejam residindo no exterior poderão igualmente obter o divórcio consensual por meio de escritura pública a ser lavrada pelas autoridades consulares brasileiras, conforme norma expressa nos §§ 1º e 2º do art. 18 da Lei de Introdução às Normas do Direito Brasileiro, Decreto-lei nº 4.657/1942, incluídos pela Lei nº 12.874, de 29 de outubro de 2013.
- **Conversão de separação em divórcio**: tendo o novo CPC restaurado, por assim dizer, o instituto da separação, por razões que explicam, mas absolutamente não convencem, há que se registrar que além da possibilidade de se obter o divórcio e a própria separação por via extrajudicial, também é possível, presentes os requisitos legais, obter a conversão da separação em divórcio pela via extrajudicial. O mesmo raciocínio se aplica ao "restabelecimento da sociedade conjugal", ou seja, este também pode ser obtido pela via extrajudicial mesmo que a separação tenha sido judicial.

DICAS DE PRÁTICA JURÍDICA

- **Como obter o divórcio consensual extrajudicial**: nesses casos, o advogado deve procurar o cartório, qualquer cartório de notas (aqui não se aplicam as regras de competência do CPC), ou o consulado, já com a petição inicial e os documentos exigidos pelas normas legais, entre eles: (a) certidão de casamento; (b) documento de identidade oficial e CPF/MF; (c) pacto antenupcial, se houver; (d) certidão de nascimento ou outro documento de identidade oficial dos filhos capazes, se houver; (e) certidão de propriedade de bens imóveis e direitos a eles relativos; e (f) documentos necessários à comprovação da titularidade dos bens móveis e direitos, se houver. Deve, igualmente, estar atento a eventuais normas procedimentais emitidas pelo Tribunal de Justiça competente ou, no caso dos consulados, pelo Ministério da Justiça. Tratando-se de negócio jurídico bilateral, a função do tabelião normalmente fica limitada ao registro da escritura; ele pode, no entanto, recusar-se de forma fundamentada se tiver dúvida quanto à declaração de vontade dos interessados ou se houver fundados indícios de prejuízos a uma das partes (art. 46, Res. nº 35/2007 do CNJ: "*O tabelião poderá se negar a lavrar a escritura de separação ou divórcio se houver fundados indícios de prejuízo a um dos cônjuges ou em caso de dúvidas sobre a declaração de vontade, fundamentando a recusa por escrito*"). Os interessados não estão obrigados a comparecer pessoalmente ao cartório, desde que se façam representar por mandatário constituído por instrumento público com poderes especiais, com prazo de validade de 30 dias e no qual se descreva as cláusulas essenciais.

Art. 734. A alteração do regime de bens do casamento, observados os requisitos legais, poderá ser requerida, motivadamente, em petição assinada por ambos os cônjuges, na qual serão expostas as razões que justificam a alteração, ressalvados os direitos de terceiros.

§ 1º Ao receber a petição inicial, o juiz determinará a intimação do Ministério Público e a publicação de edital que divulgue a pretendida alteração de bens, somente podendo decidir depois de decorrido o prazo de 30 (trinta) dias da publicação do edital.

§ 2º Os cônjuges, na petição inicial ou em petição avulsa, podem propor ao juiz meio alternativo de divulgação da alteração do regime de bens, a fim de resguardar direitos de terceiros.

§ 3º Após o trânsito em julgado da sentença, serão expedidos mandados de averbação aos cartórios de registro civil e de imóveis e, caso qualquer dos cônjuges seja empresário, ao Registro Público de Empresas Mercantis e Atividades Afins.

REFERÊNCIAS LEGISLATIVAS

- Arts. 178, 219, 291, CPC; art. 1.639, CC.

ANOTAÇÕES

- **Alteração do regime de bens**: a ação de alteração de regime de bens encontra arrimo no § 2º do art. 1.639 do Código Civil, que tem a seguinte redação: "*é admissível alteração do regime de bens, mediante autorização judicial em pedido motivado de ambos os cônjuges, apurada a procedência das razões invocadas e ressalvados os direitos de terceiros*". Os requerentes devem juntar à petição inicial os seguintes documentos: I – certidão de casamento atual; II – documentos de identidade (RG e CPF); III – comprovante de residência; IV – pacto antenupcial (quando existente); V – documentos de propriedade dos bens do casal; VI – certidão, quanto a ações cíveis e criminais, do cartório distribuidor da comarca onde residem e onde exercem suas atividades laborais; VII – certidão do Serasa e do SPC; VIII – extratos bancários.

- *Valor da causa*: o valor da causa irá variar conforme a pretensão do casal. Por exemplo, se o casal deseja alterar o regime de bens de "comunhão" para "separação", haverá necessidade da partilha dos bens existentes até então; sendo assim, o valor total do patrimônio será base para o valor da causa. De forma geral, o valor da causa deve exprimir o conteúdo econômico envolvido. No caso de o casal ainda não possuir bens, o valor deverá ser apenas estimativo, em obediência à norma legal que determina a atribuição de valor a todas as ações (art. 291, CPC).

DICAS DE PRÁTICA JURÍDICA

- *Gerais*: (I) a "motivação" do casal quase sempre terá natureza subjetiva (*v.g.*, temor quanto a futuros compromissos a serem assumidos por um dos cônjuges; abertura de firma comercial; prova de amor etc.), o que demanda do advogado cuidado ao descrever os fatos; (II) a mudança de um regime mais geral para outro mais restrito (*v.g.*, comunhão universal para comunhão parcial ou separação; comunhão parcial para separação; comunhão universal ou parcial para participação final nos aquestos) demanda o inventário e partilha dos bens do casal.
- *Estrutura e modelo da petição inicial*: basicamente a petição inicial tem a seguinte estrutura: endereçamento, qualificação, narração dos fatos, pedidos, indicação das provas e, por fim, o valor da causa. Para acesso ao modelo editável da petição inicial, além de um capítulo específico sobre a "ação de alteração do regime de bens", com informações sobre o seu cabimento, base legal, foro competente, procedimento e documentos necessários (entre outras questões), veja nosso *Prática no processo civil*, da Editora Atlas.

JURISPRUDÊNCIA

- É firme a jurisprudência do STJ no sentido de que a ausência de intimação do Ministério Público não enseja, por si só, a decretação de nulidade do julgado, salvo a ocorrência de efetivo prejuízo demonstrado nos autos (STJ, REsp 1314615/SP, Ministro Luis Felipe Salomão, T4 – Quarta Turma, *DJe* 12/06/2017).

Seção V
Dos Testamentos e dos Codicilos

Art. 735. Recebendo testamento cerrado, o juiz, se não achar vício externo que o torne suspeito de nulidade ou falsidade, o abrirá e mandará que o escrivão o leia em presença do apresentante.

§ 1º Do termo de abertura constarão o nome do apresentante e como ele obteve o testamento, a data e o lugar do falecimento do testador, com as respectivas provas, e qualquer circunstância digna de nota.

§ 2º Depois de ouvido o Ministério Público, não havendo dúvidas a serem esclarecidas, o juiz mandará registrar, arquivar e cumprir o testamento.

§ 3º Feito o registro, será intimado o testamenteiro para assinar o termo da testamentária.

§ 4º Se não houver testamenteiro nomeado ou se ele estiver ausente ou não aceitar o encargo, o juiz nomeará testamenteiro dativo, observando-se a preferência legal.

§ 5º O testamenteiro deverá cumprir as disposições testamentárias e prestar contas em juízo do que recebeu e despendeu, observando-se o disposto em lei.

REFERÊNCIAS LEGISLATIVAS

- Arts. 48, 192, CPC; arts. 1.857 a 1.861, 1.868 a 1.875, 1.881 a 1.885, 1.976 a 1.990, CC.

ANOTAÇÕES

- **Testamento e codicilo**: é negócio jurídico personalíssimo e revogável, pelo qual alguém, de conformidade com a lei (ato solene), dispõe, para depois de sua morte, de questões pessoais e patrimoniais, quanto a estas, no todo ou em parte. O Código Civil prevê três espécies de testamentos ordinários (público, cerrado e particular), e três tipos de testamentos especiais (marítimo, aeronáutico e militar), e mais o codicilo, que embora contenha disposições de última vontade, não é testamento.

Art. 736. Qualquer interessado, exibindo o traslado ou a certidão de testamento público, poderá requerer ao juiz que ordene o seu cumprimento, observando-se, no que couber, o disposto nos parágrafos do art. 735.

REFERÊNCIAS LEGISLATIVAS

- Art. 735, CPC; arts. 1.864 a 1.867, CC.

Art. 737. A publicação do testamento particular poderá ser requerida, depois da morte do testador, pelo herdeiro, pelo legatário ou pelo testamenteiro, bem como pelo terceiro detentor do testamento, se impossibilitado de entregá-lo a algum dos outros legitimados para requerê-la.

§ 1º Serão intimados os herdeiros que não tiverem requerido a publicação do testamento.

§ 2º Verificando a presença dos requisitos da lei, ouvido o Ministério Público, o juiz confirmará o testamento.

§ 3º Aplica-se o disposto neste artigo ao codicilo e aos testamentos marítimo, aeronáutico, militar e nuncupativo.

§ 4º Observar-se-á, no cumprimento do testamento, o disposto nos parágrafos do art. 735.

REFERÊNCIAS LEGISLATIVAS

- Arts. 1.876 a 1.880, 1.881 a 1.885, 1.866 a 1.896, CC.

Seção VI
Da Herança Jacente

Art. 738. Nos casos em que a lei considere jacente a herança, o juiz em cuja comarca tiver domicílio o falecido procederá imediatamente à arrecadação dos respectivos bens.

⚖ REFERÊNCIAS LEGISLATIVAS

- Art. 48, CPC; arts. 1.819 a 1.823, CC.

📚 ANOTAÇÕES

- **Herança jacente**: diz-se que a herança é jacente quando alguém falece sem deixar testamento nem herdeiro legítimo notoriamente conhecido ou, existindo herdeiros, estes renunciarem à herança. Falta, como se percebe, alguém que receba e administre a herança. Neste caso, cabe ao juiz, em cuja comarca tiver domicílio o falecido, providenciar a arrecadação de todos os bens, nomeando um curador, que ficará responsável pela sua guarda, conservação e administração até a respectiva entrega ao sucessor legalmente habilitado ou a declaração de vacância.

Art. 739. A herança jacente ficará sob a guarda, a conservação e a administração de um curador até a respectiva entrega ao sucessor legalmente habilitado ou até a declaração de vacância.

§ 1º Incumbe ao curador:

I – representar a herança em juízo ou fora dele, com intervenção do Ministério Público;

II – ter em boa guarda e conservação os bens arrecadados e promover a arrecadação de outros porventura existentes;

III – executar as medidas conservatórias dos direitos da herança;

IV – apresentar mensalmente ao juiz balancete da receita e da despesa;

V – prestar contas ao final de sua gestão.

§ 2º Aplica-se ao curador o disposto nos arts. 159 a 161.

⚖ REFERÊNCIAS LEGISLATIVAS

- Arts. 72, parágrafo único, 159 a 161, 178, CPC; art. 1.822, CC; art. 4º, XVI, LC nº 80/1994.

Art. 740. O juiz ordenará que o oficial de justiça, acompanhado do escrivão ou do chefe de secretaria e do curador, arrole os bens e descreva-os em auto circunstanciado.

§ 1º Não podendo comparecer ao local, o juiz requisitará à autoridade policial que proceda à arrecadação e ao arrolamento dos bens, com 2 (duas) testemunhas, que assistirão às diligências.

§ 2º Não estando ainda nomeado o curador, o juiz designará depositário e lhe entregará os bens, mediante simples termo nos autos, depois de compromissado.

§ 3º Durante a arrecadação, o juiz ou a autoridade policial inquirirá os moradores da casa e da vizinhança sobre a qualificação do falecido, o paradeiro de seus sucessores e a existência de outros bens, lavrando-se de tudo auto de inquirição e informação.

§ 4º O juiz examinará reservadamente os papéis, as cartas missivas e os livros domésticos e, verificando que não apresentam interesse, mandará empacotá-los e lacrá-los para serem assim entregues aos sucessores do falecido ou queimados quando os bens forem declarados vacantes.

§ 5º Se constar ao juiz a existência de bens em outra comarca, mandará expedir carta precatória a fim de serem arrecadados.

§ 6º Não se fará a arrecadação, ou essa será suspensa, quando, iniciada, apresentarem-se para reclamar os bens o cônjuge ou companheiro, o herdeiro ou o testamenteiro notoriamente reconhecido e não houver oposição motivada do curador, de qualquer interessado, do Ministério Público ou do representante da Fazenda Pública.

REFERÊNCIAS LEGISLATIVAS

- Arts. 150 a 155, 212, CPC.

Art. 741. Ultimada a arrecadação, o juiz mandará expedir edital, que será publicado na rede mundial de computadores, no sítio do tribunal a que estiver vinculado o juízo e na plataforma de editais do Conselho Nacional de Justiça, onde permanecerá por 3 (três) meses, ou, não havendo sítio, no órgão oficial e na imprensa da comarca, por 3 (três) vezes com intervalos de 1 (um) mês, para que os sucessores do falecido venham a habilitar-se no prazo de 6 (seis) meses contado da primeira publicação.

§ 1º Verificada a existência de sucessor ou de testamenteiro em lugar certo, far-se-á a sua citação, sem prejuízo do edital.

§ 2º Quando o falecido for estrangeiro, será também comunicado o fato à autoridade consular.

§ 3º Julgada a habilitação do herdeiro, reconhecida a qualidade do testamenteiro ou provada a identidade do cônjuge ou companheiro, a arrecadação converter-se-á em inventário.

§ 4º Os credores da herança poderão habilitar-se como nos inventários ou propor a ação de cobrança.

REFERÊNCIAS LEGISLATIVAS

- Arts. 238 a 259, CPC; art. 132, § 3º, CC.

Art. 742. O juiz poderá autorizar a alienação:
I – de bens móveis, se forem de conservação difícil ou dispendiosa;
II – de semoventes, quando não empregados na exploração de alguma indústria;
III – de títulos e papéis de crédito, havendo fundado receio de depreciação;

IV – de ações de sociedade quando, reclamada a integralização, não dispuser a herança de dinheiro para o pagamento;

V – de bens imóveis:

a) se ameaçarem ruína, não convindo a reparação;

b) se estiverem hipotecados e vencer-se a dívida, não havendo dinheiro para o pagamento.

§ 1º Não se procederá, entretanto, à venda se a Fazenda Pública ou o habilitando adiantar a importância para as despesas.

§ 2º Os bens com valor de afeição, como retratos, objetos de uso pessoal, livros e obras de arte, só serão alienados depois de declarada a vacância da herança.

REFERÊNCIAS LEGISLATIVAS

- Art. 743, CPC.

ANOTAÇÕES

- **Alienação dos bens arrecadados**: a princípio, os bens arrecadados devem ser colocados sob os cuidados de um curador e aguardar eventual habilitação de algum herdeiro ou declaração de vacância (art. 743). Acontece, no entanto, que a manutenção destes bens pode não ser possível ou viável economicamente, razão pela qual o legislador resolveu permitir, em algumas hipóteses previstas neste artigo, a sua venda.

> **Art. 743.** Passado 1 (um) ano da primeira publicação do edital e não havendo herdeiro habilitado nem habilitação pendente, será a herança declarada vacante.
>
> § 1º Pendendo habilitação, a vacância será declarada pela mesma sentença que a julgar improcedente, aguardando-se, no caso de serem diversas as habilitações, o julgamento da última.
>
> § 2º Transitada em julgado a sentença que declarou a vacância, o cônjuge, o companheiro, os herdeiros e os credores só poderão reclamar o seu direito por ação direta.

REFERÊNCIAS LEGISLATIVAS

- Arts. 1.820 e 1.822, CC.

Seção VII
Dos Bens dos Ausentes

Art. 744. Declarada a ausência nos casos previstos em lei, o juiz mandará arrecadar os bens do ausente e nomear-lhes-á curador na forma estabelecida na Seção VI, observando-se o disposto em lei.

REFERÊNCIAS LEGISLATIVAS

- Arts. 22 a 39, CC; arts. 94 e 104, Lei nº 6.015/1973.

ANOTAÇÕES

- **Ausência**: desaparecendo uma pessoa de seu domicílio sem deixar notícias do seu destino ou paradeiro, bem como representante que lhe administre os bens, ou deixando mandatário este não queira ou não possa continuar a exercer o mandato, o juiz, mediante requerimento dos interessados, declarará formalmente a sua *ausência*, nomeando curador para administrar os bens. O instituto da "ausência" possibilita a formalização do desaparecimento da pessoa, a arrecadação de seus bens e a abertura da sucessão.

Art. 745. Feita a arrecadação, o juiz mandará publicar editais na rede mundial de computadores, no sítio do tribunal a que estiver vinculado e na plataforma de editais do Conselho Nacional de Justiça, onde permanecerá por 1 (um) ano, ou, não havendo sítio, no órgão oficial e na imprensa da comarca, durante 1 (um) ano, reproduzida de 2 (dois) em 2 (dois) meses, anunciando a arrecadação e chamando o ausente a entrar na posse de seus bens.

§ 1º Findo o prazo previsto no edital, poderão os interessados requerer a abertura da sucessão provisória, observando-se o disposto em lei.

§ 2º O interessado, ao requerer a abertura da sucessão provisória, pedirá a citação pessoal dos herdeiros presentes e do curador e, por editais, a dos ausentes para requererem habilitação, na forma dos arts. 689 a 692.

§ 3º Presentes os requisitos legais, poderá ser requerida a conversão da sucessão provisória em definitiva.

§ 4º Regressando o ausente ou algum de seus descendentes ou ascendentes para requerer ao juiz a entrega de bens, serão citados para contestar o pedido os sucessores provisórios ou definitivos, o Ministério Público e o representante da Fazenda Pública, seguindo-se o procedimento comum.

REFERÊNCIAS LEGISLATIVAS

- Arts. 689 a 692, CPC; arts. 26 a 39, 132, § 3º, CC.

Seção VIII
Das Coisas Vagas

Art. 746. Recebendo do descobridor coisa alheia perdida, o juiz mandará lavrar o respectivo auto, do qual constará a descrição do bem e as declarações do descobridor.

§ 1º Recebida a coisa por autoridade policial, esta a remeterá em seguida ao juízo competente.

§ 2º Depositada a coisa, o juiz mandará publicar edital na rede mundial de computadores, no sítio do tribunal a que estiver vinculado e na plataforma de editais do Conselho Nacional de Justiça ou, não havendo sítio, no órgão oficial e na imprensa da comarca, para que o dono ou o legítimo possuidor a reclame, salvo se se tratar de coisa de pequeno valor e não for possível a publicação no sítio do tribunal, caso em que o edital será apenas afixado no átrio do edifício do fórum.

§ 3º Observar-se-á, quanto ao mais, o disposto em lei.

REFERÊNCIAS LEGISLATIVAS

- Arts. 1.233 a 1.237, CC; arts. 168 e 169, parágrafo único, II, CP.

ANOTAÇÕES

- *Descoberta*: é o achado de coisa alheia perdida. Cabe ao descobridor, pessoa que encontra o bem, restituí-lo ao seu dono ou legítimo possuidor, sob pena de responder pelo crime de apropriação indébita. Não encontrando o proprietário, ou possuidor, o descobridor deve entregar o bem para à autoridade competente.
- *Recompensa*: considerando o esforço desenvolvido pelo descobridor para encontrar o dono ou o legítimo possuidor, as possibilidades que teria este de encontrar a coisa e a situação econômica de ambos, o juiz fixará recompensa ao descobridor não inferior a 5% (cinco por cento) do valor do bem.

Seção IX
Da Interdição

Art. 747. A interdição pode ser promovida:

I – pelo cônjuge ou companheiro;

II – pelos parentes ou tutores;

III – pelo representante da entidade em que se encontra abrigado o interditando;

IV – pelo Ministério Público.

Parágrafo único. A legitimidade deverá ser comprovada por documentação que acompanhe a petição inicial.

REFERÊNCIAS LEGISLATIVAS

- Arts. 46, 747 a 763, 1.048, CPC; arts. 1.767 a 1.783-A, CC; arts. 84 a 87, Lei nº 13.146/2015.

ANOTAÇÕES

- *Ação de interdição*: pode se valer da "ação de interdição", ou, como preferem alguns, "ação de curatela", a pessoa que deseje obter a curatela de alguém que, por causa transitória ou permanente, não possa exprimir sua vontade em razão de doença mental, ser ébrio habitual, ser viciado em

tóxico ou pródigo. Em qualquer dos casos, caberá ao juiz determinar, segundo as potencialidades do interditando (a serem apuradas com ajuda de equipe multidisciplinar), os limites da curatela, assim como quem será o curador.
- **Pessoas sujeitas à interdição**: o art. 1.767 do Código Civil informa que estão sujeitos à curatela: I – aqueles que, por causa transitória ou permanente, não puderem exprimir sua vontade; II – os ébrios habituais e os viciados em tóxico; III – os pródigos.

DICAS DE PRÁTICA JURÍDICA

- **Foro competente**: a ação de interdição deve ser proposta, de regra, no foro do domicílio do interditando, consoante o art. 46 do Código de Processo Civil. A jurisprudência tem confirmado a competência, também, do foro do local onde o interditando se encontra internado, desde que a internação tenha caráter permanente.
- **Documentos a serem juntados à petição inicial**: o interessado deve ser orientado a fornecer ao advogado cópia dos seguintes documentos, entre outros que o caso em particular estiver a exigir: (I) documentos pessoais (RG, CPF, comprovante de residência, número de telefone e endereço eletrônico – *e-mail*); (II) documentos pessoais do interditando (RG, CPF, CTPS, holerite ou outro comprovante de renda, certidão de nascimento ou casamento, comprovante de residência, número de telefone e endereço eletrônico – *e-mail*); (III) laudo médico sobre os problemas de saúde do interditando; (IV) receitas dos medicamentos eventualmente tomados pelo interditando; (V) lista dos bens conhecidos do interditando, assim como os documentos dos referidos bens, no caso de o interessado ter acesso a eles; (VI) rol de testemunhas (nome, endereço, telefone, *e-mail* e profissão de ao menos três pessoas que possam confirmar os fatos).
- **Gerais**: (I) caso seja difícil a locomoção do interditando, o advogado, na inicial, deve indicar tal fato, requerendo realização de inspeção judicial; (II) cessando as causas que justificaram a interdição, o próprio interditando poderá fazer petição ao juízo que a decretou requerendo o levantamento.
- **Estrutura e modelo da petição inicial**: basicamente a petição inicial tem a seguinte estrutura: endereçamento, qualificação, narração dos fatos, pedidos, indicação das provas e, por fim, o valor da causa. O advogado deve ainda estar atento aos requisitos específicos indicados no art. 749 do CPC. Para acesso a modelo editável de petição inicial, além de um capítulo específico sobre a "ação de interdição", com informações sobre o seu cabimento, base legal, foro competente, procedimento e documentos necessários (entre outras questões), veja nosso *Prática no processo civil*, da Editora Atlas.

Art. 748. O Ministério Público só promoverá interdição em caso de doença mental grave:

I – se as pessoas designadas nos incisos I, II e III do art. 747 não existirem ou não promoverem a interdição;

II – se, existindo, forem incapazes as pessoas mencionadas nos incisos I e II do art. 747.

REFERÊNCIAS LEGISLATIVAS

- Arts. 176 a 181 e 747, CPC.

Art. 749. Incumbe ao autor, na petição inicial, especificar os fatos que demonstram a incapacidade do interditando para administrar seus bens e, se for o caso, para praticar atos da vida civil, bem como o momento em que a incapacidade se revelou.

Parágrafo único. Justificada a urgência, o juiz pode nomear curador provisório ao interditando para a prática de determinados atos.

REFERÊNCIAS LEGISLATIVAS

- Arts. 319, 320, CPC.

Art. 750. O requerente deverá juntar laudo médico para fazer prova de suas alegações ou informar a impossibilidade de fazê-lo.

REFERÊNCIAS LEGISLATIVAS

- Art. 320, CPC.

DICAS DE PRÁTICA JURÍDICA

- **Juntada de laudo médico**: a juntada de laudo médico em que se declare de forma clara a doença, ou doenças, do interditando é fundamental para a obtenção da curatela provisória, contudo a sua ausência não impede o ajuizamento da ação de interdição, devendo o interessado explicitar as razões pelas quais não foi possível obter o referido laudo.

Art. 751. O interditando será citado para, em dia designado, comparecer perante o juiz, que o entrevistará minuciosamente acerca de sua vida, negócios, bens, vontades, preferências e laços familiares e afetivos e sobre o que mais lhe parecer necessário para convencimento quanto à sua capacidade para praticar atos da vida civil, devendo ser reduzidas a termo as perguntas e respostas.

§ 1º Não podendo o interditando deslocar-se, o juiz o ouvirá no local onde estiver.

§ 2º A entrevista poderá ser acompanhada por especialista.

§ 3º Durante a entrevista, é assegurado o emprego de recursos tecnológicos capazes de permitir ou de auxiliar o interditando a expressar suas vontades e preferências e a responder às perguntas formuladas.

§ 4º A critério do juiz, poderá ser requisitada a oitiva de parentes e de pessoas próximas.

REFERÊNCIAS LEGISLATIVAS

- Arts. 245, 481 a 484, CPC.

JURISPRUDÊNCIA

- O interrogatório do interditando é medida que garante o contraditório e a ampla defesa de pessoa que se encontra em presumido estado de vulnerabilidade. São intangíveis as regras processuais que cuidam do direito de defesa do interditando, especialmente quando se trata de reconhecer a incapacidade e restringir direitos Recurso especial provido para nulificar o processo (STJ, REsp 1.686.161/SP, Ministra Nancy Andrighi, T3 – Terceira Turma, *DJe* 15/09/2017).

> **Art. 752.** Dentro do prazo de 15 (quinze) dias contado da entrevista, o interditando poderá impugnar o pedido.
>
> § 1º O Ministério Público intervirá como fiscal da ordem jurídica.
>
> § 2º O interditando poderá constituir advogado, e, caso não o faça, deverá ser nomeado curador especial.
>
> § 3º Caso o interditando não constitua advogado, o seu cônjuge, companheiro ou qualquer parente sucessível poderá intervir como assistente.

REFERÊNCIAS LEGISLATIVAS

- Arts. 72, I, 178, 219, 337, 345, II, 725, IV, CPC; art. 1.829, CC.

DICAS DE PRÁTICA JURÍDICA

- ***Contestação do pedido de interdição***: além de eventuais preliminares (art. 337, CPC), a defesa de mérito nessa ação é a negação da imputada incapacidade civil, podendo o interditando contrapor as provas produzidas, apresentando outras, tais como laudos e pareceres médicos que atestem sua capacidade mental.

JURISPRUDÊNCIA

- Diante da incompatibilidade entre o exercício concomitante das funções de *custos legis* e de curador especial, cabe à Defensoria Pública o exercício de curadoria especial nas ações de interdição. Precedentes (STJ, REsp 1.651.165/SP, Ministra Nancy Andrighi, T3 – Terceira Turma, *DJe* 26/09/2017).

> **Art. 753.** Decorrido o prazo previsto no art. 752, o juiz determinará a produção de prova pericial para avaliação da capacidade do interditando para praticar atos da vida civil.
>
> § 1º A perícia pode ser realizada por equipe composta por expertos com formação multidisciplinar.
>
> § 2º O laudo pericial indicará especificamente, se for o caso, os atos para os quais haverá necessidade de curatela.

REFERÊNCIAS LEGISLATIVAS

- Arts. 156 a 158, 464 a 480, 752, CPC.

Art. 754. Apresentado o laudo, produzidas as demais provas e ouvidos os interessados, o juiz proferirá sentença.

⚖ REFERÊNCIAS LEGISLATIVAS

- Arts. 485, 487, 1.009, CPC.

Art. 755. Na sentença que decretar a interdição, o juiz:

I – nomeará curador, que poderá ser o requerente da interdição, e fixará os limites da curatela, segundo o estado e o desenvolvimento mental do interdito;

II – considerará as características pessoais do interdito, observando suas potencialidades, habilidades, vontades e preferências.

§ 1º A curatela deve ser atribuída a quem melhor possa atender aos interesses do curatelado.

§ 2º Havendo, ao tempo da interdição, pessoa incapaz sob a guarda e a responsabilidade do interdito, o juiz atribuirá a curatela a quem melhor puder atender aos interesses do interdito e do incapaz.

§ 3º A sentença de interdição será inscrita no registro de pessoas naturais e imediatamente publicada na rede mundial de computadores, no sítio do tribunal a que estiver vinculado o juízo e na plataforma de editais do Conselho Nacional de Justiça, onde permanecerá por 6 (seis) meses, na imprensa local, 1 (uma) vez, e no órgão oficial, por 3 (três) vezes, com intervalo de 10 (dez) dias, constando do edital os nomes do interdito e do curador, a causa da interdição, os limites da curatela e, não sendo total a interdição, os atos que o interdito poderá praticar autonomamente.

⚖ REFERÊNCIAS LEGISLATIVAS

- Arts. 219, 1.775 a 1.778, CPC; arts. 9º, III, 132, § 3º, 198, I, CC; art. 92, Lei nº 6.015/1973.

⚖ JURISPRUDÊNCIA

- A sentença de interdição tem natureza constitutiva, caracterizada pelo fato de que ela não cria a incapacidade, mas sim, situação jurídica nova para o incapaz, diferente daquela em que, até então, se encontrava. Segundo o entendimento desta Corte Superior, a sentença de interdição, salvo pronunciamento judicial expresso em sentido contrário, opera efeitos *ex nunc*. Precedentes. Quando já existente a incapacidade, os atos praticados anteriormente à sentença constitutiva de interdição até poderão ser reconhecidos nulos, porém não como efeito automático da sentença, devendo, para tanto, ser proposta ação específica de anulação do ato jurídico, com demonstração de que a incapacidade já existia ao tempo de sua realização do ato a ser anulado (STJ, REsp 1.694.984/MS, Ministro Luis Felipe Salomão, T4 – Quarta Turma, *DJe* 01/02/2018).
- É firme a orientação jurisprudencial desta Corte de que a suspensão do prazo de prescrição para os indivíduos absolutamente incapazes ocorre no momento em que se manifesta a sua incapacidade, sendo a sentença de interdição, para esse fim específico, meramente declaratória (STJ, AgInt nos EDcl no REsp 1.171.108/RS, Ministro Antonio Saldanha Palheiro, T6 – Sexta Turma, *DJe* 13/10/2016).

- A interdição judicial declara ou reconhece a incapacidade de uma pessoa para a prática de atos da vida civil, com a geração de efeitos *ex nunc* perante terceiros (art. 1.773 do Código Civil), partindo de um "estado de fato" anterior, que, na espécie, é a doença mental de que padece o interditado (STJ, REsp 1.469.518/PE, Rel. Ministro Og Fernandes, T2 – Segunda Turma, *DJe* 22/09/2014).

> **Art. 756.** Levantar-se-á a curatela quando cessar a causa que a determinou.
>
> § 1º O pedido de levantamento da curatela poderá ser feito pelo interdito, pelo curador ou pelo Ministério Público e será apensado aos autos da interdição.
>
> § 2º O juiz nomeará perito ou equipe multidisciplinar para proceder ao exame do interdito e designará audiência de instrução e julgamento após a apresentação do laudo.
>
> § 3º Acolhido o pedido, o juiz decretará o levantamento da interdição e determinará a publicação da sentença, após o trânsito em julgado, na forma do art. 755, § 3º, ou, não sendo possível, na imprensa local e no órgão oficial, por 3 (três) vezes, com intervalo de 10 (dez) dias, seguindo-se a averbação no registro de pessoas naturais.
>
> § 4º A interdição poderá ser levantada parcialmente quando demonstrada a capacidade do interdito para praticar alguns atos da vida civil.

REFERÊNCIAS LEGISLATIVAS

- Arts. 156 a 158, 219, 319, 464 a 480, 755, § 3º, CPC; art. 104, Lei nº 6.015/1973.

DICAS DE PRÁTICA JURÍDICA

- ***Estrutura e modelo da petição inicial***: basicamente a petição inicial tem a seguinte estrutura: endereçamento, qualificação, narração dos fatos, pedidos, indicação das provas e, por fim, o valor da causa. Para acesso a modelo editável de "ação de levantamento de interdição" (tratada neste artigo), além de um capítulo específico sobre a "ação de interdição", veja nosso *Prática no processo civil*, da Editora Atlas.

> **Art. 757.** A autoridade do curador estende-se à pessoa e aos bens do incapaz que se encontrar sob a guarda e a responsabilidade do curatelado ao tempo da interdição, salvo se o juiz considerar outra solução como mais conveniente aos interesses do incapaz.

REFERÊNCIAS LEGISLATIVAS

- Arts. 1.740 a 1.754, 1.774, 1.781 a 1.783, CC; Lei nº 13.146/2015.

> **Art. 758.** O curador deverá buscar tratamento e apoio apropriados à conquista da autonomia pelo interdito.

REFERÊNCIAS LEGISLATIVAS

- Arts. 1.740, 1.781, CC.

Seção X
Disposições Comuns à Tutela e à Curatela

Art. 759. O tutor ou o curador será intimado a prestar compromisso no prazo de 5 (cinco) dias contado da:

I – nomeação feita em conformidade com a lei;

II – intimação do despacho que mandar cumprir o testamento ou o instrumento público que o houver instituído.

§ 1º O tutor ou o curador prestará o compromisso por termo em livro rubricado pelo juiz.

§ 2º Prestado o compromisso, o tutor ou o curador assume a administração dos bens do tutelado ou do interditado.

REFERÊNCIAS LEGISLATIVAS

- Art. 219, CPC; arts. 1.728 a 1.783-A, CC.

Art. 760. O tutor ou o curador poderá eximir-se do encargo apresentando escusa ao juiz no prazo de 5 (cinco) dias contado:

I – antes de aceitar o encargo, da intimação para prestar compromisso;

II – depois de entrar em exercício, do dia em que sobrevier o motivo da escusa.

§ 1º Não sendo requerida a escusa no prazo estabelecido neste artigo, considerar-se-á renunciado o direito de alegá-la.

§ 2º O juiz decidirá de plano o pedido de escusa, e, não o admitindo, exercerá o nomeado a tutela ou a curatela enquanto não for dispensado por sentença transitada em julgado.

REFERÊNCIAS LEGISLATIVAS

- Art. 219, CPC; arts. 1.736 a 1.739, 1.774, CC.

ANOTAÇÕES

- ***Escusas do tutor ou curador***: segundo o art. 1.736 do CC, podem escusar-se da tutela e da curatela: (I) as mulheres casadas; (II) maiores de 60 anos; (III) aqueles que tiverem sob sua autoridade mais de três filhos; (IV) os impossibilitados por enfermidade; (V) aqueles que habitarem longe do lugar onde se haja de exercer a tutela; (VI) aqueles que já exercerem tutela ou curatela; (VII) militares em serviço.

💡 DICAS DE PRÁTICA JURÍDICA

- *Petição oferecendo as escusas*: petição de natureza intermediária a ser endereçada ao próprio juiz que fez a designação, com a seguinte estrutura: endereçamento, qualificação, resumo dos fatos, motivos pelos quais deseja a escusa, pedido de escusa. Quando for caso, juntar à petição documento que prove o alegado, por exemplo, atestado ou laudo médico (provar enfermidade).

> **Art. 761.** Incumbe ao Ministério Público ou a quem tenha legítimo interesse requerer, nos casos previstos em lei, a remoção do tutor ou do curador.
>
> Parágrafo único. O tutor ou o curador será citado para contestar a arguição no prazo de 5 (cinco) dias, findo o qual observar-se-á o procedimento comum.

⚖️ REFERÊNCIAS LEGISLATIVAS

- Arts. 219, 319, 320, 335 a 342, CPC; arts. 1.744, II, 1.766, CC.

💡 DICAS DE PRÁTICA JURÍDICA

- *Estrutura e modelo da petição inicial*: basicamente a petição inicial tem a seguinte estrutura: endereçamento, qualificação, narração dos fatos, pedidos, indicação das provas e, por fim, o valor da causa. Para acesso a modelo editável das "ações de remoção e substituição de curador" (tratadas neste artigo), além de um capítulo específico sobre a "ação de interdição", veja nosso *Prática no processo civil*, da Editora Atlas.

> **Art. 762.** Em caso de extrema gravidade, o juiz poderá suspender o tutor ou o curador do exercício de suas funções, nomeando substituto interino.

⚖️ REFERÊNCIAS LEGISLATIVAS

- Art. 1.744, CC.

> **Art. 763.** Cessando as funções do tutor ou do curador pelo decurso do prazo em que era obrigado a servir, ser-lhe-á lícito requerer a exoneração do encargo.
>
> § 1º Caso o tutor ou o curador não requeira a exoneração do encargo dentro dos 10 (dez) dias seguintes à expiração do termo, entender-se-á reconduzido, salvo se o juiz o dispensar.
>
> § 2º Cessada a tutela ou a curatela, é indispensável a prestação de contas pelo tutor ou pelo curador, na forma da lei civil.

⚖ REFERÊNCIAS LEGISLATIVAS

- Art. 219, CPC; arts. 1.755 a 1.765, CC.

💡 DICAS DE PRÁTICA JURÍDICA

- **Petição requerendo exoneração**: petição de natureza intermediária a ser endereçada ao próprio juiz que fez a designação, com a seguinte estrutura: endereçamento, qualificação, resumo dos fatos, pedido de exoneração pelo decurso do prazo.

Seção XI
Da Organização e da Fiscalização das Fundações

Art. 764. O juiz decidirá sobre a aprovação do estatuto das fundações e de suas alterações sempre que o requeira o interessado, quando:

I – ela for negada previamente pelo Ministério Público ou por este forem exigidas modificações com as quais o interessado não concorde;

II – o interessado discordar do estatuto elaborado pelo Ministério Público.

§ 1º O estatuto das fundações deve observar o disposto na Lei nº 10.406, de 10 de janeiro de 2002 (Código Civil).

§ 2º Antes de suprir a aprovação, o juiz poderá mandar fazer no estatuto modificações a fim de adaptá-lo ao objetivo do instituidor.

⚖ REFERÊNCIAS LEGISLATIVAS

- Art. 178, CPC; arts. 45, 62 a 69, CC.

📚 ANOTAÇÕES

- **Fundação**: é um patrimônio com personalidade jurídica destinado a um fim. São três os seus elementos: patrimônio; finalidade; personalização. Atento ao caráter relevante das fundações, o legislador as colocou sob a fiscalização direta do Ministério Público.

Art. 765. Qualquer interessado ou o Ministério Público promoverá em juízo a extinção da fundação quando:

I – se tornar ilícito o seu objeto;

II – for impossível a sua manutenção;

III – vencer o prazo de sua existência.

⚖ REFERÊNCIAS LEGISLATIVAS

- Arts. 178, 719 a 725, CPC.

- Art. 69, CC: "Tornando-se ilícita, impossível ou inútil a finalidade a que visa a fundação, ou vencido o prazo de sua existência, o órgão do Ministério Público, ou qualquer interessado, lhe promoverá a extinção, incorporando-se o seu patrimônio, salvo disposição em contrário no ato constitutivo, ou no estatuto, em outra fundação, designada pelo juiz, que se proponha a fim igual ou semelhante".

JURISPRUDÊNCIA

- Enunciado 189 do Fórum Permanente de Processualistas Civis: O art. 765 deve ser interpretado em consonância com o art. 69 do Código Civil, para admitir a extinção da fundação quando inútil a finalidade a que visa.

Seção XII
Da Ratificação dos Protestos Marítimos e dos Processos Testemunháveis Formados a Bordo

Art. 766. Todos os protestos e os processos testemunháveis formados a bordo e lançados no livro Diário da Navegação deverão ser apresentados pelo comandante ao juiz de direito do primeiro porto, nas primeiras 24 (vinte e quatro) horas de chegada da embarcação, para sua ratificação judicial.

REFERÊNCIAS LEGISLATIVAS

- Art. 132, § 4º, CC; art. 505, CCB.

Art. 767. A petição inicial conterá a transcrição dos termos lançados no livro Diário da Navegação e deverá ser instruída com cópias das páginas que contenham os termos que serão ratificados, dos documentos de identificação do comandante e das testemunhas arroladas, do rol de tripulantes, do documento de registro da embarcação e, quando for o caso, do manifesto das cargas sinistradas e a qualificação de seus consignatários, traduzidos, quando for o caso, de forma livre para o português.

REFERÊNCIAS LEGISLATIVAS

- Arts. 319, 320, CPC.

Art. 768. A petição inicial deverá ser distribuída com urgência e encaminhada ao juiz, que ouvirá, sob compromisso a ser prestado no mesmo dia, o comandante e as testemunhas em número mínimo de 2 (duas) e máximo de 4 (quatro), que deverão comparecer ao ato independentemente de intimação.
§ 1º Tratando-se de estrangeiros que não dominem a língua portuguesa, o autor deverá fazer-se acompanhar por tradutor, que prestará compromisso em audiência.

§ 2º Caso o autor não se faça acompanhar por tradutor, o juiz deverá nomear outro que preste compromisso em audiência.

REFERÊNCIAS LEGISLATIVAS

- Arts. 284 a 290, 450 a 463, CPC.

JURISPRUDÊNCIA

- Enunciado 79 do Fórum Permanente de Processualistas Civis: Não sendo possível a inquirição tratada no art. 768 sem prejuízo aos compromissos comerciais da embarcação, o juiz expedirá carta precatória itinerante para a tomada dos depoimentos em um dos portos subsequentes de escala.

Art. 769. Aberta a audiência, o juiz mandará apregoar os consignatários das cargas indicados na petição inicial e outros eventuais interessados, nomeando para os ausentes curador para o ato.

REFERÊNCIAS LEGISLATIVAS

- Arts. 358 a 368, 770, CPC.

ANOTAÇÕES

- *Curador para o ato*: na prática, o juiz requer a algum advogado presente no fórum que assuma o papel de "curador para o ato"; o colega deve se limitar a acompanhar o evento, cuidando para que todas as formalidades previstas na lei sejam obedecidas.

Art. 770. Inquiridos o comandante e as testemunhas, o juiz, convencido da veracidade dos termos lançados no Diário da Navegação, em audiência, ratificará por sentença o protesto ou o processo testemunhável lavrado a bordo, dispensado o relatório.

Parágrafo único. Independentemente do trânsito em julgado, o juiz determinará a entrega dos autos ao autor ou ao seu advogado, mediante a apresentação de traslado.

REFERÊNCIAS LEGISLATIVAS

- Arts. 487, 489, CPC.

LIVRO II
DO PROCESSO DE EXECUÇÃO

TÍTULO I
DA EXECUÇÃO EM GERAL

CAPÍTULO I
DISPOSIÇÕES GERAIS

Art. 771. Este Livro regula o procedimento da execução fundada em título extrajudicial, e suas disposições aplicam-se, também, no que couber, aos procedimentos especiais de execução, aos atos executivos realizados no procedimento de cumprimento de sentença, bem como aos efeitos de atos ou fatos processuais a que a lei atribuir força executiva.

Parágrafo único. Aplicam-se subsidiariamente à execução as disposições do Livro I da Parte Especial.

REFERÊNCIAS LEGISLATIVAS

- Arts. 318 a 770, 784, CPC.

ANOTAÇÕES

- ***Processo de execução***: é aquele que tem como objetivo principal a satisfação, por meio de uma tutela executiva (*força estatal*), de direito já reconhecido em títulos extrajudiciais, a quem a lei confere eficácia executiva (art. 784, CPC), considerando que neles já se acha contida a norma jurídica disciplinadora das relações entre as partes com suficiente certeza para que o credor se tenha por habilitado a pleitear, desde logo, a realização dos atos materiais tendentes a efetivá-la. Em outras palavras, os titulares dos títulos a quem a lei confere força executiva estão dispensados de ajuizar o processo de conhecimento, podendo demandar diretamente a tutela executiva (*v.g.*, letra de câmbio, nota promissória, duplicata, cheque, contratos de hipoteca, contratos de aluguel etc.).

- ***Pressupostos específicos***: pressupostos processuais constituem condição para o estabelecimento válido da relação jurídica processual. Assim como ocorre em relação aos princípios, o processo de execução e a fase de execução do processo de conhecimento, além de estarem sujeitos aos pressupostos gerais do direito processual civil e às condições da ação, possuem dois pressupostos específicos, ou, como preferem alguns doutrinadores, requisitos necessários, quais sejam: *inadimplência do devedor; existência de título executivo*.

- ***Aplicação subsidiária***: as disposições deste livro se aplicam subsidiariamente aos procedimentos executivos previstos em leis extravagantes (*v.g.*, Lei nº 5.741/1971; Lei nº 9.514/1997; Lei nº 11.101/2005 etc.), assim como ao cumprimento de sentença (art. 513, *caput*) e aos atos processuais do processo de conhecimento a que a lei atribui força executiva, por exemplo, as tutelas de urgência. Por outro lado, também as regras do processo de conhecimento se aplicam à execução de forma complementar, quanto, por exemplo, aos requisitos das citações e intimações, às audiências, ao respeito ao contraditório etc.

JURISPRUDÊNCIA

- Súmula 150 do STF: Prescreve a execução no mesmo prazo de prescrição da ação.
- Súmula 317 do STJ: É definitiva a execução de título extrajudicial, ainda que pendente apelação contra sentença que julgue improcedentes os embargos.
- Enunciado 12 do Fórum Permanente de Processualistas Civis: A aplicação das medidas atípicas sub-rogatórias e coercitivas é cabível em qualquer obrigação no cumprimento de sentença ou execução de título executivo extrajudicial. Essas medidas, contudo, serão aplicadas de forma subsidiária às medidas tipificadas, com observação do contraditório, ainda que diferido, e por meio de decisão à luz do art. 489, § 1º, I e II.
- Por força do art. 771 c/c art. 323, ambos do CPC, se afigura possível incluir na execução com base por título extrajudicial, as parcelas vincendas no curso do feito, até que ocorra o cumprimento integral da decisão (TJMG, Agravo de Instrumento-Cv 1.0042.19.003388-8/001, Rel. Desembargador Otávio Portes, 16ª Câmara Cível, julgamento em 12/02/2020, publicação da súmula em 13/02/2020).
- A extinção prevista no artigo 485, inciso III, do CPC, ante o abandono da causa, tem aplicação subsidiária ao processo de execução (art. 771, parágrafo único, do CPC) (STJ, AgInt no AREsp 1.427.832/SP, Rel. Ministro Marco Buzzi, T4 – Quarta Turma, *DJe* 1º/07/2019).
- Com efeito, o art. 771 do CPC/2015, que regula o procedimento da execução fundada em título extrajudicial, permite, em seu parágrafo único, a aplicação subsidiária das disposições concernentes ao processo de conhecimento à execução, dentre as quais se insere a regra do aludido art. 323 (STJ, REsp 1759364/RS, Ministro Marco Aurélio Bellizze, T3 – Terceira Turma, *DJe* 15/02/2019).
- Para que o processo executivo seja extinto, com fundamento nos arts. 485, III, CC seu § 1º e parágrafo único do art. 771 do CPC/15, é necessário que o juiz proceda à intimação não só da parte a quem incumbe promover os atos e diligências, mas também do seu advogado, por meio de publicação no Diário Oficial. Entretanto, ainda que procedidas as intimações da parte e seu causídico, ao juiz não é dado a extinção do processo, de ofício, por abandono da causa, nos termos do disposto no § 6º do art. 485 do CPC/15 e da Súmula 240 do STJ, se o executado já integra a relação processual. Formalizada a relação processual, para que ocorra extinção do processo por abandono de causa, se mostra imprescindível o requerimento do executado (TJMG, Apelação Cível 1.0223.98.024365-1/002, Rel. Desembargador Luiz Artur Hilário, 9ª Câmara Cível, julgamento em 23/11/2016, publicação da súmula em 14/12/2016).

Art. 772. O juiz pode, em qualquer momento do processo:

I – ordenar o comparecimento das partes;

II – advertir o executado de que seu procedimento constitui ato atentatório à dignidade da justiça;

III – determinar que sujeitos indicados pelo exequente forneçam informações em geral relacionadas ao objeto da execução, tais como documentos e dados que tenham em seu poder, assinando-lhes prazo razoável.

REFERÊNCIAS LEGISLATIVAS

- Arts. 139 a 143, 396 a 404, 773 e 774, CPC.

ANOTAÇÕES

- ***Mecanismos de efetividade da execução***: as disposições deste artigo, complementadas com as normas previstas nos arts. 773 e 774, procuram dotar o magistrado de instrumentos que viabilizem a efetividade do procedimento executivo.

- ***Iniciativa***: embora o juiz tenha liberdade para determinar qualquer destas medidas de ofício, o interessado, que tem a obrigação de acompanhar de perto o feito, deve tomar a iniciativa sempre que entender necessário.

💡 DICAS DE PRÁTICA JURÍDICA

- ***Como pedir as providências previstas neste artigo***: o interessado pode tomar a iniciativa de requerer qualquer destas medidas por meio de simples petição intermediária endereçada ao próprio juiz da causa (endereçamento, qualificação, razões, pedido); lembro que qualquer pedido deve ser fundamentado, ou seja, o requerente deve declarar, por exemplo, as razões pelas quais entende que a diligência é necessária naquele momento (art. 397).

Art. 773. O juiz poderá, de ofício ou a requerimento, determinar as medidas necessárias ao cumprimento da ordem de entrega de documentos e dados.

Parágrafo único. Quando, em decorrência do disposto neste artigo, o juízo receber dados sigilosos para os fins da execução, o juiz adotará as medidas necessárias para assegurar a confidencialidade.

⚖️ REFERÊNCIAS LEGISLATIVAS

- Art. 5º, X, XII, XIV, CF; arts. 396 a 404, 537, CPC; arts. 1.179 a 1.180, CC.

📚 ANOTAÇÕES

- ***Descumprimento da ordem***: a fim de dar efetividade a sua "ordem", o juiz pode determinar não só a busca e apreensão dos documentos e/ou computadores, assim como impor ao requerido ou terceiro multa diária, além de oficiar ao Ministério Público para apuração de eventual crime de desobediência.
- ***Imposição de multa***: uma das formas mais comuns de o juiz fazer cumprir decisão mandamental é a imposição de "multa periódica de atraso" (*astreinte*), que constitui importante instrumento de pressão à disposição do juiz, a fim de coagir o terceiro a cumprir a obrigação, razão pela qual a sua imposição só tem cabimento quando a prestação específica é possível. O valor da multa pode ser revisto, para cima ou para baixo, conforme as circunstâncias do processo.

✍️ JURISPRUDÊNCIA

- É firme a jurisprudência desta Corte no sentido de que a decisão que fixa multa cominatória não preclui nem faz coisa julgada material, podendo ser revista a qualquer tempo (STJ, AgInt no REsp 1846156/SP, Ministro Marco Aurélio Bellizze, T3 – Terceira Turma, *DJe* 21/09/2020).
- O STJ, sensível a situações em que é manifesta a superveniência de valor excessivo resultante, em maior parcela das vezes, da reiteração do descumprimento da obrigação imposta, passou a viabilizar a revisão da multa diária em recurso especial, nos casos em que se atingissem valores evidentemente exagerados, importando em enriquecimento sem causa, ou ínfimos, insuficientes para manter a carga coercitiva da ordem judicial. Precedentes (STJ, AgInt no AREsp 1207823/SP, Ministro Moura Ribeiro, T3 – Terceira Turma, *DJe* 27/08/2020).

- A jurisprudência desta Corte firmou-se no mesmo sentido da tese esposada pelo Tribunal de origem, segundo a qual é possível ao juiz, de ofício ou a requerimento da parte, fixar multa diária cominatória – *astreintes* –, ainda que contra a Fazenda Pública, em caso de descumprimento de obrigação de fazer (STJ, REsp 1.652.556, Ministra Regina Helena Costa, *DP* 07/11/2017).
- Esta Corte possui entendimento no sentido de que, para que haja a realização de busca e apreensão de documentos pelas autoridades fiscais, é imprescindível prévia autorização judicial (STJ, EDcl no REsp 1208875/SP, Ministro Mauro Campbell Marques, T2 – Segunda Turma, *DJe* 19/03/2014).

Art. 774. Considera-se atentatória à dignidade da justiça a conduta comissiva ou omissiva do executado que:

I – frauda a execução;

II – se opõe maliciosamente à execução, empregando ardis e meios artificiosos;

III – dificulta ou embaraça a realização da penhora;

IV – resiste injustificadamente às ordens judiciais;

V – intimado, não indica ao juiz quais são e onde estão os bens sujeitos à penhora e os respectivos valores, nem exibe prova de sua propriedade e, se for o caso, certidão negativa de ônus.

Parágrafo único. Nos casos previstos neste artigo, o juiz fixará multa em montante não superior a vinte por cento do valor atualizado do débito em execução, a qual será revertida em proveito do exequente, exigível nos próprios autos do processo, sem prejuízo de outras sanções de natureza processual ou material.

REFERÊNCIAS LEGISLATIVAS

- Arts. 77, 79 a 81, 536, 537, 772, 792, CPC; arts. 158 a 165, CC.

ANOTAÇÕES

- *Atos atentatórios à dignidade da justiça*: considerando que normalmente o executado age de forma velada e/ou dissimulada, a fim de fugir da fiscalização judicial, cabe ao exequente denunciá-lo ao juiz quando da prática das condutas descritas nestes artigos (simples petição intermediária); não é necessário que o interessado apresente provas ao juiz, mas sim que chame a sua atenção para os fatos, requerendo seja advertido e/ou lhe seja imposta a multa prevista no parágrafo único.

JURISPRUDÊNCIA

- Os atos atentatórios à dignidade da Justiça violam o necessário respeito às decisões do Poder Judiciário ou à autoridade judiciária no que se refere à execução forçada. Agindo as partes de forma desleal, indo contra toda a dinâmica principiológica da legislação processual vigente, infringindo a boa-fé, a lealdade e a dignidade da justiça, mostra-se cabível a aplicação da multa prevista no art. 774 do NCPC (STJ, AREsp 1489020, Ministro Paulo de Tarso Sanseverino, Decisão Monocrática, *DP* 30/09/2020).
- A aplicação de multa por ato atentatório à dignidade da justiça (também denominado de contempt of court) pressupõe a presença de conduta dolosa ou culposa do agente (STJ, REsp 1823926/MG, Ministra Nancy Andrighi, T3 – Terceira Turma, *DJe* 16/09/2020).

- Segundo entendimento do Superior Tribunal de Justiça, para aplicação das multas por litigância de má-fé e ato atentatório à dignidade da Justiça, há necessidade de verificação do elemento subjetivo, consistente no dolo ou culpa grave da parte, que deve ter sido reconhecido pelas instâncias ordinárias (STJ, AgInt no AREsp 1550744/RJ, Ministro Raul Araújo, T4 – Quarta Turma, *DJe* 15/09/2020).
- Com efeito, incorre o devedor na prática de atos atentatórios à dignidade da justiça não só quando busca eximir-se de garantir a execução, mas também quando tenta infundadamente protelar a finalização do processo executório. Ressalte-se que as garantias constitucionais do processo pressupõem o seu uso regular, não salvaguardando o litigante das punições decorrentes do uso abusivo (STJ, REsp 1815527, Ministro Marco Aurélio Bellizze, Decisão Monocrática, *DP* 18/06/2019).

> **Art. 775.** O exequente tem o direito de desistir de toda a execução ou de apenas alguma medida executiva.
>
> Parágrafo único. Na desistência da execução, observar-se-á o seguinte:
>
> I – serão extintos a impugnação e os embargos que versarem apenas sobre questões processuais, pagando o exequente as custas processuais e os honorários advocatícios;
>
> II – nos demais casos, a extinção dependerá da concordância do impugnante ou do embargante.

REFERÊNCIAS LEGISLATIVAS

- Arts. 90 e 485, VIII e § 5º, CPC; art. 827, CC.

ANOTAÇÕES

- ***Desistência***: o executado tem "livre disponibilidade da execução", que se processa em seu favor, podendo dela desistir, total ou parcialmente, a qualquer tempo sem necessidade da concordância do executado. No caso de o executado ter embargado ou impugnado, estes serão extintos independentemente da sua concordância, se versarem sobre questões processuais (defesa indireta), pagando o desistente as custas processuais e os honorários advocatícios; nos demais casos, a extinção dependerá da concordância do impugnante ou do embargante.

DICAS DE PRÁTICA JURÍDICA

- ***Como requerer a desistência da execução***: o pedido pode ser feito por simples petição intermediária endereçada ao juiz da causa (endereçamento, qualificação, pedido); tratando-se de direito potestativo, o interessado não precisa justificar o seu pedido.

JURISPRUDÊNCIA

- Súmula 153 do STJ: A desistência da execução fiscal, após o oferecimento dos embargos, não exime o exequente dos encargos da sucumbência.
- A extinção da execução em razão da desistência independe da concordância do executado, salvo se forem opostos embargos e estes versarem sobre questões materiais (art. 775 do CPC/15) (TJMG, Apelação Cível 1.0000.19.156744-5/002, Rel. Desembargador Manoel dos Reis Morais, 20ª Câmara Cível, julgamento em 22/04/2020, publicação da súmula em 24/04/2020).

- São devidos honorários advocatícios na hipótese em que o ente público desiste do feito executivo após a citação do devedor e apresentação de defesa, mesmo corporificada em incidente de pré-executividade. Precedentes do STJ (STJ, REsp 1.702.475/SP, Ministro Herman Benjamin, T2 – Segunda Turma, *DJe* 19/12/2017).

Art. 776. O exequente ressarcirá ao executado os danos que este sofreu, quando a sentença, transitada em julgado, declarar inexistente, no todo ou em parte, a obrigação que ensejou a execução.

REFERÊNCIAS LEGISLATIVAS

- Arts. 82, 85, 487, I, 520, I, CPC; arts. 186, 927, CC.

ANOTAÇÕES

- ***Ressarcimento dos danos sofridos pelo executado***: julgados procedentes eventuais pedidos que declarem inexistente, no todo ou em parte, a obrigação que deu origem à execução, o exequente deverá indenizar o executado pelos prejuízos que este sofreu (após o trânsito em julgado da sentença), danos estes que podem ser de natureza material e/ou moral, advindos direta ou indiretamente da atividade executiva. Neste caso, a responsabilidade do exequente é de natureza objetiva, ou seja, prescinde da perquirição de culpa. O ressarcimento pode ser obtido em fase de liquidação da sentença que reconheceu a inexistência da obrigação, no caso de comando nesse sentido na própria sentença, ou por meio de ação autônoma.

Art. 777. A cobrança de multas ou de indenizações decorrentes de litigância de má-fé ou de prática de ato atentatório à dignidade da justiça será promovida nos próprios autos do processo.

REFERÊNCIAS LEGISLATIVAS

- Arts. 79 a 81, 142, 774, CPC.

ANOTAÇÕES

- ***Cobrança de multa processual***: as multas referidas na norma têm como beneficiário a própria parte prejudicada, daí a previsão para que sejam cobradas nos próprios autos (normalmente a petição feita com este objetivo é processada de forma incidental).

CAPÍTULO II
DAS PARTES

Art. 778. Pode promover a execução forçada o credor a quem a lei confere título executivo.

§ 1º Podem promover a execução forçada ou nela prosseguir, em sucessão ao exequente originário:

I – o Ministério Público, nos casos previstos em lei;

II – o espólio, os herdeiros ou os sucessores do credor, sempre que, por morte deste, lhes for transmitido o direito resultante do título executivo;

III – o cessionário, quando o direito resultante do título executivo lhe for transferido por ato entre vivos;

IV – o sub-rogado, nos casos de sub-rogação legal ou convencional.

§ 2º A sucessão prevista no § 1º independe de consentimento do executado.

REFERÊNCIAS LEGISLATIVAS

- Arts. 75, 177, 618, I, CPC; arts. 286 a 298, 346 a 351, 1.784, CC; art. 23 da Lei nº 8.906/1994 – EA.

ANOTAÇÕES

- **Partes do processo executivo**: partes são as pessoas, físicas ou jurídicas, que participam da relação processual, ou seja, os sujeitos do processo. No processo de execução as partes são chamadas tradicionalmente de "exequente e executado", ou ainda de "credor e devedor". As normas estabelecidas na parte geral do processo civil, que disciplina o processo de conhecimento, no que diz respeito à capacidade processual, capacidade postulatória, procuração *ad judicia*, despesas processuais, sucessão processual, substituição dos procuradores e deveres das partes e dos procuradores, se aplicam subsidiariamente ao processo de execução.
- **Legitimidade ativa originária**: segundo a norma legal, tem legitimidade originária para executar a pessoa apontada como credor no próprio título executivo. No caso de título judicial, há pelo menos uma exceção a esta regra, que é a legitimidade para a execução dos honorários advocatícios, que é do advogado e não da parte vencedora no processo. Nesse sentido, o art. 23 da Lei nº 8.906/1994, o Estatuto da Advocacia, que declara que "*os honorários incluídos na condenação, por arbitramento ou sucumbência, pertencem ao advogado, tendo este direito autônomo para executar a sentença nesta parte, podendo requerer que o precatório, quando necessário, seja expedido em seu favor*".
- **Legitimidade ativa derivada**: como se vê no § 1º deste artigo, existe a possibilidade de o credor transmitir, seja por ato *inter vivos* ou *causa mortis*, o seu direito para outras pessoas, o que faz surgir a "legitimação derivada ou superveniente" para promover o processo de execução forçada.
- **Sub-rogação**: é a transferência dos direitos do crédito do credor originário para terceiro que quitou a obrigação.

JURISPRUDÊNCIA

- Restando devidamente comprovada nos autos a realização de cessão de crédito do título extrajudicial, o cessionário possui legitimidade para figurar no polo ativo da ação de execução, conforme art. 778, § 1º, III, do CPC/2015, o que impõe a cassação da sentença que julgou extinto o feito por ilegitimidade ativa. Segundo entendimento do Superior Tribunal de Justiça, a ausência de notificação da cessão de crédito não tem o condão de isentar o devedor do cumprimento da obrigação, tampouco de tornar inexigível o débito

(TJMG, Apelação Cível 1.0003.14.005158-6/001, Rel. Desembargador Luciano Pinto, 17ª Câmara Cível, julgamento em 20/02/2020, publicação da súmula em 04/03/2020).
- A anuência do devedor é desnecessária para configurar a sucessão processual em ação de execução, bastando que o cessionário ostente a transferência do direito resultante do título executivo, que lhe confere legitimidade para tal ato (TJMG, Agravo de Instrumento-Cv 1.0382.14.009790-0/001, Rel. Desembargador Maurílio Gabriel, 15ª Câmara Cível, julgamento em 05/12/2019, publicação da súmula em 13/12/2019).

Art. 779. A execução pode ser promovida contra:

I – o devedor, reconhecido como tal no título executivo;

II – o espólio, os herdeiros ou os sucessores do devedor;

III – o novo devedor que assumiu, com o consentimento do credor, a obrigação resultante do título executivo;

IV – o fiador do débito constante em título extrajudicial;

V – o responsável titular do bem vinculado por garantia real ao pagamento do débito;

VI – o responsável tributário, assim definido em lei.

REFERÊNCIAS LEGISLATIVAS

- Arts. 513, § 5º, 790, CPC; arts. 299, 1.792, CC; arts. 128 a 135, CTN; art. 4º, Lei nº 6.830/1980.

ANOTAÇÕES

- *Legitimidade passiva originária*: como não poderia ser diferente, a legitimidade passiva originária para a execução é do "devedor", reconhecido como tal no título executivo.
- *Legitimidade passiva derivada*: (I) no caso de falecimento do devedor, seu espólio e/ou herdeiros ou sucessores poderão ser demandados pelo credor, obviamente que até o limite das forças da herança (art. 1.792, CC); (II) o inciso III menciona hipótese que envolve a "assunção de dívida", instituto do direito material que envolve negócio jurídico que tem como objeto a cessão de um débito, ou seja, terceiro assume a obrigação do devedor com o consentimento expresso do credor, ficando exonerado o devedor primitivo (art. 299, CC); (III) fiador, por sua vez, é aquele que assume a responsabilidade por determinada obrigação, mormente nos casos em que a lei exige a prestação de algum tipo de caução ou garantia; (IV) o "responsável tributário", assim considerado a pessoa que, nos termos da lei, tem responsabilidade subsidiária quanto às obrigações tributárias (arts. 134 e 135, CTN).

JURISPRUDÊNCIA

- Súmula 196 do STJ: Ao executado que, citado por edital ou por hora certa, permanecer revel, será nomeado curador especial, com legitimidade para apresentação de embargos.
- Súmula 268 do STJ: O fiador que não integrou a relação processual na ação de despejo não responde pela execução do julgado.
- Agravo de instrumento. Prestação de serviços escolares. Ação de execução por título extrajudicial. Falta de localização de bens da executada. Pretendida inclusão do pai do menor em favor de quem foram contratados os serviços no polo passivo da relação processual. Inadmissibilidade, nos termos do art. 779, I, do CPC, uma vez que o pai do beneficiário dos serviços não subscreveu o contrato que serve de título executivo.

Isso sem embargo da possibilidade, em tese, de essa suposta corresponsabilidade ser proclamada em ação de conhecimento proposta em face daquele personagem. Negaram provimento ao agravo (TJSP, Agravo de Instrumento 2182580-66.2020.8.26.0000, Relator Ricardo Pessoa de Mello Belli, 19ª Câmara de Direito Privado, Foro de São Bernardo do Campo – 7ª Vara Cível, *DJ* 21/08/2020).

- Não tendo os genitores do estudante, menor de idade, figurado do instrumento particular de confissão de dívida como devedores coobrigados pelo débito, fiadores ou avalistas, incabível a sua inclusão no polo passivo da ação de execução, por não possuírem legitimidade passiva, nos termos do art. 779 do CPC/2015 (TJMG, Agravo de Instrumento-Cv 1.0024.12.196666-7/002, Rel. Desembargador Arnaldo Maciel, 18ª Câmara Cível, julgamento em 03/03/2020, publicação da súmula em 06/03/2020).
- O responsável executivo secundário é alguém alheio ao relacionamento jurídico de direito material, mas apto a assumir a posição de sujeito processual executivo passivo. O fundamento da sujeição do responsável executivo secundário, que o coloca no polo passivo da ação, pode ser de cunho legal ou derivar da vontade das partes (STJ, REsp 1.333.431/PR, Ministro Luis Felipe Salomão, T4 – Quarta Turma, *DJe* 07/11/2017).

Art. 780. O exequente pode cumular várias execuções, ainda que fundadas em títulos diferentes, quando o executado for o mesmo e desde que para todas elas seja competente o mesmo juízo e idêntico o procedimento.

⚖️ REFERÊNCIAS LEGISLATIVAS

- Art. 327, CPC.

📚 ANOTAÇÕES

- ***Cumulação de execuções***: a possibilidade de cumulação de execuções demanda, segundo a norma *supra*, a identidade das partes, a competência do mesmo juízo e a identidade procedimental.

🔨 JURISPRUDÊNCIA

- Súmula 27 do STJ: Pode a execução fundar-se em mais de um título extrajudicial relativo ao mesmo negócio.
- Agravo de instrumento. Execução cumulada de títulos extrajudiciais. É possível a cumulação de execuções, nos termos do art. 780 do CPC, ainda que fundadas em títulos diversos, se houver identidade do devedor principal, hipótese em que se admite a citação de coobrigado que responda apenas por um dos títulos (TJSP, Agravo de Instrumento 2085485-36.2020.8.26.0000, Relator Edgard Rosa, 22ª Câmara de Direito Privado, Foro de Ribeirão Preto – 3ª Vara Cível, *DJ* 10/07/2020).
- As execuções de obrigação de quantia certa e de obrigação de fazer, por reclamarem formas procedimentais diversas, não podem ser processadas em conjunto, a teor dos artigos 573 do CPC/73 e 780 do CPC/2015 (TJMG, Agravo de Instrumento-Cv 1.0476.13.001400-6/006, Rel. Desembargador Alexandre Santiago, 11ª Câmara Cível, julgamento em 04/09/2019, publicação da súmula em 12/09/2019).

CAPÍTULO III
DA COMPETÊNCIA

Art. 781. A execução fundada em título extrajudicial será processada perante o juízo competente, observando-se o seguinte:

I – a execução poderá ser proposta no foro de domicílio do executado, de eleição constante do título ou, ainda, de situação dos bens a ela sujeitos;

II – tendo mais de um domicílio, o executado poderá ser demandado no foro de qualquer deles;

III – sendo incerto ou desconhecido o domicílio do executado, a execução poderá ser proposta no lugar onde for encontrado ou no foro de domicílio do exequente;

IV – havendo mais de um devedor, com diferentes domicílios, a execução será proposta no foro de qualquer deles, à escolha do exequente;

V – a execução poderá ser proposta no foro do lugar em que se praticou o ato ou em que ocorreu o fato que deu origem ao título, mesmo que nele não mais resida o executado.

REFERÊNCIAS LEGISLATIVAS

- Arts. 42 a 66, CPC.

ANOTAÇÕES

- **Juízo competente**: *competência* nada mais é do que a fixação das atribuições de cada um dos órgãos jurisdicionais; isto é, a demarcação dos limites dentro dos quais podem eles exercer a jurisdição. Nesse sentido, "juízo competente" é aquele que, segundo limites fixados pela lei, tem o poder para decidir certo e determinado litígio.
- **Competência do processo de execução**: a norma oferece várias opções ao exequente, confirmando o entendimento de que a execução acontece em favor dele.

JURISPRUDÊNCIA

- Havendo cláusula de eleição de foro, o exequente poderá optar, na execução de título extrajudicial, pelo foro do lugar do pagamento do título, pelo foro eleição ou pelo foro de domicílio do réu (STJ, AgInt no AREsp 1294573/SP, Ministro Marco Aurélio Bellizze, T3 – Terceira Turma, *DJe* 05/11/2018).

Art. 782. Não dispondo a lei de modo diverso, o juiz determinará os atos executivos, e o oficial de justiça os cumprirá.

§ 1º O oficial de justiça poderá cumprir os atos executivos determinados pelo juiz também nas comarcas contíguas, de fácil comunicação, e nas que se situem na mesma região metropolitana.

§ 2º Sempre que, para efetivar a execução, for necessário o emprego de força policial, o juiz a requisitará.

§ 3º A requerimento da parte, o juiz pode determinar a inclusão do nome do executado em cadastros de inadimplentes.

§ 4º A inscrição será cancelada imediatamente se for efetuado o pagamento, se for garantida a execução ou se a execução for extinta por qualquer outro motivo.

§ 5º O disposto nos §§ 3º e 4º aplica-se à execução definitiva de título judicial.

REFERÊNCIAS LEGISLATIVAS

- Arts. 150, 154, 255, 828, CPC.

ANOTAÇÕES

- *Forma de cumprimento dos atos executivos*: por ordem do magistrado, cabe ao Oficial de Justiça cumprir todos os atos executivos (não só as citações e intimações), salvo, claro, naqueles casos em que a lei determina de forma contrária. Em atenção ao princípio da economia processual, o Oficial de Justiça ainda está autorizado a cumprir os atos em comarcas contíguas e nos locais que se situem na mesma região metropolitana, fato que representa um grande ganho de tempo.
- *Inclusão do nome do executado em cadastro de inadimplentes*: medida que depende da iniciativa da parte, que pode requerê-la na própria petição inicial ou posteriormente por simples petição intermediária.

CAPÍTULO IV
DOS REQUISITOS NECESSÁRIOS PARA REALIZAR QUALQUER EXECUÇÃO

Seção I
Do Título Executivo

Art. 783. A execução para cobrança de crédito fundar-se-á sempre em título de obrigação certa, líquida e exigível.

REFERÊNCIAS LEGISLATIVAS

- Art. 803, I, CPC.

ANOTAÇÕES

- *Título executivo*: pode ser conceituado como o documento que, regularmente constituído, legitima o credor de uma obrigação líquida, certa e exigível a promover o processo de execução. Obrigação líquida, certa e exigível é aquela perfeitamente determinada quanto ao seu valor, qualidade e quantidade, sobre o qual não haja dúvidas quanto à sua existência e, por fim, que não esteja sob dependência de termo ou condição, na chamada execução diferida.

JURISPRUDÊNCIA

- Não basta a existência de uma obrigação líquida, certa e exigível para a deflagração de pretensão executiva, impondo-se, sim, que o título que a formaliza esteja elencado na lei como deflagrador de uma execução (STJ, REsp 1495920/DF, Ministro Paulo de Tarso Sanseverino, T3 – Terceira Turma, *DJe* 07/06/2018).

Art. 784. São títulos executivos extrajudiciais:

I – a letra de câmbio, a nota promissória, a duplicata, a debênture e o cheque;

II – a escritura pública ou outro documento público assinado pelo devedor;

III – o documento particular assinado pelo devedor e por 2 (duas) testemunhas;

IV – o instrumento de transação referendado pelo Ministério Público, pela Defensoria Pública, pela Advocacia Pública, pelos advogados dos transatores ou por conciliador ou mediador credenciado por tribunal;

V – o contrato garantido por hipoteca, penhor, anticrese ou outro direito real de garantia e aquele garantido por caução;

VI – o contrato de seguro de vida em caso de morte;

VII – o crédito decorrente de foro e laudêmio;

VIII – o crédito, documentalmente comprovado, decorrente de aluguel de imóvel, bem como de encargos acessórios, tais como taxas e despesas de condomínio;

IX – a certidão de dívida ativa da Fazenda Pública da União, dos Estados, do Distrito Federal e dos Municípios, correspondente aos créditos inscritos na forma da lei;

X – o crédito referente às contribuições ordinárias ou extraordinárias de condomínio edilício, previstas na respectiva convenção ou aprovadas em assembleia geral, desde que documentalmente comprovadas;

XI – a certidão expedida por serventia notarial ou de registro relativa a valores de emolumentos e demais despesas devidas pelos atos por ela praticados, fixados nas tabelas estabelecidas em lei;

XII – todos os demais títulos aos quais, por disposição expressa, a lei atribuir força executiva.

§ 1º A propositura de qualquer ação relativa a débito constante de título executivo não inibe o credor de promover-lhe a execução.

§ 2º Os títulos executivos extrajudiciais oriundos de país estrangeiro não dependem de homologação para serem executados.

§ 3º O título estrangeiro só terá eficácia executiva quando satisfeitos os requisitos de formação exigidos pela lei do lugar de sua celebração e quando o Brasil for indicado como o lugar de cumprimento da obrigação.

REFERÊNCIAS LEGISLATIVAS

- Arts. 165 a 187, CPC; arts. 758, 1.227, 1.419 a 1.510, 2.038, CC; arts. 201 a 204, CTN; art. 7º, Lei nº 13.775/2018; Lei nº 8.935/1994; art. 2º, Lei nº 6.830/1980; Lei nº 5.474/1968.

ANOTAÇÕES

- **Caução**: é termo genérico que indica um conjunto de garantias, que podem ser reais, tais como o penhor e a hipoteca, ou fidejussórias, ou seja, pessoais, como a fiança e o aval.

JURISPRUDÊNCIA

- Súmula 600 do STF: Cabe ação executiva contra o emitente e seus avalistas, ainda que não apresentado o cheque ao sacado no prazo legal, desde que não prescrita a ação cambiária.
- Súmula 27 do STJ: Pode a execução fundar-se em mais de um título extrajudicial relativo ao mesmo negócio.

- Súmula 258 do STJ: A nota promissória vinculada a contrato de abertura de crédito não goza de autonomia em razão da iliquidez do título que a originou.
- Súmula 279 do STJ: É cabível execução por título extrajudicial contra a Fazenda Pública.
- Súmula 300 do STJ: O instrumento de confissão de dívida, ainda que originário de contrato de abertura de crédito, constitui título executivo extrajudicial.
- Apenas constituem títulos executivos extrajudiciais aqueles taxativamente definidos em lei, por força do princípio da tipicidade legal (*nullus titulus sine legis*), sendo requisito extrínseco à substantividade do próprio ato. No tocante especificamente ao título executivo decorrente de documento particular, salvo as hipóteses previstas em lei, exige o normativo processual que o instrumento contenha a assinatura do devedor e de duas testemunhas (NCPC, art. 784, III, e CPC/1973, art. 595, II), já tendo o STJ reconhecido que, na sua ausência, não há falar em executividade do título (STJ, REsp 1.453.949/SP, Ministro Luis Felipe Salomão, T4 – Quarta Turma, *DJe* 15/08/2017).
- É entendimento desta Corte Superior que o credor possuidor de título executivo extrajudicial pode utilizar-se tanto da ação monitória como da ação executiva para a cobrança do crédito respectivo (STJ, REsp 1.175.238/RS, Ministro Luis Felipe Salomão, T4 – Quarta Turma, *DJe* 23/06/2015).

Art. 785. A existência de título executivo extrajudicial não impede a parte de optar pelo processo de conhecimento, a fim de obter título executivo judicial.

REFERÊNCIAS LEGISLATIVAS

- Arts. 318 a 512, 784, CPC.

ANOTAÇÕES

- ***Opção do exequente***: a norma abre caminho para que o credor opte pelo processo de conhecimento, principalmente quando tenha qualquer dúvida sobre a exigibilidade do título; a norma então afasta a possibilidade da extinção do processo de conhecimento por falta de interesse de agir.

JURISPRUDÊNCIA

- A jurisprudência desta Corte entende que é possível a propositura de ação monitória pelo detentor de título executivo para perseguir seus créditos, uma vez que o referido procedimento não traz maiores prejuízos ao réu (STJ, AgRg nos EDcl no AREsp 118562/RS, Ministra Maria Isabel Gallotti, T4 – Quarta Turma, *DJe* 09/06/2015).
- A obrigação lastreada em título executivo extrajudicial pode ser exigida em ação ordinária, que gera situação menos gravosa para o devedor, com maior amplitude de defesa. Precedentes do STJ (STJ, AgRg no AREsp 260.516/MG, Ministra Assusete Magalhães, T2 – Segunda Turma, *DJe* 03/04/2014).

Seção II
Da Exigibilidade da Obrigação

Art. 786. A execução pode ser instaurada caso o devedor não satisfaça a obrigação certa, líquida e exigível consubstanciada em título executivo.

Parágrafo único. A necessidade de simples operações aritméticas para apurar o crédito exequendo não retira a liquidez da obrigação constante do título.

REFERÊNCIAS LEGISLATIVAS

- Arts. 17, 329, 509, § 2º, 783, 784, CPC; arts. 389 a 420, 476, CC.

ANOTAÇÕES

- *Inadimplência do devedor*: pressuposto específico do processo de execução, a "inadimplência do devedor" se caracteriza quando o devedor não satisfaz espontaneamente obrigação certa, líquida e exigível. No caso de a obrigação envolver prestações recíprocas, somente depois de cumprir a sua obrigação poderá a parte exigir o implemento da do outro; ou seja, nos contratos bilaterais, o interesse processual à tutela executiva só nasce após o cumprimento da contraprestação (*exceptio non adimpleti contractus*), conforme norma prevista no art. 476 do Código Civil.
- *Obrigação líquida, certa e exigível*: é aquela perfeitamente determinada quanto ao seu valor, qualidade e quantidade, sobre o qual não haja dúvidas acerca de sua existência e, por fim, que não esteja sob dependência de termo ou condição.

JURISPRUDÊNCIA

- Súmula 27 do STJ: Pode a execução fundar-se em mais de um título extrajudicial relativo ao mesmo negócio.
- A execução para cobrança de crédito fundar-se-á sempre em título de obrigação certa, líquida e exigível (STJ, REsp 1795115/SC, Ministra Nancy Andrighi, T3 – Terceira Turma, *DJe* 15/03/2019).

Art. 787. Se o devedor não for obrigado a satisfazer sua prestação senão mediante a contraprestação do credor, este deverá provar que a adimpliu ao requerer a execução, sob pena de extinção do processo.

Parágrafo único. O executado poderá eximir-se da obrigação, depositando em juízo a prestação ou a coisa, caso em que o juiz não permitirá que o credor a receba sem cumprir a contraprestação que lhe tocar.

REFERÊNCIAS LEGISLATIVAS

- Arts. 17, 798, I, "d", 801, 917, I, CPC; arts. 476, 477, CC.

ANOTAÇÕES

- *Exceção do contrato não cumprido*: no caso de a obrigação envolver prestações recíprocas, somente depois de cumprir a sua obrigação poderá a parte exigir o implemento da do outro; ou seja, nos contratos bilaterais, o interesse processual à tutela executiva só nasce após o cumprimento da contraprestação. Neste sentido, o art. 798, I, "d", normatiza que, verificando o juiz que a petição inicial da execução está desacompanhada da prova de que o interessado cumpriu a sua parte no negócio ou, como permite o parágrafo único deste artigo, que este não depositou em juízo a prestação ou a coisa, deve determinar que este corrija a situação no prazo de 15 dias sob pena de indeferimento da exordial. No caso de a situação passar despercebida pelo juiz, o devedor deverá levantar a questão por meio de "embargos".

- **Depósito da coisa ou prestação**: medida que se assemelha a uma consignação em pagamento, visto que permite ao credor não só cumprir a sua parte no negócio, mas também nos mesmos autos requerer o cumprimento da obrigação do devedor, cabendo ao juiz garantir que o devedor não receba antes de cumprir a sua parte.

JURISPRUDÊNCIA

- Em nosso ordenamento jurídico vigora a exceção do contrato não cumprido, disciplinada nos arts. 476 e 477 do CC, premissa fundamental que rege a boa-fé das relações contratuais, segundo a qual nenhuma das partes contratantes pode exigir o cumprimento da obrigação da outra, sem antes cumprir a sua própria obrigação (STJ, AgInt no AgInt no AREsp 1644843/DF, Ministra Nancy Andrighi, T3 – Terceira Turma, *DJe* 24/09/2020).
- A jurisprudência do STJ orienta que não há uma relação de proporcionalidade matemática exata entre o grau de inexecução da prestação e o de redução do valor da cláusula penal (STJ, REsp 1.655.139/DF, Ministra Nancy Andrighi, T3 – Terceira Turma, *DJe* 07/12/2017).

Art. 788. O credor não poderá iniciar a execução ou nela prosseguir se o devedor cumprir a obrigação, mas poderá recusar o recebimento da prestação se ela não corresponder ao direito ou à obrigação estabelecidos no título executivo, caso em que poderá requerer a execução forçada, ressalvado ao devedor o direito de embargá-la.

REFERÊNCIAS LEGISLATIVAS

- Arts. 17 e 786, CPC; art. 313, CC.

ANOTAÇÕES

- **Interesse processual**: pressuposto da execução é a inadimplência do devedor, que se caracteriza quando ele não satisfaz espontaneamente obrigação certa, líquida e exigível (art. 786); informa ainda a norma que o cumprimento defeituoso da obrigação justifica, assim como a inadimplência, a interposição do processo de execução.

JURISPRUDÊNCIA

- Não há interesse processual na execução extrajudicial dos encargos locatícios se ainda tramita ação de despejo cumulada com a cobrança dos encargos da locação (STJ, AgRg nos EDcl no REsp 1191067/SP, Ministro Sidnei Beneti, T3 – Terceira Turma, *DJe* 28/09/2010).

CAPÍTULO V
DA RESPONSABILIDADE PATRIMONIAL

Art. 789. O devedor responde com todos os seus bens presentes e futuros para o cumprimento de suas obrigações, salvo as restrições estabelecidas em lei.

⚖️ REFERÊNCIAS LEGISLATIVAS

- Art. 5º, LIV, CF; arts. 529, § 3º, 832, 833, CPC; arts. 391, 1.715, 1.911, CC; art. 1º, Lei nº 8.009/1990.

📚 ANOTAÇÕES

- *Responsabilidade patrimonial*: a norma informa que a execução incide apenas sobre os bens do devedor, ou seja, não se admite atos executórios contra a própria pessoa do devedor. A declaração no sentido de que o devedor responde com "todos" os seus bens presentes e futuros não é totalmente verdadeira, visto que é o próprio CPC quem indica uma longa lista de bens que são considerados impenhoráveis (art. 833, CPC), ou seja, que não respondem pela inadimplência das obrigações assumidas pelo devedor. A menção a "bens futuros" indica, a nosso ver, principalmente rendas a receber, tais como dividendos, lucros, aluguéis etc.

🔨 JURISPRUDÊNCIA

- Nos termos da jurisprudência desta Corte Superior, a fração ideal referente ao executado pode ser objeto de penhora, sendo impenhoráveis apenas os quinhões daqueles sucessores ou condôminos que não sejam parte na execução (STJ, AgInt no REsp 1813158/SP, Ministro Marco Aurélio Bellizze, T3 – Terceira Turma, *DJe* 19/02/2020).

Art. 790. São sujeitos à execução os bens:

I – do sucessor a título singular, tratando-se de execução fundada em direito real ou obrigação reipersecutória;

II – do sócio, nos termos da lei;

III – do devedor, ainda que em poder de terceiros;

IV – do cônjuge ou companheiro, nos casos em que seus bens próprios ou de sua meação respondem pela dívida;

V – alienados ou gravados com ônus real em fraude à execução;

VI – cuja alienação ou gravação com ônus real tenha sido anulada em razão do reconhecimento, em ação autônoma, de fraude contra credores;

VII – do responsável, nos casos de desconsideração da personalidade jurídica.

⚖️ REFERÊNCIAS LEGISLATIVAS

- Arts. 133 a 137, 779, 792, 847, CPC; arts. 50, 158 a 165, 1.225, 1.419, 1.643, 1.644, 1.659, IV, 1.663, § 1º, 1.677, CC; art. 3º, Lei nº 4.121/1962.

📚 ANOTAÇÕES

- *Responsabilidade secundária*: a norma prevê os casos de extensão da responsabilidade primária, que, como visto no art. 789, recai sobre os bens do devedor, seja em razão de sucessão ou fraude à execução ou contra credores. O responsável secundário não precisa ser citado no processo de execução, mas deve ser intimado no caso de penhora (art. 847), podendo então oferecer embargos de terceiro (art. 674).

- **Inciso I – *do sucessor a título singular***: o objetivo da norma é garantir que certo bem fique sujeito aos atos executivos, mesmo que eventualmente alienado pelo devedor, desde que a execução esteja fundada em direito real (art. 1.225, CC) ou obrigação reipersecutória (aquela que permite ao credor ir atrás de um bem específico – direito de sequela).
- **Inciso II – *bens do sócio***: o inciso não trata da desconsideração da personalidade jurídica, que é mencionada no inciso VII, mas daquele sócio que, em razão do tipo de sociedade adotada, assumiu, por força da lei ou do contrato, responsabilidade pelas obrigações sociais, por exemplo: sociedades em nome coletivo (art. 1.039, CC).
- **Inciso III – *bens do devedor em poder de terceiros***: os bens que o devedor entregar a terceiros, a qualquer título (*v.g.*, locação, comodato), continuam sujeitos à execução.
- **Inciso IV – *bens do cônjuge e/ou companheiro***: entende a legislação que as dívidas contraídas por um dos cônjuges em "benefício da família" (arts. 1.643 e 1.644, CC) podem sujeitar à execução os bens do outro cônjuge e/ou companheiro. Neste caso, o interessado pode resistir opondo embargos à execução (responsabilidade secundária); caso não seja incluído como corresponsável, o interessado pode usar dos embargos de terceiros para defender a sua meação.
- **Inciso V – *bens alienados em fraude à execução***: caracterizada a fraude à execução (art. 792), o juiz pode determinar que se faça a constrição sobre o bem.
- **Inciso VI – *bens alienados ou gravados com ônus real em fraude contra credores***: para obter o reconhecimento de que houve fraude contra credores, o interessado precisa se valer de ação pauliana ou revocatória; julgado procedente o pedido, os bens voltam ao patrimônio do devedor, sujeitos, portanto, aos atos executivos.
- **Inciso VII – *desconsideração da personalidade jurídica***: consiste na possibilidade de o credor da pessoa moral alcançar, sob certas circunstâncias, os bens particulares dos sócios ou administradores, com escopo de obter satisfação para o seu crédito.

JURISPRUDÊNCIA

- Súmula 251 do STJ: A meação só responde pelo ato ilícito quando o credor, na execução fiscal, provar que o enriquecimento dele resultante aproveitou ao casal.
- Nas hipóteses dos contratos de garantia, tais como a fiança e o aval, nota-se a configuração da responsabilidade patrimonial executiva sem que o garantidor tenha participado da relação obrigacional principal, havendo responsabilidade sem vinculação com a dívida eventualmente posta em execução. Em termos de processo executivo, a responsabilidade patrimonial secundária é titularizada por quem não é diretamente devedor (STJ, REsp 1333431/PR, Ministro Luis Felipe Salomão, T4 – Quarta Turma, *DJe* 07/11/2017).

Art. 791. Se a execução tiver por objeto obrigação de que seja sujeito passivo o proprietário de terreno submetido ao regime do direito de superfície, ou o superficiário, responderá pela dívida, exclusivamente, o direito real do qual é titular o executado, recaindo a penhora ou outros atos de constrição exclusivamente sobre o terreno, no primeiro caso, ou sobre a construção ou a plantação, no segundo caso.

§ 1º Os atos de constrição a que se refere o *caput* serão averbados separadamente na matrícula do imóvel, com a identificação do executado, do valor do crédito e do objeto sobre o qual recai o gravame, devendo o oficial destacar o bem que responde pela dívida, se o terreno, a construção ou a plantação, de modo a assegurar a publicidade da responsabilidade patrimonial de cada um deles pelas dívidas e pelas obrigações que a eles estão vinculadas.

§ 2º Aplica-se, no que couber, o disposto neste artigo à enfiteuse, à concessão de uso especial para fins de moradia e à concessão de direito real de uso.

REFERÊNCIAS LEGISLATIVAS

- Arts. 1.369 a 1.377, 2.038, CC; art. 21, Lei nº 10.257/2001.

ANOTAÇÕES

- **Direito de superfície**: trata-se de direito real (art. 1.225, II, CC), em que o proprietário concede a outrem, chamado de "superficiário", o direito de construir ou de plantar em seu terreno por tempo determinado (onerosamente ou gratuitamente). Têm-se então dois direitos reais, a propriedade e a superfície; no caso em que um dos titulares seja executado, a penhora só poderá recair sobre o bem de que seja ele titular (propriedade ou superfície, conforme o caso). É isso basicamente o que estabelece a presente norma.

JURISPRUDÊNCIA

- O Código Civil prevê não só o direito de superfície, cuja posse não se presume irradiar sobre o subsolo (art. 1.369, *caput* e parágrafo único), como também, mais recentemente, o direito de laje, cuja posse se distingue da do solo e subsolo (art. 1.510-A e segs.) (STJ, AREsp 1614056, Ministra Assusete Magalhães, Decisão Monocrática, *DJ* 19/02/2020).

Art. 792. A alienação ou a oneração de bem é considerada fraude à execução:

I – quando sobre o bem pender ação fundada em direito real ou com pretensão reipersecutória, desde que a pendência do processo tenha sido averbada no respectivo registro público, se houver;

II – quando tiver sido averbada, no registro do bem, a pendência do processo de execução, na forma do art. 828;

III – quando tiver sido averbado, no registro do bem, hipoteca judiciária ou outro ato de constrição judicial originário do processo onde foi arguida a fraude;

IV – quando, ao tempo da alienação ou da oneração, tramitava contra o devedor ação capaz de reduzi-lo à insolvência;

V – nos demais casos expressos em lei.

§ 1º A alienação em fraude à execução é ineficaz em relação ao exequente.

§ 2º No caso de aquisição de bem não sujeito a registro, o terceiro adquirente tem o ônus de provar que adotou as cautelas necessárias para a aquisição, mediante a exibição das certidões pertinentes, obtidas no domicílio do vendedor e no local onde se encontra o bem.

§ 3º Nos casos de desconsideração da personalidade jurídica, a fraude à execução verifica-se a partir da citação da parte cuja personalidade se pretende desconsiderar.

> § 4º Antes de declarar a fraude à execução, o juiz deverá intimar o terceiro adquirente, que, se quiser, poderá opor embargos de terceiro, no prazo de 15 (quinze) dias.

REFERÊNCIAS LEGISLATIVAS

- Arts. 133 a 137, 219, 674 a 681, 790, VI, 808, 828, 844, CPC; arts. 50, 158 a 165, CC; art. 179, CP; art. 185, CTN.

ANOTAÇÕES

- **Fraude à execução**: ocorre quando o devedor aliena ou onera bens de que seja titular em prejuízo de processo executivo. Não se confunde com a "fraude contra credores", visto que no primeiro caso já existe um processo executivo em andamento, daí a atitude do devedor afrontar não só os direitos privados do credor, mas a dignidade da própria justiça. A "fraude contra credores" deve ser apurada por meio de ação autônoma (pauliana/revocatória), tendo várias exigências específicas; já a "fraude à execução" não exige nenhuma ação, apenas que o credor, por meio de simples petição intermediária, noticie ao juiz o que está acontecendo, juntando as provas que possuir, para que este, depois de ouvir o terceiro, que deverá ser intimado e poderá oferecer embargos de terceiro no prazo de 15 dias, decrete a ineficácia do ato fraudulento (art. 792, § 1º).
- **Contagem do prazo para oferecer embargos de terceiros (arts. 674 a 681)**: o prazo referido no parágrafo quarto desta norma é de natureza "processual", devendo a sua contagem considerar, nos termos do art. 219, apenas os dias úteis.

JURISPRUDÊNCIA

- Súmula 375 do STJ: O reconhecimento da fraude à execução depende do registro da penhora do bem alienado ou da prova de má-fé do terceiro adquirente.
- O reconhecimento de fraude à execução, consoante o disposto na Súmula nº 375/STJ, depende do registro da penhora do bem alienado ou da prova de má-fé do terceiro adquirente (STJ, AgInt no REsp 1777412/SP, Ministro Ricardo Villas Bôas Cueva, T3 – Terceira Turma, *DJe* 26/06/2020).
- Instrumento de compra e venda foi firmado em data anterior ao próprio ajuizamento da ação de execução em que foi determinada a penhora do bem, não havendo que se falar em fraude à execução ou má-fé da parte adquirente (STJ, REsp 1861025/DF, Ministra Nancy Andrighi, T3 – Terceira Turma, *DJe* 18/05/2020).
- Reconhecida a fraude à execução, deve ser afastada a impenhorabilidade do bem de família (STJ, AgInt no AREsp 1.097.404/RS, Ministro Luis Felipe Salomão, T4 – Quarta Turma, *DJe* 28/08/2017).
- A fraude à execução é instituto de direito processual, cuja caracterização pressupõe a prévia existência de ação e que, por isso mesmo, acarreta a ineficácia primária da conduta fraudulenta, com a sujeição imediata do bem desviado aos atos de execução, razão pela qual pode ser declarada incidentalmente no próprio processo, dispensando medida autônoma (STJ, REsp 1.260.490/SP, Rel. Ministra Nancy Andrighi, T3 – Terceira Turma, *DJe* 02/08/2012).

> **Art. 793.** O exequente que estiver, por direito de retenção, na posse de coisa pertencente ao devedor não poderá promover a execução sobre outros bens senão depois de excutida a coisa que se achar em seu poder.

REFERÊNCIAS LEGISLATIVAS

- Art. 805, CPC; arts. 644, 681, 1.219, 1.423, 1.433, II, 1.507, CC.

ANOTAÇÕES

- **Direito de retenção**: com o objetivo de favorecer o credor, a lei permite que em algumas situações este detenha em seu poder bens do devedor; neste caso, sendo necessário o processo de execução, o credor deverá primeiro excutir o bem em seu poder; somente se este for insuficiente para satisfazer o crédito, poderá buscar outros bens do devedor.

Art. 794. O fiador, quando executado, tem o direito de exigir que primeiro sejam executados os bens do devedor situados na mesma comarca, livres e desembargados, indicando-os pormenorizadamente à penhora.

§ 1º Os bens do fiador ficarão sujeitos à execução se os do devedor, situados na mesma comarca que os seus, forem insuficientes à satisfação do direito do credor.

§ 2º O fiador que pagar a dívida poderá executar o afiançado nos autos do mesmo processo.

§ 3º O disposto no *caput* não se aplica se o fiador houver renunciado ao benefício de ordem.

REFERÊNCIAS LEGISLATIVAS

- Arts. 818 a 839, CC.

ANOTAÇÕES

- **Benefício de ordem**: nos casos de fiança, o fiador, na qualidade de garante subsidiário, tem a faculdade de, sendo acionado pelo credor, exigir que primeiro sejam executados os bens do devedor, indicando, para tanto, bens do afiançado situados na mesma comarca e que estejam livres e desembargados.

JURISPRUDÊNCIA

- Súmula 214 do STJ: O fiador na locação não responde por obrigações resultantes de aditamento ao qual não anuiu.
- Súmula 268 do STJ: O fiador que não integrou a relação processual na ação de despejo não responde pela execução do julgado.
- É válida a cláusula contratual em que o fiador renuncia ao benefício de ordem. Precedentes (STJ, AgInt no AgInt no AREsp 1267199/SP, Ministro Antonio Carlos Ferreira, T4 – Quarta Turma, *DJe* 24/09/2020).
- Nos termos do art. 828, II, do Código Civil, o benefício de ordem não aproveita ao fiador que se obriga como devedor solidário. Precedentes do STJ (STJ, AgInt no AREsp 1254114/SP, Ministro Lázaro Guimarães, T4 – Quarta Turma, *DJe* 24/08/2018).

Art. 795. Os bens particulares dos sócios não respondem pelas dívidas da sociedade, senão nos casos previstos em lei.

§ 1º O sócio réu, quando responsável pelo pagamento da dívida da sociedade, tem o direito de exigir que primeiro sejam excutidos os bens da sociedade.

§ 2º Incumbe ao sócio que alegar o benefício do § 1º nomear quantos bens da sociedade situados na mesma comarca, livres e desembargados, bastem para pagar o débito.

§ 3º O sócio que pagar a dívida poderá executar a sociedade nos autos do mesmo processo.

§ 4º Para a desconsideração da personalidade jurídica é obrigatória a observância do incidente previsto neste Código.

REFERÊNCIAS LEGISLATIVAS

- Arts. 133 a 137, 790, II e VII, CPC; arts. 40 a 78, 990, 1.023, 1.039, 1.052, 1.095, CC; art. 28, CDC; art. 135, CTN.

ANOTAÇÕES

- **Responsabilidade do sócio**: a norma reafirma a tese de que os bens particulares dos sócios não respondem pelas dívidas da sociedade, salvo naqueles casos previstos em lei (*v.g.*, sociedades coletivas, sociedades simples, arts. 1.039 e 1.023 do CC). A norma ainda estabelece o "benefício de ordem" em favor do sócio, que tem a faculdade de indicar bens da sociedade situados na mesma comarca, livres e desembargados.

JURISPRUDÊNCIA

- De acordo com a jurisprudência deste Tribunal Superior, constando o nome do sócio da empresa no título executivo como responsável pelo débito tributário, cabe ao executado o ônus da prova de que não agiu com excesso de poder, infração a lei ou estatuto para se permitir o redirecionamento da execução fiscal (STJ, REsp 1559663/PR, Ministro Og Fernandes, T2 – Segunda Turma, *DJe* 11/10/2017).
- Em execução fiscal de dívida ativa tributária ou não tributária, dissolvida irregularmente a empresa, está legitimado o redirecionamento ao sócio-gerente (STJ, REsp 1.371.128/RS, Rel. Ministro Mauro Campbell Marques, T1 – Primeira Turma, *DJe* 17/09/2014).

Art. 796. O espólio responde pelas dívidas do falecido, mas, feita a partilha, cada herdeiro responde por elas dentro das forças da herança e na proporção da parte que lhe coube.

REFERÊNCIAS LEGISLATIVAS

- Arts. 642 a 646, 779, II, CPC; arts. 1.792 e 1.997, CC.

ANOTAÇÕES

- **Dívidas do falecido**: ente sem personalidade jurídica, o espólio responde, antes da partilha, pelas dívidas do falecido (o inventariante deve providenciar o pagamento, assim como informar nos autos o valor e o nome dos credores); após a partilha são os herdeiros que respondem pelas obrigações em aberto no limite dos bens que eventualmente recebeu.

TÍTULO II
DAS DIVERSAS ESPÉCIES DE EXECUÇÃO

CAPÍTULO I
DISPOSIÇÕES GERAIS

Art. 797. Ressalvado o caso de insolvência do devedor, em que tem lugar o concurso universal, realiza-se a execução no interesse do exequente que adquire, pela penhora, o direito de preferência sobre os bens penhorados.

Parágrafo único. Recaindo mais de uma penhora sobre o mesmo bem, cada exequente conservará o seu título de preferência.

REFERÊNCIAS LEGISLATIVAS

- Arts. 805, 908, CPC; arts. 955 a 965, 1.422, CC; arts. 186 e 187, CTN.

ANOTAÇÕES

- ***Princípio da satisfação***: aplicado juntamente com o princípio da utilidade, normatiza que o objetivo de toda execução é a satisfação do credor, transformando-se o direito reconhecido no título executivo em fatos que atendam ao seu interesse; contudo, o juiz deve garantir que a execução se faça pelo modo menos gravoso para o devedor (art. 805, CPC).
- ***Direito de preferência em razão da anterioridade da penhora***: a doutrina conceitua penhora como o ato pelo qual se apreendem bens do devedor para empregá-los, de forma direta ou indireta, na quitação do crédito exequendo. A preferência estabelecida neste artigo ocorre sempre na ordem cronológica (*data do auto*), só se aplicando aos credores quirografários, isto é, sem garantias reais, e tão somente enquanto durar o estado de solvência do devedor.

JURISPRUDÊNCIA

- Súmula 478 do STJ: Na execução de crédito relativo a cotas condominiais, este tem preferência sobre o hipotecário.
- Súmula 497 do STJ: Os créditos das autarquias federais preferem aos créditos da Fazenda estadual desde que coexistam penhoras sobre o mesmo bem.
- A execução só será efetiva se for capaz de assegurar ao exequente exatamente aquilo que lhe é devido. Assim, o deferimento de determinada medida executiva condiciona-se também ao exame de sua eficácia no caso concreto (TJMG, Agravo de Instrumento-Cv 1.0000.20.014356-8/001, Rel. Desembargador José Marcos Vieira, 16ª Câmara Cível, julgamento em 29/07/2020, publicação da súmula em 30/07/2020).
- Nos termos da jurisprudência desta Corte, uma vez realizada a penhora em dinheiro, não cabe a sua substituição por seguro garantia ou fiança bancária tendo em vista, especialmente, o princípio da satisfação do credor (STJ, AgInt no AREsp 932.499/SP, Rel. Ministra Assusete Magalhães, T2 – Segunda Turma, *DJe* 26/04/2018).

- No tocante à preferência, em razão da anterioridade da penhora, quando da pluralidade de credores do art. 908, § 2º, do CPC/2015 (anterior art. 711 do CPC/1973), cabe retomar, primeiramente, que o entendimento desta Corte Superior é de que, havendo concurso de credores, terão preferência os credores privilegiados na ordem seguinte: créditos trabalhistas, créditos fiscais, créditos com garantia real, independentemente de terem eles penhora em seu favor, a qual cede lugar para a preferência nominada. Somente em um segundo momento é que se abre a preferência entre os credores que têm penhora antecedente, pela ordem cronológica, de tal sorte que a preferência dos créditos fiscais é natural e independente, mas não tem a força capaz de sobrepujar-se à preferência dos créditos trabalhistas. Desse modo, a regra segundo a qual a satisfação dos créditos, em caso de concorrência de credores, deve observar a anterioridade das respectivas penhoras (*prior in tempore, portior in iure*) somente pode ser observada quando nenhum desses créditos ostente preferência fundada em direito material, por se sobrepor a uma preferência de direito processual (STJ, REsp 1874240, Ministro Benedito Gonçalves, Decisão Monocrática, *DP* 01/09/2020).

> **Art. 798.** Ao propor a execução, incumbe ao exequente:
>
> I – instruir a petição inicial com:
>
> a) o título executivo extrajudicial;
>
> b) o demonstrativo do débito atualizado até a data de propositura da ação, quando se tratar de execução por quantia certa;
>
> c) a prova de que se verificou a condição ou ocorreu o termo, se for o caso;
>
> d) a prova, se for o caso, de que adimpliu a contraprestação que lhe corresponde ou que lhe assegura o cumprimento, se o executado não for obrigado a satisfazer a sua prestação senão mediante a contraprestação do exequente;
>
> II – indicar:
>
> a) a espécie de execução de sua preferência, quando por mais de um modo puder ser realizada;
>
> b) os nomes completos do exequente e do executado e seus números de inscrição no Cadastro de Pessoas Físicas ou no Cadastro Nacional da Pessoa Jurídica;
>
> c) os bens suscetíveis de penhora, sempre que possível.
>
> Parágrafo único. O demonstrativo do débito deverá conter:
>
> I – o índice de correção monetária adotado;
>
> II – a taxa de juros aplicada;
>
> III – os termos inicial e final de incidência do índice de correção monetária e da taxa de juros utilizados;
>
> IV – a periodicidade da capitalização dos juros, se for o caso;
>
> V – a especificação de desconto obrigatório realizado.

REFERÊNCIAS LEGISLATIVAS

- Arts. 319, 782, § 3º, 783 a 786, 799, 805, CPC; arts. 121 a 137, CC.

ANOTAÇÕES

- **Petição inicial do processo de execução**: a *petição inicial* é o ato processual escrito por meio do qual a pessoa exerce seu direito de ação, provocando a atividade jurisdicional do Estado. A petição inicial do processo de execução, além dos requisitos do art. 319, deve também observar o determinado neste artigo e no art. 799 do CPC.

- *Nome completo e documentos do devedor*: a norma impõe ao exequente a obrigação de informar o nome completo do executado, assim como o seu número de inscrição no CPF ou CNPJ, conforme o caso (inciso II, b); contudo o desconhecimento destes dados não impede a distribuição da execução, visto que o credor pode requerer ao juiz diligências no sentido de obter tais informações.
- *Indicação de bens para a penhora*: a norma faculta ao próprio credor indicar os bens do devedor que devem ser penhorados; pode ele requerer, inclusive, a penhora *on line* (dinheiro). Não o fazendo, o Oficial de Justiça deverá efetuar a penhora dos bens que encontrar.
- *Requerimento para inscrição do nome do devedor no cadastro de inadimplentes (SPC/SERASA)*: segundo o art. 782, § 3º, o exequente ainda pode requerer na sua exordial a inclusão do executado no cadastro de inadimplentes; a inscrição deverá ser cancelada imediatamente se for efetuado o pagamento, se for garantida a execução ou se ela for extinta por qualquer outro motivo.

DICAS DE PRÁTICA JURÍDICA

- *Estrutura e modelo da petição inicial*: basicamente a petição inicial da ação de execução tem a seguinte estrutura: endereçamento, qualificação, narração dos fatos, pedido de citação para pagamento sob pena de penhora e, por fim, o valor da causa; fundamental, ainda, a apresentação do demonstrativo do débito. O advogado deve ainda estar atento aos requisitos específicos indicados no art. 799 do CPC. Para acesso a modelo editável da petição inicial, além de um capítulo específico sobre a "ação de execução arrimada em título extrajudicial", com informações sobre o seu cabimento, base legal, foro competente, procedimento e documentos necessários (entre outras questões), consulte o meu livro *Prática no Processo Civil*, da Editora Atlas.

JURISPRUDÊNCIA

- A jurisprudência do STJ está consolidada no sentido da aplicação da teoria da asserção, segundo a qual o interesse de agir deve ser avaliado *in status assertionis*, quer dizer, tal como apresentado na petição inicial (STJ, AgInt no REsp 1841683/SP, Ministra Nancy Andrighi, T3 – Terceira Turma, *DJe* 24/09/2020).

Art. 799. Incumbe ainda ao exequente:

I – requerer a intimação do credor pignoratício, hipotecário, anticrético ou fiduciário, quando a penhora recair sobre bens gravados por penhor, hipoteca, anticrese ou alienação fiduciária;

II – requerer a intimação do titular de usufruto, uso ou habitação, quando a penhora recair sobre bem gravado por usufruto, uso ou habitação;

III – requerer a intimação do promitente comprador, quando a penhora recair sobre bem em relação ao qual haja promessa de compra e venda registrada;

IV – requerer a intimação do promitente vendedor, quando a penhora recair sobre direito aquisitivo derivado de promessa de compra e venda registrada;

V – requerer a intimação do superficiário, enfiteuta ou concessionário, em caso de direito de superfície, enfiteuse, concessão de uso especial para fins de moradia ou concessão de direito real de uso, quando a penhora recair sobre imóvel submetido ao regime do direito de superfície, enfiteuse ou concessão;

VI – requerer a intimação do proprietário de terreno com regime de direito de superfície, enfiteuse, concessão de uso especial para fins de moradia ou concessão de direito real de uso, quando a penhora recair sobre direitos do superficiário, do enfiteuta ou do concessionário;

VII – requerer a intimação da sociedade, no caso de penhora de quota social ou de ação de sociedade anônima fechada, para o fim previsto no art. 876, § 7º;

VIII – pleitear, se for o caso, medidas urgentes;

IX – proceder à averbação em registro público do ato de propositura da execução e dos atos de constrição realizados, para conhecimento de terceiros;

X – requerer a intimação do titular da construção-base, bem como, se for o caso, do titular de lajes anteriores, quando a penhora recair sobre o direito real de laje; (Incluído pela Lei nº 13.465, de 2017)

XI – requerer a intimação do titular das lajes, quando a penhora recair sobre a construção-base. (Incluído pela Lei nº 13.465, de 2017)

REFERÊNCIAS LEGISLATIVAS

- Art. 876, § 7º, CPC; arts. 1.390 a 1.510, 2.038, CC.

ANOTAÇÕES

- **_Providências para preservar o direito de terceiros e outras medidas_**: a norma, na maioria dos seus incisos, impõe uma série de obrigações ao exequente que têm objetivo central a preservação do direito e interesse de terceiros (_v.g._, credor hipotecário, usuário, promitente comprador, superficiário etc.). A norma ainda faculta ao exequente o requerimento de "medidas urgentes" (art. 301), com objetivo de proteger a utilidade do processo executivo.

Art. 800. Nas obrigações alternativas, quando a escolha couber ao devedor, esse será citado para exercer a opção e realizar a prestação dentro de 10 (dez) dias, se outro prazo não lhe foi determinado em lei ou em contrato.

§ 1º Devolver-se-á ao credor a opção, se o devedor não a exercer no prazo determinado.

§ 2º A escolha será indicada na petição inicial da execução quando couber ao credor exercê-la.

REFERÊNCIAS LEGISLATIVAS

- Art. 325, CPC; arts. 252 a 256, CC.

ANOTAÇÕES

- **_Obrigações alternativas_**: segundo a doutrina, obrigação alternativa é aquela que pode ser cumprida de mais de uma forma (duas ou mais tipos de prestações); a escolha de qual prestação será cumprida pode, segundo o acordo firmado entre as partes, caber ao credor ou ao devedor; neste último caso, o exequente deverá requerer a citação do executado para exercer a opção e realizar a prestação dentro do prazo de dez dias.

Art. 801. Verificando que a petição inicial está incompleta ou que não está acompanhada dos documentos indispensáveis à propositura da execução, o juiz determinará que o exequente a corrija, no prazo de 15 (quinze) dias, sob pena de indeferimento.

REFERÊNCIAS LEGISLATIVAS

- Arts. 219, 317, 321, 485, I, 771, parágrafo único, 798, 799, CPC.

ANOTAÇÕES

- *Irregularidades ou vícios sanáveis*: o processo não é um fim em si mesmo, razão pela qual o juiz, diante da existência de irregularidades e/ou vícios sanáveis, deve dar oportunidade para que o interessado providencie a sua correção, preservando o processo. A fim de possibilitar o exercício do direito previsto neste artigo, o juiz deve indicar com precisão as irregularidades e vícios que entende presentes, determinando em seguida a intimação da parte.
- *Contagem do prazo para emenda da inicial*: o prazo referido na norma é de natureza "processual", devendo a sua contagem considerar, nos termos do art. 219, apenas os dias úteis.

DICAS DE PRÁTICA JURÍDICA

- *Petição oferecendo manifestação para atender ordem judicial*: instado pelo juiz a corrigir a petição inicial ou a juntar documento faltante, o interessado poderá oferecer manifestação por meio de petição intermediária com a seguinte estrutura: endereçamento; qualificação; resumo dos fatos; razões (manifestação); pedidos.

Art. 802. Na execução, o despacho que ordena a citação, desde que realizada em observância ao disposto no § 2º do art. 240, interrompe a prescrição, ainda que proferido por juízo incompetente.
Parágrafo único. A interrupção da prescrição retroagirá à data de propositura da ação.

REFERÊNCIAS LEGISLATIVAS

- Arts. 238 a 268, CPC; arts. 202, I, 206, CC.

ANOTAÇÕES

- *Prescrição*: é a perda da faculdade que a pessoa tem de fazer valer seu direito por meio da tutela jurisdicional, em razão de não ter procurado o Poder Judiciário dentro do prazo previsto em lei (art. 206, CC). A citação válida interrompe a prescrição, ou seja, interrompe o prazo que a parte tinha para ajuizar a ação, e esta interrupção retroage à data da propositura da ação.

JURISPRUDÊNCIA

- Súmula 150 do STF: Prescreve a execução no mesmo prazo de prescrição da ação.
- Súmula 106 do STJ: Proposta a ação no prazo fixado para o seu exercício, a demora na citação, por motivos inerentes ao mecanismo da justiça, não justifica o acolhimento da arguição de prescrição e decadência.
- O acórdão regional está em sintonia com a atual jurisprudência da Corte Especial deste Superior Tribunal que, no julgamento do REsp 1340444/RS, pacificou o entendimento segundo o qual o prazo prescricional para a pretensão executória é único e o ajuizamento de execução da obrigação de fazer não interrompe o prazo para a propositura da execução que visa ao cumprimento da obrigação de pagar (STJ, AgInt no REsp 1601586/SP, Ministro Sérgio Kukina, T1 – Primeira Turma, *DJe* 21/05/2020).
- É firme o entendimento desta Corte de que o pedido de parcelamento fiscal interrompe o lapso da prescrição, ainda que indeferido, visto que configura confissão extrajudicial do débito, nos termos do art. 174, parágrafo único, IV, do CTN (STJ, AgInt no AgRg no REsp 1480908/RS, Ministro Napoleão Nunes Maia Filho, T1 – Primeira Turma, *DJe* 12/05/2020).

Art. 803. É nula a execução se:

I – o título executivo extrajudicial não corresponder a obrigação certa, líquida e exigível;

II – o executado não for regularmente citado;

III – for instaurada antes de se verificar a condição ou de ocorrer o termo.

Parágrafo único. A nulidade de que cuida este artigo será pronunciada pelo juiz, de ofício ou a requerimento da parte, independentemente de embargos à execução.

REFERÊNCIAS LEGISLATIVAS

- Arts. 103, 239, 783, 784, 917, I, CPC; arts. 5º, 104, 121 a 137, CC.

ANOTAÇÕES

- ***Nulidades***: os atos processuais, como qualquer ato jurídico, estão sujeitos às exigências comuns de validade previstas no Código Civil (art. 104, CC), quais sejam: agente capaz; objeto lícito; forma prescrita ou não defesa em lei. No campo da capacidade, deve-se acrescentar que, além de a parte ser capaz (art. 5º, CC), deve estar representada por advogado ou pelo Ministério Público, nos casos previstos em lei, visto que para a prática do ato processual exige-se, de regra, também a capacidade postulatória (art. 103, CPC). Ordinariamente, os tratadistas classificam as nulidades dos atos processuais em três categorias, quais sejam: *atos inexistentes*; *atos anuláveis* (nulidade relativa); *atos nulos* (nulidade absoluta).
- ***Obrigação líquida, certa e exigível***: é aquela perfeitamente determinada quanto ao seu valor, qualidade e quantidade, sobre a qual não haja dúvidas sobre sua existência e, por fim, que não esteja sob dependência de termo ou condição.
- ***Inexistência da citação***: segundo o art. 239, a citação do executado é indispensável para a validade do processo; na verdade, sem a citação não se forma a relação jurídica processual.

- ***Condição***: considera-se condição a cláusula que subordina o efeito do ato jurídico a evento futuro e incerto (art. 121, CC). A condição pode ser "suspensiva", quando impede que a avença se aperfeiçoe até o advento da condição, ou "resolutiva", quando o ajuste tem efeito até que ocorra o advento da condição. Nem todos os tipos de atos jurídicos comportam condição, por exemplo: casamento, adoção, emancipação, reconhecimento de filho, renúncia à herança.
- ***Termo***: é evento futuro e certo; em outras palavras, é o dia no qual deve começar ou terminar um negócio jurídico. O "termo inicial", *dies a quo*, fixa o momento em que a eficácia do negócio deve ter início, e o "termo final", *dies ad quem*, estabelece o momento em que a eficácia do negócio termina. Embora "o termo" seja evento inevitável, pode ser incerto quanto à data de sua verificação, por exemplo, a morte de uma pessoa.
- ***Suscitação das nulidades***: o juiz pode conhecer das nulidades apontadas nesta norma de ofício ou mediante requerimento da parte interessada.

DICAS DE PRÁTICA JURÍDICA

- ***Como pedir que o juiz conheça das nulidades previstas neste artigo***: o interessado pode tomar a iniciativa de apontar a ocorrência de qualquer das nulidades previstas neste artigo por meio de "simples petição intermediária" endereçada ao próprio juiz da causa (endereçamento, qualificação, razões, pedido); não é necessária a interposição de embargos à execução.

JURISPRUDÊNCIA

- No tratamento das nulidades processuais, a jurisprudência do STJ é firme no sentido de ser imprescindível a demonstração de efetivo prejuízo às partes (STJ, REsp 1.661.990/MS, Ministra Nancy Andrighi, T3 – Terceira Turma, *DJe* 22/08/2017).

Art. 804. A alienação de bem gravado por penhor, hipoteca ou anticrese será ineficaz em relação ao credor pignoratício, hipotecário ou anticrético não intimado.

§ 1º A alienação de bem objeto de promessa de compra e venda ou de cessão registrada será ineficaz em relação ao promitente comprador ou ao cessionário não intimado.

§ 2º A alienação de bem sobre o qual tenha sido instituído direito de superfície, seja do solo, da plantação ou da construção, será ineficaz em relação ao concedente ou ao concessionário não intimado.

§ 3º A alienação de direito aquisitivo de bem objeto de promessa de venda, de promessa de cessão ou de alienação fiduciária será ineficaz em relação ao promitente vendedor, ao promitente cedente ou ao proprietário fiduciário não intimado.

§ 4º A alienação de imóvel sobre o qual tenha sido instituída enfiteuse, concessão de uso especial para fins de moradia ou concessão de direito real de uso será ineficaz em relação ao enfiteuta ou ao concessionário não intimado.

§ 5º A alienação de direitos do enfiteuta, do concessionário de direito real de uso ou do concessionário de uso especial para fins de moradia será ineficaz em relação ao proprietário do respectivo imóvel não intimado.

§ 6º A alienação de bem sobre o qual tenha sido instituído usufruto, uso ou habitação será ineficaz em relação ao titular desses direitos reais não intimado.

⚖️ REFERÊNCIAS LEGISLATIVAS

- Arts. 674, § 2º, IV, 799, CPC; arts. 1.390 a 1.510, 2.038, CC.

📚 ANOTAÇÕES

- ***Ineficácia da alienação forçada***: em consonância com os deveres impostos ao exequente no art. 799, a presente norma estabelece de forma mais direta a ineficácia da alienação forçada por falta de intimação dos credores e demais terceiros (ineficaz em relação aos que deveriam ter sido intimados).

> **Art. 805.** Quando por vários meios o exequente puder promover a execução, o juiz mandará que se faça pelo modo menos gravoso para o executado.
>
> Parágrafo único. Ao executado que alegar ser a medida executiva mais gravosa incumbe indicar outros meios mais eficazes e menos onerosos, sob pena de manutenção dos atos executivos já determinados.

⚖️ REFERÊNCIAS LEGISLATIVAS

- Arts. 829, § 2º, 835, 847 a 853, 867, 1.015, parágrafo único, CPC.

📚 ANOTAÇÕES

- ***Princípio da menor onerosidade***: a fim de contrabalançar o poder do credor sobre os bens do devedor, o legislador estabeleceu que a execução deva se efetivar pelo meio menos gravoso, desde que haja, é claro, mais de um meio de se dar satisfação ao credor; neste sentido, cabe ao devedor peticionar requerendo a mudança, ou alteração, de atos executivos. Por exemplo, pode o devedor requerer a substituição do bem penhorado e/ou o abrandamento de atos a fim de permitir, por exemplo, a continuidade da atividade empresarial (art. 867, CPC).

💡 DICAS DE PRÁTICA JURÍDICA

- ***Petição requerendo alteração de atos executivos***: a manifestação do devedor requerendo a alteração de eventual ato executivo pode se dar por simples petição intermediária dirigida ao juiz da execução, onde o interessado, após se qualificar, deve indicar os meios que sejam menos onerosos para ele, e seu negócio; a indicação pode se dar ainda de forma incidental no bojo de eventuais embargos à execução.

⚖️ JURISPRUDÊNCIA

- Súmula 417 do STJ: Na execução civil, a penhora de dinheiro na ordem de nomeação de bens não tem caráter absoluto.
- O princípio da menor onerosidade da execução não é absoluto, devendo ser observado em consonância com o princípio da efetividade da execução, preservando-se o interesse do credor (STJ, AgInt no AREsp 1.563.740/RJ, Relator Ministro Raul Araújo, T4 – Quarta Turma, *DJe* 25/05/2020).

- O entendimento desta Corte é no sentido de que a penhora dos ativos financeiros, por si só, não implica violação ao princípio da menor onerosidade, pois eventual ofensa deve ser comprovada e apreciada caso a caso, não decorrendo automaticamente da constrição (STJ, AgInt no REsp 1824695/RO, Ministro Benedito Gonçalves, T1 – Primeira Turma, *DJe* 02/09/2020).
- Com base no princípio da menor onerosidade do executado, a jurisprudência desta Corte permite a inobservância da regra de prioridade de penhora, quando, com base nas provas dos autos, verifique-se que a constrição do bem prioritário possa causa prejuízo excessivo ao devedor (STJ, AgInt no REsp 1574205/MG, Ministro Marco Buzzi, T4 – Quarta Turma, *DJe* 28/05/2020).
- Embora deva a execução ser processada do modo menos gravoso ao devedor, ela há de realizar-se no interesse do credor, que busca, pela penhora, a satisfação da dívida inadimplida (STJ, AgInt no AREsp 956.931/SP, Ministra Maria Isabel Gallotti, T4 – Quarta Turma, *DJe* 10/04/2017).

CAPÍTULO II
DA EXECUÇÃO PARA A ENTREGA DE COISA

Seção I
Da Entrega de Coisa Certa

Art. 806. O devedor de obrigação de entrega de coisa certa, constante de título executivo extrajudicial, será citado para, em 15 (quinze) dias, satisfazer a obrigação.

§ 1º Ao despachar a inicial, o juiz poderá fixar multa por dia de atraso no cumprimento da obrigação, ficando o respectivo valor sujeito a alteração, caso se revele insuficiente ou excessivo.

§ 2º Do mandado de citação constará ordem para imissão na posse ou busca e apreensão, conforme se tratar de bem imóvel ou móvel, cujo cumprimento se dará de imediato, se o executado não satisfizer a obrigação no prazo que lhe foi designado.

REFERÊNCIAS LEGISLATIVAS

- Arts. 219, 238 a 268, 772, 777, 914 a 920, CPC; arts. 233 a 242, CC.

ANOTAÇÕES

- **Obrigação de dar coisa certa**: envolve a entrega de um bem perfeitamente determinado e individualizado, com características próprias, único (*v.g.*, uma joia, não qualquer joia, mas uma em especial, perfeitamente individualizada; um carro, não qualquer carro, mas um em especial, perfeitamente individualizado pela indicação da chapa, do chassi; um quadro, não qualquer quadro, mas um em especial, com indicação de suas características, autor etc.).
- **Astreinte**: a multa periódica de atraso constitui importante instrumento de pressão à disposição do juiz, a fim de coagir o devedor a cumprir a obrigação, razão pela qual a sua imposição só tem cabimento quando a prestação específica é possível. O valor da multa pode ser revisto, para cima ou para baixo, conforme as circunstâncias do processo. Informa a norma que a iniciativa de fixação da multa pode ser do próprio juiz de ofício, sem prejuízo, claro, de iniciativa do próprio interessado, que pode fazê-lo na exordial, quando do pedido.

JURISPRUDÊNCIA

- É firme a jurisprudência desta Corte no sentido de que a decisão que fixa multa cominatória não preclui nem faz coisa julgada material, podendo ser revista a qualquer tempo (STJ, AgInt no REsp 1846156/SP, Ministro Marco Aurélio Bellizze, T3 – Terceira Turma, *DJe* 21/09/2020).

> **Art. 807.** Se o executado entregar a coisa, será lavrado o termo respectivo e considerada satisfeita a obrigação, prosseguindo-se a execução para o pagamento de frutos ou o ressarcimento de prejuízos, se houver.

REFERÊNCIAS LEGISLATIVAS

- Art. 806, CPC; arts. 233 a 242, CC.

ANOTAÇÕES

- ***Exoneração do devedor***: embora o texto do artigo não diga, a satisfação da obrigação tem como pressuposto que o credor aceite a coisa entregue, ou seja, declare ser aquele o bem buscado.

> **Art. 808.** Alienada a coisa quando já litigiosa, será expedido mandado contra o terceiro adquirente, que somente será ouvido após depositá-la.

REFERÊNCIAS LEGISLATIVAS

- Arts. 674 a 681, 792, CPC; arts. 158 a 165, CC.

ANOTAÇÕES

- ***Alienação de coisa litigiosa***: se o bem buscado foi alienado pelo devedor após instaurada a lide (fraude à execução), o juiz, mediante denúncia do exequente, determinará a expedição do mandado de busca e apreensão ou de imissão de posse, conforme o caso; o terceiro poderá se fazer ouvir por meio dos "embargos de terceiro", que podem ser interpostos depois de este depositar o bem ou emitir na posse o credor.
- ***Fraude à execução***: ocorre quando o devedor aliena ou onera bens de que seja titular em prejuízo de processo executivo. Não se confunde com a "fraude contra credores", visto que no primeiro caso já existe um processo executivo em andamento, daí a atitude do devedor afrontar não só os direitos privados do credor, mas também a dignidade da própria justiça. A "fraude contra credores" deve ser apurada por meio de ação autônoma (pauliana/revocatória), tendo várias exigências específicas; já a "fraude à execução" não exige nenhuma ação, apenas que o credor, por meio de simples petição intermediária, noticie ao juiz o que está acontecendo, juntando as provas que possuir, para que este, depois de ouvir o terceiro, que deverá ser intimado e poderá oferecer embargos de terceiro no prazo de 15 dias, decrete a ineficácia do ato fraudulento (art. 792, § 1º).

Art. 809. O exequente tem direito a receber, além de perdas e danos, o valor da coisa, quando essa se deteriorar, não lhe for entregue, não for encontrada ou não for reclamada do poder de terceiro adquirente.

§ 1º Não constando do título o valor da coisa e sendo impossível sua avaliação, o exequente apresentará estimativa, sujeitando-a ao arbitramento judicial.

§ 2º Serão apurados em liquidação o valor da coisa e os prejuízos.

REFERÊNCIAS LEGISLATIVAS

- Arts. 234, 236, 402 a 405, 927 a 954, CC.

ANOTAÇÕES

- *Perda ou deterioração do bem*: a perda ou deterioração da coisa gera questionamento sobre as circunstâncias em que tal fato ocorreu e se houve ou não culpa do devedor. Informa o art. 234 do CC que, se "a coisa se perder, sem culpa do devedor, antes da tradição, ou pendente a condição suspensiva, fica resolvida a obrigação para ambas as partes; se a perda resultar de culpa do devedor, responderá este pelo equivalente e mais perdas e danos". No caso de deterioração, informa o art. 235 do CC que, "deteriorada a coisa, não sendo o devedor culpado, poderá o credor resolver a obrigação, ou aceitar a coisa, abatido de seu preço o valor que perdeu".
- *Reparação das perdas e danos*: se o credor desistir de receber a coisa, ou for isso impossível, este pode optar por converter a execução para a entrega de coisa certa para a "execução por quantia certa", e deverá ser previamente apurado o valor da indenização em liquidação.
- *Perdas e danos*: pode ser de natureza material e/ou moral e abrange o dano emergente e o lucro cessante, isto é, tudo o que a vítima efetivamente perdeu mais tudo o que ela deixou razoavelmente de ganhar.

Art. 810. Havendo benfeitorias indenizáveis feitas na coisa pelo executado ou por terceiros de cujo poder ela houver sido tirada, a liquidação prévia é obrigatória.

Parágrafo único. Havendo saldo:

I – em favor do executado ou de terceiros, o exequente o depositará ao requerer a entrega da coisa;

II – em favor do exequente, esse poderá cobrá-lo nos autos do mesmo processo.

REFERÊNCIAS LEGISLATIVAS

- Arts. 509 a 512, 917, IV, 1.015, parágrafo único, CPC; arts. 96, 1.219 a 1.222, CC.

ANOTAÇÕES

- *Benfeitorias*: entram na classe dos bens acessórios, são obras ou despesas que se fazem num bem móvel ou imóvel (art. 96, CC), com escopo de conservá-lo (necessárias), melhorá-lo (úteis) ou embelezá-lo (voluptuárias).

DICAS DE PRÁTICA JURÍDICA

- *Manifestação do devedor ou do terceiro*: tendo realizado benfeitorias indenizáveis no bem a ser entregue, o devedor ou terceiro possuidor pode levantar a questão, com pedido ou não de retenção, nos próprios embargos à execução ou de terceiros. Para encontrar modelo editável de ambos, veja nosso *Prática no processo civil*, da Editora Atlas.

Seção II
Da Entrega de Coisa Incerta

Art. 811. Quando a execução recair sobre coisa determinada pelo gênero e pela quantidade, o executado será citado para entregá-la individualizada, se lhe couber a escolha.

Parágrafo único. Se a escolha couber ao exequente, esse deverá indicá-la na petição inicial.

REFERÊNCIAS LEGISLATIVAS

- Arts. 806, 813, CPC; arts. 243 a 246, CC.

ANOTAÇÕES

- *Obrigação de dar coisa incerta*: sendo o objeto da execução dar coisa incerta, ou seja, indicada apenas pelo gênero e pela quantidade, necessário que o procedimento se inicie com um ato de escolha (concentração), de individualização do bem, a fim de possibilitar a execução específica.
- *Prazo para a escolha*: informa a norma que, no caso de que a escolha caiba ao exequente, este deve fazê-la na petição inicial; de outro lado, cabendo a escolha ao devedor, este, segundo a norma, deve ser citado para entregar o bem de forma individualizada (portanto, já escolhida). Note que a norma não fixa um prazo certo para a ação do devedor. Neste caso, se não houver previsão de um prazo no próprio título, entendo que este é de 15 dias, visto que o art. 813 informa que se devem aplicar à execução para entrega de coisa incerta, no que couber, as disposições previstas para a execução para a entrega de coisa certa. Sendo assim, considerando que o art. 806 informa que o devedor será citado para fazer a entrega do bem no prazo de 15 dias, a meu ver, como disse, também deve ser este o prazo concedido para que o devedor faça a escolha e entregue o bem individualizado.

Art. 812. Qualquer das partes poderá, no prazo de 15 (quinze) dias, impugnar a escolha feita pela outra, e o juiz decidirá de plano ou, se necessário, ouvindo perito de sua nomeação.

REFERÊNCIAS LEGISLATIVAS

- Arts. 219, 464 a 480, 1.015, parágrafo único, CPC; art. 244, CC.

ANOTAÇÕES

- ***Que coisa dar***: o texto deste artigo abre a possibilidade de qualquer das partes impugnar a escolha feita pela outra nos próprios autos da execução; claro que não há que se falar em entrega do bem, enquanto o juiz não decidir o incidente que irá justamente especificar exatamente qual bem deverá ser entregue. Sobre o tema, lembro que o Código Civil, no art. 244, estabelece como critério norteador do direito de escolha das partes a seguinte premissa: o devedor *"não poderá dar a coisa pior, nem será obrigado a prestar a melhor"*.
- ***Contagem do prazo para oferecimento de impugnação***: o prazo referido no *caput* desta norma é de natureza "processual", devendo a sua contagem considerar, nos termos do art. 219, apenas os dias úteis.

DICAS DE PRÁTICA JURÍDICA

- ***Como oferecer impugnação***: o interessado pode impugnar a escolha feita pelo outro por meio de "petição intermediária" endereçada ao próprio juiz da causa com a seguinte estrutura: endereçamento; qualificação; resumo dos fatos; razões; pedido.

Art. 813. Aplicar-se-ão à execução para entrega de coisa incerta, no que couber, as disposições da Seção I deste Capítulo.

REFERÊNCIAS LEGISLATIVAS

- Arts. 806 a 810, CPC.

ANOTAÇÕES

- ***Procedimento***: feita a escolha, a obrigação de dar coisa incerta se transforma em uma obrigação de dar coisa certa, daí a razão da presente norma, que remete os interessados ao procedimento previsto nos arts. 806 a 810.

CAPÍTULO III
DA EXECUÇÃO DAS OBRIGAÇÕES DE FAZER OU DE NÃO FAZER

Seção I
Disposições Comuns

Art. 814. Na execução de obrigação de fazer ou de não fazer fundada em título extrajudicial, ao despachar a inicial, o juiz fixará multa por período de atraso no cumprimento da obrigação e a data a partir da qual será devida.

Parágrafo único. Se o valor da multa estiver previsto no título e for excessivo, o juiz poderá reduzi-lo.

REFERÊNCIAS LEGISLATIVAS

- Arts. 537, 772, 784, CPC; arts. 247 a 251, CC.

ANOTAÇÕES

- **Obrigação de fazer ou de não fazer**: ensina a doutrina civilista que a "obrigação de fazer" é aquela pela qual o devedor se obriga a prestar um serviço; já a "obrigação de não fazer" é aquela em que o devedor se compromete a se abster de praticar algum ato que normalmente poderia fazê-lo.
- **Astreinte**: a multa periódica de atraso constitui importante instrumento de pressão à disposição do juiz, a fim de coagir o devedor a cumprir a obrigação, razão pela qual a sua imposição só tem cabimento quando a prestação específica é possível. O valor da multa pode ser revisto, para cima ou para baixo, conforme as circunstâncias do processo.

JURISPRUDÊNCIA

- Súmula 410 do STJ: A prévia intimação do devedor constitui condição necessária para a cobrança de multa pelo descumprimento de obrigação de fazer ou não fazer.
- É firme a jurisprudência desta Corte no sentido de que a decisão que fixa multa cominatória não preclui nem faz coisa julgada material, podendo ser revista a qualquer tempo (STJ, AgInt no REsp 1846156/SP, Ministro Marco Aurélio Bellizze, T3 – Terceira Turma, *DJe* 21/09/2020).
- A decisão que arbitra *astreintes*, instrumento de coerção indireta ao cumprimento do julgado, não faz coisa julgada material, podendo, por isso mesmo, ser modificada, a requerimento da parte ou de ofício, seja para aumentar ou diminuir o valor da multa ou, ainda, para suprimi-la (STJ, REsp 1.691.748/PR, Ministro Ricardo Villas Bôas Cueva, T3 – Terceira Turma, *DJe* 17/11/2017).
- A jurisprudência desta Corte firmou-se no mesmo sentido da tese esposada pelo Tribunal de origem, segundo a qual é possível ao juiz, de ofício ou a requerimento da parte, fixar multa diária cominatória – *astreinte*s –, ainda que contra a Fazenda Pública, em caso de descumprimento de obrigação de fazer (STJ, REsp 1.652.556, Ministra Regina Helena Costa, *DP* 07/11/2017).

Seção II
Da Obrigação de Fazer

Art. 815. Quando o objeto da execução for obrigação de fazer, o executado será citado para satisfazê-la no prazo que o juiz lhe designar, se outro não estiver determinado no título executivo.

REFERÊNCIAS LEGISLATIVAS

- Art. 5º, II, CF; art. 814, CPC; arts. 247 a 249, CC.

ANOTAÇÕES

- **Obrigação de fazer**: tradicionalmente, a doutrina conceitua "obrigação de fazer" como negócio jurídico que vincula o devedor à prestação de um serviço em benefício do credor ou de terceira pessoa (*v.g.*, construir o muro de um terreno; escrever um livro; organizar uma festa; efetuar uma operação etc.). Em alguns casos, a prestação do serviço deve ser feita pelo próprio devedor; são as chamadas obrigações pessoais, infungíveis ou *intuitu personae*, que levam em consideração as qualidades pessoais do obrigado, podendo o credor exigir que a prestação avençada seja fornecida pelo próprio devedor, devido a sua habilidade técnica, cultura, reputação, idoneidade etc. (*v.g.*, serviços prestados por um ilustre advogado, artista, cantor, poeta, mecânico etc.).

- **Execução de obrigação de fazer**: inicialmente há que se consignar que somente as obrigações que podem ser cumpridas por terceiros podem ser objeto de execução específica; as "obrigações pessoais" necessariamente devem se resolver em perdas e danos (art. 247, CC), caso o executado se recuse a cumpri-la (art. 821). Quanto ao prazo para o cumprimento da obrigação, fica na exclusiva dependência do juiz, que deve analisar o tempo e condições necessárias à realização do serviço, concedendo então prazo razoável para que o devedor a execute.

Art. 816. Se o executado não satisfizer a obrigação no prazo designado, é lícito ao exequente, nos próprios autos do processo, requerer a satisfação da obrigação à custa do executado ou perdas e danos, hipótese em que se converterá em indenização.

Parágrafo único. O valor das perdas e danos será apurado em liquidação, seguindo-se a execução para cobrança de quantia certa.

REFERÊNCIAS LEGISLATIVAS

- Arts. 509 a 512, 817 e 821, CPC; arts. 247 a 249, 402 a 405, CC.

ANOTAÇÕES

- **Obrigações de fazer fungíveis**: são aquelas que podem ser satisfeitas por terceiros no caso de o devedor tornar-se inadimplente. Tal característica é fundamental para estabelecer as possibilidades que o procedimento da ação executiva oferece ao devedor, qual seja, execução por terceiro (art. 817, CPC) ou perdas e danos (art. 821, CPC).

Art. 817. Se a obrigação puder ser satisfeita por terceiro, é lícito ao juiz autorizar, a requerimento do exequente, que aquele a satisfaça à custa do executado.

Parágrafo único. O exequente adiantará as quantias previstas na proposta que, ouvidas as partes, o juiz houver aprovado.

REFERÊNCIAS LEGISLATIVAS

- Art. 805, CPC; arts. 249, 402 a 405, CC.

DICAS DE PRÁTICA JURÍDICA

- **Requerendo a satisfação da obrigação à custa do executado**: o requerimento mencionado no *caput* deste artigo deve ser feito por simples petição intermediária nos mesmos autos (endereçamento, qualificação, fatos, pedidos); recomenda-se que o interessado já apresente junto ao requerimento três orçamentos da obra, indicando a sua preferência e os motivos dela, a fim de possibilitar ao juiz aprovar a proposta que seja mais adequada (art. 805, CPC), após abrir oportunidade para manifestação do executado.

> **Art. 818.** Realizada a prestação, o juiz ouvirá as partes no prazo de 10 (dez) dias e, não havendo impugnação, considerará satisfeita a obrigação.
>
> Parágrafo único. Caso haja impugnação, o juiz a decidirá.

REFERÊNCIAS LEGISLATIVAS

- Arts. 10, 219, 1.015, parágrafo único, CPC.

ANOTAÇÕES

- **Cumprimento da obrigação**: o credor deverá informar o cumprimento satisfatório da obrigação por terceiro, fato que poderá ser impugnado pelo devedor, visto ser ele quem irá responder pelos custos. No caso de o credor ter adiantado as despesas, poderá, nos próprios autos, proceder com a execução por quantia certa.
- **Contagem do prazo para manifestação das partes**: o prazo referido no *caput* desta norma é de natureza "processual", devendo a sua contagem considerar, nos termos do art. 219, apenas os dias úteis.

DICAS DE PRÁTICA JURÍDICA

- **Como oferecer impugnação e/ou manifestação**: as partes podem se manifestar seja para informar que concordam com o serviço realizado ou para impugnar a sua realização. Independentemente do caso, o interessado deve se valer de simples "petição intermediária" endereçada ao próprio juiz da causa e com a seguinte estrutura: endereçamento; qualificação; resumo dos fatos; razões; pedidos.

> **Art. 819.** Se o terceiro contratado não realizar a prestação no prazo ou se o fizer de modo incompleto ou defeituoso, poderá o exequente requerer ao juiz, no prazo de 15 (quinze) dias, que o autorize a concluí-la ou a repará-la à custa do contratante.
>
> Parágrafo único. Ouvido o contratante no prazo de 15 (quinze) dias, o juiz mandará avaliar o custo das despesas necessárias e o condenará a pagá-lo.

REFERÊNCIAS LEGISLATIVAS

- Arts. 219, 1.015, parágrafo único, CPC.

ANOTAÇÕES

- **Responsabilidade do terceiro contratado**: se o terceiro contratado pelo credor não realizar o serviço a contento, o juiz, depois de ouvi-lo, poderá autorizar que o credor contrate outro prestador de serviço para concluir o serviço ou repará-lo, às custas do primeiro contratado; a execução destes valores também poderá ser feita nos mesmos autos.

Art. 820. Se o exequente quiser executar ou mandar executar, sob sua direção e vigilância, as obras e os trabalhos necessários à realização da prestação, terá preferência, em igualdade de condições de oferta, em relação ao terceiro.

Parágrafo único. O direito de preferência deverá ser exercido no prazo de 5 (cinco) dias, após aprovada a proposta do terceiro.

REFERÊNCIAS LEGISLATIVAS

- Arts. 219 e 817, CPC.

ANOTAÇÕES

- *Direito de preferência do credor*: embora o processo executivo mencionado nesta seção tenha como pressuposto a inadimplência do devedor, o legislador lhe garante a possibilidade de realizar a obrigação nos termos da proposta aprovada pelo juiz (art. 817, CPC).

Art. 821. Na obrigação de fazer, quando se convencionar que o executado a satisfaça pessoalmente, o exequente poderá requerer ao juiz que lhe assine prazo para cumpri-la.

Parágrafo único. Havendo recusa ou mora do executado, sua obrigação pessoal será convertida em perdas e danos, caso em que se observará o procedimento de execução por quantia certa.

REFERÊNCIAS LEGISLATIVAS

- Arts. 509 a 512, 537, 771, parágrafo único, 814, CPC; arts. 247, 402 a 405, CC.

ANOTAÇÕES

- *Obrigações infungíveis*: são aquelas que só podem ser cumpridas, satisfeitas, pelo próprio devedor. Na eventualidade de este ficar em mora ou tornar-se inadimplente, o credor pode buscar por meio do processo executivo a prestação específica, porém não se pode "forçar" o devedor a efetivamente cumpri-la, vez que o nosso direito não aceita o emprego da força física contra a pessoa do devedor para exigir o cumprimento da obrigação (*nemo potest cogi ad factum*). Deixando o devedor de cumprir a prestação no prazo fixado no título ou pelo juiz, o credor, considerando a impossibilidade da execução específica, poderá requerer a sua conversão em execução por quantia certa contra devedor solvente, a fim de cobrar perdas e danos.

Seção III
Da Obrigação de Não Fazer

Art. 822. Se o executado praticou ato a cuja abstenção estava obrigado por lei ou por contrato, o exequente requererá ao juiz que assine prazo ao executado para desfazê-lo.

REFERÊNCIAS LEGISLATIVAS

- Art. 814, CPC; arts. 250 e 251, CC.

ANOTAÇÕES

- ***Obrigação de não fazer***: é aquela em que o devedor assume o compromisso de não praticar algum fato que normalmente poderia fazê-lo, caso não tivesse se obrigado em face do credor (*v.g.*, não vender uma casa a não ser ao credor; não construir muro acima de certa altura; o alienante de algum negócio se obriga a não abrir outro, no mesmo ramo, durante certo lapso de tempo; o empregado que se obriga a guardar segredo industrial; a empresa que se obriga a entregar a representação de seus produtos, para certo setor, com exclusividade para alguém etc.).
- ***Execução de obrigação de não fazer***: interessante que a solução de uma obrigação de não fazer é justamente "fazer" alguma coisa, qual seja, o desfazimento do ato a que tinha se obrigado a não fazer, quando isso for possível. Cabe ao juiz, após analisar as circunstâncias que envolvem a obrigação, fixar o prazo para a ação do devedor.

JURISPRUDÊNCIA

- A obrigação de não fazer é uma obrigação negativa, e estará sendo cumprida enquanto o obrigado não realizar a atividade que está obrigado a não fazer. Assim, só há legitimidade para a execução de obrigação de não fazer se a mesma tiver sido descumprida, ou seja, se o obrigado tiver realizado a atividade que não podia realizar (STJ, AgRg no REsp 1399545/MS, Ministro Luis Felipe Salomão, T4 – Quarta Turma, *DJe* 01/12/2015).

> **Art. 823.** Havendo recusa ou mora do executado, o exequente requererá ao juiz que mande desfazer o ato à custa daquele, que responderá por perdas e danos.
>
> Parágrafo único. Não sendo possível desfazer-se o ato, a obrigação resolve-se em perdas e danos, caso em que, após a liquidação, se observará o procedimento de execução por quantia certa.

REFERÊNCIAS LEGISLATIVAS

- Arts. 537, 771, parágrafo único, 814, CPC; arts. 251, 402 a 405, CC.

ANOTAÇÕES

- ***Mora do executado***: diante da mora do devedor, o exequente pode requerer ao juiz, por meio de simples petição intermediária, que o desfazimento seja procedido pelo próprio ou por terceiro às custas do executado. Não sendo possível o desfazimento, a obrigação de não fazer se transmuda em uma obrigação de pagar quantia certa, valor este a ser apurado em liquidação.

CAPÍTULO IV
DA EXECUÇÃO POR QUANTIA CERTA

Seção I
Disposições Gerais

Art. 824. A execução por quantia certa realiza-se pela expropriação de bens do executado, ressalvadas as execuções especiais.

REFERÊNCIAS LEGISLATIVAS

- Arts. 528, 789, 805, CPC.

ANOTAÇÕES

- ***Execução genérica***: ocorrendo inadimplência do devedor quanto a uma obrigação envolvendo o pagamento de certa quantia em dinheiro (*obrigação pecuniária*), o credor pode exigir o seu cumprimento por meio do ajuizamento de "execução por quantia certa". Este tipo de execução cabe, ademais, como maneira de se cobrar obrigação substitutiva (*v.g.*, perdas e danos), quando não for possível, por exemplo, a execução específica (*v.g.*, obrigação de dar, fazer e não fazer).

Art. 825. A expropriação consiste em:

I – adjudicação;

II – alienação;

III – apropriação de frutos e rendimentos de empresa ou de estabelecimentos e de outros bens.

REFERÊNCIAS LEGISLATIVAS

- Arts. 862 a 875, 876 a 878, 879 a 903, CPC.

ANOTAÇÕES

- ***Formas de expropriação de bens do devedor***: o art. 824 estabelece que a "execução por quantia certa" se realiza pela expropriação, ou seja, pela retirada de bens do executado, o que pode acontecer, segundo a presente norma, pelas seguintes formas: (I) pela "adjudicação" de bens do devedor, isto é, o pagamento do débito é feito pela transferência da propriedade de bens do executado para o credor (arts. 876 a 878); (II) pela "alienação" de bens do devedor, isto é, pela venda dos bens, que pode ser promovida de forma particular ou pública (arts. 879 a 903); (III) pela "apropriação de frutos e rendimentos" de bens do devedor (empresas, estabelecimentos, aluguéis etc.), tema que é disciplinado nos arts. 862 a 875.

Art. 826. Antes de adjudicados ou alienados os bens, o executado pode, a todo tempo, remir a execução, pagando ou consignando a importância atualizada da dívida, acrescida de juros, custas e honorários advocatícios.

REFERÊNCIAS LEGISLATIVAS

- Art. 85, CPC; arts. 304 e 334, 1.482, CC.

ANOTAÇÕES

- **Remição x remissão**: remir é resgatar, nos casos permitidos em lei, o bem penhorado que está em vias de ser adjudicado ou alienado; já "remissão" é o perdão de uma dívida ou obrigação.
- **Remição da execução**: remir a execução é a possibilidade que o executado tem de a qualquer momento, antes de adjudicados ou alienados os bens penhorados, pagar ou consignar o valor total do débito cobrado, devidamente atualizado e acrescido de juros, custas e honorários advocatícios.

JURISPRUDÊNCIA

- A remição – assim como, ainda hoje, se dá com a adjudicação e a arrematação – configurava meio expropriatório voltado à conversão forçada da coisa penhorada em dinheiro, com o objetivo de satisfação do credor (STJ, REsp 1.547.988/PE, Ministro Luis Felipe Salomão, T4 – Quarta Turma, *DJe* 30/11/2017).
- O Superior Tribunal de Justiça firmou a orientação de que, se a remição da execução pelo devedor ocorrer antes de realizado o leilão público, não há que se falar em comissão ao leiloeiro, uma vez que inexiste o serviço prestado (STJ, REsp 1.319.255/RS, Ministro Og Fernandes, T2 – Segunda Turma, *DJe* 14/11/2017).

Seção II
Da Citação do Devedor e do Arresto

Art. 827. Ao despachar a inicial, o juiz fixará, de plano, os honorários advocatícios de dez por cento, a serem pagos pelo executado.

§ 1º No caso de integral pagamento no prazo de 3 (três) dias, o valor dos honorários advocatícios será reduzido pela metade.

§ 2º O valor dos honorários poderá ser elevado até vinte por cento, quando rejeitados os embargos à execução, podendo a majoração, caso não opostos os embargos, ocorrer ao final do procedimento executivo, levando-se em conta o trabalho realizado pelo advogado do exequente.

REFERÊNCIAS LEGISLATIVAS

- Arts. 5º, 79 e 80, 85, 98, VI, 219, 774, 782, § 3º, 829, 914 a 920, CPC.

ANOTAÇÕES

- **_Efetividade e celeridade da execução_**: a presente norma busca dar efetividade e celeridade à execução, para tanto impõe limite aos honorários advocatícios e incentiva o cumprimento da obrigação por meio da concessão de um desconto de 5% no valor dos honorários, se o executado quitar totalmente a sua obrigação. Por outro lado, procura punir o uso indevido dos embargos à execução e, de modo geral, a simples procrastinação da quitação do débito, prevendo a possibilidade de os honorários serem dobrados (de 10% para 20%).

JURISPRUDÊNCIA

- É válido o arbitramento dos honorários advocatícios mediante juízo de equidade para os casos de extinção, sem resolução de mérito, de execução fiscal de crédito cuja higidez foi objeto de impugnação pelo devedor em sede de ação conexa (STJ, AgInt no REsp 1771053/MG, Ministro Gurgel de Faria, T1 – Primeira Turma, _DJe_ 30/09/2020).
- Segundo a jurisprudência do STJ, os honorários advocatícios são devidos pela parte executada na hipótese de extinção da Execução Fiscal em decorrência do pagamento extrajudicial do quantum, após ajuizada a ação e ainda que não tenha sido promovida a citação (STJ, REsp 1854592/SC, Ministro Herman Benjamin, T2 – Segunda Turma, _DJe_ 31/08/2020).
- Com a ressalva do entendimento pessoal desta Relatora, a 2ª Seção do STJ definiu que a fixação dos honorários de sucumbência, sob a égide do CPC/2015, sujeita-se à seguinte ordem de preferência: (I) primeiro, quando houver condenação, devem ser fixados entre 10% e 20% sobre o montante desta (art. 85, § 2º); (II) segundo, não havendo condenação, serão também fixados entre 10% e 20%, das seguintes bases de cálculo: (II.a) sobre o proveito econômico obtido pelo vencedor (art. 85, § 2º); ou (II.b) não sendo possível mensurar o proveito econômico obtido, sobre o valor atualizado da causa (art. 85, § 2º); por fim, (III) havendo ou não condenação, nas causas em que for inestimável ou irrisório o proveito econômico ou em que o valor da causa for muito baixo, deverão, só então, ser fixados por apreciação equitativa (art. 85, § 8º) (STJ, AgInt no REsp 1818277/RO, Ministra Nancy Andrighi, T3 – Terceira Turma, _DJe_ 23/04/2020).
- Em observância ao art. 827, _caput_, do CPC/2015, no despacho inicial da execução de título extrajudicial, serão fixados honorários advocatícios de dez por cento, a serem pagos pelo executado. Precedente da Quarta Turma do STJ (STJ, AgInt nos EDcl no REsp 1811222/SP, T4 – Quarta Turma, Ministro Raul Araújo, _DJe_ 25/03/2020).
- É indiscutível o fato de que a jurisprudência desta Corte Superior entende que os honorários fixados no despacho inicial da execução possuem caráter provisório. Contudo, percebe-se que a legislação de regência prevê apenas a majoração desses honorários, não havendo previsão legal para que a aludida verba seja reduzida, salvo no caso de pagamento do débito no prazo de três dias, o que não se verifica na espécie (STJ, REsp 1819875/SP, Ministro Ricardo Villas Bôas Cueva, T3 – Terceira Turma, _DJe_ 19/12/2019).

Art. 828. O exequente poderá obter certidão de que a execução foi admitida pelo juiz, com identificação das partes e do valor da causa, para fins de averbação no registro de imóveis, de veículos ou de outros bens sujeitos a penhora, arresto ou indisponibilidade.

§ 1º No prazo de 10 (dez) dias de sua concretização, o exequente deverá comunicar ao juízo as averbações efetivadas.

§ 2º Formalizada penhora sobre bens suficientes para cobrir o valor da dívida, o exequente providenciará, no prazo de 10 (dez) dias, o cancelamento das averbações relativas àqueles não penhorados.

§ 3º O juiz determinará o cancelamento das averbações, de ofício ou a requerimento, caso o exequente não o faça no prazo.

§ 4º Presume-se em fraude à execução a alienação ou a oneração de bens efetuada após a averbação.

§ 5º O exequente que promover averbação manifestamente indevida ou não cancelar as averbações nos termos do § 2º indenizará a parte contrária, processando-se o incidente em autos apartados.

REFERÊNCIAS LEGISLATIVAS

- Arts. 152, V, 219, 774, 792, 799, IX, 808, CPC.

ANOTAÇÕES

- **Certidão de execução**: depois de ser admitida a ação executiva, o exequente pode requerer, por meio de simples petição intermediária (endereçamento, qualificação e pedido – não é necessário justificar o pedido e o juiz não poder negá-lo), a emissão da "certidão de execução", em que constarão a identificação das partes e o valor do débito em aberto (entre outros dados). De posse da certidão, o interessado pode providenciar a sua averbação nos órgãos competentes (Cartório de Imóveis, DETRAN etc.), com escopo de criar a presunção de "fraude à execução" (art. 808). Efetivada a penhora de bens que bastem à satisfação do débito, o exequente deve providenciar, no prazo de dez dias, o cancelamento das demais averbações que tiver efetuado, sob pena de o juiz o determinar de ofício ou a requerimento do executado, sob a responsabilidade do credor.

JURISPRUDÊNCIA

- Enunciado 130 do Fórum Permanente de Processualistas Civis: A obtenção da certidão prevista no art. 828 independe de decisão judicial.

Art. 829. O executado será citado para pagar a dívida no prazo de 3 (três) dias, contado da citação.

§ 1º Do mandado de citação constarão, também, a ordem de penhora e a avaliação a serem cumpridas pelo oficial de justiça tão logo verificado o não pagamento no prazo assinalado, de tudo lavrando-se auto, com intimação do executado.

§ 2º A penhora recairá sobre os bens indicados pelo exequente, salvo se outros forem indicados pelo executado e aceitos pelo juiz, mediante demonstração de que a constrição proposta lhe será menos onerosa e não trará prejuízo ao exequente.

REFERÊNCIAS LEGISLATIVAS

- Art. 5º, LIV, CF; arts. 139, IV, 154, V, 219, 238 a 268, 774, III e V, 790, 798, II, "c", 805, 826, 827, 831 a 875, 914 a 920, CPC.

ANOTAÇÕES

- **Citação do devedor**: admitida a execução, o juiz determinará a expedição do competente mandado para a citação do executado para que pague, no prazo de três dias, o valor do débito mais 10% de honorários advocatícios (art. 827), ou indique bens à penhora. Não pago o débito no prazo legal, o Oficial de Justiça deverá retornar à residência do devedor e proceder com a penhora e a avaliação de tantos bens quantos bastem para o pagamento do principal atualizado, dos juros, das custas e dos honorários advocatícios (arts. 831 e 832).
- **Prazo para pagar**: não obstante o prazo exíguo dado ao executado para que efetue o pagamento, há que se registrar que ele pode fazê-lo a qualquer tempo, mesmo que já tenha decorrido o prazo legal estabelecido neste artigo, desde que, claro, arque com as consequências de mais este atraso, entre eles a possibilidade do aumento do valor dos honorários advocatícios (art. 827, § 2º). Ressalte-se ainda que o executado pode a qualquer momento "remir a execução" (art. 826), pagando ou consignando a importância atualizada da dívida, acrescida de juros, custas e honorários advocatícios.

DICA DE PRÁTICA JURÍDICA

- **Cuidado com os bens que são penhorados**: o próprio exequente deve analisar com cuidados eventuais bens penhorados do devedor, visto não ser incomum o Oficial de Justiça efetivar a penhora sobre bens que a lei ou a jurisprudência consideram "impenhoráveis". Nestes casos, o credor não deve, na minha opinião, esperar que o executado peticione nos autos ou interponha os competentes embargos à execução; peticione ao juiz requerendo a liberação do bem, a fim de evitar eventual sucumbência no caso de procedência dos embargos (além da sucumbência, o credor pode ter outras despesas, visto que os embargos têm natureza de ação autônoma). Pela mesma razão, esteja atento a outros enganos e/ou erros.

JURISPRUDÊNCIA

- Nesses termos, da leitura sistemática do art. 249 acima transcrito com a regra contida no art. 829, § 1º, do CPC, verifica-se que, nos procedimentos executivos – caso presente – vige a norma especial inserta no art. 829 antes referido, cuja disposição é no sentido de que a citação deverá ser procedida mediante mandado judicial, a ser cumprido por oficial de justiça. Tal regra, ademais, visa a perfectibilizar a citação do executado, porquanto o próprio oficial de justiça deverá diligenciar na penhora de bens e avaliação, caso certificado o decurso do pagamento voluntário pelo devedor (STJ, REsp 1775739, Ministro Moura Ribeiro, Decisão Monocrática, *DP* 28/05/2020).
- A penhora e a expropriação de bens não podem ser realizadas antes da citação do executado. Trata-se da observância do princípio do devido processo legal, previsto no art. 5º, inciso LIV, da Constituição Federal, cujo teor dispõe que "ninguém será privado da liberdade ou de seus bens sem o devido processo legal" (STJ, REsp 1806532, Ministro Marco Buzzi, Decisão Monocrática, *DP* 29/10/2019).

Art. 830. Se o oficial de justiça não encontrar o executado, arrestar-lhe-á tantos bens quantos bastem para garantir a execução.

§ 1º Nos 10 (dez) dias seguintes à efetivação do arresto, o oficial de justiça procurará o executado 2 (duas) vezes em dias distintos e, havendo suspeita de ocultação, realizará a citação com hora certa, certificando pormenorizadamente o ocorrido.

§ 2º Incumbe ao exequente requerer a citação por edital, uma vez frustradas a pessoal e a com hora certa.

§ 3º Aperfeiçoada a citação e transcorrido o prazo de pagamento, o arresto converter-se-á em penhora, independentemente de termo.

REFERÊNCIAS LEGISLATIVAS

- Art. 5º, LIV, CF ; arts. 159 a 161, 219, 242, 252, 256, 257, 789, CPC.

ANOTAÇÕES

- **Arresto**: é a apreensão judicial de bens do devedor e pode ser cautelar ou, como no caso deste artigo, executivo. O bem assim apreendido deverá ser entregue a depositário judicial, a quem cabe a sua guarda e a conservação.

JURISPRUDÊNCIA

- Súmula 196 do STJ: Ao executado que, citado por edital ou por hora certa, permanecer revel, será nomeado curador especial, com legitimidade para apresentação de embargos.
- O arresto é uma medida assecuratória que visa garantir futura execução por quantia certa, cujo deferimento deve ficar condicionado ao fundado receio de dano decorrente de atos praticados pelo devedor que demonstrem a intenção de frustrar a satisfação do débito, condição que não provada nos autos originários pela ora agravante que baseia seu pleito em meras ilações e conjecturas. A penhora e a expropriação de bens não podem ser realizadas antes da citação do executado. Trata-se da observância do princípio do devido processo legal, previsto no art. 5º, inciso LIV, da Constituição Federal, cujo teor dispõe que "ninguém será privado da liberdade ou de seus bens sem o devido processo legal" (STJ, REsp 1806532, Ministro Marco Buzzi, Decisão Monocrática, *DP* 29/10/2019).
- O arresto tem cabimento, nos termos do art. 830 do atual CPC, mas, para tal procedimento, de mister que tenha ocorrido a procura da executada em seu endereço e não tenha sido encontrada. Não é possível o arresto referido se a executada não foi encontrada, porque não se relaciona com o endereço diligenciado, o que é o caso dos autos (STJ, AREsp 1520346, Ministro João Otávio de Noronha, Decisão Monocrática, *DP* 11/09/2019).

Seção III
Da Penhora, do Depósito e da Avaliação

Subseção I
Do Objeto da Penhora

Art. 831. A penhora deverá recair sobre tantos bens quantos bastem para o pagamento do principal atualizado, dos juros, das custas e dos honorários advocatícios.

REFERÊNCIAS LEGISLATIVAS

- Arts. 789, 797, 805, 828, § 2º, 829 e 833, CPC.

ANOTAÇÕES

- **Penhora**: ato executório coativo que separa e individualiza bens do devedor para responder pelo seu débito. Por ela, a responsabilidade genérica sobre o patrimônio do devedor passa a ser específica, vez que ela tem o efeito imediato de tirar a disponibilidade que o executado tem sobre o bem penhorado, que passa a ficar à disposição do juízo executivo. O devedor não perde pela penhora a propriedade do bem, porém o ato de apreensão lhe tira a posse direta ou, na melhor das hipóteses, muda a natureza da sua posse, vez que na prática forense tem sido comum ser o próprio devedor nomeado depositário do bem penhorado. Em síntese, a penhora tem natureza de ato executivo e, segundo a melhor doutrina, tem a função de: I – individualizar os bens que irão garantir a execução; II – conservar os bens apreendidos, evitando a sua perda, desvio ou deterioração, o que tornaria inócua a execução; III – criar direito de preferência a favor do credor (art. 797, CPC).
- **Objeto da penhora**: regra geral, a penhora pode atingir quaisquer bens do executado, lembrando-se de que a expressão *bens* engloba todas as "coisas", materiais ou imateriais, corpóreas ou incorpóreas que têm valor e que podem ser objeto de uma relação jurídica (*v.g.*, dinheiro, automóveis, aeronaves, navios, casas, terrenos, joias, quadros, livros, animais, ações, direitos etc.). Embora a princípio todos os bens do devedor possam ser penhorados, a lei estabelece algumas exceções (vide arts. 832 e 833, CPC).

Art. 832. Não estão sujeitos à execução os bens que a lei considera impenhoráveis ou inalienáveis.

REFERÊNCIAS LEGISLATIVAS

- Art. 5º, LIV, CF ; arts. 789, 833, CPC; arts. 1.715, 1.911, CC; art. 1º, Lei nº 8.009/1990.

ANOTAÇÕES

- **Bens sujeitos à expropriação**: depois de estabelecer no art. 789 que são os bens do devedor que respondem pelo seu débito, o legislador, principalmente por razões sociais, normatiza que nem todos os bens do executado podem ser expropriados, seja por que a lei os considera impenhoráveis, por exemplo, as "utilidades domésticas" (art. 833, II), ou inalienáveis, como o "bem de família" (arts. 1.715 e 1.911, CC).

JURISPRUDÊNCIA

- A penhora pode ser impugnada em embargos do devedor ou por simples petição e deve ser mantida a regra geral do ônus da prova (arts. 771, parágrafo único, e 373 do CPC). Tendo afirmado que a penhora causará prejuízos irreparáveis, deve a executada comprovar suas alegações (TJMG, Agravo de Instrumento-Cv 1.0000.20.014356-8/001, Rel. Desembargador José Marcos Vieira, 16ª Câmara Cível, julgamento em 29/07/2020, publicação da súmula em 30/07/2020).
- As ferrovias, móveis e imóveis, quando afetados ao serviço público, configuram bens inalienáveis, imprescritíveis e impenhoráveis. Insuscetíveis, portanto, de usucapião (STJ, AgRg no REsp 1417785/MG, Ministro Humberto Martins, T2 – Segunda Turma, *DJe* 25/08/2015).

Art. 833. São impenhoráveis:

I – os bens inalienáveis e os declarados, por ato voluntário, não sujeitos à execução;

II – os móveis, os pertences e as utilidades domésticas que guarnecem a residência do executado, salvo os de elevado valor ou os que ultrapassem as necessidades comuns correspondentes a um médio padrão de vida;

III – os vestuários, bem como os pertences de uso pessoal do executado, salvo se de elevado valor;

IV – os vencimentos, os subsídios, os soldos, os salários, as remunerações, os proventos de aposentadoria, as pensões, os pecúlios e os montepios, bem como as quantias recebidas por liberalidade de terceiro e destinadas ao sustento do devedor e de sua família, os ganhos de trabalhador autônomo e os honorários de profissional liberal, ressalvado o § 2º;

V – os livros, as máquinas, as ferramentas, os utensílios, os instrumentos ou outros bens móveis necessários ou úteis ao exercício da profissão do executado;

VI – o seguro de vida;

VII – os materiais necessários para obras em andamento, salvo se essas forem penhoradas;

VIII – a pequena propriedade rural, assim definida em lei, desde que trabalhada pela família;

IX – os recursos públicos recebidos por instituições privadas para aplicação compulsória em educação, saúde ou assistência social;

X – a quantia depositada em caderneta de poupança, até o limite de 40 (quarenta) salários-mínimos;

XI – os recursos públicos do fundo partidário recebidos por partido político, nos termos da lei;

XII – os créditos oriundos de alienação de unidades imobiliárias, sob regime de incorporação imobiliária, vinculados à execução da obra.

§ 1º A impenhorabilidade não é oponível à execução de dívida relativa ao próprio bem, inclusive àquela contraída para sua aquisição.

§ 2º O disposto nos incisos IV e X do *caput* não se aplica à hipótese de penhora para pagamento de prestação alimentícia, independentemente de sua origem, bem como às importâncias excedentes a 50 (cinquenta) salários mínimos mensais, devendo a constrição observar o disposto no art. 528, § 8º, e no art. 529, § 3º.

§ 3º Incluem-se na impenhorabilidade prevista no inciso V do *caput* os equipamentos, os implementos e as máquinas agrícolas pertencentes a pessoa física ou a empresa individual produtora rural, exceto quando tais bens tenham sido objeto de financiamento e estejam vinculados em garantia a negócio jurídico ou quando respondam por dívida de natureza alimentar, trabalhista ou previdenciária.

⚖ REFERÊNCIAS LEGISLATIVAS

- Arts. 528, § 8º, 529, § 3º, 789, 790, CPC; arts. 1.715, 1.911, CC; art. 1º, Lei nº 8.009/1990.

ANOTAÇÕES

- *Impenhorabilidade absoluta*: por questões sociais e legais, o legislador entendeu por "impedir" que os bens nomeados neste artigo sejam expropriados para responder por obrigações assumidas pelo devedor, isso em respeito, principalmente, ao princípio da dignidade da pessoa humana.
- *Bem de família*: não se pode deixar de mencionar, ademais, o art. 1º da Lei nº 8.009, de 29 de março de 1990, que declara que "o imóvel residencial próprio do casal, ou da entidade familiar, é impenhorável e não responderá por qualquer tipo de dívida civil, comercial, fiscal, previdenciária ou de outra natureza, contraída pelos cônjuges ou pelos pais ou filhos que sejam seus proprietários e nele residam, salvo nas hipóteses previstas nesta lei". O parágrafo único informa ainda que "a impenhorabilidade compreende o imóvel sobre o qual se assentam a construção, as plantações, as benfeitorias de qualquer natureza e todos os equipamentos, inclusive os de uso profissional, ou móveis que guarnecem a casa, desde que quitados".

DICAS DE PRÁTICA JURÍDICA

- *Como alegar a impenhorabilidade absoluta*: para levantar a questão da impenhorabilidade absoluta, prevista neste artigo, o interessado não precisa interpor embargos à execução, podendo fazê-lo por simples petição intermediária (endereçamento, qualificação, razões, pedidos). Ressalto, inclusive, que o juiz pode conhecer de ofício esta questão.
- *Cuidado com os bens que são penhorados*: o próprio exequente deve analisar com cuidado eventuais bens penhorados do devedor, visto não ser incomum o Oficial de Justiça efetivar a penhora sobre bens que a lei ou a jurisprudência consideram "impenhoráveis". Nestes casos, o credor não deve, na minha opinião, esperar que o executado peticione nos autos ou interponha os competentes embargos à execução; peticione ao juiz requerendo a liberação do bem, a fim de evitar eventual sucumbência no caso de procedência dos embargos (além da sucumbência, o credor pode ter outras despesas, visto que os embargos têm natureza de ação autônoma). Pela mesma razão, esteja atento a outros enganos e/ou erros.

JURISPRUDÊNCIA

- Súmula 205 do STJ: A Lei nº 8.009/1990 aplica-se à penhora realizada antes de sua vigência.
- Súmula 364 do STJ: O conceito de impenhorabilidade de bem de família abrange também o imóvel pertencente a pessoas solteiras, separadas e viúvas.
- Súmula 449 do STJ: A vaga de garagem que possui matrícula própria no registro de imóveis não constitui bem de família para efeito de penhora.
- Súmula 486 do STJ: É impenhorável o único imóvel residencial do devedor que esteja locado a terceiros, desde que a renda obtida com a locação seja revertida para a subsistência ou a moradia da sua família.
- Na hipótese, a penhora de 15% dos valores a serem percebidos pelo executado a título de comissão de leiloeiro público não compromete o sustento e a dignidade do agravado e de sua família (STJ, AgInt no AREsp 1603627/RJ, Ministro Raul Araújo, T4 – Quarta Turma, *DJe* 01/10/2020).
- As exceções destinadas à execução de prestação alimentícia, como a penhora dos bens descritos no art. 833, IV e X, do CPC/15, e do bem de família (art. 3º, III, da Lei 8.009/90), assim como a prisão civil, não se estendem aos honorários advocatícios, como não se estendem às demais verbas apenas com natureza alimentar, sob pena de eventualmente termos que cogitar sua aplicação a todos os honorários devidos a quaisquer profissionais liberais, como médicos, engenheiros, farmacêuticos, e a tantas outras categorias (STJ, REsp 1815055/SP, Ministra Nancy Andrighi, CE – Corte Especial, *DJe* 26/08/2020).
- Entre as excepcionais hipóteses de impenhorabilidade descritas no art. 833 do CPC/2015 não se inclui a arma de fogo. O inciso I da norma estabelece de forma geral que são impenhoráveis os bens inalienáveis,

mas esse não é o caso das armas e munições, cuja comercialização e aquisição são regulamentadas, com diversas restrições, pela Lei 10.826/2003 (STJ, REsp 1866148/RS, Ministro Herman Benjamin, T2 – Segunda Turma, DJe 20/08/2020).

- A legislação processual civil (CPC/2015, art. 833, IV, e § 2º) contempla, de forma ampla, a prestação alimentícia, como apta a superar a impenhorabilidade de salários, soldos, pensões e remunerações. A referência ao gênero prestação alimentícia alcança os honorários advocatícios, assim como os honorários de outros profissionais liberais e, também, a pensão alimentícia, que são espécies daquele gênero. É de se permitir, portanto, que pelo menos uma parte do salário possa ser atingida pela penhora para pagamento de prestação alimentícia, incluindo-se os créditos de honorários advocatícios, contratuais ou sucumbenciais, os quais têm inequívoca natureza alimentar (CPC/2015, art. 85, § 14) (STJ, AgInt no AREsp 1595030/SC, Rel. Ministro Raul Araújo, T4 – Quarta Turma, DJe 01/7/2020).

- A jurisprudência desta Corte é no sentido de que, em se tratando de impenhorabilidade absoluta, a questão do bem de família pode ser alegada a qualquer tempo, até mesmo por simples requerimento no processo de execução, não se sujeitando à preclusão. Precedentes (STJ, AgInt no REsp 1698204/RJ, Ministro Raul Araújo, T4 – Quarta Turma, DJe 15/06/2020).

- De fato, a Corte Especial do STJ tem entendimento de que há possibilidade de mitigação da impenhorabilidade absoluta da verba salarial, desde que preservada a dignidade do devedor e observada a garantia de seu mínimo existencial (STJ, AgInt no REsp 1847503/PR, Ministro Marco Aurélio Bellizze, T3 – Terceira Turma, DJe 06/04/2020).

- Esta Corte Superior tem se posicionado no sentido de que a impenhorabilidade de valores depositados em fundo de previdência complementar deve ser analisada casuisticamente, de modo que a natureza alimentar desses valores somente poderá ser caracterizada quando "demonstrada a necessidade de utilização do saldo para subsistência do participante e de sua família" (STJ, AREsp 1521647/SP, Ministro Francisco Falcão, T2 – Segunda Turma, DJe 18/11/2019).

- A impenhorabilidade criada por lei é absoluta em oposição à impenhorabilidade por simples vontade individual. A impenhorabilidade absoluta é aquela que se constitui por interesse público, e não por interesse particular, sendo possível o afastamento apenas desta última hipótese (STJ, REsp 1327643/RS, Ministro Luis Felipe Salomão, T4 – Quarta Turma, DJe 06/08/2019).

- A impenhorabilidade do seguro de vida objetiva proteger o respectivo beneficiário, haja a vista a natureza alimentar da indenização securitária (STJ, REsp 1361354/RS, Ministro Ricardo Villas Bôas Cueva, T3 – Terceira Turma, DJe 25/06/2018).

- O legislador previu a impenhorabilidade absoluta do depósito em caderneta de poupança até o limite de 40 salários mínimos, devendo-se ter, quanto a esse comando, interpretação restritiva, admitindo-se a mitigação dessa ordem apenas no caso de pensão alimentícia, ou se comprovada má-fé ou fraude. Precedentes (STJ, AgInt no REsp 1716236/RS, Ministro Lázaro Guimarães, T4 – Quarta Turma, DJe 30/05/2018).

- A impenhorabilidade do art. 649, inciso V, do CPC/73, correspondente ao art. 833 do CPC/2015, protege os empresários individuais, as pequenas e as microempresas, onde os sócios exercem sua profissão pessoalmente, alcançando apenas os bens necessários às suas atividades (STJ, REsp 1224774/MG, Ministra Maria Isabel Gallotti, T4 – Quarta Turma, DJe 17/11/2016).

- As ferrovias, móveis e imóveis, quando afetados ao serviço público, configuram bens inalienáveis, imprescritíveis e impenhoráveis. Insuscetíveis, portanto, de usucapião (STJ, AgRg no REsp 1417785/MG, Ministro Humberto Martins, T2 – Segunda Turma, DJe 25/08/2015).

- A finalidade da Lei nº 8.009/1990 não é proteger o devedor contra suas dívidas, tornando seus bens impenhoráveis, mas, sim, reitera-se, a proteção da entidade familiar no seu conceito mais amplo (STJ, REsp 1.126.173/MG, Rel. Ministro Ricardo Villas Bôas Cueva, T3 – Terceira Turma, DJe 12/04/2013).

Art. 834. Podem ser penhorados, à falta de outros bens, os frutos e os rendimentos dos bens inalienáveis.

REFERÊNCIAS LEGISLATIVAS

- Art. 805, CPC; arts. 95, 964, V, 1.232, 1.433, V, 1.442, III, 1.717, CC.

ANOTAÇÕES

- ***Bens inalienáveis***: são aqueles que por força da lei ou da vontade do interessado, sancionada pela lei, não podem ser vendidos. São exemplos de bens inalienáveis: bens públicos (art. 100, CC); bens com cláusula de inalienabilidade imposta pelo testador (art. 1.911, CC); bem de família constituído (arts. 1.711 a 1.722, CC).
- ***Frutos***: são, segundo a doutrina, utilidades que o bem produz periodicamente, cuja percepção mantém intacta a substância do bem que as gera e podem ser classificadas em: (I) quanto à sua origem, em naturais (ovos, frutos da árvore etc.), industriais (produção de uma fábrica) e civis (aluguéis, juros etc.); (II) quanto ao seu estado, em pendentes (ligados), percebidos (separados), estantes (armazenados), percipiendos (aqueles que já deveriam ter sido percebidos), consumidos.
- ***Penhora de bens inalienáveis***: na falta de outros bens penhoráveis, o exequente pode requerer a penhora dos "frutos e rendimentos" de eventuais bens inalienáveis; veja, a norma não autoriza que o credor administre os referidos bens para deles tirar o seu crédito, mas tão somente penhore os frutos e rendimentos que estes bens já eventualmente produzam e, claro, tenham valor econômico.

JURISPRUDÊNCIA

- Súmula 451 do STJ: É legítima a penhora da sede do estabelecimento comercial.

Art. 835. A penhora observará, preferencialmente, a seguinte ordem:

I – dinheiro, em espécie ou em depósito ou aplicação em instituição financeira;

II – títulos da dívida pública da União, dos Estados e do Distrito Federal com cotação em mercado;

III – títulos e valores mobiliários com cotação em mercado;

IV – veículos de via terrestre;

V – bens imóveis;

VI – bens móveis em geral;

VII – semoventes;

VIII – navios e aeronaves;

IX – ações e quotas de sociedades simples e empresárias;

X – percentual do faturamento de empresa devedora;

XI – pedras e metais preciosos;

XII – direitos aquisitivos derivados de promessa de compra e venda e de alienação fiduciária em garantia;

XIII – outros direitos.

§ 1º É prioritária a penhora em dinheiro, podendo o juiz, nas demais hipóteses, alterar a ordem prevista no *caput* de acordo com as circunstâncias do caso concreto.

§ 2º Para fins de substituição da penhora, equiparam-se a dinheiro a fiança bancária e o seguro garantia judicial, desde que em valor não inferior ao do débito constante da inicial, acrescido de trinta por cento.

§ 3º Na execução de crédito com garantia real, a penhora recairá sobre a coisa dada em garantia, e, se a coisa pertencer a terceiro garantidor, este também será intimado da penhora.

REFERÊNCIAS LEGISLATIVAS

- Arts. 848, I, e 866, CPC; art. 11, Lei nº 6.830/1980.

ANOTAÇÕES

- **Ordem de preferência para a penhora**: conforme estipulado no art. 789, todo o patrimônio do devedor responde pelo cumprimento de suas obrigações; por outro lado, o art. 805 estabelece que a execução deve ser levada a efeito pelo modo menos gravoso para o executado, daí a inobservância da ordem estabelecida neste artigo não implicar nulidade da penhora, devendo o juiz se atentar para as circunstâncias de cada caso, considerando tanto uma como outra regra.

JURISPRUDÊNCIA

- Súmula 417 do STJ: Na execução civil, a penhora de dinheiro na ordem de nomeação de bens não tem caráter absoluto.
- A substituição da penhora em dinheiro por seguro-garantia, admitida na lei processual (CPC/2015, art. 835, § 2º), não constitui direito absoluto do devedor, devendo prevalecer, em princípio, a ordem legal de preferência estabelecida no art. 835 do CPC/2015 (art. 655 do CPC/1973). Nos termos da jurisprudência do Superior Tribunal de Justiça, a substituição da penhora em dinheiro por fiança bancária ou seguro-garantia judicial deve ser admitida apenas em hipóteses excepcionais, a fim de evitar dano grave ao devedor (STJ, AgInt no AREsp 1281694/SC, Ministro Raul Araújo, T4 – Quarta Turma, *DJe* 25/09/2019).
- No mérito, a jurisprudência remansosa do STJ é manifestamente contrária ao decido no Acórdão prolatado. O Acórdão *a quo*, ao preterir a penhora de dinheiro em favor de imóveis indicados pelo devedor baseado em precedente ultrapassado do próprio Tribunal de origem, contrariou os arts. 835 e 854 do CPC/2015, além do art. 11 da LEF (STJ, REsp 1.676.163/RS, Ministro Herman Benjamin, T2 – Segunda Turma, *DJe* 14/09/2017).

Art. 836. Não se levará a efeito a penhora quando ficar evidente que o produto da execução dos bens encontrados será totalmente absorvido pelo pagamento das custas da execução.

§ 1º Quando não encontrar bens penhoráveis, independentemente de determinação judicial expressa, o oficial de justiça descreverá na certidão os bens que guarnecem a residência ou o estabelecimento do executado, quando este for pessoa jurídica.

§ 2º Elaborada a lista, o executado ou seu representante legal será nomeado depositário provisório de tais bens até ulterior determinação do juiz.

⚖ REFERÊNCIAS LEGISLATIVAS

- Arts. 782, 805, 830, 846, CPC.

📚 ANOTAÇÕES

- **Bens de baixo valor**: a norma é um raciocínio de bom senso, de nada adianta movimentar toda a cara máquina do Judiciário para vender bens que não chegam a pagar as despesas e custas do próprio procedimento; além de ser economicamente inviável, tal atitude serviria apenas para humilhar de maneira totalmente inaceitável o devedor.
- **Certidão do Oficial de Justiça**: além da possibilidade de "arrestar" bens do devedor, quando não o encontrar (art. 830), cabe ainda ao Oficial de Justiça a obrigação de apresentar certidão em que descreva os bens que guarneçam a residência ou o estabelecimento do devedor; deve ainda indicar o seu estado de conservação e valor aproximado, com escopo de possibilitar ao juiz e ao credor avaliar o interesse na sua penhora e/ou adjudicação.
- **Depositário provisório**: o parágrafo terceiro indica ainda que o Oficial de Justiça deve nomear o executado ou seu representante legal como depositário provisório dos bens, mesmo não tendo sido efetivada a penhora. A norma parece indicar que por este ato se realiza de fato uma espécie de "penhora provisória", que tira a disponibilidade do devedor sobre os referidos bens (aqueles descritos na certidão do Oficial de Justiça), até futura deliberação do juiz.

Subseção II
Da Documentação da Penhora, de seu Registro e do Depósito

Art. 837. Obedecidas as normas de segurança instituídas sob critérios uniformes pelo Conselho Nacional de Justiça, a penhora de dinheiro e as averbações de penhoras de bens imóveis e móveis podem ser realizadas por meio eletrônico.

⚖ REFERÊNCIAS LEGISLATIVAS

- Arts. 831, 882, CPC; Res. nº 236/2016 – CNJ.

📚 ANOTAÇÕES

- **Penhora on-line**: instrumento que nasceu, por assim dizer, na Justiça do Trabalho, mediante um convênio de cooperação técnico-institucional firmado em 5 de março de 2002, entre o Banco Central do Brasil e o Tribunal Superior do Trabalho (TST). Hoje este tipo de convênio se estendeu por todos os tribunais, permitindo que o juiz, mediante senha de acesso, possa determinar o bloqueio do saldo de contas correntes e aplicações financeiras do executado.

⚖ JURISPRUDÊNCIA

- O acórdão recorrido está em consonância com a jurisprudência do STJ no sentido de que nos casos de penhora *on-line* o prazo para a oposição dos embargos conta-se a partir da data da notificação do executado do bloqueio realizado em sua conta bancária, sendo desnecessária a lavratura de termo de penhora (STJ, AgInt no REsp 1822142/RJ, Ministro Herman Benjamin, T2 – Segunda Turma, *DJe* 19/12/2019).

- Esta Corte já se pronunciou no sentido de que a ciência inequívoca do executado acerca da penhora via bloqueio *on-line* de ativos em nome do executado dispensa sua intimação formal, quando, a partir daí, tem início o prazo para a impugnação da constrição, sendo certo que, no caso concreto, houve a intimação (STJ, AgInt no REsp 1778271/PE, Ministro Gurgel de Faria, T1 – Primeira Turma, *DJe* 02/12/2019).
- Apenas quando o executado for validamente citado e não pagar nem nomear bens à penhora, é que poderá ter seus ativos financeiros penhorados via Bacenjud (STJ, AgInt no REsp 1802022/RS, Ministro Gurgel de Faria, T1 – Primeira Turma, *DJe* 20/09/2019).

> **Art. 838.** A penhora será realizada mediante auto ou termo, que conterá:
> I – a indicação do dia, do mês, do ano e do lugar em que foi feita;
> II – os nomes do exequente e do executado;
> III – a descrição dos bens penhorados, com as suas características;
> IV – a nomeação do depositário dos bens.

REFERÊNCIAS LEGISLATIVAS

- Arts. 159 a 161, 831, 835, CPC.

ANOTAÇÕES

- ***Requisitos do auto ou termo da penhora***: a norma informa as formalidades mínimas do auto ou termo de penhora; merece destaque o inciso primeiro, que determina que conste a indicação do dia, do mês, do ano e do lugar em que foi feito; esta informação pode vir a ser importante para se estabelecer a "preferência do credor".

> **Art. 839.** Considerar-se-á feita a penhora mediante a apreensão e o depósito dos bens, lavrando-se um só auto se as diligências forem concluídas no mesmo dia.
> Parágrafo único. Havendo mais de uma penhora, serão lavrados autos individuais.

REFERÊNCIAS LEGISLATIVAS

- Arts. 159 a 161, 836, § 2º, 840, 845, CPC.

ANOTAÇÕES

- ***Conclusão da penhora***: a leitura da norma pode passar uma ideia enganosa, qual seja, de que a conclusão da penhora envolve necessariamente a apreensão física do bem penhorado; na verdade, isso nem sempre acontece (*v.g.*, imóveis; créditos etc.). No mais das vezes, o próprio executado costuma ser nomeado depositário, principalmente em razão dos custos envolvidos com a remoção e armazenamento dos bens em outro lugar.

Art. 840. Serão preferencialmente depositados:

I – as quantias em dinheiro, os papéis de crédito e as pedras e os metais preciosos, no Banco do Brasil, na Caixa Econômica Federal ou em banco do qual o Estado ou o Distrito Federal possua mais da metade do capital social integralizado, ou, na falta desses estabelecimentos, em qualquer instituição de crédito designada pelo juiz;

II – os móveis, os semoventes, os imóveis urbanos e os direitos aquisitivos sobre imóveis urbanos, em poder do depositário judicial;

III – os imóveis rurais, os direitos aquisitivos sobre imóveis rurais, as máquinas, os utensílios e os instrumentos necessários ou úteis à atividade agrícola, mediante caução idônea, em poder do executado.

§ 1º No caso do inciso II do *caput*, se não houver depositário judicial, os bens ficarão em poder do exequente.

§ 2º Os bens poderão ser depositados em poder do executado nos casos de difícil remoção ou quando anuir o exequente.

§ 3º As joias, as pedras e os objetos preciosos deverão ser depositados com registro do valor estimado de resgate.

REFERÊNCIAS LEGISLATIVAS

- Arts. 159 a 161, 1.058, CPC; art. 629, CC.

JURISPRUDÊNCIA

- Súmula Vinculante 25 do STF: É ilícita a prisão civil de depositário infiel, qualquer que seja a modalidade do depósito.
- Súmula 179 do STJ: O estabelecimento de crédito que recebe dinheiro, em depósito judicial, responde pelo pagamento da correção monetária relativa aos valores recolhidos.
- Súmula 185 do STJ: Nos depósitos judiciais, não incide o imposto sobre operações financeiras.
- Súmula 271 do STJ: A correção monetária dos depósitos judiciais independe de ação específica contra o banco depositário.
- Súmula 319 do STJ: O encargo de depositário de bens penhorados pode ser expressamente recusado.
- Somente mediante expressa anuência do exequente ou sendo o bem de difícil remoção é que o devedor deverá ser nomeado como depositário fiel do bem penhorado (TJMG, Agravo de Instrumento-Cv 1.0382.14.009790-0/001, Rel. Desembargador Maurílio Gabriel, 15ª Câmara Cível, julgamento em 05/12/2019, publicação da súmula em 13/12/2019).

Art. 841. Formalizada a penhora por qualquer dos meios legais, dela será imediatamente intimado o executado.

§ 1º A intimação da penhora será feita ao advogado do executado ou à sociedade de advogados a que aquele pertença.

§ 2º Se não houver constituído advogado nos autos, o executado será intimado pessoalmente, de preferência por via postal.

§ 3º O disposto no § 1º não se aplica aos casos de penhora realizada na presença do executado, que se reputa intimado.

§ 4º Considera-se realizada a intimação a que se refere o § 2º quando o executado houver mudado de endereço sem prévia comunicação ao juízo, observado o disposto no parágrafo único do art. 274.

REFERÊNCIAS LEGISLATIVAS

- Arts. 274, parágrafo único, 844, CPC.

ANOTAÇÕES

- ***Intimação do executado da penhora***: com o escopo de dar maior efetividade ao processo de execução, o legislador procurou facilitar a intimação do devedor quanto à penhora, fato que no passado foi muito difícil (o devedor dificultava este ato para ganhar tempo, protelando o processo). Para tanto, estabelece a norma que a intimação será feita diretamente ao advogado do executado ou à sociedade de advogados à qual aquele pertença. Na falta de um advogado constituído, o devedor deverá ser intimado preferencialmente por via postal, considerando-se realizada a intimação, se ele houver mudado de endereço sem prévia comunicação ao juízo.

Art. 842. Recaindo a penhora sobre bem imóvel ou direito real sobre imóvel, será intimado também o cônjuge do executado, salvo se forem casados em regime de separação absoluta de bens.

REFERÊNCIAS LEGISLATIVAS

- Arts. 675, 790, IV, CPC; arts. 79 a 81, 1.225, 1.647, 1.687 e 1.688, CC.

ANOTAÇÕES

- ***Intimação do cônjuge ou companheira/o***: a norma tem como objetivo possibilitar ao cônjuge ou companheira do executado, que não seja coexecutada ou corresponsável, defender a sua meação, opondo "embargos de terceiros".

JURISPRUDÊNCIA

- Súmula 134 do STJ: Embora intimado da penhora em imóvel do casal, o cônjuge do executado pode opor embargos de terceiro para defesa de sua meação.
- Para impedir que a penhora recaia sobre a sua meação, o cônjuge meeiro deve comprovar que a dívida executada não foi contraída em benefício da família. Precedentes (STJ, REsp 1670338/RJ, Ministro Ricardo Villas Bôas Cueva, T3 – Terceira Turma, *DJe* 07/02/2020).
- A jurisprudência desta Corte Superior encontra-se pacificada no sentido de que o cônjuge do executado é parte legítima para defender patrimônio do casal. Assim, regularmente intimado da penhora, o cônjuge disporá "da via dos embargos à execução, nos quais poderá discutir a própria *causa debendi* e defender o

patrimônio como um todo, na qualidade de litisconsorte passivo do(a) executado(a) e a via dos embargos de terceiro, com vista à defesa da meação a que entende fazer jus" (STJ, REsp 1783034/SP, Ministro Herman Benjamin, T2 – Segunda Turma, *DJe* 29/05/2019).
- Os embargos de terceiro, que possuem natureza de ação incidental de conhecimento contra atos praticados na execução e que têm por finalidade proteger a posse ou a propriedade de bem objeto de constrição, são ajuizados em face do exequente ou do executado no processo executivo (STJ, REsp 1725111/RS, Ministra Nancy Andrighi, T3 – Terceira Turma, *DJe* 15/10/2018).

Art. 843. Tratando-se de penhora de bem indivisível, o equivalente à quota-parte do coproprietário ou do cônjuge alheio à execução recairá sobre o produto da alienação do bem.

§ 1º É reservada ao coproprietário ou ao cônjuge não executado a preferência na arrematação do bem em igualdade de condições.

§ 2º Não será levada a efeito expropriação por preço inferior ao da avaliação na qual o valor auferido seja incapaz de garantir, ao coproprietário ou ao cônjuge alheio à execução, o correspondente à sua quota-parte calculado sobre o valor da avaliação.

REFERÊNCIAS LEGISLATIVAS

- Arts. 790, IV, 842, CPC; arts. 87 e 88, CC.

ANOTAÇÕES

- ***Bens divisíveis e indivisíveis***: bens divisíveis são os que se podem partir, fracionar, em porções reais e distintas, sem alteração na sua substância, diminuição considerável de valor, ou prejuízo do uso a que se destinam (art. 87, CC). Por outro lado, coisas indivisíveis são aquelas que não comportam fracionamento sem alteração na sua substância.
- ***Proteção da meação do cônjuge ou companheira/o***: não sendo possível fracionar o bem penhorado, com escopo de garantir o direito de meação do cônjuge ou companheiro, assim como, de outro lado, permitir que o credor obtenha satisfação do seu crédito por meio da expropriação de bem indivisível, a norma estabelece que o cônjuge e/ou companheiro não só tem direito de preferência, tanto por tanto, na aquisição do bem, como terá o seu direito sobre o produto da alienação do bem, equivalente à sua quota-parte. Ainda com o intuito de proteger a meação, o parágrafo segundo normatiza que a expropriação não poderá ser feita por preço inferior ao da avaliação.

JURISPRUDÊNCIA

- Agravo de instrumento – Execução por título extrajudicial – Deferimento do pedido de ampliação da penhora para 100% dos imóveis penhorados, nos termos do art. 843 do CPC, observada a quota-parte que cabe ao proprietário não executado – Possibilidade de constrição e expropriação da metade ideal pertencente a condômino não devedor, ou seja, da integralidade de bem indivisível – Inteligência do art. 843 do CPC – Decisão mantida – Recurso improvido (TJSP, Agravo de Instrumento 2252932-83.2019.8.26.0000, Relator Correia Lima, 20ª Câmara de Direito Privado, Foro Central Cível – 11ª Vara Cível, julgamento em 02/10/2020, data de registro 02/10/2020).
- Muito embora seja facultado ao cônjuge do executado requerer a adjudicação de bens penhorados, quando se trata de patrimônio indivisível, como no particular, a meação do cônjuge alheio à execução deve recair

sobre o produto de sua alienação, conforme decidido pelo Tribunal de origem (STJ, REsp 1677889/RJ, Ministra Nancy Andrighi, T3 – Terceira Turma, *DJe* 29/05/2018).
- A jurisprudência desta Corte consolidou entendimento de que os bens indivisíveis, de propriedade comum dos cônjuges casados no regime de comunhão de bens, podem ser levados à hasta pública na execução, desde que reservado ao cônjuge meeiro do executado a metade do preço obtido (STJ, AgInt no AREsp 1.127.248/PE, Ministro Napoleão Nunes Maia Filho, T1 – Primeira Turma, *DJe* 06/12/2017).

Art. 844. Para presunção absoluta de conhecimento por terceiros, cabe ao exequente providenciar a averbação do arresto ou da penhora no registro competente, mediante apresentação de cópia do auto ou do termo, independentemente de mandado judicial.

REFERÊNCIAS LEGISLATIVAS

- Arts. 792, III, 830, CPC.

ANOTAÇÕES

- ***Registro da penhora***: quando exigível (*v.g.*, imóveis, veículos), o registro da penhora constitui obrigação do credor e tem como objetivo dar conhecimento do ato a terceiros. Regularmente realizado, o registro gera presunção absoluta de conhecimento de terceiros quanto ao ato de penhora, mas não constitui condições de validade.
- ***Presunção***: é um raciocínio que permite que se tire uma conclusão partindo de um fato conhecido para um desconhecido. No caso deste artigo, a presunção apontada é absoluta (*juris et de jure*), ou seja, não aceita prova em contrário.

JURISPRUDÊNCIA

- Súmula 375 do STJ: O reconhecimento da fraude à execução depende do registro da penhora do bem alienado ou da prova de má-fé do terceiro adquirente.
- O reconhecimento de fraude à execução, consoante o disposto na Súmula nº 375/STJ, depende do registro da penhora do bem alienado ou da prova de má-fé do terceiro adquirente (STJ, AgInt no REsp 1777412/SP, Ministro Ricardo Villas Bôas Cueva, T3 – Terceira Turma, *DJe* 26/06/2020).
- O prévio registro da penhora do bem constrito gera presunção absoluta de conhecimento para terceiros e sua ausência implica presunção relativa de má-fé do terceiro adquirente que dependeria de comprovação, o que não ocorreu na espécie (STJ, AgRg no AREsp 7.771/SP, Ministra Nancy Andrighi, T3 – Terceira Turma, *DJe* 25/05/2017).
- O reconhecimento da fraude à execução depende do registro da penhora do bem alienado ou da prova de má-fé do terceiro adquirente, e inexistindo registro da penhora na matrícula do imóvel, é do credor o ônus da prova de que o terceiro adquirente tinha conhecimento de demanda capaz de levar o alienante à insolvência (STJ, REsp 956.943/PR, Rel. p/ acórdão Ministro João Otávio de Noronha, CE – Corte Especial, *DJe* 01/12/2014).

Subseção III
Do Lugar de Realização da Penhora

Art. 845. Efetuar-se-á a penhora onde se encontrem os bens, ainda que sob a posse, a detenção ou a guarda de terceiros.

§ 1º A penhora de imóveis, independentemente de onde se localizem, quando apresentada certidão da respectiva matrícula, e a penhora de veículos automotores, quando apresentada certidão que ateste a sua existência, serão realizadas por termo nos autos.

§ 2º Se o executado não tiver bens no foro do processo, não sendo possível a realização da penhora nos termos do § 1º, a execução será feita por carta, penhorando-se, avaliando-se e alienando-se os bens no foro da situação.

REFERÊNCIAS LEGISLATIVAS

- Arts. 260 a 268, 838, 841, CPC.

ANOTAÇÕES

- **Lugar da penhora**: a norma indica que a penhora deve ser feita onde se encontrem os bens do devedor, mesmo que a posse ou a detenção esteja com terceiros. Possibilidade interessante é a prevista no parágrafo primeiro, que procura facilitar o ato da penhora que, diante da apresentação dos documentos competentes, no caso de certidão de matrícula ou de registro de veículos, viabiliza que a penhora se realize por termo nos autos, o que claramente favorece os procedimentos.

JURISPRUDÊNCIA

- Súmula 46 do STJ: Na execução por carta, os embargos do devedor serão decididos no juízo deprecante, salvo se versarem unicamente vícios ou defeitos da penhora, avaliação ou alienação de bens.
- Na hipótese de competência do juízo deprecante para apreciar embargos do devedor, o qual foi intimado da penhora por carta precatória, o termo inicial do prazo para ajuizamento inicia-se da juntada da carta respectiva aos autos da execução. Precedentes (STJ, REsp 460232/PR, Ministro Aldir Passarinho Junior, T4 – Quarta Turma, *DJ* 24/02/2003).

Art. 846. Se o executado fechar as portas da casa a fim de obstar a penhora dos bens, o oficial de justiça comunicará o fato ao juiz, solicitando-lhe ordem de arrombamento.

§ 1º Deferido o pedido, 2 (dois) oficiais de justiça cumprirão o mandado, arrombando cômodos e móveis em que se presuma estarem os bens, e lavrarão de tudo auto circunstanciado, que será assinado por 2 (duas) testemunhas presentes à diligência.

§ 2º Sempre que necessário, o juiz requisitará força policial, a fim de auxiliar os oficiais de justiça na penhora dos bens.

§ 3º Os oficiais de justiça lavrarão em duplicata o auto da ocorrência, entregando uma via ao escrivão ou ao chefe de secretaria, para ser juntada aos autos, e a outra à autoridade policial a quem couber a apuração criminal dos eventuais delitos de desobediência ou de resistência.

§ 4º Do auto da ocorrência constará o rol de testemunhas, com a respectiva qualificação.

REFERÊNCIAS LEGISLATIVAS

- Art. 5º, XI, CF; arts. 782, 838, CPC; arts. 329, 330, CP.

ANOTAÇÕES

- **Ordem de arrombamento**: no caso de resistência aos atos executivos por parte do executado, o Oficial de Justiça deverá solicitar ao juiz autorização para arrombar a residência; obtida a autorização, as diligências devem ocorrer necessariamente durante o dia. Voltando o Oficial de Justiça, a resistência do devedor pode configurar crime, desde que este use de violência ou ameaça.

Subseção IV
Das Modificações da Penhora

Art. 847. O executado pode, no prazo de 10 (dez) dias contado da intimação da penhora, requerer a substituição do bem penhorado, desde que comprove que lhe será menos onerosa e não trará prejuízo ao exequente.

§ 1º O juiz só autorizará a substituição se o executado:

I – comprovar as respectivas matrículas e os registros por certidão do correspondente ofício, quanto aos bens imóveis;

II – descrever os bens móveis, com todas as suas propriedades e características, bem como o estado deles e o lugar onde se encontram;

III – descrever os semoventes, com indicação de espécie, de número, de marca ou sinal e do local onde se encontram;

IV – identificar os créditos, indicando quem seja o devedor, qual a origem da dívida, o título que a representa e a data do vencimento; e

V – atribuir, em qualquer caso, valor aos bens indicados à penhora, além de especificar os ônus e os encargos a que estejam sujeitos.

§ 2º Requerida a substituição do bem penhorado, o executado deve indicar onde se encontram os bens sujeitos à execução, exibir a prova de sua propriedade e a certidão negativa ou positiva de ônus, bem como abster-se de qualquer atitude que dificulte ou embarace a realização da penhora.

§ 3º O executado somente poderá oferecer bem imóvel em substituição caso o requeira com a expressa anuência do cônjuge, salvo se o regime for o de separação absoluta de bens.

§ 4º O juiz intimará o exequente para manifestar-se sobre o requerimento de substituição do bem penhorado.

REFERÊNCIAS LEGISLATIVAS

- Arts. 219, 805, 829, § 2º, 835, § 2º, 838, 848, 851, 853, CPC.

ANOTAÇÕES

- **Substituição da penhora**: a norma indica a possibilidade de o executado requerer a substituição da penhora no prazo de dez dias; os requisitos são bem claros e procuram dar transparência à ação do devedor, evitando assim prejuízos à efetividade da execução. A doutrina discute se o referido prazo é de natureza "preclusiva" ou não. Neste sentido, veja-se que o art. 848, que também apresenta várias possibilidades para substituição da penhora, não prevê qualquer tipo de prazo. Na minha opinião, o prazo é natureza preclusiva, isto é, só pode ser praticado dentro do período previsto no artigo, visto que somente neste caso pode haver a substituição do bem penhorado por "iniciativa e interesse" exclusivo do devedor.

DICA DE PRÁTICA JURÍDICA

- ***Como requerer a substituição da penhora***: entendendo que a substituição da penhora é possível segundo as regras deste artigo, o executado pode fazer o seu pedido por meio de simples petição intermediária (endereçamento, qualificação, razões, pedido), endereçada ao próprio juiz da execução. O devedor deve ainda juntar à sua petição os documentos tendentes a comprovar os requisitos da norma.

JURISPRUDÊNCIA

- Súmula 406 do STJ: A Fazenda Pública pode recusar a substituição do bem penhorado por precatório.
- No mais, subsiste mesmo dúvida quanto à suficiência dos bens indicados no pedido de substituição da penhora, uma vez que o laudo de avaliação juntado pelo devedor foi produzido de forma unilateral, p. 150/157, e, além disso, este documento aponta que o número de ofertas para os bens é pequeno, o que demonstra, por si só, que a substituição da penhora pode trazer prejuízo ao exequente, desautorizando a substituição pleiteada, conforme a regra do art. 847 do Código de Processo Civil (STJ, AREsp 1711732, Ministro Humberto Martins, Decisão Monocrática, *DP* 11/09/2020).
- Não se olvida que é permitida a substituição dos bens penhorados. Entretanto, também é pacífico o entendimento de que a Fazenda Pública pode recusar essa substituição, quando caberá ao juízo, em cada caso concreto, decidir sobre a viabilidade ou não da substituição do bem nomeado (STJ, AgInt no REsp 1.496.862/RS, Ministro Napoleão Nunes Maia Filho, T1 – Primeira Turma, *DJe* 13/12/2017).
- O CPC/2015 (art. 835, § 2º) equiparou, para fins de substituição da penhora, a dinheiro a fiança bancária e o seguro garantia judicial, desde que em valor não inferior ao do débito constante da inicial da execução, acrescido de 30% (trinta por cento) (STJ, REsp 1.691.748/PR, Ministro Ricardo Villas Bôas Cueva, T3 – Terceira Turma, *DJe* 17/11/2017).

Art. 848. As partes poderão requerer a substituição da penhora se:

I – ela não obedecer à ordem legal;

II – ela não incidir sobre os bens designados em lei, contrato ou ato judicial para o pagamento;

III – havendo bens no foro da execução, outros tiverem sido penhorados;

IV – havendo bens livres, ela tiver recaído sobre bens já penhorados ou objeto de gravame;

V – ela incidir sobre bens de baixa liquidez;

VI – fracassar a tentativa de alienação judicial do bem; ou

VII – o executado não indicar o valor dos bens ou omitir qualquer das indicações previstas em lei.

Parágrafo único. A penhora pode ser substituída por fiança bancária ou por seguro garantia judicial, em valor não inferior ao do débito constante da inicial, acrescido de trinta por cento.

REFERÊNCIAS LEGISLATIVAS

- Arts. 9º, 805, 833, 835, 838, 845, 847, 853, CPC; art. 1.419, CC.

ANOTAÇÕES

- **Substituição da penhora**: diferente da hipótese prevista no art. 846, em que o pedido de substituição da penhora é de iniciativa exclusiva do devedor, que o faz em seu interesse, com arrimo no princípio da menor onerosidade (art. 805), a norma deste artigo não fixa prazo e abre oportunidade para ambas as partes requererem a substituição da penhora com o objetivo de dar maior segurança e efetividade ao processo executivo. Ao decidir qualquer pedido neste sentido, o juiz, após ouvir a outra parte, deve sempre considerar principalmente que a execução se realiza no interesse do credor.

DICA DE PRÁTICA JURÍDICA

- **Como requerer a substituição da penhora**: entendendo que a substituição da penhora é possível segundo as regras deste artigo, o interessado pode fazer o seu pedido por meio de simples petição intermediária (endereçamento, qualificação, razões, pedido), endereçada ao próprio juiz da execução. O interessado deve ainda juntar à sua petição os documentos tendentes a comprovar as suas alegações.

> **Art. 849.** Sempre que ocorrer a substituição dos bens inicialmente penhorados, será lavrado novo termo.

REFERÊNCIAS LEGISLATIVAS

- Art. 838, 848, CPC.

ANOTAÇÕES

- **Novo termo ou auto de penhora**: eventualmente deferida a substituição da penhora, o juiz deverá determinar a lavratura de novo termo, observando os requisitos mínimos indicados no art. 838.

> **Art. 850.** Será admitida a redução ou a ampliação da penhora, bem como sua transferência para outros bens, se, no curso do processo, o valor de mercado dos bens penhorados sofrer alteração significativa.

REFERÊNCIAS LEGISLATIVAS

- Arts. 847, 848, 853, 873, 874, CPC.

ANOTAÇÕES

- **Redução ou ampliação da penhora**: a fim de evitar desiquilíbrio entre o valor da execução e o valor dos bens penhorados, fato que poderia trazer prejuízos para uma das partes, a norma possibilita que qualquer delas requeira a substituição da penhora ou sua redução ou ampliação, quando possível (*v.g.*, penhora de crédito ou rendimentos), com o escopo de reequilibrar a situação, mantendo-a suficiente para garantir a quitação do débito (nem mais, nem menos), caso haja alteração "significativa" no valor de mercado dos bens. Cabe ao juiz analisar, mediante provocação da parte interessada, o que é esta alteração "significativa" no valor de mercado dos bens; no meu entender, a variação deve ser tal que coloque em risco o cumprimento da obrigação ou, de outro lado, comprometa o bem-estar financeiro do devedor.

DICA DE PRÁTICA JURÍDICA

- **Como requerer a redução ou ampliação da penhora**: entendendo que houve alteração significativa no valor de mercado dos bens penhorados, o interessado pode requerer providências por meio de simples petição intermediária (endereçamento, qualificação, razões, pedido), endereçada ao próprio juiz da execução. O interessado deve ainda juntar à sua petição os documentos tendentes a comprovar as suas alegações.

Art. 851. Não se procede à segunda penhora, salvo se:

I – a primeira for anulada;

II – executados os bens, o produto da alienação não bastar para o pagamento do exequente;

III – o exequente desistir da primeira penhora, por serem litigiosos os bens ou por estarem submetidos a constrição judicial.

REFERÊNCIAS LEGISLATIVAS

- Arts. 831, 835, 838, 839, 850, 853, 874, CPC.

ANOTAÇÕES

- **Segunda penhora**: trata a norma da possibilidade de se proceder a uma nova penhora em razão de a primeira ter sido anulada ou, executados os bens, o produto da alienação não bastar para o pagamento do débito ou, por fim, se o credor desistir da penhora feita inicialmente. As regras para a realização desta "segunda" penhora ou, como prefere parte da doutrina, da "renovação" da penhora, são as mesmas (art. 838), assim como os bens penhoráveis do executado (art. 833).

DICA DE PRÁTICA JURÍDICA

- **Como requerer a segunda penhora**: caracterizada qualquer das hipóteses previstas neste artigo, o interessado pode requerer nova penhora por meio de simples petição intermediária (endereçamento, qualificação, razões, pedido), endereçada ao próprio juiz da execução. O interessado deve ainda juntar à sua petição os documentos tendentes a comprovar as suas alegações.

JURISPRUDÊNCIA

- Na espécie, procedeu-se a uma segunda penhora, que, em regra, não é admitida, sem que a anterior fosse anulada, considerada, por qualquer razão, inidônea ou mesmo reputada insuficiente, à revelia do que dispõe o art. 851 do CPC/2015. Ainda que se confira a esse rol o caráter meramente exemplificativo, outras situações que comportem a realização de uma segunda penhora, devidamente sopesadas no caso concreto pelo magistrado, deverão importar, necessariamente, na insubsistência da anterior, providência, como visto, não observada no particular (STJ, REsp 1802748/SP, Ministro Marco Aurélio Bellizze, T3 – Terceira Turma, *DJe* 26/08/2019).

> **Art. 852.** O juiz determinará a alienação antecipada dos bens penhorados quando:
> I – se tratar de veículos automotores, de pedras e metais preciosos e de outros bens móveis sujeitos à depreciação ou à deterioração;
> II – houver manifesta vantagem.

REFERÊNCIAS LEGISLATIVAS

- Arts. 730, 853, CPC.

ANOTAÇÕES

- ***Venda antecipada dos bens penhorados***: ao autorizar a venda antecipada dos bens penhorados, medida que inverte a ordem natural do procedimento executivo, o legislador não busca proteger apenas os interesses do exequente, mas também do devedor. Assim, a medida deve representar no geral vantagem para ambas as partes, cabendo ao juiz analisar, no caso concreto, as circunstâncias que justificam ou não a medida.

DICA DE PRÁTICA JURÍDICA

- ***Como requerer a venda antecipada dos bens penhorados***: embora a venda dos bens penhorados possa ser determinada de ofício pelo juiz, o interessado na medida pode e deve, a meu ver, tomar a iniciativa de provocar a manifestação judicial. Para tanto, basta uma simples petição intermediária (endereçamento, qualificação, razões, pedido), endereçada ao próprio juiz da execução. O interessado deve ainda juntar à sua petição os documentos tendentes a comprovar as suas alegações.

JURISPRUDÊNCIA

- Indenização por danos materiais e morais – Ilegalidade da penhora – Autora, que é importadora e distribuidora de bebidas, não procurou evitar a perda das mercadorias de sua propriedade e se opôs à venda antecipada dos bens penhorados – Conquanto o armazenamento inadequado, pelo depositário, possa ter contribuído para acelerar o processo de degradação dos vinhos, não é possível atribuir exclusivamente ao réu a responsabilidade pela depreciação destes bens – Vinhos em questão não destinados a longo período de guarda – O réu, nos autos da execução, requereu ao Juízo a venda antecipada das garrafas de vinho penhoradas, porém a autora insurgiu-se contra tal pretensão, mesmo sabendo do vencimento dos prazos recomendados para consumo dos vinhos – A responsabilidade do apelado é excluída, neste caso, ante a constatação, pelo perito, de que os prazos recomendados para consumo dos vinhos já estavam vencidos, independentemente do acondicionamento que lhes foi dado – Inexistência do dever de indenizar, quer a título de dano moral, quer prejuízos materiais – Sentença de improcedência da ação mantida – Recurso improvido, neste aspecto. Recurso improvido (TJSP, Apelação Cível 0112245-67.2008.8.26.0100, Relator Plinio Novaes de Andrade Júnior, 24ª Câmara de Direito Privado, Foro Central Cível – 40ª Vara Cível, julgamento em 20/04/2017, data de registro 30/04/2017).

Art. 853. Quando uma das partes requerer alguma das medidas previstas nesta Subseção, o juiz ouvirá sempre a outra, no prazo de 3 (três) dias, antes de decidir.

Parágrafo único. O juiz decidirá de plano qualquer questão suscitada.

REFERÊNCIAS LEGISLATIVAS

- Art. 5º, LV, CF; arts. 10, 219, 1.015, parágrafo único, CPC.

ANOTAÇÕES

- *Contraditório*: a norma impõe o respeito ao "princípio do contraditório" (art. 5º, LV, CF), ou seja, antes de decidir, o juiz deve dar oportunidade para que a outra se manifeste fundamentadamente; veja, a manifestação não é obrigatória, e sim a sua oportunização.

JURISPRUDÊNCIA

- A garantia ao contraditório significa assegurar a prevalência da democracia no processo, com a efetiva possibilidade da participação e da influência das partes na produção de todas as provas e contraprovas que entenderem necessárias para a defesa de seus direitos. A teor do artigo 10 do NCPC, o magistrado não pode decidir alicerçado em fundamento a respeito do qual as partes não tiveram oportunidade de debater. Adotado, assim, o princípio da não surpresa. Viola este princípio, bem como o do contraditório e da ampla defesa, a prolação de sentença de improcedência com fundamento em questão sobre a qual não foi oportunizada às partes a manifestação prévia (TJMG, Apelação Cível 1.0143.14.003860-3/001, Rel. Desembargadora Mariangela Meyer, 10ª Câmara Cível, julgamento em 27/02/2018, publicação da súmula em 09/03/2018).

Subseção V
Da Penhora de Dinheiro em Depósito ou em Aplicação Financeira

Art. 854. Para possibilitar a penhora de dinheiro em depósito ou em aplicação financeira, o juiz, a requerimento do exequente, sem dar ciência prévia do ato ao executado, determinará às instituições financeiras, por meio de sistema eletrônico gerido pela autoridade supervisora do sistema financeiro nacional, que torne indisponíveis ativos financeiros existentes em nome do executado, limitando-se a indisponibilidade ao valor indicado na execução.

§ 1º No prazo de 24 (vinte e quatro) horas a contar da resposta, de ofício, o juiz determinará o cancelamento de eventual indisponibilidade excessiva, o que deverá ser cumprido pela instituição financeira em igual prazo.

§ 2º Tornados indisponíveis os ativos financeiros do executado, este será intimado na pessoa de seu advogado ou, não o tendo, pessoalmente.

§ 3º Incumbe ao executado, no prazo de 5 (cinco) dias, comprovar que:

I – as quantias tornadas indisponíveis são impenhoráveis;

II – ainda remanesce indisponibilidade excessiva de ativos financeiros.

§ 4º Acolhida qualquer das arguições dos incisos I e II do § 3º, o juiz determinará o cancelamento de eventual indisponibilidade irregular ou excessiva, a ser cumprido pela instituição financeira em 24 (vinte e quatro) horas.

§ 5º Rejeitada ou não apresentada a manifestação do executado, converter-se-á a indisponibilidade em penhora, sem necessidade de lavratura de termo, devendo o juiz da execução determinar à instituição financeira depositária que, no prazo de 24 (vinte e quatro) horas, transfira o montante indisponível para conta vinculada ao juízo da execução.

§ 6º Realizado o pagamento da dívida por outro meio, o juiz determinará, imediatamente, por sistema eletrônico gerido pela autoridade supervisora do sistema financeiro nacional, a notificação da instituição financeira para que, em até 24 (vinte e quatro) horas, cancele a indisponibilidade.

§ 7º As transmissões das ordens de indisponibilidade, de seu cancelamento e de determinação de penhora previstas neste artigo far-se-ão por meio de sistema eletrônico gerido pela autoridade supervisora do sistema financeiro nacional.

§ 8º A instituição financeira será responsável pelos prejuízos causados ao executado em decorrência da indisponibilidade de ativos financeiros em valor superior ao indicado na execução ou pelo juiz, bem como na hipótese de não cancelamento da indisponibilidade no prazo de 24 (vinte e quatro) horas, quando assim determinar o juiz.

§ 9º Quando se tratar de execução contra partido político, o juiz, a requerimento do exequente, determinará às instituições financeiras, por meio de sistema eletrônico gerido por autoridade supervisora do sistema bancário, que tornem indisponíveis ativos financeiros somente em nome do órgão partidário que tenha contraído a dívida executada ou que tenha dado causa à violação de direito ou ao dano, ao qual cabe exclusivamente a responsabilidade pelos atos praticados, na forma da lei.

REFERÊNCIAS LEGISLATIVAS

- Arts. 219, 774, V e parágrafo único, 833, 835, I, 837, 841, CPC; art. 132, § 4º, CC; art. 15-A, Lei nº 9.096/1995.

ANOTAÇÕES

- **Penhora on-line**: considerando que a penhora preferencialmente deve recair sobre dinheiro (art. 835, I, CPC), não há, a princípio, qualquer impedimento no sentido de que a petição inicial do processo de execução já inclua pedido de "penhora *on-line*".

- **Bloqueio ilegal ou excessivo**: ao proceder com bloqueio de ativo financeiro em contas do executado, o juiz não verifica a sua procedência ou original, razão pela qual é comum serem bloqueados valores que são a princípio "impenhoráveis" (art. 833, IV, IX, X, XI). Nestes casos, cabe ao executado comprovar, no prazo de cinco dias, que as quantias tornadas indisponíveis são impenhoráveis, não só apontando a sua origem, mas também juntando documentos neste sentido. Se o juiz rejeitar o pedido de liberação das verbas bloqueadas, a parte interessada pode agravar por instrumento (art. 1.015, parágrafo único).

DICA DE PRÁTICA JURÍDICA

- **Como requerer a liberação de valores bloqueados**: constatando que foram indevidamente bloqueados valores na sua conta bancária ou aplicações financeiras (art. 833, IV, IX, X, XI), o executado pode requerer a liberação por uma simples petição intermediária (endereçamento, qualificação, razões, pedido), endereçada ao próprio juiz da execução. O interessado deve ainda juntar à sua petição os documentos tendentes a comprovar as suas alegações.

JURISPRUDÊNCIA

- A legislação processual civil (CPC/2015, art. 833, IV, e § 2º) contempla, de forma ampla, a prestação alimentícia, como apta a superar a impenhorabilidade de salários, soldos, pensões e remunerações. A referência ao gênero prestação alimentícia alcança os honorários advocatícios, assim como os honorários de outros profissionais liberais e, também, a pensão alimentícia, que são espécies daquele gênero. É de se permitir, portanto, que pelo menos uma parte do salário possa ser atingida pela penhora para pagamento de prestação alimentícia, incluindo-se os créditos de honorários advocatícios, contratuais ou sucumbenciais, os quais têm inequívoca natureza alimentar (CPC/2015, art. 85, § 14) (STJ, AgInt no AREsp 1595030/SC, Rel. Ministro Raul Araújo, T4 – Quarta Turma, *DJe* 01/07/2020).
- A jurisprudência desta eg. Corte entende que, nos casos de penhora *on-line* realizada via Bacenjud, o prazo para apresentação de impugnação do cumprimento de sentença inicia-se da intimação da decisão que determina o bloqueio, sendo, portanto, desnecessária nova intimação do ato referente à lavratura do termo de penhora. Precedentes (STJ, AgInt no AREsp 1097666/SC, Ministro Raul Araújo, T4 – Quarta Turma, *DJe* 04/06/2020).
- O posicionamento da Corte de origem destoa da jurisprudência do Superior Tribunal de Justiça sobre o tema. É desnecessário o esgotamento das diligências na busca de bens a serem penhorados a fim de autorizar-se a penhora *on-line* (sistemas Bacen-jud, Renajud ou Infojud), em execução civil ou fiscal, após o advento da Lei n. 11.382/2006, com vigência a partir de 21.1.2007. Precedentes (STJ, AREsp 1528536/RJ, Ministro Herman Benjamin, T2 – Segunda Turma, *DJe* 19/12/2019).
- É possível a penhora *on-line* em conta-corrente do devedor, contanto que ressalvados valores oriundos de depósitos com manifesto caráter alimentar (STJ, AgInt nos EDcl no REsp 1.636.872/SC, Ministra Maria Isabel Gallotti, T4 – Quarta Turma, *DJe* 22/11/2017).
- Segundo orientação dominante nesta Corte Superior, apenas o executado validamente citado que não pagar e nem nomear bens à penhora poderá ter seus ativos financeiros bloqueados por meio do sistema conhecido como BACEN-JUD, sob pena de violação do princípio do devido processo legal. Precedente (STJ, AgRg no AREsp 383.108/SP, Ministro Napoleão Nunes Maia Filho, T1 – Primeira Turma, *DJe* 23/10/2017).

Subseção VI
Da Penhora de Créditos

Art. 855. Quando recair em crédito do executado, enquanto não ocorrer a hipótese prevista no art. 856, considerar-se-á feita a penhora pela intimação:

I – ao terceiro devedor para que não pague ao executado, seu credor;

II – ao executado, credor do terceiro, para que não pratique ato de disposição do crédito.

REFERÊNCIAS LEGISLATIVAS

- Arts. 790, 792, 835, 856, CPC; art. 312, CC.

ANOTAÇÕES

- **Penhora de créditos**: o devedor pode, é claro, ser, por sua vez, credor de terceiros, possibilitando que o exequente requeira a penhora deste crédito (vencido e/ou vincendo). Neste caso, além de determinar a apreensão do título representativo do crédito (*v.g.*, letra de câmbio, nota promissória, duplicata, cheque etc.), quando houver (art. 856), o juiz determinará a intimação do terceiro e do executado; ao primeiro, para que não pague ao executado, e a este, para que não pratique ato de disposição do crédito.

JURISPRUDÊNCIA

- O STJ, em recurso representativo de controvérsia, assentou o entendimento de que a Fazenda Pública pode recusar a nomeação de precatório à penhora, por se tratar de direito de crédito, e não de dinheiro (STJ, REsp 1.685.630/SP, Ministro Herman Benjamin, T2 – Segunda Turma, *DJe* 16/10/2017).

Art. 856. A penhora de crédito representado por letra de câmbio, nota promissória, duplicata, cheque ou outros títulos far-se-á pela apreensão do documento, esteja ou não este em poder do executado.

§ 1º Se o título não for apreendido, mas o terceiro confessar a dívida, será este tido como depositário da importância.

§ 2º O terceiro só se exonerará da obrigação depositando em juízo a importância da dívida.

§ 3º Se o terceiro negar o débito em conluio com o executado, a quitação que este lhe der caracterizará fraude à execução.

§ 4º A requerimento do exequente, o juiz determinará o comparecimento, em audiência especialmente designada, do executado e do terceiro, a fim de lhes tomar os depoimentos.

REFERÊNCIAS LEGISLATIVAS

- Arts. 774, I, 792, 838, 855, CPC; arts. 312 e 344, CC.

ANOTAÇÕES

- **Apreensão do título**: estabelece a norma que, nos casos em que o crédito seja representado por algum tipo de título, a penhora efetivar-se-á pela apreensão do documento, esteja este ou não no poder do executado (mandado de busca e apreensão). De qualquer forma, a penhora permanece mesmo que não exista título ou este não seja encontrado. Se o terceiro intimado negar a existência da dívida, o juiz, a pedido do interessado, abrirá um incidente para apuração da verdade, podendo, inclusive, tomar depoimento do executado e do terceiro.

Art. 857. Feita a penhora em direito e ação do executado, e não tendo ele oferecido embargos ou sendo estes rejeitados, o exequente ficará sub-rogado nos direitos do executado até a concorrência de seu crédito.

§ 1º O exequente pode preferir, em vez da sub-rogação, a alienação judicial do direito penhorado, caso em que declarará sua vontade no prazo de 10 (dez) dias contado da realização da penhora.

§ 2º A sub-rogação não impede o sub-rogado, se não receber o crédito do executado, de prosseguir na execução, nos mesmos autos, penhorando outros bens.

REFERÊNCIAS LEGISLATIVAS

- Arts. 219, 730, 914 a 920, CPC; arts. 346 a 351, CC.

ANOTAÇÕES

- ***Sub-rogação***: é a transferência dos direitos do crédito do credor originário para terceiro que quitou a obrigação ou, como neste caso, assumiu por meio da penhora.

Art. 858. Quando a penhora recair sobre dívidas de dinheiro a juros, de direito a rendas ou de prestações periódicas, o exequente poderá levantar os juros, os rendimentos ou as prestações à medida que forem sendo depositados, abatendo-se do crédito as importâncias recebidas, conforme as regras de imputação do pagamento.

REFERÊNCIAS LEGISLATIVAS

- Arts. 352 a 355, CC.

Art. 859. Recaindo a penhora sobre direito a prestação ou a restituição de coisa determinada, o executado será intimado para, no vencimento, depositá-la, correndo sobre ela a execução.

REFERÊNCIAS LEGISLATIVAS

- Arts. 855, I, 858, CPC.

ANOTAÇÕES

- **Penhora sobre crédito pago em prestações**: a penhora referida diz respeito a obrigações periódicas (trato sucessivo); neste caso, o devedor do executado será intimado para, no vencimento, pagar a prestação diretamente ao exequente (o valor deverá ser abatido do débito total).

> **Art. 860.** Quando o direito estiver sendo pleiteado em juízo, a penhora que recair sobre ele será averbada, com destaque, nos autos pertinentes ao direito e na ação correspondente à penhora, a fim de que esta seja efetivada nos bens que forem adjudicados ou que vierem a caber ao executado.

REFERÊNCIAS LEGISLATIVAS

- Arts. 789, 790, 855, I, 858, CPC.

ANOTAÇÕES

- **Penhora no rosto dos autos**: pode acontecer de o executado ter "direito" a receber o que esteja sub judice (expectativa de crédito), ou seja, o que esteja sendo cobrado por meio de um processo judicial. Também este direito pode ser penhorado; para tanto, basta que o juízo onde está sendo processada a execução expeça ofício ao juiz competente requerendo que o pedido de penhora seja averbado, com destaque, nos autos do processo, a fim de que seja efetivada oportunamente sobre bens ou valores a serem recebidos pelo executado.

JURISPRUDÊNCIA

- A orientação jurisprudencial do Superior Tribunal de Justiça é no sentido de que a penhora no rosto dos autos, situação análoga à dos presentes autos, não é apta a motivar conflito de competência, tendo em vista que cada um dos juízos é competente para processar e julgar a execução que tramita sob sua jurisdição. Precedentes (STJ, CC 167917/RS, Ministro Francisco Falcão, S1 – Primeira Seção, *DJe* 15/05/2020).
- É imprescindível a intimação das partes do processo em que averbada a penhora no rosto dos autos para a ciência de todos os interessados, não se podendo presumir a ciência do devedor, acerca da penhora, sem a devida intimação formal (STJ, RMS 60351/RS, Ministro Raul Araújo, T4 – Quarta Turma, *DJe* 04/02/2020).
- Esta Corte Superior possui entendimento de que a existência de penhora no rosto dos autos do processo falimentar impõe à Fazenda Pública a paralisação do executivo fiscal até que se verifique a possibilidade de satisfação do crédito, sem que essa paralisação seja imputada à inércia do ente público (STJ, EDcl no AgInt no AREsp 600.416/MG, Ministro Og Fernandes, T2 – Segunda Turma, *DJe* 27/03/2017).
- A penhora no rosto dos autos não é o instituto jurídico adequado para o caso examinado, pois serve apenas para a penhora dos créditos a serem recebidos pelo executado em outro processo (STJ, REsp 1.585.914/SP, Ministro Herman Benjamin, T2 – Segunda Turma, *DJe* 01/06/2016).

> Subseção VII
> Da Penhora das Quotas ou das Ações de Sociedades Personificadas
>
> **Art. 861.** Penhoradas as quotas ou as ações de sócio em sociedade simples ou empresária, o juiz assinará prazo razoável, não superior a 3 (três) meses, para que a sociedade:

I – apresente balanço especial, na forma da lei;

II – ofereça as quotas ou as ações aos demais sócios, observado o direito de preferência legal ou contratual;

III – não havendo interesse dos sócios na aquisição das ações, proceda à liquidação das quotas ou das ações, depositando em juízo o valor apurado, em dinheiro.

§ 1º Para evitar a liquidação das quotas ou das ações, a sociedade poderá adquiri-las sem redução do capital social e com utilização de reservas, para manutenção em tesouraria.

§ 2º O disposto no *caput* e no § 1º não se aplica à sociedade anônima de capital aberto, cujas ações serão adjudicadas ao exequente ou alienadas em bolsa de valores, conforme o caso.

§ 3º Para os fins da liquidação de que trata o inciso III do *caput*, o juiz poderá, a requerimento do exequente ou da sociedade, nomear administrador, que deverá submeter à aprovação judicial a forma de liquidação.

§ 4º O prazo previsto no *caput* poderá ser ampliado pelo juiz, se o pagamento das quotas ou das ações liquidadas:

I – superar o valor do saldo de lucros ou reservas, exceto a legal, e sem diminuição do capital social, ou por doação; ou

II – colocar em risco a estabilidade financeira da sociedade simples ou empresária.

§ 5º Caso não haja interesse dos demais sócios no exercício de direito de preferência, não ocorra a aquisição das quotas ou das ações pela sociedade e a liquidação do inciso III do *caput* seja excessivamente onerosa para a sociedade, o juiz poderá determinar o leilão judicial das quotas ou das ações.

REFERÊNCIAS LEGISLATIVAS

- Art. 835, CPC; arts. 132, § 3º, 1.026, 1.031, CC.

JURISPRUDÊNCIA

- É perfeitamente possível a penhora de cotas de sociedade limitada, haja vista que tal constrição, além de não implicar ofensa ao princípio da affectio societatis, não encontra nenhuma vedação legal (STJ, AgRg no AREsp 551613/RJ, Ministro Ricardo Villas Bôas Cueva, T3 – Terceira Turma, *DJe* 03/08/2020).
- Esta eg. Corte Superior orienta-se no sentido de permitir a penhora de cotas sociais, mormente na hipótese em que houve tentativa prévia de esgotamento de outros meios de satisfação da dívida. Precedentes (STJ, AgInt no AREsp 1363626/RS, Ministro Raul Araújo, T4 – Quarta Turma, *DJe* 14/06/2019).

Subseção VIII
Da Penhora de Empresa, de Outros Estabelecimentos e de Semoventes

Art. 862. Quando a penhora recair em estabelecimento comercial, industrial ou agrícola, bem como em semoventes, plantações ou edifícios em construção, o juiz nomeará administrador-depositário, determinando-lhe que apresente em 10 (dez) dias o plano de administração.

§ 1º Ouvidas as partes, o juiz decidirá.

§ 2º É lícito às partes ajustar a forma de administração e escolher o depositário, hipótese em que o juiz homologará por despacho a indicação.

§ 3º Em relação aos edifícios em construção sob regime de incorporação imobiliária, a penhora somente poderá recair sobre as unidades imobiliárias ainda não comercializadas pelo incorporador.

§ 4º Sendo necessário afastar o incorporador da administração da incorporação, será ela exercida pela comissão de representantes dos adquirentes ou, se se tratar de construção financiada, por empresa ou profissional indicado pela instituição fornecedora dos recursos para a obra, devendo ser ouvida, neste último caso, a comissão de representantes dos adquirentes.

REFERÊNCIAS LEGISLATIVAS

- Art. 219, CPC; art. 1.142, CC.

JURISPRUDÊNCIA

- Súmula 451 do STJ: É legítima a penhora da sede do estabelecimento comercial.

Art. 863. A penhora de empresa que funcione mediante concessão ou autorização far-se-á, conforme o valor do crédito, sobre a renda, sobre determinados bens ou sobre todo o patrimônio, e o juiz nomeará como depositário, de preferência, um de seus diretores.

§ 1º Quando a penhora recair sobre a renda ou sobre determinados bens, o administrador-depositário apresentará a forma de administração e o esquema de pagamento, observando-se, quanto ao mais, o disposto em relação ao regime de penhora de frutos e rendimentos de coisa móvel e imóvel.

§ 2º Recaindo a penhora sobre todo o patrimônio, prosseguirá a execução em seus ulteriores termos, ouvindo-se, antes da arrematação ou da adjudicação, o ente público que houver outorgado a concessão.

REFERÊNCIAS LEGISLATIVAS

- Arts. 789, 805, CPC; Lei nº 8.987/1995; art. 22, Lei nº 8.078/1990.

JURISPRUDÊNCIA

- A jurisprudência desta Corte entende pela possibilidade de penhora sobre bens de concessionárias de serviço público, desde que o ato constritivo não prejudique o desempenho de sua atividade-fim. Precedentes (STJ, AgInt no REsp 1448987/SC, Ministro Napoleão Nunes Maia Filho, T1 – Primeira Turma, *DJe* 01/04/2019).
- Esta Corte Superior vem admitindo a penhora de bens de empresas públicas (em sentido lato) prestadoras de serviço público apenas se estes não estiverem afetados à consecução da atividade-fim (serviço público) ou se, ainda que afetados, a penhora não comprometer o desempenho da atividade. Essa lógica se aplica

às empresas privadas que sejam concessionárias ou permissionárias de serviços públicos (como ocorre no caso). Precedentes (STJ, AgRg no REsp 1070735/RS, Ministro Mauro Campbell Marques, T2 – Segunda Turma, *DJe* 15/12/2008).

Art. 864. A penhora de navio ou de aeronave não obsta que continuem navegando ou operando até a alienação, mas o juiz, ao conceder a autorização para tanto, não permitirá que saiam do porto ou do aeroporto antes que o executado faça o seguro usual contra riscos.

REFERÊNCIAS LEGISLATIVAS

- Arts. 789, 805, CPC; art. 1.473, VI, VII, CC; Lei nº 7.652/1988; Lei nº 7.565/1986 – Código Brasileiro de Aeronáutica.

JURISPRUDÊNCIA

- A constrição judicial que recai somente sobre a aeronave não engloba os rendimentos que o devedor-proprietário tiver auferido com sua utilização para fins comerciais – autorizada pelo Juízo da execução – quando tal circunstância não constar expressamente do respectivo termo, não havendo falar no dever de prestar contas do executado nessa condição (STJ, AREsp 1464060, Ministra Maria Isabel Gallotti, Decisão Monocrática, *DP* 30/05/2019).

Art. 865. A penhora de que trata esta Subseção somente será determinada se não houver outro meio eficaz para a efetivação do crédito.

REFERÊNCIAS LEGISLATIVAS

- Arts. 805, 835, 866, CPC.

Subseção IX
Da Penhora de Percentual de Faturamento de Empresa

Art. 866. Se o executado não tiver outros bens penhoráveis ou se, tendo-os, esses forem de difícil alienação ou insuficientes para saldar o crédito executado, o juiz poderá ordenar a penhora de percentual de faturamento de empresa.

§ 1º O juiz fixará percentual que propicie a satisfação do crédito exequendo em tempo razoável, mas que não torne inviável o exercício da atividade empresarial.

§ 2º O juiz nomeará administrador-depositário, o qual submeterá à aprovação judicial a forma de sua atuação e prestará contas mensalmente, entregando em juízo as quantias recebidas, com os respectivos balancetes mensais, a fim de serem imputadas no pagamento da dívida.

> § 3º Na penhora de percentual de faturamento de empresa, observar-se-á, no que couber, o disposto quanto ao regime de penhora de frutos e rendimentos de coisa móvel e imóvel.

⚖️ REFERÊNCIAS LEGISLATIVAS

- Arts. 789, 835, X, CPC.

🔨 JURISPRUDÊNCIA

- Considerando-se as premissas fáticas adotadas pelo Tribunal de origem – insindicáveis, em sede de Recurso Especial –, o acórdão recorrido está em consonância com a jurisprudência do STJ, no sentido de que a penhora de valores recebíveis de administradoras de cartões de crédito equivale, para fins processuais, à penhora sobre o faturamento, sendo legítima, outrossim, a fixação de percentual que não inviabilize a atividade econômica da sociedade empresária executada. Precedentes (STJ, AgInt no AREsp 1.032.635/SP, Ministra Assusete Magalhães, T2 – Segunda Turma, *DJe* 27/10/2017).

Subseção X
Da Penhora de Frutos e Rendimentos de Coisa Móvel ou Imóvel

Art. 867. O juiz pode ordenar a penhora de frutos e rendimentos de coisa móvel ou imóvel quando a considerar mais eficiente para o recebimento do crédito e menos gravosa ao executado.

⚖️ REFERÊNCIAS LEGISLATIVAS

- Arts. 805, 825, III, 834, 868, 905, CPC.

🔨 JURISPRUDÊNCIA

- Conforme jurisprudência desta Corte, apenas o exercício do usufruto, isto é, a expressão econômica representada pelos frutos, é penhorável, de modo que, "se o imóvel se encontra ocupado pela própria devedora, que nele reside, não produz frutos que possam ser penhorados. Por conseguinte, incabível se afigura a pretendida penhora do exercício do direito de usufruto do imóvel ocupado pela recorrente, por ausência de amparo legal" (STJ, EDcl no AgInt no REsp 1824594/SP, Ministra Maria Isabel Gallotti, T4 – Quarta Turma, *DJe* 01/10/2020).

> **Art. 868.** Ordenada a penhora de frutos e rendimentos, o juiz nomeará administrador-depositário, que será investido de todos os poderes que concernem à administração do bem e à fruição de seus frutos e utilidades, perdendo o executado o direito de gozo do bem, até que o exequente seja pago do principal, dos juros, das custas e dos honorários advocatícios.
>
> § 1º A medida terá eficácia em relação a terceiros a partir da publicação da decisão que a conceda ou de sua averbação no ofício imobiliário, em caso de imóveis.

§ 2º O exequente providenciará a averbação no ofício imobiliário mediante a apresentação de certidão de inteiro teor do ato, independentemente de mandado judicial.

REFERÊNCIAS LEGISLATIVAS

- Arts. 805, 825, III, 834, 867, 905, CPC; art. 1.394, CC.

Art. 869. O juiz poderá nomear administrador-depositário o exequente ou o executado, ouvida a parte contrária, e, não havendo acordo, nomeará profissional qualificado para o desempenho da função.

§ 1º O administrador submeterá à aprovação judicial a forma de administração e a de prestar contas periodicamente.

§ 2º Havendo discordância entre as partes ou entre essas e o administrador, o juiz decidirá a melhor forma de administração do bem.

§ 3º Se o imóvel estiver arrendado, o inquilino pagará o aluguel diretamente ao exequente, salvo se houver administrador.

§ 4º O exequente ou o administrador poderá celebrar locação do móvel ou do imóvel, ouvido o executado.

§ 5º As quantias recebidas pelo administrador serão entregues ao exequente, a fim de serem imputadas ao pagamento da dívida.

§ 6º O exequente dará ao executado, por termo nos autos, quitação das quantias recebidas.

REFERÊNCIAS LEGISLATIVAS

- Arts. 867, 868, CPC; arts. 319, 320, 1.394, CC.

ANOTAÇÕES

- **Quitação**: é documento no qual o credor reconheça ter recebido o seu crédito, e onde deverá constar o valor e espécie da dívida quitada, o nome do devedor, ou quem por este pagou, o tempo e o lugar do pagamento, com assinatura do credor, ou do seu representante.

Subseção XI
Da Avaliação

Art. 870. A avaliação será feita pelo oficial de justiça.

Parágrafo único. Se forem necessários conhecimentos especializados e o valor da execução o comportar, o juiz nomeará avaliador, fixando-lhe prazo não superior a 10 (dez) dias para entrega do laudo.

REFERÊNCIAS LEGISLATIVAS

- Arts. 154, V, 219, 829, § 1º, 917, II e § 1º, CPC.

Art. 871. Não se procederá à avaliação quando:

I – uma das partes aceitar a estimativa feita pela outra;

II – se tratar de títulos ou de mercadorias que tenham cotação em bolsa, comprovada por certidão ou publicação no órgão oficial;

III – se tratar de títulos da dívida pública, de ações de sociedades e de títulos de crédito negociáveis em bolsa, cujo valor será o da cotação oficial do dia, comprovada por certidão ou publicação no órgão oficial;

IV – se tratar de veículos automotores ou de outros bens cujo preço médio de mercado possa ser conhecido por meio de pesquisas realizadas por órgãos oficiais ou de anúncios de venda divulgados em meios de comunicação, caso em que caberá a quem fizer a nomeação o encargo de comprovar a cotação de mercado.

Parágrafo único. Ocorrendo a hipótese do inciso I deste artigo, a avaliação poderá ser realizada quando houver fundada dúvida do juiz quanto ao real valor do bem.

REFERÊNCIAS LEGISLATIVAS

- Arts. 809, § 1º, 829, § 1º, 843, § 2º, CPC.

JURISPRUDÊNCIA

- Súmula 46 do STJ: Na execução por carta, os embargos do devedor serão decididos no juízo deprecante, salvo se versarem unicamente vícios ou defeitos da penhora, avaliação ou alienação de bens.

Art. 872. A avaliação realizada pelo oficial de justiça constará de vistoria e de laudo anexados ao auto de penhora ou, em caso de perícia realizada por avaliador, de laudo apresentado no prazo fixado pelo juiz, devendo-se, em qualquer hipótese, especificar:

I – os bens, com as suas características, e o estado em que se encontram;

II – o valor dos bens.

§ 1º Quando o imóvel for suscetível de cômoda divisão, a avaliação, tendo em conta o crédito reclamado, será realizada em partes, sugerindo-se, com a apresentação de memorial descritivo, os possíveis desmembramentos para alienação.

§ 2º Realizada a avaliação e, sendo o caso, apresentada a proposta de desmembramento, as partes serão ouvidas no prazo de 5 (cinco) dias.

REFERÊNCIAS LEGISLATIVAS

- Arts. 219, 809, § 1º, 829, § 1º, 843, § 2º, 870, CPC.

Art. 873. É admitida nova avaliação quando:

I – qualquer das partes arguir, fundamentadamente, a ocorrência de erro na avaliação ou dolo do avaliador;

II – se verificar, posteriormente à avaliação, que houve majoração ou diminuição no valor do bem;

III – o juiz tiver fundada dúvida sobre o valor atribuído ao bem na primeira avaliação.

Parágrafo único. Aplica-se o art. 480 à nova avaliação prevista no inciso III do *caput* deste artigo.

REFERÊNCIAS LEGISLATIVAS

- Arts. 480, 829, § 1º, 850, CPC.

Art. 874. Após a avaliação, o juiz poderá, a requerimento do interessado e ouvida a parte contrária, mandar:

I – reduzir a penhora aos bens suficientes ou transferi-la para outros, se o valor dos bens penhorados for consideravelmente superior ao crédito do exequente e dos acessórios;

II – ampliar a penhora ou transferi-la para outros bens mais valiosos, se o valor dos bens penhorados for inferior ao crédito do exequente.

REFERÊNCIAS LEGISLATIVAS

- Arts. 850, 873, 1.015, parágrafo único, CPC.

Art. 875. Realizadas a penhora e a avaliação, o juiz dará início aos atos de expropriação do bem.

REFERÊNCIAS LEGISLATIVAS

- Arts. 876 a 903, CPC.

Seção IV
Da Expropriação de Bens

Subseção I
Da Adjudicação

Art. 876. É lícito ao exequente, oferecendo preço não inferior ao da avaliação, requerer que lhe sejam adjudicados os bens penhorados.

§ 1º Requerida a adjudicação, o executado será intimado do pedido:

I – pelo Diário da Justiça, na pessoa de seu advogado constituído nos autos;

II – por carta com aviso de recebimento, quando representado pela Defensoria Pública ou quando não tiver procurador constituído nos autos;

III – por meio eletrônico, quando, sendo o caso do § 1º do art. 246, não tiver procurador constituído nos autos.

§ 2º Considera-se realizada a intimação quando o executado houver mudado de endereço sem prévia comunicação ao juízo, observado o disposto no art. 274, parágrafo único.

§ 3º Se o executado, citado por edital, não tiver procurador constituído nos autos, é dispensável a intimação prevista no § 1º.

§ 4º Se o valor do crédito for:

I – inferior ao dos bens, o requerente da adjudicação depositará de imediato a diferença, que ficará à disposição do executado;

II – superior ao dos bens, a execução prosseguirá pelo saldo remanescente.

§ 5º Idêntico direito pode ser exercido por aqueles indicados no art. 889, incisos II a VIII, pelos credores concorrentes que hajam penhorado o mesmo bem, pelo cônjuge, pelo companheiro, pelos descendentes ou pelos ascendentes do executado.

§ 6º Se houver mais de um pretendente, proceder-se-á a licitação entre eles, tendo preferência, em caso de igualdade de oferta, o cônjuge, o companheiro, o descendente ou o ascendente, nessa ordem.

§ 7º No caso de penhora de quota social ou de ação de sociedade anônima fechada realizada em favor de exequente alheio à sociedade, esta será intimada, ficando responsável por informar aos sócios a ocorrência da penhora, assegurando-se a estes a preferência.

REFERÊNCIAS LEGISLATIVAS

- Arts. 246, § 1º, 274, parágrafo único, 825, I, 870 a 875, 880, 889, II a VIII, 904, II, CPC.

ANOTAÇÕES

- *Adjudicação*: configura meio expropriatório voltado à satisfação do credor, mediante o qual se procede com a transferência forçada da propriedade do bem penhorado.

JURISPRUDÊNCIA

- O Tribunal de origem, em consonância com a jurisprudência do STJ, deixou expressamente consignado que, para o deferimento do pedido de adjudicação, deve a avaliação ser corrigida monetariamente porque deferir a medida postulada sem essa avaliação é chancelar, *in casu*, a hipótese de preço vil na expropriação dos bens do devedor para a satisfação do crédito exequendo (STJ, REsp 1.668.207/SP, Ministro Herman Benjamin, T2 – Segunda Turma, *DJe* 12/09/2017).

Art. 877. Transcorrido o prazo de 5 (cinco) dias, contado da última intimação, e decididas eventuais questões, o juiz ordenará a lavratura do auto de adjudicação.

§ 1º Considera-se perfeita e acabada a adjudicação com a lavratura e a assinatura do auto pelo juiz, pelo adjudicatário, pelo escrivão ou chefe de secretaria, e, se estiver presente, pelo executado, expedindo-se:

I – a carta de adjudicação e o mandado de imissão na posse, quando se tratar de bem imóvel;

II – a ordem de entrega ao adjudicatário, quando se tratar de bem móvel.

§ 2º A carta de adjudicação conterá a descrição do imóvel, com remissão à sua matrícula e aos seus registros, a cópia do auto de adjudicação e a prova de quitação do imposto de transmissão.

§ 3º No caso de penhora de bem hipotecado, o executado poderá remi-lo até a assinatura do auto de adjudicação, oferecendo preço igual ao da avaliação, se não tiver havido licitantes, ou ao do maior lance oferecido.

§ 4º Na hipótese de falência ou de insolvência do devedor hipotecário, o direito de remição previsto no § 3º será deferido à massa ou aos credores em concurso, não podendo o exequente recusar o preço da avaliação do imóvel.

REFERÊNCIAS LEGISLATIVAS

- Arts. 219, 675, 826, CPC; arts. 1.429, 1.481, CC.

ANOTAÇÕES

- ***Remição***: remir é resgatar, nos casos permitidos em lei, o bem penhorado que está em vias de ser adjudicado ou alienado; normalmente, o remidor autorizado tem que pagar o valor da avaliação ou, como no caso deste artigo, valor igual ao do maior lance oferecido. Não se deve ainda confundir "remição", que é, como se disse, o resgate de bens, com "remissão", que é o perdão de uma dívida ou obrigação.

Art. 878. Frustradas as tentativas de alienação do bem, será reaberta oportunidade para requerimento de adjudicação, caso em que também se poderá pleitear a realização de nova avaliação.

REFERÊNCIAS LEGISLATIVAS

- Arts. 870, 876, 879, CPC.

Subseção II
Da Alienação

Art. 879. A alienação far-se-á:

I – por iniciativa particular;

II – em leilão judicial eletrônico ou presencial.

REFERÊNCIAS LEGISLATIVAS

- Art. 880, CPC.

ANOTAÇÕES

- **Alienação**: ciente das dificuldades da venda judicial dos bens, o legislador inovou dando preferência à adjudicação direta do bem e alienação por iniciativa do próprio credor. Entretanto, caso nenhuma destas hipóteses seja possível, ou viável, em razão de aspectos particulares do caso, ainda resta ao credor utilizar-se da alienação em *hasta pública*, que foi bastante simplificada.

> **Art. 880.** Não efetivada a adjudicação, o exequente poderá requerer a alienação por sua própria iniciativa ou por intermédio de corretor ou leiloeiro público credenciado perante o órgão judiciário.
> § 1º O juiz fixará o prazo em que a alienação deve ser efetivada, a forma de publicidade, o preço mínimo, as condições de pagamento, as garantias e, se for o caso, a comissão de corretagem.
> § 2º A alienação será formalizada por termo nos autos, com a assinatura do juiz, do exequente, do adquirente e, se estiver presente, do executado, expedindo-se:
> I – a carta de alienação e o mandado de imissão na posse, quando se tratar de bem imóvel;
> II – a ordem de entrega ao adquirente, quando se tratar de bem móvel.
> § 3º Os tribunais poderão editar disposições complementares sobre o procedimento da alienação prevista neste artigo, admitindo, quando for o caso, o concurso de meios eletrônicos, e dispor sobre o credenciamento dos corretores e leiloeiros públicos, os quais deverão estar em exercício profissional por não menos que 3 (três) anos.
> § 4º Nas localidades em que não houver corretor ou leiloeiro público credenciado nos termos do § 3º, a indicação será de livre escolha do exequente.

REFERÊNCIAS LEGISLATIVAS

- Arts. 675, 825, II, 879, 891, 1.015, parágrafo único, CPC; art. 132, § 3º, CC.

JURISPRUDÊNCIA

- Enunciado 192 do Fórum Permanente de Processualistas Civis: Alienação por iniciativa particular realizada por corretor ou leiloeiro não credenciado perante o órgão judiciário não invalida o negócio jurídico, salvo se o executado comprovar prejuízo.

> **Art. 881.** A alienação far-se-á em leilão judicial se não efetivada a adjudicação ou a alienação por iniciativa particular.
> § 1º O leilão do bem penhorado será realizado por leiloeiro público.
> § 2º Ressalvados os casos de alienação a cargo de corretores de bolsa de valores, todos os demais bens serão alienados em leilão público.

REFERÊNCIAS LEGISLATIVAS

- Arts. 876, 879, 880, CPC.

ANOTAÇÕES

- **Hasta pública**: o termo *hasta pública* tem origem no direito romano, que normatizava no sentido de que o leiloeiro deveria ir para o meio de uma praça e fincar uma hasta (lança) para dar início ao leilão. Hoje não se usa mais uma lança, nem se vai mais efetivamente ao centro de uma praça, mas, em razão da tradição, se conservou o nome de *hasta pública*, de lança e de lançador.

Art. 882. Não sendo possível a sua realização por meio eletrônico, o leilão será presencial.

§ 1º A alienação judicial por meio eletrônico será realizada, observando-se as garantias processuais das partes, de acordo com regulamentação específica do Conselho Nacional de Justiça.

§ 2º A alienação judicial por meio eletrônico deverá atender aos requisitos de ampla publicidade, autenticidade e segurança, com observância das regras estabelecidas na legislação sobre certificação digital.

§ 3º O leilão presencial será realizado no local designado pelo juiz.

REFERÊNCIAS LEGISLATIVAS

- Arts. 837, 879, 880, CPC; Res. nº 236/2016 – CNJ.

ANOTAÇÕES

- **Leilão eletrônico**: o tema foi regulamentado pela Resolução nº 236, de 13 de julho de 2016, pelo Conselho Nacional de Justiça.

Art. 883. Caberá ao juiz a designação do leiloeiro público, que poderá ser indicado pelo exequente.

REFERÊNCIAS LEGISLATIVAS

- Art. 882, CPC.

JURISPRUDÊNCIA

- O entendimento adotado pelo Tribunal de origem encontra amparo na jurisprudência desta Corte, que é pacífica no sentido de que, "de acordo com a moderna ciência processual, que coloca em evidência o princípio da instrumentalidade e o da ausência de nulidade sem prejuízo (*pas de nullité sans grief*), antes de se anular todo o processo ou determinados atos, atrasando, muitas vezes em anos, a prestação jurisdicional, deve-se perquirir se a alegada nulidade causou efetivo prejuízo às partes" (REsp 1.276.128/SP, 3ª Turma, Rel. Min. Nancy Andrighi, *DJe* 23/09/2013). No caso concreto, não há falar em nulidade, pois, em razão da inércia do exequente em indicar leiloeiro oficial, efetuou-se a nomeação pelo juízo, de modo que "houve a escolha de pessoa com credibilidade, considerada apta para a realização dos atos necessários e que desempenhou sua tarefa sem ofender qualquer interesse das partes" (STJ, AgRg no REsp 1434880/PR, Ministro Mauro Campbell Marques, T2 – Segunda Turma, *DJe* 06/08/2014).

Art. 884. Incumbe ao leiloeiro público:

I – publicar o edital, anunciando a alienação;

II – realizar o leilão onde se encontrem os bens ou no lugar designado pelo juiz;

III – expor aos pretendentes os bens ou as amostras das mercadorias;

IV – receber e depositar, dentro de 1 (um) dia, à ordem do juiz, o produto da alienação;

V – prestar contas nos 2 (dois) dias subsequentes ao depósito.

Parágrafo único. O leiloeiro tem o direito de receber do arrematante a comissão estabelecida em lei ou arbitrada pelo juiz.

REFERÊNCIAS LEGISLATIVAS

- Arts. 882, 883, CPC; Dec.-lei nº 21.981/1932; Res. nº 236/2016 – CNJ.

JURISPRUDÊNCIA

- Na hipótese, a penhora de 15% (quinze por cento) dos valores a serem percebidos pelo executado a título de comissão de leiloeiro público não compromete o sustento e a dignidade do agravado e de sua família (STJ, AgInt no AREsp 1603627/RJ, Ministro Raul Araújo, T4 – Quarta Turma, *DJe* 01/10/2020).
- O aresto recorrido encontra apoio na orientação jurisprudencial firmada por esta Colenda Corte, no sentido de que, se a remição da execução pelo devedor ocorrer antes de realizado o leilão público, não se há que falar em comissão ao leiloeiro, uma vez que inexiste o serviço prestado (STJ, AgInt no AREsp 1310622/SP, Ministro Marco Buzzi, T4 – Quarta Turma, *DJe* 21/11/2019).

Art. 885. O juiz da execução estabelecerá o preço mínimo, as condições de pagamento e as garantias que poderão ser prestadas pelo arrematante.

REFERÊNCIAS LEGISLATIVAS

- Arts. 870, 880, § 1º, 883, 891, CPC.

Art. 886. O leilão será precedido de publicação de edital, que conterá:

I – a descrição do bem penhorado, com suas características, e, tratando-se de imóvel, sua situação e suas divisas, com remissão à matrícula e aos registros;

II – o valor pelo qual o bem foi avaliado, o preço mínimo pelo qual poderá ser alienado, as condições de pagamento e, se for o caso, a comissão do leiloeiro designado;

III – o lugar onde estiverem os móveis, os veículos e os semoventes e, tratando-se de créditos ou direitos, a identificação dos autos do processo em que foram penhorados;

IV – o sítio, na rede mundial de computadores, e o período em que se realizará o leilão, salvo se este se der de modo presencial, hipótese em que serão indicados o local, o dia e a hora de sua realização;

V – a indicação de local, dia e hora de segundo leilão presencial, para a hipótese de não haver interessado no primeiro;

VI – menção da existência de ônus, recurso ou processo pendente sobre os bens a serem leiloados.

Parágrafo único. No caso de títulos da dívida pública e de títulos negociados em bolsa, constará do edital o valor da última cotação.

REFERÊNCIAS LEGISLATIVAS

- Arts. 882, § 3º, 884 e 900, CPC.

JURISPRUDÊNCIA

- Súmula 128 do STJ: Na execução fiscal haverá segundo leilão, se no primeiro não houver lanço superior à avaliação.
- Nas hipóteses em que não existe, no edital da hasta pública, previsão acerca da responsabilidade do arrematante pelos débitos condominiais anteriores à praça, esse não responderá por tais obrigações, as quais serão satisfeitas pela quantia arrecadada, em atenção aos princípios da segurança jurídica e da proteção da confiança (STJ, AgInt no AREsp 890.657/SP, Ministro Marco Aurélio Bellizze, T3 – Terceira Turma, *DJe* 19/09/2016).

Art. 887. O leiloeiro público designado adotará providências para a ampla divulgação da alienação.

§ 1º A publicação do edital deverá ocorrer pelo menos 5 (cinco) dias antes da data marcada para o leilão.

§ 2º O edital será publicado na rede mundial de computadores, em sítio designado pelo juízo da execução, e conterá descrição detalhada e, sempre que possível, ilustrada dos bens, informando expressamente se o leilão se realizará de forma eletrônica ou presencial.

§ 3º Não sendo possível a publicação na rede mundial de computadores ou considerando o juiz, em atenção às condições da sede do juízo, que esse modo de divulgação é insuficiente ou inadequado, o edital será afixado em local de costume e publicado, em resumo, pelo menos uma vez em jornal de ampla circulação local.

§ 4º Atendendo ao valor dos bens e às condições da sede do juízo, o juiz poderá alterar a forma e a frequência da publicidade na imprensa, mandar publicar o edital em local de ampla circulação de pessoas e divulgar avisos em emissora de rádio ou televisão local, bem como em sítios distintos do indicado no § 2º.

§ 5º Os editais de leilão de imóveis e de veículos automotores serão publicados pela imprensa ou por outros meios de divulgação, preferencialmente na seção ou no local reservados à publicidade dos respectivos negócios.

§ 6º O juiz poderá determinar a reunião de publicações em listas referentes a mais de uma execução.

REFERÊNCIAS LEGISLATIVAS

- Arts. 219, 884, I, 889, CPC; Res. nº 236/2016 – CNJ.

JURISPRUDÊNCIA

- Súmula 121 do STJ: Na execução fiscal o devedor deverá ser intimado, pessoalmente, do dia e hora da realização do leilão.

Art. 888. Não se realizando o leilão por qualquer motivo, o juiz mandará publicar a transferência, observando-se o disposto no art. 887.

Parágrafo único. O escrivão, o chefe de secretaria ou o leiloeiro que culposamente der causa à transferência responde pelas despesas da nova publicação, podendo o juiz aplicar-lhe a pena de suspensão por 5 (cinco) dias a 3 (três) meses, em procedimento administrativo regular.

REFERÊNCIAS LEGISLATIVAS

- Arts. 219, 887, CPC; art. 132, § 3º, CC.

Art. 889. Serão cientificados da alienação judicial, com pelo menos 5 (cinco) dias de antecedência:

I – o executado, por meio de seu advogado ou, se não tiver procurador constituído nos autos, por carta registrada, mandado, edital ou outro meio idôneo;

II – o coproprietário de bem indivisível do qual tenha sido penhorada fração ideal;

III – o titular de usufruto, uso, habitação, enfiteuse, direito de superfície, concessão de uso especial para fins de moradia ou concessão de direito real de uso, quando a penhora recair sobre bem gravado com tais direitos reais;

IV – o proprietário do terreno submetido ao regime de direito de superfície, enfiteuse, concessão de uso especial para fins de moradia ou concessão de direito real de uso, quando a penhora recair sobre tais direitos reais;

V – o credor pignoratício, hipotecário, anticrético, fiduciário ou com penhora anteriormente averbada, quando a penhora recair sobre bens com tais gravames, caso não seja o credor, de qualquer modo, parte na execução;

VI – o promitente comprador, quando a penhora recair sobre bem em relação ao qual haja promessa de compra e venda registrada;

VII – o promitente vendedor, quando a penhora recair sobre direito aquisitivo derivado de promessa de compra e venda registrada;

VIII – a União, o Estado e o Município, no caso de alienação de bem tombado.

Parágrafo único. Se o executado for revel e não tiver advogado constituído, não constando dos autos seu endereço atual ou, ainda, não sendo ele encontrado no endereço constante do processo, a intimação considerar-se-á feita por meio do próprio edital de leilão.

REFERÊNCIAS LEGISLATIVAS

- Arts. 219, 799, 887, CPC.

Art. 890. Pode oferecer lance quem estiver na livre administração de seus bens, com exceção:

I – dos tutores, dos curadores, dos testamenteiros, dos administradores ou dos liquidantes, quanto aos bens confiados à sua guarda e à sua responsabilidade;

II – dos mandatários, quanto aos bens de cuja administração ou alienação estejam encarregados;

III – do juiz, do membro do Ministério Público e da Defensoria Pública, do escrivão, do chefe de secretaria e dos demais servidores e auxiliares da justiça, em relação aos bens e direitos objeto de alienação na localidade onde servirem ou a que se estender a sua autoridade;

IV – dos servidores públicos em geral, quanto aos bens ou aos direitos da pessoa jurídica a que servirem ou que estejam sob sua administração direta ou indireta;

V – dos leiloeiros e seus prepostos, quanto aos bens de cuja venda estejam encarregados;

VI – dos advogados de qualquer das partes.

REFERÊNCIAS LEGISLATIVAS

- Art. 497, CC.

Art. 891. Não será aceito lance que ofereça preço vil.

Parágrafo único. Considera-se vil o preço inferior ao mínimo estipulado pelo juiz e constante do edital, e, não tendo sido fixado preço mínimo, considera-se vil o preço inferior a cinquenta por cento do valor da avaliação.

REFERÊNCIAS LEGISLATIVAS

- Arts. 870, 880, § 1º, 885 e 896, CPC.

JURISPRUDÊNCIA

- Precedentes desta Corte reconhecendo a possibilidade de, diante das peculiaridades do caso concreto, admitir a arrematação em valor menor ao equivalente aos 50% (cinquenta por cento) da avaliação do bem, sem caracterizar preço vil. Interpretação em consonância com o conceito legal de "preço vil" estatuído pelo parágrafo único do art. 891 do novo CPC: "Considera-se vil o preço inferior ao mínimo estipulado pelo juiz e constante do edital, e, não tendo sido fixado preço mínimo, considera-se vil o preço inferior a cinquenta por cento do valor da avaliação" (STJ, REsp 1648020/MT, Ministro Paulo de Tarso Sanseverino, T3 – Terceira Turma, *DJe* 15/10/2018).
- A jurisprudência desta Corte tem adotado como parâmetro para a aferição da configuração de preço vil o valor de 50% (cinquenta por cento) da avaliação do bem (STJ, AgInt no AREsp 964.265/SC, Rel. Ministro Ricardo Villas Bôas Cueva, T3 – Terceira Turma, *DJe* 19/12/2016).

Art. 892. Salvo pronunciamento judicial em sentido diverso, o pagamento deverá ser realizado de imediato pelo arrematante, por depósito judicial ou por meio eletrônico.

§ 1º Se o exequente arrematar os bens e for o único credor, não estará obrigado a exibir o preço, mas, se o valor dos bens exceder ao seu crédito, depositará, dentro de 3 (três) dias, a diferença, sob pena de tornar-se sem efeito a arrematação, e, nesse caso, realizar-se-á novo leilão, à custa do exequente.

§ 2º Se houver mais de um pretendente, proceder-se-á entre eles à licitação, e, no caso de igualdade de oferta, terá preferência o cônjuge, o companheiro, o descendente ou o ascendente do executado, nessa ordem.

§ 3º No caso de leilão de bem tombado, a União, os Estados e os Municípios terão, nessa ordem, o direito de preferência na arrematação, em igualdade de oferta.

REFERÊNCIAS LEGISLATIVAS

- Arts. 886, II, 895, CPC.

Art. 893. Se o leilão for de diversos bens e houver mais de um lançador, terá preferência aquele que se propuser a arrematá-los todos, em conjunto, oferecendo, para os bens que não tiverem lance, preço igual ao da avaliação e, para os demais, preço igual ao do maior lance que, na tentativa de arrematação individualizada, tenha sido oferecido para eles.

REFERÊNCIAS LEGISLATIVAS

- Arts. 880, 890, 891, 892, CPC.

ANOTAÇÕES

- ***Leilão de diversos bens***: a norma estabelece direito de preferência para o caso em que, havendo diversos bens e mais de um lançador, um deles se propuser a arrematar todos os bens em conjunto, desde que o seu lance seja igual ao do maior lance para os bens em que haja disputa; quanto aos demais, deve estar disposto a arrematá-los por preço igual ao da avaliação.

Art. 894. Quando o imóvel admitir cômoda divisão, o juiz, a requerimento do executado, ordenará a alienação judicial de parte dele, desde que suficiente para o pagamento do exequente e para a satisfação das despesas da execução.

§ 1º Não havendo lançador, far-se-á a alienação do imóvel em sua integridade.

§ 2º A alienação por partes deverá ser requerida a tempo de permitir a avaliação das glebas destacadas e sua inclusão no edital, e, nesse caso, caberá ao executado instruir o requerimento com planta e memorial descritivo subscritos por profissional habilitado.

REFERÊNCIAS LEGISLATIVAS

- Arts. 87 e 88, CC.

Art. 895. O interessado em adquirir o bem penhorado em prestações poderá apresentar, por escrito:

I – até o início do primeiro leilão, proposta de aquisição do bem por valor não inferior ao da avaliação;

II – até o início do segundo leilão, proposta de aquisição do bem por valor que não seja considerado vil.

§ 1º A proposta conterá, em qualquer hipótese, oferta de pagamento de pelo menos vinte e cinco por cento do valor do lance à vista e o restante parcelado em até 30 (trinta) meses, garantido por caução idônea, quando se tratar de móveis, e por hipoteca do próprio bem, quando se tratar de imóveis.

§ 2º As propostas para aquisição em prestações indicarão o prazo, a modalidade, o indexador de correção monetária e as condições de pagamento do saldo.

§ 3º (VETADO.)

§ 4º No caso de atraso no pagamento de qualquer das prestações, incidirá multa de dez por cento sobre a soma da parcela inadimplida com as parcelas vincendas.

§ 5º O inadimplemento autoriza o exequente a pedir a resolução da arrematação ou promover, em face do arrematante, a execução do valor devido, devendo ambos os pedidos ser formulados nos autos da execução em que se deu a arrematação.

§ 6º A apresentação da proposta prevista neste artigo não suspende o leilão.

§ 7º A proposta de pagamento do lance à vista sempre prevalecerá sobre as propostas de pagamento parcelado.

§ 8º Havendo mais de uma proposta de pagamento parcelado:

I – em diferentes condições, o juiz decidirá pela mais vantajosa, assim compreendida, sempre, a de maior valor;

> II – em iguais condições, o juiz decidirá pela formulada em primeiro lugar.
> § 9º No caso de arrematação a prazo, os pagamentos feitos pelo arrematante pertencerão ao exequente até o limite de seu crédito, e os subsequentes, ao executado.

⚖️ REFERÊNCIAS LEGISLATIVAS

- Art. 1.015, parágrafo único, CPC.

📚 ANOTAÇÕES

- **Caução**: é termo genérico que indica um conjunto de garantias, que podem ser reais, tais como o penhor e a hipoteca, ou fidejussórias, ou seja, pessoais, como a fiança e o aval. Quanto aos bens móveis, a norma indica que a caução deve ser "idônea", isto é, confiável; qualidade esta que deverá ser avaliada pelo juiz.

> **Art. 896.** Quando o imóvel de incapaz não alcançar em leilão pelo menos oitenta por cento do valor da avaliação, o juiz o confiará à guarda e à administração de depositário idôneo, adiando a alienação por prazo não superior a 1 (um) ano.
> § 1º Se, durante o adiamento, algum pretendente assegurar, mediante caução idônea, o preço da avaliação, o juiz ordenará a alienação em leilão.
> § 2º Se o pretendente à arrematação se arrepender, o juiz impor-lhe-á multa de vinte por cento sobre o valor da avaliação, em benefício do incapaz, valendo a decisão como título executivo.
> § 3º Sem prejuízo do disposto nos §§ 1º e 2º, o juiz poderá autorizar a locação do imóvel no prazo do adiamento.
> § 4º Findo o prazo do adiamento, o imóvel será submetido a novo leilão.

⚖️ REFERÊNCIAS LEGISLATIVAS

- Arts. 159 a 161, CPC; arts. 3º, 4º, 132, § 3º, CC.

📚 ANOTAÇÕES

- **Caução**: é termo genérico que indica um conjunto de garantias, que podem ser reais, tais como o penhor e a hipoteca, ou fidejussórias, ou seja, pessoais, como a fiança e o aval. A norma indica que a caução, ou seja, a garantia a ser eventualmente apresentada seja idônea, ou seja, confiável.

> **Art. 897.** Se o arrematante ou seu fiador não pagar o preço no prazo estabelecido, o juiz impor-lhe-á, em favor do exequente, a perda da caução, voltando os bens a novo leilão, do qual não serão admitidos a participar o arrematante e o fiador remissos.

⚖️ REFERÊNCIAS LEGISLATIVAS

- Arts. 892, 895, § 5º, CPC.

Art. 898. O fiador do arrematante que pagar o valor do lance e a multa poderá requerer que a arrematação lhe seja transferida.

⚖️ REFERÊNCIAS LEGISLATIVAS

- Arts. 794, 897, CPC; arts. 818 a 839, CC.

📚 ANOTAÇÕES

- ***Sub-rogação***: é a transferência dos direitos creditícios do credor originário para terceiro que quitou a obrigação ou adquiriu os direitos.

Art. 899. Será suspensa a arrematação logo que o produto da alienação dos bens for suficiente para o pagamento do credor e para a satisfação das despesas da execução.

⚖️ REFERÊNCIAS LEGISLATIVAS

- Arts. 904 a 907, CPC.

📚 ANOTAÇÕES

- ***Suspensão da arrematação***: embora a norma fale em "suspensão", parece-me que é caso, na verdade, de "encerramento", visto que o valor obtido pela venda dos bens já é suficiente para a quitação da obrigação e o pagamento das despesas.

Art. 900. O leilão prosseguirá no dia útil imediato, à mesma hora em que teve início, independentemente de novo edital, se for ultrapassado o horário de expediente forense.

⚖️ REFERÊNCIAS LEGISLATIVAS

- Arts. 212, 213, 886, CPC.

Art. 901. A arrematação constará de auto que será lavrado de imediato e poderá abranger bens penhorados em mais de uma execução, nele mencionadas as condições nas quais foi alienado o bem.

§ 1º A ordem de entrega do bem móvel ou a carta de arrematação do bem imóvel, com o respectivo mandado de imissão na posse, será expedida depois de efetuado o depósito ou prestadas as garantias pelo arrematante, bem como realizado o pagamento da comissão do leiloeiro e das demais despesas da execução.

§ 2º A carta de arrematação conterá a descrição do imóvel, com remissão à sua matrícula ou individuação e aos seus registros, a cópia do auto de arrematação e a prova de pagamento do imposto de transmissão, além da indicação da existência de eventual ônus real ou gravame.

REFERÊNCIAS LEGISLATIVAS

- Arts. 892, 895, 903, CPC.

Art. 902. No caso de leilão de bem hipotecado, o executado poderá remi-lo até a assinatura do auto de arrematação, oferecendo preço igual ao do maior lance oferecido.

Parágrafo único. No caso de falência ou insolvência do devedor hipotecário, o direito de remição previsto no *caput* defere-se à massa ou aos credores em concurso, não podendo o exequente recusar o preço da avaliação do imóvel.

REFERÊNCIAS LEGISLATIVAS

- Arts. 1.429, 1.481, CC.

ANOTAÇÕES

- **Remição**: remir é resgatar, nos casos permitidos em lei, o bem penhorado que está em vias de ser adjudicado ou alienado; normalmente, o remidor autorizado tem que pagar o valor da avaliação ou, como no caso deste artigo, valor igual ao do maior lance oferecido. Não se deve ainda confundir "remição", que é, como se disse, o resgate de bens, com "remissão", que é o perdão de uma dívida ou obrigação.

Art. 903. Qualquer que seja a modalidade de leilão, assinado o auto pelo juiz, pelo arrematante e pelo leiloeiro, a arrematação será considerada perfeita, acabada e irretratável, ainda que venham a ser julgados procedentes os embargos do executado ou a ação autônoma de que trata o § 4º deste artigo, assegurada a possibilidade de reparação pelos prejuízos sofridos.

§ 1º Ressalvadas outras situações previstas neste Código, a arrematação poderá, no entanto, ser:

I – invalidada, quando realizada por preço vil ou com outro vício;

II – considerada ineficaz, se não observado o disposto no art. 804;

III – resolvida, se não for pago o preço ou se não for prestada a caução.

§ 2º O juiz decidirá acerca das situações referidas no § 1º, se for provocado em até 10 (dez) dias após o aperfeiçoamento da arrematação.

§ 3º Passado o prazo previsto no § 2º sem que tenha havido alegação de qualquer das situações previstas no § 1º, será expedida a carta de arrematação e, conforme o caso, a ordem de entrega ou mandado de imissão na posse.

§ 4º Após a expedição da carta de arrematação ou da ordem de entrega, a invalidação da arrematação poderá ser pleiteada por ação autônoma, em cujo processo o arrematante figurará como litisconsorte necessário.

§ 5º O arrematante poderá desistir da arrematação, sendo-lhe imediatamente devolvido o depósito que tiver feito:

I – se provar, nos 10 (dez) dias seguintes, a existência de ônus real ou gravame não mencionado no edital;

II – se, antes de expedida a carta de arrematação ou a ordem de entrega, o executado alegar alguma das situações previstas no § 1º;

III – uma vez citado para responder a ação autônoma de que trata o § 4º deste artigo, desde que apresente a desistência no prazo de que dispõe para responder a essa ação.

§ 6º Considera-se ato atentatório à dignidade da justiça a suscitação infundada de vício com o objetivo de ensejar a desistência do arrematante, devendo o suscitante ser condenado, sem prejuízo da responsabilidade por perdas e danos, ao pagamento de multa, a ser fixada pelo juiz e devida ao exequente, em montante não superior a vinte por cento do valor atualizado do bem.

REFERÊNCIAS LEGISLATIVAS

- Arts. 219, 675, 804, 889 a 891, 901, 1.015, parágrafo único, CPC; arts. 186 e 927, CC.

ANOTAÇÕES

- *Caução*: é termo genérico que indica um conjunto de garantias, que podem ser reais, tais como o penhor e a hipoteca, ou fidejussórias, ou seja, pessoais, como a fiança e o aval.

Seção V
Da Satisfação do Crédito

Art. 904. A satisfação do crédito exequendo far-se-á:

I – pela entrega do dinheiro;

II – pela adjudicação dos bens penhorados.

REFERÊNCIAS LEGISLATIVAS

- Arts. 876 a 878, 880, 903, CPC.

Art. 905. O juiz autorizará que o exequente levante, até a satisfação integral de seu crédito, o dinheiro depositado para segurar o juízo ou o produto dos bens alienados, bem como do faturamento de empresa ou de outros frutos e rendimentos de coisas ou empresas penhoradas, quando:

I – a execução for movida só a benefício do exequente singular, a quem, por força da penhora, cabe o direito de preferência sobre os bens penhorados e alienados;

II – não houver sobre os bens alienados outros privilégios ou preferências instituídos anteriormente à penhora.

Parágrafo único. Durante o plantão judiciário, veda-se a concessão de pedidos de levantamento de importância em dinheiro ou valores ou de liberação de bens apreendidos.

REFERÊNCIAS LEGISLATIVAS

- Arts. 908 e 909, CPC.

Art. 906. Ao receber o mandado de levantamento, o exequente dará ao executado, por termo nos autos, quitação da quantia paga.

Parágrafo único. A expedição de mandado de levantamento poderá ser substituída pela transferência eletrônica do valor depositado em conta vinculada ao juízo para outra indicada pelo exequente.

REFERÊNCIAS LEGISLATIVAS

- Arts. 924, II, e 925, CPC; arts. 319, 320, CC.

ANOTAÇÕES

- *Quitação*: é documento onde o credor reconheça ter recebido o seu crédito, e onde deverá constar o valor e espécie da dívida quitada, o nome do devedor, ou quem por este pagou, o tempo e o lugar do pagamento, com assinatura do credor, ou do seu representante.

Art. 907. Pago ao exequente o principal, os juros, as custas e os honorários, a importância que sobrar será restituída ao executado.

REFERÊNCIAS LEGISLATIVAS

- Arts. 924, II, e 925, CPC.

Art. 908. Havendo pluralidade de credores ou exequentes, o dinheiro lhes será distribuído e entregue consoante a ordem das respectivas preferências.

§ 1º No caso de adjudicação ou alienação, os créditos que recaem sobre o bem, inclusive os de natureza *propter rem*, sub-rogam-se sobre o respectivo preço, observada a ordem de preferência.

§ 2º Não havendo título legal à preferência, o dinheiro será distribuído entre os concorrentes, observando-se a anterioridade de cada penhora.

REFERÊNCIAS LEGISLATIVAS

- Arts. 957 a 965, CC; arts. 186 e 187, CTN; art. 83, Lei nº 11.101/2005.

JURISPRUDÊNCIA

- Súmula 270 do STJ: O protesto pela preferência de crédito, apresentado por ente federal em execução que tramita na Justiça Estadual, não desloca a competência para a Justiça Federal.
- No tocante à preferência, em razão da anterioridade da penhora, quando da pluralidade de credores do art. 908, § 2º, do CPC/2015 (anterior art. 711 do CPC/1973), cabe retomar, primeiramente, que o entendimento desta Corte Superior é de que, havendo concurso de credores, terão preferência os credores privilegiados na ordem seguinte: créditos trabalhistas, créditos fiscais, créditos com garantia real, independentemente de terem eles penhora em seu favor, a qual cede lugar para a preferência nominada. Somente em um segundo momento é que se abre a preferência entre os credores que têm penhora antecedente, pela ordem cronológica, de tal sorte que a preferência dos créditos fiscais é natural e independente, mas não tem a força capaz de sobrepujar-se à preferência dos créditos trabalhistas. Desse modo, a regra segundo a qual a satisfação dos créditos, em caso de concorrência de credores, deve observar a anterioridade das respectivas penhoras (*prior in tempore, portior in iure*) somente pode ser observada quando nenhum desses créditos ostente preferência fundada em direito material, por se sobrepor a uma preferência de direito processual (STJ, REsp 1874240, Ministro Benedito Gonçalves, Decisão Monocrática, *DP* 01/09/2020).

Art. 909. Os exequentes formularão as suas pretensões, que versarão unicamente sobre o direito de preferência e a anterioridade da penhora, e, apresentadas as razões, o juiz decidirá.

REFERÊNCIAS LEGISLATIVAS

- Arts. 844, 908, CPC.

CAPÍTULO V
DA EXECUÇÃO CONTRA A FAZENDA PÚBLICA

Art. 910. Na execução fundada em título extrajudicial, a Fazenda Pública será citada para opor embargos em 30 (trinta) dias.

§ 1º Não opostos embargos ou transitada em julgado a decisão que os rejeitar, expedir-se-á precatório ou requisição de pequeno valor em favor do exequente, observando-se o disposto no art. 100 da Constituição Federal.

> § 2º Nos embargos, a Fazenda Pública poderá alegar qualquer matéria que lhe seria lícito deduzir como defesa no processo de conhecimento.
>
> § 3º Aplica-se a este Capítulo, no que couber, o disposto nos artigos 534 e 535.

REFERÊNCIAS LEGISLATIVAS

- Arts. 34, V, "a", 35, I, 100, CF; art. 78, § 2º, ADCT; arts. 85, § 3º, 219, 534, 535, 784, 833, I, 914 a 920, CPC; arts. 100 e 101, CC; art. 13, Lei nº 12.153/2009; art. 17, Lei nº 10.259/2001 – JEF; art. 23, Lei nº 9.636/1998.

ANOTAÇÕES

- **Precatório**: é a "requisição" de pagamento que o juiz, por meio do presidente do tribunal competente, dirige à Fazenda Pública. Regra geral, os valores requisitados até 1º de julho de cada ano deveriam ser pagos até o final do exercício seguinte, segundo ordem cronológica de apresentação do precatório. No caso de não pagamento, o que ocorre frequentemente, muito pouco se pode efetivamente fazer, quando muito, o credor poderá solicitar compensação quanto ao recolhimento de tributos (art. 78, § 2º, ADCT). Ressalte-se que até mesmo os créditos de natureza alimentar, isto é, decorrentes de salários, vencimentos, proventos, pensões, benefícios previdenciários e indenizações por morte ou invalidez, estão sujeitos ao sistema de precatórios, embora devam ser recebidos em ordem cronológica própria, em razão de sua preferência em face dos créditos ordinários.

JURISPRUDÊNCIA

- Súmula Vinculante 17 do STF: Durante o período previsto no § 1º do artigo 100 da Constituição, não incidem juros de mora sobre os precatórios que nele sejam pagos.
- Súmula Vinculante 47 do STF: Os honorários advocatícios incluídos na condenação ou destacados do montante principal devido ao credor consubstanciam verba de natureza alimentar cuja satisfação ocorrerá com a expedição de precatório ou requisição de pequeno valor, observada ordem especial restrita aos créditos dessa natureza.
- Súmula 655 do STF: A exceção prevista no art. 100, *caput*, da Constituição, em favor dos créditos de natureza alimentícia, não dispensa a expedição de precatório, limitando-se a isentá-los da observância da ordem cronológica dos precatórios decorrentes de condenações de outra natureza.
- Súmula 733 do STF: Não cabe recurso extraordinário contra decisão proferida no processamento de precatórios.
- Súmula 144 do STJ: Os créditos de natureza alimentícia gozam de preferência, desvinculados os precatórios da ordem cronológica dos créditos de natureza diversa.
- Súmula 279 do STJ: É cabível execução por título extrajudicial contra a Fazenda Pública.
- Súmula 311 do STJ: Os atos do presidente do tribunal que disponham sobre processamento e pagamento de precatório não têm caráter jurisdicional.

CAPÍTULO VI
DA EXECUÇÃO DE ALIMENTOS

Art. 911. Na execução fundada em título executivo extrajudicial que contenha obrigação alimentar, o juiz mandará citar o executado para, em 3 (três) dias, efetuar o pagamento das parcelas anteriores ao início da execução e das que se vencerem no seu curso, provar que o fez ou justificar a impossibilidade de fazê-lo.

Parágrafo único. Aplicam-se, no que couber, os §§ 2º a 7º do art. 528.

REFERÊNCIAS LEGISLATIVAS

- Art. 5º, LXVII, CF; arts. 219, 528, §§ 2º a 7º, 784, IV, CPC; arts. 948, II, 950, 1.694, 1.928, parágrafo único, CC; art. 13, Lei nº 10.741/2003 – Estatuto do Idoso.

ANOTAÇÕES

- *Execução de alimentos arrimada em título extrajudicial*: os arts. 911 a 913 tratam da "execução de alimentos" fundada em título extrajudicial (arts. 733, 784, IV; art. 13, Lei nº 10.741/2003).
- *Execução de alimentos*: o que diferencia a "execução de alimentos" das demais espécies de execuções previstas no CPC é a possibilidade que o credor tem de pedir a prisão civil do devedor, fato autorizado pela própria Constituição Federal, que no seu art. 5º, inciso LXVII, declara que "*não haverá prisão civil por dívida, salvo a do responsável pelo inadimplemento voluntário e inescusável de obrigação alimentícia e a do depositário infiel*".
- *Justificativas*: considerando a possibilidade de prisão civil do devedor de alimentos, a lei processual possibilita que ele "justifique" a impossibilidade de pagamento, procurando demonstrar ao juiz as razões pelas quais não pode pagar o débito, com escopo de evitar seja decretada a sua prisão.

JURISPRUDÊNCIA

- Súmula 309 do STJ: O débito alimentar que autoriza a prisão civil do alimentante é o que compreende as três prestações anteriores ao ajuizamento da execução e as que vencerem no curso do processo.

Art. 912. Quando o executado for funcionário público, militar, diretor ou gerente de empresa, bem como empregado sujeito à legislação do trabalho, o exequente poderá requerer o desconto em folha de pagamento de pessoal da importância da prestação alimentícia.

§ 1º Ao despachar a inicial, o juiz oficiará à autoridade, à empresa ou ao empregador, determinando, sob pena de crime de desobediência, o desconto a partir da primeira remuneração posterior do executado, a contar do protocolo do ofício.

§ 2º O ofício conterá os nomes e o número de inscrição no Cadastro de Pessoas Físicas do exequente e do executado, a importância a ser descontada mensalmente, a conta na qual deve ser feito o depósito e, se for o caso, o tempo de sua duração.

REFERÊNCIAS LEGISLATIVAS

- Arts. 529, 533, 866 a 869 e 913, CPC; art. 1.701, CC; art. 115, IV, Lei nº 8.213/1991; art. 22, Lei nº 5.478/1968 – LA.

DICAS DE PRÁTICA JURÍDICA

- **Ofício ao empregador do devedor**: quando houver notícia de que o executado encontra-se trabalhando de forma regular (funcionário público ou com vínculo em carteira), o advogado deve não só requerer a citação do executado para pagamento do débito alimentar, mas também a expedição de ofício ao empregador para desconto das pensões vincendas em folha de pagamento e crédito na conta bancária da representante do alimentando. Deve ainda, com escopo de apurar o valor correto do débito, requerer que o juiz determine ao empregador que informe os rendimentos do executado desde a data em que se iniciou a cobrança.

Art. 913. Não requerida a execução nos termos deste Capítulo, observar-se-á o disposto no art. 824 e seguintes, com a ressalva de que, recaindo a penhora em dinheiro, a concessão de efeito suspensivo aos embargos à execução não obsta a que o exequente levante mensalmente a importância da prestação.

REFERÊNCIAS LEGISLATIVAS

- Arts. 824 a 909, CPC.

TÍTULO III
DOS EMBARGOS À EXECUÇÃO

Art. 914. O executado, independentemente de penhora, depósito ou caução, poderá se opor à execução por meio de embargos.

§ 1º Os embargos à execução serão distribuídos por dependência, autuados em apartado e instruídos com cópias das peças processuais relevantes, que poderão ser declaradas autênticas pelo próprio advogado, sob sua responsabilidade pessoal.

§ 2º Na execução por carta, os embargos serão oferecidos no juízo deprecante ou no juízo deprecado, mas a competência para julgá-los é do juízo deprecante, salvo se versarem unicamente sobre vícios ou defeitos da penhora, da avaliação ou da alienação dos bens efetuadas no juízo deprecado.

REFERÊNCIAS LEGISLATIVAS

- Arts. 61, 236, § 1º, 238, 240, 286, I, 319, 425, IV, 782, § 1º, 845, § 2º, 917, CPC.

ANOTAÇÕES

- **Embargos à execução**: ao contrário do que acontece no processo de conhecimento, onde o réu é chamado a juízo para se defender (arts. 238 e 240, CPC), no processo de execução, fundado em título extrajudicial, o executado é citado para cumprir a obrigação, nada mais. Todavia, o devedor atingido por atos executivos não fica totalmente de mãos atadas, a lei processual civil lhe garante, sob certas circunstâncias, o direito de resistir à execução, defendendo seus interesses. Esta resistência pode ser feita por meio dos "embargos à execução", que, segundo a melhor doutrina, têm natureza jurídica de "ação de cognição incidental". Os embargos não devem ser vistos como "uma resposta" do executado, mesmo porque no processo executivo não há contraditório, mas como uma ação que impugna os pressupostos da ação executiva, procurando desconstituí-la ou, ao menos, alterar o seu limite e extensão.

DICAS DE PRÁTICA JURÍDICA

- *Petição inicial*: sabendo-se que os embargos têm natureza jurídica de ação, fica fácil concluir-se que a petição inicial deve atender a todos os requisitos dos arts. 319 do CPC, ser regularmente distribuída por dependência e autuada em apartado. Registre-se, ademais, que o próprio CPC limita os temas que podem ser tratados nos embargos (art. 917, CPC).
- *Foro competente*: os embargos devem ser oferecidos no mesmo juízo em que se processa a execução (arts. 61 e 914, § 1º, CPC). No entanto, se a execução é feita por carta precatória, o embargante poderá oferecer os embargos no juízo deprecado, mas a competência para julgá-los é do juízo deprecante, salvo se versarem unicamente sobre vícios ou defeitos da penhora, da avaliação ou da alienação dos bens efetuadas no juízo deprecado (art. 914, § 2º, CPC).
- *Estrutura e modelo da petição inicial*: a inicial dos embargos à execução tem a seguinte estrutura: endereçamento, qualificação, resumo dos fatos, mérito (art. 917, CPC), pedidos, indicação das provas e, por fim, o valor da causa. Para acesso a modelo editável da petição inicial, além de um capítulo específico sobre os "embargos à execução", com informações sobre o seu cabimento, base legal, foro competente, procedimento e documentos necessários (entre outras questões), veja nosso *Prática no processo civil*, da Editora Atlas.

JURISPRUDÊNCIA

- Súmula 46 do STJ: Na execução por carta, os embargos do devedor serão decididos no juízo deprecante, salvo se versarem unicamente vícios ou defeitos da penhora, avaliação ou alienação dos bens.
- Nos termos da jurisprudência do Superior Tribunal de Justiça, nos embargos à execução, o valor da causa deve corresponder à diferença entre o valor que está sendo executado e aquele que se entende devido, de modo que, buscando o embargante questionar a totalidade do crédito que se pretende executar, o valor da causa nos embargos à execução deve guardar paridade com aquele atribuído à execução (STJ, EDcl nos EDcl no AREsp 58.836/PE, Ministra Assusete Magalhães, T2 – Segunda Turma, *DJe* 27/03/2017).
- É inegável que a lei prevê expressamente que os embargos à execução trata-se de ação incidente, que deverá ser distribuída por dependência aos autos da ação principal (demanda executiva). Contudo, primando por uma maior aproximação ao verdadeiro espírito do novo Código de Processo Civil, não se afigura razoável deixar de apreciar os argumentos apresentados em embargos à execução tempestivamente opostos – ainda que, de forma errônea, nos autos da própria ação de execução – sem antes conceder à parte prazo para sanar o vício, adequando o procedimento à forma prescrita no art. 914, § 1º, do CPC/2015 (STJ, REsp 1807228/RO, Ministro Ricardo Villas Bôas Cueva, T3 – Terceira Turma, *DJe* 11/09/2019).

Art. 915. Os embargos serão oferecidos no prazo de 15 (quinze) dias, contado, conforme o caso, na forma do art. 231.

§ 1º Quando houver mais de um executado, o prazo para cada um deles embargar conta-se a partir da juntada do respectivo comprovante da citação, salvo no caso de cônjuges ou de companheiros, quando será contado a partir da juntada do último.

§ 2º Nas execuções por carta, o prazo para embargos será contado:

I – da juntada, na carta, da certificação da citação, quando versarem unicamente sobre vícios ou defeitos da penhora, da avaliação ou da alienação dos bens;

II – da juntada, nos autos de origem, do comunicado de que trata o § 4º deste artigo ou, não havendo este, da juntada da carta devidamente cumprida, quando versarem sobre questões diversas da prevista no inciso I deste parágrafo.

§ 3º Em relação ao prazo para oferecimento dos embargos à execução, não se aplica o disposto no art. 229.

§ 4º Nos atos de comunicação por carta precatória, rogatória ou de ordem, a realização da citação será imediatamente informada, por meio eletrônico, pelo juiz deprecado ao juiz deprecante.

REFERÊNCIAS LEGISLATIVAS

- Arts. 219, 224, 229, 231, 914, CPC.

Art. 916. No prazo para embargos, reconhecendo o crédito do exequente e comprovando o depósito de trinta por cento do valor em execução, acrescido de custas e de honorários de advogado, o executado poderá requerer que lhe seja permitido pagar o restante em até 6 (seis) parcelas mensais, acrescidas de correção monetária e de juros de um por cento ao mês.

§ 1º O exequente será intimado para manifestar-se sobre o preenchimento dos pressupostos do *caput*, e o juiz decidirá o requerimento em 5 (cinco) dias.

§ 2º Enquanto não apreciado o requerimento, o executado terá de depositar as parcelas vincendas, facultado ao exequente seu levantamento.

§ 3º Deferida a proposta, o exequente levantará a quantia depositada, e serão suspensos os atos executivos.

§ 4º Indeferida a proposta, seguir-se-ão os atos executivos, mantido o depósito, que será convertido em penhora.

§ 5º O não pagamento de qualquer das prestações acarretará cumulativamente:

I – o vencimento das prestações subsequentes e o prosseguimento do processo, com o imediato reinício dos atos executivos;

II – a imposição ao executado de multa de dez por cento sobre o valor das prestações não pagas.

§ 6º A opção pelo parcelamento de que trata este artigo importa renúncia ao direito de opor embargos.

§ 7º O disposto neste artigo não se aplica ao cumprimento da sentença.

REFERÊNCIAS LEGISLATIVAS

- Arts. 85, 219, 827, 915, CPC.

ANOTAÇÕES

- *Parcelamento da dívida*: embora o dispositivo legal determine que o juiz deva intimar o credor para que se manifeste sobre o pedido de parcelamento, este, na verdade, constitui direito subjetivo do devedor, desde que este faça o pedido no prazo para embargar (art. 915, CPC), que reconheça o crédito do exequente e comprove o depósito de trinta por cento do valor em execução, acrescido de custas e de honorários de advogado (art. 827, CPC).

Art. 917. Nos embargos à execução, o executado poderá alegar:

I – inexequibilidade do título ou inexigibilidade da obrigação;

II – penhora incorreta ou avaliação errônea;

III – excesso de execução ou cumulação indevida de execuções;

IV – retenção por benfeitorias necessárias ou úteis, nos casos de execução para entrega de coisa certa;

V – incompetência absoluta ou relativa do juízo da execução;

VI – qualquer matéria que lhe seria lícito deduzir como defesa em processo de conhecimento.

§ 1º A incorreção da penhora ou da avaliação poderá ser impugnada por simples petição, no prazo de 15 (quinze) dias, contado da ciência do ato.

§ 2º Há excesso de execução quando:

I – o exequente pleiteia quantia superior à do título;

II – ela recai sobre coisa diversa daquela declarada no título;

III – ela se processa de modo diferente do que foi determinado no título;

IV – o exequente, sem cumprir a prestação que lhe corresponde, exige o adimplemento da prestação do executado;

V – o exequente não prova que a condição se realizou.

§ 3º Quando alegar que o exequente, em excesso de execução, pleiteia quantia superior à do título, o embargante declarará na petição inicial o valor que entende correto, apresentando demonstrativo discriminado e atualizado de seu cálculo.

§ 4º Não apontado o valor correto ou não apresentado o demonstrativo, os embargos à execução:

I – serão liminarmente rejeitados, sem resolução de mérito, se o excesso de execução for o seu único fundamento;

II – serão processados, se houver outro fundamento, mas o juiz não examinará a alegação de excesso de execução.

§ 5º Nos embargos de retenção por benfeitorias, o exequente poderá requerer a compensação de seu valor com o dos frutos ou dos danos considerados devidos pelo executado, cumprindo ao juiz, para a apuração dos respectivos valores, nomear perito, observando-se, então, o art. 464.

§ 6º O exequente poderá a qualquer tempo ser imitido na posse da coisa, prestando caução ou depositando o valor devido pelas benfeitorias ou resultante da compensação.

§ 7º A arguição de impedimento e suspeição observará o disposto nos arts. 146 e 148.

REFERÊNCIAS LEGISLATIVAS

- Arts. 64 a 66, 146 a 148, 335 a 337, 464, 780, 784, 798, parágrafo único, 833, 835, 870 a 875, CPC; art. 96, CC.

ANOTAÇÕES

- *Excesso de execução*: se os embargos forem arrimados em excesso de execução, o embargante deve indicar na inicial o valor que entende correto, junto com a memória do cálculo.
- *Caução*: é termo genérico que indica um conjunto de garantias, que podem ser reais, tais como o penhor e a hipoteca, ou fidejussórias, ou seja, pessoais, como a fiança e o aval.

JURISPRUDÊNCIA

- Enunciado 590 do Fórum Permanente de Processualistas Civis: Na impugnação ao cumprimento de sentença e nos embargos à execução, o executado que alegar excesso de execução deverá elaborar demonstrativo de débito em conformidade com os incisos do art. 524 e do parágrafo único do art. 798, respectivamente.
- Por expressa determinação legal (§§ 3º e 4º do art. 917 do Código de Processo Civil), a tese de excesso de execução arguida pelo embargante deve ser, necessariamente, acompanhada da indicação de valor que se reputa correto ou da apresentação de demonstrativo, sob pena de não conhecimento (STJ, AgInt no AREsp 1688995/SP, Ministro Marco Aurélio Bellizze, T3 – Terceira Turma, *DJe* 21/09/2020).
- Nos termos da jurisprudência consolidada no âmbito do STJ, é inadmissível o recebimento da exceção de pré-executividade como embargos à execução quando as matérias alegadas na exceção dependem de dilação probatória, não podendo ser verificadas de ofício pelo juízo. Precedentes. Além disso, não havia dúvida objetiva quanto ao recurso cabível na hipótese, porque a alegação formulada na inicial – de inexigibilidade do título executivo em razão da nulidade do protesto – se amolda à hipótese prevista no art. 917, I, do NCPC (STJ, AgInt no AREsp 1549871/SP, Ministro Moura Ribeiro, T3 – Terceira Turma, *DJe* 20/02/2020).
- Conforme entendimento assente na jurisprudência desta Corte Superior, quando o fundamento dos embargos for excesso de execução, cabe ao embargante, na petição inicial, a indicação do valor que entende correto e a apresentação da memória do cálculo, sob pena de indeferimento liminar, sendo inadmitida a emenda da petição inicial (STJ, AgInt no REsp 1.599.000/GO, Ministro Luis Felipe Salomão, T4 – Quarta Turma, *DJe* 23/02/2017).

Art. 918. O juiz rejeitará liminarmente os embargos:

I – quando intempestivos;

II – nos casos de indeferimento da petição inicial e de improcedência liminar do pedido;

III – manifestamente protelatórios.

Parágrafo único. Considera-se conduta atentatória à dignidade da justiça o oferecimento de embargos manifestamente protelatórios.

REFERÊNCIAS LEGISLATIVAS

- Arts. 321, 330, 331, 332, 774, 777, 915, 1.009 a 1.014, CPC.

JURISPRUDÊNCIA

- Consoante a jurisprudência desta Corte, os embargos fundados em excesso de execução devem indicar, na petição inicial, o valor que se entende correto, apresentando memória de cálculo, sob pena de rejeição liminar. Precedentes (STJ, AgInt no AREsp 1004086/RS, Ministro Marco Buzzi, T4 – Quarta Turma, *DJe* 29/04/2019).

Art. 919. Os embargos à execução não terão efeito suspensivo.

§ 1º O juiz poderá, a requerimento do embargante, atribuir efeito suspensivo aos embargos quando verificados os requisitos para a concessão da tutela provisória e desde que a execução já esteja garantida por penhora, depósito ou caução suficientes.

§ 2º Cessando as circunstâncias que a motivaram, a decisão relativa aos efeitos dos embargos poderá, a requerimento da parte, ser modificada ou revogada a qualquer tempo, em decisão fundamentada.

§ 3º Quando o efeito suspensivo atribuído aos embargos disser respeito apenas a parte do objeto da execução, esta prosseguirá quanto à parte restante.

§ 4º A concessão de efeito suspensivo aos embargos oferecidos por um dos executados não suspenderá a execução contra os que não embargaram quando o respectivo fundamento disser respeito exclusivamente ao embargante.

§ 5º A concessão de efeito suspensivo não impedirá a efetivação dos atos de substituição, de reforço ou de redução da penhora e de avaliação dos bens.

REFERÊNCIAS LEGISLATIVAS

- Arts. 300, 831, 914, CPC.

ANOTAÇÕES

- ***Não suspensão da execução***: o presente artigo estabelece regra geral que já era adotada pelo CPC/1973, desde a reforma promovida pela Lei nº 11.382/2006, no sentido de que os embargos à execução não suspendem a execução, salvo se o juiz, a requerimento do embargante, atribuir "justificadamente" efeito suspensivo. Tal medida nasceu da necessidade de se desestimular a interposição dos embargos apenas para se ganhar tempo, como ocorria antes da referida reforma (os embargos tinham o efeito de suspender a execução, qualquer que fosse o seu fundamento).
- ***Caução:*** é termo genérico que indica um conjunto de garantias, que podem ser reais, tais como o penhor e a hipoteca, ou fidejussórias, ou seja, pessoais, como a fiança e o aval. A norma indica que a caução, ou seja, a garantia a ser eventualmente apresentada pelo embargante seja suficiente, isto é, o bastante para indenizar eventuais prejuízos do credor.

JURISPRUDÊNCIA

- Enunciado 80 do Fórum Permanente de Processualistas Civis: A tutela provisória a que se referem o § 1º do art. 919 e o art. 969 pode ser de urgência ou de evidência.
- Nos termos do artigo 919, § 1º, do CPC, são requisitos da concessão de efeito suspensivo aos embargos do executado: requerimento expresso do embargante, garantia do juízo, evidência da probabilidade do direito alegado e do perigo de dano ou risco ao resultado útil do processo pelo prosseguimento da execução.

Assim, inexistindo a garantia do juízo em relação ao débito remanescente ou mesmo configurado diagnóstico positivo em relação à tese defensiva a ponto de abalar a obrigação inserida no título, no tocante à sua liquidez, certeza e exigibilidade, deve prosseguir o feito executivo (TJMG, Agravo de Instrumento-Cv 1.0042.19.003388-8/001, Rel. Desembargador Otávio Portes, 16ª Câmara Cível, julgamento em 12/02/2020, publicação da súmula em 13/02/2020).

Art. 920. Recebidos os embargos:
I – o exequente será ouvido no prazo de 15 (quinze) dias;
II – a seguir, o juiz julgará imediatamente o pedido ou designará audiência;
III – encerrada a instrução, o juiz proferirá sentença.

REFERÊNCIAS LEGISLATIVAS

- Arts. 85, 219, 335 a 342, 344, 355, 358 a 368, 485, 487, 1.009, CPC.

ANOTAÇÕES

- *Manifestação do embargado*: buscando tornar mais célere o procedimento, a norma informa apenas que o exequente será ouvido, dando claramente a entender que ele deve ser intimado na pessoa do seu advogado. Também não se esclarece qual seria a natureza da manifestação do embargado, mas considerando que os embargos possuem natureza jurídica de ação não se pode negar a ele o amplo direito de defesa; ou seja, a possibilidade de contestar a petição inicial em toda a sua plenitude (preliminares e mérito).

DICAS DE PRÁTICA JURÍDICA

- *Impugnação*: a manifestação do embargado neste caso tem natureza de defesa, normalmente designada como "impugnação"; sua estrutura é a mesma de uma contestação: endereçamento, qualificação, resumo dos fatos, preliminares, mérito, pedidos e indicação das provas. Para acesso ao modelo editável de impugnação aos embargos do devedor, veja nosso *Prática de contestação no processo civil*, da Editora Atlas.

JURISPRUDÊNCIA

- A ausência de impugnação do credor aos embargos à execução não é suficiente para elidir a presunção de certeza consubstanciada no título judicial, não podendo ser aplicados os efeitos da revelia (STJ, REsp 1.677.161/SP, Ministra Regina Helena Costa, T1 – Primeira Turma, *DJe* 07/11/2017).

TÍTULO IV
DA SUSPENSÃO E DA EXTINÇÃO DO PROCESSO DE EXECUÇÃO

CAPÍTULO I
DA SUSPENSÃO DO PROCESSO DE EXECUÇÃO

Art. 921. Suspende-se a execução:
I – nas hipóteses dos arts. 313 e 315, no que couber;

II – no todo ou em parte, quando recebidos com efeito suspensivo os embargos à execução;

III – quando o executado não possuir bens penhoráveis;

IV – se a alienação dos bens penhorados não se realizar por falta de licitantes e o exequente, em 15 (quinze) dias, não requerer a adjudicação nem indicar outros bens penhoráveis;

V – quando concedido o parcelamento de que trata o art. 916.

§ 1º Na hipótese do inciso III, o juiz suspenderá a execução pelo prazo de 1 (um) ano, durante o qual se suspenderá a prescrição.

§ 2º Decorrido o prazo máximo de 1 (um) ano sem que seja localizado o executado ou que sejam encontrados bens penhoráveis, o juiz ordenará o arquivamento dos autos.

§ 3º Os autos serão desarquivados para prosseguimento da execução se a qualquer tempo forem encontrados bens penhoráveis.

§ 4º Decorrido o prazo de que trata o § 1º sem manifestação do exequente, começa a correr o prazo de prescrição intercorrente.

§ 5º O juiz, depois de ouvidas as partes, no prazo de 15 (quinze) dias, poderá, de ofício, reconhecer a prescrição de que trata o § 4º e extinguir o processo.

REFERÊNCIAS LEGISLATIVAS

- Arts. 219, 313, 315, 916, 919, 922, CPC; arts. 132, § 3º, 189 a 206, CC; art. 40, Lei nº 6.830/1980.

ANOTAÇÕES

- **Ausência de bens penhoráveis do devedor**: a falta de bens penhoráveis impossibilita a execução, que tem como objetivo dar satisfação ao crédito do credor, normalmente, como já se disse, por meio da expropriação de bens do devedor. Não havendo bens, o processo é suspenso e enviado ao arquivo, onde aguardará eventual manifestação do credor apontando a descoberta de bens do devedor sujeitos à penhora, ou pedido do devedor no sentido de que seja a execução declarada extinta em razão da ocorrência da prescrição, que deve ser calculada segundo as regras previstas nos arts. 189 a 206 do Código Civil.

JURISPRUDÊNCIA

- Súmula 150 do STF: Prescreve a execução no mesmo prazo de prescrição da ação.
- Súmula 314 do STJ: Em execução fiscal, não localizados bens penhoráveis, suspende-se o processo por um ano, findo o qual se inicia o prazo da prescrição quinquenal intercorrente.
- Enunciado 196 do Fórum Permanente de Processualistas Civis: O prazo da prescrição intercorrente é o mesmo da ação.
- Ocorrendo morte da parte executada, no período de suspensão, compreendido entre a data do falecimento e a habilitação de seus sucessores, é vedada a prática de qualquer ato processual (TJMG, Agravo de Instrumento-Cv 1.0382.14.009790-0/001, Rel. Desembargador Maurílio Gabriel, 15ª Câmara Cível, julgamento em 05/12/2019, publicação da súmula em 13/12/2019).

> **Art. 922.** Convindo as partes, o juiz declarará suspensa a execução durante o prazo concedido pelo exequente para que o executado cumpra voluntariamente a obrigação.
> Parágrafo único. Findo o prazo sem cumprimento da obrigação, o processo retomará o seu curso.

REFERÊNCIAS LEGISLATIVAS

- Arts. 313, II, 921, CPC.

ANOTAÇÕES

- **Suspensão por convenção das partes**: o fundamento desta suspensão é a concordância do exequente em conceder um prazo certo para que o executado cumpra a sua obrigação; esgotado o prazo sem o cumprimento da obrigação, a execução retomará o seu curso.

> **Art. 923.** Suspensa a execução, não serão praticados atos processuais, podendo o juiz, entretanto, salvo no caso de arguição de impedimento ou de suspeição, ordenar providências urgentes.

REFERÊNCIAS LEGISLATIVAS

- Arts. 144 a 148, CPC.

CAPÍTULO II
DA EXTINÇÃO DO PROCESSO DE EXECUÇÃO

> **Art. 924.** Extingue-se a execução quando:
> I – a petição inicial for indeferida;
> II – a obrigação for satisfeita;
> III – o executado obtiver, por qualquer outro meio, a extinção total da dívida;
> IV – o exequente renunciar ao crédito;
> V – ocorrer a prescrição intercorrente.

REFERÊNCIAS LEGISLATIVAS

- Arts. 330, 331, 485, I, 487, 921, III, § 1º, 966, § 4º, 1.009, 1.056, CPC; arts. 189 a 206, 304 a 388, CC.

ANOTAÇÕES

- **Pagamento**: segundo a doutrina, pagamento é o cumprimento da obrigação; o pagamento pode ser feito não só pelo devedor, mas por qualquer pessoa que interesse na extinção da dívida (art. 304, CC), tais como o fiador, o herdeiro, o sublocatário, o avalista etc.

- ***Outros meios de extinção da dívida***: além do pagamento puro e simples, o devedor pode obter a extinção total da dívida pela transação, pela compensação, pela dação de pagamento, pelo perdão da dívida (remissão), pela novação etc.
- ***Prescrição intercorrente***: não sendo encontrados bens do devedor a execução deve ser suspensa pelo prazo de um ano, quando então se inicia o prazo prescricional (art. 921, III, § 1º, CPC).

JURISPRUDÊNCIA

- O Novo Código de Processo Civil previu regramento específico com relação à prescrição intercorrente, estabelecendo que haverá a suspensão da execução quando o executado não possuir bens penhoráveis (art. 921, III), sendo que, passado um ano desta, haverá o início (automático) do prazo prescricional, independentemente de intimação, podendo o magistrado decretar de ofício a prescrição, desde que, antes, ouça as partes envolvidas. A sua ocorrência incorrerá na extinção da execução (art. 924, V) (STJ, REsp 1.620.919/PR, Ministro Luis Felipe Salomão, T4 – Quarta Turma, *DJe* 14/12/2016).

Art. 925. A extinção só produz efeito quando declarada por sentença.

REFERÊNCIAS LEGISLATIVAS

- Arts. 485 a 495, CPC.

LIVRO III
DOS PROCESSOS NOS TRIBUNAIS E DOS MEIOS DE IMPUGNAÇÃO DAS DECISÕES JUDICIAIS

TÍTULO I
DA ORDEM DOS PROCESSOS E DOS PROCESSOS DE COMPETÊNCIA ORIGINÁRIA DOS TRIBUNAIS

CAPÍTULO I
DISPOSIÇÕES GERAIS

Art. 926. Os tribunais devem uniformizar sua jurisprudência e mantê-la estável, íntegra e coerente.

§ 1º Na forma estabelecida e segundo os pressupostos fixados no regimento interno, os tribunais editarão enunciados de súmula correspondentes a sua jurisprudência dominante.

§ 2º Ao editar enunciados de súmula, os tribunais devem ater-se às circunstâncias fáticas dos precedentes que motivaram sua criação.

REFERÊNCIAS LEGISLATIVAS

- Art. 102, § 2º, CF: "As decisões definitivas de mérito, proferidas pelo Supremo Tribunal Federal, nas ações diretas de inconstitucionalidade e nas ações declaratórias de constitucionalidade produzirão eficácia contra todos e efeito vinculante, relativamente aos demais órgãos do Poder Judiciário e à administração pública direta e indireta, nas esferas federal, estadual e municipal".

ANOTAÇÕES

- **Súmula**: enunciado que expressa as reiteradas teses jurídicas adotadas por um tribunal, com o propósito de possibilitar a uniformização da sua jurisprudência.

Art. 927. Os juízes e os tribunais observarão:

I – as decisões do Supremo Tribunal Federal em controle concentrado de constitucionalidade;

II – os enunciados de súmula vinculante;

III – os acórdãos em incidente de assunção de competência ou de resolução de demandas repetitivas e em julgamento de recursos extraordinário e especial repetitivos;

IV – os enunciados das súmulas do Supremo Tribunal Federal em matéria constitucional e do Superior Tribunal de Justiça em matéria infraconstitucional;

V – a orientação do plenário ou do órgão especial aos quais estiverem vinculados.

§ 1º Os juízes e os tribunais observarão o disposto no art. 10 e no art. 489, § 1º, quando decidirem com fundamento neste artigo.

§ 2º A alteração de tese jurídica adotada em enunciado de súmula ou em julgamento de casos repetitivos poderá ser precedida de audiências públicas e da participação de pessoas, órgãos ou entidades que possam contribuir para a rediscussão da tese.

§ 3º Na hipótese de alteração de jurisprudência dominante do Supremo Tribunal Federal e dos tribunais superiores ou daquela oriunda de julgamento de casos repetitivos, pode haver modulação dos efeitos da alteração no interesse social e no da segurança jurídica.

§ 4º A modificação de enunciado de súmula, de jurisprudência pacificada ou de tese adotada em julgamento de casos repetitivos observará a necessidade de fundamentação adequada e específica, considerando os princípios da segurança jurídica, da proteção da confiança e da isonomia.

§ 5º Os tribunais darão publicidade a seus precedentes, organizando-os por questão jurídica decidida e divulgando-os, preferencialmente, na rede mundial de computadores.

REFERÊNCIAS LEGISLATIVAS

- Arts. 5º, LV, 93, IX, 103-A, CF; arts. 10, 489, § 1º, 926, CPC.

JURISPRUDÊNCIA

- Enunciado 170 do Fórum Permanente de Processualistas Civis: As decisões e precedentes previstos nos incisos do *caput* do art. 927 são vinculantes aos órgãos jurisdicionais a eles submetidos.
- Enunciado 173 do Fórum Permanente de Processualistas Civis: Cada fundamento determinante adotado na decisão capaz de resolver de forma suficiente a questão jurídica induz os efeitos de precedente vinculante, nos termos do Código de Processo Civil.

Art. 928. Para os fins deste Código, considera-se julgamento de casos repetitivos a decisão proferida em:

I – incidente de resolução de demandas repetitivas;

II – recursos especial e extraordinário repetitivos.

Parágrafo único. O julgamento de casos repetitivos tem por objeto questão de direito material ou processual.

REFERÊNCIAS LEGISLATIVAS

- Arts. 976 a 987, 1.036 a 1.041, CPC.

CAPÍTULO II
DA ORDEM DOS PROCESSOS NO TRIBUNAL

Art. 929. Os autos serão registrados no protocolo do tribunal no dia de sua entrada, cabendo à secretaria ordená-los, com imediata distribuição.

Parágrafo único. A critério do tribunal, os serviços de protocolo poderão ser descentralizados, mediante delegação a ofícios de justiça de primeiro grau.

REFERÊNCIAS LEGISLATIVAS

- Arts. 284 a 290, CPC.

ANOTAÇÕES

- **Providências pelo tribunal**: a norma registra as providências que devem ser tomadas quando do protocolo do processo no tribunal; eles devem ser registrados, ordenados e distribuídos.

Art. 930. Far-se-á a distribuição de acordo com o regimento interno do tribunal, observando-se a alternatividade, o sorteio eletrônico e a publicidade.

Parágrafo único. O primeiro recurso protocolado no tribunal tornará prevento o relator para eventual recurso subsequente interposto no mesmo processo ou em processo conexo.

REFERÊNCIAS LEGISLATIVAS

- Arts. 285 e 286, CPC.

Art. 931. Distribuídos, os autos serão imediatamente conclusos ao relator, que, em 30 (trinta) dias, depois de elaborar o voto, restitui-los-á, com relatório, à secretaria.

REFERÊNCIAS LEGISLATIVAS

- Art. 219, CPC.

Art. 932. Incumbe ao relator:

I – dirigir e ordenar o processo no tribunal, inclusive em relação à produção de prova, bem como, quando for o caso, homologar autocomposição das partes;

II – apreciar o pedido de tutela provisória nos recursos e nos processos de competência originária do tribunal;

III – não conhecer de recurso inadmissível, prejudicado ou que não tenha impugnado especificamente os fundamentos da decisão recorrida;

IV – negar provimento a recurso que for contrário a:

a) súmula do Supremo Tribunal Federal, do Superior Tribunal de Justiça ou do próprio tribunal;

b) acórdão proferido pelo Supremo Tribunal Federal ou pelo Superior Tribunal de Justiça em julgamento de recursos repetitivos;

c) entendimento firmado em incidente de resolução de demandas repetitivas ou de assunção de competência;

V – depois de facultada a apresentação de contrarrazões, dar provimento ao recurso se a decisão recorrida for contrária a:

a) súmula do Supremo Tribunal Federal, do Superior Tribunal de Justiça ou do próprio tribunal;

b) acórdão proferido pelo Supremo Tribunal Federal ou pelo Superior Tribunal de Justiça em julgamento de recursos repetitivos;

c) entendimento firmado em incidente de resolução de demandas repetitivas ou de assunção de competência;

VI – decidir o incidente de desconsideração da personalidade jurídica, quando este for instaurado originariamente perante o tribunal;

VII – determinar a intimação do Ministério Público, quando for o caso;

VIII – exercer outras atribuições estabelecidas no regimento interno do tribunal.

Parágrafo único. Antes de considerar inadmissível o recurso, o relator concederá o prazo de 5 (cinco) dias ao recorrente para que seja sanado vício ou complementada a documentação exigível.

REFERÊNCIAS LEGISLATIVAS

- Arts. 133 a 137, 139, 219, 294 a 311, 926, 927, 938, 1.021, CPC.

JURISPRUDÊNCIA

- Súmula 568 do STJ: O relator, monocraticamente e no Superior Tribunal de Justiça, poderá dar ou negar provimento ao recurso quando houver entendimento dominante acerca do tema.
- Enunciado 81 do Fórum Permanente de Processualistas Civis: Por não haver prejuízo ao contraditório, é dispensável a oitiva do recorrido antes do provimento monocrático do recurso, quando a decisão recorrida: (a) indeferir a inicial; (b) indeferir liminarmente a justiça gratuita; ou (c) alterar liminarmente o valor da causa.
- Enunciado 82 do Fórum Permanente de Processualistas Civis: É dever do relator, e não faculdade, conceder o prazo ao recorrente para sanar o vício ou complementar a documentação exigível, antes de inadmitir qualquer recurso, inclusive os excepcionais.
- É firme a jurisprudência do STJ no sentido de que a ausência de intimação do Ministério Público não enseja, por si só, a decretação de nulidade do julgado, salvo a ocorrência de efetivo prejuízo demonstrado nos autos (STJ, REsp 1314615/SP, Ministro Luis Felipe Salomão, T4 – Quarta Turma, *DJe* 12/06/2017).

Art. 933. Se o relator constatar a ocorrência de fato superveniente à decisão recorrida ou a existência de questão apreciável de ofício ainda não examinada que devam ser considerados no julgamento do recurso, intimará as partes para que se manifestem no prazo de 5 (cinco) dias.

§ 1º Se a constatação ocorrer durante a sessão de julgamento, esse será imediatamente suspenso a fim de que as partes se manifestem especificamente.

§ 2º Se a constatação se der em vista dos autos, deverá o juiz que a solicitou encaminhá-los ao relator, que tomará as providências previstas no *caput* e, em seguida, solicitará a inclusão do feito em pauta para prosseguimento do julgamento, com submissão integral da nova questão aos julgadores.

REFERÊNCIAS LEGISLATIVAS

- Art. 219, CPC.

Art. 934. Em seguida, os autos serão apresentados ao presidente, que designará dia para julgamento, ordenando, em todas as hipóteses previstas neste Livro, a publicação da pauta no órgão oficial.

REFERÊNCIAS LEGISLATIVAS

- Arts. 272. 932, 933, CPC.

JURISPRUDÊNCIA

- Ainda que superado o mencionado óbice e considerando a alegada incorreção na grafia do nome do advogado da recorrente, a jurisprudência desta Corte entende que a existência de erros insignificantes na publicação do nome dos advogados, que não dificultam a identificação do feito, não ensejam a nulidade da intimação. Precedentes (STJ, AgInt no AREsp 1416600/MG, Ministro Marco Aurélio Bellizze, T3 – Terceira Turma, *DJe* 24/09/2020).

Art. 935. Entre a data de publicação da pauta e a da sessão de julgamento decorrerá, pelo menos, o prazo de 5 (cinco) dias, incluindo-se em nova pauta os processos que não tenham sido julgados, salvo aqueles cujo julgamento tiver sido expressamente adiado para a primeira sessão seguinte.

§ 1º Às partes será permitida vista dos autos em cartório após a publicação da pauta de julgamento.

§ 2º Afixar-se-á a pauta na entrada da sala em que se realizar a sessão de julgamento.

REFERÊNCIAS LEGISLATIVAS

- Art. 219, CPC.

JURISPRUDÊNCIA

- Súmula 117 do STJ: A inobservância do prazo de 48 horas, entre a publicação de pauta e o julgamento sem a presença das partes, acarreta nulidade.
- Enunciado 84 do Fórum Permanente de Processualistas Civis: A ausência de publicação da pauta gera nulidade do acórdão que decidiu o recurso, ainda que não haja previsão de sustentação oral, ressalvada, apenas, a hipótese do § 1º do art. 1.024, na qual a publicação da pauta é dispensável.

Art. 936. Ressalvadas as preferências legais e regimentais, os recursos, a remessa necessária e os processos de competência originária serão julgados na seguinte ordem:

I – aqueles nos quais houver sustentação oral, observada a ordem dos requerimentos;

II – os requerimentos de preferência apresentados até o início da sessão de julgamento;

III – aqueles cujo julgamento tenha iniciado em sessão anterior; e

IV – os demais casos.

REFERÊNCIAS LEGISLATIVAS

- Arts. 496, 994, CPC; art. 198, III, Lei nº 8.069/1990.

Art. 937. Na sessão de julgamento, depois da exposição da causa pelo relator, o presidente dará a palavra, sucessivamente, ao recorrente, ao recorrido e, nos casos de sua intervenção, ao membro do Ministério Público, pelo prazo improrrogável de 15 (quinze) minutos para cada um, a fim de sustentarem suas razões, nas seguintes hipóteses, nos termos da parte final do *caput* do art. 1.021:

I – no recurso de apelação;

II – no recurso ordinário;

III – no recurso especial;

IV – no recurso extraordinário;

V – nos embargos de divergência;

VI – na ação rescisória, no mandado de segurança e na reclamação;

VII – (VETADO);

VIII – no agravo de instrumento interposto contra decisões interlocutórias que versem sobre tutelas provisórias de urgência ou da evidência;

IX – em outras hipóteses previstas em lei ou no regimento interno do tribunal.

§ 1º A sustentação oral no incidente de resolução de demandas repetitivas observará o disposto no art. 984, no que couber.

§ 2º O procurador que desejar proferir sustentação oral poderá requerer, até o início da sessão, que o processo seja julgado em primeiro lugar, sem prejuízo das preferências legais.

§ 3º Nos processos de competência originária previstos no inciso VI, caberá sustentação oral no agravo interno interposto contra decisão de relator que o extinga.

§ 4º É permitido ao advogado com domicílio profissional em cidade diversa daquela onde está sediado o tribunal realizar sustentação oral por meio de videoconferência ou outro recurso tecnológico de transmissão de sons e imagens em tempo real, desde que o requeira até o dia anterior ao da sessão.

REFERÊNCIAS LEGISLATIVAS

- Arts. 984, 1.021, CPC.

Art. 938. A questão preliminar suscitada no julgamento será decidida antes do mérito, deste não se conhecendo caso seja incompatível com a decisão.

§ 1º Constatada a ocorrência de vício sanável, inclusive aquele que possa ser conhecido de ofício, o relator determinará a realização ou a renovação do ato processual, no próprio tribunal ou em primeiro grau de jurisdição, intimadas as partes.

§ 2º Cumprida a diligência de que trata o § 1º, o relator, sempre que possível, prosseguirá no julgamento do recurso.

§ 3º Reconhecida a necessidade de produção de prova, o relator converterá o julgamento em diligência, que se realizará no tribunal ou em primeiro grau de jurisdição, decidindo-se o recurso após a conclusão da instrução.

§ 4º Quando não determinadas pelo relator, as providências indicadas nos §§ 1º e 3º poderão ser determinadas pelo órgão competente para julgamento do recurso.

REFERÊNCIAS LEGISLATIVAS

- Arts. 337, 939, CPC.

ANOTAÇÕES

- **Ordem das questões no julgamento**: para não haver dúvidas, o legislador registra que as questões preliminares devem ser decididas antes do mérito. Estas questões não são apenas as processuais (*v.g.*, admissibilidade; interesse etc.), mas também questões prévias do caso que esteja sendo julgado.

JURISPRUDÊNCIA

- Enunciado 82 do Fórum Permanente de Processualistas Civis: É dever do relator, e não faculdade, conceder o prazo ao recorrente para sanar o vício ou complementar a documentação exigível, antes de inadmitir qualquer recurso, inclusive os excepcionais.

Art. 939. Se a preliminar for rejeitada ou se a apreciação do mérito for com ela compatível, seguir-se-ão a discussão e o julgamento da matéria principal, sobre a qual deverão se pronunciar os juízes vencidos na preliminar.

REFERÊNCIAS LEGISLATIVAS

- Arts. 488, 938, CPC.

Art. 940. O relator ou outro juiz que não se considerar habilitado a proferir imediatamente seu voto poderá solicitar vista pelo prazo máximo de 10 (dez) dias, após o qual o recurso será reincluído em pauta para julgamento na sessão seguinte à data da devolução.

§ 1º Se os autos não forem devolvidos tempestivamente ou se não for solicitada pelo juiz prorrogação de prazo de no máximo mais 10 (dez) dias, o presidente do órgão fracionário os requisitará para julgamento do recurso na sessão ordinária subsequente, com publicação da pauta em que for incluído.

§ 2º Quando requisitar os autos na forma do § 1º, se aquele que fez o pedido de vista ainda não se sentir habilitado a votar, o presidente convocará substituto para proferir voto, na forma estabelecida no regimento interno do tribunal.

REFERÊNCIAS LEGISLATIVAS

- Art. 219, CPC.

Art. 941. Proferidos os votos, o presidente anunciará o resultado do julgamento, designando para redigir o acórdão o relator ou, se vencido este, o autor do primeiro voto vencedor.

§ 1º O voto poderá ser alterado até o momento da proclamação do resultado pelo presidente, salvo aquele já proferido por juiz afastado ou substituído.

§ 2º No julgamento de apelação ou de agravo de instrumento, a decisão será tomada, no órgão colegiado, pelo voto de 3 (três) juízes.

§ 3º O voto vencido será necessariamente declarado e considerado parte integrante do acórdão para todos os fins legais, inclusive de pré-questionamento.

REFERÊNCIAS LEGISLATIVAS

- Arts. 942, 1.009, 1.015, CPC.

JURISPRUDÊNCIA

- Súmula 282 do STF: É inadmissível o recurso extraordinário, quando não ventilada, na decisão recorrida, a questão federal suscitada.
- Súmula 356 do STF: O ponto omisso da decisão, sobre o qual não foram opostos embargos declaratórios, não pode ser objeto de recurso extraordinário, por faltar o requisito do prequestionamento.
- Súmula 320 do STJ: A questão federal somente ventilada no voto vencido não atende ao requisito do prequestionamento.

Art. 942. Quando o resultado da apelação for não unânime, o julgamento terá prosseguimento em sessão a ser designada com a presença de outros julgadores, que serão convocados nos termos previamente definidos no regimento interno, em número suficiente para garantir a possibilidade de inversão do resultado inicial, assegurado às partes e a eventuais terceiros o direito de sustentar oralmente suas razões perante os novos julgadores.

§ 1º Sendo possível, o prosseguimento do julgamento dar-se-á na mesma sessão, colhendo-se os votos de outros julgadores que porventura componham o órgão colegiado.

§ 2º Os julgadores que já tiverem votado poderão rever seus votos por ocasião do prosseguimento do julgamento.

§ 3º A técnica de julgamento prevista neste artigo aplica-se, igualmente, ao julgamento não unânime proferido em:

I – ação rescisória, quando o resultado for a rescisão da sentença, devendo, nesse caso, seu prosseguimento ocorrer em órgão de maior composição previsto no regimento interno;

II – agravo de instrumento, quando houver reforma da decisão que julgar parcialmente o mérito.

§ 4º Não se aplica o disposto neste artigo ao julgamento:

I – do incidente de assunção de competência e ao de resolução de demandas repetitivas;

II – da remessa necessária;

III – não unânime proferido, nos tribunais, pelo plenário ou pela corte especial.

REFERÊNCIAS LEGISLATIVAS

- Art. 1.009, CPC.

ANOTAÇÕES

- ***Novo procedimento para julgamentos não unânimes ("julgamento ampliado")***: o novo CPC suprimiu o recurso de "embargos infringentes" que, sob a égide do CPC/1973, era justamente cabível contra acórdãos não unânimes que reformassem, em grau de apelação, sentença de mérito. Para compensar a supressão do referido recurso, o legislador alterou a técnica de julgamento dos acórdãos proferidos em razão de recurso de apelação, agravo de instrumento e ação rescisória. Segundo a norma, quando o resultado do julgamento não for unânime, este deverá ter prosseguimento com a presença de outros julgadores em número suficiente para eventualmente reverter a decisão. Segundo a jurisprudência do Superior Tribunal de Justiça, a técnica do "julgamento ampliado" tem como finalidade o aprofundamento da discussão a respeito da controvérsia, possibilitando a formação de uma maioria qualificada.

JURISPRUDÊNCIA

- A técnica de ampliação de colegiado prevista no art. 942 do CPC/15 tem por finalidade aprofundar a discussão a respeito de controvérsia, de natureza fática ou jurídica, acerca da qual houve dissidência, me-

diante a convocação de novos julgadores, sempre em número suficiente a viabilizar a inversão do resultado inicial. Precedente da 3ª Turma (STJ, REsp 1888386/RJ, Ministra Nancy Andrighi, T3 – Terceira Turma, *DJe* 19/11/2020).
- A técnica de julgamento ampliado possui a finalidade de formação de uma maioria qualificada, pressupondo, na apelação, tão somente o julgamento não unânime e a aptidão do voto vencido de alterar a conclusão inicial (STJ, REsp 1786158/PR, Ministra Nancy Andrighi, T3 – Terceira Turma, *DJe* 01/09/2020).
- A técnica de ampliação do julgamento prevista no CPC/2015 possui objetivo semelhante ao que possuíam os embargos infringentes do CPC/1973, que não mais subsistem, qual seja a viabilidade de maior grau de correção e justiça nas decisões judiciais, com julgamentos mais completamente instruídos e os mais proficientemente discutidos, de uma maneira mais econômica e célere (STJ, REsp 1733820/SC, Ministro Luis Felipe Salomão, T4 – Quarta Turma, *DJe* 10/12/2018).

Art. 943. Os votos, os acórdãos e os demais atos processuais podem ser registrados em documento eletrônico inviolável e assinados eletronicamente, na forma da lei, devendo ser impressos para juntada aos autos do processo quando este não for eletrônico.

§ 1º Todo acórdão conterá ementa.

§ 2º Lavrado o acórdão, sua ementa será publicada no órgão oficial no prazo de 10 (dez) dias.

REFERÊNCIAS LEGISLATIVAS

- Art. 219, CPC.

ANOTAÇÕES

- ***Ementa***: segundo a doutrina, é o enunciado, o resumo, do acórdão, em que de forma sucinta se anunciam as teses decididas no julgamento, com o escopo de facilitar a sua consulta e arquivo.

Art. 944. Não publicado o acórdão no prazo de 30 (trinta) dias, contado da data da sessão de julgamento, as notas taquigráficas o substituirão, para todos os fins legais, independentemente de revisão.

Parágrafo único. No caso do *caput*, o presidente do tribunal lavrará, de imediato, as conclusões e a ementa e mandará publicar o acórdão.

REFERÊNCIAS LEGISLATIVAS

- Art. 219, CPC.

Art. 945. (Revogado pela Lei nº 13.256, de 4 de fevereiro de 2016, em vigor no início da vigência da Lei nº 13.105, de 16 de março de 2015.)

ANOTAÇÕES

- **Texto revogado**: "Art. 945. A critério do órgão julgador, o julgamento dos recursos e dos processos de competência originária que não admitem sustentação oral poderá realizar-se por meio eletrônico: § 1º O relator cientificará as partes, pelo Diário da Justiça, de que o julgamento se fará por meio eletrônico. § 2º Qualquer das partes poderá, no prazo de 5 (cinco) dias, apresentar memoriais ou discordância do julgamento por meio eletrônico. § 3º A discordância não necessita de motivação, sendo apta a determinar o julgamento em sessão presencial. § 4º Caso surja alguma divergência entre os integrantes do órgão julgador durante o julgamento eletrônico, este ficará imediatamente suspenso, devendo a causa ser apreciada em sessão presencial".

Art. 946. O agravo de instrumento será julgado antes da apelação interposta no mesmo processo.

Parágrafo único. Se ambos os recursos de que trata o *caput* houverem de ser julgados na mesma sessão, terá precedência o agravo de instrumento.

REFERÊNCIAS LEGISLATIVAS

- Arts. 1.009 a 1.013, 1.015 a 1.020, CPC.

CAPÍTULO III
DO INCIDENTE DE ASSUNÇÃO DE COMPETÊNCIA

Art. 947. É admissível a assunção de competência quando o julgamento de recurso, de remessa necessária ou de processo de competência originária envolver relevante questão de direito, com grande repercussão social, sem repetição em múltiplos processos.

§ 1º Ocorrendo a hipótese de assunção de competência, o relator proporá, de ofício ou a requerimento da parte, do Ministério Público ou da Defensoria Pública, que seja o recurso, a remessa necessária ou o processo de competência originária julgado pelo órgão colegiado que o regimento indicar.

§ 2º O órgão colegiado julgará o recurso, a remessa necessária ou o processo de competência originária se reconhecer interesse público na assunção de competência.

§ 3º O acórdão proferido em assunção de competência vinculará todos os juízes e órgãos fracionários, exceto se houver revisão de tese.

§ 4º Aplica-se o disposto neste artigo quando ocorrer relevante questão de direito a respeito da qual seja conveniente a prevenção ou a composição de divergência entre câmaras ou turmas do tribunal.

REFERÊNCIAS LEGISLATIVAS

- Arts. 927, III, 976 a 987, 1.036 a 1.041, CPC.

CAPÍTULO IV
DO INCIDENTE DE ARGUIÇÃO DE INCONSTITUCIONALIDADE

Art. 948. Arguida, em controle difuso, a inconstitucionalidade de lei ou de ato normativo do poder público, o relator, após ouvir o Ministério Público e as partes, submeterá a questão à turma ou à câmara à qual competir o conhecimento do processo.

REFERÊNCIAS LEGISLATIVAS

- Art. 97, CF; arts. 949, 950, CPC.

ANOTAÇÕES

- *Arguição de inconstitucionalidade em controle difuso*: chama-se de controle difuso a possibilidade conferida pelo legislador de que a inconstitucionalidade de lei ou de ato normativo do poder público possa ser feita de forma incidental em qualquer processo; ou seja, não é só o Supremo Tribunal Federal que pode reconhecer e declarar a inconstitucionalidade de uma lei ou ato normativo, no chamado controle concentrado, mas qualquer juiz ou tribunal nos limites da sua competência. Quando o incidente é suscitado no tribunal deve se obedecer ao procedimento previsto neste capítulo.

Art. 949. Se a arguição for:

I – rejeitada, prosseguirá o julgamento;

II – acolhida, a questão será submetida ao plenário do tribunal ou ao seu órgão especial, onde houver.

Parágrafo único. Os órgãos fracionários dos tribunais não submeterão ao plenário ou ao órgão especial a arguição de inconstitucionalidade quando já houver pronunciamento destes ou do plenário do Supremo Tribunal Federal sobre a questão.

REFERÊNCIAS LEGISLATIVAS

- Art. 97, CF; art. 948, CPC.

JURISPRUDÊNCIA

- Súmula Vinculante 10 do STF: Viola a cláusula de reserva de plenário (CF, art. 97) a decisão de órgão fracionário de tribunal que, embora não declare expressamente a inconstitucionalidade de lei ou ato normativo do poder público, afasta sua incidência, no todo ou em parte.

Art. 950. Remetida cópia do acórdão a todos os juízes, o presidente do tribunal designará a sessão de julgamento.

§ 1º As pessoas jurídicas de direito público responsáveis pela edição do ato questionado poderão manifestar-se no incidente de inconstitucionalidade se assim o requererem, observados os prazos e as condições previstos no regimento interno do tribunal.

§ 2º A parte legitimada à proposição das ações previstas no art. 103 da Constituição Federal poderá manifestar-se, por escrito, sobre a questão constitucional objeto de apreciação, no prazo previsto pelo regimento interno, sendo-lhe assegurado o direito de apresentar memoriais ou de requerer a juntada de documentos.

§ 3º Considerando a relevância da matéria e a representatividade dos postulantes, o relator poderá admitir, por despacho irrecorrível, a manifestação de outros órgãos ou entidades.

REFERÊNCIAS LEGISLATIVAS

- Art. 103, CF.

JURISPRUDÊNCIA

- Súmula 513 do STF: A decisão que enseja a interposição de recurso ordinário ou extraordinário não é a do plenário, que resolve o incidente de inconstitucionalidade, mas a do órgão (Câmaras, Grupos ou Turmas) que completa o julgamento do feito.

CAPÍTULO V
DO CONFLITO DE COMPETÊNCIA

Art. 951. O conflito de competência pode ser suscitado por qualquer das partes, pelo Ministério Público ou pelo juiz.

Parágrafo único. O Ministério Público somente será ouvido nos conflitos de competência relativos aos processos previstos no art. 178, mas terá qualidade de parte nos conflitos que suscitar.

REFERÊNCIAS LEGISLATIVAS

- Arts. 66, 178, CPC.

JURISPRUDÊNCIA

- Súmula 03 do STJ: Compete ao Tribunal Regional Federal dirimir conflito de competência verificado, na respectiva região, entre juiz federal e juiz estadual investido de jurisdição federal.

Art. 952. Não pode suscitar conflito a parte que, no processo, arguiu incompetência relativa.

Parágrafo único. O conflito de competência não obsta, porém, a que a parte que não o arguiu suscite a incompetência.

Código de Processo Civil | **Art. 955**

⚖ REFERÊNCIAS LEGISLATIVAS

- Arts. 64 a 66, 337, II, CPC.

Art. 953. O conflito será suscitado ao tribunal:

I – pelo juiz, por ofício;

II – pela parte e pelo Ministério Público, por petição.

Parágrafo único. O ofício e a petição serão instruídos com os documentos necessários à prova do conflito.

⚖ REFERÊNCIAS LEGISLATIVAS

- Arts. 102, I, "o", 105, I, "d", 108, I, "e", 114, V, 121, 125, § 1º, CF.

⚖ JURISPRUDÊNCIA

- Súmula 03 do STJ: Compete ao Tribunal Regional Federal dirimir conflito de competência verificado, na respectiva região, entre juiz federal e juiz estadual investido de jurisdição federal.
- Súmula 236 do STJ: Não compete ao Superior Tribunal de Justiça dirimir conflitos de competência entre juízes trabalhistas vinculados a Tribunais Regionais do Trabalho diversos.

Art. 954. Após a distribuição, o relator determinará a oitiva dos juízes em conflito ou, se um deles for suscitante, apenas do suscitado.

Parágrafo único. No prazo designado pelo relator, incumbirá ao juiz ou aos juízes prestar as informações.

⚖ REFERÊNCIAS LEGISLATIVAS

- Arts. 66, 218, § 3º, 951, CPC.

📚 ANOTAÇÕES

- ***Início do procedimento***: a norma apresenta as primeiras providências do procedimento do conflito de competência, qual seja, recebidos os autos pelo relator nomeado, este determinará a oitiva dos juízes em conflito, quando o suscitado for o Ministério Público; no caso de um dos juízes ser o suscitante, ouvir-se-á apenas o suscitado, desde que este já não tenha apresentado as suas razões. Não sendo fixado um prazo pelo relator, este será de cinco dias (art. 218, § 3º).

Art. 955. O relator poderá, de ofício ou a requerimento de qualquer das partes, determinar, quando o conflito for positivo, o sobrestamento do processo e, nesse caso, bem como no de conflito negativo, designará um dos juízes para resolver, em caráter provisório, as medidas urgentes.

Parágrafo único. O relator poderá julgar de plano o conflito de competência quando sua decisão se fundar em:

I – súmula do Supremo Tribunal Federal, do Superior Tribunal de Justiça ou do próprio tribunal;

II – tese firmada em julgamento de casos repetitivos ou em incidente de assunção de competência.

REFERÊNCIAS LEGISLATIVAS

- Art. 926, CPC.

ANOTAÇÕES

- ***Súmula***: enunciado que expressa as reiteradas teses jurídicas adotadas por um tribunal, com o propósito de possibilitar a uniformização da sua jurisprudência.

Art. 956. Decorrido o prazo designado pelo relator, será ouvido o Ministério Público, no prazo de 5 (cinco) dias, ainda que as informações não tenham sido prestadas, e, em seguida, o conflito irá a julgamento.

REFERÊNCIAS LEGISLATIVAS

- Art. 219, CPC.

Art. 957. Ao decidir o conflito, o tribunal declarará qual o juízo competente, pronunciando-se também sobre a validade dos atos do juízo incompetente.

Parágrafo único. Os autos do processo em que se manifestou o conflito serão remetidos ao juiz declarado competente.

REFERÊNCIAS LEGISLATIVAS

- Arts. 64, § 4º, 240, CPC.

Art. 958. No conflito que envolva órgãos fracionários dos tribunais, desembargadores e juízes em exercício no tribunal, observar-se-á o que dispuser o regimento interno do tribunal.

REFERÊNCIAS LEGISLATIVAS

- Art. 951, CPC.

JURISPRUDÊNCIA

- A competência dos órgãos fracionários do Superior Tribunal de Justiça é definida "em função da natureza da relação jurídica litigiosa" (RISTJ, art. 9º). É dizer, determina-se não em razão exclusivamente da parte que figura em um dos polos da relação jurídica litigiosa, mas leva em conta o conteúdo da relação jurídica subjacente ao recurso. Precedentes (STJ, CC 171348/DF, Ministro Francisco Falcão, CE – Corte Especial, *DJe* 10/09/2020).

Art. 959. O regimento interno do tribunal regulará o processo e o julgamento do conflito de atribuições entre autoridade judiciária e autoridade administrativa.

REFERÊNCIAS LEGISLATIVAS

- Arts. 105, I, "g", 125, CF.

CAPÍTULO VI
DA HOMOLOGAÇÃO DE DECISÃO ESTRANGEIRA E DA CONCESSÃO DO *EXEQUATUR* À CARTA ROGATÓRIA

Art. 960. A homologação de decisão estrangeira será requerida por ação de homologação de decisão estrangeira, salvo disposição especial em sentido contrário prevista em tratado.

§ 1º A decisão interlocutória estrangeira poderá ser executada no Brasil por meio de carta rogatória.

§ 2º A homologação obedecerá ao que dispuserem os tratados em vigor no Brasil e o Regimento Interno do Superior Tribunal de Justiça.

§ 3º A homologação de decisão arbitral estrangeira obedecerá ao disposto em tratado e em lei, aplicando-se, subsidiariamente, as disposições deste Capítulo.

REFERÊNCIAS LEGISLATIVAS

- Art. 105, I, "i", CF; art. 36, CPC; arts. 34 a 40, Lei nº 9.307/1996.

JURISPRUDÊNCIA

- Enunciado 85 do Fórum Permanente de Processualistas Civis: Deve prevalecer a regra de direito mais favorável na homologação de sentença arbitral estrangeira em razão do princípio da máxima eficácia (art. 7º da Convenção de Nova York – Decreto nº 4.311/2002).

Art. 961. A decisão estrangeira somente terá eficácia no Brasil após a homologação de sentença estrangeira ou a concessão do *exequatur* às cartas rogatórias, salvo disposição em sentido contrário de lei ou tratado.

§ 1º É passível de homologação a decisão judicial definitiva, bem como a decisão não judicial que, pela lei brasileira, teria natureza jurisdicional.

§ 2º A decisão estrangeira poderá ser homologada parcialmente.

§ 3º A autoridade judiciária brasileira poderá deferir pedidos de urgência e realizar atos de execução provisória no processo de homologação de decisão estrangeira.

§ 4º Haverá homologação de decisão estrangeira para fins de execução fiscal quando prevista em tratado ou em promessa de reciprocidade apresentada à autoridade brasileira.

§ 5º A sentença estrangeira de divórcio consensual produz efeitos no Brasil, independentemente de homologação pelo Superior Tribunal de Justiça.

§ 6º Na hipótese do § 5º, competirá a qualquer juiz examinar a validade da decisão, em caráter principal ou incidental, quando essa questão for suscitada em processo de sua competência.

REFERÊNCIAS LEGISLATIVAS

- Arts. 28 a 34, CPC; arts. 167-H a 167-O, Lei 11.101/2005.

JURISPRUDÊNCIA

- Súmula 420 do STF: Não se homologa sentença proferida no estrangeiro sem prova do trânsito em julgado.

Art. 962. É passível de execução a decisão estrangeira concessiva de medida de urgência.

§ 1º A execução no Brasil de decisão interlocutória estrangeira concessiva de medida de urgência dar-se-á por carta rogatória.

§ 2º A medida de urgência concedida sem audiência do réu poderá ser executada, desde que garantido o contraditório em momento posterior.

§ 3º O juízo sobre a urgência da medida compete exclusivamente à autoridade jurisdicional prolatora da decisão estrangeira.

§ 4º Quando dispensada a homologação para que a sentença estrangeira produza efeitos no Brasil, a decisão concessiva de medida de urgência dependerá, para produzir efeitos, de ter sua validade expressamente reconhecida pelo juiz competente para dar-lhe cumprimento, dispensada a homologação pelo Superior Tribunal de Justiça.

REFERÊNCIAS LEGISLATIVAS

- Arts. 10, 260, 311, CPC.

JURISPRUDÊNCIA

- A garantia ao contraditório significa assegurar a prevalência da democracia no processo, com a efetiva possibilidade da participação e da influência das partes na produção de todas as provas e contraprovas que entenderem necessárias para a defesa de seus direitos. A teor do artigo 10 do NCPC, o magistrado não pode decidir alicerçado em fundamento a respeito do qual as partes não tiveram oportunidade de debater. Adotado, assim, o princípio da não surpresa. Viola este princípio, bem como o do contraditório e da ampla defesa a prolação de sentença de improcedência com fundamento em questão sobre a qual não foi oportunizada às partes a manifestação prévia (TJMG, Apelação Cível 1.0143.14.003860-3/001, Rel. Desembargadora Mariangela Meyer, 10ª Câmara Cível, julgamento em 27/02/2018, publicação da súmula em 09/03/2018).

Art. 963. Constituem requisitos indispensáveis à homologação da decisão:

I – ser proferida por autoridade competente;

II – ser precedida de citação regular, ainda que verificada a revelia;

III – ser eficaz no país em que foi proferida;

IV – não ofender a coisa julgada brasileira;

V – estar acompanhada de tradução oficial, salvo disposição que a dispense prevista em tratado;

VI – não conter manifesta ofensa à ordem pública.

Parágrafo único. Para a concessão do *exequatur* às cartas rogatórias, observar-se-ão os pressupostos previstos no *caput* deste artigo e no art. 962, § 2º.

REFERÊNCIAS LEGISLATIVAS

- Art. 962, § 2º, CPC.

Art. 964. Não será homologada a decisão estrangeira na hipótese de competência exclusiva da autoridade judiciária brasileira.

Parágrafo único. O dispositivo também se aplica à concessão do *exequatur* à carta rogatória.

REFERÊNCIAS LEGISLATIVAS

- Arts. 21 a 25, CPC.

JURISPRUDÊNCIA

- Enunciado 86 do Fórum Permanente de Processualistas Civis: Na aplicação do art. 964 considerar-se-á o disposto no § 3º do art. 960.

Art. 965. O cumprimento de decisão estrangeira far-se-á perante o juízo federal competente, a requerimento da parte, conforme as normas estabelecidas para o cumprimento de decisão nacional.

Parágrafo único. O pedido de execução deverá ser instruído com cópia autenticada da decisão homologatória ou do *exequatur*, conforme o caso.

REFERÊNCIAS LEGISLATIVAS

- Arts. 106, 109, X, CF; art. 425, IV, CPC; Lei nº 5.010/1966.

CAPÍTULO VII
DA AÇÃO RESCISÓRIA

Art. 966. A decisão de mérito, transitada em julgado, pode ser rescindida quando:

I – se verificar que foi proferida por força de prevaricação, concussão ou corrupção do juiz;

II – for proferida por juiz impedido ou por juízo absolutamente incompetente;

III – resultar de dolo ou coação da parte vencedora em detrimento da parte vencida ou, ainda, de simulação ou colusão entre as partes, a fim de fraudar a lei;

IV – ofender a coisa julgada;

V – violar manifestamente norma jurídica;

VI – for fundada em prova cuja falsidade tenha sido apurada em processo criminal ou venha a ser demonstrada na própria ação rescisória;

VII – obtiver o autor, posteriormente ao trânsito em julgado, prova nova cuja existência ignorava ou de que não pôde fazer uso, capaz, por si só, de lhe assegurar pronunciamento favorável;

VIII – for fundada em erro de fato verificável do exame dos autos.

§ 1º Há erro de fato quando a decisão rescindenda admitir fato inexistente ou quando considerar inexistente fato efetivamente ocorrido, sendo indispensável, em ambos os casos, que o fato não represente ponto controvertido sobre o qual o juiz deveria ter se pronunciado.

§ 2º Nas hipóteses previstas nos incisos do *caput*, será rescindível a decisão transitada em julgado que, embora não seja de mérito, impeça:

I – nova propositura da demanda; ou

II – admissibilidade do recurso correspondente.

§ 3º A ação rescisória pode ter por objeto apenas 1 (um) capítulo da decisão.

§ 4º Os atos de disposição de direitos, praticados pelas partes ou por outros participantes do processo e homologados pelo juízo, bem como os atos homologatórios praticados no curso da execução, estão sujeitos à anulação, nos termos da lei.

§ 5º Cabe ação rescisória, com fundamento no inciso V do *caput* deste artigo, contra decisão baseada em enunciado de súmula ou acórdão proferido em julgamento de casos repetitivos que não tenha considerado a existência de distinção entre a questão discutida no processo e o padrão decisório que lhe deu fundamento. (Parágrafo acrescido pela Lei nº 13.256, de 4 de fevereiro de 2016, em vigor no início da vigência da Lei nº 13.105, de 16 de março de 2015)

§ 6º Quando a ação rescisória fundar-se na hipótese do § 5º deste artigo, caberá ao autor, sob pena de inépcia, demonstrar, fundamentadamente, tratar-se de situação particularizada por hipótese fática distinta ou de questão jurídica não examinada, a impor outra solução jurídica. (Parágrafo acrescido pela Lei nº 13.256, de 4 de fevereiro de 2016, em vigor no início da vigência da Lei nº 13.105, de 16 de março de 2015)

REFERÊNCIAS LEGISLATIVAS

- Arts. 5º, 77, 80, 142 a 148, 315, 393, 487, 502, 517, § 3º, 525, § 15, 535, § 8º, 701, § 3º, 926, 975, CPC; arts. 316 a 319, CP.

ANOTAÇÕES

- ***Cabimento***: a sentença e o acórdão podem primariamente ser impugnados por meio dos recursos previstos na legislação processual civil. O não uso oportuno dos recursos previstos em lei ou seu esgotamento levará ao trânsito em julgado da decisão judicial, formando a coisa julgada (*res judicata*), que é a eficácia que torna imutável e indiscutível o comando da decisão judicial (art. 502, CPC). Pode acontecer que, não obstante todos os cuidados tomados pelo Estado-juiz, a sentença, ou o acórdão, esteja maculada por algum vício que a torne nula. Com escopo de evitar que a parte prejudicada ficasse sem remédio jurídico para sanar o vício, a lei processual previu a ação rescisória, que representa o meio de que a parte pode valer-se para buscar a declaração da invalidade de uma decisão judicial de mérito (art. 487, CPC). Não é, registre-se, recurso, mas uma nova ação, que cria uma nova relação processual, que visa à desconstituição da decisão judicial maculada, proferindo-se, então, nova decisão sobre as questões que foram objeto de sua apreciação.
- ***Juiz comprometido***: a conduta do "juiz peitado" não precisa, em sede de ação rescisória, ser rigorosamente tipificada segundo a lei penal; basta que fique demonstrado que o juiz prolator da decisão foi corrompido para arrimar a sentença rescisória, que deverá, neste caso, declarar não só a invalidade da sentença, mas também, conforme as circunstâncias, toda a instrução do processo.
- ***Dolo da parte vencedora***: descobrindo o vencido que o vencedor agiu de forma dolosa durante o trâmite do processo, intencionalmente escondendo prova que lhe seria útil ou dificultando a sua obtenção, poderá fazer uso da ação rescisória, com escopo de anular a sentença, requerendo a prolação de outra que considere as novas evidências.
- ***Violação de norma jurídica***: a doutrina e a jurisprudência têm, há longa data, divergido sobre o real alcance da expressão "violar manifestadamente norma jurídica". O que resta incontroverso é que só cabe ação rescisória baseada neste dispositivo quando o juiz claramente deixar de considerar regra legal que se aplica à lide discutida nos autos, seja porque entendeu que a mesma não está em vigor, seja porque deu interpretação oposta àquela que advém da norma. A simples divergência de interpretação da norma não é o suficiente para fundamentar a rescisão da sentença.
- ***Erro de fato***: a ação rescisória não pode ser intentada com objetivo de reabrir discussão sobre fatos que, bem ou mal, já foram objeto de apreciação judicial. É necessário, a fim de justificar a ação, que o erro, quanto à existência ou inexistência de fato, seja, ademais, crucial na decisão da causa, ou seja, capaz, se reconhecido ou afastado, de alterar o deslinde da lide.

JURISPRUDÊNCIA

- Súmula 343 do STF: Não cabe ação rescisória por ofensa a literal disposição de Lei, quando a decisão rescindenda se tiver baseado em texto legal de interpretação controvertida nos tribunais.
- Súmula 514 do STF: Admite-se ação rescisória contra sentença transitada em julgado, ainda que contra ela não se tenha esgotado todos os recursos.
- Enunciado 33 do Fórum Permanente de Processualistas Civis: Não cabe ação rescisória nos casos estabilização da tutela antecipada de urgência.
- Enunciado 137 do Fórum Permanente de Processualistas Civis: Contra sentença transitada em julgado que resolve partilha, ainda que homologatória, cabe ação rescisória.
- Enunciado 203 do Fórum Permanente de Processualistas Civis: Não se admite ação rescisória de sentença arbitral.
- A jurisprudência deste Superior Tribunal de Justiça tem entendido ser desnecessária a inclusão dos causídicos no polo passivo de demandas rescisórias, quando os próprios honorários de sucumbência não são o objeto do pedido rescindendo, pois os advogados não teriam vínculo jurídico com o objeto litigioso, mas apenas interesse reflexo na manutenção do julgado (STJ, AgInt no REsp 1645421/SC, Ministro Og Fernandes, T2 – Segunda Turma, *DJe* 29/10/2019).
- A jurisprudência do STJ possui o entendimento de que a Ação Rescisória não é o meio adequado para a correção de suposta injustiça da Sentença, apreciação de má interpretação dos fatos ou de reexame de provas produzidas, tampouco para complementá-la. Para justificar a procedência da demanda rescisória, a violação à lei deve ser de tal modo evidente que afronte o dispositivo legal em sua literalidade (STJ, REsp 1.702.281/RS, Ministro Herman Benjamin, T2 – Segunda Turma, *DJe* 19/12/2017).
- A ação rescisória não é instrumento para, a partir da reinterpretação de provas, proceder a novo julgamento da causa (STJ, REsp 1.435.392/RJ, Ministro Lázaro Guimarães, T4 – Quarta Turma, *DJe* 05/12/2017).
- Consoante orientação jurisprudencial do STJ "a violação a literal dispositivo de lei autoriza o manejo da ação rescisória apenas se do conteúdo do julgado que se pretende rescindir extrai-se ofensa direta a disposição literal de lei, dispensando-se o reexame de fatos da causa. Precedentes" (STJ, AgInt no AREsp 610.134/SP, Ministro Marco Buzzi, T4 – Quarta Turma, *DJe* 29/03/2017).

> **Art. 967.** Têm legitimidade para propor a ação rescisória:
> I – quem foi parte no processo ou o seu sucessor a título universal ou singular;
> II – o terceiro juridicamente interessado;
> III – o Ministério Público:
> a) se não foi ouvido no processo em que lhe era obrigatória a intervenção;
> b) quando a decisão rescindenda é o efeito de simulação ou de colusão das partes, a fim de fraudar a lei;
> c) em outros casos em que se imponha sua atuação;
> IV – aquele que não foi ouvido no processo em que lhe era obrigatória a intervenção.
> Parágrafo único. Nas hipóteses do art. 178, o Ministério Público será intimado para intervir como fiscal da ordem jurídica quando não for parte.

REFERÊNCIAS LEGISLATIVAS

- Arts. 119 a 138, 178, CPC.

ANOTAÇÕES

- **Terceiro juridicamente interessado**: o "interesse jurídico" referido se mostra na perspectiva de sofrer, neste caso de ter sofrido, efeitos reflexos da decisão desfavorável proferida no processo original, por exemplo: sublocatário, em ação de despejo movida em face do sublocador; sublocatário, em ação renovatória de locação movida em face do sublocador; funcionário público, em ação de indenização proposta em face da Administração Pública por dano causado por ele; de seguradora, em ação de indenização promovida contra o segurado etc.

> **Art. 968.** A petição inicial será elaborada com observância dos requisitos essenciais do art. 319, devendo o autor:
> I – cumular ao pedido de rescisão, se for o caso, o de novo julgamento do processo;
> II – depositar a importância de cinco por cento sobre o valor da causa, que se converterá em multa caso a ação seja, por unanimidade de votos, declarada inadmissível ou improcedente.
> § 1º Não se aplica o disposto no inciso II à União, aos Estados, ao Distrito Federal, aos Municípios, às suas respectivas autarquias e fundações de direito público, ao Ministério Público, à Defensoria Pública e aos que tenham obtido o benefício de gratuidade da justiça.
> § 2º O depósito previsto no inciso II do *caput* deste artigo não será superior a 1.000 (mil) salários mínimos.
> § 3º Além dos casos previstos no art. 330, a petição inicial será indeferida quando não efetuado o depósito exigido pelo inciso II do *caput* deste artigo.
> § 4º Aplica-se à ação rescisória o disposto no art. 332.
> § 5º Reconhecida a incompetência do tribunal para julgar a ação rescisória, o autor será intimado para emendar a petição inicial, a fim de adequar o objeto da ação rescisória, quando a decisão apontada como rescindenda:
> I – não tiver apreciado o mérito e não se enquadrar na situação prevista no § 2º do art. 966;
> II – tiver sido substituída por decisão posterior.
> § 6º Na hipótese do § 5º, após a emenda da petição inicial, será permitido ao réu complementar os fundamentos de defesa, e, em seguida, os autos serão remetidos ao tribunal competente.

REFERÊNCIAS LEGISLATIVAS

- Arts. 102, I, "j", 105, I, "e", 108, I, "b", 125, § 1º, CF; arts. 319, 321, 330, 332, 966, § 2º, 974, CPC; art. 8º, Lei nº 8.620/1993.

DICAS DE PRÁTICA JURÍDICA

- **Estrutura da petição inicial**: basicamente a petição inicial tem a seguinte estrutura: endereçamento, qualificação, narração dos fatos, pedidos, indicação das provas e, por fim, o valor da causa. No caso específico da "ação rescisória", não se esqueça de que deve cumular o pedido de rescisão com pedido de novo julgamento da causa originária, assim como recolher a multa prevista no inciso II, lembrando que para a fixação do valor da causa se deve usar o mesmo critério usado na ação originária.

JURISPRUDÊNCIA

- Súmula 249 do STF: É competente o Supremo Tribunal Federal para a ação rescisória, quando, embora não tendo conhecido do recurso extraordinário, ou havendo negado provimento ao agravo, tiver apreciado a questão federal controvertida.
- Súmula 515 do STF: A competência para a ação rescisória não é do Supremo Tribunal Federal, quando a questão federal, apreciada no recurso extraordinário ou no agravo de instrumento, seja diversa da que foi suscitada no pedido rescisório.
- Súmula 175 do STJ: Descabe o depósito prévio nas ações rescisórias propostas pelo INSS.
- O valor da causa em ação rescisória deve corresponder, em princípio, ao da ação originária, corrigido monetariamente. Havendo, porém, discrepância entre o valor da causa originária e o proveito econômico buscado na ação rescisória, deve prevalecer esse último (STJ, AgRg no REsp 1.424.425/GO, Ministro Moura Ribeiro, T3 – Terceira Turma, *DJe* 14/08/2017).

Art. 969. A propositura da ação rescisória não impede o cumprimento da decisão rescindenda, ressalvada a concessão de tutela provisória.

REFERÊNCIAS LEGISLATIVAS

- Art. 5º, XXXVI, CF; arts 294 a 299, 300, CPC.

JURISPRUDÊNCIA

- A antecipação da tutela em Ação Rescisória é medida excepcionalíssima, por força da necessidade de preservação da coisa julgada, garantia processual de natureza constitucional (art. 5º, XXXVI, da CF), e, em última análise, do princípio da segurança jurídica (STJ, AgRg na AR 5.549/DF, Ministro Herman Benjamin, S1 – Primeira Seção, *DJe* 05/10/2016).

Art. 970. O relator ordenará a citação do réu, designando-lhe prazo nunca inferior a 15 (quinze) dias nem superior a 30 (trinta) dias para, querendo, apresentar resposta, ao fim do qual, com ou sem contestação, observar-se-á, no que couber, o procedimento comum.

REFERÊNCIAS LEGISLATIVAS

- Arts. 219, 238 a 268, 318 a 512, CPC.

Art. 971. Na ação rescisória, devolvidos os autos pelo relator, a secretaria do tribunal expedirá cópias do relatório e as distribuirá entre os juízes que compuserem o órgão competente para o julgamento.

Parágrafo único. A escolha de relator recairá, sempre que possível, em juiz que não haja participado do julgamento rescindendo.

REFERÊNCIAS LEGISLATIVAS

- Art. 932, CPC.

Art. 972. Se os fatos alegados pelas partes dependerem de prova, o relator poderá delegar a competência ao órgão que proferiu a decisão rescindenda, fixando prazo de 1 (um) a 3 (três) meses para a devolução dos autos.

REFERÊNCIAS LEGISLATIVAS

- Art. 132, § 3º, CC.

Art. 973. Concluída a instrução, será aberta vista ao autor e ao réu para razões finais, sucessivamente, pelo prazo de 10 (dez) dias.

Parágrafo único. Em seguida, os autos serão conclusos ao relator, procedendo-se ao julgamento pelo órgão competente.

REFERÊNCIAS LEGISLATIVAS

- Arts. 178, I, 179, I, 219, CPC.

JURISPRUDÊNCIA

- Súmula 252 do STF: Na ação rescisória, não estão impedidos juízes que participaram do julgamento rescindendo.

Art. 974. Julgando procedente o pedido, o tribunal rescindirá a decisão, proferirá, se for o caso, novo julgamento e determinará a restituição do depósito a que se refere o inciso II do art. 968.

Parágrafo único. Considerando, por unanimidade, inadmissível ou improcedente o pedido, o tribunal determinará a reversão, em favor do réu, da importância do depósito, sem prejuízo do disposto no § 2º do art. 82.

REFERÊNCIAS LEGISLATIVAS

- Arts. 82, § 2º, 968, II, CPC.

Art. 975. O direito à rescisão se extingue em 2 (dois) anos contados do trânsito em julgado da última decisão proferida no processo.

§ 1º Prorroga-se até o primeiro dia útil imediatamente subsequente o prazo a que se refere o *caput*, quando expirar durante férias forenses, recesso, feriados ou em dia em que não houver expediente forense.

§ 2º Se fundada a ação no inciso VII do art. 966, o termo inicial do prazo será a data de descoberta da prova nova, observado o prazo máximo de 5 (cinco) anos, contado do trânsito em julgado da última decisão proferida no processo.

§ 3º Nas hipóteses de simulação ou de colusão das partes, o prazo começa a contar, para o terceiro prejudicado e para o Ministério Público, que não interveio no processo, a partir do momento em que têm ciência da simulação ou da colusão.

REFERÊNCIAS LEGISLATIVAS

- Art. 966, VII, CPC; arts. 132, § 3º, 207 a 211, CC.

ANOTAÇÕES

- ***Prazo decadencial***: decadência é a perda do direito pela falta de seu exercício dentro do prazo prefixado. O prazo decadencial, ao contrário do que ocorre com o prazo prescricional, corre inexoravelmente contra quem quer que seja, não se suspendendo, nem se interrompendo. Ademais, enquanto na prescrição o que perece é a ação que guarnece o direito, na decadência é o próprio direito que se perde.
- ***Coisa soberanamente julgada***: caracteriza-se quando se esgota o prazo para a interposição da ação rescisória.

JURISPRUDÊNCIA

- Súmula 401 do STJ: O prazo decadencial da ação rescisória só se inicia quando não for cabível qualquer recurso do último pronunciamento judicial.

CAPÍTULO VIII
DO INCIDENTE DE RESOLUÇÃO DE DEMANDAS REPETITIVAS

Art. 976. É cabível a instauração do incidente de resolução de demandas repetitivas quando houver, simultaneamente:

I – efetiva repetição de processos que contenham controvérsia sobre a mesma questão unicamente de direito;

II – risco de ofensa à isonomia e à segurança jurídica.

§ 1º A desistência ou o abandono do processo não impede o exame de mérito do incidente.

§ 2º Se não for o requerente, o Ministério Público intervirá obrigatoriamente no incidente e deverá assumir sua titularidade em caso de desistência ou de abandono.

§ 3º A inadmissão do incidente de resolução de demandas repetitivas por ausência de qualquer de seus pressupostos de admissibilidade não impede que, uma vez satisfeito o requisito, seja o incidente novamente suscitado.

§ 4º É incabível o incidente de resolução de demandas repetitivas quando um dos tribunais superiores, no âmbito de sua respectiva competência, já tiver afetado recurso para definição de tese sobre questão de direito material ou processual repetitiva.

§ 5º Não serão exigidas custas processuais no incidente de resolução de demandas repetitivas.

REFERÊNCIAS LEGISLATIVAS

- Arts. 178, 928, I e parágrafo único, CPC.

ANOTAÇÕES

- ***Demandas repetitivas***: caracterizam-se pela repetição de processos com a mesma questão de direito (material ou processual). Dependendo do número de pessoas atingidas, o ajuizamento individual de processos apresenta potencial para sobrecarregar o sistema de justiça, fato que levou o legislador do novo CPC a prever o "incidente de resolução de demandas repetitivas". Por meio deste incidente, procura-se alcançar tese jurídica que seja aplicada imediatamente a todos os processos individuais, representando grande economia de tempo e despesas.
- ***Requisitos para a instauração do incidente***: a norma informa que o incidente tem como pressuposto a ocorrência "efetiva" de repetição de processos, ou seja, não basta um simples receio de que a demanda vai se repetir; é necessária a ocorrência efetiva do ajuizamento de grande demanda de processos; a norma não indica uma quantidade precisa, mas a fim de atender a sua natureza e importância, devem ser, a meu ver, ao menos algumas centenas com potencial para se tornarem milhares. Em seguida a norma fala que a matéria deve apresentar "risco de ofensa à isonomia e à segurança jurídica", nos parece que este risco é até mesmo presumido quando se está lidando com processos que se repetem em grande quantidade.

JURISPRUDÊNCIA

- Enunciado 87 do Fórum Permanente de Processualistas Civis: A instauração do incidente de resolução de demandas repetitivas não pressupõe a existência de grande quantidade de processos versando sobre a mesma questão, mas preponderantemente o risco de quebra da isonomia e de ofensa à segurança jurídica.
- Enunciado 88 do Fórum Permanente de Processualistas Civis: Não existe limitação de matérias de direito passíveis de gerar a instauração do incidente de resolução de demandas repetitivas e, por isso, não é admissível qualquer interpretação que, por tal fundamento, restrinja seu cabimento.
- Enunciado 89 do Fórum Permanente de Processualistas Civis: Havendo apresentação de mais de um pedido de instauração do incidente de resolução de demandas repetitivas perante o mesmo tribunal todos deverão ser apensados e processados conjuntamente; os que forem oferecidos posteriormente à decisão de admissão serão apensados e sobrestados, cabendo ao órgão julgador considerar as razões neles apresentadas.

Art. 977. O pedido de instauração do incidente será dirigido ao presidente de tribunal:

I – pelo juiz ou relator, por ofício;

II – pelas partes, por petição;

III – pelo Ministério Público ou pela Defensoria Pública, por petição.

Parágrafo único. O ofício ou a petição será instruído com os documentos necessários à demonstração do preenchimento dos pressupostos para a instauração do incidente.

REFERÊNCIAS LEGISLATIVAS

- Arts. 127 e 134, CF.

DICAS DE PRÁTICA JURÍDICA

- ***Petição requerendo a instauração do incidente***: não há requisitos especiais para a petição que requer a instauração do incidente, salvo, é claro, a ordem no sentido de que seja dirigida ao presidente do tribunal competente e o fato de ela necessariamente se fazer acompanhar dos documentos necessários (*v.g.*, certidão do distribuidor quanto à existência de ações sobre o mesmo tema, cópia de petições iniciais e/ou contestações, indicação do número dos processos quando se tratar de autos eletrônicos). Entendo que a estrutura da petição deve ser semelhante à do recurso de agravo de instrumento, ou seja, uma petição de interposição (endereçamento, qualificação, pedido de instauração do incidente), acompanhada das "razões" (identificação das partes e do processo originário, quando o caso, resumo dos fatos, descrição da questão de direito, razões, pedido de julgamento num ou noutro sentido).

Art. 978. O julgamento do incidente caberá ao órgão indicado pelo regimento interno dentre aqueles responsáveis pela uniformização de jurisprudência do tribunal.

Parágrafo único. O órgão colegiado incumbido de julgar o incidente e de fixar a tese jurídica julgará igualmente o recurso, a remessa necessária ou o processo de competência originária de onde se originou o incidente.

REFERÊNCIAS LEGISLATIVAS

- Arts. 984, 979, CPC.

Art. 979. A instauração e o julgamento do incidente serão sucedidos da mais ampla e específica divulgação e publicidade, por meio de registro eletrônico no Conselho Nacional de Justiça.

§ 1º Os tribunais manterão banco eletrônico de dados atualizados com informações específicas sobre questões de direito submetidas ao incidente, comunicando-o imediatamente ao Conselho Nacional de Justiça para inclusão no cadastro.

§ 2º Para possibilitar a identificação dos processos abrangidos pela decisão do incidente, o registro eletrônico das teses jurídicas constantes do cadastro conterá, no mínimo, os fundamentos determinantes da decisão e os dispositivos normativos a ela relacionados.

§ 3º Aplica-se o disposto neste artigo ao julgamento de recursos repetitivos e da repercussão geral em recurso extraordinário.

REFERÊNCIAS LEGISLATIVAS

- Art. 93, IX, CF; arts. 978, 984, CPC.

ANOTAÇÕES

- ***Ampla e específica divulgação e publicidade***: a preocupação do legislador justifica-se, a nosso ver, em razão da importância do tema. De fato, considerando que o incidente de resolução de demandas repetitivas tem como pressuposto a repetição de processos que contenham controvérsia sobre a mesma questão de direito, assim como o risco de ofensa à isonomia e à segurança jurídica (art. 976), nada mais natural a preocupação do legislador de insistir que o julgamento deste tipo de incidente seja cercado da mais "ampla e específica divulgação e publicidade".

Art. 980. O incidente será julgado no prazo de 1 (um) ano e terá preferência sobre os demais feitos, ressalvados os que envolvam réu preso e os pedidos de *habeas corpus*.

Parágrafo único. Superado o prazo previsto no *caput*, cessa a suspensão dos processos prevista no art. 982, salvo decisão fundamentada do relator em sentido contrário.

REFERÊNCIAS LEGISLATIVAS

- Art. 982, CPC; art. 132, § 3º, CC.

Art. 981. Após a distribuição, o órgão colegiado competente para julgar o incidente procederá ao seu juízo de admissibilidade, considerando a presença dos pressupostos do art. 976.

REFERÊNCIAS LEGISLATIVAS

- Arts. 976, 977, CPC.

JURISPRUDÊNCIA

- Enunciado 91 do Fórum Permanente de Processualistas Civis: Cabe ao órgão colegiado realizar o juízo de admissibilidade do incidente de resolução de demandas repetitivas, sendo vedada a decisão monocrática.

Art. 982. Admitido o incidente, o relator:

I – suspenderá os processos pendentes, individuais ou coletivos, que tramitam no Estado ou na região, conforme o caso;

II – poderá requisitar informações a órgãos em cujo juízo tramita processo no qual se discute o objeto do incidente, que as prestarão no prazo de 15 (quinze) dias;

III – intimará o Ministério Público para, querendo, manifestar-se no prazo de 15 (quinze) dias.

§ 1º A suspensão será comunicada aos órgãos jurisdicionais competentes.

§ 2º Durante a suspensão, o pedido de tutela de urgência deverá ser dirigido ao juízo onde tramita o processo suspenso.

§ 3º Visando à garantia da segurança jurídica, qualquer legitimado mencionado no art. 977, incisos II e III, poderá requerer, ao tribunal competente para conhecer do recurso extraordinário ou especial, a suspensão de todos os processos individuais ou coletivos em curso no território nacional que versem sobre a questão objeto do incidente já instaurado.

§ 4º Independentemente dos limites da competência territorial, a parte no processo em curso no qual se discuta a mesma questão objeto do incidente é legitimada para requerer a providência prevista no § 3º deste artigo.

§ 5º Cessa a suspensão a que se refere o inciso I do *caput* deste artigo se não for interposto recurso especial ou recurso extraordinário contra a decisão proferida no incidente.

REFERÊNCIAS LEGISLATIVAS

- Arts. 178, 219, 976, § 2º, 977, II, III, CPC.

JURISPRUDÊNCIA

- Enunciado 93 do Fórum Permanente de Processualistas Civis: Admitido o incidente de resolução de demandas repetitivas, também devem ficar suspensos os processos que versem sobre a mesma questão objeto do incidente e que tramitem perante os juizados especiais no mesmo estado ou região.
- Enunciado 94 do Fórum Permanente de Processualistas Civis: A parte que tiver o seu processo suspenso nos termos do inciso I do art. 982 poderá interpor recurso especial ou extraordinário contra o acórdão que julgar o incidente de resolução de demandas repetitivas.
- Enunciado 95 do Fórum Permanente de Processualistas Civis: A suspensão de processos na forma deste dispositivo depende apenas da demonstração da existência de múltiplos processos versando sobre a mesma questão de direito em tramitação em mais de um estado ou região.

Art. 983. O relator ouvirá as partes e os demais interessados, inclusive pessoas, órgãos e entidades com interesse na controvérsia, que, no prazo comum de 15 (quinze) dias, poderão requerer a juntada de documentos, bem como as diligências necessárias para a elucidação da questão de direito controvertida, e, em seguida, manifestar-se-á o Ministério Público, no mesmo prazo.

§ 1º Para instruir o incidente, o relator poderá designar data para, em audiência pública, ouvir depoimentos de pessoas com experiência e conhecimento na matéria.

§ 2º Concluídas as diligências, o relator solicitará dia para o julgamento do incidente.

REFERÊNCIAS LEGISLATIVAS

- Arts. 178, 219, CPC.

Art. 984. No julgamento do incidente, observar-se-á a seguinte ordem:

I – o relator fará a exposição do objeto do incidente;

II – poderão sustentar suas razões, sucessivamente:

a) o autor e o réu do processo originário e o Ministério Público, pelo prazo de 30 (trinta) minutos;

b) os demais interessados, no prazo de 30 (trinta) minutos, divididos entre todos, sendo exigida inscrição com 2 (dois) dias de antecedência.

§ 1º Considerando o número de inscritos, o prazo poderá ser ampliado.

§ 2º O conteúdo do acórdão abrangerá a análise de todos os fundamentos suscitados concernentes à tese jurídica discutida, sejam favoráveis ou contrários.

REFERÊNCIAS LEGISLATIVAS

- Arts. 219, 976, 979, CPC.

Art. 985. Julgado o incidente, a tese jurídica será aplicada:

I – a todos os processos individuais ou coletivos que versem sobre idêntica questão de direito e que tramitem na área de jurisdição do respectivo tribunal, inclusive àqueles que tramitem nos juizados especiais do respectivo Estado ou região;

II – aos casos futuros que versem idêntica questão de direito e que venham a tramitar no território de competência do tribunal, salvo revisão na forma do art. 986.

§ 1º Não observada a tese adotada no incidente, caberá reclamação.

§ 2º Se o incidente tiver por objeto questão relativa a prestação de serviço concedido, permitido ou autorizado, o resultado do julgamento será comunicado ao órgão, ao ente ou à agência reguladora competente para fiscalização da efetiva aplicação, por parte dos entes sujeitos a regulação, da tese adotada.

REFERÊNCIAS LEGISLATIVAS

- Arts. 986, 988 a 993, CPC.

JURISPRUDÊNCIA

- Compete ao Superior Tribunal de Justiça processar e julgar, originariamente, a Reclamação para a preservação de sua competência e garantia da autoridade de suas decisões, bem como para garantir a observância de acórdão proferido em julgamento de incidente de resolução de demandas repetitivas ou de incidente de assunção de competência, conforme disposto nos arts. 105, "f", da Constituição Federal, e 988 do Código de Processo Civil de 2015, sendo, pois, instrumento processual de caráter específico e de aplicação restrita (STJ, AgInt na Rcl 34.769/RJ, Ministra Maria Isabel Gallotti, S2 – Segunda Seção, *DJe* 18/12/2017).

- Prevê o art. 985 do CPC/2015 que, após a conclusão do julgamento do IRDR, o Tribunal local adotará a tese jurídica firmada, ocasião em que será possível avaliar o cabimento de eventual recurso (STJ, RMS 54.439/AP, Ministro Herman Benjamin, T2 – Segunda Turma, *DJe* 16/10/2017).
- De acordo com o art. 988, IV, do CPC/2015, cabe reclamação para garantir a observância de decisão proferida em incidente de resolução de demandas repetitivas (IRDR) e em assunção de competência (IAC) (STJ, AgInt na Rcl 31.565/DF, Ministro Antonio Carlos Ferreira, S2 – Segunda Seção, *DJe* 16/03/2017).

Art. 986. A revisão da tese jurídica firmada no incidente far-se-á pelo mesmo tribunal, de ofício ou mediante requerimento dos legitimados mencionados no art. 977, inciso III.

REFERÊNCIAS LEGISLATIVAS

- Art. 977, III, CPC.

Art. 987. Do julgamento do mérito do incidente caberá recurso extraordinário ou especial, conforme o caso.

§ 1º O recurso tem efeito suspensivo, presumindo-se a repercussão geral de questão constitucional eventualmente discutida.

§ 2º Apreciado o mérito do recurso, a tese jurídica adotada pelo Supremo Tribunal Federal ou pelo Superior Tribunal de Justiça será aplicada no território nacional a todos os processos individuais ou coletivos que versem sobre idêntica questão de direito.

REFERÊNCIAS LEGISLATIVAS

- Arts. 102 e 105, CF; arts. 982, 1.029, CPC.

JURISPRUDÊNCIA

- Enunciado 94 do Fórum Permanente de Processualistas Civis: A parte que tiver o seu processo suspenso nos termos do inciso I do art. 982 poderá interpor recurso especial ou extraordinário contra o acórdão que julgar o incidente de resolução de demandas repetitivas.

CAPÍTULO IX
DA RECLAMAÇÃO

Art. 988. Caberá reclamação da parte interessada ou do Ministério Público para:

I – preservar a competência do tribunal;

II – garantir a autoridade das decisões do tribunal;

III – garantir a observância de enunciado de súmula vinculante e de decisão do Supremo Tribunal Federal em controle concentrado de constitucionalidade; (Inciso com redação dada pela Lei nº 13.256, de 4 de fevereiro de 2016, em vigor no início da vigência da Lei nº 13.105, de 16 de março de 2015)

IV – garantir a observância de acórdão proferido em julgamento de incidente de resolução de demandas repetitivas ou de incidente de assunção de competência; (Inciso com redação dada pela Lei nº 13.256, de 4 de fevereiro de 2016, em vigor no início da vigência da Lei nº 13.105, de 16 de março de 2015)

§ 1º A reclamação pode ser proposta perante qualquer tribunal, e seu julgamento compete ao órgão jurisdicional cuja competência se busca preservar ou cuja autoridade se pretenda garantir.

§ 2º A reclamação deverá ser instruída com prova documental e dirigida ao presidente do tribunal.

§ 3º Assim que recebida, a reclamação será autuada e distribuída ao relator do processo principal, sempre que possível.

§ 4º As hipóteses dos incisos III e IV compreendem a aplicação indevida da tese jurídica e sua não aplicação aos casos que a ela correspondam.

§ 5º É inadmissível a reclamação: (*Caput* do parágrafo com redação dada pela Lei nº 13.256, de 4 de fevereiro de 2016, em vigor no início da vigência da Lei nº 13.105, de 16 de março de 2015)

I – proposta após o trânsito em julgado da decisão reclamada; (Inciso acrescido pela Lei nº 13.256, de 4 de fevereiro de 2016, em vigor no início da vigência da Lei nº 13.105, de 16 de março de 2015)

II – proposta para garantir a observância de acórdão de recurso extraordinário com repercussão geral reconhecida ou de acórdão proferido em julgamento de recursos extraordinário ou especial repetitivos, quando não esgotadas as instâncias ordinárias. (Inciso acrescido pela Lei nº 13.256, de 4 de fevereiro de 2016, em vigor no início da vigência da Lei nº 13.105, de 16 de março de 2015)

§ 6º A inadmissibilidade ou o julgamento do recurso interposto contra a decisão proferida pelo órgão reclamado não prejudica a reclamação.

REFERÊNCIAS LEGISLATIVAS

- Arts. 102, "l", 103-A, § 3º, 105, I, "f", CF.

ANOTAÇÕES

- *Reclamação*: medida colocada à disposição do interessado a fim de garantir o cumprimento das decisões do tribunal, preservando a sua competência nos limites da lei.
- *Natureza jurídica*: doutrina e jurisprudência têm qualificado a "reclamação" como "ação", sujeita, portanto, aos requisitos do art. 319. Ressalte-se que o procedimento não aceita dilação probatória, daí o interessado dever instruir a sua petição inicial com a prova documental necessária (§ 2º).

DICAS DE PRÁTICA JURÍDICA

- *Estrutura da petição inicial*: deve ser endereçada ao presidente do tribunal (§ 2º), tendo como réu a parte beneficiária da decisão impugnada (art. 989, III). No mais, a petição inicial tem a seguinte estrutura geral: endereçamento, qualificação, narração dos fatos, pedidos, provas e, por fim, o valor da causa. O interessado deve ainda recolher as custas; para tanto, deve verificar as normas internas do competente tribunal.

JURISPRUDÊNCIA

- Súmula 734 do STF: Não cabe reclamação quando já houver transitado em julgado o ato judicial que se alega tenha desrespeitado decisão do Supremo Tribunal Federal.
- Enunciado 661 do Fórum Permanente de Processualistas Civis: É cabível a fixação de honorários advocatícios na reclamação, atendidos os critérios legais.
- A reclamação constitucional, prevista no art. 105, I, *f*, da Constituição Federal, bem como no art. 988 do Código Fux, constitui ação destinada a preservar a competência do Superior Tribunal de Justiça ou a garantir a autoridade de suas decisões (STJ, AgInt na Rcl 36200/MG, Ministro Napoleão Nunes Maia Filho, S1 – Primeira Seção, *DJe* 08/09/2020).
- Ademais, o que se verifica é que o autor se volta contra decisão exarada por Vara do Juizado Especial Federal. Ocorre que o entendimento jurisprudencial do STJ afirma o não cabimento de reclamação contra decisões proferidas em demandas que tramitam no Juizado Especial da Fazenda Pública (Lei 10.253/2009) ou nos Juizados Especiais Federais (Lei 10.259/2001) (STJ, AgInt nos EDcl na Rcl 37271/SC, Ministro Napoleão Nunes Maia Filho, S1 – Primeira Seção, *DJe* 18/03/2020).
- Fundada no art. 988, II, do Código de Processo Civil de 2015, a reclamação não se destina a dirimir divergência jurisprudencial entre o acórdão reclamado e precedentes do STJ. Sua função é garantir a autoridade da decisão proferida pelo STJ, em um caso concreto, que tenha sido desrespeitada na instância de origem, em processo que envolva as mesmas partes, que não é o caso dos autos (STJ, AgInt na Rcl 38236/SP, Ministro Francisco Falcão, S1 – Primeira Seção, *DJe* 28/10/2019).
- Para cabimento da reclamação prevista no art. 988, § 5º, II, do CPC/2015, exige-se o prévio esgotamento de instância, não sendo cabível, pois, seu ajuizamento como sucedâneo de recurso (STJ, AgInt na Rcl 34.769/RJ, Ministra Maria Isabel Gallotti, S2 – Segunda Seção, *DJe* 18/12/2017).
- Não demonstrada devidamente a usurpação de competência, incabível a reclamação fundada tão somente no inciso I do art. 988 do Código de Processo Civil de 2015 (STJ, AgInt na Rcl 33.767/PE, Ministro Ricardo Villas Bôas Cueva, S2 – Segunda Seção, *DJe* 29/09/2017).

> **Art. 989.** Ao despachar a reclamação, o relator:
> I – requisitará informações da autoridade a quem for imputada a prática do ato impugnado, que as prestará no prazo de 10 (dez) dias;
> II – se necessário, ordenará a suspensão do processo ou do ato impugnado para evitar dano irreparável;
> III – determinará a citação do beneficiário da decisão impugnada, que terá prazo de 15 (quinze) dias para apresentar a sua contestação.

REFERÊNCIAS LEGISLATIVAS

- Arts. 219, 321, 330, 332, 335, CPC.

ANOTAÇÕES

- ***Contestação***: é para o réu o que a petição inicial é para o autor, ou seja, é o ato processual, escrito ou oral, por meio do qual o réu demanda a tutela jurisdicional do Estado-juiz a fim de defender-se da pretensão do autor. É na contestação, salvo as exceções expressas, que o réu deve concentrar sua defesa à pretensão do autor, ocorrendo a preclusão das alegações não oferecidas. As matérias a serem tratadas na contestação são divididas em dois grupos: no primeiro está a defesa contra o processo, na chamada *defesa processual ou de rito*, que engloba as preliminares (art. 337, CPC); no segundo grupo se concentra a chamada *defesa contra o mérito*, em que o réu deve impugnar os fatos apresentados pelo autor para justificar seu pedido (*causa petendi*), podendo, eventualmente, requerer proteção judiciária (ações de natureza dúplice) e/ou apresentar reconvenção.

- **Contagem do prazo para contestar**: o prazo referido no inciso terceiro desta norma é de natureza "processual", devendo a sua contagem considerar, nos termos do art. 219, apenas os dias úteis.

DICAS DE PRÁTICA JURÍDICA

- *Forma*: a contestação deve ser ofertada em petição escrita, subscrita por advogado e endereçada ao juiz da causa. A contestação está estruturada da seguinte forma: endereçamento, qualificação, resumo dos fatos, preliminares, mérito, reconvenção (quando for o caso), pedidos e indicação das provas.

JURISPRUDÊNCIA

- Por força do art. 6º da Resolução nº 12/2009 – STJ, são irrecorríveis as decisões proferidas pelo relator na reclamação destinada a dirimir divergência entre acórdão prolatado por turma recursal estadual e jurisprudência do Superior Tribunal de Justiça (STJ, AgInt nos EDcl na Rcl 22.913/DF, Ministro Lázaro Guimarães, S2 – Segunda Seção, *DJe* 30/10/2017).

Art. 990. Qualquer interessado poderá impugnar o pedido do reclamante.

REFERÊNCIAS LEGISLATIVAS

- Arts. 988, 989, CPC.

ANOTAÇÕES

- *Qualquer interessado*: o interesse aqui é jurídico, ou seja, pode impugnar aquele que será atingido por eventual decisão proferida, ou a ser proferida, na reclamação.

Art. 991. Na reclamação que não houver formulado, o Ministério Público terá vista do processo por 5 (cinco) dias, após o decurso do prazo para informações e para o oferecimento da contestação pelo beneficiário do ato impugnado.

REFERÊNCIAS LEGISLATIVAS

- Arts. 178, 219, 335, 989, CPC.

> **Art. 992.** Julgando procedente a reclamação, o tribunal cassará a decisão exorbitante de seu julgado ou determinará medida adequada à solução da controvérsia.

⚖ REFERÊNCIAS LEGISLATIVAS

- Art. 988, CPC.

📚 ANOTAÇÕES

- ***Julgamento da reclamação***: procedente a reclamação, o tribunal cassa a decisão exorbitante ou determina outra medida que seja adequada à solução da controvérsia, restabelecendo assim a sua autoridade e competência.

⚖ JURISPRUDÊNCIA

- Súmula 568 do STJ: O relator, monocraticamente e no Superior Tribunal de Justiça, poderá dar ou negar provimento ao recurso quando houver entendimento dominante acerca do tema.

> **Art. 993.** O presidente do tribunal determinará o imediato cumprimento da decisão, lavrando-se o acórdão posteriormente.

⚖ REFERÊNCIAS LEGISLATIVAS

- Arts. 943, 944, CPC.

📚 ANOTAÇÕES

- ***Cumprimento da decisão***: inegável que a procedência da reclamação faz nascer uma "urgência" no restabelecimento da autoridade e competência do tribunal, razão pela qual a presente norma prevê que o presidente do tribunal deve determinar o seu cumprimento de imediato, antes mesmo da sua formal publicação.

TÍTULO II
DOS RECURSOS

CAPÍTULO I
DISPOSIÇÕES GERAIS

> **Art. 994.** São cabíveis os seguintes recursos:
> I – apelação;
> II – agravo de instrumento;
> III – agravo interno;
> IV – embargos de declaração;

V – recurso ordinário;
VII – recurso especial;
VII – recurso extraordinário;
VIII – agravo em recurso especial ou extraordinário;
IX – embargos de divergência.

REFERÊNCIAS LEGISLATIVAS

- Arts. 496, I, § 1º, 1.029, CPC.

ANOTAÇÕES

- *Recurso*: o direito, a faculdade, que a parte vencida, no todo ou em parte, tem de provocar o reexame da decisão judicial, com escopo de sua reforma ou modificação por órgão hierarquicamente superior.
- *Princípio da unicidade*: também conhecido como princípio da singularidade ou princípio da unirrecorribilidade, representa a proibição da interposição simultânea de mais de um recurso contra a mesma decisão; exceção a essa regra é a possibilidade da interposição simultânea do recurso extraordinário e especial, que, no entanto, devem ser interpostos em petições distintas; admitidos ambos os recursos, primeiro será processado o recurso especial.

JURISPRUDÊNCIA

- Súmula 267 do STF: Não cabe mandado de segurança contra ato judicial passível de recurso ou correição.
- No sistema recursal brasileiro, vigora o cânone da unirrecorribilidade recursal, segundo o qual não é admissível o manejo de mais de um recurso, pela mesma parte, contra a mesma decisão. Precedentes (STJ, AgInt no AREsp 1205873/PA, Ministro Marco Buzzi, T4 – Quarta Turma, *DJe* 01/10/2020).
- Nos termos do art. 1.030, § 2º, do CPC/2015, é cabível o agravo interno contra a decisão que nega seguimento ao recurso especial interposto contra acórdão que esteja em conformidade com entendimento do STJ ou do STF exarado sob o regime de julgamento de recursos repetitivos. Havendo previsão legal expressa, a interposição de agravo em recurso especial nesse caso configura erro grosseiro, o que torna inviável a aplicação do princípio da fungibilidade recursal (STJ, AgInt no AREsp 1572334/PR, Ministro Gurgel de Faria, T1 – Primeira Turma, *DJe* 16/09/2020).
- Na hipótese, no tocante à alegação de erro material, a parte recorrente deveria ter oposto embargos declaratórios para sanar possível vício na fundamentação da decisão, e não suscitá-lo no agravo interno, restando configurado erro grosseiro a afastar a aplicação do princípio da fungibilidade (STJ, AgInt no AREsp 1582698/RS, Ministro Ricardo Villas Bôas Cueva, T3 – Terceira Turma, *DJe* 03/08/2020).
- Em face do princípio da fungibilidade, admite-se o recebimento de pedido de reconsideração como agravo interno (STJ, RCD no AREsp 958012/MG, Ministra Maria Isabel Gallotti, T4 – Quarta Turma, *DJe* 30/06/2020).
- É pacífico neste Superior Tribunal de Justiça que, contra a decisão que não admite os recursos de natureza extraordinária, é cabível o agravo previsto no artigo 1.042 do Código de Processo Civil, e não agravo interno, sendo inaplicável o princípio da fungibilidade. Precedentes (STJ, AgRg no HC 582042/SP, Ministro Jorge Mussi, T5 – Quinta Turma, *DJe* 17/06/2020).

- Contra a decisão que resolve a impugnação ao cumprimento de sentença, sem colocar fim ao procedimento, é cabível o manejo do agravo de instrumento, de modo que a interposição de apelação configura erro grosseiro e impede a aplicação do princípio da fungibilidade (STJ, AgInt no AREsp 1596751/MA, Ministro Napoleão Nunes Maia Filho, T1 – Primeira Turma, DJe 04/06/2020).
- O princípio da fungibilidade não se aplica nas hipóteses em que configurado erro grosseiro na interposição do recurso (STJ, AgInt no AREsp 1549441/MS, Ministro Gurgel de Faria, T1 – Primeira Turma, DJe 12/03/2020).
- São taxativas as espécies de recursos oponíveis contra as decisões judiciais descritas no art. 994 do CPC/2015. Dentre elas não consta o pedido de reconsideração. Contudo, por aplicação do princípio da fungibilidade, admite-se o recebimento de pleitos, como o presente, como se recurso fossem, se cumpridas as finalidades e os prazos recursais. Precedentes (STJ, PET no REsp 1842832/RS, Ministro Og Fernandes, T2 – Segunda Turma, DJe 17/03/2020).
- A jurisprudência desta Corte é firme no sentido de que a existência de previsão legal expressa impede a aplicação do princípio da fungibilidade, pois afasta a dúvida objetiva e impõe o reconhecimento de erro grosseiro pela utilização de meio processual inadequado. Precedentes (STJ, AgInt no AREsp 1351839/SP, Ministro Antonio Carlos Ferreira, T4 – Quarta Turma, DJe 12/11/2019).
- Revela-se defesa a interposição simultânea de dois agravos contra o mesmo ato judicial, ante o princípio da unirrecorribilidade e a ocorrência da preclusão consumativa, o que reclama o não conhecimento da segunda insurgência (STJ, AgInt no AREsp 1.077.120/SP, Ministro Luis Felipe Salomão, T4 – Quarta Turma, DJe 01/12/2017).
- Apresentadas duas petições sucessivas de aclaratórios contra a mesma decisão, resta o segundo deles prejudicado, não podendo sequer ser conhecido, por força dos princípios da preclusão consumativa e da unirrecorribilidade (STJ, EDcl no AgInt no AREsp 989.378/AM, Ministro Sérgio Kukina, T1 – Primeira Turma, DJe 29/11/2017).

Art. 995. Os recursos não impedem a eficácia da decisão, salvo disposição legal ou decisão judicial em sentido diverso.

Parágrafo único. A eficácia da decisão recorrida poderá ser suspensa por decisão do relator, se da imediata produção de seus efeitos houver risco de dano grave, de difícil ou impossível reparação, e ficar demonstrada a probabilidade de provimento do recurso.

REFERÊNCIAS LEGISLATIVAS

- Arts. 502, 1.012, 1.018, § 1º, 1.019, I, 1.023, 1.026, 1.029, § 5º, CPC.

ANOTAÇÕES

- Efeitos: além de a interposição do recurso obstar o trânsito em julgado da decisão impugnada (art. 502, CPC), fato que impede a formação da coisa julgada, o CPC atribui tradicionalmente aos recursos mais dois efeitos, quais sejam: devolutivo e suspensivo. Comum a todos os recursos, o "efeito devolutivo" consiste na transferência para o juízo "superior", *ad quem*, do conhecimento de toda a matéria impugnada e, por óbvio, no limite da impugnação (*tantum devolutum quantum appellatum*). Exceção à regra geral, isto é, transferência da matéria impugnada para o órgão *ad quem*, os embargos de declaração, que interrompem o prazo para interposição de outro recurso, devolvem o conhecimento da matéria para o próprio juízo prolator da decisão impugnada (art. 1.023, CPC). Também o agravo de instrumento permite ao próprio prolator da decisão impugnada um juízo de retratação, que, se positivo, impede o conhecimento da matéria pelo órgão *ad quem* (art. 1.018, § 1º, CPC). O "efeito suspensivo", por sua vez, impede toda a eficácia da decisão, ou seja, mantém a situação decidida, objeto do recurso, no mesmo estado em que se encontra, até nova decisão pelo órgão *ad quem*.

JURISPRUDÊNCIA

- Súmula 634 do STF: Não compete ao Supremo Tribunal Federal conceder medida cautelar para dar efeito suspensivo a recurso extraordinário que ainda não foi objeto de juízo de admissibilidade na origem.
- Súmula 635 do STF: Cabe ao Presidente do Tribunal de origem decidir o pedido de medida cautelar em recurso extraordinário ainda pendente do seu juízo de admissibilidade.
- De acordo com o art. 995, parágrafo único, do Código de Processo Civil de 2015, em caso de recurso que em regra não é dotado de efeito suspensivo, a eficácia da decisão recorrida poderá ser suspensa por decisão do relator, se da imediata produção de seus efeitos houver risco de dano grave ou de difícil ou impossível reparação, e ficar demonstrada a probabilidade de provimento do recurso (STJ, AgInt na TutPrv nos EREsp 1727467/RS, Ministro Francisco Falcão, S1 – Primeira Seção, *DJe* 19/08/2019).

Art. 996. O recurso pode ser interposto pela parte vencida, pelo terceiro prejudicado e pelo Ministério Público, como parte ou como fiscal da ordem jurídica.

Parágrafo único. Cumpre ao terceiro demonstrar a possibilidade de a decisão sobre a relação jurídica submetida à apreciação judicial atingir direito de que se afirme titular ou que possa discutir em juízo como substituto processual.

REFERÊNCIAS LEGISLATIVAS

- Arts. 119 a 132, 138, § 1º, 176 a 181, CPC; art. 5º, Lei nº 9.469/1997.

ANOTAÇÕES

- ***Vencido***: é a parte, autor ou réu, que teve desatendido pelo juiz, total ou parcialmente, seu pedido; em outras palavras, aquele que sofreu a sucumbência, seja total ou parcial. Também pode ser considerado vencido o litisconsorte, o assistente, o denunciado à lide, o chamado ao processo e o opositor.
- ***Terceiro prejudicado***: é a pessoa estranha ao processo que é atingida, ainda que por via reflexa, pela sentença, por exemplo: adquirente de direito material litigioso, fiador, avalista etc.
- ***Sucumbência***: o pressuposto básico de qualquer recurso é a sucumbência, que nada mais é do que a desconformidade entre o que foi pedido e o que foi concedido pelo Estado-juiz.

JURISPRUDÊNCIA

- Súmula 99 do STJ: O Ministério Público tem legitimidade para recorrer no processo em que oficiou como fiscal da lei, ainda que não haja recurso da parte.
- Súmula 202 do STJ: A impetração de segurança por terceiro, contra ato judicial, não se condiciona à interposição de recurso.
- Súmula 226 do STJ: O Ministério Público tem legitimidade para recorrer na ação de acidente do trabalho, ainda que o segurado esteja assistido por advogado.

- Nos termos do art. 138, § 1º, do CPC/2015, a intervenção do *amicus curiae* não autoriza a interposição de recursos, ressalvada a oposição de embargos de declaração, já que é terceiro admitido no processo para que forneça subsídios instrutórios (probatórios ou jurídicos) à melhor solução da controvérsia, não assumindo a condição de parte (STJ, RCD no REsp 1.568.244/RJ, Ministro Ricardo Villas Bôas Cueva, S2 – Segunda Seção, *DJe* 28/08/2017).
- Em que pese a jurisprudência desta Corte reconhecer a legitimidade recursal dos advogados para recorrerem em nome próprio do capítulo da decisão relativo aos honorários advocatícios, não cabe agravo regimental contra decisão de órgão colegiado (STJ, AgRg no REsp 1.247.842/PR, Rel. Ministro Mauro Campbell Marques, T2 – Segunda Turma, *DJ* 10/04/2012).

Art. 997. Cada parte interporá o recurso independentemente, no prazo e com observância das exigências legais.

§ 1º Sendo vencidos autor e réu, ao recurso interposto por qualquer deles poderá aderir o outro.

§ 2º O recurso adesivo fica subordinado ao recurso independente, sendo-lhe aplicáveis as mesmas regras deste quanto aos requisitos de admissibilidade e julgamento no tribunal, salvo disposição legal diversa, observado, ainda, o seguinte:

I – será dirigido ao órgão perante o qual o recurso independente fora interposto, no prazo de que a parte dispõe para responder;

II – será admissível na apelação, no recurso extraordinário e no recurso especial;

III – não será conhecido, se houver desistência do recurso principal ou se for ele considerado inadmissível.

REFERÊNCIAS LEGISLATIVAS

- Art. 994, CPC.

ANOTAÇÕES

- **Natureza jurídica**: o conhecido "recurso adesivo" não é na verdade recurso (art. 994), mas forma, maneira, de interposição dos recursos de apelação, extraordinário e especial.
- **Cabimento**: quando a decisão causar prejuízo a ambas as partes, sucumbência recíproca, qualquer delas poderá recorrer no prazo comum. Nessas circunstâncias, pode acontecer que uma das partes se conforme com a decisão e deixe de interpor o recurso cabível no prazo legal, que, como se disse, é comum. Posteriormente, surpreendida com o recurso da outra parte, que impede o trânsito em julgado e tem o condão de fazer subir os autos para superior instância, admite-se que faça a sua adesão ao recurso da parte contrária, isto é, que no prazo para apresentar suas contrarrazões ofereça também, em peça separada, recurso quanto à parte que sucumbiu, aproveitando-se da iniciativa da outra parte.

JURISPRUDÊNCIA

- Conforme dispõe o art. 997, § 2º, II, do Código de Processo Civil – CPC/2015, somente será admissível recurso adesivo na apelação, no recurso extraordinário e no recurso especial. Assim, diante da ausência de previsão legal, revela-se incabível o agravo regimental adesivo (STJ, AgRg no AREsp 1692899/MS, Ministro Joel Ilan Paciornik, T5 – Quinta Turma, *DJe* 09/09/2020).

- A jurisprudência do STJ é pacífica no sentido de que o recurso adesivo, por sua natureza, segue a sorte do principal, de modo que, inadmitido o recurso principal e inexistindo recurso contra a inadmissão, o recurso especial adesivo fica prejudicado, nos termos do art. 997, § 2º, do CPC/2015 (STJ, AgInt no AREsp 1511045/PR, Ministro Antonio Carlos Ferreira, T4 – Quarta Turma, *DJe* 19/11/2019).
- O não conhecimento do Recurso Especial do INSS torna prejudicado o recurso adesivo do particular, nos termos do art. 997, § 2º, III, do CPC/2015. Trata-se de recurso cujo conhecimento está totalmente adstrito ao recurso principal: "o recurso adesivo fica subordinado ao recurso principal" (STJ, REsp 1.658.843/RS, Ministro Herman Benjamin, T2 – Segunda Turma, *DJe* 30/06/2017).
- A orientação desta Corte é firme no sentido de que, em virtude da preclusão consumativa, não é cabível a interposição de recurso adesivo quando a parte já tenha manifestado recurso autônomo, ainda que este não seja conhecido (STJ, REsp 1.197.761/RJ, Rel. Ministro Humberto Martins, T2 – Segunda Turma, *DJ* 20/03/2012).

Art. 998. O recorrente poderá, a qualquer tempo, sem a anuência do recorrido ou dos litisconsortes, desistir do recurso.

Parágrafo único. A desistência do recurso não impede a análise de questão cuja repercussão geral já tenha sido reconhecida e daquela objeto de julgamento de recursos extraordinários ou especiais repetitivos.

REFERÊNCIAS LEGISLATIVAS

- Arts. 90, 105, 117, 122, 200 e 485, VIII e § 5º, CPC.

ANOTAÇÕES

- ***Desistência do recurso***: é ato unilateral, independe da concordância do recorrido ou de terceiros, e impede o juízo de mérito, encerrando o procedimento recursal; não se deve confundir a desistência, que parte da premissa de que o recurso foi interposto, com a renúncia ao direito de recorrer, que é manifestação formal do vencido no sentido de que não vai recorrer.

DICAS DE PRÁTICA JURÍDICA

- ***Como requerer***: o pedido de desistência do recurso pode ser feito a qualquer momento antes que efetivamente ocorra o julgamento do recurso por meio de simples "petição intermediária" (endereçamento, qualificação, pedido). O interessado não precisa declarar as razões do seu pedido.
- ***Poder para requerer***: para desistir é necessário ter poder especial previsto na procuração (art. 105, *caput*), ou que a petição seja firmada também pela parte (cliente).

JURISPRUDÊNCIA

- O art. 998 do CPC/2015 autoriza a parte recorrente a desistir do recurso a qualquer tempo, independentemente da anuência da outra parte. Considerando que há procuração nos autos com poderes para desistir, homologo a desistência do recurso interposto (STJ, AgInt no MS 24461/DF, Ministro Francisco Falcão, S1 – Primeira Seção, *DJe* 21/09/2020).
- Formulada a desistência do recurso, o ato de disposição produz efeitos de imediato, independentemente de aquiescência da parte adversa e, de regra, também independentemente de homologação judicial. A decisão que reconhece a desistência ao recurso produz efeito *ex tunc* limitado à data do requerimento de desistência,

e não à data de interposição do recurso que é objeto da desistência (STJ, REsp 1819613/RJ, Ministra Nancy Andrighi, T3 – Terceira Turma, *DJe* 18/09/2020).
- [...] a partir do momento em que os tribunais afetam questão controvertida sob o rito das demandas ou recursos repetitivos, passa ela a ser de ordem pública e de resolução obrigatória, de forma que as partes não podem dispor sobre a tese em debate. Uma vez submetida a controvérsia ao rito dos repetitivos, caso sobrevenha desistência do recurso ou da ação respectiva, resguarda-se a aplicação, pelo tribunal que afetou a tese, do direito à questão, pois sua resolução transcende o interesse particular manifestado no caso concreto (STJ, REsp 1648336/RS, Ministro Herman Benjamin, S1 – Primeira Seção, *DJe* 04/08/2020).
- Nos termos da jurisprudência do STJ, a desistência do recurso provoca o trânsito em julgado da decisão por ele impugnada (STJ, AgInt no REsp 1375645/SP, Ministro Antonio Carlos Ferreira, T4 – Quarta Turma, *DJe* 20/09/2019).
- Agravo Interno proposto por assistente simples após a homologação da desistência recursal requerida pela parte recorrente. Dessa forma, figurando a parte agravante apenas como assistente simples, uma vez homologada a desistência cessa a intervenção do assistente no processo. Aliás, esse é o teor dos arts. 53 do CPC/1973 e 122 do CPC/2015 (STJ, AgInt na DESIS no REsp 1.504.644/SP, Ministro Napoleão Nunes Maia Filho, T1 – Primeira Turma, *DJe* 26/06/2017).
- A lei faculta ao recorrente desistir do recurso, independentemente da anuência da parte contrária. Isso ocorrendo, fica sem objeto o recurso adesivo. Dicção dos arts. 997 e 998 do CPC/2015 (STJ, AgInt na DESIS no REsp 1.494.486/DF, Ministro Og Fernandes, T2 – Segunda Turma, *DJe* 02/03/2017).
- O Superior Tribunal de Justiça considera inválido o pedido de desistência do recurso se o subscritor do pedido não possui poderes para tanto, seja em relação ao direito sobre o qual se funda a demanda, seja em relação ao próprio recurso (STJ, AgRg nos EDcl no REsp 1.230.482/CE, Rel. Ministro Sebastião Reis Júnior, T6 – Sexta Turma, *DJ* 29/05/2012).

Art. 999. A renúncia ao direito de recorrer independe da aceitação da outra parte.

REFERÊNCIAS LEGISLATIVAS

- Arts. 90, 105, 117, 225, 487, III, "c", CPC.

ANOTAÇÕES

- *Renúncia*: deve ser expressa e só pode ocorrer antes da interposição do recurso, independe da aceitação da outra parte.

DICAS DE PRÁTICA JURÍDICA

- *Como requerer*: a renúncia ao prazo recursal pode ser feita a qualquer momento antes da interposição do recurso cabível por meio de simples "petição intermediária" (endereçamento, qualificação, pedido). O interessado não precisa declarar as razões do seu pedido.
- *Poder para requerer*: para renunciar é necessário ter poder especial previsto na procuração (art. 105, *caput*), ou que a petição seja firmada também pela parte (cliente).

⚖️ JURISPRUDÊNCIA

- A desistência do recurso ou a renúncia ao prazo recursal constitui ato unilateral de vontade do recorrente que independe da aquiescência da parte contrária e produz efeitos imediatos, ensejando o trânsito em julgado (STJ, REsp 1344716/RS, Ministro Gurgel de Faria, T1 – Primeira Turma, *DJe* 12/05/2020).

> **Art. 1.000.** A parte que aceitar expressa ou tacitamente a decisão não poderá recorrer.
>
> Parágrafo único. Considera-se aceitação tácita a prática, sem nenhuma reserva, de ato incompatível com a vontade de recorrer.

📚 ANOTAÇÕES

- ***Característica***: envolve a prática de ato que seja incompatível com a vontade de recorrer, como, por exemplo: nas ações de cobrança, o pagamento da dívida; nas ações de reintegração de posse ou de despejo, a entrega das chaves.
- ***Preclusão lógica***: quando a parte perde o direito de praticar o ato em razão da prática de outro ato que seja com ele incompatível.

⚖️ JURISPRUDÊNCIA

- Nos termos do art. 503, parágrafo único, do CPC/1973, a aceitação tácita deve ser inequívoca com a prática de atos manifestamente incompatíveis com a impugnação da decisão. Entendimento que permanece atual porque reproduzido em sua essência no art. 1.000, parágrafo único, do CPC/2015 (STJ, REsp 1655655/SP, Ministro Ricardo Villas Bôas Cueva, T3 – Terceira Turma, *DJe* 01/07/2019).

> **Art. 1.001.** Dos despachos não cabe recurso.

⚖️ REFERÊNCIAS LEGISLATIVAS

- Arts. 2º e 203, § 3º, CPC.

📚 ANOTAÇÕES

- ***Delimitação***: os despachos englobam todos os atos do juiz que, embora não tenham caráter decisório (como acontece na decisão interlocutória, sentença e acórdão), têm como propósito dar andamento ao processo (*princípio do impulso oficial*).

⚖️ JURISPRUDÊNCIA

- No CPC/15, seguindo a mesma linha do CPC/73, os pronunciamentos jurisdicionais são classificados em sentenças, decisões interlocutórias e despachos, permanecendo como critério de distinção entre as decisões interlocutórias e os despachos a ausência de conteúdo decisório nos últimos, os quais têm como desiderato o mero impulso da marcha processual. Por visarem unicamente ao impulsionamento da marcha processual, não gerando danos ou prejuízos às partes, os despachos são irrecorríveis (art. 1.001 do CPC/15) (STJ, REsp 1725612/RS, Ministra Nancy Andrighi, T3 – Terceira Turma, *DJe* 04/06/2020).

- O ato judicial que determina a intimação da parte recorrente para regularizar o preparo, nos termos do art. 1.007, §§ 2º. e 4º, do Código Fux, tem natureza jurídica de despacho de mero impulso oficial, e não de decisão, não sendo assim recorrível, a teor do que dispõe o art. 1.001 do mesmo diploma processual, segundo o qual dos despachos não cabe recurso (STJ, AgInt no REsp 1805772/PA, Ministro Napoleão Nunes Maia Filho, T1 – Primeira Turma, *DJe* 19/11/2019).

Art. 1.002. A decisão pode ser impugnada no todo ou em parte.

REFERÊNCIAS LEGISLATIVAS

- Arts. 141, 203, 485, 487, 489 e 492, CPC.

ANOTAÇÕES

- ***Sucumbência parcial***: a sucumbência pode ser total ou parcial, conforme o juiz conceda total ou parcialmente o pedido do autor, por exemplo: o autor pede indenização por danos morais e materiais, sendo ambos os pedidos julgados improcedentes (*o autor sofre sucumbência total*); ao contrário, sendo ambos os pedidos julgados procedentes (*o réu sofre sucumbência total*); no entanto, se na mesma situação o juiz julga procedente apenas, por exemplo, o pedido de indenização pelos danos materiais, negando o pedido de danos morais (*autor e réu sofrem sucumbência parcial*). Observe-se, no entanto, que mesmo nos casos em que a sucumbência é total, o interessado pode impugnar apenas parte da decisão, ocorrendo preclusão consumativa quanto ao que não foi impugnado; ou seja, não se pode depois completar o recurso.

JURISPRUDÊNCIA

- Nos termos do art. 1.002 do NCPC, a decisão pode ser impugnada no todo ou em parte. Em atenção a esse dispositivo, verifica-se que sobreveio o trânsito em julgado dos capítulos referentes à gratuidade da justiça e majoração da verba honorária, que constaram na decisão agravada, haja vista a ausência de recurso quanto a esses pontos (STJ, AgInt no REsp 1662574/SE, Ministro Moura Ribeiro, T3 – Terceira Turma, *DJe* 09/08/2017).

Art. 1.003. O prazo para interposição de recurso conta-se da data em que os advogados, a sociedade de advogados, a Advocacia Pública, a Defensoria Pública ou o Ministério Público são intimados da decisão.

§ 1º Os sujeitos previstos no *caput* considerar-se-ão intimados em audiência quando nesta for proferida a decisão.

§ 2º Aplica-se o disposto no art. 231, incisos I a VI, ao prazo de interposição de recurso pelo réu contra decisão proferida anteriormente à citação.

§ 3º No prazo para interposição de recurso, a petição será protocolada em cartório ou conforme as normas de organização judiciária, ressalvado o disposto em regra especial.

§ 4º Para aferição da tempestividade do recurso remetido pelo correio, será considerada como data de interposição a data de postagem.

§ 5º Excetuados os embargos de declaração, o prazo para interpor os recursos e para responder-lhes é de 15 (quinze) dias.

§ 6º O recorrente comprovará a ocorrência de feriado local no ato de interposição do recurso.

REFERÊNCIAS LEGISLATIVAS

- Arts. 180, 183, 186, 219, 224, 231, 1.004 e 1.023, CPC.

ANOTAÇÕES

- ***Prazos***: aqueles legitimados a recorrer devem fazê-lo dentro do prazo legal, visto que não se conhece de recurso interposto fora do prazo, isto é, intempestivo. O prazo, que é fatal e peremptório, para recorrer é de 15 (quinze) dias, salvo no caso dos "embargos de declaração", cujo prazo para recorrer é de 5 (cinco) dias. Tratando-se de prazo fixado em dias contam-se apenas os dias úteis. No prazo para interposição, a petição deverá ser protocolada em cartório ou conforme outras normas de organização judiciária, observando-se que se considera interposto o recurso remetido pelo correio na data da postagem.
- ***Contagem do prazo para recorrer***: o prazo referido no parágrafo quinto desta norma é de natureza "processual", devendo a sua contagem considerar, nos termos do art. 219, apenas os dias úteis.

JURISPRUDÊNCIA

- Súmula 728 do STF: É de três dias o prazo para a interposição de recurso extraordinário contra decisão do Tribunal Superior Eleitoral, contado, quando for o caso, a partir da publicação do acórdão, na própria sessão de julgamento, nos termos do art. 12 da Lei nº 6.055/1974, que não foi revogado pela Lei nº 8.950/1994.
- Súmula 216 do STJ: A tempestividade de recurso interposto no Superior Tribunal de Justiça é aferida pelo registro no protocolo da Secretaria e não pela data da entrega na agência do correio.
- Enunciado 22 do Fórum Permanente de Processualistas Civis: O Tribunal não poderá julgar extemporâneo ou intempestivo recurso, na instância ordinária ou na extraordinária, interposto antes da abertura do prazo.
- O recurso manifestamente intempestivo, porquanto interposto fora do prazo de 15 (quinze) dias corridos, nos termos do art. 33 da Lei n. 8.038/90, do art. 1.003, § 5º, do Código de Processo Civil, bem como do art. 798 do Código de Processo Penal. Nos termos do § 6.º do art. 1.003 do mesmo Código, "o recorrente comprovará a ocorrência de feriado local no ato de interposição do recurso", o que impossibilita a regularização posterior (STJ, AgRg no RMS 63902/RJ, Ministro Felix Fischer, T5 – Quinta Turma, *DJe* 15/10/2020).
- A partir da vigência do CPC/2015, a comprovação da ocorrência de feriado local, para fins de aferição da tempestividade do recurso, deve ser realizada no momento de sua interposição, não se admitindo a comprovação posterior, como pretende a parte agravante (STJ, AgInt no AREsp 1.121.468/MG, Ministra Assusete Magalhães, T2 – Segunda Turma, *DJe* 01/12/2017).

Art. 1.004. Se, durante o prazo para a interposição do recurso, sobrevir o falecimento da parte ou de seu advogado ou ocorrer motivo de força maior que suspenda o curso do processo, será tal prazo restituído em proveito da parte, do herdeiro ou do sucessor, contra quem começará a correr novamente depois da intimação.

⚖️ REFERÊNCIAS LEGISLATIVAS

- Arts. 221, 313 e 314, CPC; art. 393, parágrafo único, CC.

📚 ANOTAÇÕES

- **Suspensão do prazo**: o impedimento do advogado, como, por exemplo, uma doença ou um acidente, deve ser tal que o impossibilite não só da prática do ato, mas também de outorgar, por exemplo, um substabelecimento a outro colega.

⚖️ JURISPRUDÊNCIA

- Descabimento de restituição de prazo recursal quando não demonstrado qualquer impedimento para exercício do direito recursal (STJ, AgRg no REsp 1.261.867/RJ, Rel. Ministro Paulo de Tarso Sanseverino, T3 – Terceira Turma, *DJ* 26/06/2012).
- O pedido de reconsideração, como é cediço, não tem o condão de interromper ou suspender os prazos recursais e, portanto, é erro grosseiro apresentá-lo para alcançar tal desiderato (STJ, AgRg no Ag 1.147.332/BA, Rel. Ministra Laurita Vaz, *DJ* 12/06/2012).

> **Art. 1.005.** O recurso interposto por um dos litisconsortes a todos aproveita, salvo se distintos ou opostos os seus interesses.
>
> Parágrafo único. Havendo solidariedade passiva, o recurso interposto por um devedor aproveitará aos outros quando as defesas opostas ao credor lhes forem comuns.

⚖️ REFERÊNCIAS LEGISLATIVAS

- Arts. 113 a 118, CPC; arts. 274, 275 a 285, CC.

📚 ANOTAÇÕES

- **Litisconsórcio**: ocorre o litisconsórcio nos casos em que a norma processual permite, ou determina, que duas ou mais pessoas ocupem conjuntamente o polo ativo ou passivo de um processo.

> **Art. 1.006.** Certificado o trânsito em julgado, com menção expressa da data de sua ocorrência, o escrivão ou o chefe de secretaria, independentemente de despacho, providenciará a baixa dos autos ao juízo de origem, no prazo de 5 (cinco) dias.

⚖️ REFERÊNCIAS LEGISLATIVAS

- Arts. 219, 502 a 508, CPC.

📚 ANOTAÇÕES

- **Coisa julgada**: coisa julgada, ou *res judicata*, é a eficácia que torna imutável e indiscutível a sentença, seja porque a parte vencida já usou de todos os recursos previstos em lei, seja porque já ocorreu a preclusão quanto à possibilidade de se recorrer da sentença.

- **Prazo para baixa dos autos**: esse prazo é de natureza imprópria, ou seja, não está sujeito a preclusão, sendo que sua inobservância não gera sanção processual, mas apenas disciplinar ou administrativa.

Art. 1.007. No ato de interposição do recurso, o recorrente comprovará, quando exigido pela legislação pertinente, o respectivo preparo, inclusive porte de remessa e de retorno, sob pena de deserção.

§ 1º São dispensados de preparo, inclusive porte de remessa e de retorno, os recursos interpostos pelo Ministério Público, pela União, pelo Distrito Federal, pelos Estados, pelos Municípios, e respectivas autarquias, e pelos que gozam de isenção legal.

§ 2º A insuficiência no valor do preparo, inclusive porte de remessa e de retorno, implicará deserção se o recorrente, intimado na pessoa de seu advogado, não vier a supri-lo no prazo de 5 (cinco) dias.

§ 3º É dispensado o recolhimento do porte de remessa e de retorno no processo em autos eletrônicos.

§ 4º O recorrente que não comprovar, no ato de interposição do recurso, o recolhimento do preparo, inclusive porte de remessa e de retorno, será intimado, na pessoa de seu advogado, para realizar o recolhimento em dobro, sob pena de deserção.

§ 5º É vedada a complementação se houver insuficiência parcial do preparo, inclusive porte de remessa e de retorno, no recolhimento realizado na forma do § 4º.

§ 6º Provando o recorrente justo impedimento, o relator relevará a pena de deserção, por decisão irrecorrível, fixando-lhe prazo de 5 (cinco) dias para efetuar o preparo.

§ 7º O equívoco no preenchimento da guia de custas não implicará a aplicação da pena de deserção, cabendo ao relator, na hipótese de dúvida quanto ao recolhimento, intimar o recorrente para sanar o vício no prazo de 5 (cinco) dias.

REFERÊNCIAS LEGISLATIVAS

- Arts. 98 a 102, 219, 1.023, CPC.

ANOTAÇÕES

- **Preparo**: é o recolhimento das custas e despesas processuais, inclusive porte de remessa e retorno dos autos. Cabe ao recorrente, quando da interposição do recurso e desde que exigível, segundo legislação estadual ou federal (Justiça Estadual ou Federal), comprovar o preparo, isto é, o pagamento das custas e despesas processuais, sob pena de o recurso ser declarado deserto. A pena de deserção pode ser relevada, caso o recorrente prove que a mora no preparo se deu por justa causa. Da decisão que releva a pena de deserção não cabe recurso, segundo entendimento jurisprudencial.
- **Isenção**: os beneficiários da justiça gratuita, nos termos dos arts. 98 a 102, estão dispensados do preparo.

JURISPRUDÊNCIA

- **Súmula 187 do STJ**: É deserto o recurso interposto para o Superior Tribunal de Justiça, quando o recorrente não recolhe, na origem, a importância das despesas de remessa e retorno dos autos.

- Enunciado 98 do Fórum Permanente de Processualistas Civis: O disposto nestes dispositivos aplica-se aos Juizados Especiais.
- Delineado pelas instâncias de origem que a guia de recolhimento de custas da apelação apresentada, a despeito da ausência do número do processo, permite a identificação da parte e do processo, estando demonstrada a tempestividade e a correção dos valores, que foram depositados na conta do Tribunal e com mesma finalidade contábil, não se aplica a pena de deserção (Corte Especial, REsp 1498623/RJ, Rel. Ministro Napoleão Nunes Maia Filho, *DJe* 13/03/2015) (STJ, EDcl no AgInt no AREsp 1031232/SP, Ministra Maria Isabel Gallotti, T4 – Quarta Turma, *DJe* 01/10/2020).
- Consoante entendimento desta Corte, o comprovante de agendamento bancário não é documento apto a demonstrar o efetivo recolhimento do preparo, incidindo na hipótese a Súmula 187 do STJ (STJ, AgInt no RMS 62545/MG, Ministro Gurgel de Faria, T1 – Primeira Turma, *DJe* 23/09/2020).
- A adequada comprovação do recolhimento do preparo, mediante a juntada de cópias legíveis, é requisito extrínseco de admissibilidade do recurso especial, cuja ausência enseja a deserção (STJ, AgInt no AREsp 1673277/PE, Ministra Nancy Andrighi, T3 – Terceira Turma, *DJe* 17/09/2020).
- A jurisprudência desta Corte é pacífica no sentido de que o benefício da gratuidade judiciária não tem efeito retroativo, de modo que a sua concessão posterior à interposição do recurso não tem o condão de isentar a parte do recolhimento do respectivo preparo (STJ, AgInt nos EDcl no AREsp 1.490.706/SP, Rel. Ministra Nancy Andrighi, T3 – Terceira Turma, *DJe* 05/12/2019).
- É isento de preparo o recurso interposto por curador especial nomeado em favor do réu revel citado por edital (art. 72, II, do CPC/2015), por se tratar de *munus* público (TJMG, Apelação Cível 1.0024.12.246116-3/001, Rel. Desembargadora Lílian Maciel, 20ª Câmara Cível, julgamento em 27/11/2019, publicação da súmula em 03/12/2019).
- O ato judicial que determina a intimação da parte recorrente para regularizar o preparo, nos termos do art. 1.007, §§ 2º e 4º, do Código Fux, tem natureza jurídica de despacho de mero impulso oficial, e não de decisão, não sendo assim recorrível, a teor do que dispõe o art. 1.001 do mesmo diploma processual, segundo o qual dos despachos não cabe recurso (STJ, AgInt no REsp 1805772/PA, Ministro Napoleão Nunes Maia Filho, T1 – Primeira Turma, *DJe* 19/11/2019).
- Esta Corte Superior tem entendimento consolidado de que a insuficiência no valor do preparo só implicará deserção se o recorrente, intimado, não vier a supri-lo no prazo de cinco dias, situação configurada nos presentes autos. Assim, não há como se afastar a pena de deserção (STJ, AgInt no AREsp 890.559/RJ, T3 – Terceira Turma, *DJe* 05/12/2017).
- Deve-se julgar deserto o recurso se o recorrente, apesar de intimado para recolher em dobro o preparo, na forma do art. 1.007, § 4º, do CPC/2015, não cumpre tal determinação (STJ, AgInt no AREsp 1.144.749/DF, Ministro Antonio Carlos Ferreira, T4 – Quarta Turma, *DJe* 04/12/2017).
- A jurisprudência do STJ é no sentido de que a comprovação do recolhimento do preparo deve ser feita mediante a juntada da guia de recolhimento das custas, juntamente com o comprovante de pagamento, ambos de forma visível e legíveis (STJ, AgInt no REsp 1.664.218/PR, Ministro Francisco Falcão, T2 – Segunda Turma, *DJe* 22/11/2017).
- Esta Corte consolidou o entendimento no sentido de que a irregularidade no preenchimento das guias do preparo, no ato da interposição do recurso especial, caracteriza a sua deserção, sendo inviável posterior retificação (STJ, AgInt no AREsp 962.108/RJ, Ministro Moura Ribeiro, T3 – Terceira Turma, *DJe* 20/10/2017).

Art. 1.008. O julgamento proferido pelo tribunal substituirá a decisão impugnada no que tiver sido objeto de recurso.

REFERÊNCIAS LEGISLATIVAS

- Arts. 994, 1.002, CPC.

ANOTAÇÕES

- **Objetivo**: o objetivo dos recursos é obter a substituição da decisão judicial desfavorável por outra que, segundo o recorrente, satisfaça a seus interesses.

CAPÍTULO II
DA APELAÇÃO

Art. 1.009. Da sentença cabe apelação.

§ 1º As questões resolvidas na fase de conhecimento, se a decisão a seu respeito não comportar agravo de instrumento, não são cobertas pela preclusão e devem ser suscitadas em preliminar de apelação, eventualmente interposta contra a decisão final, ou nas contrarrazões.

§ 2º Se as questões referidas no § 1º forem suscitadas em contrarrazões, o recorrente será intimado para, em 15 (quinze) dias, manifestar-se a respeito delas.

§ 3º O disposto no *caput* deste artigo aplica-se mesmo quando as questões mencionadas no art. 1.015 integrarem capítulo da sentença.

REFERÊNCIAS LEGISLATIVAS

- Arts. 203, § 1º, 219, 354, 355, 356, 485, 487, 1.002, 1.015 e 1.027, II, "b", CPC.

ANOTAÇÕES

- **Delimitação**: apelação é o recurso cabível contra sentença, definida como "o pronunciamento por meio do qual o juiz, com fundamento nos arts. 485 e 487, põe fim à fase cognitiva do procedimento comum, bem como extingue a execução" (art. 203, § 1º, CPC). Sua finalidade, como os recursos de maneira geral, é provocar o reexame da decisão judicial pelo órgão judiciário de segundo grau, com escopo de sua reforma ou modificação, total ou parcial.
- **Admissibilidade**: para sua admissibilidade, não importa se a sentença foi de mérito ou sem julgamento do mérito, bem como a natureza do procedimento onde foi prolatada, ou se o processo é de jurisdição voluntária ou contenciosa. Entretanto, há que se ressaltar que, se o processo for entre, de um lado, Estado estrangeiro ou organismo internacional e, de outro, Município ou pessoa residente ou domiciliada no país, será cabível o recurso ordinário para o STJ, que, neste caso, se equipara ao de apelação (art. 1.027, II, "b", CPC). De outro lado, não cabe apelação contra a sentença que julga parcialmente o mérito (decisão interlocutória de mérito). Com efeito, o juiz pode julgar parcialmente o mérito quando um ou mais pedidos formulados ou parcela deles: (I) mostrar-se incontroverso; (II) estiver em condições de imediato julgamento, nos termos do art. 355. Nestes casos, o recurso cabível é o do agravo de instrumento.
- **Contagem do prazo para oferecimento de manifestação**: o prazo referido no parágrafo segundo desta norma é de natureza "processual", devendo a sua contagem considerar, nos termos do art. 219, apenas os dias úteis.

DICAS DE PRÁTICA JURÍDICA

- **Estrutura da petição do recurso**: a petição do recurso de apelação é composta de duas partes. A primeira parte é a "petição de interposição", endereçada ao próprio juiz da causa; nela o recorrente informa ao juiz que não se conforma com a sentença e deseja "apelar" para o tribunal de justiça, requerendo seja o recurso recebido e regularmente processado. A segunda parte são as "razões do recurso", que normalmente têm a seguinte estrutura: identificação das partes e do processo, resumo dos fatos, preliminares (tais como: pedido de liminar, decisões não cobertas pela preclusão, ou seja, não agraváveis), mérito, pedido (provimento do recurso). Para acesso a modelos editáveis e informações adicionais sobre este recurso, veja nosso *Prática de recursos no processo civil*, da Editora Atlas.

JURISPRUDÊNCIA

- A jurisprudência deste Superior Tribunal de Justiça possui o firme entendimento de que não é aplicável o princípio da fungibilidade recursal nos casos em que existe disposição legal expressa acerca do recurso cabível, uma vez que a questão referente ao não cabimento de Apelação, nas Execuções Fiscais de valor inferior a 50 ORTNs, está pacificada, o que evidencia a existência de erro grosseiro, na hipótese (STJ, AgInt no AREsp 994.037/PB, Ministro Sérgio Kukina, T1 – Primeira Turma, *DJe* 30/08/2017).
- No caso de interposição de Apelação pela parte autora contra sentença de improcedência total do pedido, prolatada com base no art. 285-A do CPC/1973 (art. 332 do CPC/2015), deve haver a citação do réu para oferecer contrarrazões, oportunidade em que ocorrerá a triangulação da relação jurídico-processual, sendo cabível a condenação em honorários nos termos do art. 20 do CPC/1973 (art. 85, § 2º, do CPC/2015) (STJ, REsp 1.645.670/RJ, Ministro Herman Benjamin, T2 – Segunda Turma, *DJe* 25/04/2017).

> **Art. 1.010.** A apelação, interposta por petição dirigida ao juízo de primeiro grau, conterá:
> I – os nomes e a qualificação das partes;
> II – a exposição do fato e do direito;
> III – as razões do pedido de reforma ou de decretação de nulidade;
> IV – o pedido de nova decisão.
> § 1º O apelado será intimado para apresentar contrarrazões no prazo de 15 (quinze) dias.
> § 2º Se o apelado interpuser apelação adesiva, o juiz intimará o apelante para apresentar contrarrazões.
> § 3º Após as formalidades previstas nos §§ 1º e 2º, os autos serão remetidos ao tribunal pelo juiz, independentemente de juízo de admissibilidade.

REFERÊNCIAS LEGISLATIVAS

- Art. 932, parágrafo único, CPC.

ANOTAÇÕES

- **Requisitos**: estando o recorrente e o recorrido já qualificados nos autos, desnecessário contenha a petição de interposição nova qualificação. Por outro lado, imprescindível apresente o apelante as razões do seu inconformismo, demonstrando os vícios e erros da sentença, impugnando os argumentos que lhe dão arrimo e, finalmente, fazendo pedido expresso ao órgão *ad quem* de nova decisão, que reforme total ou parcialmente aquela expedida pelo juiz de primeiro grau.

DICAS DE PRÁTICA JURÍDICA

- **Questão federal e constitucional**: ao lançar as suas razões, o advogado deve se esforçar para não só argumentar sobre a incorreta interpretação dos fatos da causa, mas procurar demonstrar que a decisão impugnada está afrontando a Constituição Federal e/ou alguma Lei Federal, com escopo de dar margem ao prequestionamento que poderá eventualmente dar arrimo a recurso especial ou extraordinário.

JURISPRUDÊNCIA

- Acerca do princípio recursal da dialeticidade, ensina Arruda Alvim que "importa ao órgão ad quem saber exatamente os motivos pelos quais as razões da decisão recorrida não são adequadas", sendo, por isso, ônus da parte recorrente alinhar "as razões de fato e de direito pelas quais entende que a decisão está errada" (Manual de direito processual *civil*. 18. ed. São Paulo: Thomson Reuters, 2019. p. 1208) (STJ, AgInt no MS 26194/DF, Ministro Sérgio Kukina, S1 – Primeira Seção, *DJe* 16/09/2020).
- Pelo princípio da dialeticidade, se impõe à parte recorrente o ônus de motivar seu recurso, expondo as razões hábeis a ensejar a reforma da decisão, sendo inconsistente o recurso que não ataca concretamente os fundamentos utilizados no acórdão recorrido (STJ, AgInt no RMS 58.200/BA, Rel. Ministro Gurgel de Faria, T1 – Primeira Turma, *DJe* 28/11/2018).

Art. 1.011. Recebido o recurso de apelação no tribunal e distribuído imediatamente, o relator:

I – decidi-lo-á monocraticamente apenas nas hipóteses do art. 932, incisos III a V;

II – se não for o caso de decisão monocrática, elaborará seu voto para julgamento do recurso pelo órgão colegiado.

REFERÊNCIAS LEGISLATIVAS

- Art. 932, III a V, CPC.

ANOTAÇÕES

- *Referência*: os incisos do citado art. 932 informam que o relator poderá: (III) não conhecer de recurso inadmissível, prejudicado ou que não tenha impugnado especificamente os fundamentos da decisão recorrida; (IV) negar provimento a recurso que for contrário a: (a) súmula do Supremo Tribunal Federal, do Superior Tribunal de Justiça ou do próprio tribunal; (b) acórdão proferido pelo Supremo Tribunal Federal ou pelo Superior Tribunal de Justiça em julgamento de recursos repetitivos; (c) entendimento firmado em incidente de resolução de demandas repetitivas ou de assunção de competência; (V) depois de facultada a apresentação de contrarrazões, dar provimento ao recurso se a decisão recorrida for contrária a: (a) súmula do Supremo Tribunal Federal, do Superior Tribunal de Justiça ou do próprio tribunal; (b) acórdão proferido pelo Supremo Tribunal Federal ou pelo Superior Tribunal de Justiça em julgamento de recursos repetitivos;

(c) entendimento firmado em incidente de resolução de demandas repetitivas ou de assunção de competência.

> **Art. 1.012.** A apelação terá efeito suspensivo.
> § 1º Além de outras hipóteses previstas em lei, começa a produzir efeitos imediatamente após a sua publicação a sentença que:
> I – homologa divisão ou demarcação de terras;
> II – condena a pagar alimentos;
> III – extingue sem resolução do mérito ou julga improcedentes os embargos do executado;
> IV – julga procedente o pedido de instituição de arbitragem;
> V – confirma, concede ou revoga tutela provisória;
> VI – decreta a interdição.
> § 2º Nos casos do § 1º, o apelado poderá promover o pedido de cumprimento provisório depois de publicada a sentença.
> § 3º O pedido de concessão de efeito suspensivo nas hipóteses do § 1º poderá ser formulado por requerimento dirigido ao:
> I – tribunal, no período compreendido entre a interposição da apelação e sua distribuição, ficando o relator designado para seu exame prevento para julgá-la;
> II – relator, se já distribuída a apelação.
> § 4º Nas hipóteses do § 1º, a eficácia da sentença poderá ser suspensa pelo relator se o apelante demonstrar a probabilidade de provimento do recurso ou se, sendo relevante a fundamentação, houver risco de dano grave ou de difícil reparação.

REFERÊNCIAS LEGISLATIVAS

- Arts. 502, 520, CPC; art. 28, Decreto-lei nº 3.365/1941; art. 14, Lei nº 7.347/1985; art. 58, V, Lei nº 8.245/1991; art. 14, Lei nº 12.016/2009.

ANOTAÇÕES

- **Efeitos**: além de a interposição do recurso obstar o trânsito em julgado da decisão impugnada, fato que impede a formação da coisa julgada, o CPC atribui tradicionalmente aos recursos mais dois efeitos, quais sejam: efeito devolutivo e suspensivo. O "efeito devolutivo" consiste na transferência para o juízo *ad quem* do conhecimento de toda a matéria impugnada e, por óbvio, no limite da impugnação (*tantum devolutum quantum apellatum*); já "efeito suspensivo" impede toda a eficácia da decisão, ou seja, mantém a situação decidida, objeto do recurso, no mesmo estado em que se encontra, até nova decisão pelo órgão *ad quem*. Regra geral, o recurso de apelação possui ambos os efeitos (devolutivo e suspensivo).

JURISPRUDÊNCIA

- Súmula 331 do STJ: A apelação interposta contra sentença que julga embargos à arrematação tem efeito meramente devolutivo.

Art. 1.013. A apelação devolverá ao tribunal o conhecimento da matéria impugnada.

§ 1º Serão, porém, objeto de apreciação e julgamento pelo tribunal todas as questões suscitadas e discutidas no processo, ainda que não tenham sido solucionadas, desde que relativas ao capítulo impugnado.

§ 2º Quando o pedido ou a defesa tiver mais de um fundamento e o juiz acolher apenas um deles, a apelação devolverá ao tribunal o conhecimento dos demais.

§ 3º Se o processo estiver em condições de imediato julgamento, o tribunal deve decidir desde logo o mérito quando:

I – reformar sentença fundada no art. 485;

II – decretar a nulidade da sentença por não ser ela congruente com os limites do pedido ou da causa de pedir;

III – constatar a omissão no exame de um dos pedidos, hipótese em que poderá julgá-lo;

IV – decretar a nulidade de sentença por falta de fundamentação.

§ 4º Quando reformar sentença que reconheça a decadência ou a prescrição, o tribunal, se possível, julgará o mérito, examinando as demais questões, sem determinar o retorno do processo ao juízo de primeiro grau.

§ 5º O capítulo da sentença que confirma, concede ou revoga a tutela provisória é impugnável na apelação.

REFERÊNCIAS LEGISLATIVAS

- Art. 1.002, CPC.

ANOTAÇÕES

- **Efeito devolutivo e translativo**: a apelação possui, nos termos deste artigo, amplo efeito devolutivo (*tantum devolutum quantum appellatum*); já o efeito translativo permite que o tribunal conheça de todas as questões levantadas pelas partes e interessados, inclusive pelo Ministério Público, mesmo que elas não tenham sido apreciadas pela sentença, desde que tenha relação com o capítulo impugnado.

JURISPRUDÊNCIA

- Enunciado 100 do Fórum Permanente de Processualistas Civis: Não é dado ao tribunal conhecer de matérias vinculadas ao pedido transitado em julgado pela ausência de impugnação.
- Enunciado 102 do Fórum Permanente de Processualistas Civis: O pedido subsidiário ou alternativo não apreciado pelo juiz é devolvido ao tribunal com a apelação.

Art. 1.014. As questões de fato não propostas no juízo inferior poderão ser suscitadas na apelação, se a parte provar que deixou de fazê-lo por motivo de força maior.

REFERÊNCIAS LEGISLATIVAS

- Art. 493, CPC.

ANOTAÇÕES

- **Fato novo**: não se pode inovar quando da apelação; ou seja, as partes devem apresentar o seu caso ao juiz de primeiro grau. O recorrente pode, no entanto, suscitar na apelação questões de fato não propostas no juízo de primeiro grau, desde que prove que deixou de fazê-lo oportunamente por motivo de força maior. Não se pode, no entanto, modificar-se a causa de pedir (*causa petendi*). A proibição de inovar alcança também a juntada de novos documentos; a exceção, a ser justificada, envolve apenas novos documentos que se refiram a fatos supervenientes.

JURISPRUDÊNCIA

- A jurisprudência do Superior Tribunal de Justiça é pacífica no sentido de que é vedado, em sede de apelação, inovar causa de pedir não explicitada na petição inicial (STJ, AgInt no AREsp 790.331/DF, Ministro Gurgel de Faria, T1 – Primeira Turma, *DJe* 10/10/2016).

CAPÍTULO III
DO AGRAVO DE INSTRUMENTO

Art. 1.015. Cabe agravo de instrumento contra as decisões interlocutórias que versarem sobre:

I – tutelas provisórias;

II – mérito do processo;

III – rejeição da alegação de convenção de arbitragem;

IV – incidente de desconsideração da personalidade jurídica;

V – rejeição do pedido de gratuidade da justiça ou acolhimento do pedido de sua revogação;

VI – exibição ou posse de documento ou coisa;

VII – exclusão de litisconsorte;

VIII – rejeição do pedido de limitação do litisconsórcio;

IX – admissão ou inadmissão de intervenção de terceiros;

X – concessão, modificação ou revogação do efeito suspensivo aos embargos à execução;

XI – redistribuição do ônus da prova nos termos do art. 373, § 1º;

XII – (VETADO);

XIII – outros casos expressamente referidos em lei.

Parágrafo único. Também caberá agravo de instrumento contra decisões interlocutórias proferidas na fase de liquidação de sentença ou de cumprimento de sentença, no processo de execução e no processo de inventário.

REFERÊNCIAS LEGISLATIVAS

- Arts. 101, 354, parágrafo único, 356, § 5º, 373, § 1º, 425, IV, 932, V, 1.009, § 1º, 1.019, I, 1.037, § 13, CPC.

ANOTAÇÕES

- *Delimitação*: é o recurso cabível contra decisões interlocutórias, mas não todas. Com efeito, como muitas leis antes, o novo CPC também promoveu alterações no antigo recurso de agravo, começando por acabar com o "agravo retido", depois passando a indicar expressamente as situações em que cabe a interposição do agravo de instrumento. As questões apreciadas por decisões judiciais, na fase de conhecimento, que não sejam impugnáveis por meio do agravo de instrumento, podem ser reiteradas quando do recurso de apelação (art. 1.009, § 1º, CPC).
- *Outras hipóteses*: além das hipóteses mencionadas no art. 1.015, o Código de Processo Civil indica que cabe agravo de instrumento nas seguintes hipóteses: (I) contra a chamada "interlocutória de mérito", sentença que extingue parcialmente o feito sem apreciação do pedido do autor (art. 354, parágrafo único, CPC); (II) contra sentença de mérito "parcial" (art. 356, § 5º, CPC); (III) contra decisão que indefere pedido de distinção de processo sobrestado em incidente de recursos repetitivos, quando o processo estiver em primeiro grau (art. 1.037, § 13, CPC).
- *Delimitação negativa*: não são mais agraváveis, entre outras: (I) as decisões de primeiro grau que determinam a emenda da petição inicial; (II) que declinam da competência do juízo; (III) que determinam a juntada de documento; (IV) que dão por regular a representação da parte; (V) que decidem sobre o valor da causa; (VI) que indeferem o pedido de produção de certa prova. Nestes casos resta ao advogado: tentar argumentar diretamente com o juiz, fazendo pedido de reconsideração; agravar requerendo em item próprio seja o recurso excepcionalmente conhecido (taxatividade mitigada); voltar ao tema quando de eventual recurso de apelação; interpor mandado de segurança quando a decisão for manifestadamente teratológica.
- *Taxatividade mitigada*: a jurisprudência do STJ decidiu pela mitigação do rol apresentado neste artigo, desde que o interessado consiga demonstrar a urgência da medida e a inutilidade da discussão da questão quando de eventual recurso de apelação.

DICAS DE PRÁTICA JURÍDICA

- *Estrutura da petição do recurso*: a petição do recurso de agravo de instrumento é composta de duas partes. A primeira parte é a "petição de interposição", endereçada ao presidente do tribunal de justiça competente; nela o recorrente, após se qualificar, informa que não se conformou com a decisão do juiz de primeiro grau, razão pela qual interpõe o presente recurso de agravo de instrumento; em seguida, o recorrente lista os documentos que formam o instrumento declarando, sob as penas da lei (art. 425, IV, CPC), que as copias conferem com o original; depois deve ainda nomear o advogado do agravado (nome, número da OAB, endereço do escritório, endereço eletrônico e telefone), requerendo, por fim, seja o recurso recebido e regularmente processado. A segunda parte são as "razões do recurso", que normalmente têm a seguinte estrutura: identificação das partes e do processo, resumo dos fatos, pedido de liminar (art. 1.019, I, CPC), mérito, pedido (provimento do recurso). Para acesso a modelos editáveis e informações adicionais sobre este recurso, veja nosso *Prática do recurso de agravo*, da Editora Atlas.

JURISPRUDÊNCIA

- Enunciado 29 do Fórum Permanente de Processualistas Civis: É agravável o pronunciamento judicial que postergar a análise do pedido de tutela provisória ou condicionar sua apreciação ao pagamento de custas ou a qualquer outra exigência.
- Enunciado 154 do Fórum Permanente de Processualistas Civis: É cabível agravo de instrumento contra ato decisório que indefere parcialmente a petição inicial ou a reconvenção.
- Ato decisório não previsto no rol taxativo do art. 1015, CPC. Rol de taxatividade mitigada, admitida a interposição de agravo quando verificada a urgência decorrente da inutilidade do julgamento da questão no recurso de apelação. Urgência inexistente no caso, tendo em vista a possibilidade de impugnação em momento processual oportuno, de acordo com a sistemática implementada pelo diploma processual atual (artigo 1.009, § 1º, CPC). Descabimento, pois, desta modalidade recursal. Doutrina e jurisprudência (do STJ e desta Corte). Recurso não conhecido (TJSP, Agravo de Instrumento 2238696-92.2020.8.26.0000, Relator Beretta da Silveira, 3ª Câmara de Direito Privado, Foro de Itupeva – Vara Única, *DJ* 09/10/2020).
- Considerando que o Superior Tribunal de Justiça manifestou-se, no REsp 1.704.520/MT, sob a sistemática dos recursos repetitivos (CPC, art. 1.036), pela taxatividade mitigada do art. 1.015 do Código de Processo Civil nos casos em que o julgamento diferido do recurso de apelação, à vista da urgência no exame da questão, mostre-se desarrazoado, deve ser conhecido o presente agravo de instrumento que versa sobre alteração de ofício do valor da causa, tendo em vista que implica majoração do valor das custas iniciais do processo a serem recolhidas pela parte agravante (TJMG, Agravo de Instrumento-Cv 1.0000.19.146468-4/001, Rel. Desembargador José Eustáquio Lucas Pereira, 5ª Câmara Cível, julgamento em 20/08/2020, publicação da súmula em 20/08/2020).
- Segundo o STJ, apesar de não previsto expressamente no rol do art. 1.015 do CPC/15, a decisão interlocutória relacionada à definição de competência continua desafiando recurso de agravo de instrumento (REsp 1.679.909/RS) (TJMG, Agravo de Instrumento-Cv 1.0000.19.077657-5/002, Rel. Desembargador Pedro Bernardes, 9ª Câmara Cível, julgamento em 18/08/2020, publicação da súmula em 24/08/2020).
- O rol do art. 1.015 do CPC é de taxatividade mitigada, por isso admite a interposição de agravo de instrumento quando verificada a urgência decorrente da inutilidade do julgamento da questão no recurso de apelação (STJ, REsp 1.696.396/MT, Rel. Ministra Nancy Andrighi, Corte Especial, *DJe* 19/12/2018).
- Ademais, o pedido de concessão de efeito suspensivo aos Embargos à Execução poderia perfeitamente ser subsumido ao que preconiza o inciso I do art. 1.015 do CPC/2015, por ter natureza de tutela provisória de urgência. Dessa forma, por paralelismo com o referido inciso do art. 1.015 do CPC/2015, qualquer deliberação sobre efeito suspensivo dos Embargos à Execução é agravável. Dessa forma, deve ser dada interpretação extensiva ao comando contido no inciso X do art. 1.015 do CPC/2015, para que se reconheça a possibilidade de interposição de Agravo de Instrumento nos casos de decisão que indefere o pedido de efeito suspensivo aos Embargos à Execução (STJ, REsp 1.694.667/PR, Ministro Herman Benjamin, T2 – Segunda Turma, *DJe* 18/12/2017).
- O efeito devolutivo do agravo de instrumento (art. 1.015 do CPC/2015) está limitado à questão resolvida pela decisão interlocutória de que se recorre, de modo que a não apreciação pela Corte de origem de questões estranhas ao conteúdo da decisão agravada, ainda que eventualmente tenham sido suscitadas na peça recursal, não constitui negativa de prestação jurisdicional (STJ, AgInt nos EDcl no AREsp 1.069.851/DF, Ministro Ricardo Villas Bôas Cueva, T3 – Terceira Turma, *DJe* 30/10/2017).
- O agravo de instrumento previsto no art. 1.015 do CPC/2015 é cabível contra decisões interlocutórias proferidas em primeiro grau, não sendo possível a interposição de referido recurso perante o STJ. As hipóteses de agravo a esta Corte Superior são apenas aquelas previstas nos arts. 1.027, § 1º, e 1.042 do Código de Processo Civil. O caso concreto não se enquadra em nenhuma das hipóteses legais (STJ, AgInt no Ag 1.433.615/MS, Ministro Antonio Carlos Ferreira, T4 – Quarta Turma, *DJe* 17/11/2016).

Art. 1.016. O agravo de instrumento será dirigido diretamente ao tribunal competente, por meio de petição com os seguintes requisitos:

I – os nomes das partes;
II – a exposição do fato e do direito;
III – as razões do pedido de reforma ou de invalidação da decisão e o próprio pedido;
IV – o nome e o endereço completo dos advogados constantes do processo.

REFERÊNCIAS LEGISLATIVAS

- Arts. 425, IV, e 932, CPC.

DICAS DE PRÁTICA JURÍDICA

- *Endereçamento e conteúdo do agravo de instrumento*: a petição de interposição do recurso de agravo de instrumento deve ser endereçada ao presidente do tribunal competente ("Excelentíssimo Senhor Doutor Presidente do Egrégio Tribunal de Justiça do Estado de São Paulo"), indicando os nomes das partes, o nome e o endereço completo dos advogados constantes do processo, a relação dos documentos juntados (declarados verdadeiros pelo próprio advogado – art. 425, IV, CPC). Nas razões do recurso, o interessado deve expor os fatos e o direito, assim como as razões pelas quais deseja a reforma ou invalidação da decisão agravada; na conclusão deve requerer a procedência do recurso com escopo de anular ou rever a decisão recorrida. Para acesso a modelos editáveis deste recurso, veja nosso *Prática do recurso de agravo*, da Editora Atlas.

JURISPRUDÊNCIA

- Acerca do princípio recursal da dialeticidade, ensina Arruda Alvim que "importa ao órgão *ad quem* saber exatamente os motivos pelos quais as razões da decisão recorrida não são adequadas", sendo, por isso, ônus da parte recorrente alinhar "as razões de fato e de direito pelas quais entende que a decisão está errada" (*Manual de direito processual civil*. 18. ed. São Paulo: Thomson Reuters, 2019. p. 1208) (STJ, AgInt no MS 26194/DF, Ministro Sérgio Kukina, S1 – Primeira Seção, *DJe* 16/09/2020).
- Não há que se falar em ofensa ao princípio da dialeticidade, se a parte recorrente, em sua peça recursal, atacou suficientemente os fundamentos da sentença (TJMG, Apelação Cível 1.0024.12.071545-3/001, Rel. Desembargadora Aparecida Grossi, 17ª Câmara Cível, julgamento em 21/08/2020, publicação da súmula em 25/08/2020).
- Pelo princípio da dialeticidade, se impõe à parte recorrente o ônus de motivar seu recurso, expondo as razões hábeis a ensejar a reforma da decisão, sendo inconsistente o recurso que não ataca concretamente os fundamentos utilizados no acórdão recorrido (STJ, AgInt no RMS 58.200/BA, Rel. Ministro Gurgel de Faria, T1 – Primeira Turma, *DJe* 28/11/2018).

Art. 1.017. A petição de agravo de instrumento será instruída:
I – obrigatoriamente, com cópias da petição inicial, da contestação, da petição que ensejou a decisão agravada, da própria decisão agravada, da certidão da respectiva intimação ou outro documento oficial que comprove a tempestividade e das procurações outorgadas aos advogados do agravante e do agravado;

II – com declaração de inexistência de qualquer dos documentos referidos no inciso I, feita pelo advogado do agravante, sob pena de sua responsabilidade pessoal;

III – facultativamente, com outras peças que o agravante reputar úteis.

§ 1º Acompanhará a petição o comprovante do pagamento das respectivas custas e do porte de retorno, quando devidos, conforme tabela publicada pelos tribunais.

§ 2º No prazo do recurso, o agravo será interposto por:

I – protocolo realizado diretamente no tribunal competente para julgá-lo;

II – protocolo realizado na própria comarca, seção ou subseção judiciárias;

III – postagem, sob registro, com aviso de recebimento;

IV – transmissão de dados tipo fac-símile, nos termos da lei;

V – outra forma prevista em lei.

§ 3º Na falta da cópia de qualquer peça ou no caso de algum outro vício que comprometa a admissibilidade do agravo de instrumento, deve o relator aplicar o disposto no art. 932, parágrafo único.

§ 4º Se o recurso for interposto por sistema de transmissão de dados tipo fac-símile ou similar, as peças devem ser juntadas no momento de protocolo da petição original.

§ 5º Sendo eletrônicos os autos do processo, dispensam-se as peças referidas nos incisos I e II do *caput*, facultando-se ao agravante anexar outros documentos que entender úteis para a compreensão da controvérsia.

REFERÊNCIAS LEGISLATIVAS

- Arts. 932, parágrafo único, 1.007, CPC; arts. 1º e 2º, Lei nº 9.800/1999.

ANOTAÇÕES

- Interposição: o protocolo do recurso pode ser feito de uma das seguintes formas: (I) protocolo realizado diretamente no tribunal competente para julgá-lo; (II) protocolo realizado na própria comarca, seção ou subseção judiciárias; (III) postagem, sob registro, com aviso de recebimento; (IV) transmissão de dados tipo fac-símile, nos termos da lei (as peças devem ser juntadas no momento de protocolo da petição original). A Lei nº 9.800/1999, no seu art. 1º, autoriza "*às partes a utilização de sistema de transmissão de dados e imagens tipo fac-símile ou outro similar, para a prática de atos processuais que dependam de petição escrita*". Utilizando-se desta faculdade, o agravante deve providenciar a entrega dos originais em juízo em até 5 (cinco) dias, conforme art. 2º da referida Lei. O desatendimento desta norma pode causar o indeferimento do recurso por falta de documento essencial.

- **Peças obrigatórias**: na falta da cópia de qualquer peça ou no caso de algum outro vício que comprometa a admissibilidade do agravo de instrumento, deve o relator, antes de considerar inadmissível o recurso, conceder ao recorrente o prazo de 5 (cinco) dias para que seja sanado vício ou complementada a documentação exigível.

JURISPRUDÊNCIA

- Súmula 223 do STJ: A certidão de intimação do acórdão recorrido constitui peça obrigatória do instrumento de agravo.

- A disposição constante do art. 1.017, § 5º, do CPC/2015, que dispensa a juntada das peças obrigatórias à formação do agravo de instrumento em se tratando de processo eletrônico, exige, para sua aplicação, que os autos tramitem por meio digital tanto no primeiro quanto no segundo grau de jurisdição (STJ, REsp 1.643.956/PR, Ministro Ricardo Villas Bôas Cueva, T3 – Terceira Turma, *DJe* 22/05/2017).
- É dever do agravante zelar pela correta formação do instrumento, trasladando todas as peças obrigatórias e essenciais ao deslinde da controvérsia quando da interposição do recurso, sob pena de preclusão consumativa (STJ, AgRg no Ag 1.316.341/SC, Rel. Ministro Raul Araújo, T4 – Quarta Turma, *DJ* 19/06/2012).

Art. 1.018. O agravante poderá requerer a juntada, aos autos do processo, de cópia da petição do agravo de instrumento, do comprovante de sua interposição e da relação dos documentos que instruíram o recurso.

§ 1º Se o juiz comunicar que reformou inteiramente a decisão, o relator considerará prejudicado o agravo de instrumento.

§ 2º Não sendo eletrônicos os autos, o agravante tomará a providência prevista no *caput*, no prazo de 3 (três) dias a contar da interposição do agravo de instrumento.

§ 3º O descumprimento da exigência de que trata o § 2º, desde que arguido e provado pelo agravado, importa inadmissibilidade do agravo de instrumento.

REFERÊNCIAS LEGISLATIVAS

- Art. 219, CPC.

ANOTAÇÕES

- ***Juízo de retratação***: o claro objetivo dessa norma é possibilitar ao magistrado de primeiro grau eventual exercício do juízo de retratação, ou seja, revisão da decisão impugnada.
- ***Contagem do prazo para juntada de cópia do agravo***: o prazo referido no parágrafo segundo desta norma é de natureza "processual", devendo a sua contagem considerar, nos termos do art. 219, apenas os dias úteis.

JURISPRUDÊNCIA

- Dispõe o artigo 1.018, § 2º, do CPC, que, não sendo eletrônicos os autos, o agravante tomará a providência prevista no *caput* do referido artigo, o fazendo no prazo de 3 (três) dias, a contar da interposição do agravo de instrumento. Tal requerimento aplica-se e, tão somente, aos processos físicos, uma vez que esta exigência se fundamenta em dois pilares, quais sejam: ensejar um eventual juízo de retratação do magistrado primevo e, de outro lado, possibilitar a parte agravada o conhecimento do recurso interposto (TJMG, Agravo de Instrumento-Cv 1.0000.19.034702-1/001, Rel. Desembargador Fausto Bawden de Castro Silva (JD Convocado), 9ª Câmara Cível, julgamento em 04/11/0020, publicação da súmula em 06/11/2020).
- Conquanto necessária, não é suficiente, para fins do artigo 1.018, § 2º, do CPC, a juntada aos autos de origem da petição do encaminhamento do agravo com o comprovante de sua interposição e a indicação dos documentos que instruíram o recurso. Deixando a agravante de juntar suas razões recursais em primeira instância, frustra-se a finalidade da norma, que é a de propiciar ao órgão jurisdicional de primeiro grau o juízo de retratação, de modo que, alegada e provada a falta pelo agravado, o agravo não deve ser conhecido, por falta de pressuposto específico de admissibilidade (TJMG, Agravo de Instrumento-Cv 1.0470.17.002787-9/001, Rel. Desembargador Fernando Lins, 18ª Câmara Cível, julgamento em 24/04/2018, publicação da súmula em 26/04/2018).

Art. 1.019. Recebido o agravo de instrumento no tribunal e distribuído imediatamente, se não for o caso de aplicação do art. 932, incisos III e IV, o relator, no prazo de 5 (cinco) dias:

I – poderá atribuir efeito suspensivo ao recurso ou deferir, em antecipação de tutela, total ou parcialmente, a pretensão recursal, comunicando ao juiz sua decisão;

II – ordenará a intimação do agravado pessoalmente, por carta com aviso de recebimento, quando não tiver procurador constituído, ou pelo Diário da Justiça ou por carta com aviso de recebimento dirigida ao seu advogado, para que responda no prazo de 15 (quinze) dias, facultando-lhe juntar a documentação que entender necessária ao julgamento do recurso;

III – determinará a intimação do Ministério Público, preferencialmente por meio eletrônico, quando for o caso de sua intervenção, para que se manifeste no prazo de 15 (quinze) dias.

REFERÊNCIAS LEGISLATIVAS

- Arts. 176 a 181, 219, 294, 300, 311, 932, III e IV, CPC.

ANOTAÇÕES

- *Referência*: os incisos do citado art. 932 informam que cabe ao relator: (III) não conhecer de recurso inadmissível, prejudicado ou que não tenha impugnado especificamente os fundamentos da decisão recorrida; (IV) negar provimento a recurso que for contrário a: (a) súmula do Supremo Tribunal Federal, do Superior Tribunal de Justiça ou do próprio tribunal; (b) acórdão proferido pelo Supremo Tribunal Federal ou pelo Superior Tribunal de Justiça em julgamento de recursos repetitivos; (c) entendimento firmado em incidente de resolução de demandas repetitivas ou de assunção de competência.

JURISPRUDÊNCIA

- É firme a jurisprudência do STJ no sentido de que a ausência de intimação do Ministério Público não enseja, por si só, a decretação de nulidade do julgado, salvo a ocorrência de efetivo prejuízo demonstrado nos autos (STJ, REsp 1314615/SP, Ministro Luis Felipe Salomão, T4 – Quarta Turma, *DJe* 12/06/2017).

Art. 1.020. O relator solicitará dia para julgamento em prazo não superior a 1 (um) mês da intimação do agravado.

REFERÊNCIAS LEGISLATIVAS

- Art. 218 do CPC; art. 132, § 3º, CC.

ANOTAÇÕES

- **Prazo para julgamento**: esse prazo é de natureza imprópria, ou seja, não está sujeito a preclusão, sendo que sua inobservância não gera sanção processual, mas apenas disciplinar ou administrativa.

CAPÍTULO IV
DO AGRAVO INTERNO

Art. 1.021. Contra decisão proferida pelo relator caberá agravo interno para o respectivo órgão colegiado, observadas, quanto ao processamento, as regras do regimento interno do tribunal.

§ 1º Na petição de agravo interno, o recorrente impugnará especificadamente os fundamentos da decisão agravada.

§ 2º O agravo será dirigido ao relator, que intimará o agravado para manifestar-se sobre o recurso no prazo de 15 (quinze) dias, ao final do qual, não havendo retratação, o relator levá-lo-á a julgamento pelo órgão colegiado, com inclusão em pauta.

§ 3º É vedado ao relator limitar-se à reprodução dos fundamentos da decisão agravada para julgar improcedente o agravo interno.

§ 4º Quando o agravo interno for declarado manifestamente inadmissível ou improcedente em votação unânime, o órgão colegiado, em decisão fundamentada, condenará o agravante a pagar ao agravado multa fixada entre um e cinco por cento do valor atualizado da causa.

§ 5º A interposição de qualquer outro recurso está condicionada ao depósito prévio do valor da multa prevista no § 4º, à exceção da Fazenda Pública e do beneficiário de gratuidade da justiça, que farão o pagamento ao final.

REFERÊNCIAS LEGISLATIVAS

- Arts. 219, 932, CPC.

ANOTAÇÕES

- **Delimitação**: agravo interno é o recurso cabível contra decisões singulares proferidas pelo relator, de qualquer natureza. Este recurso veio substituir os conhecidos "agravos regimentais", de constitucionalidade questionável.
- **Interposição**: o recurso deve ser dirigido ao próprio relator, que determinará a intimação do agravado para se manifestar sobre o recurso no prazo de 15 (quinze) dias. Findado o prazo, com ou sem manifestação do recorrido, faculta-se ao relator retratar-se; não havendo retratação, o relator deve incluir o recurso na pauta, para julgamento.
- **Voto do relator**: no julgamento do recurso de agravo interno é vedado ao relator simplesmente reproduzir os fundamentos da decisão agravada; ou seja, o julgador deve rebater, responder, especificamente aos argumentos lançados em seu recurso pelo agravante.
- **Exaurimento da instância**: o interessado que tenha eventual interesse em interpor oportunamente recurso especial deve, primeiramente, interpor o agravo interno, com escopo de esgotar a instância.

💡 DICAS DE PRÁTICA JURÍDICA

- **Estrutura da petição do recurso**: a petição do recurso de agravo interno é composta de duas partes. A primeira parte é a "petição de interposição", endereçada ao próprio relator; nela o recorrente informa que não se conformou com a decisão, razão pela qual interpõe o presente recurso de agravo interno, requerendo, por fim, seja o recurso recebido e regularmente processado. A segunda parte são as "razões do recurso", que normalmente tem a seguinte estrutura: identificação das partes e do processo, resumo dos fatos, mérito, pedido (provimento do recurso). Para acesso a modelos editáveis e informações adicionais sobre este, veja nosso *Prática do recurso de agravo*, da Editora Atlas.

⚖️ JURISPRUDÊNCIA

- Conforme compreensão firmada por este Superior Tribunal de Justiça, a aplicação da multa prevista no art. 1.021, § 4º, do CPC/15 não decorre da simples rejeição do agravo interno. Mas pressupõe a demonstração, pela Corte de origem, de que o agravo interno é manifestamente inadmissível (STJ, AgInt no AREsp 1243614/RJ, Ministro Marco Buzzi, T4 – Quarta Turma, *DJe* 01/10/2020).
- É inviável o agravo previsto no art. 1.021 do CPC/2015 que deixa de atacar especificamente os fundamentos da decisão agravada (Súmula n. 182/STJ) (STJ, AgInt no AREsp 1288998/RS, Ministro Antonio Carlos Ferreira, *DJe* 24/09/2020).
- Acerca do princípio recursal da dialeticidade, ensina Arruda Alvim que "importa ao órgão ad quem saber exatamente os motivos pelos quais as razões da decisão recorrida não são adequadas", sendo, por isso, ônus da parte recorrente alinhar "as razões de fato e de direito pelas quais entende que a decisão está errada" (Manual de direito processual *civil*. 18. ed. São Paulo: Thomson Reuters, 2019. p. 1208) (STJ, AgInt no MS 26194/DF, Ministro Sérgio Kukina, S1 – Primeira Seção, *DJe* 16/09/2020).
- O mero não conhecimento ou improcedência de recurso interno não enseja a automática condenação na multa do art. 1.021, § 4º, do NCPC, devendo ser analisado caso a caso (STJ, AgInt no AREsp 1453396/SC, Ministro Marco Aurélio Bellizze, T3 – Terceira Turma, *DJe* 25/06/2019).
- Nos termos do art. 1.021, § 1º, do CPC/2015, deve a agravante impugnar especificamente os fundamentos da decisão monocrática, sob pena de não conhecimento do reclamo (STJ, AgInt na Pet 11.749/PE, Ministro Marco Buzzi, T4 – Quarta Turma, *DJe* 04/12/2017).
- Razões do agravo interno que não impugnam, especificamente, o fundamento invocado na decisão agravada. Em razão do princípio da dialeticidade e, em atenção ao disposto no art. 1.021, § 1º, do CPC/2015, bem como à Súmula 182/STJ, deve o agravante demonstrar, de modo fundamentado, o desacerto da decisão agravada, sob pena de não conhecimento do reclamo (STJ, AgInt nos EREsp 1.618.076/SP, Ministro Marco Buzzi, S2 – Segunda Seção, *DJe* 28/11/2017).
- É firme o entendimento desta Corte no sentido de não aplicar a multa por litigância de má-fé quando a parte utiliza recurso previsto no ordenamento jurídico, sem abusar do direito de recorrer. Além disso, o mero desprovimento do agravo interno em votação unânime não basta para configurar a hipótese de manifesta inadmissibilidade ou improcedência do recurso capaz de justificar a aplicação da multa do art. 1.021, § 4º, do CPC/2015 (STJ, EDcl no AgInt no AREsp 647.276/SP, Ministro Luis Felipe Salomão, T4 – Quarta Turma, *DJe* 20/10/2017).
- Não havendo o exaurimento da instância ordinária, impede-se o conhecimento do recurso especial, por aplicação analógica da Súmula 281 do Supremo Tribunal Federal (STJ, AgInt no AREsp 276.001/RJ, Rel. Ministro Gurgel de Faria, *DJe* 09/12/2016).

CAPÍTULO V
DOS EMBARGOS DE DECLARAÇÃO

Art. 1.022. Cabem embargos de declaração contra qualquer decisão judicial para:

I – esclarecer obscuridade ou eliminar contradição;

II – suprir omissão de ponto ou questão sobre o qual devia se pronunciar o juiz de ofício ou a requerimento;

III – corrigir erro material.

Parágrafo único. Considera-se omissa a decisão que:

I – deixe de se manifestar sobre tese firmada em julgamento de casos repetitivos ou em incidente de assunção de competência aplicável ao caso sob julgamento;

II – incorra em qualquer das condutas descritas no art. 489, § 1º.

REFERÊNCIAS LEGISLATIVAS

- Art. 93, IX, CF; arts. 11, 203, 204, 489, § 1º, 494, CPC.

ANOTAÇÕES

- **Cabimento**: quando a decisão judicial deixar de apreciar alguma questão levantada pela parte, for obscura, apresentar declarações contraditórias ou erro material, a parte interessada poderá interpor embargos de declaração, a fim de que o juiz, desembargador e/ou ministro, prolator da decisão, se manifeste sobre a omissão, esclareça a questão que ficou obscura ou corrija a contradição ou o erro material apontado. Note-se que o legislador tomou o cuidado de especificar que os embargos são cabíveis contra "qualquer decisão judicial", acabando de vez com longa e antiga discussão sobre a possibilidade ou não de embargos declaratórios contra decisões interlocutórias.
- **Legitimidade**: considerando que o objetivo dos embargos declaratórios não é cassar ou substituir a decisão impugnada, ele pode ser oposto por qualquer das partes, vencedor ou vencido.
- **Falta de fundamentação da decisão**: o art. 489, § 1º, do CPC declara que não se considera fundamentada qualquer decisão judicial, seja ela interlocutória, sentença ou acórdão, que: I – se limitar à indicação, à reprodução ou à paráfrase de ato normativo, sem explicar sua relação com a causa ou a questão decidida; II – empregar conceitos jurídicos indeterminados, sem explicar o motivo concreto de sua incidência no caso; III – invocar motivos que se prestariam a justificar qualquer outra decisão; IV – não enfrentar todos os argumentos deduzidos no processo capazes de, em tese, infirmar a conclusão adotada pelo julgador; V – se limitar a invocar precedente ou enunciado de súmula, sem identificar seus fundamentos determinantes nem demonstrar que o caso sob julgamento se ajusta àqueles fundamentos; VI – deixar de seguir enunciado de súmula, jurisprudência ou precedente invocado pela parte, sem demonstrar a existência de distinção no caso em julgamento ou a superação do entendimento.

DICAS DE PRÁTICA JURÍDICA

- **Estrutura da petição do recurso**: a petição do recurso de embargos de declaração é, normalmente, simples (unitária). Endereçada ao próprio juiz, ela costuma apresentar a seguinte estrutura: qualificação, onde o recorrente informa a natureza da petição (interpor embargos); apresentação dos fatos de forma articulada (por parágrafos); pedido de acolhimento dos embargos, a fim de esclarecer obscuridade, eliminar contradição, suprir omissão ou corrigir erro material (conforme o caso). Para acesso a modelos editáveis e informações adicionais sobre este recurso, veja nosso *Prática de recursos no processo civil*, da Editora Atlas.

JURISPRUDÊNCIA

- Súmula 98 do STJ: Embargos de declaração manifestados com notório propósito de prequestionamento não têm caráter protelatório.
- Nos termos do que dispõe o art. 1.022 do CPC/2015, cabem embargos de declaração contra qualquer decisão judicial para esclarecer obscuridade, eliminar contradição, suprir omissão de ponto ou questão sobre a qual devia se pronunciar o juiz de ofício ou a requerimento, bem como para corrigir erro material (STJ, EDcl no AgRg no REsp 1.329.164/RS, Ministro Napoleão Nunes Maia Filho, T1 – Primeira Turma, *DJe* 05/12/2017).
- Os embargos de declaração constituem instrumento processual com o escopo de eliminar do julgamento obscuridade, contradição ou omissão sobre tema cujo pronunciamento se impunha pelo acórdão ou, ainda, de corrigir evidente erro material, servindo como instrumento de aperfeiçoamento do julgado (art. 1.022 do CPC/2015) (STJ, EDcl nos EDcl no REsp 1.629.580/RS, Ministro Mauro Campbell Marques, T2 – Segunda Turma, *DJe* 01/12/2017).
- O mero julgamento da causa em sentido contrário aos interesses e à pretensão de uma das partes não caracteriza a ausência de prestação jurisdicional tampouco viola o art. 1.022 do CPC/2015, também quando irrelevantes o ponto ou a questão para o correto deslinde da controvérsia (STJ, REsp 1.700.578/RS, Ministro Mauro Campbell Marques, T2 – Segunda Turma, *DJe* 27/11/2017).

> **Art. 1.023.** Os embargos serão opostos, no prazo de 5 (cinco) dias, em petição dirigida ao juiz, com indicação do erro, obscuridade, contradição ou omissão, e não se sujeitam a preparo.
> § 1º Aplica-se aos embargos de declaração o art. 229.
> § 2º O juiz intimará o embargado para, querendo, manifestar-se, no prazo de 5 (cinco) dias, sobre os embargos opostos, caso seu eventual acolhimento implique a modificação da decisão embargada.

REFERÊNCIAS LEGISLATIVAS

- Arts. 10, 219, 229, 932, 1.022, CPC.
- Art. 5º, LV, CF: "aos litigantes, em processo judicial ou administrativo, e aos acusados em geral são assegurados o contraditório e ampla defesa, com os meios e recursos a ela inerentes".

ANOTAÇÕES

- ***Manifestação do embargado***: em atenção aos princípios do contraditório e da ampla defesa, assim como considerando a expressa vedação de decisão surpresa (art. 10), o juiz deve abrir oportunidade para manifestação do embargado sempre que houver possibilidade de que a decisão que vai decidir sobre o mérito dos embargos possa ter efeitos modificativo na decisão impugnada.
- ***Contagem do prazo para oposição dos embargos***: o prazo referido no *caput* desta norma é de natureza "processual", devendo a sua contagem considerar, nos termos do art. 219, apenas os dias úteis.

DICAS DE PRÁTICA JURÍDICA

- ***Estrutura da petição de manifestação do embargado***: sendo intimado para se manifestar sobre os embargos, o interessado pode fazê-lo por meio de "petição intermediária" endereçada ao juiz da causa, observando-se a seguinte estrutura: endereçamento; qualificação; resumo dos fatos; considerações sobre as razões dos embargos; pedidos.

Art. 1.024. O juiz julgará os embargos em 5 (cinco) dias.

§ 1º Nos tribunais, o relator apresentará os embargos em mesa na sessão subsequente, proferindo voto, e, não havendo julgamento nessa sessão, será o recurso incluído em pauta automaticamente.

§ 2º Quando os embargos de declaração forem opostos contra decisão de relator ou outra decisão unipessoal proferida em tribunal, o órgão prolator da decisão embargada decidi-los-á monocraticamente.

§ 3º O órgão julgador conhecerá dos embargos de declaração como agravo interno se entender ser este o recurso cabível, desde que determine previamente a intimação do recorrente para, no prazo de 5 (cinco) dias, complementar as razões recursais, de modo a ajustá-las às exigências do art. 1.021, § 1º.

§ 4º Caso o acolhimento dos embargos de declaração implique modificação da decisão embargada, o embargado que já tiver interposto outro recurso contra a decisão originária tem o direito de complementar ou alterar suas razões, nos exatos limites da modificação, no prazo de 15 (quinze) dias, contado da intimação da decisão dos embargos de declaração.

§ 5º Se os embargos de declaração forem rejeitados ou não alterarem a conclusão do julgamento anterior, o recurso interposto pela outra parte antes da publicação do julgamento dos embargos de declaração será processado e julgado independentemente de ratificação.

REFERÊNCIAS LEGISLATIVAS

- Arts. 219, 1.021, § 1º, CPC.

JURISPRUDÊNCIA

- Súmula 579 do STJ: Não é necessário ratificar o recurso especial interposto na pendência do julgamento dos embargos de declaração, quando inalterado o resultado anterior.
- Enunciado 84 do Fórum Permanente de Processualistas Civis: A ausência de publicação da pauta gera nulidade do acórdão que decidiu o recurso, ainda que não haja previsão de sustentação oral, ressalvada, apenas, a hipótese do § 1º do art. 1.024, na qual a publicação da pauta é dispensável.

Art. 1.025. Consideram-se incluídos no acórdão os elementos que o embargante suscitou, para fins de pré-questionamento, ainda que os embargos de declaração sejam inadmitidos ou rejeitados, caso o tribunal superior considere existentes erro, omissão, contradição ou obscuridade.

REFERÊNCIAS LEGISLATIVAS

- Art. 1.022, CPC.

ANOTAÇÕES

- ***Prequestionamento implícito***: fundamental para viabilizar o acesso ao recurso especial e extraordinário, o prequestionamento da questão federal e constitucional pode também ser obtido por meio da interposição dos embargos de declaração; mesmo no caso de estes serem inadmitidos ou rejeitados, ainda se tem na prática o prequestionamento, neste caso implícito, visto que as razões dos embargos se consideram incluídas no acórdão. Neste caso, o interessado deve em seu recurso especial e/ou extraordinário não só argumentar sobre a violação do dispositivo federal ou constitucional, conforme o caso, mas também levantar a violação do art. 1.022 do CPC.

JURISPRUDÊNCIA

- Súmula 356 do STF: O ponto omisso da decisão, sobre o qual não foram opostos embargos declaratórios, não pode ser objeto de recurso extraordinário, por faltar o requisito do prequestionamento.
- Ademais, o Superior Tribunal de Justiça, ao interpretar o art. 1.025 do Código de Processo Civil, fixou o entendimento no sentido de não reconhecer o prequestionamento pela simples oposição de embargos de declaração, de modo que, persistindo a omissão, é necessário alegar afronta ao art. 1.022 do CPC, sob pena de perseverar o óbice da ausência de prequestionamento (STJ, AgInt nos EDcl no REsp 1704311/MG, Ministro Luis Felipe Salomão, T4 – Quarta Turma, *DJe* 16/10/2020).
- Não obstante a oposição de Embargos Declaratórios, os dispositivos legais tidos por malferidos (art. 492 do CPC/2015 e arts. 142, 170 e 173 do CTN) deixaram de ser apreciados pela instância ordinária. Assim, ausente o indispensável prequestionamento das matérias insertas na legislação infraconstitucional tida por violada, incide no caso a Súmula 211/STJ, a qual impede o conhecimento do especial. Consoante a orientação remansosa desta Corte, caberia à parte, nas razões do seu Recurso Especial, alegar violação do art. 1.022 do CPC (art. 535 do CPC/1973), a fim de que o STJ pudesse averiguar a existência de possível omissão no julgado, o que não foi feito (STJ, REsp 1.643.738/RS, Ministro Herman Benjamin, T2 – Segunda Turma, *DJe* 25/04/2017).

Art. 1.026. Os embargos de declaração não possuem efeito suspensivo e interrompem o prazo para a interposição de recurso.

§ 1º A eficácia da decisão monocrática ou colegiada poderá ser suspensa pelo respectivo juiz ou relator se demonstrada a probabilidade de provimento do recurso ou, sendo relevante a fundamentação, se houver risco de dano grave ou de difícil reparação.

§ 2º Quando manifestamente protelatórios os embargos de declaração, o juiz ou o tribunal, em decisão fundamentada, condenará o embargante a pagar ao embargado multa não excedente a dois por cento sobre o valor atualizado da causa.

§ 3º Na reiteração de embargos de declaração manifestamente protelatórios, a multa será elevada a até dez por cento sobre o valor atualizado da causa, e a interposição de qualquer recurso ficará condicionada ao depósito prévio do valor da multa, à exceção da Fazenda Pública e do beneficiário de gratuidade da justiça, que a recolherão ao final.

§ 4º Não serão admitidos novos embargos de declaração se os 2 (dois) anteriores houverem sido considerados protelatórios.

REFERÊNCIAS LEGISLATIVAS

- Art. 777, CPC.

ANOTAÇÕES

- ***Efeito interruptivo***: diferentemente dos demais recursos, os embargos de declaração não possuem o efeito devolutivo, visto que dirigidos ao próprio prolator da decisão embargada; não possuem, como regra, o efeito suspensivo, podendo, no entanto, o juiz ou relator, conforme o caso, suspender a eficácia da decisão impugnada (§ 1º). Entretanto se como regra os embargos declaratórios não têm os efeitos devolutivo e suspensivo, possuem o efeito interruptivo, que interrompe o curso do prazo para a interposição de outros recursos; novo prazo só se iniciará no primeiro dia útil após a intimação da decisão sobre os embargos.

JURISPRUDÊNCIA

- Súmula 98 do STJ: Embargos de declaração manifestados com notório propósito de prequestionamento não têm caráter protelatório.
- Enunciado 218 do Fórum Permanente de Processualistas Civis: A inexistência de efeito suspensivo dos embargos de declaração não autoriza o cumprimento provisório da sentença nos casos em que a apelação tenha efeito suspensivo.
- A multa prevista no art. 1.026, § 2º, do CPC/2015 não é automática e depende de decisão fundamentada, o que não ocorreu no caso. Ademais, aplicada cumulativamente com a pena por litigância de má-fé, e sem a devida justificativa, configura *bis in idem*, devendo, por isso, ser afastada (STJ, AgInt no AREsp 1330255/MT, Ministro Raul Araújo, T4 – Quarta Turma, *DJe* 21/10/2019).

CAPÍTULO VI
DOS RECURSOS PARA O SUPREMO TRIBUNAL FEDERAL E PARA O SUPERIOR TRIBUNAL DE JUSTIÇA

Seção I
Do Recurso Ordinário

Art. 1.027. Serão julgados em recurso ordinário:

I – pelo Supremo Tribunal Federal, os mandados de segurança, os *habeas data* e os mandados de injunção decididos em única instância pelos tribunais superiores, quando denegatória a decisão;

II – pelo Superior Tribunal de Justiça:

a) os mandados de segurança decididos em única instância pelos tribunais regionais federais ou pelos tribunais de justiça dos Estados e do Distrito Federal e Territórios, quando denegatória a decisão;

b) os processos em que forem partes, de um lado, Estado estrangeiro ou organismo internacional e, de outro, Município ou pessoa residente ou domiciliada no País.

§ 1º Nos processos referidos no inciso II, alínea "b", contra as decisões interlocutórias caberá agravo de instrumento dirigido ao Superior Tribunal de Justiça, nas hipóteses do art. 1.015.

§ 2º Aplica-se ao recurso ordinário o disposto nos arts. 1.013, § 3º, e 1.029, § 5º.

REFERÊNCIAS LEGISLATIVAS

- Arts. 102, III, 105, III, CF; arts. 932, 1.003, § 5º, 1.013, § 3º, 1.015, 1.029, § 5º, CPC.

ANOTAÇÕES

- ***Delimitação***: o genericamente denominado "recurso ordinário" tem sua abrangência atrelada ao órgão a que é destinado e tem fundamento livre e não vinculado; ou seja, o recorrente não

precisa justificar as razões do seu cabimento, como ocorre no recurso especial e no recurso extraordinário (questão federal e constitucional).
- **Legitimidade**: a expressão *denegatória à decisão*, que restringe a legitimidade deste recurso ao autor (impetrante), não se aplica tão somente à rejeição do mérito, mas também à decisão que extingue o processo sem julgamento de mérito. Ressalve-se que, no caso de a decisão judicial conceder total ou parcialmente o pedido do autor, o ente público vencido poderá interpor, conforme o caso, recurso especial ou extraordinário (arts. 102, III, e 105, III, CF).

JURISPRUDÊNCIA

- O recurso previsto no art. 105, II, "b", da Constituição Federal, e 1.027, II, "a" do CPC/2015 (antigo art. 539, II, "a", do CPC/1973) serve para impugnar "mandados de segurança decididos em única instância pelos Tribunais Regionais Federais ou pelos Tribunais dos Estados, do Distrito Federal e Territórios, quando denegatória a decisão", não sendo meio idôneo a desafiar acórdão prolatado por Turma ou Conselho Recursal de Juizado Especial (STJ, AgInt no RMS 52.179/MA, Ministro Luis Felipe Salomão, T4 – Quarta Turma, *DJe* 01/08/2017).
- A petição do recurso ordinário em mandado de segurança deve observar o princípio da dialeticidade, ou seja, deve apresentar as razões pelas quais a parte recorrente não se conforma com o acórdão proferido pelo Tribunal de origem, o que, todavia, não se verifica nos presentes autos, em que a impetrante deixou de impugnar especificamente o ponto do acórdão recorrido consistente na denegação do mandado de segurança contra ato judicial passível de recurso ou correição (STJ, RMS 33.455/SP, Ministro Mauro Campbell Marques, T2 – Segunda Turma, *DJ* 17/04/2012).

> **Art. 1.028.** Ao recurso mencionado no art. 1.027, inciso II, alínea "b", aplicam-se, quanto aos requisitos de admissibilidade e ao procedimento, as disposições relativas à apelação e o Regimento Interno do Superior Tribunal de Justiça.
>
> § 1º Na hipótese do art. 1.027, § 1º, aplicam-se as disposições relativas ao agravo de instrumento e o Regimento Interno do Superior Tribunal de Justiça.
>
> § 2º O recurso previsto no art. 1.027, incisos I e II, alínea "a", deve ser interposto perante o tribunal de origem, cabendo ao seu presidente ou vice-presidente determinar a intimação do recorrido para, em 15 (quinze) dias, apresentar as contrarrazões.
>
> § 3º Findo o prazo referido no § 2º, os autos serão remetidos ao respectivo tribunal superior, independentemente de juízo de admissibilidade.

REFERÊNCIAS LEGISLATIVAS

- Arts. 219, 1.027, CPC.

ANOTAÇÕES

- **Interposição**: o recurso ordinário deve ser interposto por petição endereçada ao presidente do órgão que proferiu a decisão, tendo como requisitos formais: I – os nomes e qualificações das partes; II – os fundamentos de fato e de direito; III – o pedido de nova decisão.
- **Efeitos**: além de obstar o trânsito em julgado da decisão judicial, o recurso ordinário, de regra, tem duplo efeito: o devolutivo e o suspensivo. Ao contrário do que ocorre no recurso extraordinário e especial, o efeito devolutivo transfere para o órgão *ad quem* o conhecimento de toda a matéria

impugnada e, obviamente, no limite da impugnação, *tantum devolutum quantum apellatum*. Possibilita, ainda, conheça o tribunal *ad quem* de todas as questões suscitadas e discutidas no processo, mesmo que o acórdão não as tenha apreciado por inteiro. Pode, inclusive, acolher fundamento alternativo da defesa, previamente rejeitado.

- *Procedimento*: formalizada a interposição do recurso, os autos serão conclusos ao presidente ou vice-presidente que determinará a intimação do recorrido para, se quiser, responder. Apresentadas, ou não, as contrarrazões, determinar-se-á a subida dos autos para o órgão *ad quem*, independentemente de juízo de admissibilidade. No respectivo tribunal (STF ou STJ), o procedimento seguirá as regras do regimento interno.

DICAS DE PRÁTICA JURÍDICA

- *Estrutura da petição do recurso ordinário*: a petição do recurso ordinário é composta de duas partes. A primeira parte é a "petição de interposição", endereçada ao presidente do tribunal de origem competente; nela o recorrente informa que não se conforma com a decisão, interpondo, em razão disso, recurso ordinário com arrimo em um dos itens do art. 1.027 do CPC (indica-se o dispositivo que arrima o recurso, conforme o caso), requerendo seja o recurso recebido e regularmente processado. A segunda parte são as "razões do recurso", que normalmente têm a seguinte estrutura: identificação das partes e do processo, resumo dos fatos, mérito, onde se impugna as razões de decidir do acórdão, pedido (provimento do recurso). Para acesso a modelos editáveis, além de um capítulo específico sobre este recurso, veja nosso *Prática no processo civil*, da Editora Atlas.

JURISPRUDÊNCIA

- O alegado dissídio pretoriano não foi comprovado nos moldes exigidos pelos arts. 1.028, § 1º, do CPC/2015 e 255, § 2º, do Regimento Interno do STJ, uma vez que a parte interessada apenas transcreveu as ementas dos julgados que entendeu favoráveis à sua tese, sem realizar o necessário cotejo analítico entre a fundamentação contida nos precedentes invocados como paradigmas e a constante do aresto impugnado (STJ, AgInt no REsp 1.605.829/SC, Ministro Og Fernandes, T2 – Segunda Turma, *DJe* 18/11/2016).

Seção II
Do Recurso Extraordinário e do Recurso Especial

Subseção I
Disposições Gerais

Art. 1.029. O recurso extraordinário e o recurso especial, nos casos previstos na Constituição Federal, serão interpostos perante o presidente ou o vice-presidente do tribunal recorrido, em petições distintas que conterão:

I – a exposição do fato e do direito;

II – a demonstração do cabimento do recurso interposto;

III – as razões do pedido de reforma ou de invalidação da decisão recorrida.

§ 1º Quando o recurso fundar-se em dissídio jurisprudencial, o recorrente fará a prova da divergência com a certidão, cópia ou citação do repositório de jurisprudência, oficial ou credenciado, inclusive em mídia eletrônica, em que houver sido publicado o acórdão divergente, ou ainda com a reprodução de julgado disponível na rede mundial de computadores, com indicação da respectiva fonte, devendo-se, em qualquer caso, mencionar as circunstâncias que identifiquem ou assemelhem os casos confrontados.

§ 2º (revogado pela Lei nº 13.256/16).

§ 3º O Supremo Tribunal Federal ou o Superior Tribunal de Justiça poderá desconsiderar vício formal de recurso tempestivo ou determinar sua correção, desde que não o repute grave.

§ 4º Quando, por ocasião do processamento do incidente de resolução de demandas repetitivas, o presidente do Supremo Tribunal Federal ou do Superior Tribunal de Justiça receber requerimento de suspensão de processos em que se discuta questão federal constitucional ou infraconstitucional, poderá, considerando razões de segurança jurídica ou de excepcional interesse social, estender a suspensão a todo o território nacional, até ulterior decisão do recurso extraordinário ou do recurso especial a ser interposto.

§ 5º O pedido de concessão de efeito suspensivo a recurso extraordinário ou a recurso especial poderá ser formulado por requerimento dirigido:

I – ao tribunal superior respectivo, no período compreendido entre a publicação da decisão de admissão do recurso e sua distribuição, ficando o relator designado para seu exame prevento para julgá-lo; (Redação dada pela Lei nº 13.256/16)

II – ao relator, se já distribuído o recurso;

III – ao presidente ou vice-presidente do tribunal recorrido, no período compreendido entre a interposição do recurso e a publicação da decisão de admissão, assim como o caso de o recurso ter sido sobrestado, nos termos do art. 1.037. (Redação dada pela Lei nº 13.256/16)

REFERÊNCIAS LEGISLATIVAS

- Arts. 1.022, 1.037, CPC.
- Art. 102, III, CF: "compete ao Supremo Tribunal Federal, precipuamente, a guarda da Constituição, cabendo-lhe: [...] julgar, mediante recurso extraordinário, as causas decididas em única ou última instância, quando a decisão recorrida: a) contrariar dispositivo desta Constituição; b) declarar a inconstitucionalidade de tratado ou lei federal; c) julgar válida lei ou ato de governo local contestado em face desta Constituição; d) julgar válida lei local contestada em face de lei federal".
- Art. 105, III, CF: "compete ao Superior Tribunal de Justiça: [...] julgar, em recurso especial, as causas decididas, em única ou última instância, pelos Tribunais Regionais Federais ou pelos tribunais dos Estados, do Distrito Federal e Territórios, quando a decisão recorrida: a) contrariar tratado ou lei federal, ou negar-lhes vigência; b) julgar válido ato de governo local contestado em face de lei federal; c) der a lei federal interpretação divergente da que lhe haja atribuído outro tribunal".

ANOTAÇÕES

- **Recurso Especial – *base legal*:** o art. 105, III, da Constituição Federal declara que cabe ao Superior Tribunal de Justiça julgar, em recurso especial, as causas decididas, em única ou última instância, pelos Tribunais Regionais Federais ou pelos Tribunais dos Estados e Distrito Federal, quando a decisão recorrida: (I) contrariar tratado ou lei federal, ou negar-lhe vigência; (II) julgar válido ato

de governo local contestado em face de lei federal; (III) der a lei federal interpretação divergente da que lhe haja atribuído outro tribunal.
- **Recurso Extraordinário – base legal**: o art. 102, inciso III, da Constituição Federal declara que cabe ao Supremo Tribunal Federal, ou simplesmente STF, julgar, mediante recurso extraordinário, as causas decididas em única ou última instância, quando a decisão recorrida: I – contrariar dispositivo da Constituição Federal; II – declarar a inconstitucionalidade de tratado ou lei federal; III – julgar válida lei ou ato de governo local contestado em face da Constituição Federal; IV – julgar válida lei local contestada em face de lei federal.
- **Pressuposto fundamental**: qualquer que seja o seu fundamento, o recurso extraordinário tem como pressuposto fundamental a existência da questão constitucional (*quaestio juris*); isto é, divergência quanto à correta interpretação ou aplicação da Constituição Federal. Em outros termos, o que dá efetivo arrimo ao recurso extraordinário não é a menção na decisão de algum dispositivo constitucional (simples citação), mas a emissão de um juízo de valor sobre o fato jurígeno veiculado nas razões recursais. O mesmo ocorre com o recurso especial, ou seja, o pressuposto fundamental do recurso especial é a existência da questão federal (*quaestio juris*), isto é, divergência quanto à correta interpretação ou aplicação de tratado ou lei federal, devendo o recorrente, a fim de ter o seu recurso admitido, indicar expressamente os dispositivos legais violados, e, quando o recurso fundamentar-se em interpretação divergente de tribunais, demonstrar analiticamente que as circunstâncias que envolvem os acórdãos são as mesmas. Destarte, não cabe, por meio do recurso especial, a impugnação de questões de fato e de direito local.

DICAS DE PRÁTICA JURÍDICA

- **Prequestionamento**: nem sempre o acórdão aborda de forma clara a questão constitucional e/ou federal, pressupostos dos recursos extraordinário e especial, respectivamente; tal fato exige que o interessado interponha "embargos de declaração" para fins de prequestionamento. Necessário, no entanto, ficar atento ao resultado dos embargos, visto que sua mera interposição não é garantia de que o tribunal efetivamente reconhece a existência do prequestionamento da questão constitucional e/ou federal; se este for o caso, a jurisprudência do STJ é no sentido de que o interessado deve também argumentar que o acórdão está em confronto com a norma do art. 1.022 do CPC.
- **Estrutura da petição do recurso especial**: a petição do recurso especial é composta de duas partes. A primeira parte é a "petição de interposição", endereçada ao presidente do tribunal de justiça competente; nela o recorrente informa que não se conforma com o acórdão, interpondo, em razão disso, recurso especial com arrimo em tal artigo da Constituição Federal (indica-se o dispositivo que arrima o recurso), requerendo seja o recurso recebido e regularmente processado. A segunda parte são as "razões do recurso", que normalmente têm a seguinte estrutura: identificação das partes e do processo, resumo dos fatos, cabimento do recurso especial, mérito, pedido (provimento do recurso). Para acesso a modelos editáveis e informações adicionais sobre este recurso, veja nosso *Prática de recursos no processo civil*, da Editora Atlas.

JURISPRUDÊNCIA

- Súmula 279 do STF: Para simples reexame de prova não cabe recurso extraordinário.
- Súmula 282 do STF: É inadmissível o recurso extraordinário, quando não ventilada, na decisão recorrida, a questão federal suscitada.
- Súmula 283 do STF: É inadmissível o recurso extraordinário, quando a decisão recorrida assenta em mais de um fundamento suficiente e o recurso não abrange todos eles.

- Súmula 284 do STF: É inadmissível o recurso extraordinário, quando a deficiência na sua fundamentação não permitir a exata compreensão da controvérsia.
- Súmula 286 do STF: Não se conhece do recurso extraordinário fundado em divergência jurisprudencial, quando a orientação do plenário do Supremo Tribunal Federal já se firmou no mesmo sentido da decisão recorrida.
- Súmula 287 do STF: Nega-se provimento ao agravo, quando a deficiência na sua fundamentação, ou na do recurso extraordinário, não permitir a exata compreensão da controvérsia.
- Súmula 456 do STF: O Supremo Tribunal Federal, conhecendo do recurso extraordinário, julgará a causa, aplicando o direito à espécie.
- Súmula 634 do STF: Não compete ao Supremo Tribunal Federal conceder medida cautelar para dar efeito suspensivo a recurso extraordinário que ainda não foi objeto de juízo de admissibilidade na origem.
- Súmula 635 do STF: Cabe ao Presidente do Tribunal de origem decidir o pedido de medida cautelar em recurso extraordinário ainda pendente do seu juízo de admissibilidade.
- Súmula 636 do STF: Não cabe recurso extraordinário por contrariedade ao princípio constitucional da legalidade, quando a sua verificação pressuponha rever a interpretação dada a normas infraconstitucionais pela decisão recorrida.
- Súmula 640 do STF: É cabível recurso extraordinário contra decisão proferida por juiz de primeiro grau nas causas de alçada, ou por turma recursal de juizado especial cível e criminal.
- Súmula 733 do STF: Não cabe recurso extraordinário contra decisão proferida no processamento de precatórios.
- Súmula 735 do STF: Não cabe recurso extraordinário contra acórdão que defere medida liminar.
- Súmula 5 do STJ: A simples interpretação de cláusula contratual não enseja recurso especial.
- Súmula 7 do STJ: A pretensão de simples reexame de prova não enseja recurso especial.
- Súmula 13 do STJ: A divergência entre julgados do mesmo tribunal não enseja recurso especial.
- Súmula 83 do STJ: Não se conhece do recurso especial pela divergência, quando a orientação do tribunal se firmou no mesmo sentido da decisão recorrida.
- Súmula 86 do STJ: Cabe recurso especial contra acórdão proferido no julgamento de agravo de instrumento.
- Súmula 126 do STJ: É inadmissível recurso especial, quando o acórdão recorrido assenta em fundamentos constitucional e infraconstitucional, qualquer deles suficiente, por si só, para mantê-lo, e a parte vencida não manifesta recurso extraordinário.
- Súmula 203 do STJ: Não cabe recurso especial contra decisão proferida por órgão de segundo grau dos juizados especiais.
- Súmula 211 do STJ: Inadmissível recurso especial quanto à questão que, a despeito da oposição de embargos declaratórios, não foi apreciada pelo Tribunal *a quo*.
- Súmula 518 do STJ: Para fins do art. 105, III, "a", da Constituição Federal, não é cabível recurso especial fundado em alegada violação de enunciado de súmula.
- Acerca do princípio recursal da dialeticidade, ensina Arruda Alvim que "importa ao órgão ad quem saber exatamente os motivos pelos quais as razões da decisão recorrida não são adequadas", sendo, por isso, ônus da parte recorrente alinhar "as razões de fato e de direito pelas quais entende que a decisão está errada" (*Manual de direito processual civil*. 18. ed. São Paulo: Thomson Reuters, 2019, p. 1208) (STJ, AgInt no MS 26194/DF, Ministro Sérgio Kukina, S1 – Primeira Seção, *DJe* 16/09/2020).
- Pelo princípio da dialeticidade, se impõe à parte recorrente o ônus de motivar seu recurso, expondo as razões hábeis a ensejar a reforma da decisão, sendo inconsistente o recurso que não ataca concretamente os fundamentos utilizados no acórdão recorrido (STJ, AgInt no RMS 58.200/BA, Rel. Ministro Gurgel de Faria, T1 – Primeira Turma, *DJe* 28/11/2018).
- O prazo para interposição do recurso especial é de 15 (quinze) dias úteis, a teor do que dispõem os arts. 219, *caput*, e 1.003, § 5º, do CPC/2015 (STJ, AgInt no AREsp 1.087.213/RJ, Ministro Antonio Carlos Ferreira, T4 – Quarta Turma, *DJe* 14/12/2017).
- Para a caracterização da divergência jurisprudencial, não basta a simples transcrição das ementas dos acórdãos confrontados, devendo ser mencionadas e expostas as circunstâncias que identificam ou assemelham os casos confrontados, sob pena de não serem atendidos os requisitos previstos no art. 1.029, § 1º, do

CPC/2015 e no art. 255, § 1º, do RISTJ (STJ, AgInt no AREsp 1.151.690/GO, Ministro Lázaro Guimarães, T4 – Quarta Turma, *DJe* 04/12/2017).
- Em hipóteses excepcionais, é possível a atribuição de efeito suspensivo a recurso especial, para tanto, porém, é necessária a demonstração do *periculum in mora* e a caracterização do *fumus boni juris* (STJ, AgInt na TutPrv no AREsp 1.070.866/DF, Ministra Nancy Andrighi, T3 – Terceira Turma, *DJe* 29/11/2017).
- O entendimento desta Corte é que a admissibilidade do recurso especial reclama a indicação clara dos dispositivos tidos por violados, bem como a exposição das razões pelas quais o acórdão teria afrontado cada um deles, não sendo suficiente a mera alegação genérica. A deficiência na fundamentação do recurso atrai a aplicação, por analogia, do disposto na Súmula 284 do STF: "É inadmissível o recurso extraordinário, quando a deficiência na sua fundamentação não permitir a exata compreensão da controvérsia." (STJ, EDcl no REsp 1.373.917/DF, Ministro Og Fernandes, T2 – Segunda Turma, *DJe* 21/08/2017).
- Não obstante a oposição de Embargos Declaratórios, os dispositivos legais tidos por malferidos (art. 492 do CPC/2015 e arts. 142, 170 e 173 do CTN) deixaram de ser apreciados pela instância ordinária. Assim, ausente o indispensável prequestionamento das matérias insertas na legislação infraconstitucional tida por violada, incide no caso a Súmula 211/STJ, a qual impede o conhecimento do especial. Consoante a orientação remansosa desta Corte, caberia à parte, nas razões do seu Recurso Especial, alegar violação do art. 1.022 do CPC (art. 535 do CPC/1973), a fim de que o STJ pudesse averiguar a existência de possível omissão no julgado, o que não foi feito (STJ, REsp 1.643.738/RS, Ministro Herman Benjamin, T2 – Segunda Turma, *DJe* 25/04/2017).

Art. 1.030. Recebida a petição do recurso pela secretaria do tribunal, o recorrido será intimado para apresentar contrarrazões no prazo de 15 (quinze) dias, findo o qual os autos serão conclusos ao presidente ou ao vice-presidente do tribunal recorrido, que deverá: (Redação dada pela Lei nº 13.256/16)

I – negar seguimento: (Redação dada pela Lei nº 13.256/16)

a) a recurso extraordinário que discuta questão constitucional à qual o Supremo Tribunal Federal não tenha reconhecido a existência de repercussão geral ou a recurso extraordinário interposto contra acórdão que esteja em conformidade com entendimento do Supremo Tribunal Federal exarado no regime de repercussão geral; (Redação dada pela Lei nº 13.256/16)

b) a recurso extraordinário ou a recurso especial interposto contra acórdão que esteja em conformidade com entendimento do Supremo Tribunal Federal ou do Superior Tribunal de Justiça, respectivamente, exarado no regime de julgamento de recursos repetitivos; (Redação dada pela Lei nº 13.256/16)

II – encaminhar o processo ao órgão julgador para realização do juízo de retratação, se o acórdão recorrido divergir do entendimento do Supremo Tribunal Federal ou do Superior Tribunal de Justiça exarado, conforme o caso, nos regimes de repercussão geral ou de recursos repetitivos; (Redação dada pela Lei nº 13.256/16)

III – sobrestar o recurso que versar sobre controvérsia de caráter repetitivo ainda não decidida pelo Supremo Tribunal Federal ou pelo Superior Tribunal de Justiça, conforme se trate de matéria constitucional ou infraconstitucional; (Redação dada pela Lei nº 13.256/16)

IV – selecionar o recurso como representativo de controvérsia constitucional ou infraconstitucional nos termos do § 6º do art. 1.036; (Redação dada pela Lei nº 13.256/16)

V – realizar o juízo de admissibilidade e, se positivo, remeter o feito ao Supremo Tribunal Federal ou ao Superior Tribunal de Justiça, desde que: (Redação dada pela Lei nº 13.256/16)

a) o recurso ainda não tenha sido submetido ao regime de repercussão geral ou de julgamento de recursos repetitivos; (Redação dada pela Lei nº 13.256/16)

b) o recurso tenha sido selecionado como representativo da controvérsia; ou (Redação dada pela Lei nº 13.256/16)

c) o tribunal recorrido tenha refutado o juízo de retratação. (Redação dada pela Lei nº 13.256/16)

§ 1º Da decisão de inadmissibilidade proferida com fundamento no inciso V caberá agravo ao tribunal superior, nos termos do art. 1.042. (Redação dada pela Lei nº 13.256/16)

§ 2º Da decisão proferida com fundamento nos incisos I e III caberá agravo interno, nos termos do art. 1.021. (Redação dada pela Lei nº 13.256/16)

REFERÊNCIAS LEGISLATIVAS

- Arts. 219, 1.021, 1.036, § 6º, 1.042, CPC.

JURISPRUDÊNCIA

- Súmula 123 do STJ: A decisão que admite, ou não, o recurso especial deve ser fundamentada, com o exame dos seus pressupostos gerais e constitucionais.
- De acordo com o art. 1.030, I, "b", § 2º, do CPC/2015, cabe agravo interno contra a decisão que nega seguimento a recurso especial interposto contra acórdão em conformidade com tese firmada em sede de recurso repetitivo. A interposição de agravo em recurso especial constitui falha inescusável que impede a aplicação do princípio da fungibilidade recursal (STJ, AgInt no AREsp 1.153.611/DF, Ministro Luis Felipe Salomão, T4 – Quarta Turma, *DJe* 01/12/2017).
- O juízo de admissibilidade negativo feito na origem, quando contiver capítulos decisórios fundados autonomamente no inciso I e II do art. 1.030 do CPC/2015 e também no inciso V do mesmo preceito legal, desafia a interposição concomitante de agravo interno e de agravo em recurso especial, hipótese em que admitida exceção à regra da unirrecorribilidade (STJ, AREsp 1.160.150/MA, Ministro Mauro Campbell Marques, T2 – Segunda Turma, *DJe* 01/12/2017).

Art. 1.031. Na hipótese de interposição conjunta de recurso extraordinário e recurso especial, os autos serão remetidos ao Superior Tribunal de Justiça.

§ 1º Concluído o julgamento do recurso especial, os autos serão remetidos ao Supremo Tribunal Federal para apreciação do recurso extraordinário, se este não estiver prejudicado.

§ 2º Se o relator do recurso especial considerar prejudicial o recurso extraordinário, em decisão irrecorrível, sobrestará o julgamento e remeterá os autos ao Supremo Tribunal Federal.

§ 3º Na hipótese do § 2º, se o relator do recurso extraordinário, em decisão irrecorrível, rejeitar a prejudicialidade, devolverá os autos ao Superior Tribunal de Justiça para o julgamento do recurso especial.

REFERÊNCIAS LEGISLATIVAS

- Art. 1.029, CPC.

ANOTAÇÕES

- ***Interposição simultânea***: importante observar que, se o acórdão recorrido envolveu questão federal e constitucional, a parte deverá interpor simultaneamente, em petições diversas e no prazo comum, o recurso especial e extraordinário, sob pena de a questão não impugnada transitar em julgado.

JURISPRUDÊNCIA

- Súmula 126 do STJ: É inadmissível recurso especial, quando o acórdão recorrido assenta em fundamentos constitucional e infraconstitucional, qualquer deles suficiente, por si só, para mantê-lo, e a parte vencida não manifesta recurso extraordinário.
- Não há que se falar em omissão, contradição ou obscuridade no acórdão embargado, o qual se manifestou de forma clara e fundamentada sobre as questões postas a deslinde na medida necessária para a completa prestação jurisdicional. Registro, outrossim, que a possibilidade de sobrestamento do recurso especial para julgamento da questão constitucional pelo Supremo Tribunal Federal, na forma do art. 1.031, § 2º, do CPC/2015 não foi alegada nas razões do recurso especial nem nas razões do agravo interno, configurando, portanto, descabida inovação recursal a respeito da qual já se consumou a preclusão (STJ, EDcl no AgInt no REsp 1.667.237/RS, Ministro Mauro Campbell Marques, T2 – Segunda Turma, *DJe* 21/11/2017).

Art. 1.032. Se o relator, no Superior Tribunal de Justiça, entender que o recurso especial versa sobre questão constitucional, deverá conceder prazo de 15 (quinze) dias para que o recorrente demonstre a existência de repercussão geral e se manifeste sobre a questão constitucional.

Parágrafo único. Cumprida a diligência de que trata o *caput*, o relator remeterá o recurso ao Supremo Tribunal Federal, que, em juízo de admissibilidade, poderá devolvê-lo ao Superior Tribunal de Justiça.

REFERÊNCIAS LEGISLATIVAS

- Art. 219, CPC.

JURISPRUDÊNCIA

- O art. 1.032 do NCPC prevê a aplicação do princípio da fungibilidade ao recurso especial que versar questão constitucional, nas hipóteses em que há um equívoco quanto a escolha do recurso cabível (STJ, AgInt no REsp 1685332/RJ, Ministro Moura Ribeiro, T3 – Terceira Turma, *DJe* 19/02/2020).

Art. 1.033. Se o Supremo Tribunal Federal considerar como reflexa a ofensa à Constituição afirmada no recurso extraordinário, por pressupor a revisão da interpretação de lei federal ou de tratado, remetê-lo-á ao Superior Tribunal de Justiça para julgamento como recurso especial.

REFERÊNCIAS LEGISLATIVAS

- Art. 1.032, CPC.

Art. 1.034. Admitido o recurso extraordinário ou o recurso especial, o Supremo Tribunal Federal ou o Superior Tribunal de Justiça julgará o processo, aplicando o direito.

Parágrafo único. Admitido o recurso extraordinário ou o recurso especial por um fundamento, devolve-se ao tribunal superior o conhecimento dos demais fundamentos para a solução do capítulo impugnado.

REFERÊNCIAS LEGISLATIVAS

- Art. 1.029, CPC.

JURISPRUDÊNCIA

- Súmula 456 do STF: O Supremo Tribunal Federal, conhecendo do recurso extraordinário, julgará a causa, aplicando o direito à espécie.

Art. 1.035. O Supremo Tribunal Federal, em decisão irrecorrível, não conhecerá do recurso extraordinário quando a questão constitucional nele versada não tiver repercussão geral, nos termos deste artigo.

§ 1º Para efeito de repercussão geral, será considerada a existência ou não de questões relevantes do ponto de vista econômico, político, social ou jurídico que ultrapassem os interesses subjetivos do processo.

§ 2º O recorrente deverá demonstrar a existência de repercussão geral para apreciação exclusiva pelo Supremo Tribunal Federal.

§ 3º Haverá repercussão geral sempre que o recurso impugnar acórdão que:

I – contrarie súmula ou jurisprudência dominante do Supremo Tribunal Federal;

II – (revogado pela Lei nº 13.256/16);

III – tenha reconhecido a inconstitucionalidade de tratado ou de lei federal, nos termos do art. 97 da Constituição Federal.

§ 4º O relator poderá admitir, na análise da repercussão geral, a manifestação de terceiros, subscrita por procurador habilitado, nos termos do Regimento Interno do Supremo Tribunal Federal.

§ 5º Reconhecida a repercussão geral, o relator no Supremo Tribunal Federal determinará a suspensão do processamento de todos os processos pendentes, individuais ou coletivos, que versem sobre a questão e tramitem no território nacional.

§ 6º O interessado pode requerer, ao presidente ou ao vice-presidente do tribunal de origem, que exclua da decisão de sobrestamento e inadmita o recurso extraordinário que tenha sido interposto intempestivamente, tendo o recorrente o prazo de 5 (cinco) dias para manifestar-se sobre esse requerimento.

§ 7º Da decisão que indeferir o requerimento referido no § 6º ou que aplicar entendimento firmado em regime de repercussão geral ou em julgamento de recursos repetitivos caberá agravo interno. (Redação dada pela Lei nº 13.256/16)

§ 8º Negada a repercussão geral, o presidente ou o vice-presidente do tribunal de origem negará seguimento aos recursos extraordinários sobrestados na origem que versem sobre matéria idêntica.

§ 9º O recurso que tiver a repercussão geral reconhecida deverá ser julgado no prazo de 1 (um) ano e terá preferência sobre os demais feitos, ressalvados os que envolvam réu preso e os pedidos de *habeas corpus*.

§ 10. (Revogado pela Lei nº 13.256/16).

§ 11. A súmula da decisão sobre a repercussão geral constará de ata, que será publicada no diário oficial e valerá como acórdão.

REFERÊNCIAS LEGISLATIVAS

- Arts. 97, 102, § 3º, 103-A, CF; arts. 138, 219, 926, CPC; art. 132, § 3º, CC.

ANOTAÇÕES

- ***Repercussão geral***: além de o recurso extraordinário ter como fundamento, como se disse, a questão constitucional, o recorrente, a fim de ter o seu recurso conhecido (decisão irrecorrível), deve demonstrar que o tema tratado ultrapassa os interesses individuais; ou seja, deve demonstrar o que o legislador chamou de "repercussão geral", assim consideradas aquelas questões relevantes do ponto de vista econômico, político, social ou jurídico que ultrapassem os interesses subjetivos da causa.

Subseção II
Do Julgamento dos Recursos Extraordinário e Especial Repetitivos

Art. 1.036. Sempre que houver multiplicidade de recursos extraordinários ou especiais com fundamento em idêntica questão de direito, haverá afetação para julgamento de acordo com as disposições desta Subseção, observado o disposto no Regimento Interno do Supremo Tribunal Federal e no do Superior Tribunal de Justiça.

§ 1º O presidente ou o vice-presidente de tribunal de justiça ou de tribunal regional federal selecionará 2 (dois) ou mais recursos representativos da controvérsia, que serão encaminhados ao Supremo Tribunal Federal ou ao Superior Tribunal de Justiça para fins de afetação, determinando a suspensão do trâmite de todos os processos pendentes, individuais ou coletivos, que tramitem no Estado ou na região, conforme o caso.

§ 2º O interessado pode requerer, ao presidente ou ao vice-presidente, que exclua da decisão de sobrestamento e inadmita o recurso especial ou o recurso extraordinário que tenha sido interposto intempestivamente, tendo o recorrente o prazo de 5 (cinco) dias para manifestar-se sobre esse requerimento.

§ 3º Da decisão que indeferir o requerimento referido no § 2º caberá apenas agravo interno. (Redação dada pela Lei nº 13.256/16)

§ 4º A escolha feita pelo presidente ou vice-presidente do tribunal de justiça ou do tribunal regional federal não vinculará o relator no tribunal superior, que poderá selecionar outros recursos representativos da controvérsia.

§ 5º O relator em tribunal superior também poderá selecionar 2 (dois) ou mais recursos representativos da controvérsia para julgamento da questão de direito independentemente da iniciativa do presidente ou do vice-presidente do tribunal de origem.

§ 6º Somente podem ser selecionados recursos admissíveis que contenham abrangente argumentação e discussão a respeito da questão a ser decidida.

REFERÊNCIAS LEGISLATIVAS

- Arts. 219, 1.021, CPC.

Art. 1.037. Selecionados os recursos, o relator, no tribunal superior, constatando a presença do pressuposto do *caput* do art. 1.036, proferirá decisão de afetação, na qual:

I – identificará com precisão a questão a ser submetida a julgamento;

II – determinará a suspensão do processamento de todos os processos pendentes, individuais ou coletivos, que versem sobre a questão e tramitem no território nacional;

III – poderá requisitar aos presidentes ou aos vice-presidentes dos tribunais de justiça ou dos tribunais regionais federais a remessa de um recurso representativo da controvérsia.

§ 1º Se, após receber os recursos selecionados pelo presidente ou pelo vice-presidente de tribunal de justiça ou de tribunal regional federal, não se proceder à afetação, o relator, no tribunal superior, comunicará o fato ao presidente ou ao vice-presidente que os houver enviado, para que seja revogada a decisão de suspensão referida no art. 1.036, § 1º.

§ 2º (Revogado pela Lei nº 13.256/16)

§ 3º Havendo mais de uma afetação, será prevento o relator que primeiro tiver proferido a decisão a que se refere o inciso I do *caput*.

§ 4º Os recursos afetados deverão ser julgados no prazo de 1 (um) ano e terão preferência sobre os demais feitos, ressalvados os que envolvam réu preso e os pedidos de *habeas corpus*.

§ 5º (Revogado pela Lei nº 13.256/16)

§ 6º Ocorrendo a hipótese do § 5º, é permitido a outro relator do respectivo tribunal superior afetar 2 (dois) ou mais recursos representativos da controvérsia na forma do art. 1.036.

§ 7º Quando os recursos requisitados na forma do inciso III do *caput* contiverem outras questões além daquela que é objeto da afetação, caberá ao tribunal decidir esta em primeiro lugar e depois as demais, em acórdão específico para cada processo.

§ 8º As partes deverão ser intimadas da decisão de suspensão de seu processo, a ser proferida pelo respectivo juiz ou relator quando informado da decisão a que se refere o inciso II do *caput*.

§ 9º Demonstrando distinção entre a questão a ser decidida no processo e aquela a ser julgada no recurso especial ou extraordinário afetado, a parte poderá requerer o prosseguimento do seu processo.

§ 10. O requerimento a que se refere o § 9º será dirigido:

I – ao juiz, se o processo sobrestado estiver em primeiro grau;

II – ao relator, se o processo sobrestado estiver no tribunal de origem;

III – ao relator do acórdão recorrido, se for sobrestado recurso especial ou recurso extraordinário no tribunal de origem;

IV – ao relator, no tribunal superior, de recurso especial ou de recurso extraordinário cujo processamento houver sido sobrestado.

§ 11. A outra parte deverá ser ouvida sobre o requerimento a que se refere o § 9º, no prazo de 5 (cinco) dias.

§ 12. Reconhecida a distinção no caso:

I – dos incisos I, II e IV do § 10, o próprio juiz ou relator dará prosseguimento ao processo;

II – do inciso III do § 10, o relator comunicará a decisão ao presidente ou ao vice-presidente que houver determinado o sobrestamento, para que o recurso especial ou o recurso extraordinário seja encaminhado ao respectivo tribunal superior, na forma do art. 1.030, parágrafo único.

§ 13. Da decisão que resolver o requerimento a que se refere o § 9º caberá:

I – agravo de instrumento, se o processo estiver em primeiro grau;

II – agravo interno, se a decisão for de relator.

REFERÊNCIAS LEGISLATIVAS

- Arts. 219, 1.036, CPC; art. 132, § 3º, CC.

Art. 1.038. O relator poderá:

I – solicitar ou admitir manifestação de pessoas, órgãos ou entidades com interesse na controvérsia, considerando a relevância da matéria e consoante dispuser o regimento interno;

II – fixar data para, em audiência pública, ouvir depoimentos de pessoas com experiência e conhecimento na matéria, com a finalidade de instruir o procedimento;

III – requisitar informações aos tribunais inferiores a respeito da controvérsia e, cumprida a diligência, intimará o Ministério Público para manifestar-se.

§ 1º No caso do inciso III, os prazos respectivos são de 15 (quinze) dias, e os atos serão praticados, sempre que possível, por meio eletrônico.

§ 2º Transcorrido o prazo para o Ministério Público e remetida cópia do relatório aos demais ministros, haverá inclusão em pauta, devendo ocorrer o julgamento com preferência sobre os demais feitos, ressalvados os que envolvam réu preso e os pedidos de *habeas corpus*.

§ 3º O conteúdo do acórdão abrangerá a análise dos fundamentos relevantes da tese jurídica discutida. (Redação dada pela Lei nº 13.256/16)

REFERÊNCIAS LEGISLATIVAS

- Arts. 176 a 181, 219, CPC.

> **Art. 1.039.** Decididos os recursos afetados, os órgãos colegiados declararão prejudicados os demais recursos versando sobre idêntica controvérsia ou os decidirão aplicando a tese firmada.
>
> Parágrafo único. Negada a existência de repercussão geral no recurso extraordinário afetado, serão considerados automaticamente inadmitidos os recursos extraordinários cujo processamento tenha sido sobrestado.

REFERÊNCIAS LEGISLATIVAS

- Arts. 932, IV, "b", V, "b", 1.034, 1.035, 1.036, § 1º, CPC.

> **Art. 1.040.** Publicado o acórdão paradigma:
>
> I – o presidente ou o vice-presidente do tribunal de origem negará seguimento aos recursos especiais ou extraordinários sobrestados na origem, se o acórdão recorrido coincidir com a orientação do tribunal superior;
>
> II – o órgão que proferiu o acórdão recorrido, na origem, reexaminará o processo de competência originária, a remessa necessária ou o recurso anteriormente julgado, se o acórdão recorrido contrariar a orientação do tribunal superior;
>
> III – os processos suspensos em primeiro e segundo graus de jurisdição retomarão o curso para julgamento e aplicação da tese firmada pelo tribunal superior;
>
> IV – se os recursos versarem sobre questão relativa a prestação de serviço público objeto de concessão, permissão ou autorização, o resultado do julgamento será comunicado ao órgão, ao ente ou à agência reguladora competente para fiscalização da efetiva aplicação, por parte dos entes sujeitos a regulação, da tese adotada.
>
> § 1º A parte poderá desistir da ação em curso no primeiro grau de jurisdição, antes de proferida a sentença, se a questão nela discutida for idêntica à resolvida pelo recurso representativo da controvérsia.
>
> § 2º Se a desistência ocorrer antes de oferecida contestação, a parte ficará isenta do pagamento de custas e de honorários de sucumbência.
>
> § 3º A desistência apresentada nos termos do § 1º independe de consentimento do réu, ainda que apresentada contestação.

REFERÊNCIAS LEGISLATIVAS

- Arts. 90, 200, parágrafo único, 343, § 2º, 485, § 5º, 998, CPC.

> **Art. 1.041.** Mantido o acórdão divergente pelo tribunal de origem, o recurso especial ou extraordinário será remetido ao respectivo tribunal superior, na forma do art. 1.036, § 1º.

§ 1º Realizado o juízo de retratação, com alteração do acórdão divergente, o tribunal de origem, se for o caso, decidirá as demais questões ainda não decididas cujo enfrentamento se tornou necessário em decorrência da alteração.

§ 2º Quando ocorrer a hipótese do inciso II do *caput* do art. 1.040 e o recurso versar sobre outras questões, caberá ao presidente ou ao vice-presidente do tribunal recorrido, depois do reexame pelo órgão de origem e independentemente de ratificação do recurso, sendo positivo o juízo de admissibilidade, determinar a remessa do recurso ao tribunal superior para julgamento das demais questões. (Redação dada pela Lei nº 13.256/16)

REFERÊNCIAS LEGISLATIVAS

- Arts. 1.036, § 1º, 1.040, CPC.

Seção III
Do Agravo em Recurso Especial e em Recurso Extraordinário

Art. 1.042. Cabe agravo contra decisão de presidente ou de vice-presidente do tribunal recorrido que inadmitir recurso extraordinário ou recurso especial, salvo quando fundada na aplicação de entendimento firmado em regime de repercussão geral ou em julgamento de recursos repetitivos. (Redação dada pela Lei nº 13.256/16)

I – (revogado pela Lei nº 13.256/16);

II – (revogado pela Lei nº 13.256/16);

III – (revogado pela Lei nº 13.256/16);

§ 1º (revogado pela Lei nº 13.256/16);

I – (revogado pela Lei nº 13.256/16);

II – (revogado pela Lei nº 13.256/16);

a) (revogado pela Lei nº 13.256/16);

b) (revogado pela Lei nº 13.256/16);

§ 2º A petição de agravo será dirigida ao presidente ou ao vice-presidente do tribunal de origem e independe do pagamento de custas e despesas postais, aplicando-se a ela o regime de repercussão geral e de recursos repetitivos, inclusive quanto à possibilidade de sobrestamento e do juízo de retratação. (Redação dada pela Lei nº 13.256/16)

§ 3º O agravado será intimado, de imediato, para oferecer resposta no prazo de 15 (quinze) dias.

§ 4º Após o prazo de resposta, não havendo retratação, o agravo será remetido ao tribunal superior competente.

§ 5º O agravo poderá ser julgado, conforme o caso, conjuntamente com o recurso especial ou extraordinário, assegurada, neste caso, sustentação oral, observando-se, ainda, o disposto no regimento interno do tribunal respectivo.

§ 6º Na hipótese de interposição conjunta de recursos extraordinário e especial, o agravante deverá interpor um agravo para cada recurso não admitido.

§ 7º Havendo apenas um agravo, o recurso será remetido ao tribunal competente, e, havendo interposição conjunta, os autos serão remetidos ao Superior Tribunal de Justiça.

§ 8º Concluído o julgamento do agravo pelo Superior Tribunal de Justiça e, se for o caso, do recurso especial, independentemente de pedido, os autos serão remetidos ao Supremo Tribunal Federal para apreciação do agravo a ele dirigido, salvo se estiver prejudicado.

REFERÊNCIAS LEGISLATIVAS

- Arts. 219, 1.003, § 5º, 1.030, CPC.

DICAS DE PRÁTICA JURÍDICA

- ***Interposição***: o agravo previsto neste artigo deve ser endereçado ao próprio presidente ou vice-presidente do tribunal, não havendo necessidade de se formar o instrumento, visto que ele é processado nos próprios autos, nem do recolhimento de custas e despesas postais. A petição tem a mesma estrutura da petição do recurso de agravo de instrumento, qual seja: petição de interposição (endereçamento, qualificação, pedido de recebimento e regular processamento), razões do recurso, ou minuta, onde o recorrente deve apresentar suas razões pelas quais entende que a decisão impugnada deve ser revista (identificação das partes e do processo, resumo dos fatos, mérito, pedidos).

JURISPRUDÊNCIA

- Súmula 727 do STF: Não pode o magistrado deixar de encaminhar ao Supremo Tribunal Federal o agravo de instrumento interposto da decisão que não admite recurso extraordinário, ainda que referente a causa instaurada no âmbito dos juizados especiais.
- Enunciado 225 do Fórum Permanente de Processualistas Civis: O agravo em recurso especial ou extraordinário será interposto nos próprios autos.

Seção IV
Dos Embargos de Divergência

Art. 1.043. É embargável o acórdão de órgão fracionário que:

I – em recurso extraordinário ou em recurso especial, divergir do julgamento de qualquer outro órgão do mesmo tribunal, sendo os acórdãos, embargado e paradigma, de mérito;

II – em recurso extraordinário ou em recurso especial, divergir do julgamento de qualquer outro órgão do mesmo tribunal, sendo os acórdãos, embargado e paradigma, relativos ao juízo de admissibilidade;

III – em recurso extraordinário ou em recurso especial, divergir do julgamento de qualquer outro órgão do mesmo tribunal, sendo um acórdão de mérito e outro que não tenha conhecido do recurso, embora tenha apreciado a controvérsia;

IV – nos processos de competência originária, divergir do julgamento de qualquer outro órgão do mesmo tribunal.

§ 1º Poderão ser confrontadas teses jurídicas contidas em julgamentos de recursos e de ações de competência originária.

§ 2º A divergência que autoriza a interposição de embargos de divergência pode verificar-se na aplicação do direito material ou do direito processual.

§ 3º Cabem embargos de divergência quando o acórdão paradigma for da mesma turma que proferiu a decisão embargada, desde que sua composição tenha sofrido alteração em mais da metade de seus membros.

§ 4º O recorrente provará a divergência com certidão, cópia ou citação de repositório oficial ou credenciado de jurisprudência, inclusive em mídia eletrônica, onde foi publicado o acórdão divergente, ou com a reprodução de julgado disponível na rede mundial de computadores, indicando a respectiva fonte, e mencionará as circunstâncias que identificam ou assemelham os casos confrontados.

§ 5º É vedado ao tribunal inadmitir o recurso com base em fundamento genérico de que as circunstâncias fáticas são diferentes, sem demonstrar a existência da distinção.

REFERÊNCIAS LEGISLATIVAS

- Arts. 1.029, 1.044, CPC.

JURISPRUDÊNCIA

- Súmula 598 do STF: Nos embargos de divergência não servem como padrão de discordância os mesmos paradigmas invocados para demonstrá-la mas repelidos como não dissidentes no julgamento do recurso extraordinário.
- Súmula 158 do STJ: Não se presta a justificar embargos de divergência o dissídio com acórdão de turma ou seção que não mais tenha competência para a matéria neles versada.
- Súmula 168 do STJ: Não cabem embargos de divergência, quando a jurisprudência do tribunal se firmou no mesmo sentido do acórdão embargado.
- Súmula 315 do STJ: Não cabem embargos de divergência no âmbito do agravo de instrumento que não admite recurso especial.
- Súmula 316 do STJ: Cabem embargos de divergência contra acórdão que, em agravo regimental, decide recurso especial.
- Súmula 420 do STJ: Incabível, em embargos de divergência, discutir o valor de indenização por danos morais.

Art. 1.044. No recurso de embargos de divergência, será observado o procedimento estabelecido no regimento interno do respectivo tribunal superior.

§ 1º A interposição de embargos de divergência no Superior Tribunal de Justiça interrompe o prazo para interposição de recurso extraordinário por qualquer das partes.

§ 2º Se os embargos de divergência forem desprovidos ou não alterarem a conclusão do julgamento anterior, o recurso extraordinário interposto pela outra parte antes da publicação do julgamento dos embargos de divergência será processado e julgado independentemente de ratificação.

⚖ REFERÊNCIAS LEGISLATIVAS

- Arts. 1.003, 1.029, 1.043, CPC.

LIVRO COMPLEMENTAR
DISPOSIÇÕES FINAIS E TRANSITÓRIAS

Art. 1.045. Este Código entra em vigor após decorrido 1 (um) ano da data de sua publicação oficial.

REFERÊNCIAS LEGISLATIVAS

- Art. 5º, XXXVI, CF: "a lei não prejudicará o direito adquirido, o ato jurídico perfeito e a coisa julgada".

ANOTAÇÕES

- *Vigência*: conforme entendimento adotado pelo Conselho Nacional de Justiça, o novo Código de Processo Civil entrou em vigência em 18 de março de 2016.
- *Aplicação*: embora a lei processual respeite o direito adquirido, o ato jurídico perfeito e a coisa julgada (art. 5º, XXXVI, CF), ela, entrando em vigência, tem efeito imediato, inclusive sobre os feitos que já estejam em andamento, passando a regular os atos processuais pendentes e futuros (*princípio da irretroatividade*), sendo que quanto aos primeiros, embora sejam atingidos, deverão ser respeitados eventuais efeitos dos atos já praticados.

Art. 1.046. Ao entrar em vigor este Código, suas disposições se aplicarão desde logo aos processos pendentes, ficando revogada a Lei nº 5.869, de 11 de janeiro de 1973.

§ 1º As disposições da Lei nº 5.869, de 11 de janeiro de 1973, relativas ao procedimento sumário e aos procedimentos especiais que forem revogadas aplicar-se-ão às ações propostas e não sentenciadas até o início da vigência deste Código.

§ 2º Permanecem em vigor as disposições especiais dos procedimentos regulados em outras leis, aos quais se aplicará supletivamente este Código.

§ 3º Os processos mencionados no art. 1.218 da Lei nº 5.869, de 11 de janeiro de 1973, cujo procedimento ainda não tenha sido incorporado por lei submetem-se ao procedimento comum previsto neste Código.

§ 4º As remissões a disposições do Código de Processo Civil revogado, existentes em outras leis, passam a referir-se às que lhes são correspondentes neste Código.

§ 5º A primeira lista de processos para julgamento em ordem cronológica observará a antiguidade da distribuição entre os já conclusos na data da entrada em vigor deste Código.

JURISPRUDÊNCIA

- Inaplicabilidade do NCPC a este julgamento ante os termos do Enunciado Administrativo nº 2 aprovado pelo Plenário do STJ na sessão de 9 de março de 2016: Aos recursos interpostos com fundamento no CPC/1973 (relativos a decisões publicadas até 17 de março de 2016) devem ser exigidos os requisitos de admissibilidade na forma nele prevista, com as interpretações dadas até então pela jurisprudência do Superior Tribunal de Justiça (STJ, AgRg na MC 23.782/RS, Ministro Moura Ribeiro, T3 – Terceira Turma, *DJe* 21/06/2016).

> **Art. 1.047.** As disposições de direito probatório adotadas neste Código aplicam-se apenas às provas requeridas ou determinadas de ofício a partir da data de início de sua vigência.

REFERÊNCIAS LEGISLATIVAS

- Arts. 319, VI, 336, 1.045, 1.046, CPC.

> **Art. 1.048.** Terão prioridade de tramitação, em qualquer juízo ou tribunal, os procedimentos judiciais:
>
> I – em que figure como parte ou interessado pessoa com idade igual ou superior a 60 (sessenta) anos ou portadora de doença grave, assim compreendida qualquer das enumeradas no art. 6º, inciso XIV, da Lei nº 7.713, de 22 de dezembro de 1988;
>
> II – regulados pela Lei nº 8.069, de 13 de julho de 1990 (Estatuto da Criança e do Adolescente).
>
> III – em que figure como parte a vítima de violência doméstica e familiar, nos termos da Lei nº 11.340, de 7 de agosto de 2006 (Lei Maria da Penha). (Incluído pela Lei nº 13.894, de 2019.)*
>
> § 1º A pessoa interessada na obtenção do benefício, juntando prova de sua condição, deverá requerê-lo à autoridade judiciária competente para decidir o feito, que determinará ao cartório do juízo as providências a serem cumpridas.
>
> § 2º Deferida a prioridade, os autos receberão identificação própria que evidencie o regime de tramitação prioritária.
>
> § 3º Concedida a prioridade, essa não cessará com a morte do beneficiado, estendendo-se em favor do cônjuge supérstite ou do companheiro em união estável.
>
> § 4º A tramitação prioritária independe de deferimento pelo órgão jurisdicional e deverá ser imediatamente concedida diante da prova da condição de beneficiário.

REFERÊNCIAS LEGISLATIVAS

- Art. 9º, VII, Lei nº 13.146/2015; art. 71, Lei nº 10.741/2003 – EI ; Lei nº 8.069/1990 – ECA; art. 6º, XIV, Lei nº 7.713/1988.

---

* Até o fechamento desta edição, o PL 4.253/2020 incluiria um inc. IV ao artigo, com o seguinte texto: "IV – em que se discuta a aplicação do disposto nas normas gerais de licitação e contratação a que se refere o inciso XXVII do caput do art. 22 da Constituição Federal", porém, aguardava-se o envio à sanção presidencial.

ANOTAÇÕES

- **Tramitação prioritária**: o gozo deste benefício depende de requerimento da pessoa interessada junto ao Magistrado responsável pelo feito; provada a condição de idoso, de doente grave, a autoridade judiciária determinará o necessário, inclusive a colocação, nos processos físicos, de tarja identificatória desta situação nos autos; nos processos eletrônicos seria prudente que tal qualidade, tramitação prioritária, aparecesse na própria identificação do arquivo eletrônico, sob pena de o comando da lei se tornar letra morta.

JURISPRUDÊNCIA

- Súmula 600 do STJ: Para a configuração da violência doméstica e familiar prevista no artigo 5º da Lei n. 11.340/2006 (Lei Maria da Penha) não se exige a coabitação entre autor e vítima.

Art. 1.049. Sempre que a lei remeter a procedimento previsto na lei processual sem especificá-lo, será observado o procedimento comum previsto neste Código.

Parágrafo único. Na hipótese de a lei remeter ao procedimento sumário, será observado o procedimento comum previsto neste Código, com as modificações previstas na própria lei especial, se houver.

REFERÊNCIAS LEGISLATIVAS

- Arts. 318 a 512, CPC.

Art. 1.050. A União, os Estados, o Distrito Federal, os Municípios, suas respectivas entidades da administração indireta, o Ministério Público, a Defensoria Pública e a Advocacia Pública, no prazo de 30 (trinta) dias a contar da data da entrada em vigor deste Código, deverão se cadastrar perante a administração do tribunal no qual atuem para cumprimento do disposto nos arts. 246, § 2º, e 270, parágrafo único.

REFERÊNCIAS LEGISLATIVAS

- Arts. 75, 219, 246, § 2º, 270, parágrafo único, CPC.

Art. 1.051. As empresas públicas e privadas devem cumprir o disposto no art. 246, § 1º, no prazo de 30 (trinta) dias, a contar da data de inscrição do ato constitutivo da pessoa jurídica, perante o juízo onde tenham sede ou filial.

Parágrafo único. O disposto no *caput* não se aplica às microempresas e às empresas de pequeno porte.

REFERÊNCIAS LEGISLATIVAS

- Arts. 219, 246, § 1º, CPC.

Art. 1.052. Até a edição de lei específica, as execuções contra devedor insolvente, em curso ou que venham a ser propostas, permanecem reguladas pelo Livro II, Título IV, da Lei nº 5.869, de 11 de janeiro de 1973.

REFERÊNCIAS LEGISLATIVAS

- Arts. 748 a 786-A, CPC/1973.

Art. 1.053. Os atos processuais praticados por meio eletrônico até a transição definitiva para certificação digital ficam convalidados, ainda que não tenham observado os requisitos mínimos estabelecidos por este Código, desde que tenham atingido sua finalidade e não tenha havido prejuízo à defesa de qualquer das partes.

REFERÊNCIAS LEGISLATIVAS

- Arts. 105, § 1º, 188, 209, § 1º, 277, 882, § 2º, CPC.

Art. 1.054. O disposto no art. 503, § 1º, somente se aplica aos processos iniciados após a vigência deste Código, aplicando-se aos anteriores o disposto nos arts. 5º, 325 e 470 da Lei nº 5.869, de 11 de janeiro de 1973.

REFERÊNCIAS LEGISLATIVAS

- Art. 503, § 1º, CPC.

JURISPRUDÊNCIA

- Enunciado 367 do Fórum Permanente de Processualistas Civis: Para fins de interpretação do art. 1.054, entende-se como início do processo a data do protocolo da petição inicial.

Art. 1.055. (VETADO).

ANOTAÇÕES

- **Texto vetado**: "Art. 1.055. O devedor ou arrendatário não se exime da obrigação de pagamento dos tributos, das multas e das taxas incidentes sobre os bens vinculados e de outros encargos previstos em contrato, exceto se a obrigação de pagar não for de sua responsabilidade, conforme contrato, ou for objeto de suspensão em tutela provisória".

Art. 1.056. Considerar-se-á como termo inicial do prazo da prescrição prevista no art. 924, inciso V, inclusive para as execuções em curso, a data de vigência deste Código.

REFERÊNCIAS LEGISLATIVAS

- Art. 924, V, CPC.

JURISPRUDÊNCIA

- Nos termos do artigo 1.056 do CPC/15, as execuções em curso, terão como termo inicial da prescrição intercorrente, a data da entrada em vigor daquele Código (TJMG, Agravo de Instrumento-Cv 1.0024.99.161074-2/004, Rel. Desembargadora Ana Paula Caixeta, 4ª Câmara Cível, julgamento em 16/07/2020, publicação da súmula em 17/07/2020).

Art. 1.057. O disposto no art. 525, §§ 14 e 15, e no art. 535, §§ 7º e 8º, aplica-se às decisões transitadas em julgado após a entrada em vigor deste Código, e, às decisões transitadas em julgado anteriormente, aplica-se o disposto no art. 475-L, § 1º, e no art. 741, parágrafo único, da Lei nº 5.869, de 11 de janeiro de 1973.

REFERÊNCIAS LEGISLATIVAS

- Arts. 525, §§ 14 e 15, 535, §§ 7º e 8º, CPC.

Art. 1.058. Em todos os casos em que houver recolhimento de importância em dinheiro, esta será depositada em nome da parte ou do interessado, em conta especial movimentada por ordem do juiz, nos termos do art. 840, inciso I.

REFERÊNCIAS LEGISLATIVAS

- Art. 840, I, CPC.

Art. 1.059. À tutela provisória requerida contra a Fazenda Pública aplica-se o disposto nos arts. 1º a 4º da Lei nº 8.437, de 30 de junho de 1992, e no art. 7º, § 2º, da Lei nº 12.016, de 7 de agosto de 2009.

REFERÊNCIAS LEGISLATIVAS

- Art. 7º, § 2º, Lei nº 12.016/2009; arts. 1º a 4º, Lei nº 8.437/1992.

Art. 1.060. O inciso II do art. 14 da Lei nº 9.289, de 4 de julho de 1996, passa a vigorar com a seguinte redação:
"Art. 14. (...)
(...)
II – aquele que recorrer da sentença adiantará a outra metade das custas, comprovando o adiantamento no ato de interposição do recurso, sob pena de deserção, observado o disposto nos §§ 1º a 7º do art. 1.007 do Código de Processo Civil;
(...)" (NR)

REFERÊNCIAS LEGISLATIVAS

- Art. 14, II, Lei nº 9.289/1996.

Art. 1.061. O § 3º do art. 33 da Lei nº 9.307, de 23 de setembro de 1996 (Lei de Arbitragem), passa a vigorar com a seguinte redação:
"Art. 33. (...)
(...)
§ 3º A decretação da nulidade da sentença arbitral também poderá ser requerida na impugnação ao cumprimento da sentença, nos termos dos arts. 525 e seguintes do Código de Processo Civil, se houver execução judicial." (NR)

REFERÊNCIAS LEGISLATIVAS

- Art. 33, § 3º, Lei nº 9.307/1996.

Art. 1.062. O incidente de desconsideração da personalidade jurídica aplica-se ao processo de competência dos juizados especiais.

REFERÊNCIAS LEGISLATIVAS

- Arts. 133 a 137, CPC; art. 50, CC.

Art. 1.063. Até a edição de lei específica, os juizados especiais cíveis previstos na Lei nº 9.099, de 26 de setembro de 1995, continuam competentes para o processamento e julgamento das causas previstas no art. 275, inciso II, da Lei nº 5.869, de 11 de janeiro de 1973.

⚖ REFERÊNCIAS LEGISLATIVAS

- Lei nº 9.099/1995.

Art. 1.064. O *caput* do art. 48 da Lei nº 9.099, de 26 de setembro de 1995, passa a vigorar com a seguinte redação:

"Art. 48. Caberão embargos de declaração contra sentença ou acórdão nos casos previstos no Código de Processo Civil.

(...)" (NR)

⚖ REFERÊNCIAS LEGISLATIVAS

- Art. 1.022, CPC; art. 48, Lei nº 9.099/1995.

Art. 1.065. O art. 50 da Lei nº 9.099, de 26 de setembro de 1995, passa a vigorar com a seguinte redação:

"Art. 50. Os embargos de declaração interrompem o prazo para a interposição de recurso." (NR)

⚖ REFERÊNCIAS LEGISLATIVAS

- Art. 50, Lei nº 9.099/1995.

Art. 1.066. O art. 83 da Lei nº 9.099, de 26 de setembro de 1995, passa a vigorar com a seguinte redação:

"Art. 83. Cabem embargos de declaração quando, em sentença ou acórdão, houver obscuridade, contradição ou omissão.

(...)

§ 2º Os embargos de declaração interrompem o prazo para a interposição de recurso.

(...)" (NR)

⚖ REFERÊNCIAS LEGISLATIVAS

- Art. 83, Lei nº 9.099/1995.

Art. 1.067. O art. 275 da Lei nº 4.737, de 15 de julho de 1965 (Código Eleitoral), passa a vigorar com a seguinte redação:

"Art. 275. São admissíveis embargos de declaração nas hipóteses previstas no Código de Processo Civil.

§ 1º Os embargos de declaração serão opostos no prazo de 3 (três) dias, contado da data de publicação da decisão embargada, em petição dirigida ao juiz ou relator, com a indicação do ponto que lhes deu causa.

§ 2º Os embargos de declaração não estão sujeitos a preparo.

§ 3º O juiz julgará os embargos em 5 (cinco) dias.

§ 4º Nos tribunais:

I – o relator apresentará os embargos em mesa na sessão subsequente, proferindo voto;

II – não havendo julgamento na sessão referida no inciso I, será o recurso incluído em pauta;

III – vencido o relator, outro será designado para lavrar o acórdão.

§ 5º Os embargos de declaração interrompem o prazo para a interposição de recurso.

§ 6º Quando manifestamente protelatórios os embargos de declaração, o juiz ou o tribunal, em decisão fundamentada, condenará o embargante a pagar ao embargado multa não excedente a 2 (dois) salários mínimos.

§ 7º Na reiteração de embargos de declaração manifestamente protelatórios, a multa será elevada a até 10 (dez) salários mínimos." (NR)

REFERÊNCIAS LEGISLATIVAS

- Arts. 1.022 e 1.023, CPC; art. 275, Lei nº 4.737/1965.

Art. 1.068. O art. 274 e o *caput* do art. 2.027 da Lei nº 10.406, de 10 de janeiro de 2002 (Código Civil), passam a vigorar com a seguinte redação:

"Art. 274. O julgamento contrário a um dos credores solidários não atinge os demais, mas o julgamento favorável aproveita-lhes, sem prejuízo de exceção pessoal que o devedor tenha direito de invocar em relação a qualquer deles." (NR)

"Art. 2.027 A partilha é anulável pelos vícios e defeitos que invalidam, em geral, os negócios jurídicos.

(...)" (NR)

REFERÊNCIAS LEGISLATIVAS

- Arts. 274 e 2.027, CC.

JURISPRUDÊNCIA

- Enunciado 137 do Fórum Permanente de Processualistas Civis: Contra sentença transitada em julgado que resolve partilha, ainda que homologatória, cabe ação rescisória.

Art. 1.069. O Conselho Nacional de Justiça promoverá, periodicamente, pesquisas estatísticas para avaliação da efetividade das normas previstas neste Código.

REFERÊNCIAS LEGISLATIVAS

- Art. 5º, Lei 11.364/2006: "Funcionará, junto ao Conselho Nacional de Justiça, o Departamento de Pesquisas Judiciárias – DPJ, com sede na Capital Federal. § 1º Constituem objetivos do DPJ: I – (revogado); II – desenvolver pesquisas destinadas ao conhecimento da função jurisdicional brasileira; III – realizar análise e diagnóstico dos problemas estruturais e conjunturais dos diversos segmentos do Poder Judiciário; IV – fornecer subsídios técnicos para a formulação de políticas judiciárias; V – (revogado). § 2º Para a consecução dos objetivos institucionais do DPJ, o Conselho Nacional de Justiça poderá: I – estabelecer vínculos de cooperação e intercâmbio com órgãos e entidades públicas ou privadas, nacionais, estrangeiras ou multinacionais, no campo de sua atuação; II – celebrar contratos com pessoas físicas e jurídicas especializadas".

Art. 1.070. É de 15 (quinze) dias o prazo para a interposição de qualquer agravo, previsto em lei ou em regimento interno de tribunal, contra decisão de relator ou outra decisão unipessoal proferida em tribunal.

REFERÊNCIAS LEGISLATIVAS

- Arts. 219, 932, 1.021, CPC.

JURISPRUDÊNCIA

- É intempestivo o agravo interno interposto fora do prazo de 15 (quinze) dias úteis, previsto nos arts. 219, 1.003, § 5º, e 1.070 do CPC de 2015 (STJ, AgInt no AREsp 1525528/SP, Ministro Herman Benjamin, T2 – Segunda Turma, *DJe* 17/09/2020).

Art. 1.071. O Capítulo III do Título V da Lei nº 6.015, de 31 de dezembro de 1973 (Lei de Registros Públicos), passa a vigorar acrescida do seguinte art. 216-A:

"Art. 216-A. Sem prejuízo da via jurisdicional, é admitido o pedido de reconhecimento extrajudicial de usucapião, que será processado diretamente perante o cartório do registro de imóveis da comarca em que estiver situado o imóvel usucapiendo, a requerimento do interessado, representado por advogado, instruído com:

I – ata notarial lavrada pelo tabelião, atestando o tempo de posse do requerente e seus antecessores, conforme o caso e suas circunstâncias;

II – planta e memorial descritivo assinado por profissional legalmente habilitado, com prova de anotação de responsabilidade técnica no respectivo conselho de fiscalização profissional, e pelos titulares de direitos reais e de outros direitos registrados ou averbados na matrícula do imóvel usucapiendo e na matrícula dos imóveis confinantes;

III – certidões negativas dos distribuidores da comarca da situação do imóvel e do domicílio do requerente;

IV – justo título ou quaisquer outros documentos que demonstrem a origem, a continuidade, a natureza e o tempo da posse, tais como o pagamento dos impostos e das taxas que incidirem sobre o imóvel.

§ 1º O pedido será autuado pelo registrador, prorrogando-se o prazo da prenotação até o acolhimento ou a rejeição do pedido.

§ 2º Se a planta não contiver a assinatura de qualquer um dos titulares de direitos reais e de outros direitos registrados ou averbados na matrícula do imóvel usucapiendo e na matrícula dos imóveis confinantes, esse será notificado pelo registrador competente, pessoalmente ou pelo correio com aviso de recebimento, para manifestar seu consentimento expresso em 15 (quinze) dias, interpretado o seu silêncio como discordância.

§ 3º O oficial de registro de imóveis dará ciência à União, ao Estado, ao Distrito Federal e ao Município, pessoalmente, por intermédio do oficial de registro de títulos e documentos, ou pelo correio com aviso de recebimento, para que se manifestem, em 15 (quinze) dias, sobre o pedido.

§ 4º O oficial de registro de imóveis promoverá a publicação de edital em jornal de grande circulação, onde houver, para a ciência de terceiros eventualmente interessados, que poderão se manifestar em 15 (quinze) dias.

§ 5º Para a elucidação de qualquer ponto de dúvida, poderão ser solicitadas ou realizadas diligências pelo oficial de registro de imóveis.

§ 6º Transcorrido o prazo de que trata o § 4º deste artigo, sem pendência de diligências na forma do § 5º deste artigo e achando-se em ordem a documentação, com inclusão da concordância expressa dos titulares de direitos reais e de outros direitos registrados ou averbados na matrícula do imóvel usucapiendo e na matrícula dos imóveis confinantes, o oficial de registro de imóveis registrará a aquisição do imóvel com as descrições apresentadas, sendo permitida a abertura de matrícula, se for o caso.

§ 7º Em qualquer caso, é lícito ao interessado suscitar o procedimento de dúvida, nos termos desta Lei.

§ 8º Ao final das diligências, se a documentação não estiver em ordem, o oficial de registro de imóveis rejeitará o pedido.

§ 9º A rejeição do pedido extrajudicial não impede o ajuizamento de ação de usucapião.

§ 10. Em caso de impugnação do pedido de reconhecimento extrajudicial de usucapião, apresentada por qualquer um dos titulares de direito reais e de outros direitos registrados ou averbados na matrícula do imóvel usucapiendo e na matrícula dos imóveis confinantes, por algum dos entes públicos ou por algum terceiro interessado, o oficial de registro de imóveis remeterá os autos ao juízo competente da comarca da situação do imóvel, cabendo ao requerente emendar a petição inicial para adequá-la ao procedimento comum."

REFERÊNCIAS LEGISLATIVAS

- Arts. 246, § 3º e 259, I, CPC; art. 216-A, Lei nº 6.015/1973.

Código de Processo Civil | **Art. 1.072**

JURISPRUDÊNCIA

- Enunciado 25 do Fórum Permanente de Processualistas Civis: A inexistência de procedimento judicial especial para a ação de usucapião e de regulamentação da usucapião extrajudicial não implica vedação da ação, que remanesce no sistema legal, para qual devem ser observadas as peculiaridades que lhe são próprias, especialmente a necessidade de citação dos confinantes e a ciência da União, do Estado, do Distrito Federal e do Município.

Art. 1.072. Revogam-se:

I – o art. 22 do Decreto-Lei nº 25, de 30 de novembro de 1937;

II – os arts. 227, *caput*, 229, 230, 456, 1.482, 1.483 e 1.768 a 1.773 da Lei nº 10.406, de 10 de janeiro de 2002 (Código Civil);

III – os arts. 2º, 3º, 4º, 6º, 7º, 11, 12 e 17 da Lei nº 1.060, de 5 de fevereiro de 1950;

IV – os arts. 13 a 18, 26 a 29 e 38 da Lei nº 8.038, de 28 de maio de 1990;

V – os arts. 16 a 18 da Lei nº 5.478, de 25 de julho de 1968; e

VI – o art. 98, § 4º, da Lei nº 12.529, de 30 de novembro de 2011.

Brasília, 16 de março de 2015; 194º da Independência e 127º da República.

DILMA ROUSSEFF
José Eduardo Cardozo
Jaques Wagner
Joaquim Vieira Ferreira Levy
Luís Inácio Lucena Adams

BIBLIOGRAFIA

AMARAL SANTOS, Moacyr. *Primeiras linhas de direito processual civil.* 13. ed. São Paulo: Saraiva, 1989. 3 v.

ARAUJO JR., Gediel C. *Prática de contestação no processo civil.* 4. ed. São Paulo: Atlas, 2017.

ARAUJO JR., Gediel C. *Prática de recursos no processo civil.* 4. ed. São Paulo: Atlas, 2017.

ARAUJO JR., Gediel C. *Prática do recurso de agravo.* 9. ed. São Paulo: Atlas, 2017.

ARAUJO JR., Gediel C. *Prática no direito de família.* 9. ed. São Paulo: Atlas, 2017.

ARAUJO JR., Gediel C. *Prática no processo civil.* 21. ed. São Paulo: Atlas, 2017.

ASSIS, Araken de. *Processo civil brasileiro* – Fundamentos e distribuição dos conflitos – Parte Geral. 2. ed. São Paulo: RT, 2016.

BARBOSA MOREIRA, José Carlos. *Comentários ao Código de Processo Civil.* Rio de Janeiro: Forense, 1974. 5 v.

BARBOSA MOREIRA, José Carlos. *O novo processo civil brasileiro.* 29. ed. Rio de Janeiro: Forense, 2016.

CABRAL, Antônio do Passo; CRAMER, Ronaldo. *Comentários ao Novo Código de Processo Civil.* 2. ed. Rio de Janeiro: Forense, 2015.

CÂMARA, Alexandre Freitas. *O novo processo civil brasileiro.* 3. ed. São Paulo: Atlas, 2017.

CINTRA, Antônio Carlos de Araújo; GRINOVER, Ada Pellegrini; DINAMARCO, Cândido Rangel. *Teoria geral do processo.* 12. ed. São Paulo: Malheiros, 1995.

DONIZETTI, Elpídio. *Curso didático de direito processual civil.* 19. ed. São Paulo: Atlas, 2016.

DONIZETTI, Elpídio. *Novo Código de Processo Civil comentado.* 19. ed. São Paulo: Atlas, 2015.

FUX, Luiz. *Teoria geral do processo civil.* 2. ed. Rio de Janeiro: Forense, 2016.

HARTMANN, Rodolfo Kronemberg. *Curso completo do novo processo civil.* 4. ed. Rio de Janeiro: Impetus, 2016.

LOURENÇO, Haroldo. *Processo civil sistematizado.* 3. ed. Rio de Janeiro: Método, 2017.

MARINONI, Luiz Guilherme; ARENHART, Sérgio Cruz; MITIDIERO, Daniel. *Novo Código de Processo Civil comentado.* 3. ed. São Paulo: RT, 2017.

MEDINA, José Miguel Garcia. *Novo Código de Processo Civil comentado.* 5. ed. São Paulo: RT, 2017.

MEIRELLES, Hely Lopes. *Mandado de segurança.* 14. ed. São Paulo: Malheiros, 1992.

MONTENEGRO FILHO, Misael. *Processo civil sintetizado.* 14. ed. Rio de Janeiro: Método, 2017.

NEGRÃO, Theotonio. *Código de Processo Civil e Legislação Processual em Vigor*. 29. ed. São Paulo: Saraiva, 1998.

NERY JUNIOR, Nelson; NERY, Rosa Maria de Andrade. *Comentários ao Código de Processo Civil*. São Paulo: RT, 2015.

PONTES DE MIRANDA, Francisco Cavalcanti. *Comentários ao Código de Processo Civil*. 5. ed. Rio de Janeiro: Forense, 1996. 5. v.

THEODORO JÚNIOR, Humberto. *Curso de Direito Processual Civil*. 50. ed. Rio de Janeiro: Forense, 2016. 1, 2 e 3 v.

THEODORO JÚNIOR, Humberto. *Novo Código de Processo Civil anotado*. 20. ed. Rio de Janeiro: Forense, 2016.

WAMBIER, Luiz Rodrigues; TALAMINI, Eduardo. *Curso avançado de processo civil* – Execução. 16. ed. São Paulo: RT, 2017. v. 3.

WAMBIER, Teresa Arruda Alvim; CONCEIÇÃO, Maria Lúcia Lins; RIBEIRO, Leonardo Ferres da Silva; MELLO, Rogerio Licastro Torres. *Primeiros comentários ao Novo Código de Processo Civil: artigo por artigo*. São Paulo: RT, 2015.